काश्मीरिकमहाकविश्रीक्षेमेन्द्रकृता

भारतमञ्जरी

THE

BHĀRATAMAÑJARĪ

OF

KṢEMENDRA

KĀVYAMĀLĀ 64

THE BHĀRATAMAÑJARĪ

OF

KṢEMENDRA

Edited by

MAHĀMAHOPĀDHYĀYA PAṆḌIT ŚIVADATTA

and

KĀŚINĀTH PĀṆḌURANG PARAB

MOTILAL BANARSIDASS

Delhi □ Varanasi □ Patna

काव्यमाला ६४

काश्मीरिकमहाकविश्रीक्षेमेन्द्रकृता

भारतमञ्जरी

सं० महामहोपाध्याय पण्डित शिवदत्त

एवं

काशीनाथ पाण्डुरङ्ग परब

मोतीलाल बनारसीदास

दिल्ली ☐ वाराणसी ☐ पटना

Head Office : Bungalow Road, Delhi-110 007
Branches : 1. Chowk, Varanasi-1 (U.P.)
2. Ashok Rajpath, Patna-4 (BIHAR)

First Edition : 1898 (Bombay, Nirnaya Sagara)
Reprint : Delhi, 1984

Printed in India
By Shantilal Jain, at Shri Jainendra Press,
A-45, Phase-I, Naraina, New Delhi-110 028
Published by Narendra Prakash Jain, for Motilal Banarsidass, Delhi-110 007

भारतमञ्जरीविषयानुक्रमणी।

द्रोणपर्व ।

कर्णपर्व ।

शल्यपर्व ।

गदापर्व ।

काव्यमाला ।

काश्मीरिकमहाकविश्रीक्षेमेन्द्रविरचिता

भारतमञ्जरी ।

आदिपर्व ।

समस्तवदनोद्गीतब्रह्मणे ब्रह्मणे नमः ।
नमः प्रजापतिभ्यश्च कृष्णद्वैपायनाय च ॥ १ ॥
वृद्धश्रवाः पुरा सूतो रोमहर्षणसंभवः ।
पौराणिको मुनिर्द्रष्टुं नैमिषारण्यमभ्यगात् ॥ २ ॥
शौनकस्य मुनेस्तत्र सत्रे द्वादशवार्षिके ।
तं पप्रच्छुः कथाश्चित्राः परिवार्य तपस्विनः ॥ ३ ॥
सोऽब्रवीद्व्यासशिष्येण जनमेजयभूपतेः ।
यद्वैशम्पायनेनोक्तं सर्पसत्रे कथाद्भुतम् ॥ ४ ॥
प्रणम्य परमं धाम विष्णुं धातारमच्युतम् ।
मतं व्यासस्य वक्ष्यामि भारतं शृणुतानघाः ॥ ५ ॥
श्रूयते किल लोकेऽस्मिन्सर्वतस्तमसावृते ।
बृहदण्डमभूदेकं प्रजाकारणमव्ययम् ॥ ६ ॥
तस्मात्प्रजापतिरभूत्ततोऽयं सर्गविस्तरः ।
कालेन प्रलयं याति सर्गोऽयं विपुलभ्रमः ॥ ७ ॥
पुनश्च भवतीत्येवं मायेयं परिवर्तते ।
आदितो सह्य इत्यासीद्बृहद्भानुमुखावरः[1] ॥ ८ ॥

---

१. 'दिवः पुत्रो बृहद्भानुश्चक्षुरात्मा विभावसुः । सविता सऋचीचोऽर्को भानुराशावहो रविः ॥ पुरा विवस्वतः सर्वे मह्यस्तेषां तथावरः ॥' इति भारतम्.

देवभ्राडस्य पुत्रोऽभूत्सुभ्राडस्य सुतस्ततः ।
दशज्योतिःशतज्योतिःसहस्रज्योतिषोऽभवन् ॥ ९ ॥
तेभ्यः सहस्रवंशेभ्यः कुरुवंशादयो नृपाः ।
मान्धातृना(रा)मनहुषप्रमुखा च कुलावली ॥ १० ॥
भ्रातुर्द्वैपायनः क्षेत्रे पुत्रान्मातुरनुज्ञया ।
अजीजनत्रीनिवाग्नीन्धृतराष्ट्रपुरोगमान् ॥ ११ ॥
धृतराष्ट्रानुजः पाण्डुः क्षेत्रजांस्तनयान्वने ।
अवाप धर्मपवनसुरेन्द्राश्विसमुद्भवान् ॥ १२ ॥
पितर्युपरते तेषां धार्तराष्ट्रनिवेशने ।
दौर्योधनो मन्युवह्निर्जज्वाल द्यूतमारुतः ॥ १३ ॥
वनवासादिभिः क्लेशैः कुपितास्ते महारणे ।
जघ्नुः परस्परं क्षत्रं निःशेषा येन भूरभूत् ॥ १४ ॥
समन्तपञ्चकक्षेत्रे निहतास्ते महारथाः ।
कीर्तिमन्तो दिवं प्रापुर्मान्धातृनहुषोपमाः ॥ १५ ॥
वैचित्रवीर्यः पुत्रेषु हतेषु भृशदुःखितः ।
शुशोच संजयस्याग्रे स्मरन्पाण्डवविक्रमम् ॥ १६ ॥
तरत्तुरंग(त्तरङ्ग)तरलंसंसारविशरारुताम्(हतान्) ।
आश्वासयामास नृपं संजयः समुदाहरन् ॥ १७ ॥

अनुक्रमणिका ॥ १ ॥

श्रुत्वेति सूतात्संक्षेपं पुनः पप्रच्छ शौनकः ।
समन्तपञ्चके क्षेत्रे कथां पृष्टोऽब्रवीच्च सः ॥ १८ ॥
पुरा क्षत्रक्षयं कृत्वा भर्गशिष्यः स भार्गवः ।
समन्तपञ्चके पञ्च चकार रुधिरह्रदान् ॥ १९ ॥
ततः प्रभृति पुण्यं तन्मुनीनां वचसा किल ।
तत्राभवन्महद्युद्धं कुरुपाण्डवभूभृताम् ।
अक्षौहिण्यो दशाष्टौ च तत्रैव निधनं गताः ॥ २० ॥

रथो गजो नराः पञ्च त्रयोऽश्वाः पत्तिरुच्यते ।
सेनामुखं गुल्मगणो वाहिनी पृतना चमूः ॥ २१ ॥
क्रमादनीकिनी चैतत्त्रिगुणं त्रिगुणं भवेत् ।
अनीकिनीं दशगुणामाहुरक्षौहिणीं बुधाः ॥ २२ ॥
वेदवेदाङ्गसंयुक्तं भारतं कल्मषापहम् ।
पर्वाण्यष्टादश प्रोक्तं बहुवृत्तान्तभूषितम् ॥ २३ ॥
पौष्यपौलोमवृत्तादि शतमन्तरपर्वणा[म्] ।
विस्तारितं व्यासशिष्यैः शुकेन च जगत्त्रये ॥ २४ ॥

पर्वसंग्रहः ॥ २ ॥

पारीक्षितस्य नृपतेर्भ्रातृभिः सरमासुतः ।
ताडितो भीमसेनाद्यैर्मातरं शरणं ययौ ॥ २५ ॥
क्रुधा कश्यपजायाथ निर्दोषमशपन्नृपम् ।
अदृष्टं प्राप्स्यसि भयं न चिरादिति मा(सा)ब्रवीत् ॥ २६ ॥
तच्छ्रुत्वा चकितो गत्वा मुनिं[१] वव्रे पुरोहितम् ।
भ्रातृभिः सहितस्तस्थौ निर्वृतो जनमेजयः ॥ २७ ॥
अत्रान्तरे लोहदन्तो धौम्यो नाम महामुनिः ।
परीक्ष्य शिष्यान्विदधे ज्ञाननिर्धूतसंशयान् ॥ २८ ॥
स शशास पुरः शिष्यं श्रीमान्पाञ्चाल्यमारुणिम् ।
क्षेत्रे जलं बधानेति स च गत्वा तथाकरोत् ॥ २९ ॥
जलप्रवाहविवरे दत्त्वात्मानं ररक्ष यत् ।
क्षेत्रं तेनास्य भगवानभवद्वरदो गुरुः ॥ ३० ॥
आहूतो गुरुणा यस्मादुद्दाल्य क्षेत्रमुत्थितः ।
मुनिरुद्दालक इति प्रथितस्तेन सोऽभवत् ॥ ३१ ॥

---

१. 'स कदाचिन्मृगयां गतः परीक्षितो जनमेजयः कस्मिंश्चित्स्वविषये आश्रममपश्यत् । तत्र कश्चिदृषिरासांचक्रे श्रुतश्रवा नाम । तस्य तपस्यभिरतः पुत्र आस्ते सोमश्रवा नाम । तस्य तं पुत्रमभिगम्य जनमेजयः पारीक्षितः पौरोहित्याय वव्रे ॥' इति भारतम्.

कृतकृत्ये गते तस्मिन्नुपमन्युरथापरः ।
गोरक्षणे संनियुक्तो गुरुणा भैक्ष्यभोजनः ॥ ३२ ॥
तं गुरुः पीवरं दृष्ट्वा प्राह केनासि वर्तसे ।
भैक्ष्येणेत्युपमन्युश्च प्रोवाच रचिताञ्जलिः ॥ ३३ ॥
ममानिवेद्य नार्होऽसि भैक्ष्यं भोक्तुं यतव्रतः ।
द्विर्भैक्ष्यमुपरोधाय परेषां तन्न ते क्षमम् ॥ ३४ ॥
गव्यं क्षीरं कुतः स्वं ते वत्सफेनं तदेव च ।
कृपणेति निषिद्धोऽसौ धौम्येनाशनमत्यजत् ॥ ३५ ॥
अर्कपत्राशनात्सोऽथ कालेनान्ध्यमुपागतः ।
कूपे निपतितो दूरादाहूतो गुरुणावदत् ॥ ३६ ॥
अर्कपत्राशनादन्धः कूपे निपतितः प्रभो ।
अहमित्येतदाकर्ण्य धौम्यः प्राह कृपाकुलः ।
वत्स स्तुत्वाश्विनौ द्वौ त्वं दिव्यं चक्षुरवाप्नुहि ॥ ३७ ॥
श्रुत्वेत्याश्विनसूक्तेन स्तुत्वा तौ प्राप तद्वरात् ।
अपूपं गुरवे तं च सामृतं स न्यवेदयत् ॥ ३८ ॥
ततो गुरोर्वरात्सोऽभूज्ज्ञानवान्दिव्यलोचनः ।
उपमन्युः परीक्षाग्निशुद्धो जाम्बूनदप्रभः ॥ ३९ ॥
वेदनामा तृतीयोऽथ धुरि गौरिव संहितः ।
गुरुणा ज्ञानसर्वस्वे संतोषाद्भाजनीकृतः ॥ ४० ॥
ततः कालेन शिष्योऽभूद्वेदस्यापि तदाश्रमे ।
उत्तङ्को नाम तपसां महसां स्वमिवाश्रयः ॥ ४१ ॥
कदाचिदथ तं धृत्वा शिष्यं गेहे जितेन्द्रियम् ।
स क्रियापरिचर्यायै वेदो याजयितुं ययौ ॥ ४२ ॥
क्रियामहीनां त्वं कर्ता निर्दिष्टो गुरुणा गृहे ।
ऋतौ गुरुवदागच्छेत्यूचिरे तं गुरुस्त्रियः ॥ ४३ ॥

---

१. 'अथ कस्मिंश्चित्काले वेदं ब्राह्मणं जनमेजयः पौष्यश्च क्षत्रियावुपेत्य वरयित्वोपाध्यायं चक्रतुः । स कदाचिद्याज्यकार्येणाभिप्रस्थित उत्तङ्कनामानं शिष्यं नियोजयामास ॥' इति भारतम्.

तदनादृत्य स यदा तस्थौ काष्ठमिवाचलः ।
गुरुरेत्य तदा चक्रे तं निजज्ञानभाजनम् ॥ ४४ ॥
दक्षिणामाहरामीति ब्रुवाणमिति तं गुरुः ।
आह प्रदीयतां वत्स मत्पत्न्या यत्समीहितम् ॥ ४५ ॥
उत्तङ्केन ततः पृष्टा किं ददामीति तद्वधूः ।
प्राह पौष्यापराख्यस्य सौदासस्य महीपतेः ॥ ४६ ॥
भार्यास्ति दमयन्त्याख्या तस्यास्त्वं मणिकुण्डले ।
मह्यं देहीति तच्छ्रुत्वा प्रतिश्रुत्य जगाम सः ॥ ४७ ॥
व्रजन्पथि ददर्शाथ पुरुषं वृषवाहनम् ।
शुश्राव तस्माद्गोरस्य पुरीषं भक्षयेति च ॥ ४८ ॥
तद्वाक्याद्भक्षयित्वा तद्ययौ पौष्यनिकेतनम् ।
तत्रान्तःपुरमासाद्य क्षत्रियां न ददर्श सः ॥ ४९ ॥
तामदृष्ट्वा नृपं प्राह त्वद्भार्या किं न दृश्यते ।
तन्निशम्याब्रवीत्पौष्यस्तोषादभ्यागतप्रियः ।
त्वं न पश्यसि मे जायामुच्छिष्टस्तां पतिव्रताम् ॥ ५० ॥
श्रुत्वेत्युत्तङ्कः संस्मृत्य सत्यं गोमयभोजने ।
भक्षिते न मयाचान्तमुच्छिष्टोऽस्मीत्युवाच तम् ॥ ५१ ॥
अथोपविश्य विधिवत्समाचम्य ददर्श ताम् ।
क्षत्रियां तेजसो मूर्तां लक्ष्मीमिव पतिव्रताम् ॥ ५२ ॥
निजवृत्तान्तमावेद्य याचिता तेन सा ददौ ।
ते दिव्यकुण्डले तस्मै प्रभामण्डलमण्डिते ॥ ५३ ॥
तक्षकोऽर्थयते नित्यमिमे सत्कुण्डले द्विज ।
अप्रमत्तेन गन्तव्यमित्युत्तङ्कमुवाच सा ॥ ५४ ॥
प्रतिगृह्य तया दत्ते रुचिरे मणिकुण्डले ।
पौष्येणामन्त्रितः श्राद्धे दृष्ट्वान्नं तं शशाप सः ॥ ५५ ॥
अशुच्यन्नमिदं पौष्य त्वया मे समुपाहृतम् ।

अन्धो भविष्यसीत्युक्ते तेन पौष्यः समभ्यधात् ।
भविष्यसि च्छिन्नवंशस्त्वमदुष्टान्नदूषणात् ॥ ५६ ॥
इत्युक्त्वान्नं तदन्विष्य पौष्यः पुनरुवाच तम् ।
भगवन्नापराधो मे मुक्तकेशैरुपाहृतम् ।
सकेशमशुचिप्रायमन्नं तस्मात्क्षमस्व मे ॥ ५७ ॥
श्रुत्वेत्युत्तङ्कः प्रोवाच भूत्वान्धो दृष्टिमाप्स्यसि ।
वारय प्रतिशापं मे त्वमपि क्षमाभृतां वर ॥ ५८ ॥
पौष्योऽब्रवीत्तीक्ष्णवाचो ब्राह्मणाश्चपलाशयाः ।
अतोऽन्यथा क्षत्रियाश्च नास्मि शापक्षये क्षमः ॥ ५९ ॥
उत्तङ्कोऽथाब्रवीत्पौष्य त्वदुक्तं मां न बाधते ।
शुद्धान्नदूषणाच्छापस्त्वया दत्तो न तत्तथा ॥ ६० ॥
उक्त्वेति तूर्णं प्रययौ व्रजतस्तस्य वर्त्मनि ।
वार्युपस्पृशतस्तीरनिहिते वाससावृते ।
भिक्षुरूपो जहाराशु कुण्डले किल तक्षकः ॥ ६१ ॥
स प्रविश्याथ पातालं तक्षकान्वेषणोद्यतः ।
स्तुत्वा नागान्ददर्शाग्रे विचित्रं भुजगालये ॥ ६२ ॥
पटं सितासितगुणं वयन्त्यौ तत्र योषितौ ।
द्वादशारं तथा चक्रं कुमारैः षड्भिरञ्चितम् ॥ ६३ ॥
ततः पुरंदरं स्तुत्वा हयारूढं ददर्श तम् ।
तत्तुरंगगुदद्वारे तद्गिरा समुपाधमत् ॥ ६४ ॥
ध्मायमानस्य तस्याग्निः सधूमः स्रोतसां मुखैः ।
निर्गतो नागभवनं चक्रे धूमान्धकारितम् ॥ ६५ ॥
भीतस्ततस्तक्षकोऽस्मै ददौ ते रत्नकुण्डले ।
ते प्राप्य हृष्टस्तेनैव वाजिना प्रययौ गुरुम् ॥ ६६ ॥
दत्त्वा ते गुरुभार्यायै गुरुं पप्रच्छ कौतुकात् ।
पटं चक्रं हयस्थं च नरं च वृषवाहनम् ॥ ६७ ॥

उपाध्यायोऽवदत्पृष्टो वयन्त्यौ पुत्र योषितौ ।
ते हि धाता विधाता च सासाश्विवलयाकुलम् ॥ ६८ ॥
तत्कालचक्रमृतवः कुमाराः षट् च ते स्थिताः ।
अश्वाधिरूढः पर्जन्यस्तुरगः स च पावकः ॥ ६९ ॥
वृषस्त्रिदशमातङ्गस्तदारूढः पुरंदरः ।
तत्पुरीषश्च पीयूषं त्वया धन्येन भक्षितम् ॥ ७० ॥
इत्युत्तङ्कः समाकर्ण्य गुरोः प्राप्य वरं वरम् ।
ययौ तक्षकवैरेण राजानं जनमेजयम् ॥ ७१ ॥

पौष्यम्[1] ॥ ३ ॥

हस्तिनापुरमासाद्य स दृष्ट्वा जनमेजयम् ।
प्रोवाच क्षत्रिया राजन्निर्वैरा न पदं श्रियः ॥ ७२ ॥
स ते परीक्षिज्जनकस्तक्षकेण दुरात्मना ।
दग्धस्तस्यापकाराय यत्नः समुचितस्तव ॥ ७३ ॥
इत्युत्तङ्कवचः श्रुत्वा बभूव जनमेजयः ।
वह्निर्वृतोऽनिलेनेव भ्रकुटीधूमविभ्रमैः॥ ७४ ॥
सूतस्येति वचः श्रुत्वा शौनको भृगुवंशजः ।
पप्रच्छ स्वकुलं पूर्वं स च पृष्टोऽभ्यभाषत ॥ ७५ ॥
भृगोर्मुनिवरस्यासीत्पुलोमा दयिता जिताः ।
न भ्रेजिरे दृशा यस्यास्तपोवनमृगाङ्गनाः ॥ ७६ ॥
पत्यौ स्नानाय निर्याते पुलोमा नाम राक्षसः ।
अपश्यदेकामभ्येत्य पुलोमां कान्तिभूषणाम् ॥ ७७ ॥
पृष्टेन वह्निना ख्याता भृगोर्भार्येति स स्वयम् ।
गर्भालसां तामहरद्राक्षसो मदनातुरः ॥ ७८ ॥
गर्भात्तस्याश्च्युतः सूनुः क्रोधात्कालानलप्रभः ।
तत्तेजसा च तद्रक्षो भस्मसादभवत्क्षणात् ॥ ७९ ॥

---

१. पौष्यपर्वसमाप्तिरियं 'भ्रकुटीधूमविभ्रमैः' (७४ श्लो०) इत्युत्तरं भवेत्तदा भारतसंवादः स्यात्.

अश्रुबिन्दूद्भवा तस्या बभूव सरिदाश्रमे ।
वधूसरेति विख्याता लोककिल्बिषनाशिनी ॥ ८० ॥
ततो भृगुः समभ्येत्य ज्ञात्वा दृष्ट्या च तत्पुनः ।
कर्णेजपं शशापाशु पावकं पावकद्युतिः ॥ ८१ ॥
सर्वभक्षत्वमासाद्य वह्निः शापान्महामुनेः ।
अदर्शनं गतः प्राप प्रतिष्ठां ब्रह्मणो वरात् ॥ ८२ ॥
च्युतत्वाच्च्यवनाख्यस्य स कन्यायामथाभवत् ।
प्रमतिर्नाम तनयो रुरुस्तस्याभवत्सुतः ॥ ८३ ॥
रुरुः प्रमद्वरां भार्यां स्थलकेशाश्रमे पुरा ।
आयुषोऽर्धेन दुष्टाहिदष्टामिष्टामजीवयत् ।
तस्याभूच्छुनकः सूनुः शौनकस्तत्सुतो भवान् ॥ ८४ ॥
रुरुः सहर्षस्तां भार्यां जीवयित्वा प्रमद्वराम् ।
बभूव सततं सर्पनिधनैकव्रतः किल ॥ ८५ ॥
कदाचित्ताडितस्तेन डुण्डुभो दण्डपाणिना ।
पृष्टः प्रोवाच कुटिलो भवन्भोगं निवेष्टयन् ॥ ८६ ॥
अहं सहस्रपान्नाम विप्रो मोहात्पुरा मया ।
खगमो नामभीतेन[1] ताडितः फणिना द्विजः ॥ ८७ ॥
तच्छापादस्मि संप्राप्तश्चिराड्डुण्डुभतामिमाम् ।
विहिता शापशान्तिर्मे तेनैव रुरुदर्शनात् ॥ ८८ ॥
दीर्घवैरं द्विजो भूत्वा मा कृथा भुजगान्प्रति ।
क्षत्रियस्य व्रतं धैर्यं द्विजानां भूषणं कृपा ॥ ८९ ॥
तथा हि वह्निना दग्धाः सर्पसत्रे भुजंगमाः ।
पारीक्षितेन जयिना राज्ञा पितृवधक्रुधा ।
आस्तीकेन द्विजेनैव रक्षिताः कृपया तदा ॥ ९० ॥

पौलोमम् ॥ ४ ॥

---

१. 'स मया क्रीडता बाल्ये कृत्वा तार्णं भुजंगमम् । अग्निहोत्रे प्रसक्तस्तु भीषितः प्रमुमोह वै ॥' इति भारतम्.

श्रुत्वेति मुनिभिः सूतः पृष्टोऽस्तीककथां पुनः ।
प्राह यायावराख्यानां कुले जातो महाद्विजः ॥ ९१ ॥
जरत्कारुरिति ख्यातो ब्रह्मचारी पुरा व्रजन् ।
ददर्श वीरणस्तम्बलम्बमानान्पितामहान् ॥ ९२ ॥
अधोमुखान्महाकूपे मूषिकग्रस्तधारणान् ।
कथितान्वयनामानं कथितास्तं बभाषिरे ॥ ९३ ॥
त्वद्ब्रह्मचर्यविच्छिन्नपुण्यसंतानतन्तवः ।
अकालमूषिकाक्रान्तास्तवैव पितरो वयम् ॥ ९४ ॥
ततस्तद्वचसा चक्रे स पुनर्दारसंग्रहम् ।
न मन्नाम्नीं विना भार्यां भजिष्यामीति सर्वदा ॥ ९५ ॥
अथ कालेन स प्राप विधिदिष्टादयाचकः ।
वासुकेरनुजां जायां सनाम्नीमेव संयमी ॥ ९६ ॥
गर्भोऽस्तीत्यात्तनामानं तस्मात्पुत्रमवाप सा ।
अस्तीकं सर्वनागानां मातृशापनिवर्तनम् ॥ ९७ ॥
शौनकेन पुनः पृष्टो मातृशापस्य कारणम् ।
नागानामवदत्सूतः पुराणाख्यानकोविदः ॥ ९८ ॥
भर्तुर्वरात्कश्यपस्य गर्भं दक्षसुते मुने ।
सुषुवाते पुरा कद्रूर्विनता च खगोचितम् ॥ ९९ ॥
अण्डेभ्यो निःसृताः पूर्वं कद्रूपुत्रा यदाहयः ।
विभेदाण्डद्वयादेकमीर्ष्यया विनता तदा ॥ १०० ॥
अपूर्णाण्डविनिर्भेदादनूरुररुणोऽभवत् ।
मातरं कुपितो दास्यं यास्यसीति शशाप सः ॥ १०१ ॥
कालेनाथ भगिन्यौ ते दिव्यं ददृशतुर्हयम् ।
यस्योरुमन्दराक्रान्तक्षीरोदार्णांसि जन्म भूः ॥ १०२ ॥
अमृताहरणे यत्नमाश्रितैर्देवदानवैः ।
मथ्यमानोऽद्रिणा पूर्वं ददौ चण्डीशमण्डनम् ॥ १०३ ॥

शशाङ्कं कौस्तुभं लक्ष्मीं सुधां धन्वन्तरिं तथा ।
पीयूषमश्वराजं च सुरेभ्यः क्षीरसागरः ॥ १०४ ॥
वञ्चयित्वा स्वयं विष्णुः स्त्रीरूपेण महासुरान् ।
सुधां जहार सहसा तद्दत्तां च पपुः सुराः ॥ १०५ ॥
राहोस्त्रिदशरूपेण पीयूषं गिरतस्ततः ।
हरिश्चक्रेण चिच्छेद कण्ठप्राप्तामृतं शिरः ॥ १०६ ॥
सूचितः सोमसूर्याभ्यां तद्वधात्तच्छिरस्ततः ।
तपो घोरतरं चक्रे येन तावत्ति पर्वसु ॥ १०७ ॥
अमृतोत्थं भगिन्यौ तं दृष्ट्वाश्वं धवलं पथि ।
किंवर्णोऽसाविति स्वैरमूचतुस्ते परस्परम् ॥ १०८ ॥
विनता सित इत्याह कद्रूश्चासितवालधिम् ।
पणं दास्याय चक्राते विवादेनेति ते ततः ॥ १०९ ॥
अथाब्रवीत्सुतान्कद्रूर्नागान्कलुषमानसा ।
श्वेतः सुरहयः पुत्राः कृष्णवालो विधीयताम् ॥ ११० ॥
इति श्रुत्वा न चक्रुस्तत्पापभीता भुजंगमाः ।
वितते सर्पसत्रे वो भविष्यत्यग्निरन्तकः ॥ १११ ॥
प्रत्याख्यानरुषा कद्रूः शशाप तनयानिति ।
शेषैर्भुजंगैरसिते विहितेऽथ तुरङ्गमे ॥ ११२ ॥
दास्यं जगाम विनता विजिता बालचेष्टितैः ।
अथापराण्डादुदगाद्गरुडः कनकच्छविः ॥ ११३ ॥
चञ्चन्निजप्रभापुञ्जव्यञ्जितानन्तविक्रमः ।
स्तूयमानः सुरैः सर्वैः स ययौ मातुरन्तिकम् ॥ ११४ ॥
प्राज्याज्यवर्धमानस्य कृषाणोः(शानोः) श्रियमुद्वहन् ।
कद्रूं वहन्तीं स्कन्धेन सव्याजपणनिर्जिताम् ॥ ११५ ॥
मातरं विनतां तार्क्ष्यः प्राप्य शुश्राव तत्कथाम् ।
मातुर्गिरा स भुजगानुवाह भुजगाहितः ॥ ११६ ॥

नीत्वा सूर्यरथाभ्यर्णं गाढसंतापमूर्छितान् ।
सुपर्णेनोह्यमानांस्तान्दृष्ट्वा कद्रूर्निजान्सुतान् ।
दह्यमानान्रविकरैस्तुष्टाव मरुतां पतिम् ॥ ११७ ॥
तद्विनिर्मितमेघौघवृष्टिनष्टातपक्लमाः ।
नदन्तो भुजगाः पृथ्वीं बभ्रमुस्तार्क्ष्यवाहनाः ॥ ११८ ॥
दास्यं श्रुत्वाथ भोगिभ्यः पीयूषाहरणावधि ।
तदा तदाहितोद्योगस्तार्क्ष्यः पप्रच्छ मातरम् ॥ ११९ ॥
मातर्दास्यविमोक्षाय गच्छाम्यमृतमञ्जसा ।
समाहर्तुं सुरान्क्षिप्रं भोजनं मे समादिश ॥ १२० ॥
साब्रवीदस्ति जलधेः कूले स बहुलान्वयः ।
निषादलोकस्तेन त्वं विपुलां तृप्तिमाप्नुहि ।
निषादमध्यगस्तत्र स रक्ष्यो ब्राह्मणस्त्वया ॥ १२१ ॥
लग्नस्तव तदा कण्ठे यस्तप्तबडिशायते ।
तत्किरन्निव मर्माणि स ज्ञेयो ब्राह्मणस्त्वया ॥ १२२ ॥
स धीवरनिवासोऽपि न भ्रष्टो निजधर्मतः ।
अलुप्तसंध्यः सततं न हि जात्या तिरस्कृतः ॥ १२३ ॥
स्वस्ति तेऽस्तु व्रज क्षिप्रमिति मातुर्गिरा खगः ।
प्रययौ पक्षविक्षेपवातविक्षोभिताम्बुधिः ॥ १२४ ॥
सोऽब्धिकूलाश्रयं भुक्त्वा दासानां विपुलं कुलम् ।
कण्ठे बडिशवल्लग्नं त्यक्त्वा तन्मध्यगं द्विजम् ।
व्रजन्नवाप जनकं कश्यपं तेजसां निधिम् ॥ १२५ ॥
अमृताहरणोद्योगं निवेद्यास्मै प्रणम्य सः ।
भोजनं दिश मे तात न तृप्तोऽस्मीत्यथाभ्यधात् ॥ १२६ ॥
तं प्राह कश्यपः पुत्र सरस्यस्मिन्महान्कृती ।
अनेकयोजनायामौ स्थितौ कुञ्जरकच्छपौ ॥ १२७ ॥
पुरा धनविभागोत्थकलिना वणिजौ मिथः ।
शापादेतां दशां यातौ सुप्रतीकविभावसू ॥ १२८ ॥

तौ भक्षयेति तच्छ्रुत्वा तार्क्ष्यो विक्षोभतत्परः।
चरणाभ्यां समादाय तौ जगाम महाजवः॥ १२९॥
दिव्यवृक्षवनं गत्वा सोऽथ रोहणपादपम्।
प्राप काञ्चनशाखायामाश्रान्तः समुपाविशत्॥ १३०॥
शतयोजनविस्तीर्णा शाखा स्पृष्टैव तत्पदा।
अभज्यत मुनिव्याप्ता चञ्च्वादाय स तां ययौ॥ १३१॥
लम्बमानैस्तपःक्षामैर्वालखिल्यैरधोमुखैः।
कीर्णेयमिति जग्राह भीत्या तां पतगेश्वरः॥ १३२॥
स कश्यपं समभ्येत्य सशाखागजकच्छपः।
किं करोमीति संभ्रान्तमानसः पर्यतप्यत॥ १३३॥
प्रार्थिताः सुतवात्सल्यात्कश्यपेन ततः स्वयम्।
शाखां त्यक्त्वा ययुः सर्वे वालखिल्यास्तपोजुषः॥ १३४॥
वाक्यात्पितुर्हिमगिरौ त्यक्त्वा तां भक्षितामिषः।
जगाम शक्रभवनं पीयूषहरणोद्यतः॥ १३५॥
तपसा वालखिल्यानां जातो जेता स वज्रिणः।
इन्द्रः सर्वविहङ्गानां वाहनं वरदो हरेः॥ १३६॥
कश्यपस्य पुरा यज्ञे सुरसिद्धर्षिचारणाः।
अवहन्क्रतुसंभारमनारतमवारिताः॥ १३७॥
इध्मभारं समादाय स्वयं पर्वतसंनिभम्।
आगतो वृत्रहा तत्र वालखिल्यान्व्यलोकयत्॥ १३८॥
अङ्गुष्ठाग्रसमुत्सेधान्स तान्दृष्ट्वा तपःकृशान्।
पलाशतूलिकामात्रभारसंपीडिताङ्गकान्॥ १३९॥
सीदतो भूमिधरवद्वारिधौ जलपूरिते।
जहासाल्पबलानिन्द्रः को वा लक्ष्म्या न माद्यति॥ १४०॥
ते तस्य हासात्कुपिता घोरामिष्टिं प्रचक्रिरे।
कश्यपस्य सुतो भूयादिन्द्रजिद्बलवानिति॥ १४१॥

तत्प्रभावात्समुद्भूतो ययौ जेतुं सुरेश्वरम् ।
मार्ताण्डशतसंवीतः सुमेरुरिव जंगमः ॥ १४२ ॥
स प्रविश्य दिवं देवानजयद्द्विजयान्वितः ।
जित्वा शक्रं रणे धीरो मोहयित्वामरान्रणे ॥ १४३ ॥
निहत्य विश्वकर्माणं भवने सोमरक्षिणाम् ।
पक्षाक्षेपसमुत्थेन रजःपुञ्जेन भीषणौ ॥ १४४ ॥
निरस्य रक्षाभुजगौ विदार्याथ स पञ्जरम् ।
सुधां भ्राम्यन्महाचक्रां जहार बलदर्पितः ॥ १४५ ॥
अपीत्वैव समादाय पीयूषकलशं जवात् ।
तं प्रयान्तं विभुर्दूराद्ददर्श कमलाधवः ॥ १४६ ॥
अलौल्येन तवानेन प्रीतोऽहं पतगेश्वरः ।
वरं गृहाणेत्यवदत्ततस्तं भगवान्हरिः ॥ १४७ ॥
सुधां विनास्याममरस्तवोपरि सदा स्थितः ।
वरं गृहाण मत्तोऽपि तमित्याह स पक्षिणम् ॥ १४८ ॥
तच्छ्रुत्वेत्याह भगवान्सर्वमेव भविष्यति ।
वाहनं मे भवान्भूयात्तार्क्ष्यः प्राह तथास्तु मे ॥ १४९ ॥
विष्णोर्वाहनतां प्राप्य ध्वजोपरि च संस्थितिम् ।
व्रजन्पश्चात्स वज्रेण वज्रिणाभ्येत्य ताडितः ॥ १५० ॥
तेनाहतोऽप्यव्यथितः स्वपक्षं शतयोजनम् ।
स्वयं तत्याज मानोऽस्तु वज्रस्येति विहस्य सः ॥ १५१ ॥
निर्जितेन सुरेन्द्रेण सख्यं कृत्वा जगाद तम् ।
पन्नगेभ्यो मया न्यस्तं हर्तव्यममृतं त्वया ॥ १५२ ॥
उक्त्वेति गत्वा भुजगान्दत्त्वा तेभ्यः सुधां खगः ।
विधिवत्पीयतामेतद्धीतदास्योऽब्रवीदिति ॥ १५३ ॥

---

१. 'ऋषेर्मानं करिष्यामि वज्रं यस्यास्थिसंभवम् । वज्रस्य च करिष्यामि तवैव च शतक्रतो ॥' इति भारतम्.

सुधां कुशेषु संस्थाप्य स्नातुं यातेषु भोगिषु ।
तार्क्ष्येण प्रागनुज्ञातो जहारेन्द्रोऽथ तां जवात् ॥ १९४ ॥

वञ्चिता भुजगा दृष्ट्वा सुधालिप्तं कुशासनम् ।
लिलिहुर्दीर्घजिह्वाग्रा येन प्रापुर्द्विजिह्वताम् ॥ १९५ ॥

ततः प्रभृति दर्भाणां पूतता हव्यकव्ययोः ।
शक्रवाक्याच्च भुजगा ययुस्तार्क्ष्यस्य भक्ष्यताम् ॥ १९६ ॥

इत्येतन्मातृशापस्य कारणं कीर्तितं मया ।
शेषवासुकिकार्कोटतक्ष्यकैलादिभोगिनाम् ॥ १९७ ॥

ततस्तीव्रेण तपसा वरान्प्राप्य पितामहात् ।
उवाह तद्गिरा शेषः पृथ्वीं सगिरिकाननाम् ॥ १९८ ॥

मातृशापपरित्यक्ता वासुकिप्रमुखास्ततः ।
अमन्त्रयन्त सहिताः सर्पसत्रप्रतिक्रियाम् ॥ १९९ ॥

केचिदाहुः क्रतौ तस्मिन्वयं सर्वे ससंहताः ।
करिष्यामो विषोल्काभिरुपायैर्वा चतुर्विधैः ॥ १६० ॥

ऐलपत्रस्ततः प्राह वासुकिं धीमतां वरः ।
अवश्यभावाच्छापोऽसौ मातुः शापात्समुत्थितः ॥ १६१ ॥

श्रुतास्तस्मिन्मया शापे मातुरुत्सङ्गशायिना ।
कद्रूरहो न तीक्ष्णेति देवानां ब्रुवतां गिरः ॥ १६२ ॥

सुरैः कौतुकिभिः पृष्टः शापशान्तिं चतुर्मुखः ।
उवाच पापनिरतादन्दशूकाः प्रमादिनः ॥ १६३ ॥

सर्पसत्रे प्रयास्यन्ति तीक्ष्णा विषधराः क्षयम् ।
यायावरसुतः शेषान्धर्मस्थान्मोचयिष्यति ॥ १६४ ॥

उत्पत्स्यते पुनः सूनुर्नागानां स्वसुरेव सः ।
जरत्कारोर्जरत्कारोरस्तीक इति विश्रुतः ॥ १६५ ॥

श्रुतमेतन्मया पूर्वं बालेन भुजगाधिप ।
इत्यैलपत्रादाकर्ण्य वासुकिर्भयमत्यजत् ॥ १६६ ॥

कस्यचित्त्वथ कालस्य परीक्षित्पाण्डुवंशजः ।
मृगानुसारी विपिने बभ्राम वसुधाधिपः ॥ १६७ ॥
मौनव्रतं पुरो दृष्ट्वा समीकं सोऽब्रवीन्मुनिम् ।
अपि दृष्टस्त्वया मार्गे कुरङ्गो मच्छराङ्कितः ॥ १६८ ॥
इति पृष्टो यदा किंचिन्नोवाच स मुनिस्तदा ।
शवं भुजगमाधाय स्कन्धे तस्य ययौ नृपः ॥ १६९ ॥
पितरं सर्पसरघाविषविस्फोटदूषितम् ।
अथ तत्तनयः शृङ्गी महाकोपी विलोक्य तम् ॥ १७० ॥
स्फूर्जद्विषस्तक्षकाग्निः सप्ताहेनैव धक्ष्यते ।
तत्कर्तारं शशापेति कम्पमानकराधरः ॥ १७१ ॥
तच्छ्रुत्वा करुणासिन्धुः समीकः पृथिवीभुजः ।
समीपं प्राहिणोद्दूतं शापोऽयं रक्ष्यतामिति ॥ १७२ ॥
मुनिशापपरित्रस्तः परीक्षिन्मन्त्रिणां धिया ।
मन्त्ररक्षौषधिव्रातैर्विदधे गुप्तिमात्मनः ॥ १७३ ॥
सप्तमेऽहनि संप्राप्ते तक्षको विधिचोदितः ।
निर्दग्धुं पृथिवीपालं प्रययौ हस्तिनापुरम् ॥ १७४ ॥
स ददर्श पुरो विप्रं कश्यपं विषमन्त्रिणम् ।
परीक्षिद्रक्षणायातं दरिद्रं द्रविणार्थिनम् ॥ १७५ ॥
तस्य व्यवसितं सर्वं श्रुत्वोवाच भुजंगमः ।
अहं स तक्षको नाम मां जेतुं कः प्रगल्भते ॥ १७६ ॥
तं रक्षसि नरेन्द्रं चेन्मया दग्धं महाद्रुमम् ।
संजीवयैनं जानामि तत्तेऽहं विषमन्त्रिताम् ॥ १७७ ॥
इत्युक्त्वा विषवेगेन न्यग्रोधं सोऽदहत्क्षणात् ।
सशाखपुष्पपत्त्रं च चक्रे मन्त्रेण तं द्विजः ॥ १७८ ॥
तत्प्रत्ययाद्धनं तस्मै निवर्तस्वेति तक्षकः ।
प्रसाद्य प्रददौ भूरि प्राप्य विप्रश्च तद्ययौ ॥ १७९ ॥

कालदष्टं नृपं ज्ञात्वा याते दिव्यदृशि द्विजे ।
तक्षकस्तापसाकारान्सर्पान्राज्ञे व्यसर्जयत् ॥ १८० ॥
तं समेत्य महीपालं छन्नाः स्वस्तीति वादिनः ।
फलानि च ददुस्तस्मै पुष्पाणि च कुशैः सह ॥ १८१ ॥
तत्फलान्तरनिर्यातं कीटं ह्रस्वतरं नृपः ।
दृष्ट्वाब्रवीन्मुनीन्शापं मानयामीति युक्तितः ॥ १८२ ॥
कृमिस्तक्षकनामासौ क्षणान्मिथ्या दशत्वयम् ।
इति ब्रुवाणं सचिवांस्तक्षकस्तमवेष्टयत् ॥ १८३ ॥
ततः स्फूर्जद्विषज्वाला वलयेन समन्दिरम् ।
भूपतिं भस्मसात्कृत्वा भोगीन्द्रो नभसा ययौ ॥ १८४ ॥
निर्दग्धे नृपतौ तस्मिंस्तत्पुत्रो जनमेजयः ।
राज्ये वृतो मन्त्रिवरैर्भार्यां भेजे वपुष्टमाम् ॥ १८५ ॥
रममाणस्तया तन्व्या वरोद्याने स भूपतिः ।
याति काले पितुर्वृत्तं शुश्रावामात्यमण्डलात् ॥ १८६ ॥
स मन्युवह्निसंतप्तः सर्पसत्रे प्रतिक्रियाम् ।
चकार सर्वनागानां विविश्य ब्राह्मणैः सह ॥ १८७ ॥
तस्मिन्व्यालोलविस्फूर्जज्ज्वालालीढनभस्तले ।
भुजगाः सर्पसत्राग्नौ निपेतुः कुञ्जरोपमाः ॥ १८८ ॥
विषाग्निधूमश्यामानां स्फुलिङ्गाचिररोचिषाम् ।
मेघानामिव संरम्भः पततां भोगिनामभूत् ॥ १८९ ॥
दह्यमानेषु सर्पेषु सर्पसत्रे महीभुजः ।
सुरेशं शरणं याते मन्त्रकृष्टे च तक्षके ॥ १९० ॥
सेन्द्रं तक्षकमाकृष्य निपातयत पावके ।
इति ब्रुवाणे भूपाले खं प्राप्ते च शतक्रतौ ॥ १९१ ॥
तस्मिन्नवसरे भीतः कम्पमानः कृताञ्जलिः ।
अस्तीकं वासुकिः प्राह स्वस्रीयं रक्ष मामिति ।
स तथेति प्रतिश्रुत्य जनमेजयभूपतेः ॥ १९२ ॥

अवाप्य यज्ञवसुधां द्वाःस्थैरावेदितोऽविशत् ॥ १९३ ॥
ततो मन्त्रबलात्त्रस्ते तक्षके वज्रिणा सह ।
तिष्ठेत्यस्तीकवचनाल्लम्बमाने क्षणं स्थिते ॥ १९४ ॥
निर्दग्धभुजगव्रातवसाविपुलकर्दमाः ।
मेदोनद्यः सुविपुलाः प्रययुः सरितां पतिम् ॥ १९५ ॥
अस्तीकोऽथ नृपं प्राप्य स्वस्तिपूर्वां स्तुतिं व्यधात् ।
इति स्वस्तिस्तुतिकृते तुष्टस्तस्मै स भूपतिः ।
ददौ वरं तद्वराच्च स ररक्ष फणीश्वरान् ॥ १९६ ॥
अस्तीकस्याथ वचसा सर्पसत्त्रे महीभुजः ।
निवृत्ते सर्वनागानां शेषाणामुत्सवोऽभवत् ॥ १९७ ॥

आस्तीकम् ॥ ९ ॥

अस्तीकचरितं श्रुत्वा पवित्रां भारतीं कथाम् ।
शौनकेन ततः पृष्टो रोमहर्षणिरभ्यधात् ॥ १९८ ॥
परीक्षितेन भगवान्पृष्टः सत्यवतीसुतः ।
अचोदयत्सर्पसत्त्रे वैशम्पायनमीश्वरः ॥ १९९ ॥
स शिष्योऽभिहितस्तेन महाभारतमभ्यधात् ।
कर्मान्तरेषु सत्त्रस्य प्रणम्येश्वरमच्युतम् ॥ २०० ॥
पुण्यं पवित्रमायुष्यमितिहाससुरद्रुमम् ।
धर्ममूलं श्रुतिस्कन्धं स्मृतिपुष्पं महाफलम् ॥ २०१ ॥
वसुश्चेदिषु राजाभूत्सार्वभौमः सखा हरेः ।
इष्टिरिन्द्रस्य पूजार्थं भुवि येन प्रवर्तिता ॥ २०२ ॥
महिष्यामृतुमत्यां स गिरिकायां नराधिपः ।
चरन्मृगव्यं सस्मार तामेवायतलोचनाम् ॥ २०३ ॥
ससर्ज वीर्यं तच्चाशु बबन्ध तरुपर्णके ।
श्येनस्य तद्गले बद्ध्वा प्रेयस्यै प्राहिणोदथ ॥ २०४ ॥
श्येनादन्यखगाकृष्टमपतद्यमुनाम्भसि ।
शापच्युताप्सरा मीनभावं प्राप्ता निपीय तत् ॥ २०५ ॥

बभूव गर्भिणी साथ कृष्टा कालेन धीवरैः ।
सुरवारवधूः सा हि शापान्मात्सीं तनुं श्रिता ।
अद्रिका नाम तत्कृत्ता प्रययौ त्रिदशालयम् ॥ २०६ ॥
तस्याः प्रजाते मिथुने कुमारं वसुरग्रहीत् ।
यो मत्स्यनामा विदधे मत्स्यदेशं महीपतिः ॥ २०७ ॥
भागात्कुमारीं दाशाय गन्धकालीं ददौ नृपः ।
फुल्लोत्पलवनानीव यद्दृशा ककुभो बभुः ॥ २०८ ॥
तां दाशपुत्रीं शनकैर्नवयौवनमीयुषीम् ।
ददर्श यमुनातीरे तर्तुकामः पराशरः ॥ २०९ ॥
माहात्म्याद्भाविनोऽर्थस्य स सकामोऽथ तं गिरा ।
विधाय दिक्षु नीहारं भेजे तां हरिणेक्षणाम् ॥ २१० ॥
अपरिभ्रष्टकौमारा गन्धकाली मुनेर्वरात् ।
बभूवोत्पलगन्धा च तस्य चित्तप्रसादिनी ॥ २११ ॥
स तया संगतो नावि नवनीरजचक्षुषा ।
असृजत्तनयं ज्ञानभास्करं भास्करद्युतिः ॥ २१२ ॥
स एष भगवान्व्यासः कृष्णः सत्यवतीसुतः ।
यो जात एव सर्वाङ्गवेदवित्प्रययौ वनम् ॥ २१३ ॥
जातः स यमुनातीरे द्वैपायन इति स्मृतः ।
व्यस्य वेदान्समस्तांश्च व्यासतामगमद्विभुः ॥ २१४ ॥
त्रिवर्गशासनं शास्त्रं सूचयन्निव रश्मिभिः ।
स गच्छन्प्राह जननीं स्मर्तव्योऽहं विपत्स्विति ॥ २१५ ॥
अथ रामहते क्षत्रे संभूते विप्रतः पुनः ।
पुरारिदलिता दैत्या भूमावंशैरवातरन् ॥ २१६ ॥
तद्भारपीडिता पृथ्वी ब्रह्माणं शरणं गता ।
त्राणं नारायणं प्राप सेन्द्रमंशेन गां गतम् ॥ २१७ ॥
देवाःससिद्धगन्धर्वाः सुरारिदलनोद्यताः ।

नानाराजर्षिवंशेषु विष्णुमेवान्ववातरन् ॥ २१८ ॥
चतुर्दशविधः सर्गः पुरा सृष्टः स्वयंभुवा ।
तस्मिन्सर्गे मनुष्येषु संभूता देवदानवाः ॥ २१९ ॥
विप्रचित्तिहिरण्याक्षप्रह्लादाद्या महासुराः ।
मानुष्येषु जरासंधचैद्यशल्यादयोऽभवन् ॥ २२० ॥
गन्धर्वाधिपतेरंशो धृतराष्ट्रो जनाधिपः ।
अणीमाण्डव्यशापेन धर्मो विदुरतां गतः ॥ २२१ ॥
द्रोण्यां जातो भरद्वाजमुनेरंशो बृहस्पतेः ।
द्रोणोऽभवन्महाप्राज्ञो गुरुः सर्वधनुष्मताम् ।
अश्वत्थामा च रुद्रांशो वसुः शान्तनवोऽभवत् ॥ २२२ ॥
रौद्र एव कृपाचार्यः शकुनिर्द्वापरो युगः ।
सात्यकिर्मरुतामंशो हार्दिक्यो द्रुपदस्तथा ॥ २२३ ॥
सर्वक्षितीशक्षयकृत्कलेरंशः सुयोधनः ।
अंशा धर्मानिलेन्द्राणां पाण्डुपुत्रास्तथाश्विनोः ॥ २२४ ॥
धृष्टद्युम्नोऽनलांशश्च कर्णोऽशश्चण्डदीधितेः ।
नारायणांशो भगवान्वासुदेवोऽरिमर्दनः ॥ २२५ ॥

अंशावतरणम् ॥ ६ ॥

अंशावतरणं श्रुत्वा पप्रच्छ जनमेजयः ।
वंशं कुरूणां विपुलं पृष्टश्च मुनिरब्रवीत् ॥ २२६ ॥
बभूव पृथिवीपालो दुःष्यन्तः कान्तिभूषणः ।
यत्प्रकाशयशोधौताः श्यामाः संदेहमाययुः ॥ २२७ ॥
कपोलपत्ररहिताः पत्रिभिः शत्रुयोषितः ।
भ्रूभङ्गेनापि यश्चक्रे गतभ्रूभङ्गविभ्रमाः ॥ २२८ ॥
स कदाचिद्वनं धन्वी विवेश मृगयारसात् ।
ललनातुल्यनयनांस्तर्जयन्निषुभिर्मृगान् ॥ २२९ ॥
स हत्वा केसरिव्रातान्सैन्यमध्याद्विनिर्गतः ।
कण्वाश्रमं शनैः प्राप मन्दानिलचलद्धतम् ॥ २३० ॥

दद‍र्श तत्र तटिनीं मालिनीं हंसमालिनीम् ।
विशालपुलिनश्रोणीं कामिनीमिव हारिणीम् ॥ २३१ ॥

तरलालिकुलक्काणवाचालोत्फुल्लपादपे ।
अपश्यदाश्रमे तस्मिन्कन्यामायतलोचनाम् ॥ २३२ ॥

नयनानलदग्धेन विदग्धेन मनोभुवा ।
त्रिनेत्रवञ्चनायेव कल्पितां ललनातनुम् ॥ २३३ ॥

यथोचितकृतातिथ्यां हृष्टां स्वागतवादिनीम् ।
पप्रच्छाकुलितः क्षिप्रं विस्मयेन स्मरेण च ॥ २३४ ॥

क्व स्थितो भगवान्कण्वो मुनिः सुभ्रूर्महायशाः ।
तमहं नन्तुमायातो वन्द्यं नन्दनवासिनाम् ॥ २३५ ॥

निशम्यैतन्महीभर्तुः प्रोवाच मुनिकन्यका ।
साचीकृतेक्षणच्छाया कल्पितश्रवणोत्पला ॥ २३६ ॥

फलानि स्वयमादातुं स निर्यातः पिता मम ।
विश्रम्यतामिह क्षिप्रं नचिरात्समुपैष्यति ॥ २३७ ॥

तदाकर्ण्य नृपः प्राह त्वयुक्तं महदद्भुतम् ।
कथयैतत्कथं तस्य सुता त्वं ब्रह्मचारिणः ॥ २३८ ॥

इति पृष्टाब्रवीत्कन्या श्रूयतां यदि कौतुकम् ।
मम जन्मकथा पूर्वं कथिता मुनिना यथा ॥ २३९ ॥

तपस्यतो भगवतः कौशिकस्य मुनेः पुरा ।
विघ्नाय सुरराजेन विसृष्टाप्सरसां वरा ॥ २४० ॥

सा मेनकाख्या संप्राप्य तद्वनं वामलोचना ।
विजहार शनैर्बाला वल्लरीवानिलाहता ॥ २४१ ॥

शचीपतिप्रेरितोऽथ वायुस्तस्या वरांशुकम् ।
जहार बालकदलीकन्दलीसुन्दरश्रियः ॥ २४२ ॥

तां लज्जाकुलितां दृष्ट्वा साभिलाषोऽभवन्मुनिः ।
महतामपि यत्सत्यं दुर्निवारो मनोभवः ॥ २४३ ॥

स्वयं प्रणयिना तेन प्रार्थिताथ घनस्तनी ।
भेजे मनसिजक्रीडां वर्षाणामधिकं शतम् ॥ २४४ ॥
सा मामजीजनत्काले कलिकामिव मञ्जरी ।
जातमात्रां च तत्याज निर्जने मालिनीतटे ॥ २४५ ॥
तत्र मां भगवान्कण्वः शकुन्तैर्वीक्ष्य संवृताम् ।
जग्राह करुणासिन्धुर्नाम्ना ख्यातां शकुन्तलाम् ॥ २४६ ॥
विश्वामित्रमुनेर्जातां मेनकायां तपोनिधेः ।
साहं कण्वेन मुनिना सुतावत्परिपालिता ॥ २४७ ॥
इति तस्या वचः श्रुत्वा प्रोवाच पृथिवीपतिः ।
उद्भूतामन्दकन्दर्पवातव्यालोलमानसः ॥ २४८ ॥
अयि बालकुरङ्गाक्षि जनोऽयं वशगस्तव ।
सापत्न्ये वसुधावध्वा योग्या राज्ञः सुता ह्यसि ॥ २४९ ॥
त्वदाननशशिद्योतधौताः सन्तु गृहे मम ।
विलासहाससुभगा दिवापि कुमुदाकराः ॥ २५० ॥
इत्युक्ते लज्जया तस्याः प्रोन्मिषत्कुचपातिनी ।
दृष्टिर्ननाम त्रिवलीलेखापर्यन्तपातिनी ॥ २५१ ॥
पितुर्वशासि सोभे(ऽभ्ये)त्य तुभ्यं मां संप्रदास्यति ।
ईत्याह कम्पतरलामलज्जा ललिताक्षरम् ॥ २५२ ॥
पुत्रस्ते पृथिवीपालो भविष्यति शुचिस्मिते ।
भेजे विवाहं गान्धर्वं राजा कृत्वेति संविदम् ॥ २५३ ॥
तां यौवनवसन्ताढ्यां स्तनस्तबकबन्धुराम् ।
शृङ्गारमारुताधूतां स्फुरिताधरपल्लवाम् ॥ २५४ ॥

---

१ 'शकुन्तलोवाच—यदि धर्मपथस्त्वेष यदि चात्मा प्रभुर्मम । प्रदाने पौरवश्रेष्ठ शृणु मे संशयं प्रभो ॥ सत्यं मे प्रतिजानीहि यथा वक्ष्याम्यहं रहः । मयि जायेत यः पुत्रः स भवेत्त्वदनन्तरः ॥ युवराजो महाराज सत्यमेतद्ब्रवीमि ते । यद्येतदेवं दुष्यन्त अस्तु मे संगमस्त्वया ॥' इति भारतकथानुसंधेया.

उश(ष)स्य(?)माधवोद्यानमाधवीं पुलकाङ्कुराम् ।
चुचुम्ब राजमधुपः स्मितच्छविमधुच्छटाम् ॥ २५५ ॥
स्मरकेलिकलाक्रान्तां तामामन्त्र्य व्रजन्नृपः ।
त्वदर्थं प्रेषयिष्यामि वाहिनीमित्यभाषत ॥ २५६ ॥
क्षिप्रं प्रयाते नृपतौ कण्वोऽभ्येत्य शकुन्तलाम् ।
ददर्श कम्पव्यालोलां गजमुक्तामिवाब्जिनीम् ॥ २५७ ॥
दिव्यचक्षुर्विदित्वा तां मुनिर्योग्यसमागमात् ।
तुष्टस्तयार्थितो राज्ञो विततार वरं वशी ॥ २५८ ॥
धर्माभिगमता नित्यं राज्ञामस्खलिता तथा ।
दुःष्यन्तवंशजातानां भूयादित्यभ्यधान्मुनिः ॥ २५९ ॥
अथापाण्डुमुखी काले दिक्षा(क्प्रा)चीव सुधाकरम् ।
सुषुवे सदृशं पुत्रं सा स्कन्दमिव पार्वती ॥ २६० ॥
स जातः पूर्णचन्द्राभः कल्पवृक्ष इवोद्गतः ।
बलवान्सर्वदमनो मृगेन्द्रदमनादभूत् ॥ २६१ ॥
पुत्रमादाय मुनिना कृतक्षत्रोचितव्रतम् ।
दुःष्यन्तनगरं प्रायादनुज्ञाता शकुन्तला ॥ २६२ ॥
सा कण्वशिष्यानुगता संप्राप्य हस्तिनापुरम् ।
लज्जानतमुखाम्भोजा समेत्य नृपमब्रवीत् ॥ २६३ ॥
अयं ते तनयो राजन्मयि जातो गुणाधिकः ।
कण्वाश्रमे प्रतिज्ञातं सत्यं संपादय प्रभो ॥ २६४ ॥
शकुन्तलायाः श्रुत्वेति नृपः प्राह स्मरन्नपि ।
नाहं त्वामेव जानामि कुतो नु तनयं तव ॥ २६५ ॥
इत्युक्त्वा तां महीपालो बालं कमललोचनम् ।
समर्प्यमाणं सुदृशा नाग्रहीद्भ्रुकुटीमुखः ॥ २६६ ॥
सा त्वपह्नववैलक्ष्यकोपकम्पाकुला सती ।
असत्यमलिनां वाचं निनिन्द जगतीपतेः ॥ २६७ ॥

अहो स्वमात्मजं राजन्नाभिजानासि संनिभम् ।
हीनदृष्टिरिवात्मानं दर्पणे प्रतिबिम्बितम् ॥ २६८ ॥
नार्हस्यपह्नवं कर्तुं जानन्नपि महामतिः ।
असत्यरजसः सङ्गाद्राजा राजन्न राजते ॥ २६९ ॥
सत्यमुत्तमसत्त्वानां दाक्षिण्यं कीर्तिशालिनाम् ।
अद्रोहः साधुवृत्तानां विलाससदनं श्रियः ॥ २७० ॥
सहजस्याभिजातस्य गुणानां यशसां तथा ।
नैतत्तवोदितं राजन्यन्मां वदसि संसदि ॥ २७१ ॥
स्नेहस्यायतनं पूर्वं पश्चाद्दाक्षिण्यभाजनम् ।
नैवार्हन्ति परित्यागं माननीया हि योषितः ॥ २७२ ॥
सुहृद्बन्धुर्भिषग्दासो गुरुर्मन्त्री समाश्रयः ।
भार्या सर्वास्ववस्थासु विश्रान्तिजननं नृणाम् ॥ २७३ ॥
दीपाद्दीपमिवोत्पन्नं परलोके प्रकाशकम् ।
कः पुत्रं नयनानन्दमृते त्वामवमन्यते ॥ २७४ ॥
हृदयादभिजातेन स्वर्गपीयूषवर्षिणा ।
सुकृतेनेव पुत्रेण को नाम न सुखी भवेत् ॥ २७५ ॥
साक्षिणोऽन्तःशरीरस्था यस्य पञ्च सहापरैः ।
हसन्त्यपह्नवारम्भे ततः कोऽन्यो गतत्रपः ॥ २७६ ॥
इत्युक्त्वा हीनतादुःखात्प्ररुरोद मनस्विनी ।
स्थूलास्रकणहारेण भूषयन्ती कुचस्थलम् ॥ २७७ ॥
राजञ्ज्ञातस्त्वमेवास्यामम्भसीवामले रविः ।
भजस्व तनयं जायां भज राजीवलोचनाम् ॥ २७८ ॥
इत्युच्चचार वचनं गगनात्तच्च भूपतिः ।
निशम्य पुत्रमादाय चकार भरताधिपम् ॥ २७९ ॥
शाकुन्तलः स दौष्यन्तिर्नृपो भारतवंशकृत् ।
शशास मेदिनीं सप्तसमुद्ररशनां विभुः ॥ २८० ॥

शाकुन्तलम् ॥ ७ ॥

पुरा देवासुरे युद्धे दानवांस्त्रिदशैर्हतान् ।
प्राप्य संजीवनीं विद्यां शुक्रः शिष्यानजीवयत् ॥ २८१ ॥
दैत्येष्वक्षीणसैन्येषु देवैः संमन्त्र्य वृत्रहा ।
तां विद्यां प्राहिणोज्ज्ञातुं बृहस्पतिसुतं कचम् ॥ २८२ ॥
कचोऽथ दानवेन्द्रस्य नगरं वृषपर्वणः ।
गत्वा शुक्रं समभ्येत्य चिरमेवात्रतोऽभवत् ॥ २८३ ॥
तेन प्रतिगृहीतोऽसौ चरन्वार्षसहस्त्रिकम् ।
सेवाव्रतं तत्तनयां देवयानीमतोषयत् ॥ २८४ ॥
ज्ञातं(त्वा) संजीवनीं विद्यां प्राप्तोऽयमिति दानवाः ।
गुरुगोरक्षणव्यग्रं जघ्नुः संमन्त्र्य तं रहः ॥ २८५ ॥
स्नेहार्द्रहृदया तस्मिन्देवयानी सुलोचना ।
प्रोवाच पितरं तात कचोऽद्यापि न दृश्यते ॥ २८६ ॥
अयं कमलिनीकान्तो यातोऽस्तं वासरेश्वरः ।
अगोपाश्चागता गावो व्यक्तं तात हतः कचः ॥ २८७ ॥
तमाज्ञाकारिणं दक्षं पौत्रमङ्गिरसो मुनेः ।
कचं विना न जीवामीत्युक्त्वाभूत्सा सुलोचना ॥ २८८ ॥
दिव्यदृष्टिस्ततः स्मृत्वा विद्यां संजीवनीं क्षणात् ।
दानवेन्द्रैर्हतं दूरात्काव्यः कचमजीवयत् ॥ २८९ ॥
आहूतो गुरुणाभ्येत्य स वृत्तं स्वं निवेद्य च ।
पुष्पार्थं देवयान्याथ विसृष्टः काननं ययौ ॥ २९० ॥
तं पुनर्दानवा हत्वा दग्धं निष्पिष्य निर्जने ।
उपचारे विसृष्टायां सुरायां गुरवे ददुः ॥ २९१ ॥
ततोऽब्रवीद्देवयानी पुष्पार्थं प्रेषितो मया ।
पुनर्न दृश्यते तात कचः कमललोचनः ॥ २९२ ॥
ततः शुक्रः क्षणं ध्यात्वा देवयान्या गिरा कचम् ।
कुक्षिस्थं जीवयामास वृत्तं चास्य तथाशृणोत् ॥ २९३ ॥

तत्रैव दत्तां शुक्रेण विद्यामासाद्य तां कचः ।
तूर्णं निर्भिद्य तत्कुक्षिं निर्गतस्तमजीवयत् ॥ २९४ ॥
अथ शुक्रोऽब्रवीन्मोहाद्यः पास्यति सुरां द्विजः ।
स यास्यति तमःपूर्णां नरके दुर्दशामिति ॥ २९५ ॥
प्राप्य विद्यां चिराद्गन्तुमामन्त्र्य गुरुमुद्यतम् ।
देवयानी कचं प्राह भज मामिति भामिनी ॥ २९६ ॥
कचः प्रोवाच शुक्रो मे सुभ्रु मान्यो गुरुः पिता ।
अहं तस्योषितः कुक्षौ धर्मेण त्वं स्वसा मम ॥ २९७ ॥
प्रत्याख्यातेति सा तेन कोपकम्पाकुलावदत् ।
न भक्तत्यागिनो विद्या तव दर्पात्फलिष्यति ॥ २९८ ॥
तच्छ्रुत्वा शुक्रतनयामुवाच व्याकुलः कचः ।
अनपेतः सदाचाराच्छापस्यार्होऽस्मि नो तव ॥ २९९ ॥
विद्या शिष्येषु साफल्यं धर्मभाजो ममैष्यति ।
मुनिपुत्रो न ते कश्चिद्भविता स्वोचितः पतिः ॥ ३०० ॥
इत्युक्त्वा शुक्रभवनात्त्वरितः प्रययौ कचः ।
प्राप्तं वर्षसहस्रेण कचं प्रत्युद्ययुः सुराः ॥ ३०१ ॥
ते कचात्प्राप्य तां विद्यां तुष्टास्तस्मै वरं ददुः ।
येनाभूत्सोऽक्षययशाः क्रतुभागस्य भाजनम् ॥ ३०२ ॥
अत्रान्तरे निजोद्यानकानने कमलानना ।
हृष्टा ललास शर्मिष्ठा तनया वृषपर्वणः ॥ ३०३ ॥
दासीसहस्रानुगता सा विलासमदालसा ।
वसन्तवातव्यालोललतालीलां व्यडम्बयत् ॥ ३०४ ॥
तत्रैव शुक्रतनया देवयानी घनस्तनी ।
विजहार मनोजन्मसद्मयौवनशालिनी ॥ ३०५ ॥
यदृच्छयागतोऽभ्येत्य तासामथ शचीपतिः ।
चक्रे वस्त्रपरावृत्तिं वायुभूतः स्मितप्रियः ॥ ३०६ ॥

निजवस्त्रसमाकर्षात्स ज्ञाते कलहे ततः।
शर्मिष्ठाया देवयान्या विवादः समजायत ॥ ३०७ ॥
उत्तानपाणेर्दीनस्य याचकस्य त्वमात्मना।
दातुर्दैत्यपतेः पुत्रीं मूढे मामवमन्यसे ॥ ३०८ ॥
उक्त्वेति कूपे शर्मिष्ठा देवयानीमपातयत्।
ऐश्वर्यमदमत्तेभ्यः कुशलं केन लभ्यते ॥ ३०९ ॥
दैत्यपुत्र्यां प्रयातायां ययातिर्नाहुषो नृपः।
मृगयानिर्गतोऽभ्यायाद्गहनं तद्यदृच्छया ॥ ३१० ॥
जलार्थी तत्र सोऽपश्यत्कूपे तस्मिन्गतोदके।
शुक्रकन्यामसामान्यलावण्याभरणाननाम् ॥ ३११ ॥
कथितान्वयसंज्ञां तामुज्जहार महीपतिः।
करेणादाय लोलाक्षीं पुनर्विष्णुरिवावनिम् ॥ ३१२ ॥
याते ततो नरपतौ देवयानीं सुदुःखिताम्।
आहूय प्राह पितरं वृत्तं सा बाष्पगद्गदम् ॥ ३१३ ॥
तामाह शुक्रो बालानां केलिकोपकथा कथम्।
प्रमाणीक्रियते सद्भिर्वैरपारतितीर्षया ॥ ३१४ ॥
सोढव्यो ह्यपराधेऽपि साधुना कोपपावकः।
क्षमाजलैरसंसिक्तः शाम्येदपि न जन्मभिः ॥ ३१५ ॥
उक्त्वेत्युशनसा स्वैरं मानिनीं साथ कन्यका।
को याति याचकादन्यो दैन्याद्विभ्रष्टमानिना(ता)म् ॥ ३१६ ॥
अवज्ञाता तया तात नाहं जीवितुमुत्सहे।
वृषपर्वाणमभ्येत्य सुता वृत्तान्तमभ्यधात् ॥ ३१७ ॥
एष दैत्यान्परित्यज्य व्रजामीति निगद्य सः।
गन्तुमभ्युद्ययौ क्रुद्धः संरम्भगलितांशुकः ॥ ३१८ ॥
पादयोर्निपपातास्य भीतो दैत्यपतिस्ततः।
लोलकुण्डलकोणाग्रस्पृष्टगण्डतटः क्षणम् ॥ ३१९ ॥

प्रसाद्यतां देवयानी मम मन्युर्न विद्यते ।
इत्याह शुक्रः साधूनां कोपो हि विनयावधिः ॥ ३२० ॥
गुरुपुत्रीं प्रसाद्याथ वृषपर्वा कृताञ्जलिः ।
तस्यै सुतां ददौ दासीं दासीशतपुरःसराम् ॥ ३२१ ॥
दासीं संप्राप्य शर्मिष्ठां हृष्टा भार्गवकन्यका ।
प्राह याचकपुत्र्यास्त्वं कथं दासीति सस्मिता ॥ ३२२ ॥
ततः कदाचित्सा बाला मल्लिकाकलिकाकुलम् ।
ययौ तदेव चूतालीसंसर्पिपवनं वनम् ॥ ३२३ ॥
अत्रान्तरे नरपतिर्ययातिर्मृगयारसात् ।
तमेव देशमभ्यायात्पुनः कमललोचना ॥ ३२४ ॥
देवयानी तमालोक्य द्वितीयमिव मन्मथम् ।
नामाभिजनमाकर्ण्य त्वद्वशास्मीत्यभाषत ॥ ३२५ ॥
ततो ययातिस्तामाह सुन्दरीं कथितान्वयाम् ।
क्षत्रियोऽहं मुनिसुते सुभ्रु त्वामर्थये कथम् ॥ ३२६ ॥
अत्याशीविषमस्त्रं हि विजितप्रलयानलम् ।
तेजो लङ्घयितुं शक्तः को नु नाम द्विजन्मनाम् ॥ ३२७ ॥
अनभ्युपगतां पित्रा वोढुं त्वां नाहमुत्सहे ।
काव्यः प्रणेता धर्माणां प्रमाणं तद्वचो मम ॥ ३२८ ॥
अथ राज्ञो वचः श्रुत्वा पितरं सा सुलोचना ।
समाहूय स्वसंकल्पं विवाहाय न्यवेदयत् ॥ ३२९ ॥
न दोषोऽस्तीति शुक्रेण ततस्तां स्वयमर्पिताम् ।
जग्राह नाहुषो लोके मुनीनां हि गिरा स्थितिः ॥ ३३० ॥
शर्मिष्ठानुगतां प्राप्य देवयानीं महीपतिः ।
हृष्टः स्वनगरं प्रायात्प्रत्यग्ररचितोत्सवः ॥ ३३१ ॥
ततः प्राप सुतौ देवी देवयानी नराधिपात् ।
यदुं च तुर्वसुं चेति काले कुवलयेक्षणा ॥ ३३२ ॥

कदाचिदथ राजानं शर्मिष्ठा स्तबकस्तनी ।
ऋतुं प्रयत्ना प्रत्यग्रयौवनारम्भनिर्भरा ॥ ३३३ ॥
अशोकवनिकाभ्यासे स्थितं प्रोवाच निर्जने ।
पृथुवेपथुशिञ्जानमणिनूपुरमेखला ॥ ३३४ ॥
सख्याः पतिः क्षितिपते मम त्वं धर्मतः पतिः ।
ऋतावद्यार्थितः पूर्वं प्रणयः पूर्यतां विभो ॥ ३३५ ॥
तच्छ्रुत्वा भूपतिः प्राह दत्त्वा शुक्रः सुतां पुरा ।
सेव्या त्वया न शर्मिष्ठेत्यकरोन्मम संविदम् ॥ ३३६ ॥
त्व(त)द्वचो बहुभीतिर्मे विघ्नस्तत्संगमादृते ।
पूर्णेन्दुवदनां सुभ्रु कस्त्वां न बहु मन्यते ॥ ३३७ ॥
इति दैत्येन्द्रतनया श्रुत्वा भूपालमभ्यधात् ।
लिखन्ती चरणाग्रेण भूमिमायतलोचना ॥ ३३८ ॥
विवाहे स्त्रीषु नर्मोक्तौ प्राणभ्रंशे धनक्षये ।
न सत्यं गण्यते सद्भिः सत्यं साक्षिषु शस्यते ॥ ३३९ ॥
इत्यर्थितः स्वयं राजा तां राजीवविलोचनाम् ।
भेजे स्वेदाम्बुसंसृष्टकपोलाधरपल्लवाम् ॥ ३४० ॥
रममाणस्तया राजा गूढा बाला मृगीदृशा ।
द्रुह्युं चानुं च पूरुं च कालेन प्रापदात्मजान् ॥ ३४१ ॥
ततः कदाचिदुद्याने तान्कुमारान्महीभुजः ।
तुल्याननान्समालोक्य कान्तिलिप्तदिगन्तरान् ॥ ३४२ ॥
कस्य यूयमिति प्राह शङ्किता भार्गवात्मजा ।
ते चाङ्गुल्या नृपं दूरात्पितरं तमदर्शयन् ॥ ३४३ ॥
ततः क्रोधानलाक्रान्ता तद्राजचरितं रहः ।
गत्वा पितुर्गृहं सर्वं देवयानी न्यवेदयत् ॥ ३४४ ॥
तामेवानुसमायान्तं जायां सान्त्वयितुं नृपम् ।
शशाप कुपितः क्रुद्धो जराजीर्णो भवेति तम् ॥ ३४५ ॥

निशम्य शापं राजाथ भृगुसूनुः प्रसादितः ।
प्राह पुत्रं संक्रमय्य जरां यौवनमाप्स्यसि ॥ ३४६ ॥
तदाकर्ण्य स्वनगरं स गत्वाह सुतान्क्रमात् ।
जरया यौवनं मह्यं पुत्रका दीयतामिति ॥ ३४७ ॥
ते तमूचुर्गतप्राणो धन्यो न तु जरार्दितः ।
शरीरभारवाहो हि जरी सर्वापदां पदम् ॥ ३४८ ॥
स चतुर्भिर्यदुमुखैः प्रत्याख्यातः सुतैर्नृपः ।
शशाप तान्न राज्यार्हाः पापवंश्या यथाभवन् ॥ ३४९ ॥
वितीर्णं पूरुणा प्राप्य तारुण्यमथ पार्थिवः ।
अभूत्सहस्रमब्दानां सुखी संभोगतत्परः ॥ ३५० ॥
पूर्णे काले निजं राज्यं यौवनं च महीपतिः ।
प्रदाय पूरवे तुष्टो वानप्रस्थोऽभवन्मुनिः ॥ ३५१ ॥
पूरोरयं राजवंशः पौरवो यादवो यदोः ।
पितुः शापान्म्लेच्छशकाः शेषाणां यवनादयः ॥ ३५२ ॥

यायातम् ॥ ८ ॥

ततः परेण तपसा स्वर्गमारुह्य नाहुषः ।
उवास ब्राह्मभुवने लोकपालसभासु च ॥ ३५३ ॥
कदाचिदथ देवेन्द्रस्तं पप्रच्छ कथान्तरे ।
राजन्विराजसे पुण्यैः केनासि तपसा समः ॥ ३५४ ॥
सोऽब्रवीत्सुरसिद्धर्षिगन्धर्वनृपभोगिषु ।
न पश्याम्यात्मनस्तुल्यं तपसा यशसापि वा ॥ ३५५ ॥
इति ब्रुवाणं तं शक्रः पतेत्याहोच्चया गिरा ।
सर्वभूतावमानेन क्षीणं तत्ते तपो नृप ॥ ३५६ ॥
अवमानेन महतां प्रहर्षक्रोधविस्मयैः ।
तपांसि क्षयमायान्ति यशांसीव सुदुर्नयैः ॥ ३५७ ॥
इति शक्रगिरा राजापतत्क्षिप्रं सुरालयात् ।
विध्वस्तवदनच्छायः साधुसङ्गमयाचत ॥ ३५८ ॥

सतां मध्ये पतेत्युक्तः स सुरेन्द्रेण पार्थिवः ।
दौहित्राणां क्रतुक्षेत्रे पपाताधोमुखो दिवः ॥ ३५९ ॥
प्रतर्दनो वसुमनाः शिबिरौशीनरोऽष्टकः ।
ते नृपं सूर्यसंकाशं पतन्तं तं व्यलोकयन् ॥ ३६० ॥
तमष्टकोऽब्रवीद्देव कस्त्वं दीप्तानलद्युतिः ।
एवंविधानां महसामाकरो जातु नाल्पकः ॥ ३६१ ॥
इति पृष्टोऽष्टकेनाराान्निजं नाम निवेद्य सः ।
उवाच जन्मवृत्तान्तं पातनं च दिवो भुवि ॥ ३६२ ॥
संसारतत्त्वं पृष्टोऽथ दौहित्रेण स सर्ववित् ।
अस्पृष्टभूमिः सत्सङ्गादनुभूतमभाषत ॥ ३६३ ॥
आरुह्य पुण्यपाथेयो नरस्त्रिदशमन्दिरम् ।
भुङ्क्ते शुभफलं दिव्यं कलाकेलिकलः कृती ॥ ३६४ ॥
कालेन क्षीणपुण्योऽसौ क्षपितार्थ इवेश्वरः ।
एको निष्कास्यते स्वर्गात्कामी वेश्यागृहादिव ॥ ३६५ ॥
दिवः पतन्तं तं घोरा राक्षसा गृध्रगोमुखाः ।
पुनः पुनः समुद्धूतं भक्षयन्ति महारवाः ॥ ३६६ ॥
षष्टिं वर्षसहस्राणि तैर्भुक्त्वा बहुधेरितः ।
स्वकर्मानुगतो याति चिन्मात्रो देहसंगमम् ॥ ३६७ ॥
वासनागन्धसंपृक्तो देही गर्भं प्रसर्पति ।
वायुः शब्दैरिवाक्रान्तो भूतैरव्यक्तशक्तिभिः ॥ ३६८ ॥
पापः परापमानी च नीचयोनिषु जायते ।
भुवि पुण्यपरो याति पुनः स्वर्गगतिं नरः ॥ ३६९ ॥
गृही ततो वनस्थश्च ततो न्यस्ताखिलक्रियः ।
निर्वैरो निर्ममः शान्तः प्रयाति परमं पदम् ॥ ३७० ॥
ययातिरिति दौहित्रैः पृष्टः सर्वं निगद्य तत् ।
ययौ तत्पुण्यसंस्पृष्टस्तैरेव सहितो दिवम् ॥ ३७१ ॥

ते दिव्यधिष्ण्यैरारूढास्त्रिदिवं पञ्च पार्थिवाः ।
व्यराजन्तोर्जितोत्साहाः पञ्च सूर्या इवोदिताः ॥ ३७२ ॥

तेषां मध्येऽधिकं राजा शिबिरौशीनरो बभौ ।
दानेन तपसा कीर्त्या सत्येन क्षमाय तथा ॥ ३७३ ॥

उत्तरयायातम् ॥ ९ ॥

पुनः स्वर्गं समारूढे नाहुषे पृथिवीपतौ ।
तत्पुत्रस्याभवत्पूरोर्वंशः सुविपुलः क्षितौ ॥ ३७४ ॥

मनोर्वैवस्वतस्यासीदिडो नाम पुरा[1] सुतः ।
आयुस्तस्याभवत्पुत्रो नहुषश्चायुषोऽभवत् ॥ ३७५ ॥

ययातिर्नाहुषो राजा पूरुस्तस्याभवत्सुतः ।
जनमेजयस्तस्य सूनुः प्राची[2]धन्वा ततोऽभवत् ॥ ३७६ ॥

संयातिस्तनयस्तस्य ततः शं[3]पातिरित्यभूत् ।
सार्वभौमस्तत्सुतोऽभू[4]द्दाराधीरस्तदात्मजः ॥ ३७७ ॥

पुत्रस्तस्य महाभौमस्ततोऽप्ययुतनाप्यभूत् ।
अक्रोधनस्तत्तनयस्तस्य देवातिथिः सुतः ॥ ३७८ ॥

तस्यापत्यं पैदः[5] श्रीमानृक्षस्तस्यात्मजोऽभवत् ।
ततश्च मतिनाराख्यस्तस्य त्रपु(तंसु)रभूत्सुतः ॥ ३७९ ॥

नलिनश्च त्रपोः(तंसोः) सूनु[6]र्दुष्यन्तस्तत्सुतो विभुः ।
भरतस्तस्य दायादोऽभि(भु)मन्युर्भारतो नृपः ॥ ३८० ॥

सुहोत्रस्तत्सुतो हस्ती हस्तिनापुरकृत्ततः ।
विकुण्ठो हस्तिनः सूनुरजमीढस्ततोऽभवत् ॥ ३८१ ॥

---

१. 'पुरूरवाः' इति भारते. २. 'प्राचीन्वान्' इति भारते. ३. 'अहंयातिः' इति भारते. ४. भारते तु 'सार्वभौमस्य जयत्सेनः, जयत्सेनस्यावाचीनः, अवाचीनस्यारिहः, अरिहस्य महाभौमः' इत्युपलभ्यते. ५. भारते तु देवातिथेररिहः सुत उपलभ्यते. ६. 'तंसुं सरस्वती पुत्रं मतिनारादजीजनत् । ईलिनं जनयामास कालिङ्ग्यां तंसुरात्मजम् ॥ ईलिनस्तु 'रथन्तर्यां दुष्यन्ताद्यान्पञ्च पुत्रानजीजनत्' इति भारते.

आजमीढः संवरणः कुरुः संवरणात्मजः ।
अभिम्वा(अनश्वा) कौरवो[1] राजा परीक्षिदभवत्ततः ॥ ३८२ ॥
परीक्षितो भीमसेनः प्रतीपस्तत्सुतो[2] नृपः ।
प्रातीपः शंतनुः श्रीमान्राजा सत्यवतीपतिः ॥ ३८३ ॥
विचित्रवीर्यस्तत्सूनुस्ततः पाण्डुर्महीपतिः ।
अर्जुनः पाण्डुदायादः सौभद्रश्च तदात्मजः ॥ ३८४ ॥
परीक्षित्तस्य तनयस्ततस्त्वं जनमेजयः ।
भवतश्चायमायुष्मांञ्शतानीकः कुलोचितः ॥ ३८५ ॥
अश्वमेधकृतश्चास्य[3] सहस्रानीकभूपतिः ।
भविष्यति सुतः श्रीमान्पूरोरित्ययमन्वयः ॥ ३८६ ॥

पूरुवंशानुकीर्तनम् ॥१०॥

ब्रह्मलोके पुरा यज्वा मनुवंश्यो महातिथिः[4] ।
तस्थौ चतुर्मुखास्थाने राजा राजर्षिभिः सह ॥ ३८७ ॥
तत्र मन्दाकिनी मूर्ता सभासीनं पितामहम् ।
सिषेवे हंसशुभ्रेण चामरेणाम्बुजन्मना ॥ ३८८ ॥
स फेनमालाधवलोडु(?)ग्गूलपटपल्लवः ।
तस्या वालानिलाधूतो विचचाल मृगीदृशः ॥ ३८९ ॥
तां दृष्ट्वा संभ्रमालोलक्कणद्वलयमेखलाम् ।
वैलक्ष्यमगमन्सर्वे सुराः क्षणमवाङ्मुखाः ॥ ३९० ॥
महातिथिस्तु[4] तां दृष्ट्वा रम्भागर्भनिभप्रभाम् ।
निमेषदोषशून्येन चक्षुषा समुदैक्षत ॥ ३९१ ॥
तत्कोपाद्ब्रह्मणा शप्तः स पपात ततो भुवि ।
प्रतिपस्यात्मजो राज्ञो भूयासमित्यचिन्तयत् ॥ ३९२ ॥

---

१. 'कुरोः शुभाङ्ग्यां विदूरः, विदूरस्य संप्रियायामनश्वा' इति भारते. २. 'भीमसेनस्य प्रतिश्रवा प्रातिश्रवसः प्रतीपः' इति भारते. ३. 'अश्वमेधदत्त' इति भारते. ४. 'महाभिषः' इति भारते.

तस्मिन्नवसरे गङ्गा निवृत्ता ब्रह्मलोकतः ।
वसून्विषण्णवदनान्ददर्श व्योमगामिनी ॥ ३९३ ॥
ते शापकारणं पृष्टास्तया प्राहुर्गतत्विषः ।
वसिष्ठेन वयं शप्ता निपतामो महीतले ॥ ३९४ ॥
शंतनोः प्रातिपीयस्य[1] यास्यामो देवि पुत्रताम् ।
जननी तत्र कारुण्यात्त्वं नो भवितुमर्हसि ॥ ३९५ ॥
जातानस्माञ्जले क्षिप्त्वा विमुक्तिं च विधत्स्व नः ।
कः सहेतापदावासं सायासं जन्म मानुषम् ॥ ३९६ ॥
तच्छ्रुत्वा जाह्नवी प्राह सर्वमेतत्करोम्यहम् ।
किं तु तस्य नृपस्यैकः पुत्रोऽस्तु भवतां मतः ॥ ३९७ ॥
विफलं नोत्सहे कर्तुं यदर्थं तत्समागमम् ।
इति गङ्गावचः श्रुत्वा प्रहृष्टा वसवोऽवदन् ॥ ३९८ ॥
सर्वेषामष्टमांशेन बलवीर्यगुणौजसाम् ।
अस्माकं देवि भविता ब्रह्मचारी तवात्मजः ॥ ३९९ ॥
इति संविदमादाय तेषु यातेषु भूतलम् ।
प्रतिपं पृथिवीपालं तटान्ते चिरजापिनम् ॥ ४०० ॥
तत्तीर्थसलिलात्साक्षाद्गङ्गा कान्तितरङ्गिता ।
ऊरुं दक्षिणमारुह्य प्रोवाच भज मामिति ॥ ४०१ ॥
स तामुवाच नाज्ञातां नावर्णां न परस्त्रियम् ।
व्रजामीति व्रतं विद्धि मम मानिनि सर्वदा ॥ ४०२ ॥
दक्षिणाङ्कोपविष्टा च त्वं स्नुषा मे भविष्यसि ।
अपत्यानां पदमेतद्वामं तु दयितास्पदम् ॥ ४०३ ॥
इति राज्ञो[2] वचः श्रुत्वा तथेत्युक्त्वा त्रिमार्गगा ।
प्रययौ कान्तिपूरौघैः पूरयन्ती तटस्थलीम् ॥ ४०४ ॥

---

१. 'प्रतिप—परिक्षित्' इत्युभयत्रापि ह्रस्वेकार आदर्शद्वये; भारते दीर्घेकार उपलभ्यते. २. 'अपत्यानां स्नुषाणां च भीरु विद्ध्येतदासनम् । सव्योरुः कामिनीभोग्यस्त्वया स च विवर्जितः ॥ तस्मादहं नाचरिष्ये त्वयि कामं वराङ्गने । स्नुषा मे भव सुश्रोणि पुत्रार्थं ,त्वां वृणोम्यहम् । स्नुषापक्षं हि वामोरु त्वमागम्य समाश्रिता ॥' इति भारतोक्तं राजवाक्यम्.

अत्रान्तरे व्रतवतः प्रतिपस्य सुतोऽभवत् ।
शंतनुः शान्तवयसो ब्रह्मशापान्महातिथिः ॥ ४०५ ॥
तं युवानं ततः प्राह स कदाचित्सुतं नृपः ।
गङ्गाकूले पुरा पुत्र दिव्या योषित्स्वयं मया ॥ ४०६ ॥
वृता स्नुषेति वचसा तां भजस्व समागताम् ।
उक्त्वेति राज्यं दत्वास्मै प्रतिपस्तपसे ययौ ॥ ४०७ ॥
ततः स भुवनाभोगभूषणं जनवल्लभः ।
बभूव भूभृतां नाथः शंतनुः शान्तविप्लवः ॥ ४०८ ॥
चरन्स गङ्गापुलिनेऽरसत्समदसागरे ।
कदाचिदनिलालोलमञ्जरीलास्यमन्दिरे ॥ ४०९ ॥
ददर्श कार्तिकीचन्द्रवदनां दिव्ययोषिताम् ।
स्वच्छांशुकां सुधाफेनधवलां कमलामिव ॥ ४१० ॥
तां पृथुश्रोणिपुलिनां कटाक्षशफराकुलाम् ।
लावण्यवाहिनीं वीक्ष्य रसत्नुपरसारसाम् ॥ ४११ ॥
प्रहर्षविस्मयोत्फुल्ललोचनो जगतीपतिः ।
पितुः स्मृत्वा वचः प्राह रम्भोरु भज मामिति ॥ ४१२ ॥
तदाकर्ण्य प्रणयिनं सा तं त्रिदशवाहिनी ।
मेने यथेष्टकरणप्रत्याख्यानावधिप्रियम् ॥ ४१३ ॥
रममाणस्तया तन्व्या नवोद्याने स भूपतिः ।
प्रयातमपि नाज्ञासीत्कालं कमललोचनः ॥ ४१४ ॥
ततः सा शापपतितान्सप्त जातान्वसून्क्रमात् ।
जघान सलिले क्षिप्त्वा नोचे किंचिच्च तां नृपः ॥ ४१५ ॥
सुते जातेऽष्टमे राज्ञा निषिद्धा सावदत्ततः ।
समयात्त्वं विचलितः स्वस्ति गच्छामि भूपते ॥ ४१६ ॥
प्रत्याख्यानं वियोगायेत्येतत्किं विस्मृतं तव ।
अहं त्रिपथगा राजन्नभवं तव वल्लभा ।

वशिष्टशापान्निपतद्वसुमोक्षकृतक्षणा ॥ ४१७ ॥
पुरा विहाररसिका वसवोऽष्टौ प्रियासखाः ।
दृष्टाश्चेरुर्वशिष्ठस्य मेरुपार्श्वे तपोवने ॥ ४१८ ॥
सर्वकामप्रदां तत्र होमधेनुं महामुनेः ।
चरन्तीं द्यौर्वसुर्दृष्ट्वा निजां जायामभाषत ॥ ४१९ ॥
पीयूषस्यन्दिनी धेनुरियं रूपवती मुनेः ।
मर्त्योऽप्यमर्त्यतां याति यत्क्षीरेण सविग्रहः ॥ ४२० ॥
वसुभार्या निशम्येति तं प्राह दयितं प्रिया ।
वयस्या मर्त्यलोकेऽस्ति जीवितं मे बहिश्चरम् ॥ ४२१ ॥
उशीनरस्य दुहिता नृपतेरजिरावती ।
तदर्थं क्षीरमिच्छामि हरैतां सुरभिं बलात् ॥ ४२२ ॥
तथेति प्रेरितो धेनुं सोऽहरत्स्मरमोहितः ।
तेजसा सह नश्यन्ति स्त्रीजितानां हि बुद्धयः ॥ ४२३ ॥
तत्कोपात्तान्वसूनेत्य वशिष्ठः सहसाशपत् ।
एकस्याप्यपराधेन वृन्दमायाति वाच्यताम् ॥ ४२४ ॥
मर्त्येषु जन्म भूयाद्वः शापं श्रुत्वेति ते ततः ।
भीताः प्रसादयामासुः सोऽथ तानवदच्छनैः ॥ ४२५ ॥
गर्भावधिरयं शापो वत्सरं वो भविष्यति ।
यो हर्ता द्यौरस्तु चिरं मनुष्योऽयं भविष्यति ॥ ४२६ ॥
इति शप्तावशिष्टेन मोचिताः सप्त ते मया ।
राजन्सुतस्तवायुष्मान्वसुर्द्यौरयमष्टमः ॥ ४२७ ॥
इत्युक्त्वा प्रययौ गङ्गा तूर्णमादाय तं शिशुम् ।
देवव्रताभिधानोऽभूद्यो देवैर्विहितव्रतः ॥ ४२८ ॥
ततः कालेन संप्राप्तविद्यं शस्त्रास्त्रकोविदम् ।
जाह्नवी तं नरपतेः पुनरेत्य सुतं ददौ ॥ ४२९ ॥

हृष्टः शंतनुरासाद्य गाङ्गेयमुचितं सुतम् ।
मेने सफलमात्मानं यौवराज्येऽभिषिच्य तम् ॥ ४३० ॥

भीष्मोत्पत्तिः ॥ ११ ॥

कदाचिदथ कालिन्दीतटोपान्तवनस्थलीः ।
चचार शंतनुः पश्यन्मञ्जुगुञ्जद्विहंगमाः ॥ ४३१ ॥
तत्रोत्फुल्लोत्पलामोदसोदरं दिव्यसौरभम् ।
आघ्राय दृष्टवान्कन्यां कलां कान्तिमतीमिव ॥ ४३२ ॥
कासीति पृष्टा सा तेन प्रोवाच वरवर्णिनी ।
अहं सत्यवती नाम सुता दाशपतेरिति ॥ ४३३ ॥
ततः स्मरेण सहसा स धीरो विवशीकृतः ।
दाशराजं समभ्येत्य तामयाचत सुन्दरीम् ॥ ४३४ ॥
अस्यां जातो राज्यभागी सुतस्ते यदि भूपते ।
तत्तेऽहं वितराम्येनामिति दाशाधिपोऽवदत् ॥ ४३५ ॥
तच्छ्रुत्वा शंतनुर्ध्यात्वा धुर्यं देवव्रतं सुतम् ।
दाशवाक्यमनादृत्य प्रययौ हस्तिनापुरम् ॥ ४३६ ॥
स तत्र मन्मथाक्रान्तस्तामेव हृदयस्थिताम् ।
ध्यायन्न निद्रामभजद्गाथामर्धस्मृतामिव ॥ ४३७ ॥
तं ध्यानपरमेकान्ते पुत्रो देवव्रतः स्वयम् ।
पप्रच्छ शोकसंतापकारणं धैर्यसागरः ॥ ४३८ ॥
सुतेन पृष्टः प्रोवाच त्वमेवैकः सुतो मम ।
अपैति नैकपुत्राणां संतानक्षयजं भयम् ॥ ४३९ ॥
जाते कुलोचिते पुत्रे त्वयि सर्वगुणाधिके ।
कृतकृत्यस्य च पुनर्विवाहो मे विडम्बना ॥ ४४० ॥
इति तद्वाक्यमाकर्ण्य गाङ्गेयो मन्त्रिणां गिरा ।
विवेद पितरं दाशकन्यकाहृतमानसम् ॥ ४४१ ॥
स गत्वा यमुनाकूलवर्तिनं दाशभूपतिम् ।
ययाचे पूजितः कन्यां जनकाय सुलोचनाम् ॥ ४४२ ॥

कथं त्वयि स्थिते वीर दौहित्रो मे नृपो भवेत् ।
इत्युक्ते दाशराजेन वीरः शांतनवोऽब्रवीत् ॥ ४४३ ॥
नाहं राज्यं करिष्यामि सत्योऽयं समयो मम ।
इति ब्रुवाणं गाङ्गेयं दाशराजोऽब्रवीत्पुनः ॥ ४४४ ॥
सत्यसंध प्रतिज्ञैषा तव तावदनश्वरी ।
त्वत्सुतानां तु वीराणां राज्यं को वारयिष्यति ॥ ४४५ ॥
देवव्रतस्तदाकर्ण्य दाशराजमभाषत ।
व्येतु ते मत्सुतभयं ब्रह्मचारी भवाम्यहम् ॥ ४४६ ॥
इत्युक्ते राजपुत्रेण गगनात्पुष्पवर्षिणः ।
भीषणा ते प्रतिज्ञेयं भीष्मेति प्रोचिरे सुराः ॥ ४४७ ॥
ततस्तां दाशराजेन दत्तां निःशङ्कचेतसा ।
शीघ्रमादाय गाङ्गेयः प्रययौ हस्तिनापुरम् ॥ ४४८ ॥
वितीर्णामथ पुत्रेण प्राप्य सत्यवतीं नृपः ।
निशम्य तत्प्रतिज्ञां स लज्जानतमुखोऽभवत् ॥ ४४९ ॥
स्वच्छन्दनिधनं तस्मै ददौ तुष्टः पिता वरम् ।
किमदेयं कृतज्ञानामनुक्त्वैवोपकारिणाम् ॥ ४५० ॥
ततः सत्यवती काले सुषुवे राजदारकम् ।
मौक्तिकं वेणुवल्लीव राकेव रजनीपतिम् ॥ ४५१ ॥
चित्राङ्गदाभिधाने च तस्मिन्यौवनमीयुषि ।
प्रसूत सत्याप्यपरं बालकं पालकं क्षितेः ॥ ४५२ ॥
तस्मिन्विचित्रवीर्याख्ये शनैः संपूर्णविग्रहे ।
आरुरोह दिवं राजा मखसोपानपङ्क्तिभिः ॥ ४५३ ॥
दत्ताभिषेको भीष्मेण ततश्चित्राङ्गदो युवा ।
वीरश्चित्राङ्गदेनैव गन्धर्वेणाहतोऽरिणा ॥ ४५४ ॥
राज्यं विचित्रवीर्याय ततो देवव्रतो ददौ ।
आपत्स्वपि न सीदन्ति सतां सत्प्रक्रियाः क्रियाः ॥ ४५५ ॥

तत्प्रतिग्रहलाभाय जित्वा भूपान्स्वयंवरे ।
कन्यकाः काशिनृपतेरानिनायापगासुतः ॥ ४९६ ॥
मनसाप्यन्यपूर्वां स ज्ञात्वा साल्वाभिलाषिणीम् ।
ज्येष्ठामम्बाभिधां तासां तत्याज ज्वलितामिव ॥ ४९७ ॥
विचित्रवीर्योऽप्यनिशं प्रौढानङ्गतरङ्गितः ।
अम्बिकाम्बालिकाकेलिरसार्द्रहृदयोऽभवत् ॥ ४९८ ॥
तयो[1] रतोऽभवद्यक्ष्मक्षयपक्षिपरिक्षितः ।
जनानुरागसंध्याङ्कः क्वापि राजशशी ययौ ॥ ४९९ ॥
विचित्रवीर्ये त्रिदिवं याते सत्यवती शुचा ।
निर्दह्यमाना गाङ्गेयमवदद्बाष्पगद्गदा ॥ ४६० ॥
छिन्नोऽयं शंतनोर्वंशः कालेन क्रूरकारिणा ।
यदत्र सांप्रतं पुत्र तच्चिन्तयितुमर्हसि ॥ ४६१ ॥
क्षेत्रे विचित्रवीर्यस्य भ्रातुस्त्रिदशगामिनः ।
वंशप्रतिष्ठामाधत्स्व कुरु वा दारसंग्रहम् ॥ ४६२ ॥
वचः श्रुत्वेति सत्याया भीष्मः प्राहाविलुप्तधीः ।
साधूनां मरणं श्रेयो न मातः सत्यविप्लवः ॥ ४६३ ॥
त्वद्विवाहे प्रतिज्ञां तां स्मराम्येकाग्रमानसः ।
त्यजन्ति जीवितं काले मर्यादां न तु मानिनः ॥ ४६४ ॥
वंशप्रतिष्ठामाधत्तां ब्राह्मणः कश्चिदेत्य नः ।
पुरा रामहते क्षत्रे द्विजैर्जाता नराधिपाः ॥ ४६५ ॥
औतथ्येनापि मुनिना बलेर्वसुमतीपतेः ।
वल्लभायां सुदोष्णायामङ्गाख्यो[2] जनितो नृपः ॥ ४६६ ॥
तयैव च विसृष्टायां शूद्रायामप्यजीजनत् ।
मुनिः कुक्षिवदादीन्स मुनीनेकादशात्मजान् ॥ ४६७ ॥
भीष्मस्येति वचः श्रुत्वा प्राह सत्यवती शनैः ।
कानीनस्तनयो मेऽस्ति मुनिर्जातः पराशरात् ॥ ४६८ ॥

---

१. 'ततो' क. २. 'सुदेष्णायां' भारते.

भगवान्यमुनाद्वीपे द्वैपायन इति श्रुतः।
वेदव्यासं महात्मानं तं स्मरामि कुलस्य नः।
ध्रुवं मयार्थितः कुर्यात्स प्ररोहश्रियं पुनः॥ ४६९॥
इति ब्रुवाणा भीष्मेण तथेत्यभिहितादरात्।
सस्मार तपसो राशिं सा सुतं ज्ञानभास्करम्॥ ४७०॥
स ध्यातमात्रो भगवानाययावञ्जनद्युतिः।
निजतेजश्छटापुञ्जपिङ्गश्मश्रुविलोचनः॥ ४७१॥
सर्वज्ञं ज्ञातवृत्तान्तं पूजितं तं पुरोधसा।
भीष्मेण चाब्रवीन्माता वात्सल्यात्प्रस्नुतस्तनी॥ ४७२॥
भ्रातुर्विचित्रवीर्यस्य क्षेत्रे मद्वचनान्मुने।
धर्मज्ञ जनयापत्यं प्रतिष्ठायै कुलस्य नः॥ ४७३॥
नौरिवाकर्णधारेयं वर्तते भूरराजका।
सीदते धर्ममर्यादा राष्ट्रे हि नृपवर्जिते॥ ४७४॥
इति मातुर्वचो व्यासस्तथेति प्रत्यपद्यत।
ततोऽम्बिकां ज्ञातवृत्तां सत्या तस्मै व्यसर्जयत्॥ ४७५॥
सा काशिराजतनया कृष्णं पिङ्गललोचनम्।
संगम्य तं मुनिवरं भीता नेत्रे न्यमीलयत्॥ ४७६॥
तत्सकाशादथायातं सत्या मुनिमभाषत।
अप्यस्यां तनयो व्यास भविष्यति कुलोचितः॥ ४७७॥
इति पृष्टो मुनिः प्राह तनयोऽस्यां भविष्यति।
बहुपुत्रश्च किं त्वान्ध्यं मातृदोषादुपैष्यति॥ ४७८॥
किमन्धेनेति स मुनिः सत्यवत्यार्थितः पुनः।
अम्बालिकां समभ्यायात्सापि तं वीक्ष्य भास्वरम्॥ ४७९॥
चण्डांशुमिव दुष्प्रेक्ष्यमनाधृष्टमिवाचलम्।
बभूव पाण्डुरमुखी भग्नसंविग्नमानसा॥ ४८०॥

ततः सत्यां समभ्येत्य पुनः पृष्टोऽब्रवीन्मुनिः ।
तनयः पाण्डुवक्त्राया पाण्डुरस्या भविष्यति ॥ ४८१ ॥
अथान्धमम्बिकासूत धृतराष्ट्रं धियां निधिम् ।
अम्बालिका तथा पाण्डुं यशःकर्पूरपाण्डुरम् ॥ ४८२ ॥
पुनरभ्यर्थितो मात्रा तृतीयमसृजन्मुनिः ।
अम्बिकाकूटनिर्दिष्टशूद्रस्त्रीसंगमात्सुतम् ॥ ४८३ ॥
धर्मो माण्डव्यशापेन स बालः शूद्रतां गतः ।
विदुरः शूद्रकर्माभूत्स्वकर्म हि कुलं महत् ॥ ४८४ ॥
तपस्यतो मुनेः पूर्वं माण्डव्यस्यान्तिके धनम् ।
भीतैश्चौरैः समुत्सृष्टं ददृशुः पुररक्षिणः ॥ ४८५ ॥
मौनव्रतः स तैः पृष्टो यदा नोवाच किंचन ।
तदा तं चौरसहितं ते निन्युः पार्थिवान्तिकम् ॥ ४८६ ॥
अज्ञातवृत्तस्तं मोहात्पापशूले न्यवेशयत् ।
शूलस्थः स तपस्तीव्रं चिरं तेपे महातपाः ॥ ४८७ ॥
मुनयस्तं खगा भूत्वा शूलस्थमवदञ्शुचा ।
कस्येमां कर्मणो निष्ठां प्राप्तोऽसि भगवन्निति ॥ ४८८ ॥
सोऽब्रवीत्स्वात्मनैवात्मा पुरा विहितमश्नुते ।
ततः प्रसादयामास तं ज्ञात्वा चकितो नृपः ॥ ४८९ ॥
आकृष्यमाणं शूलाग्रं यदा तस्य न निर्ययौ ।
तदा विकृत्तां तत्कोटिं वहन्नन्तश्चचार सः ॥ ४९० ॥
ततः प्रभृति लोकेऽसावणीमाण्डव्य इत्यभूत् ।
स गत्वा कुपितो धर्मं समासीनमभाषत ।
कर्मणः कस्य पाकोऽयं मम शूलाधिरोपणम् ॥ ४९१ ॥
इति पृष्टो मुनीन्द्रेण ध्यात्वा धर्मस्तमब्रवीत् ।
पुच्छे यत्पुत्तिका पूर्वं त्वया विद्धा तृणाङ्कुरैः ॥ ४९२ ॥
कर्मणस्तस्य पाकोऽयं तदाकर्ण्यावदन्मुनिः ।
अहो स्वल्पापराधस्य मम दण्डः सुदुःसहः ॥ ४९३ ॥

कृतो धर्म त्वया तस्माच्छूद्रयोनौ भविष्यति।
मया बाल्ये कृतं ह्येतद्बाला यस्मादपातकाः।
आचतुर्दशवर्षान्तादित्येषा सत्कृता स्थितिः॥ ४९४॥

एवं मुनीन्द्रशापेन धर्मो यातः स शूद्रताम्।
विदुरो दीर्घदर्शी च धर्मज्ञश्चाभवद्बुधः॥ ४९५॥
अन्तर्हिते भगवति व्यासे ते कुरुनन्दनाः।
व्यवर्धन्त महोत्साहाः प्रजानामुत्सवैः सह॥ ४९६॥
प्रज्ञाचक्षुरभूत्तेषां धृतराष्ट्रोऽग्रजो बली।
उवाह राज्यं पाण्डुस्तु दुष्यन्तभरतोपमः॥ ४९७॥
सुतां गान्धारराजस्य सुबलस्य बलीयसः।
शकुनेरनुजां लेभे गान्धारीमम्बिकासुतः॥ ४९८॥

पुत्राणां प्राप्स्यसि शतं विशालबलतेजसाम्।
ददाविति वरं तस्याः स्वयमाराधितो हरिः॥ ४९९॥
विदित्वान्धं पतिं सा तु सती व्रतपरायणा।
बबन्ध च सुपट्टेन नयने विनयावनिः॥ ५००॥

अत्रान्तरे शूरसुतां वसुदेवानुजां नृपः।
जग्राह कुन्तवत्कुन्तीं कुन्तिभोजमहीपतिः॥ ५०१॥
पुत्री च मातुलेयी च गृहे सा तस्य कन्यका।
अवर्धतातिथिगुरुद्विजपूजाविधायिनी॥ ५०२॥
दुर्वाससो मुनिवरात्प्रयत्नाराधितात्सती।
पुत्रार्थं त्रिदशाह्वाने दिव्यमन्त्रमवाप सा॥ ५०३॥
ततः कदाचित्सौधस्था नवयौवनशालिनी।
आजुहाव सहस्रांशुं ज्ञातुं मन्त्रस्य सत्यताम्॥ ५०४॥
स ध्यातमात्रो भगवान्साक्षात्तामेत्य सुन्दरीम्।
अभ्यधादयमस्मीति व्यावल्गल्लोलकुण्डलः॥ ५०५॥
तच्छ्रुत्वा लज्जिता बाला तमुवाच कृताञ्जलिः।

पृथापराभिधा कुन्ती कम्पशिञ्जानमेखला ॥ १०६ ॥
मुनिमन्त्रपरीक्षायै ध्यातोऽसि भगवन्मया।
प्रसीद करुणासिन्धो क्षम्यतां बालचापलम् ॥ १०७ ॥
इत्युक्तो भास्करः कुन्त्या प्रोवाचामोघदर्शनः।
त्वदर्थमहमायातो भज मां चारुहासिनि ॥ १०८ ॥
त्वया सह कुरङ्गाक्षि संगमो मे प्रसादनम्।
निष्फलाह्वानसदृशी नावमानमही परा ॥ १०९ ॥
मत्सङ्गप्रतिषेधस्ते दोषाय श्रेयसेऽन्यथा।
इत्यर्थिता सा बहुशो रविणा संगमं ययौ ॥ ११० ॥
अलुप्तकन्यकाभावा सहस्रांशुवरात्ततः।
असूत तनयं कर्णं भास्वत्कनककुण्डलम् ॥ १११ ॥
तया बन्धुभयात्त्यक्तो लज्जया सलिले शिशुः।
स सूतेनाधिरथिना संप्राप्तः काञ्चनैः सह ॥ ११२ ॥
तद्भार्यया वर्धितोऽथ राधया वसुना सह।
संप्राप्त इति स श्रीमान्वसुषेणाभिधोऽभवत् ॥ ११३ ॥
सूर्योपस्थानसमये नादेयं तस्य किंचन।
बभूव सर्वशस्त्रास्त्रविद्याविक्रमशालिनः ॥ ११४ ॥
ततस्तां राजतनयां कुन्तीं कमललोचनाम्।
कान्तः स्वयंवरे पाण्डुरवाप नृपसंसदि ॥ ११५ ॥
माद्रीं च मद्रराजस्य सुतां लावण्यवाहिनीम्।
लेभे देवव्रतप्रत्तशुल्केनाम्बालिकासुतः ॥ ११६ ॥
ताभ्यां तरलनेत्राभ्यां रममाणो महीपतिः।
प्रीत्या रत्या च सहितो मनोभव इवाबभौ ॥ ११७ ॥
स जित्वा दिक्षु भूपालान्करं प्राप्य धनुर्धरः।
ययौ ययातिशर्यातिनृगनाभागतुल्यताम् ॥ ११८ ॥
भीष्मः पारशवीं कन्यां देवकस्य महीपतेः।
विदुराय समानीय ददौ वंशविवृद्धये ॥ ११९ ॥

अत्रान्तरे व्यासवाक्याद्धृतराष्ट्रस्य वल्लभा।
उवाह गर्भं गान्धारी संवत्सरयुगं सती ॥ १२० ॥
पुत्रार्थिनी चिरधृते गर्भे सा जातमत्सरा।
बहुधा ताडयामास मुष्टिभ्यामुदरं निजम् ॥ १२१ ॥
ततो मांसमयीं पेशीमष्ठीलामिव संहताम्।
असूत राजमहिषी दुःखातङ्कमयीमिव ॥ १२२ ॥
व्यासवाक्यादथासिक्ता सा पेशी शीतवारिणा।
एकाधिकं शतमभूद्गर्भतो मुष्टिताडनात् ॥ १२३ ॥
अङ्गुष्ठपर्वमात्रास्ते घृतकुण्डेषु रक्षिताः।
व्यस्ता बभूवुः कालेन बालकाः कान्तवर्चसः ॥ १२४ ॥
ज्येष्ठो दुर्योधनस्तेषां ततो दुःशासनादयः।
विकर्णदुःशलमुखा दुःशलैका च कन्यका ॥ १२५ ॥
वंशानां धृतराष्ट्रस्य युयुत्सुश्चाभवत्सुतः।
तेषु जातेषु घोराभूद्दुर्निमित्तपरम्परा।
पाण्डुस्तु मृगयाशीलो धन्वी वीरश्चरन्वने ॥ १२६ ॥
जघान सुरतासक्तं मृगरूपं मुनिं शरैः।
स तं शशाप दयितारतपर्यन्तजीवितः ॥ १२७ ॥
राजन्भूयास्त्वमप्येवमकाले वधकृन्मम।
इति शप्तो मुनीन्द्रेण पाण्डुर्दुःखानलाहतः ॥ १२८ ॥
त्यक्त्वा राज्यं वने तस्थौ ब्रह्मचारी वधूसखः।
प्रियाभ्यां सह स प्रायाच्छतशृङ्गं तपोवनम् ॥ १२९ ॥
बभूव शमसंतोषपीयूषविषदाशयः।
कदाचिद्विजने कुन्तीं स चिन्ताकुलितोऽब्रवीत् ॥ १३० ॥
याजिनोऽपि गतिः स्वर्गे नह्यपुत्रस्य सुन्दरी।
तस्मादुत्पादय सुतं क्षेत्रजं मे नृपात्मजे ॥ १३१ ॥
क्षत्रक्षेत्रे पुरा जाताः श्रूयन्ते ब्राह्मणान्नृपाः।
इति पत्युर्वचः श्रुत्वा कुन्ती प्राह सुलोचना ॥ १३२ ॥

नैतन्ममोचितं राजंस्त्वदन्यं मनसाप्यहम्।
न चिन्तयामि पुत्रो मे त्वत्त एव भविष्यति॥ १३३॥
व्युषिताश्वः पुरा राजा पौरवो यज्वनां वरः।
दयितानिरतो नित्यं यक्ष्मणा क्षयमाययौ॥ १३४॥
तं व्यसुं राजमहिषी भद्रा नाम मनःप्रियम्।
विलपन्ती न तत्याज तद्गतिं गन्तुमुद्यता॥ १३५॥
चिरं दयितमालिङ्ग्य शोचन्तीं तां पतिव्रताम्।
ऊचे नभोभवा वाणी भद्रेऽनेन गतासुना॥ १३६॥
रहः संगच्छ सुभगे तनयान्समवाप्स्यति।
तदाकर्ण्य पदादिष्टं सा कृत्वा सत्यशालिनी॥ १३७॥
त्रीन्साल्वांश्चतुरो मद्रान्पुत्रान्प्राप महीपतेः।
इत्यनन्यधियां राजन्सतीनां दैवतं पतिः॥ १३८॥
एतत्कुन्त्या वचः श्रुत्वा पाण्डुः पुनरभाषत।
एवमेतद्यथार्थं त्वं धन्या कमललोचने॥ १३९॥
अनावृताः स्ववर्णेषु सर्वसाधारणाः पुरा।
नार्यो बभूवुर्निर्वैरो यतः सर्वोऽभवज्जनः॥ १४०॥
औद्दालकः श्वेतकेतुर्विजने वीक्ष्य मातरम्।
करेणानेतुमाकृष्टामपूर्वेण द्विजन्मना॥ १४१॥
कुपितो विदधे स्त्रीणामेकभर्तृव्रतां स्थितिम्।
पत्युस्तु शासनात्तासां न दोषः परसंगमे॥ १४२॥
भर्तुः कल्मषपादस्य मदयन्ती पुरा सती।
आज्ञया तनयं लेभे वशिष्ठादश्मकाभिधम्॥ १४३॥
राज्ञो विचित्रवीर्यस्य वयं च क्षेत्रजाः सुताः।
अतस्त्वं राजदयिते मद्वचः कर्तुमर्हसि॥ १४४॥
इत्याकर्ण्य वचो भर्तुः प्राह कुन्ती नतानना।
लज्जामुकुलितापाङ्गसाचीकृतविलोचना॥ १४५

आराधितान्मया पूर्वं प्राप्तो दुर्वाससो मुनेः ।
मन्त्रः स्फारस्फुरद्वीर्यस्त्रिदशाह्वानसत्फलः ॥ ९४६ ॥

अनेन पुत्रि मन्त्रेण समाह्वाय सुरोत्तमान् ।
यथेच्छं प्राप्स्यसि सुतान्स मामित्यवदन्मुनिः ॥ ९४७ ॥

साहं कं देवमाह्वाय त्वदाज्ञाकारिणी विभो ।
भवामि तनयोत्सङ्गा तव संकल्पसिद्धये ॥ ९४८ ॥

इति राज्ञ्या वचः श्रुत्वा प्रहृष्टः पाण्डुरब्रवीत् ।
दिवौकसां वरो धर्मस्तन्मयाः प्रवराननाः ।
तस्माद्धर्मं समाहूय देवि पुत्रमवाप्नुहि ॥ ९४९ ॥

तच्छ्रुत्वा राजमहिषी ध्यात्वा मन्त्रं यतव्रता ।
धर्मेण योगवपुषा संगता गर्भमादधे ॥ ९५० ॥

अजीजनत्ततः काले सुतं कुन्ती महाप्रभम् ।
जयश्रीरिव साम्राज्यं पूज्यं सर्वमहीभृताम् ॥ ९५१ ॥

अयं धर्मभृतां ज्येष्ठो धर्मसूनुर्युधिष्ठिरः ।
इत्युद्ययौ वचस्तस्मिञ्जाते गगनचारिणाम् ॥ ९५२ ॥

ततः पाण्डुर्वधूं प्राह बलज्येष्ठावरा नृपाः ।
आहूय मारुतं देवं बलिनं पुत्रमाप्नुहि ॥ ९५३ ॥

तथेति श्रुत्वा कुन्ती च जगत्प्राणात्समीरणात् ।
संवत्सरानन्तरजं द्वितीयं प्राप दारकम् ॥ ९५४ ॥

उत्सङ्गात्पतितो मातुर्व्याघ्रभीतेः स बालकः ।
वज्रसंहननैर्गात्रैर्विदधे दलशः शिलाम् ॥ ९५५ ॥

भीमसेनाभिधानोऽयं जातो भीमपराक्रमः ।
इत्युन्ननाद गम्भीरभावा व्योम्नि सरस्वती ॥ ९५६ ॥

दुर्योधनो धार्तराष्ट्रो जातो यस्मिन्दिने बली ।
तस्मिन्नेव स कौन्तेयो भीमकर्मा वृकोदरः ॥ ९५७ ॥

ततः पाण्डुः क्षणं ध्यात्वा स्मृत्वा शक्रं दिवौकसाम् ।

ईश्वरं तत्सुतप्राप्त्यै शशास दयितां पुनः ॥ ९९८ ॥
स्वयमुग्रेण तपसा सभार्यस्त्रिदशेश्वरम् ।
वर्षेणातोषयत्पाण्डुस्तद्दर्शनमवाप च ॥ ९९९ ॥
पुत्रं तव प्रदास्यामीत्युक्तः साक्षाद्बलद्विषा ।
प्रहृष्टः प्रयतस्तस्थौ निजवंशविवृद्धये ॥ ९६० ॥
ततो मन्त्रसमाहूतात्कुन्ती प्राप शतक्रतोः ।
पुत्रं हि तेजसां राशिं देवं सूर्यमिवादितिः ॥ ९६१ ॥
अर्जुनोऽयं सुरपतेः सूनुस्तुल्यपराक्रमः ।
इत्युच्चचार गगनाद्वाणी विजयजन्मनि ॥ ९६२ ॥
ननृतुर्नाककामिन्यो गन्धर्वाणां जगुर्गणाः ।
जाते जम्भारितनये ननन्दुर्नन्दनौकसः ॥ ९६३ ॥
ततो भर्त्रार्थिता कुन्ती माद्र्यै मन्त्रं ददौ रहः ।
सकृदाह्वानफलदस्तवायमिति चाभ्यधात् ॥ ९६४ ॥
ततो विमृश्य साह्वानमश्विनोरकरोत्समम् ।
प्रौढिं विदग्धमनसां कः परिच्छेत्तुमर्हति ॥ ९६९ ॥
सुषुवे यमजौ काले ततो माद्री तयोः सुतौ ।
मतिर्विवेकनिर्माणे श्रुतोपश्रुतयोरिव ॥ ९६६ ॥
नकुलः सहदेवश्चेत्यभिधाक्षरमालिकाम् ।
सुधार्द्रामिव चक्राते तौ बालौ नवसंगमात् ॥ ९६७ ॥
तपोवनेषु मुनिभिः कृतराज्योचितव्रतैः ।
तैः सुतैः पञ्चभिः पाण्डुरङ्गैर्मन्त्र इवाबभौ ॥ ९६८ ॥

कुरुपाण्डवोत्पत्तिः ॥ १२ ॥

अत्रान्तरे विजयमन्मथराजमन्त्री
संभोगभङ्गिनवनाटकसूत्रधारः ।
शृङ्गारवारवनिताजनदुग्धसिन्धु-
चन्द्रोदयो मृगदृशामभवद्वसन्तः ॥ ९६९ ॥

लीलावतीमुखरनूपुरपादपद्म-
पातस्फुरत्तरुणरागवशादशोकः ।
येनाभवत्पुलकितः कुसुमक्रमेण
तत्र प्रमाणपुरुषो भगवाननङ्गः ॥ १७० ॥

तस्मिन्समुन्मिषति मन्मथबालमित्रे
लीलागुरौ मधुपजालजटालकाले ।
माद्री चचार कुसुमावचयाचिताङ्गी
शाखान्तरे तरलतारकुरङ्गदृष्टिः ॥ १७१ ॥

तामिन्दुसुन्दरमुखीमथ राजचन्द्रः
कान्तां ददर्श कुसुमायुधवैजयन्तीम् ।
दृष्ट्वैव च प्रसवपल्लवितानुराग-
स्तस्याभवत्कुसुमितो मदनः सबाणः ॥ १७२ ॥

श्रोणीतटे धृतपदो मदनालवाले
हेलावलन्नयनपत्त्रयुतोऽथ तस्याः ।
चक्रे लसत्कुचफलः कुरुनन्दनस्य
विश्रामकेलिमखिलां स्मरकल्पवृक्षः ॥ १७३ ॥

तां शापबन्धविनियन्त्रितमानसोऽपि
पाण्डुः प्रियां नयनशुक्तिभिराचचाम ।
धत्ते निषेधविषये परमानुबन्ध-
माज्ञा हि कामनृपतेरनुकूलवामा ॥ १७४ ॥

संभाषिताथ दयितेन शनैः स्मितार्द्र-
ज्योत्स्नावदातकिरणाङ्कुरिताननाब्जा ।
रोद्धुं शशाक न मनः प्रसृतं प्रियस्य
को वा विधातृचरितं परिमार्ष्टुमीशः ॥ १७५ ॥

तामञ्चलेन परिधाय निवार्य चेतः
शापोपशान्तिनियमाद्दृढमालिलिङ्ग ।

---

१. 'शापाहिबन्ध' ख.

अप्याकुलालिकुलहुंकृतिभिर्लताभि-
भीत्येव पल्लवकरैर्विधुतैर्निषिद्धः ॥ १७६ ॥
आलिङ्ग्य तां पुलकपीनकपोलभागा-
मुन्निद्रनीलनलिनायतचारुनेत्राम् ।
उन्मादिनीं सपदि मद्रनरेन्द्रपुत्रीं
केलीपलाशशयनं विजने निनाय ॥ १७७ ॥
ततः स्पर्शसुखास्वादमीलितार्धविलोचनः ।
तत्याज जीवितं राजा द्विजशापवशीकृतः ॥ १७८ ॥
तस्मिन्याते दिवं माद्री शोकाग्निं सहसाविशत् ।
भविष्यतश्चितावह्नेर्विज्ञातुं सारतामिव ॥ १७९ ॥
ततः कुन्ती समभ्येत्य तद्दृष्ट्वा श्रुततत्कथा ।
माद्रीमुवाच शोचन्तीं मर्तुमाहितमानसा ॥ १८० ॥
धन्यासि माद्रि यस्यास्ते हृष्टेन जगतीभुजा ।
अनङ्गमङ्गलोत्सङ्गो बभूवालिङ्गनोत्सवः ॥ १८१ ॥
उत्तिष्ठ पाहि तनयाननुगच्छाम्यहं पतिम् ।
इति श्रुत्वा वचः कुन्त्या मद्रराजसुतावदत् ॥ १८२ ॥
आर्ये मन्मुखविन्यस्तलोचनोऽयं महीपतिः ।
अतृप्त इव कामानां प्रयातस्त्रिदशालयम् ॥ १८३ ॥
तमहं नयनानन्दबन्धुं प्रणयिनं कथम् ।
परलोकगतं शक्ता त्यक्तुमेकाकिनं सती ॥ १८४ ॥
स्वपुत्रनिर्विशेषौ तु पाल्यौ मे तनयौ त्वया ।
इत्युक्त्वा पादयोः कुन्त्याः पपातायतलोचना ॥ १८५ ॥
ततः कथंचित्संप्रेष्य पृथां तनयपालने ।
वेशश्रियं समाधाय विवाहसदृशीं क्षणात् ॥ १८६ ॥
विवेश पावकं माद्री परिष्वज्य नरेश्वरम् ।
यत्सत्यं शोकसंतापे हिमशीतश्चितानलः ॥ १८७ ॥

पाण्डुविपत्तिः ॥ १३ ॥

पाण्डौ प्रयाते त्रिदिवं शतशृङ्गनिवासिनः ।
कुन्तीं सपुत्रां मुनयो निन्युस्ते हस्तिनापुरम् ॥ ५८८ ॥

कुरुभ्यः पाण्डुवृत्तान्तं तत्सुतानां च संभवम् ।
भर्तुश्चानुगतिं माद्याः सद्योऽभ्येत्य न्यवेदयन् ॥ ५८९ ॥

निधाय धृतराष्ट्राय न्यासभूतान्नृपात्मजान् ।
पितामहाय च क्षिप्रं प्रययुस्ते तपोधनम् ॥ ५९० ॥

विदुरेण सभीष्मेण संस्कृते पाण्डुविग्रहे ।
माद्रीसहाये तच्छोकान्मुमुहुः पुरवासिनः ॥ ५९१ ॥

ततः समेत्य भगवान्कृष्णद्वैपायनो मुनिः ।
विजने जननीं प्राह सत्यां सत्यनिधिः स्वयम् ॥ ५९२ ॥

स्मरणीयसुखः कालः कलुषोऽयमुपस्थितः ।
वर्धते जगतः पापं वृद्धस्येव क्षयज्वरः ॥ ५९३ ॥

अतीतरमणीयेयं विध्वस्तगुणमण्डला ।
न भाति भूः संकुचिता पद्मिनीव हिमाहता ॥ ५९४ ॥

मातुः स्नुषाभ्यां सहिता तस्माद्व्रज तपोवनम् ।
शुष्यत्सुखेषु कालेषु त्यागो ह्यमृतनिर्झरः ॥ ५९५ ॥

इति व्यासवचः श्रुत्वा गत्वा सत्यवती वनम् ।
स्नुषाभ्यां सहिता लेभे तपोयोगात्परं पदम् ॥ ५९६ ॥

शतमेकोत्तरं राज्ञः कुमाराणां महौजसाम् ।
ततः प्रवर्धमानं तत्पाण्डवैर्मिश्रितं ययौ ॥ ५९७ ॥

ज्येष्ठो दुर्योधनस्तेषां भीमतुल्यवयाः सदा ।
डिम्बकेलीषु विक्रान्तं न सेहे मारुतात्मजम् ॥ ५९८ ॥

तान्फलावचयासक्तान्वृक्षरूढान्वृकोदरः ।
तरोर्मूलं समारुह्य चरणेन न्यपातयत् ॥ ५९९ ॥

जलकेलिषु निःशेषान्दोर्भ्यामादाय ताञ्जवात् ।
चिरं ममज्ज येनासंस्ते क्षणाच्चाल्पजीविताः ॥ ६०० ॥

सानुजो बालकेलीषु निर्जितोऽथ सुयोधनः ।
आस्थाय कुटिलां बुद्धिं मन्युसंतापमूर्छितः ॥ ६०१ ॥
प्रमाणकोट्यां सुप्तं तं बद्ध्वा[1] कृत्वोरगावृतम् ।
चिक्षेपाम्भसि मूर्खाणां दोषाय प्रभविष्णुता ॥ ६०२ ॥
दुर्योधनस्य दयितं सारथिं हेलयैव सः ।
अपहस्तेन निद्रार्धजृम्भजिह्माननोऽवधीत् ॥ ६०३ ॥
दंशभग्नरदान्सर्पान्प्रबुद्धोऽथ वृकोदरः ।
चिच्छेद तद्रुषा तस्मै विषान्नं कौरवो ददौ ॥ ६०४ ॥
जीर्णे विषे मन्युवृक्षस्ततस्तेषामवर्धत ।
यस्य सर्वमहीपालक्षयः प्रादुरभूत्फलम् ॥ ६०५ ॥
पुनस्तपस्यतः पूर्वं गौतमस्य शरद्वतः ।
विघ्नाय वृत्रहा भीतः प्राहिणोत्सुरकन्यकाम् ॥ ६०६ ॥
दृष्ट्वा जैलपदीं[2] नाम तां फुल्लजलजेक्षणाम् ।
स मुनिः स्मरनिर्धूतधैर्यो वीर्यमवासृजत् ॥ ६०७ ॥
शरस्तम्भे निपतितात्तस्मान्मिथुनमुत्तमम् ।
कृष्णाजिनयुतं काले सायकाङ्कमजायत ॥ ६०८ ॥
स कुमारः कुमारी च मृगयासक्तचेतसा ।
गृहीतौ तौ कृपार्द्रेण राज्ञा शन्तनुना वनात् ॥ ६०९ ॥
वर्धितौ कृपया राज्ञा ब्रह्मदिव्यौचितव्रतौ ।
कृपः कृपी च तौ नाम्ना लोके ख्यातौ बभूवतुः ॥ ६१० ॥
स कृपः पाण्डुपुत्राणां कुरूणां चाभवद्गुरुः ।
जामदग्न्य इवाशेष शस्त्रास्त्रज्ञानकोविदः ॥ ६११ ॥
भरद्वाजः पुरा दृष्ट्वा घृताचीं सुरसुन्दरीम् ।
हविर्धाने चरन्वीर्यं निदधे कलशे च्युतम् ॥ ६१२ ॥

---

१. 'ततो बद्ध्वा लतापाशैर्भीमं दुर्योधनः स्वयम् । मृतकल्पं तदा वीरं स्थलाज्जलमपातयत् ॥' इति भारते. २. 'जानपदीं' भारते.

तस्मादभून्मुनिसुतो द्रोणो वेदविदां वरः ।
अग्निवेशान्मुनेः प्राप योऽस्त्रमाग्नेयमुत्तमम् ॥ ६१३ ॥
स प्राप गौतमीं भार्यां कृपस्य भगिनीं कृपीम् ।
तस्यामजीजनद्वीरमश्वत्थामानमात्मजम् ॥ ६१४ ॥
जातो ननाद बलवानुच्चैरुच्चैःश्रवा इति ।
दिव्याश्वसदृशस्थामा सोऽश्वत्थामा ततोऽभवत् ॥ ६१५ ॥
ततो गृहस्थः सुतवान्द्रोणो द्रविणकाम्यया ।
जामदग्न्यं ययौ राममश्रान्तवसुवर्षिणम् ॥ ६१६ ॥
वितीर्थ कश्यपायोर्वीं व्रजन्तं जलधेस्तटीम् ।
भार्गवो दत्तसर्वस्वः प्राप्तं द्रोणमभाषत ॥ ६१७ ॥
शरीरमात्रशेषोऽहं गृहाणास्त्राणि दक्षिणाम् ।
विमुखार्तिमुखं द्रष्टुं नोत्सहे भार्गवो ह्यहम् ॥ ६१८ ॥
इत्युक्त्वास्मै स संहारं सरहस्यव्रतं विभुः ।
ददौ सर्वं धनुर्वेदं विद्यास्त्रग्रामगुम्फितम् ॥ ६१९ ॥
स प्राप्य दिव्यान्यस्त्राणि शिशुमित्रं महीपतिम् ।
पाञ्चाल्यं द्रुपदं प्रायाद्धनार्थी पृषतात्मजम् ॥ ६२० ॥
पुराहिराजतनयः स बाल्ये तमभाषत ।
राज्यार्धं प्राप्तराज्यस्ते दास्यामीति मनोरथात् ॥ ६२१ ॥
तत्स्मृत्वा प्राप्य तं द्रोणो वयस्यं पार्षतं नृपम् ।
राज्यार्धं तत्सखे देहीत्यवदत्सरलाशयः ॥ ६२२ ॥
तं प्राह द्रुपदो ब्रह्मन्मूर्खोऽसि बत मन्दधीः ।
न लज्जसे कथं राजा तव भिक्षाभुजः सखा ॥ ६२३ ॥
समानकुलशीलानां तुल्यार्थज्ञानचेतसाम् ।
शोभते सख्यसबन्धो हासाय तु विपर्यये ॥ ६२४ ॥
निरस्तो द्रुपदेनेति द्रोणो गत्वा गजाह्वयम् ।
आचार्यकं कौरवाणां वाञ्छंस्तस्थौ कृपालये ॥ ६२५ ॥

अत्रान्तरे ते कुमारा विजने केलिशालिनः।
पतितं कन्दुकं कूपे नालभन्त सुसंहताः॥ ६२६॥
ऐषीकमुष्टिना द्रोणो विद्ध्वा श्रेणीकृतेन तम्।
उद्धृत्य कन्दुकं प्रादात्तेषां विस्मयशालिनाम्॥ ६२७॥
ते तस्य दृष्ट्वा तत्कर्म भीष्मायैत्य न्यवेदयन्।
चक्रे सर्वकुमाराणां गुरुं देवव्रतोऽथ तम्॥ ६२८॥
प्रतिगृह्य स ताञ्शिष्यान्नानादेश्यांश्च पार्थिवान्।
स सुताभ्यधिकां प्रीतिं विदधे नित्यमर्जुने॥ ६२९॥
सूतपुत्रोऽपि राधेयः प्रययौ तस्य शिष्यताम्।
स्पर्धमानोऽस्त्रविद्याभिः सततं सव्यसाचिना॥ ६३०॥
आस्थितस्तु परं यत्नं धनुर्विद्यार्जनेऽर्जुनः।
निर्दीपे निशि भुञ्जानो मुखं दीपममन्यत॥ ६३१॥
अभ्याससाध्यं निखिलं मत्वा संतमसे व्यधात्।
इषुपातानभूद्येन शब्दविद्या(वेध)विशारदः॥ ६३२॥
तस्य मौर्वीरवं श्रुत्वा द्रोणोऽभ्येत्य मुदान्वितः।
तमाह त्वत्समः शिष्यो नान्यो मम भविष्यति॥ ६३३॥
ततः कदाचिदेकान्ते द्रोणं सर्वधनुष्मताम्।
हिरण्यधन्वनः श्रीमान्निषादाधिपतेः सुतः॥ ६३४॥
एकलव्योऽवदद्धीमाञ्शाधि मां शिष्यमागतम्।
भारद्वाजस्तु तं ज्ञात्वा दाशोऽयमिति नाग्रहीत्॥ ६३५॥
स गत्वा मृण्मयं द्रोणं श्रद्धावान्पूजयन्सदा।
अस्त्राभ्यासं स्वयं चक्रे येनाभूद्धन्विनां वरः॥ ६३६॥
ततः कदाचिच्छिक्षायै निर्गताः पाण्डवा वनात्।
व्यालं व्यलोकयन्बाणैः सप्तभिः पूरिताननम्॥ ६३७॥
कस्येदं लाघवमिति स्वयमन्विष्य ते ततः।
ददृशुर्धन्विनां धुर्यमेकलव्यं यतव्रतम्॥ ६३८॥

स तैः पृष्टोऽब्रवीद्द्रोणशिष्योऽहमिति सस्मितः ।
अर्जुनस्तु तदाकर्ण्य गत्वा गुरुमभाषत ।
अहो मदधिकः शिष्यो भवतोऽस्ति धनुर्धरः ॥ ६३९ ॥

तच्छ्रुत्वा प्रययौ द्रोणस्तं निषादपतेः सुतम् ।
समेत्य च पुनः प्राह प्रणामरचिताञ्जलिम् ॥ ६४० ॥

शिष्योऽसि चेन्मम क्षिप्रं दक्षिणा दीयतामिति ।
निषादराजस्तं प्राह धन्योऽहं गृह्यतामिति ॥ ६४१ ॥

ततस्तं दक्षिणाङ्गुष्ठं ययाचे दक्षिणां गुरुः ।
ददौ च तं निकृत्यास्मै निर्विकाराननोऽथ सः ॥ ६४२ ॥

प्रतियाते ततो द्रोणे याति काले धनुर्भृताम् ।
राजपुत्रसहस्राणामभून्मध्येऽर्जुनोऽधिकः ॥ ६४३ ॥

भासमत्युच्छ्रितं लक्ष्यं कदाचित्कुम्भसंभवः ।
विधाय शिष्यानवदद्भवद्भिर्दृश्यतेऽत्र किम् ॥ ६४४ ॥

ते प्राहुर्भासमखिलं पश्यामः स्वं च कार्मुकम् ।
भासग्रीवामृतेनान्यत्पश्यामीत्यर्जुनोऽब्रवीत् ॥ ६४५ ॥

ततः पार्थं परिष्वज्य शरं मुञ्चेति सादरम् ।
द्रोणोऽब्रवीदर्जुनोऽपि भासग्रीवां चकर्त ताम् ॥ ६४६ ॥

ततः कदाचिद्गङ्गायां ग्राहः कुञ्जरसंनिभः ।
स्नातुमभ्युद्यतं द्रोणं जङ्घायामग्रहीद्बली ॥ ६४७ ॥

तन्मोचनाय तेनाशु प्रेरिता शिष्यमण्डली ।
इतस्ततः प्रेक्षमाणा न लेभे कर्मनिश्चयम् ॥ ६४८ ॥

ग्राहं जघान बाणैस्तु पञ्चभिः शक्रनन्दनः ।
अस्त्रं ब्रह्मशिरस्तस्मै ततस्तोषाद्ददौ गुरुः ॥ ६४९ ॥

प्राप्तविद्येषु सर्वेषु राजराजन्यसूनुषु ।
शिल्पिभिः कल्पिते मञ्चे धृतराष्ट्रो नरेश्वरः ॥ ६५० ॥

कृपभीष्ममुखैः सार्धं सर्वैरन्तःपुरैस्तथा ।

ययौ कृतास्त्रतां द्रष्टुं कुमाराणां गुरोर्गिरा ॥ ६९१ ॥
ततः प्रेक्षकसंपूर्ण रङ्गं गङ्गाजलोज्ज्वले ।
बिभ्राणो वाससी द्रोणः प्रविवेश शशिद्युतिः ॥ ६९२ ॥
अश्वत्थाम्ना स विबभौ सहितस्तेजसां निधिः ।
देवः शक्तिमता साक्षात्स्कन्देनेव त्रिलोचनः ॥ ६९३ ॥
प्रविश्य राजपुत्रास्ते लाघवेनास्त्रविद्यया ।
चित्रन्यस्ता इवोपान्ते चक्रुः प्रेक्षकमालिकाः ॥ ६९४ ॥
ततः परस्परस्पर्धादर्शितोत्तालमण्डलौ ।
गदाहस्तौ विविशतुर्भीमसेनसुयोधनौ ॥ ६९५ ॥
प्रेक्षकोत्साहवचनैर्मानिनौ संगरोद्यतौ ।
न्यवारयद्द्रोणसुतस्तौ भुजाभ्यां गुरोर्गिरा ॥ ६९६ ॥
तेषां तदस्त्रवैचित्र्यं धृतराष्ट्रं विचक्षुषम् ।
श्रावयामास विदुरः कुन्ती च सुबलात्मजाम् ॥ ६९७ ॥
ततः कलकलारावं निवार्याङ्गुलिसंज्ञया ।
हर्षविस्तारनयनो भारद्वाजः समभ्यधात् ॥ ६९८ ॥
अधुना दृश्यतां पार्थः पुत्रात्प्रियतरो मम ।
स्पर्धया लज्जते जाने कार्तवीर्यार्जुनेन यः ॥ ६९९ ॥
इति कुम्भोद्भवेनोक्ते विवेश श्वेतवाहनः ।
आजानुबाहुर्विक्रान्तः श्यामो राजीवलोचनः ॥ ६६० ॥
स दिव्यास्त्रप्रभावेन सृजन्वह्निजलानिलान् ।
चचार रङ्गे पौरस्त्रीकटाक्षोत्पलमालितः ॥ ६६१ ॥
दिव्यप्रभावमालोक्य तत्राश्चर्यं किरीटिनः ।
कुरवोऽपि सुसंरब्धाः शस्त्रशिक्षामदर्शयन् ॥ ६६२ ॥
ततो जलधरध्वानधीरगम्भीरनिःस्वनः ।
उच्चचार बहिर्घोषो भुजास्फालनसंभवः ॥ ६६३ ॥
तेनाभवत्प्रेक्षकाणां द्वाराग्रन्यस्तचक्षुषाम् ।

किमेतदित्युन्मुखानां कोऽपि कौतुकविभ्रमः ॥ ६६४ ॥
ततः कनकतालाभः श्रीमान्रुचिरमण्डलः ।
भास्वत्कवचरत्नांशुपिञ्जरीकृतदिङ्मुखः ॥ ६६५ ॥
द्वितीय इव तिग्मांशुर्महतां महसां निधिः ।
विवेश धन्विनां धुर्यः कर्णः कमललोचनः ॥ ६६६ ॥
स प्रणम्य कृपद्रोणौ हेलया चलकुण्डलः ।
चकारार्जुनदिव्यास्त्रनिर्विशेषमवज्ञया ॥ ६६७ ॥
अथ तद्दर्शनानन्दपुलकाङ्कुरितो व्यधात् ।
प्रणयात्पूर्वमाभाष्य सख्यं तेन सुयोधनः ॥ ६६८ ॥
ततः स्पर्धानुबन्धोत्थवैरयोः कर्णपार्थयोः ।
द्वन्द्वयुद्धसमारम्भे बभूवाभिनवो रसः ॥ ६६९ ॥
स्वयमुद्यतयोर्द्रष्टुं तनयौ शक्रसूर्ययोः ।
मुमोह कुन्ती गूढार्थसुतवृत्तान्तकोविदा ॥ ६७० ॥
तौ योद्धुमुद्यतौ दृष्ट्वा चापाचार्योऽब्रवीत्कृपः ।
समैः सख्यं च युद्धं च भारतानां कुलव्रतम् ॥ ६७१ ॥
अर्जुनः पाण्डुदायादः कुरुवंशविभूषणम् ।
अज्ञातकुलशीलेन नाराज्ञा योद्धुमर्हति ॥ ६७२ ॥
कृपस्येति वचः श्रुत्वा कर्णः किंचिदधोमुखः ।
मानी लिलेख वसुधां लज्जामुकुलितेक्षणः ॥ ६७३ ॥
ततो दुर्योधनः प्राह गुरो युक्तं न भाषसे ।
प्रकर्षश्चेद्गुणेष्वस्ति किमाकारपरीक्षया ॥ ६७४ ॥
विद्यया बाहुवीर्येण तपसा यशसा श्रिया ।
क्रियन्ते कृतिभिर्नामकुलानि गुणशालिभिः ॥ ६७५ ॥
अराजेति यदप्युक्तं तत्राचार्यः शृणोतु मे ।
लक्ष्मीनिरीक्षिताः क्षिप्रं भजन्ते चक्रवर्तिताम् ॥ ६७६ ॥
अयं मयाङ्गविषये कृतः कर्णो महीपतिः ।

एवंविधस्य वपुषः सुरराज्यं किमद्भुतम् ॥ ६७७ ॥
उक्त्वेति तं रत्नघटैः सलाजकुसुमाम्बुभिः ।
हेमासने कृतोष्णीषमभिषिच्य नृपं व्यधात् ॥ ६७८ ॥
ततः कान्ताकराधूतसितचामरवीजितः ।
राजहंसैरिव व्याप्तः स बभौ कमलाकरः ॥ ६७९ ॥
तस्य मूर्ध्नि सितच्छत्रं विरराज शशिप्रभम् ।
आवर्तमानं व्योम्नीव लीलामण्डलितं यशः ॥ ६८० ॥
अत्रान्तरे जराजीर्णः सकम्पो द्रष्टुमात्मजम् ।
विवेशाधिरथिः सूतो यष्टिव्यग्रकरः स्खलन् ॥ ६८१ ॥
पुत्रेति वादिनं दूरात्तं हर्षास्रुपरिस्रुतम् ।
प्रणनाम ततः कर्णो बद्धाभिनवशेखरः ॥ ६८२ ॥
सूतोऽयमिति विज्ञाय भीमः स्मितमुखोऽब्रवीत् ।
अहो नु चित्रं राधेय स्पर्धसे सव्यसाचिना ॥ ६८३ ॥
सारथेरथ चर्यासु सज्जो भव सुशिक्षितः ।
पञ्चाननानुकारो हि मार्जारस्य न शोभते ॥ ६८४ ॥
इति कर्णः समाकर्ण्य निःश्वस्य रविमैक्षत ।
समुत्पत्य च तत्कोपाद्वीरः प्राह सुयोधनः ॥ ६८५ ॥
रणे धृष्टप्रभावस्य शूरस्य बलशालिनः ।
धीमतः कृतविद्यस्य न मूलान्वेषणं क्षणम् ॥ ६८६ ॥
अनलः सलिलाज्जातः कार्तिकेयोऽपि वह्नितः ।
गूढं हि महतां जन्म परिच्छेत्तुं क ईश्वरः ॥ ६८७ ॥
पार्थ यूयं यथा जाताः किं तेन कथितेन वा ।
प्रगल्भाः किल सर्वे हि परदोषानुदर्शने ॥ ६८८ ॥
सकुण्डले सकवचे सहस्रांशुसमत्विषि ।
कर्णे मनुष्यशङ्कापि कस्य नामाशयं स्पृशेत् ॥ ६८९ ॥
किमेतैर्वा वचोयुद्धैरभिमानज्वरोऽस्ति चेत् ।

तदा मण्डलितोच्चण्डकोदण्डः क्रियतां भुजः ॥ ६९० ॥
इति दुर्योधनवचो निशम्याकुलिते जने ।
अस्ताचलशिरश्चुम्बी रविराताम्रतां ययौ ॥ ६९१ ॥
शनैः स्तोकतमोव्याप्ते याते संध्यारुणे दिने ।
स भ्रूभङ्ग इवाकोपपाटले कुमुदक्रुधा ॥ ६९२ ॥
यामिनीकामिनीकर्णपूरचण्यककोरकैः ।
प्रदीपैः काञ्चनच्छाये संजाते राजवर्त्मनि ॥ ६९३ ।
ययौ दुर्योधनः कर्णं लीलयालम्ब्य पाणिना ।
भ्रातृभिः सह संरम्भशिञ्जानमणिकङ्कणः ॥ ६९४ ॥
धनंजयमुखाम्भोजे न्यस्तसस्नेहलोचनाः ।
पाण्डवैः सहिता जग्मुर्भीष्मद्रोणकृपादयः ॥ ६९५ ॥
चित्रं कर्णाद्भुतं भीमो बत कौतुकमर्जुनः ।
अहो दुर्योधनश्चेति प्रशंसन्प्रययौ जनः ॥ ६९६ ॥

अस्त्रदर्शनम् ॥ १४ ॥

अथार्जुनमुखाञ्शिष्यानेकान्ते गुरुरब्रवीत् ।
राजपुत्रः सखा पूर्वं ममाभूत्पृषतात्मजः ॥ ६९७ ॥
राज्यार्धं ते प्रदास्यामीत्यवदच्छैशवे स माम् ।
प्राप्तराज्यो मया गत्वा सरलेन स याचितः ॥ ६९८ ॥
न तुल्योऽसीति मे चक्रे न्यक्कारं मदविप्लुतः ।
तस्य मन्युमहावह्नेर्भवन्तः शिष्यवारिदाः ॥ ६९९ ॥
सर्वे प्रणाममित्युक्त्वा विरराम शनैर्गुरुः ।
धनंजयप्रभृतयस्ततो गत्वा नृपात्मजाः ॥ ७०० ॥
सानुबन्धं विनिर्जित्य द्रुपदं रणमूर्धनि ।
तूर्णं बद्ध्वा समानीय द्रोणायैत्य न्यवेदयन् ॥ ७०१ ॥
सख्यं पुनः समादाय भारद्वाजो मुमोच तम् ।
स हि द्रोणाय राज्यार्धमाहिच्छत्रपुरं ददौ ॥ ७०२ ॥

विनिर्जितो रणे राजा मत्त्वा द्रोणं सुदुर्जयम् ।
बबन्ध तत्प्रतीकारे पुत्रजन्ममनोरथम् ॥ ७०३ ॥

द्रुपदपराजयः ॥ १९ ॥

गीयमानगुणान्पौरैर्विद्याविक्रमशालिनः ।
पार्थान्दुर्योधनो ज्ञात्वा जज्वाल द्वेषवह्निना ॥ ७०४ ॥
स कर्णसौबलसखस्तत्पराभवदीक्षितः ।
बभूव विदुरो गूढं तान्धियैव ररक्ष च ॥ ७०५ ॥
प्रजानुरागाद्विज्ञाय राज्यार्हान्पाण्डुनन्दनात् ।
समेत्य विजने प्राह धृतराष्ट्रं सुयोधनः ॥ ७०६ ॥
स्वीकृत्य प्रकृतीस्तात पाण्डोर्दायाद्यमीहते ।
प्राप्तं युधिष्ठिरो यत्नात्सानुजो जिह्मया धिया ॥ ७०७ ॥
न पौरुषेण न त्यागान्न नीत्या वा पृथासुताः ।
लोकस्य प्रियतां यातास्ते पुण्यैः किं तु केवलैः ॥ ७०८ ॥
प्राप्तराज्येषु पार्थेषु तद्वशा एव भूमिपाः ।
भविष्यन्ति धिगस्मांस्तु तात तत्पिण्डजीविनः ॥ ७०९ ॥
उच्छिष्टभग्नपात्राङ्को धन्यश्चण्डालयाचकः ।
न पुनस्तुल्यकुल्येषु याच्ञावनतशेखरः ॥ ७१० ॥
ते वयं तव दायादा मानिनः पृथिवीपतेः ।
नावज्ञाता भविष्यामो यथा तत्कर्तुमर्हसि ॥ ७११ ॥
कौलेयककुलव्यस्तग्रामान्तविषमस्थितेः ।
जम्बुकस्य वरं श्लाघ्यं नावज्ञातस्य जीवितम् ॥ ७१२ ॥
इति दुर्योधनवचः श्रुत्वा तनयवत्सलः ।
धृतराष्ट्रः क्षणं ध्यात्वा धीमान्वक्तुं प्रचक्रमे ॥ ७१३ ॥
स कनीयान्गुणज्येष्ठः पाण्डुर्भ्राता ममाभवत् ।
प्रजारञ्जनमेवासीद्यस्य राज्यविभूषणम् ॥ ७१४ ॥
राज्यमर्हति तत्सूनुर्निजं प्राप्तं जनप्रियः ।
जनानुरागजाता हि श्रीर्वंशमनुधावति ॥ ७१५ ॥

मानोचितेन दानेन पाण्डुना पूजिताः पुरा ।
न सहन्ते प्रकृतयः पार्थद्रोहं न बान्धवाः ॥ ७१६ ॥
पितुर्वचनमाकर्ण्य प्राह दुर्योधनः पुनः ।
तातैवमेतदर्थेन सर्वः परवशो जनः ॥ ७१७ ॥
संप्रत्यर्थोऽस्मदायत्तः प्रजाः स्वीकुरु पाण्डुवत् ।
लोकस्य द्रविणैर्नित्यं तृणवत्प्राणविक्रयः ॥ ७१८ ॥
किंचित्कालं नरपते पाण्डवान्वारणावतम् ।
विसृज्य स्वां श्रियं कर्तुं बद्धमूलां त्वमर्हसि ॥ ७१९ ॥
भीष्मः पितामहोऽस्माकं जाने माध्यस्थ्यमास्थितः ।
द्रोणपुत्रोऽनुरक्तो मे कृपद्रोणौ यतश्च सः ॥ ७२० ॥
छन्नो विदुर एवैकः पार्थानां हितकृत्सदा ।
मम शङ्कास्पदं तात लक्ष्मीरक्षा विधीयताम् ॥ ७२१ ॥
तदाकर्ण्याम्बिकासूनुस्तथेति प्रतिपद्यत ।
भवितव्यतया हन्त बुद्धिः कस्य न कृष्यते ॥ ७२२ ॥
तत्प्रयुक्ताः सभामध्ये प्रशशंसुस्ततो जनाः ।
अन्येद्युरुत्सवो दारं नगरं वारणावतम् ॥ ७२३ ॥
तद्दर्शनोत्सुकान्राजा शनैर्विज्ञाय पाण्डवान् ।
यात्रामहोत्सवं द्रष्टुं गम्यतामित्यभाषत ॥ ७२४ ॥
पाण्डुपुत्रास्ततः स्वैरं गुरूनामन्त्र्य शङ्किताः ।
ययुस्तदाशिषं प्राप्य नगरं वारणावतम् ॥ ७२५ ॥
तस्मिन्क्षणे समाहूय महामात्रं [1]प्ररोचनम् ।
दुर्योधनो रहः प्राह हर्षस्नेहपुरःसरम् ॥ ७२६ ॥
अपि प्रगल्भललनाकटाक्षचपलाः श्रियः ।
सन्मन्त्रिप्रणिधानेन चिरं तिष्ठन्ति भूभुजाम् ॥ ७२७ ॥
अहं त्वया सहायेन पृथिवीं व्यस्तकण्टकाम् ।
भोक्तुमिच्छाम्युपायेन त्वं हि मे प्रथमा गतिः ॥ ७२८ ॥

---

१. भारते तु 'पुरोचन' इति दृश्यते.

अद्य वैचित्रवीर्येण भूभुजा पाण्डुनन्दनाः ।
यात्रामहोत्सवं द्रष्टुं प्रेषिता वारणावतम् ॥ ७२९ ॥
तत्र तूर्णतरं गत्वा त्वमश्वतरवाहनः ।
गूढं कुरुष्व सघृतं तेषां जतुशिलागृहम् ॥ ७३० ॥
तस्मिन्विस्रम्भमासेषु तेषु कुन्त्या समं शनैः ।
दातव्योऽग्निस्त्वया रात्रौ बहिर्द्वारक्तार्गले ॥ ७३१ ॥
इति दुर्योधनेनोक्ते जातहर्षः प्ररोचनः ।
तत्तथेति प्रतिज्ञाय प्रययौ वारणावतम् ॥ ७३२ ॥
प्रस्थितान्पाण्डुतनयान्पौराः शङ्कितचेतसः ।
अनुजग्मुः सविदुरा निन्दन्तो वसुधाधिपम् ॥ ७३३ ॥
अजातशत्रुवचसा निवृत्ते पौरमण्डले ।
अपृष्टो विदुरः प्राह प्रतीपं गन्तुमुद्यतः ॥ ७३४ ॥
यः कायकर्तनं तीक्ष्णं वेत्ति शस्त्रमलोहजम् ।
शिशिरप्रतिपक्षं च कक्षघ्नं न स हन्यते ॥ ७३५ ॥
शीतशत्रौ प्रवृद्धेऽपि न भयं बिलवासिनाम् ।
सचक्षुषो नास्त्यगम्यं नाशुभं धृतिशालिनाम् ॥ ७३६ ॥
व्रजन्भवति देशज्ञो दिशो जानाति तारकैः ।
सदा जितेन्द्रियो धीमान्न परैः परिभूयते ॥ ७३७ ॥
इत्युक्त्वा विदुरः प्रायात्तूर्णमुद्बाष्पलोचनः ।
किमेतदिति प्रपच्छ कुन्ती तच्च युधिष्ठिरम् ॥ ७३८ ॥
कक्षघ्नो भगवान्वह्निर्विषं शस्त्रमलोहजम् ।
तज्ज्ञेयमित्यनेनोक्तमिति धर्मात्मजोऽब्रवीत् ॥ ७३९ ॥
अलंकृतास्ततः सर्वे विविशुर्वारणावतम् ।
फाल्गुनस्य सिते पक्षे रोहिण्यामष्टमेऽहनि ॥ ७४० ॥
तत्र तैः पूजिताः पौरैः पूजयन्तो द्विजोत्तमान् ।
दशरात्रं सुखं तस्थुः प्ररोचनकृतोत्सवाः ॥ ७४१ ॥

ततः प्ररोचनगिरा कुशलैः शिल्पिभिः कृतम् ।
पाण्डवा विविशुर्वेश्म रचितं जतुसर्पिषा ॥ ७४२ ॥
तत्प्रविश्याब्रवीद्भीमं गन्धमाघ्राय धर्मजः ।
इदं मन्दिरमाग्नेयं शङ्के नः शत्रुभिः कृतम् ॥ ७४३ ॥
इहैवालक्षिताकारा वसामश्छलरक्षिणः ।
अन्यथोपांशुदण्डेन घ्नन्त्यस्मानरयः शरैः ॥ ७४४ ॥
इत्युक्त्वा शङ्कितस्तत्र चिरं तस्थौ युधिष्ठिरः ।
मृगयाछद्मना मार्गान्कलयन्सानुजः सदा ॥ ७४५ ॥
अत्रान्तरे समभ्येत्य विदुरप्रेरितो रहः ।
निवेद्य च्छद्मवृत्तान्तं पार्थेभ्यः खनको निशि ॥ ७४६ ॥
संसारमिव दुर्लक्ष्यं बिलं सुपिहितं व्यधात् ।
वक्रानुवक्रसोपानसुरङ्गादीर्घनिर्गमम् ॥ ७४७ ॥
दग्धुमभ्युद्यतं ज्ञात्वा ततो भीमः प्ररोचनम् ।
स्वयमादीपयामास तेनैव सहितं गृहम् ॥ ७४८ ॥
तत्र प्रवृद्धसप्तार्चिर्ज्वालावलयिते गृहे ।
लाक्षाघृतशिलामोदशङ्किते दुःखिते जने ॥ ७४९ ॥
तारप्रलापप्रमुखैः सहिता पञ्चभिः सुतैः ।
निषादी भोक्तुमायाता तत्र दग्धा विधेर्वशात् ॥ ७५० ॥
किं न दग्धा वयं सर्वे दग्धपाण्डवदर्शिनः ।
विध्वस्तघातकः पापो येषां राजा सुयोधनः ॥ ७५१ ॥
दिष्ट्या च सानुबन्धोऽसौ स्वयं दग्धः प्ररोचनः ।
इत्यश्रुगद्गदगिरो निशि पौराः प्रचुक्रुशुः ॥ ७५२ ॥

जतुगृहदाहः ॥ १६ ॥

बिलेन भीमसेनस्तु निर्गत्य गरुडोपमः ।
आदाय जननीं स्कन्धे दोर्भ्यां पार्थयुधिष्ठिरौ ॥ ७५३ ॥
अङ्के च माद्रीतनयौ प्रययौ भीमविक्रमः ।
निर्दिशन्पादनिर्घातैर्दोलालीलामिव क्षितेः ॥ ७५४ ॥

ततः पाण्डुसुतान्दग्धान्ज्ञात्वा भीष्मपुरोगमाः ।
शोचन्तश्चक्रिरे तेषामुद्बाष्पाः सलिलक्रियाम् ॥ ७५५ ॥
ततः पथि निरालोके नक्षत्रैर्गणयन्दिशः ।
भीमो गङ्गां समुत्तीर्य विवेश विषमं वनम् ॥ ७५६ ॥
न्यग्रोधमूले विन्यस्य तत्र कुन्तीं सपुत्रकाम् ।
श्रमापनुत्तये तेषां समाहर्तुं ययौ जलम् ॥ ७५७ ॥
क्षिप्रं निजोत्तरीयेण सरसो हंससूचितात् ।
आदायाम्भः समायातः सुतान्सुप्तान्व्यलोकयत् ॥ ७५८ ॥
सोऽब्रवीद्वीतनिःसाराः करिकर्णचलाः श्रियः ।
बाहूपधाना विपिने यदैतेऽप्यत्र शेरते ॥ ७५९ ॥
इति ब्रुवन्भीमसेनस्तद्रक्षणकृतक्षणः ।
तस्थौ दिशो विगणयन्प्रबुद्धः स प्रजागरः ॥ ७६० ॥
अस्मिन्नवसरे तस्मिन्वने सततसंनिधिः ।
हिडिम्बो नाम कल्पान्तजीमूतसदृशच्छविः ॥ ७६१ ॥
दृशा कपिशयन्नाशा विद्युत्पुञ्जपिशङ्गया ।
विपाटयन्निव जगद्दंष्ट्राज्वालघटावटैः ॥ ७६२ ॥
आघ्राय मानुषं गन्धं प्रस्रवत्सृक्किसंपुटः ।
हिडिम्बां भगिनीमाह हृष्टो निशि निशाचरः ॥ ७६३ ॥
जाने चिरेण मे दिष्टं धात्रा भोजनमीप्सितम् ।
मर्त्यानामयमामोदः प्रीणात्येव ममोदरम् ॥ ७६४ ॥
आनयैतान्नरान्गच्छ विलोक्यादूरवर्तिनः ।
आकण्ठपूरं रुधिरं पातुमुत्कण्ठितो ह्यहम् ॥ ७६५ ॥
इति भ्रातुर्वचः श्रुत्वा गत्वा राक्षसकन्यका ।
ददर्श पाण्डवान्सुप्तान्प्रबुद्धं च वृकोदरम् ॥ ७६६ ॥
दृष्ट्वा तमरविन्दाक्षं प्रत्यक्षमिव मन्मथम् ।
अभिलाषवती रूपं चकार सुमनोहरम् ॥ ७६७ ॥

स्तनस्तबकिनी साक्षात्सरागाधरपल्लवा ।
विलासमारुताधूता लतेव ललिताकृतिः ॥ ७६८ ॥
तस्याः कटाक्षनयनैर्विबभौ काननस्थली ।
नृत्यच्छिखण्डिवलयच्युतैरिव शिखण्डकैः ॥ ७६९ ॥
उपसृत्य पृथुश्रोणी सा शनैर्वल्गुवादिनी ।
उवाच मारुतसुतं साचीकृतविलोचना ॥ ७७० ॥
के यूयमस्मिन्विजने स्थिताः सुरसुतोपमाः ।
इदं हि काननं घोरमावृतं घोरराक्षसा ॥ ७७१ ॥
हिडिम्बो नाम मे भ्राता युष्मान्हन्तुमिहोद्यतः ।
तमहं मायया पापं वञ्चयामि भजस्व माम् ॥ ७७२ ॥
इङ्गितज्ञ स्वयं विद्धि मम भावं भवद्गतम् ।
विबोधयैतांत्रक्षामि नीत्वा व्योम्ना वनान्तरम् ॥ ७७३ ॥
तृणं बान्धवपक्षो हि भर्तृस्नेहेन योषिताम् ।
इत्याकर्ण्य वचस्तस्याः प्राह मारुतसंभवः ॥ ७७४ ॥
नाहं कातरवत्सुभ्रु सुखसुप्तान्भयादिव ।
विनिद्रान्सहसा भ्रातॄन्करोमि जननीं तथा ॥ ७७५ ॥
आयातु कालपक्कोऽसौ वराको रजनीचरः ।
जानातु मद्भुजायन्त्रनिःशेषविषमां व्यथाम् ॥ ७७६ ॥
एवं कथाकृतोस्तत्र हिडिम्बाभीमसेनयोः ।
उत्रास्य(?)तालुरसनः स्वयमायात्स राक्षसः ॥ ७७७ ॥
तस्य दंष्ट्राघटायन्त्रनिर्घोषणसमुत्थितैः ।
सधूमदहनोद्गारैराकुलाः ककुभोऽभवन् ॥ ७७८ ॥
स तान्सुप्तान्समालोक्य प्रबुद्धं च वृकोदरम् ।
तदाननासक्तनेत्रां भगिनीमिदमब्रवीत् ॥ ७७९ ॥
आः पापे मानुषस्नेहान्मदाज्ञा विस्मृता तव ।
जाने सहैतैस्त्वमपि प्रयाता यममन्दिरम् ॥ ७८० ॥

इत्युक्त्वा दहनज्वालाकरालश्मश्रुमूर्धजः।
हिडिम्बां कवलीकर्तुं कालः काल इवोदितः॥ ७८१॥
तं भीमसेनः प्रोवाच प्रहसन्निव लीलया।
नैनामर्हसि हन्तुं त्वं मयि जीवति राक्षस॥ ७८२॥
सर्वभूतान्तरस्थेन ममेयं चारुहासिनी।
स्वयं भगवता दत्ता कामेन कमलेक्षणा॥ ७८३॥
इत्युक्त्वा भीमसेनस्तं क्रोधाध्मातसमाकुलः।
बलादाकृष्य जग्राह भुजाभ्यां गिरिगौरवम्॥ ७८४॥
तयोः प्रवृत्ते समरे कम्पमाने महीतले।
प्रबुद्धा सहसा कुन्ती सह पुत्रैर्ददर्श तत्॥ ७८५॥
तद्वृत्तान्तमथ ज्ञात्वा हिडिम्बावचसा पृथा।
बभूव तनयस्नेहात्किमप्याकुलिताशया॥ ७८६॥
ततोऽर्जुनः समभ्येत्य बभाषे पवनात्मजम्।
जहि नक्तंचरं भीम यावत्संध्या न दृश्यते॥ ७८७॥
जीर्णतालीवनश्यामा यतो जर्जरिता क्षपा।
नैति क्रूरः क्षणो यावत्तावत्क्षपय राक्षसम्॥ ७८८॥
अथवैनमहं भीम मृत्युदंष्ट्राशितैः शरैः।
करोमि राघवत्राससस्मरणं रक्षसां गुरुम्॥ ७८९॥
श्रुत्वेति फल्गुनवचो नैवमित्युच्चया गिरा।
वदन्भीमो गुणशतं भ्रामयामास राक्षसम्॥ ७९०॥
पातयित्वा च सावेगं निष्पिपेष महीतले।
त्रुट्यज्झाङ्कारिमर्मास्थिसंघट्टविकटाकृतिम्॥ ७९१॥
स तेन बलिना गाढं पीड्यमानो निशाचरः।
रुराव दुर्गयाक्रान्तः पुरेव महिषासुरः॥ ७९२॥
तस्यारावेण महता पूर्यमाणे नभस्तले।
अकाण्डप्रलयारम्भशङ्काभून्त्रिदिवौकसाम्॥ ७९३॥

ततः कीलालकल्लोलविवलद्गलगर्जितम्।
निधनं तद्ययौ रक्षस्तमोभिः शार्वरैः सह ॥ ७९४ ॥
क्षपायां क्षीयमाणायामथ संध्यारुणं नभः।
बभूव रुधिरावर्तैः पूर्यमाणमिवाभितः ॥ ७९५ ॥
ततोऽरुणकरस्फारपिङ्गश्मश्रुजटासटः।
पिशाच इव दुष्प्रेक्ष्यः प्रत्यूषः समदृश्यत ॥ ७९६ ॥

हिडिम्बवधः ॥ १७ ॥

तस्मिन्हते तत्स्वसारं नाभ्यनन्दद्वृकोदरः।
ब्रुवाणः क्रोधताम्राक्षो धिक्क्रूरात्राक्षसानिति ॥ ७९७ ॥
ततो हिडिम्बा संकल्पभङ्गभीता घनस्तनी।
प्रययौ शरणं कुन्तीं भीमो मां भजतामिति ॥ ७९८ ॥
प्रेरितस्तद्गिरा मात्रा भीमो धर्मसुतेन च।
दिवा समागमः कार्य इति तां संविदाभजत् ॥ ७९९ ॥
स तया सह रम्यासु दिव्यकाननभूमिषु।
तत्प्रभावोचितगतिः कैलासकटकेषु च ॥ ८०० ॥
उद्दण्डपुण्डरीकेषु हिमवन्मानसेषु च।
हरिचन्दनहृद्येषु मलयाचलमौलिषु ॥ ८०१ ॥
तां सेवमानस्तरुणीं हरिणीं हारलोचनाम्।
लेभे रतिसनाथस्य श्रियं भीमो मनोभुवः ॥ ८०२ ॥
ततो हिडिम्बा तनयं विकटास्यं घटोत्कचम्।
असूत मायिनां सद्यः प्रसूतिः किल रक्षसाम् ॥ ८०३ ॥
ततः समामन्त्र्य ययौ भीमं सा क्षणदाचरी।
संगमो हि सुतोत्पत्तिपर्यन्तो व्योमचारिणाम् ॥ ८०४ ॥
कार्येषु स्मरणीयोऽहमुक्त्वेति दिशमुत्तराम्।
घटोत्कचोऽपि प्रययौ पार्थैः प्रीत्याभिनन्दितः ॥ ८०५ ॥

घटोत्कचोत्पत्तिः ॥ १८ ॥

ततो वनान्यतिक्रम्य मण्डलानि च भूभुजाम्।
जटावल्कलिनश्छन्ना व्रजन्तः पाण्डुनन्दनाः॥ ८०६॥
ददृशुस्तेजसां राशिं कृष्णद्वैपायनं पथि।
ललाटतलसंसक्तप्रणामाञ्जलिपल्लवाः॥ ८०७॥
युधिष्ठिरः श्रियं पूर्णां प्राप्स्यतीति कृपाजुषा।
आश्वासिता तेन कुन्ती धृतिं लेभे मनस्विनी॥ ८०८॥
तद्वाक्यादेकचक्रां ते प्रविश्य विपुलां पुरीम्।
ब्राह्मणावसथे तस्थुर्द्विजवेशा इवानलाः॥ ८०९॥
स्थातव्यमप्रसादेन भवद्भिर्गूढचारिभिः।
मासेन पुनरेष्यामीत्युक्त्वा तान्प्रययौ मुनिः॥ ८१०॥
भिक्षान्नं ते समाहृत्य सदा मात्रे न्यवेदयन्।
ततोऽर्धं भीमसेनाय सर्वेभ्योऽर्धं ददौ च सा॥ ८११॥
ततः कदाचिद्विप्राणां गृहे तेषां सुखोषिता।
शुश्राव करुणं कुन्ती नादं हृदयदारणम्॥ ८१२॥
सा निशम्य कृपाविष्टा भीममूचे पुरःस्थितम्।
निरीक्षमाणस्तनयं कन्यां चाग्रे द्विजोत्तमः॥ ८१३॥
असारे बत संसारे कर्मतन्त्रैः शरीरिणाम्।
जायन्ते प्रियसंयोगा वियोगे हृदयच्छिदः॥ ८१४॥
अद्यैको रक्षसे राज्ञा मद्गृहात्परिकल्पितः।
न कंचिदुत्सहे त्यक्तुं रक्ष्यश्चात्मा विपश्चिता॥ ८१५॥
कथं जायां सतीवृत्तां मनः सब्रह्मचारिणीम्।
त्यजामि निरनुक्रोशः सहायं दैवनिर्मितम्॥ ८१६॥
इमां च कन्यां कस्मैचिद्विधात्रा परिकल्पिताम्।
मम दौहित्रजननीं कथं त्यक्तुमहं क्षमः॥ ८१७॥
अव्यक्तभाषी बालोऽयं हृदयानन्दनिर्झरः।
असंशयं मद्विनाशे वृत्तिच्छेदाद्विनश्यति॥ ८१८॥

इति ब्रुवाणं तं भार्या प्रोवाच धृतिशालिनी ।
समयो विहितो धात्रा ममायं न्यायतः प्रभो ।
अग्रे च भर्तुर्मरणं योषितां बलमाशिषाम् ॥ ८१९ ॥

तच्छ्रुत्वा कन्यकोवाच पितरौ पेशलस्वना ।
अवश्यमेव दातव्या कस्मैचित्कन्यका जनैः ॥ ८२० ॥

तस्मादद्य परित्यज्य मामेकामस्तु वः शिवम् ।
पितुः संतारिणी कन्या लोके ह्यस्मिन्परत्र च ॥ ८२१ ॥

तच्छ्रुत्वोवाच बालोऽपि गदामुद्यम्य पाणिना ।
नवदन्तांशुमिषतः पीतं क्षीरमिवोद्वमन् ॥ ८२२ ॥

अनया राक्षसं यष्ट्या हनिष्याम्यहमेव तम् ।
इत्यव्यक्तं शिशोः श्रुत्वा रुरुदुर्गृहयोषितः ॥ ८२३ ॥

तं तेषां करुणालापं श्रुत्वा व्यथितमानसा ।
द्विजं बाष्पाकुलं कुन्ती शुचः पप्रच्छ कारणम् ॥ ८२४ ॥

अपि प्राणैः पणं कृत्वा दुःखात्संतारयाम्यहम् ।
युष्मान्धृतिं समालम्ब्य कथ्यतमिति साब्रवीत् ॥ ८२५ ॥

तां ब्राह्मणः प्रत्युवाच मातर्दुःखमभेषजम् ।
इदं नो विहितं धात्रा तत्र त्वं किं करिष्यसि ॥ ८२६ ॥

इहास्ते विकटाकारो बको नाम निशाचरः ।
वारेण भुङ्क्ते पौराणामेकं स पुरुषं सदा ॥ ८२७ ॥

वेत्रकीयग्रहस्तस्मै प्रेरयत्यनिशं नृपः ।
पुरुषं महिषोपेतमन्नानां शकटं तथा ॥ ८२८ ॥

बलवान्द्रविणादाने परित्राणे च दुर्बलः ।
मस्तकस्थं हि मरणं प्रजानां दुष्कृती नृपः ॥ ८२९ ॥

सोऽयं वारो ममायातो राजदेशनिवासिनः ।
अस्तु जन्मान्तरे मातः स्वस्ति वा दर्शनं पुनः ॥ ८३० ॥

तदाकर्ण्याब्रवीत्कुन्ती व्येतु वो राक्षसाद्भयम्।
प्रहिणोमि निजं पुत्रमहमस्मै महाशिने ॥ ८३१ ॥
तच्छ्रुत्वा ब्राह्मणः कर्णौ पिधाय सहसाभ्यधात्।
श्रुतावप्युचितं नैव मादृशामीदृशं वचः ॥ ८३२ ॥
अहो बत नृशंसानां धुरि मां चक्रवर्तिनम्।
त्वं कर्तुमुद्यता मातः शान्तमेतदसांप्रतम् ॥ ८३३ ॥
तपस्विनं ब्राह्मणं च दूरदेश्यं गृहागतम्।
निजजीवितरक्षायै हन्यात्कः श्वपचं विना ॥ ८३४ ॥
इति विप्रवचः श्रुत्वा कुन्ती प्रोवाच सस्मिता।
मन्त्रसिद्धस्तु मत्पुत्रो नानुकम्प्यस्त्वया द्विज ॥ ८३५ ॥
विद्याबलाद्राक्षसं तं क्षपयिष्यत्यसंशयम्।
अज्ञाततत्प्रभावस्त्वमेवं वादीः कृपान्वितः ॥ ८३६ ॥
तच्छ्रुत्वा ब्राह्मणो हृष्टः संजातप्रत्ययः शनैः।
तां देवतां मन्यमानस्तथेति प्रत्यपद्यत ॥ ८३७ ॥
ततो विदितवृत्तान्तं विधाय पृथुविक्रमम्।
द्विजकार्येषु संनद्धा कुन्ती प्रायाद्वृकोदरम् ॥ ८३८ ॥
युधिष्ठिरोऽपि तज्ज्ञात्वा प्रोवाचाकीर्तिशङ्कितः।
न मातः पररक्षायै पुत्रत्यागस्तवोचितः ॥ ८३९ ॥
तन्निशम्य वचः कुन्ती ज्ञात्वा भीमपराक्रमम्।
कृतमेतन्मया पुत्रधर्म एवाधुना गतिः ॥ ८४० ॥
इति श्रुत्वावदद्वीरो जननीं ब्राह्मणप्रियः।
द्विजकार्यसमुद्युक्तां प्रशंसन्धर्मनन्दनः ॥ ८४१ ॥
सत्वोचिता मतिर्मातस्तव हर्षाय नः परम्।
गूढं प्रयातु भीमश्च यथा न ज्ञायते परैः ॥ ८४२ ॥
इत्याज्ञया समादाय शकटं भक्ष्यपूरितम्।
ययौ बकवनं भीमः पलाशशतसंकुलम् ॥ ८४२ ॥

तदन्नं भक्षयन्नेव तत्रापश्यन्निशाचरम् ।
दीप्तोर्ध्वकेशनयनं सदावाग्निमिवाचलम् ॥ ८४४ ॥
राक्षसोऽपि तमालोक्य भुञ्जानमविशङ्कितम् ।
सकोपविस्मयाविष्टो गर्जन्मेघ इवाब्रवीत् ॥ ८४५ ॥
रे रे ममाशनं मूढ कथमश्नास्यभीतवत् ।
त्यजन्त्येवाथवा भीतिं निश्चयीकृतमृत्यवः ॥ ८४६ ॥
अयं न भवसीत्युक्त्वा कराभ्यां कालसंनिभः ।
पृष्ठे जघान साक्षेपो भीमसेनं क्षपाचरः ॥ ८४७ ॥
सोऽपि भुञ्जान एवान्नं कुलाचल इवाचलः ।
निराकुलो यातुधानं लीलया समुदैक्षत ॥ ८४८ ॥
ततस्तद्विस्मितं रक्षः कोपादेत्य वृकोदरम् ।
सालमुत्पाट्य सहसा सशब्दं तमताडयत् ॥ ८४९ ॥
भीमसेनोऽप्यसंभ्रान्तो भुक्त्वाचम्य यथाविधि ।
महत्तरुं समुन्मूल्य निशाचरमताडयत् ॥ ८५० ॥
तयोः प्रवृत्ते समरे निःशेषितमहीरुहे ।
अभूच्चटचटारावो गिरीणां स्फुटतामिव ॥ ८५१ ॥
ततो भीमः समादाय ग्रीवायामुग्रविक्रमम् ।
पृष्ठे जानुं समादाय धनुर्वाममनामयत् ॥ ८५२ ॥
भीमेन भज्यमानस्य वदनात्तस्य रक्षसः ।
समुल्ललास कीलालकुल्या कल्लोलमालिनी ॥ ८५३ ॥
पतिते विगतश्वासे तस्मिन्नथ महीतले ।
भीतास्तदनुगाः शब्दं पूर्णं श्रुत्वा समाययुः ॥ ८५४ ॥

बकवधः ॥ १९ ॥

आश्वासितास्ते भीमेन समयं च निषेविताः ।
लोककण्टकतां त्यक्त्वा शोचन्तः स्वामिनं ययुः ॥ ८५५ ॥
भीमसेने प्रयातेऽथ त्यक्त्वा पथि निशाचरम् ।
परेऽह्नि संहताः पौरा निहतं ददृशुर्बकम् ॥ ८५६ ॥

हृष्टास्ते वारमन्विष्य पप्रच्छुर्ब्राह्मणं स्मयात् ।
सोऽवदन्मन्त्रसिद्धेन केनचिद्राक्षसो हतः ॥ ८५७ ॥
ततो निष्कण्टके लोके स्वच्छन्दसुखचारिणि ।
कदाचिदाययौ विप्रगेहमभ्यागतो द्विजः ॥ ८५८ ॥
तं भुक्तोत्तरमासीनं कथयन्तं सकौतुकाः ।
कथाः पाण्डुसुताः स्वैरं पप्रच्छुः पृथया सह ॥ ८५९ ॥
स नानादेशचरितं कथयित्वा मनोरमम् ।
ऊचे कथान्ते पाञ्चाले स्वस्ति श्रीमान्नरेश्वरः ॥ ८६० ॥
द्रुपदो नाम स पुरा द्रोणशिष्यैर्जितो रणे ।
दत्त्वा द्रोणाय राज्यार्धमन्तः कोपादतप्यत ॥ ८६१ ॥
बहुपुत्रोऽपि सदृशं पुत्रं द्रोणवधेप्सया ।
वाञ्छन्स जाह्नवीतीरे सिषेवे प्रणतो मुनिम् ॥ ८६२ ॥
तत्र याजोपयाजाख्यौ काश्यपौ संशितव्रतौ ।
ब्राह्मणौ बहुभिः कामैर्वर्षं पर्यचरत्कृती ॥ ८६३ ॥
उपयाजं ततो हृष्टं कदाचित्सोऽब्रवीन्नृपः ।
द्रोणहन्तारमिच्छामि त्वत्प्रभावात्सुतं द्विज ॥ ८६४ ॥
प्राप्तं तद्विजितो निद्रां न लेभे दुःखितो ह्यहम् ।
तुभ्यं गवां प्रयच्छामि हेमालंकृतमर्बुदम् ॥ ८६५ ॥
तच्छ्रुत्वा द्रुपदेनोक्तमुपयाजस्तमब्रवीत् ।
नैवंविधेषु युक्तोऽहं विप्रः क्षुद्रेषु कर्मसु ।
याजः कनीयान्मे भ्राता कर्मण्यस्मिन्नियोज्यताम् ॥ ८६६ ॥
अशुद्धभूमिपतितं फलं लौल्येन भक्षयन् ।
मयैव तर्कितो दूरात्पुरा लुब्धोऽयमित्यसौ ॥ ८६७ ॥
तच्छ्रुत्वा याजमभ्येत्य द्रुपदः प्रणतोऽब्रवीत् ।
देहि द्रोणान्तकं पुत्रं गोधनं ते ददाम्यहम् ॥ ८६८ ॥
तच्छ्रुत्वा ज्ञातवृत्तान्तो याजस्तस्य महीपतेः ।

अथर्वसंहितायाजी विदधे विधिवद्धुतम् ॥ ८६९ ॥
ततोऽग्निमध्यादुत्तस्थौ मुकुटी बद्धकङ्कटः ।
अर्चिषामिव संघातः कुमारः सासिकार्मुकः ॥ ८७० ॥
धृष्टद्युम्नाभिधानोऽयं जातो द्रोणान्तकः सुतः ।
तव राजन्निति ततः शुश्राव द्रुपदो दिवः ॥ ८७१ ॥
अलङ्घ्यशासनं दैवं मत्वा विज्ञाततत्कथः ।
द्रोणः सर्वासु विबुधं तं चक्रे मानिनां वरः ॥ ८७२ ॥
तस्यानुजा समुद्भूद्यागकुण्डाच्च कन्यका ।
प्रतिपर्व द्विजैरिन्दोरर्चितेवाधिदेवता ॥ ८७३ ॥
इन्दीवरदलश्यामा कृष्णेयं तव सुन्दरी ।
भूभारशान्त्यै जातेति पुनः खादशृणोन्नृपः ॥ ८७४ ॥
कालेन मदनोद्यानमञ्जरी मञ्जुविभ्रमा ।
स्तनस्तबकिनी जाता सा यौवनमधुश्रियः ॥ ८७५ ॥
दृश्यस्तस्याः सुविपुलः स्वयंवरमहोत्सवः ।
भविता पार्षतपुरे समाजे जगतीभुजाम् ॥ ८७६ ॥

धृष्टद्युम्नद्रौपदीजन्मवर्णनम् ॥ २० ॥

इति द्विजवराच्छ्रुत्वा व्यथिताः पाण्डुनन्दनाः ।
द्रोणान्तकः कथं जात इत्यासन्नाकुलाशयाः ॥ ८७७ ॥
ततस्तानवदत्कुन्ती देशोऽयं नार्थिवत्सलः ।
पाञ्चालान्पुत्र गच्छामः समृद्धान्क्लशवेतनाः ॥ ८७८ ॥
इति मातुर्गिरा गन्तुं जातोद्योगेषु तेषु तु ।
आययौ भगवान्साक्षान्मुनिः सत्यवतीसुतः ॥ ८७९ ॥
स पृष्ट्वा करुणासिन्धुः कुशलं पाण्डुनन्दनान् ।
उवाच सर्वं सर्वज्ञः पुराभून्मुनिकन्यका ॥ ८८० ॥
तपसा सा समाराध्य पञ्चकृत्वः सुमध्यमा ।
पतिं देहीति वरदं ययाचे चन्द्रशेखरम् ॥ ८८१ ॥

तस्याः पञ्चगुणां वाचं निशम्य गिरिजापतिः।
पञ्च ते पतयो भद्रे भविष्यन्तीत्यभाषत ॥ ८८२ ॥
सैषा पञ्चालनगरे जाता द्रुपदनन्दिनी।
भवतां तत्र यातानामसौ भार्या भविष्यति ॥ ८८३ ॥
इत्युक्त्वान्तर्हिते व्यासे द्विजानामन्त्र्य पाण्डवाः।
याता गङ्गातटे प्रापुस्तीर्थं सोमश्रवायनम् ॥ ८८४ ॥
तत्र प्रदोषप्रारम्भे स्त्रीभिश्चित्ररथाभिधः।
ललास गन्धर्वपतिर्जलकेलिकुतूहली ॥ ८८५ ॥
तस्य कङ्कणकेयूररत्नाञ्चितभुजाञ्चले।
भेजिरे भाभिरम्भांसि जम्भारिधनुषः श्रियम् ॥ ८८६ ॥
स तारहारमसकृत्पुनरुक्तं स्तनस्थले।
कराकीर्णाम्बुधाराभिश्चकार हरिणीदृशाम् ॥ ८८७ ॥
तास्तस्य पद्मवदनाः शिञ्जानमणिमेखलाः।
त्वङ्गद्विहङ्गवाचालां मुहुर्गङ्गां व्यलोडयन् ॥ ८८८ ॥
तासां हारैश्च हासैश्च दन्तपत्रैश्च सुभ्रुवाम्।
कर्पूरकर्णपूरैश्च विसूत्रितमभूत्तमः ॥ ८८९ ॥
पाण्डवास्तत्तटं प्राप्य ददृशुस्तं तथा स्थितम्।
प्रकाशिताग्राः पार्थेन ज्वलदुल्मुकपाणिना ॥ ८९० ॥
सोऽपि तद्दर्शनात्क्षिप्रं वस्त्रावृतकुचस्थलाः।
विलोक्य कान्ताः क्रोधान्ध उवाचाग्रे स्थितं जयम् ॥ ८९१ ॥
अहो नु निर्भया यूयं यदकाण्डे महीमिमाम्।
मत्केलिशयने प्राप्ता मोहो वात्रापराध्यति ॥ ८९२ ॥
नृणामदेशकालज्ञाः संचारः किल वासरे।
अयं क्षणः खेचराणां तमःपिहितदिङ्मुखः ॥ ८९३ ॥
अहमङ्गारपर्णाख्यस्तथा चित्ररथाभिधः।
गन्धर्वराजो गङ्गाया कूले वनमिदं मम ॥ ८९४ ॥

ईर्ष्यालोस्तस्य तद्वाक्यं निशम्य विजयोऽब्रवीत् ।
अहो नु मदनोन्मादान्मोहाद्वापि प्रगल्भसे ॥ ८९५ ॥
त्रैलोक्यगामिनी गङ्गा समस्तजनपावनी ।
निजोपवनकुल्येव कस्य क्रीडापरिग्रहः ॥ ८९६ ॥
सुरसिद्धद्विजातीनां प्रणामे तर्पणे गवाम् ।
पुण्याम्भसां च संस्पर्शे कालं को वा परीक्षते ॥ ८९७ ॥
इत्यर्जुनवचः श्रुत्वा विससर्ज स सायकम् ।
रथमारुह्य दोर्दण्डमण्डलीकृतकार्मुकः ॥ ८९८ ॥
मार्गणेन निवार्याशु फल्गुणस्तस्य मार्गणान् ।
अस्त्रं प्रादुश्चकारोग्रमाग्नेयं तेजसां निधिः ॥ ८९९ ॥
तत्प्रभाभिर्नभोभागे जाते ज्वालाजटाजुषि ।
क्षणादङ्गारपर्णस्य भस्मसादभवद्रथः ॥ ९०० ॥
ततस्तं विरथं भूमौ पतितं पाण्डुनन्दनः ।
जग्राहाकृष्य केशेषु मन्दारामोदशालिषु ॥ ९०१ ॥
तस्य व्याकीर्णमाल्योत्था रुराव भ्रमरावली ।
कृपेव तत्परित्राणयाच्ञातारप्रलापिनी ॥ ९०२ ॥
तस्मिन्गृहीते तत्पत्नी धर्मजं शरणं ययौ ।
भीता कुम्भीनसी नाम कम्पान्मुखरमेखला ॥ ९०३ ॥
युधिष्ठिरेण कृपया वारितोऽथ धनंजयः ।
तं मुमोच न वीराणां विषमस्थेषु विक्रमः ॥ ९०४ ॥
ततः प्रोवाच गन्धर्वः पार्थं प्रणतशेखरः ।
निर्जितोऽहं त्वया वीर दर्पस्त्यक्तोऽधुना मया ॥ ९०५ ॥
अङ्गारपर्णताद्यैव निवृत्ता मे वितेजसः ।
योऽहं चित्ररथो युद्धे त्वया दग्धरथः कृतः ॥ ९०६ ॥
गृहाण चाक्षुषीं विद्यां प्राणदस्त्वं सखा मम ।
यथेच्छं दृश्यते सर्वमनया ननु दत्तया ॥ ९०७ ॥

एवमेव न गृह्णामि मानी त्वं क्षत्रियो यदि ।
तत्प्रीतिपूर्वमाग्नेयमस्त्रमेतत्प्रयच्छ मे ॥ ९०८ ॥
गन्धर्वाणां तुरङ्गाणां भवद्भ्यः शतपञ्चकम् ।
युद्धकाले प्रदास्यामि शतमप्यक्षयं सदा ॥ ९०९ ॥
इत्युक्त्वा स ददौ विद्यां पावकास्त्रं विलोक्य च ।
सख्यं च शाश्वतं भेजे जयिना सव्यसाचिना ॥ ९१० ॥

आङ्गारपर्णम् ॥ २१ ॥

ततः किरीटी गन्धर्वं प्रीतः पप्रच्छ निर्वृतम् ।
किमकारणमस्मासु गतवानसि विक्रियाम् ॥ ९११ ॥
तत्पार्थवचनं श्रुत्वा वीरश्चित्ररथोऽब्रवीत् ।
शृणु पार्थ मया येन युष्माकं धर्षणा कृता ॥ ९१२ ॥
अपुरस्कृतविप्राणामनग्नीनामजापिनाम् ।
प्रभवामो वयं रात्रौ जाताधिकबलोत्कटाः ॥ ९१३ ॥
स्त्रीसमक्षं विशेषेण रणोत्साहो ममाभवत् ।
कान्ताकटाक्षहृष्टो हि न वेत्ति मरणं जनः ॥ ९१४ ॥
परेण ब्रह्मचर्येण निर्जितोऽहं त्वयार्जुन ।
पुरोहितं विना शक्तिः क्षत्रियाणां कुतोऽन्यथा ॥ ९१५ ॥
कुरुवंशशशाङ्कस्य तव तापत्य विक्रमः ।
पुरोधसा मन्त्रवता संयुक्तस्त्रिजगज्जयी ॥ ९१६ ॥
तत्पाण्डुतनयः श्रुत्वा तं पप्रच्छ सकौतुकः ।
कथं तापत्यतास्माकं ब्रूहि गन्धर्वभूपते ॥ ९१७ ॥
इति पृष्टः स पार्थेन प्रोवाच प्रेमनिर्भरः ।
बभूव भारते वंशे पुरा संवरणो नृपः ॥ ९१८ ॥
तद्यशोराशिमालोक्य मुग्धविद्याधराङ्गनाः ।
स्फाटिकाचलकूटेषु विश्रान्तिं नैव लेभिरे ॥ ९१९ ॥
स राजा मृगयासक्तः कदाचिद्विहरन्वने ।
विषण्णाश्वः शनैः पद्भ्यामारुरोह गिरेः शिरः ॥ ९२० ॥

तत्रोत्पललताकुञ्जमञ्जुगुञ्जद्विहङ्गमे ।
किंनरीकेलिसंगीतस्तिमिताङ्गकुरङ्गके ॥ ९२१ ॥
पुंनागकेसराशोकचूतकिञ्जल्कपिञ्जरे ।
कल्पिते काञ्चनगिरौ द्वितीय इव वेधसा ॥ ९२२ ॥
ददर्श कान्तिसर्वस्वकोशं कुसुमधन्वनः ।
दिव्यकन्यामसामान्यलावण्यामृतवाहिनीम् ॥ ९२३ ॥
अङ्गप्रभासुवर्णेन स्मितमौक्तिकशोभिना ।
कटाक्षरुचिरत्नेन तारुण्येन विभूषिताम् ॥ ९२४ ॥
वीक्ष्य वीरोऽपि नृपतेस्तामायतविलोचनाम् ।
विस्मयस्मरकम्पानां क्रीडामण्डपतामगात् ॥ ९२५ ॥
कस्यासि चन्द्रवदने का त्वं कुवलयेक्षणा ।
भज मां सुभगे नीतं कामेन तव दासताम् ॥ ९२६ ॥
इति तद्वदनाम्भोजभृङ्गायितविलोचनः ।
वाचालतां नरपतिश्चाटुकारः किमप्यगात् ॥ ९२७ ॥
तच्छ्रुत्वा लज्जिता बाला सा नमद्वदनाम्बुजा ।
स्थित्वा क्षणं समुत्प्लुत्य[1] नभः प्रायाददर्शनम् ॥ ९२८ ॥
तस्यां गतायां नृपतिर्नेत्रपद्मदिनश्रियि ।
भेजे विरहसंतापं चक्रवाक इवाकुलः ॥ ९२९ ॥
प्रीतिः समागमाभ्यासात्कस्य नाम न जायते ।
पुष्णाति दृष्टमात्रस्तु चित्तं सातिशयो जनः ॥ ९३० ॥
स तामपश्यन्नुच्छ्वासपरिम्लानमुखाम्बुजः ।
उन्मत्त इव बभ्राम वने विरहमोहितः ॥ ९३१ ॥
तारप्रलापमुखरो मूर्छितः सोऽपतद्भुवि ।
उन्मूलित इवाभ्येत्य मन्मथेन प्रमाथिना ॥ ९३२ ॥
तं विलोक्य महीपालं पतितं गगनस्थिता ।
सा कन्या पुनरभ्येत्य लब्धसंज्ञा(ज्ञ)मभाषत ॥ ९३३ ॥

---

१. 'समुत्पत्य' ख.

तनया तपनस्याहं तपती नाम भूपते ।
त्वं च सर्वगुणोदारस्त्रिषु लोकेषु गीयसे ॥ ९३४ ॥
किंतु पित्राभ्यनुज्ञाता विवाहमभिकामये ।
शैशवे पितुरायत्ताः परतन्त्र्यः सदा स्त्रियः ॥ ९३५ ॥
इत्युक्त्वाकाशमविशत्तपती तरलेक्षणा ।
कुर्वाणा दशनोद्योतैर्दिशः शशिशतोज्ज्वलाः ॥ ९३६ ॥
तस्यामभ्येत्य यातायां पुनस्तापं ययौ नृपः ।
श्रीखण्डसलिलैः सिक्तो विषैः पश्चादिवोक्षितः ॥ ९३७ ॥
ततो वनं समन्विष्य ससैन्येष्वथ मन्त्रिषु ।
प्राप्तेष्वेको महामात्यः समभ्येत्य ददर्श तम् ॥ ९३८ ॥
स दृष्ट्वा मूर्छितं भूमौ संभ्रान्तश्चक्रवर्तिनम् ।
शनैराश्वास्य पप्रच्छ येनाभूज्ज्ञाततत्कथः ॥ ९३९ ॥
ततो मन्त्रिगिरा राजा वशिष्ठं श्रेयसां निधिम् ।
निजं पुरोहितं ध्यात्वा भास्कराराधनं व्यधात् ॥ ९४० ॥
तस्मादूर्ध्वभुजः सोऽथ द्वादशाहमुपोषितः ।
वशिष्ठस्तपनं गत्वा ययाचे तपतीं स्वयम् ॥ ९४१ ॥
तमूचे भगवान्सूर्यो ममैवाभूदयं चिरम् ।
कन्यां संवरणायैनां दास्यामीति मनोरथः ॥ ९४२ ॥
इत्युक्त्वा तपतीं हृष्टः प्रददौ वासरेश्वरः ।
स्वनिश्चितां समादाय मुनिः कन्यां न्यवेदयत् ॥ ९४३ ॥
ततो राजा कृतोद्वाहस्तया बालमृगीदृशा ।
विजहार लताजालश्यामलाचलमौलिषु ॥ ९४४ ॥
रममाणस्तया तन्व्या मन्दारकृतशेखरः ।
उवास द्वादश समा दिव्यकाननभूमिषु ॥ ९४५ ॥
तं विना राजशशिनं दुर्भिक्षेण निपीडिताः ।
अवृष्टिपातादभवन्प्रजा लुप्तमखश्रियः ॥ ९४६ ॥

अभ्यर्थितोऽथ सचिवैर्नृपतिः स निजं पुरम् ।
विवेश तत्क्षणं चाभूत्पृथिवी सस्यशालिनी ॥ ९४७ ॥
यज्वनस्तस्य तनयस्तपत्यामभवत्कुरुः ।
तद्वंशजातस्त्वं पार्थ तापत्यः कीर्तितो मया ॥ ९४८ ॥

तापत्यम् ॥ २२ ॥

तच्छ्रुत्वा फल्गुणोऽवादीद्वशिष्ठस्य महामुनेः ।
चरितं श्रोतुमिच्छामि राज्ञस्तस्य पुरोधसः ॥ ९४९ ॥
पृष्टः कुन्तीसुतेनेति गन्धर्वेन्द्रस्तमभ्यधात् ।
शृणु प्रभावं वीरस्य तस्य शान्तात्मनो मुनेः ॥ ९५० ॥
यः शक्तोऽपि जगत्सर्वं निर्दग्धुं क्रोधवह्निना ।
विप्रियं कालविहितं सेहे गम्भीरसागरः ॥ ९५१ ॥
कामक्रोधौ स्वयं लोकक्रीडाकारणपण्डितौ ।
पादसंवाहनं यस्य चक्राते भयकम्पितौ ॥ ९५२ ॥
कौशिकस्य सुतो गाधेर्विश्वामित्रः पुरा नृपः ।
मृगानुसारी विपिने वशिष्ठाश्रममाविशत् ॥ ९५३ ॥
निमन्त्रितस्ततस्तेन राजा सबलवाहनः ।
तत्कामधेनुनिर्दिष्टान्दिव्यान्भोगानवाप्तवान् ॥ ९५४ ॥
तां धेनुं नन्दिनीं नाम मनोनयननन्दिनीम् ।
विश्वामित्रो मुनिवरं ययाचे निचयैर्गवाम् ॥ ९५५ ॥
गजैः सकाञ्चनैः साश्वैस्तं राज्येनापि भूभुजा ।
अर्थिनां न ददौ होता कामधेनुं महामुनिः ॥ ९५६ ॥
ततो लक्ष्मीबलोन्मत्तस्तां जहार नृपो बलात् ।
दीनावलोकिनी त्यक्ता मुनीन्द्रेण क्षमावता ॥ ९५७ ॥
ह्रियमाणा ततस्तेन सासृजत्पाह्लवान्नवात् ।
शकृतश्च शकान्वीरान्योनिजान्यवनानपि ॥ ९५८ ॥
दरत्तुरुष्कचीनांश्च म्लेच्छाञ्शोकारुणेक्षणा ।
तैर्हन्यमानं दुद्राव विश्वामित्रबलं क्षणात् ॥ ९५९ ॥

ब्रह्मतेजो दुराधर्षं जितो विज्ञाय कौशिकः ।
तपश्चचार तत्प्राप्त्यै चिरं संतापितामरः ॥ ९६० ॥
अत्रान्तरे नरपतिः सौदासो मृगयारसात् ।
व्रजन्वशिष्ठतनयं ददर्शैकायने पथि ॥ ९६१ ॥
तं नृपः शक्तिनामानमपसर्पेत्यभाषत ।
तं तदैवाभ्यधात्सोऽपि भूभुजोऽग्रं द्विजोऽर्हति ॥ ९६२ ॥
पौष्यः कल्माषपादाख्यः सौदासः कुपितस्ततः ।
मुनिसूनुं क्रुधा न्यस्तं प्राद्रवद्यातुधानवत् ॥ ९६३ ॥
रुषा प्रहाराभिहतो मुनिसूनुः शशाप तम् ।
भविष्यसि मनुष्यादस्त्रासादित्याकुलाशयः ॥ ९६४ ॥
शप्तस्तेन स्वनगरं यातः स वसुधाधिपः ।
मांसभुक्तिं स मुनिना याचितोऽन्तःपुरं ययौ ॥ ९६५ ॥
स्मृत्वा तमर्धरात्रे च निजं सूदं समादिशत् ।
कुरुष्व तूर्णं विप्राय मांसभोजनमित्यसौ ॥ ९६६ ॥
अर्धरात्रे कुतो मांसमिति वादिनमाह तम् ।
नरमांसं द्विजायास्मै प्रयच्छेत्यवदन्नृपः ॥ ९६७ ॥
सूदोऽपि वध्यवसुधां गत्वा शूलाग्रवर्तिनाम् ।
मांसं क्षणेन संस्कृत्य ददौ विप्राय भोजनम् ॥ ९६८ ॥
द्विजोऽपि दिव्यदृग्ज्ञात्वा तदभक्ष्यं क्रुधान्वितः ।
नृमांसादो भवेत्याशु तमप्याकूजितोऽवदत् ॥ ९६९ ॥
पुनरुक्तेन शापेन तं नरेन्द्रमथावृतम् ।
समादिशत्तथादिष्टो विश्वामित्रेण राक्षसः ॥ ९७० ॥
वशिष्ठपुत्रानखिलान्भक्षयेति स वैरतः ।
तेनादिष्टो नृपं चक्रे राक्षसं क्रूरचेष्टितम् ॥ ९७१ ॥
स गत्वा राक्षसाविष्टो वशिष्ठस्य तपोवनम् ।
उवाच शक्तिं त्वद्दत्तः शापोऽयं समुपस्थितः ॥ ९७२ ॥

नृमांसभोजनारम्भं त्वत्त एव करोम्यहम् ।
ओंकारकवलीकारचतुरोऽहं क्व यास्यसि ॥ ९७३ ॥

इत्युक्त्वा भक्षयित्वा तं घोरो रुधिरसंप्लुतः ।
शतं वशिष्ठपुत्राणां निगीर्य क्षुधितोऽभवत् ॥ ९७४ ॥

ततस्तपोवनं दृष्ट्वा पुत्रैर्विरहितं मुनिः ।
बभूव शोकसंतप्तो वज्रेणेव विदारितः ॥ ९७५ ॥

स मेरुशृङ्गात्तत्याज तनुं नागाच्च पञ्चताम् ।
शोके बन्धुरिव स्निग्धः कुतो वा लभ्यते बुधः ॥ ९७६ ॥

प्रविष्टो दहनं मेने स तुषारचयोपमम् ।
शोकपावकदग्धानां शङ्के वह्निर्निरर्थकः ॥ ९७७ ॥

विवेश जलधिं कण्ठे स बद्ध्वा विपुलां शिलाम् ।
महतामपि दुर्लङ्घ्या वियोगविषमा विपत् ॥ ९७८ ॥

संत्यक्तो वीचिहस्तेन सोऽब्धिना नाभवद्व्यसुः ।
दुःखव्यथां न जानाति जडराशिः कथं नु वा ॥ ९७९ ॥

पाशैश्च दृढमात्मानं बद्ध्वा नद्यामपातयत् ।
विपाशश्चाभवत्तेन विपाशा साभवन्नदी ॥ ९८० ॥

शतधा विद्रुता चान्या सरित्प्राप शतद्रुताम् ।
ततः स मरणायासाद्विरराम मुनीश्वरः ॥ ९८१ ॥

स कदाचिदपश्यन्त्याः सुतवध्वास्तपोवने ।
गर्भे स्थितस्य शुश्राव पौत्रस्याध्ययनध्वनिम् ॥ ९८२ ॥

शक्तिजायामपश्यन्तीं तां दृष्ट्वा ज्ञाततत्कथः ।
बबन्ध धृतिमालम्ब्य स्थितिं स्थितिमतां वरः ॥ ९८३ ॥

तं स्नुषासहितं राजा सौदासो राक्षसावृतः ।
हन्तुमभ्याययौ घोरो गर्जन्नशनिमेघवत् ॥ ९८४ ॥

तमापतन्तं मन्त्रज्ञो हुंकारेण स भूपतिम् ।
विनष्टशापं विदधे संत्यक्तं तेन रक्षसा ॥ ९८५ ॥

मुक्तशापः स भूपालो मुनिं प्रह्वो व्यजिज्ञपत् ।
ऋतौ जायासमासक्तस्तरुणो ब्राह्मणः पुरा ॥ ९८६ ॥
असंप्राप्तस्वसंतोषो राक्षसावृतचेतसा ।
कान्ताननन्यस्तनेत्रो मया पापेन भक्षितः ॥ ९८७ ॥
तद्भार्या शोकविवशा मां शशाप प्रलापिनी ।
दयितासङ्गपर्यन्तमायुस्ते भवतादिति ॥ ९८८ ॥
वंशच्छिन्नोऽयमिक्ष्वाकोर्ब्रह्मचर्य श्रिते मयि ।
देहि मे क्षेत्रजं पुत्रं कुले नस्त्वं परायणम् ॥ ९८९ ॥
इति कल्माषपादेन सौदासेनार्थितो मुनिः ।
दमयन्तीं तदादिष्टो भेजे निःसङ्गमानसः ॥ ९९० ॥
सा मुनेर्गर्भमासाद्य स्थितं द्वादशवत्सरम् ।
अश्मनाताडयद्दुःखात्तेनाभूत्तत्सुतोऽश्मकः ॥ ९९१ ॥
अत्रान्तरे शक्तिभार्या काले सुतमजीजनत् ।
यो द्वादशसमा वेदान्साङ्गान्गर्भस्थितो जगौ ॥ ९९२ ॥
परासुः स्थापितो धृत्या यस्मात्तेन पितामहः ।
पराशराख्यस्तेनाभूत्सशक्तेः सदृशः सुतः ॥ ९९३ ॥
स मातुर्वचसा ज्ञात्वा पितरं सानुजं हतम् ।
क्रोधाच्चकार त्रैलोक्यसंहाराभिमुखं मनः ॥ ९९४ ॥
वशिष्ठः क्रुद्धमालोक्य पौत्रं कालानलप्रभम् ।
उवाच सर्वभूतेषु कारुण्यस्निग्धलोचनः ॥ ९९५ ॥
मा क्रुधः पुत्र स पिता पूर्णायुस्ते दिवं गतः ।
स्वकर्ममुद्रितो लोकः को हन्ता कश्च हन्यते ॥ ९९६ ॥
कृतवीर्यः पुरा राजा भृगूनग्रभुजो द्विजान् ।
अपूरयद्वीतसंख्यैः कुवीरसदृशो धनैः ॥ ९९७ ॥
कालेन तत्कुले भूपा दरिद्रा द्रविणार्थिनः ।
अचोरयन्भृगुकुलं क्रूरा दस्युगणा इव ॥ ९९८ ॥

अन्यायद्रविणादानेषूद्यमः क्रियतेऽन्यथा ।
लुब्धानां सत्यसंकोचात्संकुचन्त्येव संपदः ॥ ९९९ ॥
हरन्तो भार्गवधनं निर्धना एव ते नृपाः ।
आबालगर्भं जघ्नुस्तान्दृष्ट्वा गर्भेषु तद्धनम् ॥ १००० ॥
हेहयैर्हन्यमानेषु राजन्यैर्भार्गवेष्वथ ।
भयादेका भृगुवधूश्च्युतं गर्भमधारयत् ॥ १००१ ॥
स भित्त्वोरुं शिशुर्जातो दिवाकर इवापरः ।
दृशैव राजसंघानां जहार सहसा दृशः ॥ १००२ ॥
अभ्यासे क्षत्रियाः सर्वे प्रसाद्य ब्राह्मणं भयात् ।
चक्षूंषि तद्गिरा प्राप्य ययुर्भग्नपराक्रमाः ॥ १००३ ॥
और्वाभिधानः स मुनिर्बालः श्रुत्वा हतान्भृगून् ।
सर्वलोकविनाशाय मतिं चक्रे महातपाः ॥ १००४ ॥
तस्योग्रं क्रोधमालोक्य कृशानुशततेजसः ।
न्यवारयज्जगत्प्लोषशङ्किताः पितरः स्वयम् ॥ १००५ ॥
निर्दग्धुमुद्यतो लोकान्कोपाग्निस्तेन तद्गिरा ।
न्यस्तोऽग्नौ वडवावक्त्रे लोका ह्यप्सु प्रतिष्ठिताः ॥ १००६ ॥
इत्यौर्वः क्रोधजं वह्निं स तत्याज महामुनिः ।
पुत्र त्वमपि कोपाग्निं त्यज मा विक्रियां गमः ॥ १००७ ॥

और्वम् ॥ २३ ॥

वशिष्ठस्येति वचसा विरतस्त्रिजगत्क्षयात् ।
पराशरो जुहावाग्नौ रक्षःसत्रेण राक्षसान् ॥ १००८ ॥
ततः समेत्य कृपया पुलस्त्यो मुनिभिः सह ।
ररक्ष राक्षसान्वंशप्रतिष्ठायै प्रसाद्य तम् ॥ १००९ ॥
तद्वाक्याद्विरतः सत्राद्यज्ञवह्निं पराशरः ।
तत्याज वृक्षे रक्षोघ्नमुत्तरे हिमभूभृतः ॥ १०१० ॥

वासिष्ठम् ॥ २४ ॥

१ 'संगच्छ' ख.

इति गन्धर्वराजेन कथितः शक्रनन्दनः ।
श्रुत्वा पुरोहितोऽस्माकं कथ्यतामित्युवाच तम् ॥ १०११ ॥
उक्त्वोचकाभिधे तीर्थे देवलस्यानुजो मुनिः ।
धौम्योऽस्ति युष्मद्योग्योऽसाविति चित्ररथोऽब्रवीत् ॥१०१२॥
ततो गन्धर्वमामन्त्र्य हृष्टाः पाण्डुसुता ययुः ।
धौम्याश्रमं तदुद्दिष्टवर्त्मना पुण्यशालिनः ॥ १०१३ ॥
ततः प्रणम्य तं वीराः प्रसन्नहृदयाननम् ।
पुरोहितं हितं वव्रुः साम्राज्यजयसंपदाम् ॥ १०१४ ॥
सोत्साहास्तं पुरस्कृत्य ते मात्रा सहितास्ततः ।
पाञ्चालनगरं जग्मुर्द्रष्टुं कृष्णास्वयंवरम् ॥ १०१५ ॥
व्रजन्तो द्विजसार्थेन समाजे जगतीभुजाम् ।
पाराशर्यं मुनिवरं ददृशुः श्रेयसां निधिम् ॥ १०१६ ॥
तं प्रणम्याभ्यनुज्ञातास्तेन ते विविशुः पुरम् ।
राजेन्द्रकुञ्जरघटातुरङ्गरथसंकुलम् ॥ १०१७ ॥
भिक्षाभुजो विप्रवेशाः कुम्भकारनिवेशने ।
निवेश्य मातरं वीराः स्वयंवरमहीं ययुः ॥ १०१८ ॥
अधृष्यं कार्मुकं यत्र राधायन्त्रं च पार्षतः ।
तनयावरणे चक्रे शौर्यशुल्कपरं पणम् ॥ १०१९ ॥
सव्यसाची स चेज्जीवेद्वीरो मम सुतां परः ।
न भजेदित्यभूत्तस्य लक्ष्ये तस्मिन्मनोरथः ॥ १०२० ॥
ततो मुनिवरैर्जुष्टं स्वयं कौतुकिभिः सदः ।
विविशुः पार्थिवाः सर्वे व्यावल्गिमणिकुण्डलाः ॥ १०२१ ॥
तेषां दुर्योधनो मध्ये बभाराभ्यधिकां श्रियम् ।
तारहारांशुधवलो नक्षत्राणामिवोडुपः ॥ १०२२ ॥
महार्हरत्नपीठेषु हेमसिंहासनेषु च ।
उपाविशन्महीपाला मेरुकूटेष्विवामराः ॥ १०२३ ॥

ते तत्र चारुकटका रत्नभ्राजिष्णुशेखराः ।
विरेजुर्भूभृतां धुर्याश्चन्दनागुरुभूषिताः ॥ १०२४ ॥

राजहंसप्रभैः शुभ्रचामरैः परिसर्पिभिः ।
उद्दण्डपुण्डरीकास्ते विबभुः कमलाकराः ॥ १०२५ ॥

अदृश्यत ततः कृष्णा स्वच्छकान्तिदुगू(कू)लिनी ।
त्रिजगद्विजयारम्भे वैजयन्ती मनोभुवः ॥ १०२६ ॥

बभौ पादनखश्रेणीबिम्बिता राजमण्डली ।
तस्या द्रष्टुं प्रवृत्तेव लज्जावनतमाननम् ॥ १०२७ ॥

तस्य लावण्यनलिनीविकसद्दलकोमलम् ।
जङ्घाकाण्डयुगं स्वच्छदुगूलसलिलं बभौ ॥ १०२८ ॥

सा क्वणन्मेखलालोलमुवाह जघनं घनम् ।
मन्दाकिनीव पुलिनं कलहंसकृतारवम् ॥ १०२९ ॥

सौभाग्यबालकदली रोमरेखां बभार सा ।
क्रीडाशिखण्डकच्छायामिव कामशिखण्डिनः ॥ १०३० ॥

हारिणा स्तनयुग्मेन रेजेऽम्बुकणमालिना ।
चक्रवाकयुगेनेव सा तारुण्यतरङ्गिणी ॥ १०३१ ॥

कटाक्षभ्रमरं शुद्धदन्तदीधितिकेसरम् ।
रक्ताधरदलं तस्या रराज वदनाम्बुजम् ॥ १०३२ ॥

लीलया परिसर्पन्ती सा ददर्श नरेश्वरान् ।
विलासतालवृन्तेन वीज्यमानान्मनोभुवा ॥ १०३३ ॥

धृष्टद्युम्नस्ततोऽवादीन्निवार्य स्तुतिवादिनाम् ।
दोष्णा जयद्विपालानशोभिना बन्दिनां गिरः ॥ १०३४ ॥

नरेन्द्रचन्द्राः कर्पूरपूरशुभ्रयशस्त्विषाम् ।
अयं समाजो भवतां कस्य नो नयनोत्सवः ॥ १०३५ ॥

न नः प्रगल्भते वाणी युष्माकं गुणवर्णने ।
निर्दोषममृतं कीर्तिर्येषामाश्चर्यकौमुदी ॥ १०३६ ॥

इदं धनुरनाधृष्यं लक्ष्यं च क्षितिवल्लभाः ।
कृष्णां च तत्पणप्राप्यां दृष्ट्वा युक्तं विधीयताम् ॥ १०३७ ॥
इत्युक्त्वा राजतनयो मानिनः पृथिवीभुजः ।
दन्तांशुचन्द्रिकाधौतं बभाषे भगिनीं पुनः ॥ १०३८ ॥
माननीयान्मुनीन्कृष्णे प्रणम्य जगतीभुजाम् ।
समाजं पश्य विस्रब्धा लक्ष्यघ्नस्तु पतिस्तव ॥ १०३९ ॥
अयं दुर्योधनः श्रीमान्राजा राजेन्द्रशेखरः ।
मानिनो निजवद्यस्य भुज्यते श्रीः सुहृज्जनैः ॥ १०४० ॥
एतेऽस्य भ्रातरः शूरा दुःशासनपुरःसराः ।
विभाति केलिहंसीव लक्ष्मीर्यद्भुजपञ्जरे ॥ १०४१ ॥
अयमङ्गपतिः श्रीमानर्थिसार्थसुधार्णवः ।
कर्णो विकर्णो नाम्नापि जायते यस्य शात्रवः ॥ १०४२ ॥
मातुलः कुलराजस्य सौबलोऽयं महाबलः ।
प्रोषितारातिनिःश्वासैर्यत्प्रतापाग्निरुद्धतः ॥ १०४३ ॥
धनुष्मानप्रतिरथः सैन्धवोऽयं जयद्रथः ।
जाता सुराणां भूस्पर्शशङ्का यत्सैन्यरेणुभिः ॥ १०४४ ॥
अयं पद्मपलाशाक्षः कृष्णः केशिनिसूदनः ।
षोडशस्त्री सहस्राक्षिभृङ्गालीकमलाकरः ॥ १०४५ ॥
रेवतीरमणश्चायं रौहिणेयोरिवारणः ।
ऐरावण इवाभाति सततं यो मदश्रिया ॥ १०४६ ॥
कृतवर्मानिरुद्धश्च गदः सात्यकिरुद्धवः ।
अक्रूरश्चारुदेष्णश्चेत्येते दाशार्हपुंगवाः ॥ १०४७ ॥
मत्स्यराजो विराटोऽयं काम्बोजोऽयं सुदक्षिणः ।
कौरव्यः सोमदत्तोऽयं शन्तनोर्भ्रातुरात्मजः ॥ १०४८ ॥
सोमदत्तसुताश्चैते भूरिर्भूरिश्रवाः शलः ।
मद्राद्रिनाथः शल्योऽयं भगदत्तश्च भूपतिः ॥ १०४९ ॥

एते चान्ये च भूपालास्त्वदर्थं सुभ्रु संगताः ।
अर्हाः कुलेन कुन्त्या च राधाभेत्ता तु ते वरः ॥ १०५० ॥
इत्युक्तवति पाञ्चाले राजपुत्रे नरेश्वराः ।
चापाभिमुखमुत्तस्थुर्हेलाकलितधन्विनः ॥ १०५१ ॥
दर्पजृम्भाभिरामाणां भुजस्तम्भावलोकिनाम् ।
संरम्भो भूमिपालानां बभूव स मनोभवः ॥ १०५२ ॥
क्वणत्कङ्कणकेयूरतारहारच्छटाकुलः ।
व्यावल्गत्कुण्डलस्तेषां कोऽपि व्यतिकरोऽभवत् ॥ १०५३ ॥
तस्मिन्नवसरे शौरिर्बलभद्रमभाषत ।
प्रच्छन्नान्पाण्डुतनयान्पश्य मध्ये द्विजन्मनाम् ॥ १०५४ ॥
ध्रुवं जतुगृहान्मुक्ता भान्त्येते लब्धयौवनाः ।
दोर्दर्पात्कलयन्तोऽन्तर्वराकं सर्वराजकम् ॥ १०५५ ॥
इति स्वैरं मधुरिपौ भाषमाणे नराधिपाः ।
अहंपूर्विकया सर्वे सस्पृशुर्धनुषोऽन्तिकम् ॥ १०५६ ॥
तद्दर्शनरसाकृष्टैः सुरैः संपूरितेऽम्बरे ।
लिखिता इव भूपालाः कृष्णान्यस्तदृशो बभुः ॥ १०५७ ॥
नाधिज्यं सेहिरे कर्तुं कार्मुकं गिरिगौरवम् ।
ते कृष्णालाभसर्वस्वे सद्यश्छिन्नमनोरथाः ॥ १०५८ ॥
धनुषस्तुलनं तस्य मनसापि सुदुःसहम् ।
मेनिरे तद्विनिष्पेषचूर्णिताङ्गदकुण्डलाः ॥ १०५९ ॥
सहसा ध्वस्तधैर्येषु भग्नोत्साहेषु राजसु ।
हारेषु तप्तनिश्वासैर्ग्लानिप्राप्तेषु मानिनाम् ॥ १०६० ॥
सव्यसाची समुत्तस्थौ द्विजमध्यान्महाभुजः ।
सोमानं धन्विनां मानमधोयातमिवोद्धरन् ॥ १०६१ ॥
कार्मुकाभिमुखे तस्मिँल्लज्जिता जगदुर्द्विजाः ।
अहो नु ब्रह्मसदृशं जाड्यमस्य प्रमादिनः ॥ १०६२ ॥

---

१. 'अस्मिष.'

अपि शल्यप्रभृतिभिर्न धृतं यन्महाबलैः ।
मोहात्समीहते कर्तुं तदधिज्यमयं बटुः ॥ १०६३ ॥
विडम्बनीया द्वेष्या वा भूभुजामधुना वयम् ।
एकस्यापि निकारेण सर्वः सार्थो विनश्यति ॥ १०६४ ॥
शक्तोऽयमथवा वीरः सुररूपश्च दृश्यते ।
छन्नानां को हि जानाति तेजसः सारफल्गुताम् ॥ १०६५ ॥
इति ब्रुवत्सु सर्वेषु धनुराकृष्य पाण्डवः ।
रामाभिरामः सहसा विद्धा लक्ष्यमपातयत् ॥ १०६६ ॥
यदैव न्यपतद्बाणस्तस्मिँल्लक्ष्ये किरीटिनः ।
तदैव कृष्णाहृदयं विविशुः स्मरसायकाः ॥ १०६७ ॥
पुष्पवर्षैः सुरोत्सृष्टैः पार्थः शुभ्रोऽभवत्ततः ।
तदुत्थैरिव भृङ्गौघैर्नृपा मलिनतां ययुः ॥ १०६८ ॥
कृष्णा ततः कटाक्षांशुनीलोत्पलविराजितम् ।
आदाय सुमनोदाम धनंजयमुपाययौ ॥ १०६९ ॥
आनन्दोत्फुल्लनयनो द्रुपदोऽपि म(स)हात्मजैः ।
तमभ्यनन्दद्भूपालान्सासूयमवलोकयन् ॥ १०७० ॥
अथान्योन्यं महीपाला विलोक्य क्षणमाननम् ।
अवमानाग्निसंतापप्रोन्मिषत्स्वेदबिन्दवः ॥ १०७१ ॥
ऊचिरे कृतकस्मेरच्छायाधौताधरश्रियः ।
आरक्तनयनाम्भोजव्यञ्जितोऽर्जितमन्यवः ॥ १०७२ ॥
अहो मिथ्याविनीतेन लम्बकूर्चेन भूभुजा ।
मानिनः पृथिवीपाला द्रुपदेन विडम्बिताः ॥ १०७३ ॥
संदेहदोलनतुलामारोप्य भुजविक्रमम् ।
इयमुद्धट्टकक्रीडा धूर्तेनानेन नः कृता ॥ १०७४ ॥
सरलैः स्वयमस्माभिर्यशःस्फटिकनिर्मलम् ।
असाधुजनसंपर्कपङ्केन मलिनीकृतम् ॥ १०७५ ॥

द्विजेन मन्युरस्माकं कृतं येनातिचापलम् ।
वध्योऽयं द्रुपदः कन्यां योऽस्मै दातुं समुद्यतः ॥ १०७६ ॥
सहामहे कथं नाम सदाचारविपर्ययम् ।
ब्राह्मणानां न विहितो राजयोग्यः स्वयंवरः ॥ १०७७ ॥
इत्युक्त्वा पार्षतं सर्वे भास्वत्कनककङ्ककाः ।
नृपाः समाययुर्हन्तुं भ्रुकुटीकुटिलाननाः ॥ १०७८ ॥
दृष्ट्वा तान्क्रोधसंरब्धान्द्रुपदः शरणं द्विजान् ।
प्रययौ तेऽपि संनद्धाः समुत्तस्थुः समन्ततः ॥ १०७९ ॥
ततो विहस्य विजयो विनिवार्य रणाद्द्विजान् ।
तदेव धनुराकृष्य पार्थिवात्समुपाद्रवत् ॥ १०८० ॥
उन्मूल्य भीमसेनोऽपि पृथुशाखं महीरुहम् ।
राजसागरमुद्धूतो जग्राह गिरिगौरवः ॥ १०८१ ॥
प्रभावसदृशाकारं कर्णो वीक्ष्य किरीटिनः ।
सुसंरब्धः समभ्येत्य चकार जटिलं शरैः ॥ १०८२ ॥
अथार्जुनभुजोत्सृष्टान्सायकान्सरलायतान् ।
न सेहे समरे कर्णः खलः साधुगुणानिव ॥ १०८३ ॥
सोऽब्रवीत्फाल्गुणं कर्णः शङ्कितः शौर्यसंपदा ।
धनुर्वेदोऽसि किं साक्षाद्रामः शक्रोऽथवा द्विजः ॥ १०८४ ॥
इति कर्णवचः श्रुत्वा हसन्नूचे धनंजयः ।
युध्यस्व किं तवानेन न मे जीवन्गमिष्यसि ॥ १०८५ ॥
मृणालकोमलभुजैः सुकुमारपराक्रमैः ।
असद्विधानां युद्धेऽस्मिन्नलं दुःशासनादिभिः ॥ १०८६ ॥
उक्त्वेति चण्डकोदण्डमण्डलान्तरनिर्गतैः ।
तं करैरिव तीक्ष्णांशुः शरैः क्षिप्रमपूरयत् ॥ १०८७ ॥
भीमसेनोऽथ संभ्रान्तः शल्यदुर्योधनौ बली ।
जित्वा निनाय भुजयोः शौर्यं केयूरतामिव ॥ १०८८ ॥

भीमेन बाहुयुद्धेन जिते शल्ये सराजके।
न्यवर्तन्त महीपाला ब्रह्मतेजोविशङ्किताः॥ १०८९॥
युधिष्ठिरे पुरायाते यमाभ्यां सह धीमति।
पश्चात्कृष्णामथादाय जग्मतुर्भीमफल्गुणौ॥ १०९०॥
कुम्भकारगृहोपान्ते भार्गवस्य निवेशने।
ते प्रापुर्मातरं वीराः कर्मशालान्तरस्थिताम्॥ १०९१॥
भीमार्जुनावूचतुस्तां भैक्ष्यमानीतमित्यथ।
निशि कुन्ती च तावूचे समं संभुज्यतामिति॥ १०९२॥
द्रौपदीं च पुरो दृष्ट्वा ततो भ्राजिष्णुभूषणाम्।
मृषावादपरिभ्रष्टा पश्चात्तापं ययौ पृथा॥ १०९३॥
खिन्नां विलोक्य तां कुन्तीं मिथः संततिशालिनः।
सर्वेषामेव नः कृष्णेत्यूचुर्विहितसंविदः॥ १०९४॥
पाण्डुपुत्रान्परिज्ञाय ततो विक्रमसूचितान्।
हलायुधसखः शौरिर्द्रष्टुं हृष्टः समभ्ययात्॥ १०९५॥
गूढं प्रविश्य तान्दृष्ट्वा ततः[1] पुत्रान्पितृस्वसुः।
कृष्णोऽस्मीति वदन्पादौ सोऽग्रहीद्धर्मजन्मनः॥ १०९६॥
परिष्वज्य समाभाष्य हृष्टास्ते शौरिणा मिथः।
मुहूर्तं स्वकथाः श्रुत्वा तस्थुर्बाष्पाकुलेक्षणाः॥ १०९७॥
ततो यथागते याते कृष्णे लाङ्गलिना सह।
धृष्टद्युम्नोऽनुजावृत्तं ज्ञातुं बभ्राम शङ्कितः॥ १०९८॥
स भार्गवगृहोपान्ते छन्नस्तेषां कथान्तरे।
शुश्राव कृष्णेत्याह्वानं कथाश्च क्षत्रियोचिताः॥ १०९९॥
ततः स हृष्टो द्रुपदं तमभ्येत्य समभ्यधात्।
तात राजेन्द्रवंश्येन वृता सा भगिनी मम॥ ११००॥
नागवल्ली समारूढा स्वयं क्रमुकपादपम्।
पीयूषशालिनी ज्योत्स्ना चन्द्रकान्तेन संगता॥ ११०१॥

---

१. 'तत्र.'

इति पुत्रवचः श्रुत्वा द्रुपदः स्वं पुरोहितम् ।
विसृज्य पाण्डुतनयानानिनाय निजालयम् ॥ ११०२ ॥
कल्पितं नृपवीक्षार्थं चतुरैर्नृपसेवकैः ।
ते समुच्चित्य जगृहुः क्ष्मापयोग्यमुपायनम् ॥ ११०३ ॥
कुन्ती कृष्णां समादाय विवेशान्तःपुरं ततः ।
पार्थाश्च रत्नपीठेषु पूजिताः समुपाविशन् ॥ ११०४ ॥
तान्भुक्तोत्तरमासीनान्पूजयित्वाथ पार्षतः ।
पप्रच्छाभिजनं पूर्वमाकारेणापि वर्णितम् ॥ ११०५ ॥
ततो युधिष्ठिरोऽवादीन्मेघगम्भीरया गिरा ।
ताण्डवाचार्यकं कुर्वन्निव क्रीडाशिखण्डिनाम् ॥ ११०६ ॥
राजन्ननन्यसदृशाः प्रतापानुगुणा गुणाः ।
भवन्ति सत्त्वसंपन्ना न हीनाभिजने जने ॥ ११०७ ॥
अविचार्यैव तनयावत्सलः किं विशङ्कसे ।
राधाविभेदे सामान्यः को हि नाम प्रगल्भते ॥ ११०८ ॥
अहं युधिष्ठिरो राजन्भीमोऽयमयमर्जुनः ।
अनेन तत्पुरो राज्ञां यन्त्रं भूमौ निपातितम् ॥ ११०९ ॥
इति पीयूषसंसिक्तं श्रुत्वा यौधिष्ठिरं वचः ।
लेभे सफलसंकल्पो द्रुपदः प्रमदश्रियम् ॥ १११० ॥
मुहूर्तं हर्षनिःस्पन्दः स्थित्वा श्रुत्वा च तत्कथाम् ।
पाञ्चालराजः प्रोवाच कुत्सयन्धृतराष्ट्रजान् ॥ ११११ ॥
दिष्ट्या जतुगृहात्तस्मान्मुक्ता यूयं महाभयात् ।
दिष्ट्या च युष्मत्संबन्धः प्राप्तः सुकृतिना मया ॥ १११२ ॥
गृह्णातु विधिवत्पाणिं मत्पुत्र्याः श्वेतवाहनः ।
तच्छ्रुत्वोवाच कौन्तेयो मातुः सत्यां गिरं स्मरन् ॥ १११३ ॥
पुत्र्यास्तव वयं सर्वे ग्रहीष्यामः करं नृप ।
मा विशङ्कस्व धर्मस्य सुसूक्ष्मो हि गतिक्रमः ॥ १११४ ॥

द्रुपदोऽपि तदाकर्ण्य प्रोवाचोत्कम्पिताशयः ।
अहो निन्द्यमसत्सेव्यं धर्मज्ञोऽप्यभिभाषसे ॥ १११५ ॥
अनपेक्ष्य कुलाचारं कथमसद्विधो जनः ।
बहिष्कृते लोकवादैः कर्मण्यस्मिन्प्रवर्तते ॥ १११६ ॥
एकपत्नीव्रता नार्यः पुरुषा बहुयोषितः ।
कथमेतां स्थितिं धर्म्यां हेलया हातुमर्हसि ॥ १११७ ॥
तच्छ्रुत्वोवाच तं पार्थो मा राजन्विमना भव ।
जनन्या वयमाज्ञप्ताः सहेयं भुज्यतामिति ॥ १११८ ॥
तदतथ्यं कथं कर्तुं शक्तः सत्यधनो जनः ।
सत्यं हि धर्मवृक्षस्य मूलं शाखासहस्रिणः ॥ १११९ ॥
इति कौन्तेयवचसा विषण्णे ससुते नृपे ।
कुन्ती पृष्टा समभ्येत्य तदेवाह नरेश्वरम् ॥ ११२० ॥

द्रौपदीस्वयंवरः ॥ २५ ॥

अत्रान्तरे समभ्येत्य भगवान्भूतभावनः ।
समस्तसंशयच्छेत्ता मुनिः सत्यवतीसुतः ॥ ११२१ ॥
तैः समभ्यर्चितस्तत्र चूडाचुम्बितभूतलैः ।
संशुश्राव पृथक्तेषां विवाहे धर्मसंशयम् ॥ ११२२ ॥
तमब्रवीन्मुनिवरः संशयं मा कृथा वृथा ।
श्रूयतामिदमत्रैव वर्णितं वेधसा स्वयम् ॥ ११२३ ॥
यमे क्रतुक्रियाव्यग्रे समग्रा जगती पुरा ।
प्रजाभारेण संपूर्णा पीडिता वीतमृत्युना ॥ ११२४ ॥
ततः पृथ्वीपरित्राणव्यापृतः पाकशासनः ।
दृष्ट्वा चतुर्मुखं देवं यमयज्ञमहीं ययौ ॥ ११२५ ॥
ददर्श तत्र जाह्नव्यां सुवर्णकमलावलीम् ।
व्रजन्तीं वीचिनिचयैः क्षणमावर्तनर्तिताम् ॥ ११२६ ॥
कौतुकात्तदथान्विष्य सहस्राक्षो मृगीदृशम् ।
अपश्यद्दिव्यललनां विषण्णवदनाम्बुजाम् ॥ ११२७ ॥

बाष्पाम्बुबिन्दुभिस्तस्या जले हेमाब्जमालिकाम् ।
तां विलोक्य स पप्रच्छ विस्मितः शोककारणम् ॥ ११२८ ॥

सापि तं ज्ञास्यसीत्युक्त्वा जगाम गजगामिनी ।
तामेवानुव्रजञ्शक्रो ददर्श गिरिमूर्धनि ॥ ११२९ ॥

सिंहासनस्थं पुरुषं कान्तं प्रणयिनीसखम् ।
क्रीडन्तमक्षैस्तं दृष्ट्वा दर्पात्प्रोवाच वृत्रहा ॥ ११३० ॥

अहो नु जगतां नाथं मां दृष्ट्वापि न कम्पसे ।
विकलोऽपि पुरः स्त्रीणां नूनं शक्रायते जनः ॥ ११३१ ॥

शतमन्योर्वचः श्रुत्वा विहस्य गिरिजापतिः ।
तं चक्रे दृक्त्रिभागेन क्षणात्काष्ठमिवाचलम् ॥ ११३२ ॥

ततोऽक्षकेलिपर्यन्ते तां सबाष्पां स्त्रियं रहः ।
उवाच हासकिरणैः कुर्वाणः स्फाटिकं जगत् ।
स्पृष्ट्वैनं मद्गिरा मुञ्च दृप्तं मत्क्रोधबन्धनात् ॥ ११३३ ॥

इत्युक्त्वा तेन नाकस्त्रीस्तब्धं पस्पर्श वज्रिणम् ।
स्पृष्टमात्रः स च तया पपात गतचेतनः ॥ ११३४ ॥

तमब्रवीदुमाकान्तो मैवं दर्पं पुनः कृथाः ।
उत्तिष्ठालोकय गुहां गिरेरुद्दाल्यशेखरम् ॥ ११३५ ॥

इति श्रुत्वा तथा कृत्वा स ददर्श दरीगृहे ।
तुल्याकृतित्रयोवेशांश्चतुरोऽन्यान्पुरंदरान् ॥ ११३६ ॥

दृष्ट्वा तान्कम्पितः शक्रो बभूवोद्भ्रान्तमानसः ।
कश्चिदेते यथा नाहं भविष्यामीति शङ्कितः ॥ ११३७ ॥

तमुवाचाथ भगवान्भर्गः कार्यार्थमस्तु वः ।
पञ्चानां मानुषे लोके जन्म भूभारशान्तये ॥ ११३८ ॥

महेश्वरवचः श्रुत्वा ते कृत्वाञ्जलयस्ततः ।
ऊचुर्धर्मादयो देवाः सन्तु नो जनका इति ॥ ११३९ ॥

शक्रोऽप्यवादीन्मत्सूनुरेषां मध्येऽस्तु पञ्चमः ।

त्वत्प्रसादादहं देव न पतामि स्वयं क्षितौ ॥ ११४० ॥
एवमस्त्विति तं देवः प्रीतः प्रोवाच शंकरः ।
विनयावधयः कोपाः स्थायिनो न महात्मनाम् ॥ ११४१ ॥
विश्वभुग्धृतधामा च शिबिः शान्तस्तथापरः ।
तेजस्वी वेति ते शक्रा जाताः पाण्डुसुता भुवि ॥ ११४२ ॥
तदर्थं सुन्दरी जाता स्वर्गस्त्री सैव भूतले ।
कृष्णा तव सुता राजन्नत्र मा विमतिं कृथाः ॥ ११४३ ॥
एतत्सर्वं यथा वृत्तं पश्य दिव्येन चक्षुषा ।
इत्युक्त्वास्मै ददौ व्यासः क्षणं ध्यानमयीं दृशम् ॥ ११४४ ॥
ततस्तत्वं समालोक्य हृष्टः पाञ्चालभूपतिः ।
धन्योऽस्मीति वदन्प्रह्वो निर्ययौ मुनिना सह ॥ ११४५ ॥

पञ्चेन्द्रोपाख्यानम् ॥ २६ ॥

अथ याते मुनिवरे योगे पुष्येन्दुपूजिते ।
धौम्येन विधिवद्वह्नौ हुते मन्त्रपुरस्कृते ॥ ११४६ ॥
क्रमेण जगृहुः पाणिं कृष्णायाः पाण्डुनन्दनाः ।
पूजिताः सर्वपाञ्चालैर्भूरिरत्नाम्बरप्रदैः ॥ ११४७ ॥
उत्सवे विश्रुते तस्मिन्वर्तमाने महाधने ।
पार्थेभ्यः प्राहिणोत्कृष्णो धनं बहुहयद्विपम् ॥ ११४८ ॥

विवाहः ॥ २७ ॥

ततः पाण्डुसुतैर्लब्धां कृष्णां ज्ञात्वा नरेश्वराः ।
विस्मयं च प्रकोपं च संतापं च प्रपेदिरे ॥ ११४९ ॥
पाण्डवाभ्युदयं श्रुत्वा दुःशासनपुरोगमाः ।
हा कष्टमित्यभाषन्त निन्दन्तो विधिशासनम् ॥ ११५० ॥
धृतराष्ट्रं समभ्येत्य प्रहृष्टो विदुरस्ततः ।
उवाच दिष्ट्या त्वत्पुत्रैः प्राप्ता कृष्णा बलादिति ॥ ११५१ ॥
तच्छ्रुत्वा धीमतस्तस्य तुष्टः कुरु महीपतिः ।
कृष्णां दुर्योधनेनैव प्राप्तां मेने सह श्रिया ॥ ११५२ ॥

पुनस्तमभ्यधात्क्षत्ता भ्रातुः पुत्रैस्तव प्रभो ।
मुक्तैर्जतुगृहाद्दैवाज्जितं कुन्तीसुतैरिति ॥ ११९३ ॥
ततः स संवृताकारो बहिर्हर्षमिवावहन् ।
उवाच पुत्राभ्यधिका दिष्टया जीवन्ति ते मम ॥ ११९४ ॥
अत्रान्तरे समभ्येत्य सहामात्यैः सुयोधनः ।
उवाच विदुरे याते पितरं मन्युमूर्छितः ॥ ११९५ ॥
अहो नु कृतवैरास्ते विस्मृतास्तव शत्रवः ।
यस्तेषां संग्रहं मोहादार्जवाद्यातुमुद्यतः ॥ ११९६ ॥
श्रिया शशाङ्कधवलच्छत्रचामरविभ्रमैः ।
अविश्वासमये राज्ये ध्रुवं समुपहस्यते ॥ ११९७ ॥
चौरं द्विष्टं वधूं यातां शत्रुं वित्रासितं कृतम् ।
पुनः संगृह्य यः शेते स तैरेव प्रबोध्यते ॥ ११९८ ॥
विश्वासं शङ्किते शत्रौ मा कृथाः सरलाशयः ।
राजन्बहुच्छलं राज्यं भुज्यन्ते किल नाहवैः ॥ ११९९ ॥
उपायैरप्यशक्यास्ते जाने जेतुं नरेश्वराः ।
उपेक्षिता भविष्यन्ति संकल्पेऽप्यथ दुर्जयाः ॥ ११६० ॥
श्रूयते द्रौपदी तेषां सर्वेषां महिषी मता ।
सैव तद्भेदनोपायो जीवितं हि कलेः स्त्रियः ॥ ११६१ ॥
हन्यन्तां कुशलैस्तीक्ष्णैर्गूढमद्यैव वा मम ।
पश्चात्तापं हि पुष्णाति कालहीनो मनोरथः ॥ ११६२ ॥
इति दुर्योधनेनोक्ते वीरस्तपनसंभवः ।
ऊचे दन्तांशुभिः कुर्वन्मुखाब्जे केसरावलीम् ॥ ११६३ ॥
मतिमद्भिः प्रयत्नेन यथावद्विहिता अपि ।
उपाया नैव सिध्यन्ति विना दैवावलोकनम् ॥ ११६४ ॥
मानी च कृतवैरश्च दृष्टसारश्च विक्रमे ।
को हि दैवं समुद्दिश्य विलम्बेत वधे रिपोः ॥ ११६५ ॥

यत्नैर्बहुविधैः पार्था भवद्भिः क्षपिता अपि ।
विवर्तन्ते महोत्साहाः किमन्यद्दैवतं विना ॥ ११६६ ॥
उपाया युक्तयो मायाः कालयापनमुच्यते ।
निरपायो जयस्तूलमेक एव पराक्रमः ॥ ११६७ ॥
अद्यैव पाण्डुतनयाञ्जहि युद्धे महीपते ।
कृष्णादिभिः परावृत्तास्ते हि कालेन दुर्जयाः ॥ ११६८ ॥
अम्भसा शममायाति मुष्टिमेयशिखः शिखी ।
प्रवृद्धोऽधःस्थितैः पश्चात्संतप्तैरेव दृश्यते ॥ ११६९ ॥
इति श्रुत्वाम्बिकासूनुस्तनयः स्नेहमोहितः ।
एवमेतदिति ध्यात्वा संदेहाकुलितोऽभवत् ॥ ११७० ॥
स भीष्मप्रमुखान्वृद्धानानाय्य नयकोविदान् ।
पप्रच्छ सुतसंकल्पे युक्तायुक्तविनिश्चयम् ॥ ११७१ ॥
महाशयो जगादाथ समदर्शी पितामहः ।
राजन्नद्यापि मन्ये नो विक्रियां समुपागतः ॥ ११७२ ॥
वितीर्य तेभ्यो राज्यार्धमविज्ञातान्तरः परैः ।
निष्परीवादविषदं विभवं भोक्तुमर्हसि ॥ ११७३ ॥
आनृशंस्येन सभटा बन्धुप्रीत्या कुलाधिकाः ।
विनयने च शोभन्ते यत्सत्यं प्रभविष्णवः ॥ ११७४ ॥
इत्युक्तवति गाङ्गेये भारद्वाजोऽभ्यभाषत ।
श्रेयः शान्तनवेनोक्तं राजन्स्वकुलभूतये ॥ ११७५ ॥
प्राप्तकालं वचः पथ्यं प्रमादी न शृणोति यः ।
धिक्छन्दं स चिरेणैव नष्टश्रीकः शृणोति सः ॥ ११७६ ॥
युक्त्या संव्रियतामेतद्बन्धुवैरमुपस्थितम् ।
कुलभेदे हि विवृते प्रयान्त्येव विभूतयः ॥ ११७७ ॥
एतदाकर्ण्य कर्णोऽथ किंचिदाकूणिताननः ।
उवाच बत जीवन्ति निजैः पुण्यैः क्षितीश्वराः ॥ ११७८ ॥

असामान्येन मानेन दानेन च दृढीकृताः ।
प्रभुं नेच्छन्ति सचिवा यत्ततोऽन्यत्किमद्भुतम् ॥ ११७९ ॥
अथवा भूमिपालानां मिथ्यैवास्थानुजीविषु ।
केवलं भाग्यसंयोगो विकलस्यापि[1] भूतये ॥ ११८० ॥
अम्बरीष इति ख्यातो बभूव पृथिवीपतिः ।
विकलः करणैर्हीनो निःश्वासालक्ष्यजीवितः ॥ ११८१ ॥
मन्त्री तस्य महाकर्णिः सर्वमावृत्य मण्डलम् ।
चकार राज्यहरणे मनो लोभेन मोहितः ॥ ११८२ ॥
ततो नृपतिपुण्योत्थैरदृष्टपुरुषैर्बलात् ।
हतोऽसौ सचिवो राज्ञामिति भाग्यानुगाः श्रियः ॥ ११८३ ॥
इति श्रुत्वावदद्द्रोणः सूतपुत्र हता ध्रुवम् ।
कुरवः कर्ण दर्पान्धाः सर्वज्ञोऽत्र त्वमेव च ॥ ११८४ ॥
ततः प्रोवाच विदुरो धृतराष्ट्रं महामतिः ।
अहो नु नास्ति ते राजन्भेषजं व्यसनामये ॥ ११८५ ॥
भीष्मो द्रोणश्च यद्वक्ति श्रेयसे सुनयोचितम् ।
तदनायासममृतं बत कस्य न रोचते ॥ ११८६ ॥
समानाः स्वसुतैरेव धर्मेण तव पाण्डवाः ।
न तेषां पृथिवीपाल दायाद्यं हर्तुमर्हसि ॥ ११८७ ॥
बलिना भीमसेनेन विजयेन च धन्विना ।
को हि सर्वस्वमादाय वीतशङ्कः सुखं वसेत् ॥ ११८८ ॥
प्ररोचनकृतो मन्युः साम्ना सरलचेतसः ।
अजातशत्रोर्वीरस्य हृदयादपकृष्यताम् ॥ ११८९ ॥
आनीयन्तामिहैवाद्य ते प्रसाद्य कुलश्रिये ।
आनन्दः पौरवृन्दानामस्तु तद्दर्शनोद्यतः ॥ ११९० ॥
ऋजुः कर्णो नवैश्वर्यमूढो दुर्योधनः शिशुः ।
नृशंसः शकुनिस्तेषां कुतो नु स्वहिते मतिः ॥ ११९१ ॥

---

1 'विकर्णस्यापि'.

विदुरस्येति वचसा धृतराष्ट्रो विबोधितः।
उवाच साधु युष्माभिरुक्तं कीर्त्यै कुलस्य नः॥ ११९२॥
गत्वा विदुर कौन्तेयान्सानुगः क्षिप्रमानय।
उत्कण्ठितं मम मनस्तत्संगमसुधारसे॥ ११९३॥
इत्याज्ञया नरपतेर्विदुरः शीघ्रवाहनः।
यथोक्तं धृतराष्ट्रेण हृष्टः सर्वं निवेद्य सः।
आगम्यतां नागपुरं पाण्डवानित्यभाषत॥ ११९४॥
ततः पाञ्चालराजस्य वचसा केशवस्य च।
सानुगा पाण्डुतनयाः प्रययुर्हस्तिनापुरम्॥ ११९५॥
अथ तद्दर्शनानन्दसुधानिष्यन्दचेतसाम्।
पौराणामभवत्कोऽपि तत्कीर्तिगणनादरः॥ ११९६॥
ते बद्धरत्नमुकुटाश्चारुकेयूरकुण्डलाः।
जङ्गमा इव संप्राप्ता भ्रेजिरे रोहणाचलाः॥ ११९७॥
राजधानीं प्रविश्याथ प्रणिपत्य पितामहम्।
समेत्य सकृपद्रोणं धृतराष्ट्रं ववन्दिरे॥ ११९८॥
स्थित्वा संपूर्णितास्तत्र कंचित्कालं सुखेन ते।
प्रययुः खाण्डवप्रस्थमाम्बिकेयस्य शासनात्॥ ११९९॥
उद्दिष्टं तत्र राज्यार्धं ते प्राप्य व्यवसायिनः।
विचित्रगोपुराजालं पुरं चक्रुर्महाधनम्॥ १२००॥
तत्र त्रिदिवसंकाशे नन्दनोद्यानसुन्दरे।
ननन्दुर्लोकपालास्ते दिक्षु विश्रुतकीर्तयः॥ १२०१॥

इन्द्रप्रस्थयुधिष्ठिरराज्यार्धप्राप्तिः॥ २८॥

ततः कदाचिदास्थानस्थितं तत्र सहानुजम्।
स्वयं युधिष्ठिरं द्रष्टुमाययौ नारदो मुनिः॥ १२०२॥
तं प्रणम्य प्रभापुञ्जपिञ्जरीकृतदिङ्मुखम्।
अपूजयन्पाण्डुसुताः प्राज्यरत्नासनादिभिः॥ १२०३॥

स पृष्ट्वानामयं श्रीमान्सानुजं धर्मनन्दनम्।
आशीर्भिर्विदधे धन्यां द्रौपदीं नन्तुमागताम् ॥ १२०४ ॥

तां विसृज्य जगादाथ विजने पाण्डवान्मुनिः।
दिष्ट्या कुशलिनो यूयं पुनरालिङ्गिताः श्रिया ॥ १२०५ ॥

एकपत्नीसमासक्तैर्भवद्भिः संहतैर्मिथः।
स्थातव्यमप्रसादेन भेदमूलं हि योषितः ॥ १२०६ ॥

सुन्दोपसुन्दावसुरौ निर्जितामरमण्डलौ।
अभूतां तपसाजय्यौ प्रजापतिवरोर्जितौ ॥ १२०७ ॥

न भयं सर्वभूतेभ्यो मिथोभेदं विनाभवत्।
तयोः समरवीथीषु सततं भुजशालिनोः ॥ १२०८ ॥

ततस्तद्भेदनोपायं मन्त्रयित्वा सुरैर्विधिः।
कान्तां तिलोत्तमां नाम सुरनारीं विनिर्ममे ॥ १२०९ ॥

आदाय सर्वरत्नेभ्यस्तिलं तिलमनिन्दितम्।
नियोगाद्ब्रह्मणः क्षिप्रं सा कृता विश्वकर्मणा ॥ १२१० ॥

ततः सा सुरकार्यार्थं दैत्याल्लोभयितुं शनैः।
सुरान्प्रदक्षिणीकृत्य जगाम गजगामिनी ॥ १२११ ॥

चतुर्मुखोऽभवत्क्षिप्रं तां वीक्ष्य शशिशेखरः।
शक्रः सहस्रनेत्रश्च मुनयश्च शताननाः ॥ १२१२ ॥

सा विन्ध्योपवनासीनौ ज्ञात्वा तावसुराधिपौ।
तत्रैव पुष्पावचयं गत्वा चक्रे सुमध्यमा ॥ १२१३ ॥

तस्या विलासवलितं लताञ्चलविसंस्थुलम्।
क्वचिन्मधुकरापातकृतसीत्कारविभ्रमम् ॥ १२१४ ॥

क्वचिद्बालानिलालोलदुगूलचलनाकुलम्।
बभौ मनोभवाभोगविभागसुभगं वपुः ॥ १२१५ ॥

दृष्ट्वा तौ मधुसंमत्तौ तां कुरङ्गविलोचनाम्।
ममैवेयं ममैवेयमित्युक्त्वा भेदमापतुः ॥ १२१६ ॥

ततः समुद्यतगदौ समरे युद्धदुर्मदौ ।
मिथः प्रहारैः स्फुटितावभूतां गतजीवितौ ॥ १२१७ ॥

सुन्दोपसुन्दोपाख्यानम् ॥ २९ ॥

इत्येवं योषितो राजन्भेदस्य व्यसनस्य च ।
पराभवस्य च पदं सेवेताशङ्कितोऽथ ताः ॥ १२१८ ॥
भ्रातृभेदस्त्वया राजन्रक्षणीयः प्रयत्नतः ।
असिधाराव्रतमिदं यदेकस्त्रीनिषेवनम् ॥ १२१९ ॥
नारदेनेति कथितं निशम्य पाण्डुनन्दनाः ।
जायायां समयं चक्रुर्मिथोभेदाद्विशङ्किताः ॥ १२२० ॥
कृष्णया संगतं भ्राता भ्रातरं यो विलोकयेत् ।
स चरेद्द्वादश समास्तीर्थसेवी वनेचरः ॥ १२२१ ॥
इति संविदमादाय नारदस्य पुरो मुनेः ।
ररक्ष पृथिवीं वीरा दोर्भिर्भोगीन्द्रसन्निभैः ॥ १२२२ ॥
ततः प्रयाते देवर्षौ कदाचिच्छक्रसंभवः ।
शुश्राव क्रन्दितं दूराद्विप्रस्यार्तप्रलापिनः ॥ १२२३ ॥
दस्युभिः पापचरितैर्दुर्बलस्य बलाधिकैः ।
ह्रियते गोधनं मेऽद्य पार्थो रक्षतु मां ततः ॥ १२२४ ॥
इति द्विजन्मनः श्रुत्वा पूत्कृतं क्षिप्रमर्जुनः ।
न भेतव्यमिति क्षिप्रमवदत्कार्मुकोन्मुखः ॥ १२२५ ॥
स व्रजन्नायुधागारं स्थितं तत्र युधिष्ठिरम् ।
द्रौपद्या सहितं ज्ञात्वा क्षपां चिन्ताकुलोऽभवत् ॥ १२२६ ॥
अप्यायुधार्थी संस्मृत्य प्रतिज्ञां न विवेश सः ।
ब्रह्मस्वविप्रलोपं च न सेहे मानिनां वरः ॥ १२२७ ॥
इतः समयभङ्गो मे धर्महानिरतः परः ।
इति ध्यात्वा विविग्नोऽभूत्संदेहात्सत्यधर्मयोः ॥ १२२८ ॥
इतो मे वनवासोऽस्तु द्विजोपेक्षां तु न क्षमे ।
इति प्रविश्य जग्राह स निश्चित्यायुधं निजम् ॥ १२२९ ॥

ततो विधाय दलशः सायकैर्दस्युमण्डलम् ।
ब्राह्मणाय ददौ पार्थो गोधनं यशसां निधिः ॥ १२३० ॥
युधिष्ठिरमथाभ्येत्य प्राह प्राञ्जलिरर्जुनः ।
राजन्समयविभ्रंशात्स्वस्ति गच्छाम्यहं वनम् ॥ १२३१ ॥
प्रस्थितं तीर्थसेवायै मामनुज्ञातुमर्हसि ।
असत्यं नोत्सहे राजन्धर्मराज तवानुजः ॥ १२३२ ॥
तच्छ्रुत्वा विप्रियं राजा सबाष्पस्तमभाषत ।
पुरास्माभिः कृतः पार्थ समयो दर्शनान्मिथः ॥ १२३३ ॥
न मन्युस्त्वयि भ्रातुर्मे न चाहं दर्शितस्त्वया ।
अकिल्बिषो हि मद्वाक्यान्नास्मान्संत्यक्तुमर्हसि ॥ १२३४ ॥
तच्छ्रुत्वा शक्रतनयो राजानमवदत्कृती ।
धर्ममाचरति व्याजात्कथमस्मद्विधो जनः ॥ १२३५ ॥
इत्युक्त्वा नृपमामन्त्र्य प्रतस्थे पाण्डुनन्दनः ।
नियतैरितिहासज्ञैः सहितो ब्रह्मवादिभिः ॥ १२३६ ॥
स गत्वा पुण्यतीर्थानि सेवमानः सह द्विजैः ।
गङ्गाद्वारं समासाद्य स्नातुं स्वयमवातरत् ॥ १२३७ ॥
तत्र तं मन्मथाकारं दृष्ट्वा नागेन्द्रकन्यका ।
ऐरावतकुले जाता चकर्ष स्मरमोहिता ॥ १२३८ ॥
उलूपी नाम सा कान्ता निवेद्यास्मै निजं कुलम् ।
कृताग्निकार्यं तं तत्र भज मामित्यभाषत ॥ १२३९ ॥
साभिलाषं वचः श्रुत्वा तस्यास्तरलचक्षुषः ।
ध्यात्वा मुहूर्तं प्रोवाच पार्थः पृथुललोचनः ॥ १२४० ॥
कान्तिकल्लोलपलितां नयनामृतवाहिनीम् ।
भजमानं स्वयं सुभ्रु कस्त्वां न बहु मन्यते ॥ १२४१ ॥
किंत्वहं द्वादश समा ब्रह्मचर्यप्रदीक्षितः ।
चरामि पुण्यतीर्थानि समयोऽयं गुरोर्गिरा ॥ १२४२ ॥

इत्युर्जुनवचः श्रुत्वा भुजङ्गपतिकन्यका ।
प्रोवाच लज्जाविनमन्नेत्रांशुशबलस्तनी ॥ १२४३ ॥
अयं कन्याविरुद्धो मे क्रमः कमललोचन ।
तवापि पुरतो वच्मि प्रगल्भललनेव यत् ॥ १२४४ ॥
जाने सर्वमहं नाथ युष्मत्समयसत्कथाम् ।
किंत्वियं त्वत्पुरेत्युक्त्वा[1] यत्किमुक्तेन तेन वा ॥ १२४५ ॥
रक्ष वा समयं नाथ जीवितं वा प्रयच्छ मे ।
योषिद्वधे च सत्ये च चिन्त्यतां गुरुलाघवम् ॥ १२४६ ॥
इति तस्या मृगदृशः श्रुत्वा प्रणयिवत्सलः ।
विलासमरसं भेजे तत्संगममहोत्सवम् ॥ १२४७ ॥
ततो परेऽह्नि तां बालामामन्त्र्य विनताननाम् ।
उन्मज्ज्य सलिलात्पार्थस्तीर्थानि प्रययौ कृती ॥ १२४८ ॥

उलूपीदर्शनम् ॥ ३० ॥

स गत्वा हिमवत्पार्श्वे दृष्ट्वागस्त्यतटं तथा ।
वसिष्ठपर्वतं पुण्यं भृगुतुङ्गं च पाण्डवः ॥ १२४९ ॥
नानातीर्थेषु पुण्यात्मा ब्राह्मणेभ्यो यतव्रतः ।
गोभूमिहेमलक्ष्याणि प्रददौ मन्दिराणि च ॥ १२५० ॥
हिरण्यबिन्दोस्तीर्थे च स्नात्वा प्राचीं दिशं ययौ ।
नदीमुत्पलिनीं गत्वा नैमिषारण्यमाययौ ॥ १२५१ ॥
नन्दामपरनन्दां च कौशिकीं च गयां तथा ।
अतीत्याङ्गांश्च वङ्गांश्च प्रययौ जलधेस्तटीम् ॥ १२५२ ॥
महेन्द्रपर्वतं दृष्ट्वा मणिपूरपुरं गतः ।
सादरं पूजितस्तस्थौ चित्रवाहनभूभुजा ॥ १२५३ ॥
तस्य चित्राङ्गदां नाम सुतां लावण्यशालिनीम् ।
ददर्श हर्षविकसल्लोचनस्तत्र फल्गुणः ॥ १२५४ ॥

---

1. 'त्वत्परेत्युक्त्वा'.

तां वीक्ष्य चन्द्रवदनां तन्वीं वलितलोचनाम् ।
अशिक्षितोऽप्यर्थनां स ययाचे चित्रवाहनम् ॥ १२९५ ॥
तेनार्थितोऽब्रवीत्सोऽपि प्रहृष्टो रचिताञ्जलिः ।
धन्योऽस्मि पार्थ यस्य त्वं स्वयं संबन्धमीहसे ॥ १२९६ ॥
किं त्वस्माकं कुले शंभोर्वरात्संततिरक्षया ।
एकपुत्रक्रमेणैव द्विः प्रसूतिर्न विद्यते ॥ १२९७ ॥
सेयमेकैव मे जाता कन्यापि तनयो यथा ।
अस्याः सुतो मे भविता राज्ये वंशविवर्धनः ॥ १२९८ ॥
पुत्रप्रदानशुल्केन गृहाणेमां मदात्मजाम् ।
इति पाण्डुसुतायासौ समयेनैव तां ददौ ॥ १२९९ ॥
रममाणस्तया तत्र त्रस्तसारङ्गनेत्रया ।
तिस्रो वसन्तसुभगा आनिनाय समाः समाः ॥ १२६० ॥

चित्राङ्गदासंगमः ॥ ३१ ॥

तामामन्त्र्य ततो यातः स्मृत्वा समयमर्जुनः ।
दक्षिणे सागरानूपे पञ्चतीर्थान्यवाप्तवान् ॥ १२६१ ॥
तत्रैकस्मिन्नथ स्नातो जानुलग्नं महाबलम् ।
उज्जहार बलाद्वीरो ग्राहं कुञ्जरसंनिभम् ॥ १२६२ ॥
तेनोद्धृतः स महसा क्षणेन ललनाभवत् ।
दिव्याभरणरोचिष्णुप्रभापल्लविताकृतिः ॥ १२६३ ॥
पार्थेन सावदत्पृष्टा वयं पञ्च सुराङ्गनाः ।
कृत्वा तपस्विनो विघ्नं तच्छापाद्ग्राहतां गताः ॥ १२६४ ॥
कश्चिदुद्धृत्य वो वीरः शापशान्तिं विधास्यति ।
प्रार्थितेनेति तेनैव शापमुक्तिरुदाहृता ॥ १२६५ ॥
स प्रवीरस्त्वमेव प्राक्कथितो नारदेन नः ।
अद्यास्मत्पुण्यनिवहैः प्राप्तो नाथ महीमिमाम् ॥ १२६६ ॥
शापान्महाभयादस्मादहं संतारिता त्वया ।
चतस्रोऽन्याः समुद्धर्तुं करुणाब्धे त्वमर्हसि ॥ १२६७ ॥

इत्यर्थितः शक्रसुतस्तया त्रिदिवयोषिता ।
शापादुद्धृत्य ताः प्रायान्मणिपूरपुरं पुनः ॥ १२६८ ॥
तत्र चित्राङ्गदाकेलिविलासरसिकश्चिरम् ।
बालचूतनिकुञ्जेषु विजहार स्मरोपमः ॥ १२६९ ॥
तस्यामजीजनत्पार्थः काले कमललोचनम् ।
बभ्रुवाहननामानं जयन्तं मघवानिव ॥ १२७० ॥

बभ्रुवाहनजन्म ॥ ३२ ॥

मातामहाय तं दत्त्वा स यातः पश्चिमां दिशम् ।
प्रभासं तीर्थमासाद्य तस्थौ दाता यतव्रतः ॥ १२७१ ॥
तं तीर्थसेविनं दृष्ट्वा प्रियं सुहृदमच्युतः ।
प्रीतिं भेजे समभ्येत्य सहसा तेन संगतः ॥ १२७२ ॥
तावन्योन्यं परिष्वज्य हर्षविस्तारितेक्षणौ ।
स्ववृत्तान्तं मिथः पृष्ट्वा तस्थतुः प्रेमनिर्भरौ ॥ १२७३ ॥
ततस्तौ रथिनौ गत्वा दृष्ट्वा रैवतकं गिरिम् ।
हृष्टौ विविशतुर्वीरौ द्वारकामुत्सवाकुलाम् ॥ १२७४ ॥
बलभद्रप्रभृतिभिः पूजितो वृष्णिपुंगवैः ।
विजहारार्जुनस्तत्र प्रद्युम्नप्रमुखैः सह ॥ १२७५ ॥
अथ रैवतकं यात्रामहोत्सवविभूषितम् ।
वृष्णयः सह कान्ताभिर्ययुः सर्वे स्वलंकृताः ॥ १२७६ ॥
तेषां मध्ये बभौ स्रग्वी किरीटी भोगकुण्डलः ।
तमन्वेष्टुं समायातो मनोभव इवापरः ॥ १२७७ ॥
तस्मिन्महोत्सवे तत्र प्रयाते ललनागणे ।
कृष्णानुजा बभौ कन्या सुभद्रा ललिताकृतिः ॥ १२७८ ॥
करपल्लविनी श्यामा कटाक्षभ्रमराकुला ।
सहासकुसुमा भेजे वसन्तमिव यौवनम् ॥ १२७९ ॥
शुशुभे शशिशुभ्रेण हारेण हरिणेक्षणा ।

साहेन[1] वलयेनेव नवयौवनवाहिनी ॥ १२८० ॥
तां ददर्शार्जुनः कामसद्मविभ्रमशालिनीम्।
कुर्वाणां दृग्विभागेन कर्णोत्पलमिवात्मनः ॥ १२८१ ॥
निजकान्तिवितानेन संदेहितविभूषणाम्।
सुधागर्भसमुद्भूतामिव शीतांशुदेवताम् ॥ १२८२ ॥
तां विलोक्य विलासार्द्रसौभाग्यतरुमञ्जरीम्।
पुष्पायुधशरासारलक्ष्यतामर्जुनो ययौ ॥ १२८३ ॥
तदालोकनसंजातविस्मयालोलकन्धरः।
सोऽब्रवीद्भूत लोलाक्ष्या लावण्यललितं वपुः ॥ १२८४ ॥
अविभागममर्यादमसामान्यमनुत्तरम्।
अहो नु लोचनोल्लेह्यं किमन्येषां रसायनम् ॥ १२८५ ॥
गणयन्निति सोत्कण्ठः स धीरोऽप्यगमन्मुहुः।
स्मरसंतापकम्पानां क्रीडाकन्दुकतामिव ॥ १२८६ ॥
ततो महोत्सवव्यग्रसमग्रजनमण्डले।
कृष्णस्यानुमतो वीरो रथी जिष्णुर्जहार ताम् ॥ १२८७ ॥
हृतां तामथ विज्ञाय संहताः सर्ववृष्णयः।
चुक्षुभुर्युद्धसंनद्धा दिधक्षव इवाग्नयः ॥ १२८८ ॥
आमुक्तहेमकवचे पर्याणिततुरङ्गमे।
आरोपितमहाचापे जाते तेषां रणोद्यमे ॥ १२८९ ॥
बीभत्सुं निन्दति क्रोधकम्पिते लाङ्गलध्वजे।
व्यावल्गिकुण्डलच्छायारचितेन्द्रायुधत्विषि ॥ १२९० ॥
उग्रभीष्मोष्मसंतप्तमुग्रसेने श्वसत्यलम्।
शम्बरं शङ्कमाने च साम्बेऽम्बरविलोकिनि ॥ १२९१ ॥
चारुदेष्णे समाकृष्टखड्गभ्राजिष्णुदोष्णि च।
वीरानुत्कण्ठिते हन्तुं सारणे तरसा रणे ॥ १२९२ ॥

१. 'अहिसंबन्धिना' इत्यर्थो भवेत्.

अनिरुद्धेऽपि संनद्धे विक्कते कृतवर्मणि ।
अक्रूरे क्रूरतां याते समुद्यतगदे गदे ॥ १२९३ ॥
मुहूर्तं मौनमालम्ब्य निर्विकाराननो हरिः ।
ऊचे हर्षक्षणे कोऽयं युष्माकं कोपविप्लवः ॥ १२९४ ॥
अवश्यं दीयते कन्या कस्मैचिद्गुणशालिने ।
कथ्यतां च जगत्यस्मिन्गुणवान्कोऽर्जुनाधिकः ॥ १२९५ ॥
पृथ्वी रक्षामणेर्यस्य मूल्यमल्पं नरेन्द्रता ।
आखण्डलभुवा तेन संबन्धः कस्य न प्रियः ॥ १२९६ ॥
धन्विना क्षिप्रहस्तेन समरे बहुबाहुना ।
अर्जुनेनार्जुनेनैव वैरं कस्य जयश्रिये ॥ १२९७ ॥
सुभद्रापतये तस्मै दासीहयरथद्विपैः ।
प्रेष्यन्तां द्रविणं पूर्वं पक्षोऽयं प्रतिभाति मे ॥ १२९८ ॥
इति कृष्णस्य मन्त्रेण दाशार्हास्तूर्णमत्यजन् ।
विचारपदमासाद्य रुषं विषमिवाहयः ॥ १२९९ ॥

सुभद्राहरणम् ॥ ३३ ॥

अत्रान्तरे कृतोद्वाहः संपूर्णसमयव्रतः ।
युधिष्ठिरान्तिकं प्रायात्सोत्कण्ठः श्वेतवाहनः ॥ १३०० ॥
सुभद्रासहितं प्राप्तं दृष्ट्वा धर्मसुतोऽर्जुनम् ।
जगत्परिमितं मेने हर्षसंपूर्णमानसः ॥ १३०१ ॥
नृपभीमौ प्रणम्याथ यमाभ्यामभिवादितः ।
कृष्णां प्रसादयामास प्रच्छन्नेर्ष्याविषोल्बणाम् ॥ १३०२ ॥
प्रौढा चाभ्यर्थिता तेन सा प्रीतिमधिकां ययौ ।
प्रेम प्रणयकोपान्ते मानिनीनां हि वर्धते ॥ १३०३ ॥
सुभद्रापि समभ्येत्य पृथायाः पादवन्दनम् ।
कृत्वा द्रुपदजां प्रीत्या प्रणनाम प्रियंवदाम् ॥ १३०४ ॥
स्नेहविस्फारितदृशः पाञ्चाल्याः केशवस्वसा ।
पुरो बभौ प्रणयिनी रतेः प्रीतिरिवाग्रतः ॥ १३०५ ॥

सुभद्रां तत्र पूर्णेन्दुवदनां मदनारणिम् ।
योषितोऽप्यनिमेषेण चक्षुषा सुचिरं पपुः ॥ १३०६ ॥

हरणहारिका ॥ ३४ ॥

ततो याते हलधरे पार्थानामन्त्र्य सानुगे ।
उवासार्जुनसौहार्दात्स्वयं तत्रैव केशिहा ॥ १३०७ ॥
सुभद्रापि स्मरवती रममाणा किरीटिना ।
असूत तनयं कान्तं काले कमललोचनम् ॥ १३०८ ॥
बालोऽप्यभून्मन्युमांश्च सोऽभिमन्युरिति स्मृतः ।
कृष्णयोः सदृशः शौर्ये व्यवर्धत महाबलः ॥ १३०९ ॥
स पितुः सर्वविद्यासु मातुलस्य च संगमात् ।
शास्त्रेषु चाभवद्वीरः प्रियो राकेन्दुसुन्दरः ॥ १३१० ॥

अभिमन्युजन्म ॥ ३५ ॥

कृष्णापि, पाण्डुपुत्रेभ्यः कालेन तनयान्क्रमात् ।
अजीजनत्पृथुगुणान्पृथुतुल्यपराक्रमान् ॥ १३११ ॥
प्रतिविन्ध्यो नरपतेः सुतसोमश्च मारुतेः ।
अर्जुनाच्छ्रुतकर्मा च कर्मणा भुवि विश्रुतः ॥ १३१२ ॥
नकुलाच्च शतानीकः श्रुतसेनः कनीयसः ।
इत्येते पञ्च पाञ्चाल्या बभूवुर्बलशालिनः ॥ १३१३ ॥

द्रौपदेयोत्पत्तिः ॥ ३६ ॥

क्षितिं क्षितिभृतां धुर्ये संरक्षति युधिष्ठिरे ।
रामादिचरिते लोको बभूव शिथिलादरः ॥ १३१४ ॥
शासनालानसंलीना राजगन्धमतङ्गजाः ।
उष्णं निःशश्वसुर्नित्यं तत्प्रतापवशीकृताः ॥ १३१५ ॥
दानमानहृता लुब्धाः परित्राणहृताः प्रजाः ।
बभूवुर्यशसे तस्य मान्याश्च विनयाहृताः ॥ १३१६ ॥
गुणैः संपत्तया त्यागस्तेन संपत्सुधासिता ।
तयोर्जनानुरागश्च सदा तस्य व्यवर्धत ॥ १३१७ ॥

कदाचिदथ कृष्णेन सहितः शक्रनन्दनः ।
प्रययौ यमुनातीरं जलकेलिकुतूहली ॥ १३१८ ॥
तत्रार्द्रवञ्जुललताकुञ्जकूजद्विहङ्गमे ।
तीरे बालानिलालोलवानीरतरुपल्लवे ॥ १३१९ ॥
स सुभद्रादिभिः कामं कान्ताभिः कमलेक्षणः ।
हारीकृताम्बुधाराभिर्विजहार हरिप्रियः ॥ १३२० ॥
तस्य केयूररत्नांशुजातैरिन्द्रायुधैर्जलम् ।
विबभौ प्रावृषेण्यानां मेघानां पतितैरिव ॥ १३२१ ॥
मुरारिणा सहोत्तीर्य प्रविश्योद्यानमन्दिरम् ।
सुखासीनोऽथ शुश्राव गीतं हरिणचक्षुषाम् ॥ १३२२ ॥
स नर्मपरिहासेषु दन्तदीधितिचामरैः ।
बभौ केलिपरिश्रान्ताः कान्ता निर्वापयन्निव ॥ १३२३ ॥
अथाययौ द्विजः कश्चित्स्वतेजःपुञ्जनिर्भरः ।
परमेष्ठीव वासाब्जरजःपिञ्जरिताकृतिः ॥ १३२४ ॥
माहात्म्यमिव साकारं हेमाद्रिमिव जङ्गमम् ।
तं दृष्ट्वोत्तस्थतुः कृष्णौ रत्नपीठात्कृताञ्जली ॥ १३२५ ॥
स चोपसृत्य शनकैः स्वस्तिवादं विधाय च ।
उवाच बहुभुग्विप्रः क्षुधितोऽल्पाशनादहम् ॥ १३२६ ॥
युवां वदान्यौ संप्राप्तः श्रुत्वेति द्विजभाषितम् ।
ऊचतुः पार्थवार्ष्णेयौ प्रियं भोजनमुच्यताम् ॥ १३२७ ॥
ततोऽब्रवीत्पुनर्विप्रः प्रत्यक्षीकृतविग्रहः ।
पावकोऽहं वनमिदं दग्धुमिच्छामि खाण्डवम् ॥ १३२८ ॥
तक्षको निवसत्यत्र शक्रस्य दयितः सखा ।
तत्प्रीत्या गुप्तमिन्द्रेण प्रवेष्टुं नास्ति मे गतिः ॥ १३२९ ॥
तस्माद्भवद्भुजोत्सृष्टशरजालनिवारितैः ।
शक्रप्रयुक्तमेघौघैर्निर्मुक्तं वनमर्थये ॥ १३३० ॥

इति कृष्णार्जुनौ तत्र याचितौ कृष्णवर्त्मना ।
साध्विति कृत्वा संनद्धावभूतां तत्समीहिते ॥ १३३१ ॥

श्वेतकिर्नाम राजाभूदिक्ष्वाकुकुलनन्दनः ।
सदा जज्वाल यस्याग्निः सत्रे द्वादशवार्षिके ॥ १३३२ ॥

याजकास्तस्य बहुभिर्वितानैः कर्मविस्तरैः ।
खिन्ना घनाज्यधूमेन प्रययुर्नष्टलोचनाः ॥ १३३३ ॥

स याजकैः परित्यक्तस्तपसाराध्य शंकरम् ।
तस्य त्रिलोचनादिष्टे यज्ञे द्वादशवार्षिके ॥ १३३४ ॥

अविच्छिन्नाज्यनिवहैर्जाड्यं प्राप हुताशनः ।
स मन्ददीधितिः क्षीणो जाड्यादरुचिमाश्रितः ॥ १३३५ ॥

खाण्डवं ब्रह्मणादिष्टं सत्त्वाढ्यं दग्धुमाययौ ।
घृतेन जाड्यमुत्पन्नं जाङ्गलैरेव शाम्यति ॥ १३३६ ॥

इत्याशया प्रजज्वाल खाण्डवे दहनस्ततः ।
तं क्षिप्रं करकामेघैरसकृत्पाकशासनः ॥ १३३७ ॥

शान्तिं निनाय तेनासौ बभूव चिरमातुरः ।
ततः कालेन स प्राप्य नरनारायणौ भुवि ॥ १३३८ ॥

हृष्टश्चतुर्मुखादिष्टो वर्षविघ्नोपशान्तये ।

श्वेतक्युपाख्यानम् ॥ ३७ ॥

पार्थोऽब्रवीत्तं भगवन्दिव्यास्त्राणि हि सन्ति मे ।
किंतु कर्मक्षमं नास्ति कार्मुकं समरोचितम् ॥ १३३९ ॥

सामान्येन रथेनात्र क्षयिभिः सायकैस्तथा ।
संयुक्तोऽपि भवत्कार्ये सज्ज एवास्मि केवलम् ॥ १३४० ॥

मुरारेरपि दोर्दण्डखण्डस्य दृढकर्मठम् ।
प्रतापसदृशं नास्ति त्वत्कार्यक्षममायुधम् ॥ १३४१ ॥

इत्यर्जुनवचः श्रुत्वा ददामीत्यनलोऽवदत् ।
सस्मार वरुणं देवं स च ध्यातः समाययौ ॥ १३४२ ॥

वह्निना प्रेरितः सोऽथ गाण्डीवं पाण्डुसूनवे ।
अक्षय्यौ चेषुधी प्रादाद्रथं च नगरोपमम् ॥ १३४३ ॥
विपुलाः प्रांशवो यस्मिन्हयाः पवनरंहसः ।
विबभुश्चन्द्रधवलाः शरन्मेघा इवाम्बरे ॥ १३४४ ॥
सुदर्शनं च कृष्णाय चक्रं कौमोदकीं तथा ।
दत्त्वा कृशानुमामन्त्र्य प्रययौ यादसां पतिः ॥ १३४५ ॥
सोमेन राज्ञा विजितं पुरा येन जनत्रयम् ।
अर्जुनस्तद्धनुः प्राप्य त्रिपुराररिवाबभौ ॥ १३४६ ॥
रथं ततः समारुह्य महाभूतनिनादितम् ।
सुवर्णरत्नदीप्ताभं घोरवानरकेतनम् ॥ १३४७ ॥
धनंजयोऽब्रवीद्वह्निं सज्जस्त्वं खाण्डवं विश ।
इति ब्रुवाणे सानन्दं पाण्डवे सजनार्दने ॥ १३४८ ॥
ताभ्यामेव सह प्रायात्सप्तार्चिः स महावनम् ।
धूमकेतुस्ततस्तूर्णं स्वयं जज्वाल खाण्डवे ॥ १३४९ ॥
ज्वालाविलोलजिह्वाभिर्जगद्वित्रासयन्निव ।
धूमान्धकारितं व्योम बभूवाग्निशिखाकुलम् ॥ १३५० ॥
प्रदीप्तश्मश्रुकेशानां रक्षसामुपमाक्षमम् ।
तिरश्चीनाभिरभितो ज्वालाभिः ककुभो बभुः ॥ १३५१ ॥
प्रत्यग्रगलितस्येव मेरोः काञ्चनवीचिभिः ।
क्षणेन कानने तस्मिन्गृहीते चित्रभानुना ॥ १३५२ ॥
विकोशकिंशुकाशोकतुलां सर्वे ययुर्द्रुमाः ।
ततश्चटचटारावो बभूवाघट्टिताम्बरः ॥ १३५३ ॥
ब्रह्माण्डस्फुटनारम्भग्रन्थिभेद इवोत्कटः ।
क्वचिद्विरचितोत्काराः क्वचिद्वल्लीविलासिनः ॥ १३५४ ॥
शिखितां क्वचिदाजग्मुर्विभङ्गाः पावकार्चिषाम् ।
विप्लुष्टविचटत्कीटपटलैराशुशुक्षणिः ॥ १३५५ ॥

कक्षेष्ववाप्तवान्क्षिप्रं पूर्णा इव तिलाहुतीः ।
वह्नेः शिखाग्रविच्छेदा गगनाङ्गनसङ्गिनः ॥ १३५६ ॥
चक्रुः खचारिणां हेमविमानवलनाभ्रमम् ।
ततः प्रवृत्ते भूतानां मेदसा विमले तले[1] ॥ १३५७ ॥
निर्धूमै रोचिषां चक्रैर्हैमं जगदिवाभवत् ।
घोरः कहकहाशब्दो बभूवाथ हविर्भुजः ॥ १३५८ ॥
शिखाभिर्लिह्यमानानामाक्रन्दः ककुभामिव ।
स्फुलिङ्गनिचया वह्नेर्विचेरुस्तरलत्विषः ॥ १३५९ ॥
दग्धानामिव सत्त्वानां जीवा गगनगामिनः ।
अर्धविप्लुष्टवपुषो विद्रुताः काननौकसः ॥ १३६० ॥
चक्रन्दुर्भूतसंघाश्च प्रलयानलशङ्किनः[2] ।
सिंहानां केसरसटा ज्वालावलयिता बभुः ॥ १३६१ ॥
मत्तेभकुम्भनिर्भेदेष्विव रक्तच्छटाङ्किताः ।
दह्यमाना महाकाया मुहूर्तं गजयूथपाः ॥ १३६२ ॥
पृथुकाञ्चनमुद्राभिः संभृता इव बभ्रमुः ।
कृष्णार्जुनाभ्यामभितः खण्डिताः शरमण्डलैः ॥ १३६३ ॥
निरुद्धगतयः पेतुः सर्वे वह्नौ वनेचराः ।
दह्यमानं ततः श्रुत्वा देवेभ्यस्त्रिदशेश्वरः ॥ १३६४ ॥
खाण्डवं स्वयमभ्येत्य ददर्श जलदैर्वृतः ।
तडिद्घनाकुलं व्योम ज्वालाधूमवृतं वनम् ॥ १३६५ ॥
परस्परोपमापात्रमभूद्भूतभयंकरम् ।
हन्यमानेषु सत्त्वेषु गाण्डीवेन किरीटिना ॥ १३६६ ॥
प्रागेव च कुरुक्षेत्रप्रयाते तक्षके भयात् ।
तत्पुत्रमश्वसेनाख्यं जननी नागवल्लभा ॥ १३६७ ॥
निगीर्य प्रययौ भीता पुच्छशेषेण सूचितम् ।
पाण्डवोऽपि तमालोक्य पुच्छं चिच्छेद कोविदः ॥ १३६८ ॥

---

१. 'तटे'. २. 'प्रलयावर्तसङ्किनः'.

भल्लेन पृथुधारेण माययात्यन्तकोपितः ।
भविष्यस्य प्रतिष्ठस्त्वं तं शशापेति चार्जुनः ॥ १३६९ ॥
"पावकं वासुदेवश्च समुत्तीर्णमुपाययौ ।"

पुच्छखण्डनम् ॥ ३८ ॥

अथ बाहुप्रमाणाभिर्धाराभिर्मरुतां पतिः ।
स्फटिकस्तम्भसंभारं बभारेव नभस्तले ॥ १३७० ॥
निरुद्धा शरजालेन मुहूर्तात्सव्यसाचिना ।
आखण्डलोज्झिता वृष्टिः शशाम दहनोष्मणा ॥ १३७१ ॥
शतमन्युस्ततः क्रुद्धस्त्रिदशैरुद्धतायुधैः ।
सह दिव्यास्त्रवर्षेण धनंजयमपूरयत् ॥ १३७२ ॥
तदस्त्राणि निवार्याशु प्रत्यस्त्रैः श्वेतवाहनः ।
अयोधयत्सुरान्सर्वान्सायकैः पूरयन्नभः ॥ १३७३ ॥
ततः शक्रसमुत्सृष्टं शृङ्गं मन्दरभूभृतः ।
चकार तिलशः पार्थो जातज्वालाशिलं शरैः ॥ १३७४ ॥
अथार्जुनेन विजिते सुरचक्रे सुरेश्वरः ।
ऐरावणस्थो विबभौ चित्रस्थ इव विस्मयात् ॥ १३७५ ॥
तमुवाच नभोवाणी शक्र मा साहसं कृथाः ।
तक्षकस्ते सुहृन्नात्र स्थितो युद्धेन किं वृथा ॥ १३७६ ॥
नरनारायणौ देवौ कृष्णौ ते विदितौ ध्रुवम् ।
एतौ न जेतुं समरे शक्यौ शक्रशतैरपि ॥ १३७७ ॥
इत्याकर्ण्य ययौ शक्रो लज्जाकुटिलकन्दरः ।
हृष्टश्च सुतमालोक्य स्वप्रभावाधिकं रणे ॥ १३७८ ॥

इन्द्रपराजयः ॥ ३९ ॥

ततोऽर्जुनशरासारशकलीकृतविग्रहान् ।
वनेचरान्भूतयक्षदैत्यराक्षसपन्नगान् ॥ १३७९ ॥
कवलीकृत्य भगवान्पावकः स्वास्थ्यमाययौ ।
ज्वालाभिर्निर्विकाराभिर्हर्षमावेदयन्निव ॥ १३८० ॥

भवनात्तक्षकस्याथ मयं दैत्येन्द्रमुत्थितम् ।
वित्रासविद्रुतं वह्निर्ज्वालायतभुजो जवात् ॥ १३८१ ॥
ससर्पाघट्टयन्विश्वं संरम्भगुरुगर्जितैः ।
कृतान्त इव धूमाली कृष्णसर्पो व्यलोकयत् ॥ १३८२ ॥
मयोऽपि पावकं वीक्ष्य पश्चात्क्रुद्धमभिद्रुतम् ।
चक्रिणं च प्रहर्तारं त्रायस्वेत्यभ्यधाज्जयम् ॥ १३८३ ॥
तं पार्थः शरणं यातं ररक्ष करुणानिधिः ।
आपन्नत्राणविमुखं चरितं न महात्मनाम् ॥ १३८४ ॥
एवं मयोऽश्वसेनश्च मुक्तस्तस्मान्महाभयात् ।
सारङ्गकाश्च चत्वारो रक्षिताः स्वयमग्निना ॥ १३८५ ॥

मयरक्षणम् ॥ ४० ॥

बभूव मन्दपालाख्यो ब्रह्मचारी मुनिः पुरा ।
यस्य श्रुतविदो विद्या विविशुः स्वयमाशयम् ॥ १३८६ ॥
देहं संन्यस्य कालेन प्रयातस्त्रिदशालयम् ।
लेभे तपोजितांल्लोकानपुत्र इव नैव सः ॥ १३८७ ॥
देवानां शासनाद्गत्वा पुत्रार्थं वसुधातलम् ।
विहङ्गवध्वा संगम्य प्राप पुत्रचतुष्टयम् ॥ १३८८ ॥
खाण्डवे वर्तमानेषु स सुतेषु महामुनिः ।
उपस्थितं वह्निभयं ज्ञात्वा तुष्टाव पावकम् ॥ १३८९ ॥
तत्स्तोत्रतुष्टो भगवाननलो न ददाह तान् ।
भयान्मात्रा परित्यक्तान्स्वयं च स्थितिकारिणः ॥ १३९० ॥

मन्दपालाख्यानम् ॥ ४१ ॥

मन्दपालसुतान्बालान्परिवर्ज्याथ शार्ङ्गिकान् ।
कर्मणा विस्मितस्तेन समेत्याथ सुरेश्वरः ॥ १३९१ ॥
अस्त्राणि पार्थ दास्यामि काले ते रुद्रदर्शिनः ।
भविष्यत्यक्षया प्रीतिः कृष्णपाण्डुसुतेन ते ॥ १३९२ ॥

तयोर्वितीर्येति वरं तुष्टः प्रायात्रिविष्टपम् ।
ततो वह्निः समामन्त्र्य निर्वृतौ कृष्णपाण्डवौ ॥ १३९३ ॥
जगामाभिमतं देशं हेमाद्रेः श्रियमागतः ।
अवतीर्य रथाभ्यां च कृष्णौ निर्झरिणीतटे ॥ १३९४ ॥
"विश्रान्तिं प्रापतुर्बालैः कदलीपल्लवानिलैः ।"

खाण्डववनदाहः ॥ ४२ ॥

श्वेतकेतोर्नरपतेर्बहुवत्सरयाजिनः ।
अविश्रान्तं निपीयाज्यं जाड्यं यत्प्राप पावकः ॥ १३९५ ॥
पराक्रमेण तज्जिष्णोः प्रभावाच्चासुरद्विषः ।
तत्याज खाण्डवं दग्ध्वा हव्यानां चाभवत्क्षमः ॥ १३९६ ॥

इति हुतभुगकाण्डे प्रौढपार्थेषु पक्षा-
निलबहुलविलासः खाण्डवं निर्ददाह ।
हटविधुरितलोकः किंच संकोच्य खण्डै-
र्विजयशरवितानैर्वृष्टिमाखण्डलस्य ॥ १३९७ ॥

इति क्षेमेन्द्रविरचितायां महाभारतमञ्जर्यामादिपर्व ।

सभापर्व ।

नारायणं नमस्कृत्य नरं चैव नरोत्तमम् ।
देवीं सरस्वतीं व्यासं ततो जयमुदीरयेत् ॥ १ ॥
तस्मान्महाभयान्मुक्तो रचिताञ्जलिरर्जुनम् ।
किं ते प्रियं करोमीति दैत्यराजोऽब्रवीन्मयः ॥ २ ॥
तमब्रवीत्पाण्डुराजो वास्तु संदर्श्यतां त्वया ।
प्राणसंरक्षणे मूल्यं कथमस्मद्विधः स्पृशेत् ॥ ३ ॥
निषिद्ध इति पार्थेन विश्वकर्मा सुरद्विषाम् ।
कृष्णवाक्यात्सभां कर्तुमुद्ययौ धर्मजन्मनः ॥ ४ ॥
ततः सुखोषितः शौरिः पितरं द्रष्टुमुत्सुकः ।
संभाष्य कृष्णां नत्वा च कुन्तीमाश्वास्य चानुजाम् ॥ ५ ॥
अजातशत्रुमामन्त्र्य पश्चाद्यातं सहानुजैः ।
विनिवर्त्य ययौ तूर्णं शैब्यसुग्रीववाहनः ॥ ६ ॥
पुण्ये मुहूर्तेऽथ मयो वृषपर्वसभामणीन् ।
आदाय बिन्दुसरसः कैलासोत्तरवर्तिनः ॥ ७ ॥
गदां भीमाय शङ्खं च देवदत्तं किरीटिने ।
दत्त्वा चक्रे मणिमयस्तम्भभास्वत्प्रभां सभाम् ॥ ८ ॥
रत्नकुट्टिमरस्यासु विस्मृतो दर्पणादरः ।
अनश्वरं नवनवं बभौ सर्वासु काननम् ॥ ९ ॥
प्रतिबिम्बमयं चित्रं यस्यां माणिक्यभित्तिषु ।
वैडूर्यनालरुचिरैः पद्मरागमयच्छदैः ॥ १० ॥
भ्रेजे यत्र सरिच्चित्रैः कमलैर्हैमकर्णिकैः ।
निजतेजश्छटापुञ्जरञ्जिताखिलदिङ्मुखाम् ॥ ११ ॥
तां वहन्ति स्म भीमाख्याः किंकराः कामचारिणः ।
ततो महोत्सवारम्भे ब्रह्मघोषपुरःसरः ॥ १२ ॥
राजभिः सहितो राजा तां विवेश युधिष्ठिरः ।
पृथुरत्नासनवतीं सर्वर्तुकुसुमोज्ज्वलाम् ॥ १३ ॥

अथाविशन्मुनिवरास्तां तदा दीप्ततेजसः।
नमत्समस्तभूपालाः किरीटमणिपाटलाः॥ १४॥
गन्धर्वाणां पतिस्तत्र चित्रसेनः सहानुगः।
सिषेवे पाण्डवं सर्वराजमण्डलमण्डनम्॥ १५॥

सभाप्रवेशः॥ १॥

ततः सुरमुनिर्देहप्रभापिञ्जरिताम्बरः।
विवेश नारदो राजसभां पार्थनमस्कृतः॥ १६॥
स रत्नासनमासाद्य धर्मसूनुं कृताञ्जलिम्।
ऊचे दन्तांशुकर्पूरैः पूरयन्निव तां सभाम्॥ १७॥
कच्चित्त्वामर्थनैपुण्यं लोकः पार्थ निषेवते।
गुरुर्हि धनवानग्रे सर्वविद्यावतामपि॥ १८॥
कच्चिद्धर्मफलोऽर्थस्ते लुब्धस्य हि धनागमः।
आङ्गारिकस्येव तनुर्न फलाय भवेत्पुनः॥ १९॥
कच्चिद्बालानिलालोलनीलोत्पलविलोचनाः।
अविस्मृतात्मनो रामा रमयन्ति मनस्तव॥ २०॥
कच्चित्स्तुतिप्रिया मूर्तिश्चित्तज्ञैर्न विलुण्ठ्यते।
विबुधैस्त्यक्तमूर्खस्य कश्चित्ते रक्ष्यते मतिः॥ २१॥
कच्चिन्निगूढमन्त्रस्य प्रजाकार्याणि पश्यतः।
जितनिद्रस्य ते दृष्टिरविलुप्ता मनोरमैः॥ २२॥
इति दिव्यमुनेर्वाक्यैः प्रहृष्टो जगतीपतिः।
बभूव चन्द्रकिरणैश्चन्द्रकान्त इवोज्ज्वलः॥ २३॥

कच्चित्कम्॥ २॥

ईदृशी दृष्टपूर्वान्या किं सभेति महीभुजा।
युधिष्ठिरेण पृष्टोऽथ बभाषे नारदो मुनिः॥ २४॥
देवराजसभा पुण्या भाति पार्थ मनोरमा।
यस्यां शतक्रतुः शच्या सहितः पूज्यते सुरैः॥ २५॥

तस्यां सभायां राजेन्द्र हरिश्चन्द्रो विराजते ।
मण्डलं वारिवाहानां सर्वे च मरुतां गणाः ॥ २६ ॥
यमस्य तैजसी रम्या विश्वकर्मकृता सभा ।
दिलीपरामशर्यातिभरताद्यैर्वृता नृपैः ॥ २७ ॥
वरुणस्य सभा शुभ्रा यस्यां नागाः सभासदः ।
या दशग्रीवसुग्रीववालिमुख्यैर्निषेव्यते ॥ २८ ॥
निर्मिता स्वयमुन्निद्रहेमाम्बुरुहदीर्घिका ।
कुबेरस्य सभा साक्षाद्यत्रास्ते सगणः शिवः ॥ २९ ॥
पुरा सूर्येण नीतोऽहमपश्यं ब्रह्मणः सभाम् ।
मनुष्यलोके नान्यस्य दृष्टपूर्वा मया सभा ॥ ३० ॥
यथेयं भवतः पार्थ दिव्याभिप्रायशालिनि ।
श्रुत्वेति धर्मतनयः पुनः पप्रच्छ नारदम् ॥ ३१ ॥
सर्व एव महीपाला वैवस्वतसभासदः ।
एक एव हरिश्चन्द्रः कथमिन्द्रसभां श्रितः ॥ ३२ ॥
पाण्डुस्तु पृथिवीपालो राजमध्ये किमब्रवीत् ।
पृष्टः पाण्डुसुतेनेति गीर्वाणमुनिरब्रवीत् ॥ ३३ ॥
अतीत्यान्यान्नरपतीन्स राजा राजते दिवि ।
राजसूयमखे प्राप्य साम्राज्यं स जगज्जयी ॥ ३४ ॥
इन्द्रलोकं हरिश्चन्द्रः प्राप राजेन्द्रचन्द्रमाः ।
राजसूयमखे यष्टा भवेति त्वां पितावदत् ॥ ३५ ॥
तस्मिन्योग्यश्च यज्ञे त्वमित्युक्त्वा प्रययौ मुनिः ।
तस्मिन्महर्षिसहिते द्वारकाभिमुखं गते ।
प्रदध्यौ निःश्वसन्राजा राजसूयमनन्यधीः ॥ ३६ ॥

लोकपालसभावर्णनम् ॥ ३ ॥

आलोच्य कृष्णमुनिना धौम्येन च वनेश्वरः ।
इन्द्रसेनं विसृज्यारादानिनाय जनार्दनम् ॥ ३७ ॥

सैन्यसुग्रीवयुक्तेन रथेनानलवर्चसा।
कैटभारिः समभ्येत्य ववन्दे धर्मनन्दनम्॥ ३८॥
राजसूये धृतमतिं तं ज्ञात्वा कंससूदनः।
अपायोपायविद्या त्वा वक्तुं समुपचक्रमे॥ ३९॥
जातस्य नाहुषकुले सत्यं समुचिता मतिः।
राजसूयप्रयत्नेऽस्मिंस्तव भीमार्जुनाग्रज॥ ४०॥
किंतु जीवति दुर्धर्षे जरासंधमहीभुजि।
न शक्यते क्रतुप्राप्तिरपि देवैः सवासवैः॥ ४१॥
शिशुपालादयः सर्वे दन्तवक्रादयो नृपाः।
मुरभौमहयग्रीवा यमेकं पर्युपासते॥ ४२॥
नीरन्ध्रं व्रजतो यस्य समस्तनृपतिक्षयः।
त्यक्ता सा मथुरास्माभिर्वृष्टिकालाशनेर्भयात्॥ ४३॥
जामातरं संनिहतं श्रुत्वा कंसं मया युधि।
स्थितोऽद्य सर्वदाशार्हसंहारैककृतक्षणः॥ ४४॥
स बभूव सुसंनद्धो हंसेन हिडिकेन च।
योधाभ्यामधिकं दृप्तः शूराभ्यामधिकं जयी॥ ४५॥
अपरो निहतं हंसं श्रुत्वाथ हिडिको ययौ।
प्रलयं(?) तं निशम्यैव हंसोऽपि निधनं गतः॥ ४६॥
तयोर्वसुमतीपुण्यैर्यमुनाम्भसि मग्नयोः।
मन्ये हीनबलः किंचिज्जरासंधोऽद्य वर्तते॥ ४७॥
चण्डीशं यष्टुकामेन शिरःकमलमण्डलैः।
षडशीतिर्नृपतयस्तेन बद्धा गिरिव्रजे॥ ४८॥
विजेयाः समरप्रायास्तस्य शेषाश्चतुर्दश।
पूर्णं स वाञ्छति शतं पशूनामिव भूभुजाम्॥ ४९॥
यस्तं जित्वा जगच्छत्रुं तान्मुञ्चति नरेश्वरान्।
सर्वैश्वर्यपदं प्राप्य स साम्राज्यमिहाश्नुते॥ ५०॥

अजातशत्रुः श्रुत्वेति श्लथारम्भ इवाभवत्।
युद्धं ससंशयं तेन भ्रातॄणामनुचिन्तयन्॥ ५१॥

राजसूयमन्त्रः॥ ४॥

पराक्रमस्य कालोऽयं जरासंधनिपातने।
श्रुत्वेति भीमार्जुनयोर्बभाषे केशवं नृपः॥ ५२॥
भगवन्कंसविध्वंस चाणूरमुरसूदन।
मागधः किं प्रभावोऽसौ यस्त्वयापि न निर्जितः॥ ५३॥
इति पृष्टो नरेन्द्रेण व्याजहार ततो हरिः।
अभूद्बृहद्रथो नाम मगधाधिपतिः पुरा॥ ५४॥
फलं पुत्रार्थिने तस्मै महर्षिश्चण्डकौशिकः।
आम्रवृक्षान्निपतितं ददौ तुष्टः सुमन्त्रितम्॥ ५५॥
तद्भक्षयित्वा तद्भार्ये सुषुवाते भयंकरे।
एकाक्षिबाहुचरणे गर्भार्धे तेजसावृते॥ ५६॥
तच्छरीरार्धयुगलं त्यक्तं ताभ्यां चतुष्पथे।
यदृच्छयागतापश्यज्जरा नाम निशाचरी॥ ५७॥
संहितो विग्रहार्धाभ्यां तयाभूत्सोऽर्भकः क्षणात्।
तद्रवाघट्टिते लोके निर्ययौ मगधाधिपः॥ ५८॥
जरा तस्मै ददौ पुत्रं जरासंधं तमुत्कटम्।
पञ्चास्यमिव यं संख्ये न सहन्ते नृपद्विपाः॥ ५९॥

जरासंधोत्पत्तिः॥ ५॥

कालेन हंसहिडिकौ तस्य धात्रा भुजाविव।
छिन्नौ तद्रहितं राजञ्जहि तं समयो ह्ययम्॥ ६०॥
श्रुत्वेति धर्मतनयो दाशार्हवचने स्थितः।
व्यादिदेश जरासंधवधे भीमधनंजयौ॥ ६१॥
तौ कृष्णसहितौ वीरौ कृतस्वस्त्ययनौ द्विजैः।
भुजायुधौ प्रययतुर्मागधं समरोत्सुकौ॥ ६२॥

ते व्रजन्तः समुत्तीर्य पर्वतान्सरितस्तथा ।
अवापुर्गिरिदुर्गान्तं कृष्णार्जुनवृकोदराः ॥ ६३ ॥
ततो भित्त्वा गिरेः शृङ्गं प्रविश्य विपुलौजसः ।
ददृशुर्मागधपुरं स्वर्गं भुवमिवागतम् ॥ ६४ ॥
बलादाहृत्य ते माल्यं महार्हं च विलेपनम् ।
अलंकृत्यात्मनात्मानं विविशुर्नगरान्तरम् ॥ ६५ ॥
द्विजराजन्यवेशांस्तानालोक्य कमलेक्षणान् ।
बभूव पौरकान्तानां कोऽपि कौतुकविभ्रमः ॥ ६६ ॥
राजधानीं प्रविश्याथ स्थगयन्त इवौजसा ।
राजसेवकलोकानां मनांसि च वचांसि च ॥ ६७ ॥
कक्ष्यात्रयमतिक्रम्य स्नातकव्यञ्जना इव ।
दातारमर्थिवात्सल्यात्तूर्णमभ्युद्गतं स्वयम् ॥ ६८ ॥
ददृशुस्ते जरासंधं तेजोमूर्तिमिवाश्रितम् ।
बिभ्राणमुरसा हारं सत्त्वं मूर्तमिवात्मनः ॥ ६९ ॥
प्रसादनार्हास्ते वीरास्तं वीक्ष्य क्षितिपाशनिम् ।
पुरः पद्मवनानीव चक्रुः कोपारुणेक्षणैः ॥ ७० ॥
मागधोऽप्यथ संभाष्य तानूचे दशनांशुभिः ।
यशः सर्वनरेन्द्राणां पीतं प्रकटयन्निव ॥ ७१ ॥
अर्थिनो गृहमायाता यूयं मे प्रीतिहेतवः ।
आकल्पः किंतु भवतामयं भ्रमयतीव माम् ॥ ७२ ॥
माल्यवन्तोऽनुलिप्ताश्च स्नातकव्रतवादिनः ।
अशस्त्राश्च भुजस्तम्भव्यञ्जितोर्जितविक्रमाः ॥ ७३ ॥
के यूयं द्विजराजन्यवेशा संकरकारिणः ।
प्रविष्टाः कटकद्वारमपद्वारेण मे पुरम् ॥ ७४ ॥
विप्राणां न निषेधोऽस्ति मद्गृहे गुप्तगोपुरे ।
अप्यर्धरात्रे विवृतः कोशो मे नित्यमर्थिषु ॥ ७५ ॥

तच्छ्रुत्वोवाच कंसारिः क्षिप्रकोपस्मितत्विषा ।
पुष्पितामिव बिभ्राणः कपोलफलकश्रियम् ॥ ७६ ॥
पुष्पवन्तः श्रिया जुष्टा वयं न स्नातकव्रताः ।
अविरुद्धोऽयमस्माकं वेशो विक्रमलाञ्छनः ॥ ७७ ॥
अद्वारेण विशन्त्येव बुद्धिमन्तो रिपोर्गृहम् ।
अकृत्वा धर्षणां पूर्वं कथं युद्धं प्रवर्तते ॥ ७८ ॥
स्वेच्छावेशविहाराश्च दातारो नार्थिनो वयम् ।
इति कृष्णवचः श्रुत्वा विस्मयान्मागधोऽवदत् ॥ ७९ ॥
अहो नु वैरं युष्माभिरज्ञातैर्न स्मराम्यहम् ।
नह्यप्रसिद्धचरिता जरासंधस्य शत्रवः ॥ ८० ॥
अकिल्बिषे मयि पुनर्युष्माकं नोपपद्यते ।
वैरिसंभावना सन्तो नहि निर्वैरवैरिणः ॥ ८१ ॥
तच्छ्रुत्वोवाच भगवान्हसन्हलधरानुजः ।
अहो नु जगतः शत्रुर्निर्वैरोऽसि महीपते ॥ ८२ ॥
अयमैश्वर्यदर्पः किं मोहः संवृतिरेव वा ।
यत्किल्बिषं महत्कृत्वा निष्पाप इव भाषसे ॥ ८३ ॥
यष्टुमिच्छसि भूपालमुण्डषण्डैः कपर्दिनम् ।
अनपेतः पशुवधात्कथमन्याञ्जिघांससि ॥ ८४ ॥
अपि विप्रियलेशेन क्षिप्रं यो याति विक्रियाम् ।
स कथं प्राणसंदेहं कुर्यादन्यस्य हेलया ॥ ८५ ॥
प्रवर्तते कथं राज्ञः पुरुषप्रोक्षणे मतिः ।
यदि नाचारविभ्रंशो यदि नागमविप्लवः ॥ ८६ ॥
सहामहे नहि वयं धर्मस्थितिविपर्ययम् ।
धनंजयोऽयं भीमोऽयं कृष्णोऽहं कुरु यत्क्षमम् ॥ ८७ ॥
भुजदर्पावलेपेन मावमंस्था परान्नृप ।
सिंहाः सन्ति गजेन्द्राणां शरभाश्च गजद्विषाम् ॥ ८८ ॥

मुञ्च सर्वान्नरपतीन्रक्ष कीर्तिं सहायुषा ।
एषामर्थे समुद्युक्तः स्वयं राजा युधिष्ठिरः ॥ ८९ ॥
अथवा भुजदर्पान्धो युध्यस्वैकतमेन नः ।
युद्धाद्वा राजमोक्षाद्वा तृतीया नास्ति ते गतिः ॥ ९० ॥
इति श्रुत्वा जरासंधो निधाय स्वभुजे दृशम् ।
उवाच धीरो गम्भीरसंरम्भो विगतभ्रमः ॥ ९१ ॥
अदृष्टपूर्वां प्रतिभां बत पश्यामि ते हरे ।
स एवाहं जरासंधस्त्वं किमन्यः स एव वा ॥ ९२ ॥
छद्मना निहते कंसे यत्पुरा ज्ञातिघातिना ।
प्राप्तं मत्तस्त्वया युद्धं प्रमाणं तत्र वृष्णयः ॥ ९३ ॥
त्वमेव वद मुञ्चामि नृपान्कथमनिर्जितः ।
न च पश्यामि सदृशं जेतारं कश्चिदात्मनः ॥ ९४ ॥
जितस्त्वं कृष्ण बहुशो बीभत्सुः पेशलाशयः ।
प्रथमं प्रार्थये युद्धं भीमेन भुजशालिना ॥ ९५ ॥
इत्युक्त्वा रत्नमुकुटच्छायाशबलितत्विषा ।
संयम्य वाससा केशानुत्तस्थौ समरोन्मुखः ॥ ९६ ॥
अथाहतभुजाघातघोरघोषभयंकरः ।
भीमभूमिभुजोः क्षिप्रं युद्धारम्भो निरायुधः ॥ ९७ ॥
ततो विषमनिष्पेषभुजयन्त्रनिपीडनैः ।
जानुबन्धैश्च निबिडैर्दुर्लक्ष्यौ तौ बभूवतुः ॥ ९८ ॥
मुहुस्तच्चरणाघातकम्पमाने महीतले ।
अकालप्रलयारम्भशङ्काभूत्पुरवासिनाम् ॥ ९९ ॥
मर्मविस्फोटटङ्कारिमुष्टिपातोत्थितस्तयोः ।
वेणूनां दह्यमानानामिवाभूद्दारुणो रवः ॥ १०० ॥
उदभूत्कार्तिके युद्धं तयोर्दश निशाः समम् ।
ततोऽभवज्जरासंधः किंचित्क्रमविसंस्थुलः ॥ १०१ ॥

श्रान्तं मागधमालोक्य कृष्णो भीममभाषत।
मा पीडयैनं निबिडं बलं प्राप्नोत्वयं पुनः।
संधि विघटयैवास्य विश्लिष्टो हि विनश्यति ॥ १०२ ॥
इति कृष्णस्य वचसा भीमो भीमबलं रिपुम्।
भ्रामयामास वेगेन शतकृत्वस्तरुं यथा ॥ १०३ ॥
रुधिरोद्गारिणं भूमौ विनदन्निष्पिपेष तम्।
पृष्ठे जानुं समादाय गाढमन्दरगौरवः ॥ १०४ ॥
तस्य निःशेषघोषेण गर्जितेन च मारुतेः।
महतामपि भूतानां भयमाविरभून्मुहुः ॥ १०५ ॥
ततस्तत्याज तं भीमो व्यसुं भूमिभृतां वरम्।
विदीर्णकटकं भिन्नं वज्रेणेव समाहतम् ॥ १०६ ॥
तस्य दिव्यहयोदारं निहतारिमनोरथः।
आरुरोह रथं शौरिर्भीमार्जुनसखस्ततः ॥ १०७ ॥
तस्मिन्रथे युगान्ताग्निदुष्प्रेक्ष्यः क्षपितद्विषः।
ध्वजाग्रे पुष्कराक्षस्य तार्क्ष्यः सन्निहितोऽभवत् ॥ १०८ ॥
ततो गिरिव्रजाद्भूपान्विमुच्य प्रणतान्हरिः।
जरासंधसुतं राज्ये सहदेवं विधाय च ॥ १०९ ॥
कार्यं भवद्भिः साहाय्यं राजसूये महीभुजः।
करप्रदैरिति नृपानुक्त्वा तत्सहितो ययौ ॥ ११० ॥

जरासंधवधः ॥ ६ ॥

राजभिः सहितः शौरिर्दृष्ट्वा हृष्टं युधिष्ठिरम्।
जगाम द्वारकां यज्ञे समेष्यामीति संविदा ॥ १११ ॥
स्वं स्वं देशं प्रयातेषु भूमिपालेषु फल्गुणः।
युधिष्ठिराज्ञया जेतुं प्रययौ दिशमुत्तराम् ॥ ११२ ॥
प्राचीं भीमो ययौ भीमः प्रतीचीं नकुलो दिशम्।
दक्षिणां सहदेवश्च राज्ञो यज्ञविभूतये ॥ ११३ ॥

कुविन्दविषयं जित्वा कालकूटीं च हेलया ।
दैशिकानर्जुनश्चक्रे स्वमण्डलसुखान्नृपान् ॥ ११४ ॥
ततः प्राग्ज्योतिषपुरं प्रविश्य शतमन्युजः ।
चकार दिवसानष्टौ भगदत्तेन संगरम् ॥ ११५ ॥
अर्जुनस्याथ शौर्येण तुष्टः प्राग्ज्योतिषेश्वरः ।
द्रविणं प्रददौ भूरि शक्रस्य दयितः सखः ॥ ११६ ॥
स कुलूतापतिं जित्वा बृहन्तं पाण्डुनन्दनः ।
काश्मीरानजयद्वीरो दशभिर्मण्डलैः सह ॥ ११७ ॥
बाह्लीकानृषिकान्वीरान्काम्बोजांश्च विजित्य सः ।
अष्टौ शुकोदरच्छायान्प्रापाश्वान्वातरंहसः ॥ ११८ ॥
स निष्कुटं हिमगिरिं जित्वा च श्वेतपर्वतम् ।
विवेश हाटकं नाम देशं गुह्यकरक्षितम् ॥ ११९ ॥
ततोऽपि तित्तिरिच्छायान्हयानादाय पाण्डवः ।
विजित्य किन्नरपुरं प्रययावुत्तरान्कुरून् ॥ १२० ॥
मनुष्याणामगम्योऽयं देशः पार्थ पुरोदितः ।
निवर्तस्वेति ते चाहुरर्जुनं शरवर्षिणः ॥ १२१ ॥
प्रीत्या वितीर्णे तैर्भूरि मणिकाञ्चनवर्षणम् ।
विधेयो धर्मराजस्य राजसूये समागमः ॥ १२२ ॥
इति भूपान्समाभाष्य जगाम स्वपुरं ततः ।
वाहिनीभिः परिवृतो रत्नाकर इवापरः ॥ १२३ ॥
अपूरयद्धर्मसुतं तत्र द्रविणराशिभिः ।
अस्मिन्नवसरे भीमो वीरः पाञ्चालसृञ्जयान् ॥ १२४ ॥
विदेशांश्च दशार्णांश्च पुलिन्दांश्चाजयद्रणे ।
चेदिराजं च युक्तिज्ञो यज्ञागमनसंविदा ॥ १२५ ॥
विदधे करदं प्रीत्या शिशुपालं महाबलम् ।
जित्वा कुमारविषये श्रेणिमन्तं नरेश्वरम् ॥ १२६ ॥

दीर्घप्रज्ञमयोध्यायां कौसलं च बृहद्बलम्।
मत्स्यं च काशिराजं च निषधाधिपतिं तथा॥ १२७॥
ब्रह्मक्राथकिरातेन्द्रान्राधेयं चाङ्गभूपतिम्।
वीतसंख्यांश्च भूपालान्कृत्वा सेनानुयायिनः॥ १२८॥
धनं विपुलमाधाय युधिष्ठिरमुपाययौ।
सहदेवोऽपि निर्जित्य शूरसेनान्पटच्चरान्॥ १२९॥
दन्तवक्रं च राजानं कुन्तिभोजं सजृम्भकम्।
पौण्ड्रं च भोजराजं च जित्वा माहिष्मतीं ययौ॥ १३०॥
बभूव युद्धं तत्रास्य नीलेन जगतीभुजा।
गजवाजिरथोद्धूतरजःपिहितदिङ्मुखम्॥ १३१॥
ततः कृशानुरदहत्सहदेवस्य सैनिकम्।
वरदः स हि नीलस्य राष्ट्रं रक्षति सर्वदा॥ १३२॥
शुचिः प्रयतवाक्चित्तः स्तुत्वा माद्रीसुतोऽथ तम्।
त्वदर्थमयमारम्भः प्रणयादित्यभाषत॥ १३३॥
ततः साक्षाद्धुतभुजा तुष्टेनाभ्येत्य रक्षितः।
क्षणेन सहदेवोऽभूदजय्यस्त्रिदशैरपि॥ १३४॥
प्रसादितोऽथ नीलेन प्रीत्या द्रविणसंचयैः।
गत्वा विजिग्ये ससुतं भीष्मकं पृथिवीपतिम्॥ १३५॥
विन्दानुविन्दावावन्त्यौ विजित्य पृथिवीश्वरौ।
पाण्ड्यद्रविडकान्पौण्ड्रान्केरलान्सतिमिङ्गिलान्॥ १३६॥
सौदारकान्निषादांश्च कर्णप्रावरणांस्तथा।
एकपादान्कालमुखान्प(न्य)वनाद्राक्षसानपि॥ १३७॥
तरुकच्छस्थितो दूतैः कृत्वा लङ्कापतेः शनैः।
मूर्ध्नि यौधिष्ठिरीमाज्ञां दिव्यमालामिवोज्ज्वलाम्॥ १३८॥
आदाय द्रविणं पूर्णं यज्ञसंभारसिद्धये।
धर्मराजं समभ्यायादश्रान्तबलवाहनः॥ १३९॥

नकुलोऽपि शनैर्गत्वा जित्वा रोहितकाधिपम्।
त्रिगर्तशिबिशैरीषवाटधारांश्च पार्थिवान्॥ १४०॥
हारहूनान्समरतानम्बष्ठांश्च समालवान्।
विधाय मातुलं शल्यं साम्ना मद्राधिपं वशे॥ १४१॥
करं भूमिगुणं प्राप्य प्रययौ धर्मनन्दनम्।
कुर्वाणः कुञ्जरानीकैः क्ष्मां विलोलाचलामिव॥ १४२॥

दिग्विजयः॥ ७॥

अथाभ्येत्य स्वयं कृष्णः सात्यकिप्रमुखैः सह।
प्रददौ धर्मपुत्राय तोषाद्बहुगुणं धनम्॥ १४३॥
हेमकूटविशालं तं हेमराशिमनन्तकम्।
विलोक्य यज्ञसंभारं चक्रे कृष्णाज्ञया नृपः॥ १४४॥
अथ दीक्षाव्रतक्षामा प्राचीव शशिनः कला।
बभौ कृशा च रम्या च वन्या च नृपतेस्तनुः॥ १४५॥
सर्ववित्स्वयमभ्येत्य पाराशर्यो मुनीश्वरः।
ब्रह्मत्वमकरोत्तस्य मुनिचक्रपुरस्कृतः॥ १४६॥
अध्वर्युर्याज्ञवल्क्योऽभूत्सुसामा सामगस्तथा।
होता धौम्यश्च पौष्यश्च मुनयोऽन्ये च होत्रगाः॥ १४७॥
पुण्ये मुहूर्ते विधिवत्प्रवृत्ते मङ्गलार्चिते।
राजसूयसमारम्भे पृथिव्यां रत्नवर्षिणि॥ १४८॥
निमन्त्रितः समभ्यायान्माद्रीपुत्रेण सानुगः।
दुर्योधनो हरिखुरोट्टङ्कितखिलमण्डलः॥ १४९॥
यज्ञाङ्गनं समासाद्य धर्मसूनोर्नृपाकुलम्।
अप्यनेकगजानीको न स स्फुटमलक्ष्यत॥ १५०॥
अन्ये च पृथिवीपाला विविशुर्विपुलश्रितः।
रुन्धाना इव धिक्चक्रे रत्नोपायनपाणयः॥ १५१॥
धृतराष्ट्रः सविदुरो भीष्मो द्रोणः सगौतमः।

पूजिताः प्रथमं राज्ञा रत्नासनजुषोऽभवन् ॥ १५२ ॥
अथोपविविशुः सर्वे भूपाला यज्ञसंसदि ।
जगद्राजमयं सर्वं कुर्वाणा इव संगताः ॥ १५३ ॥
तत्कुण्डलाङ्गदशिरोरत्नरश्मिच्छटा बभुः ।
प्ररोहा इव हर्षस्य यज्ञप्रीत्या हविर्भुजः ॥ १५४ ॥
तेषां चामरपर्यन्तनर्तितोष्णीषशोभिनाम् ।
उरःसु रेजिरे हारा अट्टहासा इव श्रियः ॥ १५५ ॥
भोज्याभोज्यपरिद्रष्टा तत्र दुःशासनोऽभवत् ।
द्रोणिश्च द्विजपूजासु संजयो राजसत्कृतौ ॥ १५६ ॥
कृताकृतपरीक्षासु द्रोणः शान्तनवस्तथा ।
धनव्ययेषु विदुरो ग्रहणे च सुयोधनः ॥ १५७ ॥
व्यग्रा बभूवुरन्ये च नियुक्ता धर्मजन्मना ।
विजह्रुर्निजवत्तत्र कुरुवृद्धास्तथा परे ॥ १५८ ॥
वर्तमाने सुविपुले क्रतौ तस्मिन्महाधने ।
देवाश्च भूमिदेवाश्च भेजिरे प्रमदश्रियम् ॥ १५९ ॥
आभिषेचनिकं सर्वमादाय नृपतिश्रिये ।
अन्तर्वेदीषु विविशुर्नारदप्रमुखास्ततः ॥ १६० ॥
कर्मान्तरेषु विप्राणां वेदशास्त्रविपश्चिताम् ।
तदभूद्विविधैर्वादैर्ब्रह्मलोकनिभं सदः ॥ १६१ ॥
तत्रापर्यन्तमालोक्य समाजं जगतीभुजाम् ।
दिव्यदृङ्नारदोऽपश्यत्कृष्णं तत्क्षयदीक्षितम् ॥ १६२ ॥

राजसूयारम्भः ॥ ८ ॥

संवत्सरे ततो याते प्राप्ते चार्घोचितार्हणे ।
कृताकृतपरिद्रष्टा नृपं भीष्मोऽभ्यभाषत ॥ १६३ ॥
अर्घ्यार्हणस्य कालोऽयं संप्राप्तो नृप पूज्यताम् ।
राजकं महतां पूजाक्रमो हि क्रतुरुत्तमः ॥ १६४ ॥

ऋत्विक्प्रियो नृपाचार्यौ संयुक्तः स्नातकस्तथा ।
षडर्घ्यस्योचितं प्राहुः पदं श्रुतिविदः किल ॥ १६५ ॥
पितामहवचः श्रुत्वा धर्मसूनुरभाषत ।
पूर्वं कस्मै महार्हाय मन्यसे दीयतामिति ॥ १६६ ॥
ततः शान्तनवः क्षिप्रं ध्यात्वा राजानमब्रवीत् ।
स्वयं स्थिते हृषीकेशे पूजामर्हति कोऽपरः ॥ १६७ ॥
न हि नाम जगत्कोशप्रकाशनविशारदे ।
अभ्युद्गते सहस्रांशौ विभासन्ते ग्रहादयः ॥ १६८ ॥
इत्युक्तवति गाङ्गेये धर्मराजेन चोदितः ।
प्रददौ वासुदेवाय सहदेवो यथाविधि ॥ १६९ ॥
शिशुपालस्तदालोक्य शुभ्रदन्तमरीचिभिः ।
आत्मानं मन्युसंतप्तं व्यजनैर्वीजयन्निव ॥ १७० ॥
सौन्दर्यं वन्दिवृन्दानां गिरां कङ्कणराविणा ।
भुजेन विजयोदारद्विपेन्द्रालानशोभिना ॥ १७१ ॥
मौनावलम्बिनो भूपान्दृशैव परिभर्त्सयन् ।
आदधे घनगम्भीरगर्जिताडम्बरां गिरम् ॥ १७२ ॥
अविशेषज्ञता मोहाद्बालानामियमुद्यता ।
अपि हास्यैकजननी हृदयानि दुनोति नः ॥ १७३ ॥
अहो विशृङ्खलधियां लोको वचसि वर्तते ।
केन वा कृतिना छिन्ना जिह्वा स्वच्छन्दवादिनाम् ॥ १७४ ॥
ऋत्विक्प्रियनृपाचार्यसंयुक्तस्नातकान्स्वयम् ।
उक्त्वा च कृष्णमेवार्हं पश्चाद्भीष्मो ब्रवीति यत् ॥ १७५ ॥
ऋत्विग्व्यासो गुरुर्द्रोणः प्रिया मान्याश्च भूमिपाः ।
मुनयः स्नातकाश्चान्ये तेषु कोऽयं जनार्दनः ॥ १७६ ॥
एते निजभुजस्तम्भस्तम्भितारिमनोरथाः ।
अवस्तुबुद्ध्या पार्थेषु नृपा मान्या निरुत्तराः ॥ १७७ ॥

प्रमादादवलेपाद्वा मन्यते यदसांप्रतम् ।
साधु तद्यदि न क्लैब्यं वीरगोष्ठीषु गण्यते ॥ १७८ ॥
भारद्वाजादयः पूज्या वृद्धाश्च द्रुपदादयः ।
वदन्तु सर्वसामान्यां न्यक्कृतिं न प्रमार्ष्टि कः ॥ १७९ ॥
धिगहो दीक्षितस्यास्य गोपमर्चयतः प्रियम् ।
इन्दुकुन्दाङ्कुराकारं यशो दम्भोलिना हतम् ॥ १८० ॥
मान्या विमाननां नैते सहन्ते मानिनो नृपाः ।
वात्सल्याद्वयमायाता नतु कौन्तेयशासनात् ॥ १८१ ॥
पाण्डवा देवपुत्रा वा दृष्टा भीष्मोऽपि लक्षितः ।
गोपो दृष्टश्च धृष्टोऽयं यो गृह्णात्यर्घ्यमर्हवत् ॥ १८२ ॥
इत्युक्त्वोत्थाय संरम्भान्महतः काञ्चनासनात् ।
संरम्भशिथिलोष्णीषो राजभिः सह निर्ययौ ॥ १८३ ॥
तमभिद्रुत्य कौन्तेयः प्रोवाच रचिताञ्जलिः ।
मिथ्यैव पृथिवीपाल कोपान्मा विक्रियां गमः ॥ १८४ ॥
सत्यं जानामि जाने त्वं तत्त्वेन मधुसूदनम् ।
किंतु कर्मवशादेष जातस्ते मतिविप्लवः ॥ १८५ ॥
कुले महति जातस्य शूरस्य गुणशालिनः ।
मानिनस्तव भूपाल मात्सर्यं नैव शोभते ॥ १८६ ॥
अजातशत्रौ संरम्भादिति वादिनि संसदि ।
भीष्मः प्रोवाच मा राजन्मिथ्यास्मिन्विनतो भव ॥ १८७ ॥
प्रार्थनाप्रणतेर्योग्यो नैष नीचतरो नृपः ।
मन्त्राहुतिं श्मशानाग्निर्न हि नामार्हति क्वचित् ॥ १८८ ॥
अनर्हं पुण्डरीकाक्षं मन्यते यदि चेदिपः ।
तदेष एव गोविन्दादधिकं प्रब्रवीतु नः १८९ ॥
अन्यो मधुवधूगण्डपाण्डिमश्याममण्डितः ।
को जहारासुरस्त्रीणां स्वच्छायाचौरमञ्जनम् ॥ १९० ॥

सहस्रबाहोर्बाणस्य हेलया हरिणीदृशाम्।
तुल्यालिङ्गनजामीर्ष्यां रथाङ्गेन जहार कः ॥ १९१ ॥
इति ब्रुवाणे गाङ्गेये सहदेवोऽभ्यभाषत।
हंहो नृपतयः सर्वे ममेदं श्रूयतां वचः ॥ १९२ ॥
दोषान्न सहते यो यः केशवं पूजितं मया।
विन्यस्तस्तस्य तस्यायं पादो मूर्ध्नि निरीक्ष्यताम् ॥ १९३ ॥
इत्युक्त्वा सहदेवेन दर्शिते चरणे पुरः।
कोऽप्यभूद्भूमिपालानां समरारम्भविभ्रमः ॥ १९४ ॥
ततोऽब्रवीच्चेदिपतिः किंचिदावृत्तकंधरः।
विलोलकुण्डलोद्द्योतैः क्षपामाविद्धमण्डलः ॥ १९५ ॥
बालोऽयं भूमिपालानां वीराणां गणनास्पदम्।
सहदेवः कथं नाम त्वं तु वृद्ध विबोध्यसे ॥ १९६ ॥
भीष्ममिथ्यास्तुतिपदैर्ज्ञातकृष्णपराक्रमान्।
किमर्थं भ्रामयस्यस्मान्मूढ पाण्डुसुतानिव ॥ १९७ ॥
शौर्यशिष्टः प्रभुः कंसो हतः सा स्त्री च पूतना।
वन्दिनेव त्वया शौरेर्नेवं किं नाम वर्ण्यते ॥ १९८ ॥
अहो नु त्वद्विधैर्धूर्तैर्गोविन्दो गुणवान्कृतः।
उक्तिवैचित्र्यमात्रेण प्रायशो ह्रियते जनः ॥ १९९ ॥
यथेष्टवादी कुशलस्त्वं तु प्रच्छन्नकिल्बिषः।
वैरं सृजसि पार्थानां राजभिः स्वयमक्षमः ॥ २०० ॥
धर्मवादी वृथाचारो हंसोऽभूद्दाम्भिकः पुरा।
अण्डानि तस्य निक्षिप्य विश्वस्ताः प्रययुः खगाः ॥ २०१ ॥
स तानि नित्यं संभक्ष्य तस्थौ कृतकनिःस्पृहः।
तथा त्वमपि बन्धूनां भीष्म मित्रमुखो रिपुः ॥ २०२ ॥
पतितस्त्वं सतां मार्गाद्ब्रह्मचर्यमिदं वृथा।
वंशविच्छेदपापिष्ठं मन्ये शाठ्यव्रतं तव ॥ २०३ ॥

ब्रवीषि वचसा सर्वं न च जानासि तत्त्वतः ।
तदिक्षुभारवाहीव न त्वं तच्चर्वणे विभुः ॥ २०४ ॥
मा साहसं कुरुष्वेति त्वल्लिङ्गो विहगः सदा ।
विरौति सिंहदंष्ट्राग्रात्स्वयं मांसं च खादति ॥ २०५ ॥
सभासु धर्मवादीति कथ्यसे जिह्मचेष्टितः ।
परस्तुतौ न जानासि किं निन्दासदृशं फलम् ॥ २०६ ॥
हतो व्याजाज्जरासंधो यद्द्विजव्यञ्जनैस्त्रिभिः ।
तदेव किं न पर्याप्तं सत्यं ते केशवस्तुतेः ॥ २०७ ॥
शिशुपालवचः श्रुत्वा भीमसेनो भयंकरम् ।
बभार कोपं कल्पान्तकरालानलदुःसहम् ॥ २०८ ॥
त्रिशिखा भ्रुकुटिस्तस्य ललाटे समलक्ष्यत ।
उद्गतेव प्रतापाग्नेरग्रे धूमावलिस्त्रिधा ॥ २०९ ॥
कोपारुणं मुखं तस्य दृष्ट्वा दष्टरदच्छदम् ।
लोकनाशपरित्रस्ताः स्वस्तीति मुनयोऽब्रुवन् ॥ २१० ॥
तमुत्पतन्तं वेगेन शिशुपालजिघांसया ।
जग्राह बलवान्भीष्मो भुजाभ्यां गिरिगौरवम् ॥ २११ ॥
चेदिराजस्तमालोक्य हसन्प्रोवाच सस्वनम् ।
मुञ्चैनं भीष्म यात्वेष मत्कोपाग्निपतङ्गताम् ॥ २१२ ॥
अभिपत्य बलाद्बालं नैनं हन्मि सह त्वया ।
नहि कात्यायनीसिंहः क्रोष्टारमभिधावति ॥ २१३ ॥
तच्छ्रुत्वाधिकसंजातकोपवह्निं वृकोदरम् ।
ऊचे भीष्मः स्मितच्छायानिर्झरैः स्नपयन्निव ॥ २१४ ॥
भीम भीम मदान्धेऽस्मिन्मा क्रुधश्चेदिपांसने ।
चन्द्रांशुदंष्ट्राविकटे मृत्युरस्यासुरान्तकः ॥ २१५ ॥
दमघोष इति ख्यातश्चेदीनामाभवन्नृपः ।
वसुदेव स्वसा तस्य सात्वती वल्लभाभवत् ॥ २१६ ॥

सा चेदिराजमहिषी त्र्यक्षमेनं चतुर्भुजम् ।
अजीजनद्वचश्चेदं शुश्रावाकाशचारिणाम् ॥ २१७ ॥
यस्याङ्केऽभ्यधिकाङ्गत्वमस्य बालस्य हीयते ।
सोऽस्य मृत्युरिति श्रुत्वा न्यस्तोऽङ्के भूभुजां तया ॥ २१८ ॥
बन्धुलोके ततः प्राप्ते कृष्णस्याङ्के समर्पितः ।
जनन्या शिशुपालोऽभूद्विगताधिकदृग्भुजः ॥ २१९ ॥
ततस्तद्दर्शनत्रासात्सात्वती मधुसूदनम् ।
ययाचे तनयस्नेहादभयं दीयतामिति ॥ २२० ॥
शतमस्यापराधानां क्षमिष्यामीति केशवः ।
ददौ तस्यै वरं तेन निर्भयोऽयं महीपतिः ॥ २२१ ॥
इति वादिनि गाङ्गेये चेदिराजो जनार्दनम् ।
उवाच पृथुसंरम्भशिथिलांशुकोत्तरः ॥ २२२ ॥
मूढैः समर्पितां पूजां स्थितेष्वखिलराजसु ।
अनर्हः कोऽनुगृह्णाति निर्लज्जस्त्वां विना हरे ॥ २२३ ॥
विडम्बितोऽद्य हासाय मन्ये त्वं पाण्डुनन्दनैः ।
पूजा तवेयं हास्याय कण्ठे हार इवार्पितः ॥ २२४ ॥
वध्यस्त्वं भूमिपालानां मम कृष्ण विशेषतः ।
सर्वावमानिनं नीचं सहन्ते मानिनः कथम् ॥ २२५ ॥
तच्छ्रुत्वा भगवान्कृष्णो निःसंरम्भमभाषत ।
लीलास्मितश्रिया कुर्वन्पाञ्चजन्यमिवाननैः ॥ २२६ ॥
दिष्ट्या निकारगणना समक्षं सर्वभूभुजाम् ।
संपूर्णास्य पृथग्लोकान्कः प्रत्यापयितुं क्षमः ॥ २२७ ॥
मयि प्राग्ज्योतिषपुरं याते द्वारवतीमसौ ।
ददाह स्फाटिकस्तम्भशुभ्रां कीर्तिमिवात्मनः ॥ २२८ ॥
अहरच्चाश्वमुत्सृष्टमश्वमेधे पितुर्मम ।
किं वान्यैः कथितैश्चास्य निकारैः पापचेतसः ॥ २२९ ॥

इत्युक्त्वा तस्य चक्रेण कण्ठं हारविभूषितम् ।
राहोरिवाशु चिच्छेद सद्यः पीतस्रुतामृतम् ॥ २३० ॥
तस्मिन्विलूनशिरसि क्ष्मापाले सहसा क्षितौ ।
पतिते हेमपीठाग्रान्मेरोः शृङ्ग इवोन्नते ॥ २३१ ॥
तत्तेजः पश्यतां राज्ञामतिसूर्यानलद्युति ।
विवेश वदने शौरेः पिण्डीकृतदिगन्तरम् ॥ २३२ ॥
ततश्चचाल वसुधा लोलसागरमेखला ।
अनभ्रे प्रववर्ष द्यौर्महाशनिपुरःसरम् ॥ २३३ ॥
तद्दृष्ट्वा भूमिपालानां निःशब्दमभवत्सदः ।
मन्थावसानमूकस्य दुग्धाब्धेः श्रियमुद्वहत् ॥ २३४ ॥

शिशुपालवधः ॥ ९ ॥

शिशुपालसुतं तूर्णमभिषिच्य युधिष्ठिरः ।
सभार्योऽवभृथस्नानं चकार मुनिशासनात् ॥ २३५ ॥
ततः समाप्ते विधिवद्यज्ञे विपुलदक्षिणे ।
साम्राज्यविजयोष्णीषबद्धमौलिर्बभौ विभुः ॥ २३६ ॥
यथार्हैरथ सत्कारैः प्रीताः प्रतिययुर्नृपाः ।
आमन्त्र्य पाण्डुतनयान्प्रणामाञ्चितमौलयः ॥ २३७ ॥
तेषु यातेषु दाशार्हः क्ष्मापमामन्त्र्य सानुजम् ।
ययौ व्यक्तः कथंचित्तैरतृप्तैः संगमामृते ॥ २३८ ॥
गतेषु कुरुवृद्धेषु सत्कृतेषु सहर्षिभिः ।
विवेश सानुजो राजा राजधानीं श्रिया युतः ॥ २३९ ॥
एको दुर्योधनस्तत्र शकुनिश्चास्य मातुलः ।
उवास ज्ञातिभोगेन विभूष्यन्ते हि भूतयः ॥ २४० ॥
अनेककौतुकां लक्ष्मीं स पश्यन्धर्मजन्मनः ।
अन्तर्द्वेषविषोध्मातः पुटपाकमदह्यत ॥ २४१ ॥
सर्वोपचारैर्यत्नेन सेव्यमानो नृपाज्ञया ।
दासीभिर्नृत्यगीताद्यैस्तस्थौ दुर्योधनश्चिरम् ॥ २४२ ॥

दिव्याभिप्रायरुचिरां सभां मयविनिर्मिताम्।
वैडूर्यस्तम्भरुचिरां तप्तकाञ्चनजालकाम् ॥ २४३ ॥
वीक्ष्यमाणः शशिमणिप्राकारकृतचन्द्रिकाम्।
स्फाटिकं कुट्टिमं प्राप्य जलाशङ्की न्यवर्तत ॥ २४४ ॥
व्रजन्नुत्क्षिप्तवस्त्रोऽथ ददर्श विमलं सरः।
स्फाटिकाशङ्कया तत्र स ममज्ज सहांशुकः ॥ २४५ ॥
मेने द्वारं च विवृतं वैमल्यान्मणिवेश्मनि।
दृष्ट्वेति विप्रलम्भं तं जहसुस्तत्र किंकराः ॥ २४६ ॥
हर्म्यस्था राजललनाः सानुजश्च वृकोदरः।
स्मिताश्रिया कपोलान्ते दन्तपत्राणि चक्रिरे ॥ २४७ ॥
अवमानाग्निना तेन दह्यमानः सुयोधनः।
लज्जया संवृतिं चक्रे पार्श्वालोकनहेलया ॥ २४८ ॥
युधिष्ठिरमथामन्त्र्य स गच्छन्गजसाह्वयम्।
चिन्ताविवर्णवदनो भूतग्रस्त इवाभवत् ॥ २४९ ॥
उवाच शकुनिः कोऽयं तवापि धृतिविप्लवः।
सर्वेश्वरस्य पश्यामि न हि ते दुःखकारणम् ॥ २५० ॥
तच्छ्रुत्वा दीर्घनिःश्वाससंशुष्काधरपल्लवः।
दुर्योधनोऽवदद्दुःखज्वरेण कथितेन किम् ॥ २५१ ॥
दृष्ट्वापचितमात्मानं श्रियं पूर्णां च वैरिषु।
अमर्षणश्च मानी च कथं जीवति मद्विधः ॥ २५२ ॥
रुद्धप्रवेशान्भूपालान्द्वाःस्थैः पाण्डववेश्मनि।
विलोक्य म्लानमानस्य निधनं मे महोत्सवः ॥ २५३ ॥
स यज्ञः सा सभा सा श्रीस्ते भोगाः स परिच्छदः।
मातुं मनोरथो नापि न शक्यो मे महोत्सवः ॥ २५४ ॥
मुरारिणा हते चैद्ये तस्मिन्नृपतिमण्डले।
अहो बताभवज्जीवः पार्थभीत्या न कस्यचित् ॥ २५५ ॥

अवहासं सभायां तं शात्रवं विभवं च तम् ।
मत्त(?)माहितसंकल्पो न सेहे किं करोम्यहम् ॥ २५६ ॥
इति दुर्योधनवचः श्रुत्वा प्रोवाच सौबलः ।
पार्थाः स्वभुजवीर्येण जाता विभवशालिनः ॥ २५७ ॥
हृता तु वनतैः शक्तिर्न रुद्धो भूम्यनन्तरः ।
पृथ्वी भगवती पृथ्वी भव त्वमपि दिग्जयी ॥ २५८ ॥
अजित्वा पाण्डुतनयान्मन्यसे न जयं यदि ।
न हि नाम प्रकाशन्ते पुरस्तेजांसि तेजसाम् ॥ २५९ ॥
अत्रापि श्रूयतां राजन्कृष्णार्जुनवृकोदरान् ।
जाने जेतुं स पाञ्चालाञ्जम्भारिरपि दुर्बलः ॥ २६० ॥
एक एवास्त्युपायोऽत्र निरपायो विसंशयः ।
अक्षज्ञोऽहमनक्षज्ञं जेतुं धर्मसुतं क्षमः ॥ २६१ ॥
द्यूतेन तच्छ्रियं सर्वां जित्वा दास्याम्यहं तव ।
राजसूयव्रतस्थोऽसौ न चाहूतो निवर्तते ॥ २६२ ॥
धृतराष्ट्राज्ञया किंतु करोमि त्वत्समीहितम् ।
इत्युक्त्वा विरते तस्मिन्नूचे हृष्टः सुयोधनः ॥ २६३ ॥
विपत्सु च परित्राणं संपत्सु च विभूषणम् ।
बहुचूडामणिः सत्यं भवानेव किमुच्यते ॥ २६४ ॥
दुःखितं धृतराष्ट्राय मां मातुल निवेदय ।
अवश्यमनुजानाति द्यूतं स सुतवत्सलः ॥ २६५ ॥
एवं ब्रुवाणे प्रणयाच्छ्रितहर्षे सुयोधने ।
तूर्णमभ्येत्य शकुनिर्धृतराष्ट्रं व्यजिज्ञपत् ॥ २६६ ॥
राजन्विवर्णवदनः शोकार्तो भृशमातुरः ।
दुर्योधनस्तव सुतो वर्तते व्याधिना विना ॥ २६७ ॥
प्रज्ञाचक्षुस्तदाकर्ण्य सुतमानाय्य निर्जने ।
पप्रच्छ सर्वसंभोगसुभगं दुःखकारणम् ॥ २६८ ॥

कीर्तिरङ्कुरिता दिक्षु पुष्पिता श्रीः सुहृद्गृहे ।
रणे च वैरिमुण्डेषु फलितस्तव विक्रमः ॥ २६९ ॥
गीतं वीणुरवाविद्धं शृणोषि हरिणीदृशाम् ।
दधासि विपुलाभांसि वासांसि सह कङ्कणैः ॥ २७० ॥
जङ्गमाद्रिनिभैर्नागैस्तुरगैश्च मनोजवैः ।
प्रयासि सततं पुत्र कृशः केनासि निःसुखः ॥ २७१ ॥
निशम्येति पितुर्वाक्यं शनैर्दुर्योधनोऽवदत् ।
अभेषजेन किं तात दुःखेन कथितेन ते ॥ २७२ ॥
परेषामधिकां लक्ष्मीं दृष्ट्वा न्यूनां तथात्मनः ।
वनं न याति यो मानी प्रमाणीक्रियते स कैः ॥ २७३ ॥
अन्तर्निदह्यमानेन शक्तिहीनेन शत्रुषु ।
संततिः क्रियते येन निन्द्यं धिक्तस्य जीवितम् ॥ २७४ ॥
यन्त्रितो देशकालाभ्यां सहते यः पराभवम् ।
तस्यालकावली मन्ये रशना च विभूषणम् ॥ २७५ ॥
युधिष्ठिरस्य भूपाल रत्नोपायनसंगृहे ।
मयापि राजपूज्येन कोशाध्यक्षायितं क्रतौ ॥ २७६ ॥
दुःखेऽप्यदुःखितेनैव हर्षः प्रकटितो मया ।
नटेनेव रिपोर्गेहे तत्किं न मरणं मम ॥ २७७ ॥
नम्रः कृतकसंमानं कृतं वै पूर्ववैरिणा ।
दुःसहं सहते भारं धिक्तं पुरुषगर्दभम् ॥ २७८ ॥
छत्रं धै(दै)न्यध्वजं मूर्ध्नि वृथेदं मम मानिनः ।
योऽहमभ्यधिकान्पार्थान्पश्याम्यपचितः शनैः ॥ २७९ ॥
राजसूये मया दृष्टा सा श्रीः पाण्डवभूपतेः ।
वोढुं मनोरथेनापि यां न शक्ता नरेश्वराः ॥ २८० ॥
यत्र यत्र दृशं पार्थ प्रददौ जगतीभुजाम् ।
तत्र तत्राञ्जलिवनैर्बभुः पद्माकरा इव ॥ २८१ ॥

दिक्चक्रं चामरमयं गजवाजिमयी मही।
तस्मिन्राजघटामर्थे नभश्छत्रमयं बभौ ॥ २८२ ॥
अलब्धान्तःप्रवेशाश्च तत्रान्ये वसुधाधिपाः।
व्यलम्बन्त चिरं द्वारि ग्राम्या इव करप्रदाः ॥ २८३ ॥
नानादेशागतैस्तत्र बभूवुर्धनराशिभिः।
एकीकृतमहाशैला दिशाः पुञ्जीकृता इव ॥ २८४ ॥
मुक्तवत्यखिलं भोगं लक्षे लक्षे द्विजन्मनाम्।
शङ्खशब्देन संज्ञाभूद्यज्ञे तस्मिन्द्विजन्मनाम् ॥ २८५ ॥
तैः शङ्खनादैरसकृत्सर्वाशापूरणक्षमैः।
सततं भूभुजां तत्र श्रवणौ बधिरीकृतौ ॥ २८६ ॥
अभिषेके पृथासूनोश्छत्रव्यजनपाणयः।
अहंपूर्विकया सर्वे तत्र तस्थुर्नरेश्वराः ॥ २८७ ॥
शक्रस्तां कथमाप्नोति दूरे वैश्रवणस्य सा।
या श्रीः पाण्डुसुतस्याभूद्यज्ञे कनकवर्षिणः ॥ २८८ ॥
तस्य रत्नविचित्रायां सभायामनभिज्ञवत्।
पतितः स्फाटिकाशङ्काविप्रलब्धोऽहमम्भसि ॥ २८९ ॥
स एव हृदि मे मग्नः शोकः शङ्कुरिवायसः।
जहास साक्षिसंकोचं तत्र यन्मां वृकोदरः ॥ २९० ॥
सोऽहं त्वदाज्ञया तात शकुनिं समुपाश्रितः।
द्यूतेनैव हरिष्यामि श्रियं तां धर्मजन्मनः ॥ २९१ ॥

यज्ञवर्णनम् ॥ १० ॥

इति पुत्रवचः श्रुत्वा स्वकुलक्षयशङ्कितः।
धृतराष्ट्रोऽभ्यधाद्वत्स कोऽयं ते व्यसनागमः ॥ २९२ ॥
भ्रातुर्विभवमालोक्य पुत्र किं परितप्यसे।
तवापि संपदः सन्ति स्पृहणीया महीभुजाम् ॥ २९३ ॥
सहायैः पाण्डुतनयैः स्वाधीनभुजविक्रमः।
जित्वा त्वमपि भूपालान्यजस्व बहुभिर्मखैः ॥ २९४ ॥

य: परद्रविणादानेषूद्यमो लब्धचेतसाम्।
को भवेदापदां पुत्र स्वामी तन्निजरक्षणे ॥ २९५ ॥
इत्थं विबोध्यमानोऽपि पित्रा दुर्योधनोऽसकृत्।
नात्यजद्द्यूतनिर्बन्धं दैवाल्लोभवशीकृतः ॥ २९६ ॥
ततः कथंचित्साकम्पस्तनयस्नेहविह्वलः।
तथेत्युक्त्वा कुरुपतिः सभां क्षिप्रमकारयत् ॥ २९७ ॥
भवितव्यतया सत्यं मुद्रितः सर्वदा जनः।
आम्बिकेयोऽपि यत्सूनोः समीहितममन्यत ॥ २९८ ॥
ततो रत्नमयीं रम्यां कुशलैः शिल्पिभिः कृताम्।
सभां कृत्वा समाहूय विदुरं सोऽभ्यभाषत ॥ २९९ ॥
गत्वा युधिष्ठिरं क्षत्तः क्षिप्रमानय मद्गिरा।
कृता मच्छिल्पिभिश्चित्रा त्वत्सभासदृशी सभा ॥ ३०० ॥
पाण्डवानां मम सुतैर्द्यूतक्रीडाविहारिणाम्।
प्रीतिसंभोगसुभगस्तस्यामस्तु समागमः ॥ ३०१ ॥
तच्छ्रुत्वा विदुरो द्यूतं निन्दन्कलहदोहदम्।
विधातृचोदितेनाथ भूभुजा प्रेरितो ययौ ॥ ३०२ ॥
स गत्वा पाण्डवपुरं विषण्णवदनः शनैः।
अवाप्य धर्मतनयं प्राप्तपूजासनोऽवदत् ॥ ३०३ ॥
धर्मराज महाराजो वक्ति त्वामम्बिकासुतः।
मत्सभामेहि सुभगां विहाराय सहानुजः ॥ ३०४ ॥
शकुनिप्रमुखैस्तत्र सुहृद्द्यूतं प्रवर्तते।
सारं मन्ये विभूतीनां सुहृद्बन्धुसमागमम् ॥ ३०५ ॥
इत्यहं धृतराष्ट्रेण प्रेषितो भवदन्तिकम्।
भयंकराश्च कितवास्तत्र सर्वे समागताः ॥ ३०६ ॥
अनर्थं विपदां मूलं द्यूतं तु कलहोदयम्।
विचार्य सर्वं कौन्तेय कर्तुमर्हसि सांप्रतम् ॥ ३०७ ॥

अजातशत्रुस्तच्छ्रुत्वा तं पृष्टकुशलोऽवदत्।
जानामि कलहं घोरं द्यूतमुन्मूलनं श्रियः ॥ ३०८ ॥
शकुनिप्रमुखाञ्जाने कितवान्क्षुद्रदेविनः।
आहूतो न निवर्तेऽहं किं तु मे समयः कृतोः ॥ ३०९ ॥
यथेष्टकारिणं दैवं को हि नामातिवर्तते।
इत्युक्त्वा धर्मतनयः प्रतस्थे सानुजः कुरून् ॥ ३१० ॥
व्रजन्राजघटाबन्धैर्वाजिवृन्दैश्च पाण्डवः।
उद्धूतधूलिपटलैरकालरजनीं व्यधात्[1] ॥ ३११ ॥
द्रौपदीसहितः प्राप्य सानुजो हस्तिनापुरम्।
विवेश भूषितोत्साहः साम्राज्यविजयश्रिया ॥ ३१२ ॥
प्रत्युद्गतः ससचिवैः सह दुर्योधनादिभिः।
प्रविश्य कौरवपतिं वृद्धांश्च प्रणनाम सः ॥ ३१३ ॥
धृतराष्ट्रसमादिष्टमासाद्य मणिमन्दिरम्।
निजवद्विजहाराथ राजोद्यानेषु पाण्डवः ॥ ३१४ ॥
कृष्णा च कुरुपत्नीनां मध्ये हरिणलोचना।
बभौ त्रिदशकन्यानां पौलोमीव श्रिया युता ॥ ३१५ ॥
भुक्तोत्तरमथासीनान्पाण्डवान्सह कौरवैः।
वीक्ष्य प्रमुदिता नार्यो नृत्यगीतैः सिषेविरे ॥ ३१६ ॥
ततो रजन्यां यातायामुदिते तिग्मरोचिषि।
शकुनिप्रमुखा धूर्ताः संहता विविशुः पुरम् ॥ ३१७ ॥
रत्नोज्ज्वलामथ सभां कुरुपुंगवस्य
पार्थोऽनुजैः सह निषक्तसुवर्णपीठाम्।
राधेयसौबलसुयोधनसिन्धुराज-
दुःशासनादिकितवोपचितां विवेश ॥ ३१८ ॥
द्यूतं सुहृत्प्रणयनाटकसूत्रधारैः
प्रावर्त्यतामिति ततः शकुनौ ब्रुवाणे।

---

१. 'भ्यधात्' ख.

प्रोवाच पाण्डुतनयः शशिमौलिशैल-
शृङ्गश्रियं प्रतिहसन्निव दन्तभाभिः ॥ ३१९ ॥

गान्धारराज कुरुनाथसुतस्य कोऽयं
मोहस्त्वया कितव चेतसि संप्रदिष्टः ।
द्यूतप्रतारणमिषेण नरेन्द्रलक्ष्मी-
वालक्षपाकरकलानववारिवाहः ॥ ३२० ॥

श्रीराजयक्ष्मणि यशः शशिसैंहिकेये
संभोगचूतनववह्निमुखे त्वयायम् ।
अक्षावटे व्यसनवारिनिधेरपारे
किं क्षिप्यते कुरुपतिर्बत हेलयैव ॥ ३२१ ॥

सर्पन्तु दुर्विलसितैकनिधेर्विधातु-
र्हेलाविलोडनविलोलविशृङ्खलानि ।
नश्यन्तु कीर्तिकुलहंसिरुतानि नाम
लोकापवादजलदागमशङ्कितानि ॥ ३२२ ॥

अक्षान्क्षिप क्षपय सच्चरितं क्षितीशं
दीक्षां विपत्सु दिश दर्शय पाणिदाक्ष्यम् ।
आहूत एव ननु संप्रति राजसूय-
यज्वा न पाण्डुतनयो विमुखोऽस्मि यस्मात् ॥ ३२३ ॥

एतद्युधिष्ठिरवचः शकुनिर्निशम्य
मायाप्रपञ्चकृतसंवृतिरित्युवाच ।
दुर्योधनाननसरोजविकासहेतुं
दृष्टिं क्षिपन्खणखणामुखराक्षहस्तः ॥ ३२४ ॥

गोष्ठीनवामृतरसप्रथमावदंशः
सौहार्दरत्नविनिबन्धनहेमकर्म ।
बुद्धिप्रसादनविधिः स्मरकेलिभूषा
द्यूतं हि नागरकलाकुशलोपदेशः ॥ ३२५ ॥

श्रुत्वेति पाण्डुतनयः प्रमाणं भवितव्यताम् ।
भाष्यमाणः पणं पृष्टः परैः प्रोवाच संसदि ॥ ३२६ ॥

भीष्मद्रोणकृपादीनामिदमग्रे न सांप्रतम् ।
राजसूयव्रतश्चायं न निवर्ते पणस्त्वयम् ॥ ३२७ ॥

लक्ष्मीस्मितं नयनकैरवकोशचन्द्रः
साम्राज्यवारिनिधिफेनमहाट्टहासः ।
हाराग्रगो मणिरयं द्युतिपट्टबन्धो
गान्धारराज रुचिरांशुवरः पणो मे ॥ ३२८ ॥

एतदाकर्ण्य शकुनिः क्षिप्त्वाक्षान्मायया पुरः ।
जितोऽसीत्यभ्यधात्पार्थं स चोवाच पणं पुनः ॥ ३२९ ॥

अभ्रंलिहध्वजपटप्रकटाट्टहासो
घण्टावलीरवविघट्टितदिग्विभागः ।
अस्पृष्टभूतलहयाष्टकसंनिविष्टो
राजन्रथो रिपुमनोरथहृत्पणो मे ॥ ३३० ॥

जित्वा तमथ गान्धारः पुनः पप्रच्छ पाण्डवम् ।
तन्मायामविदित्वैव सरलः सोऽप्यभाषत ॥ ३३१ ॥

आस्ते पणः करिगणो मम गेहघण्टा-
टाङ्कारसारबधिरीकृतनाकरन्ध्रः ।
यात्रासु यस्य विषमाञ्चितकर्णतालै-
रुद्घाटिताश्च पिहिताश्च दिशो भवन्ति ॥ ३३२ ॥

इत्युक्तवति कौन्तेये जित्वा तमपि हेलया ।
पणं पप्रच्छ शकुनिः पृष्टः पार्थोऽभ्यभाषत ॥ ३३३ ॥

नेत्रोत्पला वदनबिम्बसहस्रपत्रा
लोलालकान्तमधुपाः स्मितहंसमालाः ।
भ्रूलास्यवीचिरचनाः स्तनकोकमाला
दास्यः पणो मम मनोभवकेलिवाप्यः ॥ ३३४ ॥

जित्वा दासीसहस्राणामयुतान्यथ सौबलः ।
पप्रच्छान्यं पणं पृष्टो जगाद च युधिष्ठिरः ॥ ३३५ ॥

उत्तप्तमाहितमनङ्कितजातरूपं
द्रोणीसहस्रविनिवेशनिधानसंस्थम् ।
सर्वं धनं मम पणो मणिमौक्तिकाङ्कं
हित्वा सुरद्विजधनं सकला च पृथ्वी ॥ ३३६ ॥

श्रुत्वैतद्विदुरोऽवादीद्धृतराष्ट्रं सभास्थितम् ।
अनयोऽयं ध्रुवं राजन्कुलान्ताय नवोद्गतः ॥ ३३७ ॥
आयातमात्रे हर्षेऽस्मिन्दुःखान्ते मा मनः कृथाः ।
परस्वसंग्रहो राजन्निदाघहिमसंनिभः ॥ ३३८ ॥
अथवा सुतवात्सल्याद्विस्मृता तव सन्मतिः ।
बुध्यस्व पाण्डवत्यागात्पुत्रत्यागस्तवोचितः ॥ ३३९ ॥
द्यूतं सर्वापदां मूलं वैराद्येन प्रवर्तितम् ।
त्यक्ते दुर्योधने तस्मिञ्जीवन्ति कुरवः सुखम् ॥ ३४० ॥
शेषैः सह सुतैः पार्थान्रक्ष त्यक्त्वा सुयोधनम् ।
परित्यज्य गजानीकमास्थां मा जम्बुके कृथाः ॥ ३४१ ॥
इति ब्रुवाणे विदुरे कोपाद्दुर्योधनोऽवदत् ।
प्राज्ञंमन्यो वृथैवासि किमपृष्टोऽभिभाषसे ॥ ३४२ ॥
गृहे गृहे भवत्येव स्वजनव्यञ्जनो रिपुः ।
शङ्कितास्तद्वचो नित्यं किंतु प्राज्ञा न कुर्वते ॥ ३४३ ॥
गरूणां गणको न त्वं भाविनोऽर्थस्य सूचकः ।
प्रागल्भ्यमथवायाति बलात्स ख्यातये जनः ॥ ३४४ ॥
विदुर ब्रूहि तं गत्वा यः शृणोति तवादरात् ।
वृद्धशून्या सभा नेयं यस्यां त्वमसि पण्डितः ॥ ३४५ ॥
इति दुर्योधनेनोक्ते पाण्डवं सौबलोऽब्रवीत् ।
विजितोऽसि महीपाल कथ्यतामपरः पणः ॥ ३४६ ॥

ततोऽब्रवीद्धर्मसुतो नकुलोऽयं पणो मम ।
विमुक्तसौन्दर्यमदो मन्ये यं वीक्ष्य मन्मथः ॥ ३४७ ॥

एतदाकर्ण्य शकुनिर्मायया विचरन्क्षणात् ।
गणयन्नकुलाचारमजयन्नकुलं ततः ॥ ३४८ ॥

तमुवाच पुनः पार्थः सहदेवः पणो मम ।
यस्य लोके च शास्त्रे च परं पारं गता मतिः ॥ ३४९ ॥

इत्युक्तवति कौन्तेये तमप्यजयदक्षवित् ।
शकुनिः कैतवे व्याजं शस्त्रे विषमिवोद्वहन् ॥ ३५० ॥

ततोऽवदद्धर्मसुतः पणोऽयं मे धनंजयः ।
भगदत्तादयो येन दिग्जये स्थापिता वशे ॥ ३५१ ॥

शक्रेभकुम्भनिर्भिन्ना यस्य नामाङ्किताः शराः ।
कथयन्त्यमरावत्यां प्रौढं खाण्डवविक्रमम् ॥ ३५२ ॥

युधिष्ठिरवचः श्रुत्वा विजितोऽसीति सौबलः ।
तमूचे पणमन्यं च पप्रच्छ निकृतिं श्रितः ॥ ३५३ ॥

तं पाण्डवः प्रत्युवाच भीमसेनः पणो मम ।
जरासंधभिदो यस्य गीयते राजभिर्यशः ॥ ३५४ ॥

इत्युक्त्वा विजितं श्रुत्वा तमपि भ्रातरं नृपः ।
पृथ्वीरक्षामणिं पश्चादात्मानं विदधे पणम् ॥ ३५५ ॥

अभिधाय जितोऽसीति ततस्तं सुबलात्मजः ।
उवाच राजन्कृष्णैका तवास्त्यविजितः पणः ॥ ३५६ ॥

तच्छ्रुत्वोवाच कौन्तेयः पणो मे द्रुपदात्मजा ।
इन्दीवरवनानीव भान्ति यस्या दृशा दिशः ॥ ३५७ ॥

अनक्षज्ञं ततोऽक्षज्ञः शकुनिर्धर्मनन्दनम् ।
क्षणादयं जितोऽसीति प्रोवाच निकृतिं श्रितः ॥ ३५८ ॥

अथाब्रवीद्धार्तराष्ट्रो विदुरं हृष्टमानसः ।
आनय द्रौपदीं गच्छ दासीं द्यूतजितां मम ॥ ३५९ ॥

ततो जगाद विदुरः सहसा कोपकम्पितः ।
अहो नु कालपक्कस्त्वं न बिभेषि बलेऽपि यत् ॥ ३६० ॥
नेयं क्रकचतुल्यानां मर्मविच्छेदवादिनाम् ।
तिष्ठत्यमृतगर्भोत्था लक्ष्मीः कमललोचना ॥ ३६१ ॥
वैरमात्मविनाशाय विहितं पाण्डवैस्त्वया ।
वृक्षशाखां समारुह्य मोहात्त्वं छेत्तुमुद्यतः ॥ ३६२ ॥
ध्रुवं लक्ष्मीमदान्धस्त्वं पतितो व्यसनावटे ।
विनष्टं कौरवकुलं यस्य चैव त्वमग्रणीः ॥ ३६३ ॥
भाषितो विदुरेणेति सावलेपं सुयोधनः ।
परावृत्य निजं सूतं प्रातिकामिनमब्रवीत् ॥ ३६४ ॥
भयं न चास्ति पार्थेभ्यो न च त्वं विदुरो यथा ।
सदाद्वेषपरोऽस्मासु गच्छ कृष्णां समानय ॥ ३६५ ॥
तच्छ्रुत्वान्तःपुरं गत्वा सूतः पाण्डववल्लभाम् ।
अब्रवीदेहि पाञ्चालि प्रभुस्तेऽद्य सुयोधनः ॥ ३६६ ॥
नकुले सहदेवे च पार्थे च सवृकोदरे ।
हारिते धर्मजेनाक्षैः पश्चादात्मापि हारितः ॥ ३६७ ॥
ततस्त्वमपि भूपेन पणिता निर्जिता परैः ।
तदागच्छ जितां द्रष्टुमीहते त्वां सुयोधनः ॥ ३६८ ॥
सूतस्येति वचः श्रुत्वा पार्वती दुःखितावदत् ।
गच्छ धर्मेण विजिता नाहं कौरवभूभुजा ॥ ३६९ ॥
आत्मैव हारितः पूर्वं येन स्वच्छन्दचेतसा ।
स मां युधिष्ठिरो राजा पणीकर्तुं कथं विभुः ॥ ३७० ॥
एतत्कृष्णावचो गत्वा धार्तराष्ट्राय सूतजः ।
न्यवेदयन्निषण्णात्मा ततो दुर्योधनोऽवदत् ॥ ३७१ ॥
इहैवाभ्येत्य पाञ्चाली स्वयं न्यायं ब्रवीतु नः ।
न हि सभ्यैरनिर्णिक्तं लभन्ते स्वार्थमर्थिनः ॥ ३७२ ॥

इत्याज्ञया कुरुपतेर्गत्वा सूतस्ततः पुनः ।
रजस्वलामेकवस्त्रां द्रौपदीं तदभाषत ॥ ३७३ ॥

कृष्णा प्रोवाच तत्रस्थाः सभ्या धर्मसुतोऽपि वा ।
वदन्त किमहं पूर्वं पश्चाद्वा विजिता परैः ॥ ३७४ ॥

इति तद्वचसा क्षिप्रं निवृत्तं वीक्ष्य सूतजम् ।
दुःशासनं तदाह्वाने कुपितः कौरवोऽदिशत् ॥ ३७५ ॥

स गत्वा पृथुसंरम्भो वन्यद्विप इव श्वसन् ।
हर्तुं विनिश्चयं चक्रे तां राजकदलीमिव ॥ ३७६ ॥

कृष्णापि तं समालोक्य भ्रकुटीकुटिलाननम् ।
चकम्पे व्याघ्रवित्रस्तहरिणीहारिलोचना ॥ ३७७ ॥

तरलप्रेक्षितैः क्षिप्रं तस्याश्चलितचक्षुषः ।
दिक्षु शक्रायुधानीव तद्रक्षायै समुद्ययुः ॥ ३७८ ॥

दुःशासनस्ततोऽवादीद्रुदतीं तां रजस्वलाम् ।
पुरन्ध्रीव्रतमुत्सृज्य निर्लज्जा भज कौरवान् ॥ ३७९ ॥

अधुना धार्तराष्ट्रस्य दासी त्वं द्यूतनिर्जिता ।
वचो दुःशासनस्येति निशम्य द्रुपदात्मजा ॥ ३८० ॥

अन्तःपुरे कुरुस्त्रीणां दुद्राव शरणार्थिनी ।
विद्रुतायास्ततस्तस्य पश्चाज्जग्राह कौरवः ॥ ३८१ ॥

वेणीं स्वकुलदावाग्नेर्धूमलेखामिवासिताम् ।
साकृष्यमाणा बलिना तेनैकवसना सती ॥ ३८२ ॥

ऊचे रजस्वलासीति बाष्पगद्गदभाषिणी ।
अनादृत्यैव तद्वाचं तां सभामनयज्जवात् ॥ ३८३ ॥

कृष्णे विक्रोश गोविन्दं पार्थं वेति वदन्मुहुः ।
राजसूयजलार्द्रेषु केशेष्वाकृष्य तेन ताम् ॥ ३८४ ॥

न्यस्तां वीक्ष्य पुरो वृद्धाः शल्यविद्धा इवाभवन् ।
द्रोणे करतलन्यस्तललाटे ध्याननिश्चले ॥ ३८५ ॥

मनसा निन्दति मुहुर्गाङ्गेये चिरजीविताम् ।
विदुरे दुःखनिस्पन्दे निर्जीवित इव स्थिते ॥ ३८६ ॥
म्लानीकृताधरदलं तप्तं श्वसति बाह्लिके ।
पुत्राणां जयमाकर्ण्य श्रोत्रसंजातचक्षुषि ॥ ३८७ ॥
धृतराष्ट्रे विभक्तास्ये निःस्यन्दोत्तालितभ्रुवि ।
कर्णे लीलास्मितचलत्कपोलफलके मुदा ॥ ३८८ ॥
शकुनावुत्क्षिपत्यक्षान्मुहुः शिञ्जानकङ्कणे ।
लीलालसं वीक्ष्य(क्ष)माणे द्रौपदीं च सुयोधने ॥ ३८९ ॥
नोचिरे कृष्णया पृष्टाः सभ्यास्ते धर्मसंशयम् ।
ततः शान्तनवो ध्यात्वा याज्ञसेनीमभाषत ॥ ३९० ॥
सूक्ष्मा धर्मगतिः पुत्रि वाचा तां विवृणोति कः ।
हारितात्मा नृपो नेशः पतिः स्त्रीणां च दैवतः ॥ ३९१ ॥
इत्यस्मिन्धर्मसंदेहे न्यायं को वक्तुमर्हति ।
इदमेव हि जानामि वञ्चितो यद्युधिष्ठिरः ॥ ३९२ ॥
बहुभिः कितवैः क्षुद्रैरनक्षज्ञोऽक्षवेदिभिः ।
इत्युक्तवति गाङ्गेये द्रौपदीं न्यायवादिनीम् ॥ ३९३ ॥
वचोभिर्भर्त्सयामास तीक्ष्णैर्दुःशासनः क्रुधा ।
कृष्णाकटाक्षनिर्दग्धस्ततो भीमो ज्वलन्निव ॥ ३९४ ॥
उवाच भ्रातरं ज्येष्ठमुत्पतन्कनकासनात् ।
अहो निर्मानता नाम क्षान्तिरित्युच्यते बुधैः ॥ ३९५ ॥
पराभवेऽपि दाराणामुपेक्षां क्षमते नु कः ।
विधात्रा किं कृते ज्येष्ठो निर्वैरस्त्वं युधिष्ठिरः ॥ ३९६ ॥
यस्यार्होऽसि न तद्वाच्यं किमन्यद्गुरुगौरवात् ।
इति त्रैलोक्यसंहारसज्जपावकवर्चसम् ॥ ३९७ ॥
ब्रुवाणं मारुतसुतं शमयामास फल्गुनः ।
ततो विकर्णः क्रोशन्तीं द्रौपदीं वीक्ष्य संसदि ॥ ३९८ ॥

उवाच भूपतीन्सर्वानस्या न्यायो विविच्यताम् ।
इति ब्रुवन्समालोक्य मूकं सकलराजकम् ॥ ३९९ ॥
पुनर्जगाद धर्मस्थो विकर्णो धृतराष्ट्रजः ।
स्त्रियोऽक्षा मृगया वेति व्यसनं पृथिवीभुजाम् ॥ ४०० ॥
धर्माधर्मौ न जानन्ति व्यसनस्थास्तु पार्थिवाः ।
व्यसनस्थेन पार्थेन प्रथमं हारितात्मना ॥ ४०१ ॥
पञ्चानामियमायत्ता याज्ञसेनी पणीकृता ।
स्वयं शकुनिना चैषा प्रार्थिता विस्मृतः पणः ॥ ४०२ ॥
तस्मान्न विजिता कृष्णा सर्वे सभ्या वदन्तु नः ।
विकर्णेनेति गदिते साधु साध्विति भूभुजाम् ॥ ४०३ ॥
संपूरितसभागर्भः समुत्तस्थौ महारवः ।
ततः कर्णः परावृत्य संरम्भशिथिलांशुकः ॥ ४०४ ॥
उवाच कोपात्साकम्पः कुर्वन्कुण्डलताण्डवम् ।
अनौचित्यं महत्यत्र दुर्निमित्तं च लक्ष्यते ॥ ४०५ ॥
यत्र तिष्ठत्सु वृद्धेषु बालो वदति वृद्धवत् ।
भर्ता विभुः स्वदाराणां नेत्यहो हास्यकारकम् ॥ ४०६ ॥
विकर्ण विगतप्रज्ञस्त्वदन्यः को नु भाषते ।
इदं च शृणु लोकेषु विश्रुतं श्रुतवर्जित ॥ ४०७ ॥
दृष्टपञ्चनरा नार्यः स्वच्छन्दा न पदं ह्रियः ।
सेयं सभां समानीता स्वदासी बन्धकी यदि ॥ ४०८ ॥
तद्धर्मवादसंदेहसंरम्भः कोऽयमीदृशः ।
हर दुःशासनास्यास्त्वं वासः पश्यन्तु कौरवाः ॥ ४०९ ॥
एनां गामिव निर्लज्जां किं सतीगौरवैर्वृथा ।
इत्युक्ते सूतपुत्रेण कालपाशवशीकृतः ॥ ४१० ॥
केशपाशं विकृष्यास्या वासो जग्राह कौरवः ।
यथा यथा जहाराशु स तस्या रुचिराम्बरम् ॥ ४११ ॥

तथा तथा नवनवं प्रादुरासीत्ततस्तनौ ।
ततो निवृत्ते शनकैः श्रान्ते दुर्योधनानुजे ॥ ४१२ ॥
धिक्शब्दो भूमिपालानामुदतिष्ठदधोदृशाम् ।
अथ कोपात्समुत्थाय कम्पव्यालोलकुण्डलः ॥ ४१३ ॥
बभाषे निःश्वसन्भीमः केसरीव तलाहतः ।
अस्य क्षुद्रपशोर्भित्त्वा वक्षः फेनिलमुद्गतम् ॥ ४१४ ॥
पास्यामि पश्यतां राज्ञां रुधिरं स्मर्यतां वचः ।
दुःशासनवधाबद्धनिश्चयेनेति भाषिते ॥ ४१५ ॥
भीमेन विदुरो दुःखात्समुत्क्षिप्तभुजोऽवदत् ।
अहो बत सभा सभ्यैरियं मौनादधः कृता ॥ ४१६ ॥
सन्तो वदति यत्सत्यं सभां न प्रविशन्ति वा ।
प्रियाप्रियविवेकोऽस्ति यस्य न्याये पुरः स्थितः ॥ ४१७ ॥
नरकेषु क्षयस्तस्य पाशैर्बद्धस्य दारुणैः ।
स्वसुतेऽप्यप्रियं ब्रूते वक्ति शत्रावपि प्रियम् ॥ ४१८ ॥
विचारकर्कशः प्रीतेर्न हि वश्यो महाजनः ।
प्रह्लादतनयेनाभून्मुनिसूनोः सुधन्वनः ॥ ४१९ ॥
वादः कन्यार्थिताहेतोर्गुणाभिजनशीलतः ।
गत्वा प्रह्लादमेवाथ तं पप्रच्छतुरन्तरम् ॥ ४२० ॥
शरीरयोः पणं कृत्वा संघर्षात्पृथुसाहसौ ।
ततो जगाद प्रह्लादस्तनयं स्वं विरोचनम् ॥ ४२१ ॥
त्वत्तः स्व(सु)धन्वाभ्यधिकः कुलद्वयसमुन्नतः ।
इत्युक्ते दैत्यपतिना स्व(सु)धन्वाङ्गिरसोऽवदत् ॥ ४२२ ॥
सत्यव्रतेन भवता भाषितं धर्मकर्कशम् ।
पुत्रस्ते प्राणसंदेहान्मुक्तः पणकृतान्मया ॥ ४२३ ॥
इति स्वपुत्रेऽप्यभवन्निष्पक्षो दितिनन्दनः ।
तस्मात्सर्वे वदन्त्वत्र कृष्णाया धर्मनिर्णयम् ॥ ४२४ ॥

गोकर्णशिथिलाः सत्ये न भवन्ति विपश्चितः ।
विदुरेणेति कथिते मूकीभूते सभातले ॥ ४२५ ॥
भीष्मः प्रोवाच जानाति सर्वमेतद्युधिष्ठिरः ।
ततो दुर्योधनः क्रीडास्मितपल्लविताधरः ॥ ४२६ ॥
अभ्यधात्पाण्डुतनया वदन्त्वग्रजमप्रियम् ।
अप्रमाणं स्वमात्मानं भाषतां च युधिष्ठिरः ॥ ४२७ ॥
ततो दास्याद्विमुञ्चामि त्वामहं द्रुपदात्मजे ।
इत्युक्ते कुरुराजेन ते राजानः सभासदः ॥ ४२८ ॥
पाण्डवाः किं नु वक्ष्यन्तीत्यभवन्कौतुकाकुलाः ।
उत्कंधरेषु सर्वेषु लिखितेष्विव तत्क्षणम् ॥ ४२९ ॥
निश्चलेषु नरेन्द्रेषु भीमसेनोऽभ्यभाषत ।
अयं वसुमतीनाथः प्रभुर्नो धर्मनन्दनः ॥ ४३० ॥
सहामहे परिभवं शासने न्याययन्त्रिताः ।
प्रमाणं पृथिवीपालो यदि नायं क्षमाधनः ॥ ४३१ ॥
तत्को नु मद्भुजायन्त्रात्स्वस्तिमान्कौरवो व्रजेत् ।
इति ब्रुवाणं साकम्पं संदष्टदशनच्छदम् ॥ ४३२ ॥
क्षमयामासुरव्यग्राः स्वयं भीष्ममुखाः क्षणम् ।
ततो दुर्योधनो दर्पविलासरसमन्थरः ॥ ४३३ ॥
ऊरुं गजकराकारं पाञ्चाल्याः समदर्शयत् ।
भीमसेनोऽथ संरम्भात्क्रूरक्रोधारुणेक्षणः ॥ ४३४ ॥
ऊचे तवोरू भेत्स्यामि सत्यं कदलिकोमलौ ।
इति तस्य ब्रुवाणस्य सधूमाः स्रोतसां मुखैः ॥ ४३५ ॥
निर्ययुः कालतुल्यस्य सहसा पावकार्चिषः ।
अत्रान्तरे घोरतरं जम्बुकाः सहचारिभिः ॥ ४३६ ॥
रुरुवुर्वह्निशालाग्रे धृतराष्ट्रस्य मन्दिरे ।
ततः समेत्य गान्धार्या विदुरः कालमोहितम् ॥ ४३७ ॥

धृतराष्ट्रं समामन्त्र्य सानुगोऽथ युधिष्ठिरः ।
रथी रथवरैः प्रायात्कुरुवृद्धैः प्रसादितः ॥ ४३८ ॥

द्यूतम् ॥ ११ ॥

ततः सौबलराधेयदुःशासनसुयोधनाः ।
वैचित्रवीर्यमभ्येत्य दुःखतप्ता बभाषिरे ॥ ४३९ ॥
अर्थशास्त्रविदा राजन्स्वयं वृद्धेन धीमता ।
त्वया वयं जलनिधौ बद्ध्वा क्षिप्ता महोरगैः ॥ ४४० ॥
अशान्तवैरा रिपवस्त्वयास्माकं प्रवर्धिताः ।
श्वभ्रान्ते लम्बमानानां पाशच्छेदोऽयमुच्यते ॥ ४४१ ॥
त्यक्ता हस्तगता लक्ष्मीः कृतः कण्ठे महोरगः ।
अहो नीतिविदा साधु विचार्य विहितं त्वया ॥ ४४२ ॥
वज्रपञ्जरबद्धस्य सिंहस्योत्पाट्य शेखरम् ।
को नु मुञ्चन्ति तं पश्चाद्यो न कालेन चोदितः ॥ ४४३ ॥
याता रथैः समुन्नद्धाः पाण्डवा भ्रुकुटीमुखाः ।
लभन्ते नैव ते व्यक्तं निद्रां वैरतितीर्षवः ॥ ४४४ ॥
इति दुर्योधनादीनां वचः श्रुत्वा जनेश्वरः ।
पुनः प्रवर्ततां द्यूतमित्युक्त्वा दैवमोहितः ॥ ४४५ ॥
वार्यमाणोऽपि भीष्मेण द्रोणेन विदुरेण च ।
आनिनाय पुनः पार्थं व्रजन्तं प्रातिकामिनाम् ॥ ४४६ ॥
आहूतो न निवर्तेऽहमिति संकल्पयन्त्रितम् ।
ततः सभां समायाते समेत्य कितवाः पुनः ॥ ४४७ ॥
अवदन्सौबलमुखाः सानुजं धर्मनन्दनम् ।
वयं द्वादशवर्षाणि विपिने द्यूतनिर्जिताः ॥ ४४८ ॥
चरामश्चर्मवसना भवन्तो विचरन्तु वा ।
स्वजनेऽप्यनभिज्ञाता वत्सरं च त्रयोदशम् ॥ ४४९ ॥
ज्ञातानां पुनरेषैव वनवासकृता स्थितिः ।
एक एवाधुनास्माकमित्यस्तु विपुलः पणः ॥ ४५० ॥

एतद्युधिष्ठिरः श्रुत्वा तथेत्यूचे विषण्णधीः ।
ततो जितोऽसीत्यवदत्क्षिप्त्वाक्षान्सौबलो नृपम् ॥ ४५१ ॥
हृदयाभीप्सितं तस्य चरन्त्यक्षाः सदैव हि ।
अथावमुच्य राजार्हं वासोभिः सह भूषणम् ॥ ४५२ ॥
रौरवाण्यजिनान्याशु राजा जग्राह सानुजः ।
समामन्त्र्य ततो वृद्धान्विपिनं गन्तुमुद्ययौ ॥ ४५३ ॥
द्रौपद्या सह विस्रस्तवेणीवस्त्रावलोलया ।
प्रस्थितान्पाण्डवान्दृष्ट्वा कर्णदुःशासनादयः ॥ ४५४ ॥
ऊचिरे सस्मिताः कृष्णां निवर्तस्व सुलोचने ।
अलं षण्ढतुलैः पार्थैर्नष्टश्रीकैरसंस्तुतैः ॥ ४५५ ॥
ये चर्मनद्धा दृश्यन्ते निर्विषण्णा वृषा इव ।
एवंविधाः सुपुरुषाः श्रुत्वा वाचो दुरात्मनाम् ॥ ४५६ ॥
उवाच भीमः कुपितः पुनरुक्तं वदाम्यहम् ।
कौरवाणां करिष्यामि योषितां साञ्जनास्रुभिः ॥ ४५७ ॥
कृष्णानिकारगणनालेखपट्टं स्तनस्थले ।
गदाभिन्नोरुदण्डस्य धार्तराष्ट्रस्य संगरे ॥ ४५८ ॥
पादेनालोडयिष्यामि शिरो व्याकीलमूर्धजम् ।
अर्जुनः सूततनयं सहदेवश्च सौबलम् ॥ ४५९ ॥
हनिष्यतीति संरम्भादुक्त्वा भीमो विनिर्ययौ ।
विदुरस्य गृहे कुन्तीं निक्षिप्योद्बाष्पलोचनाम् ॥ ४६० ॥
सधौम्याः पाण्डुतनया ययुः कृष्णायुतास्ततः ।
निर्गतेष्वथ पार्थेषु शङ्कमानोऽम्बिकासुतः ॥ ४६१ ॥
पप्रच्छ विदुरं तेषां व्रजतां गतिचेष्टितम् ।
वस्त्रावृतमुखाम्भोजः प्रयातो धर्मनन्दनः ॥ ४६२ ॥
अन्यथा निर्दहेल्लोकं तच्चक्षुः कोपविप्लवैः ।
गतश्च निजमुष्टिभ्यां किरीटी सिकताः क्षिपन् ॥ ४६३ ॥

शरानेवं मया क्षिप्तान्द्रक्ष्यन्तीति विचिन्तयन्।
व्रजन्भीमो भुजौ चक्रे प्रकटौ परिघाविव ॥ ४६४ ॥
इमौ मे कौरववधे सहायाविति दर्शयन्।
पांसुव्याप्तश्च नकुलो लिप्तवक्त्रस्तथापरः ॥ ४६५ ॥
यातौ रूपमवच्छाद्य स्त्रीणां चित्तप्रमोहनम्।
द्रौपदी मुखमाच्छाद्य विप्रकीर्णैः शिरोरुहैः ॥ ४६६ ॥
गता वदन्ती शत्रूणां निधने स्त्रीषु तां दशाम्।
इत्थं ते पाण्डुदायादा याताः सत्यधना वनम् ॥ ४६७ ॥
धौम्येनाथर्वणं स्मृत्वा कृतरक्षापरिग्रहाः।
अभूत्सानुक्षयः क्षिप्रं शङ्कितस्तत्पराक्रमे ॥ ४६८ ॥
दुःखार्त्तं ध्याननिःस्यन्दं तमभाषत संजयः।
नहि पीतं विषं पूर्वं पश्चात्तापेन शाम्यति ॥ ४६९ ॥
अमन्त्रज्ञः फणिद्वेष्टा दुर्बलाग्निर्महाशनः।
असंशयः प्रमादी च राजन्मन्दिरमापदाम् ॥ ४७० ॥
वैरं विधाय निष्पारं पाण्डवैर्बलवत्तरैः।
प्राप्तोऽनुतापपदवीमधुना कस्य खिद्यसे ॥ ४७१ ॥
प्रोवाच भगवान्साक्षान्नारदोऽभ्येत्य संसदि।
इतश्चतुर्दशे वर्षे न भविष्यन्ति कौरवाः ॥ ४७२ ॥
लक्ष्यन्ते च निमित्तानि घोराणि जगतीपते।
येषामल्पतरं मन्ये फलं त्रैलोक्यसंक्षयः ॥ ४७३ ॥'

अथ पृथुगुणकृष्टैः पाण्डवाः पौरवृन्दै-
स्तपसि विहितनिष्ठैर्ब्रह्मणैश्चानुयाताः।
सह नगरनिवासान्निर्ययुः पौरनारी-
नयनजललवालीलालितोच्छ्वासवातैः ॥ ४७४ ॥

अनुद्यूतम् ॥ १२ ।

इति श्रीव्यासरूपक्षेमेन्द्रविरचितायां महाभारतमञ्जर्यां सभापर्व द्वितीयम् ॥

आरण्यपर्व ।

नारायणं नमस्कृत्य नरं चैव नरोत्तमम् ।
देवीं सरस्वतीं व्यासं ततो जयमुदीरयेत् ॥ १ ॥
एवं धर्मसुतः पापैः कोपितः सानुजो वनम् ।
कृष्णासहायः प्रययौ वञ्चितो निकृतिव्रतैः ॥ २ ॥
पौराननुगतान्सान्त्वैर्विनिर्जित्य प्रियंवदः ।
इन्द्रसेनमुखान्भृत्याञ्जग्राहैव चतुर्दश ॥ ३ ॥
ब्राह्मणैः सह तद्दुःखादम्भसा सह वृत्तिभिः ।
ततो निनाय रजनीं गङ्गाकूलतटान्तिके ॥ ४ ॥
प्रातर्विलोक्य तान्विप्रानध्वखिन्नानुपोषितान् ।
मुमोह करुणापूर्णः कश्मलाभिहतोऽथ सः ॥ ५ ॥
अवाप्तसंज्ञं शनकैस्तं द्विजः शौनकोऽब्रवीत् ।
क्ष्मापते शोकहर्षाभ्यां विलोड्यन्ते न पण्डिताः ॥ ६ ॥
स्मेरचामरहासिन्यो वल्लभाः कस्य न श्रियः ।
किंत्वेताः पवनालोलकदलीदलचञ्चलाः ॥ ७ ॥
तरङ्गतरलैरर्थैर्भोगैर्भ्रूभङ्गभङ्गुरैः ।
मुहूर्तमात्रतारुण्यैर्न स्निह्यति सतां मनः ॥ ८ ॥
अस्तु पर्यन्तरोगेषु भोगेषु प्रणयो नृणाम् ।
तद्वियोगविषोद्भूतः संतापो यदि मन्यते ॥ ९ ॥
अदृश्यः कोऽप्यपूर्वोऽयं तृष्णाव्याधिरभेषजः ।
संत्यक्तेऽपि शरीरेऽस्मिन्यो न शाम्यति देहिनाम् ॥ १० ॥
सतां जगन्ति मित्राणि संतोषधनशालिनाम् ।
धनी द्वेष्यस्तु सर्वेषां नग्नग्राम इवांशुकी ॥ ११ ॥
भूतिभिर्वृष्टनष्टाभिर्नर्त्यते न महाशयः ।
नागताभिर्न याताभिर्नदीभिश्चिन्त्यतेऽम्बुधिः ॥ १२ ॥

श्रुत्वेति शौनकवचो व्याजहार युधिष्ठिरः।
नास्मि केवललोभेन मुने दुःखवशं गतः॥ १३॥
विप्रानुपोषितान्दृष्ट्वा मदर्थे दुःखितान्कृशान्।
चिन्तानलपरीतोऽहमेतद्धरणवाञ्छया॥ १४॥
श्रेयाननुपजीवेद्यः काकभोज्यो वरं शवः।
विमुखार्थिमुखद्रष्टा सोच्छ्वासो न तु निर्धनः॥ १५॥
भृत्यशेषं च विघसं द्विजशेषं तथामृतम्।
यो हि नाश्नाति धिक्तस्य श्वगृहात्सदृशं गृहम्॥ १६॥
सर्वाश्रमेषु शंसन्ति पण्डिता गृहमेधिनम्।
पर्जन्यस्येव भूतानि यस्य जीवन्ति संपदा॥ १७॥
सोऽहं गृहाश्रमे वर्ते कथमर्थिविवर्जितः।
कण्टकीभूतसुषिरः श्वभ्रजात इव द्रुमः॥ १८॥
युधिष्ठिरवचः श्रुत्वा हसन्प्रोवाच शौनकः।
अहो बतायं लोकस्य मिथ्यामानपरिग्रहः॥ १९॥
कर्तव्य इति किं त्वेष सदाचारो महात्मनाम्।
फलमूलैस्तृणैर्वापि वाग्भिरद्भिर्विलोकनैः॥ २०॥
पूज्यतेऽर्थिजनः सद्भिर्विलुप्तविभवैरपि।
कालप्राप्तैर्निधानैर्वा जीर्णेन फलकेन वा॥ २१॥
समाना महतां वृत्तिर्धैर्यमुद्रितचेतसाम्।
परार्थोऽयं समारम्भो यदि ते कर्म कुर्वतः॥ २२॥
तत्किं राजन्न राजासि तपःसाध्या विभूतयः।
निशम्य शौनकेनेति भाषितं धर्मनन्दनः॥ २३॥
तथेत्युक्त्वा तमेवार्थं धौम्यं पप्रच्छ भूतये।
ब्राह्मणार्थे नरेन्द्रेण स च पृष्टोऽभ्यभाषत॥ २४॥
प्रथमं क्षुत्परीतानां भूतानाममृतं रविः।
पुरा ससर्ज भगवान्क्ष्मामाविश्य महौषधीः॥ २५॥

दक्षिणायनमासाद्य दधानः शक्तिमैन्दवीम् ।
रसान्पुष्णाति तानेव संगृह्णात्युत्तरायणे ॥ २६ ॥
प्राणानां हेतुरन्नानां तमाराधय संयमात् ।
इति धर्मसुतः श्रुत्वा तद्दत्तश्रुतिजापकः ।
तपसा वरदं देवं दिवाकरमतोषयत् ॥ २७ ॥
नमः सूर्याय विसरत्संवित्किरणशालिने ।
सत्यप्रकाशसन्धाय संसारतिमिरच्छिदे ॥ २८ ॥
नमोऽनुग्रहतात्पर्यविश्वचर्याविधायिने ।
अर्यम्णे जनतातापहरायाश्चर्यतेजसे ॥ २९ ॥
नमश्चिद्गगनाभोगभासिने बोधभास्वते ।
अविच्छिन्नस्वभावाय भवायाभयकारिणे ॥ ३० ॥
नमस्त्वष्ट्रे समाकृष्टदुष्टायारिष्टशालिने ।
दिग्दलाष्टकसंश्लिष्टजगत्पद्मविकासिने ॥ ३१ ॥
नमो विष्यन्दिशीतांशुकृशानुशबलत्विषे ।
पूर्णप्रशमिताशेषदोषायातिशयस्पृशे ॥ ३२ ॥
नमस्त्वतर्क्यगतये वसुधान्तरचारिणे ।
अर्कायामृतसंपर्करससंवर्धितान्धसे ॥ ३३ ॥
नमो लोकपरित्राणकर्त्रे नित्योदितात्मने ।
सवित्रे त्रिजगन्नेत्रशतपत्रविकासिने ॥ ३४ ॥
नमो विराजमानाय मेरुन्यस्तगभस्तये ।
अजाय विश्वजयिने पृथिव्यादिमयात्मने ॥ ३५ ॥

सूर्यस्तवः ॥ १ ॥

इत्यादिभिः स्तुतिपदैर्धौम्यप्रोक्तैर्युधिष्ठिरः ।
आवाह्य प्रणतः सूर्यं ददर्श पुरतः स्थितम् ॥ ३६ ॥
ततस्तुष्टो ददौ तस्मै भगवान्वासरेश्वरः ।
स्वयं सन्निधिमन्नानामक्षयाणां महानसे ॥ ३७ ॥

ततो भौमांश्च दिव्यांश्च प्राप्य भोगान्रवेर्वरात् ।
द्विजशेषाशनो नित्यं ननन्द कुलनन्दनः ॥ ३८ ॥
भुक्तवस्तु द्विजातीनां सहस्रेष्वनिवारितम् ।
सानुगेषु च पार्थेषु शेषं भुङ्क्ते स्म पार्षती ॥ ३९ ॥
समृद्धिमतुलां प्राप्य जंगमस्वर्गसन्निभाम् ।
विप्रसंघैर्वृता जग्मुस्ततस्ते काम्यकं वनम् ॥ ४० ॥
अत्रान्तरे नागपुरे निःश्वसन्नम्बिकासुतः ।
पार्थानां विक्रमं ध्यायन्न लेभे दुःखितो धृतिम् ॥ ४१ ॥
विदुरं सोऽथ पप्रच्छ शङ्कमानः पराभवम् ।
अस्मिन्नः समयो ब्रूहि श्रेयो मतिमतां वरः ॥ ४२ ॥
पृष्टो वैचित्रवीर्येण सादरं विदुरोऽवदत् ।
राजन्नद्यापि वर्तस्व सुनीत्या रक्ष संपदम् ॥ ४३ ॥
यत्स्नेहादेष ते राजञ्जातो दुर्नयविप्लवः ।
सूनोस्तस्यैव ते पूर्वं मन्ये पर्यन्त एष्यति ॥ ४४ ॥
प्रसाद्य पाण्डवान्वीरानपि त्यक्त्वा सुयोधनम् ।
यशःशुभ्रां श्रियं रक्ष यावद्वैरं न वर्धते ॥ ४५ ॥
को हि भीमस्य दोर्दण्डखण्डितोश्चण्डवैरिणः ।
तिष्ठेदभिमुखं स्वामिन्प्रतिबिम्बाननं विना ॥ ४६ ॥
जाने नाद्यापि जातोऽसौ सोढुं योऽर्जुनमाहवे ।
शक्तो यस्य प्रतापाग्निरग्नेरपि समाश्रयः ॥ ४७ ॥
राजन्हिताय बुध्यस्व मा युध्यस्व स्वबन्धुभिः ।
निःसंशयो हि संग्रामे त्वत्पुत्राणां पराजयः ॥ ४८ ॥
श्रुत्वेति विदुरेणोक्तमन्तःकोपो जनाधिपः ।
खिद्यल्ललाटघटितभ्रकुटीकुटिलोऽवदत् ॥ ४९ ॥
हितवादीति सततं प्रमाणीक्रियते मया ।
संदेहेष्वधुना ज्ञातं यत्त्वमस्मत्पराङ्मुखः ॥ ५० ॥

पुत्रं त्यजेति को ब्रूते निष्ठुरं कठिनाशयः ।
निःस्नेहमनपत्यं च त्वामृते क्रूरवादिनम् ॥ ५१ ॥
विरक्तचेतसा कोऽर्थः पण्डितेनापि धीमता ।
सुरूपयापि किं नार्या सततं या पराङ्मुखी ॥ ५२ ॥
नेदानीमुपयोगोऽस्ति त्वद्बुद्धिविभवेन मे ।
व्रज पाण्डुसुतान्येषु तव चेतः प्रसीदति ॥ ५३ ॥
इत्युक्तो धृतराष्ट्रेण विदुरो मन्युमूर्च्छितः ।
रथेन प्रययौ तूर्णं पार्थानां काम्यकं वनम् ॥ ५४ ॥
तत्र संपूज्यमानस्तैर्जटावल्कलधारिभिः ।
निवेद्य निजवृत्तान्तं तस्थौ परिवृतः सुखम् ॥ ५५ ॥
ततोऽनुशयसंतप्तः प्रलापप्रमुखाननः ।
संजयं विदुराह्वाने धृतराष्ट्रः समादिशत् ॥ ५६ ॥
स गत्वा काननं पार्थान्समागम्य प्रणम्य च ।
प्रसाद्य विदुरं रुष्टमानिनाय नृपान्तिकम् ॥ ५७ ॥
प्रज्ञाचक्षुः परिष्वज्य तं प्राप्तं सास्रुलोचनः ।
दुरुक्तमन्युविमुखं क्षमयामास वत्सलम् ॥ ५८ ॥

विदुरागमनम् ॥ २ ॥

अथ प्रत्यागतं ज्ञात्वा विदुरं पार्थकाननात् ।
राधेयसौबलमुखानूचे दुर्योधनो रहः ॥ ५९ ॥
अयं च दयितो मन्त्री पुनः प्राप्तः पितुर्मम ।
विदुरोऽन्तर्गतः शत्रुरस्माकं दैवनिर्मितः ॥ ६० ॥
ध्रुवं धूर्तोऽभिजातस्य राज्ञश्चेतः शनैरसौ ।
प्रविश्य पाण्डुतनयान्वनान्प्रत्यानयिष्यति ॥ ६१ ॥
कृतवैरानरीन्दृष्ट्वा तानहं श्रीयुतात्पुनः ।
निरपेक्षः शरीरेऽस्मिन्भविष्याम्यनृपो यथा ॥ ६२ ॥
इति दुर्योधनेनोक्ते जगाद सुबलात्मजः ।
अनिस्तीर्णप्रतिज्ञास्ते व्यक्तं नायान्ति काननात् ॥ ६३ ॥

अथवा त्यक्तमर्यादा लोभादेष्यन्ति पाण्डवाः ।
स एवाहं त एवाक्षाः कैतवं क गतं पुनः ॥ ६४ ॥
इति ब्रुवाणे शकुनौ नृपं वीक्ष्य निरादरम् ।
हृदयज्ञस्ततः कर्णो वक्तुं समुपचक्रमे ॥ ६५ ॥
श्रिया विहीना निष्पक्षा दुःखिताः काननौकसः ।
वध्यास्ते तूर्णमेवाद्य प्रमाणं यदि मद्वचः ॥ ६६ ॥
तच्छ्रुत्वा जातहर्षोऽथ पाण्डवान्हन्तुमोजसा ।
गजवाजिरथानीकैर्धार्तराष्ट्रो विनिर्ययौ ॥ ६७ ॥
प्रस्थितं सचिवैः सार्धं तमेत्य ज्ञानलोचनः ।
न्यवारयत्कृष्णमुनिः कुत्सितं जिह्ममन्त्रितम् ॥ ६८ ॥
उवाच च समभ्येत्य भगवानम्बिकासुतम् ।
अहो दुर्नयरूपोऽयं कालो युष्मासु जृम्भते ॥ ६९ ॥
भ्रातॄणामेष वैराग्निः कुलान्ताय समुद्धतः ।
त्यज दुर्योधनं राजञ्शेषा जीवन्ति ते सुताः ॥ ७० ॥
वनस्थानपि पापोऽसौ पाण्डवान्हन्तुमुद्यतः ।
एकस्यास्य विकारेण मा वोऽस्तु विषमा गतिः ॥ ७१ ॥
इति व्यासवचः श्रुत्वा धृतराष्ट्रः सुतप्रियः ।
बभाषे भगवान्सर्वं जानामि विपदां पदम् ॥ ७२ ॥
किं तु स्वयं न शक्नोमि मुने संत्यक्तुमात्मजम् ।
न कस्यानेकदोषोऽपि पुत्रः काय इव प्रियः ॥ ७३ ॥
धृतराष्ट्रवचः श्रुत्वा पाराशर्योऽवदत्पुनः ।
एवमेतन्नरपते पुत्रस्नेहः सुदुस्त्यजः ॥ ७४ ॥
समाना मम धर्मेण पाण्डवास्त्वत्सुतास्तथा ।
किं तु पार्थेषु मे राजन्कृशेष्वभ्यधिका दया ॥ ७५ ॥
सुरराजः पुरा पृष्ट्वा रुदतीं सुरभीं दिवि ।
पप्रच्छ शङ्कितो मातः कच्चित्कुशलमस्ति नः ॥ ७६ ॥

सा तेन कारणं पृष्टा कथंचिद्दुःखितावदत् ।
क्षेमं दिवौकसां शक्र किंत्वहं स्नेहविक्लवा ॥ ७७ ॥
दुर्बलं पश्य मे वत्स भुवि कार्षिकपीडितम् ।
धुर्येण बलिनान्येन कृष्यमाणं ककुद्मता ॥ ७८ ॥
शक्र यद्यप्यसंख्योऽयं वृषसर्गः क्षितौ मम ।
तथाप्यस्मिन्कृशतनौ जायतेऽप्यधिका स्पृहा ॥ ७९ ॥
तद्दुःखकारणं श्रुत्वा सुरभ्याः पाकशासनः ।
ववर्ष तं वृषं येन स मुमोचाथ कार्षिकः ॥ ८० ॥
इत्येवं करुणा राजन्कृशेषु विपुला सताम् ।
वनेचरान्पाण्डुसुतान्बालान्पश्य स्वपुत्रवत् ॥ ८१ ॥

सुरभ्युपाख्यानम् ॥ ३ ॥

अयमायाति मैत्रेयः पाण्डवान्वीक्ष्य कानने ।
वचोऽस्य कार्यमित्युक्त्वा ययौ सत्यवतीसुतः ॥ ८२ ॥
अथादृश्यत मैत्रेयः कृशानुसदृशो मुनिः ।
तेजोभिः कपिलैः कुर्वन्दिशः प्रज्वलिता इव ॥ ८३ ॥
स प्रविश्याप्तसत्कारो निषण्णः कनकासने ।
सपुत्रं कौरवपतिं सभासीनं समभ्यधात् ॥ ८४ ॥
राजन्न विनयो घोरः किं त्वयायमुपेक्षितः ।
कुलाचारं समुत्सृज्य वर्तसे कैतवेन यत् ॥ ८५ ॥
श्रुतं मयैतद्भवता भ्रातृपुत्रा विवासिताः ।
बन्धुद्रोहरजःसङ्गादहो राजन्न राजसे ॥ ८६ ॥
वैचित्रवीर्यमित्युक्त्वा परावृत्याब्रवीन्मुनिः ।
दुर्योधनं यशः स्फीतं भरतानामुदाहरन् ॥ ८७ ॥
धार्तराष्ट्रशमं पार्थैर्विधाय भव सुस्थितः ।
हिडम्बबककिन्दीर हन्ता भीमोऽपि दुःसहः ॥ ८८ ॥
दृष्टा मया वल्कलिनः पाण्डवाः काम्यके वने ।
दुर्योधन भवद्वैरगणनामन्त्रजापिनः ॥ ८९ ॥

कानने व्रजता रात्रौ किन्दीरो नाम राक्षसः।
निर्हतो भीमसेनेन तत्किं नाकर्णितं त्वया ॥ ९० ॥
इति ब्रुवाणं मैत्रेयं दर्पादनवलोकयन्।
क्ष्मां पादेन लिखन्नूरुं जघान कुरुनन्दनः ॥ ९१ ॥
अनयं तं मुनिर्दृष्ट्वा कोपात्कालानलप्रभः।
नायमस्तीति संचिन्त्य शशाप धृतराष्ट्रजम् ॥ ९२ ॥
अस्य दुर्नयगदस्य भेषजं कुम्भभिन्नभटभाजि संयुगे।
ऊरुभञ्जनविधौ भयंकरो भीम एव भवतो भविष्यति ॥ ९३ ॥
इत्युद्वान्तमहाशापपावकं कुपितं मुनिम्।
भीतः प्रसादयामास पुत्रस्नेहात्कुरूद्वहः ॥ ९४ ॥
प्रशान्तमन्युः शनकैरुवाच मुनिपुंगवः।
अस्य संत्यक्तवैरस्य शापो नायं भविष्यति ॥ ९५ ॥
इत्युक्त्वा निःश्वसन्नासीत्क्षणं मुनिरधोमुखः।
तमूचे धृतराष्ट्रोऽथ किन्दीरो निहतः कथम् ॥ ९६ ॥
इति पृष्टो मुनिर्दृष्ट्वा दुर्योधनमनादरात्।
विदुरो वक्ष्यतीत्युक्त्वा तूर्णं प्रायाददर्शनम् ॥ ९७ ॥

मैत्रेयशापः ॥ ४ ॥

तस्मिन्प्रयाते विदुरः पृष्टो राज्ञाभ्यभाषत।
किन्दीरदारुणाख्यानद्वेषाद्दुर्योधने गते ॥ ९८ ॥
अथ तेषामितो द्यूतजितानां व्रजतां वनम्।
अर्धरात्रे तमःपुञ्जैरञ्जनाद्रिनिभैर्वृते ॥ ९९ ॥
उदतिष्ठन्महाकायः किन्दीरो नाम राक्षसः।
तमस्तमालगहने महाताल इवोद्गतः ॥ १०० ॥
ज्वालाजटालनयनं विद्युत्पिङ्गशिरोरुहम्।
नक्तं दीप्तौषधिव्याप्तं नीलाद्रिमिव जङ्गमम् ॥ १०१ ॥
तं विलोक्य पुरः कृष्णा चकितायतलोचना।
दुःशासनकराकृष्टविकीर्णकचसंचया ॥ १०२ ॥

संरम्भस्रस्तकौशेया भ्रश्यत्किञ्जल्कमालिका ।
विलोलभृङ्गमालेव चकम्पे चूतवल्लरी ॥ १०३ ॥
ततो ननाद बलवान्रजन्यां रजनीचरः ।
दिशो विघट्टिताः सर्वा येन भूतानि मेनिरे ॥ १०४ ॥
नदतस्तस्य विपुला माया त्रैलोक्यमोहिनी ।
धौम्यमन्त्रपरिभ्रष्टा विद्येव सहसा ययौ ॥ १०५ ॥
दृष्ट्वा युधिष्ठिरं ज्ञात्वा नामभिः पाण्डुनन्दनान् ।
विनष्टमायः क्रोधान्धः सुसंरम्भादभाषत ॥ १०६ ॥
अहो नु सुचिरादेष फलितो मे मनोरथः ।
यत्सत्यं काकतालीयमायान्तीप्सितसिद्धयः ॥ १०७ ॥
भीमेनानेन निहतो भ्राता मे दयितो बकः ।
डिम्बमित्रं हिडिम्बश्च सोऽपि प्राणो बहिश्चरः ॥ १०८ ॥
दिष्ट्या सोऽयं मम रिपुर्भुजपञ्जरगोचरम् ।
प्रयातो दैवनिर्दिष्टः कृतान्तनगरातिथिः ॥ १०९ ॥
इति दंष्ट्राघटायन्त्रविनिष्पेषोद्गतानले ।
भीमो ब्रुवाणे किन्दीरे निष्पत्रमकरोत्तरुम् ॥ ११० ॥
महता मार्गवृक्षेण स तेन क्षणदाचरम् ।
अताडयत्पृथुस्कन्दस्फुटटाङ्काररराविना ॥ १११ ॥
किन्दीरोऽप्युल्मुकं दीप्तं भीमाय प्राहिणोज्ज्वलत् ।
तदापतच्च चिक्षेप चरणेन स हेलया ॥ ११२ ॥
तद्विशीर्णस्फुलिङ्गौघैर्मुहूर्तं ककुभो बभुः ।
सान्धकारा इव गुहाः खद्योतवलयाकुलाः ॥ ११३ ॥
गात्रेषु शैलसारेषु विपुलाः पादपास्तयोः ।
द्रागभज्यन्त बिसिनीबालकन्दाङ्कुरा इव ॥ ११४ ॥
ततो निशाचरः क्रुद्धः शैलशृङ्गोपमां शिलाम् ।
चिक्षेप मारुतेर्मूर्ध्नि कम्पिताखिलभूतलाम् ॥ ११५ ॥

संस्तम्भ्य भीमसेनोऽथ शिलाताडनजां व्यथाम् ।
निष्पीड्य कण्ठे पाणिभ्यां राविणं तं निशाचरम् ॥ ११६ ॥
भ्रामयित्वा चिरं व्योम्नि विनिष्पिष्य च भूतले ।
व्यसुं सरुधिरोद्गारमुत्ससर्जोर्ध्वलोचनम् ॥ ११७ ॥
इति तत्र द्विजेन्द्राणां श्रुतं कथयतां मया ।
दृष्टं च तद्गिरिवने राक्षसस्य कलेवरम् ॥ ११८ ॥
विदुरेणेति कथितं श्रुत्वा राजाम्बिकासुतः ।
उवाच चेतसा शोकं तप्तं शूलमिवायसम् ॥ ११९ ॥

किन्दीरवधः ॥ ९ ॥

अस्मिन्नवसरे ज्ञात्वा कैतवेन विवासितान् ।
केशवः पाण्डुतनयान्स्वयमेव समाययौ ॥ १२० ॥
चेदिकेकयपाञ्चालैर्धृष्टद्युम्नपुरोरगैः ।
वीरैः परिवृतः सोऽथ जटावल्कलधारिणः ॥ १२१ ॥
तान्वीक्ष्य तत्र साकोपः कम्पमान इवाचलः ।
उपविश्याभवद्वाचां क्षणं नोदीरणे विभुः ॥ १२२ ॥
कोपोत्कटस्य तस्याभूल्ललाटे भ्रकुटी क्षणम् ।
काली विश्वक्षयाक्षेपदीक्षितेव भयंकरी ॥ १२३ ॥
तं वीक्ष्य प्रलयावर्तसंवर्तकशतोपमम् ।
जगत्क्षयपरित्रस्ताः स्वस्तीत्यूचुर्महर्षयः ॥ १२४ ॥
धनंजयस्तमवदत्प्रणयावर्जिताञ्जलिः ।
विश्वसंहारचतुरां हरे संहार विक्रियाम् ॥ १२५ ॥
धार्तराष्ट्रेषु कीटेषु कोऽयं गम्भीरविक्रमः ।
संरम्भस्तव दुर्वारदैत्यनिर्दारणोचितः ॥ १२६ ॥
किं न स्मरसि सर्वेश बदर्यां शमिना त्वया ।
पुष्करेषु प्रभासेषु सहस्राब्दं कृतं तपः ॥ १२७ ॥
इयं देव भवन्मूर्तिस्त्राणायामृतपेशला ।
तृतीया तव सा रौद्री शक्तिः संकर्षणात्मिका ॥ १२८ ॥

त्वदिच्छास्पन्दमात्रेण भवन्ति न भवन्ति च।
जगन्ति सर्वभूतात्मन्निजधामस्पृशाच्युत॥ १२९॥
इति पार्थस्य वचसा शान्तकोपो मुरान्तकः।
उवाच सर्वं जानामि त्वयोक्तं शक्रनन्दन॥ १३०॥
नरो मुनिपुराणस्त्वं जीवितं मे बहिश्चरम्।
तस्य विप्रकृतिं क्षुद्रैस्तव नाहं सखे सह॥ १३१॥
निजशोणितसिक्तानि रजांसि वसुधातले।
पतिता भक्षयिष्यन्ति व्यक्तं दुर्योधनादयः॥ १३२॥
इति वादिनमभ्येत्य द्रौपदी कैटभान्तकम्।
उवाच साश्रुनयना धृष्टद्युम्नस्य शृण्वतः॥ १३३॥
श्रुताः कथयतां नित्यं युधिष्ठिरसभाजुषाम्।
मया कृष्ण मुनीन्द्राणां त्वत्प्रभावविभूतयः॥ १३४॥
त्वयि नाथे जगन्नाथे राज्ञः साम्राज्ययाजिनः।
जाया युधिष्ठिरस्याहं गौरिति व्याहृता परैः॥ १३५॥
अग्रे बकहिडिम्बारेः प्रत्यक्षं खाण्डवद्रुहः।
दुःशासनेन कृष्टाहं तव कृष्ण सखी सती॥ १३६॥
का नु सीमन्तिनीखेलं भर्तृमानेन यास्यति।
कलत्रं पाण्डुपुत्राणां मां विलोक्य यथागताम्॥ १३७॥
अयं मे बान्धवयशश्चन्द्रिकाकालवारिदः।
धार्तराष्ट्रकराकृष्टव्याकीर्णकचसंचयः॥ १३८॥
बन्धुस्वजनहीनाहं नूनं पातककारिणी।
पराभवमिमं प्राप्ता यत्प्राकृतवधूरिव॥ १३९॥
इत्युक्त्वा लोचनाद्वान्तस्थूलास्रुकणसंततिम्।
कुचस्थले मानवती निनायासूत्रहारताम्॥ १४०॥
ततो बभाषे तां देवो भगवान्गरुडध्वजः।
मन्युहालाहलेनार्तां सहसा जीवयन्निव॥ १४१॥

राजपुत्रि करिष्यन्ति सत्यं ताः कौरवस्त्रियः ।
निर्वापणं बाष्पजलैः कोपसप्तार्चिषस्तव ॥ १४२ ॥
प्रहर्षं तटिनीनाथो ध्रुवं यास्यति निर्वृतः ।
कुरुसेनासरद्रक्तनदी नवसमागमात् ॥ १४३ ॥
यत्क्षमं भीमभुजयोर्गाण्डीवस्योचितं च यत् ।
मत्कोपस्य च यत्तुल्यं तस्य तस्याहमग्रणीः ॥ १४४ ॥
इत्युक्तवति दाशार्हे धृष्टद्युम्नोऽभ्यभाषत ।
वीरपत्नि करिष्यन्ति पतयस्ते समीहितम् ॥ १४५ ॥
हते युधि मया द्रोणे गाङ्गेये च शिखण्डिना ।
कौरवाः पाण्डुपुत्राणां नातिभारो भविष्यति ॥ १४६ ॥
इति भ्रातुर्वचः श्रुत्वा द्रौपदी विनतानना ।
त्र्यश्रेणालोकयामास कटाक्षेण किरीटिनम् ॥ १४७ ॥
तस्या नेत्रत्रिभागेन कर्णान्तपरिसर्पिणा ।
विद्धः पर्यन्तशुभ्रेण शरेणेवार्जुनोऽवदत् ॥ १४८ ॥
मा शुचः कृष्णशाराक्षि तदैव कुरवो हताः ।
यदैव कृष्णे कृष्णेन ललाटे भ्रकुटी कृता ॥ १४९ ॥
इत्यर्जुनेन गदिते परिवृत्य जनार्दनः ।
निर्विकारमिवाम्भोधिं युधिष्ठिरमभाषत ॥ १५० ॥
किं करोमि महीनाथ जगद्रक्षाशिखामणिः ।
पराभवमिमं प्राप्तो मयि सन्निहिते भवान् ॥ १५१ ॥
राजसूये तव मया शिशुपाले निपातिते ।
क्रुद्धः साल्वो हयग्रीवस्तत्सखा मत्पुरीं ययौ ॥ १५२ ॥
त्वत्पुरस्थे मयि जवात्सोऽभ्येत्य द्वारकां बली ।
महता वलचक्रेण रुन्धानः पर्यवारयत् ॥ १५३ ॥
सुश्लिष्टगोपुराट्टालदृढयन्त्रार्गलावृताम् ।
शस्त्रप्राकारसंबाधां यन्त्रकूटाश्मशालिनीम् ॥ १५४ ॥

नानुरोधधृतैर्योधैर्हीनकालभृतैर्न च ।
न दृष्टसारैर्न कृशैर्गुप्तां परिघबाहुभिः ॥ १५५ ॥
पुरीं निरीक्ष्य संरुद्धां सौभेन व्योमचारिणा ।
प्रद्युम्नप्रमुखाः सर्वे निर्ययुर्मत्सुता रथैः ॥ १५६ ॥
तैः क्षोभ्यमाना साल्वस्य वाहिनी मकरैरिव ।
बभौ लसद्विकोशासिवीचीवलयशालिनी ॥ १५७ ॥
क्षेमवृद्धिविविन्ध्याख्यौ सौभसेनापती ततः ।
दैत्यवीरौ न सहतो मत्सुतानां पराक्रमम् ॥ १५८ ॥
चारुदोष्णेन समरे विविन्ध्येऽथ निपातिते ।
कामगेन विमानेन स्वयं साल्वः समभ्ययात् ॥ १५९ ॥
तमभ्यधावत्प्रद्युम्नो दारुकप्रेरितैर्हयैः ।
निर्दारयन्निव महीं राजमानो झषध्वजः ॥ १६० ॥
ततो दिव्यास्त्रविसरज्वालाजालारुणं नभः ।
प्रद्युम्नसाल्वयोर्युद्धे जातरक्तमिवाभवत् ॥ १६१ ॥
सुवर्णपुङ्खैः प्रद्युम्नसायकैः साल्ववाहिनी ।
बभार मेरुसंजातहेमवेत्रवनश्रियम् ॥ १६२ ॥
रौक्मिणेयशरेणायं दारुणेन विदारितः ।
दुर्जनस्येव वचसा साल्वो मोहादथापतत् ॥ १६३ ॥
लब्धसंज्ञो विमानेन चलन्नीलपताकिना ।
भ्रूभङ्गभीषणेनेव स प्रद्युम्नमुपाद्रवत् ॥ १६४ ॥
क्षिप्रहस्तस्ततः साल्वः कर्णान्तपरिसर्पिणा ।
क्रुद्धः शरेण विव्याध प्रद्युम्नं बाणवर्षिणम् ॥ १६५ ॥
निर्भिद्य दूरयातेन तेन तीक्ष्णेन पत्त्रिणा ।
स चचाल महाशैलः कुलिशेनेव ताडितः ॥ १६६ ॥
लब्धसंज्ञः स दृष्ट्वैव निजसारथिना रथम् ।
अपकृष्टं विनिर्भर्त्स्य सूतमभ्याद्रवत्पुनः ॥ १६७ ॥

---

१. आधृषीयस्येदं रूपम्.

स तुरङ्गैर्जवोदारैर्ग्रस्तक्षितितलैरिव ।
समभ्येत्य रिपुं चक्रे क्रुद्धः शरशताकुलम् ॥ १६८ ॥
ततः प्रादुश्चकारोग्रं दैत्यास्त्रं साल्वभूपतिः ।
तच्चाशु ब्रह्मशिरसा शमयामास मत्सुतः ॥ १६९ ॥
तत्सायकेन साल्वोऽथ दारितः क्षतजोक्षितः ।
वाताकुल इवाशोकश्चकम्पे मूर्छितो मुहुः ॥ १७० ॥
रौक्मिणेयोऽथ दिव्यास्त्रं संदधानः स्वकार्मुके ।
संहरास्त्रं वधायास्य कृष्ण इत्यशृणोद्दिवः ॥ १७१ ॥
संहृतास्त्रे ततो वीरे प्रद्युम्ने दिव्यशासनात् ।
साल्वराजो ययौ कृत्वा द्वारकां ध्वस्ततोरणात् ॥ १७२ ॥
अथ प्रतिनिवृत्तोऽहं यज्ञान्ते नगरात्तव ।
अपश्यं च पुरीं ध्वस्तां हेमन्ते नलिनीमिव ॥ १७३ ॥
उर्वरीं शालिसंपूर्णां मेघेनेव समाहताम् ।
श्रुत्वाहं साल्वराजेन तां पुरीं शकलीकृताम् ॥ १७४ ॥
वृष्णिभिः सहितो वीरैरगमं कोपकम्पितः ।
अब्धिकूलाश्रयं साल्वं दिव्यधिष्ण्यांशुसूचितम् ॥ १७५ ॥
सौभाभिधानं तस्याहं पुरमाकाशगं महत् ।
अपूरयं शरशतैर्मण्डलीकृतकार्मुकः ॥ १७६ ॥
तस्याथ मायया क्षिप्रमभवं तिमिरावृतः ।
मुहुः सहस्रसूर्याश्च दिशः प्रज्वलिता इव ॥ १७७ ॥
पूषास्त्रेण समुत्सार्य मोहं तन्मायया कृतम् ।
अपूरयमहं दैत्यं तमूर्ध्ववदनैः शरैः ॥ १७८ ॥
सोऽथ मे पितरं वृद्धं मायायोधी नभस्तलात् ।
अधोमुखं लम्बमानं शरभिन्नमदर्शयत् ॥ १७९ ॥
तद्दृष्ट्वा लूनधैर्योऽहं विचार्य क्षणमात्मना ।
दैत्यमायां विनिश्चित्य नापश्यं शत्रुमग्रतः ॥ १८० ॥

ततः प्रचण्डमार्तण्डमण्डलाभं सुदर्शनम्।
घोरं प्राहिणवं तस्मै पिङ्गीकृतदिगन्तरम् ॥ १८१ ॥
अर्चिषां पाटलैस्तस्य गगनोत्सङ्गगामिनः।
बभुः सिन्धूररुचिराः कुञ्जरेन्द्रा इवाद्रयः ॥ १८२ ॥
ततस्तत्पटुटाङ्कारस्फोटिताशेषदिक्तटम्।
स सौभनगरं साल्वं द्विधाचक्रे ददाह च ॥ १८३ ॥
चक्रनिर्दारिते दैत्ये पतितेऽथ महीतले।
तद्वह्निना दह्यमाना ययुस्तदनुगाः क्षयम् ॥ १८४ ॥
इति सौभरणेनाहं सुचिरं व्याकुलोऽभवम्।
पराभवस्त्वया प्राप्तः किं करोम्यस्थिते मयि ॥ १८५ ॥

साल्ववधः ॥ ६ ॥

इत्युक्त्वा शौरिरादाय सुभद्रां सास्रुलोचनाम्।
सौभद्रं च रथेनाशु जगामामन्त्र्य पाण्डवान् ॥ १८६ ॥
द्रौपदेयान्पुरस्कृत्य धृष्टद्युम्ने सकेकये।
प्रयाते धृष्टकेतौ च पौरवृन्देन सानुगाः ॥ १८७ ॥
रथानारुह्य ते जग्मुः पुण्यं द्वैतवनं सरः।
भृङ्गावलीजटा यत्र बभुः फुल्लाः पलाशिनः ॥ १८८ ॥
पुन्नागकेसराशोकचूतकिंशुकचम्पकाः।
सामानीव जगुर्यत्र मञ्जुशिञ्जानषट्पदैः ॥ १८९ ॥
वसत्सु तत्र पार्थेषु नारदाद्या मुनीश्वराः।
स्थितिं बबन्धुः कुर्वाणा देवलोकमिवापरम् ॥ १९० ॥
तस्मिन्ब्रह्ममहासंघमध्ये वीक्ष्य महाभुजान्।
धन्विनो जटिनो वीरान्पाण्डवान्विस्मितो मुनिः ॥ १९१ ॥
मार्कण्डेयो रघुपतेर्दशकण्ठशिरश्छिदः।
चिरं सस्मार रामस्य ऋष्यमूकनिवासिनः ॥ १९२ ॥
ततः कदाचित्सायाह्ने सांध्यरागारुणाम्बरे।
प्रशान्तविप्लवे याते परिव्राजकतामिव ॥ १९३ ॥

सर्पत्सु होमधूमेषु प्रलयावर्तलीलया।
मन्त्राहुतीनां साकारैरोङ्कारैरङ्कितेष्विव ॥ १९४ ॥
सायं पिङ्गायमानासु तटिनीतीरभूमिषु।
संध्याबद्धसमाधीनां द्विजानामिव तेजसा ॥ १९५ ॥
युधिष्ठिरं बको दाल्भ्यो बभाषे तत्र संसदि।
वने विलोकयँल्लक्ष्मीं ब्रह्मलोकावलोकिताम् ॥ १९६ ॥
राजचूडामणे पश्य त्वत्समाश्रयशालिनाम्।
निर्विघ्नं भूमिदेवानां प्रवृत्ता वैदिकी क्रिया ॥ १९७ ॥
अहो परस्पराबद्धब्रह्मक्षत्रमिदं वनम्।
विभाति तेजसोस्तुल्यं तपःशौर्यजुषोः श्रिया ॥ १९८ ॥
मिथस्तेजःप्रतापाढ्यास्त्राणाय विभवाय च।
नरेन्द्राच्च द्विजेन्द्राणां ब्राह्मणाच्च महीभुजाम् ॥ १९९ ॥
इति दाल्भ्येन कथिते धर्मराजः सहानुगः।
स्वारण्यं ब्राह्मणाकीर्णं पश्यन्संतोषमाप्तवान् ॥ २०० ॥
ततः कृष्णा समभ्येत्य समभाषत भामिनी।
वहन्ती मनसा घोरं दुःशासनपराभवम् ॥ २०१ ॥
क्ष्मापते दयितां भार्यां परैर्नीतामिमां दशाम्।
मानिनीं मानिनो वीक्ष्य भ्रूभङ्गोऽपि न ते कथम् ॥ २०२ ॥
न हि राजन्ति राजानो राजन्हीनाः स्वतेजसा।
क्षमामक्षमतामेव क्षत्रियाणां वदन्ति यत् ॥ २०३ ॥
नातितीक्ष्णं विलङ्घन्ते क्षमिनं लङ्घयन्ति च।
शंसन्ति तां क्षमां सन्तो न या परिभवास्पदम् ॥ २०४ ॥
भडिः पितामहं श्रीमान्प्रलहादं संशये पुरा।
पप्रच्छ तेजसः सारं क्षान्तेश्च गुरुलाघवम् ॥ २०५ ॥
स तेन पृष्टः प्रोवाच मुनीनां भूषणं क्षमा।
अक्रूरतेजसां किंतु जीवस्तेजो महीभुजाम् ॥ २०६ ॥

अवमानैर्बहुविधैर्नर्मभिर्मर्मवेधिभिः ।
दारापहरणैर्यावत्क्षमावान्परिभूयते ॥ २०७ ॥
शमिना किं मनुष्येण प्रशान्ताङ्गारवर्चसा ।
स्वभृत्या अपि पादेन निर्विशङ्कं स्पृशन्ति यम् ॥ २०८ ॥
भर्त्स्यते गृहयोषाभिर्बालकैः परिकृष्यते ।
जरद्गव इवावीर्यः क्षमी सर्वापदां पदम् ॥ २०९ ॥
स्त्रियः क्लीबं भटा भीरुं स्त्रियं चान्ये वदन्ति यम् ।
तस्य सर्वावधूतस्य क्षमिनो जीवितेन किम् ॥ २१० ॥
धिक्तं क्षमापरं दीनं जीर्णमार्जारवत्सदा ।
श्मश्रुपाटनपर्यन्तं सहते यः पराभवम् ॥ २११ ॥
मानिनः सततं तस्य स्वयं ग्राह्यसुखाः श्रियः ।
तेजसा राजते दिक्षु विजयव्यञ्जनेन यः ॥ २१२ ॥
किंतु कैवल्यतैक्ष्ण्येन तेजो निकृतितेजसः ।
अपकाराय लोकानां हालाहलमहेरिव ॥ २१३ ॥
तस्मादतीक्ष्णस्तेजस्वी क्षमावानरिमर्दनः ।
यथापराधदण्डश्च प्रभविष्णुः पदं श्रियः ॥ २१४ ॥
मौनी पादप्रहारेऽपि न क्षमी नीच एव सः ।
आक्रुष्टशास्तो मित्रेऽपि न तेजस्वी खलो हि सः ॥ २१५ ॥
क्रोधं क्षमावान्कुरुते देशकालौ विवेच्य यः ।
जनापवादैरस्पृष्टा वर्धन्ते तस्य संपदः ॥ २१६ ॥
प्रल्हादेनेति कथितं पृष्टेन भङ्गिना पुरा ।
राजन्परापकारेषु क्षमां शत्रुषु मा कृथाः ॥ २१७ ॥
अथैवंवादिनीं कृष्णामकृष्णचरितो नृपः ।
ऊचे ससत्त्वो धवलां दिशन्दशनचन्द्रिकाम् ॥ २१८ ॥
कृष्णे यथाह भवती तेजो राज्ञां विभूतये ।
ऊर्जिता तेजसा सार्धं जातैव क्षत्रसंततिः ॥ २१९ ॥

यच्च सत्त्वमनुत्सेकं यश्चाहिंस्रः पराक्रमः ।
यदप्यचापलं दाक्ष्यं तेजस्तदभिधीयते ॥ २२० ॥
केवलक्रोधदग्धानामायासः किल दुःसहः ।
क्रोधान्धस्तमसि शु(श्व)भ्रे पतत्येवानिवारितः ॥ २२१ ॥
सर्वथा देवि शप्तोऽसौ स्वच्छन्दास्पदमापदाम् ।
आविष्ट इव यो भूतैः क्रोधाध्मातोऽभिधावति ॥ २२२ ॥
अपस्मारोऽपमानेन क्रोधेन व्याकुलो जनः ।
आत्मानं घातयेद्यावत्किं वा कुर्यान्न पातकम् ॥ २२३ ॥
आस्तेऽम्बुधिरिवाक्षोभ्यः क्रोधं धीरो नियम्य यः ।
उत्थानोपहतास्तस्य न भवन्त्येव शत्रवः ॥ २२४ ॥
प्राप्नोत्यकीर्तिं बहुलामात्मनाशं च दुर्बलः ।
येन तं दुःसहं क्रोधं साधु को नाम न त्यजेत् ॥ २२५ ॥
शशिश्रियेव रजनी लीलयैव वराङ्गना ।
शोभते क्षमयैवासौ महतां किल शक्तता ॥ २२६ ॥
अद्रव्याडम्बरो यज्ञस्तपश्चाकायशोषणम् ।
अप्रमादं महत्तेजः क्षमा नामामृतं सताम् ॥ २२७ ॥
पूज्याः क्षमावता येन सत्यत्यागादयो गुणाः ।
कश्यपश्चाभ्यधात्सुभ्रु परं ब्रह्म क्षमा नृणाम् ॥ २२८ ॥
इति सौम्यं वचो भर्तुः श्रुत्वा द्रुपदनन्दिनी ।
उवाच दुःखसंतप्ता दीर्घं निश्वस्य मानिनी ॥ २२९ ॥
सर्वात्मना नमस्तस्मै धात्रे स्वच्छन्दचारिणे ।
येनापकृष्टा बुद्धिस्ते स्वधर्मात्पृथिवीपते ॥ २३० ॥
सर्वथा दैवविहितं चेष्टते तद्वशो जनः ।
यन्त्रकारेच्छया जीवन्निव कृत्रिमपुत्रकः ॥ २३१ ॥
प्रायो दैवैकनिष्ठानामफलोऽयं क्रियाक्रमः ।
शुभाशुभमिदं कर्म सर्वमेवेश्वरेच्छया ॥ २३२ ॥

पापः सुयोधनो राज्ये त्वं च देव वनेचरः ।
अतो न दैविकादन्यो हेतुः सर्वत्र देहिनाम् ॥ २३३ ॥

अजातशत्रुर्दयितावचः श्रुत्वेति सस्मितः ।
उवाच कृष्णे जानामि प्रगल्भं वक्तुमीदृशम् ॥ २३४ ॥

महात्मनां मुनीन्द्राणां दृष्ट्वा धर्मफलां श्रियम् ।
प्रत्यक्षेऽस्मिन्सदाचारे कः शङ्कां कर्तुमर्हति ॥ २३५ ॥

कर्तव्य इति धर्मो मे नतु धर्मफलार्थिता ।
वाणिज्यं तत्र धर्मोऽसौ क्रियते यः फलार्थिभिः ॥ २३६ ॥

इति पत्युर्वचः श्रुत्वा बभाषे द्रौपदी पुनः ।
सर्वमेतद्विजानामि किंत्वेषा दुःखसूचना ॥ २३७ ॥

दैवं पुरुषकारे च परस्परनिबन्धनम् ।
ज्ञात्वा विबोध्यसे देव मा विलम्बस्व पौरुषे ॥ २३८ ॥

निगद्येति निवृत्तायां कृष्णायां मारुतात्मजः ।
धर्मराज समभ्येत्य निःश्वसन्नित्यभाषत ॥ २३९ ॥

मूकानामिव सर्वस्वं क्लीबानामिव कामिनी ।
हृता विगतमानानां लक्ष्मीर्दुर्योधनेन नः ॥ २४० ॥

धर्मैकवादिना नित्यं त्वया त्यक्तार्थसंपदा ।
अधःकृता वयं राजन्दग्धपक्षाः खगा इव ॥ २४१ ॥

धर्मः कामार्थलोपी वा कामो वाप्यर्थधर्महा ।
अर्थो वा धर्मकामघ्नः सद्भिः किल विगर्हितः ॥ २४२ ॥

समर्थः क्षत्रियो मानी लुप्तवृत्तिर्जटाधरः ।
कस्मिन्नभिहितः शास्त्रे येनायं ते विपर्ययः ॥ २४३ ॥

राजन्नद्यापि वर्तस्व स्वधर्मे रणदीक्षितः ।
विशतु त्वत्प्रतापाग्निर्वैरिवेणुवनावनिम् ॥ २४४ ॥

पतद्भिर्भूभुजां वक्त्रैः समरे सव्यसाचिनः ।
करोतु कन्दुकक्रीडां गाण्डीवप्रणयी भुजः ॥ २४५ ॥

भिन्नेभकुम्भकूटोत्थवेल्लद्रक्तच्छटाङ्किता।
शोणांशुकवतीवेयं रणे नृत्यतु मद्गदा ॥ २४६ ॥
इति ब्रुवाणं संरम्भाद्भीमं भूमिभृतां वरः।
गम्भीरधीरहृदयो विमृष्य क्षणमभ्यधात् ॥ २४७ ॥
न मे प्रगल्भते वाणी युष्माकमनुशासने।
मत्कृते दुर्दशा घोरा सह्यते यैरविक्रियैः ॥ २४८ ॥
जाने प्रभावं विपुलं भीमं भीम भुजस्य ते।
हेलानिर्जितजम्भारेर्विजयस्य च धन्विनः ॥ २४९ ॥
किंतु नोल्लङ्घनीयोऽयं समयो द्यूतनिर्मितः।
अज्ञातचर्यापर्याप्तः सत्यभङ्गभयान्मया ॥ २५० ॥
कालेन कालपक्वांस्तानहितान्पातयिष्यसि।
न हि कालमनासाद्य तिमिरं हन्ति भास्करः ॥ २५१ ॥
एतदाकर्ण्य विमना भीमसेनोऽब्रवीत्पुनः।
राजन्न नियते मृत्यौ कालं को नु विलम्बते ॥ २५२ ॥
अनिलोल्लासितोत्तालजलकल्लोलचञ्चलम्।
किं न जानासि राजेन्द्र नृणां जीवितविभ्रमम् ॥ २५३ ॥
अवश्यं मन्युनिर्दग्धाः क्षयं याताः स्वयं वयम्।
त्रयोदश समाः कालः कस्य नाम प्रतीक्षते ॥ २५४ ॥
असंशयं च दोषोऽयं यद्वयं दिक्षु विश्रुताः।
छन्नाः क्व विचरिष्यामः करेणार्का इवावृताः ॥ २५५ ॥
अप्यमर्त्येषु देशेषु गीयन्ते यस्य कीर्तयः।
स त्वं पिहितवक्त्रोऽपि नाविज्ञातो भविष्यसि ॥ २५६ ॥
स पार्थो विजिता येन किन्नरा अपि दिग्जये।
आच्छाद्यते प्रवृद्धार्चिर्वस्त्रेणेवानलः कथम् ॥ २५७ ॥
उपस्थितमपर्यन्तमिदं नो व्यसनं ध्रुवम्।
गोप्यन्ते विपुलामोदाः केन कस्तूरिकामृगाः ॥ २५८ ॥

निहत्य समरे शत्रूंश्चर धर्मं पुनः कृती ।
वृषोत्सर्गादयः सन्ति सर्वपापप्रशान्तये ॥ २५९ ॥
इति धर्मसुतः श्रुत्वा धीमान्भीमेन भाषितम् ।
प्रत्युवाच विचारोऽत्र भूतये साधुसंमतः ॥ २६० ॥
वीराणां दृष्टसाराणां महोत्साहवतामपि ।
सहसा विहितं कर्म पश्चात्तापाय केवलम् ॥ २६१ ॥
कर्णः शक्तिमतां धुर्यः कार्तिकेय इवापरः ।
भीष्मो द्रोणश्च सहसा न विजेयः सुरैरपि ॥ २६२ ॥
इति वादिनि भूपाले भगवाञ्ज्ञानलोचनः ।
तं देशमाययौ साक्षान्मुनिः सत्यवतीसुतः ॥ २६३ ॥
प्राप्तपूजासनः सोऽथ बभाषे धर्मनन्दनम् ।
चिन्ता तव मया ज्ञाता राजन्हृदयवर्तिनी ॥ २६४ ॥
दिव्यास्त्रविदुषो वीरा द्रोणकर्णकृपादयः ।
शक्त्या न जेतुमित्येषा चिन्ता तव निवर्तताम् ॥ २६५ ॥
दिव्यां ददामि ते विद्यां यां त्वत्तः प्राप्य फल्गुणः ।
अस्त्राणि लोकपालेभ्यो रुद्राच्च समवाप्स्यति ॥ २६६ ॥
इत्युक्त्वा धर्मपुत्राय महोपनिषदं मुनिः ।
रहः प्रतिस्मृतिं नाम प्रतिपाद्य तिरोदधे ॥ २६७ ॥
ततो विमर्दविरलास्त्यक्त्वा द्वैतवनस्थलीः ।
ब्रह्मसंघैः परिवृताः काम्यकं पाण्डवा ययुः ॥ २६८ ॥
तत्रार्जुनं समाहूय कदाचिद्धर्मसंभवः ।
व्यासशासनमावेद्य तद्विद्याभाजनं व्यधात् ॥ २६९ ॥
विद्यां पार्थः समासाद्य दिव्यास्त्रज्ञानसाधनः ।
आमन्त्र्य तपसे प्रायाद्धर्मराजं सहानुजम् ॥ २७० ॥
स गत्वा कवची धन्वी तटीं गौरीगुरोर्गिरेः ।
इन्द्रकीलाभिधं शृङ्गमारुरोह मनोहरम् ॥ २७१ ॥

तमेत्य तत्र तेजस्वी द्विजः कश्चिदभाषत ।
ज्ञातस्ते पुत्र संकल्पः परभाग्यार्थिनो मया ॥ २७२ ॥
तपसा शंकरं दृष्ट्वा समीहितमवाप्स्यसि ।
इत्युक्त्वान्तर्हिते शक्रे पार्थः प्राप तपोवनम् ॥ २७३ ॥
मन्दारमधुविष्यन्दनन्ददिन्दिन्दिराकुलम् ।
तमालवलयश्यामं सिन्धुवारवनोज्ज्वलम् ॥ २७४ ॥
यमुनाजाह्नवीवारि विभङ्गसुभगप्रभम् ।
प्रपातनिर्झरासारशीकरामीलितेक्षणैः ॥ २७५ ॥
झाङ्कारश्रवणानन्दनिःस्यन्दैः सेवितं द्विपैः ।
वेल्लत्कालागुरुच्छायारचिताम्भोदविभ्रमम् ॥ २७६ ॥
नृत्यच्छिखण्डिवलयव्यालोलकदलीवनम् ।
किन्नरीकेलिसंगीतदत्तकर्णकुरङ्गकम् ॥ २७७ ॥
संचरत्सिद्धललनाचरणालक्तकाङ्कितम् ।
तस्थावूर्ध्वभुजस्तत्र निराहारो जितेन्द्रियः ॥ २७८ ॥
एकपादानताङ्गुष्ठनखाग्रस्पृष्टभूतलः ।
निरालम्बः स्मरन्देवं स्थाणुं स्थाणुरिवाचलः ॥ २७९ ॥
शीतवातातपसहो दिशः संतापयन्निव ।
अत्रान्तरे मुनिवरैर्विज्ञप्तो भगवान्हरः ॥ २८० ॥
कैरातं रूपमादाय पाण्डवं द्रष्टुमाययौ ।
प्रांशुः कनकतालाभो युवा राजीवलोचनः ॥ २८१ ॥
मयूरपत्राभरणः स धन्वी शबरो बभौ ।
स्वेच्छाविहारिणस्तस्य चरितानुवृता सती ॥ २८२ ॥
बभूव लीलाशबरी गुञ्जाफलविभूषिता ।
तस्याः कर्णान्तलम्बिन्यो विलोलनयनच्छटाः ॥ २८३ ॥
बर्हिबर्हावतंसस्य चक्रिरे पुनरुक्तताम् ।
जहर्ष शबरः शर्वस्तां पश्यञ्शबरीं प्रियाम् ॥ २८४ ॥

हेलाविशृङ्खलो वेषस्तोषाय प्रभुचेतसाम् ।
अस्मिन्नवसरे पार्थो दैत्यं सूकररूपिणम् ॥ २८५ ॥
मूकं नाम जिघांसन्तं जघान निशितेषुणा ।
शबरोऽपि समभ्येत्य समकालमताडयत् ॥ २८६ ॥
तेनासौ सौकरं रूपं त्यक्त्वा दैत्योऽभवद्व्यसुः ।
एककालशराघातकोपादथ धनंजयः ॥ २८७ ॥
अकर्णाञ्चितकोदण्डः किरातपतिमभ्यधात् ।
अहो नु मृगयाधर्मं जानन्नपि वनेचरः ॥ २८८ ॥
क्रोडं मया हतं हत्वा निर्भयो न विकम्पसे ।
धर्माणां किं विमोहाद्वा धाष्टर्याद्वा हतवानसि ॥ २८९ ॥
कुरङ्गं निर्विवेको वा गह्वरावसथो जनः ।
इत्युक्त्वा हेमपुङ्खैस्तं शरैर्हेमाचलप्रभम् ॥ २९० ॥
किरणैरिव तीक्ष्णांशुरविश्रान्तमपूरयत् ।
शरीरे वज्रसाराभे शरास्तस्यार्जुनेरिताः ॥ २९१ ॥
अवकाशमनासाद्य विशीर्णा प्रययुः क्षितिम् ।
ततो ग्रस्तशरस्तेन पार्थः क्रुद्धोऽतिविस्मितः ॥ २९२ ॥
गाण्डीवेन स्मितमुखं चूडाग्रे तमताडयत् ।
ग्रस्तकोदण्डदण्डोऽथ पुनस्तेनैव हेलया ॥ २९३ ॥
अभ्यधावत्समाकृष्य खड्गं भुजगभीषणम् ।
पातितोऽप्यर्जुनेनाशु कृपाणस्तस्य मूर्धनि ॥ २९४ ॥
विशीर्णस्तेजसैवाद्य प्रययौ कणशो दिशः ।
ततो भुजाभ्यामाकृष्य किरातं भीमविक्रमम् ॥ २९५ ॥
मुष्टिभिस्तलघातैश्च निजघान धनंजयः ।
तेन काञ्चनगौरेण किरीटी श्यामलद्युतिः ॥ २९६ ॥
विबभौ नीलरत्नाद्रिः संश्लिष्ट इव मेरुणा ।
दृष्ट्वा धैर्यममर्यादमूर्जितं च पराक्रमम् ॥ २९७ ॥

अन्तर्हिता गणास्तत्र पाण्डुसूनुमपूजयन् ।
उरस्तटविनिष्पेषैर्वज्रसाराङ्गयोस्तयोः ॥ २९८ ॥
उदभूद्धूमलेखाङ्कस्फुलिङ्गशबलोऽनलः ।
अथार्जुनं दीर्घभुजो भुजपञ्जरवर्तिनम् ॥ २९९ ॥
निष्पीड्य निबिडं भूमौ स निश्चेष्टमपातयत् ।
तस्मिन्निपतिते देवः शिवः साक्षादभाषत ॥ ३०० ॥
कैलासशिखराणीव दर्शयन्दशनांशुभिः ।
उत्तिष्ठ पश्य मां पार्थ शौर्यमुन्मुद्रितं त्वया ॥ ३०१ ॥
दिव्यं गृहाण नयनं तुष्टस्ते विक्रमादहम् ।
इत्युक्ते चन्द्रचूडेन पीयूषैरिव पूरितः ॥ ३०२ ॥
ददर्शाग्रे तमुत्थाय सहसा रचिताञ्जलिः ।
त्रैलोक्यानुग्रहव्यग्रां बिभ्राणं लोचनत्रयीम् ॥ ३०३ ॥
दिनेशशशिवह्नीनां जीवबीजमहीमिव ।
भूषितं भङ्गुराभोगैर्विषश्यामैर्भुजङ्गमैः ॥ ३०४ ॥
करालकालदाहोत्थैर्धूमलेशैरिवाङ्कितम् ।
देवी कपोलफलके कस्तूरीपत्रवल्लरीम् ॥ ३०५ ॥
आलिखन्तमिवासक्तं श्यामाभिः कण्ठकान्तिभिः ।
कपालकुहरोत्फुल्लफेनैर्जूटापगाम्बुभिः ॥ ३०६ ॥
चूडाशशाङ्कप्रीत्येव सेवितं कुमुदाकरैः ।
विलोक्य भूतिधवलं शूलिनं वृषवाहनम् ॥ ३०७ ॥
तुष्टाव धन्यतामानी हर्षबाष्पाकुलेक्षणः ।
वैकुण्ठाकुण्ठबाणाय गरिष्ठगिरिधन्विने ॥ ३०८ ॥
नमः श्रुतिरथस्थाय त्र्यक्षाय त्रिपुरच्छिदे ।
गजासुरतमःकूटपाटनस्पष्टभानवे ॥ ३०९ ॥
नमस्तम्भितजम्भारिभुजस्तम्भाय शंभवे ।
नमो भिन्नाञ्जनश्याममूर्तये भैरवात्मने ॥ ३१० ॥

कालीकटाक्षविक्षेपकलितायेव शूलिने ।
नमस्तुङ्गजटाजूटक्षुभ्यद्भागीरथीजुषे ॥ ३११ ॥
वलत्कैलासशुभ्राय ताण्डवाडम्बरस्पृशे ।
इति स्तुत्वा विरूपाक्षं क्षमयामास फल्गुनः ॥ ३१२ ॥
स्वचूडाचुम्बिनीं कुर्वंस्तत्पादनखचन्द्रिकाम् ।
संकल्पप्रार्थितं तस्मै ततस्तुष्टो महेश्वरः ॥ ३१३ ॥
अस्त्रं पाशुपतं प्रादात्पुनः प्रत्यक्षविग्रहम् ।
तस्मिन्गृहीते पार्थेन महास्त्रे दीप्ततेजसि ॥ ३१४ ॥
(?)लोकश्च बालशैलानां ताण्डवं निर्दिशन्निव ।
ततः प्रयाते नभसा सगणे पार्वतीपतौ ।
दृष्टः साक्षान्मया शंभुरित्यभूद्विस्मितोऽर्जुनः ॥ ३१५ ॥

कैरातम् ॥ ७ ॥

अथेन्द्रनीलरुचिरः कुर्वाणः श्यामला दिशः ।
नदीनागवृतः श्रीमानाययौ यादसां पतिः ॥ ३१६ ॥
ततः काञ्चनसच्छायो धनदश्च सगुह्यकः ।
भिन्नाञ्जनगिरिप्रख्यो दण्डहस्तस्तथा यमः ॥ ३१७ ॥
सहस्राक्षस्तु भगवानैरावणगतः स्वयम् ।
सितच्छत्रांशुकैः कुर्वन्ककुभः सस्मिताननाः ॥ ३१८ ॥
ते पार्थमूचिरे भास्वद्विमानोद्भासिताम्बराः ।
गृहाणास्त्राणि नो वीर पुराणस्त्वं नरो मुनिः ॥ ३१९ ॥
सुरकार्यं महत्कार्यं त्वया समरमूर्धनि ।
इत्युक्त्वास्मै ददुः प्रीताः स्वायुधानि यथाविधि ॥ ३२० ॥
दण्डमस्त्रं यमाद्घोरं पाशं प्राप जलेश्वरात् ।
स्वापनं च तिरोधानं धनदाच्च धनंजयः ॥ ३२१ ॥
वत्स त्रिदिवमारुह्य मदस्त्राण्याप्स्यसीति तम् ।
ययौ शक्रोऽथ संभाष्य लोकपालसखो दिवम् ॥ ३२२ ॥

लोकपालास्त्रप्राप्तिः ॥ ८ ॥

ततो हयायुतयुतस्तेजःपिञ्जरिताम्बरः ।
अदृश्यतोरुनिर्ह्रादो मातलिप्रेरितो रथः ॥ ३२३ ॥

शनैः पार्थं समभ्येत्य प्रीतः प्रोवाच मातलिः ।
प्रेषितः सुरराजेन तवायं प्रेरितो रथः ॥ ३२४ ॥

निक्कणत्किङ्किणीजालरत्नध्वजविभूषितः ।
असिशक्तिगदापाशविद्युन्मेघोरगावृतः ॥ ३२५ ॥

दिवमेहीति तच्छ्रुत्वा पार्थः स्नातोऽर्चितामरः ।
कृतजप्यो गिरिवरं समामन्त्र्याहिताञ्जलिः ॥ ३२६ ॥

आरुरोह रथं श्रीमान्प्रणम्यालोलकुण्डलः ।
यं स्प्रष्टुमपि मान्धातृमनुमुख्या न लेभिरे ॥ ३२७ ॥

वल्गत्तरङ्गतुङ्गेन ध्वजपट्टाट्टहासिना ।
मनोरथजवेनाथ ययौ तेन रथेन सः ॥ ३२८ ॥

दिवः सुदूरमारुह्य यज्वनां पुण्यकर्मणाम् ।
यतीनां दानशीलानां शान्तानां सत्यवादिनाम् ॥ ३२९ ॥

अतिसूर्यप्रभाभाञ्जि विमानानि विलोकयन् ।
ऐरावणं चतुर्दन्तं ददर्श तुहिनप्रभम् ॥ ३३० ॥

यशः सर्वसुरेन्द्राणां तदाकारमिवाश्रितम् ।
कर्णतालानिलालोलगुञ्जद्भ्रमरविभ्रमम् ॥ ३३१ ॥

फुल्लसप्तच्छदामोदं कैलासमिव जङ्गमम् ।
व्योममार्गमतिक्रम्य स विवेशामरावतीम् ॥ ३३२ ॥

इन्द्रायुधशतानीव सृजन्ती रत्नतोरणैः ।
स प्रकाशामशीतोष्णामस्पृष्टां दुःखशीकरैः ॥ ३३३ ॥

बालानिलेन कलितां मन्दारमधुवाहिना ।
अनेककौतुकवतीं संचारिमणिमन्थराम् ॥ ३३४ ॥

मनोरथशताभ्यस्तामिव विश्वकृता कृताम् ।
आनन्दस्यन्दिभिर्दिव्यवनितावदनेन्दुभिः ॥ ३३५ ॥

अदोषविषदोद्योतैरपूर्वकृतचन्द्रिकाम् ।
विद्रुमस्कन्दरुचिरैर्हेमशाखाशतोज्ज्वलैः ।
मुक्ताकुसुमसच्छारैर्युतां रत्नफलैर्द्रुमैः ॥ ३३६ ॥
अम्लानमाल्यवसनैर्नयनानन्दबन्धुभिः ।
धिष्ण्यभ्राजिष्णुविभवैः सेवितां भासुरैः सुरैः ॥ ३३७ ॥
अवतीर्णो रथात्पार्थः प्रविश्य विपुलां सभाम् ।
पृथुरत्नासनासीनं ददर्श त्रिदशेश्वरम् ॥ ३३८ ॥
दिव्यकान्ताकराधूतवालव्यजनमारुतैः ।
ईषदंसतटन्यस्ततरङ्गितसितांशुकम् ॥ ३३९ ॥
विराजमानं रजनीराजमण्डलशालिना ।
छत्रेण मौलिरत्नांशुमाल्यदामोपशोभिना ॥ ३४० ॥
बिभ्राणमुरसा हारं तारानिकरविभ्रमम् ।
जाह्नवीनिर्झरोदारं हेमाचलमिवापरम् ॥ ३४१ ॥
शच्या निपातविचलैर्वाचालमिव कङ्कणैः ।
कान्तासहायैर्गन्धर्वैर्गीयमानपराक्रमम् ॥ ३४२ ॥
प्रनृत्तनाकरमणीशिञ्जानमणिभूषणैः ।
स्तूयमानमिवोदारैर्नामभिः स्र(सु)रवन्दिना ॥ ३४३ ॥
ववन्दे वन्द्यमानं तं किरीटी सिद्धचारणैः ।
रचयन्कुण्डलोद्द्योतैः कपोलपुलकश्रियम् ॥ ३४४ ॥
तं विलोक्य सहस्राक्षः सानन्दामन्दसुन्दरम् ।
निजासनार्धमादिश्य हर्षात्पस्पर्श पाणिना ॥ ३४५ ॥
तं पुण्यसौरभोदारं व्याजहार पुरंदरः ।
तन्मूर्ध्नीव जयोष्णीषं निर्दिशन्दशनांशुभिः ॥ ३४६ ॥
कुन्तीसुत परां कोटिं प्राप्तोऽसि विपुलैर्गुणैः ।
गृहाण मे शस्त्रमस्त्रं मेघाशनिशतैर्भृतम् ॥ ३४७ ॥
भीष्मद्रोणमुखा वीरा विना दिव्यास्त्रमण्डलम् ।

न शक्याः समरे जेतुं नरैः सामान्यसायकैः ॥ ३४८ ॥
सहायश्चित्रसेनोऽयं गीतवाद्यकलागुरुः ।
निर्दिष्टस्ते मयेत्युक्त्वा प्रादादस्त्रं सुरेश्वरः ॥ ३४९ ॥
ततः प्राप्तास्त्रनिचयो राजर्षीणां स्वयं व्यधात् ।
वन्दितस्त्रिजगद्वन्द्यैः स पुरंदरगौरवात् ॥ ३५० ॥
अप्सरोभिः परिवृतः समाः पञ्च जितेन्द्रियः ।
उवास वासवगृहे सव्यसाची सुरैः सह ॥ ३५१ ॥
ततः कदाचिदभ्येत्य लोमशस्तं महामुनिः ।
आस्थाने विस्मितोऽपश्यदासनार्धे शतक्रतोः ॥ ३५२ ॥
शक्रो विस्मितमालोक्य मुनिं स्मितमुखोऽब्रवीत् ।
सुदृष्टिषट्पदघटां क्षिपन्पार्थमुखाम्बुजे ॥ ३५३ ॥
मुने मुनिः पुराणोऽयं नारायणसखो नरः ।
जातस्त्रिदशकार्यार्थं भाजनं साधुसत्कृतेः ॥ ३५४ ॥
गत्वा युधिष्ठिरायैनमिहस्थं त्वं निवेदय ।
उत्कण्ठाकुलितो येन नासौ ताम्यति चिन्तया ॥ ३५५ ॥
इति जम्भारिवचसा तीर्थानि द्रष्टुमुत्सुकः ।
लोमशः काम्यकं प्रायात्सेवितः पाण्डुनन्दनैः ॥ ३५६ ॥

इन्द्रलोकगमनम् ॥ ९ ॥

अत्रान्तरे भगवता व्यासेन परिकीर्तिताम् ।
श्रुत्वार्जुनकथां राजा धृतराष्ट्रोऽन्वतप्यत ॥ ३५७ ॥
निःश्वस्य शोकविवशः स संजयमभाषत ।
पुत्राणां निश्चितं मृत्युं मन्यमानो धनंजयात् ॥ ३५८ ॥
अपि श्रुतं मया सूत पाराशर्यमुनेर्वचः ।
यदर्जुनेन संग्रामे तोषितस्त्रिपुरान्तकः ॥ ३५९ ॥
आखण्डलपुरं गत्वा प्राप्तं येनास्त्रमण्डलम् ।
तेजसा पूरिते तेन न जाने किं भविष्यति ॥ ३६० ॥

किमन्यत्कर्णमुख्यानां वल्लैर्गाण्डीवनिर्गतैः ।
पतितान्येव पश्यामि शिरांसि वसुधातले ॥ ३६१ ॥
इति ब्रुवाणं प्रोवाच संजयो जगतीपतिम् ।
एवमेतत्कुरुपते न नः शेषो भविष्यति ॥ ३६२ ॥
न शृण्वतां हितवचः पादोत्सारितसंपदाम् ।
निधनावधयो राजन्ननु तापपरम्पराः ॥ ३६३ ॥
को नु गाण्डीवधन्वानं युष्माकं वारयिष्यति ।
यस्य ज्यातलनिर्घोषा दिक्षु गायन्ति विक्रमम् ॥ ३६४ ॥
इत्यादि संजयेनोक्तं मर्शयन्नम्बिकासुतः ।
बभूवानुशयोद्विग्नः स्थले मत्स्य इवाहतः ॥ ३६५ ॥
अस्मिन्नवसरे पार्थे विरहाकुलितं वने ।
आयाद्युधिष्ठिरं द्रष्टुं बृहदश्वो महामुनिः ॥ ३६६ ॥
स पृष्ट्वानामयं तत्र प्रणतं सानुजं नृपम् ।
मौनी प्राप्तासनः क्षिप्रमभूत्सुप्त इवार्णवः ॥ ३६७ ॥
विश्रान्तं तं समालोक्य बभाषे धर्मनन्दनः ।
निःश्वासैः कथयन्दुःखमपश्यन्सव्यसाचिनाम् ॥ ३६८ ॥
भगवन्नपि राजास्ति भविष्यति बभूव वा ।
मत्समो भुवि दुःखानां विपदां च निकेतनम् ॥ ३६९ ॥
मद्वृत्तान्तमिदं सर्वं जानीषे दिव्यचक्षुषा ।
श्रुत्वेति पाण्डववचः सस्मितं मुनिरभ्यधात् ॥ ३७० ॥
स्वच्छन्ददिव्यविभवो विप्राणां कल्पपादपः ।
भ्रातृभिः सहितो राजन्सुरेन्द्रादपि राजसे ॥ ३७१ ॥
निषधेष्वभवद्राजा वीरसेनसुतो नलः ।
न लेभिरे यशस्तुल्यं यस्य मन्वादयो नृपाः ॥ ३७२ ॥
अनायासपरिष्वक्ता करेणास्पृशता दृढम् ।
मुक्ता वसुमती येन सुकुमारीव कामिनी ॥ ३७३ ॥

यं विचार्य सुराः सत्यं सौन्दर्यान्तरवेदिनः ।
पुष्पचापपदे कुर्युरनङ्गः स्यान्न चेत्स्मरः ॥ ३७४ ॥

तस्य काले विदर्भेषु भीमस्य वसुधापतेः ।
पुत्रार्थिनो मुनिवरात्फलितोऽभून्मनोरथः ॥ ३७५ ॥

दमोऽथ दमनो दान्तश्चेति तुल्यगुणोज्ज्वलाः ।
बभूवुस्तनयास्तस्य दमयन्ती च कन्यका ॥ ३७६ ॥

सा शुश्राव नलं बाला रूपयौवनविश्रुतम् ।
सोऽपि तामशृणोल्लीलावल्लरीं पुष्पधन्वनः ॥ ३७७ ॥

तयोः परस्परोदारगुणाकर्णनकौतुकात् ।
अभिलाषरसासिक्तो बभूवाङ्कुरितः स्मरः ॥ ३७८ ॥

कदाचिदथ जग्राह मृगयारसिको नलः ।
दिव्यभूमिसमायातं राजहंसं मनोहरम् ॥ ३७९ ॥

सोऽवदन्मानुषगिरा गृहीतस्तेन खेचरः ।
मुञ्च मां कीर्तयामि त्वां दमयन्त्याः पुरो नृप ॥ ३८० ॥

इति ब्रुवाणस्त्वरितस्तेन प्रायाद्विहङ्गमः ।
वेगगामी दिशः कुर्वन्मुक्ताहारझणज्झणाः ॥ ३८१ ॥

स विदर्भान्समभ्येत्य दमयन्त्यै न्यवेदयत् ।
नलस्य नयनानन्दस्यन्दिनीं रूपसंपदम् ॥ ३८२ ॥

ततस्तं राजशशिनं ध्यायन्ती सास्रुलोचना ।
कृशा शशाङ्कलेखेव बभूवापाण्डुरद्युतिः ॥ ३८३ ॥

तां चिन्ताक्षपितां श्रुत्वा धीमान्वैदर्भभूपतिः ।
स्वयंवरोद्यतो दूतैरानिनाय नरेश्वरान् ॥ ३८४ ॥

तेषां च व्रजतां शुभ्रच्छत्रैश्छन्ना महीभुजाम् ।
अभूत्संसर्पिशीतांशुसहस्रसुभगे बभुः ॥ ३८५ ॥

तेषु नानादिगन्तेषु पुञ्जीभूतेषु राजसु ।
पृथ्वीगजघटाबन्धैर्ययौ संघट्टतामिव ॥ ३८६ ॥

जलभाररसोल्लासलम्बमानाम्बुदोपमम् ।
वाजिव्रजखुरोद्धूतधूलिजालैरभून्नभः ॥ ३८७ ॥
अत्रान्तरे समालोक्य संगमं जगतीभुजाम् ।
नारदस्त्वरितं गत्वा सुरेन्द्राय न्यवेदयत् ॥ ३८८ ॥
सहस्राक्षोऽथ विज्ञाय दमयन्त्याः स्वयंवरम् ।
लोकपालैः सह व्योम्ना स प्रतस्थे तदाशया ॥ ३८९ ॥
व्रजन्तस्ते महेन्द्रेण वरुणाग्नियमा भुवि ।
विदर्भनगरं यान्तं ददृशुर्नैषधं नलम् ॥ ३९० ॥
विकर्षन्तं गजघटासेतुं सैन्यमहोदधिम् ।
प्रणताननुगृह्णन्तं सामन्तानवलोकनैः ॥ ३९१ ॥
केयूरनीलरत्नांशुभुजङ्गैः परिवारितम् ।
तेजोमुद्रितसौन्दर्यनिधानमिव जङ्गमम् ॥ ३९२ ॥
दधानं कम्बुसुभगे कण्ठे मौक्तिकपालिकाम् ।
मुखतारापतिप्रीत्या सक्तां तारावलीमिव ॥ ३९३ ॥
विलोलधवलोष्णीषगङ्गालिङ्गितशेखरम् ।
विडम्बितस्मरारातिमपूर्वमिव मन्मथम् ॥ ३९४ ॥
चामरेणानिलोच्छ्वासैर्निर्दिष्टपुलकं मुहुः ।
कर्णे कथयताभ्येत्य दमयन्तीगुणानिव ॥ ३९५ ॥
स्वर्गाङ्गना विलोक्यास्य रूपमायान्ति विप्लवम् ।
इति छत्रच्छलेनैत्यच्छाद्यमानमिवेन्दुना ॥ ३९६ ॥
राजचन्द्रं समालोक्य विस्मितास्ते सुरोत्तमाः ।
स्वभावनिःस्पन्ददृशो निःस्पन्दमतयोऽभवन् ॥ ३९७ ॥
प्राप्तेऽस्मिन्राजपुत्री सा ध्रुवं नान्यं वरिष्यति ।
ध्यात्वेति संश्रिता युक्तिं तमुपेत्यावदन्सुराः ॥ ३९८ ॥
राजन्भक्तस्त्वमस्मासु प्रीतिमन्तो वयं च ते ।
इन्द्रादयः सुरास्तस्मात्कार्यं नः कर्तुमर्हसि ॥ ३९९ ॥

तच्छ्रुत्वा तान्पुरो दृष्ट्वा प्रणतो विस्मितो नलः।
करोमीत्यभ्यधाद्धीरो याच्ञाभङ्गेष्वशिक्षितः॥ ४०० ॥
ते तमूचुरितो गत्वा ब्रूहि वैदर्भकन्यकाम्।
त्वदर्थं वयमायाता लोकपालाः सुलोचने॥ ४०१ ॥
अस्माकमेकं सुभगे भजेथास्त्वं स्वयंवरे।
इत्यमर्त्यवचः श्रुत्वा विषण्णो नैषधोऽब्रवीत्॥ ४०२ ॥
एकार्थाभिनिविष्टोऽहं कथमस्मिन्प्रयोजने।
प्रभवाम्यन्यथा सत्यं न वृथा मे प्रतिश्रुतम्॥ ४०३ ॥
प्रख्यातोऽन्तःपुरं राजा कञ्चुकिस्त्रीगणैर्वृतम्।
प्रविशामि कथं तावदुपायोऽत्र विचिन्त्यताम्॥ ४०४ ॥
ततः शक्रोऽवदत्स्वेच्छारूपो राजन्नतर्कितः।
भविष्यसीति तच्छ्रुत्वा विदर्भान्प्रययौ नृपः॥ ४०५ ॥
प्रविश्यालक्षितः सोऽथ कन्यकान्तःपुरं क्षणात्।
मध्ये दासीसहस्राणां तामपश्यन्मृगेक्षणाम्॥ ४०६ ॥
लावण्याभरणोदारां मिथ्यैवाहितभूषणाम्।
प्रदीपशबलालोकामिव पूर्णेन्दुचन्द्रिकाम्॥ ४०७ ॥
विलोललोचनापाङ्गतुरङ्गधवलत्विषा।
क्षालयन्तीमिव मुहुः कर्णोत्पलदलावलीम्॥ ४०८ ॥
कान्तां स्तनस्तबकिनीं सरागाधरपल्लवाम्।
सुधागर्भसमुद्भूतां पारिजातलतामिव॥ ४०९ ॥
तनुमध्यां पृथुश्रोणीं घनोद्भिन्नपयोधराम्।
निःशेषितशरस्येव शक्तिं कुसुमधन्वनः॥ ४१० ॥
विद्याधरा नयन्त्येनां कदाचिदिति शङ्कया।
मणिकुट्टिमसंक्रान्तां भुवेवान्तःप्रवेशिताम्॥ ४११ ॥
तां चन्द्रवदनां वीक्ष्य विस्मयाकुलितो नलः।
बभूवानन्दनिःस्यन्दो धृतेः क्षणमनीश्वरः॥ ४१२ ॥

दमयन्ती च तं दृष्ट्वा सखीजनवृता पुरः ।
हर्षाकुला नमश्चक्रे मनसा स्मरशङ्किनी ॥ ४१३ ॥
स्वयमागमने हेतुं तया पृष्टोऽवदन्नलः ।
नैषधोऽहं नरपतिर्दूतो नन्दनवासिनाम् ॥ ४१४ ॥
त्वां प्राह शक्रो वरुणो वह्निर्धर्माधिपस्तथा ।
वयं त्वदर्थमायाता रमस्वैकतसेन नः ॥ ४१५ ॥
इति श्रुत्वा स्मितमुखी लज्जानतविलोचना ।
उवाच राजतनया वेपमानतनुर्नृपम् ॥ ४१६ ॥
न त्वमर्हसि मे राजन्संकल्पं चिरसंभृतम् ।
वृथा कर्तुं प्रणयिषु प्रभवो नह्यनादराः ॥ ४१७ ॥
त्वदर्थमेव भूपाला मयैते संनिपातिताः ।
जीवितं तु जनस्यास्य त्वमेव न परो भुवि ॥ ४१८ ॥
इयं सौभाग्यहेला वा विडम्बनकथाथवा ।
अस्मद्भावपरीक्षा वा यदेवमपि भाषसे ॥ ४१९ ॥
इत्युक्त्वा तं शराकारैर्दृग्विभागैः स्मितानना ।
सासूयैश्च सलज्जैश्च सहर्षैश्च व्यलोकयत् ॥ ४२० ॥
तं तस्या निश्चलं ज्ञात्वा संकल्पं निषधाधिपः ।
प्रहर्षपुलकाकीर्णः प्रययौ त्रिदशान्प्रति ॥ ४२१ ॥
तेभ्यो निवेद्य तं तस्याः सत्यवादी जितेन्द्रियः ।
प्रययौ तदनुज्ञातः स्वयंवरसभाङ्गनम् ॥ ४२२ ॥
प्रविश्य भूमिपालानां भूषणाभासुरं सदः ।
मेरुं रविरिव श्रीमान्स भेजे काञ्चनासनम् ॥ ४२३ ॥
ते नृपा नलमालोक्य साकारमिव मन्मथम् ।
बभूवुर्भूपतिसुतालाभे श्लथमनोरथाः ॥ ४२४ ॥
पुण्यश्लोके नले तत्र राजमध्ये विराजति ।
वैजयन्तीव कामस्य दमयन्ती समाविशत् ॥ ४२५ ॥

सहसालोकनारम्भप्रसूतिनिखिलक्रियाम् ।
कुर्वती भूपतिसभां विलोचनमयीमिव ॥ ४२६ ॥

निजकान्तिविधानेन पीयूषविषदत्त्विषा ।
साम्राज्यविजयोष्णीषं ग्रथतीव मनोभुवः ॥ ४२७ ॥

तद्वीक्ष्य ललनारत्नं भूभुजामिव मानिनाम् ।
मनांसि लेभिरे क्षिप्रं दोलारोहणविभ्रमम् ॥ ४२८ ॥

सापि वीक्ष्य नृपान्वन्दिगीयमानपराक्रमान् ।
ददर्श सदृशाकारान्नलान्पञ्च सुलोचना ॥ ४२९ ॥

किमेतदिति निःस्पन्दा संदेहान्दोलिताशया ।
सुरमायाविलसितं मत्वा लेभे न निश्चयम् ॥ ४३० ॥

ततोऽब्रवीन्नमस्कृत्य प्रणता त्रिदिवालयान् ।
कपोलफलकस्रस्तकर्पूरशबलस्तनी ॥ ४३१ ॥

नलादन्यत्र संकल्पो न बध्नाति पदं मम ।
सत्येनानेन देवाः स्वां लभन्तां व्यञ्जनस्थितिम् ॥ ४३२ ॥

श्रुतं मया निर्निमेषाच्छायाविरहिताः सुराः ।
अपरिम्लानवसना भवन्त्वेते तथाविधाः ॥ ४३३ ॥

इत्युक्ते राजसुतया स्वलक्षणजुषः सुराः ।
तुष्टा दत्त्वा वरानष्टौ नलाय प्रययुर्दिवम् ॥ ४३४ ॥

स तेषां संनिधिं प्राप यत्र यत्रोपयोगिनम् ।
दिव्यान्नरसविज्ञानं स्रजं धर्मगतिं तथा ॥ ४३५ ॥

ततः कटाक्षशबलां मालामलिकुलाकुलाम् ।
नलाय राजतनया चिक्षेप विनता ह्रिया ॥ ४३६ ॥

पुण्यश्लोकं समालोक्य दमयन्त्या वृतं पुरः ।
विलक्षाः क्षणमैक्षन्त क्षितिं क्षितिभृतां वराः ॥ ४३७ ॥

ततो यथागतं याते वैदर्भो नृपमण्डले ।
स तां यथाविधि प्रादान्नलाय प्रमदाकुलः ॥ ४३८ ॥

मनोरथशताभ्यस्तां नैषधः प्राप्य सुन्दरीम् ।
वृतः सामन्तनिचयैः प्रहृष्टः स्वपुरीं ययौ ॥ ४३९ ॥
प्रवर्धितोत्सवस्तत्र तया बालमृगीदृशा ।
विजहार विलासाङ्को रतिमानिव मन्मथः ॥ ४४० ॥
अत्रान्तरे समायातो द्वापरानुगतः कलिः ।
ददर्श दिवि शक्राद्यान्विनिवृत्तान्स्वयंवरात् ॥ ४४१ ॥
उपगत्यार्थिनं प्राप्तं ज्ञात्वा शक्रस्तमब्रवीत् ।
नलो वृतस्तया राजा गच्छ वृत्तः स्वयंवरः ॥ ४४२ ॥
तदिन्द्रेण स्मितवता निशम्य कथितं कलिः ।
प्रतीकारोत्सुकः प्रायान्नैषधं कोपकम्पितः ॥ ४४३ ॥
उवास मलिनाचारश्चिरं लेभे न चान्तरम् ।
नलोऽथ सह वैदर्भ्या रममाणो मनोहरः ॥ ४४४ ॥
सिषेवे सुभगामोदास्तालचूतवनस्थलीः ।
सौधेषु कौमुदीकान्तकिरणोत्करहारिषु ॥ ४४५ ॥
नृत्यन्मुग्धमयूरेषु धारायन्त्रगृहेषु च ।
हंससंघट्टितोत्तुङ्गतरङ्गेषु सरःसु च ॥ ४४६ ॥
फुल्लाम्बुजरजःपुञ्जपिञ्जरोपान्तभूमिषु ।
राजरम्भानिकुञ्जेषु तमालगहनेषु च ॥ ४४७ ॥
तां सेवमानो नयनानन्दामृततरङ्गिणीम् ।
निनाय द्वादश समाः समुहूर्तावहेलया ॥ ४४८ ॥
कदाचिदपि संध्यायामधौतचरणाम्बुजम् ।
कलिरन्तरमासाद्य दुर्जनो नलमाविशत् ॥ ४४९ ॥
सशोकं पुष्करं नाम ततो गत्वा स्वयं कलिः ।
रहो जगाद द्यूतेन नैषधादाहर श्रियम् ॥ ४५० ॥
अहं सहायस्ते द्यूते वृषो भूत्वा पुरःस्थितः ।
द्वापराविष्कृतैरक्षैः पणं मामेव कल्पयेः ॥ ४५१ ॥

इत्युक्तः पुष्करो लुब्धः कलिना मानिनं नृपम्।
अनिवर्तिनमाहूय कैतवेनाजयद्धनम् ॥ ४५२ ॥
तं द्यूतरससंसक्तं त्यक्ताखिलनृपक्रियम्।
दमयन्ती सहामात्यैर्दुःखिता प्रत्यबोधयत् ॥ ४५३ ॥
सोऽपि तेषां न शुश्राव वचनं हितवादिनाम्।
आसन्नविपदां सत्यमुपदेशाः शिरोरुजः ॥ ४५४ ॥
देवि नस्तस्य कालेन शुष्यत्कोशस्य मन्त्रिणः।
पौराः प्रकृतयश्चान्याः शुशुचुर्दुःखविह्वलाः ॥ ४५५ ॥
ततः साश्रुमुखी देवी प्राहिणोन्नगरे पितुः।
इन्द्रसेनं सुतं बालमिन्द्रसेनां च कन्यकाम् ॥ ४५६ ॥
तौ दारकौ रथाग्र्येण वार्ष्णेयो नलसारथिः।
भीमाय राज्ञे निक्षिप्य प्रययौ भूमिपान्तिकम् ॥ ४५७ ॥
नलोऽथ हारिताशेषराज्यः संत्यक्तभूषणः।
निषिद्धवासो नगरे पुष्करेण विनिर्ययौ ॥ ४५८ ॥
दमयन्तीसखः सोऽथ निराहारो व्रजन्पथि।
ददर्श हेमरुचिरान्विहगान्वेगवाहिनः ॥ ४५९ ॥
ताञ्जिहीर्षुर्निजं वासः प्राहिणोद्बन्धकोविदः।
भोजनं विधिनादिष्टमेतदित्याप्तनिश्चयः ॥ ४६० ॥
ततस्तस्य खगावस्त्रं हृत्वा तमवदन्मिथः।
वयमक्षाः क्षितिपते वासस्ते न सहामहे ॥ ४६१ ॥
इत्युक्त्वा तेषु यातेषु विजने वल्लभां नलः।
उवाच दुःखविवशः सोच्छ्वासः कलयन्दिशः ॥ ४६२ ॥
प्रिये पश्य हृतं वासो ममाक्षैः क्षीणसंपदः।
विचिन्त्यापि न पश्यामि प्राणवृत्तिं पुनस्तव ॥ ४६३ ॥
इदं ते वदनाम्भोजं प्रम्लानाधरपल्लवम्।
शुष्कतोयाशयच्छायं करोति मम मानसम् ॥ ४६४ ॥

दिगन्तवर्त्मतां नाभिर्देशोऽयं जनवर्जितः ।
अयं विदर्भनगरे मार्गो विरलपादपः ।
कोसले सरलश्चायं रम्योऽयं दक्षिणापथे ॥ ४६५ ॥
इत्यादि दर्शयन्तं तं प्रदेशिन्या दिगन्तरम् ।
शङ्कितेव विशालाक्षी प्रोवाचोत्कम्पिताशया ॥ ४६६ ॥
नाथ मार्गोपदेशेन किमप्येतन्मनो मम ।
शङ्कितं न तव त्याज्यो जनोऽयं हृदयानुगः ॥ ४६७ ॥
नृणां हितोपदेशेषु प्रणयाश्वासनेषु च ।
भार्यैव परमं मित्रं संपत्सु च विपत्सु च ॥ ४६८ ॥
तदेहि देव गच्छावो विदर्भाधिपतेः पुरम् ।
धन्योऽसीति स संहृष्टस्तत्र त्वां पूजयिष्यति ॥ ४६९ ॥
इत्युद्बाष्पदृशः श्रुत्वा वचनं हरिणीदृशः ।
नलः प्रोवाच दयितां मा विशङ्कां वृथा कृथाः ॥ ४७० ॥
मित्रं सर्वास्ववस्थासु भार्या सुव्रतचारिणी ।
प्रिये जीवति सर्वस्वं जीवन्को नु विमुञ्चति ॥ ४७१ ॥
विदर्भास्तु न गच्छामि प्रभुर्भूत्वाद्य निर्धनः ।
अङ्गुल्या दर्शितः पौरैर्मानम्लानिकरैरिव ॥ ४७२ ॥
धिक्तं विनष्टविभवः कृपालोलितकन्धरैः ।
यः सोऽयमिति सोच्छ्वासैर्दूरान्निर्दिश्यते जनैः ॥ ४७३ ॥
इति ब्रुवाणौ शनकैः शोकार्तौ दम्पती मिथः ।
वाससैकेन संवीतौ प्रापतुर्निर्जनां भुवम् ॥ ४७४ ॥
तत्र प्रविश्य तन्वङ्गी श्रान्ता निद्रामवाप सा ।
नलस्तु चिन्तास्तिमितस्तथा वालोकयन्दिशः ॥ ४७५ ॥
सोऽचिन्तयदियं बाला विनङ्क्ष्यति मदाश्रया ।
आयासभाजनो नित्यं भाग्यहीनानुगो जनः ॥ ४७६ ॥
अवश्यं मत्परित्यक्ता बान्धवाननुयास्यति ।
इयं न सहते शोच्यां दशां मदनुयायिनीम् ॥ ४७७ ॥

इति निश्चित्य मनसा नलः कलिविमोहितः ।
क्षणं शुशोच दयिता वदनन्यस्तलोचनः ॥ ४७८ ॥
कलिना कृष्यमाणश्च तत्प्रेम्णा च मुहुर्मुहुः ।
दोलाविलोलहृदयो न स सस्मार धीरताम् ॥ ४७९ ॥
ततः शस्त्रेण वस्त्रार्धं छित्त्वा सपदि नैषधः ।
प्रययौ लघुसंचारं धृतिं त्यक्त्वा प्रियां च ताम् ॥ ४८० ॥
विनिवर्त्य पुनः कान्तां दुःखितस्तां विलोकयन् ।
शुशोच सास्रुनयनो निन्दन्नात्मानमात्मना ॥ ४८१ ॥
अहो नु मद्विहीनेयं प्रबुद्धा किं करिष्यति ।
वियोगवज्रपातेऽस्मिन्कथं धीरा भविष्यति ॥ ४८२ ॥
धिङ्मां निष्करुणं पापमियं कुवलयेक्षणा ।
यत्कृते प्राणसंदेहं मुहूर्तान्समवाप्स्यति ॥ ४८३ ॥
विचिन्त्येति ययौ दूरं स्नेहान्धः पुनराययौ ।
वातूलतूलतरलैः संकल्पैराकुलीकृतः ॥ ४८४ ॥
ततः कलिममाकृष्टे गते दूरतरं नले ।
प्रबुद्धा सहसा कान्तं नापश्यत्तं सुलोचना ॥ ४८५ ॥
क्षणं चक्राधिरूढेव श्वभ्रावपतितेव च ।
मकराकरमग्नेव सा विवेद न किंचनः ॥ ४८६ ॥
संज्ञामवाप्य शनकैः कथं प्रणयिनीं प्रियः ।
स मां त्यजेदिति क्षिप्रं निश्चयं न जगाम सा ॥ ४८७ ॥
क्षणमुत्कन्धरं दत्वा दिक्षु सास्रुलवा दृशः ।
आर्यपुत्र हहाहेति क्रोशन्ती न्यपतद्भुवि ॥ ४८८ ॥
अन्यदुक्त्वा क्षितिपते किमन्यत्कृतवानसि ।
मया विरहितोऽद्यैव कथमेकश्चरिष्यति ॥ ४८९ ॥
इत्युक्त्वोत्थाय संरम्भात्सा विचेतुं समुद्ययौ ।
प्राणनाथं कुचाभोगभ्रश्यदर्धांशुकाकुला ॥ ४९० ॥

साञ्जनास्रुसमाकीर्णसोत्कम्पकुचकुड्मला ।
लतेव सा बभौ लोलस्तबकालीनषट्पदा ॥ ४९१ ॥
तां जग्राह ततस्तत्र शोकोऽमूर्तिमिवाश्रितः ।
सहसाजगरो घोरः स्फूर्जत्कालाग्निदुःसहः ॥ ४९२ ॥
अस्मिन्नेवान्तरे कश्चिल्लुब्धकोऽभ्येत्य तां पुरः ।
विलोक्य व्यालवलितां तं जघान धनुर्धरः ॥ ४९३ ॥
निहत्याजगरं सोऽथ तामुत्कम्पघनस्तनीम् ।
भज मामिति कामार्तो जगाद गजगामिनीम् ॥ ४९४ ॥
सा दुःखिता तदाकर्ण्य मन्युसंतापमूर्छिता ।
तं दीप्तशापशिखिना निर्ददाह पतिव्रता ॥ ४९५ ॥
विलपन्ती ततो बाला नलं कमललोचनम् ।
स्वदुःखमिव विस्तीर्णं विवेश विषमं वनम् ॥ ४९६ ॥
पवनोच्छ्वसितां तत्र विलोलशिरसां मुहुः ।
तरूणामपि तां दृष्ट्वा शोकावेश इवाभवत् ॥ ४९७ ॥
हा नाथ क्व स्थितोऽसीति तस्या विक्रोशितेक्षणम् ।
चक्रन्दुरिव तद्दुःखात्प्रतिश्रुत्वा रवैर्दिशः ॥ ४९८ ॥
करुणं विलपन्तीं तां विलोक्य हरिणेक्षणम् ।
ददृशुर्निश्चलग्रीवा हरिणाः सास्रुलोचनाः ॥ ४९९ ॥
सा प्रपच्छ गजं सिंहं हरिणं पादपं गिरिम् ।
अपि दृष्टो नल इति प्रौढव्यसनमोहिता ॥ ५०० ॥
अयं प्रणयकोपः किं परीक्षास्य जनस्य वा ।
यदात्मानमवच्छाद्य नाथ मां नाभिभाषसे ॥ ५०१ ॥
इत्युक्त्वा तरुकुञ्जेषु वनेषु च गुहासु च ।
सरितां कूलकच्छेषु बभ्राम प्रियमीक्षितुम् ॥ ५०२ ॥
ततस्तपोवनं पुण्यमवाप विषदप्रभम् ।
ददर्श तेजोदुर्लक्ष्यान्भृग्वत्रिप्रमुखान्मुनीन् ॥ ५०३ ॥

अवाप्स्यसि पतिं पुत्रि न चिराद्धतकिल्बिषम् ।
इति तां क्षिप्रमाश्वास्य मुनयस्ते तिरोहिताः ॥ ९०४ ॥
अन्तर्हिते मुनिगणे विस्मिता सा नृपात्मजा ।
अरण्यं विरलच्छायं विवेश व्यसनाकुला ॥ ९०५ ॥
व्रजन्तं चेदिविषयं तत्र सार्थमवाप सा ।
अपि दृष्टो नरपतिर्नल इत्यवदत्पृथक् ॥ ९०६ ॥
अथाकलितवृत्तान्तैरुन्मत्तेव प्रलापिनी ।
आश्वासिता सार्थवृद्धैः सह गन्तुं समुद्ययौ ॥ ९०७ ॥
वनान्तरे समासाद्य स सार्थः सलिलाशयम् ।
क्षीणेऽह्नि विपुले तीरे न्यषीदन्मुक्तवाहनः ॥ ९०८ ॥
ततः सुप्तेषु सर्वेषु मेघसंघातसंनिभः ।
गजयूथः समभ्यायात्तं देशं जलवाञ्छया ॥ ९०९ ॥
तैः क्षणं दृश्यमानेषु तेषु तीर्थनिवासिषु ।
तदभूद्विपुलाक्रन्दः सर्वप्राणिभयंकरः ॥ ९१० ॥
अल्पावशेषं कृत्वा तं सार्थं यातेषु दन्तिषु ।
प्रातर्विधिवशान्मुक्ता विमला यन्नृपात्मजा ॥ ९११ ॥
मुहुर्वियोगसंतप्ता तदालोक्य मुमोह सा ।
विपत्स्वेव हि वर्तन्ते विपदो विधिशासनात् ॥ ९१२ ॥
सा चेदिविषयं प्राप्य हतशेषैः सह द्विजैः ।
जनन्या चेदिराजस्य न्यवसत्पूजिता सती ॥ ९१३ ॥
सैरन्ध्रीव स्थिता तत्र नावज्ञाता बभूव सा ।
नहि लाघवमाप्नोति प्रच्छन्नोऽपि महाजनः ॥ ९१४ ॥
राजमात्रा कृताश्वासा दयितं द्रक्ष्यसीति सा ।
निनाय तत्र विरहध्यानदीर्घीकृता निशाः ॥ ९१५ ॥
नलो विच्छिन्नवस्त्रार्धो व्रजन्कलिविमोहितः ।
पुरो ददर्श दावाग्निं दुःखाग्नेरिव सोदरम् ॥ ९१६ ॥

त्रायस्व नैषधेत्याराततः श्रुत्वा महारवम् ।
नागं गजकराकारं दह्यमानं व्यलोकयत् ॥ ९१७ ॥
तमभ्यधात्स नागेन्द्रो ज्वालावलयिताकृतिः ।
स्कन्धे गृहीत्वा मां राजन्संतारय महानलात् ॥ ९१८ ॥
भारपीडां करिष्यामि न ते भूत्वाण्डविग्रहः ।
श्रेयसेऽहं तवासक्तः पदानि गणयन्व्रज ॥ ९१९ ॥
कार्कोटकः फणीन्द्रोऽहमिति श्रुत्वैव नैषधः ।
स्कन्धे तमुद्धृतं धृत्वा पदानि गणयन्ययौ ॥ ९२० ॥
दशमेऽथ दशेत्युक्ते पदे तमदशत्फणी ।
दष्टमात्रे नलस्तेन खर्वोऽभूद्विकृताकृतिः ॥ ९२१ ॥
तमब्रवीत्पुनर्नागो वैरूप्यान्मा शुचं कृथाः ।
कंचित्कालं तव विभो रक्षैषा विहिता मया ॥ ९२२ ॥
शत्रुर्देहं प्रविष्टस्ते दुःखे येनासि पातितः ।
स मद्विषानलाक्रान्तो न स्थास्यति सुखं खलः ॥ ९२३ ॥
ऋतुपर्णमितो गत्वा नृपमिक्ष्वाकुवंशजम् ।
सारथ्येन निषेवस्व बाहुकेति कृताभिधः ॥ ९२४ ॥
तुरङ्गहृदयज्ञस्य स तेऽक्षहृदयं नृपः ।
विद्याविनिमयात्प्रीतः सुहृद्भूत्वा प्रदास्यति ॥ ९२५ ॥
प्राप्ताक्षहृदयो रूपं वाससार्धेन संवृतः ।
प्राप्स्यसीति स संभाष्य दत्वा वस्त्रं तिरोदधे ॥ ९२६ ॥
ऋतुपर्णं ततो गत्वा नलो दुःखानलाकुलः ।
उवास पूजितस्तेन सूदसारथ्यकर्मणा ॥ ९२७ ॥
सूदावनुचरौ सोऽथ निर्दिष्टौ तेन भूभुजा ।
वार्ष्णेयजीवलाभिख्यौ प्राप विस्रम्भभाजनम् ॥ ९२८ ॥
स निःश्वस्य सदा दीर्घं ध्याननिश्चललोचनः ।
संरुद्धकण्ठो बाष्पेण व्याकुलाक्षरमभ्यधात् ॥ ९२९ ॥

अहो नु पुण्यहीनेन हरिणी हारिलोचना ।
लक्ष्मीरिवाविनीतेन हारिता सा दुरात्मना ॥ ९३० ॥
इत्यादि विलपन्तं तं वार्ष्णेयो जीवलानुगः ।
किमेतदिति पप्रच्छ स च पृष्टोऽभ्यभाषत ॥ ९३१ ॥
केनापि दैवदग्धेन मुग्धा कापि वराङ्गना ।
एकैव विपिने त्यक्ता तस्यैव परिदेवितम् ॥ ९३२ ॥
इत्युक्त्वा विरहक्षामो निनाय विपुलाः क्षपाः ।
सोच्छ्वासं कलिता दीपैः प्रेङ्खोल्लितशिखैर्मुहुः ॥ ९३३ ॥
अत्रान्तरे नलं श्रुत्वा पुष्करेण विवासितम् ।
विदर्भराजः पुत्रीं च द्विजानन्वेष्टुमादिशत् ॥ ९३४ ॥
सुदेवो नाम विप्रोऽथ महीं भ्रान्त्वा सकाननाम् ।
चेदिराजगृहेऽपश्यद्दमयन्तीं पतिव्रताम् ॥ ९३५ ॥
विस्तीर्णविरहोच्छ्वासधूसराधरपल्लवाम् ।
निदाघपवनस्पृष्टां पेशलामिव वल्लरीम् ॥ ९३६ ॥
कपोलफलकालक्ष्यपाणिं स्वापारुणच्छविम् ।
संध्याभ्रलवसंपृक्तां बालां शशिकलामिव ॥ ९३७ ॥
प्रोषितव्रतसंपन्नां स तत्राबद्धवेणिकाम् ।
वियोगाग्निसमुद्भूतधूममालाङ्कितामिव ॥ ९३८ ॥
ब्राह्मणस्तां परिज्ञाय ललाटे तिललक्षणाम् ।
राजमात्राभ्यनुज्ञातां विदर्भाननयत्कृती ॥ ९३९ ॥
तथाभूतां सुतां प्राप्तां दृष्ट्वा भीमो नरेश्वरः ।
हाहेति विलपन्सास्रु मुमोह महिषीसखः ॥ ९४० ॥
लब्धसंज्ञः समाश्वास्य दमयन्तीं धियां निधिः ।
प्राहिणोत्तद्गिरा विप्रान्विचेतुं दिक्षु नैषधम् ॥ ९४१ ॥
द्विजानां व्रजतां तेषां संदेशं सा ददौ सती ।
इदं देशेषु सर्वेषु भवद्भिर्गीयतामिति ॥ ९४२ ॥

दाक्षिण्येन सहैतद्वासश्छित्त्वा प्रियां सुप्तामुत्सृज्य ।
सुप्तामेकां विपिने जीवितनाथ क्व यातोऽसि ॥ ५४३ ॥

इति भीमसुतादिष्टं गायन्तस्ते द्विजोत्तमाः ।
बभ्रमुः पृथिवीं सर्वां प्रतिवाक्यार्थिनोऽनिशम् ॥ ५४४ ॥

ततः कदाचिदभ्येत्य ब्राह्मणस्तामभाषत ।
पर्णादो नाम निखिलां महीं भ्रान्त्वा मनोजवः ॥ ५४५ ॥

देवि नासादितः कश्चित्तां त्वद्गाथां निशम्य यः ।
ददौ प्रतिवचोऽस्माकं नलसंदेशनार्थिनाम् ॥ ५४६ ॥

एक एव त्वयोध्यायामृतुपर्णस्य भूपतेः ।
सारथिर्बाहुको नाम विरूपो ह्रस्वबाहुकः ॥ ५४७ ॥

दिव्यान्नरसविज्ञाने हयज्ञाने च कोविदः ।
गाथां श्रुत्वा विनिःश्वस्य मामूचे सास्रुलोचनः ॥ ५४८ ॥

अवश्यं भाविदुःखस्य सहसाहारितात्मनः ।
प्रिया प्रणयिनी तस्य न नाम क्रोद्धुमर्हति ॥ ५४९ ॥

विधिना विप्रलब्धानां व्यसनेषु विमुह्यताम् ।
अविलुप्तात्मसद्भावा न कुप्यन्ति पतिव्रताः ॥ ५५० ॥

उक्त्वेति दीर्घं निःश्वस्य लज्जामुकुलितेक्षणः ।
स सूतो दुःखविवशश्चरणेनालिखन्महीम् ॥ ५५१ ॥

द्विजेन कथितं श्रुत्वा संदेहान्दोलिताशया ।
मुहूर्तं दुःखविवशा दमयन्ती व्यचिन्तयत् ॥ ५५२ ॥

मात्रा संमन्त्र्य सा स्वैरं मिथ्यादिष्टस्वयंवरा ।
अयोध्यां प्राहिणोद्दूतमृतुपर्णाय भूभुजे ॥ ५५३ ॥

एकेनाह्ना समायासि यदि त्वं शतयोजनीम् ।
तन्मामवाप्स्यसीत्येवं तस्मै संदेशमभ्यधात् ॥ ५५४ ॥

पृथिव्यां न नलादन्यो रथी दूराध्वलङ्घने ।
इति निश्चित्य सा चक्रे तमुपायं तदाशया ॥ ५५५ ॥

अयोध्यां प्राप्य ते दूता नृपमूचुः सकौतुकम् ।
भविता न चिराद्राजन्दमयन्त्याः स्वयंवरः ॥ ९९६ ॥
अह्ना सुदूरमुल्लङ्घ्य मार्गं तां त्वमवाप्स्यसि ।
तच्छ्रुत्वा सादरं राजा तूर्णं बाहुकमब्रवीत् ॥ ९९७ ॥
दमयन्त्याः पुनः सूत भविता श्वः स्वयंवरः ।
अपि शक्नोषि मां नेतुमेकाहेनैव तां पुरीम् ॥ ९९८ ॥
ममागम्यं हि तद्वर्त्म प्रमाणमधुना भवान् ।
बाहुकोऽपि तदाकर्ण्य वज्रेणेव समाहतः ॥ ९९९ ॥
अचिन्तयदहो तस्याः परिवृत्तं सतीव्रतम् ।
अहो नु देहिनां मध्ये चेतांसि चरितानि च ॥ ९६० ॥
शरीराणीव पुष्यन्ति काले काले विपर्ययम् ।
विहितोऽयमुपायो वा तया मद्दर्शनाशया ॥ ९६१ ॥
ध्यात्वा तदानीं नृपतिं शक्नोमीत्यश्वतत्त्ववित् ।
अमांसलानथ हयांस्तनुतीक्ष्णायताननान् ॥ ९६२ ॥
सत्त्वोचितान्खुरखुरान्योजयित्वा रथे क्षणात् ।
नृपं विस्मितमारोप्य बाहुकः समचोदयत् ॥ ९६३ ॥
सूर्याश्वानुदयारूढः संजातोरुरिवारुणः ।
ते प्रौढाः प्रेषितास्तेन समुत्पेतुस्तुरङ्गमाः ॥ ९६४ ॥
दिनेशवाजिविद्वेषादिवाभ्यधिकगामिनः ।
जवेन व्रजतां तेषां वेगदीर्घीकृतत्विषा ॥ ९६९ ॥
स्वच्छकेतुदुगूलेन सीमन्तितमभून्नभः ।
ततो राज्ञः परिभ्रष्टमुत्तरीयं जिघृक्षतः ॥ ९६६ ॥
व्युत्क्रान्तयोजनस्याशु नाभूत्तद्दृष्टिगोचरे ।
तदाश्चर्यं समालोक्य नृपो विपुलकौतुकः ॥ ९६७ ॥
अचिन्तयदहो कोऽपि प्रच्छन्नोऽयं सुरोत्तमः ।
अरुणः शालिहोत्रो वा मातलिर्वा नलोऽथवा ॥ ९६८ ॥

इति संचिन्त्य सुचिरं राजा बाहुकमब्रवीत् ।
अमानुषीयं विद्या ते कस्य न स्मयकारिणी ॥ ५६९ ॥
पश्याक्षहृदयज्ञस्य ममापि प्रतिभां पराम् ।
दृशैव संख्यां जानामि पत्रपुष्पफले तरोः ॥ ५७० ॥
इत्युक्त्वाग्रे स्थिते दूराद्गणयित्वा विभीतके ।
अदर्शयद्बाहुकस्य यथोक्तं पत्रसंचयम् ॥ ५७१ ॥
ततोऽक्षहृदयं प्राप बाहुको हयविद्यया ।
ऋतुपर्णान्नरपतेः सख्यमाभाष्य शाश्वतम् ॥ ५७२ ॥
प्राप्ताक्षहृदयस्याशु बाहुकस्याथ विग्रहात् ।
कार्कोटकविषज्वालामूर्छितो निर्ययौ कलिः ॥ ५७३ ॥
प्रत्यक्षविग्रहं दृष्ट्वा तं कोपाकुलितो नलः ।
शप्तुमैच्छत्स संरम्भः स्थगितस्यन्दनः क्षपाम् ॥ ५७४ ॥
तमुवाच कलिर्भीतः कम्पमानः कृताञ्जलिः ।
दमयन्त्यैव शप्तोऽहं शापं संहर भूपते ॥ ५७५ ॥
तच्छापविवशो नित्यं स दुःखमवसं त्वयि ।
दह्यमानोऽतितीव्रेण कार्कोटकविषाग्निना ॥ ५७६ ॥
अद्यप्रभृति लोकेऽस्मिन्भवत्कीर्तिकथाविदाम् ।
नाशुभं मत्कृतं किंचित्पुण्यश्लोको भविष्यति ॥ ५७७ ॥
देव मामा कृथाः कोपं तासातमिति वादिनम् ।
नाशपन्नैषधो वैरं नहि नामाधमे सताम् ॥ ५७८ ॥
ततो विभीतकं भीतो विवेशाकुलितः कलिः ।
अमङ्गलप्रदो येन सोऽभवत्पादपः सदा ॥ ५७९ ॥
बाहुकः कलिमुक्तोऽथ प्रसन्नहृदयः क्षणात् ।
ऋतुपर्णस्य वचसा पुनरश्वानचोदयत् ॥ ५८० ॥
ततो विदर्भे संप्राप्ते सहसैव नरेश्वरे ।
आकर्ण्य रथनिर्घोषं भीमो नलमशङ्कत ॥ ५८१ ॥

अभ्यागतधिया सोऽथ पूजितो भीमभूभुजा ।
ऋतुपर्णो ह्रिया नोचे तां स्वयंवरसंकथाम् ॥ ९८२ ॥
आदिश्य केशिनीं नाम दूतीं तत्सूतमीक्षितुम् ।
दमयन्ती ततः सौधमारुरोह दिदृक्षया ॥ ९८३ ॥
आकारेङ्गितचेष्टाभिः समालोक्याथ केशिनी ।
बाहुकं बहुशो गत्वा दर्शयन्ती समाययौ ॥ ९८४ ॥
तामब्रवीद्देवि मया बाहुको लक्षितोऽसकृत् ।
किमन्यन्नल एवैष रूपे किंत्वस्ति संशयः ॥ ९८५ ॥
सलिलानलपुष्पाणामिच्छामात्रेण संनिधिः ।
दृष्टा मयास्य विवरे संकटे चाहता गतिः ॥ ९८६ ॥
त्वत्कथावादिनीं मां च बाष्पपूर्णेक्षणः क्षणम् ।
ब्रुवन्प्रणयवाक्यानि पृच्छत्येव पुनः पुनः ॥ ९८७ ॥
इन्द्रसेनां च तनयामिन्द्रसेनं च दारकम् ।
दीर्घमुष्णं च निःश्वस्य परिष्वक्तुमिवोद्यतः ॥ ९८८ ॥
वचः श्रुत्वाथ केशिन्या दमयन्ती ससंशया ।
पित्रोरनुज्ञां संप्राप्य बाहुकं प्रययौ स्वयम् ॥ ९८९ ॥
तमेत्य विरहापाण्डुकपोलपतितालका ।
एकवेणीकृता तन्वी बाष्पाकुलमभाषत ॥ ९९० ॥
अपि दृष्टस्त्वया कश्चित्प्रियः प्रणयिनीं प्रियाम् ।
अनागसं वने त्यक्त्वा गतः सुप्तां विधाय सः ॥ ९९१ ॥
तच्छ्रुत्वा सास्रुनयनो दमयन्तीमुवाच सः ।
दुर्जनस्तादृशः कोऽन्यो मामृते कलिमोहितम् ॥ ९९२ ॥
कलिना तत्कृतं सर्वं स च त्वच्छापशोषितः ।
प्रणष्टो मे धृतिजुषः पश्यैतत्सहजं वपुः ॥ ९९३ ॥
इत्युक्त्वा नववस्त्रेण सहसावृत्य विग्रहम् ।
नलः स्वरूपमासाद्य विबभौ कमलेक्षणः ॥ ९९४ ॥

ततो नवमिवालोक्य जगज्जातमिवाखिलम् ।
मिथो ननन्दतुस्तत्र तौ परिष्वज्य दम्पती ॥ ५९५ ॥
दमयन्ती न मे प्राणाः प्रयाता इति लज्जिता ।
तामानतमुखीं दृष्ट्वा शान्तयित्वाथ नैषधः ॥ ५९६ ॥
पूज्यं सतीव्रतं देव्या दमयन्त्या जगत्त्रये ।
शुश्रावेत्युदितं व्योम्नो वायुना लोकसाक्षिणा ॥ ५९७ ॥
प्रसाद्य नैषधं याते प्रणयानतशेखरे ।
ऋतुपर्णे विदर्भाणां बभूव प्रमदोत्सवः ॥ ५९८ ॥
भीमेन पूजितो राज्ञा सहसालिङ्गितः श्रिया ।
कान्तासखः स्वनगरं गत्वा गजघटासखः ॥ ५९९ ॥
द्यूते पणीकृतप्राणो जित्वा पुष्करमक्षवित् ।
विराजमानचरितः स्वं राज्यं प्राप्तवान्नलः ॥ ६०० ॥
जितं विभ्रष्टविभवं संविभज्य कृपानिधिः ।
पुष्करं निहताराति: स यज्वा क्ष्मामपालयत् ॥ ६०१ ॥
इत्युन्नतात्मनामेव जायन्ते दैवविप्रियाः ।
का नाम गणनान्येषां विपदो येषु संपदः ॥ ६०२ ॥
अनुत्सिक्ताश्च संपत्सु धैर्यसारा विपत्सु च ।
अविमूढाश्च कार्येषु नावसीदन्ति साधवः ॥ ६०३ ॥
तद्गृहाणाक्षहृदयं मत्तस्त्वमपि पार्थिव ।
इत्युक्त्वा तत्प्रदायासौ तीर्थार्थी प्रययौ मुनिः ॥ ६०४ ॥

नलोपाख्यानम् ॥ १० ॥

बृहदश्वे प्रतिगते स्मरन्तः सव्यसाचिनम् ।
पाण्डवाः पाण्डुराचारं लेभिरे न वने धृतिम् ॥ ६०५ ॥
अत्रान्तरे समभ्येत्य नारदो भगवान्स्वयम् ।
प्राप्तपूजासनस्तेभ्यः पाण्डुपुत्रानसान्त्वयत् ॥ ६०६ ॥
पृष्टोऽथ सर्वतीर्थानां फलं धर्मसुतेन सः ।
उवाच यत्पुलस्त्येन भीष्माय कथितं पुरा ॥ ६०७ ॥

परोपकारिणः शान्ताः सत्यव्रतपरायणाः ।
सत्त्वशुद्धा भवन्त्येव तीर्थेषु फलभागिनः ॥ ६०८ ॥
अस्पृष्टतीर्थसलिलैरुदारैरकृतव्रतैः ।
न हि पुण्यपणप्राप्याः प्राप्यन्ते पुरुषैः श्रियः ॥ ६०९ ॥
द्रविणाडम्बरावाप्या ज्ञात्वा पापमयान्क्रतून् ।
सर्वयज्ञफलं तीर्थं धीमान्को वा न सेवते ॥ ६१० ॥
इष्टं भगवता साक्षात्तीर्थं पुष्करजन्मना ।
ध्वंसं यास्यन्ति पापानि स्मरतामपि पुष्करम् ॥ ६११ ॥
यत्फलं भूमिदेवानां जुह्वतां यजतामपि ।
तदेव वसतामेकां कार्तिकीं पुष्करे नृणाम् ॥ ६१२ ॥
जम्बुमार्गे समासाद्य तथा तण्डुलिकाश्रमम् ।
आगस्त्यं च सरः पुण्यं याजिनां लभते नरः ॥ ६१३ ॥
कण्वाश्रमं श्रियो धाम धर्मारण्यं च संयतः ।
ययातिपतनक्षेत्रं महाकालाभिधं तथा ॥ ६१४ ॥
कोटितीर्थं यथार्थं च शैवं भद्रवटं सरः ।
नर्मदां दक्षिणं सिन्धुं तथा चर्मण्वतीं नदीम् ॥ ६१५ ॥
सूनुं हिमवतः शैलमर्वुधं[1] बहुनिर्झरम् ।
वसिष्ठस्याश्रमं पुण्यं कपिला[2]तीर्थमुत्तमम् ॥ ६१६ ॥
धाम वह्नेः प्रभासं च स[3]रस्वत्यब्धिसंगमम् ।
वरदानं वरो यत्र दत्तो दुर्वाससा ह[4]ते ॥ ६१७ ॥
तीर्थं पिण्डारकाख्यं तु शिला यत्र प्रदृश्यते ।
पुण्यं द्वारवतीमध्ये शङ्खपद्मकलाञ्छिताः ॥ ६१८ ॥
द्रि(द)मितीर्थं वसोर्धारां वसुतीर्थं च सैन्धवम् ।
ब्र[5]ह्मतुङ्गं सकौमारं रेणुकं च सरोवरम् ॥ ६१९ ॥

---

१. 'मर्बुदं' भारते. २. 'पिङ्गतीर्थं' भारते. ३. 'सरःस्कन्धे' क-ख. ४. 'च्युते' इति भवेत्. ५. 'भद्र' भारते.

पुण्यं पञ्चनदं नाम तीर्थं भीमाश्रमं तथा।
श्रीकुण्डं च श्रियो धाम तीर्थं च विमलाभिधम्॥ ६२०॥
सौवर्णराजता यत्र दृश्यन्ते मत्स्यजातयः।
म(व)डवामथ संप्राप्य दत्त्वा सप्तऋचे[1] चरुम्॥ ६२१॥
वस्त्रापदे हरं नत्वा मणिमन्तमवाप्य च।
उमापतेः पदं पुण्यं देविकां विप्रमातरम्॥ ६२२॥
कामाख्यं रुद्रतीर्थं च यजनं याजनं तथा।
दीर्घसत्रं विनशनं चमसं च शिवोद्भवम्॥ ६२३॥
स्कन्दकोटीं रुद्रकोटीं मुनिकाटीं च मोक्षदाम्।
कुरुक्षेत्रे द्वारपालं ग(न)त्वा यक्षं च शक्तकम्॥ ६२४॥
पुण्यं च वैष्णवं स्थानं तीर्थं पारिप्लवं तथा।
जगद्वन्द्यं पृथिव्याश्च तीर्थं शाल्किनीं नदीम्॥ ६२५॥
दशाश्वमेधं भौजङ्गं वाराहं चाश्विनं तथा।
जयन्त्यां सोमतीर्थं च पुण्डरीकं च सारसम्॥ ६२६॥
सार्धं मुञ्जवटं नाम पञ्च रामह्रदांस्तथा।
यत्र स्नाता न जायन्ते तत्तीर्थं वंशमूलकम्॥ ६२७॥
कायसंशोधनं तीर्थं शो(लो)कोद्धारं च विश्रुतम्।
श्रीतीर्थं सूर्यतीर्थं च पुण्यं गोभवनं तथा॥ ६२८॥
देव्यास्तीर्थं शङ्खिनीं च ब्रह्मावर्तं च पैतृकम्।
मातृतीर्थं मानुषं च केदारं सरकं तथा॥ ६२९॥
इलास्पदं च किंदानं किंजप्यं कलशीं ततः।
नदीं वैतरणीं नाम पुण्यं च फलकीवनम्॥ ६३०॥
मिश्रकं सर्वतीर्थौघैः पुरा व्यासेन मिश्रितम्।
व्यासारण्यं दृषद्वत्याः कौशिक्याश्च समागमम्॥ ६३१॥
व्यासस्थलीं पुरा यत्र पुत्रशोकाकुलः सुरैः।
आश्वासितः कृष्णमुनिर्देहत्यागाच्च वारितः॥ ६३२॥

---

१. 'सप्तार्चिषे' भारते.

मृगधूमं विष्णुपदं वामनं सकुलंपुनम् ।
पावनं पावनं तीर्थं कुञ्जं सारस्वतं तथा ॥ ६३३ ॥
कन्यातीर्थं ब्रह्मतीर्थं ब्राह्मण्यं येन लभ्यते ।
सप्तसारस्वतं तीर्थं यत्र मंकणको मुनिः ॥ ६३४ ॥
ननर्त गात्रादालोक्य निजाच्छाकरसं स्रुतम् ।
तस्मिन्प्रनृत्ते त्रैलोक्ये प्रतिनृत्ते कुलेश्वरे ॥ ६३५ ॥
अदर्शयच्छिवोऽङ्गुष्ठाद्भूतं भस्म हितप्रभम् ।
ततः स निर्ममः स्तुत्वा वरदं शशिशेखरम् ॥ ६३६ ॥
सदा संनिहितं चक्रे तस्मिन्पुण्ये निजाश्रमे ।
शौक्रं सरः स्वयं यत्र सगणो रमते गुहः ॥ ६३७ ॥
कपालमोचनं तीर्थमग्नितीर्थं सकौशिकम् ।
पृथूदकं पृथुफलं मृतो यत्र न जायते ॥ ६३८ ॥
सरस्वत्यरुणासङ्गं तीर्थं वारुणमौजसम् ।
अभिषिक्तः सुरैर्यत्र सेनानीस्तारकान्तकः ॥ ६३९ ॥
स्वर्गद्वारं स्वस्तिपुरं कूपं गङ्गाह्रदाभिधम् ।
कोटितीर्थं सन्निहितं तीर्थानां यत्र सर्वदा ॥ ६४० ॥
बदरीपाचनं तीर्थं पुण्यं संनिहतीमपि ।
सर्वतीर्थागमो यत्र विशीर्णो राहुणा नेवः(?) ॥ ६४१ ॥
नैमिषं धर्मतीर्थं च धर्मो यत्राकरोत्तपः ।
तीर्थं चकार पचनं सौगन्धिकवनं ततः ॥ ६४२ ॥
प्लक्षप्रस्रवणं जाता यत्र प्लक्षात्सरस्वती ।
त्रिशूलखातं रुद्रस्य प्रियां शाकंभरीं तथा ॥ ६४३ ॥
वारां महागिरिं गत्वा गङ्गाद्वारं च विश्रुतम् ।
सप्तगङ्गं त्रिगङ्गं च चक्रावर्तं महाफलम् ॥ ६४४ ॥
ध्यातं कनखलं तीर्थं पुण्यं च कपिलावटम् ।
गङ्गायाश्च समङ्गायाः सरस्वत्याश्च संगमम् ॥ ६४५ ॥

---

१. 'राहुग्रस्ते दिवाकरे' इति भारतम्. २. 'गङ्गायमुनयोः' भारतम्.

कुब्जास्यं यमुनासूनुं मुनिकुल्यां भृगोः शिरः ।
विद्यातीर्थं वैतसिकं सुन्दरीं ब्राह्मणीं नदीम् ॥ ६४६ ॥
गङ्गोद्भवं त्रिनयनं प्रियां वाराणसीं पुरीम् ।
निर्दग्धमूला संसारवल्ली यत्र न जायते ॥ ६४७ ॥
तां चाक्षय्यवटोपेतां पितृसंतारिणीं गयाम् ।
धर्मारण्यं धैनवं च दृश्यते यत्र पर्वतः ॥ ६४८ ॥
कपिलायाः सवत्सायाः खुरमुद्राभिरङ्कितः ।
शार्वं गृध्रवटं तीर्थं भस्म यत्राभिजायते ॥ ६४९ ॥
मणिनागं विषहरं गौतमस्य वनं ततः ।
पुण्यं ह्रदमहल्यायाः कूपं जनकभूपतेः ॥ ६५० ॥
गण्डकीं किंपरां वीरां विशल्यां च तरङ्गिणीम् ।
सालिग्रामं ततः प्राप्य निलयं कैटभद्विषः ॥ ६५१ ॥
मुद्रा यत्र प्रजायन्ते वैष्णवो भयलाञ्छनाः ।
वटेश्वरं हरिं तत्र देवं नत्वा च वामनम् ॥ ६५२ ॥
ज्येष्ठिलं च निगूढं च देवकूटं च सिद्धिदम् ।
वीराश्रमं च कौमारं वह्निधारं विधेः सरः ॥ ६५३ ॥
कुमारधारं गौर्याश्च शिखरं नन्दिनीं नदीम् ।
अरुणाकर्णिकासङ्गमुर्वशीविहितं सरः ॥ ६५४ ॥
कुम्भकर्णाश्रमं नन्दां नदीं कोकामुखं हरेः ।
कौमारमृषभद्वीपं तीर्थमौद्दालकं पुरः ॥ ६५५ ॥
धर्मतीर्थं सदण्डार्तं चम्पां चात्र लपेटिकाम् ।
संवेद्य तीर्थे संध्यां च लौहित्यं करतोयिकाम् ॥ ६५६ ॥
गङ्गासागरसङ्गं च वैराज शोणसंगमम् ।
वंशगुल्मं कोसलां च कालातीर्थं सुपुष्करम् ॥ ६५७ ॥
बदरीं रामतीर्थं च केदारं मुनिसेवितम् ।
श्रीपर्वते नदीतीर्थं पुण्यं देवह्रदं तथा ॥ ६५८ ॥

पाण्ड्येषु शैलमृषभं सिद्धगन्धर्ववन्दितम् ।
कावेरी कन्‍कातीर्थं गोकर्णं शशिशेखरम् ॥ ६५९ ॥
गायत्रीस्थानमुचितं वापीं संवर्तकस्य च ।
वेणां गोदावरीं वेणावरदासंगमं तथा ॥ ६६० ॥
कुशप्लवं कृष्णवेणां दण्डकं रामसेवितम् ।
शरभङ्गाश्रमं पुण्यं तीर्थं शीर्षनखं तथा ॥ ६६१ ॥
सप्तगोदावरं तुङ्गं भृगोः कालिञ्जरं गिरिम् ।
मन्दाकिनीं चित्रकूटे भर्तृस्थानं गुहस्य च ॥ ६६२ ॥
ज्येष्ठस्थानं शृङ्गवी(वे)रं गङ्गामम्भित्रयाङ्किताम् ।
गङ्गायमुनयोः पुण्यं प्रयागं जघनं भुवः ॥ ६६३ ॥
प्रतिष्ठानं कम्बलाश्वं वेदौ भोगवती निधेः ।
तीर्थं हंसप्रपतनं सिद्धक्षेत्रं च सिद्धिदम् ॥ ६६४ ॥
अवाप्य सर्वपापेभ्यो नरः क्षिप्रं प्रमुच्यते ।
स्मृत्वा नामापि तीर्थानामेतेषां शुभमश्नुते ॥ ६६५ ॥
फलं समस्तं यज्ञानां दानानां तपसां तथा ।
आसाद्य ब्रह्मरुद्रेन्द्रं विष्णुलोकानुपैति च ॥ ६६६ ॥
एतत्पुलस्त्यकथितं नारदो धर्मसूनवे ।
निवेद्य तीर्थान्पश्येति समाभाष्य तिरोदधे ॥ ६६७ ॥

पुलस्त्यतीर्थयात्रा ॥ ११ ॥

ततो युधिष्ठिरो जाततीर्थसंदर्शनादरः ।
धौम्यं पप्रच्छ पुण्यानां तीर्थानां दिगनुक्रमम् ॥ ६६८ ॥
सोऽवदद्भूभुजा पृष्टः सर्वविन्मुनिसंसदि ।
देवर्षिसेवितं प्राच्यां नैमिषं गोमती नदी ॥ ६६९ ॥
सुरयज्ञमही पुण्या गिरीणां प्रवरोच्चयाः ।
ब्राह्मं सरो गया पुण्या नदी गयशिरस्तथा ॥ ६७० ॥
फल्गुर्नदी कौशिकी च तथा स्वर्गतरङ्गिणी ।
कौशिकस्य ऋतुक्षेत्रं यत्र ब्राह्मण्यमाप सः ॥ ६७१ ॥

महेन्द्रः क्ष्माभृतां धुर्यो ब्रह्माभूद्यत्र दीक्षितः ।
गोदावरीं दक्षिणस्यां दिशि पुण्यजला नदी ॥ ६७२ ॥
नदी हैमरथी वेणा पयोष्णी नृगनिर्मिता ।
माठरं च वनं पुण्यं वेदी शूर्पारकी तथा ॥ ६७३ ॥
चन्द्रा पाषाणतीर्था च धाम विश्रवसो मुनेः ।
जन्मभूमिः कुबेरस्य गिरिर्वैडूर्यशेखरः ॥ ६७४ ॥
विश्वामित्रनदी पुण्या मैनाकश्चासितस्तथा ।
कक्षसेनाश्रमः पुण्यश्च्यवनस्य तथाश्रमे ॥ ६७५ ॥
केतुमालश्च मेध्या च नदी सैन्धवकं वनम् ।
उदीच्यां सर्वतीर्थाढ्या पुण्यतोया सरस्वती ॥ ६७६ ॥
अश्वमेधान्वहून्यत्र भरतः प्राप भूपतिः ।
राजन्नेतानि तीर्थानि पुण्यान्यन्यानि च क्षितौ ।
अर्जुनागमनाकाङ्क्षी चर ब्रह्मपुरस्कृतः ॥ ६७७ ॥
इत्युक्त्वा विरते धौम्ये प्रभामण्डलमण्डितः ।
मार्ताण्ड इव दुष्प्रेक्ष्यो लोमशो मुनिरराययौ ॥ ६७८ ॥
धौम्यतीर्थयात्रा ॥ १२ ॥
वन्द्यमानं मुनिगणैस्तं प्रणम्य युधिष्ठिरः ।
अर्चयित्वासनजुषं पप्रच्छागमकारणम् ॥ ६७९ ॥
सोऽवदत्पृष्टकुशलः प्रह्वं पाण्डवभूपतिम् ।
राजन्नहं महीं भ्रान्त्वा गतस्त्रिदशमन्दिरम् ॥ ६८० ॥
तत्रासनार्धे देवस्य मया दृष्टः शतक्रतोः ।
सव्यसाची तव भ्राता सुरराजाधिकप्रभः ॥ ६८१ ॥
ततस्तद्दर्शनोद्भूतविस्मयं पाकशासनः ।
दृष्ट्वादिदेश मां वक्तुं पार्थ कुशलिनं तव ॥ ६८२ ॥
प्राप्तान्यस्त्राणि सर्वाणि सुरेभ्यः सव्यसाचिना ।
सुरकार्यं महत्कृत्वा न चिरात्त्वामुपेष्यति ॥ ६८३ ॥

तोषयित्वा नियुद्धेन देवदेवं पिनाकिनम्।
अस्त्रं पाशुपतं प्राप्तं घोरं गाण्डीवधन्वना॥ ६८४॥
कलादिशौर्यशङ्का ते सततं हृदि वर्तते।
त्यज्यतां दुर्जयो राजन्मया गुप्तो धनञ्जयः॥ ६८५॥
इति त्वामाह देवेन्द्रस्तूर्णं पश्यसि चार्जुनम्।
लोमशेनेति कथितं श्रुत्वा धर्मसुतोऽवदत्॥ ६८६॥
सुधाविस्यन्दिनी वाणी तवेयं भगवन्मुहुः।
हर्षवीचीविलासाङ्कं मानसं विदधाति नः॥ ६८७॥
भाजनं त्वत्प्रसादस्य धन्योऽहं संपदां पदम्।
यस्य शक्रः स्वयं देवो विजयाय समुद्यतः॥ ६८८॥
दिष्ट्याद्य कुशली वीरः श्रुतस्त्वत्तो मयार्जुनः।
यस्य दीर्घभुजस्तम्भः प्रतापो मन्दिरं श्रियः॥ ६८९॥
त्वत्प्रभावोदितमतिस्तीर्थानि क्षितिमण्डले।
द्रष्टुमिच्छामि भगवन्प्रसादं कर्तुमर्हसि॥ ६९०॥
इति ब्रुवन्मुनीन्द्रेण तथेत्यभिहितो नृपः।
प्रतस्थे भ्रातृभिः सार्धं मुनिचक्रपुरस्कृतः॥ ६९१॥
प्रथमं नैमिषारण्यप्रमुखे तीर्थमण्डले।
स्नात्वा दत्त्वा धनं भूरि स च यज्ञमहीं ययौ॥ ६९२॥
गतस्य तत्र राजर्षेः प्रभावं बहुयाजिनः।
निशम्य कथितं दातुः शमठेन द्विजन्मना॥ ६९३॥
अगस्त्याश्रममासाद्य मुनिं पप्रच्छ लोमशम्।
अगस्त्यचरितं पुण्यं स च पृष्टोऽभ्यभाषत॥ ६९४॥
राजन्निल्वलवातापी पुरा दैत्यौ बभूवतुः।
पुरीं मणिमतीं वेधाश्चक्रे गगनगां ययोः॥ ६९५॥
इल्वलो भ्रातरं हत्वा कपटान्मेषरूपिणम्।
द्विजानभोजयत्पापः सततं ब्रह्मकण्टकः॥ ६९६॥

एहीति तेनैवाहूतस्तेषां भुक्तवतां जवात्।
विप्राणामुदरं भित्वा वातापिर्निर्ययौ सदा ॥ ६९७ ॥
इत्येवं दैत्ययोर्गेहे वर्तमाने द्विजक्षये।
ब्रह्मन्नगस्त्यः स्वान्पितॄंल्लम्बमानान्व्यलोकयत् ॥ ६९८ ॥
दृष्ट्वा तान्पतने हेतुं सोऽथ पप्रच्छ विस्मितः।
ते तमूचुरधोवक्त्रास्तवैव पितरो वयम् ॥ ६९९ ॥
त्वद्ब्रह्मचर्यात्पतिताश्छिन्नसंतानतन्तवः।
तस्मादपत्यमुत्पाद्य त्रातुमर्हसि नो भवात् ॥ ७०० ॥
इति तेषां वचः श्रुत्वा तथेति मुनिरब्रवीत्।
ततः स तपसा ध्यात्वा रूपमुच्चित्य लोकतः ॥ ७०१ ॥
विदर्भनृपतेः पुत्रीमशृणोल्ललिताननाम्।
लोपामुद्रेति विख्यातां तां यौवनविभूषिताम् ॥ ७०२ ॥
विदर्भराजमभ्येत्य ययाचे स मुनीश्वरः।
राजा विषण्णवदनः शापभीतोऽभवत्क्षणम् ॥ ७०३ ॥
लोपामुद्रा ततोऽभ्येत्य खिन्नं पितरमब्रवीत्।
तात त्वं देहि मामस्मै ब्रह्मकोपो हि दुःसहः ॥ ७०४ ॥
इत्युक्तवाक्यां तनयामगस्त्याय यथाविधिः।
विदर्भराजः प्रददौ कम्पितस्तस्य तेजसा ॥ ७०५ ॥
लोपामुद्रां समासाद्य मुनिर्मानसचन्द्रिकाम्।
तयैव सहितः प्रायात्पुण्यधाम तपोवनम् ॥ ७०६ ॥
तदाज्ञया समुत्सृज्य भूषणान्युचितानि सा।
चन्द्रलेखेव संध्याभ्रं पिङ्गं जग्राह वल्कलम् ॥ ७०७ ॥
आराधयन्ती सुचिरं सा पतिं धर्मचर्यया।
कालेन कामलतिका भूषिताभूद्घनस्तनी ॥ ७०८ ॥
प्रत्यग्रस्नानसुभगा संगमं मुनिनार्थिता।
सावदत्स्तोकविनमल्लज्जामुकुलितेक्षणा ॥ ७०९ ॥

महार्हशयने सौधे भूषितं त्वां विभूषिता ।
उपैमि पर्णशालेयं न हि प्रीणाति मे मनः ॥ ७१० ॥

विभवं मत्पितुर्गेहे भगवन्दृष्टवानसि ।
तपसा राजयोग्यं च सर्वं कर्तुं त्वमीश्वरः ॥ ७११ ॥

इत्युक्तो मृगशावाक्ष्या श्रुतविप्रमुखान्नृपान् ।
निःस्पृहोऽपि ययौ तूर्णं द्रविणार्थी महामुनिः ॥ ७१२ ॥

समावायव्ययौ तेषां निशम्य करुणानिधिः ।
तैरेव सहितः प्रायाद्धनिनं दैत्यमिल्वलम् ॥ ७१३ ॥

स तेन याचितो दैत्यस्तस्मै हत्वानुजं रहः ।
भोजनं विदधे सर्वान्हन्तुकामो महासुरः ॥ ७१४ ॥

भोजने शङ्कितान्दृष्ट्वा तान्नृपान्सस्मितो मुनिः ।
भुक्त्वा समस्तमभवन्निर्विकाराननः क्षणम् ॥ ७१५ ॥

आहूते तूर्णमेहीति दानवेनाथ दानवे ।
मुमोच पवनोद्गारं प्रहसन्कुम्भसंभवः ॥ ७१६ ॥

ततो भीतेन दैत्येन वितीर्णं विपुलं वसु ।
आदाय जीर्णवातापिः स्यन्दनेन ययौ मुनिः ॥ ७१७ ॥

गत्वा दिव्याम्बरवतीं रत्नाभरणभूषिताम् ।
राजार्हे शयने जायामभजत्तां तपोनिधिः ॥ ७१८ ॥

लोपामुद्राथ संप्राप्य गर्भं तस्मात्तपोनिधेः ।
सप्तभिर्वत्सरैः पुत्रमसूत तपसां निधिम् ॥ ७१९ ॥

दृढस्युर्नाम समुनिर्बालः सर्वज्ञतां ययौ ।
प्रभूतेऽश्मसमाहारे दिग्धो बाह्वपराभिधः ॥ ७२० ॥

एतस्मिन्नन्तरे लोकान्कालेया नाम दानवाः ।
अपीडयन्बलोन्मत्ता वृत्रेण परिपालिताः ॥ ७२१ ॥

विरिञ्चस्याथ वचसा शक्रो दानवनिर्जितः ।
प्राप वज्रं कृतं त्वष्ट्रा दधीचेरस्थिसंचयैः ॥ ७२२ ॥

तेन विष्णुबलाध्यातो हत्वा वृत्रं सुरेश्वरः।
मातलिप्रेरितरथः कालेयान्समुपाद्रवत् ॥ ७२३ ॥
ते भीताः पाथसां राशिं विविशुर्मकराकरम्।
उन्मज्ज्य च प्रतिनिशं निजघ्नुर्मुनिमण्डलम् ॥ ७२४ ॥
तैर्भक्ष्यमाणेष्वनिशं तपोवननिवासिषु।
देवाः शरणमाजग्मुर्हिरण्याक्षहरं हरिम् ॥ ७२५ ॥
तानब्रवीत्स भगवानब्धिमग्ना महासुराः।
दुर्जया जलधेस्तस्माच्छोषणे क्रियतां श्रमः ॥ ७२६ ॥
अगस्त्य एको भगवान्विभुरत्र समुद्यमे।
विष्णुनेति समादिष्टास्तं मुनिं त्रिदशा ययुः ॥ ७२७ ॥
तपोवने तमूचुस्ते गतिस्त्वं नो महामुने।
दर्पान्धः पातितः स्वर्गात्त्वयैव नहुषः पुरा ॥ ७२८ ॥
समुत्थित पुरा विन्ध्यो गिरिर्मेरुजिगीषया।
प्रदक्षिणां करोत्वेष सूर्यो मामिति दुर्मदः ॥ ७२९ ॥
निरुद्धनिखिलालोको मार्गं देहीति वादिना।
व्रजता दक्षिणामाशां त्वया भूमिसमः कृतः ॥ ७३० ॥
स त्वमद्य कृपासिन्धो सिन्धुं दानवसंश्रयम्।
पातुमर्हसि निःशेषं यावत्तैर्न हतं जगत् ॥ ७३१ ॥
इत्यर्थितः सुरगणैः समभ्येत्य महोदधिम्।
आचचाम चलच्छैलतुल्यकल्लोलमालिनम् ॥ ७३२ ॥
निःशेषपीते मुनिना समुद्रे कालमुद्रिताः।
त्रिदशैर्निहताः क्षिप्रं कालेया बलशालिनः ॥ ७३३ ॥
ततः सुवितते काले निर्जलस्य महाम्बुधेः।
सुराः संपूरणोपायं सततं समचिन्तयन् ॥ ७३४ ॥
कदाचिदथ राजर्षिः सगरो नाम विश्रुतः।
षष्टिं पुत्रसहस्राणां वरात्प्राप पिनाकिनः ॥ ७३५ ॥

द्वितीयायां तु जायायामेकमेवासमञ्जसम्।
जातो निवासे कालेन कुपितः पौरकण्टकः॥ ७३६॥
अश्वं यज्ञे समुत्सृष्टं यान्तं तेन महीभुजा।
कदाचित्ते समादिष्टा राजपुत्रा विनिर्ययुः॥ ७३७॥
जितत्रैलोक्यवीराणां तेषां विचरतां क्षितौ।
तस्य शुष्काम्बुधेः कूले तुरगोऽन्तरधीयत॥ ७३८॥
यज्ञविघ्नपरित्रस्ताः सुतास्ते शासनात्पितुः।
कुद्दालविहितैः खातैः पातालतलमाविशन्॥ ७३९॥
असुरोरगरक्षांसि निघ्नन्तस्तत्र दुर्मदाः।
चरन्तं कपिलस्याग्रे ददृशुस्तं हयं मुने॥ ७४०॥
ततो जिघृक्षतां तेषां तमश्वः कपिलः क्रुधा।
भस्मकूटावशेषाणि शरीराण्यकरोद्दृशा॥ ७४१॥
दग्धेषु तेषु कोपेन मुनिना दीप्ततेजसा।
असमञ्जं सुतं प्रीतं दुःखितः सगरोऽब्रवीत्॥ ७४२॥
विनष्टा मम पुत्रास्ते हारितश्च तुरङ्गमः।
क्रतुविध्वंसभीतस्य त्वमेवैकः परायणम्॥ ७४३॥
इति राज्ञा समादिष्टः सोंऽशुमानंशुमानिव।
तेजस्वी प्राप्य पातालं तुष्टाव कपिलं मुनिम्॥ ७४४॥
वितीर्णे तेन तुष्टेन समादाय हयं ततः।
अहीनं यज्ञसंभारं चकार सगरस्य सः॥ ७४५॥
अथ कालेन तपसा सगरे त्रिदिवं गते।
अंशुमानभवद्राजा राजमानगुणोज्ज्वलः॥ ७४६॥
तस्य पुत्रो दिलीपोऽभूत्तत्पुत्रोऽथ भगीरथः।
पृथ्वीं पृथुरिव श्रीमाञ्शशासाहतशासनः॥ ७४७॥
कदाचिन्निहताराातिः स शुश्राव पितामहान्।
ज्वलत्कपिलकोपेन भस्मीभूतान्रसातले॥ ७४८॥

तत्कृते गम्यमानोऽथ गङ्गावतरणं हितम् ।
तपसा तां समाराध्य देवदेवं च धूर्जटिम् ॥ ७४९ ॥
दिवः पतन्तीं चण्डीशजटाजूटभृतां चिरम् ।
पातालमनयद्गङ्गां दग्धास्ते यत्र सागराः ॥ ७५० ॥
तस्याः प्रालेयशिखरस्फारकल्लोलहासिभिः ।
सलिलैर्भस्मनि स्पृष्टे सागरास्त्रिदिवं ययुः ॥ ७५१ ॥
अगस्त्यपीतैः स्वैरेव जलैरापूरितोऽम्बुधिः ।
तदन्ते सागराश्चान्ये निखातास्तैर्नृपात्मजैः ॥ ७५२ ॥

आगस्त्यम् ॥ १३ ॥

लोमशेनेति कथितां श्रुत्वागस्त्यकथां नृपः ।
मेने पवित्रमात्मानं सर्वतीर्थेष्विवाप्लुतम् ॥ ७५३ ॥
नन्दामपरनन्दां च नद्यौ प्राप्याथ पाण्डवः ।
हेमकूटगिरेः शृङ्गमारुरोह सुरैर्वृतम् ॥ ७५४ ॥
वाङ्मात्रकुपिता यत्र वर्षन्ति दृषदोऽम्बुदाः ।
सायं प्रातश्च भगवान्दृश्यते यत्र पावकः ॥ ७५५ ॥
तस्मिन्नगम्ये मर्त्यानामृषभस्याश्रमे मुनेः ।
स्नात्वार्चितसुरः प्रायाद्धर्मजः कौशिकाश्रमम् ॥ ७५६ ॥
कृतावगाहं कौशिक्यां लोमशस्तत्र पाण्डवम् ।
ऊचे तपोवनमिदं यत्र वैभाण्डको मुनिः ॥ ७५७ ॥
दृष्ट्वोर्वशीमप्सरसं विभाण्डकमुनेः पुरा ।
पपात वीर्यं सलिले पपौ तच्च कुरङ्गिका ॥ ७५८ ॥
अजायत ततस्तस्या मृगशृङ्गाङ्कितो मुनिः ।
ऋष्यशृङ्ग इति ख्यातो बालो निखिलवेदवित् ॥ ७५९ ॥
हरिणैः सह संवृद्धः पित्रा सुविहितव्रतः ।
अदृष्टमानुषश्चक्रे सुचिरं विपिने तपः ॥ ७६० ॥
अत्रान्तरेऽङ्गविषये लोमपादस्य भूपतेः ।
अनावृष्टिरभूद्घोरा द्विजशापसमुद्भवा ॥ ७६१ ॥

आराध्य विप्रान्सोऽज्ञासीद्विप्रं प्रशमनं मुनिम्।
ऋष्यशृङ्गं तपोयोगादट्टश्यं तेजसां निधिम्॥ ७६२॥
स तदानयने वेश्यामादिदेश दिवौकसाम्।
हन्तुं प्रगल्भते कोऽन्यो जनं योषिज्जनादृते॥ ७६३॥
सा पुत्रीसहितारुह्य नौघटाकृतमाश्रमम्।
विचित्रकृत्रिमलतालीनयन्त्र विहङ्गमम्॥ ७६४॥
विभाण्डकाश्रमोपान्ते क्षणं स्थित्वा सरित्तटे।
मुनिसूनोर्मनो हन्तुं प्राहिणोत्सुन्दरीं सुताम्॥ ७६५॥
चारेणावेद्य रहितं तं पित्रा दीप्ततेजसा।
विलासालससंचारा सा विवेश तपोवनम्॥ ७६६॥
तां स्तनस्तबकानम्रां सरागाधरपल्लवाम्।
मनोभववने जातामिव संचारिणीं लताम्॥ ७६७॥
पुष्पहासां वसन्तस्य देवतामिव रूपिणीम्।
विलोक्य चन्द्रवदनामृष्यशृङ्गो मुदं ययौ॥ ७६८॥
अभूत्तस्याप्यसङ्गस्य कोऽपि तद्दर्शने रसः।
शरीरसहजो नूनमनादिर्वासनाक्रमः॥ ७६९॥
सापि तं वलितापाङ्गरचितानङ्गमङ्गला।
कलकोकिलसंलापा पप्रच्छ कुशलं शनैः॥ ७७०॥
तामब्रवीन्मुनिवरः स्वागतं ते तपोधन।
सुरोचितमिदं साधो बिभर्षि रुचिरं व्रतम्॥ ७७१॥
अनभिज्ञो निगद्येति ददौ तस्यै निजासनम्।
बदरामलकादीनि फलानि च तपोधनः॥ ७७२॥
परित्यक्तफला तस्मै राजार्हं मोदकं ददौ।
विचित्रकन्दुकक्रीडाललडितैः सरविभ्रमैः।
अयत्नदर्शितकुचैर्हेलागलितमेखलैः॥ ७७३॥
मुनिसुनोर्मनो हृत्वा तैस्तैश्चटुलचेष्टितैः।
आश्रमो नातिदूरे मे निगद्येति जगाम सा॥ ७७४॥

तस्यां गतायां कामेन नवेनाकुलिते मुनौ।
विभाण्डकः समभ्यायात्तेजसा प्रज्वलन्निव ॥ ७७५ ॥

स विलोक्य सुतं चिन्तानिःश्वासम्लानिताधरम्।
किमेतदिति पप्रच्छ लुप्तार्थमिव दस्युभिः ॥ ७७६ ॥

सोऽवदत्तात दृष्टोऽद्य सुररूपो मया मुनिः।
बर्हिबर्होपमा यस्य जटाः कुसुममालिताः ॥ ७७७ ॥

स कृष्णसारनयनो दाडिमीकुसुमाधरः।
आल्हादि वक्ति किमपि श्रोत्रपात्रीरसायनम् ॥ ७७८ ॥

उरःफलयुगेनेव परिणाहवताङ्कितम्।
तस्य दीर्घाक्षसूत्रेण शशिशुभ्रेण शोभितम् ॥ ७७९ ॥

त्रिकालस्नायिनो मध्ये लग्ना शेवलवल्लरी।
तस्य नाभितटे होमधूमलेखानुकारिणी ॥ ७८० ॥

इन्द्रायुधच्छविर्बालकलहंसकलम्बना।
मौञ्जी विराजते तस्य मम नेयं तथाविधा ॥ ७८१ ॥

करायुधेन बहुशो विदधाति नतोन्नतिम्।
फलेन लीलाव्यावल्गितनुवल्कलपल्लवम् ॥ ७८२ ॥

निवेश्य वदनं वक्रे ववर्ष वदनो मम।
पीयूषमिव येनाहं जलोन्मग्न इवाभवम् ॥ ७८३ ॥

का नाम व्रतचर्या सा किं नाम सुभगं तपः।
भवेयमचिरात्तात येनाहमपि तादृशः ॥ ७८४ ॥

तस्योग्रतपसो मन्ये कोऽपि दीक्षाक्रमो नवः।
यस्य संदर्शनादेव जायते वृत्तिसंक्षयः ॥ ७८५ ॥

इति तद्वचनं श्रुत्वा मत्वा तां योषितं मुनिः।
उवाच तपसो विघ्नास्तादृशाः पुत्र राक्षसाः ॥ ७८६ ॥

इत्युक्त्वा काश्यपः कोपात्स्थित्वा तत्र दिनत्रयम्।
पुनर्मूलफलाहारी प्रययौ काननान्तरम् ॥ ७८७ ॥

तस्मिन्प्रयाते साभ्येत्य लीलाविभ्रमशालिनी।
ऋष्यशृङ्गस्य पुरतस्तस्थौ कामान्धचेतसः॥ ७८८॥
स विलोक्य सुधासिक्त इवालम्ब्य करेण ताम्।
त्वदाश्रमपदं साधो व्रजामीति वदन्ययौ॥ ७८९॥
ततस्तमाश्रमधिया नौ घटारूढमङ्गना।
निनाय लोमपादस्य चम्पामङ्गपतेः पुरीम्॥ ७९०॥
तस्मिन्प्रविष्टे सहसा ववृषुः सघनं घनाः।
तत्प्रहर्षान्नृपश्चास्मै शान्तां नाम सुतां ददौ॥ ७९१॥
अत्रान्तरे चण्डकोपो विभाण्डकमुनिः सुतम्।
हृतं ज्ञात्वा नृपपुरीं कम्पमानः समाययौ॥ ७९२॥
स राज्ञा रचितामग्रे दृष्ट्वा गोकुलपद्धतिम्।
नृपेण त्वत्सुतायैषा दत्वा श्रुत्वेति चासकृत्॥ ७९३॥
प्रशान्तमन्युस्तनयं समालोक्य वधूमुखम्।
ययौ तपोवनं कोपश्चिरं नहि महात्मनाम्॥ ७९४॥
ऋष्यशृङ्गोऽपि सुदृशा राजपुत्र्या तया सह।
उवास पुण्यचरितस्तदा तस्मिन्महाश्रमे॥ ७९५॥

ऋष्यशृङ्गोपाख्यानम्॥ १४॥

निशम्य लोमशेनेति कथितं धर्मनन्दनः।
सानुजः प्रययौ श्रीमान्गङ्गासागरसंगमम्॥ ७९६॥
स्नात्वा कृतव्रतस्तत्र नदीनां शतपञ्चके।
द्विजेभ्यो वसु विस्तीर्णं प्रददौ वासवोपमः॥ ७९७॥
कलिङ्गविषये प्राप्य पुण्यां वैतरणीं नदीम्।
रुद्राय त्रिदशा यत्र यज्ञभागमकल्पयन्॥ ७९८॥
स्नात्वा दिव्यां दृशं लेभे पूतात्मा पाण्डुनन्दनः।
लोकातीतां यया क्षिप्रं शुश्राव च ददर्श च॥ ७९९॥
देवीरूपां ततः पृथ्वीमारुह्य पृथिवीपतिः।
कृतस्वस्त्ययनः साक्षाल्लोमशेन श्रिया बभौ॥ ८००॥

यत्र कृत्स्ना मही दत्ता कश्यपाय स्वयंभुवा ।
तां पुण्यभुवमासाद्य कृतकृत्योऽभवन्नृपः ॥ ८०१ ॥
तत्रोपविष्टः कौन्तेयः पूजयित्वाखिलान्मुनीन् ।
रामशिष्यं यत्रात्मानमपृच्छदकृतव्रणम् ॥ ८०२ ॥
कदा द्रक्ष्यामि भगवन्भार्गवं तेजसां निधिम् ।
इति पृष्टस्तमवदद्द्रक्ष्यसीत्यकृतव्रणः ॥ ८०३ ॥
सोऽथ तच्चरितं पृष्टो राजा पुनरभाषत ।
प्रत्यक्षदर्शी रामस्य चरिते विक्रमे तथा ॥ ८०४ ॥
कन्यकुब्जाधिनाथस्य गाधेः सत्यवतीं सुताम् ।
ऋचीकाख्यो भृगोः सूनुरश्वशुल्कामवाप्तवान् ॥ ८०५ ॥
सहस्रं श्यामकर्णानां हयानां वारुणोदितम् ।
अश्वतीर्थोत्थितं राज्ञे दत्वा कन्यां समेत्य ताम् ॥ ८०६ ॥
चचार विपिने धर्मे पितृशुश्रूषणे रतः ।
तं च सा राजतनया सिषेवे तपसि स्थितम् ॥ ८०७ ॥
भृगुस्तनयभार्यायै तस्यै तुष्टो वरं ददौ ।
तमयाचत सा मातुरात्मतश्चोदितौ सुतौ ॥ ८०८ ॥
सोऽब्रवीत्तव तस्याश्च न्यग्रोधोदुम्बरौ तरू ।
समालिङ्ग्योज्ज्वलाचारौ भद्रे पुत्रौ भविष्यतः ॥ ८०९ ॥
सादिष्टा श्वशुरेणेति कृत्वा वृक्षविपर्ययम् ।
अवाप गर्भं कालेन वरात्तज्जननी तथा ॥ ८१० ॥
भृगुः सगर्भां तां दृष्ट्वा पुनः प्रोवाच धर्मवित् ।
अहो नु बुद्धिदौर्बल्याद्विस्मृतौ तव पादपौ ॥ ८११ ॥
व्यत्ययाद्वृक्षयोः पुत्रि क्षत्राचारः सुतस्तव ।
भविता गाधिपत्न्याश्च राजन्यो ब्राह्मणोचितः ॥ ८१२ ॥
ऋचीकभार्या तच्छ्रुत्वा विषण्णवदनाम्बुजा ।
क्षत्राचारोऽस्तु मे पौत्रो मा पुत्र इति चाभ्यधात् ॥ ८१३ ॥

ततो गाधिवधूः पुत्रं विश्वामित्रमजीजनत् ।
वराद्दचीकपत्नी च जमदग्निं तपोनिधिम् ॥ ८१४ ॥
जमदग्निश्च कालेन भार्यामासाद्य रेणुकाम् ।
अवाप तनयान्पञ्च येषां रामोऽनुजः कृती ॥ ८१५ ॥
कदाचिदथ भूपालं कान्तं चित्ररथाभिधम् ।
जलकेल्याकुलं दृष्ट्वा रेणुका विस्मिताभवत् ॥ ८१६ ॥
स्वेदार्द्रवदनां दृष्ट्वा मुनिर्धैर्यात्परिच्युताम् ।
आदिदेश रुषा हन्तुं पुत्राञ्जघ्नुर्न तां च ते ॥ ८१७ ॥
चत्वारस्तनयास्तेऽथ शप्तास्तेन महर्षिणा ।
काष्ठलोष्ठोपमाकारा बभूवुर्गतचेतसः ॥ ८१८ ॥
रामस्तु शासनात्तस्य मातुः परशुनाच्छिनत् ।
शिरस्तेन बभूवास्य जमदग्निर्वरप्रदः ॥ ८१९ ॥
तद्वराद्विस्मृतवधां सजीवां जननीं व्यधात् ।
नष्टपापं तथात्मानं रामः स्वस्थांस्तथाग्रजान् ॥ ८२० ॥
ततः कदाचिदहरज्जमदग्नेस्तपोवनात् ।
सवत्सधेनुं क्षितिपः कार्तवीर्यो मदाकुलः ॥ ८२१ ॥
याते भङ्क्त्वा तरुवरांस्तस्मिन्समरदुर्मदे ।
रामोऽभ्येत्य विदित्वा तत्कोपाज्जज्वाल कोपतः ॥ ८२२ ॥
स गत्वा तस्य चिच्छेद सहस्रं बाहुशालिनः ।
भल्लैर्भुजानां संग्रामे भर्गशिष्यो धनुर्धरः ॥ ८२३ ॥
तस्मिन्हते तत्तनयाः कालेनाभ्येत्य तद्वनम् ।
रामेण रहितं जघ्नुर्जमदग्निं शितैः शरैः ॥ ८२४ ॥
ततो रामः समभ्येत्य पितरं वीक्ष्य पातितम् ।
विलप्य सुचिरं धीरः क्षत्रियान्समुपाद्रवत् ॥ ८२५ ॥
त्रिःसप्तकृत्वो निःशेषं कृत्वा क्षत्रक्षयं युधि ।
चक्रे पञ्च कुरुक्षेत्रे विपुलान्रुधिरह्रदान् ॥ ८२६ ॥

तर्पयित्वा पितॄन्सर्वाञ्शोणितेनैव भार्गवः।
कश्यपाय ददौ देवीं हैमीं व्यामदशायताम्॥ ८२७॥
स्थितो महेन्द्रशिखरे पृथ्वीं दत्वा ससागराम्।
स करोति चतुर्दश्यां मुनीनामिह संनिधिम्॥ ८२८॥

कार्तवीर्योपाख्यानम्॥ १९॥

तं दृष्ट्वा पाण्डुतनयः सानुजो मुनिभिः सह।
तीर्थानि पश्यन्सर्वाणि प्रभासं पुण्यमाप्तवान्॥ ८२९॥
रामकृष्णमुखैस्तत्र संगतो वृष्णिपुंगवैः।
अवाप विपुलां प्रीतिं स्नेहप्रणयशालिभिः॥ ८३०॥
कृष्णाजिनवृतं दृष्ट्वा कुन्तीपुत्रं जटाधरम्।
दुर्योधनाय चुक्रोध सात्यकिः सत्यविक्रमः॥ ८३१॥
वृष्ण्यन्धकानथामन्त्र्य रेवामुत्तीर्य पाण्डवः।
त्रेताद्वापरयोः संधिं प्राप वैडूर्यपर्वतम्॥ ८३२॥
ततोऽब्रवील्लोमशस्तं च्यवनेनेह भूपते।
पुरा यज्ञे भुजस्तम्भः स्तम्भितो जम्भवैरिणः॥ ८३३॥
च्यवनो भार्गवश्चक्रे घोरं दीप्ततपास्तपः।
येन भूमौ निमग्नाङ्गो व्याप्यस्तृणपिपीलकैः॥ ८३४॥
अथ कालेन शर्यातिर्नृपस्तं देशमाययौ।
क्रीडाकुलवधूवृन्दसंदेहितलतावनः॥ ८३५॥
तस्य पुत्री सुकन्येति विश्रुता लोललोचना।
विललास वने तस्मिन्वनदेवीव रूपिणी॥ ८३६॥
तां दृष्ट्वा चन्द्रवदनां च्यवनः क्षमया गिरा।
तद्विलासरसाकृष्टो बभाषे न च साशृणोत्॥ ८३७॥
सा तस्य भूमिलीनस्य मणिबुद्ध्या विलोचने।
अपाटयत्कण्टकेन तेनाभूद्व्यथितं जगत्॥ ८३८॥
तत्कोपादथ शर्यातेः शकृत्स्तम्भादनीकिनी।
आनाहव्याधिसंरुद्धा संकटं परमं ययौ॥ ८३९॥

ततो यत्नात्समन्विष्य नरेन्द्रस्तं तपोवनम्।
भीतः प्रसादयामास प्रणामावर्जिताञ्जलिः॥ ८४०॥
तमूचे च्यवनो राजन्सुतामेतां प्रयच्छ मे।
नान्यथा तव सेनेयं मया बद्धा विमुच्यते॥ ८४१॥
तच्छ्रुत्वा नृपतिस्तस्मै तूर्णं दत्वा निजात्मजाम्।
विमुक्तरोगमादाय सैन्यं स्वनगरं ययौ॥ ८४२॥
च्यवनोऽपि समादाय सुकन्यां कान्तिकौमुदीम्।
चिरं पर्यचरद्वह्निं तयैव सह संयुतः॥ ८४३॥
ततः कदाचित्तां तन्वीमश्विनौ यौवनान्विताम्।
अपश्यतां यदृच्छाप्तां रूपस्येवाधिदेवताम्॥ ८४४॥
तां वीक्ष्य साभिलाषौ तावूचतुः कान्तिभूषितौ।
अहो नु सुभगे दिव्यं जातं ते यौवनं वृथा॥ ८४५॥
इदं रूपमनाहार्यमियं च ललिता तनुः।
संभोगभाजनं कान्तं विना न प्रतिभाति नौ॥ ८४६॥
भज त्वमावयोरेकं च्यवनः प्रवयाः कृशः।
विपञ्च्याः पटहेनैव तेन ते संगमः कथम्॥ ८४७॥
अथवा तं करिष्यावः स्वरूपं यौवनान्वितम्।
ततस्तस्यावयोश्च त्वं मध्यादेकतमं वृणु॥ ८४८॥
तच्छ्रुत्वा कोपपवनाकम्पिता वल्लरीव सा।
तमर्थमेव भर्तारमुवाच स्खलिताक्षरम्॥ ८४९॥
को दोषः सोऽब्रवीत्सुभ्रूः पश्यावस्तद्विचेष्टितम्।
तन्निश्चित्याश्विनावेत्य साब्रवीदेवमस्त्विति॥ ८५०॥
ततस्तौ मुनिना सार्धं दिव्यरूपप्रदं सरः।
प्रविश्य सहसोत्तस्थुस्तुल्यरूपास्त्रयस्ततः॥ ८५१॥
वीक्ष्य तान्सदृशाकारान्सदृशाभरणाम्बरान्।
वव्रे स्वमेव दयितं सुकन्या च्यवनं सती॥ ८५२॥

ततस्तारुण्यमासाद्य कान्तां च मुदितो मुनिः ।
अश्विनावब्रवीत्तुष्टः करिष्ये युवयोः प्रियम् ॥ ८९३ ॥
भवद्भ्यां कल्पयिष्यामि सोमभागं क्रतौ सदा ।
इत्युक्तौ मुनिना प्रीत्या जग्मतुस्तं प्रणम्य तौ ॥ ८९४ ॥
ततो युवा मुनिवरस्तया बालमृगीदृशा ।
विजहार वनान्तेषु फुल्लपादपशोभिषु ॥ ८९५ ॥
कदाचिदथ शर्यातेः श्वशुरस्य स याजकः ।
मुनिर्बभूव विपुले यज्ञे मुनिगणैः सह ॥ ८९६ ॥
अथ तत्राश्विनोः सोमं प्रगृह्णन्तं सुरेश्वरः ।
तमेत्योवाच भगवानश्विनौ सोममर्हतः ॥ ८९७ ॥
अपङ्क्तियोज्यौ भिषजौ परकार्योपजीविनौ ।
नैतावर्हसि कर्तुं त्वमज्ञानात्सोमपीथिनौ ॥ ८९८ ॥
इत्युक्तेऽपि सुरेन्द्रेण नामन्यत मुनीश्वरः ।
योग्यावेवाश्विनौ देवौ वदन्निति मुहुर्मुहुः ॥ ८९९ ॥
ततः क्रुद्धः सुरपतिर्वज्रमुद्यम्य पाणिना ।
सोऽभ्यधावत्ससंरम्भः संदष्टरदनच्छदः ॥ ८६० ॥
मुनिः प्रहरतस्तस्य सवज्रं दक्षिणं भुजम् ।
संस्तम्भ्य मूककटकं चित्रार्पितमिवाकरोत् ॥ ८६१ ॥
तद्विनाशाय हुत्वा च पावकं पावकप्रभः ।
घोरं मायासुरं नाम कृत्यारूपं विनिर्ममे ॥ ८६२ ॥
शतयोजनविस्तीर्णां वक्त्रे दंष्ट्राचतुष्टयीम् ।
बिभ्राणं कालदहनज्वालाजिह्वा विभीषणः ॥ ८६३ ॥
कालस्येव महाकालो वाडवस्येव वाडवः ।
स वर्त्मस्थगिताकाशो गर्जञ्जम्भारिमभ्यगात् ॥ ८६४ ॥
तमापतन्तं सहसा वज्रस्तब्धभुजो मुनिम् ।
भीतः प्रसाद्य प्रोवाच सोमभागोऽस्तु तेऽश्विनौ ॥ ८६५ ॥

इति शक्रेण भगवान्भृगुसूनुः प्रसादितः ।
उत्ससर्ज कृपाम्भोधिस्तथा मायासुरं च तम् ॥ ८६६ ॥
दत्वाथ सोममश्विभ्यां समाप्य विधिवत्क्रतुम् ।
शक्रं विसृज्य भगवान्विजहार वधूसखः ॥ ८६७ ॥
तस्यै तत्पुण्ययशसः सरसश्चरितामृतम् ।
लोमशेनेति कथिते तत्र सख्ने महीभुजा ॥ ८६८ ॥

सौकन्यम् ॥ १६ ॥

आर्चीकपर्वतं गत्वा मान्धातुश्च मखक्षितिम् ।
मान्धातृचरितं पृष्टो राज्ञा प्रोवाच लोमशः ॥ ८६९ ॥
मनुवंश्यः पुरा राजा यवनाश्वश्चरन्वने ।
तृषितः प्राप पुत्रेष्टिकलशं भृगुणा वृतम् ।
पीत्वा तमार्तो नृपतिर्निवृत्तोऽभूद्धृतक्लमः ॥ ८७० ॥
ततो वर्षशते पूर्णे कुक्षिं भित्वा महीपतेः ।
तदभूद्भासुरः सूनुर्जीवितस्त्रिदशेक्षितः ॥ ८७१ ॥
मां धास्यतीति शक्रेण मुखे दत्वा प्रदेशिनीम् ।
आश्वास्य प्रांशुरभवत्स मान्धातेति बालकः ॥ ८७२ ॥
तस्य विक्रमदानोत्थं चरितं चक्रवर्तिनः ।
नृपैरनुकृतं कैश्चिन्न पूर्वैर्नापरैरपि ॥ ८७३ ॥

मान्धात्रुपाख्यानम् ॥ १७ ॥

मान्धातृसंभवं श्रुत्वा राज्ञा पृष्टो मुनिः पुनः ।
सोमकाश्रममासाद्य तत्कथां समभाषत ॥ ८७४ ॥
बभूव सोमको नाम नृपतिर्यज्वनां वरः ।
जन्तुर्नाम सुतस्तस्य जायाशतजुषोऽभवत् ॥ ८७५ ॥
स पितुर्जननीनां च प्राणेभ्योऽपि प्रियः सुतः ।
दष्टः पिपीलकेनैत्य कदाचित्स्फिजि बालकः ॥ ८७६ ॥
तद्व्यथारावमाकर्ण्य राजा सान्तःपुरश्चिरम् ।
बभूव विषनाराचनिर्भिन्न इव मर्मणि ॥ ८७७ ॥

एकपुत्रत्वनिर्भिन्नचेतसस्तस्य याजकः ।
अपत्यशतसंप्राप्त्यै यागमाथर्वणं व्यधात् ॥ ८७८ ॥
क्रोशन्तीनां सुतं हृत्वा जननीनां तमेव सः ।
जुहाव तद्वसामग्नावुत्कृत्योत्कृत्य भागशः ॥ ८७९ ॥
ततस्तद्धूममाघ्राय विवशा याजकाज्ञया ।
राजपत्न्यः सुतशतं प्रापुः काले कुलोचितम् ॥ ८८० ॥
अमूर्तजन्तुजननी जन्तुमेव तमात्मजम् ।
लक्षितं हेमवर्णेन तत्समानेन लक्ष्मणा ॥ ८८१ ॥
प्राप्तपुत्रशतो राजा कालेन त्रिदिवं गतः ।
ददर्श नरके घोरे पच्यमानं स्वयाजकम् ॥ ८८२ ॥
मत्कृते पापमाप्तोऽसाविति संचिन्त्य भूपतिः ।
त्यक्त्वा निजं स्वर्गफलं तमेवानु समाययौ ॥ ८८३ ॥
तस्य सत्वेन निर्मुक्ते याजके स ततः स्वयम् ।
अवाप नृपतिर्यज्वा पुनस्त्रिदिवमन्दिरम् ॥ ८८४ ॥

जन्तूपाख्यानम् ॥ १८ ॥

तस्यायमाश्रमो राजन्ययातिमखभूरियम् ।
श्रुत्वेति लोमशेनोक्तं प्रययौ धर्मनन्दनः ॥ ८८५ ॥
ततो मरुत्तधूपाङ्कं देशं प्राप्य पुरो मुनिः ।
ऊचे युधिष्ठिरं पश्य पुण्यं कश्मीरमण्डलम् ॥ ८८६ ॥
वितस्तां मोक्षदां पश्य यस्याः श्रीकरमारुतैः ।
पुंसां भवमरुभ्रान्तितापे पापे च का कथा ॥ ८८७ ॥
दिव्यदृष्टिश्च मडवामत्रैवालोकयोज्ज्वलाम् ।
धर्मस्य पुण्यनगरे विहारसरसीमिव ॥ ८८८ ॥
पश्य मोक्षश्रियो लीलादर्पणं पापसूदनम् ।
काष्ठरूपी हरः साक्षाद्यत्र चैत्रे विलोक्यते ॥ ८८९ ॥
जलामुपजलां पुण्यां यमुनां च विलोकय ।
उशीनरस्य पश्यैतत्क्रतुक्षेत्रं क्षमापतेः ॥ ८९० ॥

यस्य सत्ववतः सत्यं पुरा ज्ञातुं सुरेश्वरः।
श्येनः कपोतरूपेण वह्निना सहितोऽभ्ययात् ८९१ ॥

स कपोतः परित्रस्तः श्येनेनानुसृतो बलात्।
ऊरुमूलं नरपतेर्विवेश भयपिण्डितः॥ ८९२ ॥

श्येनोऽप्यभ्येत्य भूपालमूचे तद्रक्षणोद्यतम्।
भक्ष्यं मे दैवविहितं नेमं रक्षितुमर्हसि॥ ८९३ ॥

त्वमग्रणीर्धर्मभृतां प्रथमस्त्वं विपश्चिताम्।
वृत्तिलोपान्निहन्तुं मामुद्यतोऽसि कथं विभो॥ ८९४ ॥

आहारविरहादद्य विनष्टे मयि भूपते।
भार्या मे पुत्रसहिता विनङ्क्ष्यत्यवशा सती॥ ८९५ ॥

तस्मात्त्यजैनमेकस्य रक्षणान्मा बहून्वधीः।
पापानुबन्धनो धर्मो नहि नाम महात्मनाम्॥ ८९६ ॥

तच्छ्रुत्वा विस्मितो राजा तं जगाद दयानिधिः।
शरणार्थिनमायातं त्यजेति बत भाषसे॥ ८९७ ॥

विचित्रं याति सर्वो वा स्वार्थे मुखरतां जनः।
आहारं ते विधास्यामि सकुटुम्बस्य हेलया॥ ८९८ ॥

कपोतं प्रति निर्बन्धं मा कृथास्त्वं विहङ्गम।
तच्छ्रुत्वा नृपतिं श्येनः पुनः सावेगमभ्यधात्॥ ८९९ ॥

राजन्भक्ष्यशतेनापि शाश्वतं न त्यजाम्यहम्।
शाश्वतीं को हि सहजां वृत्तिं त्यजति लोभतः॥ ९०० ॥

अथवा तुल्यमेतेन समुत्कृत्य स्वविग्रहम्।
तुलया देहि मे मांसं यदि शक्नोषि पार्थिव॥ ९०१ ॥

इत्याकर्ण्य महीपालः प्रहृष्टस्तुलया ददौ।
लाभं परं मन्यमानः स्वमांसं विपुलाशयः॥ ९०२ ॥

याते कपोते गुरुतां तूलारूढे शनैः शनैः।
वितीर्णाशेषमांसस्तामारुरोह तुलां नृपः॥ ९०३ ॥

ततः स्वरूपवानिन्द्रस्तमभाषत विस्मितः ।
श्येनरूपः सुरेन्द्रोऽहं कपोतोऽयं च पावकः ॥ ९०४ ॥
विज्ञातुं सत्वमाप्तौ ते स्वस्थौ भव यशोनिधे ।
इन्द्रानलौ निगद्येति जग्मतुस्त्रिदशालयम् ॥ ९०५ ॥
श्येनकपोतीयम् ॥ १९ ॥

औद्दालकेस्ततः प्राप्य श्वेतकेतोस्तपोवनम् ।
पुनर्जगाद भगवाँल्लोमशः पाण्डुनन्दनम् ॥ ९०६ ॥
मुनेरुद्दालकस्यासीच्छ्वेतकेतुः कुलोचितः ।
तनयः कन्यका चैका सुजाता नाम विश्रुता ॥ ९०७ ॥
कपोढाख्याय विदुषे तां ददौ ब्रह्मवादिने ।
सा तस्माद्गर्भमाधत्त कालेन वरवर्णिनी ॥ ९०८ ॥
गर्भस्थितः शिशुस्तस्याः कदाचिच्छिष्यमध्यगम् ।
प्रोवाच पितरं सम्यङ्नाधीतमिति सर्ववित् ॥ ९०९ ॥
कपोढस्तद्वचः श्रुत्वा बभाषे लज्जितो रुषा ।
सहसाष्टाङ्गवक्रस्त्वमष्टावक्रो भविष्यसि ॥ ९१० ॥
आसन्नप्रसवा काले कपोढं ब्राह्मणी ततः ।
ऊचे धनविहीनायाः प्रसवो मे सुदुस्तरः ॥ ९११ ॥
जायावचो निशम्येति यज्ञं जनकभूपतेः ।
प्रायात्कपोढो वित्तार्थी दुःसहा गृहदुर्गतिः ॥ ९१२ ॥
वन्द्येन वन्दिना तत्र वादे विद्याविचक्षणाः ।
जित्वा पणधृते सोऽथ क्षिप्तो जलनिकेतने ॥ ९१३ ॥
अष्टावक्रं ततोऽसूत सा भर्तृरहिता सती ।
मातामहेन विधिवद्यथोचितकृतव्रतम् ॥ ९१४ ॥
आप्तविद्योऽथ विज्ञाय स मातुर्वचसा शिशुः ।
निहतं वन्दिना वादे पितरं कोपकम्पितः ॥ ९१५ ॥
मातुलेन सह प्रायाद्याजिनं जनकं नृपम् ।
द्वाःस्थेन स्थगितस्तत्र बालोऽसीत्यवलेपतः ॥ ९१६ ॥

सोऽवदत्तेजसः सारं पश्य बालेन किं कृतम्।
बालो वह्निर्दहत्येव तपत्येव च भास्करः॥ ९१७॥
तेजसां हि विचारेषु वयः कुत्रोपयुज्यते।
इति ब्रुवाणो द्वाःस्थेन नृपवाक्यात्प्रवेशितः॥ ९१८॥
अह्नाय वन्दिनो वादे स सभ्यानां स्मयं व्यधात्।
उत्तरोत्तरवाक्येन तयोरस्थगितो मिथः॥ ९१९॥
वादः समभवद्वाणीविच्छेदावधिनिर्णयः।
एकोऽग्निर्द्वौ च शक्राग्नी त्रयो लोकाः सनातनाः॥ ९२०॥
चत्वार इह वर्णाश्च विश्रुताः पञ्च पावकाः।
ऋतवः षट् च संयान्ति मुनयः सप्त पूजिताः॥ ९२१॥
वसवोऽष्टौ नव प्रोक्ताः सामिधेन्यो दिशो दश।
एकादश स्मृता रुद्रास्तथा द्वादश भास्कराः॥ ९२२॥
इत्युत्तरक्रमे वादे बन्दी लज्जानताननः।
पुनरूचे महाप्राज्ञो वरुणस्य तदाज्ञया॥ ९२३॥
क्षिप्ता मयाब्धौ तस्यैव कुरु यज्ञं द्विजोत्तम।
ते समेष्यन्ति न चिरादित्युक्त्वा विरराम सः॥ ९२४॥
तत्रोन्मज्ज्य द्विजैः सार्धं हृष्टो वरुणसत्कृतः।
कपोढो जयिना तेन बभौ पुत्रेण संगतः॥ ९२५॥
बन्दी जनकमालोक्य ममज्ज सलिले तदा।
निमज्ज्य दुर्बलः प्रायादष्टावक्रः समातुलः॥ ९२६॥
तन्मातुलस्याश्रमोऽयं श्वेतकेतोस्तपस्यतः।
रैभ्यस्य च मुनेरेतत्पुण्यधाम तपोवनम्॥ ९२७॥

अष्टावक्रीयम्॥ २०॥

इह रैभ्यभरद्वाजौ मुनीन्द्रौ सुहृदौ तदा।
ततस्तपोवने तीव्रं चक्रतुर्विहिताश्रमौ॥ ९२८॥
भरद्वाजस्य तनयो यवक्रीताभिधोऽभवत्।
पुत्रौ रैभ्यस्य चाभूतामर्वावसुपरावसू॥ ९२९॥

सात्मजं पूजितं दृष्ट्वा रैभ्यं वेदविदां वरम् ।
भारद्वाजो यवक्रीतो मूर्खः क्रोधाकुलोऽभवत् ॥ ९३० ॥
स गत्वा सुचिरं चक्रे वेदविद्याप्तये तपः ।
ततः साक्षात्समभ्येत्य शक्रस्तं प्रत्यबोधयत् ॥ ९३१ ॥
निर्बन्धात्परिवर्तस्व मिथ्यायं ते परिश्रमः ।
प्रतिभान्ति कथं वेदा विना गुरुमुखान्मुने ॥ ९३२ ॥
इत्युक्तोऽपि सुरेन्द्रेण यदा न विरराम सः ।
तदा वृद्धद्विजो भूत्वा कृशः शक्रोऽभ्ययात्पुनः ॥ ९३३ ॥
स तत्तपोवनोपान्ते वालुकामुष्टिभिः शनैः ।
गङ्गाया विपुलं वेगं सेतुना रोद्धुमुद्ययौ ॥ ९३४ ॥
तं दृष्ट्वा निष्फलायामे कर्मणि प्रस्तुतं कृशम् ।
यवक्रीतो हसन्नूचे किमिदं ते विचेष्टितम् ॥ ९३५ ॥
कथं वेगवती गङ्गा सिकतामुष्टिसेतुना ।
धर्तुमायाति मोहो वा कोऽप्येष तव जृम्भते ॥ ९३६ ॥
तच्छ्रुत्वा संमितं वृद्धो ब्राह्मणस्तमभाषत ।
यथैतत्ते तपो घोरं तथैवायं ममोद्यमः ॥ ९३७ ॥
अनधीत्य गुरोरग्रे प्रतिभाति कथं श्रुतिः ।
सिकतामुष्टिभिः सेतुः कथं नाम निबध्यते ॥ ९३८ ॥
इति युक्त्या बोधितोऽपि तपसो न चचाल सः ।
ततः शक्रवराल्लेभे वेदान्विद्यास्तथाखिलाः ॥ ९३९ ॥
वरावाप्तिं च तामेत्य हृष्टः पित्रे न्यवेदयत् ।
ततः प्राप्तवरं पुत्रं भरद्वाजः समभ्यधात् ॥ ९४० ॥
सर्वज्ञोऽसीति दर्पान्धो मा कृथाः पुत्र विस्मयम् ।
सहसैव विनश्यन्ति दर्पाद्विद्याः श्रियो यथा ॥ ९४१ ॥
अधुना विनयो भूषा विदुषस्तव पुत्रक ।
प्रयाति नम्रशिरसां सहस्रगुणतां गुणः ॥ ९४२ ॥

रैभ्यो मुनिः कोपनोऽसौ मा गमस्त्वं तदाश्रमम् ।
स्तब्धतां तत्र भजसे ध्रुवं नूतनपण्डितः ॥ ९४३ ॥
वरादमरतुल्योऽपि वालधेस्तनयो मुनेः ।
धनुषाख्येन दर्पान्धो भ्रंशितः क्षिप्रमायुषः ॥ ९४४ ॥
गिरितुल्यं वरादायुस्तस्य ज्ञात्वा सभूधरम् ।
महिषैर्भेदयामास समयेनाभूत्क्षणाद्व्यसुः ॥ ९४५ ॥
इति पित्रा समादिष्टो यवक्रीतो मदाकुलः ।
हृष्टो बभ्राम रम्यासु वनपर्यन्तभूमिषु ॥ ९४६ ॥
ततः कदाचिन्मत्तालिमालाभ्रूभङ्गभङ्गुरे ।
मधौ विरहिणां काले काले कुसुमशालिनि ॥ ९४७ ॥
व्याप्तासु दिक्षु विलसत्कुसुमोत्थेन रेणुना ।
वशीकरणचूर्णेन विकीर्णेन मनोभुवा ॥ ९४८ ॥
यदृच्छया यवक्रीतो विचरन्तीं निजाश्रमे ।
रैभ्यस्नुषामनिमिषो ददर्श विषदप्रभाम् ॥ ९४९ ॥
स शशाङ्कमुखीं दृष्ट्वा तां तरङ्गितमानसः ।
भजस्व मामित्यवदत्स्मरेण मुखरीकृतः ॥ ९५० ॥
तं विस्मृतकुलाचारं विलोक्यैकाकिनी सती ।
समेष्यामीति मिथ्यैव बभाषे भयकम्पिता ॥ ९५१ ॥
तस्मिन्नपसृते रैभ्यः संप्राप्तो निजमाश्रमम् ।
अपश्यत्साश्रुनयनां दयितां तां परावसोः ॥ ९५२ ॥
यवक्रीतनिकारं स श्रुत्वाश्वास्य स्नुषां रुषा ।
जज्वाल कालकल्पान्तकरालानलसन्निभः ॥ ९५३ ॥
स जुहाव जटामेकां निजामुत्पाट्य पावके ।
कृत्या समुदभूत्क्षिप्रं जगद्ग्रासक्षमा यया ॥ ९५४ ॥
हुत्वा द्वितीयां च जटां घोरमुत्पाट्य राक्षसम् ।
आदिदेश यवक्रीतवधे कृत्यासमं मुनिः ॥ ९५५ ॥

स शूलहस्तो दीप्ताक्षः ससार भयविद्रुतम् ।
अर्धशौचं यवक्रीतं कृत्याहृतकमण्डलुम् ॥ ९५६ ॥
शुष्के सरस्यसंप्राप्तजलः सोऽथ मुनेः सुतः ।
रक्षसानुसृतस्तेन कालेनेव बलीयसा ॥ ९५७ ॥
अग्न्यगारं पितुः प्राप्तः शूद्रेण गृहरक्षिणा ।
रुद्धप्रवेश्यो न्यपतद्रक्षः शूलसमाहतः ॥ ९५८ ॥
यातजीवे मुनिसुते राक्षसे च तिरोहिते ।
भरद्वाजः समभ्यायात्कृतस्नानः स्वमाश्रमम् ॥ ९५९ ॥
तस्मिन्दिने नोद्ययुस्तं दुःखवेदनकूणिताः ।
तां विक्रियां स दृष्ट्वैव शङ्कितः पुत्रवत्सलः ॥ ९६० ॥
निशम्य तत्कथां शूद्रान्निपपात विचेतनः ।
लब्धसंज्ञोऽथ सुचिरं विललापाश्रुगद्गदम् ॥ ९६१ ॥
स्नेहजन्मनि संसारे किं दुःखादपरं फलम् ।
अहो नु क्रोधदग्धेन मयापि सुहृदा सता ॥ ९६२ ॥
स क्रूरकोपो न चिरात्स्वपुत्राद्वधमाप्स्यति ।
उक्त्वेति पुत्रं संस्कृत्य भरद्वाजोऽग्निमाविशत् ॥ ९६३ ॥
कालेन रैभ्यतनयौ बृहद्युम्नस्य भूपतेः ।
यज्वनो याजकौ यज्ञे जग्मतुः पितुराज्ञया ॥ ९६४ ॥
वर्तमाने क्रतौ तस्मिन्नाश्रमं स्वं परावसुः ।
संप्राप्तः पितरं रात्रौ जघान मृगशङ्कया ॥ ९६५ ॥
प्रातर्दृष्ट्वा हतं रैभ्यं ब्रह्महत्याकुलोऽथ सः ।
नृपयज्ञमहीं गत्वा भ्रात्रे सर्वं न्यवेदयत् ॥ ९६६ ॥
अर्वावसुस्तदाकर्ण्य दुःखितोऽनुजमब्रवीत् ।
त्वं याजयस्व भूपालमहं त्वत्पापशान्तये ॥ ९६७ ॥
व्रतं चरामि नियतो निगद्येति जगाम सः ।
तीर्णव्रतेऽथ कालेन तस्मिन्प्राप्ते परावसुः ॥ ९६८ ॥

कृतघ्नो राजमानार्थी बृहद्युम्नमभाषत ।
अयमस्मिन्क्रतुक्षेत्रे प्रविष्टो ब्रह्महा तव ॥ ९६९ ॥
इत्युक्तो भूपतिस्तेन तत्प्रवेशमवारयत् ।
सत्यं न ब्रह्महास्मीति ब्रुवतोर्वावसोस्ततः ॥ ९७० ॥
तुष्टा वह्निमुखा देवाः समेत्य प्रददुर्वरान् ।
सोऽजीवयद्वरात्तेषां पितरं विस्मृतागसम् ॥ ९७१ ॥
पितुर्मित्रं भरद्वाजं यवक्रीतं च तत्सुतम् ।
लब्धजीवो यवक्रीतः सुरानूचे कृताञ्जलिः ॥ ९७२ ॥
तुल्याध्ययनसंस्कारो रैभ्यो मामवधीत्कथम् ।
तच्छ्रुत्वा जगदुर्देवास्त्वया गुरुमुखाद्विना ॥ ९७३ ॥
अधीता निखिला वेदास्तेन न्यूनोऽसि कर्मणा ।
इत्युक्त्वा प्रतियातेषु सुरेषु त्रिदशालयम् ॥ ९७४ ॥
जगाम स्वाश्रमं रैभ्यो भरद्वाजश्च सात्मजः ।
एतत्तपोवनं तेषां दिव्यपुष्पफलद्रुमम् ॥ ९७५ ॥

यावक्रीतम् ॥ २१ ॥

उशीरबीजं मैनाकं श्वेतं कालगिरिं तथा ।
गङ्गां सप्तविधां देवी निलयं च घनप्रभोः ॥ ९७६ ॥
प्रयतः पश्य कौन्तेय सिद्धगुह्यकसेवितम् ।
अधुना मानुषागम्यो देशः सिद्धजनाश्रयः ।
नियतः सानुजो राजन्समाधानपरो व्रज ॥ ९७७ ॥
लोमशेनेत्यभिहिते धर्मराजोऽनुजैः सह ।
कृष्णां श्रमार्तामाश्वास्य प्रययौ नियतव्रतः ॥ ९७८ ॥
कुंणिन्मतङ्गनेन्द्रेण पूजितोऽथ सुबाहुना ।
अमानुषपदं गन्तुमुद्ययौ गन्धमादनम् ॥ ९७९ ॥
हिमवन्तं तमासाद्य सोऽथ तस्यानुगाश्च ते ।
सुनयश्चाभवत्सर्वे महामारुतकम्पिताः ॥ ९८० ॥

१. 'कुलिन्दपत्तनेन्द्रेण' इति पाठो महाभारतसंमतः प्रतीयते.

त्रुट्यद्विटपिटाङ्कारमुखरेण नभस्वता ।
अदृश्यन्त हृतास्तत्र विपुला देवदारवः ॥ ९८१ ॥
ततः स्थूलाश्मवर्षेण पीडिता निबिडेन ते ।
पुनर्बभूवुर्निस्यन्दाः शिलाविवरवर्तिनः ॥ ९८२ ॥
अकालप्रलयारम्भभीमगम्भीरविभ्रमे ।
प्रशान्ते सुचिरं तस्मिन्प्रचण्डघनविप्लवे ॥ ९८३ ॥
संस्मृतो भीमसेनेन सानुगस्तान्घटोत्कचः ।
उवाह सिद्धमार्गेण लोमशस्तु स्वयं ययौ ॥ ९८४ ॥
बदर्याश्रममासाद्य मुनिभिः सह सानुजः ।
क्लान्तामवेक्ष्य दयितां निषसाद युधिष्ठिरः ॥ ९८५ ॥
राजपुत्रीमनर्हां तां विलोक्य क्लममागताम् ।
मारुता व्यजनेनेव सिषेवे गन्धमादनः ॥ ९८६ ॥
चक्रे तत्र समुद्भूतप्रणयाबद्धमण्डलैः ।
भृङ्गैः कस्तूरिकापत्रलेखाङ्काः पवनो दिशः ॥ ९८७ ॥
विद्याधरेन्द्रवदनाः कपोलपुलकोज्ज्वलाः ।
चकारोदारमन्दारस्फारकेसरमारुतः ॥ ९८८ ॥
सोऽभवत्सुप्तकर्णानां नागानां नीलचक्षुषाम् ।
प्रियाय सल्लकीगन्धकर्बुरो गन्धवाहनः ॥ ९८९ ॥
विदधे चूतबन्धूकधूलिजालजटावलीम् ।
प्रोत्तालवालसरलश्यामलाचलमौलिषु ॥ ९९० ॥
महीं महीभृतश्चक्रे संपतत्कलिकाकुलाम् ।
हरिणारिकरस्पर्शभयकण्टकितामिव ॥ ९९१ ॥
परागप्रच्छदपटप्रावृतो मरुदाबभौ ।
हरनिर्झरसंचारतारहारो धराधरः ॥ ९९२ ॥
वल्लीलास्यविलासेषु धुतकालागुरुर्गुरुः ।
स ववौ बर्हिवनितासेव्यः शीकरमारुतः ॥ ९९३ ॥

तत्रोन्मदमरुद्भ्रान्तं द्रौपद्या न्यपतत्पुरः ।
कमलं कमलाहस्तकमलादिव निर्गतम् ॥ ९९४ ॥
दिव्यपङ्कजमालोक्य कृष्णानयनपङ्कजम् ।
हर्षादवाप वैपुल्यं तुल्यरूपरसादिव ॥ ९९५ ॥
सा तदादाय लोलाक्षी क्षितिपाय न्यवेदयत् ।
भीममालोक्य लोलालिकेतकोदारया दृशा ॥ ९९६ ॥
तिर्यङ्निरीक्षमाणायास्तस्याश्चक्षुरचूचुरत् ।
प्रान्तप्रोतेन्द्रनीलस्य मुक्ताहारस्य चारुताम् ॥ ९९७ ॥
ततोऽन्यकमलार्थित्वमिङ्गितज्ञानकोविदः ।
दयितायाः परिज्ञाय प्रतस्थे पवनात्मजः ॥ ९९८ ॥
सोऽपश्यद्विविधाश्चर्यमद्रिमुन्निद्रपादपम् ।
बद्धतूणधनुष्पाणिर्वारयन्वरवारणात् ॥ ९९९ ॥
उत्तालनीलनलिनीललितायतविभ्रमैः ।
नेत्रैर्भयानभिज्ञाभिः कुरङ्गीभिर्विलोकितः ॥ १००० ॥
अदृश्याभिरुपान्तस्थचूतचण्ड(म्प)ककेसरैः ।
नमो नमो भवायेति सिद्धकन्याभिरर्चितः ॥ १००१ ॥
सोत्कम्पकुचविन्यस्तहस्तमभ्यस्तविक्रमम् ।
सानन्दं वनदेवीभिः सौन्दर्यादभिनन्दितः ॥ १००२ ॥
ऊरुवातसमुत्खातमहाशिखरशेखरः ।
त्रस्तोत्पतत्सरःपक्षि प्रारब्धस्फारदुर्दिनम् ॥ १००३ ॥
तस्य शब्देन महता गुहाः समभिपूरिताः ।
उत्फुल्लमल्लिका ज्वालाः साट्टहासा इवाभवन् ॥ १००४ ॥
विद्याधराणामभवत्क्षणमुद्भ्रान्तचेतसाम् ।
बिभ्यत्कान्ताकुचाविद्धनिबिडालिङ्गनोत्सवः ॥ १००५ ॥
सहसा भयविच्छिन्नप्रवाहं मत्तदन्तिनाम् ।
ययौ सुखेन दानाम्भो मुहूर्तं यत्पदावली ॥ १००६ ॥

सिंहानां प्रतिशब्देन गुहानां च प्रतिस्वनैः ।
गर्जितैश्च गजेन्द्राणां स रुरावेव भूधरः ॥ १००७ ॥
सुवर्णकदलीखण्डमण्डिते कटके गिरेः ।
स्थितः सरस्तटाभ्यर्णे हनुमांस्तत्र साकृतिः ॥ १००८ ॥
वीरस्तं शब्दमाकर्ण्य शक्राशनिसमस्वनम् ।
पुच्छमास्फोटयामास कम्पिताचलशेखरम् ॥ १००९ ॥
आस्फाल्यमाने लाङ्गूले पटुशब्दं हनूमता ।
उदभूत्पृष्ठटाङ्कारो व्याघट्टितनभस्तटः ॥ १०१० ॥
सर्वतो वायुतनयो ज्ञात्वा भ्रातरमागतम् ।
आवृत्य तस्थौ पन्थानं श्रेयसे तस्य वत्सलः ॥ १०११ ॥
भीमोऽथ सरसि स्नात्वा तस्मिन्कदलिकावने ।
तमपश्यद्व्रजन्नग्रे कपिमेकायने पथि ॥ १०१२ ॥
जृम्भारम्भाभिरामेण निद्रार्धेनालसेक्षणम् ।
ह्रस्वमप्युन्नतमिव व्याप्ताकाशेन तेजसा ॥ १०१३ ॥
निःस्पन्दं निभृतश्वासं चित्रन्यस्तमिवाचलम् ।
कथिताशेषसंचारं गात्रैर्व्यायामलक्षणैः ॥ १०१४ ॥
प्रच्छन्नकण्टमास्कन्धलम्बमानैः शिरोरुहैः ।
उरःसंपिण्डिताङ्गत्वात्पृष्ठे वक्रोन्नतायतम् ॥ १०१५ ॥
वहन्तं मणिबन्धेन जानुसंध्यग्रवर्तिना ।
मुहुर्जिह्मसमुत्क्षिप्तलम्बभ्रूलतमाननम् ॥ १०१६ ॥
अयत्नाकुञ्चिताग्रेण पुच्छेन क्षितिशालिना ।
पवनाकम्पिपर्यन्तकेसरेण विराजितम् ॥ १०१७ ॥
तं वीक्ष्य रुद्धवर्त्मानं कमलार्थी त्वराकुलः ।
अपसर्पत्वयमिति प्रोन्ननाद वृकोदरः ॥ १०१८ ॥
तस्य नादेन महता प्रलयारम्भशंसिना ।
चक्रन्दुरिव संत्रस्ताः प्रतिश्रुत्का(त्या) रवैर्दिशः ॥ १०१९ ॥

ततो हेलाञ्चितग्रीवमीषदुन्मील्य लोचने ।
उवाच कृतकालस्य मन्दमन्दस्वनं कपिः ॥ १०२० ॥
अहो नु बलदर्पाद्वा प्रमदाद्वा महाकुलः ।
प्राणिनां हृदयोत्कम्पं विदधासि वरं मुहुः ॥ १०२१ ॥
प्रभविष्णुपदस्थानां धीमतां वृद्धसेविनाम् ।
उद्वेगकारी लोकस्य न ह्यारम्भो महात्मनाम् ॥ १०२२ ॥
दीर्घरोगमशक्तं मां विनिद्रं कुर्वता त्वया ।
परपीडानभिज्ञेन किं नाम सुकृतं कृतम् ॥ १०२३ ॥
इतः परमगम्योऽयं देशश्च सिद्धसेवितः ।
निवर्तस्व प्रसङ्गो हि नातिदीर्घः प्रशस्यते ॥ १०२४ ॥
तच्छ्रुत्वा विस्मितस्तस्मै निवेद्याभिजनं निजम् ।
देवोऽयमिति तं मत्वा व्याजहारार्जुनाग्रजः ॥ १०२५ ॥
वाङ्मात्रैर्न निवर्तेऽहं मार्गं देहि प्लवंगमः ।
गम्यो वायमगम्यो वा देशो भवतु किं तव ॥ १०२६ ॥
इत्युक्तो भीमसेनेन पुनः कपिरभाषत ।
उल्लङ्घ्य व्रज मां भीम नाहं विचलने क्षमः ॥ १०२७ ॥
अयं क्लेशमयः कायः सर्वापायमयाश्रयः ।
भारायते हिं पर्यन्ते दरिद्राणामिवोत्सवः ॥ १०२८ ॥
तदाकर्ण्यावदद्भीमः कथं त्वद्विग्रहस्थितम् ।
अनन्तमच्युतं धाम क्षेत्रज्ञं लङ्घयाम्यहम् ॥ १०२९ ॥
सर्वव्यापी न चेदेष स्यात्ते हृदि सनातनः ।
सशैलं लङ्घयेयं त्वामम्भोधिं हनुमानिव ॥ १०३० ॥
तच्छ्रुत्वा वानरोऽवादीत्समुद्धूततनूरुहः ।
कोऽसौ विलङ्घिताम्भोधिर्हनुमानित्यभूत्पुरा ॥ १०३१ ॥
इति पृष्टः प्लवंगेन प्रत्यभाषत पाण्डवः ।
सहायो रघुनाथस्य दशकण्ठकुलच्छिदः ॥ १०३२ ॥

सीतान्वेषणसंरब्धो यो विलङ्घ्य महाम्बुधिम् ।
ददाह लङ्कां सातङ्कां निर्दिशन्घोररक्षसाम् ॥ १०३३ ॥
स मे भ्रातानिलसुतो विश्रुतो भुवनत्रये ।
येनाब्धिविक्रमे पद्भ्यां महेन्द्रो वामनीकृतः ॥ १०३४ ॥
इति ब्रुवाणं सावज्ञो वानरः पाण्डुनन्दनम् ।
उवाचोत्क्षिप्य लाङ्गूलं ममैतद्गम्यतामिति ॥ १०३५ ॥
पाणिनैकेन भीमोऽथ पुच्छमुद्धर्तुमक्षमः ।
जग्राह सर्वप्राणेन भुजाभ्यां न शशाक सः ॥ १०३६ ॥
आलोहितमुखः खिद्यद्गात्रो दष्टरदच्छदः ।
घटमानः प्रयत्नेन भुजाभ्यां जगतीं ययौ ॥ १०३७ ॥
निःश्वसन्मूर्छितः सोऽथ स्तुत्वा तस्योर्जितं बलम् ।
को भवान्हिमवान्कि स्विदित्यभाषत विस्मितः ॥ १०३८ ॥
ततस्तमवदत्प्रीतः प्रहसन्वानरेश्वरः ।
अहं स हनुमान्भीम तनयो मातरिश्वनः ॥ १०३९ ॥
श्रेयसे तव वर्त्मेदं निरुद्धं मायया मया ।
मा त्वां शपेयुः संक्रुद्धाः सिद्धा विक्रमगर्वितम् ॥ १०४० ॥
गिरे रम्यनिकुञ्जेषु गायन्ति त्रिदशाङ्गनाः ।
सततं रामचरितं मम तेनेह संनिधिः ॥ १०४१ ॥
नातिदूरे कमलिनी सा यदर्थे त्वमागतः ।
अनुद्धतगतिर्दिव्ये विनीतोऽस्मिन्गिरौ व्रज ॥ १०४२ ॥
इति ब्रुवाणं कौन्तेयः प्लवगेन्द्रं कृताञ्जलिः ।
उवाच द्रष्टुमिच्छामि रूपं तव निजं विभो ॥ १०४३ ॥
वपुषा येन भगवन्पुरा लङ्घितवानसि ।
अपारं पाथसां राशिं तद्दर्शयितुमर्हसि ॥ १०४४ ॥
भीमेनाभ्यर्थितः सोऽथ बभाषे प्रणतप्रियः ।
यातः स कालो विपुलः शक्तयस्ता तिरोहिताः ॥ १०४५ ॥

भवेऽस्मिन्सर्वभावानां कालेन परिवर्तिनाम् ।
अनिशं क्षीयमाणानां श्वः श्वः कोऽपि विपर्ययः ॥ १०४६ ॥
ह्रस्वे युगेऽस्मिन्सा शक्तिः कुतो मम महीयसी ।
कालो विपरिणामेन विचित्रो हि युगे युगे ॥ १०४७ ॥
एकदाकर्ण्य पप्रच्छ युगानां पाण्डुनन्दनः ।
आचारं च विचारं च दिव्यज्ञानं कपीश्वरम् ॥ १०४८ ॥
सोऽब्रवीद्भगवान्विष्णुर्दिव्यकान्तिः कृते युगे ।
चतुष्पान्निखिलो धर्मो जनाश्चैकश्रुतिव्रताः ॥ १०४९ ॥
समज्ञानाः सदाचारा द्वेषदुःखविवर्जिताः ।
भीम संन्यासिनां कर्म कुर्वन्ति विगतस्पृहाः ॥ १०५० ॥
त्रिपाच्च धर्मस्त्रेतायां रक्तश्च भगवान्हरिः ।
फलाय वर्णाश्चत्वारो भजन्ते वैदिकीं क्रियाम् ॥ १०५१ ॥
द्विपाच्च द्वापरे धर्मः पीतच्छायो जनार्दनः ।
विरलाश्च सदाचारा रागद्वेषाकुला जनाः ॥ १०५२ ॥
एकपादः कलौ धर्मः कृष्णतां याति केशवः ।
लोको लुप्तक्रियाचारो व्याधिव्यसनपीडितः ॥ १०५३ ॥
इत्येषा कालयोगेन विविधाचारलक्षणा ।
युगस्थितिरविश्रान्ता चक्रवत्परिवर्तते ॥ १०५४ ॥
तथापि दर्शयाम्येव पुराणं ते महद्वपुः ।
इत्युक्त्वार्कपथोत्तीर्णं निजरूपमदर्शयत् ॥ १०५५ ॥
तस्य प्रवर्धमानस्य बभूवात्युच्छ्रितं वपुः ।
पुनर्निवृत्तागस्त्यस्य विन्ध्यस्येव महीभृतः ॥ १०५६ ॥
परिणाहसमुत्सेधैर्याते तस्मिन्नमेयताम् ।
तत्स्कन्धबन्धसंरुद्धं पर्याप्तमभवन्नभः ॥ १०५७ ॥
सहस्रसूर्यमालाङ्कं हेमाचलमिवोत्थितम् ।
भीमो ददर्श दुष्प्रेक्षं तमर्धोन्मीलितेक्षणः ॥ १०५८ ॥

व्याजृम्भिवक्रकुहरस्फुरज्जिह्वाबिभीषणम्।
प्रविष्टौर्वानलज्वालं लङ्घने जलधेरिव॥ १०५९॥
विस्पष्टदष्टदंष्ट्रांशुपटलैर्दिक्तटे मुहुः।
लिखन्तमिव कर्पूरैः काकुत्स्थस्याक्षयं यशः॥ १०६०॥
विद्युत्सहस्रपिङ्गेन व्याप्तं विपुलतेजसा।
लङ्कादाहप्रणयिना सेवमानमिवाग्निना॥ १०६१॥
कुम्भकर्णदशग्रीवविशिखव्रणलक्ष्मणा।
वक्षसा स्थगिताकाशं राक्षसक्षयकारिणा॥ १०६२॥
हेलाव्यावर्तमानेन लाङ्गूलेन महीयसा।
श्रितं वासुकिनैवैत्य स्वयं मन्दरशङ्कया॥ १०६३॥
तं वीक्ष्य विस्मितो भीमः कल्पान्तदहनप्रभम्।
उवाच संहर विभो दुर्निरीक्ष्यमिदं वपुः॥ १०६४॥
तेजस्ते भैरवं वीर त्रैलोक्यं निर्दहेत्क्षणात्।
प्रसीद भगवन्सर्वं क्षम्यतां मम चापलम्॥ १०६५॥
इत्यर्थितः पाण्डवेन संजहार निजं वपुः।
भीमं भीमबलः प्रीत्या हनुमानालिलिङ्ग च॥ १०६६॥
तद्भुजाभ्यां परिष्वक्तः कृतकृत्यः पृथासुतः।
बलं चैव महाभाग्यं सहस्रगुणमाप्तवान्॥ १०६७॥
ततोऽब्रवीत्पाण्डुसुतं वरदो वायुनन्दनः।
किं करोमि प्रियं भ्रातस्तव विक्रमशालिनः॥ १०६८॥
मथ्नामि किं कौरवाणां शिलया हस्तिनापुरम्।
अथवा संनिधानं वः करिष्याम्यर्जुनध्वजे॥ १०६९॥
तत्र स्थितस्य मे नादैः पुष्करावर्तनादिभिः।
घट्टिताः कौरवाः संख्ये प्रयास्यन्ति क्षणात्क्षयम्॥ १०७०॥
इत्युक्त्वान्तर्हिते क्षिप्रं प्लवगेन्द्रे वृकोदरः।
कमलार्थी ययौ तस्य माहात्म्यं तद्विचिन्तयन्॥ १०७१॥

हनुमद्भीमसमागमः॥ २२॥

ततः प्रायात्समुत्तीर्य भीमः सिद्धतरङ्गिणीम् ।
मज्जद्विद्याधरवधूकुचास्फालाकुलोदकाम् ॥ १०७२ ॥
स धनेशाचलं प्राप्य ददर्श नलिनीं नवाम् ।
वीचिहस्तसमाधूतकमलां कमलामिव ॥ १०७३ ॥
परागपटसंवीतविनताम्भोरुहाननाम् ।
रविश्रियाबोध्यमानसंज्ञां नववधूमिव ॥ १०७४ ॥
दृष्ट्वा रथाङ्गसारङ्गप्रतिबिम्बविडम्बिताम् ।
रसत्कलरवोदारहंसहासवतीमिव ॥ १०७५ ॥
कुमुदामोदसंरुद्धमधुपालापसीत्कृताम् ।
क्वणद्विहङ्गरशनां सुरताकुलितामिव ॥ १०७६ ॥
प्रत्यग्रगोत्रस्खलितैर्निर्झरैः पयसो मुहुः ।
वीचिभ्रूभङ्गसंरम्भां सोद्वेगां मानिनीमिव ॥ १०७७ ॥
घनपुष्करलीनालिततस्वानमनोरमाम् ।
दंष्ट्राग्रबिसिनीसूत्रधारहंसां नदीमिव ॥ १०७८ ॥
उत्पतत्पक्षिपक्षाग्रपतज्जलकणाकुलाम् ।
षट्पदौघासितपटां दुर्दिनाभिसृतामिव ॥ १०७९ ॥
शिञ्जानभृङ्गवलयां भ्रश्यत्केसरमालिकाम् ।
वलत्फेनावलीहारां केलिताण्डवितामिव ॥ १०८० ॥
वीचिहस्ताहतिचलत्प्रतिबिम्बेन्दुकन्दुकाम् ।
तीरशाखासखीबद्धदोलां राजसुतामिव ॥ १०८१ ॥
वैडूर्यनालरुचिरैः शोणरत्नमयच्छदैः ।
भूषितामुद्धतामोदैः पद्मैः कनककर्णिकैः ॥ १०८२ ॥
स तामालोक्य विबभौ हर्षोत्फुल्लविलोचनः ।
को नाम गुणिनां सङ्गान्न स्यादानन्दनिर्झरः ॥ १०८३ ॥
रक्षायै राक्षसास्तस्या निर्दिष्टा हेमकङ्कटाः ।
ते समेत्य जिहीर्षन्तं कमलानि वृकोदरम् ॥ १०८४ ॥

ऊचुः कस्त्वं धनपतेर्नलिनीं हन्तुमर्हसि[1]।
त्रिदशैरपि दुष्प्रापामस्माभिः परिरक्षिताम् ॥ १०८५ ॥
इमां नासादयत्यन्यो बलादत्यक्तजीवितः।
अयाचिता वित्तपतेरियं हन्तुं न पार्यते ॥ १०८६ ॥
निवर्तस्वाफलायासान्मिथ्याभ्रान्तोऽसि कानने।
एतदाकर्ण्य कौन्तेयस्तानुवाचाविशङ्कितः ॥ १०८७ ॥
पाण्डवो भीमसेनोऽहमनुजो धर्मजन्मनः।
पद्मान्येतानि कृष्णायाः कृते हर्तुमिहागतः ॥ १०८८ ॥
क्षत्रियोऽहं कथं याचे वयं याच्ञास्वशिक्षिताः।
सर्वसाधारणा चेयं जाता भूधरकन्दरे ॥ १०८९ ॥
वराङ्गनेव नलिनी निजः कस्य परिग्रहः।
इत्युदीर्योल्लसत्कम्पां लोलनीलाब्जलोचनाम् ॥ १०९० ॥
पद्मनाललतालक्ष्यपुलकाकारकण्टकाम्।
स्रस्तहंसालिरशनां सरसीमालिलिङ्ग ताम् ॥ १०९१ ॥
वल्गत्काञ्चनपद्मानि तं दृष्ट्वा हर्तुमुद्यतम्।
वीरं दश सहस्राणि रक्षसां समुपाद्रवन् ॥ १०९२ ॥
घोराः क्रोधवशा नाम ते यक्षैः सह राक्षसाः।
अदृश्यं मारुतिं चक्रुः शरशक्त्यसितोमरैः ॥ १०९३ ॥
स समादाय विपुलां गदां कार्तस्वराङ्गदाम्।
कृतान्तनगरे चक्रे सुचिराद्राक्षसागमम् ॥ १०९४ ॥
तेषां कलावशेषं तत्सैन्यं कृत्वावहेलया।
विदधे रक्षसां भूयः पुनर्दाशरथिभ्रमम् ॥ १०९५ ॥
हतशेषेषु भग्नेषु तेषु कैलासकन्दरे।
लीनेषु तत्पयः पीत्वा जग्राहाब्जानि मारुतिः ॥ १०९६ ॥
हतशेषास्तु तत्काले वर्मायुधपरिच्छदाः।
ते शशंसुस्ततो गत्वा कुबेराय पराभवम् ॥ १०९७ ॥

१. 'हर्तुं' ख.

सशब्दविषमाश्वासवदनोद्वान्तशोणितान् ।
भीमसेनबलाक्रान्तान्बभाषे तान्धनाधिपः ॥ १०९८ ॥
पद्मानि निजवद्भीमो हरतु प्रसभं मम ।
धन्यः पुण्यो महामानी माननीयो न कस्य सः ॥ १०९९ ॥
इति वैश्रवणात्क्रुद्धे निवृत्ते रक्षसां गणे ।
विजहारात्तकमलो भीमः पुष्करिणीतटे ॥ ११०० ॥
अत्रान्तरे धर्मसूनोः प्रतिवातादिकं महत् ।
अत्राप्यासीत्स निर्घातो घोरः संग्रामसूचकः ॥ ११०१ ॥
उल्कानिपातशबलं वीक्ष्य व्याप्ताम्बरं तमः ।
क्व भीम इति पप्रच्छ शङ्कितो धर्मनन्दनः ॥ ११०२ ॥
तस्य व्यवसितं श्रुत्वा द्रौपद्या विनिवेदितम् ।
प्रतस्थे व्यथितस्तूर्णं सानुजो धनदाचलम् ॥ ११०३ ॥
घटोत्कचेनोह्यमानः सानुजेन विहायसा ।
लोमशप्रमुखैः सार्धं ययौ कृष्णासखः क्षणात् ॥ ११०४ ॥
स तां पुष्करिणीं प्राप्य हैडम्बेन निवेदिताम् ।
भीमसेनं गदापाणिं ददर्श हतराक्षसम् ॥ ११०५ ॥
तमुपेत्य परिष्वज्य राजा श्रुत्वा च तत्कथाम् ।
आवेगात्पुनरप्येवमित्युवाच सविस्मयः ॥ ११०६ ॥
ततः परस्परं सर्वे तत्प्रहर्षकृतोत्सवाः ।
कंचित्कालं विजह्रुस्ते तस्मिन्कमलिनीतटे ॥ ११०७ ॥

पुष्कराहरणम् ॥ २३ ॥

(तीर्थयात्रापर्व ।)

युधिष्ठिराज्ञया याते निजं धाम घटोत्कचे ।
शिष्योऽहं भार्गवस्येति वदन्द्विजवराकृतिः ।
प्रायाज्जटासुरो नाम प्रच्छन्नस्तान्निशाचरः ॥ ११०८ ॥
छिद्रापेक्षी स सततं गणयन्सर्वमायुधम् ।
उवास सुचिरं तेषां पूज्यमानो द्विजन्मभिः ॥ ११०९ ॥

भीमे कदाचिन्मृगयारसाद्याते जटासुरः ।
जहार विपुलाकारः सभार्यं सानुजं नृपम् ॥ १११० ॥
तमब्रवीद्धर्मसुतश्छद्मनापहृतायुधः ।
धौरेयोऽसि कृतघ्नानां बत पापकृतां गुरुः ॥ ११११ ॥
अभयं संश्रयं मानमन्नं वा प्राप्तवान्यतः ।
हिंस्रोऽपि चरते द्रोहं न तत्र निरपत्रपः ॥ १११२ ॥
इत्युक्त्वा पाण्डवः पृष्ठे तस्याभूद्गिरिगौरवः ।
मनोजवा बभूवास्य गतिर्येन विडम्बिता ॥ १११३ ॥
विधूय सहदेवोऽथ तं बलेन निरायुधः ।
तिष्ठेत्युवाच संरब्धो द्रौपदीं परिसान्त्वयन् ॥ १११४ ॥
एतस्मिन्नन्तरे भीमः समेत्य पिशिताशिना ।
तान्ददर्श हृतान्दूरात्कृष्णां च कमलेक्षणः ॥ १११५ ॥
सोऽभिमृष्य स्फुरत्क्रोधात्तं जवाद्भयविद्रुतम् ।
जग्राह दोर्भ्यां निबिडं चिरात्पुत्रमिवागतम् ॥ १११६ ॥
स भीमभुजयन्त्रेण पीडितो रजनीचरः ।
तमूचे बककिन्दीर वधदर्पं हरामि ते ॥ १११७ ॥
इत्युक्त्वा मुष्टिभिर्भीमं वज्रसारैरताडयत् ।
ततो वृक्षैः शिलाभिश्च चिरं युद्धमभूत्तयोः ॥ १११८ ॥
अथ भीमो विनिष्पिष्य वपुस्तस्य ततः क्षितौ ।
उज्जहार शिरः कायात्फलं तालतरोरिव ॥ १११९ ॥

जटासुरवधः ॥ २४ ॥

कृतान्तातिथिनां याते राक्षसे समनोरथे ।
सानुजो धर्मजः प्रायाद्बदर्याश्रममश्रमः ॥ ११२० ॥
तत्र स्थित्वा मुनिगणैरर्जुनागमनोत्सुकः ।
स दिनैः सप्तदशभिः प्रययौ तुहिनाचलम् ॥ ११२१ ॥

---

१. सनकुलम्. 'प्रातिष्ठत स दुष्टात्मा त्रीन्गृहीत्वा च पाण्डवान् । सहदेवस्तु यत्नेन ततोऽपक्रम्य पाण्डवः ॥' इति भारतात्.

राजर्षेराश्रमं तत्र संप्राप्य वृषपर्वणः ।
न्यासं तस्मै विनिक्षिप्य विपुलं स्वं परिच्छदम् ॥ ११२२ ॥
हिमवच्छिखरं रम्यमगमद्गन्धमादनम् ।
संचरत्सिद्धतरुणीचरणालक्तकाङ्कितम् ॥ ११२३ ॥
विचित्रकाञ्चनलताकुञ्जगुञ्जद्विहङ्गमम् ।
हरहाससितस्फारनिर्झरोदारकन्दरम् ॥ ११२४ ॥
उत्फुल्लकिंशुकाशोककर्णिकारमनोहरे ।
तत्र दृष्ट्वोज्ज्वलां लक्ष्मीं भीममूचे युधिष्ठिरः ॥ ११२५ ॥
नानाधातुविचित्रस्य शक्रायुधशतत्विषः ।
पश्य भूमिभृतः शोभां दीर्घनिर्झरहारिणः ॥ ११२६ ॥
पश्य मन्दाकिनीतीरचारुरत्नशिलातटे ।
गायन्ति पाणिनालम्ब्य किन्नर्यो हेमवल्लकीः ॥ ११२७ ॥
केलिप्रमत्ता मरुतो मन्दारामोदवादिनः ।
विद्याधराङ्गनाः पश्य सेवन्ते ललितालकाः ॥ ११२८ ॥
इति कान्तावनान्तेषु श्रियो निर्वर्णयन्नृपः ।
आर्ष्टिषेणस्य राजर्षेराश्रमं प्राप्य सानुगः ॥ ११२९ ॥
बबन्ध सानुजस्तत्र पूजितस्तेन पाण्डवः ।
स्थितिं स्थितिज्ञो विज्ञाय गिरीन्द्रं दुर्गमं ततः ॥ ११३० ॥
ततः कदाचित्सहसा सरसोऽन्तर्गरुत्मता ।
द्रुते वेगान्महानागे सोऽद्रिर्वाताकुलोऽभवत् ॥ ११३१ ॥
निपेतुर्मरुता तेन सुदूरशिखरोद्भवाः ।
अपूर्वाः पारिजातश्रीजयिनः कुसुमोत्कराः ॥ ११३२ ॥
दृष्ट्वा विचित्ररूपाणि तानि पुष्पाणि पार्षती ।
उवाच विजने भीमं हर्षोत्फुल्लविलोचना ॥ ११३३ ॥
इतः परं रम्यतरं पार्श्वमस्य महीभृतः ।
द्रष्टुमुत्कण्ठते चेतो दिव्यपुष्पाचितं मम ॥ ११३४ ॥

वारिते धन्विना पूर्वं त्वया राक्षसमण्डले ।
पश्चादहं समेष्यामि भुवमेतामकण्टकाम् ॥ ११३५ ॥
इति प्रणयशालिन्या प्रेयस्या प्रेरितः प्रियः ।
सायुधः प्रययौ भीमो दिशं धनदलालिताम् ॥ ११३६ ॥
सरत्नतोरणवतीं स्फारस्फाटिकमन्दिराम् ।
दृष्ट्वालकां शङ्खशब्दं विदधे वायुनन्दनः ॥ ११३७ ॥
अमानुषमिव प्राप्तं तं दृष्ट्वोद्धतगामिनम् ।
गुह्यकाः सह रक्षोभिः क्रुद्धा युद्धार्थमाययुः ॥ ११३८ ॥
तैः क्रूरकर्मभिस्तस्य विमर्दस्तुमुलोऽभवत् ।
धन्विनो राघवस्येव खरप्रभृतिभिः पुरा ॥ ११३९ ॥
भीमैर्भीमभुजोत्सृष्टैर्भल्लैर्वज्रैश्च दारुणैः ।
क्षताङ्गान्यभवन्क्षिप्रं वपूंषि पिशिताशिनाम् ॥ ११४० ॥
ते भग्नदर्पाः सहसा दुद्रुवुर्भयपिण्डिताः ।
अकालकालजलदाः पवनप्रेरिता इव ॥ ११४१ ॥
तान्वीक्ष्य विमुखान्वीरः कुबेरस्य प्रियः सखः ।
मा नश्यतेति प्रोवाच मणिमान्राक्षसेश्वरः ॥ ११४२ ॥
मानिनां मरणं श्रेयः समरे न पलायनम् ।
तरङ्गलोलान्यायूंषि कीर्तिः कल्पान्तसाक्षिणी ॥ ११४३ ॥
इत्युक्त्वा मणिमान्क्रुद्धो भीममभ्याद्रवद्बली ।
गदामादाय विपुलां पृथुश्रृङ्ग इवाचलः ॥ ११४४ ॥
तद्भुजप्रेरितां वेगादापतन्तीं वृकोदरः ।
चक्रे गदां तां विशिखैर्मयूखखचितामिव ॥ ११४५ ॥
शक्तिं चिक्षेप भीमाय ततः स भुजगीमिव ।
तां तस्मै दूरमुत्प्लुत्य चिक्षेप क्षयदूतिकाम् ॥ ११४६ ॥
शूलं विधाय दलशो मणिमत्प्रेरितं तया ।
गदाहतोऽथ मणिमान्निपपात विचेतनः ।

वज्रभग्न इवाकीर्णकटको रोहणाचलः ॥ ११४७ ॥

मणिमद्वधः ॥ २९ ॥

अत्रान्तरे भीमसेनमपश्यन्धर्मनन्दनः ।
पुनः शङ्काकुलः प्रायादन्वेष्टुं धनदाचलम् ॥ ११४८ ॥
आर्ष्टिषेणाश्रमे धृत्वा द्रौपदीं सानुजोऽथ सः ।
भूभृतो दूरमुल्लङ्घ्य ददर्श पवनात्मजम् ॥ ११४९ ॥
तं दृष्ट्वा निहताराति प्रहृष्टो विजयाग्रजम् ।
निष्पिष्टरत्नमुकुटं मणिमन्तं च पातितम् ॥ ११५० ॥
उवाच विस्मितो राजा सादरं रभसादहो ।
कृतवानसि निःशङ्कः सुराणामिदमप्रियम् ॥ ११५१ ॥
विरमास्यान्मम गिरा व्यवसायाद्बलीयसाम् ।
अतिप्रसङ्गकुपितो याति स्निग्धोऽपि शत्रुताम् ॥ ११५२ ॥
इत्युक्तवति कौन्तेये क्षयं विज्ञाय रक्षसाम् ।
स्वयं वैश्रवणः श्रीमान्क्रुद्धस्तं देशमाययौ ॥ ११५३ ॥
तं दृष्ट्वा देवमायान्तं प्रणनाम युधिष्ठिरः ।
भीमस्तु निर्व्यथो योद्धुं दर्पादभिमुखोऽभवत् ॥ ११५४ ॥
ततः प्रहस्य भगवाञ्शान्तकोपो धनाधिपः ।
उवाच वीरा युष्मासु न मन्युर्वर्तते मम ॥ ११५५ ॥
त्रिदशानां पुरा यज्ञे प्रयातोऽहं कुशावतीम् ।
त्रिभिर्महापद्मशतैर्यक्षाणां परिवारितः ॥ ११५६ ॥
सखा मे राक्षसपतिर्मणिमानेष पार्श्वगः ।
अगस्त्यस्योपरि तदा निरष्ठीवन्नभोगतः ॥ ११५७ ॥
कुपितः स शशापैनं मूढमुग्रतपा मुनिः ।
मर्त्यादवाप्स्यसि वधं सानुगो न चिरादिति ॥ ११५८ ॥
एतन्निकारजं पापं तं दृष्ट्वा भुवि मानुषम् ।
ते नङ्क्ष्यति हतानीकमिति मामपि सोऽभ्यधात् ॥ ११५९ ॥

सोऽयं हतोऽद्य भीमेन शापात्तस्य सखा मम ।
अहं च किल्बिषान्मुक्तो दृष्ट्वा वीरं वृकोदरम् ॥ ११६० ॥
दर्पसाहसशीलानामविचारितकारिणाम् ।
आयुषा सह नश्यन्ति संपदो मूढचेतसाम् ॥ ११६१ ॥
विनयाहृतमानानां सुनयाहृतसंपदाम् ।
प्रणयाहृतमित्राणां कीर्तिस्त्रैलोक्यकौमुदी ॥ ११६२ ॥
कुशली शक्रसदनात्प्राप्तास्त्रः श्वेतवाहनः ।
युष्मान्समेष्यत्यचिरादित्युदीर्य तिरोदधे ॥ ११६३ ॥

वैश्रवणसमागमः ॥ २६ ॥

प्रयाते गुह्यकाधीशे सानुगे पाण्डुनन्दनाः ।
आर्ष्टिषेणाश्रमं गत्वा कृष्णां प्रापुर्मुदान्विताः ॥ ११६४ ॥
तेषां निवसतां तत्र फल्गुनोत्सुकचेतसाम् ।
अल्पोऽपि प्रययौ कालः संवत्सरशतोपमः ॥ ११६५ ॥
ततः कदाचिद्गगनं व्याप्तं विपुलतेजसा ।
अदृश्यत प्रज्वलितैर्मेरुशृङ्गैरिवावृतम् ॥ ११६६ ॥
अथावतीर्य नभसः समभ्यायाद्धनंजयः ।
शिञ्जानकिङ्किणीजालैर्मातलिप्रेरितैर्हयैः ॥ ११६७ ॥
पाणिना स्वयमिन्द्रेण मूर्ध्नि बद्धेन भास्वता ।
विभ्राजितः किरीटेन सितोष्णीषाट्टहासिना ॥ ११६८ ॥
दिव्याभरणरोचिष्णुः प्रभापल्लविताकृतिः ।
पारिजात इवायातो जेतुं कैलासपादपम् ॥ ११६९ ॥
देवदत्तेन शङ्खेन कैलासशतरोचिषा ।
शोभितः स्वयमभ्येत्य यशसेव शरीरिणा ॥ ११७० ॥
सोऽवरुह्य रथात्पद्भ्यामुपसृत्य युधिष्ठिरम् ।
ववन्दे भीमसेनं च हर्षादनुजवन्दितः ॥ ११७१ ॥
शक्रदत्तानि भास्वन्ति दिव्यान्याभरणानि सः ।
वितीर्य कृष्णामानन्दनिःस्पन्दामापपौ दृशा ॥ ११७२ ॥

धर्मजो हर्षसंरुद्धः परिष्वज्य धनंजयम् ।
मेने पवित्रमात्मानं शंकरस्पर्शगौरवात् ॥ ११७३ ॥
सत्कृतः पाण्डुतनयैर्मातलिर्विनयानतैः ।
सहस्रवाजिना तेन रथेन प्रययौ दिवम् ॥ ११७४ ॥
चिरसंभृतलावण्यविडम्बितसुधाकरम् ।
पिबन्तश्चक्षुषा पार्थं न तृप्तिं पाण्डवा ययुः ॥ ११७५ ॥
अथापरेऽह्नि प्रत्यूषे स्वयमेत्य शचीपतिः ।
प्रह्वं धर्मात्मजं प्रीतः प्रोवाच रचिताञ्जलिम् ॥ ११७६ ॥
प्राप्तास्त्रेण तव भ्रात्रा सुरकार्यं महत्कृतम् ।
पृथ्वी भुजबलात्तस्य न चिरात्त्वमवाप्स्यसि ॥ ११७७ ॥
उक्त्वेत्यन्तर्हिते शक्रे धर्मसूनुः किरीटिनम् ।
पप्रच्छ सर्ववृत्तान्तं सुरकार्यं च यत्कृतम् ॥ ११७८ ॥
सोऽवदत्स्वयमाख्यातुं राजन्निजपराक्रमम् ।
न मे प्रगल्भते वाणी किंतु वच्मि त्वदाज्ञया ॥ ११७९ ॥
त्वत्तोऽहं त्वद्वितीर्णां तां प्राप्य विद्यामितो गतः ।
अपश्यं तपसा देवं शंकरं शबराकृतिम् ॥ ११८० ॥
तोषितः सन्नियुद्धेन मम पाशुपतं ददौ ।
अस्त्रं यस्य प्रभाजालैर्बभूवुर्जटिला दिशः ॥ ११८१ ॥
ततोऽहं लोकपालेभ्यो देवदेवे तिरोहिते ।
अवाप्य सर्वाण्यस्त्राणि प्रयातः शक्रमन्दिरम् ॥ ११८२ ॥
निजासनार्धे देवेन स्वयं वृत्रबलत्विषा ।
तत्रोपवेशितो भक्त्या सुरविस्मयदोऽभवम् ॥ ११८३ ॥
कालेन सर्वाण्यस्त्राणि दत्वा जम्भनिसूदनः ।
ऊचे दत्वा मम स्कन्धे करं शिञ्जानकङ्कणम् ॥ ११८४ ॥
प्राप्तोऽसि वीर वीराणां शौर्यसीमन्तरत्नताम् ।
निवातकवचान्दैत्यानधुना हन्तुमर्हसि ॥ ११८५ ॥

समुद्रकोटिनिलयास्तिस्रः कोट्यस्तरस्विनाम् ।
सेना परिच्छदस्तेषां समरेष्वनिवर्तिनाम् ॥ ११८६ ॥
इत्युक्त्वाखण्डलः श्रीमानभिनन्दितशासनम् ।
प्राहिणोन्मातलिसखं निजेन स्यन्दनेन माम् ॥ ११८७ ॥
किरीटमक्षय्यज्यां च वर्मभेद्यमिदं तथा ।
महेन्द्रदत्तं प्राप्याहं यातो दैत्याश्रितां दिशम् ॥ ११८८ ॥
प्रस्थितं मां समालोक्य सुरारिदलनोद्यतम् ।
देवाः शङ्खमिमं मह्यं प्रददुर्विपुलस्वनम् ॥ ११८९ ॥
बलाद्वाजिसहस्रेण मयूररुचिरत्विषा ।
युक्तेन स्यन्दनेनाथ प्राप्तोऽहं जलधेस्तटीम् ॥ ११९० ॥
त्वङ्गत्तरङ्गसंघट्टशोषिताशेषदिक्तटे ।
वेलावने वारिराशेरपश्यं विपुलां पुरीम् ॥ ११९१ ॥
प्रलयाम्बुधरध्वानसोदरं शङ्खनिःस्वनम् ।
श्रुत्वा निवातकवचा माममन्यन्त वज्रिणम् ॥ ११९२ ॥
आरोपितमहाचापाः कृष्णखङ्गा विभीषणाः ।
ते मामुपाद्रवन्क्रुद्धा रथिनो बद्धकङ्कटाः ॥ ११९३ ॥
ततस्तानविशन्क्षिप्रं गाण्डीवप्रेषिताः शराः ।
सायं वस्तुमिवायाता विहङ्गावनपादपम् ॥ ११९४ ॥
ममार्धचन्द्रकृत्तानि वक्त्राणि सुरवैरिणाम् ।
निपेतुः कालपक्वानां फलानीव महीरुहाम् ॥ ११९५ ॥
अथ मायासमुदभूद्घोरा त्रैलोक्यमोहिनी ।
तैः सृष्टा मातलिरपि प्रययौ मूढतां यया ॥ ११९६ ॥
तमोनिबद्धदिक्चक्राः शैलशस्त्राग्निवर्षिणः ।
अदृश्यास्ते चिरं चक्रुः संहरात्कुलितं जगत् ॥ ११९७ ॥
महास्त्रैरथ तन्मायां विदार्य विपुलामहम् ।
अकार्यं हेलया तेषां जीविताववचयं शरैः ॥ ११९८ ॥

पतितैर्विपुलैस्तेषां शरीरैर्गिरिसंनिभैः ।
निरुद्धा दिवमुत्पेतुर्मातलिप्रेरिता हयाः ॥ ११९९ ॥
हत्वा निवातकवचान्प्रविष्टस्तत्पुरीमहम् ।
विचित्ररत्नभवनप्रभाक्षिप्तामरावतीम् ॥ १२०० ॥
विकीर्णहाररचनास्त्रस्तास्तरललोचनाः ।
अपश्यं विद्रुतास्तत्र नूतनातङ्ककम्पिताः ॥ १२०१ ॥
मां दृष्ट्वा वलितग्रीवास्तास्तूर्णमनिवारिताः ।
मुहुस्त्रिकपरावृत्तिलक्षितैककुचा ययुः ॥ १२०२ ॥
ततोऽहं प्राप्तविजयः प्रस्थितस्त्रिदशालयम् ।
अपश्यं व्योमगं चारु पुरं काञ्चनमन्दिरम् ॥ १२०३ ॥
किमेतदिति पृष्टोऽथ मया मातलिरभ्यधात् ।
हिरण्यपुरमित्येतद्विश्रुतं कामगं पुरम् ॥ १२०४ ॥
पौलोमाः कालखञ्जाश्च तिष्ठन्त्यस्मिन्महासुराः ।
ऋते मर्त्यमवध्यास्ते कस्यचिद्ब्रह्मणो वरात् ॥ १२०५ ॥
ततोऽहं मातलिवचः श्रुत्वा तत्पुरवासिनाम् ।
अवाप सविधं स्फूर्जद्गाण्डीवनिबिडध्वनिः ॥ १२०६ ॥
ततस्ते विपुलक्रोधा नूतना धर्षणोत्कटाः ।
मां समभ्याययुर्भीमा नन्दन्तो भैरवस्वनाः ॥ १२०७ ॥
तैः शस्त्रवृष्टिमुत्सृष्टां महसा पिहिताम्बराम् ।
किंचिच्छिथिलधैर्योऽहं न धर्तुमभवं विभुः ॥ १२०८ ॥
तद्ययौ स्थगितालोका माया तेषां महीयसी ।
समस्तभवनाभोगे भयमाविरभूद्यया ॥ १२०९ ॥
तानहं दुर्जयान्मत्वा समालम्ब्य धृतिं शनैः ।
त्र्यम्बकं त्रिपुराराति नमस्कृत्य त्रिलोचनम् ॥ १२१० ॥
स्मृतमात्रं पुरा प्राप्तं ज्वालाजटिलविग्रहम् ।
अस्त्रं पाशुपतं घोरं गाण्डीवे समयोजयम् ॥ १२११ ॥

षड्भुजास्त्रिमुखाः सर्पभूषितास्त्रिविलोचनाः ।
नानाप्राणिमुखास्तस्मान्निर्ययुर्भीषणा गणाः ॥ १२१२ ॥
तैः क्षणाद्ध्वस्तमायास्ते हिरण्यपुरवासिनः ।
नीताः सर्वे सदयिताः स्मृतिमात्रावशेषताम् ॥ १२१३ ॥
हतेषु तेषु वीरेषु रुद्रास्त्रेणोग्रतेजसा ।
आगमं शक्रसूतेन पूज्यमानः सुरालयम् ॥ १२१४ ॥
निहतारातिमालोक्य प्राप्तं मामथ वृत्रहा ।
इमां मे काञ्चनीं मालां प्रददौ हर्षनिर्भरः ॥ १२१५ ॥

निवातकवचवधः ॥ २७ ॥

विजयेनेति कथितं श्रुत्वा राजा सहानुजः ।
प्रहर्षोत्फुल्लनयनो विपुलं विस्मयं ययौ ॥ १२१६ ॥
अथ तानि महास्त्राणि राज्ञे दर्शयितुं जयम् ।
समुद्यतं सुरा दृष्ट्वा कम्पिताश्चाखिला दिशः ॥ १२१७ ॥
ऊचुर्नाकारणं प्राप्तदिव्यान्यस्त्राणि बालवत् ।
प्रयोक्तुमर्हस्येतानि निर्दहन्ति जगत्क्षणात् ॥ १२१८ ॥
नभस्तलादित्युदीर्य गते गीर्वाणमण्डले ।
आमन्त्र्य पाण्डवान्प्रायाद्देवर्षिर्लोमशो दिवम् ॥ १२१९ ॥

लोमशतीर्थयात्रा ॥ २८ ॥

वत्सरैः पञ्चभिः प्राप्ते धृतास्त्रे सव्यसाचिनि ।
वर्षद्वयावशेषे च वनवासे युधिष्ठिरः ॥ १२२० ॥
आर्ष्टिषेणं समामन्त्र्य काम्यकं गन्तुमुद्यतः ।
परिच्छदं समादाय काम्यकं वृषपर्वणः ॥ १२२१ ॥
विशाखायूपमासाद्य कटकं हिमभूभृतः ।
विजहार महार्होसु वत्सरं सिद्धभूमिषु ॥ १२२२ ॥
ततः कदाचिद्विस्फूर्जद्विषवेगोल्बणाननम् ।
ददर्श पन्नगं भीमो रुद्धभूधरकन्दरम् ॥ १२२३ ॥

दंष्ट्रान्तरालविचलद्दीर्घजिह्वाविभीषणम्।
पृथुशीत्कारनिःश्वासविप्लुष्टायतपादपम्॥ १२२४॥
भिन्नाञ्जनचयच्छायं नीलाद्रिमिव जङ्गमम्।
हरितालपिशङ्गाभिर्वक्रलेखाभिरङ्कितम्॥ १२२५॥
उदरेणातिरौद्रेण व्यञ्जितोग्रविषोष्मणा।
विराजमानं विस्तीर्णवलीवलयमालिना॥ १२२६॥
वह्निकुण्डोपमानाभ्यां नेत्राभ्यां विहितातपम्।
प्रसादमिव कालस्य कुर्वाणं जृम्भया मुखम्॥ १२२७॥
तं वीक्ष्य विस्मयाविष्टो जातरोमाञ्चकञ्चुकः।
चित्रन्यस्त इव क्षिप्रं निःस्पन्दोऽभूद्वृकोदरः॥ १२२८॥
नागायुतबलं भीमं भुजगः सोऽथ भीषणः।
भोगेनाभोगिनावेष्ट्य जग्राह भुजगौरवात्॥ १२२९॥
निरुद्धस्तेन बलिना मारुतिर्गिरिवर्ष्मणा।
श्वसन्विवर्णवदनो निश्चेष्टस्तमभाषत॥ १२३०॥
त्रैलोक्यकवलीकारचतुरो भीमदर्शनः।
त्वमेव भगवान्कालः किं साक्षाद्वपुषामुना॥ १२३१॥
नतं पश्यामि लोकेषु त्रिषु मद्भुजगौरवम्।
यस्याग्रे कुण्ठतां यातमृते कालाद्बलीयसः॥ १२३२॥
अहो नु धार्तराष्ट्राणामनुकूलेन वेधसा।
वृथैव विहितास्ते ते मम मातुर्मनोरथाः॥ १२३३॥
इत्युक्तः पाण्डुपुत्रेण प्रोवाचाजगरः स्वयम्।
शापबद्धस्य धात्रा मे दिष्ट्यादिष्टोऽसि भोजनम्॥ १२३४॥
इति ब्रुवाणे भुजगे भीमे चार्तप्रलापिनि।
दृष्ट्वायाद्दुर्निमित्तानि तं देशं पाण्डवाग्रजः॥ १२३५॥
स दृष्ट्वा भोगिसंक्रुद्धं भ्रातरं भुजशालिनम्।
विषण्णवदनोऽपृच्छत्तं कोऽसीति भुजङ्गमम्॥ १२३६॥

सोऽब्रवीत्पार्थ नहुषः क्ष्मापालो व्यालतामिमाम् ।
अगस्त्यशापात्प्राप्तोऽहं चिरायास्मिन्महीधरे ॥ १२३७ ॥
षष्ठे काले भोजनं मे धात्रा सृष्टो वृकोदरः ।
विवृणोषि यदि प्रश्नान्भुञ्जाम्येनं तदेष ते ॥ १२३८ ॥
इत्युक्तवाक्यः पार्थेन ब्रूहीत्यभिहितः फणी ।
उवाच ब्राह्मणः कोऽसौ वेद्यं किं च यतात्मभिः ॥ १२३९ ॥
राजा तमवदत्सत्यं तपः शीलं दया क्षमा ।
यस्मिन्स ब्राह्मणो वेद्यं सुखदुःखोज्झितं पदम् ॥ १२४० ॥
ततः सर्पोऽब्रवीत्सन्ति शूद्रेऽप्येते क्वचिद्गुणाः ।
सुखदुःखातिरिक्तं च पदं किं नाम लक्ष्यते ॥ १२४१ ॥
तमब्रवीद्धर्मसुतो गुणाः सत्यादयो यदि ।
शूद्रे स ब्राह्मणो ज्ञेयः शूद्रस्तद्रहितो द्विजः ॥ १२४२ ॥
सुखदुःखातिरिक्तं च पदमस्ति भुजङ्गम ।
न शीतं न च संतप्तं स्थानं किं नोपलभ्यते ॥ १२४३ ॥
जातिर्विलक्षणा नास्ति समानो भवविभ्रमः ।
तस्मान्न वृत्तादपरं ब्राह्मण्यमुपलक्षये ॥ १२४४ ॥
सर्वज्ञत्वं सुसत्वत्वं त्रिदिवं नहुषात्मना ।
शुभं ब्रूहि गतो धर्मो विप्रकीर्णो ह्यसंवृतः ॥ १२४५ ॥
पृष्टो राज्ञावदत्सर्पः स्वर्गमाप्नोति मानवः ।
सत्यव्रतः पात्रवर्षी दयाशीलः प्रियंवदः ॥ १२४६ ॥
देशकालविभागेन गुणानां सारफल्गुता ।
एतेषामुपयोगेषु प्राधान्यं च विशिष्यते ॥ १२४७ ॥
पुनस्तमब्रवीद्राजा सर्वज्ञ मम संशयम् ।
छिन्ध्येकं युगपज्ज्ञानं विषये मनसो न किम् ॥ १२४८ ॥
तच्छ्रुत्वा भुजगोऽवादीदीश्वरेणात्मना मनः ।
क्रमेण प्रेरितं बुद्ध्या गृह्णाति विषयान्पृथक् ॥ १२४९ ॥

इत्युक्त्वाजगरो राज्ञे विनिवेद्य निजां कथाम् ।
त्वद्दर्शनावधिः शापो ममेति मुदितोऽवदत् ॥ १२५० ॥
भीमं विनष्टशापोऽसौ मुक्त्वा त्यक्त्वा भुजङ्गताम् ।
नाहुषेणैव वपुषा दिवमाचक्रमे ततः ॥ १२५१ ॥

आजगरम् ॥ २९ ॥

अथाययौ हरप्लुष्टस्मरधूमैरिवावृतः ।
विप्रयुक्तवधूकालः कालो जलदलाञ्छनः ॥ १२५२ ॥
शिखण्डिताण्डवाचार्यैर्मुरजध्वानबन्धुभिः ।
गर्जितैर्नवमेघानां सोत्कण्ठेवाभवन्मही ॥ १२५३ ॥
नवाम्बुबिन्दुभिर्व्याप्ता विरेजुर्वनराजयः ।
घनगर्जितवित्रस्तैर्नक्षत्रैः पतितैरिव ॥ १२५४ ॥
ततस्तरलताराभिर्धाराभिरभितो बभुः ।
स्फारहारानुकाराभिर्दिशो घनपयोधराः ॥ १२५५ ॥
चकाशे काननतटी नृत्यद्भिर्बर्हिमण्डलैः ।
संरम्भे मत्तमेघानां भ्रष्टैरिन्द्रायुधैरिव ॥ १२५६ ॥
निर्ययुर्गर्भकोशेभ्यः शुभ्राः केतकसूचयः ।
कला इव भुवि व्युप्ताः शरच्चन्द्रस्य भाविनः ॥ १२५७ ॥
प्रियालु पल्लवापाति धारासाररवं मुहुः ।
शुश्रुवुर्विषमोदञ्चदेककर्णं कुरङ्गकाः ॥ १२५८ ॥
पीत्वा कदम्बकोशेभ्यो मधु मत्तः समीरणः ।
जग्राह केतकिलतापरागपटपल्लवम् ॥ १२५९ ॥
तस्मिन्पयोदसमये जलधौतसानुः
फुल्लत्कदम्बकुटजः स गिरिश्चकाशे ।
यत्रौघयौवनमदात्तटिनीवधूना-
मासीदनङ्गनवभङ्गितरङ्गनृत्तम् ॥ १२६० ॥
तत्राब्जखण्डकदलीदलवृन्दपाति-
धारारवस्तिमितकुञ्जरदत्तकर्णः ।

चक्रे मनः कुपितकिन्नरकामिनीनां
प्रेयः प्रणामरसबद्धदृढाभिलाषम् ॥ १२६१ ॥
छिन्ने शनैर्घनघटापटलेऽनिलेन
चन्द्रानना शरददृश्यत हंसहासा ।
यस्याश्चकार विलसत्कमलाकरोत्था
भृङ्गावली तरलकुन्तलसंनिवेशम् ॥ १२६२ ॥
सारस्वतेषु पुलिनेषु विहृत्य पार्थाः
सप्तच्छदप्रभवसौरभभाजि काले ।
कामाय काम्यकवनं विविशुर्विशालं
मत्तालिमण्डलनिमीलितफुल्लमालम् ॥ १२६३ ॥
लक्ष्मीसखोऽथ भगवान्मधुकैटभारि-
रभ्याययौ पुरवधूस्मितकैरवार्कः ।
पार्थाश्रमं श्रमहरः स च सप्तकल्प-
जीवीमुनिर्मुनिजनैरभिनन्द्यमानः ॥ १२६४ ॥
मार्कण्डेयकथाः श्रोतुमनुयातेऽथ नारदे ।
कृष्णस्यानुमतो राजा पुराणं मुनिमभ्यधात् ॥ १२६५ ॥
धन्योऽहं भगवन्येन परमेष्ठिसमो भवान् ।
दृश्यते नारदश्चायं कृष्णश्चायं सनातनः ॥ १२६६ ॥
धार्तराष्ट्रा दुराचारा विपुलैश्वर्यशालिनः ।
वनेचरा वयं तस्मान्मन्ये कर्म निरर्थकम् ॥ १२६७ ॥
अथवा स्वकृतं कर्म भुज्यते सर्वजन्तुभिः ।
ईश्वरः कुरुते सर्वं तदेषा विफला श्रुतिः ॥ १२६८ ॥
हटाद्वा कर्म फलति प्रविभागेन देहिनाम् ।
देहमुत्सृज्य यातानां क्व नु तत्कर्म तिष्ठति ॥ १२६९ ॥
इति पृष्ठो नरेन्द्रेण मार्कण्डेयोऽभ्यभाषत ।
पुरा प्रजापतिः पूर्वः प्रजा विगतकल्मषाः ॥ १२७० ॥

अस्पृजद्विमलज्ञाना देवागारगतिव्रताः ।
याति काले प्रजासार्थः सोऽभवद्भवविक्लवः ॥ १२७१ ॥
मायाभेदविकल्पोत्थशुभाशुभफलोदयः ।
तस्मिन्सर्गे प्रजातानां देहिनां निजकर्मतः ॥ १२७२ ॥
हठाद्दैवाच्च सततं दृश्यते फलसंततिः ।
छायेवानुगतं कर्म लोके ह्यस्मिञ्शरीरिणाम् ॥ १२७३ ॥
तेनैव सौरभेणेव देहान्ते याति वासना ।
पापिनः सुखिनो दृष्टा मयाप्युक्तं त्वया नृप ॥ १२७४ ॥
तत्रेदं शृणु कालेषु चित्रः पाकोऽस्ति कर्मणाम् ।
लोकोऽयमेव सुखिनां पर एव तपस्विनाम् ॥ १२७५ ॥
असतां न परो नायं परश्चायं च यज्वनाम् ।
एतदाकर्ण्य भूपालो विप्राणां ब्राह्मणप्रियः ॥ १२७६ ॥
मुनिं पप्रच्छ माहात्म्यं स च पृष्टस्तमब्रवीत् ।
हैहयो राजतनयः कृष्णाजिनधरं पुरा ॥ १२७७ ॥
वने जघान बाणेन मुनिसूनुं मृगाशया ।
स तं विलोक्य निहतं ब्रह्महत्याभयाकुलः ॥ १२७८ ॥
सर्वं निवेद्य बन्धुभ्यो मुनिं तार्क्ष्यमुपाययौ ।
स बन्धुसहितस्तस्मै कथयित्वाथ किल्बिषम् ॥ १२७९ ॥
ददर्श तस्यैव पुरो हतं तं मुनिमक्षतम् ।
तार्क्ष्योऽथ सस्मितोऽवादीन्मत्सुतोऽयं हतस्त्वया ॥ १२८० ॥
तत्क्षणं प्राप्तजीवोऽसावत्रास्ते तपसो बलात् ।
ब्राह्मणप्रियकामानां द्विजशेषाशिनां सदा ॥ १२८१ ॥
न मृत्युभयमस्माकं व्रतिनां सत्यवादिनाम् ।
इति श्रुत्वा मुनिवचो हैहया विस्मयाकुलाः ।
हृष्टा ययुः प्रशंसन्तो ब्राह्मणान्ब्रह्मवादिनः ॥ १२८२ ॥

ब्राह्मणमाहात्म्यम् ॥ ३० ॥

पुरा वैन्यस्य राजर्षेरश्वमेधसभां मुनिः ।
अत्रिर्विवेश वित्तार्थी तं च तुष्टाव भूपतिम् ॥ १२८३ ॥
प्रजापतिस्त्वं प्रथमो महेन्द्रो वरुणो यमः ।
प्रकाश्यते जगत्कृत्स्नं त्वयैवांशुमता यथा ॥ १२८४ ॥
इति स्तुतेऽत्रिणा तत्र वैन्ये प्रोवाच गौतमः ।
अहो न धनकामानां मिथ्या चाटुप्रगल्भता ॥ १२८५ ॥
कथं प्रजापतिर्वैन्यो मिथ्या भवितुमर्हति ।
आक्षिप्तो गौतमेनेति तमत्रिः पुनरभ्यधात् ॥ १२८६ ॥
ततस्तयोः श्रुतिविदोर्मिथो विवदमानयोः ।
द्रष्टा सनत्कुमारोऽभून्मुनीन्द्रो मुनिसंसदि ॥ १२८७ ॥
स तयोः पृथगाकर्ण्य संदेहं नृपतिस्तुतौ ।
उवाचाभिहितं तथ्यमत्रिणा दैवतं नृपः ॥ १२८८ ॥
ब्राह्मणानुगृहीतस्य राज्ञो न हि विहन्यते ।
गतिर्वायुसनाथस्य दीप्तस्येव हविर्भुजः ॥ १२८९ ॥
वर्णाश्रमगुरुः श्रीमानिन्द्रो दण्डधरो यमः ।
साधुवादः समुदभूद्विपुलो नृपमण्डले ॥ १२९० ॥
ततस्तस्मै ददौ वैन्यस्तत्तोषाद्द्रविणं बहु ।
वितीर्य तदपत्येभ्यः स च प्रायात्तपोवनम् ॥ १२९१ ॥

वैन्योपाख्यानम् ॥ ३१ ॥

सरस्वतीं पुरा तार्क्ष्यः पप्रच्छ ब्राह्मणाग्रणीः ।
प्रवृत्तं च निवृत्तं च स्वधर्मं ब्रह्मचारिणाम् ॥ १२९२ ॥
सावदत्सतताध्यायी ब्रह्मज्ञो नियतः शुचिः ।
स्वर्गे यज्वा प्रदाता च मोदते त्रिदशैः सह ॥ १२९३ ॥
वापीषु हेमपद्मासु कल्पवल्लीवनेषु च ।
स्तूयमानो मुदं याति गीर्वाणैरमरीगणैः ॥ १२९४ ॥
ततोऽधिकं धेनुदाता लभते सुकृतं कृती ।
कुलानि हेलया सप्त संतारयति गोप्रदः ॥ १२९५ ॥

वृषं दत्वा रवेर्लोकं वासो दत्वा हिमत्विषः।
याति हेममहीकन्यादानैश्च सुरतुल्यताम् ॥ १२९६ ॥
एतादृशः शुचिर्विप्रो ब्रह्मज्ञो नियतेन्द्रियः।
स गवां लोकमासाद्य पश्यत्यव्ययमीश्वरम् ॥ १२९७ ॥
गृह्णाति नाशुचेर्वह्निः शुचिकामा हि देवताः।
अश्रोत्रियान्निराचारान्द्विषन्त्यविदुषः सदा ॥ १२९८ ॥
अग्निहोत्रात्समुत्पन्ना माताहं ब्रह्मवादिनाम्।
छेत्तुं संशयमायाता तेनैतत्कथितं मया ॥ १२९९ ॥
परं पुराणममलं पदं पश्यन्ति सूरयः।
सहस्रशाखं मन्मध्ये पुण्यगन्धं च वेतसम् ॥ १३०० ॥
तन्मूलात्परमानन्दमधुनिष्यन्दनिर्भराः।
सरन्ति शाखाभिमुखा महानद्यश्च सोदकाः ॥ १३०१ ॥

सरस्वतीतार्क्ष्यसंवादः ॥ ३२ ॥

श्रुत्वैतत्पाण्डुपुत्रेण मानवं चरितं पुनः।
पृष्टो जगाद सर्वज्ञो मुनिराद्यो मनीषिणाम् ॥ १३०२ ॥
तीव्रं तपः पुरा चक्रे बदर्याश्रमकानने।
तृतीयो ब्राह्मणः साक्षान्मुनिर्वैवस्वतो मनुः ॥ १३०३ ॥
तं कदाचित्समभ्येत्य कम्पमानः कृपानिधिम्।
उवाच चीरिणीतीरे मत्स्यो बलवतां भयात् ॥ १३०४ ॥
बालं खादन्ति विपुला मत्स्या मां त्रातुमर्हसि।
तच्छ्रुत्वा तं मुनिः स्वच्छे चिक्षेपानण्डजेऽम्भसि[1] ॥ १३०५ ॥
आवर्तमानं कालेन तत्र वृद्धिमुपागतम्।
वापीं निनाय सुचिरात्ततोऽपि सुरवाहिनीम् ॥ १३०६ ॥
ततश्च विपुलाकारं तमब्धिमनयन्मनुः।
महोदधिस्थितः काले स मत्स्यस्तमभाषत ॥ १३०७ ॥

---

१. 'चिक्षेप मणिकेऽम्भसि' इति पाठः 'अलिंजरे प्राक्षिपत्तं चन्द्रांशुसदृशप्रभे' इति भारतसंवादाद्योग्यः.

एकार्णवी भवद्विश्वः कालोऽयं समुपस्थितः ।
सह सप्तर्षिभिर्नावि सर्वबीजभृता त्वया ॥ १३०८ ॥
स्थातव्यं तत्स्थितं च त्वामहमेष्यामि शृङ्गवान् ।
मत्स्येन मुनिरित्युक्तः प्रययौ निजमाश्रमम् ॥ १३०९ ॥
ततः समुल्लसत्स्फारतरङ्गगणभीषणे ।
जलीभूतपुरग्रामगिरीन्द्रभुवने मनुः ।
कालेनाम्भःसु शान्तेषु तपसैवासृजत्प्रजाः ॥ १३१० ॥

मत्स्योपाख्यानम् ॥ ३३ ॥

कथं दृष्टं त्वया सर्वं सर्गान्तेष्विति भूभुजा ।
अनेकयुगविध्वंससाक्षी पृष्टोऽब्रवीन्मुनिः ॥ १३११ ॥
येयं द्वादशसाहस्री युगसंख्या किल श्रुता ।
अहर्ब्राह्मं तत्सहस्रं तदन्ते वर्तते तमः ॥ १३१२ ॥
विपर्यये ततः प्राप्ते बहुसूर्यार्दितं जगत् ।
प्रलये भस्मसाद्याति ससागरगिरीश्वरम् ॥ १३१३ ॥
वातनिर्दारिते लोके पुष्करावर्तकावृते ।
शनैरेकार्णवीभूते सुप्ते विश्वसृजि स्वयम् ॥ १३१४ ॥
तद्विधेऽहं पुरा काले तस्मिन्सलिलसंप्लवे ।
भ्रान्तः श्रान्तो निरालम्बो न विश्राम्यामि कुत्रचित्॥१३१५॥
ततो न्यग्रोधशाखाग्रपर्यन्तस्थितमीश्वरम् ।
अपश्यं पद्मपत्राक्षं बालं कृष्णमधोक्षजम् ॥ १३१६ ॥
प्रवेशितोऽहं वदने कृपयातीव विह्वलः ।
अपश्यं जठरे तस्य सनदीसागराम्बरम् ॥ १३१७ ॥
चतुर्दशविधं सर्गं नाभिपद्मभुवा सह ।
सोऽयं चतुर्भुजो देवः संबन्धी तव केशवः ।
निशम्येति मुनेर्वाक्यं सर्वे कृष्णं ववन्दिरे ॥ १३१८ ॥

मार्कण्डेयसमस्या ॥ ३४ ॥

पुनर्महीभुजा पृष्टो जघन्ययुगचेष्टितम् ।
मार्कण्डेयोऽवदद्भावि विमलाज्ञानलोचनः ॥ १३१९ ॥
कलौ लुप्तक्रियाचाराः शूद्राणां दासतां गताः ।
सर्वभक्ष्या भविष्यन्ति ब्राह्मणा ब्रह्मवर्जिताः ॥ १३२० ॥
ब्राह्मणेति समाहूताः क्रोधं यास्यन्ति लज्जिताः ।
शूद्रेभ्यः स्पृहयिष्यन्ति विपुलैश्वर्यकाङ्क्षिणः ॥ १३२१ ॥
राजानो दस्युचरिता बलिनो दुर्बलार्दने ।
अशक्तास्तत्परित्राणे भविष्यन्त्यल्पसंपदः ॥ १३२२ ॥
साधूनुत्सादयिष्यन्ति सोत्साहाः प्रभविष्णवः ।
अमन्दनर्मक(च)टुका दुष्टा नृपतिचेटकाः ॥ १३२३ ॥
धनं जायाः शरीराणि हरिष्यन्त्यवहेलया ।
प्रजानामश्रुताक्रन्दा बलिनो राजवल्लभाः ॥ १३२४ ॥
ब्राह्मणैः कृतसंबन्धा मिथ्या ब्राह्मणवादिनः ।
आधिपत्ये करिष्यन्ति शूद्राः शस्त्रोपजीविनः ॥ १३२५ ॥
द्रष्टारो धर्मसंदेहे शूद्रा ग्रामपुराधिपाः ।
गुरवश्च भविष्यन्ति मन्त्रतन्त्रोपजीविनः ॥ १३२६ ॥
जपव्रतधराः केचिद्वृषला मन्त्रसंवृताः ।
हविर्हुताशे क्षेप्स्यन्ति सदास्रुक्स्रुवपाणयः ॥ १३२७ ॥
विप्राः पानार्थिनो येषां वशीकरणसादराः ।
पाखण्डिभ्यो ग्रहीष्यन्ति दीक्षां मुग्धाश्च जन्तवः ॥ १३२८ ॥
राजमार्गावलोकिन्यो नार्यस्त्यक्तगृहक्रियाः ।
पत्यौ विद्वेषमेष्यन्ति विटानालोक्य सोत्सुकाः ॥ १३२९ ॥
वेश्याश्चण्डालगामिन्यो भोगमोक्षे गतत्रपाः ।
पुंसां सर्वं हरिष्यन्ति गुरुभिर्द्रविणार्थिनः ॥ १३३० ॥
कन्या बलाद्बन्धुवधूरोदनारब्धमङ्गलाः ।
अकालकुसुमाकाराः शिशवो व्रतशालिनः ॥ १३३१ ॥

लब्धसर्गास्तथा वृद्धा बालाः सुरतलम्पटाः।
जटाभृतश्चटीसक्ताः श्रमणाश्च कलत्रिणः॥ १३३२॥
मुनयो दीर्घरोगार्ताः पापशीला निरामयाः।
न्यासापहारिणो लुब्धाः सत्यशीलमदोज्झिताः॥ १३३३॥
भ्रष्टाचारा भविष्यन्ति प्रजा युगविपर्यये।
उत्कोचजीविनो वाचा धर्मसंकोचकारिणः॥ १३३४॥
कायस्थाः क्ष्मां करिष्यन्ति सुषिरां मूषिका इव।
कूटविक्रयिणो व्याजतुल्यामानविधायिनः॥ १३३५॥
सहसा वृद्धिमाप्स्यन्ति वणिजो दिनतस्कराः।
व्याधिसंधारणोपायजीविका हि चिकित्सकाः॥ १३३६॥
अशास्त्रज्ञाश्चरिष्यन्ति कृतान्तस्येव किंकराः।
धूमो यत्रानलस्तत्रेत्येतावति कृतश्रमाः।
विद्वत्पूजामवाप्स्यन्ति क्षणिकज्ञानवादिनः॥ १३३७॥
यज्ञे दाने व्रते सत्ये मिथ्योपायैः प्रकल्पितम्।
विधास्यन्ति प्रतिनिधिर्य(धिं य)ज्ञक्लेशासहिष्णवः॥ १३३८॥
तृष्णार्ताय न पानीयमपि दास्यन्ति ये पथि।
लप्स्यन्ते भोजनं तेभ्यः को नाम क्षुधितो जनः॥ १३३९॥
भार्याविनिमयो मैत्री मुग्धद्रोहो विदग्धता।
पराक्रमः सुप्तवधो भविष्यति मिथो नृणाम्॥ १३४०॥
दैवाद्धर्मपरः कश्चिद्यदि नाम भविष्यति।
तेनैव दुर्निमित्तेन तस्यायुः क्षयमेष्यति॥ १३४१॥
शनैः प्ररूढे द्रव्येषु दाने मूल्ये चतुर्गुणे।
अदत्तशुल्का यास्यन्ति कुमार्गैर्भाण्डजीविनः॥ १३४२॥
स्वान्नेषु मन्दरुचयः परान्ने दीप्तवह्नयः।
आकण्ठमुदरस्फोटं भोक्ष्यन्ते लोलुपा मिथः॥ १३४३॥
सप्तवर्षासु नारीषु मनुजा दशवत्सराः।

जनयिष्यन्त्यपत्यानि ह्रस्वा ह्रस्वबलायुषः ॥ १३४४ ॥
ततो म्लेच्छसमाकीर्णं जगत्सर्वं भविष्यति ।
अविभागममर्यादं विध्वस्तनिखिलक्रियम् ॥ १३४५ ॥
इति याते परां कोटिं किल्बिषैराकुले कलौ ।
द्विजेन्द्रः शम्बलग्रामे श्रीमानुत्पत्स्यते शिशुः ॥ १३४६ ॥
यः कर्कितनयः ख्यातो नाम्ना विष्णुयशा इति ।
म्लेच्छानुत्साद्य तरसा क्षितिं प्रत्यानयिष्यति ॥ १३४७ ॥
ततः पुनः कृतयुगे प्रवृत्ते मधुमासवत् ।
उत्फुल्लधर्मकुसुमा मही रम्या भविष्यति ॥ १३४८ ॥

भविष्यत् ॥ ३५ ॥

भूमिदेवाः सदा पूज्यास्त्वया राजन्बुभूषता ।
तत्संविभागिना बालदुर्बलानाथरक्षिणा ॥ १३४९ ॥
पावको भगवान्विप्रो दहत्यरमथ क्षणात् ।
मा कदाचित्कृथाः पार्थ तस्माद्विप्रेऽवमाननाम् ॥ १३५० ॥
परिक्षिन्नाम राजाभूदिक्ष्वाकुकुलभूषणः ।
नीतो विमुद्रतां येन समुद्रो रत्नशोषिणा ॥ १३५१ ॥
स कदाचिद्वने धन्वी मृगयारसिको जवात् ।
हृतो दूरं तुरङ्गेन(ण) पार्ष्णिसंस्पर्शरोषिणा ॥ १३५२ ॥
मृगानुसारी रहितश्छत्रेण व्यजनेन च ।
स्वेदाम्बुबिन्दुखचितः सोऽभिजातः क्लमं ययौ ॥ १३५३ ॥
स्नातो गतश्रमस्तत्र निषण्णः पल्लवासने ।
वीज्यमानो बभौ हंसैर्विलोलैर्व्यजनैरिव ॥ १३५४ ॥
तस्य बालानिलालोलवी(वे)णीवलयशालिनीम् ।
तीरे ददर्श गायन्तीं कन्यां पुष्पोच्चयाकुलाम् ॥ १३५५ ॥
लावण्यसलिलस्मेरां कुचपङ्कजकोरकाम् ।
शिञ्जानमधुपालापामपरामिव पद्मिनीम् ॥ १३५६ ॥

स तां दृष्ट्वेन्दुवदनां मदनोद्यानकौमुदीम् ।
विस्मयस्मरहर्षाणां किमप्यायाद्विधेयताम् ॥ १३५७ ॥
भज मामिति तेनोक्ता नवप्रणयशालिना ।
उवाच सा स्मरवती लज्जानतविलोचना ॥ १३५८ ॥
स्थातव्यं निर्जने देशे मयेति नृपसंविदा ।
भजेऽहं त्वां सुरस्त्रीणामपि चेतो विलोभनम् ॥ १३५९ ॥
इत्युक्तः सुधिया हृष्टस्तथेत्युक्त्वा निजां पुरीम् ।
तयैव सहितः प्रायात्स्कन्धावारेण संगतः ॥ १३६० ॥
स तया तत्र संभोगसंभावितमनोभवः ।
विजहार सुरोद्याने प्रधानामात्यकल्पिते ॥ १३६१ ॥
लीलावतीसहायस्य तत्र तस्य विलासिनः ।
विपुलोऽपि ययौ कालः क्षणवत्स्मरदक्षिणः ॥ १३६२ ॥
कदाचिदथ सा तस्मिन्सरसीं केलिकानने ।
ददर्श सुरतश्रान्ता कलहंससितस्मिताम् ॥ १३६३ ॥
तस्यां पत्युर्गिरा नेत्रच्छायासंदेहितोत्पला ।
ममज्ज हारिणि जले नोन्ममज्ज च सुन्दरी ॥ १३६४ ॥
ततस्तद्विरहोदग्रवह्निव्याप्ततनुर्नृपः ।
निःस्राव्य[1] वापीं नापश्यत्तां मण्डूकान्ददर्श च ॥ १३६५ ॥
तैरात्तां[2] मन्यमानोऽथ स शोकाकुलमानसः ।
चकार सर्वमण्डूकनिःशेषवधनिश्चयम् ॥ १३६६ ॥
तद्गिरा जलतीरेषु जघ्नुर्मण्डूकमण्डलम् ।
सेवकास्तद्वधोत्साहे कृतोपायनसंविदः ॥ १३६७ ॥
ततः क्षयार्तो मण्डूकराजस्तापसविग्रहः ।
ययाचे नृपमभ्येत्य जीवरक्षां जलौकसाम् ॥ १३६८ ॥
अर्थ्यमानोऽपि नृपतिर्न यदा विरराम सः ।
जलौकसामधिपतिस्तदा दुःखाकुलोऽवदत् ॥ १३६९ ॥

१. निःसारितजलां विधाय. २. आत्तां समन्ततो जग्धाम्.

आयुर्नामास्मि मण्डूकराजः सा तनया मम ।
अ॑शोभना नाम तया नृपाः के न विडम्बिताः ॥ १३७० ॥
गृहाण तामिति नृपं निगद्योज्जीवयन्निव ।
आहूय पुत्रीं प्रोवाच पुरः सन्निहितेक्षणम् ॥ १३७१ ॥
आयासितोऽहं विवशो विद्युच्चपलया त्वया ।
वञ्चनां भूमिपालानां रचयन्त्या हृतात्मनाम् ॥ १३७२ ॥
अब्राह्मण्यास्तव सुता भविष्यन्त्यनृतव्रताः ।
इत्युक्त्वा तां नरेन्द्राय दत्त्वा प्रायात्स्वमालयम् ॥ १३७३ ॥
तां प्राप्य पद्मवदनां नृपः प्रमदनिर्भरः ।
सुधयेव नवीभूतं पुनर्जगदमन्यत ॥ १३७४ ॥
तस्य तस्यां सुताः काले बभूवुर्नृपतेस्त्रयः ।
शलो दलो बलश्चेति पितुस्तुल्यपराक्रमाः ॥ १३७५ ॥
संप्राप्तयौवनं राज्ये ज्येष्ठं धृत्वा शलं नृपः ।
परिक्षित्तपसे प्रायाद्वनमिक्ष्वाकुनन्दनः ॥ १३७६ ॥
शलः संप्राप्तराज्योऽथ कदाचिद्विपिने रथी ।
मृगानुसारी प्रोवाच तूर्णं याहीति सारथिम् ॥ १३७७ ॥
सूतस्तमवदद्राजन्नैष शक्यस्त्वया मृगः ।
प्राप्तुं वा॑म्यावपि हयौ तवारुह्य मनोजवौ ॥ १३७८ ॥
तच्छ्रुत्वा कौतुकाविष्टः स तं पप्रच्छ पार्थिवः ।
वाम्यौ हयौ क्व विद्येते सत्यं कथय कस्य तौ ॥ १३७९ ॥
इत्याग्रहेण पृष्टोऽसौ राज्ञा भीतोऽवदच्छनैः ।
तौ हयौ वामदेवस्य मुनेर्वाताधिकौ जवे ॥ १३८० ॥
निशम्य सारथिवचो वामदेवाश्रमं शलः ।
तूर्णं गत्वाश्वयुगलं ययाचे श्रीमदोद्धतः ॥ १३८१ ॥
दातव्यौ कृतकार्येण वचसेति ययौ नृपः ।
वितीर्णौ वामदेवेन समारुह्य ययौ जवात् ॥ १३८२ ॥

---

१. 'सुशोभना' भारते. २. 'वामदेवीयौ' भारतटीका.

संप्राप्तहरिणस्ताभ्यां हृष्टो गत्वा निजां पुरीम् ।
राजार्हौ न मुनेर्योग्यावेताविव्यकरोन्मतिम् ॥ १३८३ ॥
वामदेवस्य शिष्येण विसृष्टेनैत्य याचितः ।
न ददौ तुरगौ लुब्धो विभवेन विमोहितः ॥ १३८४ ॥
ततः स्वयं समभ्येत्य वामदेवः क्रुधा ज्वलन् ।
तमुवाच निजौ राजन्प्रयच्छ तुरगाविति ॥ १३८५ ॥
राजावदद्द्वहन्तु त्वां शिक्षिता बलिनो वृषाः ।
रासभा मद्वितीर्णा वा राजयोग्यौ तु तौ हयौ ॥ १३८६ ॥
इति ब्रुवाणं नृपतिं मुनिक्रोधसमुद्भवा ।
शूलहस्ता महाकाया जघ्नुर्घोरा निशाचराः ॥ १३८७ ॥
शले हते दलो राजा बभूव मलिनाशयः ।
तमप्यभ्येत्य कालेन तौ ययाचे हयौ मुनिः ॥ १३८८ ॥
तुरगौ याचमानाय तस्मै क्रोधाकुलोऽथ सः ।
प्राहिणोद्धनुराकृष्य विषदिग्धं शिलीमुखम् ॥ १३८९ ॥
वामदेवगिरा सोऽथ शरो हृदयदारणः ।
दलस्य वल्लभं पुत्रं प्रतीपपतितोऽवधीत् ॥ १३९० ॥
अन्तःपुरे से(श्ये)नजिति क्षितिपालात्मजे हते ।
तमेव शरणं प्रायान्नृपपत्नी मुनीश्वरम् ॥ १३९१ ॥
पुनर्द्वितीयमुत्स्रष्टुं सायकं दलमुद्यतम् ।
मुनिः संस्तम्भ्य दृष्ट्यैव चित्रार्पितमिवाकरोत् ॥ १३९२ ॥
ततो विनयवादिन्या ब्राह्मण्यकुलजातया ।
प्रसादितो राजपत्न्या विरराम रुषो मुनिः ॥ १३९३ ॥
तयार्थितो वरं राज्ञे स ददौ सरलाशयः ।
ब्रह्मदोषोद्भवं पापं तेन तत्याज भूपतिः ॥ १३९४ ॥
पूजितो नम्रशिरसा तद्दत्तौ प्राप्य तौ हयौ ।
राज्ञा मुनिः सभार्येण विसृष्टः स्वाश्रमं ययौ ॥ १३९५ ॥

इति कोपाग्निभिर्ग्राह्यैर्वनानामिव भूभुजाम्।
स्मृतिशेषा विधीयन्ते मुहूर्तेनैव संपदः ॥ १३९६ ॥

मण्डूकोपाख्यानम् ॥ ३६ ॥

अपि त्वत्तोऽस्ति दीर्घायुरिति पृष्टो महर्षिभिः।
युधिष्ठिरेण च पुनर्मार्कण्डेयोऽभ्यभाषत ॥ १३९७ ॥
इन्द्रद्युम्नः पुरा राजा पुराणो यज्वनां वरः।
प्रणष्टकीर्तिः कालेन क्षीणपुण्योऽपतद्दिवः ॥ १३९८ ॥
सोऽपश्यत्प्रच्युतः स्वर्गात्सुमेरुरिव जङ्गमः।
गुल्फप्रमाणाः कालेन प्रजा ह्रस्वत्वमागताः ॥ १३९९ ॥
स वृद्धान्दिक्षु पप्रच्छ विचिन्वन्कीर्तिमात्मनः।
अपि स्मरति वः कश्चिदिन्द्रद्युम्नं महीपतिम् ॥ १४०० ॥
ते तमूचुर्न सोऽस्माभिः श्रुतो राजा कथास्वपि।
तच्छ्रुत्वा दुःखितोऽभ्येत्य मामपृच्छत्स पार्थिवः ॥ १४०१ ॥
मुने जानासि मां कच्चिदिन्द्रद्युम्नं नरेश्वरम्।
इत्यादरादहं तेन पृष्टो राज्ञा तमभ्यधाम् ॥ १४०२ ॥
सप्तकल्पप्रमाणोऽपि त्वां राजन्न स्मराम्यहम्।
अस्ति मत्तोऽपि दीर्घायुर्हिमवत्कन्दराश्रयः ॥ १४०३ ॥
प्राकारकर्णो जानाति त्वामुलूकः स चेन्नृप।
सुदूरं तद्गिरेर्वर्त्म कथं ते दर्शयाम्यहम् ॥ १४०४ ॥
मयेत्यभिहितो राजा तं दिदृक्षुर्दयाकुलः।
उवाह मां हयो भूत्वा विषमे हिमवत्तटे ॥ १४०५ ॥
ततस्तूर्णं तमेत्याहमपृच्छं रजनीखगम्।
अपि स्मरसि राजानमिन्द्रद्युम्नमिति स्मयात् ॥ १४०६ ॥
सोऽवदन्न मया दृष्टः श्रुतो वा स महीपतिः।
नाडीजङ्घोऽतिदीर्घायुर्जाने जानाति तं बकः ॥ १४०७ ॥
तच्छ्रुत्वा सह तेनैव सरस्तीरनिकेतनम्।
नाडीजङ्घं समेत्याहमपृच्छं भूमिपाग्रगः ॥ १४०८ ॥

इन्द्रद्युम्नाभिधः कच्चिदपि राजा श्रुतस्त्वया ।
सोऽवदन्न स भूपालो वृद्धेनापि मया श्रुतः ॥ १४०९ ॥
कच्छपोऽस्ति सरस्यस्मिन्मत्तोऽपि चिरजीवितः ।
अकूबराभिधः शङ्के स तं जानाति भूमिपम् ॥ १४१० ॥
इत्युक्त्वा तं समाहूय सहास्माभिः स खेचरः ।
कूर्मराजमपृच्छत्तमिन्द्रद्युम्नस्मृतिं प्रति ॥ १४११ ॥
पृष्टोऽथ कूर्मः प्रोवाच सहसा भयविद्रुतः ।
जानाम्येनमहं वीरं राजानं यज्वनां वरम् ॥ १४१२ ॥
यज्ञेषु येन चित्यासु बहुशोऽहं निषेवितः ।
इन्द्रद्युम्नसरश्चेदं यस्य गोदानवारिभिः ॥ १४१३ ॥
इति संकीर्तिते नाम्नि यशसा सह भूभृतः ।
दिव्यं विमानमादाय देवदूतः समाययौ ॥ १४१४ ॥
यशःपीयूषलिखिता यावन्नामाक्षरावली ।
श्रूयते पुरुषस्तावदशरीरोऽपि जीवति ॥ १४१५ ॥
ततो मां तमुलूकं च स्वस्थाने विनिधाय सः ।
ययौ कीर्तिपताकेन विमानेन दिवं नृपः ॥ १४१६ ॥

इन्द्रद्युम्नोपाख्यानम् ॥ ३७ ॥

तच्छ्रुत्वा पाण्डुतनयो मुनिं पप्रच्छ विस्मितः ।
कुवलाश्वः कथं राजा धुन्धुमारत्वमागतः ॥ १४१७ ॥
इति पृष्टो नृपतिना व्याजहार पुनर्मुनिः ।
तस्थौ कृताश्रमः पूर्वमुत्तङ्को मरुधन्वसु ॥ १४१८ ॥
तपसा तेन तीव्रेण देवदेवं हरिं मुनिः ।
ददर्श विमलज्ञानस्तुष्टाव च कृताञ्जलिः ॥ १४१९ ॥
तत्स्तोत्रतुष्टो विश्वेशः कृतकृत्यं विधाय तम् ।
उवाच कार्यं देवानां त्वया कार्यं महामुने ॥ १४२० ॥
मधुकैटभयोः पुत्रं धुन्धुं त्रैलोक्यकण्टकम् ।
इक्ष्वाकुवंशजातेन राज्ञा त्वं मारयिष्यसि ॥ १४२१ ॥

इत्युक्त्वा भगवान्विष्णुः सहसैव तिरोदधे।
उत्तङ्कश्च हरिं ध्यायन्बभूवानन्दनिर्भरः॥ १४२२॥

अथ कालेऽतिविपुले याते सूर्यान्वयी नृपः।
काकुत्स्थो बृहदश्वाख्यः शतक्रतुसमोऽभवत्॥ १४२३॥

कुवलाश्वः सुतस्तस्य बभूवातुलविक्रमः।
वीराणां यस्य पुत्राणां सहस्राण्येकविंशतिः॥ १४२४॥

बृहदश्वः सुतं राज्ये कुवलाश्वं निधाय तम्।
प्रतस्थे तपसे धीमानरण्यं पृथिवीपतिः॥ १४२५॥

तं प्रस्थितं समभ्येत्य मुनिर्मान्यः कृताञ्जलिम्।
उवाच तेजसां राशिरुत्तङ्कः पृथुविक्रमम्॥ १४२६॥

न वनं राजशार्दूल गन्तुमर्हसि विप्रवत्।
प्रजासंरक्षणं नाम भूभुजां परमं तपः॥ १४२७॥

जगत्संहारसंरब्धो धुन्धुर्नाम महासुरः।
क्लिश्नाति भुवनं नित्यं तं हत्वा काननं व्रज॥ १४२८॥

पुरा जगन्निवासस्य निद्रालोः शेषशायिनः।
चक्रतुर्नाभिकमलाधूननं मधुकैटभौ॥ १४२९॥

कम्पमाने महापद्मे विधौ त्रस्ते तदन्तरे।
प्रबुद्धः पुण्डरीकाक्षस्तौ ददर्शाथ कौतुकात्॥ १४३०॥

ततः प्रहस्य भगवांस्ताववादीन्महासुरौ।
गृह्णीतं मे वरं वीरौ तुष्टोऽहं युवयोरिति॥ १४३१॥

तावूचतुस्तं वरदावावां न खलु याचकौ।
अस्मद्वरं गृहाण त्वं याच्ञायोग्या भवद्विधाः॥ १४३२॥

इत्युक्तः केशवस्ताभ्यां विमृश्य क्षणमभ्यधात्।
एवमस्तु वरादद्य भवेयं भवदन्तकः॥ १४३३॥

सत्यव्रतौ तदाकर्ण्य तावब्रूतां तथेति तम्।
असंवृते निराकाशे नौ वधोऽस्त्विति संविदा॥ १४३४॥

तावूर्वोरथ वैकुण्ठश्चक्रनिष्कृत्तमस्तकौ ।
न्यवधीद्रुधिरोद्गारसंपूरितदिगन्तरौ ॥ १४३५ ॥

तयोः सुतोऽसौ बलवान्धुन्धुर्निर्जितनिर्जरः ।
वालुकान्तर्गतः शेते सिकता जलधेस्तटे ॥ १४३६ ॥

उज्ज्वालकाभिधे देशे मग्नस्तस्मिन्स दुर्मतिः ।
त्रैलोक्यं तपसा सर्वं तेजस्वी दग्धुमिच्छति ॥ १४३७ ॥

प्रतिसंवत्सरं तत्र तस्य श्वासः प्रवर्तते ।
सप्ताहं कम्पते येन धरा साब्धिधराधरा ॥ १४३८ ॥

तदुच्छ्वाससमुद्भूतवालुकाधूलिमीलितम् ।
नष्टालोकं जगत्सर्वं न परिस्पन्दते क्वचित् ॥ १४३९ ॥

तस्य तैर्दुर्विलसितैराश्रमो मे तपस्यतः ।
संतप्तवालुकापूर्णो विध्वस्तः शुष्कपादपः ॥ १४४० ॥

जहि तं पृथिवीपाल दैत्यं समरदुर्मदम् ।
नहि लोकपरित्राणमन्यत्रेक्ष्वाकुसंततेः ॥ १४४१ ॥

इत्युक्तङ्कवचः श्रुत्वा बृहदश्वोऽवदन्नृपः ।
मत्सुतः कुवलाश्वस्तं रणे दैत्यं हनिष्यति ॥ १४४२ ॥

इत्युक्ते पुत्रमादिश्य तद्वधे मुनिशासनात् ।
जगाम तपसे राजा संतोषामृतनिर्भरः ॥ १४४३ ॥

सहस्रैरथ पुत्राणां सहितः पृथुविक्रमैः ।
चखान सैकतं देशं कुवलाश्वो रणोत्सुकः ॥ १४४४ ॥

निखातेऽब्धितटे दैत्यं दुर्निरीक्ष्यं स्वतेजसा ।
विष्णुनाप्यायितबलः स ददर्श बलोत्कटम् ॥ १४४५ ॥

कुवलाश्वसुतैर्नानाशस्त्रवृष्टिभिरर्दितः ।
दानवः सोऽथ निःश्वासैस्तत्सैन्यमदहत्क्षणात् ॥ १४४६ ॥

ततः समभवद्युद्धं दिव्यास्त्रत्रासदुःसहम् ।
कुवलाश्वस्य नृपतेर्धुन्धोश्च सुरवैरिणः ॥ १४४७ ॥

ब्रह्मास्त्रेणाथ विस्फूर्जद्वह्निज्वालाजटायुषा ।
ददाह तं बलोदग्रं दैत्यमिक्ष्वाकुनन्दनः ॥ १४४८ ॥
इति धुन्धुवधाद्राजा स यातो धुन्धुमारताम् ।
तस्मिन्निपतिते प्रायात्स्वपुरीं सुरपूजितः ॥ १४४९ ॥

धुन्धुमारोपाख्यानम् ॥ ३८ ॥

सतीनां श्रोतुमिच्छामि प्रभावमधुना प्रभो ।
पृष्टो युधिष्ठिरेणेति मुनिः पुनरभाषत ॥ १४५० ॥
ब्राह्मणः कौशिको नाम तेजस्वी नियतः पुरा ।
स्वाध्यायनिरतस्तस्थौ मूले विपुलशाखिनः ॥ १४५१ ॥
विहङ्गशकृतो बिन्दुर्मूर्ध्नि तस्यापतत्सितः ।
तद्दृष्ट्वा तरुशाखाग्रमालुलोके रुषाकुलः ॥ १४५२ ॥
तस्य कोपारुणैरासीद्दृष्टिपातैः सपादपः ।
दावानलशिखाजालैरामूलमिव मालितः ॥ १४५३ ॥
ततस्तेन तरोरग्रे बलाका कोपचक्षुषा ।
दृष्टमात्रैव सहसा पपात गतजीविता ॥ १४५४ ॥
पश्चात्तापाभिभूतोऽथ तां दृष्ट्वा पतितां द्विजः ।
अकार्यकारितां शोचन्निनिन्द क्रोधमात्मनः ॥ १४५५ ॥
मन्दायमाने दिवसे सोऽथ ग्रामे कुलावलीम् ।
गत्वा ययाचे त्वरया भिक्षां द्विजकुटुम्बिनीम् ॥ १४५६ ॥
तिष्ठेत्युक्तस्तया यावत्स मुहूर्तं विलम्बते ।
तावत्कुलपतिस्तस्याः क्षुधार्तः पतिराययौ ॥ १४५७ ॥
सा ततोऽर्थिनमुत्सृज्य भर्तारं भर्तृदैवता ।
चिरं पर्यचरत्साध्वी पाद्यपूजासनादिभिः ॥ १४५८ ॥
ततो भिक्षां समादाय निर्ययौ सा पतिव्रता ।
चिरप्रतीक्षणरुषा बभाषे तां च कौशिकः ॥ १४५९ ॥
तिष्ठेत्युक्त्वा कथं भैक्षे विघ्नं मे कृतवत्यसि ।
भिक्षातोऽप्यधिको लाभो निषेधोऽप्यविलम्बितः ॥ १४६० ॥

ब्रह्मण्यानां कुले जाता ब्राह्मणानवलिम्पसि[1] ।
मत्कोपान्न भवन्त्येव महेन्द्रप्रमुखा अपि ॥ १४६१ ॥
पतिव्रता समाकर्ण्य तमूचे विनतानना ।
जानेऽहं ब्राह्मणान्विप्र यैरपेयः कृतोऽम्बुधिः ॥ १४६२ ॥
सर्वात्मना तु मे भर्ता पूज्यो नान्यत्परायणम् ।
पतिशुश्रूषया स्त्रीणां दिव्यं ज्ञानं प्रवर्तते ॥ १४६३ ॥
सा वराकी बलाकाद्य त्वया दग्धा क्रुधा द्विज ।
न तत्तपस्विनः साधोर्युक्तं तव विपश्चितः ॥ १४६४ ॥
घोरः शत्रुः शरीरस्थः पुंसां क्रोधानलः किल ।
मोहधूमचयैर्यस्य न पश्यन्त्यन्धकारिताः ॥ १४६५ ॥
सर्वभूतेषु करुणा वैराग्यं विषयेषु च ।
शक्तिर्दमे च सत्ये च ब्राह्मण्यमभिधीयते ॥ १४६६ ॥
विद्वानपि न जानीसे धर्माणां तत्वनिश्चयम् ।
सूक्ष्मा धर्मस्य गतयो ज्ञायन्ते न हि हेलया ॥ १४६७ ॥
अपि स्वधर्मनिरतो मिथिलायां यतव्रतः ।
पितृसेवारतो व्याधः स ते धर्मं प्रवक्ष्यति ॥ १४६८ ॥
क्षम्यतां यन्मयोक्तोऽसीत्येवं सोऽभिहतस्तया ।
त्यक्तकोपो ययौ तूर्णं मिथिलां जातकौतुकः ॥ १४६९ ॥
तत्राथ विविधं मांसं विक्रीणानं पराहतम् ।
धर्मव्याधं स दूरस्थो ददर्श जनसंकुले ॥ १४७० ॥
व्याधोऽपि तं समालोक्य सहसाभ्येत्य सादरम् ।
पूजयित्वावदत्सत्या प्रेषितस्त्वमिहागतः ॥ १४७१ ॥
धर्मं वक्ष्यामि ते सर्वं गृहमागम्यतां मम ।
इत्युक्तस्तेन सहितस्तद्गृहं प्रययौ द्विजः ॥ १४७२ ॥
विगतक्लममासीनं तत्र व्याधो जगाद तत् ।
बहुशाखस्य धर्मस्य संक्षेपः श्रूयतां द्विज ॥ १४७३ ॥

---

१. 'नवलम्बसि' क-ख.

निन्द्यामपि निजां वृत्तिमहिंसानिरतः शुचिः।
न त्यजामि स्वधर्मस्थः पितृशुश्रूषणव्रतः॥ १४७४॥
स्वधर्ममपरित्यज्य वर्तते यो गृहाश्रमे।
शुचिः सत्यव्रतो दान्तः सदाचारः सदोच्यते॥ १४७५॥
कृतापचारेऽप्यक्रोधाः करुणास्निग्धलोचनाः।
समानाः सुखदुःखेषु शिष्टा धर्मस्य भाजनम्॥ १४७६॥
विचार्यमाणो बहुशः सूक्ष्मोऽयं धर्मनिर्णयः।
चोदनाविहिते मार्गे हिंसाप्यायाति धर्मताम्॥ १४७७॥
पशुहिंसैव यज्ञेषु परो धर्मः प्रकीर्तितः।
मांसप्रिया हि सततं पावकप्रमुखाः सुराः॥ १४७८॥
यतयो न्यस्तकर्माणः पद्भ्यां मृद्नन्ति संततम्।
शयाना वा निजैरङ्गैरदृश्यान्सूक्ष्मकीटकान्॥ १४७९॥
तस्मात्सर्वसमर्थानां मनः शुद्धिकृतं फलम्।
व्यञ्जकं कर्मणां नित्यं परत्रेह च देहिनाम्॥ १४८०॥
मानसेन प्रयत्नेन कर्मणो हि विचित्रता।
संकरः सुखदुःखानामन्यथा नोपपद्यते॥ १४८१॥
ऐश्वर्यशालिनः पापा धनहीना हि साधवः।
दृश्यन्ते विषमाः सर्वे तुल्यनक्षत्रमङ्गलाः॥ १४८२॥
महाकुलेषु जायन्ते चौराः पातककारिणः।
नीचवंशेषु विद्वांसः स्नानशीलाश्च जन्तवः॥ १४८३॥
जरामरणदौर्गत्यविपदो न स्युरुत्कटाः।
वासनाचेष्टितस्येत्थं कर्मबन्धः शरीरिणः।
निर्लेपो निष्प्रपञ्चश्च परमात्मा न नश्यति॥ १४८४॥
इत्युक्त्वा विस्मयाक्रान्तं तं नीत्वा मन्दिरान्तरम्।
पितरौ दर्शयित्वासौ विनयात्पुनरभ्यधात्॥ १४८५॥
पश्यैतौ दैवतधिया पितरौ पूजितौ मया।
एतद्भक्त्या परां निष्ठां प्राप्तोऽहं ज्ञानलोचनः॥ १४८६॥

अन्यस्मिञ्जन्मनि मया मुनिः सारङ्गशङ्कया ।
विद्धः पुरा मार्गणेन तच्छापाद्व्याधता मम ॥ १४८७ ॥
विशल्योऽथ कृतस्तस्मान्मया चानुप्रसादितः ।
पितृशुश्रूषया मह्यं स जातिस्मरतां ददौ ॥ १४८८ ॥
त्वया तु कानने पूर्वं व्रजता तपसे द्विज ।
वियोगदुःखे पितरौ पातितौ गतलोचनौ ॥ १४८९ ॥
तौ गत्वा पुनराराध्य तपसः फलमाप्स्यसि ।
इत्युक्तः कौशिकस्तेन गत्वा तत्कृतवान्कृती ॥ १४९० ॥

पतिव्रतोपाख्यानम् ॥ ३९ ॥

श्रुत्वैतत्पाण्डुतनयः पर्यपृच्छत्पुनर्मुनिम् ।
अग्नीनां विविधं वंशं षण्मुखस्य च संभवम् ॥ १४९१ ॥
स तेन पृष्टः प्रोवाच श्रूयतां धर्मनन्दनः ।
पुराणं पुण्यमाख्यानं श्रूयते श्रुतिषु प्रभो ॥ १४९२ ॥
मन्दायमानमहसि प्रण(न)ष्टे पावके पुरा ।
अग्नित्वमकरोत्साक्षात्तेजस्वी मुनिरङ्गिराः ॥ १४९३ ॥
प्रतिष्ठामथ पूर्वोऽग्निस्तद्गिरा पुनरागतः ।
पुत्रत्वे कल्पयामास स्वयमङ्गिरसं मुनिम् ॥ १४९४ ॥
अभूदङ्गिरसः सूनुर्गुरुः श्रीमान्बृहस्पतिः ।
सं(शं)युर्नाम प्रदीप्तार्चिरग्निः पुत्रो बृहस्पतेः ॥ १४९५ ॥
अश्वमेधे सदा यस्य कल्प्यते पशुरग्रजैः ।
सं(शं)योः सुतो भरद्वाजो भरताख्यश्च पावकः ॥ १४९६ ॥
भरद्वाजस्य तनयो वह्निर्नाम्ना रथप्रभुः ।
अग्निश्च भरतो नाम भरतस्यात्मजस्ततः ॥ १४९७ ॥
रथप्रभोर्निश्च्यवनो विपापोऽग्निस्ततोऽभवत् ।
ततोऽभून्निकृ(ष्कृ)तिर्नाम सुराख्यस्तत्सुतो नलः ॥ १४९८ ॥

१. 'स्वनाख्य' इति भारतसंवादात्.

विश्वजस्तस्य[1] तनयो विश्वभुक्तस्य चात्मजः।
कर्मण्यः पापयज्ञेषु[2] पावको गोपतिस्ततः[3] ॥ १४९९ ॥
वडवाग्निस्ततो घोरस्ततो मन्युर्जनान्तकृत्।
दिव्यरूपस्ततो धन्वी तथा कामाभिधोऽनलः ॥ १५०० ॥
अमोघाख्यस्ततश्चोक्तो बहिरुक्थाह्वयस्ततः।
तेषां च विपुले वंशे संभूता बहवोऽनलाः ॥ १५०१ ॥
इत्युक्तं विविधं कर्म पृथग्येषु प्रतिष्ठितम्।
तेषां परस्परस्पर्शे भ्रंशे समयविप्लवे।
इष्टयोऽष्टाकपालेन विधेया गृहमेधिभिः १५०२ ॥
पुरा देवासुरे युद्धे जयिनो वीक्ष्य दानवान्।
महेन्द्रो निजसेनानां नायकं समचिन्तयत् ॥ १५०३ ॥
स चिन्ताव्याकुलो गत्वा विविक्तं मानसं गिरिम्।
निशम्य करुणाक्रन्दमभ्यधावत्कृपानिधिः ॥ १५०४ ॥
ह्रियमाणां ततोऽपश्यत्क्रोशन्तीं दिव्यकन्यकाम्।
केशिना दानवेन्द्रेण गजेन कदलीमिव ॥ १५०५ ॥
ततो युद्धेन तं जित्वा विद्राव्य च शतक्रतुः।
कन्यकामिति पप्रच्छ सा च पृष्टा तमब्रवीत् ॥ १५०६ ॥
अहं प्रजापतेर्ज्येष्ठा देवसेनाभिधा सुता।
कन्यका दैत्यसेनाख्या द्वितीया च ममानुजा ॥ १५०७ ॥
जहार तामसौ केशी साभिलाषां महासुरः।
मां च प्रार्थयते हैर्तुं[4] नैनं चास्म्यभिकामहे(ये) ॥ १५०८ ॥
तस्मान्मे बलिनामग्र्यं पतिं दिश शचीपते।
एकवीरस्तव पतिर्भावीति प्राह मां पिता ॥ १५०९ ॥
तच्छ्रुत्वा विबुधाधीशः पतिं तस्या व्यचिन्तयत्।
दर्शहोमाग्निसंयुक्तावपश्यच्छशिभास्करौ ॥ १५१० ॥

---

१. 'विश्वजित्' भारते. २. 'पाक' भारते. ३. 'पवित्रा गोमती नाम नदी यस्याभवत्प्रिया' इति भारतात् 'गोमतीपतिः' इति पाठो भवेत्. ४. 'हन्तुं' क-ख.

तद्दृष्ट्वासुरसङ्घानां मत्वा वक्रं हुताशनम् ।
वीगेऽस्माज्जायतां कश्चित्पतिरस्या बलाधिकः ॥ १५११ ॥
सुराणां दैत्यदलने सेनानीर्यो भविष्यति ।
इत्यन्तर्गणयन्निन्द्रः प्रायाद्ब्रह्मनिकेतनम् ॥ १५१२ ॥
चिन्तितोऽर्थो मया शक्र भविष्यति न संशयः ।
इत्युक्तो वेधसा तत्र प्रहृष्टः स्वपुरीं ययौ ॥ १५१३ ॥
अत्रान्तरे प्रियाः सप्त सप्तर्षीणां हुताशनः ।
विलोक्य चन्द्रवदना बभूव मदनातुरः ॥ १५१४ ॥
मुनिभार्याभिलाषो मे युक्तः कथमिति क्षणम् ।
हूयमानस्ततो वह्निस्तापमभ्यधिकं ययौ ॥ १५१५ ॥
अकार्यभीतः कामेन लज्जाप्रच्छन्नशायिना ।
अन्तःकुण्डलितेनेव भोगिना स विवेष्टितः ॥ १५१६ ॥
ध्यायन्विवर्णवदनः कृशस्त्यक्तुं स्वविग्रहम् ।
कृशानुः काननं प्रायादथ मन्मथमूर्छितः ॥ १५१७ ॥
दिव्यज्ञानेन विज्ञाय पत्नी स्वाहा हविर्भुजः ।
संकल्पं मुनिभार्यासु तद्रूपात्तं समभ्ययात् ॥ १५१८ ॥
पूर्वमङ्गिरसः पत्न्याः शिवाया रूपमुत्तमम् ।
विधाय सा स्मराक्रान्तमकामयत पावकम् ॥ १५१९ ॥
तद्वीर्यं सा समादाय पाणिभ्यामथ सत्वरा ।
विधाय गारुडीरूपं प्रययौ श्वेतपर्वतम् ॥ १५२० ॥
अस्तु मा मुनिपत्नीनां मिथ्यादोषकथा क्वचित् ।
इति प्रच्छन्नरूपा सा दृष्ट्वा शरवनं महत् ॥ १५२१ ॥
दृग्विषैः सप्तवदनैर्व्याप्तं कृष्णभुजङ्गमैः ।
तत्र तत्याज तद्वीर्यं हेमकुण्डे सुदुर्गमे ॥ १५२२ ॥
अन्यासां मुनिपत्नीनां रूपं कृत्वा तथैव सा ।
भेजे वह्निमरुन्धत्याः शशाकानुकृतिं न तु ॥ १५२३ ॥

षट्कृत्वः स्वाहया स्कन्ने ततस्तत्राग्नितेजसि ।
स्कन्दः श्रीमान्कुमारोऽभूत्सहस्रांशुसमद्युतिः ॥ १९२४ ॥
षण्मुखो द्वादशभुजो लोहिताभ्रेण संवृतः ।
प्रथमेऽह्नि स्फुरत्तेजोमण्डलं समदृश्यत ॥ १९२५ ॥
व्यक्तिं यातो द्वितीयाया तृतीयायामभूच्छिशुः ।
प्रवृद्धगात्रो बलवांश्चतुर्थ्यामुन्ननाद सः ॥ १९२६ ॥
तस्य नादेन महता कम्पिते भुवनत्रये ।
ऐरावताख्यश्चित्रश्च नागावुत्तस्थतुर्भयात् ॥ १९२७ ॥
तौ कराभ्यां स जग्राह बालः स्फूर्जद्विषोल्बणौ ।
रौद्रं धनुः समादाय कृकवाकुं च भासुरम् ॥ १९२८ ॥
शङ्खमापूर्य वक्रेण शरैः शक्त्या च भूधरान् ।
अदारयद्भयान्नादो येनाभूत्सर्वभूभृताम् ॥ १९२९ ॥
क्रौञ्चाद्रेरकरोद्बाणैर्विपुलां विवरावलीम् ।
सुमेरुं येन गच्छन्ति हंसाः कैलासवासिनः ॥ १९३० ॥
उन्ममाथ महच्छृङ्गं शक्त्या श्वेतस्य भूभृतः ।
ततस्तमेव शरणं ययुः सर्वे महीधराः ॥ १९३१ ॥
द्विधा कृत इवाकाशे तेन दोर्भ्यां समाहते ।
त्रस्तानि सर्वभूतानि मेनिरे जगतां क्षयम् ॥ १९३२ ॥
अमानुषाणि सत्वानि वने तस्मिन्बभाषिरे ।
अहो नु काममत्तेन कृतोऽयं विप्लवाग्निना ॥ १९३३ ॥
स्वाहया च जगत्सर्वं येनेदं परितप्यते ।
ततः सा गारुडी स्कन्दं तमभ्येत्यावदन्मुदा ।
अहं ते जननी पुत्र स्वाहा पत्नी हविर्भुजः ॥ १९३४ ॥
सप्तर्षयोऽपि तं श्रुत्वा जातं विप्लवशङ्किताः ।
स्वपत्नीस्तत्यजुः कोपाद्विना देवीमरुन्धतीम् ॥ १९३५ ॥

विश्वामित्रस्तु तत्सर्वं तत्त्वेन ज्ञातवान्स्वयम् ।
प्रच्छन्नो नु गतो वह्निं दृष्ट्वा स्वाहाविचेष्टितम् ॥ १९३६ ॥
स गत्वा प्रणतस्तस्य शिशोश्चूडादिकाः क्रियाः ।
चक्रे येनास्य सततं स मुनिर्दयितोऽभवत् ॥ १९३७ ॥
अत्रान्तरे सुराः सेन्द्रास्तं ज्ञात्वा दुर्जयं शिशुम् ।
व्यसर्जयन्मातृगणं तद्वधाय भयाकुलाः ॥ १९३८ ॥
ता लोकमातरो गत्वा तमधृष्यमवेक्ष्य च ।
शरणं प्रययुर्भीता बभूवुस्तस्य मातरः ॥ १९३९ ॥
मातृणां क्रोधजां देवीं धात्रीं नाम षडाननः ।
ररक्ष शूलं विपुलं वहन्तीं कीर्णपावकम् ॥ १९४० ॥
अग्निः स्वयमथाभ्येत्य छागवक्त्रः स नैगमः ।
रमयामास तं बालं तद्रक्षार्थं समुद्यतः ॥ १९४१ ॥
लोहिताब्धेश्च तनया तं परिष्वज्य वत्सला ।
ररक्ष पुत्रवत्स्कन्दं प्रहृष्टास्ताश्च मातरः ॥ १९४२ ॥
तं भूतसंघैर्विविधैः समन्तात्परिवारितम् ।
हन्तुमैरावणगतः सुरैः शक्रः समाययौ ॥ १९४३ ॥
त्रिदशानागतान्दृष्ट्वा संरब्धान्विवदन्गुहः ।
ज्वालापटलमत्युग्रमुत्ससर्ज मुखैर्मुहुः ॥ १९४४ ॥
तदुद्भ्रान्तेन शिखिना दह्यमाना दिवौकसः ।
तमेव शरणं जग्मुर्भीतास्त्यक्त्वा शतक्रतुम् ॥ १९४५ ॥
ततो वज्रेण देवेन्द्रो दीप्ताग्रेण षडस्रिणा ।
बिभेद दक्षिणे पार्श्वे कुमारं कोपकम्पितः ॥ १९४६ ॥
तस्य वज्रहताद्गात्रादुदभूत्तद्विधोऽपरः ।
श्रीमान्विशाखो बहुशो घोराः स्कन्दाश्च पार्षदाः ॥ १९४७ ॥
ततो भीतः सुरपतिः प्रणामावर्जिताञ्जलिः ।
तमेव शरणं प्रायात्प्रशंसंस्तत्पराक्रमम् ॥ १९४८ ॥

पञ्चम्यामथ मूर्तौ श्रीर्गुहस्याकारमाविशत्।
श्रीपञ्चमीति येनासौ प्रसिद्धिं प्रययौ तिथिः॥ १५४९॥
ततो मुनिगणैः सार्धं तमुवाच पुरंदरः।
सुरराज्यं भज विभो त्वमेवार्हसि शक्रताम्॥ १५५०॥
इति भीतेन शक्रेण प्रार्थितः सत्वसागरः।
सेनाधिपत्यमभजन्मानयन्वृत्रवैरिणम्॥ १५५१॥
सेनापरिवृढे तस्मिन्नभिषिक्ते स्वयं विभुः।
अभ्यायाद्भगवान्भर्गः प्रीत्या गिरिसुतासखः॥ १५५२॥
वह्निनाविष्टरौद्रेण स्वाहया च महाबलः।
अन्तःप्रविष्टपार्वत्या जनितो हि षडाननः॥ १५५३॥
तस्य खण्डेन्दुमुकुटः स्वयं काञ्चनमालिकाम्।
बबन्ध मूर्ध्नि विजयोष्णीषं देहं त्विषा दिशन्॥ १५५४॥
देवसेनां ततः कन्यां तामिन्द्रेण समर्पिताम्।
परिणीयेन्दुवदनां रराजाजरसां वरः॥ १५५५॥
मुनिभिस्ताः परित्यक्ताः षट्पत्न्यः शुचिमानसः।
कुमारं शरणं याता बभूवुः कृत्तिका दिवि॥ १५५६॥
जगत्संहारकामस्य ततो मातृगणस्य सः।
बालानाषोडशाद्वर्षाद्धिंसायाः पदमभ्यधात्॥ १५५७॥
ते च तत्पार्षदा घोरा बालघ्ना दुर्ग्रहाग्रहाः।
पूतनाश्च पिशाच्यश्च [1]कुम्भाण्डीसूतिकाभुजः॥ १५५८॥
देवगन्धर्वयक्षाणामन्ये च पुरुषग्रहाः।
कुर्वन्ति सहसोन्मादमृते माहेश्वरं नरम्॥ १५५९॥
स्कन्दप्रमादात्स्वाहाथ वह्नेरत्यन्तवल्लभा।
विमुखस्याप्यभूत्सर्वहव्यमन्त्रानुवर्तिनी॥ १५६०॥
षष्ट्यां देवासुरयुद्धे तारकं दानवाधिपम्।
जघान सानुगं सोऽथ शक्त्या शक्तिमतां वरः॥ १५६१॥

---

१. 'कुम्भाण्डाः' क.

ततः स लब्धविजयो ननन्द सुरनन्दितः ।
सप्तमे मारुतस्कन्दे शर्वेणाधिकृतः कृतः ॥ १९६२ ॥
कथयित्वेति विरते मार्कण्डेये महौजसि ।
विस्मयं प्रययौ राजा सानुजो धर्मनन्दनः ॥ १९६३ ॥
आङ्गिरसम् ॥ ४० ॥

अथ कृष्णस्य महिषी सत्यभामा कथान्तरे ।
अपृच्छत्पाण्डववधूमेकान्ते द्रुपदात्मजाम् ॥ १९६४ ॥
सर्वे समानमनसो वदनप्रेक्षिणस्तव ।
यदेते पाण्डवाः कृष्णे चित्रं तत्प्रतिभाति मे ॥ १९६५ ॥
यूनां तेजस्विनां दृष्टकामिनीभोगसंपदाम् ।
चित्तसंवननं मन्ये भुजङ्गग्रहणोपमम् ॥ १९६६ ॥
अञ्जनैरौषधिकृतैर्युक्तिजैर्वा विलेपनैः ।
स्नानैर्वा मन्त्रविहितैर्बद्धैर्वा मणिसूत्रकैः ॥ १९६७ ॥
सौभाग्याधिगमोपायः कोऽयं कुवलयेक्षणे ।
सेवे येनाहमप्येतं माधवं बहुवल्लभम् ॥ १९६८ ॥
एतच्छ्रुत्वावदत्कृष्णा प्रच्छन्नस्नेहगौरवात् ।
ईषदाकुञ्चितैकभ्रू व्यञ्जितां दधती रुषम् ॥ १९६९ ॥
अनालोच्यैव सद्भावं निन्दितं बत भाषसे ।
कथं पतिव्रता नारी कुहकेषु मतिं क्षिपेत् ॥ १९७० ॥
मन्त्रमूलबलात्प्रीतिः सखि द्रोहोऽभिधीयते ।
विषदानप्रकारो हि वशीकरणसंविधिः ॥ १९७१ ॥
योषिद्भिर्वश्यकामाभिर्भर्तॄणां गूढमौषधम् ।
किमङ्गैर्भोजनैर्वापि भर्तॄणां न हरेदसून् ॥ १९७२ ॥
श्रूयन्ते कुहकैस्तैस्तैः स्त्रीभिः पाखण्डिसेवया ।
विध्वस्ताः पतयो नीता जडोन्मत्तान्धमूकताम् ॥ १९७३ ॥
पुंस्त्वात्प्रच्याविताः केचित्कुष्ठिनो विहिताः परे ।
हतभाग्याः कृताश्चान्ये योषिद्भिः क्षुद्रचूर्णकैः ॥ १९७४ ॥

श्रृणु मे पाण्डुपुत्रेषु सखि संवननक्रियाम् ।
भर्तृसेवारता नित्यं न जाने दैवतं परम् ॥ १९७५ ॥
तिष्ठामि विजने नैका निष्कुटे वा कृतक्षणा ।
पतिताभिरसाध्वीभिर्भिक्षुकाभिर्न मन्त्रये ॥ १९७६ ॥
गृहचिन्तां परित्यज्य न भवामि सकौतुका ।
प्रसादाद्द्वारदेशाद्वा राजमार्गावलोकिनी ॥ १९७७ ॥
शृणोमि सादरा भर्तुर्नाक्षिपामि च तत्कथाम् ।
अलंकृता सुगन्धा च मङ्गलानि सदा भजे ॥ १९७८ ॥
असंवृतमसंस्पृष्टं विप्रकीर्णमुपेक्षितम् ।
न करोमि गृहे किंचिद्गृहाचारैरवञ्चिता ॥ १९७९ ॥
आशीविषमिव क्रुद्धं शशाङ्कमिव सामृतम् ।
पतिं परिचरन्तीव न भवाम्यन्यमानसा ॥ १९८० ॥
अष्टाशीति सहस्राणि द्विजानां धर्मजन्मनः ।
अभ्यासने सदाश्नन्ति महार्हं राजभोजनम् ॥ १९८१ ॥
प्रत्येकं रत्नवल्या त्रिंशद्दास्योऽपि शोऽभिताः ।
नृपाज्ञया नृपतिवत्सदा परिचरन्ति तान् ॥ १९८२ ॥
स्नातकानां यतीनां च सहस्राणि मनीषिणाम् ।
सदा काञ्चनपात्रेषु भुञ्जते राजसत्कृतम् ॥ १९८३ ॥
दशायुतानि दासीनां पात्रहस्तान्यनारतम् ।
अर्थिनो विविधैर्भोगैर्भोजयन्ति दिवानिशम् ॥ १९८४ ॥
दशलक्षाणि दासीनां दासानां च परिच्छदः ।
खर्वाणि च गजाश्वस्य कोशो राज्ञस्तथाक्षयः ॥ १९८५ ॥
निःशेषमहमेवैतच्चिन्तयामि सदोत्थिता ।
आगोपालाङ्गनं सर्वं पुष्णामि भृत्यवर्तनैः ॥ १९८६ ॥
एतत्संवननं सत्ये मम भर्तृषु सर्वदा ।
उपदेशस्तवाप्येष केशवाराधने सखि ॥ १९८७ ॥

द्रौपदीसत्यभामासंवादः ॥ ४१ ॥

अथामन्त्र्य हृषीकेशः सानुजं धर्मनन्दनम्।
आश्वास्य द्रौपदीं प्रायाद्द्वारकां दयितासखः ॥ १९८८ ॥
अत्रान्तरे नागपुरे धृतराष्ट्रः कृशान्वने।
निशम्य पाण्डुतनयान्कृपया पर्यतप्यत ॥ १९८९ ॥
ततः सौबलराधेयौ नृपं लक्ष्मीमदोद्धतम्।
दुर्योधनं समभ्येत्य हृदयप्रियमूचतुः ॥ १९९० ॥
राजन्कुलाधिकैश्वर्यशालिनां किं तया श्रिया।
विषाञ्जनशलाकेव न याः शत्रुषु नेत्रयोः ॥ १९९१ ॥
कोऽन्यो धन्यतरस्तस्माद्यः प्रौढविभवो रिपून्।
अनेनैव शरीरेण विषमस्थानुदीक्षते ॥ १९९२ ॥
त्वां पश्यन्तु न वज्राश्रिप्रभादन्तुरकङ्कणम्।
निर्दारितारातिबलं सहस्राक्षमिवापरम् ॥ १९९३ ॥
दुर्योधनो निशम्यैतच्चिरसंभृतमीप्सितम्।
तानूचे युक्तमेवैतत्किं तु वृद्धो न मन्यते ॥ १९९४ ॥
अलक्षितो नास्त्युपायो येनैतत्काननं वयम्।
व्रजामोऽभिमतं द्रष्टुं वापदेशेन केनचित् ॥ १९९५ ॥
इति दुर्योधनवचः श्रुत्वा कर्णः ससौबलः।
चिन्तयित्वा निशामेकां तमेत्य प्रातरब्रवीत् ॥ १९९६ ॥
दृष्टस्तद्गमनोपायो राजन्नद्य मया धिया।
विपुलं गोधनं द्रष्टुं घोषयात्रा विधीयताम् ॥ १९९७ ॥
तेषु द्वैतवनोपान्तघोषेषु विहरन्ति ते।
विविक्तकेलिसंचारमत्ताः कटकयोषितः ॥ १९९८ ॥
इत्युक्तः सूतपुत्रेण जातहर्षः सुयोधनः।
अनुज्ञां घोषयात्रायां धृतराष्ट्रमयाचत ॥ १९९९ ॥
सोऽब्रवीद्गम्यतां पुत्र किंत्वेकस्तत्र संशयः।
घोषाददूरे पार्थानामाश्रमः काननौकसाम् ॥ १६०० ॥

तत्र लक्ष्मीमदान्धेन कोपितास्ते त्वया ध्रुवम् ।
तेजस्विनो निर्दहेयुः सानुगं त्वां तरस्विनः ॥ १६०१ ॥
ततो जगाद शकुनिर्हेलयैवाम्बिकासुतम् ।
किं तैस्तपस्विभिर्दृष्टैः पाण्डवैर्लोकविस्मृतैः ।
घोषयात्रापदेशेन गच्छामो मृगयारसात् ॥ १६०२ ॥
इत्युक्तः कैतवात्तेन धृतराष्ट्रः सुयोधनम् ।
गम्यतामिति निःश्वस्य विषण्णवदनोऽवदत् ॥ १६०३ ॥
ततः प्रयाणपटहव्याकुलं राजमण्डलम् ।
अभूद्गजघटाबन्धसंरब्धगजपालकम् ॥ १६०४ ॥
अथ प्रणतभूपालान्दृक्त्रिभागैर्विलोकयन् ।
निर्ययौ नृपतिश्छत्रपूर्णचन्द्रोदयाकुलः ॥ १६०५ ॥
व्रजन्कर्णान्तसंसर्पिनेत्रः कर्णकथामृते ।
दत्तकर्णः स विबभौ किंचित्पार्श्वोनताननः ॥ १६०६ ॥
चलद्भिश्चामरैस्तस्य नर्तितश्रवणोत्पलैः ।
वदनाम्भोजपर्यन्ते राजहंसायितं मुहुः ॥ १६०७ ॥
चलत्खङ्गांशुकल्लोले विपुले तद्बलार्णवे ।
चक्रिरे तस्य नृघटाद्वीपपर्णीविजृम्भितम् ॥ १६०८ ॥
व्रजद्वाजिव्रजखुरोद्धूतधूलीकदम्बके ।
वप्रघातोत्सुकास्तस्य तस्थुः सेनागजाः क्षणम् ॥ १६०९ ॥
गीतं वेणुरवाविद्धमग्रे हरिणचक्षुषाम् ।
शृण्वन्तो विषमोदञ्चदेककर्णं ययुर्हयाः ॥ १६१० ॥
तस्येभकलतालोत्थसिन्दूरपटलैर्बभौ ।
सेनासीमन्तिनीलोकः पुनरुक्तारुणांशुकः ॥ १६११ ॥
स घोषपालीमासाद्य दर्शितां गोकुलाधिपैः ।
वनस्थलीषु रम्यासु विजहार वधूसखः ॥ १६१२ ॥
विचित्रपुष्पाभरणा मुग्धा बल्लवयोषितः ।
ददृशुः कौतुकोत्तालदृशस्तं मन्मथोपमम् ॥ १६१३ ॥

गायद्गोपाङ्गनासङ्गहृष्यमाणमृगीगणे।
गम्भीरमत्तनिर्ह्लादप्रनृत्तशिखिमण्डले ॥ १६१४ ॥
विहृत्य तत्र सुचिरं लक्षयित्वा च गोधनम्।
स मृगव्यरसव्यग्रो ययौ द्वैतवनान्तिकम् ॥ १६१५ ॥
तस्मिन्नेव दिने तत्र दीक्षितो धर्मनन्दनः।
राजर्षिसत्रे मुनिभिर्बभूव परिवारितः ॥ १६१६ ॥
ततो दुर्योधनो दीर्घव्यायासैः श्रान्तवाहनः।
आदिदेश सरस्तीरे निवेशः क्रियतामिति ॥ १६१७ ॥
तदाज्ञाकारिणः क्षिप्रं गत्वा द्वैतवनं सरः।
ददृशुस्तेजसाधृष्यैर्गन्धर्वैरभितो वृतम् ॥ १६१८ ॥
कुबेरभवनादेत्य चित्रसेनः प्रियासखः।
ललास गन्धर्वपतिस्तस्मिन्सरसि सुन्दरे ॥ १६१९ ॥
सुयोधनानुगास्तूर्णं तान्समेत्य बभाषिरे।
रमतेऽत्र नृपः श्रीमानपसर्पत खेचराः ॥ १६२० ॥
अयं विहर्तुमायातो राजा दुर्योधनः स्वयम्।
यस्याग्रमहिषी भूमिश्चतुरर्णवमेखला ॥ १६२१ ॥
तच्छ्रुत्वा सस्मिताः सर्वे गन्धर्वानुचराः क्रुधा।
तानूचुर्बत धाष्टर्यं वो मोहो निर्लज्जतापि वा ॥ १६२२ ॥
कथं पुरंदरोद्यानलीलाविस्रम्भभागिनः।
त्यजामो मानुषगिरा विहारवसुधामिमाम् ॥ १६२३ ॥
इति गन्धर्ववचनं निशम्य नृपसेवकाः।
राज्ञे तमर्थमभ्येत्य ससंरम्भा न्यवेदयन् ॥ १६२४ ॥
ततः कोपान्नृपः कर्णप्रमुखैः सचिवैर्युतः।
स्वयं तं देशमभ्येत्य गन्धर्वान्समयोधयत् ॥ १६२५ ॥
हेमपुङ्खैरथ शरैः कर्णकार्मुकनिर्गतैः।
वैद्युतैः खचितेवाभूत्क्षणाद्गन्धर्ववाहिनी ॥ १६२६ ॥

दुर्योधनार्धचन्द्राग्रकृत्तानि व्योमचारिणाम्।
स्वःसिन्धुकमलानीव पेतुर्वक्त्राणि भूतले ॥ १६२७ ॥

ततो बभूव गन्धर्वमयीव निखिला मही।
तद्दीप्तकङ्कटवरैर्दिग्दाहैरिव पूरिता ॥ १६२८ ॥

तदुत्सृष्टैः शितशरैः स्फुटिते कुरुभूपतेः।
कटके कर्ण एवैकस्तस्थौ मेरुरिवाचलः ॥ १६२९ ॥

दृष्ट्वा धैर्यममर्यादं रणे कर्णस्य सैनिकाः।
पुनरभ्येत्य गन्धर्वान्संरब्धान्पर्यवारयन् ॥ १६३० ॥

प्रत्येकमभवत्तेषां दशभिर्दशभिः सह।
दीप्तायुधधरैर्दीप्तैर्गन्धर्वैर्युद्धमुद्धतम् ॥ १६३१ ॥

ततस्ते खेचराः क्रुद्धा विद्राव्य कुरुवाहिनीम्।
चक्रिरे विरथं कर्णं कुरुराजं च तादृशम् ॥ १६३२ ॥

ततः स्वयं चित्रसेनो मानिनां पृथिवीपतिम्।
जग्राह गन्धर्वपतिर्जीवग्राहं सुयोधनम् ॥ १६३३ ॥

हृते तस्मिन्नरपतौ सर्वैरन्तःपुरैः सह।
जहुस्तदनुजानन्ये गन्धर्वा बलशालिनः ॥ १६३४ ॥

विध्वस्ते कौरवबले भ्रष्टाः कटकयोषितः।
क्रोशन्त्यः शरणं जग्मुः सानुजं धर्मनन्दनम् ॥ १६३५ ॥

निशम्य तेषां वृत्तान्तं वृद्धामात्यैर्निवेदितम्।
भीमसेनः स्मितमुखः प्रोवाचान्दोलिताननः ॥ १६३६ ॥

अहो केनापि नः स्वैरममन्थामृतदायिना।
कृतं गूढवयस्येन हितं निःशब्दवर्षिणा ॥ १६३७ ॥

यदायस्य गदां गुर्वीं यदाकृष्य च गाण्डिवम्।
यत्नात्कर्तव्यमस्माभिस्तत्कृतं बत खेचरैः ॥ १६३८ ॥

तच्छ्रुत्वा धर्मतनयो जगाद विजयाग्रजम्।
निकारगणनां भीम विषमस्थेषु मा कृथाः ॥ १६३९ ॥

मिथोवैराणि बन्धूनां भवन्ति न भवन्ति च ।
किंतु व्यसनकालेषु सतां भेदो न लक्ष्यते ॥ १६४० ॥

सत्यं जाने विजानाति वाणी वर्णयितुं न ताम् ।
शत्रोरभयदानेन या प्रीतिरुपजायते ॥ १६४१ ॥

तस्माद्वैचित्रवीर्यस्य प्रियं पुत्रं विचक्षुषः ।
विमोच्य तन्त्राद्गान्धर्वाद्भवद्भिर्लभ्यतां यशः ॥ १६४२ ॥

इत्युक्तो धर्मराजेन जातहर्षो वृकोदरः ।
यमौ च जग्मुस्तं देशं सह गाण्डीवधन्वना ॥ १६४३ ॥

रथैः कनकसंनाहैर्भास्वत्कनककङ्कटाः ।
ते बभुर्मेरुशृङ्गस्थाः सूर्या इव शरांशवः ॥ १६४४ ॥

आकर्णाञ्चितगाण्डीवमण्डलान्तरनिर्गताः ।
गन्धर्वशालिशलभाश्चेरुः पार्थशरास्ततः ॥ १६४५ ॥

अयत्नाद्युध्यमानस्य समरे सव्यसाचिनः ।
गन्धर्वा भृशसंरब्धाः स्यन्दनं भेत्तुमुद्ययुः ॥ १६४६ ॥

ते भीमसेननाराचनिर्भिन्नपृथुविग्रहाः ।
पेतुः कनकसंनाहाः सुमेरोरिव शेखराः ॥ १६४७ ॥

ततः क्षणेन गन्धर्वैः पूरिते काननान्तरे ।
तन्मायया जगत्कृत्स्नं सान्धकारमदृश्यत ॥ १६४८ ॥

ततः क्रुद्धो नलास्त्रेण स्फूर्जज्ज्वालावलीजुषः ।
न्यवधीद्दशलक्षाणि गन्धर्वाणां धनंजयः ॥ १६४९ ॥

गदापाणिरथाभ्येत्य चित्रसेनः स्वयं रुषा ।
अयोधयत्पाण्डुसुतान्मायारचितविभ्रमः ॥ १६५० ॥

किरीटी तस्य विपुलां गदां मायां च सायकैः ।
छित्त्वा विमोहं विदधे रुन्धानः शेखरान्दिवि ॥ १६५१ ॥

पीडितं विह्वलं दृष्ट्वा चित्रसेनं ततोऽर्जुनः ।
संजग्राह निजास्त्राणि वयस्यवधशङ्कितः ॥ १६५२ ॥

तमब्रवीच्चित्रसेनो विपरीतमिदं सखे ।
तव व्यवस्थितं योद्धुं यत्परित्रायसे रिपुम् ॥ १६९३ ॥
युष्मान्कृशान्वने द्रष्टुमेष पापः सुयोधनः ।
प्राप्तो लक्ष्मीमदाध्मातो बद्धः शक्राज्ञया मया ॥ १६९४ ॥
किं कुर्मः कत्थनो नीचः कर्णो वैरस्य कारणम् ।
तुमुलेऽस्मिन्नपक्रान्तो न लब्धोऽस्माभिराकुलैः ॥ १६९५ ॥
इत्याकर्ण्यार्जुनः प्रीत्या प्रसाद्य सुहृदं प्रियम् ।
उवाच त्यज्यतामेष धर्मराजगिरा पशुः ॥ १६९६ ॥
इति गन्धर्वनृपतिर्याचितः शक्रसूनुना ।
त्यक्त्वा युधिष्ठिरस्याग्रे कौरवान्प्रययौ दिवम् ॥ १६९७ ॥
तस्मिन्प्रयाते गन्धर्वान्निहतान्पाण्डवैर्युधि ।
अजीवयत्सहस्राक्षः स्वयं पीयूषनिर्झरैः ॥ १६९८ ॥
ततो लज्जानतमुखं कौरवं धर्मनन्दनः ।
उवाचैवंविधं राजन्मा कृथाः साहसं पुनः ॥ १६९९ ॥
विनयादिति तेनोक्तः कुलिशेनेव ताडितः ।
ययौ सुयोधनो मौनी विशन्निव रसातलम् ॥ १६६० ॥
पुनः संघट्टितां सेनां सासूयमवलोकयन् ।
निःश्वासम्लानवदनः सोऽभून्मूक इव व्रजन् ॥ १६६१ ॥

घोषयात्रा ॥ ४२ ॥

ततः प्रच्छायमासाद्य विजनं देशमायतम् ।
भुग्नाननो नरपतिर्दुर्बलो मुक्तवाहनः ॥ १६६२ ॥
अत्रान्तरे समायातः कर्णो दृष्ट्वा वरूथिनीम् ।
अज्ञातवृत्तः प्रोवाच ध्यानमुक्तं सुयोधनम् ॥ १६६३ ॥
दिष्ट्या त्वया कुरुपते जिता गन्धर्ववाहिनी ।
दिष्ट्या कुशलिभिर्वीरैर्भ्रातृभिश्चास्य संगतः ॥ १६६४ ॥
तच्छ्रुत्वा पाणिसंसक्तललाटः क्ष्मां विलोकयन् ।
तिर्यगुन्नमितैकभ्रूर्निःश्वस्योवाच कौरवः ॥ १६६५ ॥

अस्मत्कथानभिज्ञेन त्वया कर्ण यदुच्यते।
किं तन्न शल्यं हृदये नोपलम्भोऽस्ति किंतु मे॥ १६६६॥
तस्मिन्रणे वयं बद्धा गन्धर्वै रणशालिभिः।
मोचिताः फल्गुणमुखैर्धर्मपुत्रस्य शासनात्॥ १६६७॥
धिगस्माकं भुजौ कर्ण धिङ् मानं धिक् च पौरुषम्।
नटानामिव मिथ्यैव येषां शस्त्रपरिग्रहः॥ १६६८॥
निर्मितोऽयं प्रकारः किं मरणस्य न मानिनः।
यद्भये सस्मितः शत्रुः परित्राणं त्रपावतः॥ १६६९॥
त्वमेव कर्ण जानीषे यदत्र मम भेषजम्।
किं कुर्मो न ददात्येषा रन्ध्रं देवी वसुंधरा॥ १६७०॥
मर्मास्थिलीनन्यक्कारशल्यानां जीवतां नृणाम्।
मुखोच्छ्वासे च मरणे दर्श्यतां गुरुलाघवम्॥ १६७१॥
न प्रयान्ति यदि प्राणा नियतावधयः सखे।
तद्भ्रष्टमानदर्पाणां संन्यासः परमौषधम्॥ १६७२॥
अधुना क्षमतां लक्ष्मीरयं राज्यस्य चाञ्जलिः।
मालेव गतजीवस्य मानहीनस्य संपदः॥ १६७३॥
अयं दुःशासनो राज्ये नियुक्तो दयितो मया।
मत्स्नेहतुल्या युष्माभिर्विधेयास्यापि सन्नतिः॥ १६७४॥
इत्युक्त्वा तपसा देहत्यागाय कृतनिश्चयः।
तस्थौ कुशान्समास्तीर्य मौनी क्षणमधोमुखः॥ १६७५॥
तं मैवमिति सास्रेण पादयोः पतता मुहुः।
दुःशासनेनार्थ्यमानं बभाषे सूतनन्दनः॥ १६७६॥
विप्रिये दैवविहिते धीराणां रणशालिनाम्।
विषादेनाविलुप्तानां विकारो नैव बाधते॥ १६७७॥
शोकः शोकानुबन्धी हि न स गण्येत शोचताम्।
अर्थैरर्था इवायान्ति दुःखैर्दुःखपरम्पराः॥ १६७८॥

न हि प्राणपरित्यागो मानभङ्गे प्रतिक्रिया ।
मानिनो दीर्घमिच्छन्ति प्रतीकाराय जीवितम् ॥ १६७९ ॥
शौर्यस्थैरेव पर्यायैर्दृष्टौ जयपराजयौ ।
स्वप्नमायाविलसितं नह्यसुप्तः प्रपश्यति ॥ १६८० ॥
वर्णाश्रमगुरुः श्रीमान्दैवाद्व्यसनमागतः ।
रक्षणीयो निजैः प्राणैर्नृपो विषयकामिभिः ॥ १६८१ ॥
स त्वं विधातुरादेशाज्ज्ञातिशत्रुवशं गतः ।
वीक्षितः पाण्डवैर्दासैस्तत्र किं गुरु मन्यसे ॥ १६८२ ॥
तदुत्तिष्ठ क्षितिपते भुङ्क्ष्व राज्यमकण्टकम् ।
जीवद्भिरेव दृश्यन्ते जेतारो विजिताः पुनः ॥ १६८३ ॥
इति कर्णवचो मानी नामन्यत यतो नृपः ।
तदा शकुनिरभ्येत्य तं सकोप इवाभ्यधात् ॥ १६८४ ॥
हर्षशोकाद्भुतायासैर्यो बाल इव कृष्यते ।
गुर्वीणां संपदां राजन्स कथं नाम भाजनम् ॥ १६८५ ॥
बन्धुस्नेहात्सुचरितैर्बलिभिः पाण्डुनन्दनैः ।
रक्षितः शोचसि कथं हर्षस्थाने विमूढवत् ॥ १६८६ ॥
युधिष्ठिराय राज्यार्धं दत्त्वा प्रीतिपुरःसरम् ।
कृतज्ञ मनसः शल्यमपकारं समुद्धर ॥ १६८७ ॥
वहन्ति दुःसहं भारं सन्तः स्वल्पमपि प्रियम् ।
तत्साहस्रगुणं कर्तुमीहमानः प्रतिक्रियाम् ॥ १६८८ ॥
इति गान्धारराजेन बोध्यमानः सुयोधनः ।
अवमानविषावेगदग्धो नोवाच किंचन ॥ १६८९ ॥
तं ज्ञात्वा शोकविवशं त्यक्तोत्साहमचेतसम् ।
पातालवासिनो दैत्या बभूवुर्भृशदुःखिताः ॥ १६९० ॥
ते स्वपक्षक्षयोद्विग्नास्त्रिदशोत्साहशङ्किताः ।
दुर्योधनबलादाने घोरामिष्टिं प्रचक्रिरे ॥ १६९१ ॥

ततो यागानलोद्भूतां दीप्तां कृत्यां विसृज्य तम् ।
निशि पातालमानीय शोकतप्तं बभाषिरे ॥ १६९२ ॥
मा म्लानिं भज कौरव्य जेतासि युधि शात्रवान् ।
सोत्साहैः प्राप्यते लक्ष्मीर्न क्लीबैर्न विषादिभिः ॥ १६९३ ॥
दत्तस्त्वं नो भगवता तपस्तुष्टेन शूलिना ।
देव्या विनिर्मितः साक्षात्सुकृती केलिपुत्रकः ॥ १६९४ ॥
अभेद्यं सर्वशस्त्रास्त्रैर्देवी कृतवती पुरा ।
पूर्वार्धं वज्रसारं ते वपुषः कौसुमं परम् ॥ १६९५ ॥
त्वदर्थं वयमुद्युक्तास्त्रिदशान्विजिगीषवः ।
तथा हि नरको भौमः प्रविष्टः कर्णमात्मना ॥ १६९६ ॥
अस्मदाविष्टदेहाश्च भीष्मद्रोणकृपादयः ।
नैर्घृण्यं परमं प्राप्ता योत्स्यन्ते पाण्डुसूनुभिः ॥ १६९७ ॥
संशप्तकगणाः सर्वे हनिष्यन्ति धनंजयम् ।
इत्युक्त्वा कौरवं दैत्या नीत्वा तत्रैव तत्यजुः ॥ १६९८ ॥
ततो हृष्टं तमज्ञाततत्कथाः सौबलादयः ।
प्रसाद्य निन्युः प्रणयात्ससैन्यं हस्तिनापुरम् ॥ १६९९ ॥

दुर्योधनप्रायोपवेशः ॥ ४३ ॥

राजधानीं प्रविष्टं तं भीष्मोऽभ्येत्य सभास्थितम् ।
उवाच दिष्ट्या भूपाल दृष्टोऽसि कुशली पुनः ॥ १७०० ॥
सौभ्रात्रमानृशंस्यं च दृष्टं सरलचेतसाम् ।
अपि त्वया स्वयं राजन्पाण्डवानां महौजसाम् ॥ १७०१ ॥
अपि कर्णस्य गन्धर्वसमरे शूरमानिनः ।
कक्षासंवृतवस्त्रस्य जवो दृष्टः पलायने ॥ १७०२ ॥
आस्तामेतेन नः किंवा क्रियतामत्र सांप्रतम् ।
भुज्यतां पृथिवीपाल पृथिवी पाण्डवैः सह ॥ १७०३ ॥
एतदाकर्ण्य सावज्ञो दैत्यानां वचनं स्मरन् ।
निर्ययौ सस्मितो राजा कर्णमालम्ब्य पाणिना ॥ १७०४ ॥

लज्जानते ततो याते गाङ्गेये पुनरेत्य ताम्।
सभामचिन्तयत्स्वैरं पार्थवैरं सुयोधनः ॥ १७०५ ॥
तस्य यज्ञे मतिरभूद्धर्मराजजिगीषया।
राधेयेन स संमन्त्र्य जित्वा दिक्षु रिपुव्रजम् ॥ १७०६ ॥
पुरोहितं समाहूय जगाद धनदाधिकः।
राजसूयेन साम्राज्यं प्राप्तुमिच्छाम्यहं त्वया ॥ १७०७ ॥
इत्युक्तो धार्तराष्ट्रेण तमुवाच पुरोहितः।
क्रतुर्न शक्यः संप्राप्तं संजीवति युधिष्ठिरे।
सम्राट्शब्दो हि युगपद्द्वितीयं नोपसर्पति ॥ १७०८ ॥
तत्तुल्यमपरं यज्ञमवाप्नुहि महीपते।
हेमलाङ्गलकृष्टाया संरम्भः क्रियतां भुवि ॥ १७०९ ॥
उक्ते पुरोहितेनेति संभृते रत्नसंचये।
प्राप्तेषु भूमिपालेषु राज्ञः सत्रमवर्तत ॥ १७१० ॥
तस्मिन्क्रतौ दीक्षितेन सावज्ञं प्रेषितो द्विजः।
उवाच पाण्डवान्गत्वा कानने मुनिसंनिधौ ॥ १७११ ॥
यजते कौरवो राजा राजमानो नृपश्रिया।
आगम्यतां सखे तस्मिन्द्रष्टुं राजसमागमम् ॥ १७१२ ॥
श्रुत्वा दूतस्य वचनं बभाषे धर्मनन्दनः।
धर्मेऽभिरमते श्रीमान्दिष्ट्या राजा सुयोधनः ॥ १७१३ ॥
अनिस्तीर्णे कथं नाम वनवासावधौ वयम्।
नगरं कुरुराजस्य प्रविशामो वनेचराः ॥ १७१४ ॥
तच्छ्रुत्वा पाण्डुपुत्रेषु विलिखत्सु दृशा महीम्।
अशक्तो मानमुद्वोढुं व्याजहार वृकोदरः ॥ १७१५ ॥
धार्तराष्ट्रः पशुर्यत्र मत्क्रोधो यत्र पावकः।
भविष्यामो वयं तत्र रणयज्ञे सभासदः ॥ १७१६ ॥
इति भीमस्य वचसा दूते प्रत्यागते नृपम्।
संपूर्णे पृथुसंभारे यज्ञे विपुलदक्षिणे ॥ १७१७ ॥

सत्कृतेष्वखिलैर्भोगैः प्रतियातेषु राजसु ।
राधेयसौबलसखो ननन्द कुरुनन्दनः ॥ १७१८ ॥
तमब्रवीदाधिरथिर्हते युधि युधिष्ठिरे ।
राजसूये त्वया प्राप्ते भविष्ये निर्वृतः पुनः ॥ १७१९ ॥
पादशौचं विधास्येऽहं नाहत्वा समरेऽर्जुनम् ।
तस्मिन्हते पाण्डुसुतान्हताञ्ज्ञास्यसि सानुगान् ॥ १७२० ॥
इति प्रतिज्ञां कर्णस्य निशम्य धृतराष्ट्रजः ।
प्रहृष्टः सानुजो मेने मूढो हस्तगतं जयम् ॥ १७२१ ॥

धार्तराष्ट्रयज्ञः ॥ ४४ ॥

अत्रान्तरे द्वैतवने स्वप्ने राजा युधिष्ठिरः ।
विज्ञप्तः सास्रुनयनैः कुलक्षयभयान्मृगैः ॥ १७२२ ॥
युष्माभिः सततं बाणैः स्वल्पशेषा वयं कृताः ।
तदस्मद्दयया राजन्गम्यतां काननान्तरम् ॥ १७२३ ॥
एतच्छ्रुत्वा प्रबुद्धोऽथ कौन्तेयः करुणाकुलः ।
सानुगः काम्यकं गत्वा तृणबिन्दुसरो ययौ ॥ १७२४ ॥

मृगस्वप्नप्रदर्शनम् ॥ ४५ ॥

संवत्सरावशेषेऽथ वनवासे महेश्वरम् ।
ददर्श धर्मजस्तत्र साक्षात्सत्यवतीसुतम् ॥ १७२५ ॥
तं दृष्ट्वा पूजयित्वा च महतां महसां निधिम् ।
मेने पवित्रमात्मानं कृतकृत्यं च पाण्डवः ॥ १७२६ ॥
मुनीन्द्रः सानुजं तं च दृष्ट्वा राज्यपरिच्युतम् ।
करुणापूर्णहृदयः प्रोवाच स्निग्धलोचनः ॥ १७२७ ॥
नातप्ततपसां राजन्सुखमस्ति शरीरिणाम् ।
दातारः सत्यनिरताः शान्ताश्च शुभभागिनः ॥ १७२८ ॥
इत्युक्तो धर्मतनयः पप्रच्छ प्रणतो मुनिम् ।
भगवन्दानतपसोः कथ्यतां गुरुलाघवम् ॥ १७२९ ॥

इति पृष्टो नृपतिना व्याजहार मुनीश्वरः।
दानादभ्यधिकं किंचिदुत्तमं न तु दुष्करम् ॥ १७३० ॥
अर्थो हि नाम सततं पुंसां प्राणा बहिश्चराः।
मुमूर्षुभिरपि त्यक्तुं यत्सत्यं न स शक्यते ॥ १७३१ ॥
पतन्ति करवालेषु विशन्ति मकराकरम्।
दुष्करं किं न कुर्वन्ति कष्टमर्थार्थिनो नराः ॥ १७३२ ॥
तस्मान्न जानते जातु जातपुण्यैर्विना नराः।
दानं हि नाम संसारे निधानं सर्वसंपदाम् ॥ १७३३ ॥
बभूव मुद्गलो नाम कुरुक्षेत्रे महातपाः।
विप्रः शिलोञ्छसर्वस्वो यज्वा बहुकुटुम्बकः ॥ १७३४ ॥
व्रीहिद्रोणं समाहृत्य पक्षे पक्षे हुतानलः।
एकाहं भोजनं चक्रे दत्तशेषं स सर्वदा ॥ १७३५ ॥
प्रतिपर्व स्वयं तस्य शक्रः सुरगणैः सह।
शुद्धात्मनो हविर्भागं जग्राह बहुमानतः ॥ १७३६ ॥
कदाचित्तस्य पक्षान्ते कृतकृत्यस्य भोजने।
दिगम्बरोऽतिथिः साक्षाद्दुर्वासो मुनिनायकः ॥ १७३७ ॥
[1]सत्वप्रचारमानं तद्वितीर्णं तेन कोपनः।
भुक्त्वान्नं स ययौ लिप्त्वा शेषेण निजविग्रहम् ॥ १७३८ ॥
तस्मिन्गते निराहारः शनैर्गच्छन्नविक्रियः।
पक्षान्ते पुनरासाद्य तस्मै स्वं भोजनं ददौ ॥ १७३९ ॥
वितीर्येति स षट्कृत्वः सर्वं विमलमानसः।
अर्थिने धर्मपीयूषैः पूज्यमान इवाबभौ ॥ १७४० ॥
ततस्तुष्टे मुनिवरे सत्वं तस्य प्रशंसति।
देवदूतः समभ्येत्य विमानेन तमब्रवीत् ॥ १७४१ ॥

---

१. 'सर्वप्रकारमन्नं' इति पाठः. 'भुक्त्वा चान्नं ततः सर्वमुच्छिष्टेनात्मनस्ततः' इति भारतसंवादाद्भवेत्.

अर्जितं तपसा स्वर्गे दानेन च दमेन च ।
एहि धिष्ण्यं समारुह्य स्पृहणीयोऽसि मुद्गल ॥ १७४२ ॥
इति ब्रुवाणं पप्रच्छ देवदूतं स सत्त्ववान् ।
कथ्यतां कीदृशः स्वर्गः करिष्याम्युचितं ततः ॥ १७४३ ॥
तमब्रवीद्देवदूतश्चित्रं स्वर्गेऽपि पृच्छसि ।
अथ कर्णपथं किं ते न यातं तत्सुखं सखे ॥ १७४४ ॥
कोशः समस्तरम्याणां निधानं सर्वसंपदाम् ।
पुण्यकर्मद्रुमफलं स्वर्लोक इति कथ्यते ॥ १७४५ ॥
सुकृतं भुज्यते तत्र क्रियते न तु किंचन ।
मूलभोगात्क्षयं याति नूतनानर्जनात्तु तत् ॥ १७४६ ॥
देवदूतवचः श्रुत्वा विमृश्योवाच मुद्गलः ।
अलं स्वर्गेण मे साधो नियतक्षणभङ्गिना ॥ १७४७ ॥
अच्युतं परमं धाम ध्रुवं शाश्वतमव्ययम् ।
अनन्तं प्रार्थये स्थानं क्षम्यतां गम्यतां सखे ॥ १७४८ ॥
मुद्गलेनेत्यभिहिते देवदूते तिरोहिते ।
विस्मयः सर्वभूतानां बभूव व्योमचारिणाम् ॥ १७४९ ॥
ततः समाधिनिरतः समानः सुखदुःखयोः ।
विरतेच्छभयद्वेषो निर्वाणं मुद्गलो ययौ ॥ १७५० ॥
इति सत्ववतां राजन्भवन्तीप्सितसिद्धयः ।
त्वमपि प्राप्स्यसि श्रेयो निगद्येति ययौ मुनिः ॥ १७५१ ॥

व्रीहिद्रौणिकम् ॥ ४६ ॥

गते भगवति व्यासे कदाचिदथ पाण्डवाः ।
मृगयाव्यपदेशेन लक्ष्याभ्याससमुत्सुकाः ॥ १७५२ ॥
आश्रमे धौम्यसहितां तृणबिन्दोर्महामुनेः ।
विन्यस्य द्रौपदीं वीरा विचेरुर्दिक्षु कानने ॥ १७५३ ॥
अत्रान्तरे समभ्यायात्तेन काननवर्त्मना ।
साल्वान्व्रजन्परिणये[1] सिन्धुराजो जयद्रथः ॥ १७५४ ॥

---

१. विवाहकामः इत्यर्थः.

स ददर्शाश्रमद्वारि कृष्णामायतलोचनाम् ।
फुल्लनीलाब्जसुभगां कन्दर्पनलिनीमिव ॥ १७५५ ॥
कदम्बशाखामालम्ब्य पाणिना कमलत्विषा ।
दर्शितैककुचाभोगं विलासललितं स्थिताम् ॥ १७५६ ॥
तां विलोक्यैव पूर्णेन्दुवदनां सिन्धुभूपतिः ।
उल्लासितः स्मृतिभुवा शिबीनां नृपमभ्यधात् ॥ १७५७ ॥
लीलातरङ्गिणी केयं नयनानन्दकौमुदी ।
यस्याः संदर्शनेनापि जृम्भते मदनानलः ॥ १७५८ ॥
प्रविष्टा हृदयाम्भोजे विबद्धे वदनेन्दुना ।
इयं निर्यास्यति व्यक्तं न मे जन्मान्तरेष्वपि ॥ १७५९ ॥
अलं मम विवाहेन दृष्ट्वेमां हरिणेक्षणाम् ।
भृङ्गः कल्पलतां वीक्ष्य यूथिकां कथमीहते ॥ १७६० ॥
गच्छ जानीहि कस्यैषा किं करोत्यजने वने ।
सरैन्द्रजालिकन्यस्ता गगनां यदि नोत्पतेत् ॥ १७६१ ॥
उक्तो जयद्रथेनेति कौटिकाश्वः[1] शिबीश्वरः ।
अवरुह्य रथात्तूर्णं गत्वा पप्रच्छ तां स्वयम् ॥ १७६२ ॥

शशिमुखि कुचकुम्भप्रोद्भवन्मन्मथेभ-
सुतमदभरलोभभ्रान्तभृङ्गाभिरामैः ।
परिकलितललाटा कुन्तलैः सुभ्रु का त्वं
सजलजलदलेशालंकृतेवेन्दुमूर्तिः ॥ १७६३ ॥
सुतनु सुरथसूनुः कौटिकाश्वोऽस्मि राजा
व्यजनधवलफेनः सिन्धुनाथात्मजोऽयम् ।
इति वदति शिबीन्द्रे लज्जिता सा बभाषे
सिचयमनिललोकं कौशिकं संनियम्य ॥ १७६४ ॥
न हि जनरहितानां मादृशीनां वयोभि-
र्भवति परकथाभिर्मेलनं जातु युक्तम् ।

---

१. कोटिकास्यः, कोटिकाख्यः, कोटिकाश्यः, इति त्रिधा पाठो भारतप्रदीपे.

तदपि सरति वाञ्छे भ्रातरभ्यागतत्वा-
द्रुपदनृपसुताहं पाण्डवानां कलत्रम् ॥ १७६५ ॥

इति वचनमुदारं राजपुत्रेण तस्या-
स्त्वरिततरमुपेत्य श्रावितः सिन्धुराजः ।
स्वयमिदमुपगम्योवाच पाञ्चालपुत्रीं
किरणजटिलगन्धः कुण्डलाताण्डवेन ॥ १७६६ ॥

प्रतिमितमुखलक्ष्म्या लक्ष्यफुल्लारविन्दाः
स्मितसितकरसारैः संपतद्राजहंसाः ।
कुरु चटुलकटाक्षैर्लोलनीलाम्बुजाढ्या
वरतनु पुनरुक्ता मद्गृहोद्यानवापीः ॥ १७६७ ॥

तव च ललितदृष्टिर्मान्मथीयेषु वृष्टि-
र्वरतनु पतितेयं कर्णमूलायता मे ।
अनुभवतु सपत्नीभावमुर्वी भवत्याः
परिहरतु विधाता व्यर्थनिर्माणखेदम् ॥ १७६८ ॥

इति नृपवदनाहिस्फारफूत्कारघोर-
प्रसरदतनुमन्युव्यावलन्मन्दरामा ।
गिरमसृजदुदञ्चद्भ्रूविभङ्गोत्तरङ्गां
मथनजलधिवेलेवावलीं कालकूटीम् ॥ १७६९ ॥

बत पिबसि विषौघं मोहितः कालशस्त्या
तदसि(?)चरणपातैः सुप्तमाशीर्विषं वा ।
रिपुवनदहनानां पाण्डवानां प्रियां मा
कलुषमधृतलज्जं भाषसे निर्भयो यत् ॥ १७७० ॥

श्रुतिपथमुपयातः किं न धर्मात्मजस्ते
निखिलभुवनरक्षामङ्गलोद्योगदीपः ।
रचयति सकलक्ष्मापालमौलिप्रभाणां
चरणनखमयूखैर्यः परिष्वङ्गलीलाम् ॥ १७७१ ॥

दधति धनदवाप्यो यद्भुजादण्डषण्डो-
त्तुलितकमललोलाः कम्पमद्यापि जाने ।
अपि स न विदितस्ते मारुतिर्ग्रस्तदृप्य-
द्विकटबकहिडिम्बोद्दामकिर्मीरवीर्यः ॥ १७७२ ॥

कपटशबरवेशानुव्रता यं भवानी
त्रिपुरहररणाग्रे वीक्ष्य निःशङ्कमल्लम् ।
अलभत चकिताक्षीं कान्तसंदेहदोलां
तमपि विजितरुद्रं किं न जानासि पार्थम् ॥ १७७३ ॥

इति ब्रुवाणां तां कोपकम्पितां राजकुञ्जरः ।
स जहार वरारोहां करेणुः कदलीमिव ॥ १७७४ ॥

क्रोशन्तीं तां समारोप्य रथं व्रजति सैन्धवे ।
धौम्यः पद्भ्यामनुययौ सदाचार इव श्रुतिम् ॥ १७७५ ॥

अत्रान्तरे पाण्डुसुता दुर्निमित्तशताकुले ।
शङ्किताः स्वाश्रमं प्राप्य शुश्रुवुर्वल्लभां हृताम् ॥ १७७६ ॥

तान्समापततो दृष्ट्वा सैन्धवे ललितौजसि ।
जगाद द्रौपदी भूपं तर्जयन्तीव तेजसा ॥ १७७७ ॥

एते मां पाण्डुतनयाः संप्राप्ता भुजशालिनः ।
कोदण्डप्रणयी बाहुः क्रियतां यदि शक्यते ॥ १७७८ ॥

एष गाण्डीवनिर्घोषः श्रूयतामशनिस्वनः ।
हुङ्कार इव कालस्य जगद्ग्रासाभिलाषिणः ॥ १७७९ ॥

दृश्यतामधुना राज्ञां पतितोत्फलितैर्मुहुः ।
शिरोभिः कन्दुकक्रीडा समरे सव्यसाचिनः ॥ १७८० ॥

इति तस्यां ब्रुवाणायां भल्लैर्गाण्डीवधन्वनः ।
कृत्तानि पेतुश्छत्राणि यशांसीव महीभुजाम् ॥ १७८१ ॥

विप्रकीर्णेषु सहसा त्रिगर्तशिबिसिन्धुषु ।
अभूद्भीमगदापातैः कृतान्तनगरोत्सवः ॥ १७८२ ॥

ततस्त्रिगर्तनृपतिं सुधन्वानं युधिष्ठिरः।
वीरो हत्वार्धचन्द्रेण तदनीकं व्यगाहत॥ १७८३॥
नकुलोऽपि पृषट्काभ्यां क्षेमंकरमहामुखौ।
जघान कुञ्जरघटाः कृपाणेन विपाटयन्॥ १७८४॥
अभिद्रुत्य ससंरम्भः कौटिकाश्वस्य मारुतिः।
क्षुरप्रेणाहरद्वक्त्रं बलाद्व्याकुलकुण्डलम्॥ १७८५॥
सौवीरान्द्वादश नृपाञ्शिबीनिक्ष्वाकुवंशजान्।
पूर्वोपायनतां मृत्योर्द्राङ्निनाय धनंजयः॥ १७८६॥
तस्मिन्नसृग्वसामत्तभूतवेतालसंगते।
वर्तमाने रणे राजा भीतो दुद्राव सैन्धवः॥ १७८७॥
भग्ने ससैनिके तस्मिन्नुत्सृज्य द्रुपदात्मजाम्।
ससार मारुतिः पश्चात्तूर्णं काल इवाकुलः॥ १७८८॥
गान्धार्या ननु जामाता रक्ष्योऽयं दुःशलापतिः।
इत्यूचे धर्मतनयो भीमसेनं कृपानिधिः॥ १७८९॥
ततः सासूयमवदत्कृष्णा कोपवती सती।
अहो दारापहारेऽपि वीतक्रोधो महीपतिः॥ १७९०॥
मानम्लानकरं शत्रुं समरे वशमागतम्।
को मुञ्चति सभासीनैर्मानिभिर्यो न हन्यते॥ १७९१॥
इत्युक्तवत्या प्रेयस्या कटाक्षेण निरीक्षितौ।
संसर्पतुर्भीमपार्थौ जयद्रथवधोत्सुकौ॥ १७९२॥
ततः कृष्णां समादाय यमाभ्यां सह धर्मजः।
ययौ निजाश्रमं हृष्टैर्मुनीन्द्रैरभिवन्दितः॥ १७९३॥
क्रोशमात्रं प्रयातस्य जवात्सिन्धुमहीभृतः।
अलक्षितैः शरैरश्वाञ्जघान श्वेतवाहनः॥ १७९४॥
रथमुत्सृज्य तं पद्भ्यां विद्रुतं भयकातरम्।
जगादोच्चैः स्मितमुखः संहृतास्त्रो धनंजयः॥ १७९५॥

मा मा कलङ्कय कुलं पलायनपरो नृप ।
किमनेनैव वीर्येण जिहीर्षसि कुलाङ्गनाः ॥ १७९६ ॥
इत्युच्यमानः सोत्राशमर्जुनेनापि सैन्धवः ।
दुद्रावागणितश्वभ्रः श्वासायासविशृङ्खलः ॥ १७९७ ॥
तमभिद्रुत्य सावेगं केशेष्वाकृष्य मारुतिः ।
निष्पिष्य भूतले गाढं जघानार्तमरत्निणा ॥ १७९८ ॥
लडच्चूडामणिस्रस्तमङ्गलोष्णीषशेखरम् ।
तस्यासन्नविवाहस्य पदा भीमोऽहनच्छिरः ॥ १७९९ ॥
जीवितोच्छित्तये तस्य दृष्ट्वा भीमं समुद्यतम् ।
उवाच दुःशलाभर्ता त्यज्यतामिति फल्गुणः ॥ १८०० ॥
ततोऽब्रवीद्भीमसेनस्तं प्रपीड्य गले दृढम् ।
किं करोमि घृणी राजा विप्राचारो युधिष्ठिरः ॥ १८०१ ॥
एष संत्यज्यसे पापो दासोऽसीति पशो वद ।
उक्ते तस्यार्धचन्द्रेण चक्रे पञ्चशिखं शिरः ॥ १८०२ ॥
ततस्तं विषमश्वासं दासोऽहमितिवादिनम् ।
तत्याज नीत्वा कृष्णायाः पुरो राज्ञश्च मारुतिः ॥ १८०३ ॥
युधिष्ठिरेण सावज्ञं विसृष्टोऽथ जयद्रथः ।
जगाम भुग्नवदनो लज्जाविलुलितैः पदैः ॥ १८०४ ॥
स गङ्गाद्वारमासाद्य तपसा वृषभध्वजम् ।
अतोषयत्स्वयं रुद्रं येनास्माद्बलमग्रहीत् ॥ १८०५ ॥
सोऽथ तुष्टो वरं हृष्टं ययाचे चन्द्रशेखरम् ।
जयेयं त्वद्वरात्पञ्च सानुगान्पाण्डवानिति ॥ १८०६ ॥
तमूचे भगवान्भर्गो दुर्जयान्वारयिष्यसि ।
तान्विना विजयं वीरं रक्ष्यते स हि विष्णुना ॥ १८०७ ॥
इति शर्ववरं प्राप्य स्वपुरं सिन्धुभूपतिः ।
ययावन्तर्ज्वलत्पार्थविद्वेषवडवानलः ॥ १८०८ ॥

द्रौपदीप्रमाथः ॥ ४७ ॥

अथ धर्मात्मजो जायां सान्त्वयित्वा पतिव्रताम् ।
मुनिं मुनिसभासीनो मार्कण्डेयमभाषत ॥ १८०९ ॥

अपि दृष्टः पुरा कश्चिद्भगवन्भवता नरः ।
एवंविधानां दुःखानां यो नामाहमिवास्पदम् ॥ १८१० ॥

तथा दुर्नयकूटेन कृत्तजूटेन तेन नः ।
पत्नीपराभवो राज्ञा सैन्धवेनाप्यकारि यत् ॥ १८११ ॥

इति ब्रुवाणं राजानं पुराणो मुनिरभ्यधात् ।
श्रूयतां प्राप्तवान्दुःखं रामस्त्वत्तोऽधिकं यथा ॥ १८१२ ॥

अयोध्यायामभूद्भूपः श्रीमानिक्ष्वाकुवंशजः ।
अजसूनुर्दशरथः संहृतारिर्मनोरथः ॥ १८१३ ॥

कोसल्या च सुमित्रा च कैकेयी चेति वल्लभाः ।
तिस्रस्तस्याभवन्देव्यः कुलाचारगुणोज्ज्वलाः ॥ १८१४ ॥

अत्रान्तरे विश्रवसः पौलस्त्यस्य सुतो मुनेः ।
लङ्काधिपो दशग्रीवस्त्रैलोक्यं तपसाजयत् ॥ १८१५ ॥

भ्रात्रा विभीषणेनापि वारितो धर्मसेविना ।
अनुजैः सोऽवधीद्देवान्कुम्भकर्णखरादिभिः ॥ १८१६ ॥

ततोऽग्निमुख्यैस्त्रिदशैरर्थितस्तद्वधे विधिः ।
ऋते मर्त्यादवध्योऽसौ मद्वरादित्युवाच तान् ॥ १८१७ ॥

अथ धातुर्गिरा विष्णुश्चतुर्धा व्यक्तविग्रहः ।
वधाय दशकण्ठस्य सानुगः क्ष्मामवातरत् ॥ १८१८ ॥

स श्रीमान्रामसौमित्रिशत्रुघ्नभरतात्मना ।
देवो दशरथस्याप पवित्राख्यस्य पुत्रताम् ॥ १८१९ ॥

नीतोऽथ यज्ञरक्षायै विश्वामित्रेण ताटकाम् ।
प्राप्तास्त्रो राक्षसीं हत्वा बभौ रामः सलक्ष्मणः ॥ १८२० ॥

हत्वा सुबाहुं मारीचं क्षिप्त्वा च शतयोजनीम् ।
मिथिलाधिपतेर्यज्ञे द्रष्टुं भग्नधनुर्ययौ ॥ १८२१ ॥

वीरस्तस्य तदाकृष्य धनुर्भङ्क्त्वा च शांभवम्।
अवाप तच्छुल्कलाभां सीतां जनकनन्दिनीम्॥ १८२२॥
तामादाय स्वनगरीं व्रजन्स पथि भार्गवम्।
अजयत्कुपितं भग्ने चापदण्डे पिनाकिनः॥ १८२३॥
ततो दशरथस्तस्मै पुत्राय जयशालिने।
स्वराज्यमुद्यतो दातुं दासी शुश्राव मन्थरा॥ १८२४॥
सा गर्भचेटिकावर्गाद्गत्वा भरतमातरम्।
चकार घोरविद्वेषविषव्याकुलमानसाम्॥ १८२५॥
सा कैकेयी तद्वचसा प्राग्वितीर्णे वरं वने।
अयाचत सभार्यस्य राघवस्य विवासनम्॥ १८२६॥
तयार्थितः सत्यधनस्ततो दशरथः सुतम्।
रामं गुणगणारामं जीवितेन सहात्यजत्॥ १८२७॥
राघवो दण्डकारण्ये सानुजो विहिताश्रमः।
भरतेनार्थितोऽभ्येत्य न जग्राह निजां श्रियम्॥ १८२८॥
तत्पादुके समादाय मूर्ध्ना चीरजटाधरः।
नन्दिग्रामे फलाहारो भरतः क्ष्मामपालयत्॥ १८२९॥
अत्रान्तरे वने दृष्ट्वा रामं दशमुखस्वसा।
घोरा शूर्पनखा नाम बभूव स्मरतापिता॥ १८३०॥
ज्ञात्वा तत्संगमे विघ्नं सा सीतां हन्तुमाययौ।
विकर्णनासां तत्कोपात्तां चकार च लक्ष्मणः॥ १८३१॥
साथ गत्वा जनस्थानं प्रेरयित्वानुजं खरम्।
निनाय सानुजं रामप्रतापाग्निपतङ्गताम्॥ १८३२॥
ततः सा जलधेः पारे लङ्कामेत्य निशाचरम्।
चक्रे विदितवृत्तान्तं क्रोधान्धं दशकन्धरम्॥ १८३३॥
संमन्त्र्याथ दशग्रीवो मारीचेनातिमायिना।
प्रययौ दण्डकारण्यं हर्तुं राघववल्लभाम्॥ १८३४॥

भूत्वाथ हेमहरिणो मारीचो रावणाज्ञया ।
जहार रामं जानक्या याचितं चर्मलुब्धया ॥ १८३५ ॥
स विद्रुतोऽनिलजवस्ताडितो राघवेषुणा ।
हा लक्ष्मणेति विक्रोश्य मायी जीवितमत्यजत् ॥ १८३६ ॥
आर्तप्रलापं गगने रक्षःकूटात्समुत्थितम् ।
जानकी शङ्किता श्रुत्वा विससर्जानु लक्ष्मणम् ॥ १८३७ ॥
एकां वित्रस्तां विजने भिक्षुवेशो दशाननः ।
अभ्येत्य मन्मथाक्रान्तो जहार हरिणेक्षणाम् ॥ १८३८ ॥
आविष्कृतस्वरूपेण ह्रियमाणाथ तेन सा ।
चक्रन्द राघवं वीरं लोकपालांश्च मानिनी ॥ १८३९ ॥
ततः कृपालुरभ्येत्य जटायुर्गृध्रभूपतिः ।
अयोधयद्दशग्रीवं सीतारक्षणदीक्षितः ॥ १८४० ॥
तच्चञ्चुचरणापातविध्वस्तरथसारथिः ।
रावणस्तं कृपाणेन लूनपक्षमपातयत् ॥ १८४१ ॥
हत्वा शत्रुं समासाद्य लङ्कां लङ्केश्वरस्ततः ।
निदधौ राक्षसीगुप्तां सीतामुद्यानमन्दिरे ॥ १८४२ ॥
सीतां ययाचे प्रणयं सतीं नित्यं पराङ्मुखीम् ।
बलाद्धर्षयितुं ह्येष शापबन्धादनीश्वरः ॥ १८४३ ॥
रामः प्रतिनिवृत्तोऽपि दृष्ट्वा लक्ष्मणमागतम् ।
मृगकूटं च मारीचं दृष्ट्वा सीतामशङ्कत ॥ १८४४ ॥
स विलोक्याश्रमं शून्यं मुमोह महिषीप्रियः ।
आश्वासितो लक्ष्मणेन सबाष्पं विललाप च ॥ १८४५ ॥
स दीनो विरहक्षामश्चिरादासाद्य काननम् ।
ऋष्यमूके कपिवरान्वीरः पञ्च व्यलोकयत् ॥ १८४६ ॥
तेषां प्रधानं सुग्रीवं प्रतिपन्नं वयस्यताम् ।
स चक्रे विदितोदन्तं हनुमन्तं च सानुगम् ॥ १८४७ ॥

भ्रातरं वैरिणं तस्य रामो हत्वाथ वालिनम्।
सुग्रीवस्यादिशद्राज्यं सीतान्वेषणसंविदा ॥ १८४८ ॥
ततो वानरराजेन विसृष्टे कपिमण्डले।
दिशो विचेतुं हनुमानुल्लङ्घ्य मकराकरम् ॥ १८४९ ॥
लङ्कोद्याने शशिमुखीं रुद्धामालोक्य जानकीम्।
दग्ध्वा लङ्कां हताराति: प्रतीपं राममाययौ ॥ १८५० ॥
तस्माद्विज्ञाय वृत्तान्तं राम: कपिचयावृत:।
बद्ध्वा सेतुं जलनिधौ ययौ लङ्कां सलक्ष्मण: ॥ १८५१ ॥
विभीषण: परित्यज्य दुर्नयान्धं दशाननम्।
बभूव रामसैन्यानामग्रणी: समरोत्सवे ॥ १८५२ ॥
तत: प्रवृत्ते संग्रामे घोरे प्लवगरक्षसाम्।
त्रैलोक्यकम्पन: कोऽपि भूतानां विभ्रमोऽभवत् ॥ १८५३ ॥
अथ राघवकोदण्डनिर्गता विशिखावली।
ययौ राक्षसजीवानां सेतुतां यमवर्त्मनि ॥ १८५४ ॥
प्रकम्पने सधूम्राक्षे सप्रहस्ते महोदरे।
निहते मेघनादे च कुम्भकर्णे च संहृते ॥ १८५५ ॥
स्वयं विनिर्गतं कोपाद्रावणं निर्जितामरम्।
ब्रह्मास्त्रेणोग्रमहसा जघान रघुनन्दन: ॥ १८५६ ॥
विभीषणाय तद्राज्यं दत्त्वा प्राप्य च जानकीम्।
अयोध्यां प्रययौ वीर: पुष्पकेण विहायसा ॥ १८५७ ॥
भरतेन स संगम्य यज्वा निहतकण्टक:।
एकादशसहस्राणि वत्सराणां जुगोप गाम् ॥ १८५८ ॥
त्वमप्येवं नरपते निस्तीर्य व्यसनोदधिम्।
अवाप्स्यसि निजां लक्ष्मीं सानुजो जनवल्लभ: ॥ १८५९ ॥
रामोपाख्यानम् ॥ ४८ ॥
ततो धर्मात्मज: श्रुत्वा कथितं मुनिना पुन:।
पप्रच्छ स द्रुपदजां पश्यन्मन्युपरायणाम् ॥ १८६० ॥

पराभवमियं प्राप्ता मत्कार्ये विपुलं मुने।
अप्येतत्सदृशी काचित्त्वया दृष्टा पतिव्रता॥ १८६१॥
इति पृष्टो मुनिर्ध्यात्वा गिरमूचे चिरंतनः।
शृणु भूमिपते पुण्यं सतीवृत्तान्तमद्भुतम्॥ १८६२॥
अभूदश्वपतिर्नाम श्रीमान्मद्रेषु भूपतिः।
सत्यत्यागादयो यस्य गुणा एव विभूषणम्॥ १८६३॥
गायत्रीं तपसाराध्य तन्मन्त्रैर्जपहोमकृत्।
सावित्रीं नाम स प्राप पुत्रीं ललितलोचनाम्॥ १८६४॥
लावण्यपेशलाकारा सा भेजे कान्तिपल्लवा।
कालेन कामलतिका वसन्तमिव यौवनम्॥ १८६५॥
स्वतेजसा दीप्यमानां न तां सामान्यभूपतिः।
कश्चिद्ययाचे दुष्प्रापां राजसूयश्रियं यथा॥ १८६६॥
ततः पिता प्राहिणोत्तां वृद्धकञ्चुकिरक्षिताम्।
भर्तारं स्वयमन्वेष्टुं राजर्षीणां तपोवनम्॥ १८६७॥
ततः प्रतिनिवृत्ता सा पितरं वक्तुमागता।
तत्सभाग्रस्थितिजुषा नारदेन विलोकिता॥ १८६८॥
स तामालोक्य देवर्षिर्मद्रराजमभाषत।
दूरादिवैत्य किं राजन्वक्तुकामा सुता तव॥ १८६९॥
इति वादिनि देवर्षौ सुतां प्रोवाच भूपतिः।
अग्रे भगवतः पुत्रि कथ्यतां को वृतस्त्वया॥ १८७०॥
इति पित्रा समादिष्टा सा बभाषे नतानना।
वृद्धस्य साल्वराजस्य वनस्थस्य विचक्षुषः।
द्युमत्सेनस्य तनयो मया तात धिया वृतः॥ १८७१॥
इत्युक्ते राजतनयां गीर्वाणमुनिरभ्यधात्।
भव्यः स सत्त्ववान्नाम राजपुत्रो गुणाधिकः॥ १८७२॥
कलानां केलिसदनं विद्यानां पाणिदर्पणम्।
भवद्वचो राजपुत्रोऽसौ युवा हृदयनन्दनः॥ १८७३॥

उचितस्ते स जामाता किमन्यद्वंशभूषणम् ।
किंत्वेष वर्षशेषायुरिति मे दूयते मनः ॥ १८७४ ॥
नारदेनेति गदिते संतप्त इव भूपतिः ।
दीर्घायुषं वृणु परं तनयामित्यभाषत ॥ १८७५ ॥
साप्यवादीत्कुले जाता न कन्या द्विः प्रदीयते ।
अंशे विवाहे दाने च वागेकैव विपश्चिताम् ॥ १८७६ ॥
इति निश्चितसंकल्पां भूपालस्तां तपस्विनीम् ।
नारदेनाभ्यनुज्ञातस्तथेत्यूचे शुचिव्रताः ॥ १८७७ ॥
स तपोवनमभ्येत्य साल्वमभ्यर्थ्य सत्त्ववान् ।
ददौ सत्त्ववते पुत्रीं नवयौवनभूषणाम् ॥ १८७८ ॥
सावित्रीमथ संप्राप्य सत्त्ववाञ्जनकार्पिताम् ।
जयिनः स्मरराजस्य यौवराज्यमिवासवान् ॥ १८७९ ॥
परिचर्यापरा भर्तुरार्यस्य च तपोवने ।
सती निनाय सा कालं चिन्तयन्ती मुनेर्वचः ॥ १८८० ॥
दिनत्रयावशेषे च याते सा परिवत्सरे ।
श्वशुरेणाभ्यर्थ्यमानापि त्रिरात्रोपोषिताभवत् ॥ १८८१ ॥
प्रत्यासन्ने ततस्तस्मिन्नारदाभिहिते दिने ।
वनं फलार्थिनि गते साल्वराजसुते स्वयम् ॥ १८८२ ॥
शनैस्तमेवानुययौ सा सती श्वशुराज्ञया ।
मर्तुमाहितसंकल्पा वियोगे प्रत्युपस्थिते ॥ १८८३ ॥
फलान्यादाय काष्ठाग्रं पाटयित्वाथ सत्त्ववान् ।
अभिजातो राजपुत्रः श्रमाद्भेजे शिरोरुजम् ॥ १८८४ ॥
ततः श्लथाङ्गो धृत्वाङ्के जायाया निर्जने शिरः ।
निद्रामीलितनेत्राब्जः स तस्थौ निश्चलश्चिरम् ॥ १८८५ ॥
पत्युः सुप्तस्य सावित्री मुखमुत्सङ्गसंगतम् ।
निमेषदोषशून्येन चक्षुषा सुचिरं पपौ ॥ १८८६ ॥

ततः सा बद्धमुकुटं श्यामलं पीतवाससम् ।
ददर्श पाशभुजगव्यग्रहस्तं स्थितं पुरः ॥ १८८७ ॥
तं दृष्ट्वा रक्तनयनं पत्युस्त्यक्त्वा शनैः शिरः ।
बद्धाञ्जलिपुटा साध्वी सा संत्रस्ता तमब्रवीत् ॥ १८८८ ॥
भगवन्महसां राशिः कस्त्वं कर्तुं किमीहसे ।
दैवतं परमं मन्ये त्वां देववपुषामुना ॥ १८८९ ॥
इत्युक्ते राजसुतया स देवस्तामभाषत ।
क्षिपन्सत्त्ववतो वक्रे मुहुः पाशाय तादृशः ॥ १८९० ॥
यमोऽहं नेतुमायातस्तवेमं वल्लभं स्वयम् ।
सत्यशीलेषु शुद्धेषु प्रभवन्ति न किंकराः ॥ १८९१ ॥
इत्युक्त्वाकृष्य पाशेन कायात्सत्त्ववतः क्षणात् ।
अङ्गुष्ठमात्रं पुरुषं स ययौ दक्षिणां दिशम् ॥ १८९२ ॥
आकृष्टजीवं दयितं गतश्वासमवेक्ष्य सा ।
यममेवान्वयात्साध्वी व्रतादव्याहता पथि ॥ १८९३ ॥
कार्पण्येन कृतं बाले निवर्तस्वेति तां यमः ।
उवाच न तु सा सत्वशालिनी प्रत्यवर्तत ॥ १८९४ ॥
सावदत्सत्त्वशीलानां व्रतिनां न्यस्तकर्मणाम् ।
धर्मः प्रमाणमेवैकः स च त्वं देवमूर्तिमान् ॥ १८९५ ॥
उपपन्नं वचस्तस्याः श्रुत्वा वैवस्वतोऽवदत् ।
वरं गृहाण मे पुत्रि मुक्त्वैकं भर्तृजीवितम् ॥ १८९६ ॥
सावदत्त्वद्वरादेव ममान्धः श्वशुरो नृपः ।
चक्षुष्मानस्तु राज्यं च लभतां वयसा सह ॥ १८९७ ॥
इति ब्रुवाणां तां देवस्तथेत्युक्त्वा पुनः पुनः ।
वरान्विना भर्तृजीवं गृहाणेत्यभिभाषत ॥ १८९८ ॥
पितुः पुत्रशतं साथ श्वशुरस्य च मानिनी ।
आत्मनश्च ययाचे तं तथेत्यूचे यमोऽपि ताम् ॥ १८९९ ॥

उच्यमाना ततस्तेन निवर्तस्वेति सा मुहुः ।
उवाचाग्रेसरं भर्तुर्ममेदं हृदयं विभो ॥ १९०० ॥
असागरोत्थं पीयूषमद्रव्यं व्यसनौषधम् ।
हर्षश्चाशोकपर्यन्तः सद्भिः किल समागमः ॥ १९०१ ॥
ज्ञायते न भयं सद्भ्यः सन्तो रक्षन्ति सर्वदा ।
नाफला संगतिः सद्भिः स्वभावश्च कृपा सताम् ॥ १९०२ ॥
इत्युक्ते राजतनयांतोषात्तपनसंभवः ।
विततार वरं येन सा भर्तारमजीवयत् ॥ १९०३ ॥
आयुस्तस्मै वत्सराणां दत्त्वा शतचतुष्टयम् ।
सभार्याय ययौ देवो व्योम्ना महिषवाहनः ॥ १९०४ ॥
ततः सुप्तोत्थित इव प्राप्तजीवः प्रियां पुरः ।
विलोक्य सत्त्ववानूचे स्वप्नवत्सर्वमीक्षितम् ॥ १९०५ ॥
द्युमत्सेनोऽथ संप्राप्तचक्षुः पुत्रं वधूसखम् ।
सभार्योऽभ्येत्य शुश्राव तद्वृत्तं मुनिभिः सह ॥ १९०६ ॥
ततस्तेषां प्रहृष्टानां सावित्रीं च प्रशंसताम् ।
वैवस्वतवितीर्णास्ते वराः सफलतां ययुः ॥ १९०७ ॥
इति वंशद्वयं राजन्सावित्र्या तारितं पुरा ।
चिरायुः कथयित्वेति विरराम मुनीश्वरः ॥ १९०८ ॥
सावित्र्युपाख्यानम् ॥ ४९ ॥
अत्रान्तरे त्यागनिधिं कर्णं तरणितेजसम् ।
महार्हशयने वीरं शयानं रत्नमन्दिरे ॥ १९०९ ॥
क्षपायां क्षीयमाणायां गीयमानं यशः पदैः ।
प्राभातिकैर्बन्दिगणैः किन्नरैरिव वज्रिणाम् ॥ १९१० ॥
स्वप्ने विवस्वानवदद्योगेन ब्राह्मणाकृतिः ।
शृणु कर्ण हितं किंचित्सौहार्दादिदमुच्यते ॥ १९११ ॥
अद्य त्वां फल्गुणहितासक्तः सुरपतिः स्वयम् ।
याचितुं कुण्डले दिव्ये वर्म चैतत्समेष्यति ॥ १९१२ ॥

मौर्ख्यात्सुधामयं सर्वं यद्येतत्त्वं प्रदास्यसि ।
किमन्यद्वैरिणां वध्यो निरायासं भविष्यसि ॥ १९१३ ॥
जानेऽहं सत्त्वसार त्वां प्राणैरपि यशोर्थिनम् ।
सूर्योपस्थानसमये नादेयं यस्य किंचन ॥ १९१४ ॥
जीवतामेव शोभन्ते किंतु कीर्त्यादयो गुणाः ।
गतासोः साधुवादैः किं नेक्षते न शृणोति यः ॥ १९१५ ॥
तस्मात्संरक्षिता प्राणान्नैतद्देयं त्वया सखे ।
मूलच्छेदो हि धर्मस्य शरीरोपेक्षणं नृणाम् ॥ १९१६ ॥
अहं सहस्रकिरणः प्रीत्या तव हिते रतः ।
मां विना सततं कर्ण नान्यंज्जानासि दैवतम् ॥ १९१७ ॥
इत्युक्तश्चण्डमहसा कर्णः प्राञ्जलिरब्रवीत् ।
धन्योऽहं यस्य देव त्वं हितं साक्षादुदीक्षसे ॥ १९१८ ॥
एकार्थिप्रतिपादिताखिलभुवां शिष्यो गुरूणामहं
त्यागे नाम बलान्निवेद्य भगवन्कर्णः कथं निस्त्रपम् ।
दैन्यातङ्ककलङ्कितानररुचो याच्ञाविधावर्थिनः
प्रत्याख्यानविकुण्ठकण्ठवलनाभुग्नं मुखं वीक्षताम् ॥१९१९॥
एवं सुनिश्चितां तस्य मतिं ज्ञात्वा दिवाकरः ।
तमूचे शक्तिमादाय कुण्डले देहि वज्रिणे ॥ १९२० ॥
इति स्वप्ने तमाभाष्य प्रबुद्धं च नभःस्थितः ।
सूर्यः साक्षादुपस्थाने तदेव पुनरभ्यधात् ॥ १९२१ ॥
अथाभिषिक्तं कृतदेवकार्यं हुतानलं काञ्चनदानकाले ।
अखण्डितत्यागमवाप कर्णमाखण्डलः कुण्डलवर्महारी ॥ १९२२॥
तमूचे स द्विजाकारः स्वस्तीत्युक्त्वा कृताञ्जलिम् ।
पुरः प्राणप्रदानेऽपि सन्नद्धं स्थितमर्थिनाम् ॥ १९२३ ॥
न कर्ण स्तूयसे केन जङ्गमः कल्पपादपः ।
समुद्रोऽपि कृतो येन विमुद्रो रत्नवर्षिणा ॥ १९२४ ॥

प्रयच्छ सहजे वर्मकुण्डले मे सुधामये ।
एवंविधेषु दानेषु दाता कोऽन्यस्त्वया विना ॥ १९२५ ॥
इत्युक्तो वज्रिणा कर्णः शस्त्रेणोत्कृत्य विग्रहात् ।
कुण्डले वर्म च ददौ येन वैकर्तनोऽभवत् ॥ १९२६ ॥
ततः साक्षाद्भगवता तुष्टेन बलवैरिणा ।
एकवीरवधायैव दत्तां शक्तिमवाप्तवान् ॥ १९२७ ॥

कुण्डलाहरणम् ॥ ९० ॥

पूर्णेऽथ द्वादशे वर्षे श्रुत्वा कर्णकथां वने ।
उवाह चेतसां चिन्तां शक्तितुल्यां युधिष्ठिरः ॥ १९२८ ॥
अत्रान्तरे द्वैतवनं प्रविष्टः कश्चिद्द्विजः पाण्डुसुतानवादीत् ।
शृङ्गाग्रलग्नां हरिणेन नीतां ममात्मजां रक्षत भो जवेन ॥१९२९॥
इति विप्रवचः श्रुत्वा पाण्डवास्तूर्णमाद्रवन् ।
मृगमामण्डलाकृष्टकोदण्डाश्चण्डसाहसाः ॥ १९३० ॥
कुरङ्गाकृष्टास्ते निकटतटभागे गिरिभुवः
परिश्रान्ताः स्फूर्जत्तरणिकिरणप्लोषजटिले ।
अवापुर्न्यग्रोधं विततविटपिव्याप्तगहने
निषण्णास्तस्याधः कथमपि ययुर्निर्वृतिलवम् ॥ १९३१ ॥
अथोचे नकुलं राजा तरुमारुह्य पाथसाम् ।
स्थानमालोक्य तूणीरेणानयाम्बु महाभुज ॥ १९३२ ॥
तथेति कृत्वा नकुलो विलोक्य सरोऽभिपत्य स्फटिकावदातम् ।
केनापि भूतेन निवार्यमाणः पयः पिबञ्जीवितमुत्ससर्ज ॥ १९३३ ॥
तथैव सहदेवोऽपि विसृष्टो जातशत्रुणा ।
प्रश्नमुक्तिकृतापेयं पयः पीत्वाभवद्व्यसुः ॥ १९३४ ॥
ततोऽर्जुने मारुतनन्दने च तथैव याते नु च धर्मजन्मा ।
स्वयं तथान्विष्य सरो ददर्श तान्वज्ररुग्णानिव भूधरेन्द्रान् ॥१९३५॥
अथोच्चचार वचनं राजन्प्रश्नानमुञ्चता ।
न पेयं मम पानीयं यः पिबेत्स त्यजेदसून् ॥ १९३६ ॥

राजन्बकोऽसीति मृषाभिधायि यक्षोऽस्मि सत्यं पुनरित्युदीर्य ।
प्रश्नानिमान्भिन्धि ततः पिबाम्बु दुर्लक्ष्यरूपो नृपमित्युवाच ॥१९३७॥

ब्रूहीति राज्ञाभिहितो जगादो[1]त्कं क ईयते ।
चराः के चास्य कश्चास्तं नयति क्व च तिष्ठति ॥ १९३८ ॥

[2]प्रजापतिप्रेरितमभ्युपैति बिम्बं रवेस्तस्य चराः सुराश्च ।
धर्मस्तमस्तं नयति प्रतिष्ठा सत्येऽस्य यक्षेति नृपो बभाषे ॥१९३९॥

पुनर्यक्षोऽवदच्छृण्वञ्जिघ्रन्पश्यन्वदन्स्पृशन् ।
उच्छ्वसन्नपि को लोके नरो राजन्न जीवति ॥ १९४० ॥

राजाब्रवीद्यस्य देवा नाश्नन्ति च तथार्थिनः ।
न भृत्या नापि पितरः स जीवन्मृत उच्यते ॥ १९४१ ॥

पुनर्यक्षोऽवदद्भूमेर्गुरु किं प्रांशु किं दिवः ।
[3]चतुरं किं च पवनाद्[4]भूतं किं च देहिनाम् ॥ १९४२ ॥

नृपोऽब्रवीद्भुवो माता जनको [5]द्योर्मनोनिलात् ।
आधिक्यं भजते नित्यं चिन्तैका बहुला [6]तृणाम् ॥ १९४३ ॥

ततोऽवदन्निर्निमेषं कः शेते निश्चलश्च कः ।
जायते कस्य हृदयं नास्ति को वर्धते जवात् ॥ १९४४ ॥

राजावदन्निर्निमेषो मत्स्यो निश्चलमण्डकम् ।
दृशदो नास्ति हृदयं वर्धते तटिनी जवात् ॥ १९४५ ॥

पुनर्यक्षः स्मयादूचे ब्रूहि राजन्किमुत्तमम् ।
धन्यानां च धनानां च लाभानां च सुखस्य च ॥ १९४६ ॥

युधिष्ठिरोऽवदद्दाक्ष्यं धन्यानामुत्तमं किल ।
श्रुतं धनानामारोग्यं लाभानां हर्षभूः सुखम् ॥ १९४७ ॥

---

१. 'किंस्विदादित्यमुन्नयति के च तस्याभितश्चराः । कश्चैनमस्तं नयति कस्मिंश्च प्रतितिष्ठति ॥' इति भारतसंवादाद्द्वितीयान्तं कमिति पदमादित्यवाचकम्. २. 'ब्रह्मादित्यमुन्नयति' इति भारतवाक्यं 'वेदो जीवं पृथक्करोति' इति व्याख्यातम्. ३. 'किंस्विच्छीघ्रतरं वायोः' इति भारतसंवादात् 'सत्वरं' इति पाठो भवेत्. ४. 'किंस्विद्बहुतरं तृणात्' इति भारतपाठः. ५. द्योराकाशादित्यर्थः. ६. 'तृणात्' इति भारतपाठः.

पुनर्यक्षोऽवदत्को नु परो धर्मः सदाफलः।
किं नियम्य न शोचन्ति [1]सतां सत्किं न जीर्यते ॥ १९४८ ॥
[2]नृपोऽवदत्परो धर्मस्त्रैतो नित्यफलश्च सः।
मनो बद्ध्वा न शोचन्ति सतां संधिर्न जीर्यते ॥ १९४९ ॥
यक्षोऽप्यवादीत्किं त्यक्त्वा भवेदभिमतो नरः।
अशोकश्चार्थयुक्तश्च सुखवांश्चेति कथ्यताम् ॥ १९५० ॥
राजाब्रवीन्मानलोभस्मरक्रोधविवर्जिताः।
प्रिया भवन्त्यशोकाश्च धनिनः सुखिनस्तथा ॥ १९५१ ॥
यक्षो बभाषे के राजन्कथ्यन्ते पुरुषा मृताः।
राष्ट्रं श्राद्धं च किं नाम मृतं यज्ञो मृतश्च कः ॥ १९५२ ॥
राजाब्रवीन्मृतो निःस्वो राष्ट्रं मृतमराजकम्।
मृतं चाश्रोत्रियं श्राद्धं यज्ञश्चादक्षिणो मृतः ॥ १९५३ ॥
यक्षो जगाद का नाम दिक्किमन्नं पयश्च किम्।
किं च हालाहलं घोरं श्राद्धस्यावसरश्च कः ॥ १९५४ ॥
दिक्साधवो धेनुरन्नं दिवं वार्यर्थना विषम्।
गुणवान्ब्राह्मणः कालः श्राद्धस्य समयेष्वपि ॥ १९५५ ॥
प्रश्नेष्वेवं विमुक्तेषु यक्षः पुनरभाषत।
प्रश्न एकोऽस्ति मे राजन्पुरुषः क इवोच्यते ॥ १९५६ ॥
धर्मात्मजोऽवदद्यस्य शब्दः पुण्यस्य कर्मणः।
जृम्भते रोदसी व्याप्य पुरुषः सोऽभिधीयते ॥ १९५७ ॥
इत्युक्तो विस्मितो यक्षस्तोषादूचे युधिष्ठिरम्।
भ्रातॄणां मद्वरादेकस्तव जीवतु संमतः ॥ १९५८ ॥
इति धर्मसुतः श्रुत्वा देहत्यागोद्यतोऽवदत्।
माद्रीसुतो जीवतु मे भ्राता पुत्राधिकः प्रियः ॥ १९५९ ॥
इत्यानृशंस्यं सत्त्वं च विदित्वा धर्मजन्मनः।
यक्षो निद्रां निवार्यैव भ्रातॄन्सर्वानजीवयत् ॥ १९६० ॥

१. 'कैश्च संधिर्न जीर्यते' इति भारत०. २. 'आनृशंस्यं परोऽधर्मः' इति भारत०

आतृलाभप्रमुदितं प्रत्यक्षीकृतविग्रहः ।
सोऽवदत्पाण्डुतनयं धर्म्यं जयमवाप्नुहि ॥ १९६१ ॥

अलक्षितो मद्वरात्त्वं सानुजः परिवत्सरात् ।
अज्ञातवाससमयं तरिष्यसि महामते ॥ १९६२ ॥

धर्मोऽहमस्मि जनकस्तव राजसिंह
दृष्टा तवेयममला श्रुतिशालिनी धीः ।
माण्डव्यशापविरतिर्मम किं च जाता
पूर्णेन्दुसुन्दरयशस्तव दर्शनेन ॥ १९६३ ॥

पार्थो वरं प्राप्य निवृत्तगाढवनप्रवासावधिघोरदुःखः ।
अज्ञातवासप्रतिपन्नचित्तो धौम्येन सार्धं श्रितमन्त्र आसीत् ॥ १९६४॥

आरणेयम् ॥ ९१ ॥

इति महाकविक्षेमेन्द्रविरचितायां भारतमञ्जर्यां समाप्तमारण्यपर्व ।

विराटपर्व ।

ततः पाण्डुसुता दत्त्वा ब्राह्मणायारणीं निजाम् ।
विराटनगरं गन्तुं चक्रुः संमन्त्र्य निश्चयम् ॥ १ ॥
युधिष्ठिरमथोवाच किरीटी कौतुकाकुलः ।
राजन्मत्स्यपतेर्गेहे प्रच्छन्नः किं करिष्यसि ॥ २ ॥
त्रैलोक्यख्यातयशसः पृथ्वीरक्षाशिरोमणेः ।
तव च्छन्नां स्थितिं मन्ये वह्नेर्वस्त्रावगूहनम् ॥ ३ ॥
इति पृष्टोऽवदद्राजा मत्स्यस्य नृपतेरहम् ।
सभास्तारो भविष्यामि नाम्ना कङ्क इति द्विजः ॥ ४ ॥
उक्ते युधिष्ठिरेणेति भीमः पृष्टोऽभ्यभाषत ।
वल्लभाख्यो भविष्यामि सूदोऽहं तस्य भूभुजः ॥ ५ ॥
ततो बीभत्सुरवदत्कन्यानां तस्य भूपतेः ।
बृहन्नडेति विख्यातो भविष्यामि कलागुरुः ॥ ६ ॥
ग्रन्थिकस्तन्तिपालाख्यौ ख्यातौ तुरगगोपती ।
भविष्यावः प्रियौ तस्येत्यूचतुर्यमजावपि ॥ ७ ॥
विराटपत्न्याः सैरन्ध्री वेशकर्मणि कोविदा ।
छन्ना तत्र भविष्यामीत्युवाच द्रुपदात्मजा ॥ ८ ॥
एवं मिथो विनिश्चित्य समामन्त्र्य मुनीश्वरान् ।
तेषु गन्तुं प्रवृत्तेषु धौम्यो धीमानभाषत ॥ ९ ॥
सेव्यैर्भवद्भिः सेव्योऽसाववधानेन भूपतिः ।
राजसेवासमाधिश्च धीमतामपि दुर्ग्रहः ॥ १० ॥
त्यक्ताभिमानस्पर्धानां समानां सुखदुःखयोः ।
योगिनां सेवकानां च कौशलं हृदयग्रहः ॥ ११ ॥
न राज्ञो दयितोऽस्मीति बलोल्लोला हि राजधीः ।
वेश्यानां च नृपाणां च नास्ति सत्यं प्रियो नरः ॥ १२ ॥

न राज्ञः संमतोऽस्मीति तदर्हं भूषणं भजेत् ।
क्षुब्धैर्नृपैः प्रवाहैश्च बद्धमूलोऽपि पात्यते ॥ १३ ॥
असूचितो न प्रविशेदन्तरङ्गोऽपि भूभुजाम् ।
श्वः श्वो नवीभवन्त्येषां मनांसि च दिनानि च ॥ १४ ॥
वदेन्न पण्डितोऽस्मीति प्रभूणां सहसा हि तम् ।
मत्ताः सहन्ते भूपालाः कुञ्जरेन्द्राश्च नाङ्कुशम् ॥ १५ ॥
अनेकविकटाटोपप्राणिसंघट्टकारिणः ।
वेतालाः क्षितिपालाश्च दैवात्सिध्यन्ति कस्यचित् ॥ १६ ॥
निर्विशङ्को न सेवेत राजानमवहेलया ।
क्रुद्धेन कः केसरिणा कृतकण्ठग्रहो हसेत् ॥ १७ ॥
पुरःस्थितं निर्दहन्ति पार्श्वस्थं वेष्टयन्ति च ।
चिन्तयन्ति स्थितं पश्चाद्भोगिनः कुटिला नृपाः ॥ १८ ॥
मणिमन्त्रौषधैः स्वस्थाः सर्पदष्टा विलोकिताः ।
नृपैर्दृष्टिविषैर्दष्टा न स्वस्थाः पुनरुत्थिताः ॥ १९ ॥
जाने ज्वालाजटालेभ्यः कटाहेभ्यः पिबन्ति ते ।
तैलं तृष्णातरलिता राजा यैरुपजीव्यते ॥ २० ॥
सेव्यन्ते क्षितिपाः क्षुद्रा यदेतत्कूपलङ्घनम् ।
प्रकोपो निधनं येषां स्मितमात्रं त्वनुग्रहः ॥ २१ ॥
चाटुकारैरनुज्ञासु कृतमित्येव वादिभिः ।
चिन्तानुवर्तिभिर्धूर्तैर्भुज्यन्ते राजसंपदः ॥ २२ ॥
निगद्येत्यग्निहोत्राणि पाण्डवानां पुरोहितः ।
आदाय पाञ्चालपुरं धौम्यः प्रायादलक्षितः ॥ २३ ॥
परिच्छदं गृहीत्वाथ रथैः कौन्तेयशासनात् ।
इन्द्रसेनप्रभृतयः सूता वृष्णिपुरीं ययुः ॥ २४ ॥
ततः कृष्णासखाश्छन्नं व्रजन्तः पाण्डुनन्दनाः ।
पुरीं जितकुबेरस्य प्रापुर्मत्स्यमहीपतेः ॥ २५ ॥

ते श्मशाने शमीस्कन्धे निधाय निजमायुधम् ।
शवेन लम्बमानेन च्छादयित्वा दुरासदे ॥ २६ ॥
विवर्जयिष्यन्ति नरा दूरादेव शमीमिमाम् ।
आबद्धं शवमत्रेति गन्धमादाय पूतिकम् ॥ २७ ॥
जयो जयन्तो विजयो जयत्सेनो जयद्रथः ।
इति संज्ञां मुहुः कृत्वा गूढवेशाः पृथग्ययुः ॥ २८ ॥
राजधानीं प्रविश्याथ मत्स्यराजं सभास्थितम् ।
उपाययौ धर्मसुतः शनैर्मणिमयाक्षधृत् ॥ २९ ॥
माहात्म्यं कौतुकात्पृष्टः कोऽसीति स महीभुजा ।
उवाच दन्तकिरणैः स्वं यशो दर्शयन्निव ॥ ३० ॥
सभास्तारोऽभवं विप्रः प्रियः पाण्डवभूपतेः ।
कङ्को नामास्मि संप्राप्तो भ्रष्टोऽद्य त्वां जिजीविषुः ॥ ३१ ॥
तच्छ्रुत्वा मत्स्यनृपतिः प्रहृष्टस्तमभाषत ।
भव द्यूतसहायो मे प्रसीदति मनस्त्वयि ॥ ३२ ॥
इदं राज्यमनायासमियं श्रीरनपायिनी ।
सखे विस्रम्भभाजो मे भुज्यतां निजवत्त्वया ॥ ३३ ॥
इत्युक्त्वा मत्स्यराजेन मानिते धर्मनन्दने ।
अन्येद्युर्भीमसेनोऽपि भीमसेनः समाययौ ॥ ३४ ॥
ब्रुवाणं वल्लभोऽस्मीति तं दर्वीखण्डलाञ्छनम् ।
प्रधानसूदं विदधे योधं च बलिनं नृपः ॥ ३५ ॥
ततो विराटमहिषीं सुदोष्णामेत्य सुन्दरी ।
सैरन्ध्रिकापदं कृष्णा वेशज्ञास्मीत्ययाचत ॥ ३६ ॥
तामब्रवीन्मत्स्यवधूर्विलोक्य ललिताकृतिम् ।
अनेन वपुषा सुभ्रु कथं स्थास्यसि मद्गृहे ॥ ३७ ॥
निरीक्ष्य योषितोऽप्येतत्तव रूपमनिन्दिते ।
स्पृशन्ति पौरुषं भावं पुरुषाणां तु का कथा ॥ ३८ ॥

सा त्वं विमोहनं पुंसां जैत्रमस्त्रं मनोभुवः ।
कथं विभवमत्तस्य गृहे राज्ञश्चरिष्यसि ॥ ३९ ॥
सर्वातिशायलावण्यविभ्रमाभरणां तनुम् ।
तव वीक्ष्य न मां सत्यं भजिष्यति नरेश्वरः ॥ ४० ॥
श्रुत्वैतत्पाण्डववधूरुवाच तरलेक्षणा ।
गन्धर्वाः पञ्च पतयः परिरक्षन्ति मां सदा ॥ ४१ ॥
तेषु जीवत्सु वीरेषु न हि कालेन चोदितः ।
स्प्रष्टुमर्हति मां कश्चित्क्रोष्टा सिंहवधूमिव ॥ ४२ ॥
एतदाकर्ण्य तां चक्रे सैरन्ध्रीं राजवल्लभा ।
वशीकृतेव तन्मूर्त्या मानिनीति कृताभिधाम् ॥ ४३ ॥
ततो विराटमासाद्य सहदेवो धियां निधिः ।
गोकुलाधिपतां भेजे वृषलक्षणकोविदः ॥ ४४ ॥
किरीटी मुकुटाच्छाद्य वेणीकृतशिरोरुहः ।
कुरुवैरविषापूर्णो भुजङ्ग इव कञ्चुकी ॥ ४५ ॥
भूषणं ललनायोग्यं दैत्यास्त्रव्रणलक्ष्मणा ।
वपुषा धारयन्वीरः पिनाकिव्रणसाक्षिणा ॥ ४६ ॥
वदन्बृहन्नडास्मीति सभायां विस्मयाकुलम् ।
शण्ढवेशो नरपतिं समभ्यायाद्धनंजयः ॥ ४७ ॥
उत्तराया नृपतिना पूजितः सुरसंनिभः ।
विराटदुहितुः सोऽभून्नृत्यगीतकलागुरुः ॥ ४८ ॥
नकुलोऽप्यश्वतत्त्वज्ञः समभ्येत्य नराधिपम् ।
तुरङ्गाधिपतां प्राप रथबन्धविचक्षणः ॥ ४९ ॥

पाण्डवप्रवेशः ॥ १ ॥

तत्रैव पाण्डुपुत्रेषु वसत्सु च्छन्नचारिषु ।
चत्वारः प्रययुर्मासाः पूज्यमानेषु भूभुजा ॥ ५० ॥
अत्रान्तरे नटा मल्ला मत्स्यराजनिवेशनम् ।
नगरोत्सवयात्रायां नानादिग्भ्यः समाययुः ॥ ५१ ॥

स्वभटानां यशश्चन्द्रतिरस्कारविशारदः ।
जीमूतनामा मल्लेन्द्रस्तेषां मध्ये समाययौ ॥ ९२ ॥
पतितानेकमल्लस्य रङ्गाग्रे तस्य वल्गतः ।
तेजसा मुद्रितः कश्चिन्न लेभे प्रतिमल्लताम् ॥ ९३ ॥
तस्मिन्नलब्धसमरे लज्जितो मत्स्यभूपतिः ।
युध्यस्वेत्यवदत्सूदं वल्लभं भुजशालिनम् ॥ ९४ ॥
भीमोऽथ राजवचसा बद्धकक्ष्यस्तरस्विनम् ।
बन्धैरयोधयन्मल्लं मत्तो मत्तमिव द्विपम् ॥ ९५ ॥
तयोः प्राज्यभुजाघातविनिष्पेषैः सगर्जितैः ।
अभून्नृपगृहोद्यानशिखिनां ताण्डवोत्सवः ॥ ९६ ॥
ततो मारुतिरुत्क्षिप्य जीवन्तं राविणं जवात् ।
भ्रामयित्वा शतावर्तं निष्पिपेष महीतले ॥ ९७ ॥
तस्य निष्पिष्यमाणस्य निश्चेरुः स्रोतसां मुखैः ।
रक्तच्छटाः प्रस्रवतः प्राणवह्नेरिवार्चिषः ॥ ९८ ॥
आपातिनि महामल्ले हते तस्मिन्नरेश्वरः ।
प्रददौ भीमसेनाय धनं वैश्रवणोपमः ॥ ९९ ॥
ततो मदोद्धतान्नागान्कोपितांश्च मृगेश्वरान् ।
सन्मुखं कुर्वतां मासा दश पूजाजुषां ययुः ॥ ६० ॥

रङ्गयुद्धम् । समयपरिपालनम् ॥ २ ॥

ततः कदाचित्सेनानीर्मत्स्यराजस्य वल्लभः ।
सुदोष्णायाः प्रियो भ्राता कीचको नाम विश्रुतः ॥ ६१ ॥
स्वसुरन्तःपुरेऽपश्यत्कृष्णामाबद्धवेणिकाम् ।
लक्ष्मीमिवाब्धिसंक्रान्तकालकूटच्छटाङ्किताम् ॥ ६२ ॥
तां वीक्ष्य चन्द्रवदनां हरिणीहरिलोचनाम् ।
लोचनोल्लेह्यलावण्यरसायनतरङ्गिणीम् ॥ ६३ ॥
बभूवोत्क्रान्तमर्यादः सहसोत्कम्पिताकृतिः ।
अनीश्वरः सधैर्यस्य तृष्णाक्रान्त इवातुरः ॥ ६४ ॥

स दीपः पवनेनेव दोलितो मलिनाशयः ।
उवाच भगिनीमेत्य विस्मयालोलकंधरः ॥ ६५ ॥
कन्दर्पकेलिसरसी केयं कुवलयेक्षणा ।
गृहीतवानवद्याङ्गी मनःसारङ्गवागुरा ॥ ६६ ॥
इत्युक्त्वा मन्मथग्रस्तो जगादाभ्येत्य पार्षतीम् ।
अहो नु सुभगे रूपं नेत्रसंवननं तव ॥ ६७ ॥
इयं लावण्यतटिनी तनुस्तव सुमध्यमे ।
न शोभते विना कान्तगाढालिङ्गनविभ्रमम् ॥ ६८ ॥
अनभ्यासहता विद्या निःसंभोगा वराङ्गना ।
संपदस्त्यागरहिताः शल्यं कस्य न मानसे ॥ ६९ ॥
सीमन्तिनीपदं सुभ्रु मदन्तःपुरयोषिताम् ।
भज व्रजतु कामस्य श्लाघ्यतां कार्मुकग्रहः ॥ ७० ॥
एतदाकर्ण्य सैरन्ध्री बभाषे कोपकम्पिता ।
अहो दुर्नयभाजस्ते दुर्निमित्तायते मतिः ॥ ७१ ॥
अगम्याहं परवधूर्मा मोहात्पेशलं वयः ।
ऐश्वर्यं च शरीरं च स्मृतिशेषमिदं कृथाः ॥ ७२ ॥
कालेन न ह्यनाकृष्टाः सहसा कुर्वते मतिम् ।
परेषां त्यक्तमर्यादा दारेषु च धनेषु च ॥ ७३ ॥
गन्धर्वाः पञ्च पतयो मम विक्रमशालिनः ।
अलक्ष्याः साक्षिणो नित्यं न सहन्ते पराभवम् ॥ ७४ ॥
इति तस्यां ब्रुवाणायां कीचकः काममोहितः ।
निर्लज्जस्तद्गतं भावं सुदोष्णायै न्यवेदयत् ॥ ७५ ॥
सा भ्रातरं गतच्छायं विलोक्य स्मरतापितम् ।
अब्रवीद्गच्छ सैरन्ध्रीं प्रेषयिष्यामि ते गृहान् ॥ ७६ ॥
मिथ्या कृतोत्सवं सा त्वां सुरार्थं प्रहिता मया ।
सान्त्वनीया त्वया तन्वी यथा न विमुखी भवेत् ॥ ७७ ॥

इति स्वस्रा कृताश्वासः स ययौ स्वगृहं रहः।
कृष्यमाण इवाकाले कालेन मदनेन च॥ ७८॥
ततः सुरार्थं सैरन्ध्रीं प्राहिणोद्भ्रातृवत्सला।
सुदेष्णा न व्रजामीति वादिनीं शङ्किनीं बलात्॥ ७९॥
एकाकिनी व्रजन्ती सा सायाह्ने शरणं ययौ।
सहस्रकिरणं प्रायाद्विवशा रचिताञ्जलिः॥ ८०॥
तस्याः शरीरे भगवान्निदधे वासरेश्वरः।
रक्षायै राक्षसं दीप्तमभिमानमिवोन्नतम्॥ ८१॥
ततो मनोरथाभ्यस्ता सा गतामवलोक्य ताम्।
जहर्ष कीचकः प्राप्य स्वप्ने मालामिवारुणाम्॥ ८२॥
सादरं च समुत्थाय तामभाषत भामिनीम्।
श्मश्रुलेखां नवोद्भिन्नां कपोले कलयन्मुहुः॥ ८३॥
अयि बालकुरङ्गाक्षि भज प्रणयिनं जनम्।
यौवनाभरणं रूपं शृङ्गाराभरणं वयः॥ ८४॥
कान्तपीताधरं वक्त्रं रतिनर्मकृशं वपुः।
केलिस्रस्ता च कबरी सौभाग्यं हरिणीदृशाम्॥ ८५॥
मान्यतां मन्मथः सुभ्रु सेव्यन्तां पानभूमयः।
न हि पीनस्तनाभोगाश्चिरं यौवनसंपदः॥ ८६॥
पश्य शय्यां वरारोहे त्वदर्थमुपकल्पिताम्।
रोहिणीरमणस्मेरच्छायां स्वच्छोत्तरच्छदाम्॥ ८७॥
रत्नाभरणवासांसि विभवो जीवितं च मे।
यथेष्टं क्रियतां सर्वं स्वाधीनं मृदुभाषिणि॥ ८८॥
इत्युक्ते कोपसंतापलज्जादुःखाकुलाशयाम्।
तूर्णं व्रजन्तीं जग्राह स तामंशुकपल्लवे॥ ८९॥
सा तं बलात्समाधूय बलिनां राजवल्लभा।
पापभारादिव श्रान्तं हेलयैव न्यपातयत्॥ ९०॥

तं पातयित्वा सा वेगं दुद्राव शरणार्थिनी।
सभां विराटराजस्य यत्रास्ते स युधिष्ठिरः॥ ९१॥
अभिसृत्य जवार्तां च केशेष्वाकृष्य कीचकः।
पदा जघान कोपान्धो दीप्तां श्रियमिवात्मनः॥ ९२॥
निर्गत्य द्रौपदीकायादलक्ष्यो राक्षसस्ततः।
कीचकं विवशं भूमौ नष्टचेष्टमपातयत्॥ ९३॥
सभास्थितो भीमसेनो दृष्ट्वा कान्तापराभवम्।
बभूव कोपादुद्भ्रान्तकृतान्तदहनद्युतिः॥ ९४॥
जगत्संहारसंनद्धचेतसस्तस्य धर्मजः।
अज्ञातसमये संज्ञां विदधेऽङ्गुष्ठपीडनात्॥ ९५॥
ततः कृष्णा समभ्येत्य सभाद्वारं मनस्विनी।
भीमं नेत्रत्रिभागेन वीक्ष्य बाष्पाम्बुपक्ष्मणा॥ ९६॥
सोत्कम्पकुचविन्यस्ततरलास्रुकणा मुहुः।
जगाद बालवल्लीव स्तबकांलीनषट्पदा॥ ९७॥
सुखं न शेते शक्रोऽपि येषां वैरिपदं श्रितः।
तेषां वधूं समुद्दर्पः पदा पस्पर्श कीचकः॥ ९८॥
भगिनीभाग्यविभवात्प्रमत्तो राजवल्लभः।
कीचको यदि राजापि तत्किं कीर्तिमुपेक्षते॥ ९९॥
दस्यूनामयमाचारः पशूनां वालिनिन्दितः।
ईहते यत्परवधूं लज्जामुत्सृज्य दुर्धरः॥ १००॥
इति तस्यां ब्रुवाणायां विराटो हेलयावदत्।
युवयोः केन विज्ञातं रहःकलहकारणम्॥ १०१॥
इत्युक्ते मत्स्यराजेन भर्त्सिते कीचके जनैः।
युधिष्ठिरः शनैः स्विद्यल्ललाटफलकोऽवदत्॥ १०२॥
गच्छ सैरन्ध्रि किं मिथ्या ब्रूते विघ्नकरी हि नः।
समीहितं विधास्यन्ति पतयः सन्ति ते यदि॥ १०३॥

ततो गत्वा सुदेष्णायै पाञ्चालीति न्यवेदयत् ।
निःश्वसन्ती भुजङ्गीव तस्थौ मन्युसमाकुला ॥ १०४ ॥
सा कीचककरस्पृष्टा स्नाता प्रक्षाल्य वाससी ।
भीमं महानसे सुप्तं प्रययौ निशि मानिनी ॥ १०५ ॥
तं भुजाभ्यां परिष्वज्य गाढं कुचपुरःसरा ।
वितोष्य कृष्णा प्रोवाच कृतासनपरिग्रहम् ॥ १०६ ॥
नाथ शेते सुखं राजा यथा धर्मसुतस्तथा ।
को नु वैरमनिर्यात्य संतप्तः स्वपिति श्वसन् ॥ १०७ ॥
अन्यत्र गतनिःश्वासाद्धतासोरतिशीतलात् ।
हे कीचककरस्पर्शविकीर्णवरकुन्तलाम् ।
न क्षिपामि तनुं वह्नौ मन्युपारदिदृक्षया ॥ १०८ ॥
हिडिम्बकालदण्डस्य दोर्दण्डस्य तव प्रभो ।
प्रियापरिभवे घोरे कथं युक्तमुपेक्षणम् ॥ १०९ ॥
खण्डिताखण्डलारातेरपि गाण्डीवधन्वनः ।
ममैव किं न पर्याप्तः परित्राणे पराक्रमः ॥ ११० ॥
उक्त्वेति कृष्णा बाष्पाम्बुनिर्झराप्लावितस्तनी ।
नवतां भीमसेनस्य निनाय व्यसनोदधिम् ॥ १११ ॥
अनर्हां राजपुत्रीं तां दृष्ट्वा बाष्पानलाकुलाम् ।
शोचन्वृकोदरो बाष्पासन्नकण्ठोऽभ्यभाषत ॥ ११२ ॥
अहो प्रसादभीतानां कियती नः सहिष्णुता ।
मर्यादामानसाराणां तुच्छानां वणिजामिव ॥ ११३ ॥
धिग्बलं मानहीनानामस्माकं धिग्भुजाविमौ ।
स्त्रीणामिव विवाहेषु येषां शस्त्रपरिग्रहः ॥ ११४ ॥
जीवन्प्रियायाः पुरुषः कः सहेत पराभवम् ।
यदि ब्राह्मणवन्न स्याद्घृणी राजा युधिष्ठिरः ॥ ११५ ॥
मद्गिरा क्षत्रिये गत्वा कीचकस्य प्रमादिनः ।
कुरुष्व संगमे मिथ्यानृत्तवेश्मनि संविदम् ॥ ११६ ॥

प्रच्छन्नस्तन्वि तं रात्रौ परस्त्रीकामुकं बलात् ।
करिष्ये तदसृङ्मत्तशिवाकण्ठग्रहोचितम् ॥ ११७ ॥
इत्युक्ते भीमसेनेन तथेत्याभाष्य पार्षती ।
अलक्षिता प्रतिययौ सुदोष्णाया निवेशनम् ॥ ११८ ॥
अन्येद्युः पुनरायातं कीचकं संगमार्थिनम् ।
साब्रवीत्किमहं मोहात्सजने प्रार्थिता त्वया ॥ ११९ ॥
कन्यानां नृत्यभवने त्वामद्य निशि निर्जने ।
प्रतीक्ष्यमाणा स्थास्यामि न स्यादेवं विपर्ययः ॥ १२० ॥
प्रत्यभ्युपगमात्तस्याः स ययौ निर्वृतिं पराम् ।
मन्यमानः सफलतां रूपस्य विभवस्य च ॥ १२१ ॥
कृष्णासंविदमादाय कीचकेन मनस्विनी ।
गत्वा विदितवृत्तान्तं विदधे मारुतिं रहः ॥ १२२ ॥
ततो दिनक्षयाकाङ्क्षी कीचकः संगमोत्सुकः ।
न शशाक क्षणं स्थातुं दष्टपाद इवाहिना ॥ १२३ ॥
दृष्टिं च कलयन्व्योम्नि दिने मदनमोहितः ।
न शयानो धृतिं लेभे नोपविष्टो न चोत्थितः ॥ १२४ ॥
ततस्तस्यायुषा सार्धं क्षीणेऽह्नि कमलोज्ज्वले ।
हृष्टो ददर्श स निशां मुग्धो निधनदूतिकाम् ॥ १२५ ॥
अथ माल्यमलंकारमपुनःसंगमाय सः ।
विशेषकं च कर्पूरं चकाराभ्यधिकादरः ॥ १२६ ॥
कालहस्ताङ्गुलीतुल्यैर्धूपधूमशिखाचयैः ।
वेष्ट्यमान इवासक्तं स चकम्पे स्मरातुरः ॥ १२७ ॥
स विभूषितमात्मानं दर्पणप्रतिबिम्बितम् ।
समामन्त्र्येव सहसा कृष्टः कालेन निर्ययौ ॥ १२८ ॥
तं केशवलयाबद्धकुसुमामोदलोलुभाः ।
अनुजग्मुर्मधुकराः कृष्णाः कर्मलवा इव ॥ १२९ ॥

पूर्वमेव प्रविष्टेऽथ प्रच्छन्ने मारुतात्मजे ।
विवेश नृत्यभवनं प्रहृष्टः कीचको रहः ॥ १३० ॥
तस्योत्कटं समादाय मदामोदं विलासिनः ।
गन्धद्विप इव कोपाद्भीमोऽभूदतिभैरवः ॥ १३१ ॥
मत्वा तत्र स्थितां कृष्णामुपसृत्याथ कीचकः ।
उवाच हर्षविवशः करेणान्ध इव स्पृशन् ॥ १३२ ॥
अविलम्बित एवाहं सुभ्रु त्वां समुपागतः ।
औत्सुक्यादधिकश्चैष न मे भूषापरिग्रहः ॥ १३३ ॥
अपि मां निरलंकारं प्रशंसन्ति वराङ्गनाः ।
तोषाय हि विदग्धानां स्वभावसुभगो जनः ॥ १३४ ॥
तच्छ्रुत्वा वायुतनयो मन्थरां गिरमादधे ।
गम्भीरगृहकोणेषु हुंकारैरिव पूरिताम् ॥ १३५ ॥
अहो बत सुरूपोऽसि सुभगोऽसि वधूप्रियः ।
चित्रं प्रगल्भसे हर्तुं कुले जाताः कुलाङ्गनाः ॥ १३६ ॥
न ते रूपे विवादोऽस्ति सत्यं शून्यविभूषण ।
एवंविधोऽनुभूतश्चेत्त्वया स्पर्शस्तदुच्यताम् ॥ १३७ ॥
इत्युक्त्वास्य भुजं स्कन्धे ज्याघातकिणकर्कशम् ।
विदधे विपुलाभोगं यमगेहार्गलागुरुम् ॥ १३८ ॥
ततो विलोलमाल्येषु केशेष्वाकृष्य कीचकम् ।
सोऽग्रहीद्विपुलं देहं महानिल इव द्रुमम् ॥ १३९ ॥
घोरे प्रवृत्ते समरे भुजस्तम्भायुधे तयोः ।
रात्रावभूददृश्यानां भूतानामपि विस्मयः ॥ १४० ॥
भीमसेनभुजाघातस्फुटिताङ्गदनिर्गतैः ।
स्फुलिङ्गैः कीचको रेजे खद्योतैरिव पादपः ॥ १४१ ॥
मुष्टिभिस्ताड्यमानस्य कीचकेनाथ मारुतेः ।
कुलिशाभिहतस्याद्रेरिवाभूद्भीषणो रवः ॥ १४२ ॥

तयोश्चरणनिर्घातैः सनिर्घोषैश्च पातनैः ।
बभूवाकाण्डभूकम्पशङ्का भुवनवासिनाम् ॥ १४३ ॥
ततः कण्ठे निपीड्योरु रक्तोद्गाराकुलाननम् ।
निष्पिष्य भीमो निर्जीवं विनदन्नुत्ससर्ज तम् ॥ १४४ ॥
तस्य सर्वाणि गात्राणि जठरान्तर्निवेश्य सः ।
निर्विभागं व्यधात्पिष्टमांसपिण्डोपमं वपुः ॥ १४५ ॥
ततस्तं गूढवृत्तान्तं द्रौपद्यै विनिवेद्य सः ।
गत्वा महानसं वीरः सुष्वाप गतविक्रियः ॥ १४६ ॥
सैरन्ध्र्या दर्शितं हर्षान्निहतं वीक्ष्य कीचकम् ।
संत्रासं च विषादं च विस्मयं च ययौ जनः ॥ १४७ ॥
पञ्चाधिकं शतं यस्य भ्रातॄणां भुजशालिनाम् ।
व्यग्रं शरीरसंस्कारे निर्ययावनुगैः सह ॥ १४८ ॥
ते दुःखिताः स्तम्भपार्श्वसक्तां नासार्पिताङ्गुलिम् ।
निरीक्ष्य(क्ष)माणां सैरन्ध्रीं दृष्ट्वा कोपात्समाद्रवन् ॥ १४९ ॥
हतोऽयमस्याः पतिभिः कृत्येयं वधमर्हति ।
उक्त्वेति राजपुत्रास्तां दग्धुं निन्युश्चिताग्निना ॥ १५० ॥
सा संज्ञानामभिश्चैव क्रोशन्ती निजवल्लभान् ।
कोपाद्वशिभिराकृष्टा न लेभे शरणं सती ॥ १५१ ॥
ततो भीमः प्रियाक्रन्दं श्रुत्वा भीमपराक्रमः ।
ययौ प्राकारमुल्लङ्घ्य गृहीत्वा मार्गपादपम् ॥ १५२ ॥
तमन्तकमिवायान्तं सहसा वीक्ष्य कीचकाः ।
विद्रुतास्तत्यजुः कृष्णां गन्धर्वभयशङ्किताः ॥ १५३ ॥
ततस्तानेकपातेन दशव्यामेन शाखिना ।
हत्वा भीमः प्रतिययौ स्वैरमाश्वास्य वल्लभाम् ॥ १५४ ॥
गन्धर्वेण हतान्वीरान्राजा विज्ञाय कीचकान् ।
सैरन्ध्रीं दुःखविवशो भयान्नोवाच किंचन ॥ १५५ ॥

सुदोष्णा राजवचसा तामूचे भ्रातृवत्सला।
गच्छ सैरन्ध्रि नेदानीमिह वासस्तवोचितः॥ १९६॥
तच्छ्रुत्वा पार्षतसुता बभाषे विनयादिव।
देवि त्रयोदशाहानि क्षमतां मम पार्थिवः॥ १९७॥
वीराः संवत्सरे पूर्णे गन्धर्वाः स्वपदं श्रिताः।
नेष्यन्ति मां विराटश्च युक्तस्तैर्जयमाप्स्यति॥ १९८॥
एतदाकर्ण्य सैरन्ध्रीं विराटमहिषी भिया।
नोवाच किंचिदायासं शङ्कमाना महीपतेः॥ १९९॥

कीचकवधः॥ ३॥

अत्रान्तरे धार्तराष्ट्रनिर्दिष्टा दिक्षु ये चराः।
प्रत्यागतास्ते जगदुर्विनष्टाः पाण्डवा इति॥ १६०॥
ततश्चारेण विज्ञाय गन्धर्वैः कीचकान्हतान्।
वि(व्य)जिज्ञपत्त्रिगर्तेशः सुशर्मा कौरवेश्वरम्॥ १६१॥
स कीचको विराटस्य बलवान्पृतनापतिः।
निहतो निशि गन्धर्वैः सानुजो बलवत्तरैः॥ १६२॥
त्रिगर्तजयिनो यस्य दृप्तराजकुलच्छिदः।
समरे सिंहनादेन न चलन्ति नृपद्विपाः॥ १६३॥
तेनाधुना विहीनस्य धनिनो मत्स्यभूपतेः।
तरसा विपुलां लक्ष्मीं स्वयमाहर्तुमर्हसि॥ १६४॥
तस्याहं गोधनं सर्वमादाय कुलवैरिणः।
सेनाकृष्टिं विधास्यामि पश्चात्तत्र जयश्रिये॥ १६५॥
तस्मिन्बलेन महता दूरं मां समभिद्रुते।
पुरबन्धस्त्वया कार्यो मत्स्यानां गजबन्धुरः॥ १६६॥
श्रुत्वैतत्कौरवपतिस्तामेवादाय संविदम्।
कर्णादिभिः कृतोत्साहो निर्ययौ निखिलैर्बलैः॥ १६७॥
संपूर्णे पाण्डुपुत्राणामज्ञातसमये ततः।
उवाचाभ्येत्य गोपालो मत्स्यराजं सभास्थितम्॥ १६८॥

देव त्रिगर्तराजेन ह्रियते तव गोधनम् ।
अकीचकानां मत्स्यानामयं परिभवो नवः ॥ १६९ ॥
तच्छ्रुत्वा क्षत्रियो मानी विराटो बद्धकङ्कटः ।
प्रच्छन्नैः पाण्डुतनयैश्चतुर्भिः सह निर्ययौ ॥ १७० ॥
सं रथी रथिभिर्वीरैः प्रसर्पन्पृतनाग्रगः ।
चक्रे गजघटाघण्टाटाङ्कारबधिरा दिशः ॥ १७१ ॥
त्रिगर्तसेनामासाद्य विराजन्पृथकार्मुकः ।
गर्जद्विराटजलदो ववर्ष विशिखावलीः ॥ १७२ ॥
सहस्रमथ वीराणां रथकुञ्जरवर्तिनाम् ।
मत्स्यराजः स तैः सार्धमनयत्कीर्तिशेषताम् ॥ १७३ ॥
सूर्यदत्तश्च शङ्खश्च मदिराश्वश्च तत्सुताः ।
त्रिगर्तवाहिनीं श्रुत्वा विविशुर्मकरा इव ॥ १७४ ॥
हेमपुङ्खैः शरैस्तेषां विद्युल्लोलैस्तथासिभिः ।
अभूत्संहारपिशुनैः सदिग्दाहमिवाम्बरम् ॥ १७५ ॥
कालखड्गेन निर्धूते ततोऽस्तकटके रवौ ।
प्रयाते शिरसीवाह्नः संध्यारुधिरकर्दमे ॥ १७६ ॥
शनैर्द्विपमदस्फारविस्फारैस्तिमिरैर्दिशः ।
बभूवुः समरत्रासान्मुक्तकेश्य इवाकुलाः ॥ १७७ ॥
पेतुः सशब्दं कृत्तानि शिरांसि रथिनां भुवि ।
फलानि जरठानीव तमस्तालमहीरुहः ॥ १७८ ॥
प्रशान्ते सैन्यरजसि प्रवाहैः शोणिताम्भसाम् ।
विमले तारकालोके सुखं युयुधिरे भटाः ॥ १७९ ॥
अथ चूडामणिश्चन्द्रो देवस्य त्रिपुरद्विषः ।
व्योमद्विरदराजस्य कर्णशङ्ख इवोच्ययौ ॥ १८० ॥
तस्यांशुभिः शुशुभिरे शनकैः पूरिता दिशः ।
यशोभिरिव शूराणां संमुखावहपातिनाम् ॥ १८१ ॥

तस्मिन्रणे कुम्भिकुम्भकपालैः पानकेलयः ।
बभूवुः प्रमदोद्धूतभूतवेतालरक्षसाम् ॥ १८२ ॥
सुशर्मा सानुजोऽभ्येत्य विराटं शरवर्षिणम् ।
विधाय विरथं बाणैर्जीवग्राहमथाग्रहीत् ॥ १८३ ॥
रणाद्विराटमादाय रंहसा गन्तुमुद्यते ।
सुशर्मणि बले भग्ने भीममूचे युधिष्ठिरः ॥ १८४ ॥
पश्यतां पश्य शूराणां मद्गुनेव सुशर्मणा ।
नीतो मत्स्यपतिर्योऽभूदस्माकं चिरमाश्रयः ॥ १८५ ॥
अयं सुभुजदर्पस्य मानस्याभिजनस्य च ।
कालः कृतज्ञः संप्राप्तो यशः कुसुममाधवः ॥ १८६ ॥
आजमीढो निगद्येति जवादभ्येत्य सानुजः ।
सहस्रमवधीद्बाणैः स भटानां सुशर्मणः ॥ १८७ ॥
शतानि सप्त भीमश्च सहस्रं यमजावपि ।
हत्वा रथानां समरे त्रिगर्ताधिपमाद्रवत् ॥ १८८ ॥
अभिसृत्य ततो भीमः सुशर्माणं महाजवः ।
जग्राह रथमापेष्य चरणेन स सारथिम् ॥ १८९ ॥
मोचयित्वा विराटं स त्रिगर्ताधिपतेः शिरः ।
पादेनालोडयामास प्रहारैर्मूर्च्छितात्मनः ॥ १९० ॥
तं वधार्हमपि प्राप्तं युधिष्ठिरगिरा ततः ।
तत्याज प्रहसन्भीमो दासोऽस्मीत्यनुवादिनम् ॥ १९१ ॥
लज्जाविकुण्ठवदने शनैर्याते सुशर्मणि ।
बभाषे पाण्डुतनयान्विराटो हर्षनिर्भरः ॥ १९२ ॥
कङ्कप्रधानैर्युष्माभिर्बलिभिर्विजयी कृतः ।
अहं मम धनं राज्यं यथेष्टं ह्रियतामिदम् ॥ १९३ ॥
इति मत्स्यपतेर्वाचं प्रतिपूज्य मनस्विनः ।
ऊचुः सर्वे कृतमिति प्रहृष्टाः पाण्डुनन्दनाः ॥ १९४ ॥

ततो दूतैः समादिश्य स्वपुरे विजयोत्सवम्।
तस्थौ तत्रैव तां रात्रिं राजा विश्रान्तसैनिकः ॥ १९५ ॥

दक्षिणगोग्रहे सुशर्मपराजयः ॥ ४ ॥

अथ प्रातः समभ्येत्य नगरं गोकुलाधिपः।
अन्तःपुरे मत्स्यपतेस्तनयं कम्पितोऽवदत् ॥ १९६ ॥
राजा पुत्र त्वया राजपुत्रेण भुजशालिना।
सदा वहत्युच्चशिरा वीरपुत्राभिमानिताम् ॥ १९७ ॥
संप्रत्यरिवधव्यग्रे तस्मिन्युद्धाय निर्गते।
शून्येऽस्मिन्वीरनगरे किं न राष्ट्रपतिर्भवान् ॥ १९८ ॥
एष दुर्योधनो राजा विपुलैर्वो बलार्णवैः।
हरति प्रसभं सर्वं गोधनं यशसा सह ॥ १९९ ॥
गजवाजिमयी भूमिश्छत्रध्वजमयं नभः।
दिक्चक्रं चामरमयं जातं यस्मिन्प्रसर्पति ॥ २०० ॥
तस्य भूमिभृतां पत्युः कुरुराजस्य मानिनः।
त्वां विना समरे सैन्यं द्रष्टुमप्युत्सहेत कः।
पराक्रमैकसचिवः प्रत्युद्गच्छ कुरून्प्रति ॥ २०१ ॥
तच्छ्रुत्वा गोपतिवचस्तारं वैराटिरुत्तरः।
जनन्याश्च वधूनां च संनिधाविदमभ्यधात् ॥ २०२ ॥
धत्तां धनुर्गर्जितसिंहनादैः सैन्याम्बुदः कौरवपार्थिवस्य।
नैवोत्तरो यावदुदञ्चदुग्रकल्पान्तवातप्रतिमोऽभ्युपैति ॥ २०३ ॥
क्षयाध्वरोङ्कारकरालतालकेङ्कारविस्फारधनुःशिखस्य।
एकाहुतित्वं रिपुसैन्यमेतत्प्रयातु मे कोपहुताशनस्य ॥ २०४ ॥
बलानुरूपो यदि सारथिर्मे भवेदवश्यं तदहं रणाग्रे।
कुर्यां कुरूणां सहसा मनांसि धनंजयोपागमशङ्कितानि ॥ २०५ ॥
इत्युक्ते राजपुत्रेण पार्थस्पर्धाभिमानिना।
मन्युतप्तावदत्कृष्णा विहस्यान्तर्मनस्विनी ॥ २०६ ॥

बृहन्नडेति यः ख्यातो नृत्याचार्यः स्वसुस्तव।
स सारथिरभूत्पूर्वं खाण्डवे सव्यसाचिनः ॥ २०७ ॥
तस्य प्रचण्डगाण्डीवखण्डिताखण्डलद्विषः।
योऽभवत्प्रवरो यन्ता स तवापि न किं क्षमः ॥ २०८ ॥
तमर्थयस्व सारथ्ये विसृज्य क्षिप्रमुत्तराम्।
पत्न्या इवास्याः प्रणयाद्वचो न न करिष्यति ॥ २०९ ॥
वचः श्रुत्वेति सैरन्ध्र्या रभसादनुजां निजाम्।
आनिनाय विसृज्याशु राजपुत्रो बृहन्नडाम् ॥ २१० ॥
निवेदितस्ववृत्तेन यत्नाद्वैराटिनार्थितः।
कथंचिदभ्युपगमं सारथ्ये विदधे जयः ॥ २११ ॥
स मिथ्या हासयन्कन्याः कवचं काञ्चनोज्ज्वलम्।
आबबन्ध विचित्राभिश्चेष्टाभिरनभिज्ञवत् ॥ २१२ ॥
ततस्तं रथमारूढं समुत्क्षिप्य ध्वजांशुकम्।
ऊचे विराटतनया स्मितपल्लविताधरा ॥ २१३ ॥
बृहन्नडे कौरवाणां जितानामंशुकावली।
मत्केलिपुत्रिकाहेतो हर्तव्या समरे त्वया ॥ २१४ ॥
इति ब्रुवाणां तां वीरस्तथेत्युक्त्वा धनंजयः।
राजपुत्रे समारूढे तुरगान्समचोदयत् ॥ २१५ ॥
तेन ते प्रेरिताः क्षिप्रं वाजिनो जवशालिनः।
अस्पृशन्त इव क्षोणीं प्रययुर्जयशंसिनः ॥ २१६ ॥
ततो नगरपर्यन्तश्मशाने पार्थिवात्मजः।
शमीसमीपमासाद्य ददर्श विपुलं रजः ॥ २१७ ॥
गत्वा विदूरं स रथोत्तमेन किरीटिसूतः सुरसंगमेन।
ददर्श निष्कोशसमुद्यदुग्रनिस्त्रिंशवीचीचलशात्रवाब्धिम् ॥ २१८ ॥
आयान्तमुग्रं कुरुराजसैन्यं शस्त्राकुलं शान्तनवाभिगुप्तम्।
द्रोणात्मजद्रोणकृपाङ्गराजशरावलीदन्तुरितोरुचापम् ॥ २१९ ॥

नागेन्द्रकर्णाञ्चनधूतकुम्भसिन्दूरसंध्यायितसर्वलोकम् ।
विलोलवाजिव्रजभाज्यमानतटोत्थितोट्टङ्कितपांसुकूटम् ॥ २२० ॥
कल्पक्षयाम्भोधरघोरघोषरथस्वनास्फालितदिग्विभागम् ।
विलोक्य कोदण्डरवप्रचण्डां भयादिदं मत्स्यसुतो जगाद ॥ २२१ ॥
बृहन्नडे नाहमिदं समर्थो निरीक्षितुं कौरवराजसैन्यम् ।
यस्य द्विपेन्द्रोत्थितकर्णतालैर्दृष्टाश्च नष्टाश्च दिशो भवन्ति ॥ २२२ ॥
सहस्ररश्मिप्रतिबिम्बदीप्तकृपाणदावानलदुर्निरीक्ष्ये ।
महारथव्याधशरान्धकारे सेनावने किं हरिणः करोमि ॥ २२३ ॥
हंहो निवर्तस्व जवेन तावद्यावन्न दृप्यद्द्विपघोरगर्जः ।
करालवेल्लत्करवालधारः पिनष्टि मां शत्रुरकालमेघः ॥ २२४ ॥
श्रुत्वेति तां कातरराजपुत्रवाणीमनेकभ्रमणातिभीरुम् ।
बृहन्नडा सस्मितमब्रवीत्तं दन्तद्युतिव्याञ्जिततारहारा ॥ २२५ ॥
क्ष्मापालसूनो तव वीरमध्ये लज्जामहे संगररङ्गभङ्गात् ।
यशो हि कल्पान्तशतैकसाक्षि न जीवितं कुञ्जरकर्णलोलम् ॥ २२६ ॥
मन्दानिलान्दोलितपारिजातलतावधूनर्तितनन्दनानि ।
कान्तासहायाः सुरमन्दिराणि नाशस्त्रपूताः पुरुषा लभन्ते ॥ २२७ ॥
तथा प्रतिज्ञां स्वसुरुत्तराया मातुश्च कृत्वा पुरतो विलज्जः ।
पलायनोत्साहपुरःस्थितोऽसि ह्रीमानचिन्ता नहि कातराणाम् ॥ २२८ ॥
श्रुत्वेति वाक्यं स बृहन्नडाया विस्रस्तहस्तच्युतचापदण्डः ।
उवाच पश्यन्कुरुराजसेनां पृष्ठे पतन्तीमिव कम्पमानः ॥ २२९ ॥
या कीर्तिरुत्सर्पति देहनाशाद्धिग्दुःखदां मूलविनाशिनीं ताम् ।
विक्रीय देवं द्रविणेन को नु यात्रोत्सवं देवकुले करोति ॥ २३० ॥
कीर्त्या तया किं स्वयमेव लोके न श्रूयते नापि विलोक्यते या ।
करोति किं नाम गुणं गतासोः कण्ठे कृता काञ्चनपद्ममाला ॥ २३१ ॥
संग्रामचर्चाचकितावलाग्रे गृहे न को नाम सुखेन वल्गेत् ।
मत्तासिपाताहतदन्तिदन्तटाङ्कारघोरास्तु रणावकाशाः ॥ २३२ ॥

को नाम भीष्मं सकृपं सकर्णं द्रोणं च वीरं समरे सहेत ।
येषां पुरो वज्रधरोऽपि साक्षान्मन्ये न शौर्यप्रतिभां बिभर्ति ॥ २३३ ॥
उक्त्वेति शुष्कास्यविलोलनेत्रो रथादवप्लुत्य जगाम तूर्णम् ।
आताण्डवाडम्बरिकुण्डलांशुजालैः स कुर्वन्सुरचापचक्रम् ॥ २३४ ॥
तं पाण्डुपुत्रोऽनुससार वेगाद्याधूतरक्तांशुकवेणुदण्डः ।
तं कौरवा वीक्ष्य विचित्ररूपं विमर्षशून्या जहसुः स्वनेन ॥ २३५ ॥
स्त्रीवेशगुप्तो ध्रुवमेष पार्थः प्रलम्बबाहुर्गजखेलगामी ।
विमोक्ष्यति क्रोधविषं शरौघैरित्यूचिरे द्रोणकृपापगेयाः ॥ २३६ ॥
पार्थेन पश्चादथ मत्स्यसूनुः केशैर्गृहीतः कृपणं जगाद ।
विमुञ्च मां काञ्चनदन्तिरत्नरथानुगं ते द्रविणं ददानि ॥ २३७ ॥
विक्रोशतस्तस्य निशम्य वाचं जिष्णुर्जगाद स्मितधौतदन्तः ।
नियच्छ मे त्वं तुरगानहं ते विद्रावयिष्यामि बलं रिपूणाम् ॥ २३८ ॥
अस्मिञ्शमीस्कन्दनिकुञ्जकुम्भे सन्त्यायुधान्युत्तरपाण्डवानाम् ।
प्रयच्छ तेभ्यो भुजसंनिभं मे गाण्डीवमाखण्डलसूनुचापम् ॥ २३९ ॥
विलम्बमानेऽत्र शवे विशङ्कां मा त्वं कृथा गूढमसौ हि माया ।
इत्यर्जुनोक्तामवधार्य वाचं शमीं समारुह्य पलाशिनीं ताम् ॥ २४० ॥
ददर्श जाम्बूनदचित्रभांसि धनूंषि दीप्तानसिसायकांश्च ।
विमुच्य जग्राह ततो विशालं भ्राजिष्णुकान्तस्वरबिन्दुवृन्दम् ॥ २४१ ॥
स सायकं कार्मुकदण्डमुग्रं शनैः परिज्ञाय गिरार्जुनस्य ।
दृष्ट्वा च तेनैव निवेदितानि पाण्डोः सुतानां प्रवरायुधानि ॥ २४२ ॥
उवाच निःश्वस्य विराटपुत्रः क्व ते गताः पञ्च सुरेन्द्रतुल्याः ।
तमब्रवीदिन्द्रसुतः स्मयन्तं कङ्कद्विजो धर्मसुतो नरेन्द्रः ॥ २४३ ॥
अहं किरीटी पवनात्मजश्च सूदो यमौ गोतुरगाधिपौ तौ ।
पार्थोऽर्जुनो जिष्णुरहं किरीटी धनंजयः श्वेतहयश्च कृष्णः ॥ २४४ ॥
भजस्व धैर्यं कुरुराजसेनां पश्यास्त्रजालैर्मम दीर्यमाणाम् ।
अज्ञातवासः पणनिर्मितोऽसौ तीर्णो भवद्वेश्मनि नः सुखेन ॥ २४५ ॥

इत्यर्जुनेनाभिहिते प्रहृष्टस्तूर्णं समादाय तदायुधं तत् ।
वैराटिरारुह्य रथं तुरङ्गानचोदयत्काञ्चनजालनद्धम् ॥ २४६ ॥
ध्वजे गतः संनिधिमप्रमेयः सर्वैश्च भूतानुगतः कपीन्द्रः ।
यस्य प्रभाभिर्गगनं बभूव सवाडवोद्गारमिवार्णवाम्भः ॥ २४७ ॥
दध्मौ ततः शङ्खमखण्डकीर्तिराखण्डलेयो धुतचापदण्डः ।
यच्छब्दसंघट्टपरम्पराभिर्दिक्संधिबन्धाः शिथिलीबभूवुः ॥ २४८ ॥
नादेन तेनाशनिनिःस्वनेन संमूर्छितं मत्स्यसुतं किरीटी ।
वीरः समाश्वास्य महास्त्रचक्रं ध्यात्वा यतात्मा धनुराचकर्ष ॥ २४९ ॥
वज्राद्रिनिष्पेषगभीरघोषैर्ज्यास्फालनोत्थैः सुरराजसूनोः ।
आकम्पमाने भुवने जगाद द्रोणः कुरूणामधिनाथमुच्चैः ॥ २५० ॥
विमर्दशंसीन्यजयावहानि राजन्निमित्तान्युपलक्षयामि ।
शिवाः करिष्यन्त्यशिवाः कुरूणां रणे परिष्वङ्गविलासलीलाम् ॥२५१॥
अयं स पार्थः कपिलक्षणेन समागतः केतुमता रथेन ।
एष श्रुतिं स्यन्दनघोरघोषो घनाघनास्फोटपटुः पिनष्टि ॥ २५२ ॥
एते शराः कर्णपथेन यान्ति शीत्कारिणो गाण्डिववेगनुन्नाः ।
निवेदयन्तीव वनप्रवासखेदं विनिःश्वस्य धनंजयस्य ॥ २५३ ॥

इत्याचार्यवचः श्रुत्वा मानी मन्युकृशानुना ।
उवाच भीष्माभिमुखो दह्यमानः सुयोधनः ॥ २५४ ॥
विराटेन सहास्माकं विग्रहोऽयमुपस्थितः ।
अकस्मात्कथमायाति पार्थो योद्धुं हठादिव ॥ २५५ ॥
अनिस्तीर्णप्रतिज्ञश्च यद्यायातो धनंजयः ।
का नः क्षतिः पुनर्वस्तुं वनमेव गमिष्यति ॥ २५६ ॥
आचार्यस्त्वसकृत्पार्थं शिष्यप्रीत्या प्रशंसति ।
नापूर्वाः कुरुवीराणां धनुः शङ्खरथस्वनाः ॥ २५७ ॥
किमुच्यते गुरुरयं जानाति समरस्थितिम् ।
स्तुतिं विधत्ते यः शत्रोः प्रत्यासन्ने रणोत्सवे ॥ २५८ ॥

वयं द्रोणं न पृच्छामः पण्डितं करुणानिधिम् ।
कालेऽस्मिन्नुपदेष्टारो निस्त्रिंशा एव मानिनाम् ॥ २५९ ॥
प्रायश्चित्तेषु यज्ञेषु परलोककथासु च ।
गुरवः पण्डिता योग्या युद्धे तु भुजशालिनः ॥ २६० ॥
इति वादिनि भूपाले सूतपुत्रेऽपि गर्जति ।
उवाच भीष्मो गम्भीरं शृण्वन्गाण्डीवनिःस्वनम् ॥ २६१ ॥
कालो यथा नियमितो मासैरपि सहाधिकः ।
निस्तीर्णः पाण्डुतनयैः सत्यं सत्यपराक्रमैः ॥ २६२ ॥
श्वेताश्वोऽयं समायातो घोरवानरकेतनः ।
अद्यापि रोचतां संधिस्तव वीर सह श्रिया ॥ २६३ ॥
इत्युक्त्वा शन्तनुसुतो नैतदस्तीति वादिनम् ।
पुनर्जगाद राजानं मत्वा दैवपराङ्मुखम् ॥ २६४ ॥
यत्ता भवन्तु सुभटाः सेनाबन्धो विधीयताम् ।
युद्ध्यामहे सुसंरब्धाः सह गाण्डीवधन्वना ॥ २६५ ॥
गावः सेनाचतुर्भागरक्षिता यान्तु नः पुरम् ।
विवादमूले रक्षां हि पूर्वं शंसन्ति मानिनः ॥ २६६ ॥
चतुर्भागेन चान्येन वाहिन्यास्त्वं समावृतः ।
व्रजन्नागपुरं राजञ्जयो हि स्वामिरक्षणम् ॥ २६७ ॥
अहं कर्णकृपद्रोणद्रौणिमुख्यैर्वृतो भटैः ।
बीभत्सुं धारयिष्यामि नदीवेगमिवाचलः ॥ २६८ ॥
उक्ते शान्तनवेनेति तथा चक्रे सुयोधनः ।
अर्जुनोऽप्यनिलालोलपताकः पुनराययौ ॥ २६९ ॥
दृष्ट्वा पार्थः पुनस्तूर्णं व्रजन्तं धृतराष्ट्रजम् ।
हसन्नुवाच वैराटिं याहि यत्र सुयोधनः ॥ २७० ॥
एष प्रयाति गाः सर्वाः समादाय गजाह्वयम् ।
गतेऽस्मिन्किममूलेन युद्धेन विफलेन नः ॥ २७१ ॥

इत्यर्जुनेन वैराटिरुक्तः कौरवमाद्रवत् ।
सपक्षैरिव तैरश्वैराप्तोऽथ प्रसरत्खुरैः ॥ २७२ ॥
पार्थं दुर्योधनायैव दृष्ट्वा तूर्णमभिद्रुतम् ।
निवृत्य भीष्मप्रमुखा राजानं पर्यवारयन् ॥ २७३ ॥
एकीभूतां पुनः सेनां दृष्ट्वा हृष्टो धनंजयः ।
शङ्खमापूरयामास पुष्करावर्तनिःस्वनम् ॥ २७४ ॥
तस्य प्रध्मायमानस्य शब्देनोदधिजन्मनः ।
गजभूतनिनादैश्च बभूवाकुलितं जगत् ॥ २७५ ॥
ततो गाण्डीवमाकृष्य ज्याघोषमकरोज्जयः ।
येनोत्पुच्छा ययुर्गावस्त्रस्ता मत्स्यपुरं जवात् ॥ २७६ ॥
तासु प्रतिनिवृत्तासु सव्यसाची शरावलीम् ।
प्राहिणोदनवच्छिन्नां मृत्युदूतीं महीभुजाम् ॥ २७७ ॥
शुभ्रपक्षैस्तदुच्छिष्टैर्बभुर्बाणैर्द्विपाधिपाः ।
वेल्लद्बलाकावलयाः कालमेघा इवाकुलाः ॥ २७८ ॥
ततो विकर्णप्रमुखाः कौरवाः पाण्डुनन्दनम् ।
चक्रुः शिलीमुखैस्तूर्णं फुल्लकिंशुकविभ्रमम् ॥ २७९ ॥
अथार्जुनशरासारैस्ते विध्वस्तरथप्रजाः ।
दुद्रुवुर्विमुखाः क्षिप्रं गिरिभग्ना इवानिलाः ॥ २८० ॥
भ्राजिष्णुरत्नमुकुटं दष्टोष्टं चलकुण्डलम् ।
शत्रुं तपस्यवदनं क्रुद्धश्चिच्छेद फल्गुणः ॥ २८१ ॥
ततो वीरशिरःपद्मैश्छादितेऽर्जुनसायकैः ।
भूतले द्विरदाः प्रापुः कमलाकरनिर्वृतीः ॥ २८२ ॥
शिरांसि रुधिरावर्ते पतितानि महीभुजाम् ।
पादन्यासोपलाशङ्कां चक्रिरे समरश्रियः ॥ २८३ ॥
भग्ने गजघटाबन्धे कर्णभ्रातुर्धनंजयः ।
चकर्त संग्रामजितः शरेण रुचिरं शिरः ॥ २८४ ॥

मृतं दृष्ट्वानुजं कर्णस्तूर्णमाकीर्णसायकः ।
अभ्युद्ययौ पाण्डुसुतं धराधर इवोद्धुरः ॥ २८५ ॥
ततो धवलपक्षाग्रा पार्थे कर्णशरावली ।
विवेश हंसमालेव विपुला क्रौञ्चभूधरम् ॥ २८६ ॥
मनोरथशताभ्यस्तं दृष्ट्वा वैकर्तनं पुनः ।
सोत्कण्ठमिव गाण्डीवं चकर्षाखण्डलात्मजः ॥ २८७ ॥
नदे रणमुखारम्भे गाण्डीवं कर्णपार्थयोः ।
चकार तारक्रौंकारैर्विस्फारोङ्कारविभ्रमम् ॥ २८८ ॥
अथाङ्गान्यङ्गनृपतेः कुम्भिकुम्भाग्रभेदिभिः ।
विदार्य विशिखैः प्रौढमुन्ननाद धनंजयः ॥ २८९ ॥
ते शराः पृथुशीत्कारा भित्वा कर्णं सकङ्कटम् ।
विविशुर्वसुधां तीक्ष्णाः सनिःश्वासा इवोरगाः ॥ २९० ॥
दम्भोलिभिन्नशिखरो धातुस्रावीव भूधरः ।
सूतपुत्रः प्रतिययौ विमुखं क्षितजोक्षितः ॥ २९१ ॥
ततः कृपं समभ्येत्य गौतमं पाण्डुनन्दनः ।
अप्रयत्नश्लथैर्बाणैर्युयुधे गुरुगौरवात् ॥ २९२ ॥
सशक्रे समरं द्रष्टुं प्राप्ते त्रिदशमण्डले ।
अनेकार्कमिवोद्भासिविमानमभवन्नभः ॥ २९३ ॥
कृपं विजित्य समरे हत्वाश्वं हतसारथिम् ।
जवादभिससारैको वीरान्वानरकेतनः ॥ २९४ ॥
तं समभ्युद्ययौ द्रोणः शोणाश्वेन पताकिना ।
कमण्डलुध्वजवता रथेन घननादिना ॥ २९५ ॥
पूर्वं न प्रहरामीति पार्थेन विनयात्पुनः ।
विज्ञप्तः प्राहिणोद्बाणान्स्मयमान इवाशु सः ॥ २९६ ॥
आचार्यविशिखव्रातच्छन्ने गगनमण्डले ।
गाण्डीवधन्वना मुक्ता नान्तरं लेभिरे शराः ॥ २९७ ॥

उदीरिते ततस्ताभ्यां घोरे दिव्यास्त्रमण्डले ।
ययुस्त्रस्ता रणत्तारनूपुराः खेचराङ्गनाः ॥ २९८ ॥
अथ दुर्लक्ष्यतां याते गाण्डीवनिःसृतैः शरैः ।
आचार्ये धन्विनां धुर्ये व्यदीर्यत वरूथिनी ॥ २९९ ॥
छिन्नवर्मध्वजं दृष्ट्वा जनकं द्रोणनन्दनः ।
स्यन्दनेनाद्रवत्पार्थं हेमकार्मुककेतुना ॥ ३०० ॥
तौ कार्तस्वरनाराचसंचयैरचिरोज्झितैः ।
संनाहमिव चक्राते हैमं गगनदन्तिनः ॥ ३०१ ॥
निर्विशेषं तयोस्तत्र वीरयोर्युध्यमानयोः ।
नान्तरं ददृशुर्वीरा द्रौणेर्बाणक्षयं विना ॥ ३०२ ॥
उपनिन्युर्जनास्तूर्णं शकटान्यथ पत्रिणाम् ।
द्रोणपुत्राय समरे मत्वाक्षय्यशरं जयम् ॥ ३०३ ॥
द्रौणिं संसक्तमालोक्य समरे सव्यसाचिना ।
धनुराधूय राधेयो ज्याघोषमकरोत्पुनः ॥ ३०४ ॥
श्रुत्वा शब्दं कटाक्षेण तं निरीक्ष्य धनंजयः ।
अभ्याद्रवद्विघटयन्घटाः करटिनां पुनः ॥ ३०५ ॥
तमभ्येत्याब्रवीत्क्रुद्धः श्वेताश्वः कृष्टकार्मुकम् ।
कर्ण दर्शय संग्रामे सततं यद्विकत्थसे ॥ ३०६ ॥
लक्ष्मीजडं विलुण्ठ्यैनं मूर्खं बालं सुयोधनम् ।
स्पर्धसे यत्सदास्माकं तस्यायं निकषक्षणः ॥ ३०७ ॥
राजवल्लभ नेयं सा सभा यस्यां जिता वयम् ।
इभाः करटिकाकुण्ठभटेन्द्रसुरता भुवः ॥ ३०८ ॥
हर्म्येषु पानलीलासु यदवोचः सुयोधनम् ।
तदद्य कर्मणा सर्वं कर्तुमर्हसि सूतज ॥ ३०९ ॥
दृष्टाधुनैव ते वीर समरे वीरमानिता ।
हतं भ्रातरमुत्सृज्य द्रुतं यद्गतवानसि ॥ ३१० ॥

उक्त्वेति दूरं गाण्डीवं चकर्ष शतमन्युजः ।
कर्णोऽपि कृष्टकोदण्डः कुपितस्तमभाषत ॥ ३११ ॥
अहो विसदृशं सर्वं भाषसे प्रतिभान्वितम् ।
अन्तस्तुच्छासु वाणीषु भीरूणां हि प्रगल्भता ॥ ३१२ ॥
पुरा जितः सभायां त्वमद्याप्यविजितोऽसि किम् ।
जिता एव हि जीयन्ते न जयन्ति जिताः क्वचित् ॥ ३१३ ॥
इति ब्रुवाणं राधेयं शरैर्जम्भारिसंभवः ।
हेमपुङ्खैश्चकाराशु दावव्याप्तमिवाचलम् ॥ ३१४ ॥
आकर्णकृष्टैः पार्थोऽपि च्छन्नः कर्णशिलीमुखैः ।
विस्रवद्भूरि रुधिरो रक्ताशोक इवाबभौ ॥ ३१५ ॥
शरासनं ततश्छित्त्वा शक्तिं च कनकोज्ज्वलाम् ।
जघान कर्णस्याशेषान्स मुहूर्तात्पदानुगान् ॥ ३१६ ॥
[1]खलनर्मोपमानेन पत्त्रिणा मर्मभेदिना ।
मुमोह विद्धः क्रुद्धेन राधेयः सव्यसाचिना ॥ ३१७ ॥
तस्मिन्सारथिना नीते दूरं विह्वलचेतसि ।
उच्चैर्हसन्तं वैराटिं जगाद विनदञ्जयः ॥ ३१८ ॥
अधुना प्रापय रथं राजसूनो पितामहः ।
यत्र रामशरश्रेणीव्रणालंकृतविग्रहः ॥ ३१९ ॥
एष शान्तनवो भीष्मः शूराणां परमावधिः ।
हेमतालो ध्वजो यस्य तेजोमूर्तमिवेक्ष्यते ॥ ३२० ॥
छत्रं यः स्वयशः शुभ्रं धत्ते लोलोज्ज्वलांशुकः ।
दुग्धोदधिरिवोन्नद्धश्चन्द्रमण्डलमुद्गतम् ॥ ३२१ ॥
गाम्भीर्यधैर्याभरणो निःसंरम्भपराक्रमः ।
एष प्रतीक्षते मन्ये मामेव समरोत्सुकः ॥ ३२२ ॥
इत्यर्जुनवचः श्रुत्वा वैराटिर्विह्वलोऽवदत् ।
पश्य मेऽङ्गानि दीर्णानि रणे निर्विवरैः शरैः ॥ ३२३ ॥

---

१. 'अथापरेण बाणेन ज्वलितेन महौजसा' इति भारतम्.

वसारुधिरगन्धेन शङ्खगाण्डीवनिःस्वनैः ।
दिव्यास्त्राणां च दीप्त्या मे जाता सर्वेन्द्रियव्यथा ॥ ३२४ ॥

इति वादिनमाश्वास्य श्वेताश्वस्तूर्णमुत्तरम् ।
तत्प्रेरितरथः प्रायाद्भीष्मं भीमपराक्रमम् ॥ ३२५ ॥

नृपकायकुठारेण पार्थस्तस्येषुवर्षिणः ।
ध्वजं चिच्छेद भल्लेन समं कुरु मनोरथैः ॥ ३२६ ॥

साम्राज्य इव रत्नाढ्ये वीरमान इवोन्नते ।
केतौ निपतिते तस्मिन्राज्ञामाविरभूद्भयम् ॥ ३२७ ॥

ततो दुःशासनमुखा हेमपुङ्खैः शरैर्जयम् ।
नक्तं दीप्तौषधिच्छन्नं नीलाद्रिमिव चक्रिरे ॥ ३२८ ॥

सर्वैर्महारथैरेत्य धार्तराष्ट्रैश्च फल्गुणः ।
युयुधे रुद्धसंचारो नृत्यन्निव धनुर्धरः ॥ ३२९ ॥

शरप्रकरमच्छिन्नं पतन्तं वीक्ष्य सैनिकाः ।
कालैन्द्रजालिककृता मायेयमिति मेनिरे ॥ ३३० ॥

पतद्भिश्चामरैश्छत्रैरुष्णीषैश्च महीभुजाम् ।
पततां कुञ्जरेन्द्राणां कोऽपि व्यतिकरोऽभवत् ॥ ३३१ ॥

ततः ससर्प विपुला रक्तकल्लोलिनी रणे ।
शोणचन्दनलिप्तेव प्रीतये तटिनीपतेः ॥ ३३२ ॥

धनंजयशरासारच्छन्ने गगनमण्डले ।
अकाण्डरजनीप्रीतिर्बभूव पिशिताशिनाम् ॥ ३३३ ॥

तं कालमिव कालस्य निवातकवचान्तकम् ।
उत्सृजन्तं रिपुवने कोपाग्निं चिरसंभृतम् ॥ ३३४ ॥

स्फुरद्दिव्यास्त्रदहनज्वालाजटिलकार्मुकम् ।
वीक्ष्य संहारचकिता वाहिन्यः शतधा ययुः ॥ ३३५ ॥

ततः शान्तनवः श्रीमान्स्वयं दिव्यास्त्रमण्डलैः ।
महास्त्रदुःसहं पार्थं सावष्टम्भमयोधयत् ॥ ३३६ ॥

भीष्मचापच्युतैर्बाणैर्ध्वजाग्रे सव्यसाचिनः ।
आघट्टितानि भूतानि नेदुः स्फोटितदिक्तटम् ॥ ३३७ ॥
उन्ममाथ सितच्छत्रं गाङ्गेयस्य ततोऽर्जुनः ।
कृष्णानिकारक्षमिणौ यशो मूर्तमिवोन्नतम् ॥ ३३८ ॥
तस्यास्त्रमण्डलैर्विद्धो व्यथां संस्तम्भ्य पाण्डवः ।
चकर्त चण्डकोदण्डमखण्डितपराक्रमः ॥ ३३९ ॥
अपरेणाथ धनुषा किरन्तं सायकावलीम् ।
स्वभटा ददृशुर्भीष्मं सहस्रांशुमिवापरम् ॥ ३४० ॥
भीष्मेण युध्यमानस्य निष्कम्पं सव्यसाचिनः ।
शक्रादयः सुराः शौर्यं पुष्पवर्षैरपूजयन् ॥ ३४१ ॥
स हत्वा विशिखैर्वीरान्गाङ्गेयरथरक्षिणः ।
अस्त्रजालैस्तदस्त्राणां प्रतिबन्धमिवाकरोत् ॥ ३४२ ॥
राज्ञां भूषणरत्नेषु धनुष्मान्बिम्बितोऽर्जुनः ।
अयोधयत्कुरुचमूमनेकैरिव विग्रहैः ॥ ३४३ ॥
तन्महास्त्रानिलावर्तपरिवृत्तानि चक्रवत् ।
भुवं भूतानि ददृशुर्धनंजयमयीमिव ॥ ३४४ ॥
स ययौ लाघवे चित्रे संधानादानसौष्ठवे ।
स्पर्धया कार्तवीर्यस्य सहस्रभुजतामिव ॥ ३४५ ॥
ततो नाङ्गेयमविशद्विशाला विशिखावली ।
गाण्डीवप्रेरिता हंसमालेव शुचिमानसम् ॥ ३४६ ॥
स विद्धो दशभिर्बाणैर्विष्टभ्य रथकूबरम् ।
वीरोऽपि निजसंज्ञाया नाभवत्क्षणमीश्वरः ॥ ३४७ ॥
ततः सारथिना नीते तस्मिन्वातजवैर्हयैः ।
दुर्योधनः समभ्यायात्सानुगः स्वयमर्जुनम् ॥ ३४८ ॥
जघानाकर्णकृष्टेन हेमपुङ्खेन पत्रिणा ।
स ललाटतटे पार्थं शिञ्जानमणिकुण्डलः ॥ ३४९ ॥

विस्रवद्रुधिरापीडो धातुचित्र इव द्विपः ।
रक्ताशोकमयीं मालां स बिभ्राण इवाबभौ ॥ ३९० ॥
अथ गाण्डीवमाकृष्य भिन्दानः कुञ्जराधिपान् ।
मन्युनेव शरेणाराद्विव्याधोरसि कौरवम् ॥ ३९१ ॥
ततो बाणहते तस्मिन्विद्रुते सहसार्जुनः ।
उवाच बत भूपाल रणभङ्गे न शोभसे ॥ ३९२ ॥
कथं नरपतिर्मानी सुहृत्कर्णस्य मानिनः ।
लम्बमाना यतोष्णीवं जयं दग्ध्वा पलायसे ॥ ३९३ ॥
रणे पराङ्मुखो भूत्वा कुरङ्ग इव कातरः ।
वन्दिभिः श्रोष्यसि कथं विक्रमाभरणं यशः ॥ ३९४ ॥
इति पाण्डुसुतेनोक्तः समभ्यायात्सुयोधनः ।
सोत्प्राशा(सा) वैरिणां वाचो न सहन्ते हि मानिनः ॥ ३९५ ॥
मानाङ्कुशपरावृत्तं तं दृष्ट्वा राजकुञ्जरम् ।
भीष्मकर्णकृपद्रोणाः ससैन्याः पर्यवारयन् ॥ ३९६ ॥
एकीभूतान्पुनः कोपादथ सर्वान्महारथान् ।
अयोधयद्विभज्येव बहुधात्मानमर्जुनः ॥ ३९७ ॥
ततः संमोहनं नाम दयितं पुष्पधन्वनः ।
अस्त्रं नृपेषु दयया समदत्त धनंजयः ॥ ३९८ ॥
अकर्णतालद्विरदा निश्चलाङ्गतुरङ्गमाः ।
सा तेन मोहितास्त्रेण लिखितेवाभवच्चमूः ॥ ३९९ ॥
अर्जुनेन्दूदये तत्र व्यामीलितदले शनैः ।
सुप्ते राजाम्बुजवने विचेरुर्न शिलीमुखाः ॥ ३६० ॥
निःस्यन्दचामरोष्णीषा निश्चलास्ते बभुर्नृपाः ।
निवाते सुप्तहंसानां सरसामुपमाक्षमाः ॥ ३६१ ॥
निद्रामुकुलिते तेषां वदनाम्भोजमण्डले ।
श्मश्रुलेखावली चक्रे बहिर्भृङ्गभ्रमायितम् ॥ ३६२ ॥
तन्द्रीनिमीलितदृशां नागानां गणमण्डले ।
मूर्तेव निद्रा सुष्वाप भृङ्गाली मदघूर्णिता ॥ ३६३ ॥

ततः शङ्खं समापूर्य ज्याघोषमकरोज्जयः ।
निपेतुर्येन शूराणां करेभ्यश्चापयष्टयः ॥ ३६४ ॥
उत्तराया वचः स्मृत्वा वैराटिमथ फल्गुणः ।
उवाचाहर वासांसि चित्राण्येषां यशस्विनाम् ॥ ३६५ ॥
गृहाण काञ्चनत्विंषि वासांस्यङ्गपतेः सखे ।
कदलीदलनीलानि कौरवस्य च मानिनः ॥ ३६६ ॥
प्रबुद्ध एक एवात्र वीरः शान्तनवः स्थितः ।
विहायैनं हरान्येषामम्बरं यावदिच्छसि ॥ ३६७ ॥
इत्युक्तः पाण्डुपुत्रेण तथा कृत्वा नृपात्मजः ।
आरुह्य स्यन्दनं तूर्णं तद्गिराश्वानचोदयत् ॥ ३६८ ॥
व्रजन्तं विजयं पश्चाद्भीष्मो बाणैरपूरयत् ।
सोऽपि तस्य परावृत्य हत्वाश्वान्हेलया गतः ॥ ३६९ ॥
प्रबुद्धस्याथ बीभत्सुः क्व यात इति वादिनः ।
किरीटं कौरवपतेश्छित्वा पार्थो ययौ ततः ॥ ३७० ॥
लब्धसंज्ञे प्रयातेऽथ कुरुसैन्ये यथागतम् ।
पार्थो बृहन्नडावेशः सूत एवाभवत्पुनः ॥ ३७१ ॥
प्रहृष्टरोमा वैराटिः प्रतस्थे स्वपुरं ततः ।
अमानुषं घूर्णमानः शौर्यं जिष्णोर्विचिन्तयत् ॥ ३७२ ॥

उत्तरगोग्रहः ॥ ९ ॥

अत्रान्तरे मत्स्यपतिः प्रविश्य विजयीपुरम् ।
शुश्राव तनयं यातं जेतुं भीष्ममुखान्कुरून् ॥ ३७३ ॥
एको बृहन्नडासूतः कथं तान्कुरुपुङ्गवान् ।
प्राप्य जीवेन्मम सुतः शुशोचेति स भूपतिः ॥ ३७४ ॥
ततो विराटमभ्येत्य तूर्णं दूता बभाषिरे ।
उत्तरेणाहृता गावो जित्वा भीष्ममुखानिति ॥ ३७५ ॥
तच्छ्रुत्वा विस्मयाविष्टो हर्षव्याकोशमानसः ।
मत्स्यराजः पुरे श्रीमानादिदेश महोत्सवम् ॥ ३७६ ॥

तस्मिन्प्रशंसति सुतं वीरपुत्राभिमानिनि।
ईषत्स्मितसुधाधौतं बभाषे धर्मनन्दनः॥ ३७७॥
राजन्किमद्भुतं तस्य वैरिनिर्दलनं रणे।
जेतुमेका प्रगल्भोऽत्र यदि न स्याद्बृहन्नडा॥ ३७८॥
इति ब्रुवाणं कौन्तेयं सावहेलं पुनः पुनः।
जघानाक्षेण सावेगं विराटः कोपकम्पितः॥ ३७९॥
तदाघातस्रुतं रक्तं पाणिभ्यां तस्य गृह्णतः।
हेमपात्रेण जग्राह कृष्णा पार्श्वावलोकिनः॥ ३८०॥
अत्रान्तरे समभ्यायात्पथि पौराङ्गनागणैः।
आकीर्यमाणः कुसुमैर्विराटं द्रष्टुमुत्तरः॥ ३८१॥
स राजधानीमासाद्य कक्ष्यान्तरमतीत्य च।
प्रविश्यान्तःपुरं श्रीमान्प्रणनाम नरेश्वरम्॥ ३८२॥
स दृष्ट्वा रक्तसंसिक्तं कङ्कं शङ्काकुलोऽवदत्।
केनेदं साहसं तात कृतमात्मविनाशिना॥ ३८३॥
ततस्तत्कलहं श्रुत्वा विराटेन निवेदितम्।
प्रसाद्यतामयं तूर्णमित्युवाचोत्तरः पुनः॥ ३८४॥
राज्ञा प्रसादितो यत्नादित्युवाच युधिष्ठिरः।
क्षान्तमेव मया राजन्रक्तं संरक्षिता भुवि॥ ३८५॥
शोणितं पतते यत्र न तद्राष्ट्रं भवेद्यतः।
वारितं त्वद्धितायैतत्त्वं हि नः परमाश्रयः॥ ३८६॥
इत्युक्ते संहृते रक्ते जिष्णुश्छन्नोऽविशत्ततः।
स हि यौधिष्ठिरं रक्तं दृष्ट्वा हन्यात्सुरानपि॥ ३८७॥
अथ पप्रच्छ तनयं विराटो विस्मयाकुलः।
कथं बभूव समरे कुरुभिस्ते समागमः॥ ३८८॥
भयं संजनयेयुर्ये जम्भारेरपि संयुगे।
विमर्दस्तैरभूत्पुत्र कथं ते धन्विनां वरैः॥ ३८९॥
इति पृष्टो नृपतिना हृष्टो वैराटिरब्रवीत्।
न मया विजितास्तात कुरवो रणशालिनः॥ ३९०॥

सुरपुत्रेण केनापि दुष्करं कर्म तत्कृतम् ।
तं च द्वित्रदिनैर्वीरमवश्यं द्रक्ष्यसि स्वयम् ॥ ३९१ ॥
इत्युत्तरेण कथितं नृपस्योत्सवशालिनः ।
प्रावर्तत पुरे कोऽपि नृत्यगीतरसादरः ॥ ३९२ ॥
वीरास्ततस्तृतीयेऽह्नि ततो धवलवाससः ।
सभामेत्य विराटस्य भेजिरे काञ्चनासनम् ॥ ३९३ ॥
तद्दर्शनस्मयाविष्टं विराटं फल्गुनस्ततः ।
उवाच राजन्कङ्कोऽयं सभास्तारो युधिष्ठिरः ॥ ३९४ ॥
एष सर्वमहीपालमौलिलालितशासनः ।
देवः साम्राज्यविजयी भ्रूभङ्गोरुशरासनः ॥ ३९५ ॥
वल्लभो भीमसेनोऽयमहं च श्वेतवाहनः ।
वीरौ माद्रीसुतावेतौ गौतुरङ्गपती तव ॥ ३९६ ॥
सैरन्ध्री द्रौपदी चेयं कृष्णा कुवलयेक्षणा ।
राजार्हमासनं राजन्न नामास्मासु नोचितम् ॥ ३९७ ॥
अर्जुनेनेत्यभिहिते वैराटिस्तत्पराक्रमम् ।
शशंस सर्वमाश्चर्यं राज्ञे विस्मयशालिने ॥ ३९८ ॥
ततः प्रसाद्य विनयाद्भूपालः पाण्डुनन्दनान् ।
धनं राज्यं शरीरं च प्रीत्या सर्वं न्यवेदयत् ॥ ३९९ ॥
प्रणयान्मत्स्यराजेन सुतां दत्तामथोत्तराम् ।
अभिमन्योः कृते पार्थो जग्राह ललिताकृतिम् ॥ ४०० ॥
ततः सौभद्रमानाय्य रामं कृष्णं च सानुगम् ।
पाञ्चालान्द्रौपदेयांश्च ननन्दुः पाण्डुनन्दनाः ॥ ४०१ ॥
निस्तीर्णसमया ज्ञात्वा सुहृदस्तान्सबान्धवाः ।
राजानो राजपुत्राश्च द्रष्टुं हृष्टाः समाययुः ॥ ४०२ ॥
अथार्जुनादर्जितनृत्यगीतां तामुत्तरां विश्रुतरूपशोभाम् ।
चन्द्रावदातां परिणीय कान्तो ललास मत्स्यस्य गृहेऽभिमन्युः ॥ ४०३ ॥

वैवाहिकम् ॥ ६ ॥

इति क्षेमेन्द्रविरचितायां भारतमञ्जर्यां विराटपर्व ।

उद्योगपर्व ।

नारायणं नमस्कृत्य नरं चैव नरोत्तमम् ।
देवीं सरस्वतीं व्यासं ततो जयमुदीरयेत् ॥ १ ॥
अभिमन्योः परिणये संगतानेकबान्धवाः ।
रत्नोज्ज्वलां विराटस्य विविशुः पाण्डवाः सभाम् ॥ २ ॥
हेमासने संनिविष्टैर्वृष्णिपाञ्चालपुंगवैः ।
बभासे सा सभा वीरैर्द्यौरिवामरशेखरैः ॥ ३ ॥
एकासनगतौ तत्र जनार्दनयुधिष्ठिरौ ।
वैडूर्यहेमरुचिरां चक्राते स्वांशुभिः सभाम् ॥ ४ ॥
अजातशत्रावचिरान्मित्रेऽभ्युदयशालिनि ।
विकाशं भेजिरे नेत्रशतपत्राणि भूभुजाम् ॥ ५ ॥
अथावदद्घनश्यामः कौस्तुभांशुतडिद्घनः ।
नर्तयन्भवनोद्याननीलकण्ठानिवाच्युतः ॥ ६ ॥
स बभौ स्वच्छदशनच्छायाच्छुरितदिङ्मुखः ।
पाञ्चजन्यस्य किरणान्निपीतान्विकिरन्निव ॥ ७ ॥
विदितं राजसिंहानां यदेतत्पुनरुच्यते ।
तद्दीर्घसंभृतस्यान्तर्मन्युवेगस्य जृम्भितम् ॥ ८ ॥
गणना नृपमध्येऽस्मिन्न शक्या कौरवागसाम् ।
कृष्णाकचग्रहो येषां केतुभूतः प्रकाशते ॥ ९ ॥
तथापि सामसाध्येऽर्थे न दण्डः सद्भिरिष्यते ।
को हि हस्तावचेयेषु पद्मेषु परशुं क्षिपेत् ॥ १० ॥
श्रुत्वैतदूचे हलभृत्कैलासधवलच्छविः ।
क्षीरोद इव शीतांशुकला दन्तांशुभिः क्षिपन् ॥ ११ ॥
यदाह जगतामेष बान्धवः कमलाधवः ।
तदेव मतमस्माकं क्व विना साम सिद्धयः ॥ १२ ॥
साध्यान्साम्ना परान्हत्वा लक्ष्मीमण्डनदर्पणम् ।
पश्चात्तापविनिःश्वासैः कः कुर्यान्मलिनं यशः ॥ १३ ॥

स्वबन्धुवधलब्धा श्रीः प्रवृत्तापि न शोभते।
स्वकपोलोद्धृतैर्मांसैः श्लिष्टा कृत्तेव नासिका ॥ १४ ॥
क्रूरकर्मार्जिता स्थित्वा श्रीः शिखेवाशुशुक्षणेः।
याति पश्चाद्विधायाशु तमः कश्मलकज्जलैः[1] ॥ १५ ॥
अजातशत्रोर्गेहेषु नन्दन्तः कुरुनन्दनाः।
पार्थाश्च कौरवेन्द्रस्य मोदन्तां हस्तिनापुरे ॥ १६ ॥
धन्या बन्धुगृहोद्याने परस्परमयन्त्रिताः।
यान्ति भुक्तोत्तरास्थाने सुन्दरीनर्मसाक्षिताम् ॥ १७ ॥
मुग्धाङ्गना मधु रहस्तन्त्री मधुरगीतयः।
सुहृद्बन्धुजनैर्गोष्ठी पुण्यकल्पतरोः फलम् ॥ १८ ॥
क्षीणकोशसहायानामुपायोपक्रमद्विषाम्।
नृणां मरणरूढानां प्रथमं समरे रुचिः ॥ १९ ॥
इत्युक्ते रौहिणेयेन सात्यकिः सत्यपौरुषः।
कोपाञ्चितमुखालोलगण्डताण्डविकुण्डलः ॥ २० ॥
उवाचासिव्रणलुठन्मुक्ताहारेऽथ वक्षसि।
कुर्वन्सितोत्तरीयस्य पुनः पुनरुदञ्चनम् ॥ २१ ॥
अहो दूरपरिभ्रष्टमानं मसृणमुच्यते।
कुतो वा दीनदर्पाणामाक्रान्तिविकटा गिरः ॥ २२ ॥
वधैकभेषजे शत्रौ यत्स्विद्यति मनो नृणाम्।
सा ह्यनायासितोदग्रखड्गानामतिभीरुता ॥ २३ ॥
प्रतिष्ठां छादितभियां हितव्याजाच्छमैषिणाम्।
अलग्नौष्ठाक्षरा वाचो न शृण्वन्ति रणप्रियाः ॥ २४ ॥
मृदवः सुहृदामग्रे मानिनीप्रणये नताः।
परावमर्दकठिनाः शौर्याध्माता हि मानिनः ॥ २५ ॥
अनाकृष्टासिचापानां विस्मृतप्रथितागसाम्।
याच्ञाविहितसाम्ना श्रीश्छिन्नहस्तस्य कङ्कणः ॥ २६ ॥

---

१. 'कल्मष' ख.

मन्त्रिमन्त्रपरित्यक्तमन्युहालाहलः परैः।
वध्यते राजभुजगः प्रमाणं यस्य भीरवः ॥ २७ ॥
रूढस्नेहाः परार्थेषु न ते शाम्यन्ति कौरवाः।
यावत्पाण्डवदोर्दण्डपीडां नायाति गाण्डिवम् ॥ २८ ॥
रणलक्ष्मीकटाक्षैस्ते यावत्कर्णान्तगामिभिः।
न विद्धाः पक्ष्मलैर्बाणैस्तावन्नायान्ति रक्तताम् ॥ २९ ॥
एते क्रोधाग्निसंतापजाततृष्णाः शरा मम।
नापीत्वा निर्वृतिं यान्ति शोणितं कौरवोरसाम् ॥ ३० ॥
कृष्णापरिभवक्षान्तिस्फूर्जल्लज्जारजोजुषः।
वाञ्छन्त्यसृङ्नदीस्नानं भीष्मद्रोणकृपा ध्रुवम् ॥ ३१ ॥
उक्त्वेति सात्यकिस्तूर्णं बभूव भ्रकुटीमुखः।
उद्भूतकालकूटस्य बिभ्राणो रूपमम्बुधेः ॥ ३२ ॥
अथ तद्वचनास्वादलोलमौलिषु राजसु।
युधिष्ठिरं प्रतिष्ठाय द्रुपदोऽप्यादधे वचः ॥ ३३ ॥
हरिर्यदाह रामश्च स एवाद्यः सतां क्रमः।
सात्यकिः शौर्यसदृशं धन्यः किं वा प्रभाषताम् ॥ ३४ ॥
अयत्नसाध्यं शंसत्सु यान्ति निर्वाच्यतां बुधाः।
विना तु शत्रुकान्तास्रैर्न तत्क्रोधाग्निनिर्वृतिः ॥ ३५ ॥
राज्ञां दूता विसृज्यन्तां कृतकं साम चार्थ्यताम्।
दत्त्वा स्थानद्वये पादौ विचिन्त्यैकं समाश्रयेत् ॥ ३६ ॥
आनीयतां धृष्टकेतुः सेनाबिन्दुश्च भूपतिः।
भगदत्तः स चेन्द्रस्य दैत्यसंग्रामबान्धवः ॥ ३७ ॥
शल्यश्च शत्रुशल्याभो जयत्सेनश्च मागधः।
केकया भ्रातरः पञ्च युधामन्यूत्तमौजसौ ॥ ३८ ॥
इत्युक्त्वा द्रुपदो राजा विरराम धियां निधिः।
कृष्णस्यानुमते दूता विसृष्टाश्च ययुर्नृपान् ॥ ३९ ॥

ततो मुरारेर्वचसा पुरोहितमनल्पवणम् ।
साकारमोजसां राशिं द्रुपदो निजमब्रवीत् ॥ ४० ॥
द्विजेन्द्र कौरवेन्द्रोऽसौ गत्वा साम त्वयार्थ्यताम् ।
अविबन्धेन यावन्न सैन्यमायाति पूर्णताम् ॥ ४१ ॥
वक्तुं त्वमेव जानीषे विचित्रं लघु सारवत् ।
इति पाञ्चालराजेन विसृष्टः स कुरून्ययौ ॥ ४२ ॥
गते तस्मिन्मधुरिपुर्वृष्णिवीरैः सहापरैः ।
आमन्त्र्य पाण्डुतनयान्मात्स्यं च द्वारकां ययौ ॥ ४३ ॥
अतृप्ता दर्शने तस्य पार्थाः संस्तम्भ्य मामसम् ।
उद्योगं बान्धवगिरा चक्रिरे बलसंग्रहे ॥ ४४ ॥
अत्रान्तरे धार्तराष्ट्रः श्वेताश्वश्च रणोत्सुकः ।
जग्मतुः केशवं तुल्यं साहाय्यं याचितुं रणे ॥ ४५ ॥
तौ द्वारकां समासाद्य रत्नैर्भ्राजिष्णुमन्दिराम् ।
अमात्यैः कौरवस्येव समन्तादभिराजिताम् ॥ ४६ ॥
अन्तःपुरं विविशतुः शौरेः केलीगृहं श्रियः ।
नीलरत्नांशुभिर्व्याप्तं धूपधूमशिखायितैः ॥ ४७ ॥
तौ शयानं ददृशतुस्तत्र केशिनिसूदनम् ।
स्वच्छस्फटिकपर्यङ्के क्षीरार्णव इवापरे ॥ ४८ ॥
शनैर्निद्रायमाणस्य शीर्षान्ते तत्र कौरवः ।
उपाविशत्फल्गुणोऽपि चरणाम्बुजयोः पुरः ॥ ४९ ॥
ततः प्रबुद्धो भगवान्ददर्शाग्रे धनंजयम् ।
श्लिष्टाञ्जलिपुटस्पृष्टकिरीटं विकटद्युतिम् ॥ ५० ॥
कृताभिवादनं पृष्ट्वा कुशलं सव्यसाचिनम् ।
शय्योपधानलग्नांसमपश्यच्च सुयोधनम् ॥ ५१ ॥
ताभ्यामभ्यर्थितो युद्धे सहायोऽस्तु भवानिति ।
परावृत्यावदद्देवः कौरवाभिमुखाननः ॥ ५२ ॥

प्राप्तस्तावद्भवान्पूर्वं चरमं श्वेतवाहनः ।
पूर्वसंदर्शनात्किंतु पार्थ एव वृणोति माम् ॥ ९३ ॥
अक्षौहिणी च वृष्णीनामयोद्धा चास्मि भूपते ।
द्वे भागे विदिते तुल्ये गृहाणाक्षौहिणीमतः ॥ ९४ ॥
इत्युक्तः शौरिणा हृष्टस्तथेत्यूचे स्मिताननः ।
मन्यमानोऽधिकं भागं वृष्णिसेनां सुयोधनः ॥ ९५ ॥
कृतवर्ममुखैर्गुप्तां तमादाय वरूथिनीम् ।
केशवेनाभ्यनुज्ञातः स ययौ हस्तिनापुरम् ॥ ९६ ॥
अर्जुनोऽपि हरिं लब्ध्वा वचसा त्यक्तसंगरम् ।
बद्धप्रतिज्ञं सारथ्ये पृथ्वीलाभममन्यत ॥ ९७ ॥
ततः कृष्णं समामन्त्र्य कृष्णश्च श्वेतवाहनः ।
युधिष्ठिरान्तिकं प्रायादल्पशीघ्रपदानुगः ॥ ९८ ॥
अत्रान्तरे धर्मसूनोः साहाय्ये शल्यमागतम् ।
जहार कौरवस्तुल्यच्छन्नसन्मानभोजनैः ॥ ९९ ॥
नृत्यगीतैर्बहुविधैर्माल्यरत्नवरांशुकैः ।
राजार्हैरुपचारैश्च तैस्तैः पथिषु कल्पितैः ॥ ६० ॥
आदौ स सेवितस्तेन प्रतिपन्नः सहायताम् ।
दुःखं ययौ धर्मसुतं लज्जाकुटिलकन्धरः ॥ ६१ ॥
युधिष्ठिरेण विनयात्पूजितः सोऽभ्यधात्पुनः ।
हरणं कौरवेन्द्रेण व्याजसंमानभोजनैः ॥ ६२ ॥
द्यूते कृष्णापरिक्लेशं वनवासादि यन्त्रणाम् ।
श्रुत्वा युधिष्ठिराद्दुःखं कथान्ते मद्रपोऽवदत् ॥ ६३ ॥
पुरा त्रिशिरसं शक्रः सुतं त्वष्टुः प्रजापतेः ।
अघातयत्तपस्यन्तमुग्रं तद्व्रतशङ्कितः ॥ ६४ ॥
ततः क्रुद्धोऽसृजत्त्वष्टा पुत्रं वृत्राभिधं पुनः ।
तपसा येन विजिताः सुराः शर्म न लेभिरे ॥ ६५ ॥

समरे वज्रिणं वीरं कवलीकृत्य हेलया ।
निर्विकाराननस्तस्थौ सुरसंहारदीक्षितः ॥ ६६ ॥
विधातृदिष्टया तस्मिञ्जृम्भया विनताननने ।
संकोचिताङ्गः सहसा निर्ययौ त्रिदशेश्वरः ॥ ६७ ॥
ततः शरणमभ्येत्य विष्णुं जिष्णुं सुरद्विषाम् ।
अवाप तद्वधोपाये मन्त्रं बलनिसूदनः ॥ ६८ ॥
साम्ना सख्यं समादाय स वृत्रेण तरस्विना ।
अचिन्तयत्सदा रन्ध्रं गूढं तस्य निपातने ॥ ६९ ॥
अथ संध्यासमाधिस्थं शक्रो विष्णोरनुज्ञया ।
वज्रगर्भेण फेनेन सोऽवधीद्वृत्रमुत्कटम् ॥ ७० ॥
तस्मिन्हते समाक्रान्तो घोरया ब्रह्महत्यया ।
न क्वचित्प्रत्ययं लेभे शक्रश्चक्राकुलाशयः ॥ ७१ ॥
स पापविपरीतात्मा गत्वातिविपुलं सरः ।
मृणालबालनिलयो बभूवानुशयाकुलः ॥ ७२ ॥
ततः शक्रपदे राजा नहुषो वासवाधिकः ।
सुरैः ससिद्धमुनिभिर्वृतः शून्ये सुरालये ॥ ७३ ॥
स शचीं प्रार्थयामास नवैश्वर्यविमोहितः ।
लब्ध्वा महत्पदं मूर्खाः सेवन्ते नाशमात्मनः ॥ ७४ ॥
सा सती बलिना तेन याच्यमाना पुनः पुनः ।
गुरुं बृहस्पतिं पत्युः प्रययौ शरणं शची ॥ ७५ ॥
सा गत्वा तद्गिरा दूरमुपसृत्य प्रदर्शितम् ।
सरस्तदन्तः प्रच्छन्नं ददर्श मरुतां पतिम् ॥ ७६ ॥
प्रेयस्या विषमस्थोऽसौ दृष्टो निःश्वस्य दुःखितः ।
उवाच ज्ञानवृत्तान्तस्तामसुललितेक्षणाम् ॥ ७७ ॥
दुर्मदोऽसौ महाकोपो नहुषो राजकुञ्जरः ।
न विनाशयितुं शक्यो बलात्कमललोचने ॥ ७८ ॥

गत्वा त्वं युक्तिमास्थाय ब्रूहि तं मन्मथान्तरम्।
सप्तर्षिस्यन्दनारूढः स्वैरमागच्छ मामिति ॥ ७९ ॥
इति भर्त्रा समादिष्टा पौलोमी छन्नचारिणी।
तामेव विदधे तूर्णं नहुषेणैत्य संविदम् ॥ ८० ॥
ततो मुनिरथं कृत्वा व्रजन्नहुषदेवराट्।
सर्पेति चरणाग्रेण त्वरितोऽगस्त्यमस्पृशत् ॥ ८१ ॥
कोपान्महामुनेस्तस्य शापेन पतितोऽथ सः।
अवाप सर्पतामेव यस्त्वया मोचितः पुरा ॥ ८२ ॥
नदीस्त्रीवृक्षशैलेषु गुरुवाक्यात्पुरंदरः।
उत्ससर्ज ततः स्वस्थो ब्रह्महत्यामनाकुलः ॥ ८३ ॥
अभ्यर्थितोऽत्र त्रिदशैर्गुरुवाक्यादकल्मषः।
निजं राज्यमवाप्येन्द्रो ननन्द दयितासखः ॥ ८४ ॥
आख्यानमिन्द्रविजयं श्रुत्वेदं विजयोद्यमे।
जयं लभन्ते नियमादतस्ते कथितं मया ॥ ८५ ॥

इन्द्रविजयः ॥ १ ॥

इत्युक्तं मद्रराजेन निशम्य विजयैषिणा।
विनयावनतः स्वैरं व्याजहार युधिष्ठिरः ॥ ८६ ॥
कुरुपक्षाश्रितेनापि कार्यं संपाद्यतां त्वया।
कुर्वता सूतपुत्रस्य तेजोवधविगर्हणाम् ॥ ८७ ॥
तथेत्यथ प्रतिश्रुत्य शल्यः प्रायात्कुरून्प्रति।
दिशन्भुवनसंनाहं गजगण्डालिखण्डलैः ॥ ८८ ॥
अत्रान्तरे पाण्डुसुतानाययौ गरुडध्वजः।
सात्यकिश्चेकितानश्च जयत्सेनश्च मागधः ॥ ८९ ॥
केकया धृष्टकेतुश्च कुन्तिभोजश्च भूपतिः।
कुर्वन्तो विपुलानीकैर्निःसंचारां वसुंधराम् ॥ ९० ॥
वाहिन्यस्ता गजग्राहाः शस्त्रवीचीविशृङ्खलाः।
प्रविश्य पार्थसैन्याब्धिं ययुर्दुर्लक्ष्यतामिव ॥ ९१ ॥

शनैः प्रवृद्धसैन्येषु पाण्डवेषु परेषु च ।
कुरुराजसभां धीरो विवेश स पुरोहितः ॥ ९२ ॥
भीष्मकर्णकृपद्रोणशल्यबाह्लिकसेविताम् ।
प्रविश्य लेभे सत्कारं राजसिंहगुहां सभाम् ॥ ९३ ॥
स पृष्टानामयं सर्वान्क्रमावाप्तवचःक्रमः ।
प्रोवाच प्रतिभोन्मेषनिर्विशङ्कमतिर्द्विजः ॥ ९४ ॥
धृतराष्ट्रस्य पाण्डोश्च क्रमप्राप्ता यथा मही ।
तन्नाम विदितं लोके यथा चात्मा तथात्मजः ॥ ९५ ॥
भवद्भिः स्वेच्छया दत्तामपि पार्थः कृशां श्रियम् ।
निनाय पूर्णतां शुक्लपक्षश्चन्द्रकलामिव ॥ ९६ ॥
यथास्य सा हृता नैव तद्वक्तुं मतमेति नः ।
अविस्मृतनिकाराणां न हि मामसमर्थता ॥ ९७ ॥
वनवासावधिः पूर्णश्छन्नवासोऽतिवाहितः ।
पितामहपितृव्यैर्नो वृत्तिः स्वांशेन कल्प्यताम् ॥ ९८ ॥
इति यौधिष्ठिरं विप्रः संदेशं विनिवेद्य सः ।
इङ्गितज्ञो नरेन्द्राणां वक्त्रेषु दृशमादधे ॥ ९९ ॥
ततः शान्तनवो धीमानुवाचानन्दनिर्भरः ।
दिष्ट्या शमार्थिनः पार्था दिष्ट्या नेच्छन्ति संगरम् ॥१००॥
दिष्ट्या गाण्डीवदहनं न प्रविष्टा महारथाः ।
दिष्ट्या सर्वे कृतान्तस्य विस्मृताः पृथिवीभुजः ॥ १०१ ॥
इति ब्रुवाणे गाङ्गेये कर्णः कोपादभाषत ।
संरम्भस्रस्तवस्त्राग्रनियमालोलदोर्द्रुमः ॥ १०२ ॥
विजिताश्चानुकम्प्याश्च याचन्ते यदि पाण्डवाः ।
गम्भीरघोषगर्भः किं प्रहर्षस्ते पितामह ॥ १०३ ॥
उच्चैः क्रियन्ते स्तुतिभिः सर्वदा पाण्डवास्त्वया ।
तत्सहस्रगुणाः सन्ति देशे देशे महारथाः ॥ १०४ ॥

इति कर्णवचः श्रुत्वा भीष्मः स्मितमुखोऽब्रवीत् ।
अहो नु वल्लभो मन्त्री हितमाभाषसे प्रभोः ॥ १०५ ॥
न शक्ताः समरे स्थातुं न चेच्छन्ति शमं खलाः ।
भ्रष्टोभयपदा नूनं पैशून्यैकान्तवृत्तयः ॥ १०६ ॥
चित्रं नेच्छसि सौहार्दमपि दृष्टः पराक्रमः ।
राधेयघोषयात्रायां गोग्रहे च स्वयं त्वया ॥ १०७ ॥
इति वादिनि गाङ्गेये प्रज्ञाचक्षुर्नरेश्वरः ।
विमृष्टो(ष्यो)वाच विनयादनुमान्य पितामहम् ॥ १०८ ॥
अमीषां भूमिपालानां कृत्स्नस्य च कुलस्य नः ।
श्रेयः शान्तनवेनोक्तं सत्यमायतिदर्शिना ॥ १०९ ॥
गच्छ संजय राजानं धर्मात्मानं युधिष्ठिरम् ।
आसाद्य मद्गिरा ब्रूहि येन सौहार्दमिच्छति ॥ ११० ॥
न यस्य चिन्तयित्वापि किंचित्पश्यामि किल्बिषम् ।
स धीमान्धर्मतनयस्तत्तद्वाच्यस्त्वयोचितम् ॥ १११ ॥
इति वैचित्रवीर्येण गावल्गानेरुदारधीः ।
आदिष्टः पाण्डुतनयान्प्रययौ सपुरोहितः ॥ ११२ ॥
उपप्लवविनिष्ठान्स रथेन जवशालिना ।
पाण्डवान्प्राप्य शनकैः सभाभवनमाविशत् ॥ ११३ ॥
स युधिष्ठिरमभ्येत्य कृष्णभीमधनंजयैः ।
चेदिसृञ्जयपाञ्चालमत्स्यमागधकेकयैः ॥ ११४ ॥
विराजितां सभां भास्वत्स्वप्रभाभरणाननाम् ।
प्रणनाम निजं नाम संजयः परिकीर्तयन् ॥ ११५ ॥
कुशलं बान्धवकुले पृष्ट्वोवाच ततो नृपः ।
अप्यस्माकं सभार्याणां स्मरन्ति कुरुपुंगवाः ॥ ११६ ॥
अपि संजय वैराग्नेः प्रवृद्धस्य शमाम्बुभिः ।
प्रतीकारपरो राजा सामज्येष्ठो ह्युपक्रमः ॥ ११७ ॥

अपि नारभते कर्म येनानुशयतापितः।
म्लानीकरोति निःश्वासैः कीर्तिमुक्तावलीं मुहुः॥ ११८॥
माद्यद्गजघटाभोगविस्तीर्णां श्रियमात्मनः।
अपि वीक्ष्य न तादृंशि वेत्यायूंषि वहन्त्यसौ॥ ११९॥
अप्यस्मान्बन्धुभावेन वीक्ष्य(क्ष)माणोऽम्बिकासुतः।
कुलैकनाशपिशुने न पुत्रवचने स्थितः॥ १२०॥
श्रुत्वैतत्संजयो राज्ञः प्रसन्नमधुरा गिरः।
उवाच साधु सर्वत्र वर्तते कौरवेश्वरः॥ १२१॥
क्षमावरवधूहाराः कुरवो गतकिल्बिषाः।
वर्तन्ते यद्ययुद्धेन भवान्संतोषमेष्यति॥ १२२॥
न महान्तः प्रशंसन्ति युद्धं संशयपञ्जरम्।
मित्रबन्धुक्षयात्त्रासो जयोऽप्यत्र पराजयः॥ १२३॥
अथवा मन्युना व्याप्तो वर्तसे यदि निष्कृपः।
तद्वृथैवानुभूताः किं वनवासादियन्त्रणाः॥ १२४॥
यदि धर्मः प्रमाणं ते न स्यात्सरलचेतसः।
तदैव कुरवः सर्वे न स्युर्भीमार्जुनक्रुधा॥ १२५॥
सर्वक्षयफले युद्धे विभूत्यै मा कृथा मतिम्।
अलोभाभरणा एव शोभन्ते त्वादृशां श्रियः॥ १२६॥
संजयेनेत्यभिहिते धर्मसूनुरभाषत।
दन्तत्विषा प्रकटयन्स्वच्छं निजमिवाशयम्॥ १२७॥
युद्धैषिणीं कदा वाचमस्माकं श्रुतवानसि।
लोकसंहारचकितो नैवं तदभिभाषसे॥ १२८॥
निजा श्रीरपरित्याज्या रक्षणीयाश्च बान्धवाः।
अस्मिन्दोलाचले कार्ये प्रमाणं नो जनार्दनः॥ १२९॥
इत्युक्ते धर्मराजेन बभाषे कमलाधवः।
युष्मदायत्तमधुना युद्धं संजय वा मम॥ १३०॥

अप्ययुद्धरुचो यावद्ग्रामैः पञ्चभिरर्थिनः।
पाण्डवा यदि नामीषां सम्यग्वर्तेत कौरवः॥ १३१॥
अतोऽन्यथा तु गाण्डीवनिःसृतैः शरमण्डलैः।
कबन्धताण्डवोच्चण्डां निजां द्रक्ष्यस्यनीकिनीम्॥ १३२॥
इति शौरेर्वचः श्रुत्वा सानुजस्य च भूपतेः।
कुरून्प्रति ययौ तूर्णमनुज्ञां प्राप्य संजयः॥ १३३॥
स गत्वा हास्तिनपुरं धृतराष्ट्रस्य मन्दिरम्।
दिनान्तेऽध्वपरिश्रान्तो द्वाःस्थेनावेदितोऽविशत्॥ १३४॥
निवेद्य कुशलं तस्मै पाण्डवानां महौजसाम्।
प्रातर्वक्तास्मि तद्वाक्यमित्युक्त्वा स्वगृहं ययौ॥ १३५॥
संजययानम्॥ २॥

तस्मिन्गते शङ्कमानो विनिद्रोऽनुशयाकुलः।
आनाय्य विदुरं राजा पप्रच्छ हितमात्मनः॥ १३६॥
गत्वा पाण्डुसुतान्वीरान्प्रत्यायातोऽद्य संजयः।
जाने नैतद्वचः प्रातः सभायां किं नु वक्ष्यति॥ १३७॥
एतच्छ्रुत्वावदत्क्षत्ता राजन्किं परितप्यसे।
धीमतो विबुधस्यापि किं ते व्यसनमागतम्॥ १३८॥
नाकृतार्थो लभेन्निद्रां कामीवादुर्लभाङ्गनः।
दुर्बलो बलिनाक्रान्तश्चौरो वा गणितान्तरः॥ १३९॥
निःसंतोषः परस्वेषु न कश्चित्कुरुते मतिम्।
गाढतृष्णाप्रतप्तानां दुर्वारो हि प्रजागरः॥ १४०॥
कल्याणशीलाः संघर्षहर्षक्रोधेन चोज्झिताः।
चिन्ताज्वरेण स्पृश्यन्ते न हि नाम मनीषिणः॥ १४१॥
विकारो लक्ष्यते येन न संपत्सु विपश्चिता।
कृच्छ्राणि संतरेद्येन तत्पाण्डित्यं प्रचक्षते॥ १४२॥
समस्तसंशयावासमनर्थायतनं महत्।
तमःप्रसादनं घोरं प्रपद्यन्ते न पण्डिताः॥ १४३॥

मन्त्रे मतिर्भये धैर्यं व्यवहारे प्रगल्भता ।
पाण्डित्यमेतदुचितं शुकपाठस्ततोऽन्यथा ॥ १४४ ॥
गुणानुरागो विनतिर्विवेकः साधुसंगमः ।
असंमोहश्च कार्येषु स्वभावोऽयं विपश्चिताम् ॥ १४५ ॥
वृत्तिहीनोऽपि नाकार्यं न दर्पं बलवानपि ।
न दुःखितोऽपि संतापं भजते यः स पण्डितः ॥ १४६ ॥
प्रतिभावान्समुन्नीय युक्तं वदति संसदि ।
अनिन्द्यं कुरुते यश्च स विद्वानिति गण्यते ॥ १४७ ॥
परोपकारचतुराः परायासासहिष्णवः ।
दुर्लभाः किल लोकेऽस्मिन्प्रियवाचो विपश्चितः ॥ १४८ ॥
धिक्तान्मूर्खान्मदक्रोधलोभमोहमनोभवैः ।
ये नृत्यन्ते यथाकामं यन्त्रपुत्रकवत्सदा ॥ १४९ ॥
किं तैर्विवेकरहितैर्निपतद्भिः पदे पदे ।
आयासो जीवितं येषां निधनं च प्रियाशिषः ॥ १५० ॥
मूर्खः सर्वज्ञतामानी वित्तहीनो महाशयः ।
अप्रभुः कोपकटुको मूढः कैर्न विडम्ब्यते ॥ १५१ ॥
ये चानिमित्तपिशुना ये च दोषावलोकिनः ।
अप्रशस्तान्खलान्कस्तान्घूकानिव विसर्जयेत् ॥ १५२ ॥
वृद्धिं यद्याति सहसा मूढानां विद्धि तद्गतम् ।
पर्यन्तकाले दीपस्य बहुलीभवति द्युतिः ॥ १५३ ॥
असत्यमलिना वाणी कार्पण्यमलिनं मनः ।
मात्सर्यमलिना दृष्टिर्न भवत्यदुरात्मनाम् ॥ १५४ ॥
कुलान्तकं त्यज सुतं मा स्वधर्माद्ध्वनीनशः ।
धर्मात्प्रियतरं नान्यत्सत्याच्च सततं सताम् ॥ १५५ ॥
पुरा विरोचनो दैत्यः स्व(सु)धन्वा चाङ्गिरःसुतः ।
केशिन्या देवकन्याया मन्दिरं सह जग्मतुः ॥ १५६ ॥

न्यस्ते हेमासने तत्र तयोः संघर्षशालिनोः।
वयं श्रेष्ठा इति मिथो विवादः समजायत ॥ १९७ ॥
जीवितं पणमादाय ततस्तौ जातमत्सरौ।
विरोचनस्य पितरं प्रह्लादं द्रष्टुमापतुः ॥ १९८ ॥
ताभ्यां निवेद्य वृत्तान्तं दृष्टः संस्पृष्टसंशयम्।
प्रह्लादः पुत्रमवदन्न सत्यं हर्तुमुत्सहे ॥ १९९ ॥
इत्युक्ते दैत्यराजेन प्रशंसन्सत्यशीलताम्।
तुष्टोऽस्य विजितं पुत्रं स्व(सु)धन्वा स्वयमत्यजत् ॥ १६० ॥
स्वयं पणीकृतप्राणमपि पुत्रं निरस्य सः।
ररक्ष धर्ममर्यादां प्रह्लादः सत्यभूषणः ॥ १६१ ॥
विनयाभरणा लक्ष्मीरार्जवाभरणं मनः।
वाणी च सत्याभरणा न हि नामाकृतात्मनाम् ॥ १६२ ॥
न सत्यं पृथिवीपाल भूम्यर्थे हातुमर्हसि।
सत्यमेव हि पाथेयं संसारविषमाध्वनि ॥ १६३ ॥
यथा यथा मतिः पुंसां कल्याणाभिनिवेशिनी।
तथा तथा प्रतिपदं सूते निखिलसंपदः ॥ १६४ ॥
हता सभा वृद्धहीना वृद्धाश्चाधर्मवादिनः।
धर्मश्च सत्यरहितः सत्यं च कलिसंश्रयम् ॥ १६५ ॥
जन्मान्तरेऽप्यसुखदं घोरमायतिदर्शिनः।
न पश्चात्तापजननं विबुधाः कर्म कुर्वते ॥ १६६ ॥
हंसरूपः पुरात्रेयः साध्यैः पृष्टो महीश्वरः।
उवाच संपदां पात्रं धीरा विजितमन्यवः ॥ १६७ ॥
न गिरो मर्मभेदिन्यः सभ्रूभङ्गाश्च नो दृशः।
न विकाराश्च कटुका भवन्त्यमलचेतसाम् ॥ १६८ ॥
कर्तव्यमिति यत्कृत्यं संक्षेपेण समाप्यते।
न तेषां रज्जुदीर्घेयं प्रसक्तानुप्रसक्तिका ॥ १६९ ॥

न सेव्या धनिनो नीचा नानुगम्या मदोद्धताः।
न कार्याः सुहृदो लुब्धा नाक्षेप्या बलशालिनः॥ १७०॥
राजन्सुयोधनस्नेहात्किल्बिषे मा मनः कृथाः।
तमो हि मरणादूर्ध्वं लम्बमानमनैशिकम्॥ १७१॥
अनागतेषु दोषेषु यो न जानाति संवृतिम्।
व्यसने संनिपतितो विवशः स करोति किम्॥ १७२॥

प्रजागरे विदुरवाक्यम्॥ ३॥

विदुरेणेत्यभिहिते निःश्वस्योवाच भूपतिः।
जयं धर्मानुजं जाने किंतु त्याज्यो न मे सुतः॥ १७३॥
विधातृविहितं नाम कोऽतिवर्तितुमीश्वरः।
भवितव्यतयादिष्टं सत्यं न न भविष्यति॥ १७४॥
पुरा न मृत्युरस्तीति श्रुतं गूढं वचो मया।
कथं तदपि मे क्षत्तः संशयं छेत्तुमर्हति॥ १७५॥
तच्छ्रुत्वा विदुरोऽवादीच्छूद्रोऽहं कथमीश्वरः।
वक्तुं गुह्यविदां गुह्यं श्रुतिगर्भमवैदिकः॥ १७६॥
सनत्सुजातो योगीन्द्रो बाल एव सनातनः।
मत्स्मृतोऽद्य समभ्येत्य त्वद्वाक्यं प्रतिभाषताम्॥ १७७॥
अभिधायेति तं क्षत्ता सस्मार ध्यानमास्थितः।
ध्यातमात्रश्च सोऽभ्येत्य पृष्टः प्रोवाच भूभुजम्॥ १७८॥

क्रोधोऽन्तकः सर्वमिदं निहन्ति य एष पुंसां वदनादुदेति।
विमोहकामाञ्जलिना जनौघं पिबन्नशेषं मरणं न मृत्युः॥ १७९॥
प्रौढारिषड्वर्गमयोऽन्तरस्थो मृत्युर्नराणां शमनो न मृत्युः।
जन्मैव मृत्युः स यतोऽस्ति तस्मिञ्जन्मन्यपेते न हि मृत्युरस्ति॥ १८०॥
जयन्ति विप्रा मरणं न नाम शुष्कक्रियामात्रनिषण्णचित्ताः।
छन्दांसि तन्नैव निवारयन्ति न तीर्थसेवा न तपो न यज्ञः॥ १८१॥
निरत्ययं निर्वृतिधामशोकहर्षातिरिक्तातिगुणत्रयं ये।
भजन्ति तेषाममृतं स्वसंवित्क्रोधस्तु मूर्खान्समुपैति मृत्युः॥ १८२॥

क्रोधस्पृहाशोकतृषाभिमानलोभाभ्यसूयाः सजुगुप्सितेर्ष्याः ।
कामो विवित्सा च विमोहयुक्ता दोषा नृणां द्वादशघोरमृत्युः ॥१८३॥
तपो व्रतेज्यानियमानिबन्धः पराक्षरस्याधिगमेन मोक्षः ।
प्रतिष्ठितं न क्वचिदित्सुतारा सूर्याग्नितोयात्परमाक्षरं तत् ॥ १८४ ॥
यच्छुक्रतो ब्रह्ममहत्प्रकाशं याते मृते द्यौर्विदिशो दिशश्च ।
यत्प्राणितो राजति खे विवस्वान्सनातनो योगिवरैः स मृग्यः ॥१८५॥
जन्मन्युदस्ते यदुपैति मृत्युः पृष्टे च शुक्रोच्चरितः प्रकाशे ।
योगीन्द्रदृश्येऽमृतमाप्नुवन्ति तस्मान्न मृत्युः कुरुपुंगवास्ति ॥ १८६ ॥

उक्त्वेति भास्वराकारः पीयूषकिरणाननः ।
सनत्सुजातो नृपतिं समामन्त्र्य तिरोदधे ॥ १८७ ॥

सनत्सुजातम् ॥ ४ ॥

अथ प्रभाते विपुलां रत्नासनवतीं सभाम् ।
धृतराष्ट्रोऽविशद्भीष्मकृपद्रोणादिभिः सह ॥ १८८ ॥
ततः प्रविविशुर्बन्दिगीयमानपराक्रमाः ।
भगदत्तादयो भूपा मौलिपिञ्जरिताम्बराः ॥ १८९ ॥
विबभुस्ते मरकतस्तम्भश्यामे सभातले ।
नलिनीवनसच्छाये राजहंसा विलासिनः ॥ १९० ॥
स्फुरत्कङ्कणरत्नांशुनखरास्ते चकाशिरे ।
राजसिंहाः सितोष्णीषस्फारकेसरविभ्रमाः ॥ १९१ ॥
ततः कर्णान्तसंसर्पि चामरो मदमन्थरः ।
श्रीमान्सुयोधनो मत्तः कुञ्जरेन्द्र इवाविशत् ॥ १९२ ॥
हेमासनाधिरूढेषु तेषु भ्राजिष्णुमौलिषु ।
मेरुकूटोपविष्टेषु राजत्सु त्रिदशेष्विव ॥ १९३ ॥
संजयः कुरुराजस्य प्रविश्योपाविशत्पुरः ।
स्मयमानो मुहुः पश्यन्समाजं जगतीभुजाम् ॥ १९४ ॥
प्रत्यागतः पाण्डवेभ्यः किं नु वक्ष्यति संजयः ।
इत्यभूद्भूमिपालानां कोऽपि कौतुकविभ्रमः ॥ १९५ ॥

धृतराष्ट्रः क्षणं ध्यात्वा विवक्षुमथ संजयम् ।
पप्रच्छ पार्थसंदेशं जातनेत्रः श्रुताविव ॥ १९६ ॥
पूर्वं गावल्गने ब्रूहि किमाह स धनंजयः ।
यशः खाण्डवतुष्टोऽग्निर्यस्य बन्दीव गायति ॥ १९७ ॥
कालिकेयवधे यस्य स्वर्गोद्यानशिखण्डिषु ।
गाण्डीवध्वनिरुच्चण्डताण्डवाचार्यतां गतः ॥ १९८ ॥
इति पृष्टो नृपतिना संजयः प्रत्यभाषत ।
श्रूयतां सुहृदां मध्ये किरीटी मां यदभ्यधात् ॥ १९९ ॥
पितामहस्य द्रोणस्य कृपस्य कृतवर्मणः ।
द्रौणेर्मद्राधिनाथस्य शकुनेर्बाह्लिकस्य च ॥ २०० ॥
मन्त्रिणः सूतपुत्रस्य सर्वेषां च महीभुजाम् ।
संनिधौ पितुरग्रे च श्रावयेथाः सुयोधनम् ॥ २०१ ॥
कृपालोर्धर्मराजस्य राज्यं त्वं चेन्न मुञ्चसि ।
तदयं तव गाण्डीवप्रणयी मञ्जुजो गुरुः ॥ २०२ ॥
गदानिर्भिन्नमत्तेभकुम्भकूटसमुद्गते ।
दुस्तरे रुधिरावर्ते भीमं द्रक्ष्यसि संगरे ॥ २०३ ॥
रथोद्धूतरजःपुञ्जैः प्रसर्पन्माहिषाविव ।
करिष्यतस्ते सेनासु यमविक्रीडितं यमौ ॥ २०४ ॥
रजस्वलाः कम्पमाना दारयन्पृतनास्तव ।
कृष्णाकोपप्रतिकृतं धृष्टद्युम्नो विधास्यति ॥ २०५ ॥
धनुःशिखः स्फुरद्बाणस्फुलिङ्गवलयाकुलः ।
यास्यत्येवारिगहने शिखण्डी धूमकेतुताम् ॥ २०६ ॥
भग्ने महारथघटाबन्धे सात्यकिसायकैः ।
विद्रुताः कुरुवाहिन्यो यास्यन्त्येव सहस्रधा ॥ २०७ ॥
वीरवक्त्राब्जपतिताः सौभद्रस्य शिलीमुखाः ।
भविष्यन्ति कुरुस्त्रीणां व्यक्तं वैधव्यसाक्षिणः ॥ २०८ ॥

स्थास्यन्ति ते कथं नाम येषां युद्धमुपस्थितम् ।
चैद्येन कुन्तिभोजेन मत्स्येन द्रुपदेन च ॥ २०९ ॥
द्रक्ष्यन्ति मे रथे दृप्तं कुरवः कपिकुञ्जरम् ।
विश्वकर्मकृतां मायां भूतसङ्घं बिभर्ति यः ॥ २१० ॥
घोरः कहकहः शब्दः श्रूयते यस्य गर्जितः ।
कल्पान्ते जृम्भमाणस्य वह्नेरिव दिधक्षतः ॥ २११ ॥
सारथिर्यस्य भगवान्स्वयं कैठभसूदनः ।
स रथस्तूर्णमायातो वार्यतां यदि शक्यते ॥ २१२ ॥
भग्नं कर्णरथं दृष्ट्वा मनोरथमिवात्मनः ।
हितानां बान्धवगिरां संस्मर्तासि सुयोधन ॥ २१३ ॥
इति फल्गुणसंदेशे संजयेन निवेदिते ।
तदभूद्भूमिपालानां कपोलपुलकद्युतिः ॥ २१४ ॥
भीष्मस्ततो नदन्मेघगम्भीरां गिरमाददे ।
पूरितामिव तद्वक्त्रैर्बिम्बितैर्मणिभित्तिषु ॥ २१५ ॥
दुर्योधन न जानीषे घोरं व्यसनमागतम् ।
मन्ये कालकटाक्षेण लक्षिताः क्षितिवल्लभाः ॥ २१६ ॥
कृष्णावेकरथे को नु द्रष्टुमुत्सहते पुमान् ।
लोकसंहारपिशुनौ तुल्यौ सूर्याविवोद्यतौ ॥ २१७ ॥
नरनारायणावेतौ विरिञ्चिप्रेरितैः सुरैः ।
अर्थितौ पार्थगोविन्दौ जातौ भूभारशान्तये ॥ २१८ ॥
कालखञ्जाः सपौलोमा हिरण्यपुरवासिनः ।
हता नरावतारेण पार्थेनेत्याह नारदः ॥ २१९ ॥
कर्णस्य कर्णमधुराः समाकर्ण्य गिरो मुहुः ।
जातोऽयं दर्पमोहस्ते येन पृथ्वी विनङ्क्ष्यति ॥ २२० ॥
तिष्ठन्ति विभवेष्वेव राज्ञां धूर्ताः प्रियंवदाः ।
व्यसनानिलपाते तु तूलवद्यान्ति ते दिशः ॥ २२१ ॥

यैरेव पात्यते मुग्धः स्वामी दुर्नयसंकटे ।
जडोऽयमिति तैरेव दूरस्थैरुपहस्यते ॥ २२२ ॥
लक्ष्मीः कमलिनी भृङ्गा राज्यचन्दनभोगिनः ।
नावसानेषु दृश्यन्ते सुखकाननबर्हिणः ॥ २२३ ॥
हनिष्यामि रणे पार्थान्गिरं कर्णो ब्रवीति यत् ।
दृष्टं तद्घोषयात्रायां गोग्रहे च स्वयं त्वया ॥ २२४ ॥
इति शान्तनवेनोक्ते श्वसन्वैकर्तनोऽब्रवीत् ।
समयेऽस्मिन्न मे वक्तुं युज्यते क्षममात्मनः ॥ २२५ ॥
किं कुर्मः समरारम्भो न स्याद्यदि महीपतेः ।
तत्कः सहेत विषमां मर्मविच्छेदिनीं गिरम् ॥ २२६ ॥
इत्युक्त्वा चरणाग्रेण संरम्भान्मणिकुट्टिमम् ।
गाढावलेखिना शाणकोणघृष्टमिवाकरोत् ॥ २२७ ॥
यदा त्वया विरहितं सैन्यं राज्ञो भविष्यति ।
भीष्म योत्स्ये तदेत्युक्त्वा निर्ययावङ्गभूपतिः ॥ २२८ ॥
धृतराष्ट्रस्ततो ध्यात्वा पुनः संजयमब्रवीत् ।
अपि धर्मसुतो राजा शममिच्छति कौरवैः ॥ २२९ ॥
योद्धारस्तत्र के प्राप्ताः कियच्च विपुलं बलम् ।
इति वैचित्रवीर्येण पृष्टः प्रोवाच संजयः ॥ २३० ॥
शममिच्छत्यभिन्नोऽसौ धर्मराजो युधिष्ठिरः ।
वीरो युद्धं च येनास्य विपुलो बलसंग्रहः ॥ २३१ ॥
इत्युक्त्वा मोहमगमत्संजयो विह्वलाशयः ।
मुहूर्ताच्च समाश्वस्य पुनर्भूपालमभ्यधात् ॥ २३२ ॥
सा सेना पाण्डुपुत्राणां मत्तद्विरददुर्गमा ।
शस्त्रास्त्रवर्षगहना कं नाम न विमोहयेत् ॥ २३३ ॥
भुवि सन्ति गजा नैव हयाश्च वनकुञ्जराः ।
न गजाश्वं रथा नैव तत्रेत्यहमचिन्तयम् ॥ २३४ ॥

सात्यकिर्द्रुपदः शैब्यः शिखण्डी पञ्च केकयाः।
चेकितानो जयत्सेनो युधामन्यूत्तमौजसौ ॥ २३५ ॥
धृष्टद्युम्नो विराटश्च धृष्टकेतुर्घटोत्कचः।
आर्जुनिर्द्रौपदेयाश्च स्थिता वीरा युयुत्सवः ॥ २३६ ॥
वैचित्रवीर्यः श्रुत्वैतद्विषण्णः पुनरब्रवीत्।
भीमाद्भयं मे नान्यस्मात्तनयानां भविष्यति ॥ २३७ ॥
भीमसेनगदाघातनिर्भिन्नभुजवक्षसाम्।
पश्यामीव पुनः प्राप्तं पुत्राणां निधनं रणे ॥ २३८ ॥
किमन्यदर्जुनशरैर्निरुद्धे व्योममण्डले।
हता अपि न शक्ष्यन्ति मन्ये गन्तुं दिवं नृपाः ॥ २३९ ॥
इत्याम्बिकेये वदति प्रौढामर्षः सुयोधनः।
समाजराजसिंहानां पश्यन्सोत्साहमभ्यधात् ॥ २४० ॥
वक्तुं न युक्तमुचितं निन्द्यं ह्यात्मप्रशंसनम्।
तुल्यकुल्यान्सुतान्पाण्डोरधिकान्केन मन्यसे ॥ २४१ ॥
अक्षौहिण्यः सप्त तेषामेकादश मम स्थिताः।
अथ कस्मादनालोच्य शङ्कसे न पराभवम् ॥ २४२ ॥
लक्षाण्यक्षौहिणीनां वा दीप्तानां शस्त्रचेतसाम्।
गजस्थो भगदत्तो वा तुल्यं मन्ये रणे न वा ॥ २४३ ॥
येषां शान्तनवो गोप्ता द्रोणश्च ससुतो युधि।
तेषां शङ्कास्पदं साक्षादपि मन्ये न वज्रभृत् ॥ २४४ ॥
गण्यो बृहद्बलः शल्यः सैन्धवश्च सबाह्लिकः।
सेनाग्रगा ममैतेषां तुल्यः पार्थेषु मृग्यताम् ॥ २४५ ॥
इत्युक्ते धार्तराष्ट्रेण सखेदो विदुरोऽवदत्।
अहो स्वजनवैरेण विनष्टं भारतं कुलम् ॥ २४६ ॥
पाशबद्धौ खगौ पूर्वं पश्यतः पाशजीविनः।
बलिनौ जग्मतुस्तूर्णं कृत्वा जालं विहायसा ॥ २४७ ॥

व्याधोऽपि तावनुययौ दूरमालोकयन्नभः ।
मिथो विभेदात्पतनं शङ्कमानस्तयोर्भुवि ॥ २४८ ॥
ततश्चिरार्त्तौ कलहे जाते चञ्चुनखायुधे ।
सह जालेन पतितौ गृहीतौ तेन धीमता ॥ २४९ ॥
एवं कुरूणां भेदेन विनाशोऽयमुपस्थितः ।
किमुच्यते कालरात्र्याः प्रत्यासन्नो महोत्सवः ॥ २५० ॥
विदुरेणेति कथिते पाराशर्यः स्वयं मुनिः ।
उवाचाभ्येत्य कारुण्याद्गान्धारी च सुयोधनम् ॥ २५१ ॥
पुत्र दत्त्वा निजं राज्यं पार्थेभ्यो रक्ष जीवितम् ।
मा गमः स्वकुले क्षिप्रं विनाशातङ्ककेतुताम् ॥ २५२ ॥
किमन्यन्न श‍ृणोषि त्वं धृतराष्ट्रः श‍ृणोतु ते ।
ध्रुवमभ्युदयस्तत्र यत्र देवो जनार्दनः ॥ २५३ ॥
तत्प्रभावं विजानीहि संजयेन निवेदितम् ।
इत्युक्त्वान्तर्दधे तूर्णं पश्यतां भूभुजां मुनिः ॥ २५४ ॥
ततो नृपतिना पृष्टो गावल्गनिरभाषत ।
राजन्स्वयं मधुरिपुः पाण्डवार्थे समुद्यतः ॥ २५५ ॥
यस्याद्भुतानि कर्माणि कथयन्ति मनीषिणः ।
इच्छामात्रमिदं यस्य जगत्सर्वं चराचरम् ॥ २५६ ॥
वासुदेवो हृदावासो विष्णुर्वशितया च यः ।
जनार्दनोऽरिदलनाद्दमाद्दामोदरश्च यः ॥ २५७ ॥
संजयेनेत्यभिहिते प्रज्ञाचक्षुर्नरेश्वरः ।
प्रशंसन्मनसा देवं ववन्दे गरुडध्वजम् ॥ २५८ ॥
अत्रान्तरे धर्मसुतो व्याजहार हरेः पुरः ।
विशन्निवाशये प्रीत्या कौस्तुभे प्रतिबिम्बितः ॥ २५९ ॥
विश्वात्मनस्तव विभो यदग्रे किंचिदुच्यते ।
अनुक्तमपि तद्व्यक्तं प्रयाति पुनरुक्तताम् ॥ २६० ॥

तदा यत्संजयोऽभ्येत्य बह्वर्थं स्वल्पमुक्तवान्।
जायते नाम्बिकासूनोरद्यापि विमलं मनः॥ २६१॥
स्वराज्यदानेन शमं पुत्रस्नेहात्स(न्न) वाञ्छति।
स्वधने कथमस्माकं धर्म्ये युक्तमुपेक्षणम्॥ २६२॥
अरण्ये जम्बुकत्यक्ते कीटनिष्कुषितोदरे।
शवेऽप्यास्थां जनो दत्ते न पुनर्धनवर्जिते॥ २६३॥
एकाकी सकुटुम्बोऽपि कुले जातोऽप्यविश्रुतः।
विद्वानपि निराचारो भवत्येवाधनो नरः॥ २६४॥
हीनजन्माप्यभिजनं जराजीर्णोऽपि यौवनम्।
मूर्खोऽपि प्रतिभोद्भेदं धनेन लभते नरः॥ २६५॥
अर्थो गरीयान्सततं मूलत्वाद्धर्मकामयोः।
दाने विषयभोगे च धनहीनः करोति किम्॥ २६६॥
नादरिद्रो भवेत्पापी नापापी निर्धनो भवेत्।
अभिधामात्रभेदो वा मन्ये पापदरिद्रयोः॥ २६७॥
निर्धना निर्धना एव भ्रष्टैश्वर्यस्तु शोच्यते।
यस्य दुःखेन लोकोऽयं निःश्वस्योर्ध्वमुदीक्षते॥ २६८॥
कथं नु क्षत्रियो भूत्वा राज्यं निजभुजार्जितम्।
त्यक्त्वा विराटनिर्दिष्टां भजेन्नम्राननः श्रियम्॥ २६९॥
परिच्युतोऽयं गुणवानेष श्रीमान्पुराभवत्।
इति दत्तं कृपाविष्टैर्भुञ्जते न हि मानिनः॥ २७०॥
लुब्धः सुयोधनो राज्यं नायुद्धेन प्रदास्यति।
भोगे परिणतां लक्ष्मीं कस्त्यक्तुं स्वयमीश्वरः॥ २७१॥
बह्वयायममर्यादं धिग्युद्धं मानसंशयम्।
जयो यत्र सुहृद्बन्धुभृत्यजीवितविक्रयैः॥ २७२॥
अयुद्धेन यथा राजा धृतराष्ट्रः प्रयच्छति।
राज्यांशं निजमस्माकं तथा त्वं कर्तुमर्हसि॥ २७३॥

कुशस्तूलमथामन्दीं वारणावमपि स्थलम् ।
एकं चान्यमपि ज्ञातं ग्रामान्पञ्च ददातु नः ॥ २७४ ॥
इत्युक्तो धर्मराजेन कैटभारिरभाषत ।
एवमेतन्नरपते शमं शंसन्ति साधवः ॥ २७५ ॥
स्वयं व्रजाम्यहं तत्र श्रेयसे सर्वभूभुजाम् ।
जाने मम वचो राजा कुरुवृद्धः करिष्यति ॥ २७६ ॥
अथ सोऽपि सुतस्नेहमोहादुत्पथमेष्यति ।
कुलेषु न भविष्यामो वाच्याः सद्धर्मवर्तिनः ॥ २७७ ॥
एतदाकर्ण्य कौन्तेयः पुनः केशवमब्रवीत् ।
गमनं तत्र ते कृष्ण न मह्यमभिरोचते ॥ २७८ ॥
क्षुद्रः सुयोधनः पापो मित्रैर्घोरतरैर्वृतः ।
येनास्मदर्थे विपुलाः पतिताः संनिपातिताः ॥ २७९ ॥
इति ब्रुवाणं राजानमवदन्मधुसूदनः ।
मा कृथाः संशयं राजन्मयि नासौ प्रगल्भते ॥ २८० ॥
ताः सेनाः कुरुराजस्य मत्कोपकवलीकृताः ।
मुहूर्तान्न भविष्यन्ति यदि कुर्युरसांप्रतम् ॥ २८१ ॥
इत्युक्तवति संरम्भाद्विष्वक्सेने युधिष्ठिरः ।
अभ्यधाद्भगवानेव प्रमाणं संशये पुनः ॥ २८२ ॥
जगन्निवासलोकानामुद्यतस्यानुकम्पया ।
संदेशशिक्षागुरुतां कस्ते याति जगद्गुरोः ॥ २८३ ॥
गम्यतां तत्र कुन्ती तु समाश्वास्या त्वया प्रभो ।
कृतार्थं पुनरायातं द्रक्ष्यामस्त्वामनामयम् ॥ २८४ ॥
इत्युक्ते भूभुजा भीमफल्गुनौ नकुलस्तथा ।
अवदंल्लोकसंहारचकिलाः कमलाधवम् ॥ २८५ ॥
भगवन्भूभुजां मध्ये तत्तद्ब्रूयाः सुयोधनम् ।
निर्विकारं सहास्माभिर्यथा प्रशममिच्छति ॥ २८६ ॥

एतच्छ्रुत्वाग्रजैरुक्तं सहदेवोऽभ्यभाषत ।
कृष्णा तत्तद्ब्रवीथास्त्वं यथा संधिर्न नो भवेत् ॥ २८७ ॥
विक्कारं को हि विस्मृत्य पराक्रमधरो नरः ।
प्रतिक्रियाविकुण्ठेन मनसा मानमर्हति ॥ २८८ ॥
इत्युक्ते सहदेवेन कृष्णा कृष्णमभाषत ।
बाष्पाद्दुर्दिनमादाय कृष्णसारायतेक्षणा ॥ २८९ ॥
तथा सभायामालोक्य कृष्टां दुःशासनेन माम् ।
पश्य माधव निर्वैराः संधिमिच्छन्ति पाण्डवाः ॥ २९० ॥
अज्ञातसमयोत्तीर्णा मन्ये शत्रुपराभवम् ।
गर्भवासविनिर्मुक्ता इव नैते स्मरन्ति तम् ॥ २९१ ॥
लोभात्प्रवासाद्दैन्याद्वा यद्येषामस्मि विस्मृता ।
तत्किं दुःशासनमुखैर्धृष्टद्युम्नो न योत्स्यते ॥ २९२ ॥
किमन्यदर्थितां गत्वा संधिं दुर्योधनस्त्वया ।
विस्मर्तव्या तु नेयं मे वेणी मन्युनिकेतनम् ॥ २९३ ॥
उक्त्वेत्युदग्रदुःखाग्निधूमेनेवाकुलेक्षणा ।
चकारास्रक्षणौघेन च्छिन्नहारलताभ्रमम् ॥ २९४ ॥
द्रक्ष्यसि क्षत्रिये क्षिप्रं निहतारिकुलस्त्रियः ।
प्रत्यग्रभग्नवलयाः कृष्णास्तामित्यथाब्रवीत् ॥ २९५ ॥
ततः पार्थान्समामन्त्र्य मुहूर्ते मित्रदैवते ।
सूर्योदये प्रसन्नात्मा हेमन्तारम्भवासरे ॥ २९६ ॥
रेवत्यां मङ्गलोदारः सुखी सात्यकिना सह ।
रथेन मेघनादेन प्रययौ गरुडध्वजः ॥ २९७ ॥
तस्मिन्व्रजति दुर्वाररजःपिहितदिङ्मुखाः ।
सनिर्घोषं ववुर्वाताश्चकम्पे च वसुंधरा ॥ २९८ ॥
तं व्रजन्तं समेत्याहुर्मुनयो भार्गवादयः ।
त्वां कौरवसभासीनं द्रक्ष्यामः कौतुकादिति ॥ २९९ ॥

१. 'स्रग्वी' ख.

बृहत्कूलं समासाद्य दिनान्ते मुक्तवाहनः ।
सहस्रमात्रानुचरो निशामेकामथानयत् ॥ ३०० ॥

दूतैरथागतं ज्ञात्वा धृतराष्ट्रः स्वयं हरिम् ।
हृष्टोऽब्रवीद्भीष्ममुखान्सुतं च स्मयनिर्भरः ॥ ३०१ ॥

भगवान्कैटभारातिर्देवः कालियसूदनः ।
अस्मान्समेष्यतीत्येष प्रवादो भुवि विश्रुतः ॥ ३०२ ॥

रत्नान्यादाय भूरीणि हस्त्यश्वस्यन्दनं तथा ।
मन्त्रिणो वर्त्मनि हरिं प्रत्युद्यन्तु मदाज्ञया ॥ ३०३ ॥

इति ब्रुवाणं राजानं प्रशंसति पितामहे ।
विदुरे च क्षणं ध्यात्वा हसन्दुर्योधनोऽब्रवीत् ॥ ३०४ ॥

पूजामतोऽधिकां तात सत्यमर्हति केशवः ।
किंतु युद्धसमारम्भभीतानस्मान्स मन्यते ॥ ३०५ ॥

मतिमानेक एवासौ पाण्डवानां परायणम् ।
बद्ध्वैनं तान्समेष्यामि गूढोऽयं मे मनोरथः ॥ ३०६ ॥

तच्छ्रुत्वा विप्रियं राज्ञि कम्पमानेऽम्बिकासुते ।
उवाच भीष्मो नास्त्येव भरतानामिदं कुलम् ॥ ३०७ ॥

दुर्निमित्तैकपिशुनस्तनयः शलभस्तव ।
न कृष्णकृष्णवर्त्मानमासाद्यैवं भविष्यति ॥ ३०८ ॥

इत्युक्त्वा भ्रुकुटीभीमव्यक्तकोपाग्निविभ्रमः ।
निर्ययौ निःश्वसन्भीष्मः संरम्भशिथिलांशुकः ॥ ३०९ ॥

अथ प्रभाते कंसारिः श्रीमान्भ्राजिष्णुकौस्तुभः ।
नगरं कुरुराजस्य रत्नाकर इवाविशत् ॥ ३१० ॥

निबिडगजतुरङ्गे कौतुकालोलकान्ता
नयनकुवलयालीलालितोत्तालसौधे ।
मणिकनकवितानालंकृते राजमार्गे
वपुरमृतमनोज्ञं कैटभारेर्बभासे ॥ ३११ ॥

लक्ष्मीपतिक्षणनिरीक्षणलालसानि
प्रापुर्मुखानि वलभीषु भुजङ्गमानाम् ।
वैडूर्यमण्डितगवाक्षविभक्तभांसि
शेवालजालवलिताम्बुजपुञ्जशोभाम् ॥ ३१२ ॥

रुक्मिणीरमणशारदाम्बरं शुभ्रशङ्खशशिबिम्बचुम्बितम् ।
हारतारकमवेक्ष्य योषितामुल्ललास विललास मानसम् ॥ ३१३ ॥

कौस्तुभाग्ररुचि बालपल्लवं गात्रदीधितिपलाशभूषितम् ।
शङ्खकान्तिकुसुमं पदे पदे कान्तिवृक्षमवरोपयन्निव ॥ ३१४ ॥

श्यामकुञ्जरकपोलसंमिलल्लोलभृङ्गवलयाब्ध(न्ध)कारितम् ।
द्वारमेत्य पृथुरत्नतोरणं द्रष्टुमाशु धृतराष्ट्रमाविशत् ॥ ३१५ ॥

कल्पितार्पितयथार्हसत्कृतिः सादरं स नृपतेः पुरोधसा ।
अम्बिकासुतमवाप्य सानुगः श्वो भविष्यति कथेत्यभाषत ॥ ३१६ ॥

अथ कुरुकुलवृद्धांस्तूर्णमामन्त्र्य कृष्णो
विदुरशिबिरमापद्भक्तिमात्रैकतोषः ।
सुतकुशलकथाभिः स्वैरमाश्वास्य कुन्तीं
पुनरविशदुदग्रं धाम दुर्योधनस्य ॥ ३१७ ॥

भोक्तुं तेन निमन्त्रितः प्रणयितां मिथ्या दधानेन स
भुक्तिः प्रीतिपुरःसरा विपदि का प्रौढोक्तिरित्यब्रवीत् ।
क्षत्तुर्मन्दिरमेत्य निर्वृतिपदं भुक्त्वा प्रियार्होऽनय-
चेनैवाखिलधर्मनीतिविदुषा कुर्वन्कथाः शर्वरीम् ॥ ३१८ ॥

अथ भीष्मकृपद्रोणशल्यसिन्धुनृपाश्रिते ।
सदस्यभ्याययौ शौरिः पुरःसरसुयोधनः ॥ ३१९ ॥

प्रविशद्राजमुकुटप्रभाशक्रायुधाकुलम् ।
कक्ष्याम्बुदमतिक्रम्य स रराजांशुमानिव ॥ ३२० ॥

ततः सकलभूपालधवलोष्णीषहासिनीम् ।
मणिकाञ्चनमुक्ताङ्कपर्यङ्कामविशत्सभाम् ॥ ३२१ ॥

आयान्तं पुण्डरीकाक्षं दृष्ट्वा श्रीवत्सवक्षसम् ।
कुरुवृद्धाः समुत्तस्थुर्भूपाश्चान्ये सहस्रशः ॥ ३२२ ॥
अत्रान्तरे समाजग्मुर्नारदाद्या महर्षयः ।
निजप्रभावितानेन सेव्यमाना इवाग्निना ॥ ३२३ ॥
तेषु प्राप्तासनार्घ्येषु भेजे हरिरथासनम् ।
रत्नप्रतिमिताशेषलोकं जगदिवापरम् ॥ ३२४ ॥
सनीलमणिपीठाग्रन्यस्तपादो व्यराजत ।
दर्शयन्कालियस्येव पुनश्च रणगौरवम् ॥ ३२५ ॥
मणिकुट्टिमनीलांशुश्रियाश्रितपदो बभौ ।
भुवेव दृश्यरूपाणामुपालम्भाय याचितः ॥ ३२६ ॥
स्वच्छाम्बरसुहृत्फेनराजसागरगामिनीम् ।
व्यधात्पादनखद्योतैः पुनः स्वर्गापगामिव ॥ ३२७ ॥
स पाञ्चजन्यपूर्णेन्दुप्रीत्या तारकपङ्क्तिभिः ।
सेव्यमान इव स्फारतारहारो व्यराजत ॥ ३२८ ॥
तप्तहेमाङ्गदच्छाया व्याप्तः स वपुषाजयत् ।
बालातपजुषो लक्ष्मीमिन्द्रनीलमहीभृतः ॥ ३२९ ॥
शोभां पीतांशुकोदारैर्बभार श्यामलैर्भुजैः ।
कनकप्रविबद्धान्तवैडूर्यस्तम्भविभ्रमैः ॥ ३३० ॥
सोऽभवन्मौक्तिकस्मेरकेयूरकिरणाङ्कुरैः ।
शेषाहिशयनाभ्यासान्निर्मोकांशैरिवाचितः ॥ ३३१ ॥
सकौस्तुभं प्रभाचक्रं बिभ्राणः पल्लवारुणम् ।
रेजे चतुर्मुखोत्पत्तिकमलं कल्पयन्निव ॥ ३३२ ॥
शोणैर्नयनकोणांशुनिवहैर्विदधे मुहुः ।
कमलालालनव्यग्राः फुल्लाः कमलिनीरिव ॥ ३३३ ॥
उवाह कुण्डलच्छायां कर्णाभ्यां मौक्तिकोज्ज्वलाम् ।
स्तोकावलीमिव स्वच्छां श्वेतद्वीपनिवासिनाम् ॥ ३३४ ॥

किरीटपद्मरागांशुवलयैः कलयन्दिवि ।
मित्रस्य राहुवित्रामत्राणं चक्रमिवासृजत् ॥ ३३५ ॥
स बभार सितोष्णीषमट्टहासमिव श्रियः ।
आवर्तमानं ब्रह्माण्डे मूर्तं शङ्खमिवाधुनिम्(?) ॥ ३३६ ॥
इन्द्रनीलमणिस्तम्भान्घट्टयन्देहकान्तिभिः ।
बाणबाहुवनच्छेदं पुनः कुर्वन्निवाबभौ ॥ ३३७ ॥
शुशुभे स्फाटिकसभाभित्तिषु प्रतिबिम्बितः ।
स्वशक्तिप्रणताकारान्दिक्पतीन्प्रविशन्निव ॥ ३३८ ॥
लक्ष्मीपतिं सभासीनं निर्निमेषदृशो नृपाः ।
वीक्ष्य पुण्यैरिव प्रापुश्चिरं त्रिदशतुल्यताम् ॥ ३३९ ॥

कौरवसभावर्णनम् ॥ ९ ॥

अथ मन्थावसानाब्धिमूके तस्मिन्सभातले ।
किं वक्ष्यतीति सोत्केषु भूपालेषु जगद्गुरुः ॥ ३४० ॥
मूर्तिताण्डवविस्फूर्जन्मुरजध्वानमन्थराम् ।
समाददे महामेघगर्जिताडम्बरां गिरम् ॥ ३४१ ॥
तस्य दन्तांशुनिवहाः शुभ्राः क्षणमसूचयन् ।
हंसा इव विमानेन श्रोतुं प्राप्तं चतुर्मुखम् ॥ ३४२ ॥
वैचित्रवीर्यभीष्मेण द्रोणेन च विवेच्यताम् ।
जगद्विनाशचकितैर्यदस्माभिरिहोच्यते ॥ ३४३ ॥
हितं तावद्वचः प्रीत्या निःशङ्कमभिधीयते ।
न याति यावत्संसत्सु प्रत्याख्यानविकुण्ठताम् ॥ ३४४ ॥
गुणानां किल साम्राज्ये कुलमेव प्रतिष्ठितम् ।
कुलाभिमानाभरणाः शोभन्ते हि सतां श्रियः ॥ ३४५ ॥
भरतस्य कुरोः पूर्वं जातोऽसि नृप सत्कुले ।
तनयस्नेहमोहेन कथमुत्पथमास्थितः ॥ ३४६ ॥
तृष्णामुखं सुखं दुःखं त्यज्यतां महतां कुले ।
न हिं विस्तारसंसारविकाराः प्रभविष्णवः ॥ ३४७ ॥

विनयानम्रशिरसां करुणापूर्णचेतसाम् ।
प्रशान्तवैररजसामवन्ध्या रजनी नृणाम् ॥ ३४८ ॥
प्रीतिविस्रब्धमनसामलोभविभवार्थिनाम् ।
सत्पक्षपातसक्तानां जगन्ति सुहृदः सताम् ॥ ३४९ ॥
निवृत्तबान्धवगणा लुब्धानां ज्वलिताः श्रियः ।
उद्वेजयन्ति हृदयं श्मशानाग्निशिखा इव ॥ ३५० ॥
यद्भुज्यते न निजवद्बान्धवैः ससुहृज्जनैः ।
स्वयोग्यमांससंपूर्णं न गेहं पक्कणं हि तत् ॥ ३५१ ॥
बन्धुभोगो विभूतीनां प्रियभोगो मृगीदृशाम् ।
विद्वद्भोगश्च सूक्तीनां सततं नवयौवनम् ॥ ३५२ ॥
विवेकालंकृतं चेतो रूपं गुणविवर्धितम् ।
सुहृद्बन्धुवृता लक्ष्मीर्लक्षणं पुण्यकर्मणाम् ॥ ३५३ ॥
मित्रबन्धुविपक्षाणां जडसंग्रहकारिणाम् ।
मेघानामिव पापानां विभूतिरचिरद्युतिः ॥ ३५४ ॥
मित्राणि साधवो यस्य शत्रुः पुत्रोऽप्यनात्मवान् ।
जगद्विभूष्यते तेन वसन्तेनेव काननम् ॥ ३५५ ॥
विनयो रत्नमुकुटं सच्छास्त्रं मणिकुण्डले ।
त्यागश्च कङ्कणं येषां किं तेषां जडमण्डनैः ॥ ३५६ ॥
विनाशो भूमिपालानां भ्रातृणामयमुत्थितः ।
उपेक्षितो दहेल्लोकान्वेणुसंघट्टवह्निवत् ॥ ३५७ ॥
सदाभक्तपरित्यागः स्वजनेषु नृशंसता ।
विरोधो बलवद्भिश्च विपदः प्रथमाङ्कुरः ॥ ३५८ ॥
यशः सुधा सुधाम्भोधौ कमला कमलाकरे ।
विनष्टे राजचक्रेऽस्मिन्को गुणोऽनुशयादृते ॥ ३५९ ॥
परस्वहरणायैते हन्यन्ते किं महीधराः ।
कैश्चूतचण्य(म्प)कवनं दह्यतेऽङ्गारकारणात् ॥ ३६० ॥

बलवद्बधलभ्या श्रीर्दुःखाय व्यसनोदया।
प्रातिवेश्याभिमानेन दरिद्राणामिवोत्सवः ॥ ३६१ ॥
विजयोद्योगसक्तानां मूलमर्था महीभुजाम्।
बान्धवानां ससुहृदां संग्रहो धनमुच्यते ॥ ३६२ ॥
अतः पूज्यतरः कोऽसौ धर्मात्मा स्नेहयन्त्रितः।
अजातशत्रुर्यस्याज्ञा वीरैर्मूर्ध्नाभिनन्द्यते ॥ ३६३ ॥
कुम्भिकुम्भस्तनीं खड्गवेणिकां चामरस्मिताम्।
भीमसेनमनाश्रित्य को नु प्रौढां श्रियं भजेत् ॥ ३६४ ॥
अद्यापि यस्य गेहेषु हिरण्यपुरवासिनाम्।
शङ्खेन शाम्यति प्रौढगाण्डीवनिबिडध्वनिः ॥ ३६५ ॥
शतक्रतुभुवा तेन शङ्कितः को नु राजते।
यत्पराक्रमसाराणां प्रमाणं त्रिपुरान्तकः ॥ ३६६ ॥
प्रज्ञानयन तां सत्यां कुरु राजन्नितो दिशम्।
व्रजन्तो बलरूपेण पुनर्जाता नरेश्वराः ॥ ३६७ ॥
भारतीं भारतहितामकृष्णां कृष्णभाषिताम्।
मनसा पूजितां सभ्यैः श्रुत्वाभाषत भार्गवः ॥ ३६८ ॥
यथार्थ(त्थ) भगवन्सत्यं श्रृणोति यदि कौरवः।
राज्ञां हितावधानेषु प्रमाद्यन्सोऽपराध्यति ॥ ३६९ ॥
पुरा दम्भोद्भवो नाम मदान्धो राजकुञ्जरः।
जगच्चचार युद्धार्थी मूर्तो दर्प इवाखिलम् ॥ ३७० ॥
स बदर्याश्रमं प्राप्य नरनारायणौ नृपः।
अयाचत रणं मूढा न हि शाम्यन्त्यपातिताः ॥ ३७१ ॥
ततो नरधनुर्दण्डप्रचण्डेषीकखण्डितः।
कृपया रक्षितस्तेन निर्मदः समपद्यत ॥ ३७२ ॥
एवं नामाशनिर्दर्पः कौरवेश्वरमागमः।
राजन्निजयशश्चन्द्रसंक्षयासितपक्षताम् ॥ ३७३ ॥

दम्भोद्भवोपाख्यानम् ॥ ६ ॥

जामदग्न्यवचः श्रुत्वा कण्ठो(ण्वो)ऽपि मुनिरब्रवीत्।
राजन्भरतवंशेऽस्मिन्यातोऽसि क्षयकेतुताम्॥ ३७४॥
पुरा सुरपतेः सूतो मातलिर्दुहितुः पतिम्।
गुणकेश्याः समुचितं द्रष्टुं बभ्राम भूतलम्॥ ३७५॥
यदृच्छासंगतेनाथ नारदेन सुरर्षिणा।
सह यास्याव इत्युक्तः पातालं तत्सखोऽविशत्॥ ३७६॥
स प्रविश्याथ पातालं दृष्ट्वा देवमुमापतिम्।
ददर्श रुचिरं सद्म दैत्यदानवभोगिनाम्।
स्वप्रभाभास्वरैर्दिव्यैर्जनैर्युक्तं रसातलम्॥ ३७७॥
पुष्करो नाम पुत्रोऽयं वरुणस्याम्बुजेक्षणः।
ज्योत्स्नावलीप्रियं प्राप यं पुत्रीसंमतद्विषः॥ ३७८॥
आपो गाण्डीवयतता यतस्तद्गाण्डिवं धनुः।
सोमेन राज्ञा संप्राप्तं त्रैलोक्यजयशालिना॥ ३७९॥
अच्छाच्छनिर्झरस्यन्दिच्छत्रमेतज्जलप्रभोः।
चन्द्रकान्तमयं हारि धारागृहमिव श्रियः॥ ३८०॥
अयं सलिलभक्षोऽग्निर्देवैरत्रामृतं वृतम्।
अस्मिन्प्रविष्टः शीतांशुः क्षीणः क्षीणोऽभिवर्धते॥ ३८१॥
इतो दीप्तं हयशिरः समुद्गच्छति पर्वसु।
एतदण्डं महद्दीप्तं कालवह्निर्यदन्तरे॥ ३८२॥
हिरण्यपुरमेतच्च दैत्यानां बलशालिनाम्।
निवातकवचा यत्र कालखञ्जैः सह स्थिताः॥ ३८३॥
अयं सौपर्णलोकश्च यत्रैते गरुडात्मजाः।
भान्ति मेरुप्रभाः सर्वे नराः श्रीवत्सलाञ्छनाः॥ ३८४॥
सुरभीणामयं लोको रुद्राणां यत्र मातरः।
धारयन्ति दिशः सर्वाश्चतस्रः कामधेनवः॥ ३८५॥
इयं भोगवती नाम भोगिनां सुभगा पुरी।
वासुकिप्रमुखा यत्र भासन्ते भोगिनां वराः॥ ३८६॥

सुमुखो नाम नागोऽयं कान्तः कन्दर्पविग्रहः ।
पितास्य दिक्चरो नाम वैनतेयेन भक्षितः ॥ ३८७ ॥
तच्छ्रुत्वा मातलिः प्रीतस्तं राजीवविलोचनम् ।
योग्यं दुहितुरालोक्य जामातारममन्यत ॥ ३८८ ॥
आर्यकं नाम भोगीन्द्रं सुमुखस्य पितामहम् ।
नारदो मातलिगिरा समभ्येत्यावदत्ततः ॥ ३८९ ॥
मातलिः सुरराज्यस्य युद्धेषु दयितः सखा ।
गुणकेशीं सुतां दातुं त्वत्पौत्राय समीहते ॥ ३९० ॥
तदाकर्ण्यार्यकोऽवादीत्संबन्धः श्लाघ्य एष नः ।
सुमुखस्य वयः किं तु प्रतिज्ञातो गरुत्मता ॥ ३९१ ॥
आर्यकेनेत्यविहिते स्वयं मातलिरब्रवीत् ।
वृत एव मया पुत्र्यै सुमुखः सदृशो वरः ।
पश्यत्वेष सुराधीशं सोऽस्य श्रेयो विधास्यति ॥ ३९२ ॥
इत्युक्त्वा तं समादाय मातलिर्नारदानुगः ।
स्वर्गं गत्वा ददर्शेन्द्रमुपेन्द्रेण सह स्थितम् ॥ ३९३ ॥
ततो मातलिवृत्तान्ते नारदेन निवेदिते ।
उवाच शक्रं वात्सल्याद्विष्णुः कारुण्यनिर्भरः ॥ ३९४ ॥
सूतस्ते मातलिः शक्र रक्ष्योऽस्य तनयापतिः ।
पीयूषं दीयतामस्मै देवोऽयं क्रियतां वरात् ॥ ३९५ ॥
इत्युक्तो विष्णुना शक्रस्तं चकार गिरामरम् ।
भुजङ्गमोऽथ लब्धायुर्गुणकेशीमवाप्तवान् ॥ ३९६ ॥
तं वृत्तान्तमथ ज्ञात्वा कुपितो भुजगान्तकः ।
पक्षवातैर्विघटयन्दिक्कुटीर्दिवमाययौ ॥ ३९७ ॥
सोऽब्रवीद्वज्रिणं वीरो विष्णुं च सुरसंनिधौ ।
कथं मे वृत्तिविच्छेदो भवद्भ्यां क्रीडया कृतः ॥ ३९८ ॥
विष्णोर्भृत्योऽहमित्येषा नूनमस्ति विमानना ।
वरदोऽहं गतो यस्य वाहतां स्वेच्छयाकुलः ॥ ३९९ ॥

मयापि निहता दैत्या जातोऽहमपि कश्यपात्।
अथाहं न्यूनतां केन युष्मदभ्यर्थको गतः ॥ ४०० ॥
वहामि पक्षप्रान्तेन त्रैलोक्यं विष्णुना सह।
इति वादिनमुद्दर्पं तं हसन्विष्णुरभ्यधात् ॥ ४०१ ॥
सव्येतरं वह सखे बाहुं मे बलिनां वर।
सत्यमितां ततस्तेऽहं जाने वार्णीं धृतिं तथा ॥ ४०२ ॥
इत्युक्त्वास्य भुजं स्कन्धे निदधे स हि लीलया।
अदर्पशिक्षागुरुणा गुरुणा तेन सोऽपतत् ॥ ४०३ ॥
वदनोद्गीर्णरुधिरः सुप्तपक्षोऽतिमूर्तितः।
संरक्षितो भगवता दयार्द्रेण धृतिं ययौ ॥ ४०४ ॥
इति दर्पोऽवमानाय विनाशायैव दुर्नयः।
दुर्योधन वृथा दर्पं मा कृथा व्यसनोदयम् ॥ ४०५ ॥
यशःसितजटाभाराः पृषत्कनखदन्तुराः।
नृसिंहा हि महाराज नृपभीमधनंजयाः ॥ ४०६ ॥

मातलिवरान्वेषणम् ॥ ७ ॥

श्रुत्वेति कण्ठ(ण्व)वचनं निःश्वसन्वलिताननः।
स्पृशन्करिकराकारमूरुमूरीकृतानयः ॥ ४०७ ॥
गूढाभिपातैर्विषमं लक्ष्मीसोपानविभ्रमैः।
वक्षो विलोक्य राधेयं तिर्यक्संभावयन्दृशा ॥ ४०८ ॥
कृतकस्मेरकिरणैः कुर्वन्नपरचामरे।
पादेनोवाच विलिखन्पादपीठं सुयोधनः ॥ ४०९ ॥
याचे वदामि विहरामि हरामि शत्रू-
न्प्रेम्णा भजे ननु परानिति मूढवाञ्छा।
दैवं हि जन्मलिखितालिकपट्टलेखां
दृष्ट्वा मुहुर्मुहुरुदेति शुभाशुभेषु ॥ ४१० ॥
इत्युक्ते धार्तराष्ट्रेण विषण्णो नारदोऽवदत्।
अपि केलिकलालोकः कलहैककुतूहली ॥ ४११ ॥

निर्बन्धाद्दुर्ग्रहान्धानां दुःखातङ्कविषद्रुमाः ।
स्वयमुप्तैः प्रजायन्ते हृदि बीजैरिवानयैः ॥ ४१२ ॥
गालवाख्यो मुनिः शिष्यो विश्वामित्रं गुरुं पुरा ।
ददामि दक्षिणां तुभ्यमित्यवोचत्पुनः पुनः ॥ ४१३ ॥
प्रत्याख्यातोऽपि बहुशस्तदेव स यदावदत् ।
ततो निर्बन्धकुपितो विश्वामित्रस्तमब्रवीत् ॥ ४१४ ॥
दक्षिणावर्तशुद्धानां शतान्यष्टौ प्रयच्छ मे ।
हयानां श्यामकर्णानां हिमकुन्देन्दुवर्चसाम् ॥ ४१५ ॥
तच्छ्रुत्वा दुर्लभान्मत्वा गालवस्ताद्विधान्हयान् ।
दिनैरेवास्थिशेषोऽभूच्चिन्ताशोकपरायणः ॥ ४१६ ॥
स वयस्यं समभ्येत्य गरुडं पततां वरम् ।
तमर्थमनुवेद्यास्मै शुशोचानुशयाकुलः ॥ ४१७ ॥
ततस्तमब्रवीत्तार्क्ष्यो मामारुह्य मुने दिशः ।
विचित्य श्यामकर्णास्तानश्वान्गुर्वर्थमाप्नुहि ॥ ४१८ ॥
इत्युक्तः पक्षिराजेन तमेवारुह्य गालवः ।
उद्वेगमूर्छितः प्रायादर्धमीलितलोचनः ॥ ४१९ ॥
स पश्यन्विविधाश्चर्यान्नागान्गगनसङ्गिनः ।
पूर्वं पूर्वां दिशं प्राप देवानां पूर्वमालयम् ॥ ४२० ॥
पुरा यमेन गुरवे दक्षिणायै निवेदिताम् ।
दक्षिणां च ततः प्रायात्पितरो यत्र सोमपाः ॥ ४२१ ॥
पश्चिमां च ततो गत्वा पश्चाद्यत्र रविः करान् ।
विसृज्य वासरस्यान्ते प्रविशत्यम्भसां निधिम् ॥ ४२२ ॥
उत्तरां दिशमास्थाय पापादुत्तीर्यते यया ।
यस्यां विष्णुपदं पुण्यं मरुत्तं मखभूस्तथा ॥ ४२३ ॥
भ्रान्त्वा दिशस्ता ऋषभं प्रांशुं भूधरमासवान् ।
तस्योपविष्टौ शिखरे चिराद्गरुडगालवौ ॥ ४२४ ॥

ततः सिद्धां ददृशतुः शाण्डिलीं नाम भासुराम् ।
कृतातिथ्यौ तया तत्र भुक्त्वा निद्रामवापतुः ॥ ४२५ ॥
गरुडो वीतनिद्रोऽथ मनोरथमचिन्तयत् ।
एवंविधा मुनिवधूर्योग्या ब्रह्मनिकेतने ।
विष्णोः शक्रस्य वा धाम्नि ध्यात्वेति विरराम सः ॥ ४२६ ॥
ततः प्रभाते विस्रस्तपक्षः शीर्णकराननः ।
प्रक्लिन्नमांसकूटाभो बभूव भृशविह्वलः ॥ ४२७ ॥
निवेदितान्वयं पश्चात्प्रणतं करुणाकुला ।
सपक्षं शाण्डिली चक्रे तं दृशा बलवत्तरम् ॥ ४२८ ॥
तामामन्त्र्य ततो यातस्तार्क्ष्येण सह गालवः ।
गुर्वर्थचिन्ताविधुरो न धृतिं प्रत्यपद्यत ॥ ४२९ ॥
तं व्रजन्तं पथि मुनिर्विश्वामित्रो यदृच्छया ।
आयातः सस्मितोऽवादीन्नूनं लज्जानताननम् ।
क्व ते मह्यं प्रतिज्ञाता श्यामकर्णा हयास्त्वया ॥ ४३० ॥
इत्युक्त्वा कौशिके याते गालवं भृशदुःखितम् ।
उवाच गरुडो ध्यात्वा तस्य कार्यस्य निश्चयम् ॥ ४३१ ॥
धनेन लभ्यते सर्वं तच्च शक्रधनाधिपौ ।
दिव्यं प्रेम्णा मुदा युक्तौ रक्षतः पृथुसंचयौ ॥ ४३२ ॥
प्राप्यन्ते द्रविणेनैव श्यामकर्णास्तुरङ्गमाः ।
एक एवेश्वरो राजा ययातिरमितानुगः ॥ ४३३ ॥
इत्युक्त्वा गरुडो गत्वा ययातिं मुनिना सह ।
यज्ञव्ययीकृताशेषधनमश्वानयाचत ॥ ४३४ ॥
सोऽब्रवीदर्थितस्तेन शुल्कदेयास्ति मे सुता ।
माधवी नाम तामेष वितीर्याप्नोतु वाजिनः ॥ ४३५ ॥
इत्याभाष्य ददौ कन्यामर्थिभङ्गभयान्नृपः ।
गालवस्तां समादाय विसृज्य गरुडं ययौ ॥ ४३६ ॥

हर्यश्वं नाम स नृपं वीरं मतिमतां वरम् ।
उवाच राजन्कन्येयं त्वया शुल्केन गृह्यताम् ॥ ४३७ ॥
हयानां श्यामकर्णानां देहि तेन नृपात्मजाम् ।
आत्मजं जनयित्वैकं दास्याम्येनां पुनस्तव ।
इति संविदमादाय स तां जग्राह वाजिभिः ॥ ४३८ ॥
ततस्तस्यां स कालेन जयन्तमिव वासवः ।
पुत्रं वसुमनःसंज्ञं वसुवीर्यमजीजनत् ॥ ४३९ ॥
अथ तस्मात्समादाय ययातितनयां मुनिः ।
तथैव संविदा प्रायाद्दिवोदासाय भूभुजे ॥ ४४० ॥
प्रतर्दनाभिधेयस्य जाते पुत्रे पुनर्मुनिः ।
समादायाश्वशेषार्थी व्रजन्प्राप खगाधिपम् ॥ ४४१ ॥
तमब्रवीत्तुरङ्गानां मयाप्तानि शतानि षट् ।
शेषं संप्राप्त्युपाये मे सौहार्दाच्चिन्त्यतां त्वया ॥ ४४२ ॥
इति पृष्टो विषण्णेन मुनिना विनतात्मजः ।
उवाच षट् शतान्येव पृथिव्यां सन्ति वाजिनाम् ॥ ४४३ ॥
सहस्रं श्यामकर्णानामृचीकतपसा पुरा ।
प्राप्तं विवाहशुल्कार्थं वारुणं हयतोऽर्थतः ॥ ४४४ ॥
कालेन तावता तेषां कस्मिंश्चिद्राजसंगरे ।
वैतस्तेन प्रवाहेन हृतं शतचतुष्टयम् ॥ ४४५ ॥
हयानां षट्शतान्येव तस्मात्सन्ति महीतले ।
अश्वसंपूरणं कन्यां देह्येनां गुरवे सखे ॥ ४४६ ॥
गरुडेनेत्यभिहिते गालवस्तांस्तुरङ्गमान् ।
दत्त्वा कन्यां च तां प्रादाद्गुरवे तनयावधि ॥ ४४७ ॥
विश्वामित्रस्ततस्तस्यां तुर्यं तनयमष्टकम् ।
जनयित्वेन्द्रसदृशं गालवायैव तां ददौ ॥ ४४८ ॥
गालवः शुभकृत्योऽथ तनयां तां ययातये ।
वरादभ्रष्टकौमारां ददौ पद्मसमाननाम् ॥ ४४९ ॥

ततो ययातिर्दुहितुस्तस्याश्चक्रे स्वयंवरम् ।
चराचराणां भूतानां समाजे परिकल्प्यते ॥ ४९० ॥
विचार्य माधवी तत्र सुरान्सिद्धर्षिभूमिपान् ।
विविक्तं काननं वव्रे वरं तीर्थतपोधिया ॥ ४९१ ॥
तत्र शष्पाङ्कुराहारमृगसब्रह्मचारिणी ।
सा चचार परित्रस्ता लोकशङ्काभयादिव ॥ ४९२ ॥
ययातिरथ कालेन यज्वा प्राप्य सुरालयम् ।
सर्वभूतावमानेन क्षीणपुण्योऽपतद्दिवः ॥ ४९३ ॥
स पतन्नेव दौहित्रैः स्वपुण्येनाष्टकादिभिः ।
पुनरारोपितः स्वर्गे पुत्र्या च तपसा तया ॥ ४९४ ॥
प्राप्तवानि(न)तिनिर्बन्धाद्गालवो दुःखविक्रियाम् ।
ययातिश्चातिमानेन निपपात महीतलम् ॥ ४९५ ॥

गालवचरितम् ॥ ८ ॥

नारदेनेति कथितं धृतराष्ट्रः सुयोधनम् ।
कृष्णश्च भीष्मद्रोणौ च गान्धारी चेदमूचिरे ॥ ४९६ ॥
दुर्योधनहितं वाक्यं बुध्यस्व स्वकुलश्रिये ।
मा गमः पार्थकोपाग्नौ मोहाद्बालपतङ्गवत् ॥ ४९७ ॥
संधाय पाण्डुतनयैर्वसुधां वसुधामभिः ।
प्रवर्धमानविभवैर्भुक्त्वा कीर्तिमहापयन् ॥ ४९८ ॥
श्रुत्वैतद्गाढसंरम्भो जगाद धृतराष्ट्रजः ।
अवश्यंभाविनो भावा भवन्त्येवानिवर्तिनः ॥ ४९९ ॥
जयो वा संशयो लक्ष्म्या वधो वा स्वर्गदो युधि ।
न ह्येकमनयोः पक्षमहं पश्यामि निर्मलम् ॥ ४६० ॥
अशिक्षितप्रणामानां पृथ्वीमूल्यं मनस्विनाम् ।
त एव प्रणताः शत्रौ लभन्ते न वराटिकाम् ॥ ४६१ ॥
प्रवृत्तदर्पा वैराक्ताः पाण्डवा मानिनो भुवि ।
सूच्यग्रपरिमाणेऽपि किमन्यन्मे न भागिनः ॥ ४६२ ॥

इत्युक्त्वा कौरवः कृष्णग्रहणे जातनिश्चयः ।
निर्गत्य कर्णप्रमुखैः संमन्त्र्य पुनराविशत् ॥ ४६३ ॥
तेषां तदिङ्गितं ज्ञात्वा सात्यकिर्धीमतां वरः ।
न्यवेदयदसंरम्भात्कृष्णायाकृष्णकर्मणे ॥ ४६४ ॥
ततः कोपानलज्वाला जटाभिरिव पूरयन् ।
तां सभां कैटभारातिर्घोरं वपुरदर्शयत् ॥ ४६५ ॥
सर्वदेवमये तस्य शरीरे भास्वरत्विषः ।
रूपं तस्योग्रमालोक्य मुमुहुः पृथिवीश्वराः ॥ ४६६ ॥
अनन्तमप्रमेयं तद्विश्वरूपमधोक्षजः ।
दर्शयित्वा मुनीन्सर्वान्समामन्त्र्य विनिर्ययौ ॥ ४६७ ॥
रथेन घनघोषेण भास्वद्गरुडलक्ष्मणा ।
विदुरावसथं गत्वा स कुन्तीं द्रष्टुमाविशत् ॥ ४६८ ॥
तं भ्रातुः पुत्रमायातं परिष्वज्य हरिं पृथा ।
पुत्राणां कुशलं श्रुत्वा बभाषे साश्रुलोचना ॥ ४६९ ॥
कृष्ण मद्वयसा वाच्यस्त्वया धर्मसुतो घृणी ।
आर्जवं ब्रह्मसुलभं न ते क्षत्रिय शोभते ॥ ४७० ॥
पराध्यवचनो राजा याचसे विभवं निजम् ।
पापान्पापसहायांश्च किं न जानासि कौरवान् ॥ ४७१ ॥
अज्ञातपरमार्थानां व्यवहारपराङ्मुखम् ।
अष्टाकपालविप्राणां जाड्यमेवंविधं क्षमम् ॥ ४७२ ॥
विदुरा स्वसुतं पूर्वं राजानं शत्रुभिर्जितम् ।
उवाचारम्भविमुखं न राजाभरणं क्षमा ॥ ४७३ ॥
क्षमते विस्मृतक्रोधो निकारं यः कृतागसाम् ।
गणनापूरणं लोके स पुंसां धर्मपुत्रक ॥ ४७४ ॥
वरं कण्टकवान्वृक्षो न शमी सरलाशया ।
स्पृहणीया वरं वन्ध्या न माता शान्ततेजसाम् ॥ ४७५ ॥

मात्रा विदुरयेत्युक्तः संजयो नाम भूपतिः ।
जयोद्योगकृतोत्साहश्चकाराररिनिबर्हणम् ॥ ४७६ ॥
गाण्डीवधन्वा भगवान्वाच्यस्तद्रक्षणोचितम् ।
उत्तेजनं तु भीमस्य न वीरस्योपयुज्यते ॥ ४७७ ॥
इति ब्रुवाणामामन्त्र्य तां पाण्डुतनयान्प्रति ।
दारुकप्रेरितैरश्वैर्जगाम गरुडध्वजः ॥ ४७८ ॥

भगवद्यानम् ॥ ९ ॥

तस्मिन्प्रयाते संत्रस्तो धृतराष्ट्रोऽथ संजयम् ।
पप्रच्छ चारैरन्विष्य चरितं कैटभद्विषः ॥ ४७९ ॥
श्रुतं संजय कंसारे व्रजतो नयशालिनः ।
कापि मन्त्रकथा स्वैरं राधेयेन सहाभवत् ॥ ४८० ॥
एकस्त्वं धीमतां धुर्यो यदि जानासि कथ्यताम् ।
इति पृष्टो नरेन्द्रेण संजयः प्रत्यभाषत ॥ ४८१ ॥
श्रुतं कथयतोर्गूढं कर्णकेशवयोर्मया ।
अनुमान्य मुहुः कर्णमिदमूचे जनार्दनः ॥ ४८२ ॥
देवेन रविणा कुन्त्यां जातस्त्रैलोक्यचक्षुषा ।
पाण्डोस्त्वं तनयः कर्ण क्षेत्रजो धर्मजाग्रजः ॥ ४८३ ॥
तदेहि कौरवांस्त्यक्त्वा सोदरान्पाण्डुनन्दनान् ।
सहितस्तैर्वसुमतीं भुङ्क्ष्व शक्र इवामरैः ॥ ४८४ ॥
श्रुत्वैतत्सादरं वीरः कर्णः कृष्णमभाषत ।
भगवन्सर्वमेवाहं जाने संभवमात्मनः ॥ ४८५ ॥
किं तु भुक्तं च पीतं च विस्रब्धं यस्य मन्दिरे ।
दुर्योधनस्य तस्याहं द्रोहेण सुहृदो विभोः ॥ ४८६ ॥
सहस्ररश्मेस्तनयः कर्णोऽहं कथमच्युत ।
मित्रद्रोहपरीवादकलङ्कां कामये श्रियम् ॥ ४८७ ॥
किरीटिना मयि हते भीमेन च सुयोधने ।
अवश्यं पृथिवीं कृत्स्नामवाप्स्यति युधिष्ठिरः ॥ ४८८ ॥

मत्कथां नैव वाच्योऽसौ ज्ञात्वा मां भ्रातरं हि सः ।
प्राप्यमप्यखिलं राज्यं निजं नैव लभिष्यते (?) ॥ ४८९ ॥
अस्मिन्विधातृविहिते क्षत्रक्षेत्रक्षये युधि ।
पार्थान्द्रक्ष्यसि वैकुण्ठवीरान्विजयशालिनः ॥ ४९० ॥
भुञ्जानः पायसं स्वप्ने सघृतं धवलाम्बरः ।
अस्थिसंचयमारूढो मया दृष्टो युधिष्ठिरः ॥ ४९१ ॥
सहस्रपादे प्रासादे भ्रातृभिः परिवारितः ।
शुद्धमाल्यो महोत्साहः स एवालोकितः पुनः ॥ ४९२ ॥
अत्युच्चगिरिशृङ्गस्थो दृष्टः श्रीमान्वृकोदरः ।
किरीटी त्वत्सहायश्च पाण्डुरद्विपमूर्धनि ॥ ४९३ ॥
सानुगः कौरवपतिः शोणमाल्यानुलेपनः ।
दक्षिणाशां व्रजन्दृष्टो मया गर्दभवाहनः ॥ ४९४ ॥
दृष्टाश्च धवलोष्णीषा द्रौणिहार्दिक्यगौतमाः ।
तान्विना ध्रुवमस्मासु कृतान्तो विचरिष्यति ॥ ४९५ ॥
दृश्यन्ते दुर्निमित्तानि यथा घोराणि केशव ।
तथा जाने न नः शेषो गाण्डीवेन भविष्यति ॥ ४९६ ॥
इति कर्णेन कथिते स्वैरं विनयशालिना ।
तं समामन्त्र्य भगवाञ्जगाम गरुडध्वजः ॥ ४९७ ॥

कर्णोपनिवादः ॥ १० ॥

कृष्णे प्रयाते विदुरः कुन्तीं तनयवत्सलाम् ।
उवाचाभ्येत्य कुटिलं दुर्योधनविचेष्टितम् ॥ ४९८ ॥
अनुनीतोऽपि बहुशो मुमूर्षुर्धृतराष्ट्रजः ।
असद्वचो न गृह्णाति पथ्यं बाल इवातुरः ॥ ४९९ ॥
अमानिते गते कृष्णे कुरुपाण्डवसंगरे ।
ध्रुवं प्रवृत्ते निखिला पृथिवी न भविष्यति ॥ ५०० ॥

श्रुत्वैतद्विदुरेणोक्तं कुन्ती चिन्ताकुलाशया ।
कर्णं जपपरं प्रायात्स्थितं भागीरथीतटे ॥ ९०१ ॥
आपृष्ठतापादुद्यन्तं तं भास्करमुपस्थितम् ।
प्रतीक्षमाणा सा तस्थौ प्रौढतापक्लमार्दिता ॥ ९०२ ॥
जपान्ते तां समालोक्य कर्णो विरचिताञ्जलिः ।
राधेयः सूतपुत्रोऽहं किं करोमीत्यभाषत ॥ ९०३ ॥
सा तं बभाषे वात्सल्यात्कानीनस्त्वं सुतो मम ।
जनकस्ते सहस्रांशुर्न सूतः पृथुतेजसः ॥ ९०४ ॥
युधिष्ठिरेण संगम्य भ्रात्रा विनयशालिना ।
भुङ्क्ष्व वीर महीं कृत्स्नां मा पापान्कौरवान्भज ॥ ९०५ ॥
इति मात्रार्थितः कर्णस्तदेवोदीरितं दिवः ।
साक्षाद्देवेन रविणा शुश्राव विपुलाशयः ॥ ९०६ ॥
सोऽवदत्प्रणतः कुन्तीं मातर्जाने त्वयोदितम् ।
वृद्धस्याधिरथेः किंतु नास्थां हातुमहं विभुः ॥ ९०७ ॥
आजन्मसंभृतस्तस्य स्नेहान्मयि मनोरथः ।
कथमेकपदे यान्तु नीचसौहार्दवद्वृथा ॥ ९०८ ॥
बहिश्चरं जीवितं च न त्याज्यो मम कौरवः ।
सर्वावस्थासु यस्याहं बन्धुः स्वामी गुरुः सुहृत् ॥ ९०९ ॥
किंत्वस्मिन्समये मातस्तव पुत्रान्विनार्जुनम् ।
न हनिष्यामि मा तेऽस्तु प्रणयोऽयं वृथा मयि ॥ ९१० ॥
मया हते फल्गुने वा हते पार्थेन वा मयि ।
पञ्चपुत्रैव भवती किमन्यद्विचरिष्यति ॥ ९११ ॥
उक्ते वैकर्तनेनेति मुहुः कम्पितमानसा ।
तमामन्त्र्य ययौ गूढं विदुरावसथं पृथा ॥ ९१२ ॥

कर्णकुन्तीसमागमः ॥ ११ ॥

भगवानथ संप्राप्य पाण्डवान्कैटभान्तकः ।
न्यवेदयत्कौरवाणामभिप्रायं दुरन्तरम् ॥ ९१३ ॥

ततो बभूव संरम्भः सत्त्वोत्साहसमुद्धतः ।
सेनासु पाण्डुपुत्राणां विजयारम्भविभ्रमः ॥ ११४ ॥
कृष्णस्यानुमते वीरं धृष्टद्युम्नं महाभुजम् ।
पाण्डवाः पावकाज्जातं सेनापतिमकल्पयत् ॥ ११५ ॥
अभिषिक्ते ततस्तस्मिन्प्रहृष्टे विपुलौजसि ।
युधिष्ठिरः कुरुक्षेत्रं प्रतस्थे विपुलैर्बलैः ॥ ११६ ॥
तस्य राजसमुद्रस्य सोत्साहं परिसर्पतः ।
निर्घोषो वाहिनीसङ्घसंघर्षप्रभवोऽभवत् ॥ ११७ ॥
गजवाजिरथोद्धूतसार्द्रधूलीकदम्बकैः ।
ज्वलिष्यतः शत्रुवह्नेर्धूमोत्पीडायितं पुरः ॥ ११८ ॥
दिवाकरकरस्पृष्टरत्नाभरणरोचिषः ।
विचेरुर्भूभुजां हेमनाराचनिचया इव ॥ ११९ ॥
बन्दिभिर्गीयमानास्ते यशोविक्रमलाञ्छनैः ।
नामभिर्मेनिरे वीरा देवानपि न दुर्जयान् ॥ १२० ॥
कर्णतालानिलोद्धूतगजसिन्दूररेणवः ।
चक्रिरे रुधिरावर्तपूर्णामिव नभस्तटीम् ॥ १२१ ॥
कुरुक्षेत्रमथासाद्य सकृष्णाः पाण्डुनन्दनाः ।
नद्यास्तीरे हिरण्वत्या राज्ञां स्थानान्यकल्पयन् ॥ १२२ ॥
परिखापरिरूढानि शिबिराणि नरेश्वराः ।
कृष्णार्जुनोपदिष्टानि सादरं भेजिरे नराः ॥ १२३ ॥
संनिविष्टे कुरुक्षेत्रे राजभिः सह पाण्डवे ।
ननादेव मही क्लिष्टा शङ्खदुन्दुभिनिःस्वनैः ॥ १२४ ॥
अत्रान्तरे कुरुपतिः सहस्रैर्भूभुजां वृतः ।
निर्ययौ पृथिवीं कुर्वन्ध्वजच्छत्रमयीमिव ॥ १२५ ॥
स दशैकाधिकाः श्रीमान्कर्षन्नक्षौहिणीर्बभौ ।
प्रभा इव सहस्रांशुः सरित्पतिरिवापगाः ॥ १२६ ॥

करवाला बभुस्तस्य गजशैलाकुले बले ।
भूपीडिता इव व्यालाः पातालविवरोत्थिताः ॥ ९२७ ॥
स विलोक्य महीपालान्द्रोणकर्णकृपादिभिः ।
सहितोऽभ्येत्य विनयाद्देवव्रतमभाषत ॥ ९२८ ॥
अस्तु नः शक्तिमान्वीरः कार्तिकेय इवापरः ।
महत्यस्मिन्रणारम्भे वाहिनीनां विभुर्भवान् ॥ ९२९ ॥
इत्यर्थितः कौरवेण व्याजहार पितामहः ।
एषोऽहं तव सेनानीर्योत्स्ये पाण्डुसुतानिति ॥ ९३० ॥
सदावरोपयिष्यामि योद्धायुतवधादपि ।
न चापमेतदित्येतां विद्धि मे युधि संविदम् ॥ ९३१ ॥
इति वादिनि गाङ्गेये धार्तराष्ट्रेन सादरम् ।
अभिषिक्ते जगत्कृत्स्नं चकम्पे साशनिस्वनम् ॥ ९३२ ॥
कुरुक्षेत्रमथासाद्य दुर्योधनगिरा शनैः ।
रत्नवन्ति विभक्तानि शिबिराण्यभजन्नृपाः ॥ ९३३ ॥

युधिष्ठिरनिर्याणयात्रा ॥ १२ ॥

श्रुत्वा युधिष्ठिरो भीष्मं कृतं सेनापतिं परैः ।
उवाच भूमिपान्सर्वाननुजांश्च हरेः पुरः ॥ ९३४ ॥
पूर्वं भीष्मेण नो युद्धं भविष्यति महौजसा ।
जम्भारिरपि नो यस्य समरे गणनास्पदम् ॥ ९३५ ॥
चरितं विक्रमोदारं गायन्ति त्रिदशाङ्गनाः ।
यत्ता भवन्तस्तिष्ठन्तु शक्यते न स हेलया ॥ ९३६ ॥
युधि धैर्यनिधिर्वक्तुं धौरेयः सर्वधन्विनाम् ।
इत्युक्त्वा विदधे धीमान्कृष्णस्यानुमते नृपः ॥ ९३७ ॥
पतीन्सप्तसु सेनासु सप्तशक्रपराक्रमान् ।
मात्स्यद्रुपदशैनेयधृष्टकेतुशिखण्डिनः ॥ ९३८ ॥
मागधः पार्षतश्चेति तत्सेनापतयोऽभवन् ।

इनो बभूव तेषां च धृष्टद्युम्नस्तरस्विनाम् ।
तस्योपरि परिद्रष्टा पार्थोऽभूत्कृष्णपालितः ॥ १३९ ॥
अत्रान्तरे हलधरस्तुल्यो भीमसुयोधनौ ।
प्रियौ शिष्यौ सदा मत्वा शनैस्तं देशमाययौ ॥ १४० ॥
स धर्मराजमामन्त्र्य सानुजं सजनार्दनम् ।
बन्धुयुद्धविरक्तात्मा द्रष्टुं तीर्थान्यगात्कृती ॥ १४१ ॥
तस्मिन्गते समभ्यायात्पाण्डवान्भीष्मकात्मजः ।
रुक्मी नाम करे यस्य माहेन्द्रविजयं धनुः ॥ १४२ ॥
अक्षौहिण्या वृतः श्रीमान्विजिताखिलभूमिपः ।
सोऽभ्येत्य मदसंरब्धः सव्यसाचिनमब्रवीत् ॥ १४३ ॥
करोमि तव साहाय्यं समरेऽस्मिन्विशङ्कटे ।
भीष्मद्रोणौ हनिष्यामि यदि भीतोऽसि फल्गुन ॥ १४४ ॥
श्रुत्वैतदर्जुनोऽवादीदसंरम्भः स्मितोत्तरम् ।
बत भीतपरित्राता परिभ्राम्यसि भूतले ॥ १४५ ॥
निवातकवचोच्छेदे गन्धर्वविजयेऽपि वा ।
गोग्रहे वा सखा कश्चित्को भवेन्मे भवद्विधः ॥ १४६ ॥
यथागतं व्रजेत्युक्तः स सावज्ञं किरीटिना ।
तदेव गत्वा दर्पान्धो दुर्योधनमभाषत ॥ १४७ ॥
तेनापि मानिना त्यक्तः स जगाम निजां पुरीम् ।
तस्मिन्प्रयाते वलयोरारम्भो विपुलोऽभवत् ॥ १४८ ॥
अस्मिन्नवसरे राजा धृतराष्ट्रः सुतप्रियः ।
पप्रच्छ संजयं चेष्टां कुरुपाण्डवसेनयोः ॥ १४९ ॥
स तेन पृष्टः प्रोवाच संनिविष्टे बलद्वये ।
उलूकं शकुनेः सूनुमादिदेश सुयोधनः ॥ १५० ॥
गच्छ कौरव्य कौन्तेयं ब्रूहि भूपालसंसदि ।
मा विलम्बस्व समरे दीर्घदीर्घपराश्रयः ॥ १५१ ॥

इष्टेभ्यो दत्तसर्वस्वः कुरुष्व प्रियसंगमान् ।
उपस्थितं नातिदूराद्युद्धं शान्तनवेन वः ॥ ९९२ ॥
इति दुर्योधनेनोक्तो गत्वा सौबलसंभवः ।
तदेवोवाच भूपालमध्ये भीमार्जुनाग्रजम् ॥ ९९३ ॥
तमूचतुः क्रुधा ताम्रनेत्रौ कृष्णधनंजयौ ।
उलूक कालपक्कोऽसौ प्रातर्द्रष्टा सुयोधनः ॥ ९९४ ॥
मन्यते यश्च गाङ्गेयं समरेऽस्मिन्परायणम् ।
तमेव द्रक्ष्यति शरैश्छिन्नं गाण्डीवनिर्गतैः ॥ ९९५ ॥
इति प्रतिसमादिष्टस्ताभ्यां गान्धारनन्दनः ।
गत्वा तद्धार्तराष्ट्राय राजमध्ये न्यवेदयत् ॥ ९९६ ॥

उलूकयानम् ॥ १३ ॥

सुयोधनेन पृष्टोऽथ रथसंख्यां पितामहः ।
उवाच कल्पयन्वीरवक्त्रेषु पुलकश्रियम् ॥ ९९७ ॥
शृणु सेनानिवेशेऽस्मिन्परेषामात्मनस्तथा ।
संगमे सर्ववीराणां महारथरथान्तरम् ॥ ९९८ ॥
प्रवरस्त्वं रथो राजन्भ्रातृभिः सहितो रथैः ।
आत्मनश्च गुणान्वक्तुं प्रगल्भन्ते न मादृशः ॥ ९९९ ॥
हार्दिक्योऽतिरथो वीरो मद्रराजश्च तत्समः ।
भूरिश्रवा रथाग्र्याणां प्रवरो यूथपाधिपः ॥ ९६० ॥
रथः सुदक्षिणो राजा सैन्धवो द्विगुणो रथः ।
विन्दानुविन्दौ नीलश्च प्रख्याताः स्यन्दनोत्तमाः ॥ ९६१ ॥
सुशर्मा सानुजो वीरो रथो वीरतरो मम ।
लक्ष्मणस्तव पुत्रश्च भ्राता दुःशासनश्च ते ॥ ९६२ ॥
ख्यातौ रथोत्तमौ वीरौ दण्डधारश्च भूपतिः ।
रथोत्तमौ महावीरानुग्रायुधबृहद्बलौ ॥ ९६३ ॥
शारद्वतः कृपो वीरो यूथपानां तु यूथपः ।
रथो गान्धारनृपतिः शकुनिर्मातुलस्तव ॥ ९६४ ॥

रुद्रस्य तेजसा युक्तो द्रौणिः शतगुणो रथः।
द्रोणश्च रथयूथानां प्रणेता त्रिगुणो रथः॥ ९६५॥
सत्यश्रवा रथोदारो वृषसेनो महारथः।
जलसंधो रथवरो मागधोऽतिरथः स्मृतः॥ ९६६॥
बाह्लिकस्तत्समो वीरः सत्यमानुत्तमो रथः।
अलायुधो(अलंबुषो) राक्षसेन्द्रः प्रख्यातो रथसत्तमः॥ ९६७॥
प्राग्ज्योतिषो बहुगुणो भगदत्तो रथाधिपः।
रथो गान्धारतनयौ भ्रातरौ वृषकाचलौ॥ ९६८॥
घृणी प्रसादनिरतो वर्मकुण्डलवर्जितः।
पुरुषः कत्थनो नीचः कर्ण एव रथोत्तमः॥ ९६९॥
श्रुत्वैतत्क्रोधताम्राक्षः कर्णो नाग इवाश्वसन्।
उवाच बत वृद्धोऽपि भीष्म बालायसे धिया॥ ९७०॥
मोहादकारणद्वेषाद्दर्पाद्वा मर्मदारणम्।
सततं पाप कटुकं भाषमाणो न लज्जसे॥ ९७१॥
उपस्थितेषु युद्धेषु महत्सु नयवेदिभिः।
अपि मिथ्यास्तुतिपदैः क्रियन्ते भीरवो भटाः॥ ९७२॥
वोढव्ये राजकार्येऽस्मिन्महतां यद्विमाननम्।
कुरुषे तदहं जाने परैर्न्यस्तोऽसि भेदकः॥ ९७३॥
न तच्चित्रमिदं मन्ये रथसंख्या यदुच्यते।
शौर्यं तेजश्च शूराणां वचसा गण्यते कथम्॥ ९७४॥
यदि दुर्योधनो राजा सहते कार्यगौरवात्।
तदस्माकं किमायातं न्यक्कारं यत्क्षमामहे॥ ९७५॥
अहं जेष्यामि पार्थानां विपुलं बलमागतम्।
उच्चैः कृतोऽसि मिथ्यैव किं कुर्मो भीष्म भूभुजा॥ ९७६॥
मया जितेऽथवा शत्रौ यशस्त्वा प्रतिपद्यते।
अहते त्वयि गाङ्गेय तस्माद्योत्स्ये न पाण्डवैः॥ ९७७॥

इत्युक्ते सूतपुत्रेण वीरः शान्तनवोऽब्रवीत्।
विश्रान्ते युध्यमाने वा का नामास्था रणे त्वयि ॥ ९७८ ॥
अस्मिन्नुपस्थिते कार्ये राज्ञः सुचिरचिन्तिते।
भेदः संरक्ष्यतेऽस्माभिर्येन कर्ण न हन्यसे ॥ ९७९ ॥
इति ब्रुवन्कौरवेण पृष्टः शान्तनवः पुनः।
उवाच पाण्डवबले रथानां सारफल्गुताम् ॥ ९८० ॥
स्वयं युधिष्ठिरो राजा यमौ च बलिनां वरौ।
महारथा महोत्साहाश्चरिष्यन्ति बले तव ॥ ९८१ ॥
रथस्त्वष्टगुणो भीमः शूरो रथशताधिपः।
विदितं सर्ववीराणां यादृशः फल्गुनो रथः ॥ ९८२ ॥
द्रौपदेया रथाः पञ्च तथा वैराटिरुत्तरः।
अभिमन्युः पितुस्तुल्यो देवस्य च सुरद्विषः ॥ ९८३ ॥
प्रवरो रथयूथानां सात्यकिः सत्यविक्रमः।
रथौ मम मतौ वीरौ युधामन्यूत्तमौजसौ ॥ ९८४ ॥
विराटद्रुपदौ वृद्धौ दृष्टसारौ महारथौ।
धृष्टद्युम्नः शिखण्डी च ख्यातावतिरथौ भुवि ॥ ९८५ ॥
कृतवर्मा त्वर्धरथो धृष्टद्युम्नसुतः शिशुः।
धृष्टकेतुः क्षत्रदेवो जयन्तश्चित्रजिज्जयः ॥ ९८६ ॥
कुन्तिभोजश्चेकितानः पञ्च वीराश्च केकयाः।
शैब्यश्च काशिराजश्च मताः सर्वे रथोत्तमाः ॥ ९८७ ॥
शङ्खादयो मत्स्यपुत्रा वारक्षेमश्च भूपतिः।
चित्रायुधः सत्यधृतिः सेनाबिन्दुश्च पौरवः ॥ ९८८ ॥
पुरजिच्चन्द्रसेनश्च श्रेणिमांश्च महारथाः।
रोचमानश्च तत्तुल्यो वसुदानश्च सात्मजः।
द्रौपदः सत्यजिद्वीरो मतो मेऽष्टगुणो रथः ॥ ९८९ ॥

घटोत्कचो बहुगुणो यूथपप्रवरो रथः ।
अन्ये त्वर्धरथा वीराः पार्थिवाः पाण्डुनन्दनाः ॥ ५९० ॥
रथातिरथसंख्या ॥ १४ ॥

एतान्सर्वानहं योत्स्ये गुप्तान्गाण्डीवधन्वना ।
अप्युद्यतास्त्रः स्त्रीरूपमेकं मुक्त्वा शिखण्डिनम् ॥ ५९१ ॥
पुरा विचित्रवीर्यस्य भ्रातुरर्थे मया पुरः ।
राज्ञो हृताः काशिपतेस्तिस्रः कन्याः स्वयंवरे ॥ ५९२ ॥
अम्बाम्बिकाम्बालिका च ता नरेन्द्र प्रमाथिनः ।
रथे मे युद्ध्यमानस्य लता इव चकम्पिरे ॥ ५९३ ॥
प्रस्थितं मां ततो दृष्ट्वा निर्जिताशेषभूमिपम् ।
उवाचाम्बाभिधा ज्येष्ठा तासां कमललोचना ॥ ५९४ ॥
साल्वराजो मया पूर्वं मनसा दयितो वृतः ।
नाकामामबलां वीर बलान्मां हर्तुमर्हसि ॥ ५९५ ॥
एतदाकर्ण्य सहसा तामहं ज्वलितामिव ।
अत्यजं भारतकुले कलङ्कपरिहारधीः ॥ ५९६ ॥
सा गत्वा साल्वनृपतिं संकल्पं विनिवेद्य तम् ।
उवाच भज मां नाथ प्रणयात्स्वयमागताम् ॥ ५९७ ॥
इत्युक्तो मृगशावाक्ष्या तया साल्वमहीपतिः ।
वृ(हृ)तान्येनेति तां मानी न जग्राह कुलोद्धतः ॥ ५९८ ॥
सा दैवादुभयभ्रष्टा गत्वा दुःखात्तपोवनम् ।
मुनीन्ययाचे प्रव्रज्यां स्ववृत्तान्तं निवेद्य तम् ॥ ५९९ ॥
तस्या एवाथ राजर्षिस्तत्र मातामहः स्थितः ।
विषण्णस्तत्कथां श्रुत्वा बभाषे होत्रवाहनः ॥ ६०० ॥
महेन्द्रपर्वते पुत्रि रामो भृगुकुलोद्वहः ।
वर्तते करुणासिन्धुर्गच्छ तं शरणं विभुम् ॥ ६०१ ॥
शिष्यो हि तस्य वचसा गुरोः शन्तनुनन्दनः ।
ग्रहीष्यति परित्यक्तामपि त्वां मा शुचं कृथाः ॥ ६०२ ॥

इत्युक्ते जामदग्न्यस्य ज्येष्ठः शिष्यः कृतव्रतः ।
यदृच्छया समभ्यायात्तं देशं मुनिसेवितम् ॥ ६०३ ॥
स श्रुत्वा पूजितः कन्याकथां तां होत्रवाहिनीम् ।
उवाच प्रातरागन्ता रामः स्वयमिदं वनम् ॥ ६०४ ॥
उक्ते कृतव्रतेनेति तस्मिन्याते ऽथ वासरे ।
प्रातः श्रीमान्स्वयं रामो भास्वरः प्रत्यदृश्यत ॥ ६०५ ॥
तं पूजितं मुनिवरैः प्रणम्यालंकृतासनम् ।
राजपुत्री कृपासिन्धुं सबाष्पा शरणं ययौ ॥ ६०६ ॥
तस्या वृत्तान्तमाकर्ण्य सोऽवदत्सरलाशयः ।
पुत्रि मद्वचसा भीष्मो न त्वां त्यक्ष्यति गौरवात् ॥ ६०७ ॥
एषोऽहं कौरवक्षेत्रं गत्वा शान्तनवं स्वयम् ।
अनुशास्य विधास्यामि दक्षिणं त्वत्समीहिते ॥ ६०८ ॥
इत्युक्त्वा शिष्यसहितस्तां समादाय भार्गवः ।
कुरुक्षेत्रं ययौ तेजःपुञ्जैरापूरयन्दिशः ॥ ६०९ ॥
साक्षादभ्यागतं ज्ञात्वा मुनिं मान्यं दिवौकसाम् ।
प्रत्युद्गतोऽहं सहसा पुरस्कृत्य पुरोधसम् ॥ ६१० ॥
रामो मामागतं दृष्ट्वा पूजामादाय सानुगः ।
उवाच भीष्म कन्येयं हृता त्यक्ता च किं त्वया ॥ ६११ ॥
त्वद्विसृष्टा परित्यक्ता साल्वेनापि दुरात्मना ।
गृहाणैनां मम गिरा भ्रातुरर्थे मनस्विनीम् ॥ ६१२ ॥
एतद्गुरोर्निशम्याहं वचनं करुणानिधेः ।
अवदं नः कुले नेयमुचिता भावदूषिता ॥ ६१३ ॥
स्वयं यातां साल्वपतिं तेन त्यक्तां च मद्भयात् ।
कथं कुलकलङ्काय गृह्णाम्येनां भवद्गिरा ॥ ६१४ ॥
प्रसीद भगवन्नैतद्वक्तुमर्हस्यसांप्रतम् ।
मयेत्यभिहितो रामः कोपादाकुलितोऽवदत् ॥ ६१५ ॥

शिष्यो भूत्वा कथं भीष्म मोहान्मामवमन्यसे ।
उपस्थितो विनाशस्ते मदाज्ञाभङ्गकारिणः ॥ ६१६ ॥
अहो बत न जानीषे नवराजन्यवंशजः ।
त्रिः सप्तकृत्वः क्षपितक्षत्रं मां हेहयान्तकम् ॥ ६१७ ॥
इत्यहं तद्वचः श्रुत्वा पुनः पुनरुदीरितम् ।
अवोचं किंचिदुद्भिन्नकोपस्वेदार्द्रविग्रहः ॥ ६१८ ॥
उपदेष्टा सतां वृत्ते गुरुरित्युच्यते बुधैः ।
स एवोत्पथमापन्नः परित्याज्य इति श्रुतिः ॥ ६१९ ॥
स त्वं धर्मादपेतेऽर्थे मां नियोक्तुमिहोद्यतः ।
अर्होऽसि मम बाणाग्रे क्षत्रियाचारसंगरे ॥ ६२० ॥
अशूरास्ते पुरा सर्वे निहताः क्षत्रियास्त्वया ।
मन्येऽहं जातवान्कश्चिन्न तदा मादृशो जनः ॥ ६२१ ॥
यथेष्टं वीर युध्यस्व शिष्यैरनुगतो नृपैः ।
चापद्वितीयः सज्जोऽहं त्वद्दर्पोच्छित्तये यतः ॥ ६२२ ॥
मयेत्युक्ते गुरुर्गर्वात्तेजस्वी भृगुनन्दनः ।
उदतिष्ठत्कुरुक्षेत्रे वीरः समरसंमुखः ॥ ६२३ ॥
तस्मिन्दिव्यरथारूढे दीप्तास्त्रे भासुरत्विषि ।
युयुत्सुं जाह्नवी देवी माताभ्येत्य जगाद माम् ॥ ६२४ ॥
क्षत्रकन्दाग्निना पुत्र मा कृथा भृगुसूनुना ।
विरोधं यावदेनं ते प्रसादमहमर्थये ॥ ६२५ ॥
इति मात्राप्यभिहितो नात्यजं स्वकुलव्रतम् ।
वीरा भयप्रणामेषु भरता न हि शिक्षिताः ॥ ६२६ ॥
कृष्टचापः प्रणम्याहं तं गुरुं सर्वधन्विनाम् ।
तत्पूर्वशरपातार्थी मुहूर्तं निश्चलोऽभवम् ॥ ६२७ ॥
ततस्तदस्त्रवलयज्वालावलयिताम्बरे ।
अगमं शरसङ्घानां मध्ये क्षणमदृश्यताम् ॥ ६२८ ॥

अथाहं शङ्खनादेन परिपूर्य दिशो दश।
अयोधयं रणे रामं विरामं क्षत्रतेजसाम् ॥ ६२९ ॥
तेन मे युध्यमानस्य निष्कम्पस्य दिनत्रयम्।
अपूजयन्सुराः सर्वे विक्रमं पुष्पवर्षिणः ॥ ६३० ॥
वसुभिर्ब्राह्मणाकारैर्जाह्नव्या च मुहुर्मुहुः।
धृतोऽहं जामदग्न्यास्त्रपातमूर्छितमानसः ॥ ६३१ ॥
ततो महास्त्रनिवहैरहं शिष्यं पिनाकिनः।
निर्जित्य भार्गवं यत्नाद्युद्धे श्लथमनोरथम् ॥ ६३२ ॥
तस्मात्समरसंमर्दाद्विरतो विस्मितोऽथ सः।
काशिराजसुतामूचे किंचिदाभुग्नकन्धरः ॥ ६३३ ॥
दुर्जयो युधि गाङ्गेयः किं करोमि नृपात्मजे।
क्षत्रजातिरतिक्रूरा गुरुं मां नाभिमन्यते ॥ ६३४ ॥
अधुना क्षत्रियः शिष्यो मया वर्ज्य इति ब्रुवन्।
महेन्द्रं प्रययौ रामः स्वपुरं चाहमाविशम् ॥ ६३५ ॥
ततः काशिपतेः पुत्री मन्युदुःखानलाकुला।
आश्रमेषु महर्षीणां चक्रे घोरतरं तपः ॥ ६३६ ॥
भूयान्मानविहीनाया जन्म भीष्मवधाय मे।
इत्याशया सा तीर्थेषु निराहारा शनैरभूत् ॥ ६३७ ॥
दृष्ट्वा तीव्रतपःक्षामां तामुवाच सुरापगा।
देहान्ते कुटिलाचारा वत्सदेशे भविष्यसि ॥ ६३८ ॥
तुम्बीति तटिनी ख्याता घोरसत्त्वनिषेविता।
इत्युक्त्वा स्वर्गसरिता कालेन वृषभध्वजम् ॥ ६३९ ॥
नियताराध्य वरदं वरं प्राप मनोगतम्।
पुत्रार्थिनः सा कालेन राज्ञो रौद्रतपोजुषः ॥ ६४० ॥
अजायत सुता पूर्वं द्रुपदस्येश्वरेच्छया।
भावी पुमानसौ कन्या भगवानित्यभाषत।
यस्मात्तस्मान्नृपस्तस्याः ख्यापयामास पुत्रताम् ॥ ६४१ ॥

शिखण्डीतिकृताभिख्यः सा कन्या कूटपुत्रकः ।
द(दा)शार्णाधिपतेः पुत्रीं भार्यां लेभे सुलोचनाम् ॥ ६४२ ॥
सा यौवनवती दृष्ट्वा शय्यायां तां शिखण्डिनीम् ।
स्त्रियं दुःखार्दिता पित्रे दूत्या सर्वं न्यवेदयत् ॥ ६४३ ॥
वितीर्णो कूटपुत्राय सुतां दाशार्णभूपतिः ।
हिरण्यवर्मा विज्ञाय द्रुपदं योद्धुमाययौ ॥ ६४४ ॥
तस्मिन्सुविपुलानीके प्रत्यासन्ने तरस्विनि ।
द्रुपदश्चिन्तयाविष्टो न लेभे कार्यनिश्चयम् ॥ ६४५ ॥
विषण्णं पितरं दृष्ट्वा मातरं च शिखण्डिनी ।
आत्मानं कारणं मत्वा ययावेकाकिनी वनम् ॥ ६४६ ॥
सा शोकार्ता निराहारा स्थूणाकर्णेन पालिता ।
तस्मिन्वने महद्वेश्म ददर्श मणिवेष्टितम् ॥ ६४७ ॥
प्रविश्य सहसा तस्थौ निराहारा चिरं शुचा ।
यक्षश्च वीक्ष्य तां श्रुत्वा तद्वृत्तान्तमभाषत ॥ ६४८ ॥
पुरुषव्यञ्जनं प्राप्य मया दत्तं सुमध्यमे ।
गत्वा त्रायस्व पितरं निजं रूपं प्रयच्छ मे ॥ ६४९ ॥
कृतकार्या च न चिरात्पुनर्योषा भविष्यसि ।
इति संविदमादाय विसृष्टा तेन सा ययौ ॥ ६५० ॥
दत्तं विनिमयात्तेन सा रूपं प्राप्य पौरुषम् ।
पित्रे स्वपुरमासाद्य वृत्तान्तं स्वं न्यवेदयत् ॥ ६५१ ॥
हृष्टो जामातरं दृष्ट्वा दाशार्णः प्रीतिशालिनम् ।
आमन्त्र्य द्रुपदं प्रायाद्वितीर्य द्रविणं बहु ॥ ६५२ ॥
अत्रान्तरे धनपतिः स्थूणाकर्णगृहं स्वयम् ।
यातो ददर्श स्त्रीरूपं तं ह्रिया नोद्गतं पुरः ॥ ६५३ ॥
ततो विदितवृत्तान्तः कुबेरस्तमभाषत ।
स्त्रीरूप एव पाप त्वं नरस्त्वस्तु शिखण्डिनी ।
तज्जीवावधि मद्वाक्यादित्यस्तु व्यत्ययश्चिरम् ॥ ६५४ ॥

अभिधायेति कुपिते याते वैश्रवणे स्वयम् ।
कृतकृत्यस्तमभ्यायाद्यक्षं द्रुपदनन्दनः ॥ ६५५ ॥
दातुं प्राप्तं निजं रूपं सत्यवादिनमार्जवात् ।
दृष्ट्वा शिखण्डिनं यक्षो विषण्णवदनोऽवदत् ॥ ६५६ ॥
गच्छ पाञ्चाल्य नेदं मे स्त्रीरूपं युज्यते स्वयम् ।
त्यक्तं शापाद्धनपतेर्मद्रूपं त्वं च रक्षिता ॥ ६५७ ॥
इति यक्षवचः श्रुत्वा शिखण्डी स्वपुरं ययौ ।
सर्वास्त्रशस्त्रकुशलो यक्षतुल्यपराक्रमः ॥ ६५८ ॥
एवं न स्त्री न पुरुषः स्त्रीपूर्वो द्रुपदात्मजः ।
वर्ज्यो युधि मया नित्यमिति मे क्षत्रियव्रतम् ॥ ६५९ ॥
पलायमाने न्यस्तास्त्रे मुक्तकेशे विवर्मणि ।
स्त्रीपूर्वे शरणं याते न शूरः शन्तनोः सुतः ॥ ६६० ॥
अम्बोपाख्यानम् ॥ १५ ॥
निशायामित्यभिहिते भीष्मेण नृपसंसदि ।
दुर्योधनोऽवदत्प्रातः प्रणिपत्य पितामहम् ॥ ६६१ ॥
कालेन कियता सैन्यं पाण्डूनां सागरोपमम् ।
शक्तः क्षपयितुं किं वा द्रोणः कर्णः कृपोऽथवा ॥ ६६२ ॥
इत्युक्तः कुरुराजेन हसञ्शान्तनवोऽब्रवीत् ।
महास्त्रदर्शी सततं हन्तुं मासेन तद्बलम् ।
शक्तोऽहमिति तेनोक्ते तदेव गुरुरभ्यधात् ॥ ६६३ ॥
कृपो मासद्वयेनेति द्रौणिश्च दशभिर्दिनैः ।
पञ्चभिर्दिवसैः कर्णः प्रतिजज्ञे रिपुक्षयम् ॥ ६६४ ॥
ततो विहस्य सोत्प्राशं भीष्मः कर्णं विगर्हयन् ।
नाभ्यनन्दत्पृथुबलं कथयन्सव्यसाचिनम् ॥ ६६५ ॥
अत्रान्तरे धर्मसुतो बभाषे श्वेतवाहनम् ।
अपाराः पार्थ मन्येऽहं कुरुराजवरूथिनीः ।
कालेन कियता तासां क्षयं फल्गुण मन्यसे ॥ ६६६ ॥

इति पृष्टो नृपतिना बभाषे शक्रनन्दनः ।
योद्धाहं सारथिः कृष्णो गाण्डीवं धनुरूर्जितम् ॥ ६६७ ॥
अस्त्रं पाशुपतं घोरं प्रियं देवस्य धूर्जटेः ।
आस्था का तत्र मर्त्येषु यत्रैतत्तुल्यमुद्यतम् ॥ ६६८ ॥
इत्युक्तवति कौन्तेये प्रहर्षाद्भुजशालिनाम् ।
बभूवुर्विग्रहा राज्ञां स्पष्टरोमाञ्चकञ्चुकाः ॥ ६६९ ॥
अस्मिन्क्षणे नृपगिरा कृपसौमदत्ति-
मद्राधिनाथभगदत्तजयद्रथाद्याः ।
अग्रेसरं त्रिपथगातनयं विधाय
युद्धाङ्गणं विविशुराशु विमुक्तधाम ॥ ६७० ॥
पुण्ये भार्गबभिन्नभूपनिधने क्षेत्रे ततः कौरवे
कौन्तेयस्य समन्तपञ्चकतटे सेनानिवेशो बभौ ।
त्वङ्गत्तुङ्गतुरङ्गकुञ्जरघटाव्यालोलितक्ष्मातटी-
घृष्टव्याकुलशेषमस्तकमणिज्वालानिभैरायुधैः ॥ ६७१ ॥
कर्णाटाश्मकरूषिकाधिपतयो मत्स्याङ्गवङ्गाधिपाः
शैलाः सैन्धवसाल्वमालवशकप्राग्ज्योतिषक्ष्माधराः ।
सुह्मक्राथकिरातचीनयवना गौडेत्रपर्यन्तजाः
कृच्छ्रेण क्षितिपाललक्षनिबिडं तत्रान्तरं लेभिरे ॥ ६७२ ॥
सेनानिवेशः ॥ ११ ॥

इति श्रीक्षेमेन्द्रविरचितायां भारतमञ्जर्यामुद्योगपर्व ।

भीष्मपर्व ।

नारायणं नमस्कृत्य नरं चैव नरोत्तमम् ।
देवीं सरस्वतीं व्यासं ततो जयमुदीरयेत् ॥ १ ॥
आसूर्यकिरणाक्रान्ताज्जगतो जनगोचरात् ।
पुण्यधाम्नि कुरुक्षेत्रे समायातेषु राजसु ॥ २ ॥
एकीभूतेषु सैन्येषु कुरुपाण्डवसंगरे ।
वृद्धबालावशेषासु दिक्षु यातासु शून्यताम् ॥ ३ ॥
दारुणेषु निमित्तेषु प्रादुर्भूतेषु सर्वतः ।
मिथो दृष्टिपथं याते पताकाभिर्बलद्वये ॥ ४ ॥
सोत्साहं दध्मतुः शङ्खं हृषीकेशधनंजयौ ।
ययोर्गम्भीरघोषेण भुवनानि चकम्पिरे ॥ ५ ॥
विषमस्थो न हन्तव्यो न च सेनाविनिर्गतः ।
न निवृत्ते रणे चेति मर्यादां चक्रिरे नृपाः ॥ ६ ॥
अत्रान्तरे समभ्येत्य पाराशर्यो मुनीश्वरः ।
विषण्णं मन्दिरगतं धृतराष्ट्रमभाषत ॥ ७ ॥
वीराणां भूमिपालानामशेषेऽस्मिन्समागमे ।
क्षत्रस्य संक्षयो राजन्विषमः समुपस्थितः ॥ ८ ॥
दिव्यं गृहाण नयनं स्वयं युद्धं विलोकय ।
इत्युक्ते मुनिना राजा जगादाकुलिताशयः ॥ ९ ॥
भगवन्बन्धुनिधनं नाहं द्रष्टुं समुत्सहे ।
भाव्यस्यावश्यभावित्वान्न च वारयितुं क्षमः ॥ १० ॥
इत्युक्तवति भूपाले संजयं वरदो मुनिः ।
विधाय दिव्यनयनं पुनः क्षितिपमभ्यधात् ॥ ११ ॥
अयं ते निखिलं युद्धं कथयिष्यति संजयः ।
नास्य किंचिदविज्ञातं दिव्यदृष्टेर्भविष्यति ॥ १२ ॥

कृतान्तो जृम्भते राज्ञां धृतराष्ट्र तवानयात् ।
दृश्यन्ते दुर्निमित्तानि क्षयकर्णेजपानि यत् ॥ १३ ॥
सौरेण पीडिता गाढं रोहिणी ज्वलिता दिशः ।
विपरीता प्रसूतिश्च कबन्धेनावृतो रविः ॥ १४ ॥
क्रव्यादैरावृतं व्योम मेघा वर्षन्ति शोणितम् ।
किमन्यद्राजमहिषी हा मही न भविष्यति ॥ १५ ॥
प्रदक्षिणशिखो वह्निः प्रसादो मनसस्तथा ।
लक्षव्यक्तं जयस्यैतद्धर्मो यत्रास्ति तत्र सः ॥ १६ ॥
शतान्येकेन जीयन्ते नैको जेयः शतैरपि ।
तरला ह्यसिधारेयं निश्चयो नात्र गण्यते ॥ १७ ॥
इत्युक्त्वान्तर्हिते क्षिप्रं मुनीन्द्रे संजयं नृपः ।
पप्रच्छ द्वीपसंस्थानं स च पृष्टोऽभ्यभाषत ॥ १८ ॥
राजन्विशाले शीतांशोर्मण्डले दर्पणाकृतौ ।
स्फारं सुदर्शनं द्वीपं निखिलं प्रतिबिम्बितम् ॥ १९ ॥
एकतः पिप्पलाच्छायमन्यतः शशकाकृति ।
द्वीपेऽस्मिन्मण्डलाकारे लवणाम्बुधिवेष्टिते ।
कर्णिकेवाम्बुजे प्रांशुर्मध्ये कनकपर्वतः ॥ २० ॥
शयाना भूधराश्चान्ये पार्श्वयोस्तस्य भूभृतः ।
स्थिता हिमालयमुखाः स्पृशन्तः पूर्वपश्चिमम् ॥ २१ ॥
हिमवान्हेमकूटश्च निषदश्चेति दक्षिणे ।
उत्तरे शृङ्गवान्नीलः श्वेतश्चेति महाबलाः ॥ २२ ॥
एषां रत्नविचित्राणामन्तरे वर्षभूमयः ।
कर्मभूर्भारतं वर्षमन्याश्च फलभूमयः ॥ २३ ॥
हरिवर्षमुखेष्वेव प्रजासर्गः स्मरोपमः ।
स्थानं सुकृतिनां यत्र विख्याता गण्डिका इति ॥ २४ ॥
जम्बूखण्डं तथा मेरोरधो यत्फलविस्रुता ।
जाता जम्बूनदी शुभ्रा जाम्बूनदविधायिनी ॥ २५ ॥

उत्तराः कुरवः पीत्वा तामेव गतमृत्यवः ।
विवस्पृशस्तरेस्तस्य नाम्नेदं द्वीपमुच्यते ॥ २६ ॥
इत्युक्त्वा संजयो गत्वा कुरुक्षेत्रे रणाङ्गणे ।
समेत्य धृतराष्ट्राय शशंस स्वभटक्षयम् ॥ २७ ॥

जम्बूखण्डनिर्माणम् ॥ १ ॥

शृणु राजन्हतानन्तसामन्तः शन्तनोः सुतः ।
विदधे पाण्डुपुत्राणां यथा विजयसंशयम् ॥ २८ ॥
वज्रसूचीमुखाख्याभ्यां व्यूहाभ्यां राजकुञ्जरैः ।
मिथो व्यूढेष्वनीकेषु गाङ्गेयेनार्जुनेन च ॥ २९ ॥
तस्मिन्क्षत्रक्षयक्षेत्रे सर्वक्षत्रसमागमे ।
दुर्योधनेऽतिसंरब्धे पृथुसैन्याभिमानिनि ॥ ३० ॥
गाङ्गेयशङ्खनादेन समुद्भूते बलार्णवे ।
शङ्खशब्देन पार्थानां पाञ्चजन्यानुयायिना ॥ ३१ ॥
पूरिते भुवनाभोगे दिक्षु विस्फूर्जितास्विव ।
सर्वसेनाश्रयः श्रीमान्विजयोऽच्युतसारथिः ॥ ३२ ॥
ददर्श कुरुसेनासु गुरुसंबन्धिबान्धवान् ।
निजप्रतापदहने स तेषां शलभायितम् ।
मत्वा जगाद गोविन्दं विषण्णः करुणानिधिः ॥ ३३ ॥
अहो बत विमूढानां राज्यलेशे सुखाय नः ।
कृष्ण बन्धुवधेऽप्यस्मिन्ससंरम्भोऽयमुद्यमः ॥ ३४ ॥
अवतीर्य सदाचारस्तुतिकम्यकुलस्थितिम् ।
कथं गुरुवधप्राप्यां भजेदस्मद्विधः श्रियम् ॥ ३५ ॥
इत्युक्त्वा सास्रुनयनो बीभत्सुः कृपया रथे ।
करादुत्सृज्य गाण्डीवं निषसाद विषादवान् ॥ ३६ ॥

श्रीमद्भगवद्गीतासु प्रथमोऽध्यायः ॥ २ ॥

तं दृष्ट्वा शोकविवशं जगाद मधुसूदनः।
अकाण्डे धैर्यसारस्य केयं कातरता तव ॥ ३७ ॥
तरस्वी क्षत्रियो मानी प्राणैरपि यशःक्रयी।
निजां कुलस्थितिं पार्थ न धर्म्यां हातुमर्हसि ॥ ३८ ॥
संयुक्तं वा वियुक्तं वा नित्यं देहेन देहिनम्।
विश्वमायाप्रपञ्चेऽस्मिन्कोऽनुशोचति तत्त्वधीः ॥ ३९ ॥
सुखाद्यवस्था देहस्य काले काले यथाविधाः।
देहिनोऽस्य तथा देहाः सतः सत्ताविवर्जिताः ॥ ४० ॥
विषयेन्द्रियसंयोगान्क्षयिनो हर्षशोकदान्।
सहते यो विलुप्तात्मा निर्वाणं तस्य शाश्वतम् ॥ ४१ ॥
अजरस्य पुराणस्य देहिनोऽस्याविनाशिनः।
जीर्णपर्णपरावृत्तितुल्येयं देहकल्पना ॥ ४२ ॥
आदिमध्यावसानेषु व्यक्ताव्यक्तस्वरूपिणः।
सत एवास्य सततं न विरामः शरीरिणः ॥ ४३ ॥
अयशस्यमतस्त्यक्त्वा संकोचं विपुलाशयः।
जयाजयौ समं मत्वा विश स्वर्गोन्मुखो रणम् ॥ ४४ ॥
आस्थाय यौगिकीं बुद्धिं कर्मबन्धविवर्जितः।
शुष्कवेदक्रियाहीनं गुणातीतं पदं भुज ॥ ४५ ॥
सर्ववेदेषु विदुषामेतदेव प्रयोजनम्।
जलाशयेषु पूर्णेषु यथा सलिलहारिणाम् ॥ ४६ ॥
निःसङ्गः फलसंन्यासी कुरु कर्म सदोदितः।
परमेश्वरमेवाहि(?)वाणिज्यं हि फलार्थिनाम् ॥ ४७ ॥
यदा ते वीतमोहस्य बुद्धिर्यास्यति निर्वृतिम्।
कृती भविष्यसि तदा श्रुतेष्वर्थेष्वनादरः ॥ ४८ ॥
इति ब्रुवाणः पार्थेन स्थितप्रज्ञस्य लक्षणम्।
पृष्टः समाधिसक्तस्य भगवानित्यभाषत ॥ ४९ ॥

ईश्वरादपरो नाहमिति स्वानन्दनिर्भरः ।
निरस्ताखिलसंकल्पः स्थितप्रज्ञोऽभिधीयते ॥ ९० ॥
आस्ते कूर्म इवाङ्गानि कामान्संवृत्यय: श्रयम् ।
विषयाध्यानविरहात्स्थितधीर्न स नश्यति ॥ ९१ ॥
कष्टैस्तपोभिर्विषयाः शुष्यन्त्येव रसं विना ।
अनादरविरक्तानां सदाप्यध्यात्मदर्शिनाम् ॥ ९२ ॥
निद्रालुर्भूतकालेषु प्रबुद्धस्तिमिरेषु यः ।
स महाब्धिरिवाक्षोभ्यः स्थितिं ब्राह्मीं प्रपद्यते ॥ ९३ ॥
श्रीगीतासु द्वितीयोऽध्यायः ॥ ३ ॥

श्रुत्वैतदर्जुनः कृष्णमुवाचाकुलिताशयः ।
कथमेवं वदन्घोरे समरेऽस्मिन्युनक्षि माम् ॥ ९४ ॥
कर्मणः श्रेयसी बुद्धिरित्युक्त्वापि स्वयं विभो ।
कर्म दुर्मतियोग्यं मां प्रशंससि विमोहयन् ॥ ९९ ॥
श्रेयो वदेत्युक्तवति श्वेताश्वे केशवोऽब्रवीत् ।
निष्ठा प्रज्ञानकर्मभ्यां मयोक्ता सांख्ययोगयोः ॥ ९६ ॥
अनारम्भान्न च त्यागात्कर्मणो मुच्यते जनः ।
श्रोत्रादयो बलादस्य धावन्त्येव स्वकर्मसु ॥ ९७ ॥
स्मरन्ति मनसा सर्वे रुद्धकर्मेन्द्रिया अपि ।
मिथ्याचारानत्वसक्ताः(?) कर्मिणो नियतान्तराः ॥ ९८ ॥
श्रेयो ह्यकर्मणः कर्म न यज्ञः कर्मणा विना ।
यज्ञशेषाशिनः पुण्यद्रुमाः केवलभोगिनः ॥ ९९ ॥
कर्मस्थितोऽपि निःसंज्ञो(सङ्गो) यदा प्राप्नोति मानवः ।
आत्मारामदशास्तुष्टस्तदा कार्यान्निवर्तते ॥ ६० ॥
कर्मणैव गताः सिद्धिं जनकप्रमुखाः पुरा ।
तन्मा कार्यान्निवर्तस्व लोकस्त्वामनुवर्तताम् ॥ ६१ ॥
ममापि कृतकृत्यस्य कर्मेदं स्थितिरक्षिणः ।
विनश्यत्यन्यथा लोको मत्प्रमाणविशृङ्खलः ॥ ६२ ॥

पात्रं सर्वज्ञयोग्येषु नादरेषु पृथग्जनः ।
तस्मान्नोत्साहयेदेतान्पङ्गून्वेगगतानिव ॥ ६३ ॥
युध्यस्व सर्वकर्माणि मयि संन्यस्य निर्वृतः ।
तरन्ति हि तमो घोरं नित्यं मन्मतवर्तिनः ॥ ६४ ॥
प्रकृतेरुचितं सर्वं स्वधर्मनिरतः कुरु ।
रागद्वेषौ परित्यज्य प्रियाप्रियसमुद्भवौ ॥ ६५ ॥
श्रुत्वैतदर्जुनोऽवादीत्प्रेरितः केन पातकम् ।
चरत्यनीश्वरः प्राणी बलादिव वशीकृतः ॥ ६६ ॥
इति पृष्टो हृषीकेशो जगाद जगतां पतिः ।
रजोगुणसमुत्थेन हर्षशोकादिदायिना ॥ ६७ ॥
लोकसंहारशीलेन कामेन क्रोधबन्धुना ।
अहंकारेण बलिना घोरेणानेन वैरिणा ॥ ६८ ॥
शेवालेनैव सलिलं रजसेवामलं नभः ।
आवृतो मलिनेनात्मा मेघेनैवोदितो रविः ॥ ६९ ॥
मनोबुद्धिसमायुक्तं स्थानमिन्द्रियपञ्जरम् ।
यस्य तं दुःसहं शत्रुं कामरूप विनाशय ॥ ७० ॥

श्रीगीतासु तृतीयोऽध्यायः ॥ ४ ॥

सूर्येणाप्तः पुरा मत्तो योगोऽयं मनुना ततः ।
य एव कालेनोत्सन्नस्तुभ्यमद्य मयोदितः ॥ ७१ ॥
अनेकजन्मसाक्षी त्वं भक्तः सहचरोऽपि मे ।
न तत्स्मृतिपथं यातं किंतु ते प्राक्तनं वपुः ॥ ७२ ॥
अहं तु नित्यधर्मस्य स्थितये गुप्तये सताम् ।
युगे युगे भवाम्येष विनाशाय दुरात्मनाम् ॥ ७३ ॥
अकृतं धर्मकर्तारं कर्मैतन्नावृणोति माम् ।
त्वमप्यसक्तो निष्कामः कुरु कर्म कुलोचितम् ॥ ७४ ॥
दुर्ज्ञेयः प्रविभागस्तु कर्माकर्मविकर्मणाम् ।
स्वोचितं फलहीनं च विरुद्धं चेति भेदतः ॥ ७५ ॥

कर्मणः फलसंन्यासाद्योऽनुपश्यत्यकर्मताम् ।
जानात्यकर्मणः पापात्कर्म यश्च स बुद्धिमान् ॥ ७६ ॥
ज्ञानाग्निना दग्धकर्मा नित्यानन्दो निराश्रयः ।
निराशीर्निरहंकारो यज्वा ब्रह्मणि लीयते ॥ ७७ ॥
ब्रह्मार्पणेन ब्रह्माग्नौ हुत्वा ब्रह्ममयं हविः ।
प्राणयज्ञरतो याति ब्रह्म ब्रह्मसमाधिना ॥ ७८ ॥
संयमाग्नाविन्द्रियाणि विषयानिन्द्रियानले ।
तत्कर्माण्यात्मयोगाग्नौ हुत्वा यान्ति परां गतिम् ॥ ७९ ॥
येऽपि द्रव्यतपोयोगस्वाध्यायज्ञानयाजिनः ।
प्राणापानादिह विषो धृत्वा नाडीषु धारणम् ॥ ८० ॥
समर्पयन्ति निखिलं ज्ञानं विगतकल्मषाः ।
ते प्रयान्ति परं धाम यज्ञशिष्टामृताशिनः ॥ ८१ ॥
तद्विधाः प्रणिपातेन सेविता ज्ञानिनस्त्वया ।
अयत्नात्त्वां विधास्यन्ति स्वात्मन्यखिलदर्शिनम् ॥ ८२ ॥
ज्ञानाग्निना दग्धपापः पवित्रेण भविष्यसि ।
कालेन श्रद्दधानानां स्वयं ज्ञानं प्रसीदति ॥ ८३ ॥
नश्यन्ति संशयजुषो मूढा न त्वस्तसंशयाः ।
ज्ञानिनः संशयं त्वस्मात्स्थित्वोत्तिष्ठ विभूतये ॥ ८४ ॥

श्रीगीतासु चतुर्थोऽध्यायः ॥ ९ ॥

निशम्य तत्पुनः पार्थः पप्रच्छ मधुसूदनम् ।
संन्यासकर्मयोगाभ्यां श्रेयो ब्रूहि जनार्दन ॥ ८५ ॥
इति पृष्टोऽवदच्छौरिरुभावेतौ विमुक्तये ।
कर्मयोगस्तु संन्यासाद्विशिष्ट इति मे मतिः ॥ ८६ ॥
शृण्वन्तोऽपि वदन्तोऽपि स्पृशन्तोऽपि स्वकर्मणि ।
सक्ता अपि न सज्जन्ति पङ्के रविकरा इव ॥ ८७ ॥
तदेव विहितं किंचित्पुंसां सुकृतदुष्कृतम् ।
अज्ञानपिहिते ज्ञाने किं त्वेषा कर्मवासना ॥ ८८ ॥

ज्ञानेनोत्सारिता ज्ञानाः परां निष्ठामुपागताः ।
ब्राह्मणे वा श्वपाके वा विबुधाः समदृष्टयः ॥ ८९ ॥
बाह्ये सुखे विरक्तानां दुःखजन्मनि नश्वरे ।
अन्तःसुखारामतया परं ज्योतिः प्रसीदति ॥ ९० ॥
बहिः स्पर्शान्समुत्सृज्य भ्रूमध्यनिहितेक्षणः ।
नासान्तरे समौ धृत्वा प्राणापानौ विमुक्तये ॥ ९१ ॥
कामरागमदद्वेषभयक्रोधविवर्जितः ।
अहन्ता ज्ञानतमसां शान्तिं विन्दत्यमत्सरः ॥ ९२ ॥
श्रीगीतासु पञ्चमोऽध्यायः ॥ ६ ॥
क्रियावानफलाकाङ्क्षी निजं कर्म करोति यः ।
आरुरुक्षुदशातीतो योगारूढो विमत्सरः ॥ ९३ ॥
कूटस्थो ज्ञानतृप्तश्च पश्यत्यात्मानमात्मना ।
समासनः समाकारो निस्तरङ्ग इवोदधिः ॥ ९४ ॥
घ्राणाग्रदर्शी शान्तात्मा मामुपैति समाधिना ।
युक्ताहारादिचेष्टस्य नित्यं निष्कम्पचेतसः ॥ ९५ ॥
आत्मलाभो भवत्येव त्यक्तकामस्य योगिनः ।
मनः संयम्य पश्यन्ति स्रवत्येतद्यतो यतः ॥ ९६ ॥
आत्मानं मां च सर्वत्र ममात्मनि तथाखिलम् ।
मनसश्चञ्चलस्यास्य वैराग्येणैव संयमः ॥ ९७ ॥
तथाभ्यासेन बलिना वातस्येव प्रमाथिनः ।
एतदाकर्ण्य कौन्तेयः पुनः पप्रच्छ केशवम् ॥ ९८ ॥
लोलत्वान्मनसो देव योगाद्भ्रष्टस्य का गतिः ।
अर्जुनेनेति भगवान्पुनः पृष्टोऽभ्यभाषत ॥ ९९ ॥
योगभ्रष्टोऽपि पुरुषः शुभकृत्तु भविष्यति ।
चिरं भुक्त्वा सुखं दिव्यं स कल्याणपुरःसरः ॥ १०० ॥
भोगिनां योगिनां वापि संभूतो महतां कुले ।
पूर्वाभ्यस्तं पुनर्धीमाञ्जन्मभिः प्रतिपद्यते ।

तपो ज्ञानाधिकं योगं तस्माद्योगी भवार्जुन ॥ १०१ ॥

श्रीगीतासु षष्ठोऽध्यायः ॥ ७ ॥

मयि न्यस्तमना नित्यं भक्त्या मां वेत्ति मानव. ।
अष्टमूर्तिरहं सर्वे जीवभूतश्चराचरे ॥ १०२ ॥
उत्पत्तिस्थितिसंहारकारणं मां विदुर्बुधाः ।
सर्वे मत्प्राणिता भावा मयि सर्वे प्रतिष्ठितम् ॥ १०३ ॥
देवीं मायां दधानं मां न जानाति विमोहितः ।
ये तु जानन्ति मां मायां भवन्ति कृतिनः सदा ॥ १०४ ॥
अर्थी जिज्ञासुरार्तो वा ज्ञानी वा मां प्रपद्यते ।
प्रियः प्रियस्य सततं ज्ञानिनस्त्वस्मि गोचरे ॥ १०५ ॥
अनन्यदेवताभक्ताः श्रद्धावन्तो विसंशयाः ।
वासुदेवः सर्वमिति यजन्ते मां मुमुक्षवः ॥ १०६ ॥
ते ब्रह्माध्यात्मकर्माख्यं साधिभूतं विदन्ति माम् ।
साधिदैवाधियज्ञं च देहव्युपरमेष्वपि ॥ १०७ ॥

श्रीगीतासु सप्तमोऽध्यायः ॥ ८ ॥

अच्युतेनेत्यभिहिते शक्रसूनुरभाषत ।
किमेतद्ब्रह्म भगवन्नधियज्ञः किमुच्यते ॥ १०८ ॥
इति पृष्टो हृषीकेशो बभाषे श्वेतवाहनम् ।
अनश्वरं परब्रह्म भावोऽध्यात्मा तथात्मनः ॥ १०९ ॥
निःसङ्गो भवकृत्कर्म नश्वरेष्वधिभूतता ।
अधिदैवोऽहमेवात्र ह्यधियज्ञोऽप्यहं विभुः ॥ ११० ॥
अन्तकाले स्मरन्तो मां प्रविशन्त्येव भाविताः ।
पर्यन्ते भावतुल्या हि नृणां जन्मान्तरस्थितिः ॥ १११ ॥
कविं पुराणं शास्तारमणीयांसमणोरपि ।
परस्तात्तमसो नित्यं ये स्मरन्ति रविप्रभम् ॥ ११२ ॥
भ्रूमध्ये विहितप्राणा ब्रह्मरन्ध्रविभेदिनः ।
ओमित्येकाक्षरं ब्रह्म जपन्तो यान्ति ते परम् ॥ ११३ ॥

ब्रह्मादिभिर्भूतसर्गश्चक्रवत्परिवर्तते ।
परं मां प्रतिपन्नास्ते न भवन्ति भवे पुनः ॥ ११४ ॥
वैरञ्चेऽस्मिन्नहोरात्रे भवन्ति न भवन्ति च ।
भूतान्येकस्तु भगवानव्यक्तो न विनश्यति ।
तेजोमयमहः शुक्लो मोक्षायैवोत्तरायणम् ॥ ११५ ॥

श्रीगीतास्वष्टमोऽध्यायः ॥ ९ ॥

राजगुह्यमिदं चान्यत्पवित्रं शृणु फल्गुण ।
अश्रद्दधानो नाप्नोति मां संसारवशीकृतः ॥ ११६ ॥
सर्वकर्तरि भूतानि मयि सन्ति न तेष्वहम् ।
लोकाः स्थिता न स्थिताश्च मयि व्योम्नीव वायवः ॥ ११७ ॥
अधिष्ठितैषा प्रकृतिर्मया सूते चराचरम् ।
असक्तं मां न जानन्ति मलिनामोघदर्शिनः ॥ ११८ ॥
सर्वं सर्वगतं यज्ञं वेद्यं बीजं भवाभवम् ।
विदन्ति मां सुकृतिनः सर्वकारणकारणम् ॥ ११९ ॥
त्रयीधर्मजुषः स्वर्गभोगलाभक्षयाकुलाः ।
न प्राप्नुवन्ति मां शुष्कक्रियापाशवशीकृताः ॥ १२० ॥
मदेकशरणा नित्यं कृतिनोऽनन्ययाजिनः ।
अप्यन्ययोनिसंभूताः स्वयमायान्ति यत्पदम् ॥ १२१ ॥

श्रीगीतासु नवमोऽध्यायः ॥ १० ॥

भूयोऽपि मे शृणु सखे प्रीत्या यत्प्रतिबोध्यसे ।
न तत्त्वेनामरगणा मुनयो वा विदन्ति माम् ॥ १२२ ॥
चराचरेऽस्मिन्प्रवरं यद्यत्पश्यसि भूतिमत् ।
तदहं सर्वभूतात्मा न हि किंचिन्मया विना ॥ १२३ ॥
अहं विष्णुरहं सूर्यश्चन्द्रोऽहं मघवानहम् ।
शंकरोऽहं धनेशश्च वह्निः सुरगुरुस्तथा ।
अक्षरोऽहमहं कालो जयोऽहं भूतिरप्यहम् ॥ १२४ ॥

श्रीगीतासु दशमोऽध्यायः ॥ ११ ॥

श्रुत्वैतदवदत्पार्थो जाने त्वां सर्वमच्युत ।
किंतु विश्वमयं रूपं द्रष्टुमिच्छामि ते विभो ॥ १२५ ॥
इत्युक्तः पाण्डुपुत्रेण भगवान्कैटभान्तकः ।
विश्वाविष्कारकलया विश्वरूपमदर्शयत् ॥ १२६ ॥
तस्यानन्तशिरोनेत्रसहस्रभुजशालिनः ।
देहे जगन्निवासस्य लीनं विश्वमदृश्यत ॥ १२७ ॥
अतिसूर्याग्निमहसा तेजसा पूरिताम्बरम् ।
दृष्ट्वा पुलकितः पार्थस्तमुवाच कृताञ्जलिः ॥ १२८ ॥
पश्याम्युदग्रगीर्वाणग्रामव्यासोरुविग्रहम् ।
त्वां येन पूरितं सर्वमनवच्छिन्नवर्ष्मणा ॥ १२९ ॥
ब्रह्मरुद्रमरुद्वह्निमुनीन्द्रभुजगाकुलम् ।
द्रष्टुं तदेव पर्यन्तरहितं नोत्सहे वपुः ॥ १३० ॥
भीष्मद्रोणमुखान्वीरान्प्रविष्टान्वदनानि ते ।
दंष्ट्रोत्कटानि पश्यामि कालस्येव युगक्षये ॥ १३१ ॥
को भवान्सर्वसंहाररौद्रेण वपुषामुना ।
अकाण्डे दग्धुमखिलान्स्वयं लोकान्समुद्यतः ॥ १३२ ॥
इत्युक्तवति कौन्तेये जगाद मधुसूदनः ।
अहं जगत्क्षयोत्क्षेपदीक्षितः क्षितिपान्तकः ॥ १३३ ॥
कुरुसेनाग्रगान्वीरान्पूर्वं विनिहतान्मया ।
हत्वा यशःश्रिया जुष्टमवाप्नुहि कुलोचितम् ॥ १३४ ॥
तच्छ्रुत्वा कालियारातेर्वचः पार्थः कृताञ्जलिः ।
उवाच कम्पितमनाः प्रणतो गद्गदस्वनः ॥ १३५ ॥
कीर्त्या जगन्ति हृष्यन्ति स्तुतया सिद्धचारणैः ।
दीप्त्या द्रवन्ति रक्षांसि स्थाने तव जनार्दन ॥ १३६ ॥
नौमि त्वां जगदावासं विश्वरूपमधोक्षजम् ।
अनन्तं शाश्वतं धाम सर्वात्मानं पुनः पुनः ॥ १३७ ॥

क्षम्यतां तत्सुहृदिति स्वयं यत्प्रणतप्रियः।
उक्तोऽसि कृष्ण गोविन्द यादवेति पुरा मया॥ १३८॥
उग्रं तदेवं भगवन्दृष्ट्वा रूपमहं महत्।
चक्रारूढमिवाशेषं पश्यामि निखिलं जगत्॥ १३९॥
प्रसीद दर्शय विभो वपुः सौम्यं तदेव मे।
शान्तिं मे याति सहसा नान्यथा व्यथितं मनः॥ १४०॥
इति प्रसादितः कृष्णः प्रणतेन किरीटिना।
अदर्शयन्निजं रूपं तदेवाथ चतुर्भुजम्॥ १४१॥
देवा अपि न पश्यन्ति ममेदं सर्वगं वपुः।
इत्युक्त्वाश्वासयामास कौन्तेयं कमलाधवः॥ १४२॥
श्रीगीतास्वेकादशोऽध्यायः॥ ११॥
अथार्जुनोऽवदत्कृष्णं ये भक्तास्त्वामुपासते।
अव्यक्तमक्षरं ये च तेषां केऽधिकयोगिनः॥ १४३॥
पार्थेनेति हरिः पृष्टो विहितानुग्रहोऽवदत्।
मद्भक्ताः श्रद्धयोपेताः सर्वथा योगिनोऽधिकाः॥ १४४॥
क्लेशेनैव तु मत्प्राप्तिरव्यक्ताक्षरसेवनात्।
सूक्ष्मस्थूलगतिर्दुःखं तत्त्वज्ञैरप्यवाप्यते॥ १४५॥
मद्भक्तास्त्वचिरादेव प्राप्नुवन्ति परं पदम्।
अतस्त्वं मन्मना नित्यमनन्यनिरतो भव॥ १४६॥
वशे यदि न ते चित्तमभ्यासेन गृहाण तत्।
तत्राप्यशक्तो मत्कर्मा सततं श्रेयसे भव॥ १४७॥
अथवा फलसंन्यासं कर्मणां कुरु मत्परः।
ज्ञानं हि परमाभ्यासाज्ज्ञानाद्ध्यानमिहोत्तमम्॥ १४८॥
ध्यानाच्च फलसंन्यासस्ततः शान्तिर्विशिष्यते।
अद्वेष्टा करुणासिन्धुः सुखदुःखसमः शमी॥ १४९॥
उदासीनः शुचिर्दक्षः क्षमी भक्तः प्रियो मम।
श्रीगीतासु द्वादशोऽध्यायः॥ १२॥

शरीरं क्षेत्रमित्याहुः क्षेत्रज्ञं मां विदुर्बुधाः ।
क्षेत्रं तत्सविकारं तु माया भूतादि च स्थितम् ॥ १९० ॥
शान्तानां दृष्टदोषाणां ज्ञानिनां न विमोहनम् ।
मानदम्भमदक्रोधत्यागो गुरुनिषेवणम् ॥ १९१ ॥
असक्तिर्नेश्वरे नित्यं ज्ञानमज्ञानमन्यथा ।
ज्ञेयं तु मन्मयं ब्रह्म शुद्धं सदसतोः परम् ॥ १९२ ॥
सर्वतः पाणिवदनं सर्वाकारमनामयम् ।
प्रकृतिः पुरुषश्चेति क्षेत्रक्षेत्रज्ञसंगमः ॥ १९३ ॥
प्रकृतिः करणे हेतुर्भोक्ता तु पुरुषः स्मृतः ।
एकस्थानं पृथग्भावं भूतानां योऽनुपश्यति ॥ १९४ ॥
तत्संगमाच्च विस्तारं स याति ब्रह्म शाश्वतम् ।
परमात्मा गुणातीतो नित्यत्वादयमव्ययः ।
भौतिकेऽपि स्थितः काये सर्वव्यापी न लिप्यते ॥ १९५ ॥

श्रीगीतासु त्रयोदशोऽध्यायः ॥ १४ ॥

सर्वज्ञानमिदं भूयः श्रूयतां सुरसेवितम् ।
यद्योगो ब्रह्मगर्भेऽस्मिन्संभवन्मूर्तिसंभवः ॥ १९६ ॥
सत्त्वादयस्तदुद्भूता विभान्त्येते गुणास्त्रयः ।
वैचित्र्यादनिशं येषां संसरन्ति शरीरिणः ॥ १९७ ॥
सत्त्वं प्रकाशकं ज्ञेयं यदुत्थैः[1] स्तम्भकं रजः ।
तमो ह्यावरणं मोहप्रमादाद्यस्य संभवः ॥ १९८ ॥
सततं संकरेणैषां न्यूनाधिक्यविभेदतः ।
गुणदोषाश्च दृश्यन्ते ते ते किल शरीरिणाम् ॥ १९९ ॥
मद्भक्ताः शान्तमनसो जीवन्मुक्तिदशां श्रिताः ।
गुणैरेतैः परित्यक्ता भजन्ते सुखमक्षयम् ॥ १६० ॥

श्रीगीतासु चतुर्दशोऽध्यायः ॥ १५ ॥

---

१. 'यदुक्तैः' ख.

ऊर्ध्वमूलं भवाश्वत्थमाब्रह्मसदनोदितम् ।
लोकान्तरानेकशाखं विचित्रविषयाङ्कुरम् ॥ १६१ ॥
गुणकर्मप्रबुद्धानां शुभाशुभफलोदयम् ।
स्वभावभूमावावृतं जानीते यः स वेदवित् ॥ १६२ ॥
तमसङ्गकुठारेण च्छित्त्वा यान्ति पदं मम ।
निरस्तमोहं वैमल्यादतिसूर्येन्दुपावकम् ॥ १६३ ॥
यदंशो जीवलोकेऽस्मिञ्जीवश्चरति सर्वगः ।
वायुर्गन्धमिवादाय यो यातीन्द्रियवासनाः ॥ १६४ ॥
तद्विधं गुणयुक्तानां सर्वावस्थासु निर्गुणम् ।
पश्यन्ति ज्ञानिनः सर्वजगतां जीवनं परम् ॥ १६५ ॥
भूतसर्गमिवागत्य अक्षरोऽहं सनातनः ।
मन्मया धृतिमन्तो मां भजन्ते पुरुषोत्तमम् ॥ १६६ ॥

श्रीगीतासु पञ्चदशोऽध्यायः ॥ १६ ॥

अभीः सत्त्वं शुचिर्ज्ञानं दमो दानं तपः ऋतुः ।
अहिंसाया गुणाश्चान्ये जायन्ते दिव्यसंपदाम् ॥ १६७ ॥
दम्भमानमदक्रोधपारुष्याज्ञानचापलैः ।
आसुरी सूच्यते संपन्मोहशोकविवर्धिनी ॥ १६८ ॥
युक्तोऽपि सततं दिव्यसंपदा मा शुचः सखे ।
आसुरं भावमापन्ना भजन्ते योनिमासुरीम् ॥ १६९ ॥
सत्त्वादिभिर्गुणैर्बद्धो ज्ञायते चेष्टितैर्जनः ।
मनोभोजनमाचारो गुणतुल्यो हि देहिनाम् ॥ १७० ॥

श्रीगीतासु षोडशोऽध्यायः ॥ १७ ॥

आकर्ण्यैतदथोवाच फल्गुनः पुनरच्युतम् ।
संन्यासत्यागयोस्तत्वं ज्ञातुमिच्छाम्यहं विभो ॥ १७१ ॥
उक्ते पाण्डुसुतेनेति भगवानभ्यभाषत ।
काम्यकर्मफलत्यागं संन्यासं संप्रचक्षते ॥ १७२ ॥

सर्वकर्मफलत्यागस्त्याग इत्यभिधीयते ।
म(स)त्कर्म न परित्याज्यं त्याज्यं तु विधिगर्हितम् ॥ १७३ ॥
नित्यकर्मपरित्यागो मोहात्तामस उच्यते ।
क्लेशदुःखभयात्त्यागो राजसो निष्फलः स्मृतः ।
कुर्वतामप्यसक्तानां त्यागः सत्त्वोचितो मतः ॥ १७४ ॥

श्रीगीतासु सप्तदशोऽध्यायः ॥ १८ ॥

कर्म कर्ता च बुद्धिश्च त्रिविधा गुणभेदतः ।
धृतिः सुखं च त्रैगुण्यात्त्रिविधं देहिनां मतम् ॥ १७५ ॥
यथोक्तसेवी निःसङ्गः कुरु कर्म निजं सखे ।
मद्भक्तो मत्स्तुतिपरः परं पदमवाप्स्यसि ॥ १७६ ॥
इदं भक्ताय ते ज्ञानमुपदिष्टं मया स्वयम् ।
यः श्रोष्यति स संसारदुःखान्यतितरिष्यति ॥ १७७ ॥
कच्चिन्मोहो विनष्टस्ते कच्चिदेतच्छ्रुतं त्वया ।
केशवेनेति कथिते बभाषे शक्रनन्दनः ॥ १७८ ॥
भगवन्वीतमोहोऽहं करिष्ये तव शासनम् ।
उक्त्वेति वीरो गाण्डीवमाचकर्ष रणोत्सुकः ॥ १७९ ॥

श्रीगीतास्वष्टादशोऽध्यायः ॥ १९ ॥

अथोदतिष्ठद्गम्भीरजलदध्वानमन्थरः ।
युयुत्सुं पार्थमालोक्य सैन्यानां हर्षनिःस्वनः ॥ १८० ॥
पूर्वं ततः सुभटकङ्कटपातिखड्ग-
टाङ्कारनादमुखरेषु बलेषु राज्ञाम् ।
धर्मात्मजः कवचचापशरान्विमुच्य
देवव्रताभिमुखमुत्सुकधीः ससर्प ॥ १८१ ॥
धिग्धिङ्नृपं कृपणचेष्ट मनुष्यसंज्ञं
भीरुं युधिष्ठिरमलीककृताभिधानम् ।
याच्ञा कृताञ्जलिरुपैति परान्यदेष
शूरास्तदिङ्गितजडाः पृथगित्यवोचन् ॥ १८२ ॥

सोऽप्यच्छकीर्तिरथ भीष्ममुखानुपेत्य
प्रह्वः शरीरपणसंश्रितधार्तराष्ट्रान् ।
तत्पादलग्नमुकुटः प्रकटं प्रणम्य
लेभे तदाशिषमशेषमहीपजैत्रीम् ॥ १८३ ॥

अभ्याहते च रणरङ्गमृदङ्गतूर्ये
पार्थान्गुणैकरसिको गुणवान्युयुत्सुः ।
अभ्याययौ तव सुतः स्वकुरूनिरस्य
धावन्ति तुल्यगुणमेव नृणां मनांसि ॥ १८४ ॥

अस्मिन्महाक्षयमुखे करवालपट्ट-
संरक्षितप्रतिमुखे रणरङ्गनाट्ये ।
व्याकीर्णकीर्तिकुसुमाञ्जलिरर्जुनाग्रे
नान्दीमिवापठदमन्दधनुर्निनादैः ॥ १८५ ॥

अत्रान्तरे नृपतिचक्रकिरीटकोटि-
संपातजातबहुशाकुलविस्फुलिङ्गा ।
जैत्री त्रिशूलकरशिष्यमुनेरुदग्रा
गाङ्गेयशातविशिखावलिरुल्ललास ॥ १८६ ॥

संत्राससंकुचितनिश्चलकर्णताल-
दिक्कुञ्जराकलितकम्पितसर्वलोकम् ।
क्षुभ्यत्क्षयाम्बुधरभैरवभीमनादं
भीमं निशम्य भयमाविरभूद्भटानाम् ॥ १८७ ॥

अथ भीमं समभ्यायात्स्वयं राजा सुयोधनः ।
भ्रातृभिः सहितो वीरैर्धुनानो विपुलं धनुः ॥ १८८ ॥

ततः प्रवृत्ते संग्रामे दुर्लक्ष्ये शरवृष्टिभिः ।
स्वयं शान्तनवः श्रीमानभ्यधावद्धनंजयम् ॥ १८९ ॥

सात्यकिं कृतवर्मा च ह्यभिमन्युं बृहद्बलः ।
दुःशासनोऽपि नकुलं सहदेवं च दुर्मुखः ॥ १९० ॥

युधिष्ठिरं तथा शल्य आचार्यो द्रुपदात्मजम् ।
सोमदत्तश्च वैराटिं बाह्लिकश्चेदिभूपतिम् ॥ १९१ ॥
रक्षसां प्रवरं वीरं घटोत्कचमलुम्बुसः ।
शिखण्डिनं द्रोणसुतो मत्स्यं प्राग्ज्योतिषेश्वरः ॥ १९२ ॥
कृपः केकयभूपालं द्रुपदं च जयद्रथः ।
सुतसोमं विकर्णश्च भीमसेनसुतं बली ॥ १९३ ॥
चेकितानः सुशर्माणं प्रतिविन्ध्यं च सौबलः ।
इरावतश्च विक्रान्तं शतायुः फल्गुणात्मजम् १९४ ॥
विन्दानुविन्दावावन्त्यौ कुन्तिभोजं यशस्विनम् ।
कौरवो वीरबाहुश्च विराटसुतमुत्तरम् ॥ १९५ ॥
अन्ये च वीरा राजानो राजसिंहाः प्रहारिणः।
उत्साहसत्त्वसंपन्नाः ससैन्याः समुपाद्रवन् ॥ १९६ ॥
तेषां कङ्कणरत्नांशुपटलाः करनिर्गताः ।
हेमपुङ्खाः शराश्चक्रुर्वह्निव्याप्तं दिगन्तरम् ॥ १९७ ॥
अथोद्धतेन रजसा गजवाजिरथाकुलम् ।
वीराणां तुमुलं युद्धं निर्मर्यादमवर्तत ॥ १९८ ॥
ततः शिरोभिर्वीराणां पतितोत्फुल्लितैर्मुहुः ।
अमन्दकन्दुकक्रीडा बभूवेव रणश्रियः ॥ १९९ ॥
ततः पाण्डवसैन्येषु भीष्मचापच्युतैः शरैः ।
विदारितेषु बहुशः समुत्तस्थौ महारवः ॥ २०० ॥
अथाभिमन्युरभ्येत्य शतमन्युसुतात्मजः ।
भीष्ममभ्याद्रवद्वीरो मिषतां सर्वभूभुजाम् ॥ २०१ ॥
कृतवर्मप्रभृतिभिः सहितं भीष्ममोजसा ।
अयोधयत्स विशिखैर्ध्वजमस्य चकर्त च ॥ २०२ ॥
हेमताले निपतिते संरब्धोऽथ पितामहः ।
दिव्यास्त्रवर्षी सावेगं सौभद्रं समुपाद्रवत् ॥ २०३ ॥

ततो वृकोदरमुखा विनदन्तो महारथाः ।
सानुगं शन्तनुसुतं समन्तात्पर्यवारयन् ॥ २०४ ॥
भीष्मोऽपि सात्यकिं विद्ध्वा ध्वजं पवनजन्मनः ।
उन्ममाथ शराग्रेण हैमं केसरिणं रथात् ॥ २०५ ॥
अत्रान्तरे गिरिप्रांशुमारुह्य मदकुञ्जरम् ।
अयोधयन्मद्रराजं हृष्टो वैराटिरुत्तरः ॥ २०६ ॥
स कुञ्जरेन्द्रः शल्यस्य पादेन चतुरो हयान् ।
जघानाकृष्य हस्तेन गर्जञ्जलदनिःस्वनः ॥ २०७ ॥
ततो मद्राधिपः क्रुद्धः शक्तिं शक्तिमतां वरः ।
प्रदीप्तां प्राहिणोद्वेगादुत्तरायेषुवर्षिणे ॥ २०८ ॥
स तया भिन्नहृदयः पपात गलितायुधः ।
कर्णिकार इव भ्रष्टः करीन्द्राचलशेखरात् ॥ २०९ ॥
उत्तरं निहतं दृष्ट्वा शङ्खस्तस्यानुजः क्रुधा ।
चकार शल्यमभ्येत्य शरैर्जटिलविग्रहम् ॥ २१० ॥
तस्य शल्योऽथ गदया विदार्य दलशो रथम् ।
उन्ननादाभवन्येन दिशः शकलिता इव ॥ २११ ॥
शङ्खो हताश्वः सहसा फल्गुणस्य रथं ययौ ।
भीष्मोऽथ पाण्डवचमूं व्यगाहत नृपान्तकः ॥ २१२ ॥
मत्स्यकेकयपाञ्चालचेदिसेनासु सर्वशः ।
भीष्मबाणविभिन्नासु सूर्योऽस्तशिखरं ययौ ॥ २१३ ॥
ततो निवृत्ते संग्रामे शिबिराणि नरेश्वराः ।
भेजिरे प्रतिशंसन्तो विपुलं भीष्मविक्रमम् ॥ २१४ ॥

प्रथमे युद्धदिवसे उत्तरवधः ॥ २० ॥

दिनान्ते दीर्णपृतनः शोकार्तो धर्मनन्दनः ।
संहारं निजसैन्यानां प्रदध्यौ भीष्मविक्रमम् ॥ २१५ ॥
स राजमध्ये गोविन्दमुवाच करुणाकुलः ।
क्षीयमाणस्य समरे सत्यं श्रेयस्तपो मम ॥ २१६ ॥

अलं युद्धेन मे कृष्ण पृथिवीक्षयकारिणा।
को मुच्येत रणे प्राप्य भीष्मं भीष्मपराक्रमम्॥ २१७॥
इति ब्रुवाणं राजानमुवाच मधुसूदनः।
ध्रुवस्ते विजयो राजन्यस्य योद्धा धनंजयः॥ २१८॥
सात्यकिर्द्रुपदः शैब्यः शिखण्डी पञ्च केकयाः।
सौभद्रश्च रणे क्रुद्धो हन्यादेव गणानपि॥ २१९॥
उक्ते जनार्दनेनेति तीव्रं भीष्मपराक्रमम्।
मिथः कथयतां तेषां सा जगाम विभावरी॥ २२०॥
अथोदिते सहस्रांशौ विहिते पाण्डुनन्दनैः।
क्रुञ्चव्यूहे महोत्साहैर्व्यूहमन्येऽपि चक्रिरे॥ २२१॥
ततः प्रवृत्ते समरे तीव्रे भीरुभयंकरे।
हृदयाकम्पने राज्ञां तालकेतुरदृश्यत॥ २२२॥
गम्भीरधीरसंरम्भो वर्जयन्स पृथग्जनम्।
चकर्त भूभुजामेव शिरांसि लघुविक्रमः॥ २२३॥
भीष्मेणालोलिते व्यूहे वातोद्धूत इवार्णवे।
तमभ्यधावत्संरब्धः श्वेताश्वोऽच्युतसारथिः॥ २२४॥
तमापतन्तं विशिखैर्भीष्मः क्षिप्रमपूरयत्।
द्रोणदुर्योधनमुखाः सर्वे चान्ये महारथाः॥ २२५॥
पार्थोऽपि सायकैश्चक्रे समन्तात्कुरुवाहिनीम्।
तत्पक्षपवनस्फारैर्दीर्णोमिव सहस्रधा॥ २२६॥
दुर्योधनप्रेरितोऽथ स्वयं शन्तनुनन्दनः।
निन्दन्निजं क्षत्रधर्ममभ्यधावद्धनंजयम्॥ २२७॥
निर्विशेषं तयोस्तत्र सुचिरं युध्यमानयोः।
निरुद्धाः शरजालेन नादृश्यन्त दिशो दश॥ २२८॥
न ददर्श तयोः कश्चिदन्तरं क्षिपतोः शरान्।
धारासारप्रबलयोर्नदतोरिव मेघयोः॥ २२९॥

ततो द्रोणमुखा वीरा धृष्टद्युम्नपुरोगमैः ।
अयुध्यन्ताभवन्येन सुराः पुलकिता दिवि ॥ २३० ॥
भीमसेनः कलिङ्गानां प्रविश्याथ वरूथिनीम् ।
पातयन्कुञ्जरांश्चक्रे निःसंचारां वसुंधराम् ॥ २३१ ॥
भीमनिर्भिन्नमत्तेभकुम्भोद्भूतासृगम्भसाम् ।
प्रवाहैर्ययुराकण्ठं तुरङ्गाः कृच्छगामिनः ॥ २३२ ॥
निहत्य कुञ्जरानीकं कलिङ्गानां प्रहारिणाम् ।
केतुमन्तं नरपतिं जघान सपदानुगम् ॥ २३३ ॥
निःशेषितकलिङ्गस्य भीमसेनस्य नादतः ।
घनगम्भीरनादेन पृथिवी समकम्पत ॥ २३४ ॥
ततो भीष्मः समभ्येत्य दृष्ट्वा दीर्णामनीकिनीम् ।
विधाय विरथं भीमं शैनेयाश्वानपोथयत् ॥ २३५ ॥
दुर्योधनसुतं वीरं लक्ष्मणं शौर्यलक्षणम् ।
अभिमन्युः शितैर्बाणैः क्षिप्रहस्तमपोथयत् ॥ २३६ ॥
गोचरे पतितं पुत्रं सौभद्रस्य प्रमाथिनः ।
दृष्ट्वा दुर्योधनो राजा सानुगः स्वयमाद्रवत् ॥ २३७ ॥
कुरुवीरैः परिवृतं विलोक्य सुतमर्जुनः ।
मण्डलीकृतगाण्डीवस्तूर्णं प्रत्युद्ययौ परान् ॥ २३८ ॥
लाघवादभितस्तस्य सायकाश्चित्रयोधिनः ।
जह्रुः शिरांसि शूराणां फलानीव महीरुहाम् ॥ २३९ ॥
आखण्डलभुवा चण्डगाण्डीवप्रेरितैः शरैः ।
विदारितेष्वनीकेषु विध्वस्तरथसादिषु ॥ २४० ॥
रुधिरेणेव गगने संध्यारागेण पूरिते ।
अवहारं रणे चक्रे वासरान्ते पितामहः ॥ २४१ ॥

द्वितीयो युद्धदिवसः ॥ २१ ॥

अन्येद्युर्गारुडं व्यूहं दृष्ट्वा भीष्मेण कल्पितम् ।
अर्धचन्द्रं प्रतिव्यूहं चक्रिरे पाण्डुनन्दनाः ॥ २४२ ॥

ततः प्रवृत्ते समरे भीरूणां धृतिखण्डने ।
आरूढेव महीव्योम रजसा समलक्ष्यत ॥ २४३ ॥
असृक्प्रवाहैः सहसा प्रशान्ते रेणुमण्डले ।
सुघोरः संप्रहारोऽभून्नृपाणां त्रिदशेक्षितः ॥ २४४ ॥
भीष्मद्रोणमुखैर्वीरैः फल्गुणप्रमुखा रणे ।
संसक्ताः समदृश्यन्त पूर्वदेवैरिवामराः ॥ २४५ ॥
बाणजालेन महता संहतानां समन्ततः ।
अर्जुनेन निरुद्धासु रिपूणां शस्त्रवृष्टिषु ॥ २४६ ॥
अकम्पितौ कुरुव्यूहे भीमसेनघटोत्कचौ ।
प्रविश्य चक्रतुर्वीरौ व्याकुलां परवाहिनीम् ॥ २४७ ॥
तावभ्यधावत्संरम्भादमर्षी धृतराष्ट्रजः ।
कुर्वन्राजसमाजेन मौलिरत्नारुणा दिशः ॥ २४८ ॥
हैडम्बबाणनिहता वीरास्तस्य पदानुगाः ।
महावातसमाक्रान्ता द्रुमा इव चकम्पिरे ॥ २४९ ॥
दुर्योधनप्रेरितानां शराणां दीप्ततेजसाम् ।
वृष्टिमभ्युद्गतां घोरां चिच्छेदाशु वृकोदरः ॥ २५० ॥
भीमोत्सृष्टेन पृथुना पृषङ्के(त्के)नाथ कौरवः ।
हृदि विद्धो निमग्नेन मुमोह भृशविह्वलः ॥ २५१ ॥
तस्मिन्सारथिना नीते रथेनाकुलकेतुना ।
दुद्राव सैन्यं तत्सर्वं पश्यतोर्द्रोणभीष्मयोः ॥ २५२ ॥
महारथैर्वारितेऽपि कीर्णे तस्मिन्बलार्णवे ।
प्रत्युद्ययौ समाश्वस्य तूर्णं राजा सुयोधनः ॥ २५३ ॥
पार्थसात्यकिसौभद्रैः स दृष्ट्वा बहुशश्चमूम् ।
विद्रावितां समभ्येत्य पितामहमभाषत ॥ २५४ ॥
दारितं पश्य मे सैन्यं लब्धलक्षैररातिभिः ।
पाण्डुपुत्रेषु कृपया त्वयि माध्यस्थ्यमाश्रिते ॥ २५५ ॥

अलं द्रोणसहायस्य परिस्थातुं पुरस्तव ।
[1]मंदभाग्यवशान्न स्याद्यदि पार्थेषु वः कृपा ॥ २५६ ॥
एतत्सुयोधनेनोक्तं श्रुत्वा सुरसरित्सुतः ।
ईषत्स्मितसुधाधौतकपोलफलकोऽवदत् ॥ २५७ ॥
उक्तोऽसि बहुशो राजन्नजेयाः पाण्डवा इति ।
यत्तु शक्यं मया किंचिद्वृद्धेनाद्य करोमि किम् ॥ २५८ ॥
इत्युक्त्वा चापमाकृष्य तालमात्रं महाभुजः ।
मन्दायमाने दिवसे सममभ्युद्ययौ परान् ॥ २५९ ॥
ततो भीष्मरथोदीर्णैः शरैः सूर्यकरप्रभैः ।
विदारितान्यनेकानि तमांसीव क्षयं ययुः ॥ २६० ॥
तोमरेष्वातपत्रेषु शरीरेषु च भूभुजाम् ।
पेतुः पुनरभावाय भीष्मनामाङ्किताः शराः ॥ २६१ ॥
अदृष्टपुङ्खवदनैर्घनश्रेणीकृतैर्मुहुः ।
तत्सायकैरदृश्याभूत्पाण्डवानामनीकिनी ॥ २६२ ॥
तं युध्यमानं दीप्तास्त्रं वर्जयन्तोऽपि संगरे ।
दिक्षु भीष्मसहस्राणि ददृशुः सर्वपार्थिवाः ॥ २६३ ॥
व्रजत्सु राजचक्रेषु भीष्मानलपतङ्गताम् ।
एकेनैकेन बाणेन भिन्नेषु त्रिषु दन्तिषु ॥ २६४ ॥
याते सहस्रधा सैन्ये पाण्डवानां तरस्विनाम् ।
अनयत्फल्गुणरथं गाङ्गेयान्तिकमच्युतः ॥ २६५ ॥
ततोऽभवद्भीष्मशरैर्भास्वरैः सव्यसाचिनः ।
क्षणं पञ्चाननस्येव चारुकाञ्चनपञ्जरः ॥ २६६ ॥
निरुद्धशरसंचारो यत्नेन शतमन्युजः ।
विचित्रैर्विचरन्मार्गैर्युयुधे कृष्णसारथिः ॥ २६७ ॥
तस्यातिमानुषं धैर्यमास्थितस्य पितामहः ।
साधु पुत्रेति संहृष्टः पराक्रममपूजयत् ॥ २६८ ॥

१. 'मन्दभाग्यवशान्मे स्याद्यदि पार्थेषु वः कृपा' इति पाठस्तु सुबोधः.

तत्कङ्कपत्त्रिनिर्भिन्नौ कृष्णावेकरथे स्थितौ ।
रक्ताशोकाविवोत्फुल्लौ बभतुः क्षतजोक्षितौ ॥ २६९ ॥
ततो निरन्तरैर्बाणैर्भीष्मकार्मुकनिर्गतैः ।
आक्रान्तभुवनाभोगैर्नादृश्यन्त दिशो दश ॥ २७० ॥
भीष्मे पृथुशरज्वाले कालानल इवोद्यते ।
दुद्राव पाण्डवचमूः पश्चादभिसृता परैः ॥ २७१ ॥
भग्नेषु भटमुख्येषु बभाषे कैटभान्तकः ।
क्व नु मानधना यूयमपारयशसो रणे ।
परित्यज्य कुलाचारं याताः कातरतामिमाम् ॥ २७२ ॥
इत्युक्त्वा तान्समालोक्य विद्रुतानेव केशवः ।
उवाच सात्यकिं वीरं युध्यमानं प्रयत्नतः ॥ २७३ ॥
तिष्ठन्तु यान्तु वा सर्वे सात्यके पृतनाग्रगाः ।
एष स्वयं निहन्म्यद्य सानुगं शन्तनोः सुतम् ॥ २७४ ॥
इत्युक्त्वा चण्डमार्तण्डमण्डलाग्रं सुदर्शनम् ।
स्वयमुद्यम्य कंसारिः स्यन्दनाग्रादवातरत् ॥ २७५ ॥
क्रुद्धस्य तस्य कल्पान्तकरालानलरोचिषः ।
न रूपं सेहिरे द्रष्टुं सुरा अपि दिवि स्थिताः ॥ २७६ ॥
संरम्भोद्भ्रान्तदोर्दण्डविलसत्पीतवाससा ।
शोभां भेजे स नीलाद्रेः सपत्संध्याभ्रशालिनः ॥ २७७ ॥
तमन्तकमिवायान्तं जगत्संहारदीक्षितम् ।
धीरः शान्तनवो दृष्ट्वा धुनानो धनुरभ्यधात् ॥ २७८ ॥
एह्येहि भगवन्विष्णो जिष्णो त्रिदशविद्विषाम् ।
चक्रेण मे शिरश्छिन्धि भवक्लेशकृशानुना ॥ २७९ ॥
भवता नाभिजाम्भोजसमुद्भूतस्वयंभुवा ।
हतो जगन्निवासेन धन्यतां यात्वयं जनः ॥ २८० ॥
सिद्धसिन्धुसुतेनेति भाषिते नतमौलिना ।
अवरुह्य रथात्तूर्णमर्जुनः कृष्णमन्वगात् ॥ २८१ ॥

स निष्पीड्य बलात्पादौ पुरस्तात्कालियद्विषः ।
उवाच संहर विभो कोपं विश्वक्षयोचितम् ॥ २८२ ॥
क्षपयामि रिपून्सर्वान्युधि सत्येन ते शपे ।
इति प्रसाद्य तं पार्थो रथमारोपयत्पुनः ॥ २८३ ॥
ततो गाण्डीवघोषेण पाञ्चजन्यरवेण च ।
चक्राते राजचक्राणां कृष्णौ कृष्णाम्बुदभ्रमम् ॥ २८४ ॥
ततो निर्विवरैर्बाणैः शल्यभूरिश्रवःशलाः ।
अवाकिरन्भीष्ममुखाः फल्गुणं शस्त्रवृष्टिभिः ॥ २८५ ॥
तामायुधमहावृष्टिं छित्त्वा सपदि पाण्डवः ।
माहेन्द्रमस्त्रं विदधे सर्वलोकक्षयक्षमम् ॥ २८६ ॥
तस्मिन्नुदीर्णे सहसा महास्त्रे दीप्ततेजसि ।
चण्डवातविकीर्णेव चकम्पे कुरुवाहिनी ॥ २८७ ॥
बध्यमानेषु सैन्येषु क्षिप्रं गाण्डीवधन्वना ।
नरनागाश्वदेहोत्था ससर्प रुधिरापगा ॥ २८८ ॥
छत्राच्छफेनपटलां चलच्चामरसारसाम् ।
केशशैवालशबलां पिशाचास्तां सिषेविरे ॥ २८९ ॥
घोरे नृपक्षये तस्मिन्वर्तमाने रणोत्सवे ।
संध्यया दिक्षु जातासु शोणितेन भृतास्विव ॥ २९० ॥
याते ऽस्तं चण्डकिरणे प्रत्यग्ररुधिरत्विषि ।
मांसपिण्ड इव ग्रस्ते घोरेण ध्वान्तरक्षसा ॥ २९१ ॥
विध्वस्तचापकवचा विप्रकीर्णरथध्वजाः ।
अवहारमकुर्वन्त पाण्डवाः शस्त्रविक्षताः ॥ २९२ ॥

तृतीयो युद्धदिवसः ॥ २२ ॥

पुनः प्रभाते संरब्धा निर्ययुः कुरुपाण्डवाः ।
विनदन्तो महोत्साहा व्यूढव्यूहाग्रवर्तिनः ॥ २९३ ॥

अथ प्रवृत्ते समरे पृथिवीक्षयशंसिनि ।
सौभद्रप्रमुखा वीरान्भीष्ममुख्यानयोधयन् ॥ २९४ ॥
ततः शरशतासारसंपूरितदिगन्तरः ।
महारथानतीत्यान्यान्भीष्मोऽर्जुनमुपाद्रवत् ॥ २९५ ॥
निर्विशेषं तयोः क्षिप्रं वीरयोर्युध्यमानयोः ।
एको द्रोणिमुखान्वीरानभिमन्युरयोधयत् ॥ २९६ ॥
छिन्नवर्मध्वजरथान्स विधाय महारथान् ।
शिरःप्रकरमुच्छिन्नं राज्ञां क्षिप्रमपातयत् ॥ २९७ ॥
द्रोणप्रभृतिभिः सर्वैर्दृष्ट्वा सौभद्रमावृतम् ।
धृष्टद्युम्नश्चमूनाथश्चकर्ताभ्येत्य कौरवान् ॥ २९८ ॥
स हत्वा चामरं शूरः पौरव्यतनयं नृपम् ।
शिरःसंयमनेः कायाज्जहाराकुलकुण्डलम् ॥ २९९ ॥
अत्रान्तरे गजानीकैर्विपुलैश्च गजाधिपः ।
भीमदुर्योधनादिष्टो गदापाणिः समाद्रवत् ॥ ३०० ॥
भीमसेनोऽथ रभसादवरुह्य रथाद्गजान् ।
गर्जन्नुरुगदाघातैर्जघान घनविक्रमः ॥ ३०१ ॥
गदाप्रहाराभिहतैर्वज्रभिन्नैरिवाचलैः ।
पतद्भिर्मत्तमातङ्गैश्चकम्पे चकितेव भूः ॥ ३०२ ॥
निहते कुञ्जरानीके भीमेन भयदायिना ।
तमभ्यधावन्संक्रुद्धाः सर्वे दुर्योधनादयः ॥ ३०३ ॥
सुयोधनशराघातमूर्छितोऽथ वृकोदरः ।
समाश्वास्य परानीकं रथेन कुपितोऽविशत् ॥ ३०४ ॥
विश्वसंहारसंक्रुद्धं तं कृतान्तमिवोत्थितम् ।
प्राप्यानुजाः कुरुपतेश्चतुर्दश ययुः क्षयम् ॥ ३०५ ॥
सेनापतिं सुषेणं च जयसंधं सुलोचनम् ।
भीममुग्रं भीमरथं भीमबाहुमलोलुपम् ॥ ३०६ ॥

समं विवित्सुं कटकं दुर्मुखं दुष्प्रदर्शनम्।
हत्वैनामकरोत्सेनां कौरवाणां सहस्रधा ॥ ३०७ ॥
तमभ्यधावन्मत्तेन सुप्रतीकेन दन्तिना।
गम्भीरघोरघोषेण भगदत्तः सहानुगैः ॥ ३०८ ॥
गजोदयाचलरवेः शरैस्तीक्ष्णैरिवांशुभिः।
प्रतापधाम्नस्तस्यारात्स च कोपारिवाहिनी ॥ ३०९ ॥
तत्सायकेन विद्धोऽथ हृदि मर्मावभेदिना।
ध्वजयष्टिं समालम्ब्य तस्थौ भीमोऽतिमूर्छितः ॥ ३१० ॥
ततो घटोत्कचः क्रुद्धो दृष्ट्वा जनकमाकुलम्।
भगदत्तमभिद्रुत्य घोरां मायां समाददे ॥ ३११ ॥
ऐरावणगतः सोऽथ प्रभिन्नैर्दिग्द्विपैः सह।
अपीडयत्सुप्रतीकं दीप्ताभिः शस्त्रवृष्टिभिः ॥ ३१२ ॥
तस्य निर्भिद्यमानस्य कुञ्जरेन्द्रस्य गर्जतः।
शब्देन तस्थुरालीय सर्वे संकुचिता गजाः ॥ ३१३ ॥
घटोत्कचेन संसक्तं दृष्ट्वा प्राग्ज्योतिषेश्वरम्।
सह द्रोणादिभिर्वीरैर्भीष्मस्तं देशमाद्रवत् ॥ ३१४ ॥
घटोत्कचं कालरूपं नदन्तं वीक्ष्य भैरवम्।
संध्यायां दुर्जयं मत्वा भीष्मस्तं भीमविक्रमम् ॥ ३१५ ॥
अवहारं सुसैन्यानां विदधे धीमतां वरः।
येनाभवन्कालवक्त्रान्निष्क्रान्ता इव कौरवाः ॥ ३१६ ॥

चतुर्थो युद्धदिवसः ॥ २३ ॥

ततो निशायामभ्येत्य कुरुराजः पितामहम्।
पप्रच्छ पाण्डुपुत्राणां दुःखितो जयकारणम् ॥ ३१७ ॥
तमब्रवीच्छान्तनवो राजन्नुक्तोऽसि सर्वदा।
देवेन विष्णुना गुप्ता न जेयाः पाण्डवा इति ॥ ३१८ ॥
पुरा भूभारशान्त्यर्थं स्वयंभूर्मुनिसंसदि।
प्रादुर्भूतं स्वयं विष्णुं तुष्टाव सहसां निधिम् ॥ ३१९ ॥

जय विश्वेश विश्वात्मन्विश्वक्सेन सुधानिधे ।
अमन्दचिद्घनानन्द संवित्समरसद्युते ॥ ३२० ॥
नमस्तुभ्यं जगत्सर्गस्थितिसंहारकारिणे ।
त्रिविक्रमाय महते त्रिगुणाय त्रिमूर्तये ॥ ३२१ ॥
नमः प्रचण्डचक्राग्रप्रभाभासुरबाहवे ।
दैत्यान्धकारसंहारकारिणे मोहदारिणे ॥ ३२२ ॥
अवतीर्णा भुवं नाथ दानवा ये हतास्त्वया ।
तेषां वधाय दृप्तानां मानुषी तनुमाविश ॥ ३२३ ॥
इति स्तुतः पद्मभुवा देवो नारायणः प्रभुः ।
नरेण साकं भूभारशान्त्यै क्षितिमवातरत् ॥ ३२४ ॥
स एष कृष्णो भगवाञ्जातो यादवनन्दनः ।
नरश्च विजयो धीरः प्रवरः सर्वधन्विनाम् ॥ ३२५ ॥
देवौ कृष्णार्जुनावेतौ न जेयौ त्रिदशैरपि ।
इति ज्ञात्वा शमः पुत्र क्रियतां पाण्डुनन्दनैः ॥ ३२६ ॥

विश्वोपाख्यानम् ॥ २५ ॥

अथ प्रभाते मकरश्येनव्यूहाग्रवर्तिनः ।
भीष्मभीममुखा युद्धं चक्रिरे पाण्डुनन्दनाः ॥ ३२७ ॥
हतानां हन्यमानानां घ्नतां च समरे मिथः ।
पततां तत्र वीराणां निःस्वनस्तुमुलोऽभवत् ॥ ३२८ ॥
भीमफल्गुणसौभद्रमत्स्यसात्यकिपार्षतैः ।
भीष्ममुख्यैश्च ते सेने भिन्ने संशयमापतुः ॥ ३२९ ॥
कबन्धताण्डवश्चण्डे मत्तवेतालसंकुले ।
तस्मिन्नायोधने घोरे भूतानामुत्सवोऽभवत् ॥ ३३० ॥
धन्विनां शरजालेन दिवमुत्पततां मुहुः ।
रवौ संछादिते राज्ञां व्यर्थोऽभूच्छस्त्रसंग्रहः ॥ ३३१ ॥
वीरेण भूरिश्रवसा संसक्तं वीक्ष्य सात्यकिम् ।
अभ्याद्रवन्धन्विनस्तं देशं सात्यकिसूनवः ॥ ३३२ ॥

तेषामापततां तूर्णं सृजतां शरदुर्दिनम् ।
भूरिश्रवाः शिरांस्यारादुश्चकर्त शितैः शरैः ॥ ३३३ ॥
हतेषु तेषु कुपितः प्रदीप्तास्त्रो धनंजयः ।
चकार कुरुसेनानां संहारं हरिसारथिः ॥ ३३४ ॥
हते लक्षचतुर्भागे भूभुजामनिवर्तिनाम् ।
गाण्डीवधन्वना सैन्यं वासरान्ते न्यवर्तत ॥ ३३५ ॥

पञ्चमो युद्धदिवसः ॥ २६ ॥

पुनः प्रभाते संनद्धा निर्ययुः कुरुपाण्डवाः ।
अलक्ष्यभेदाव्यूहाभ्यां क्रौञ्चेन मकरेण च ॥ ३३६ ॥
ततः प्रमथ्य सहसा भीमसेनोऽरिवाहिनीम् ।
विवेश भृशसंक्रुद्धः समं द्रुपदसूनुना ॥ ३३७ ॥
ताभ्यां विदारिते व्यूहे कुपिताः कुरुनन्दनाः ।
विमुखैः कुञ्जरानीकैस्तौ तूर्णं पर्यवारयन् ॥ ३३८ ॥
भीमसेनगदाघातनिष्पिष्टवपुषां रणे ।
अभूद्व्यतिकरो घोरः पततां गजयोधिनाम् ॥ ३३९ ॥
युध्यमानेषु सैन्येषु भीमेन भुजशालिना ।
अभ्याद्रवत्सानुगस्तं स्वयं राजा सुयोधनः ॥ ३४० ॥
छादितं कौरवैर्दृष्ट्वा भीमं विशिखवर्षिभिः ।
विमोहं विदधे तेषां मोहनास्त्रेण पार्षतः ॥ ३४१ ॥
द्रोणेन स्वयमभ्येत्य ज्ञानास्त्रेण विनाशिते ।
मोहनास्त्रे कुरुपतिं भीमस्तूर्णमुपाद्रवत् ॥ ३४२ ॥
मदान्ध क्वाधुना जीवन्मयि जीवति यास्यसि ।
इत्युक्त्वा ते शरशतैर्वज्रवेगैरवाकिरन् ॥ ३४३ ॥
भीमचापच्युतैर्बाणैः सोऽथ कृत्तरथध्वजः ।
हृदि निर्दारितो भेजे मूर्छां व्यथितमानसः ॥ ३४४ ॥
अत्रान्तरे भीष्मशरैर्हन्यमानेषु राजसु ।
घोरो बभूव संमर्दः कृतान्तसमरोत्सवः ॥ ३४५ ॥

द्रौपदेयेषु वीरेषु युध्यमानेषु कौरवैः ।
अवर्तत रणो घोरो गजवाजिरथक्षयः ॥ ३४६ ॥
अथावहारं सैन्यानां चक्रे शन्तनुनन्दनः ।
राजसेवावृते सूर्ये यातेऽस्तं रुधिरारुणे ॥ ३४७ ॥

षष्ठो युद्धदिवसः ॥ २७ ॥

अन्येद्युर्मण्डलव्यूहे भीष्मेण विहिते स्वयम् ।
युधिष्ठिरः स दुर्भेद्यं वज्रव्यूहमकल्पयत् ॥ ३४८ ॥
ततः प्रवृत्ते समरे भीषणे भीष्मपार्थयोः ।
विराट आद्रवद्द्रोणं गरिष्ठं सर्वधन्विनाम् ॥ ३४९ ॥
द्रोणस्तं बाणवर्षेण संछाद्य शरवर्षिणम् ।
उन्ननाद घनध्वानो रथमस्य जघान च ॥ ३५० ॥
स हताश्वं समुत्सृज्य रथं पुत्रस्य संभ्रमात् ।
आरुरोह हतानीकं शङ्खस्यारूढधन्विनः ॥ ३५१ ॥
द्रोणोऽथ तौ पितापुत्रौ विलोक्यैकरथे स्थितौ ।
शङ्खाय प्राहिणोद्घोरं मृत्युदण्डोपमं शरम् ॥ ३५२ ॥
स तेन भिन्नहृदयः पपात क्षतजोक्षितः ।
वातेनोन्मथितः शैलादुत्फुल्ल इव किंशुकः ॥ ३५३ ॥
ततः शिखण्डिनं द्रोणः शरैर्विशिखवर्षिणम् ।
हताश्वे सात्यकिरथं समारूढे शिखण्डिनि ।
अलम्बुसो राक्षसेन्द्रः क्रूरकर्मा तमाद्रवत् ॥ ३५४ ॥
मायया युध्यमानं तं गर्जन्तं राक्षसेश्वरम् ।
चकार विमुखं कोपादैन्द्रेणास्त्रेण सात्यकिः ॥ ३५५ ॥
शैनेयेन जिते तस्मिन्निरावानर्जुनात्मजः ।
विन्दानुविन्दावभ्यायाज्जम्भारिसमविक्रमः ॥ ३५६ ॥
घटोत्कचमथायान्तं कृतान्तमिव भैरवम् ।
अवारयद्गजेन्द्रेण भगदत्तो नृपाग्रणीः ॥ ३५७ ॥

वीरं स हत्वा हैडम्बं पाण्डवानामनीकिनीम् ।
दर्पाद्विलोडयामास गजेन्द्रो नलिनीमिव ॥ ३९८ ॥
माद्रीसुतौ ततः शल्यं विधाय विरथं शरैः ।
चक्रतुर्विमुखं संख्ये राजचक्रस्य पश्यतः ॥ ३९९ ॥
स्वयं युधिष्ठिरो राजा नृपं जित्वा श्रुतायुधम् ।
विगाह्य कौरवानीकं विदधे विमुखं शरैः ॥ ३६० ॥
चेकितानेन विजिते गौतमे धन्विनां गुरौ ।
भीष्मश्चकार कदनं राज्ञामन्यत्र चार्जुनः ॥ ३६१ ॥
युधिष्ठिरगिरा वीक्ष्य भीष्माय समभिद्रवत् ।
शिखण्डिनं मद्रराजो दिव्यैरस्त्रैरवारयत् ॥ ३६२ ॥
भीष्मेण हन्यमानेषु भूपालेष्वनिवर्तिषु ।
पार्थेन च त्रिगर्तेषु जगामास्तं दिवाकरः ॥ ३६३ ॥
तमोभिरावृते लोके रणे रक्तासवाकुले ।
प्रमत्तैरिव वेतालैः शिबिराणि ययुर्नृपाः ॥ ३६४ ॥

सप्तमो युद्धदिवसः ॥ २८ ॥

भीष्मेण सागरव्यूहे प्रातर्विरचिते पुनः ।
शृङ्गाटकं महाव्यूहं चक्रे द्रुपदनन्दनः ॥ ३६५ ॥
विदीर्णेष्विव सैन्येषु भीष्मचापच्युतैः शरैः ।
बभूवाभिमुखः कोपादेक एव वृकोदरः ॥ ३३६ ॥
स हत्वा सारथिं बाणैस्तूर्णं शन्तनुजन्मनः ।
द्रोणस्य च समुद्भ्रान्तपताकं विदधे रथम् ॥ ३६७ ॥
लब्धलक्ष्यस्ततो भीमः सप्त दुर्योधनानुजान् ।
जघान मदसंरब्धान्पञ्चानन इव द्विपान् ॥ ३६८ ॥

---

१. 'तं विजित्य रणे शूरं विख्यातं ख्यातपौरुषम्' इति भारतसंवादात् 'जित्वा' इत्येव पाठो भवेत्.

बह्वाशिनं कुण्डधारं विशालाक्षं सुदुर्जयम् ।
महोदरं मण्डितकं सुनाभं च निहत्य तान् ॥ ३६९ ॥
विद्राव्य कौरवचमूं ननादास्फालयन्दिशः ।
क्षयाय सर्वजगतां देवै रुद्र इवोदितः ॥ ३७० ॥
इरावानथ विक्रान्तो विवेश कुरुवाहिनीम् ।
उलूपी नागललना फल्गुनाद्यमजीजनत् ॥ ३७१ ॥
कार्ये समरसाहाय्यं स्वयमित्यर्जुनेन सः ।
उक्तः पुरा सुरपुरे तां युद्धभुवमाययौ ॥ ३७२ ॥
रत्नकाञ्चनसंनाहैः स पातालतुरङ्गमैः ।
उह्यमानः शरैश्चक्रे फणिलोकमिवापरम् ॥ ३७३ ॥
स गत्वा विपुलानीकान्गान्धारान्हययोधिनः ।
शकुनेस्तनयान्सप्त जघान घनविक्रमान् ॥ ३७४ ॥
ततो दुर्योधनादिष्टो मायावी राक्षसाधिपः ।
अलम्बुसः समभ्यायादिरावन्तं रणोत्कटः ॥ ३७५ ॥
इरावानथ खड्गेन छित्त्वा सपदि रक्षसः ।
स निषङ्गं धनुर्दीप्तं ननाद बलिनां वरः ॥ ३७६ ॥
ततो मायां समाश्रित्य महतीं मोहनीं नृणाम् ।
युयुधाते समाविश्य तौ नभो भीमविक्रमौ ॥ ३७७ ॥
इरावता निजास्त्रौघैर्हन्यमानस्य रक्षसः ।
घोरः समुदभून्नादः सर्वप्राणिभयंकरः ॥ ३७८ ॥
अथ साहाय्यकं चक्रुर्भुजङ्गा भुजगीभुवः ।
तद्वमन्तो विषं तीक्ष्णं भोगान्भोगभृतां वराः ॥ ३७९ ॥
राक्षसोऽथ भृशं क्रुद्धो रूपमास्थाय गारुडम् ।
भक्षयित्वाखिलान्सर्पान्भीमं स्वं वपुराददे ॥ ३८० ॥
मायाविमोहितस्याथ खड्गेनारादिरावतः ।
जहार राक्षसं कायाच्छिरस्तरलकुण्डलम् ॥ ३८१ ॥

हते धनंजयसुते हैडम्बः क्रोधमूर्छितः।
रुराव येन वसुधा चचाल सकुलाचला॥ ३८२॥
तमभिद्रुतमालोक्य राजा दुर्योधनः स्वयम्।
सह सर्वैर्निजानीकैर्महामायमयोधयत्॥ ३८३॥
विद्युज्जिह्वं वेगवन्तं महारौद्रं प्रमाथिनम्।
हैडिम्बानुचरान्घोरान्स जघान निशाचरान्॥ ३८४॥
शक्तिं घटोत्कचेनाथ प्रेरितां कुरुभूभुजे।
महागजेन जग्राह वङ्गानामधिपः पुरः॥ ३८५॥
नागे निपतिते तस्मिन्रक्षिते च सुयोधने।
संहारं कुरुसैन्यानां चकार पिशिताशनः॥ ३८६॥
भगदत्तोऽथ विद्राव्य पाण्डवानामनीकिनीम्।
सुप्रतीकेन नागेन घटोत्कचमयोधयत्॥ ३८७॥
तनयं निहतं श्रुत्वा कुपितः शतमन्युजः।
शिरोभिर्भूमिपालानां दुर्गमां वसुधां व्यधात्॥ ३८८॥
भीमोऽपि क्रोधसंतप्तो भ्रातुः पुत्रे निपातिते।
सुयोधनानुजान्वीरान्प्राहिणोद्यममन्दिरम्॥ ३८९॥
अनाधृष्टिं कुण्डलिनं कुण्डभेदिं सुलोचनम्।
विराटं दीर्घबाहुं च सुबाहुं कनकध्वजम्॥ ३९०॥
हत्वैतान्कौरवानीकं कबन्धशतसंकुलम्।
विदधे मत्तवेतालनन्दने दिनसंक्षये॥ ३९१॥
विस्रस्तचापकवचे भग्नस्यन्दनकुञ्जरे।
रणेऽवहारं सैन्यानां ततश्चक्रुर्महारथाः॥ ३९२॥

अष्टमे युद्धदिवसे इरावद्वधः॥ २९॥

ततो निशायामनुजैः सह राजा सुयोधनः।
कर्णमानाय्य पार्थानां पराभवमचिन्तयत्॥ ३९३॥
वैकर्तनस्तमवदत्क्रियतां मद्वचः सखे।
शस्त्रं न्यासय गाङ्गेयमहं जेष्यामि पाण्डवान्॥ ३९४॥

एष वृद्धो निरीहश्च सपक्षश्च धनंजये ।
त्वया न्यस्तोऽतिभारोऽस्मिन्नविचार्यैव केवलम् ॥ ३९५ ॥
एतदाकर्ण्य कर्णोक्तं हर्षात्कर्णशतैरिव ।
उत्थाय भीष्मशिबिरं प्रतस्थे भ्रातृभिः सह ॥ ३९६ ॥
मणिदीपसहस्रांशुपिङ्गीकृतदिगन्तरः ।
नक्तं दीप्तौषधिवनः सकुलाद्रिरिवाबभौ ॥ ३९७ ॥
रत्नकुण्डलकेयूरकिरीटद्युतिनिर्जिताः ।
पुरो निष्प्रतिभा दीपास्तस्यासंल्लज्जिता इव ॥ ३९८ ॥
प्रणतान्दृक्त्रिभागेन भूमिपालान्विलोकयन् ।
नामभिर्विक्रमोदारैः सूचितान्वेत्रिमण्डलैः ॥ ३९९ ॥
स बभौ गतिलोलेन हारेण तुहिनत्विषा ।
सुधाकल्लोलजालेन पाददारेण मन्मथः ॥ ४०० ॥
श्रीमान्संप्राप्य शिबिरं शुभ्रं शन्तनुजन्मनः ।
शयानं रत्नपर्यङ्के प्रणनाम विलोक्य तम् ॥ ४०१ ॥
राज्ञेति पूजितस्तेन कृतासनपरिग्रहः ।
दुर्योधनः क्षणं ध्यात्वा पितामहमभाषत ॥ ४०२ ॥
अयं जेता भृगुभुवः कार्मुकप्रणयी तव ।
भुजस्त्रैलोक्यविजये पर्याप्त इति मे मतिः ॥ ४०३ ॥
कारुण्यादानृशंस्याद्वा रक्ष्यास्ते यदि पाण्डवाः ।
तत्कर्णमनुजानीहि युद्धाय रणकर्कशम् ॥ ४०४ ॥
इत्युक्तः कुरुराजेन मर्मणीव समाहतः ।
प्रभाते द्रक्ष्यसीत्युक्त्वा निःश्वसन्क्ष्मामलोकयत् ॥ ४०५ ॥
कौरवोऽपि तमामन्त्र्य निजं शिबिरमाययौ ।
दिशः शबलयन्क्षिप्तं दीपदीप्तैर्विभूषणैः ॥ ४०६ ॥
अथ प्रभाते भीष्मेण द्रोणद्रौणिमुखैः सह ।
विहिते सर्वतोभद्रे व्यूहे व्यूहाग्रवर्तिना ॥ ४०७ ॥

प्रतिव्यूहेष्वनीकेषु नदद्भिः पाण्डुनन्दनैः ।
अभिमन्युः कुरुचमूरग्रे वीरो व्यदारयत् ॥ ४०८ ॥
शरांशुशतदुष्प्रेक्ष्यं निदाघार्कमिवोद्यतम् ।
न सेहिरे तं भूपाला मानिनः संहता अपि ॥ ४०९ ॥
दुर्योधनप्रेरितोऽथ रक्षःपतिरलम्बुसः ।
तमभ्यधावद्बिभ्राणो मायां त्रैलोक्यमोहिनीम् ॥ ४१० ॥
तस्य नादेन महता जगत्प्रलयशंसिना ।
निपेतुः सहसा योधा बहवो विगतासवः ॥ ४११ ॥
द्रौपदेयैः पुरः प्राप्तैः स विधाय रणं क्षणम् ।
अभिमन्युरथं बाणैः समं देहमिवाकरोत् ॥ ४१२ ॥
शरनिर्दारितेनाथ विहितां तेन रक्षसा ।
सौभद्रस्तामसीं मायां चिच्छेदार्कास्त्रतेजसा ॥ ४१३ ॥
अथ द्रौणिप्रभृतिभिः सात्यकिप्रमुखा युधि ।
संसक्ता गगनं चक्रुर्दिव्यास्त्रदहनाकुलम् ॥ ४१४ ॥
अर्जुनो द्रोणमभ्येत्य महास्त्रग्रामदुःसहम् ।
वायव्यास्त्रेण विदधे जगतां क्षोभविभ्रमम् ॥ ४१५ ॥
समुदीर्य च शैलास्त्रं द्रौणेन क्षपितेऽनले ।
धनंजयः कुरुचमूं शरजालैरपूरयत् ॥ ४१६ ॥
भीमभीमगदाघातनिर्भिन्ने गजमण्डले ।
सुस्राव शोणितनदी पताकाफेनमालिनी ॥ ४१७ ॥
तस्मिन्नाकुलसंग्रामे वर्तमाने भयंकरे ।
वेतालदत्ततालेषु नृत्यत्सु च्छिन्नमूर्धसु ॥ ४१८ ॥
भीष्मः पृथुशरज्वालादुःसहः सुभटेन्धनः ।
जज्वाल चापटंकारमन्त्रपूत इवानलः ॥ ४१९ ॥
तद्भुजप्रेरिताः क्षिप्रं सायका विविशुर्नृपान् ।
विहङ्गा इव सायाह्ने घनच्छायान्महीरुहान् ॥ ४२० ॥

खद्योता इव वृक्षेषु शलभा इव शालिषु।
भीष्मबाणा नरेन्द्रेषु पेतुर्हंसाः सरःस्विव॥ ४२१॥
निकृत्तैश्चामरोष्णीषैश्छन्नाश्च पृथिवीभुजाम्।
चकार समरे भीष्मः स्वयशोविषदा दिशः॥ ४२२॥
राज्ञां शिरोभिः पृथिवीमास्तीर्य पुलकोज्ज्वलः।
रणलक्ष्म्याः स विदधे केलिपद्माकरानिव॥ ४२३॥
शिरस्त्रशरनिर्घर्षजाता वह्निकणा बभुः।
राज्ञां हतानां भीष्मेण जीवा इव नभश्चराः॥ ४२४॥
घनेन शरजालेन ग्रस्ता लोकेन सर्वतः।
स चक्रे सर्वसैन्यानामकाण्डरजनीभ्रमम्॥ ४२५॥
विदीर्णे पाण्डवबले छिन्नवर्मरथध्वजे।
गजानीकेषु भग्नेषु भागशेषेषु राजसु॥ ४२६॥
लज्जामुत्सृज्य यातेषु त्यक्तचापेषु केशवः।
सत्यसंधं रणे भीष्मं जहीत्यर्जुनमब्रवीत्॥ ४२७॥
धनंजयोऽथ निःश्वस्य विषण्णवदनाम्बुजः।
निन्दन्मुहुः क्षत्रधर्मं पितामहमुपाद्रवत्॥ ४२८॥
दृष्ट्वा गाण्डीवधन्वानमुद्यतं शरवर्षिणम्।
बले तूर्णमुपावृत्ते पुनर्युयुधिरे भटाः॥ ४२९॥
भीष्मचापच्युतैर्बाणैश्छादितं वीक्ष्य फल्गुणम्।
रथमुत्सृज्य कंसारिस्तमधावद्भुजायुधः॥ ४३०॥
विलोक्य कुपितं भीष्मः स्वयं कृष्णमभिद्रुतम्।
उवाच धन्यतामानी पुलकालंकृताकृतिः॥ ४३१॥
पुण्यभाजामहं धुर्यो भगवन्कृतिनां वरः।
यस्य त्वं जगतां नाथो वधाय स्वयमुद्यतः॥ ४३२॥
इति वादिनि गाङ्गेये रथात्तूर्णं धनंजयः।
अवरुह्य ततः कृष्णमानिनाय रथं पुनः॥ ४३३॥

अथार्जुनशरासारैराकीर्णे कुरुकानने ।
पुनः शान्तनवश्चक्रे संहारं पृथिवीभुजाम् ॥ ४३४ ॥
घोरे व्यतिकरे तस्मिन्भग्ने सुभटमण्डले ।
अवहारमकुर्वन्त दिनान्ते पाण्डुनन्दनाः ॥ ४३५ ॥

नवमो युद्धदिवसः ॥ ३० ॥

ततो रजन्यां विजने धर्मराजो जनार्दनम् ।
जगाद राजकं दृष्ट्वा भिन्नं भीष्मेण दुःखितः ॥ ४३६ ॥
पश्य कृष्ण प्रबुद्धेन गाङ्गेयवडवाग्निना ।
सैन्याम्बुधिरपर्यन्ते मम नीतोऽल्पशेषताम् ॥ ४३७ ॥
मण्डलीकृतचापस्य सहस्रांशुशतत्विषः ।
भीष्मस्याखण्डलोऽप्यग्रे सत्यं परिभवास्पदम् ॥ ४३८ ॥
अलं राज्येन मे तावदिति वादिनि धर्मजे ।
उवाच शौरिर्योत्स्येऽहं स्वयं शन्तनुनन्दनम् ॥ ४३९ ॥
नाकार्यं मे भवत्कार्यमुत्सृष्टसमयोऽधुना ।
पालयामि रणे भीष्मं पश्यतां जगतीभुजाम् ॥ ४४० ॥
एतदाकर्ण्य कृष्णोक्तं बभाषे पाण्डवाग्रजः ।
न मिथ्यावादिनं कामात्त्वां कुर्यामहमच्युत ॥ ४४१ ॥
जयोपायमितो गत्वा भीष्मं पृच्छामि भूतले ।
स हि मामाशिषा पूर्वं वात्सल्यात्समयोजयत् ॥ ४४२ ॥
इति निश्चित्य कृष्णेन भ्रातृभिश्च सहाशु कृत् ।
जगाम भीष्मशिबिरं गूढचारी युधिष्ठिरः ॥ ४४३ ॥
स प्रणम्यानुजसखः शौर्यराशिं पितामहम् ।
पप्रच्छ विजयोपायं स च पृष्टस्तमब्रवीत् ॥ ४४४ ॥
न तं पश्यामि लोकेषु वीरो मां विजयेत यः ।
जयलाभे च युष्माकं मयि जीवति का कथा ॥ ४४५ ॥
न विशस्तेन संत्रस्ते न स्त्रीपूर्वे ममेषवः ।
पतन्ति तस्मात्क्लीबेन मां घातय शिखण्डिना ॥ ४४६ ॥

उक्ते देवव्रतेनेति लज्जाविनमिताननः ।
अकाम इव दुःखेन ययौ स्वशिबिरं नृपः ॥ ४४७ ॥
ततः प्रभाते व्यूहेषु सैन्येषु सुभटैर्मिथः ।
शिखण्डिप्रमुखा वीरा परानीकमुपाद्रवन् ॥ ४४८ ॥
ततो भीष्मशरश्रेणीलुलिते राजमण्डले ।
शिखण्डी धुतकोदण्डश्चण्डकोपस्तमभ्यधात् ॥ ४४९ ॥
तमब्रवीच्छान्तनवः कामं प्रहर पार्षत ।
ननाम भीष्मविशिखाः पतन्त्यनुजने जने ॥ ४५० ॥
इति वादिनमभ्येत्य मण्डलीकृतकार्मुकः ।
शिखण्डी निःश्वसन्कोपादापगेयमभाषत ॥ ४५१ ॥
जेतारं भार्गवस्यापि जानामि त्वां महौजसम् ।
युधि युध्यस्व वा मा वा न मे जीवन्गमिष्यसि ॥ ४५२ ॥
उक्त्वैतद्बाणजालेन पार्षतः समपूरयत् ।
रक्ष्यमाणः समभ्येत्य पश्चाद्गाण्डीवधन्वना ॥ ४५३ ॥
भीष्मोऽपि तमनादृत्य विद्ध्वा कृष्णार्जुनौ शरैः ।
विवेश पाण्डवचमूं राजवेणुवनानलः ॥ ४५४ ॥
धृष्टद्युम्नमुखैर्वीरैः कौरवाणां तरस्विनाम् ।
दारुणोऽथ प्रहारोऽभूद्रजःपिहितदिङ्मुखः ॥ ४५५ ॥
ततो द्रोणिप्रभृतयो वीरा द्रोणस्य शासनात् ।
रक्षन्तः समरे भीष्मं धनंजयमयोधयन् ॥ ४५६ ॥
ततः शान्तनवो राज्ञां शरैरशनिगौरवैः ।
मौलिरत्नांशुशबलं समुन्मथ्य विरोचनम् ॥ ४५७ ॥
आक्रीडमिव कालस्य विधाय कदनं रणे ।
अब्रवीत्कूणितमना दूरादेव युधिष्ठिरम् ॥ ४५८ ॥
वधाय कुरु कौन्तेय यत्नं मे नृपतिक्षयात् ।
विषण्णोऽहं भृशं पुत्र रौद्रेणानेन कर्मणा ॥ ४५९ ॥

इति वादिनि गाङ्गेये शिथिलीकृतकार्मुके ।
सृञ्जयाः सह पाञ्चालैः सोमकैश्च सहाद्रवन् ॥ ४६० ॥
ततः कुरुचमूवीराः पाण्डवानां महारथान् ।
आवार्य भीष्मरक्षायै द्वन्द्वं युद्धानि चक्रिरे ॥ ४६१ ॥
अथ गाङ्गेयविशिखैरप्रयत्नोज्झितैरपि ।
अवर्तत महारौद्रो राजजीवितसंक्षयः ॥ ४६२ ॥
तमभ्यधावदाकर्णाकृष्टकोदण्डमण्डलः ।
शिखण्डी खण्डपरशुप्रभावं फल्गुणेरितः ॥ ४६३ ॥
स्वयं दुर्योधनेनाथ प्रेरितां वीक्ष्य वाहिनीम् ।
तस्मिन्स्वभटसंहारे वर्तमाने पितामहः ॥ ४६४ ॥
उदीर्य घोरं दिव्यास्त्रमभ्यधावद्धनंजयम् ।
अथार्जुनस्याग्रमेत्य शिखण्डिनि पुरःस्थिते ॥ ४६५ ॥
विमाना इव गाङ्गेयो महास्त्रं संजहार तत् ।
ब्रह्मलोकाभिकामेषु युध्यमानेषु राजसु ॥ ४६६ ॥
वीराणां भीष्मविशिखैरयुतेषु पतत्सु च ।
दारयन्तं परानीकं तमेत्य वसवोऽब्रुवन् ॥ ४६७ ॥
भीष्म संन्यासकालोऽयं तवासदभिकाङ्क्षितः ।
ततः श्लथोद्यमे तस्मिन्प्रसन्ने भुवनत्रये ॥ ४६८ ॥
अर्जुनप्रमुखाः सर्वे सायकैस्तमपूरयन् ।
छिद्यमानेषु बालेषु तस्य तूर्णं किरीटिना ॥ ४६९ ॥
शिखण्डी प्राहिणोत्तस्मै हेमपुङ्खशरावलीम् ।
शैखण्डीं शरमालां तां शैरोषीमिव पेशलाम् ॥ ४७० ॥
जग्राह प्रहसन्भीष्मः क्षणं स्थगितकार्मुकः ।
दुर्योधनसमादिष्टान्भीष्मस्य रथरक्षिणः ॥ ४७१ ॥
मोहयन्बाणजालेन फल्गुणस्तमवाकिरत् ।
विदार्यमाणो नीरन्ध्रैर्गाण्डीवान्निःसृतैः शरैः ॥ ४७२ ॥

दुःशासनं पार्श्वगतं भीष्मः सस्मितमब्रवीत्।
नैते शिखण्डिनो बाणाः शिलासंघातभेदिनः॥ ४७३॥
विशन्ति मम मर्माणि बिलं विषधरा इव।
एते ते वज्रसंस्पर्शा निवातकवचच्छिदः॥ ४७४॥
शरीरहारिणो घोराः किरातरणसाक्षिणः।
इत्युक्त्वा पाण्डुपुत्राय शक्तिं चिक्षेप शक्तिमान्॥ ४७५॥
तां च शक्रसुतस्तूर्णं चकार विशिखैस्त्रिधा।
सर्वायुधेषु च्छिन्नेषु ततो गाण्डीवधन्वना॥ ४७६॥
क्षणाद्बभूव दुर्लक्ष्यो भीष्मो निर्विवरैः शरैः।
युध्यमानेषु वीरेषु भूताविष्टेष्विवाकुलम्॥ ४७७॥
दारुणे तुमुले तस्मिन्निर्विभागे बलद्वये।
अपराह्णे रथाद्भीष्मः सहस्रांशुरिवापरः॥ ४७८॥
अस्पृष्टभूमिर्विशिखैः पपात महसां निधिः।
तस्मिन्निपतिते वीरे केतौ सर्वधनुष्मताम्॥ ४७९॥
महतामपि वीराणां हृदयानि चकम्पिरे।
ततो निवृत्ते संग्रामे हाहाकारे नभःस्पृशि॥ ४८०॥
दिव्यं भेजे निजं भावमलुप्तात्मा पितामहः।
आकम्पमाने भुवने वागुवाचाशरीरिणी॥ ४८१॥
भीष्म कालं प्रतीक्षस्व योगवानुत्तरायणम्।
सर्वज्ञ धारय प्राणान्स्वच्छन्दनिधनो हृदि॥ ४८२॥
श्रुत्वैतत्परमं योगमाससाद सुरव्रतः।
ततस्त्रिदशवाहिन्या विसृष्टा हंसरूपिणः॥ ४८३॥
तमेवार्थं समभ्येत्य मुनयो भीष्ममब्रुवन्।
स्थितोऽस्मीति च गाङ्गेयो निगद्य यशसां निधिः॥ ४८४॥
शरतल्पे गतः सर्वान्कुरूनभीतानसान्त्वयत्।
प्रणतानथ संप्राप्तान्पुनः कौरवपाण्डवान्॥ ४८५॥

अश्रुपूर्णेक्षणानूचे संभाव्य कुरुपुंगवः ।
धारणं लम्बमानस्य शिरसो मे विधीयताम् ॥ ४८६ ॥
श्रुत्वैतदुपधानेषु समानीतेषु राजभिः ।
जग्राह शासनात्तस्य त्रिभिः पार्थः शरैः शिरः ॥ ४८७ ॥
भीष्मस्तत्कर्मतुष्टोऽथ प्रशशंस धनंजयम् ।
पाण्डवैः क्रियतां संधिरित्युवाच च कौरवम् ॥ ४८८ ॥

दशमो युद्धदिवसः ॥ ३१ ॥

ततो रजन्यां यातायामुपाविष्टेषु राजसु ।
सेव्यमानो मुनिजनैर्भीष्मो जलमयाचत ॥ ४८९ ॥
मणिकाञ्चनचित्रेषु कलशेष्वमलाम्भसः ।
समानीतेषु भूपालैर्व्यधान्मेघास्त्रमर्जुनः ॥ ४९० ॥
तदुद्भूतेन पयसा गाङ्गेयस्तेन तर्पितः ।
नरावतारं प्रीतात्मा सादरं तमपूजयत् ॥ ४९१ ॥
महारथेषु यातेषु समामन्त्र्यापगासुतम् ।
कर्णः प्रसादयामास तदभ्यर्च्य कृताञ्जलिः ॥ ४९२ ॥
तमुवाच प्रसन्नात्मा वीतमन्युः पितामहः ।
भजस्व पार्थेषु शमं वीरास्ते भ्रातरस्तव ॥ ४९३ ॥
वैकर्तनस्तदाकर्ण्य जगाद विनताननः ।
जाने सर्वमवश्यं तु भवितव्यमिदं प्रभो ॥ ४९४ ॥
किंतु दुर्योधनस्यार्थे सुहृदो मानकारिणः ।
अनुजानीहि मां तात समराय समुद्यतम् ॥ ४९५ ॥
इति ब्रुवाणो भीष्मेण सोऽनुज्ञातो वरूथिनीम् ।
प्रययौ कुरुपुत्राणां रथेन घननादिना ॥ ४९६ ॥
अथ कुरुवृषभाणामङ्गराजोत्सुकानां
परपरिभवदीक्षाभग्नमानादराणाम् ।
पतिरहितमनीकं साम्यमाप द्रुतानां
सरयपवनपालीकम्पितानां वनानाम् ॥ ४९७ ॥

इति श्रीक्षेमेन्द्रविरचितायां भारतमञ्जर्यां भीष्मपर्व ।

द्रोणपर्व।

नारायणं नमस्कृत्य नरं चैव नरोत्तमम्।
देवीं सरस्वतीं व्यासं ततो जयमुदीरयेत्॥ १॥
सुरव्रतं हतं श्रुत्वा धृतराष्ट्रोऽतिदुःखितः।
मुहुर्मुहुर्यशोराशिं तमशोचदरिंदमम्॥ २॥
पुनः संग्राममालोक्य समायातोऽथ संजयः।
पृष्टो वैचित्रवीर्येण वीरसंहारमभ्यधात्॥ ३॥
ततो भीष्मे हते राजन्कुरवो भृशदुःखिताः।
अब्धौ भग्ने प्रवहणे वणिजः पतिता इव॥ ४॥
वाञ्छितं समरे शर्म ददृशुः कर्णमागतम्।
विक्रीताः परदेशेषु स्निग्धं बन्धुमिवापदि॥ ५॥
ततो दुर्योधनः शोकं संस्तम्भ्य धृतिसागरः।
कर्णस्यानुमते चक्रे द्रोणं सेनासु नायकम्॥ ६॥
तेनाभिषिक्तो विधिवद्गुरुः सर्वधनुष्मताम्।
स बभौ शक्तिमान्वीरो महासेन इवापरः॥ ७॥
वृद्धस्य स्वयशःशुभ्रं छत्रं तस्य व्यरोचत।
दुग्धोदधेरिव श्रीमच्चन्द्रमण्डलमुद्यतम्॥ ८॥
आमुक्तहेमकवचः स दीप्तः किरणैर्बभौ।
उपस्थितैः कृत्यकाले दिव्यास्त्रैरिव सेवितः॥ ९॥
प्रणेता सर्ववीराणां सदृशः प्राज्यतेजसा।
साक्षादिव धनुर्वेदः संहारस्यागमावधिः॥ १०॥
रेजे रथेन रौक्मेन शोणाश्वेन पताकिना।
संध्याजुषा निर्झरिणा मेरुणेव दिवाकरः॥ ११॥
विरराज रथे तस्य शातकौम्भः कमण्डलुः।
शौर्योष्मणा प्रतिगतः प्रताप इव पिण्डितः॥ १२॥
आकर्णपलितः श्यामो धौरेयः सर्वधन्विनाम्।
ददौ वरं श्रिया जुष्टः स राज्ञा स्वयमर्थितः॥ १३॥

जीवग्राहं समादाय राजानं ते युधिष्ठिरम् ।
हतेऽर्जुने प्रदास्यामि पश्यतां सर्वभूभुजाम् ॥ १४ ॥
एतद्गुरुवचो राजा प्रतिगृह्य कृताञ्जलिः ।
विश्राव्य निजसेनासु तूर्यनादोत्सवं व्यधात् ॥ १५ ॥
तच्च धर्मसुतो ज्ञात्वा सह गाण्डीवधन्वना ।
क्रौञ्चव्यूहं समाधाय संनद्धो योद्धुमुद्ययौ ॥ १६ ॥
द्रोणेन शकटव्यूहे निर्मिते भृशसंहते ।
अवर्तत महद्युद्धं वीराणां देहशातनम् ॥ १७ ॥
ततः सृञ्जयपाञ्चालमत्स्यसेनासु दुःसहाः ।
शरीरहारिणः पेतुर्द्रोणनामाङ्किताः शराः ॥ १८ ॥
भिद्यमानेषु सैन्येषु निपतद्गजवाजिषु ।
रक्तकल्लोलिनीवेगैर्नीतेषु स्यन्दनेष्वपि ॥ १९ ॥
युधिष्ठिरमुखान्वीरान्कोपाद्द्रोणमभिद्रुतान् ।
अवारयन्सुसंरब्धान्द्रोणिकर्णकृपादयः ॥ २० ॥
अभिमन्युरथाकृष्य रथात्केशेषु पौरवम् ।
अपातयत्कृपाणेन पश्यतां सर्वधन्विनाम् ॥ २१ ॥
तत्कोपात्खड्गमादाय जयद्रथमुपागतम् ।
शल्यं च विरथं वीरो विदधे बलिनां वरम् ॥ २२ ॥
ततः शल्यो गदापाणिः पद्भ्यां सौभद्रमाद्रवत् ।
गदया वीरवारिन्या भीमश्च तमवारयत् ॥ २३ ॥
तयोः परस्पराघातकीर्णवह्निकणाकुलम् ।
नृणां विमोहनं घोरं गदायुद्धमवर्तत ॥ २४ ॥
मण्डलानि चरन्तौ तौ समदाविव कुञ्जरौ ।
अभिपत्य पदान्यष्टौ गदाभ्यां जघ्नतुर्मिथः ॥ २५ ॥
गाढप्रहारसंजातमूर्छाविह्वलमानसौ ।
तौ दृष्ट्वा पतितौ वीराः संनिपेतुः प्रहारिणः ॥ २६ ॥

नीते मद्राधिपे तूर्णं रथेन कृतवर्मणा।
भीमसेनः समादाय कुरुसेनामदारयत् ॥ २७ ॥
कर्णसूनोरथ शरैर्वृषसेनस्य पाण्डवाः।
आकीर्णान्द्रौपदीपुत्रान्विलोक्य तमुपाद्रवन् ॥ २८ ॥
ततो रुक्मरथो द्रोणः स्वयं पाञ्चालवाहिनीम्।
प्रविश्य बाणैर्विदधे विप्रकीर्णां सहस्रधा ॥ २९ ॥
शिखण्डिसात्यकिमुखान्स विदार्य महारथान्।
युधिष्ठिरमभिप्रेक्षुः कुर्वन्नरपतिक्षयम् ॥ ३० ॥
युगंधरं व्याघ्रदत्तं सिंहसेनं च पार्थिवम्।
निनाय मृत्युसदनं शरैरशनिदारुणैः ॥ ३१ ॥
तिष्ठ स्थितोऽहं युद्धस्व हतोऽसीति मुहुर्मुहुः।
द्रोणाग्रे युध्यमानानां भूभुजामभवद्रणः ॥ ३२ ॥
द्रोणेन युध्यमानानां निशम्य श्वेतवाहनः।
कोलाहलं स्वसैन्यानां तूर्णं तं देशमाययौ ॥ ३३ ॥
स निहत्यास्त्रजालेन वीरः कुरुवरूथिनीम्।
विदधे रक्ततटिनीमावर्तहृतकुञ्जराम् ॥ ३४ ॥
ततोऽवहारं सैन्यानां पार्थसायकपीडिताः।
याते ऽस्तं तिग्मकिरणे चक्रिरे कुरुपुंगवाः ॥ ३५ ॥

द्रोणाभिषेकः प्रथमो युद्धदिवसश्च ॥ १ ॥

निशायां संनिविष्टेषु शिबिरे सर्वराजसु।
लज्जमान इवाचार्यो दुर्योधनमभाषत ॥ ३६ ॥
उक्तमेव मया राजन्नहितं सव्यसाचिना।
युधिष्ठिरं ग्रहीष्यामि दुर्जयो हि धनंजयः ॥ ३७ ॥
इति ब्रुवाणे वैलक्ष्यादाचार्ये राजसंनिधौ।
त्रिगर्तराजः प्रोवाच कृतवैरः किरीटिना ॥ ३८ ॥
वयं संशप्तकगणैर्मालवैस्तुण्डिलैस्तथा।
वीरैर्मद्रककाम्बोजललित्थैश्च प्रहारिभिः ॥ ३९ ॥

रथायुतैस्त्रिभिः पार्थमाहूय पृथगास्थितः ।
योत्स्यामहे सुप्रकृतैरिति सत्यं शपामहे ॥ ४० ॥
इत्युक्ते शपथं कृत्वा त्रिगर्ता वह्निसाक्षिणः ।
प्रत्यूषे निर्ययुर्वीराः सुशर्मप्रमुखा नृपाः ॥ ४१ ॥
ते तुरङ्गखरोद्धूतधूलिग्रस्तनभस्तलाः ।
चक्रिरे फल्गुणाह्वानं नादैः प्रलयशंसिभिः ॥ ४२ ॥
तान्व्यूहेनार्धचन्द्रेण समे देशे व्यवस्थितान् ।
दृष्ट्वा पार्थस्तदाहूतो युधिष्ठिरमभाषत ॥ ४३ ॥
अनुजानातु मामार्यस्त्रिगर्तानां वधं प्रति ।
एते मामभिवाञ्छन्ति योद्धुं संघर्षशालिनः ॥ ४४ ॥
अयं ते सत्यजिद्वीरः पाञ्चाल्यः प्रवरो रथः ।
गोप्ता द्रोणाभिसरणे शक्रतुल्यपराक्रमः ॥ ४५ ॥
इत्युक्त्वा चण्डगाण्डीवघोषघण्टितदिक्तटः ।
प्रलयाम्भोदसंरब्धस्तान्ययौ कपिकेतनः ॥ ४६ ॥
तेऽपि पाण्डवमायान्तं दृष्ट्वा प्रमदनिर्भराः ।
फुल्लसालमिवादृश्यं चक्रुः क्षिप्रं शिलीमुखैः ॥ ४७ ॥
ततः शौर्याम्बुधेः फेनमट्टहासं रणश्रियः ।
दध्मौ धनंजयः शङ्खं कन्दं निजयशस्तरोः ॥ ४८ ॥
तस्य शब्देन महता तत्सैन्यं भयकारिणा ।
अभून्निर्वृत्तमातङ्गं स्तिमिताङ्गतुरङ्गमम् ॥ ४९ ॥
अथ सायकजालेन जीवमत्स्यापहारिणा ।
त्रिगर्तवाहिनीं पार्थः समन्तात्पर्यवारयत् ॥ ५० ॥
ततः संशप्तकगणोत्सृष्टैरविवरैः शरैः ।
पिहिते भुवनाभोगे बभूवाकालशर्वरी ॥ ५१ ॥
ततः प्रविदधे त्वाष्ट्रं महास्त्रं वज्रिनन्दनः ।
येनार्जुनसहस्राणि ददृशुस्ते ससंभ्रमाः ॥ ५२ ॥

---

१. 'न्निभृतसारङ्गं' क.

जहाराकर्णकृष्टेन भल्लेन च महौजसः ।
स्फुरन्मौलिप्रभाजालं शिरः कायात्सुधन्वनः ॥ ९३ ॥
तत्प्रेषितां शस्त्रवृष्टिं पवनास्त्रेण हारिणा ।
विधूय तच्छिरःपुञ्जैरदृश्यां विदधे महीम् ॥ ९४ ॥
छिन्नच्छत्रध्वजरथं पतद्भुजभटाननम् ।
त्रिगर्तकदनं पार्थो घोरमायोधनं व्यधात् ॥ ९५ ॥
संशप्तकयुद्धम् ॥ २ ॥

अस्मिन्क्षणे वैनतेयव्यूहे द्रोणेन निर्मिते ।
व्यूहेन निर्मितार्धेन पाण्डुपुत्राः समुद्ययुः ॥ ९६ ॥
ततः प्रवृत्ते संग्रामे क्षये चैव महीभुजाम् ।
धृष्टद्युम्नप्रभृतयो द्रोणमुख्यानयोधयन् ॥ ९७ ॥
रजोभिः पिहिते व्योम्नि दिक्षु रुद्धासु सायकैः ।
अविभागममर्यादं घोरं युद्धमवर्तत ॥ ९८ ॥
अभिद्रुते ततो द्रोणे धर्मराजजिघृक्षया ।
घोरो हलहलाशब्दः सैन्यानामुदभूत्क्षणम् ॥ ९९ ॥
कालाग्नितेजसं वीरं धौरेयं सर्वधन्विनाम् ।
अवारयितुमभ्येत्य सत्यजित्सत्यविक्रमः ॥ १०० ॥
युध्यमानं ततो हत्वा वृकं राजसुतं गुरुः ।
शरैः सत्यजितं चक्रे कीर्णांशुमिव भास्करम् ॥ १०१ ॥
हेमनामाङ्कितैर्बाणैर्मुहूर्तादथ सत्यजित् ।
दीप्तैरपूरयद्द्रोणं खद्योतैरिव पादपम् ॥ १०२ ॥
ततः सत्यजितः कायादाचार्यः शौर्यशालिनः ।
शिरो जहार भल्लेन चण्डताण्डवकुण्डलम् ॥ १०३ ॥
निपातिते सत्यजिति प्रवरे सर्वधन्विनाम् ।
विद्रुते धर्मतनये व्यदीर्यत वरूथिनी ॥ १०४ ॥
सत्यजिद्वधः ॥ ३ ॥

---

१. 'पाश्चाल्यः' इति भारते विशेषणात्पाश्चाल्यराजसुतोऽयम्.

हत्वानुजं विराटस्य शतानीकं प्रहारिणम्।
दृढसेनं क्षत्रदेवं वसुदानं च पार्थिवम्॥ ६५॥
निघ्नन्रुक्मरथश्चेदिमत्स्यपाञ्चालसृञ्जयान्।
विदधे रुधिरावर्तैः कृतान्तोद्यानवाहिनीम्॥ ६६॥
विद्रुते पाण्डवबले पीडिते द्रोणसायकैः।
कर्णदुर्योधनमुखा भारद्वाजमपूजयन्॥ ६७॥
पुनरावर्तिते सैन्ये भीमेन भुजशालिना।
संहताः पृथिवीपालाः कोपाद्द्रोणमुपाद्रवन्॥ ६८॥
ऋष्यवर्णैर्हयैर्भीमः सात्यकिः स्फाटिकप्रभैः।
पारावतप्रभैश्चाश्वैर्धृष्टद्युम्नश्च भूपतिः॥ ६९॥
नकुलः सहदेवश्च शुकतित्तिरिसप्रभैः।
अभिमन्युः पिशङ्गाभैः पाण्ड्यैश्च तुहिनप्रभैः।
दन्तप्रभैः कृष्णवालैः स्वयं राजा युधिष्ठिरः॥ ७०॥
अन्ये तु विविधच्छायैश्चित्रवर्माम्बरध्वजैः।
परिवार्य रणे द्रोणं चक्रुर्बाणमयं जगत्॥ ७१॥
[1]मृदङ्गनादकौ राज्ञो ध्वजो नन्दोपनन्दकौ।
दिव्ययन्त्रेण विहितौ बभतुर्धर्मजन्मनः॥ ७२॥
धर्मानिलेन्द्राश्विनां च प्रतिमा द्रौपदीभुवाम्।
तुमुले युध्यमानानां रेजिरे काञ्चनोज्ज्वलाः॥ ७३॥
आवृतं द्रोणमालोक्य राजभिः क्रूरया धिया।
दुर्योधनादयो वीरान्भीममुख्यान्समापतन्॥ ७४॥
तेषु शल्यप्रधानेषु युधिष्ठिरपुरोगमैः।
द्वन्द्वयुद्धनिषक्तेषु समरोत्सवराजिषु॥ ७५॥

---

१. 'ध्वजं तु कुरुराजस्य पाण्डवस्य महौजसः। दृष्टवानस्मि सौवर्णं सोमं ग्रहगणान्वितम्॥ मृदङ्गौ चात्र विपुलौ दिव्यौ नन्दोपनन्दकौ। यन्त्रेणाहन्यमानौ च सुस्वनौ हर्षवर्धनौ॥' इति भारतम्.

कृतबाहौ सुबाहौ च हते वीरे युयुत्सुना।
वङ्गराजे समातङ्गे भीमसेनेन पातिते ॥ ७६ ॥
विद्रुते कौरवबले निहतेष्वभिमानिषु।
निरालोकेषु लोकेषु रजस्तिमिरमण्डलैः ॥ ७७ ॥
प्रेरितो भगदत्तेन संवर्तकघनप्रभः।
सुप्रतीको मदोद्दामः पाण्डुसेनां व्यगाहत ॥ ७८ ॥
दैत्यसंग्रामसाहाय्ये जम्भारिभवनस्थितः।
ऐरावणघटाबन्धः प्रमाणं यस्य वर्ष्मणः ॥ ७९ ॥
शशिशुभ्रैर्नखैरुद्यादेकपात्स क्षणं बभौ।
स्वमहीपीडनरुषा दष्टः शेषशतैरिव ॥ ८० ॥
इतश्चन्द्रार्कमुख्यानां प्रभवः सर्वतेजसाम्।
इति नक्षत्रमालाभिरुदयाद्रिरिवाश्रितः ॥ ८१ ॥
दिग्वारणरणावाप्तिं विना व्यर्थमिदं बलम्।
इतीव पृथुशूत्कारैर्निःशश्वास मदालसः ॥ ८२ ॥
एता आयान्तु वैक्लव्यं मत्प्रतापोष्मणा दिशः।
इतीव कर्णतालाभ्यां मुहुर्मुहुरवीजयत् ॥ ८३ ॥
चण्डीशडमरोच्चण्डडिण्डिमध्वाननिःस्वनैः।
हेलयोन्मीलयन्किंचिल्लोचने प्रचचाल सः ॥ ८४ ॥
भगदत्तास्त्रनिष्कृत्तवीरवक्त्राञ्चितां महीम्।
गत्वा पदे पदे पश्यन्सस्मार कमलाकरान् ॥ ८५ ॥
स वाहिनीं पाण्डवानां प्रविश्य निबिडं गजः।
गजवाजिरथान्पिषन्वसाकर्दमिनीं व्यधात् ॥ ८६ ॥
मृद्यमानाः करीन्द्रेण ताः सेनाः कौरवद्विषाम्।
संकोचमापुः सहसा दर्पेणेव विभूतयः ॥ ८७ ॥
तेन मन्दरतुल्येन गजेनानीकवारिधेः।
समाक्रान्तस्य निस्त्रिंशकालकूटच्छटा बभुः ॥ ८८ ॥

कुण्डलीकृतशुण्डाग्रः सोऽभ्यधावद्वृकोदरम् ।
आकृष्टं पाशहस्तेन येन तं मेनिरे जनाः ॥ ८९ ॥
संशये पतितं भीमं दृष्ट्वा तूर्णं युधिष्ठिरः ।
सह सर्वैर्महीपालैर्भगदत्तं समभ्यधात् ॥ ९० ॥
स तैः परिवृतो वीरैर्हत्वा दाशार्णभूपतिम् ।
उन्ममाथ रथं वेगात्सुप्रतीकेन सात्यकेः ॥ ९१ ॥
तस्य शीकरिणा घोरशीत्कृतेनाथ दन्तिनः ।
भीमसेनमुखा दूरं जह्रुस्त्रस्तास्तुरङ्गमान् ॥ ९२ ॥
सा सेना भगदत्तेन कुञ्जरस्थेन पीडिता ।
जनता कुनृपेणेव न लेभे शरणं क्वचित् ॥ ९३ ॥
गजानां पत्यमानानां रथानां स्फुटतामपि ।
हाहाकारैश्च भीतानां निःस्वनस्तुमुलोऽभवत् ॥ ९४ ॥
स्वेषामाक्रन्दमाकर्ण्य वज्रास्त्रेणेन्द्रनन्दनः ।
त्रिगर्तान्सानुगान्हत्वा भगदत्तमथापतत् ॥ ९५ ॥
दृष्ट्वा गाण्डीवधन्वानं तार्क्ष्यवत्तर्णमागतम् ।
प्रेरितो भगदत्तेन क्रुद्धोऽधावद्द्विपाधिपः ॥ ९६ ॥
तमन्तकमिवायान्तमपसव्येन केशवः ।
रथेन मोघसंरम्भं कृत्वा पुनरभूत्पुरः ॥ ९७ ॥
विद्ध्वा शरसहस्रेण पार्थं प्राग्ज्योतिषेश्वरः ।
नारायणास्त्रमसृजत्तच्च जग्राह केशवः ॥ ९८ ॥
अर्जुनं रक्षतस्तूर्णं तदस्त्रं कैटभद्विषः ।
निषक्तं वक्षसि प्राप हेमस्रग्दामविभ्रमम् ॥ ९९ ॥
तस्मिन्विफलतां याते महास्त्रे दीप्ततेजसि ।
वैलक्ष्यादर्जुनः कृष्णमुवाचास्फालयन्धनुः ॥ १०० ॥
नूनं युद्धेष्वयोग्योऽहं येनास्त्रं धृतवानसि ।
श्रुत्वैतदवदत्पार्थं मानयन्गरुडध्वजः ॥ १०१ ॥

चतुर्मूर्तिभृता पूर्वं पृथिवीवचसा मया।
वितीर्णं नरकायैतन्निजास्त्रं भूमिसूनवे ॥ १०२ ॥

अमोघमाप्तवांस्तस्माद्दैत्यात्सोऽसौ नराधिपः।
गृहीतं तन्मया दिव्यं जह्येनमधुना नृपम् ॥ १०३ ॥

उक्ते जनार्दनेनेति सव्यसाची सकुञ्जरम्।
ऊर्ध्ववक्त्रैः शरैः क्षिप्रं भगदत्तमपूरयत् ॥ १०४ ॥

गिरिवर्ष्म गजारूढो बाणैः प्राग्ज्योतिषेश्वरः।
अदूरविद्रुतामर्त्यविमानमकरोन्नभः ॥ १०५ ॥

ततः कर्णान्तकृष्टेन कुम्भयोः कुञ्जरेश्वरम्।
आपुच्छगामिना पार्थो नाराचेनाकुलं व्यधात् ॥ १०६ ॥

स फल्गुणेषुनिर्भिन्नः पतन्द्विरदभूधरः।
जघान महतीं सेनां पतिताः पातयन्ति यत् ॥ १०७ ॥

क्रुद्धस्ततोऽर्धचन्द्रेण हृदि विद्धः किरीटिना।
मुक्ताङ्कुशधनुर्बाणो भगदत्तोऽभवद्व्यसुः ॥ १०८ ॥

भगदत्तवधः ॥ ४ ॥

तस्मिन्निपतिते वीरे ककुदे सर्वभूभुजाम्।
विजये कुरुसेनानामाशाबन्धः श्लथोऽभवत् ॥ १०९ ॥

विद्रुते कौरवानीके सौबलौ वृषकाचलौ।
गान्धारौ धन्विनां धुर्यौ धनंजयमयुध्यताम् ॥ ११० ॥

तौ बाणवर्षिणौ पार्थशरेणैकेन संहतौ।
स्यूतावपातयत्प्रीत्या यातो भारुण्डतामिव ॥ १११ ॥

वृषभकाचलवधः ॥ ५ ॥

अनुजौ निहतौ दृष्ट्वा शकुनिः कोपकम्पितः।
कल्पयन्विपुलां मायां सव्यसाचिनमाद्रवत् ॥ ११२ ॥

अस्त्रैश्च क्रूरसत्वैश्च तमोभिश्चाभितो वृतः।
नाकम्पत रणे पार्थस्तस्य मायाशतैरपि ॥ ११३ ॥

सौरेणास्त्रेण तन्मायां छित्त्वा कातरमोहिनीम् ।
प्राहिणोत्सायकान्येन शकुनिः प्रययौ भयात् ॥ ११४ ॥
यातेऽर्जुनमयं लोकं मन्यमानेऽथ सौबले ।
न लेभे शरणं त्रासाद्विद्रुता कुरुवाहिनी ॥ ११५ ॥
ततो द्रोणः सहानीकैर्युधिष्ठिरजिघृक्षया ।
हरन्वक्त्राणि वीराणां पाञ्चालान्समुपाद्रवत् ॥ ११६ ॥
वध्यमानेष्वनीकेषु शोणाश्वेन सहस्रशः ।
रक्तासवमदेनेव चकम्पे वसुधावधूः ॥ ११७ ॥
तूर्णं प्रहरत द्रोणं तूर्णं रक्षत संगरे ।
पाण्डवानां परेषां च बभूवेति महाध्वनिः ॥ ११८ ॥
पाञ्चालेष्वथ भग्नेषु सृञ्जयेषु च सर्वतः ।
अयोधयत्कुरुचमूं नीलो माहिष्मतीपतिः ॥ ११९ ॥
तं दहन्तमनीकानि दिव्यास्त्रैर्वह्नितेजसम् ।
प्रत्युद्ययौ धैर्यनिधिर्द्रौणिरेको धनुर्धरः ॥ १२० ॥
आचार्यसूनुस्तस्याथ वज्रसारेषुवर्षिणः ।
छत्रं ध्वजं कार्मुकं च भल्लैश्चिच्छेद निर्व्यथः ॥ १२१ ॥
अवरुह्य रथात्तूर्णं नीलश्चित्रपराक्रमः ।
कृपाणेन शिरो हर्तुं द्रौणेः श्येन इवापतत् ॥ १२२ ॥
भारद्वाजसुतस्तस्य भल्लेनोज्ज्वलकुण्डलम् ।
कान्तं शिरोऽहरत्तारायुगयुक्तमिवोडुपम् ॥ १२३ ॥
नीलवधः ॥ ६ ॥
नीले हते पाण्डवानां भग्ने सुभटमण्डले ।
हत्वा संशप्तकान्पार्थो जवार्ती भुवमाययौ ॥ १२४ ॥
भीमफल्गुणसौभद्रमत्स्यचैद्यमुखैस्ततः ।
भिद्यमाने परानीके निःस्वनस्तुमुलोऽभवत् ॥ १२५ ॥
ततः कर्णप्रभृतिभिस्तेषां समरशालिनाम् ।
घोरो बभूव संमर्दः सर्वलोकभयंकरः ॥ १२६ ॥

निर्मर्यादे रणे तस्मिन्रुधिरावर्तदुस्तरे ।
भिन्नां कुरुचमूं दृष्ट्वा कर्णः पार्थमयोधयत् ॥ १२७ ॥
सोऽर्जुनं पावकास्त्रेण सात्यकिप्रमुखांस्तथा ।
चकार घोरदिग्दाहपिङ्गलानिव भूधरान् ॥ १२८ ॥
ततो धनंजयमुखा हत्वास्त्रैरस्त्रमुत्कटम् ।
कर्णं शरशतैश्चक्रुर्घनवेत्रवनोपमम् ॥ १२९ ॥
शत्रुंजयं विपाटं च वीरं चावरजं शरैः ।
कर्णानुजान्यमपुरं प्राहिणोत्कपिकेतनः ॥ १३० ॥

कर्णानुजवधः ॥ ७ ॥

अथ द्रोणमुखाः सर्वे कौरवाणां महारथाः ।
कर्णपार्श्वं समाजग्मुर्दीप्तास्त्रग्रामदुःसहाः ॥ १३१ ॥
ते सात्यकिप्रभृतिभिः संसक्ता धन्विनां वराः ।
चक्रिरे समरं घोरं गजवाजिरथक्षयम् ॥ १३२ ॥
ततोऽर्जुनशरासारैर्भिन्नेषु भुजशालिषु ।
वासरान्ते न्यवर्तन्त पार्थिवा भृशपीडिताः ॥ १३३ ॥

द्वितीयो युद्धदिवसः ॥ ८ ॥

ततः प्रातः समभ्येत्य गुरुं दुर्योधनोऽब्रवीत् ।
कर्णयन्भृशसंतप्तः पाण्डवानां पराक्रमम् ॥ १३४ ॥
अहो नु पुण्यहीनस्य भवतापि प्रतिश्रुतः ।
वीरो निष्फलतां यातो धर्मजग्रहणे मम ॥ १३५ ॥
शक्तिमन्तः प्रणयिनामभिजाता यशस्विनः ।
वृथा मनोरथं कर्तुं शिक्षिता न भवद्विधाः ॥ १३६ ॥
श्रुत्वा सुयोधनेनोक्तं जगाद कलशोद्भवः ।
दुर्ग्राह्यः पाण्डवो राजन्गुप्तो गाण्डीवधन्वना ॥ १३७ ॥
तथाप्यद्य करोम्येष यथाशक्ति हितं तव ।
संशप्तकाः पुनर्यान्तु रथादाकृष्य फल्गुणम् ॥ १३८ ॥

आचार्येणेति गदिते संशप्तकगणाः पुनः ।
समाहूयार्जुनं निन्युर्दक्षिणाशां युयुत्सवः ॥ १३९ ॥
रामशिष्यस्ततो द्रोणः क्षत्रियक्षयदीक्षितः ।
संसारचक्रदुर्भेद्यं चक्रव्यूहं विनिर्ममे ॥ १४० ॥
अरीणामयुते तस्मिन्राजपुत्रायुतं बभौ ।
व्योमनिर्झरिणीस्वच्छपताकालंकृतैर्भुजैः ॥ १४१ ॥
नाभिमन्ये स्वय श्रीमान्राजा तस्थौ सुयोधनः ।
गजानीकेन महता वृतः सर्वैर्महारथैः ॥ १४२ ॥
जयद्रथेन सहितो द्रोणो व्यूहमुखोऽभवत् ।
त्रिंशता त्रिदशाकारैस्तथा दुर्योधनानुजैः ॥ १४३ ॥
तदपारं बलं दृष्ट्वा व्यूहं विक्रमशालिभिः ।
द्रोणनिर्दारितानीकः प्रदध्यौ धर्मनन्दनः ॥ १४४ ॥
स सौभद्रं रणे मत्वा कंसारिसमविक्रमम् ।
बभाषे संनिधौ राज्ञां त्रैलोक्यविजयक्षमम् ॥ १४५ ॥
अभिमन्यो तव पिता यातः संशप्तकान्प्रति ।
तद्वोढुमर्हसि धुरं त्वमिमां तद्गुणाधिकः ॥ १४६ ॥
कृष्णोऽर्जुनो रौक्मिणेयस्त्वं वा वज्रिपराक्रमः ।
प्रगल्भः पञ्चमो नास्ति चक्रव्यूहविभेदिने ॥ १४७ ॥
श्रुत्वैतदूचे सौभद्रः प्रहर्षोत्फुल्ललोचनः ।
एष व्यूहं विदार्याद्य प्रविशामि त्वदाज्ञया ॥ १४८ ॥
निर्गन्तुमनभिज्ञं मामनुयान्तु महारथाः ।
उक्तेऽर्जुनसुतेनेति युधिष्ठिरमुखैर्नृपैः ॥ १४९ ॥
तथेत्यभिहिते सूतं सौभद्रः समचोदयत् ।
स मुक्तशैशवो वीरः केसरीव त्रिहायनः ॥ १५० ॥
मन्यमानो रणमुखे वराकं सर्वराजकम् ।
कान्तः कनकसंनाहो बद्धखड्गो विभूषितः ॥ १५१ ॥

कौतुकात्क्ष्मामिवायातो वीरः सुरकुमारकः ।
अकठोरतराकारो वीरो जरठविक्रमः ॥ १९२ ॥
द्रोणानीकं शरैश्चक्रे क्षुभिताम्भोधिविभ्रमम् ।
ततः प्रवृत्ते समरे महतामपि मोहने ॥ १९३ ॥
विदार्य व्यूहमविशत्सौभद्रस्तीक्ष्णविक्रमः ।
लाघवे सौष्ठवे चित्रे यातमेकमनेकताम् ॥ १९४ ॥
दृष्ट्वा प्रविष्टं तं सर्वे कुरुवीराः समाद्रवन् ।
अयं गृहीतो यातोऽयं हतोऽयं हन्त्ययं बहून् ॥ १९५ ॥
इति राज्ञां निनादोऽभूदभिमन्युरथं प्रति ।
सरत्नमुकुटैः शीर्षैः सप्रासासिशरैः करैः ॥ १९६ ॥
सहेमकवचैः कायैः सकेयूराङ्गदैर्भुजैः ।
तुरङ्गैः कृत्तसारङ्गैर्भिन्नकुम्भैश्च कुम्भिभिः ॥ १९७ ॥
निपतद्भिरविश्रान्तश्छन्नां चक्रे स मेदिनीम् ।
वध्यमानं बलं दृष्ट्वा सौभद्रेण प्रहारिणा ॥ १९८ ॥
तमाद्रवन्ससंरब्धाः द्रौणिकर्णकृपादयः ।
तान्बाणवर्षिणो वीरान्विधाय विमुखाञ्शरैः ॥ १९९ ॥
शिरो जहार भल्लेन सौभद्रोऽश्मकभूपतेः ।
भग्ने ततो कुरुबले द्रोणकर्णकृपाः पुनः ॥ १६० ॥
द्रौणिहार्दिक्यगान्धारशरशल्यबृहद्बलाः ।
भूरिभूरिश्रवश्चित्रदुःशासनसुयोधनाः ॥ १६१ ॥
अन्ये चाभ्येत्य भूपालाः सायकैस्तमवाकिरन् ।
क्षिप्रैः शिलीमुखैस्तेषां संच्छन्नोऽर्जुननन्दनः ॥ १६२ ॥
वसन्तसमये कान्तः कर्णिकार इवाबभौ ।
तस्य पार्थकुमारस्य कुमारस्येव दानवाः ॥ १६३ ॥
शक्त्या शक्तिमतो युद्धे निर्जितास्ते प्रदुद्रुवुः ।
मद्रराजानुजं हत्वा स तूर्णं भीमविक्रमम् ॥ १६४ ॥

कर्णस्य भ्रातरं शूरं जघान घनगर्जितम् ।
क्रमेणैकैकशो जित्वा संहतांश्च पुनः पुनः ॥ १६५ ॥
कर्णदुःशासनमुखान्स चक्रे भूभुजां क्षयम् ।
परसैन्यान्तरस्थस्य दिक्षु सर्वासु भूमिपाः ॥ १६६ ॥
हेमचापसहस्राणि ददृशुस्तस्य लाघवात् ।
गजवाजिरथानीके दारिते तेन पत्रिभिः ॥ १६७ ॥
चामरोष्णीषहासाङ्का प्रससर्पास्रवाहिनी ।
उत्थितेषु कबन्धेषु भग्ने सुभटमण्डले ॥ १६८ ॥
दध्मौ पार्थसुतः शङ्खं दिशः शकलयन्निव ।
अत्रान्तरे पाण्डुसुतान्प्रवेष्टुं व्यूहमुद्यतान् ॥ १६९ ॥
अवारयद्भर्गवराद्दृप्तो राजा जयद्रथः ।
स कृष्णाहरणे पूर्वं विजितस्तैर्महेश्वरात् ॥ १७० ॥
वरं तपःकृशो लेभे तज्जयं फल्गुणं विना ।
स बभौ पाण्डुतनयान्वारयन्सपदानुगान् ॥ १७१ ॥
वेलाचल इवोद्धूतान्वारिवेगान्महोदधेः ।
हैमं वराहं बिभ्राणो ध्वजे वैश्वानरप्रभम् ॥ १७२ ॥
ददाह पाण्डवचमूं सैन्धवो रुद्रतेजसा ।
तेनैकेन निरुद्धेषु प्रसभं पाण्डुसूनुषु ॥ १७३ ॥
अभिमन्युर्विशत्राज्ञामुच्चकर्त शिरोवनम् ।
वृषसेनं स विद्राव्य वीरो वैकर्तनात्मजम् ॥ १७४ ॥
जहार लुलितोष्णीषं काम्बोजनृपतेः शिरः ।
तस्मिन्विमर्दे तुमुले दिक्षु रुद्धासु पांसुभिः ॥ १७५ ॥
असूच्यन्त महीपाला रत्नाभरणरश्मिभिः ।
ततो विजयदायादः केसरीव मदद्विपम् ॥ १७६ ॥
जग्राह सत्यश्रवसं राजानमतुलौजसम् ।
अभिमन्योर्वशं याते तस्मिन्भूमिभृतां वरे ॥ १७७ ॥

शल्यात्मजो रुक्मरथस्तं गर्जन्समुपाद्रवत्।
स तेषां भ्रुकुटीधूमलक्ष्यकोपाग्निसंपदाम् ॥ १७८ ॥
गान्धर्वास्त्रेण सहसा विदधे कीर्तिशेषताम्।
तेन तुल्यवयोवेशे राजपुत्रशते हते ॥ १७९ ॥
रम्भाकाण्डवने भग्ने प्रभिन्नेनेव दन्तिना।
विद्रुते भूभुजां चक्रे भग्नमानः सुयोधनः ॥ १८० ॥
निःशश्वास ह्रिया नम्रः सौभद्रशरदारितः।
ततो दुर्योधनसुतो लक्ष्मणो लक्ष्मणोपमः ॥ १८१ ॥
अभिमन्युं समभ्येत्य प्राहिणोद्रिशिखावलीम्।
लक्ष्मीलताकिसलयं संभोगतरुकन्दरम् ॥ १८२ ॥
तं राजपुत्रं सौभद्रः क्षणं तुल्यमयोधयत्।
तस्य मुक्तावलीतारापङ्क्तिसेवितमाननम् ॥ १८३ ॥
शशाङ्कमिव भल्लेन कण्ठमूलाज्जहार सः।
कौरवेन्द्रस्ततः क्रुद्धः प्रिये पुत्रे निपातिते ॥ १८४ ॥
सौभद्रमाद्रवद्वीरः सह सर्वैर्महारथैः।
नृपवैकर्तनद्रोणद्रौणिहार्दिक्यगौतमान् ॥ १८५ ॥
शरैर्विद्राव्य तरसा वृन्दारकमपातयत्।
कोपादापततः सोऽथ कोसलाधिपतेः शिरः ॥ १८६ ॥
बृहद्बलस्य चिच्छेद भल्लेनाकुलकुण्डलम्।
ततः कर्णमभिद्रुत्य शरैरशनिदारुणैः ॥ १८७ ॥
निनाय संशयतुलां मृत्युदंष्ट्राङ्कुरैरिव।
निपात्य कर्णसचिवान्राजपुत्रान्प्रहारिणः ॥ १८८ ॥
जघान मार्तिकं भोजं तथा कुञ्जरकेतनम्।
दौःशासनिं ततः कृत्वा पृषत्केन पराङ्मुखम् ॥ १८९ ॥
विधाय विरथं शल्यं शरजालैरमोहयत्।
शत्रुंजयं मेघवेगं चन्द्रकेतुं सुवर्चसम् ॥ १९० ॥

१. 'कृप' ख.

सूर्यभासं च हत्वैतान्गान्धाराणां क्षयं व्यधात् ।
विद्राव्य भिन्नसर्वाङ्गं शकुनिं क्षतजोक्षितम् ॥ १९१ ॥
शिरःफलोच्चयं चक्रे राजचूतवनेषु सः ।
हेमपुङ्खेषुजालेन जनकस्पर्धयेव सः ॥ १९२ ॥
चकार कौरवानीकं ज्वलत्खाण्डवविभ्रमम् ।
स बभौ बिम्बितो राज्ञां खड्गेषु कवचेषु च ॥ १९३ ॥
एको विश्वक्षयायेव प्रयातो विश्वरूपताम् ।
तं दहन्तमनेकानि दृष्ट्वा शरशतार्चिषम् ॥ १९४ ॥
आचार्यमेत्य राधेयो गाढविद्धः समभ्यधात् ।
बालोऽप्यबालचरितः काकुत्स्थसमविक्रमः ॥ १९५ ॥
अशेषं क्षपयत्येष सैन्यं वज्रिसुतात्मजः ।
विधीयतामत्र नीतिर्दुर्जयोऽयमुपेक्षितः ॥ १९६ ॥
त्वदधीना हि युद्धेऽस्मिन्कौरवाणां जयश्रियः ।
श्रुत्वैतत्सस्मितो द्रोणः सूतपुत्रमभाषत ॥ १९७ ॥
सत्यं हिनस्ति पृतनां मुहूर्तेनार्जुनात्मजः ।
अस्य धैर्यममर्यादं दृष्ट्वा प्रौढं च विक्रमम् ॥ १९८ ॥
रोमाञ्चकञ्चुकः कायः कस्य नाम न जायते ।
सकार्मुको न शक्योऽयं सखड्गरथकङ्कटः ॥ १९९ ॥
सचक्रो वा रणे जेतुं भास्वरैस्त्रिदशैरपि ।
तदस्य क्रियतां यत्नः सर्वायुधविनाशने ॥ २०० ॥
परचक्रान्तरस्थस्य युष्माभिर्यदि शक्यते ।
ततो द्रोणः समाभाष्य कर्णेन सहितो ययौ ॥ २०१ ॥
सौभद्रं द्रावितानीकं सह सर्वैर्महारथैः ।
स तानापततो वीरान्मण्डलीकृतकार्मुकः ॥ २०२ ॥
शरैश्चकार विमुखान्नदीवेगानिवाचलः ।
ततश्चिच्छेद पार्श्वेन कर्णस्तस्यानतं धनुः ॥ २०३ ॥

रथं जघान हार्दिक्यः सारथिं तस्य गौतमः।
विरथं छिन्नधन्वानं द्रोणमुख्यास्तमाद्रवन् ॥ २०४ ॥
स दीप्तं खड्गमादाय चर्म चानेकतारकम्।
मण्डलानि चरन्वीरो दुर्लक्ष्यः समपद्यत ॥ २०५ ॥
चरन्तं व्योम्नि बाहुल्यात्सहस्रांशुमिवाभितः।
पतितं मेनिरे मूर्ध्नि तुल्यं सर्वे महारथाः ॥ २०६ ॥
प्रहारिणः क्षुरप्रेण द्रोणस्तस्याकरोद्द्विधा।
खड्गं भिन्नेभकुम्भाग्रसक्तमौक्तिकदन्तुरम् ॥ २०७ ॥
छिन्नखड्गः समादाय चक्रं विक्रमलाञ्छनः।
स चक्रे राजचक्राणां क्षयं चक्रायुधभ्रमम् ॥ २०८ ॥
ततस्ते संहताः सर्वे द्रोणमुख्या महारथाः।
तच्चक्रं तिलशश्चक्रुः शरैः संहारशङ्किताः ॥ २०९ ॥
हेमाङ्गदगदापाणिः सोऽथ भीम इवापरः।
सुबलस्यात्मजं वीरं कालिकेयं जघान सः ॥ २१० ॥
गान्धारराजपुत्राणां स हत्वा सप्तसप्ततिम्।
नृपान्ब्रह्मवसातीयान्गदयापातयद्दश ॥ २११ ॥
निष्पिष्टकेकयरथो गजानीकं चकार सः।
वज्रपातविनिर्भिन्नशैलमण्डलसंनिभम् ॥ २१२ ॥
रथं दौःशासनेः साश्वं स निष्पिष्य ससारथिम्।
गदया गजघातिन्या गदापाणिं तमाद्रवत् ॥ २१३ ॥
मण्डलानि चरन्तौ तावन्योन्यमभिजघ्नतुः।
गदाभ्यां भीषणाघातजातवह्निकणाकुलौ ॥ २१४ ॥
गुरुप्रहाराभिहतौ पेततुस्तौ महाभुजौ।
सौभद्रं पतितं दूराद्बाणैर्जघ्नुर्महारथाः ॥ २१५ ॥
सायकाञ्चितसर्वाङ्गं विकीर्णाकुलकुन्तलम्।
दौःशासनिस्तमुत्थाय गदया मूर्ध्न्यताडयत् ॥ २१६ ॥

तस्मिन्निपतिते वीरे बालचूत इवानिलैः ।
वीतशोभमभूत्सर्वं जगदुद्यानमाकुलम् ॥ २१७ ॥
प्रशान्तमपि तं दृष्ट्वा क्षत्रवेणुवनानलम् ।
पुनरुत्तिष्ठतीत्यासीद्भूभुजां हृदयभ्रमः ॥ २१८ ॥
तं दृष्ट्वा चन्द्रवदनं कुमारं भूमिपातितम् ।
व्योमगा मुमुचुर्बाष्पं सुरविद्याधराङ्गनाः ॥ २१९ ॥
बालो लूनधनुष्खण्डः श्रान्तो विहतवाहनः ।
हतो महारथैः सर्वैरित्यभूद्दिवि निःस्वनः ॥ २२० ॥
ततः प्रहृष्टैः कुरुभिर्लब्धलक्ष्यैः समन्ततः ।
गर्जद्भिर्निर्जिताः सेना दुद्रुवुर्धर्मनन्दनम् ॥ २२१ ॥

तृतीये दिनेऽभिमन्युवधः ॥ ९ ॥

सहस्रपत्रनयने सौभद्रे युधि पातिते ।
शोकार्त इव रक्तांशुः पपातास्ताद्रिकन्दरात् ॥ २२२ ॥
ततो युधिष्ठिरमुखाः संमुखं हतमाहवे ।
अशोच्यं शुशुचुः स्नेहाज्जम्भारितनयात्मजम् ॥ २२३ ॥
समाययौ ततो जिष्णुः शिबिरं विमना इव ।
प्रायः पूर्वं मनांस्येव कथयन्ति शुभाशुभम् ॥ २२४ ॥
स निजं सैन्यमालोक्य ध्वस्तच्छायमधोमुखम् ।
भ्रातॄंश्च विषनाराचनिर्भिन्नानिव मर्मसु ॥ २२५ ॥
दिवसप्रोषितं पुत्रं द्रष्टुमुत्कण्ठिताशयः ।
मूकीभूतानिव शुचा तानपृच्छत्ससंभ्रमः ॥ २२६ ॥
कच्चिन्न द्रोणविहितं चक्रव्यूहं ममात्मजः ।
प्रविष्टो निधनं नीतः कुरुभिः कूटयोधिभिः ॥ २२७ ॥
प्रवेशं शिक्षितो व्यूहे मया बालो न निर्गमम् ।
ध्रुवं स निहतः पापैर्वीरो राजीवलोचनः ॥ २२८ ॥
उक्त्वेति शोकदहनक्काथ्यमानो धनंजयः ।

श्रुत्वा तनयवृत्तान्तं मोहात्स्थाणुरिवाभवत् ।
यशोमयीं प्रविष्टोऽसौ वीरः कल्पस्थिरां तनुम् ॥ २२९ ॥
इत्युच्यमानः कृष्णेन लब्धसंज्ञो जगाद सः ।
अहो नु नाभवत्कश्चिन्मत्पुत्रं योऽरिमध्यगम् ॥ २३० ॥
ररक्ष मध्ये युष्माकं मिथ्याशस्त्रपरिग्रहः ।
तं समग्रगुणारामं तनयं रामविक्रमम् ॥ २३१ ॥
द्रक्ष्यामि क्व पुनः कान्तं स्वप्नलब्धमिवेप्सितम् ।
व्यक्तं रिपुभिराकीर्णः पतन्सस्मार मां सुतः ॥ २३२ ॥
स्वस्रीयः केशव त्वां वा लुप्तधैर्योऽथ वा न सः ।
हता सुभद्रा रहिता पुत्रेणामृतवर्षिणा ॥ २३३ ॥
सर्वातिशयलावण्यगुणविक्रमशालिना ।
मन्ये तं मन्यते कान्तं तारापतिनिभाननम् ॥ २३४ ॥
नवं मन्मथमायातं दिवि देववधूजनः ।
परिष्वजस्व हा पुत्र क्व यातोऽसि विहाय माम् ॥ २३५ ॥
इत्युक्त्वा मूलनिर्लूनो भुवि ताल इवापतत् ।
प्रतिलभ्य पुनः संज्ञां श्रुत्वा हेतुं जयद्रथम् ॥ २३६ ॥
सुतक्षयप्रकोपाग्निपीतशोकार्णवोऽवदत् ।
हन्ताहं सैन्धवं पापं त्रिदशैरपि रक्षितम् ॥ २३७ ॥
अनस्तगे तिग्मकरे पश्यतां सर्वभूभुजाम् ।
ये चरन्ति गुरुद्रोहं साधून्परिवदन्ति ये ॥ २३८ ॥
विश्वस्तान्घ्नन्ति ये स्वैरं निक्षेपं भक्षयन्ति ये ।
निन्दन्ति ये स्त्रियं भुक्त्वा ये च शास्त्रार्थवर्जिताः ॥ २३९ ॥
आचरन्ति निषिद्धं ये विहितं च त्यजन्ति ये ।
लोकान्व्रजेयं तत्तुल्यान्हन्यां यदि न तं युधि ॥ २४० ॥
असमाप्तेऽह्नि निखिले न हतश्चेज्जयद्रथः ।
तत्प्रवेक्ष्यामि दहनं दूषणानृतशान्तये ॥ २४१ ॥

भुवि वा दिवि पाताले मेरुमन्दरकन्दरे ।
अपि स्थितं तं मद्बाणा दारयिष्यन्त्यवारिताः ॥ २४२ ॥
इत्युक्त्वा कोपताम्राक्षः समं कालियविद्विषा ।
दध्मौ शङ्खं मही येन चकम्पे सकुलाचला ॥ २४३ ॥

अर्जुनप्रतिज्ञा ॥ १० ॥

अस्मिन्नवसरे चारैर्विज्ञायार्जुनभाषितम् ।
भीतो दुर्योधनायैत्य सैन्धवस्तन्न्यवेदयत् ॥ २४४ ॥
कौरवस्तं समादाय द्रोणमभ्येत्य सानुगः ।
प्रतिज्ञामवदद्घोरां सैन्धवे सव्यसाचिनः ॥ २४५ ॥
जयद्रथो वदत्येष दिनमेकमलक्षितः ।
गच्छामि पार्थिवाः सर्वे मां वा रक्षन्तु संहताः ॥ २४६ ॥
इति दुर्योधनेनोक्ते भारद्वाजस्तमब्रवीत् ।
श्वः कर्तास्मि महाव्यूहं दुर्भेद्यं त्रिदशैरपि ॥ २४७ ॥
अहं धनंजयं वीरं वारयिष्यामि सायकैः ।
सैन्धवार्थिनमायान्तं वेलाशैल इवोदधिम् ॥ २४८ ॥
उक्ते शोणहयेनेति प्रहृष्टाः कुरुपुंगवाः ।
हतं पार्थममन्यन्त प्रतिज्ञाभङ्गवह्निना ॥ २४९ ॥
अधुनैवाखिलां सेनामेकः क्रुद्धो विनाशयेत् ।
रात्रावित्यर्जुनभयात्कुरवस्तस्थुरुत्थिताः ॥ २५० ॥
अत्रान्तरे पुत्रशोकव्यथातारप्रलापिनीम् ।
सुभद्रां याज्ञसेनीं च शौरिः सान्त्वयितुं ययौ ॥ २५१ ॥
आश्वासिता केशवेन सुभद्रा बाष्पगद्गदम् ।
विललाप मुहुः कण्ठे स्नुषामालम्ब्य मूर्च्छिताम् ॥ २५२ ॥
हा पुत्र नयनानन्द मन्दिरामृतदीधिते ।
क्व नु ते पद्मपत्राक्षं द्रक्ष्यामि वदनं पुनः ॥ २५३ ॥
इयं ते मत्स्यदुहिता नवोढा महिषी प्रिया ।
मर्तुमाहितसंकल्पा रक्ष्यते गर्भगौरवात् ॥ २५४ ॥

नाथे पितरि कृष्णे च भीमे च बलिनां वरे।
रणे रेणुभिराकीर्णः शेषे कथमनाथवत् ॥ २९५ ॥
ब्रह्मण्यानां वदान्यानां यज्वनां पुण्यकर्मिणाम्।
सदाचारव्रतजुषां गतिमाप्नुहि पुत्रक ॥ २९६ ॥
इति प्रलापमुखरां तां समाश्वास्य माधवः।
तूर्णं गाण्डीवधन्वानं वीतनिद्रमुपाययौ ॥ २९७ ॥
कृष्णाज्ञया जपपरो विधिवत्परिकल्पिते।
पवित्रे शयने निद्रां लेभे शक्रसुतस्ततः ॥ २९८ ॥
सोऽपश्यद्व्योमगः स्वप्ने विष्णुना सह संयुतः।
दिव्यपर्वतमारूढो देवं चन्द्रार्धशेखरम् ॥ २९९ ॥
तं गोविन्दसखो दृष्ट्वा प्रणम्य रचिताञ्जलिः।
भक्त्या तुष्टाव वरदं वरेण्यं हर्षनिर्भरः ॥ २६० ॥
नमो भवाय भुवनप्रभवाप्यायकारिणे।
नमः शर्वाय निःशेषदुष्कर्मविषहारिणे ॥ २६१ ॥
नमो रुद्राय दैत्येन्द्रद्रावितेन्द्रभयच्छिदे।
नमः शिवाय भीमाय श्रीकण्ठाय कपालिने ॥ २६२ ॥
उग्राय श्रेयसां धाम्ने वामार्धायोर्ध्वरेतसे।
व्यालाकुलाय सेव्याय निष्कलाय कलाभृते ॥ २६३ ॥
त्रिगुणाय त्रिनेत्राय त्र्यम्बकाय त्रिमूर्तये।
संकल्पकल्पवृक्षाय नमस्तुभ्यं त्रिशूलिने ॥ २६४ ॥
इति रुद्रः स्तुतः स्वप्ने महाभुजगविग्रहम्।
धनुरस्त्रं च पार्थाय सस्थानकमदर्शयत् ॥ २६५ ॥
पूर्वलब्धं महास्त्रं तद्दृष्ट्वा पाशुपतं जयः।
मन्त्रं च प्राप्य चण्डीशात्कृतकृत्यो व्यबुध्यत ॥ २६६ ॥
ततः प्रभाते कृष्णाय तन्निवेद्य धनंजयः।
प्रतिज्ञाभारमखिलं हृष्टः स्वल्पममन्यत ॥ २६७ ॥

अथ स्नाताः कृतावश्यकरणीया हुताग्नयः ।
रणाङ्गणं महोत्साहा निर्ययुः कुरुपाण्डवाः ॥ २६८ ॥
ततो व्यूहं व्यधाद्द्रोणः पृथुचक्रपरिष्कृतम् ।
शकटं विकटाटोपं गुप्तं सुभटकोटिभिः ॥ २६९ ॥
महादलं च तन्मध्ये पद्मं नृपतिकेसरम् ।
तुरङ्गरथमातङ्गसहस्रायुतकर्णिकम् ॥ २७० ॥
कृतवर्ममुखैः कृत्वा सूचिव्यूहं तदन्तरे ।
जयद्रथं वृतं वीरैः सूचीपाशे न्यवेदयत् ॥ २७१ ॥
एवं व्यूढेष्वनीकेषु गुरुणाद्भुतकारिणा ।
गाण्डीवधन्वा सेनाग्रे दीप्तकेतुरदृश्यत ॥ २७२ ॥
तस्य चण्डकरस्येव शररश्मिसहस्रिणः ।
सेहिरे न महीपाला द्रष्टुं तेजो महौजसः ॥ २७३ ॥
आकम्पितेऽथ भुवने दुर्निमित्तशताकुले ।
श्वेताश्वे स्यन्दने कृष्णौ शुभ्रौ शङ्खौ प्रदध्मतुः ॥ २७४ ॥
तयोः शब्देन पवनस्कन्दसंघट्टकारिणा ।
अकाण्डप्रलयारम्भसर्वभूतानि मेनिरे ॥ २७५ ॥
ततो मिलितयोस्तूर्णं मिथः सेनासमुद्रयोः ।
व्यालनीलवलत्खड्गातरङ्गः संगरोऽभवत् ॥ २७६ ॥
शिरोभिरथ शूराणां बाहुभिश्च सभूषणैः ।
महीमाच्छादयन्पार्थो द्रोणानीकमथाविशत् ॥ २७७ ॥
स प्रणम्य गुरुं वृद्धमनुमान्य प्रसाद्य च ।
पूर्वोत्सृष्टशरं दीप्तैः शरजालैरवाकिरत् ॥ २७८ ॥
ततो जयद्रथाकाङ्क्षी तूर्णमच्युतसारथिः ।
द्रोणं प्रदक्षिणीकृत्य प्रविश्यानिलरंहसा ॥ २७९ ॥
लाघवाद्द्रोणमुत्सृज्य प्रविष्टे श्वेतवाहने ।
चक्ररक्षौ विविशतुर्युधामन्यूत्तमौजसौ ॥ २८० ॥

ततो मन्दरसंरब्धक्षुभिताम्भोधिविभ्रमः ।
व्यूहस्यादीर्यमाणस्य निर्घोषस्तुमुलोऽभवत् ॥ २८१ ॥
प्रसक्तं व्रजतस्तस्य पुरः कुञ्जरभेदिनः ।
बभुः पद्मवनानीव पतितैर्भूभुजां मुखैः ॥ २८२ ॥
धृतो गतो हतो लब्धो हन्त्येष पतिता वयम् ।
इत्यभूद्दारुणः शब्दो यत्र यत्र धनंजयः ॥ २८३ ॥
तूर्णं प्रविशतस्तस्य सिन्धुराजवधेप्सया ।
प्रलयाम्बुधरध्वानधीरोऽभूत्स्यन्दनस्वनः ॥ २८४ ॥
अजय्यं समरे द्रोणं त्यक्त्वा धीमति फल्गुणे ।
प्रविष्टे शरवर्षाभ्रे चकम्पे कुरुकाननम् ॥ २८५ ॥
कृतवर्ममुखान्वीरांस्ततस्तूर्णमभिद्रुतान् ।
जित्वा यवनकाम्बोजं जघान शतमन्युजः ॥ २८६ ॥
द्रोणः पश्चादथाभ्येत्य ब्रह्मास्त्रेण धनंजयम् ।
रुन्धानः समरे चक्रे ज्वालाजालजटं नभः ॥ २८७ ॥
ब्रह्मास्त्रेणैव सहसा हत्वास्त्रं शक्रनन्दनः ।
परिवर्ज्य गुरुं प्रायाद्भोजानीकं मनोजवः ॥ २८८ ॥
विधाय विमुखं भोजं प्रयान्तं सव्यसाचिनम् ।
अभ्युद्ययौ वारिपतेः सुतो राजा श्रुतायुधः ॥ २८९ ॥
शरैस्तेनायुतोत्सृष्टैर्विद्धो धैर्यमहोदधिः ।
रथं हत्वास्य विदधे पार्थः सर्वायुधक्षयम् ॥ २९० ॥
वरुणेन पुरा पित्रा स दत्तामाददे गदाम् ।
अयोधे पातिता मोहात्तमेवैत्य निहन्ति या ॥ २९१ ॥
स तया केशवं मूढो मृत्युदूत्येव घोरया ।
अताडयन्महावेगो विचचाल न चाच्युतः ॥ २९२ ॥
तया प्रतीपमभ्येत्य स निष्पिष्टो नरेश्वरः ।
पपात भग्नकटको वज्रेणेव कुलाचलः ॥ २९३ ॥

सरितस्तनये वीरे वर्णमायाः श्रुतायुधे ।
हते पार्थरथस्याभूदभग्नप्रणया गतिः ॥ २९४ ॥

श्रुतायुधवधः ॥ ११ ॥

जयोद्धूतपताकाग्रं व्रजन्तं वानरध्वजम् ।
वेगदीर्घीकृतस्मेरकिरीटाभरणप्रभम् ॥ २९५ ॥
तडितां मण्डलेनेव पिङ्गं गाण्डीवतेजसा ।
राजा सुदक्षिणोऽभ्यायात्काम्बोजः कुरुदक्षिणः ॥ २९६ ॥
तस्यास्त्रवर्षिणस्तूर्णं छित्वा कार्मुकमर्जुनः ।
चकर्त शक्तिं तन्मुक्तां घनघण्टाविराविणीम् ॥ २९७ ॥
सोऽथ पार्थशरासारविशरारुतनुर्नृपः ।
पपात हेममालाङ्को विद्याधर इवाम्बरात् ॥ २९८ ॥

सुदक्षिणवधः ॥ १२ ॥

काम्बोजे निहते वीरे भज्यमाने बलार्णवे ।
सहाच्युतायुषा राज्ञा श्रुतायुः पार्थमाद्रवत् ॥ २९९ ॥
श्रुतायुषा तोमरेण शूलेनान्येन चाहतः ।
तुल्यं बाणसहस्रैश्च मुमोह कपिकेतनः ॥ ३०० ॥
लब्धसंज्ञोऽथ शक्रास्त्रं समुदीर्य धनंजयः ।
साश्वसूतौ सपुत्रौ च कथाशेषौ चकार तौ ॥ ३०१ ॥

श्रुतायुर्वधः ॥ १३ ॥

अङ्गान्वङ्गान्कलिङ्गांश्च दाक्षिणात्यांश्च पाण्डवः ।
हत्वा जघान विपुलं कुञ्जरानीकमाशुगैः ॥ ३०२ ॥
दरत्तुरष्कचीनानां म्लेच्छानां च वरूथिनीम् ।
शरैर्निपात्य विदधे घोरां रक्ततरङ्गिणीम् ॥ ३०३ ॥
अम्बष्ठाधिपतेश्छित्वा मौलिरत्नोज्ज्वलं शिरः ।
अवारितगतिर्वीरो विवेशाच्युतसारथिः ॥ ३०४ ॥
अथ द्रोणं समभ्येत्य बभाषे कौरवेश्वरः ।
आचार्य पश्य पार्थेन भूभुजां कदनं कृतम् ॥ ३०५ ॥

कथं नु लङ्घयेद्वीर वराकस्त्वां पृथासुतः ।
शिष्यानुरोधो यदि ते न स्यात्सरलचेतसः ॥ ३०६ ॥
दत्ताभयोऽद्य भवता हेलयैव जयद्रथः ।
प्रवेशितः स्वयं कालकरालवदनोदरे ॥ ३०७ ॥
को हि गाण्डीवधन्वानं त्वयापि समुपेक्षितम् ।
चरन्तं मम सैन्येषु सामान्यो वारयिष्यति ॥ ३०८ ॥
इत्युक्ते कुरुराजेन भारद्वाजो जगाद तम् ।
तार्क्ष्यवेगो युवा पार्थो वृद्धमुल्लङ्घ्य चागतः ॥ ३०९ ॥
व्यूहद्वारे मया रुद्धा भीमसात्यकिपार्षताः ।
प्रविशन्त्येष बीभत्सुं व्रजामि यदि पृष्ठतः ॥ ३१० ॥
इदं तु ते करोम्यद्य हितं लोकेषु दुष्करम् ।
भविष्यसि रणे येन देवानामपि दुर्जयः ॥ ३११ ॥
घोरे वृत्ररणे रुद्रः सुरेन्द्राय ददौ पुरा ।
दिव्यं मन्त्रमयं वर्म दुर्भेद्यो येन सोऽभवत् ॥ ३१२ ॥
तदेतन्मन्त्रसंयुक्तं प्राप्तं गुरुमुखान्मया ।
बध्नामि ब्रह्मसूत्रेण तव शत्रुनिबर्हणम् ॥ ३१३ ॥
इत्युक्त्वा तस्य मन्त्रेण भास्वत्कनककङ्कटम् ।
प्रस्थितस्यार्जुनं जेतुं बबन्ध कुरुभूपतेः ॥ ३१४ ॥
आमुक्तदिव्यकवचो गुरुणा कौरवेश्वरः ।
गजवाजिरथानीकैः प्रययौ पार्थमोजसा ॥ ३१५ ॥
अस्मिन्नवसरे युद्धे व्यूहस्य प्रमुखेऽभवन् ।
द्रोणशल्यशलादीनां धृष्टद्युम्नपुरोगमाः ॥ ३१६ ॥
पाण्डवा द्रौपदेयाश्च राक्षसश्च घटोत्कचः ।
सात्यकिर्द्रुपदो मत्स्यः कुन्तिभोजश्च केकयाः ॥ ३१७ ॥
वीराश्चान्ये महीपालाः समभिद्रुत्य संहताः ।
दिव्यास्त्रवित्तमा वीरा जलसन्धं नराधिपम् ॥ ३१८ ॥

दुःशासनं विकर्णं च चित्रसेनं विविंशतिम् ।
अलायुधं राक्षसेन्द्रमलम्बुममलम्बुसम् ॥ ३१९ ॥
बाह्लिकं शकुनिं द्रोणिं वृषसेनं च गौतमम् ।
मुहुर्महारथांश्चान्यान्व्यूहगर्भविनिर्गतान् ॥ ३२० ॥
अवाकिरन्हेमपुङ्खैर्निजनामाङ्कितैः शरैः ।
मिथो रथाग्रे कुर्वाणा रुधिरावर्तदुर्गमम् ॥ ३२१ ॥
ते चक्रुर्विक्रमोदारा घोराभिः शस्त्रवृष्टिभिः ।
कबन्धताण्डवोच्चण्डसंरम्भललिता दिशः ॥ ३२२ ॥
अत्रान्तरे श्वेतहयः प्रविशन्कुरुवाहिनीम् ।
चकार निपतच्छत्त्रराजहंसावलीसिताम् ॥ ३२३ ॥
शराणामर्जुनभुजोत्सृष्टानामाशुगामिनाम् ।
क्रोशद्वयं ययावग्रे स कृष्णप्रेरितो रथः ॥ ३२४ ॥
ते हया हेमसंनाहा गाहमाना इवाम्बरम् ।
जवदीर्घैः प्रभाजालैश्चक्रुः पल्लविता दिशः ॥ ३२५ ॥
हतो गजो रथश्छिन्नः पतितोऽयं नराधिपः ।
इत्यभून्निःस्वनस्तत्र चेरुर्यत्रार्जुनेषवः ॥ ३२६ ॥
विन्दानुविन्दावावन्त्यावभिद्रुत्याथ पाण्डवम् ।
अदृश्यं चक्रतुर्नानाशस्त्रवर्षैः सकेशवम् ॥ ३२७ ॥
तयोः पार्थो रथौ हत्वा छित्वा च धनुषी शरैः ।
जहार शिरसी याम्यां द्विचन्द्रेवाभवन्मही ॥ ३२८ ॥

विन्दानुविन्दवधः ॥ १४ ॥

ससैन्यो राजपुत्रौ तौ हत्वा विपुलविक्रमौ ।
निजाश्वान्व्यथितान्वीक्ष्य बभाषे कृष्णमर्जुनः ॥ ३२९ ॥
कृष्णार्तान्वाजिनः क्लान्तान्दस्युशस्त्रशरक्षतान् ।
पाययोद्धृतशल्यांस्त्वं मुक्त्वैतान्सलिलं विभो ॥ ३३० ॥
उक्त्वेति सोऽवतीर्याशु पादचारी नरेश्वरान् ।
इदमन्तरमित्याप्तानेकः सर्वानयोधयत् ॥ ३३१ ॥

ततः पार्थास्त्रजालानां तदस्त्राणां च संघशः ।
निघर्षनिःसृतज्वालाकरालमभवन्नभः ॥ ३३२ ॥
अर्जुनेन कृते क्षिप्रं शरपञ्जरमन्दिरम् ।
तदस्त्रभिन्नवसुधासंजातविमलोदके ॥ ३३३ ॥
परिवृत्तान्समाकृष्टशल्यानाघ्रातभूतलान् ।
पाययित्वा हयान्कृष्णो हृष्टान्पुनरयोजयत् ॥ ३३४ ॥
ते कृष्णाववहन्वाहा जातद्विगुणरंहसः ।
आरुहन्त इवाकाशं शक्राश्वविजिगीषया ॥ ३३५ ॥
अथ स्वल्पावशेषेऽह्नि तूर्णं सैन्धवकाङ्क्षिणः ।
चकम्पे कौरवचमूः सायकैः सव्यसाचिनः ॥ ३३६ ॥
विद्रुतेषु नरेन्द्रेषु भग्ने गजघटावने ।
द्रोणानुबद्धकवचः कौरवेन्द्रः समाययौ ॥ ३३७ ॥
विलोक्य विपुलानीकं तमायान्तं महौजसम् ।
उवाच कैटभारातिर्निवातकवचान्तकम् ॥ ३३८ ॥
अयं स कर्ता दर्पान्धो निकाराणां स्थवीयसाम् ।
प्राप्तो मूलमनर्थानां जह्येनं कुलकण्टकम् ॥ ३३९ ॥
इत्युक्ते पुष्कराक्षेण वीरौ जिष्णुसुयोधनौ ।
क्षणं विलोक्य चक्राते सुरेन्द्रनमुचिप्रभम् ॥ ३४० ॥
प्रेरिता कुरुराजेन शुभ्रपक्षा किरीटिनम् ।
क्रौञ्चाद्रिमिव हंसाली विवेश विशिखावली ॥ ३४१ ॥
गाण्डीवधन्वनो बाणान्वन्ध्यान्दृष्ट्वा सुयोधने ।
किमेतदिति गोविन्दो जगाद पृथुविस्मयः ॥ ३४२ ॥
धनंजयस्तमवदत्स्मितधौताधरद्युतिः ।
ज्ञातं कृष्ण मया येन पापोऽयं प्रतिभां श्रितः ॥ ३४३ ॥
वर्मास्य गुरुणा बद्धं विद्यया वज्रसंनिभम् ।
प्रतियोगं च जानेऽहं कृत्स्नमेतद्विनाशने ॥ ३४४ ॥

इत्युक्त्वास्त्रं महद्दिव्यं कवचोच्छित्तये व्यधात् ।
तच्च दूरान्महास्त्रेण द्रोणपुत्रो व्यदारयत् ॥ ३४५ ॥
द्विष्प्रयोज्यं न दिव्यास्त्रमित्युक्त्वा पाण्डुनन्दनः ।
चक्रे सुयोधनं छिन्नरथसारथिकार्मुकम् ॥ ३४६ ॥
हस्तयोश्च शरैरस्य चकाराप्राप्तवर्मणोः ।
लक्ष्याभ्यासमिवासक्तं येनासौ विमुखोऽभवत् ॥ ३४७ ॥
ततो द्रौणिप्रभृतयः पार्थं सर्वे महारथाः ।
अभ्याद्रवन्सुसंरब्धा विचित्रकवचध्वजाः ॥ ३४८ ॥
शिखिध्वजः कर्णसुतः सीराङ्को मद्रभूपतिः ।
मणिनागध्वजः श्रीमान्स्वयं राजा सुयोधनः ॥ ३४९ ॥
भूरिश्रवा यूपकेतुरन्ये च विविधध्वजाः ।
हेमदीप्तायुधधरा घोरं युयुधिरे नृपाः ॥ ३५० ॥
तेषामापततां तूर्णं लघुहस्तो धनंजयः ।
चिच्छेद बाणैर्मर्माणि छत्राणि च धनूंषि च ॥ ३५१ ॥
शरैर्विवर्मणां तेषां पद्मगर्भनिभानि सः ।
बालातपारुणानीव वपूंषि रुधिरैर्व्यधात् ॥ ३५२ ॥
वध्यमानेषु वीरेषु जिष्णुना सर्वराजसु ।
वलत्खड्गभुजः कालो ननर्तेव निजोत्सवे ॥ ३५३ ॥
अत्रान्तरे धर्मसुतं द्रोणो व्यूहमुखे स्थितः ।
महारथैः परिवृतं जिघृक्षुस्तूर्णमाद्रवत् ॥ ३५४ ॥
स कृत्वा मत्स्यपाञ्चालचेदिसृञ्जयकेकयान् ।
अल्पावशेषान्राजानं चकार विरथं शरैः ॥ ३५५ ॥
हताश्वं कृत्तचापं च दृष्ट्वा सर्वे युधिष्ठिरम् ।
हृतो हृतो नृप इति स्फारतारं प्रचुक्रुशुः ॥ ३५६ ॥
ततः पाण्डुसुतः शक्तिं प्राहिणोत्प्राणहारिणीम् ।
ब्रह्मास्त्रेण च तां द्रोणो भस्मसादकरोत्क्षणात् ॥ ३५७ ॥

छिन्नसर्वायुधो विद्धः शरैः कुलिशदारुणैः ।
सह देवरथेनाशु मुक्त्वा द्रोणं ययौ नृपः ॥ ३५८ ॥
विद्रुते धर्मतनये भारद्वाजो रुषा ज्वलन् ।
ददाह पाण्डवचमूं शरश्रेणीशिखाशतैः ॥ ३५९ ॥
केकयोऽथ बृहत्क्षत्रः पाण्डवानीकनायकः ।
द्रोणानुगं क्षेमधूर्तिं महीपालमपातयत् ॥ ३६० ॥
त्रैगर्तं वीरधन्वानं धृष्टकेतुं महारथम् ।
विधाय च्छिन्नमूर्धानं कबन्धं विदधे क्षणम् ॥ ३६१ ॥
निरपत्यं हतामित्रं सहदेवोऽवधीद्युधि ।
सात्यकिर्व्याघ्रदत्तं च राजपुत्रमपातयत् ॥ ३६२ ॥
विध्यमानं बलं दृष्ट्वा भारद्वाजसुतः परैः ।
शिरःकूटावशेषाणि पाण्डुसैन्यान्यकल्पयत् ॥ ३६३ ॥
राक्षसोऽथ बकभ्राता भीमसेनमलम्बुसः ।
योधयित्वा शरशतैस्तत्सेनां माययावधीत् ॥ ३६४ ॥
प्रवर्तितां राक्षसेन भीमो दृष्ट्वासृगापगाम् ।
त्वाष्ट्रेणास्त्रेण तन्मायां छित्वारमजयत्कृती ॥ ३६५ ॥
वधाय भीमसेनस्य रक्षस्तत्पुनरागमत् ।
अवारयन्महाकायं महाकायो घटोत्कचः ॥ ३६६ ॥
स रथाद्रथमुत्सृज्य कालः काल इवोन्नदन् ।
आकृष्यालम्बुसं वेगान्निष्पिष्य विदधे व्यसुम् ॥ ३६७ ॥

अलम्बुसवधः ॥ १५ ॥

घटोत्कचेन निहते राक्षसे जम्भविक्रमे ।
भयमाविरभूद्घोरं समरे सर्वभूभुजाम् ॥ ३६८ ॥
अत्रान्तरे धर्मसुतो दूरस्थस्य किरीटिनः ।
अशृण्वञ्शङ्खनिर्घोषं किमप्याशङ्कितोऽभवत् ॥ ३६९ ॥
भीतोऽभिमन्युवृत्तान्ताद्विषण्णो भ्रातृवत्सलः ।
उवाच सात्यकिं मत्वा स धुर्यं सर्वधन्विनाम् ॥ ३७० ॥

सात्यके पश्य बन्धूनां गुरूणां सुहृदां तथा ।
दोर्दर्पस्य च संप्राप्तः कालोऽयमुचितस्तव ॥ ३७१ ॥
स ते गुरुः सखा बन्धुः किरीटी शत्रुमध्यगः ।
न ज्ञायते प्रणष्टेऽत्र शङ्खशब्दे कथं स्थितः ॥ ३७२ ॥
ऋते त्वामुज्ज्वलाचारं प्रवरं शौर्यशालिनाम् ।
भारः कस्मिन्नसह्योऽयं धुरंधर निधीयताम् ॥ ३७३ ॥
पात्रे वितरतां पृथ्वीं रक्षतां शरणागतम् ।
मित्रार्थे त्यजतां प्राणान्समानं श्रूयते फलम् ॥ ३७४ ॥
धन्या भवद्विधा एव क्रियते यैः स्थिरं यशः ।
पवनाकम्पिकदलीदलालोलैर्निजासुभिः ॥ ३७५ ॥
त्वयि यातेऽर्जुनं द्रष्टुं द्रोणग्रहणजं भयम् ।
भीमपार्षतगुप्तस्य सत्यं मे न भविष्यति ॥ ३७६ ॥
उक्ते युधिष्ठिरेणेति सात्यकिः सत्वसागरः ।
सज्जोऽभवत्तथेत्युक्त्वा परानीकबिभित्सया ॥ ३७७ ॥
स हेमकवचः स्रग्वी शुभ्राश्वं रथमास्थितः ।
दीप्तसिंहध्वजः श्रीमान्घननिर्घोषकार्मुकः ॥ ३७८ ॥
दाता हुतानलो हृष्टो नृपमामन्त्र्य सानुजम् ।
भीमे रक्षां निधायास्य मङ्गलालंकृतो ययौ ॥ ३७९ ॥
स भारद्वाजमासाद्य वैनतेय इवाशुगः ।
चक्रे राजभुजङ्गानां क्षणमाकम्पविभ्रमम् ॥ ३८० ॥
ततो युद्धमभूद्धोरमाचार्ययुयुधानयोः ।
मोहनं सर्वलोकानां स्कन्दतारकयोरिव ॥ ३८१ ॥
द्रोणं स दुर्जयं मत्वा धीमान्सात्यकिरब्रवीत् ।
गुरो शिष्यं तवान्वेष्टुं फल्गुणं प्रस्थितस्य मे ।
अस्मिन्नल्पावशेषेऽह्नि न विघ्नं कर्तुमर्हसि ॥ ३८२ ॥
श्रुत्वैतच्चापमाकृष्य बभाषे कुम्भसंभवः ।
न प्रवेष्टुं त्वया शक्यं मयि जीवति सात्यके ॥ ३८३ ॥

इति ब्रुवाणं शैनेयो मनो मारुतरंहसा ।
रथेन वञ्चयित्वा तं पराहूतं समाविशत् ॥ ३८४ ॥
स व्रजन्दुर्जयाञ्जित्वा कृतवर्ममुखात्रणे ।
घोरान्म्लेच्छान्किरातांश्च काम्बोजांश्च न्यपातयत् ॥ ३८५ ॥
सानुगान्पाण्डुतनयान्भेत्तुं व्यूहाग्रमुद्यतान् ।
निर्गत्यावारयन्सर्वान्कृतवर्मा धनुर्धरः ॥ ३८६ ॥
जवेन प्रविशन्तं च सात्यकिं सुभटाशनिम् ।
भिन्दानं कुञ्जरघटा रुन्धानं सायकैर्दिशः ॥ ३८७ ॥
शस्त्रवृष्टिं तदुत्सृष्टां शरैर्विक्षिप्य सात्यकिः ।
चिच्छेद जलसंधस्य शक्रायुधनिभं धनुः ॥ ३८८ ॥
कुपितश्छिन्नचापास्त्रः कृत्वा सर्वायुधव्ययम् ।
सावेगं प्रेरितगजः सोऽथ सात्यकिमाद्रवत् ॥ ३९८ ॥
जवादापततस्तस्य शैनेयश्चन्दनोक्षितौ ।
छित्वा भुजौ जहाराशु सरत्नमुकुटं शिरः ॥ ३९० ॥
तस्मिन्हते स नागेन्द्रो युयुधानशरार्दितः ।
विद्रुतः कौरवचमूं पिपेषालम्बि कङ्कटः ॥ ३९१ ॥

जलसंधवधः ॥ १६ ॥

विदार्य मागधानीकं प्रविशन्वृष्णिपुंगवः ।
दुर्योधनमुखान्वीरानयोधयदसंभ्रमः ॥ ३९२ ॥
पराङ्मुखीकृताशेषसुभटः सोऽथ मानिनः ।
सुदर्शनस्य नृपतेश्चकर्त रुचिरं शिरः ॥ ३९३ ॥
शबरान्यवनान्भोजान्बर्बरांस्ताम्रलिप्तिकान् ।
शकान्मुण्डान्कुविन्दांश्च हरन्दूरान्मतङ्गजान् ॥ ३९४ ॥
दस्युसंघांश्च विविधान्स हत्वा क्रूरविक्रमान् ।
चक्रे करभकुट्टाकः क्षितिं मस्तिष्ककर्दमाम् ॥ ३९५ ॥
दुःशासनोऽथ निशितैर्विद्धः सात्यकिना शरैः ।
विहाय समरं तूर्णं भारद्वाजान्तिकं ययौ ॥ ३९६ ॥

तं दृष्ट्वा विह्वलं द्रोणो बभाषे पार्श्ववर्तिनम् ।
कोऽयं ते संभ्रमो वीर गत्वा रक्ष जयद्रथम् ॥ ३९७ ॥
अहो न सात्यकिशरैर्भिन्नां दृष्ट्वा वरूथिनीम् ।
कृतवैरश्च मानी च योद्धव्ये विद्रुतोऽसि किम् ॥ ३९८ ॥
एतत्तावत्कृतं कर्म शैनेयेनातिमानुषम् ।
अतो बहुगुणं वीरौ भीमपार्थौ करिष्यतः ॥ ३९९ ॥
नैषा सभा सा पाञ्चाली यत्र त्वं कृष्टवानसि ।
इमाः प्राणपणप्राप्या यशोविक्रमभूमयः ॥ ४०० ॥
अद्यापि रोचतां संधिर्युष्माकं पाण्डुनन्दनैः ।
अन्तं न याता वीराणां संप्रत्यर्जुनसायकाः ॥ ४०१ ॥
युध्यस्व तूर्णमथवा शात्रवैरपराङ्मुखः ।
भग्नप्रधाना हि चमूर्वार्यमाणापि दीर्यते ॥ ४०२ ॥
इति रुक्मरथेनोक्तो वैलक्ष्यात्क्ष्मां विलोकयन् ।
निघ्नन्साहाय्यकं चक्रे मृत्योरिव जगत्क्षये ॥ ४०३ ॥
वीरकेतुं सुधन्वानं चित्रकेतुं च पार्थिवम् ।
तथा चित्ररथं वीरं पाञ्चालानवधीद्युधि ॥ ४०४ ॥
धृष्टद्युम्नस्ततः क्रुद्धः सर्वाभरणभेदिभिः ।
विद्ध्वा द्रोणमसंभ्रान्तः शरैः सेनामदारयत् ॥ ४०५ ॥
आचार्यं भृशमाकीर्णं शरैर्मूर्छामुपागतम् ।
खड्गपाणिरभिद्राव्य पार्षतो हन्तुमुद्ययौ ॥ ४०६ ॥
लब्धसंज्ञस्ततो द्रोणः शरैरासन्नपातिभिः ।
किष्कुप्रमाणैर्वैतस्तैर्वैशोत्थैस्तमपूरयत् ॥ ४०७ ॥
वृश्चिकैरिव तैर्व्याप्तो धृष्टद्युम्नः पराङ्मुखः ।
प्रययौ गुरुणा पश्चाद्दारितः पृथुसायकैः ॥ ४०८ ॥
ततः शोणहयः क्रुद्धः पाण्डवानामनीकिनीम् ।
दारयन्भूमिपालानां शिरोभिः क्ष्मामपूरयत् ॥ ४०९ ॥

दुःशासनमथायान्तं सात्यकिः शरवर्षिणम् ।
चकार च्छिन्नवर्माणं विरथध्वजसायकम् ॥ ४१० ॥
संत्यक्तं विद्रुतैर्म्लेच्छैः प्रहारशकलीकृतैः ।
रक्षन्प्रतिज्ञां भीमस्य विमुखं नावधीद्गतम् ॥ ४११ ॥
अत्रान्तरे रुक्मरथो विशन्पाञ्चालवाहिनीम् ।
द्रोणाय प्राहिणोद्दीप्तां शिशुपालसुतो बली ॥ ४१२ ॥
तस्य तूर्णं शितैर्बाणैर्गुरुः कृत्वा युधि क्षयम् ।
चकार मौलिरत्नांशुच्छुरितोष्णीषमाननम् ॥ ४१३ ॥
धृष्टकेतौ विनिहते जलसंधसुतो बली ।
बाणवर्षी क्षणात्प्राप द्रोणानलपतङ्गताम् ॥ ४१४ ॥

केकयधृष्टकेतुवधः ॥ १७ ॥

धृष्टद्युम्नसुतं हत्वा कृतवर्माणमाशुगैः ।
द्रोणो जघान पाञ्चालान्हेहयानिव भार्गवः ॥ ४१५ ॥
भग्नासु पाण्डुसेनासु घोरे तस्मिन्महाहवे ।
निनिन्द क्रूरवर्माणमाचार्यं व्यथितो जनः ॥ ४१६ ॥

सात्यकिप्रवेशः ॥ १८ ॥

चिरप्रविष्टे शैनेये शङ्कितो धर्मजः पुनः ।
लम्बमाने रवौ भीमं समभ्येत्याभ्यभाषत ॥ ४१७ ॥
यथा न श्रूयते भीम शङ्खशब्दः किरीटिनः ।
तथा मन्ये किमप्यस्य कृतं सर्वैर्महारथैः ॥ ४१८ ॥
तं वीरममराराततिमोविध्वंसभास्करम् ।
विना तवानुजं भीम कथं जीवितुमुत्सहे ॥ ४१९ ॥
निर्घोषः श्रूयते घोरः पाञ्चजन्यस्य दुःसहः ।
जानेऽर्जुनवधक्रोधान्माधवो योद्धुमुद्यतः ॥ ४२० ॥
तद्गत्वा वीर जानीहि वृत्तान्तं सव्यसाचिनः ।
पश्यामि तिमिराक्रान्ताः कश्मलाभिहतो दिशः ॥ ४२१ ॥

उक्ते युधिष्ठिरेणेति तं जगाद वृकोदरः।
राजन्धनंजये शङ्कां न मिथ्या कर्तुमर्हसि ॥ ४२२ ॥
को नाम विबुधारातिवधूवैधव्यदायिनः।
प्रगल्भते धुरं धत्ते युधि गाण्डीवधन्वनः ॥ ४२३ ॥
तथाप्यद्य गृहीत्वाहं शिरसा तव शासनम्।
चरामि पदवीं जिष्णोर्दारयन्कुरुवाहिनीम् ॥ ४२४ ॥
इत्युक्त्वा मारुतसुतः स्यन्दनेनाभ्रनादिना।
हेमचित्रतनुत्राणः पत्त्रिराज इवाद्रवत् ॥ ४२५ ॥
स रुक्मरथमारुह्य रुक्मपुङ्खैः शिलीमुखैः।
अपूरयत्कुरुवनं रत्नदीप्तैरिवाहिभिः ॥ ४२६ ॥
प्रवेष्टुकाममाचार्यस्तमभ्येत्याब्रवीत्ततः।
मामनिर्जित्य कौन्तेय भेत्तुं शक्या न वाहिनी ॥ ४२७ ॥
त्वद्विधैः कुरुराजस्य संरम्भं मा कृथा वृथा।
इत्युक्त्वा पाण्डवं द्रोणः शरवर्षैरवाकिरत् ॥ ४२८ ॥
तद्बाणजालनिर्भिन्नो बभाषे च वृकोदरः।
यथा त्वं मन्यसे द्रोण नेदानीं नो गुरुर्भवान् ॥ ४२९ ॥
पूजयत्यर्जुनो मान्यान्भीमोऽहं पश्य मामिति।
इत्युक्त्वा प्राहिणोत्तस्मै गदामशनिगौरवाम् ॥ ४३० ॥
तया द्रोणपरित्यक्तो रथः शकलतां ययौ।
अपक्रान्ते क्षणं द्रोणे सानुजं कौरवेश्वरम् ॥ ४३१ ॥
शरैरपूरयद्भीमो भीमसायकवर्षिणम्।
क्षुरप्रोत्कृत्तवदनान्स जघानाथ कौरवान् ॥ ४३२ ॥
वृन्दारकं दीर्घनेत्रं सुषेणं दुर्विमोचनम्।
रौद्रकर्माणमभयं चित्रकान्तिं सुदर्शनम् ॥ ४३३ ॥
निपात्यैतान्गदाभिन्नसैन्यश्चक्रे तलस्वनम्।
विद्रुतं स्वबलं दृष्ट्वा तं द्रोणः पुनराद्रवत् ॥ ४३४ ॥

रथेनाकालजलदध्वनिगम्भीरनादिना ।
संप्रहारस्ततः क्षिप्रं दारुणो द्रोणभीमयोः ॥ ४३५ ॥
ययौ भार्गवकाकुत्स्थरणस्मरणहेतुताम् ।
स्यन्दनादवरुह्याथ क्रूरकर्मा वृकोदरः ॥ ४३६ ॥
चिक्षेप दोर्भ्यामुत्क्षिप्य दूरदूरे रथं गुरोः ।
भग्नचक्रध्वजहयाद्विकीर्णयुगकूबरात् ॥ ४३७ ॥
अवप्लुत्य ययौ तस्माद्द्रोणो गरुडविक्रमः ।
अथान्तरं समासाद्य दारयन्वरवारणान् ॥ ४३८ ॥
पोथयन्नणसंघातान्विवेश पवनात्मजः ।
पातयन्नाजवक्राणि पुनः सस्मार मारुतिः ॥ ४३९ ॥
निर्लूननालनलिनां कुबेरनलिनीं मुहुः ।
स व्रजन्भोजकाम्बोजान्विजित्य विजयाग्रजः ॥ ४४० ॥
विवेशाकुलितं तूर्णं कर्णानीकमनाकुलः ।
कर्णस्य दलयन्वीरान्युध्यमानस्य सात्यकिः ॥ ४४१ ॥
आकर्ण्य कार्मुकरवं ननाद प्रमदाकुलः ।
तस्य नादं परिज्ञाय दूरात्कृष्णधनंजयौ ॥ ४४२ ॥
मन्दरोद्धूतदुग्धाब्धिघोषौ शङ्खौ प्रदध्मतुः ।
तेन दिक्तटसंघट्टपट्टटाङ्कारशालिना ॥ ४४३ ॥
शब्देन साध्वसकृता भुवनानि चकम्पिरे ।
आकर्ण्य कृष्णयोस्तुल्यं शङ्खनादं युधिष्ठिरः ॥ ४४४ ॥
हृष्टो मेने समुत्तीर्णमर्जुनं रिपुसागरात् ।
भज्यमानं बलं दृष्ट्वा भीमेन भुजशालिना ॥ ४४५ ॥
कोपादभ्याययौ कर्णः कुर्वन्बाणमयं जगत् ।
तमायान्तं शरैर्विद्ध्वा नदत्पवननन्दनः ॥ ४४६ ॥
चकार विमुखं कृत्तध्वजस्यन्दनकार्मुकम् ।
भग्ने समिति राधेये धौरेये धैर्यशालिनाम् ॥ ४४७ ॥

उवाच द्रोणमागत्य म्लानमानः सुयोधनः।
अर्जुनस्ते प्रियः शिष्यस्त्वामुल्लङ्घ्य गतो यदि ॥ ४४८ ॥
तत्किं प्रविष्टौ प्रसभं युयुधानवृकोदरौ।
किमन्यद्विधिवैमुख्यं सत्यमस्मासु जृम्भते ॥ ४४९ ॥
यत्र वेलामतिक्रान्तो भवान्वीर्यमहोदधिः।
इत्युक्तः कुरुराजेन बभाषे कुम्भसंभवः ॥ ४५० ॥
सैन्यं पुरश्च पश्चाच्च गृहीतं धार्यते कथम्।
रक्ष्यमाणमितो यत्नात्पुरतः प्रविदीर्यते ॥ ४५१ ॥
अवारिता विशन्त्येव सर्वे पाञ्चालसृञ्जयाः।
सैन्यद्वारमितो यत्नाद्रक्ष्यं सर्वात्मना मया ॥ ४५२ ॥
भवान्कर्णमुखैः सार्धमेभिः सर्वैर्महारथैः।
पार्थसात्यकिभीमानां पर्याप्तः किं न वारणे ॥ ४५३ ॥
अस्मिन्मुहूर्तशेषेऽह्नि गत्वा रक्ष जयद्रथम्।
अधुना तत्पणावेव रणद्यूते जयाजयौ ॥ ४५४ ॥
इत्युक्तो गुरुणा राजा गत्वा पाञ्चालनन्दनौ।
सर्वैश्चकार विरथौ चक्ररक्षौ किरीटिनः ॥ ४५५ ॥
अत्रान्तरे पुनः कर्णः समागत्य वृकोदरम्।
हेमपुङ्खैः शरैश्चक्रे ज्वलितानलसंनिभम् ॥ ४५६ ॥
ततो भीमभुजोत्सृष्टैः पत्रिभिर्गिरिभेदिभिः।
विद्धश्छिन्नायुधरथो रणं तत्याज सूतजः ॥ ४५७ ॥
ततो भग्ने कुरुबले नदन्तं वायुनन्दनम्।
कर्णो मानी समाश्वस्य रथेन पुनराद्रवत् ॥ ४५८ ॥
घोरे प्रवृत्ते समरे सुचिरं कर्णभीमयोः।
बभूव विशिखव्रातैर्नरनागरथक्षयः ॥ ४५९ ॥
भीमोऽथ सूतपुत्रस्य च्छित्वा तालोपमं धनुः।
जघान घननिर्घोषं रथं सह मनोरथैः ॥ ४६० ॥

विरथं कर्णमालोक्य युध्यमानं प्रयत्नतः ।
आदिष्टः कुरुराजेन दुर्जयस्तमुपाद्रवत् ॥ ४६१ ॥
दुर्योधनानुजं वीरमायान्तं शरवर्षिणम् ।
तं हत्वा विनदन्भीमः शरैः कर्णमपूरयत् ॥ ४६२ ॥
पुनः स्यन्दनमास्थाय सूतपुत्रो वृकोदरम् ।
अभ्यधावत्पृथुशरज्वालाजटिलकार्मुकम् ॥ ४६३ ॥
तद्बाणदारिततनुः पावनिः कोपकम्पितः ।
गुर्वीं गदां विसृज्यास्य निष्पिपेष रथं जवात् ॥ ४६४ ॥
भुवि स्थितं शरैर्भिन्नं कर्णं दृष्ट्वा सुयोधनः ।
आदिदेशानुजं कोपाद्दुर्मुखं कर्णगुप्तये ॥ ४६५ ॥
वेगात्कौरवमायान्तं तं शस्त्राशनिदुःसहम् ।
रथादपातयद्भीमो निर्भिन्नहृदयं शरैः ॥ ४६६ ॥
आरुह्य दुर्मुखरथं कर्णो दुःखानलाकुलः ।
भीमाय प्राहिणोद्बाणाञ्ज्वलितानिव दुःसहान् ॥ ४६७ ॥
ततो भीमभुजोत्सृष्टाः सनिःश्वासा इवोरगाः ।
अङ्गराजं विनिर्भिद्य शराः पातालमाविशन् ॥ ४६८ ॥
स गाढविद्धो दुद्राव जवव्यालोलकेतुना ।
रथेन कुरुसेनानां धृतिमुन्मूलयन्निव ॥ ४६९ ॥
अभ्यधावंस्ततो भीमं पञ्च दुर्योधनानुजाः ।
जंगदुः शल्यदुर्ग्राह्याः सदुर्दर्शनदुष्प्रभाः ॥ ४७० ॥
युध्यमानान्स तान्बाणैर्महार्हाभरणोज्ज्वलान् ।
अपातयन्महावात इव सेन्द्रायुधान्घनान् ॥ ४७१ ॥
हतेषु तेषु राधेयो धुनानो विपुलं धनुः ।
अयोधयत्पुनर्भीमं महाकालेऽप्यसंभ्रमः ॥ ४७२ ॥
तस्य भीमो धनुश्छित्वा रथं च गुरुविक्रमः ।
नर्दन्करेभ्यो वीराणामायुधानि न्यपातयत् ॥ ४७३ ॥

---

१. 'दुर्मर्षणो दुःसहश्च दुर्मदो दुर्धरो जयः' इति भारतम्.

विषमे वर्तमानस्य राधेयस्य सुयोधनः ।
सप्तानुजान्सहायार्थे प्रेषयामास सत्वरम् ॥ ४७४ ॥
चित्राक्ष[1]श्चित्रवर्मा च चित्रबाणः शरासनः ।
उपचित्रः सचित्रश्च चारुचित्रश्च ते समम् ॥ ४७५ ॥
आयान्त एव विमुखास्तुल्याभरणवाससः ।
शरैर्भीमभुजोत्सृष्टैः प्रेताः पेतुर्महीतले ॥ ४७६ ॥
तान्वीक्ष्य पतितान्वीरान्क्षीणपुण्यानिव ग्रहान् ।
कर्णोऽस्रुपूर्णनयनो रथमन्यं समाददे ॥ ४७७ ॥
क्रोधादधिकसंरम्भो युध्यमानो वृकोदरः ।
तं निर्विकारो विशिखैर्वज्रवेगैरपूरयत् ॥ ४७८ ॥
कर्णमाच्छादितं दृष्ट्वा भीमचापच्युतैः शरैः ।
व्यादिदेशानुजान्सप्त तद्गुप्त्यै कौरवेश्वरः ॥ ४७९ ॥
चित्रायुधः[2] शत्रुसहः शत्रुः शत्रुंजयस्तथा ।
चित्रासुश्चित्रसेनश्च विकेशश्चेति तान्द्रुतम् ॥ ४८० ॥
वीरानभिमुखान्बाणविद्धान्पवननन्दनः ।
उन्ममाथ रथाग्रेभ्यः शैलेभ्यः पादपानिव ॥ ४८१ ॥
हतेषु राजपुत्रेषु तेषु विक्रमशालिषु ।
भीमकर्णशरैः क्षिप्रं बभूव जनसंक्षयः ॥ ४८२ ॥
भीमबाणविनिर्भिन्नः संस्तभ्याधिरथिर्व्यथाम् ।
मण्डलीकृतकोदण्डश्चक्रे बाणमयं नभः ॥ ४८३ ॥
ततः कर्णशराश्चक्रुर्व्यश्वसूतधनुर्ध्वजम् ।
एकीभूता इव जवाद्भीमं विस्मयकारिणः ॥ ४८४ ॥
सर्वायुधानि संरब्धो विरथस्योपसर्पतः ।
वैकर्तनश्चकर्तास्य संवर्तक इवोन्नदन् ॥ ४८५ ॥

---

१. 'चित्रायुधश्चित्रवर्मा' इति भारतम्. २. 'शत्रुंजयः शत्रुसहश्चित्रश्चित्रायुधो दृढः । चित्रसेनो विकर्णश्च सप्तैते विनिपातिताः ॥' इति भारतम्.

क्षीणायुधोऽथ द्विरदान्हयांश्च पवनात्मजः ।
प्राहिणोत्सूतपुत्राय शरैश्चिच्छेद तांश्च सः ॥ ४८६ ॥
विषमस्थं रणे कर्णो न जघान वृकोदरम् ।
वीरः कुन्तीवचः स्मृत्वा सत्यशीला हि साधवः ॥ ४८७ ॥
तं स्पृशन्निव चापेन प्रोवाच विनदन्नृपः ।
महद्भिर्मूढमा युद्धमकृतास्त्रः पुनः कृथाः ॥ ४८८ ॥
हंहो बहुभुजो नेयमुचिता तव युद्धभूः ।
मांसास्थिकूटकुट्टाक सूदशालासु शोभसे ॥ ४८९ ॥
अथवा भारयोग्यस्य शरीरस्यास्य ते पशोः ।
युक्तास्तूवरकाः स्फीताः कानने लब्धवृत्तयः ॥ ४९० ॥
इति ब्रुवाणे राधेये भीमं कृच्छ्रदशाश्रितम् ।
विलोक्य दूरात्कंसारिः फल्गुणाय न्यवेदयत् ॥ ४९१ ॥
ततो मुहूर्तगणने हेमरेखानुकारिणी ।
तूर्णं बाणावली कर्णं गाण्डीवपतिताविशत् ॥ ४९२ ॥
खाण्डवानलसंक्रान्तशिखयेव भृतो भृशम् ।
व्याप्तो दुद्राव राधेयो जयोद्धूतध्वजांशुकः ॥ ४९३ ॥

भीमसेनप्रवेशः ॥ १९ ॥

आरूढे सात्यकिरथं कोपतप्ते वृकोदरे ।
कर्णाय प्राहिणोत्पार्थो नाराचं व्योमवर्त्मना ॥ ४९४ ॥
वज्रतुल्यं तमायान्तं दारुणं सर्वभूभुजाम् ।
दूरादलक्षितो द्रौणिश्चिच्छेदाशु पतत्रिभिः ॥ ४९५ ॥
अथार्जुनो बाणशतैर्द्रोणात्मजमपूरयत् ।
सोऽपि तत्सायकैर्भिन्नः सेनासंगरमाविशत् ॥ ४९६ ॥
ततः कनकपृष्ठानां शराणां धनुषां तथा ।
रश्मिभिः कोपरचना रटन्तमिव राजकम् ॥ ४९७ ॥
विदारयन्नाससाद सूचिव्यूहं धनंजयः ।
आस्ते महारथैर्गुप्तो यत्र पापो जयद्रथः ॥ ४९८ ॥

अत्रान्तरे शरज्वालालीढक्षितिपकाननम् ।
[1]अलम्बिषो घनध्वानो गर्जन्सात्यकिमाद्रवत् ॥ ४९९ ॥
तं [2]राजवरमायान्तं पूरयन्तं शरैर्दिशः ।
अवारयन्महानीकं सात्यकिः सत्यपौरुषः ॥ ५०० ॥
तयोः काञ्चनपुङ्खाभिः शरमालाभिरावृताः ।
सिक्ता वीररसेनेव दिशः पल्लविता बभुः ॥ ५०१ ॥
ततश्चकर्त भल्लेन शिरस्तस्याशु सात्यकिः ।
मौलिशोणमणिच्छायाच्छुरितेन समाहरन् ॥ ५०२ ॥
निहत्यालम्बिषं वीरं प्रवराणां प्रहारिणाम् ।
शतानि राजपुत्राणां न्यवधीत्पञ्च सात्यकिः ॥ ५०३ ॥
क्षपयन्तं कुरुचमूं तं रणे दीप्तविक्रमम् ।
अभ्यधावद्वीरकेतुर्वीरो भूरिश्रवाः स्वयम् ॥ ५०४ ॥
तयोर्विचित्रधनुषोः शरदुर्दिनमेघयोः ।
गर्जितं चकिताः सर्वे राजहंसा न सेहिरे ॥ ५०५ ॥
तौ मिथः शरसंपातनिर्घर्षणसमुत्थितैः ।
विरेजतुः स्फुलिङ्गौघैः कीटरत्नैरिवाचलौ ॥ ५०६ ॥
छित्वा परस्परं चापं स्यन्दनं संप्रमथ्य च ।
खड्गचर्मधरौ वीरौ युयुधाते चिराय तौ ॥ ५०७ ॥
जवादलक्ष्यवपुषोश्चित्रमण्डलचारिणोः ।
तयोः स्थगितसंग्रामा वीराः प्रेक्षकतां ययुः ॥ ५०८ ॥
ततः सात्यकिमाकृष्य माल्यवद्भिः शिरोरुहैः ।
हत्वा वक्षसि पादेन सौमदत्तिरपातयत् ॥ ५०९ ॥
खड्गेन सात्यकिशिरश्छेत्तुं दृष्ट्वा तमुद्यतम् ।
उवाच सहसा पार्थं संभ्रान्तः कैटभान्तकः ॥ ५१० ॥

---

१. 'अलंबुषः सात्यकिं माधवाग्र्यम्' इति भारतम्. २. 'अलंबुषो राजवरः प्रसह्य' इति भारतम्. 'राजवन' क; 'राजवल' ख.

प्रेषितं धर्मराजेन त्वदर्थं वृष्णिपुंगवम् ।
पश्य शत्रुवशं यातं श्रान्तं सात्यकिमाहवे ॥ ९११ ॥
अनित्यौ सर्वथा नूनं सुभटानां जयाजयौ ।
यदिमां सात्यकिरपि प्राप्तः क्लीबोचितां दशाम् ॥ ९१२ ॥
एष भूरिश्रवास्तूर्णं खड्गेनाखण्डविक्रमः ।
समुद्यतः शिरो हर्तुं शिष्यस्य तव सात्यकेः ॥ ९१३ ॥
उक्ते जनार्दनेनेति प्रहाराभिमुखं भुजम् ।
भल्लेन भूरिश्रवसो जहार कपिकेतनः ॥ ९१४ ॥
कृत्ते दूरादहश्येन भुजस्तम्भे किरीटिना ।
कालवक्त्रान्निपतितं सात्यकिं मेनिरे जनाः ॥ ९१५ ॥
पतन्स भुवि दोर्दण्डः कङ्कणावलिनिःस्वनः ।
निनादैरिव कौन्तेयं तारतारैरतर्जयत् ॥ ९१६ ॥
तस्मिञ्जयद्विपालाने विश्रान्तिसदने क्षितेः ।
प्रतापमन्दिरस्तम्भे भुजे भुवि निपातिते ॥ ९१७ ॥
त्यक्त्वा वामकराकृष्टां सात्यकेर्मूर्धजावलीम् ।
उवाचानल्पसंकल्पो यूपकेतुर्धनंजयम् ॥ ९१८ ॥
अहो वीरव्रतं पार्थ कीदृशं दर्शितं त्वया ।
येनान्यरणसक्तस्य च्छद्मना मे हतो भुजः ॥ ९१९ ॥
उचितं वा तवैवैतन्मन्त्री यस्य जनार्दनः ।
जाता ह्यद्यार्थलोभेन कूटयुद्धविदग्धता ॥ ९२० ॥
इत्युक्त्वा वामहस्तेन शरशय्यां विधाय सः ।
उपविश्य विशन्नन्तः सहितः स्पर्शवृत्तिभिः ॥ ९२१ ॥
हुत्वा प्राणानलं बाणैर्भ्रूमध्ये निहितेक्षणः ।
तेजः प्रविदधे मूर्ध्नि शशिसूर्यानलोत्तरम् ॥ ९२२ ॥
ततो बीभत्सुरवदन्निन्दामुखरितान्नृपान् ।
विह्वलो विषमात्मा च रक्षितः सात्यकिर्मया ॥ ९२३ ॥

हन्ता शिष्यस्य सख्युश्च कृत्तहस्तः कृतो यदि ।
तत्र किं नाम मन्यध्वं निर्दोषा यूयमाहवे ॥ ६२४ ॥
एकोऽभिमन्युर्निहतः समायैः सर्वपार्थिवैः ।
श्रान्तश्छिन्नधनुःखड्गस्तत्किं नाम वदन्ति नः ॥ ६२५ ॥
इत्युक्तवति कौन्तेये लब्धसंज्ञोऽथ सात्यकिः ।
ययाचे प्रणतः पूर्वं रणं प्रायजुषो रिपोः ॥ ६२६ ॥
खड्गेन यज्ञशीलस्य वीरस्य यशसां निधेः ।
वक्त्रं मुक्तावलीभाभिर्जातहासमिवाहरत् ॥ ६२७ ॥
स कृष्णेन च भूपालैर्वार्यमाणेन संभ्रमात् ।
क्रोधादज्ञातवृत्तेन तस्मिन्सात्यकिना हते ॥ ६२८ ॥
धिक्शब्दः सर्ववीराणामुत्तस्थौ स्थगिताम्बरः ।
सौमदत्तेश्च चरितं प्रशशंसुः सुरा दिवि ॥ ६२९ ॥
भूरिश्रवसो वधः ॥ २० ॥

स तेन निर्जितः पूर्वं सोमदत्तोऽतिमन्युना ।
आराध्य तपसा देवं रुद्रं त्रिपुरदारणम् ॥ ६३० ॥
लेभे सात्यकिजेतारं भूरिश्रवसमात्मजम् ।
शेखरं सर्ववीराणां वदान्यं बहुयाजिनम् ॥ ६३१ ॥
तस्मिन्निपतिते वीरे जयद्रथवधोत्सुकः ।
तूर्णं विवेश श्वेताश्वो निबिडं राजमण्डलम् ॥ ६३२ ॥
अस्ताद्रिचूडामणितां गन्तुमिच्छति भास्करे ।
ददर्श सैन्धवं पार्थो गुप्तं सर्वैर्महारथैः ॥ ६३३ ॥
आकर्णाञ्चितगाण्डीवस्तं दूराद्दुःसहागमम् ।
दृशैव कोपारुणया तस्य दाहमिवाकरोत् ॥ ६३४ ॥
ततो विलुलिते सैन्ये परावृत्त इवाम्बुधौ ।
हतो हतः सिन्धुराजो बभूवेति महास्वनः ॥ ६३५ ॥
अथ कर्णकृपद्रौणिदुःशासनसुयोधनाः ।
सह सर्वैर्महीपालैर्धनंजयमयोधयत् ॥ ६३६ ॥

तान्विधाय शरैस्तूर्णं ध्वस्तवर्मरथध्वजान् ।
पातयन्राजवक्त्राणि जिष्णुः सैन्धवमाद्रवत् ॥ १३७ ॥
जयद्रथोऽपि विजयं विलोक्याच्युतसारथिम् ।
स निष्कृष्यासकृत्तैस्तैः सायकैस्तमपूरयत् ॥ १३८ ॥
ततोऽब्रवीन्मधुरिपुर्दिनान्ते सव्यसाचिनम् ।
छिन्धि सिन्धुपतेः क्षिप्रं शिरो दिव्येन पत्रिणा ॥ १३९ ॥
वृद्धक्षत्रः पिता प्रादाद्वरमस्य क्षितौ शिरः ।
पातयिष्यति यस्तुल्यं तस्यापि निपतिष्यति ॥ १४० ॥
समन्तपञ्चकाभ्यर्णे पितास्य तपसि स्थितः ।
तदङ्के पातय रिपोः शिरस्तस्मात्प्रयातु गाम् ॥ १४१ ॥
इत्युक्ते शौरिणा जिष्णुश्छित्त्वा सिन्धुशिरो जवात् ।
शरेण संध्याध्यानस्थजनकाङ्के न्यपातयत् ॥ १४२ ॥
अङ्कादज्ञासवृत्तस्य क्षिपतस्तच्छिरः क्षितौ ।
वृद्धक्षत्रस्य सहसा पपाताग्रे निजं शिरः ॥ १४३ ॥

जयद्रथवधः ॥ २१ ॥

तस्मिन्निपतिते वीरे त्रैलोक्याश्चर्यकारिणा ।
गाण्डीवधन्वना कृष्णो ननादास्फोटयन्दिशः ॥ १४४ ॥
ततो विघटिते व्यूहे कुरुराजवरूथिनी ।
नौरिवाब्धेर्महावातैर्बभ्रामावर्तनर्तिता ॥ १४५ ॥
भीमो ननर्द तं नादं हतं मत्वा जयद्रथम् ।
प्रहृष्टः प्रतिजग्राह नानावाद्यं युधिष्ठिरः ॥ १४६ ॥
अक्षौहिणीः सप्त हत्वा हतः पार्थेन सैन्धवः ।
नूनं न दुर्गं दैवस्य किंचिदित्यूचिरे जनाः ॥ १४७ ॥
निर्विभागे ततो युद्धे प्रवृत्ते नृपतिक्षये ।
द्रोणं कृपं च विदधे शरैर्जिष्णुः पराङ्मुखम् ॥ १४८ ॥
भीमसायकनिर्भिन्नजिह्वाकर्णं (?) च सात्यकिः ।
आरुरोह रथं वीरो वितीर्णं हरिणा निजम् ॥ १४९ ॥

मारुतेरवमानं च कलयञ्शतमन्युजः ।
पुनः प्रतिज्ञां कर्णस्य वृषसेनवधे व्यधात् ॥ ९९० ॥
ततो युधिष्ठिरं प्राप्य तौ च सात्यकिफल्गुणौ ।
मिथः शशंसुः प्रमदादभिनन्द्य पराक्रमम् ॥ ९९१ ॥
कृष्णावथ परिष्वज्य मानन्द्यं धर्मनन्दनः ।
तुष्टाव जगतां नाथं विष्णुं विजयकारणम् ॥ ९९२ ॥
बाष्पाकुलस्ततो राजा द्रोणमेत्य सुयोधनः ।
ऊचे त्वया कृताश्वासो निहतः स जयद्रथः ॥ ९९३ ॥
श्रुत्वैतदवदद्द्रोणो निधनायैव दीक्षितः ।
त्यक्ष्यामि कवचं राजन्नाहत्वा तव वैरिणः ॥ ९९४ ॥
आचार्येणेत्यभिहिते सर्वे दुर्योधनानुगाः ।
प्राणहव्ये रणमखे तस्थुराबद्धनिश्चयाः ॥ ९९५ ॥
अथांशुमति यातेऽस्तं दिनकृत्कमलत्विषि ।
शोणच्छत्र इवाकृष्टे संध्यारक्तसरित्प्लवैः ॥ ९९६ ॥
नक्षत्रैस्तारतरलैः कोपकम्पजुषां रणे ।
हतानां भूभुजां जीवैरिव व्याप्ते नभस्तले ॥ ९९७ ॥
तमोभिरावृते व्योम्नि कृपाणवनमेचकैः ।
दिव्यास्त्रदग्धैर्मातङ्गैरिव त्रिदिवगामिभिः ॥ ९९८ ॥
विस्फुरन्मौलिकेयूरहेमसायककार्मुकाः ।
चक्रिरे समरं घोरं दुर्योधनमुखाः परैः ॥ ९९९ ॥
अर्जुनध्वानगर्जाभिः सिंहनादैश्च मारुतेः ।
द्रोणकार्मुकनिर्घोषैः पृथिवी समकम्पत ॥ ९६० ॥
अश्रान्तं युध्यमानानां कुरुपाण्डवभूभुजाम् ।
बभौ साक्षादिवायाता कालरात्रिर्विभावरी ॥ ९६१ ॥
प्रापुस्तमांसि वैपुल्यं खड्गेषु द्विरदेषु च ।
प्रापुस्तमांसि दारिद्र्यं छत्रेषु व्यजनेषु च ॥ ९६२ ॥

गृध्रभूतोत्सवे तस्मिन्विकराला वसुंधरा ।
अवर्तमानमानेन तमसेव विदारिता ॥ ९६३ ॥
दत्तवेतालतालोऽभूदकाण्डधृतिखण्डनः ।
कबन्धोद्दण्डदोर्दण्डताण्डवाडम्बरोत्सवः ॥ ९६४ ॥
शिरस्त्रकङ्कटापातिशस्त्रज्वालाजटा बभुः ।
तमःपिशाचसंघानां पिङ्गाः श्मश्रुसटा इव ॥ ९६५ ॥
तत्र द्रोणो महास्त्रौघैः क्षपयन्राजमण्डलम् ।
आदीप्तरत्नमुकुटं प्रोच्चकर्त शिनेः शिरः ॥ ९६६ ॥
भीमसेनोऽपि कालिङ्गं राजपुत्रं तरस्विनम् ।
रथाद्रथमभिप्लुत्य निजघानाशु मुष्टिना ॥ ९६७ ॥
तस्य मुष्टिहतस्याजौ पेतुरस्थीनि भूतले ।
फल्गुन्यश्महतस्येव चिरपक्कस्य शाखिनः ॥ ९६८ ॥
कलिङ्गकुलसंहारं कृत्वा तूर्णं वृकोदरः ।
ध्रुवं च जलधारं च राजपुत्रावदारयत् ॥ ९६९ ॥
विधाय विमुखं कर्णं भीमो दुर्योधनानुजम् ।
निष्पिपेष पदा हत्वा वीरो दुष्करदुर्मदः ॥ ९७० ॥
सोमदत्तस्य तनयं शलं हत्वाथ सात्यकिः ।
तं पुत्रशोकविधुरं चकार विमुखं शरैः ॥ ९७१ ॥
दारयन्तं कुरुचमूं सात्यकिं शरवर्षिणम् ।
दिशः संपूरयन्बाणैरश्वत्थामा समाद्रवत् ॥ ९७२ ॥
क्षपयन्तमनीकानि दृष्ट्वा रुद्रमिवापरम् ।
निशीथे द्विगुणोत्साहस्तमधावद्धटोत्कचः ॥ ९७३ ॥
तस्य नादेन महता दिशः समभिपूरिताः ।
स्फुटिता यत्र दलशस्तदाश्चर्यमिवाभवत् ॥ ९७४ ॥
अश्वत्थाम्नि प्रभाधाम्नि बाणोग्रकिरणे रणे ।
कुर्वन्घटोत्कचो रेजे राहुजृम्भाविजृम्भितम् ॥ ९७५ ॥

शराणां द्रौणिमुक्तानां दिव्यानां समरे रुचः ।
न कूणितानि नेत्राणि रात्रौ भूतानि सेहिरे ॥ ९७६ ॥
अक्षौहिणीं राक्षसानां हैडम्बवशवर्तिनाम् ।
तटायुधानि दलयन्नेको द्रौणिरयोधयत् ॥ ९७७ ॥
छित्त्वा घटोत्कचो हृष्टं चक्रं कालानलप्रभम् ।
जघानाञ्जनपर्वाणं तत्पुत्रं घोरविक्रमम् ॥ ९७८ ॥
ततो विमोहनीं मायां द्रौणिः क्रुद्धस्य रक्षसः ।
छित्त्वा जघान विशिखैर्धृष्टद्युम्नानुजान्रणे ॥ ९७९ ॥
कुन्तिभोजसुतान्हत्वा सहस्राणि प्रहारिणाम् ।
जघान राजपुत्राणां द्रौणिः काल इवाकुलः ॥ ९८० ॥
अत्रान्तरे भीमसेनो बाह्लिकाधिपतेः शिरः ।
गदया वीरघातिन्या निष्पिपेषाशु मौलिनः ॥ ९८१ ॥
ततो जघान संरब्धान्दश दुर्योधनानुजान् ।
वीरबाहुं दृढरथं नागदन्तमयोभुजम् ॥ ९८२ ॥
प्रमाथिनं विरजसं सुहस्तं सुदृढं तथा ।
हत्वैतान्सप्त गान्धारानवधीत्सुबलात्मजान् ॥ ९८३ ॥
निघ्नन्तं कौरवचमूं स्वयं युधि युधिष्ठिरम् ।
ऐन्द्रवारुणवायव्यैरस्त्रैर्द्रोणोऽप्ययोधयत् ॥ ९८४ ॥
ततः प्रयुक्तं ब्रह्मास्त्रं गुरुणा तज्जिहीर्षया ।
अवारयदसंरम्भो ब्रह्मास्त्रेणैव धर्मजः ॥ ९८५ ॥
सानुगैः पाण्डुतनयैर्गजैरिव सरोजिनीम् ।
मृद्यमानां चमूं दृष्ट्वा कर्णमूचे सुयोधनः ॥ ९८६ ॥
कर्णाकर्णय संग्रामे जयिभिः पाण्डुसूनुभिः ।
विरावं वध्यमानानां सैन्यानां च तरस्विनाम् ॥ ९८७ ॥
तुमुलेऽस्मिन्निरालोके विषमे समुपस्थिते ।
तेजसामाश्रयः शूर त्वमेवैकः परायणम् ॥ ९८८ ॥

प्रणयादिति राधेयो भूभुजा स्वयमर्थितः ।
उवाच पाण्डुसेनासु क्षिपन्निव शरावलीः ॥ ५८९ ॥
वीरशय्यास्थिते भीष्मे शेखरे सर्वधन्विनाम् ।
राजन्भारः क्रमायातो ममैवायं किमुच्यते ॥ ५९० ॥
अद्य वीरव्रतहरं हरस्यापि किरीटिनम् ।
पातयाम्येष समरे शक्त्या वासवदत्तया ॥ ५९१ ॥
इत्युक्ते सूतपुत्रेण प्रोवाच प्रहसन्कृपः ।
लोके सत्यमवीरेऽस्मिन्नेकस्त्वं वीरतां गतः ॥ ५९२ ॥
अहो नु मिथ्या राधेय कथितेन तवामुना ।
सततं सर्ववीराणां श्रवणौ बधिरीकृतौ ॥ ५९३ ॥
कुतस्त्वमश्रुतोदन्त इवायातः पराक्रमी ।
यदा हतः सिन्धुपतिः कृतवान्न भवांस्तदा ॥ ५९४ ॥
दृष्टसारा वयं सर्वे तव पाण्डुसुतस्य च ।
बलानुसारं युध्यस्व वृथा श्लाघां तु मा कृथाः ॥ ५९५ ॥
इति शारद्वतेनोक्ते कोपाद्वैकर्तनोऽब्रवीत् ।
गर्जन्ति सफलं वीराः प्रावृषेण्या इवाम्बुदाः ॥ ५९६ ॥
त्वं तु वृद्ध निराचारो मोहादेवं प्रभाषसे ।
अन्यपक्षाश्रयः को हि बन्दीवान्यान्प्रशंसति ॥ ५९७ ॥
ब्रह्मबन्धो पुनर्द्वेषाद्यद्येवमभिधास्यति ।
छेत्स्यामि जिह्वां कटुकां तदनेनासिना तव ॥ ५९८ ॥
इति कर्णेन संरम्भात्कोपितं वीक्ष्य मातुलम् ।
करवालमथाकृष्य क्रुध्यंस्तं द्रौणिराद्रवत् ॥ ५९९ ॥
रुद्रतुल्यं तमायान्तं त्रिजगत्प्रलयक्षमम् ।
न्यवारयत्स्वयं राजा नयवाग्भिः सगौतमम् ॥ ६०० ॥
द्रौणिकर्णौ प्रसाद्याथ कुरुराजे रणोन्मुखः ।
विवेश पाण्डवचमूं सह सर्वैर्महारथैः ॥ ६०१ ॥

आकर्णाञ्चितकोदण्डमुक्तैः कर्णशरैस्तथा।
अभूद्यौधिष्ठिरं सैन्यं विप्रकीर्णं समन्ततः ॥ ६०२ ॥
शरज्वालाकरालं तं कर्णपावकमुत्कटम्।
अभ्येत्य पार्थजलदो बाणधाराभिरावृणोत् ॥ ६०३ ॥
क्षणादथार्जुनशरच्छिन्नचापरथध्वजः।
कर्णः कृपस्यारुरोह रथं भग्नमनोरथः ॥ ६०४ ॥
दृष्ट्वा दुर्योधनं वीरं युध्यमानमरातिभिः।
जघान पाञ्चालचमूं द्रौणिराहवदुर्मदः ॥ ६०५ ॥
सहस्रशो वध्यमानाः क्षत्रकाननवह्निना।
पाञ्चाला द्रोणपुत्रेण हतशेषा दिशो ययुः ॥ ६०६ ॥
धृष्टद्युम्नं ततो जित्वा वीरं हत्वास्य चानुगान्।
द्रौणिरायोधनं चक्रे कृतान्तोद्यानविभ्रमम् ॥ ६०७ ॥
भीमार्जुनाभ्यां सहितः स्वयं राजा युधिष्ठिरः।
विद्राव्य कौरवीं सेनां द्रोणशेषामिवाकरोत् ॥ ६०८ ॥
सोमदत्तमथायान्तं सात्यकिः पृथुविक्रमम्।
अयोधयदसंभ्रान्तः कुमार इव तारकम् ॥ ६०९ ॥
तद्बाणशतनिर्भिन्नो व्यथां संस्तम्भ्य सात्यकिः।
शरेणाशनितुल्येन विदार्य तमपातयत् ॥ ६१० ॥
ततो द्रोणार्जुनरणे दिव्यास्त्रग्रामदुःसहे।
बभौ रक्ताम्बरवती कालरात्रीव शर्वरी ॥ ६११ ॥
ततः किरीटिप्रमुखैर्द्रोणद्रौणिकृपेरितैः।
सैन्यानां भज्यमानानां बभूव भयदो रवः ॥ ६१२ ॥
ततो दुर्योधनादेशाद्गाढे तमसि संततैः।
दीपैर्युयुधिरे वीरा गजाश्वोत्सङ्गसङ्गिभिः ॥ ६१३ ॥
ते सेने दीपनिकरैरभितो बभतुः क्षणात्।
हतानां कणशो यातैस्तेजोभिरिव भूभुजाम् ॥ ६१४ ॥

विरेजुस्तान्यनीकानि दीपैः खड्गेषु बिम्बितैः ।
ज्वलितानि वनानीव नक्तमोषधिमण्डलैः ॥ ६१५ ॥
दीपदीप्ता नरेन्द्राणां रत्नाभरणरोचिषः ।
तमःकषणपाषाणे हेमलेखा इवाबभुः ॥ ६१६ ॥
ततो विमर्दनष्टेषु तेषु दीपेषु संगरे ।
निशीथो यौवनं प्राप वैराण्यपनयैरिव ॥ ६१७ ॥
निर्विभागे ततो युद्धे प्रवृत्ते शौर्यशालिनि ।
स्वयं जिते धर्मजेन सानुगे कौरवेश्वरे ॥ ६१८ ॥
मृत्युवीथीमपि प्राप्तं सहदेवमवारयत् ।
न जघान रणे कर्णः स्मरन्कुन्तीवचो मुहुः ॥ ६१९ ॥
ततः कर्णसुतो वीरो वृषसेनोऽरिवाहिनीम् ।
विवेशास्त्रावलीज्वालालीढक्षत्रियकाननः ॥ ६२० ॥
विद्रावितेषु वीरेषु वृषसेनेन सायकैः ।
कुपितो द्रौपदो रोषात्कुरुसैन्यं व्यदारयत् ॥ ६२१ ॥
वर्तमाने रणे घोरे भारद्वाजस्य पश्यतः ।
धृष्टद्युम्नोऽवधीद्वीरं द्रुमसेनं नराधिपम् ॥ ६२२ ॥
ततो दुर्योधनगिरा द्रोणकर्णौ महीभुजाम् ।
कृत्तैः शिरोभिश्चक्राते भुवि पद्माकरानिव ॥ ६२३ ॥
धृष्टद्युम्नमुखाञ्जित्वा क्षपितानीकनायकः ।
विद्राव्य पाण्डवचमूं कर्णश्चक्रे नृपक्षयम् ॥ ६२४ ॥
तं कर्णं सायकानेव किरन्तं तेजसां निधिम् ।
न सेहिरे परे द्रष्टुं रणे तपनसंभवम् ॥ ६२५ ॥
भज्यमानेष्वनीकेषु कर्णेन रणशालिना ।
जयाशा पाण्डुपुत्राणां सकला तनुतां ययौ ॥ ६२६ ॥
अथ कृष्णस्य वचनात्कृष्णरात्रौ घटोत्कचः ।
अवधीत्त्वरितं कर्णं कृष्णाकोप इवापतन् ॥ ६२७ ॥

तस्मिन्नभ्युद्गते दीप्तश्मश्रुजिह्वाविलोचने ।
वाहिन्यः शतधा जग्मुः प्रतापपतिता इव ॥ ६२८ ॥
स तदा जलदच्छायो भ्रुकुटी विद्युदुत्कटः ।
स्फाराभिः शतधाराभिः पार्थः कर्णमपूरयत् ॥ ६२९ ॥
आस्थितस्तप्तहेमाङ्गं चतुर्हस्तशतं रथम् ।
सर्वाकारस्य लग्नाग्नेर्नीलाद्रेरुपमाक्षमम् ॥ ६३० ॥
दशहस्तपरीणाहं दधानो भासुरं धनुः ।
दावानलप्रज्वलितं महासालमिवानलः ॥ ६३१ ॥
विस्फुरत्स्फारमुकुटो दीप्तजाम्बूनदाङ्गदः ।
तमःशैलशिखासज्जो बभौ विघटयन्निव ॥ ६३२ ॥
अट्टहासपटुर्नादस्तस्याभूत्तमसामिव ।
तं दृष्ट्वा विकटाज्वालं पाटितानां व्यथारवः ॥ ६३३ ॥
विद्रुतेष्वरिसैन्येषु संभोगार्हेषु राजसु ।
राधेयगिरिरेवास्य जग्राह शरदुर्दिनम् ॥ ६३४ ॥
अथाङ्गराजरक्षायै जटासुरसुतो बली ।
कौरवेश्वरमामन्त्र्य समभ्यायादलम्बुसः ॥ ६३५ ॥
ततस्तस्याभवद्घोरः संप्रहारः प्रहारिणा ।
घटोत्कचेन शस्त्रास्त्रशिलापावकवर्षिणः ॥ ६३६ ॥
तयोर्मायामयाश्चर्यकूटप्रकटयोधिनोः ।
ऊर्जितैः शतशो योधा गर्जितैर्व्यसवोऽभवन् ॥ ६३७ ॥
रथाद्रथमभिद्रुत्य ततो भैमिरलम्बुसम् ।
दोर्भ्यां मित्रमिवालिङ्ग्य गाढगाढमपीडयत् ॥ ६३८ ॥
तस्य निष्पीड्यमानस्य निर्ययुः स्रोतसां मुखैः ।
सधूमाः सानलज्वालाः सशब्दं शोणितच्छटाः ॥ ६३९
ततो भुवि विनिष्पिष्य राविणं तं घटोत्कचः ।
उद्धृत्य तच्छिरो वेगाद्दुर्योधनमथाययौ ॥ ६४० ॥

तमुवाच हतोऽयं ते मया बन्धुर्निशाचरः ।
प्रियस्य पातय शिरः पुनरेव नृपाधम ॥ ६४१ ॥
उक्त्वैतत्कर्णमभ्यायाद्रिनदत्रजनीचरः ।
चण्डानिलसमुद्भूतः कालमेघ इवाकुलः ॥ ६४२ ॥

अलम्बुसवधः ॥ २२ ॥

ततः प्रवृत्ते समरे घोरे राधेयरक्षसोः ।
रामरावणसंग्राममस्मरन्विबुधा दिवि ॥ ६४३ ॥
स्तम्भप्रमाणैर्विशिखैर्ज्वलितैरुल्मुकैरिव ।
विद्धोऽपि रक्षसा कर्णो न चचाल महाशयः ॥ ६४४ ॥
अथ क्रोधविनिर्मुक्तैर्विपुलैः कर्णसायकैः ।
निर्भिन्नो राक्षसश्चक्रं प्राहिणोत्कर्णपावकम् ॥ ६४५ ॥
प्रेक्ष्य चायतसहस्रारं तेजःपिञ्जरिताम्बरम् ।
चकार खण्डशश्चक्रं कर्णः सावेगमाशुगैः ॥ ६४६ ॥
ततो घटोत्कचः कोपान्मायां कृत्वा विमोहनीम् ।
पिष्ट्वा सूतध्वजरथं विशालमविशन्नभः ॥ ६४७ ॥
शान्ततेजोमये वह्नौ तारा तारास्थिसंकुले ।
व्योम श्मशाने तस्यासन्मत्तवेतालकोटयः ॥ ६४८ ॥
मुहुर्गजो मुहुः सिंहः क्षणं मेघः क्षणं गिरिः ।
सर्वभूतमहाकायो वर्षन्स विपुलाः शिलाः ॥ ६४९ ॥
भुवो वह्निं दिवः शस्त्रं दिग्भ्यो राक्षसमण्डलम् ।
विसृजन्कुरुसेनासु वैकर्तनमयोधयत् ॥ ६५० ॥
ततो विधूय तां मायां कर्णो दिव्यास्त्रतेजसा ।
निर्दहन्पाण्डवचमूं रक्षो विव्याध सायकैः ॥ ६५१ ॥
हैडिम्बानुचरान्हत्वा यातुधानान्सहस्रशः ।
कर्णो धनुष्मतां धुर्यो विबभौ रामविक्रमः ॥ ६५२ ॥
अष्टाष्टचक्रामशनिं कालजिह्वाविभीषणाम् ।
भैमः ससर्ज कर्णाय स्वयं रुद्रेण निर्मिताम् ॥ ६५३ ॥

विसृष्टा राक्षसेन्द्रेण शैलसंघप्रमाथिनी।
सा भस्मसान्महाघोषा रथमाधिरथेर्व्यधात् ॥ ६५४ ॥
ततोऽपरं समास्थाय स्यन्दनं सूतनन्दनः।
पिशाचवदनानन्याञ्जघान पिशिताशिनः ॥ ६५५ ॥
विरथः कोपहुतभुग्ज्वालावलयितेक्षणः।
घटोत्कचो महामायः पुनरन्तरधीयत ॥ ६५६ ॥
अत्रान्तरे राक्षसेन्द्रो बकस्य दयितः सखा।
सुयोधनाभ्यनुज्ञातो भीममायादलायुधः ॥ ६५७ ॥
हयानां हस्तिकर्णानां पिशाचमुखवर्चसाम्।
युक्ते शतेन गम्भीरनिर्घोषे स्यन्दने स्थितम् ॥ ६५८ ॥
तं भीमः प्रतिजग्राह संरम्भगुरुगर्जितम्।
सिद्धमन्त्र इवाकम्पो वीरो वेतालमुत्थितम् ॥ ६५९ ॥
आकीर्यमाणो घोरेण शिलाशस्त्रास्त्रवर्षिणा।
राक्षसेन गदां भीमः प्राहिणोत्तद्वधाशया ॥ ६६० ॥
तां गदां गदया रक्षो हत्वा जाम्बूनदाङ्गदाम्।
नदन्नकालजलदध्वानधीरः खमाविशत् ॥ ६६१ ॥
अलायुधेन संसक्तं रजन्यां कूटयोधिना।
भीमं दृष्ट्वा क्षणं कृष्णः संदेहाकुलितोऽभवत् ॥ ६६२ ॥
ततः शौरेर्गिरा वीरः प्रवरो रौद्रकर्मणाम्।
अलायुधं समभ्यायात्त्यक्त्वा कर्णं घटोत्कचः ॥ ६६३ ॥
तयोः संरब्धयोर्व्योम्नि संनिपातो घनस्वनः।
अभूद्भृशं शिलाशस्त्रनिर्घर्षोद्धूतपावकः ॥ ६६४ ॥
चिताग्निपिङ्गलश्मश्रुजटाभीषणयोस्तयोः।
दन्तनिष्पेषसंजाताः स्फुलिङ्गा इव बभ्रमुः ॥ ६६५ ॥
अग्निकुण्डोपमानाभ्यां कुण्डलाभ्यां विराजितम्।
अलायुधस्याशु शिरश्चिच्छेद च घटोत्कचः ॥ ६६६ ॥

अलायुधवधः ॥ २३ ॥

तं हत्वा विनदन्घोरं हैडिम्बो घोरविक्रमः।
द्रुतं कर्णं समभ्येत्य शिलावर्षैरताडयत् ॥ ६६७ ॥
वैकर्तनोऽपि पार्थानां क्षपयित्वा वरूथिनीम्।
घटोत्कचमसंभ्रान्तः शरजालैरपूरयत् ॥ ६६८ ॥
अथास्त्रेण रथं हत्वा कर्णस्य रजनीचरः।
त्रिजगन्मोहनीं मायां समादायाविशन्नभः ॥ ६६९ ॥
उल्मुकैरायुधैर्वृक्षैः शिलाभिः पर्वतैस्तथा।
स जघान महाघोषः कौरवाणामनीकिनीम् ॥ ६७० ॥
निशीथे सर्ववीरेषु युध्यमानेषु रक्षसा।
दुद्रुवुः पृथिवीपाला भग्नस्यन्दनकुञ्जराः ॥ ६७१ ॥
संहारे सर्वयोधानां तस्मिन्नतिभयंकरे।
निष्कम्पः समरे कर्णः सायकैः खमपूरयत् ॥ ६७२ ॥
गगने विध्यमानानां शिलानां कर्णमार्गणैः।
ज्वालाजालजटालानामभूच्चटचटारवः ॥ ६७३ ॥
ततः परिघनिस्त्रिंशशतघ्निप्रासमुद्गराः।
सत्रिशूलगदाचक्रभुसुण्डिशरतोमराः ॥ ६७४ ॥
कर्णानने राक्षसेन प्रास्ता विषमयोधिना।
चक्रिरे कौरवानीकं हतं कालशतैरिव ॥ ६७५ ॥
विद्रुते च तथा सैन्ये रक्तकुल्यावरोहिनि।
विद्यमाने निराधारे राधेये धैर्यशालिनि ॥ ६७६ ॥
स्वस्तीत्युक्त्वा प्रयातेषु व्योम्नः सिद्धसुरर्षिषु।
अकम्पत जगत्सर्वं राक्षसेन्द्रस्य मायया ॥ ६७७ ॥
युध्यमानं ततो वीरं कर्णमभ्येत्य कौरवः।
अवदत्सर्वसंहारसंत्रासायासकातरः ॥ ६७८ ॥
त्वयार्जुनवधे शक्तिर्धार्यते किमनर्थका।
अस्मिन्निशीथे को ह्यस्मान्मुच्यते यः पुनर्जयेत् ॥ ६७९ ॥

एतदाकर्ण्य राधेयः शक्रदत्तां महाप्रभाम् ।
एकवीरवधायत्तां सुचिरं परिरक्षिताम् ॥ ६८० ॥
दारुणीं दैत्यसङ्घानामुत्ससर्ज नभस्तले ।
यस्या ज्वालावलीधाम्ना सीमन्तितमिवाभवत् ॥ ६८१ ॥
तेजस्विनो राक्षसस्य दृढं वक्षो विदार्य सा ।
जगाम त्रिदिवं दीप्ता प्राणशक्तिरिवापरा ॥ ६८२ ॥
दग्धमायस्तदा क्षिप्रं हैडिम्बो मन्दराकृतिः ।
पतन्निर्भिन्नहृदयः पिपेष कुरुवाहिनीम् ॥ ६८३ ॥

रात्रियुद्धे घटोत्कचवधः ॥ २४ ॥

हते घटोत्कचे वीरे दशकण्ठपराक्रमे ।
प्रहृष्टाः कुरवः कर्णं रामोपममपूजयन् ॥ ६८४ ॥
शक्तिहीने ततः कर्णे नदत्कालियसूदनः ।
विषण्णे पाण्डवानीके ननर्तानन्दनिर्भरः ॥ ६८५ ॥
वलत्पीतांशुकास्तस्य नृत्यतो विबभुर्भुजाः ।
स्फूर्जत्किञ्जल्कपटला वातलोला इव द्रुमाः ॥ ६८६ ॥
तमूचे निन्दयन्पार्थो हैडिम्बवधदुःखितः ।
कोऽयं विषादसमये प्रहर्षस्ते जनार्दन ॥ ६८७ ॥
श्रुत्वैतदब्रवीत्कृष्णो जितः कर्णोऽधुना सखे ।
हैडिम्बवपुषः प्राणश्चिन्ताचपलचेतसः ॥ ६८८ ॥
शक्तिश्च कर्णदोर्दण्डात्समं याता जयाय वः ।
एकलव्यजरासंधशिशुपालादयो मया ॥ ६८९ ॥
पुरा युद्धमिदं ज्ञात्वा दुर्जयाः शक्तिभिर्हताः ।
एवमेव रणे कर्णो न जेयस्त्रिदशैरपि ॥ ६९० ॥
किं पुनर्घोरया पार्थ शक्त्या वासवदत्तया ।
त्वयि नोत्सृष्टवाञ्शक्तिं सततं मोहितो मया ।
कर्णः प्रतिनिशं पापैः प्रेर्यमाणोऽपि कौरवैः ॥ ६९१ ॥

इत्युक्तवति दाशार्हे सिद्धवीरवधार्दिताः।
निर्विभागं युयुधिरे क्रोधान्धाः कुरुपाण्डवाः॥ ६९२॥
हैडिम्बे निहते राजा शोकतप्तो युधिष्ठिरः।
आश्वासितः केशवेन कुपितः कर्णमाद्रवत्॥ ६९३॥
नृपैरनुगतः सर्वैः प्रविष्टः कुरुवाहिनीम्।
अभ्येत्य भगवान्व्यासो धर्मराजमभाषत॥ ६९४॥
दिष्ट्या नाधिरथेः शक्त्या कृतं जगदनर्जुनम्।
अधुना वीर युध्यस्व निःसंरम्भमनाकुलः॥ ६९५॥
इतश्चतुर्भिर्दिवसैर्न भविष्यन्ति भूमिपाः।
धर्मवीर त्यज क्रोधं सदा धर्मानुगो जयः॥ ६९६॥
इत्युक्त्वान्तर्हिते व्यासे भीमार्जुनयुधिष्ठिराः।
चक्रिरे समरं घोरं द्रोणकर्णकृपादिभिः॥ ६९७॥
सा कालरात्रिः शूराणामुत्सवो यक्षरक्षसाम्।
सहस्रयामतां याता त्रियामाभून्महीभुजाम्॥ ६९८॥
ततो निद्राकुले सैन्ये शान्ते शस्त्रकृतक्षते।
दृष्ट्वा जगाद कारुण्याच्छ्वेताश्वो यशसां निधिः॥ ६९९॥
मुहूर्तेऽस्मिन्निरालोके खिन्नाः सर्वे महारथाः।
क्षणं भजन्तु विश्रान्तिं निद्रामुकुलितेक्षणाः॥ ७००॥
इत्युक्ते सैनिकाः सर्वे प्रशंसन्तो धनंजयम्।
क्षणं गजरथस्कन्दनिषण्णास्तत्यजुः श्रमम्॥ ७०१॥
निःस्यन्दनागतुरगा निश्चलच्छत्रचामराः।
अङ्कन्यस्तायुधभटास्ताः सेना निश्चला बभुः॥ ७०२॥

अथोद्ययौ व्योमकृपाणपट्टदन्तत्सरुः कान्तिसरिन्मरालः।
चन्द्रो जगत्कुञ्जरकर्णशङ्खो दिगङ्गनामण्डनदर्पणश्रीः॥ ७०३॥

ततः समस्तवीराणां संमुखाहवपातिनाम्।
यशोभिरिव शीतांशुरंशुभिर्द्यामपूरयत्॥ ७०४॥

तुषारहाररुचिरैः किरणैरमृतत्विषः ।
चामरैरिव भूपाला वीज्यमानाः क्षणं बभुः ॥ ७०५ ॥
शरेष्वङ्कुरितश्चन्द्रः सान्द्रं पल्लवितोर्मिषु ।
हरेषु फुल्लितो राज्ञां शङ्खेषु फलितोऽभवत् ॥ ७०६ ॥
प्रतिबिम्बगतो रक्ततटिनीषु निशाकरः ।
बभौ संध्यासवेनेव घूर्णमानारुणच्छविः ॥ ७०७ ॥
ततः क्षीणे क्षपाकाले ध्वजिनी राजयक्ष्मणि ।
उदयौ शोणितातास्रो भगवान्वासरेश्वरः ॥ ७०८ ॥

चतुर्थदिवसे रात्रियुद्धम् ॥ २५ ॥

दुर्योधनेन वाक्शल्यैरर्दितः कुम्भसंभवः ।
ततो ददाह दिव्यास्त्रैरनस्त्रज्ञानपि क्रुधा ॥ ७०९ ॥
पुनः प्रवृत्ते समरे निर्मर्यादे जगत्क्षये ।
द्रोणेन वध्यमानानामानन्दस्तुमुलोऽभवत् ॥ ७१० ॥
तस्मिन्नकालकल्पान्ते रुद्रः किं वपुषामुना ।
संहर्तुमुद्यतो लोकानित्यूचुर्व्योमचारिणः ॥ ७११ ॥
चेदिसोमकपाञ्चालमत्स्यकेकयसृञ्जयाः ।
न शर्म लेभिरे वीराः पीडिता द्रोणसायकैः ॥ ७१२ ॥
ततो विराटद्रुपदौ भारद्वाजं शितैः शरैः ।
संच्छाद्य चक्रतुः क्षिप्रं विस्मयं तव धन्विनाम् ॥ ७१३ ॥
द्रोणोऽथ पार्षतसुतान्हत्वा विपुलविक्रमान् ।
कण्ठाञ्जहार भल्लाभ्यां विराटद्रुपदौ समम् ॥ ७१४ ॥

विराटद्रुपदवधः ॥ २६ ॥

मत्स्यपाञ्चालसेनासु भग्नासु पवनात्मजः ।
धृष्टद्युम्नमुखैः सार्धं द्रोणानीकमुपाद्रवत् ॥ ७१५ ॥
कर्णसौबलहार्दिक्यदुःशासनमुखास्ततः ।
भीमपार्षतशैनेयफल्गुनाद्यानयोधयन् ॥ ७१६ ॥

संघट्टः सर्ववीराणां तुमुले संप्रहारिणि ।
आयात्सोल्लोलकीलालकुल्या कल्लोलमालिनी ॥ ७१७ ॥
पाञ्चालचेदिमत्स्यानां कुर्वाणं कदनं रणे ।
द्रोणं विलोक्य कंसारिर्बभाषे पाण्डुनन्दनम् ॥ ७१८ ॥
जामदग्न्यस्य शिष्योऽयं प्रवृद्धः क्षत्रियानलः ।
दिव्यास्त्रदुःसहशिखः सोढुं नः केन पार्यते ॥ ७१९ ॥
सर्वात्मना युध्यमानो दुर्जयः सायुधो गुरुः ।
उद्यतः कर्तुमद्यैव जाने निष्पाण्डवं जगत् ॥ ७२० ॥
पुत्रं तु निहतं श्रुत्वा ध्रुवमेष न योत्स्यते ।
तस्माद्युक्तिमुपाश्रित्य जये नीतिर्विधीयताम् ॥ ७२१ ॥
श्रुत्वैतदर्जुने कर्णौ पिधायाधोमुखस्थिते ।
कथंचिदभ्युपगमान्मूके पाण्डवभूपतौ ॥ ७२२ ॥
अश्वत्थामाभिधं हत्वा गदया मदकुञ्जरम् ।
उच्चैः पुत्रवधं भीमो द्रोणमश्रावयत्पुरः ॥ ७२३ ॥
लज्जमानेन भीमेन व्याहृतं भृशमप्रियम् ।
दुर्जयं तनयं मत्वा द्रोणो मेने न तत्तथा ॥ ७२४ ॥
स प्रविश्याथ पाञ्चालान्धृष्टद्युम्नजिघांसया ।
जघान वीरयोधानां रथानामयुतानि षट् ॥ ७२५ ॥
चेदिपाञ्चालमत्स्यानां ब्रह्मास्त्रेणोग्रविक्रमः ।
प्रयुतान्यदहत्क्रुद्धो द्रोणो रुद्र इवापरः ॥ ७२६ ॥
निघ्नन्प्रभद्रकान्वीरान्सोमकांश्च प्रहारिणः ।
चतुर्वर्षशतो दर्पाद्युवेव विचचार सः ॥ ७२७ ॥
ऋषयोऽथ समभ्येत्य तं क्रूरतरकारिणम् ।
तस्मादवारयन्घोराल्लोकसंहारवैशसात् ॥ ७२८ ॥
मुनिसंघे गते व्योम्ना द्रोणो भीमवचः स्मरन् ।
युधिष्ठिरं शङ्कितधीरपृच्छत्सत्यविक्रमम् ॥ ७२९ ॥

गोविन्देनार्थितो यत्नाल्लोकसंहारशान्तये ।
युधिष्ठिरस्तदेवोक्त्वा स्वैरं हस्तीत्यभाषत ॥ ७३० ॥
अस्पृशन्तो हया भूमिमवहन्ये युधिष्ठिरम् ।
ते नीचगामिनस्तूर्णमसत्यगुरवोऽभवन् ॥ ७३१ ॥
ततः सविषनाराचैर्निर्भिन्न इव मर्मसु ।
निश्चित्यात्मवधं द्रोणश्चित्रार्पित इवाभवत् ॥ ७३२ ॥
तं जिह्वादीप्तविशिखो धृष्टद्युम्नोऽवदद्द्रुतम् ।
अहो नु ब्राह्मणो भूत्वा पिशिताशीव निष्कृपः ।
करोषि कलुषं कर्म निहतेऽपि प्रिये सुते ॥ ७३३ ॥
तच्छ्रुत्वा सहसा द्रोणस्त्यक्त्वा चापं सह क्रुधा ।
दत्त्वा सर्वाभयं मौनी ददर्श ज्योतिरान्तरम् ॥ ७३४ ॥
तस्य षट्कोशसंघस्य संपुटत्रयपातनात् ।
ब्रह्मरन्ध्रविनिष्क्रान्तं ज्योतिर्व्योम समाविशत् ॥ ७३५ ॥
अत्रान्तरे समाकृष्य धृष्टद्युम्नः शिरोरुहैः ।
क्रोधान्धः पाण्डुतनयैर्वार्यमाणोऽपि संभ्रमम् ॥ ७३६ ॥
गुरोरकृष्टशस्त्रस्य धाम्नि संक्रान्ततेजसः ।
शिरो जहार खड्गेन धिक्कृतः सर्वराजभिः ॥ ७३७ ॥

द्रोणवधः ॥ २७ ॥

हते रुक्मरथे वीरे गुरौ सर्वधनुष्मताम् ।
संभ्रान्ता दुद्रुवुः सर्वे कौरवाणां महारथाः ॥ ७३८ ॥
भग्नं कुरुबलं दृष्ट्वा शङ्कितो द्रोणनन्दनः ।
किमेतदिति पप्रच्छ साश्रुनेत्रं सुयोधनम् ॥ ७३९ ॥
तस्मिन्नधोमुखे दुःखाद्घोरं वक्तुमनीश्वरे ।
तत्प्रेरितः पितृवधं गौतमोऽस्मै न्यवेदयत् ॥ ७४० ॥
श्रुत्वा स वैशसं घोरं छद्मना विहितं गुरौ ।
पाञ्चाल्येन नृशंसेन जज्वाल क्रोधवह्निना ॥ ७४१ ॥

तस्य निःश्वसतः कोपात्कालस्येव दिधक्षतः।
संरम्भः सर्वभूतानां बभूवातिभयंकरः॥ ७४२॥
निष्पिष्य पाणिना पाणिं सोऽब्रवीत्साश्रुलोचनः।
अहो ममापि जनकः केशग्रहणमाप्तवान्॥ ७४३॥
घातयित्वा मृषावादी गुरुं राजा बकव्रतः।
मयि जीवति कौन्तेयः कथं प्राप्स्यति मेदिनीम्॥ ७४४॥
अद्य मत्कोपनिर्दग्धे पाण्डुपुत्रे सराजके।
भार्गवस्य स्मरिष्यन्ति वीराः क्षत्रकुलच्छिदः॥ ७४५॥
कृत्वाद्य पार्षतपशुं क्रोधाग्नेरुपहारताम्।
अकृष्णपार्थां पृथिवीमेषोऽहं कर्तुमुद्यतः॥ ७४६॥
पुरा मह्यं पिता प्रादादस्त्रं नारायणोदितम्।
तेनाद्य संहृतांल्लोकान्मया पश्यन्तु खेचराः॥ ७४७॥
इत्युक्त्वा संदधे दीप्तं तदस्त्रं नियतः शुचिः।
येनाश्वत्थदलालोला विचचाल जगत्त्रयी॥ ७४८॥
ततो ननाद मन्थाद्रिक्षुभिताम्भोधिनिःस्वनम्।
द्रौणिर्येन दिशः सर्वा ययुः शकलतामिव॥ ७४९॥
ततो व्यथितमालोक्य स्वसैन्यं श्वेतवाहनः।
जगाद धर्मतनयं श्वसन्ननुशयाकुलः।
व्याजाद्विभवलुब्धेन शिष्येण निहतो गुरुः॥ ७५०॥
इति प्रलापमुखरे सुरराजसुते गुरोः।
कोपादाताम्रनयनः प्रोवाच पवनात्मजः॥ ७५१॥
न नाम मुनिवत्पार्थ क्षत्त्रियो वक्तुमर्हसि।
घोरापकारे कः शत्रौ रणे न्यायमुपेक्षते॥ ७५२॥
अस्मिन्मम भुजे वीरे गदाप्रणयिनि स्थिते।
त्वयि कृष्णे च किं नाम द्रौणिश्लाघाभिनन्द्यते॥ ७५३॥
इत्युक्ते भीमसेनेन पार्षतोऽर्जुनमब्रवीत्।
लोकान्तको विकर्मस्थो ब्रह्मबन्धुर्हतो मया॥ ७५४॥

ब्रह्मास्त्रेण हतो येन मुक्तवर्मा पृथग्जनः ।
सर्वोपायैः स हन्तव्योऽसुरवद्विश्वकण्टकः ॥ ७५५ ॥
त्वया हतः कथं भीष्मः स च प्राग्ज्योतिषेश्वरः ।
पितुः सखा किमेतेन गहना वीरवृत्तयः ॥ ७५६ ॥
धृष्टद्युम्नवचः श्रुत्वा तिर्यग्जिह्मीकृतेक्षणः ।
निःश्वस्य कोपसंतप्तो धिग्धिगित्यर्जुनोऽब्रवीत् ॥ ७५७ ॥
लज्जानते धर्मसुते मूकीभूतेषु राजसु ।
सात्यकिः कोपसंतप्तो धृष्टद्युम्नमभाषत ॥ ७५८ ॥
बत पापा वयं सर्वे ये गुरुघ्नं पुरः स्थितम् ।
स्वस्तिवत्प्रतिभाषन्ते हन्तव्यं त्वां प्रयत्नतः ॥ ७५९ ॥
इत्युक्तवति शैनेये जगाद द्रुपदात्मजः ।
अहो नु परदोषज्ञो निर्दोष इव भाषसे ॥ ७६० ॥
भूरिश्रवाः प्रायगतः कृत्तबाहुः किरीटिना ।
नृशंस पतिताचार केनान्येन निपातितः ॥ ७६१ ॥
नैतद्वाच्यं त्वया भूपो बाणैस्त्वामन्यथा शितैः ।
करोमि शिक्षागुरुभिर्विनयावनिवर्तिनम् ॥ ७६२ ॥
इति ब्रुवाणौ संरम्भात्तौ मिथो हन्तुमुद्यतौ ।
नि(न्य)वारयत्कृष्णगिरा भीमसेनः सहानुजैः ॥ ७६३ ॥
ततः क्षणात्समावृत्ते कुरुराजबलार्णवे ।
द्रोणात्मजास्त्रपिहिता नालक्ष्यन्त दिशो दश ॥ ७६४ ॥
नारायणास्त्रनिःसृतैः प्रदीप्तायुधमण्डलैः ।
बध्यमानाल्पशेषाभूत्पाण्डवानामनीकिनी ॥ ७६५ ॥
तस्मिन्नायुधसंघर्षजातज्वालाशताकुले ।
घोरे सुभटसंहारे त्रस्तो राजा युधिष्ठिरः ॥ ७६६ ॥
उवाच पार्षतमुखान्वीक्षमाणः किरीटिनम् ।
पलायन्तामितः सर्वे महद्भयमुपस्थितम् ॥ ७६७ ॥

माध्यस्थ्यमास्थितो जिष्णुः कोपितो निधनाद्गुरोः ।
येनाभिमन्युर्वृद्धेन व्याजाद्बालो निपातितः ॥ ७६८ ॥
सत्यजित्प्रमुखा येन हतास्ते ते महारथाः ।
दुर्भेद्यं कवचं प्रादाद्दिव्यं दुर्योधनाय यः ॥ ७६९ ॥
क्रियतां नाधुना युद्धं स्वस्ति पार्थाय धीमते ।
एवं वह्निं प्रवेक्ष्यामि द्रौणिं कालं सहेत कः ॥ ७७० ॥
इत्युक्ते धर्मराजेन भुजावुत्क्षिप्य केशवः ।
उच्चैरुवाच भूपालाञ्ज्वलितानस्त्रतेजसा ॥ ७७१ ॥
भो भोः शस्त्रं परित्यज्य रथेभ्यो व्रजत क्षितिम् ।
अस्त्रेणानेन हन्यन्ते न विशस्त्रा भुवि स्थिताः ॥ ७७२ ॥
इति ब्रुवाणे संरम्भात्सावेगं कैटभद्विषि ।
भीमो बभाषे भूपालानभयं कर्तुमर्हथ ॥ ७७३ ॥
एषोऽहं समयप्रख्यां गदामादाय दंशितः ।
द्रौणिमभ्युद्यतो हन्तुं पश्यन्तु कुरुपाण्डवाः ॥ ७७४ ॥
इति गर्जन्तमायान्तं पावनिं द्रोणनन्दनः ।
हसन्मूढोऽयमित्युक्त्वा शरजालैरपूरयत् ॥ ७७५ ॥
ततो नारायणास्त्रेण दह्यमानाः समन्ततः ।
अवातरन्वाहनेभ्यः शस्त्राण्युत्सृज्य भूमिपाः ॥ ७७६ ॥
रथे स्थितं युध्यमानं भीमसेनमसंभ्रमात् ।
अस्त्रज्वालावलीचक्रमेकीभूतं समापतत् ॥ ७७७ ॥
प्रजवाग्निशिखाकूटसंघट्टान्तरितं क्षणात् ।
अर्जुनो भीममालोक्य वरुणास्त्रमवासृजत् ॥ ७७८ ॥
नारायणास्त्रदहनैस्तदस्त्रमभितो हतम् ।
मोघीकृतं क्षणेनाभूदप्रयुक्तमिवाम्बरे ॥ ७७९ ॥
महास्त्रसंकटे घोरे वर्तमानं वृकोदरम् ।
अवरुह्य रथात्कृष्णौ द्रागभुजाभ्यां विकृष्य तम् ॥ ७८० ॥

शस्त्रं हृत्वा बलाद्वीरं नीत्वाशु स्यन्दनाद्ध्रुवम् ।
वीरौ चित्रोज्ज्वलौ हृष्टौ तस्थतुः कृष्णपाण्डवौ ॥ ७८१ ॥
अस्त्रे ततः स्वयं शान्ते प्रसन्ने भुवनत्रये ।
ऊचे दुर्योधनो द्रौणिं पुनरस्त्रं प्रयुज्यताम् ॥ ७८२ ॥
द्विष्प्रयोज्यं न दिव्यास्त्रमित्युक्त्वा द्रौणिराकुलः ।
शरैश्चकार पाञ्चालमत्स्यकेकयसंक्षयम् ॥ ७८३ ॥
स सात्यकिं पार्षतं च जित्वा विद्राव्य वाहिनीम् ।
जघान पौरवं वीरं राजानं च सुदर्शनम् ॥ ७८४ ॥
पाण्डुसैन्येषु भग्नेषु द्रौणिं पश्चादभिद्रुतम् ।
अवारयत्स्वयं क्रुद्धो बाणवर्षैर्धनंजयः ॥ ७८५ ॥
प्रादुश्चक्रे ततो घोरं ज्वालावलयिताम्बरम् ।
आग्नेयमस्त्रं लोकानां क्षयाय द्रौणिरुद्यतः ॥ ७८६ ॥
अथ काञ्चनसंनाहैरिव सर्वे समावृताः ।
महास्त्रतेजसा व्याप्ताः पेतुर्भूमिभृतां वराः ॥ ७८७ ॥
अस्त्रेणाक्षौहिणीं दग्धां वह्निव्याप्तो धनंजयः ।
दृष्ट्वा प्रादुश्चकारोग्रं ब्रह्मास्त्रं तत्प्रशान्तये ॥ ७८८ ॥
अस्त्रे तिरोहिते तस्मिन्विमुक्तौ केशवार्जुनौ ।
दृष्ट्वा द्रोणसुतः क्रुद्धो धिगस्त्राणीत्यभाषत ॥ ७८९ ॥

अत्रान्तरे ज्ञानसहस्ररश्मिरपारवेदामृतसिन्धुसेतुः ।
सरस्वतीमानसराजहंसः कृष्णोऽप्यकृष्णो मुनिराजगाम ॥ ७९० ॥
रथं समुत्सृज्य तमुग्रकर्मा प्रणम्य पप्रच्छ गुरोस्तनूजः ।
अस्त्राणि दिव्यान्यफलानि कस्मात्पार्थे सकृष्णे भगवन्गतानि ॥७९१॥

पृष्टः कोपाकुलेनेति तमुवाच मुनीश्वरः ।
वीरौ कृष्णार्जुनावेतौ नरनारायणावृषी ॥ ७९२ ॥
षष्टिं वर्षसहस्राणि तपः कृत्वा पिनाकिनम् ।
नारायणस्तोषयित्वा लेभे तत्तुल्यतां पुरा ॥ ७९३ ॥
स एष दुर्जयः कृष्णः स्वयं लिङ्गार्चनव्रतः ।
द्रौणे त्वमपि रुद्रांशस्तस्मान्मा विक्रियां गमः ॥ ७९४ ॥

एतद्व्यासवचः श्रुत्वा शान्तमन्युर्गुरोः सुतः ।
धिया रुद्रं नमस्कृत्य देवौ कृष्णावमन्यत ॥ ७९५ ॥
ततोऽवहारे सैन्यानां विहिते कुरुपाण्डवैः ।
निवृत्तः समरात्पार्थः पथि व्यासं व्यलोकयत् ॥ ७९६ ॥
तं नमस्कृत्य पप्रच्छ भगवन्समरे पुरः ।
दृष्टो मया शूलहस्तः पुरुषो दहनद्युतिः ॥ ७९७ ॥
तच्छूलनिःसृतैर्दीप्तैरसंख्यैः शूलमण्डलैः ।
कुरुसेना मया दृष्टा दह्यमाना समन्ततः ॥ ७९८ ॥
क्रोशार्धस्पृष्टवसुधो रौद्रो रुद्र इवापरः ।
पृष्टो धनंजयेनेति हृष्ये द्वैपायनोऽब्रवीत् ॥ ७९९ ॥
स देवस्त्रिपुरारातिर्गजासुरविमर्दनः ।
रुद्रः कृतान्तदहनस्त्रिजगत्प्रलयक्षमः ॥ ८०० ॥
यं नमस्कृत्य वरदं राजन्ते दिवि देवताः ।
अस्तम्भयद्भुजस्तम्भं जम्भारातेः स्मिताननः ॥ ८०१ ॥

स्मरहरमसुरारिं तं स्मर स्मेरकान्ति
हरमजरमजय्यं शाश्वतं विश्वरूपम् ।
विषमदृशमनीशं शान्तमीशानमीशं
तरुणतरणिमालास्फारतेजःप्रकारम् ॥ ८०२ ॥
क्षपितदिनकराक्षं दक्षदीक्षाविघातं
भवमभवमभेदं स्वच्छभावोपलभ्यम् ।
शिवमचलमचिन्त्यं बालचन्द्रावतंसं
गिरिपरिवृढपुत्रीद्यूतगोष्ठीगरिष्ठम् ॥ ८०३ ॥
इत्याग्रहात्परममाग्रहमिन्द्रसूनोः
प्रीत्या विधाय मुनिमौलिमणौ प्रयाते ।
भूपाः प्रविश्य शिबिराणि दिनावसाने
चक्रुः कथाः प्रवरवीरकथानुबद्धाः ॥ ८०४ ॥

इति क्षेमेन्द्रविरचितायां भारतमञ्जर्यां द्रोणपर्व ॥

कर्णपर्व।

नारायणं नमस्कृत्य नरं चैव नरोत्तमम्।
देवीं सरस्वतीं व्यासं ततो जयमुदीरयेत्॥ १॥
हते द्रोणे कुरुक्षेत्रे पुनरभ्येत्य संजयः।
राज्ञे न्यवेदयद्युद्धमाश्चर्यं कर्णपार्थयोः॥ २॥
ततो दुर्योधनः कर्णं चित्तसंकल्पशालिनम्।
चक्रे द्रौणिगिरा हृष्टः शूरं सेनासु नायकम्॥ ३॥
अभिषिक्तो मणिमयैः कलशैर्यशसां निधिः।
मनोरथसुधावर्षी सोऽभवत्कुरुभूपतेः॥ ४॥
विधाय मकरव्यूहं स्थितो वैरिकुलेषु सः।
चक्रिरे पाण्डवा व्यूहमर्धचन्द्रमतन्द्रितम्॥ ५॥
ततः शस्त्रास्त्रसंघर्षकीर्णवह्निकणाकुले।
घोरे प्रवृत्ते समरे निर्घोषस्तुमुलोऽभवत्॥ ६॥
भीमोऽथ कुञ्जरारूढो मत्तमातङ्गमास्थितम्।
चतुर्दन्तं जघानोग्रं कुलूतनृपतिं रणे॥ ७॥
ततः कर्णान्तनिर्मुक्तैः कर्णचापच्युतैः शरैः।
निर्भिन्नाः कुञ्जराः पेतुश्छिन्नपक्षा इवाचलाः॥ ८॥
पार्थसात्यकिपाञ्चालद्रौपदेयशिखण्डिनः।
कृपद्रौणिमुखैश्चक्रुः परं नवमिवाहरम्॥ ९॥
पार्थः संशप्तकान्हत्वा निनाय भ्रातरौ नृपौ।
दण्डाधारं सदण्डं च दण्डधारपुरं शरैः॥ १०॥
अथ पाण्ड्यः कुरुचमूं दारयञ्जगतीभुजाम्।
भल्लैः शिरांसि चिच्छेद लब्धलक्ष्यः प्रहारिणाम्॥ ११॥
भीष्मद्रोणार्जुनस्पर्धी दर्पज्वरभवां नयः।
सहते नित्यमात्मानं मन्यमानो बलाधिकम्॥ १२॥
दक्षिणापथनाथेन कर्णाटीस्मितकीर्तिना।
लाटीनेत्रशितास्त्रेण तेन बाणैर्निपीडिता॥ १३॥

द्रौणिना सूतपुत्रेण सौबलेन कृपेण च ।
वार्यमाणापि दुद्राव कुरुराजवरूथिनी ॥ १४ ॥
तमभ्येत्य जवाद्द्रौणिर्विशिखाशनिवर्षिणम् ।
अयोधयदसंभ्रान्तो जम्भारिरिव शम्बरम् ॥ १५ ॥
तस्य लीलावतीलोललोचनभ्रमराम्बुजम् ।
द्रौणिः शिरो जहाराथ भल्लेनान्दोलिकुण्डलम् ॥ १६ ॥
पाण्ड्यसंज्ञे हते वीरे मौलिरत्ने महीभुजाम् ।
पाण्डुसेना न शुशुभे शशिहीनेव शर्वरी ॥ १७ ॥

पाण्ड्यवधः ॥ १ ॥

ततो गाढनिषक्तेषु शस्त्रवृष्टिं पिबत्स्विव ।
आविष्टेष्विव वीरेषु युधि मानेष्ववारितम् ॥ १८ ॥
मिश्रीभूतेषु भूपानां रथेषु च गजेषु च ।
नष्टालोकेषु लोकेषु वपुर्गाढेन पांसुना ॥ १९ ॥
म्लेच्छराजं महानीकं नकुलः क्रूरयोधिनम् ।
जघान राक्षसाचारं सर्वायुधविशारदम् ॥ २० ॥
विमर्दे निबिडे तस्मिन्नकुलं वधगोचरम् ।
स्मरन्कुन्तीवचः कर्णो नावधीत्सत्यविक्रमः ॥ २१ ॥
ततः कर्णमुखैर्वीरैः कीर्णाः पाञ्चालसृञ्जयाः ।
न लेभिरे परित्राणं कुरवश्चार्जुनादिभिः ॥ २२ ॥
हतवीरेषु भग्नेषु च्छिन्नध्वजरथेषु च ।
गाढविद्धस्रवद्दन्तिघटानिष्पिष्टपत्तिषु ॥ २३ ॥
अकाण्डताण्डवाविद्धकबन्धाकुलवर्त्मसु ।
विशालशोणितनदीमज्जत्कुञ्जरवाजिषु ॥ २४ ॥
हतशेषेषु सैन्येषु श्रान्तेषु कुरुपाण्डवाः ।
अवहारं दिनापाये चक्रुः शिथिलकार्मुकाः ॥ २५ ॥

प्रथमो युद्धदिवसः ॥ २ ॥

अथ प्रभाते संनद्धे संनिकृष्टे बलद्वये।
ऊचे दुर्योधनं कर्णः पाण्डुसेनां व्यलोकयन् ॥ २६ ॥
त्वत्प्रसादप्रणयिनो मानस्य विभवस्य च।
अद्याहमनृणो भूत्वा रणे गच्छामि निर्वृतिम् ॥ २७ ॥
अद्य गाण्डीवधन्वानं हत्वा सारं भवद्द्विषाम्।
सफलं ते करोम्येष संकल्पं चिरसंभृतम् ॥ २८ ॥
निन्द्यं सर्वात्मना लोके सतां स्वगुणकीर्तनम्।
किंतु कर्तव्यकालेषु न प्रशंसन्ति मूकताम् ॥ २९ ॥
अहमभ्यधिकः पार्थाद्विद्यया विक्रमेण च।
एतावदधिकं कृष्णो यदनर्घोऽस्य सारथिः ॥ ३० ॥
कृष्णादभ्यधिकः शल्यो विदितः सर्वभूभुजाम्।
तेन सारथिना जिष्णुं विजेतुमहमुत्सहे ॥ ३१ ॥
इति वैकर्तनेनोक्ते हृष्टो राजा सुयोधनः।
तदेवाभ्येत्य विनयान्मद्रराजमभाषत ॥ ३२ ॥
ततो मद्राधिपः क्रुद्धः संरम्भलुलितांशुकः।
सासूयं वीक्ष्य राधेयं कौरवाधिपमभ्यधात् ॥ ३३ ॥
अहो सरलता राजन्नवमानाय केवलम्।
यदहं दीर्घसंघाभ्यां सारथ्ये गदितस्त्वया ॥ ३४ ॥
किमहं पाण्डवान्सर्वान्हन्तुं शक्तो न संगरे।
नृपं मां सूतपुत्रस्य सूतं कर्तुं यदिच्छसि ॥ ३५ ॥
उक्त्वेति सहसा शल्ये सानुगे हन्तुमुद्यते।
प्रसाद्य तं कुरुपतिर्वक्तुं समुपचक्रमे ॥ ३६ ॥
मद्रराज न संरम्भमस्थाने कर्तुमर्हसि।
अधिकस्त्वं हि गोविन्दादतोऽस्माभिरिहार्थ्यते ॥ ३७ ॥
अर्जुनादधिकः कृष्णः सारथिर्विहितः परैः।
त्वं कर्णादधिकस्तस्मात्सारथ्ये मा हठं कृथाः ॥ ३८ ॥

त्रैलोक्योपप्लवे दैत्यैः प्रजापतिवरोर्जितैः ।
राजतायससौवर्णस्वच्छन्दपुरवासिभिः ॥ ३९ ॥
वध्यमानेषु लोकेषु देवाः शक्रपुरोगमाः ।
पुरा पिनाकिनं देवं शंकरं शरणं ययुः ॥ ४० ॥
विश्वत्राणाय विश्वेशस्त्रिदशैरर्थितस्ततः ।
सर्वदेवमयं कृत्वा रथं विष्णुं च सायकम् ॥ ४१ ॥
उवाच देवान्संनद्धः सारथिः कल्प्यतां मम ।
मत्प्रभावाधिकः कश्चिद्येन हन्तास्मि दानवान् ॥ ४२ ॥
ततः शक्रमुखा देवा विचार्य सुचिरं धिया ।
ब्रह्माणं विश्वकर्तारं सारथ्ये पर्यकल्पयन् ॥ ४३ ॥
तेनोङ्कारप्रतोदेन गृहीते स्यन्दने हरः ।
एकीभूतान्पुरे दैत्यान्ददाह विशिखाग्निना ॥ ४४ ॥

त्रिपुरवधोपाख्यानम् ॥ ३ ॥

इति रुद्रस्य धातापि स्वयं सूतोऽभवत्पुरा ।
तथा त्वमपि कर्णस्य नावज्ञां कर्तुमर्हसि ॥ ४५ ॥
ऐश्वर्यस्याभिजन्यस्य गुणानां विक्रमस्य च ।
सन्तः फलं हि मन्यन्ते मित्रप्रणयपूरणम् ॥ ४६ ॥
उक्ते दुर्योधनेनेति मद्रराजः स्मिताननः ।
स्वच्छन्दवादी सूतोऽहं भविष्यामीत्यभाषत ॥ ४७ ॥

शल्यसारथ्यस्वीकारः ॥ ४ ॥

ततः स्वकल्पितैः श्वेतैस्तुरङ्गैरिव मातलिः ।
तप्तकाञ्चनसंनाहे कर्णस्य रुचिरे रथे ॥ ४८ ॥
जग्राह हेलया शल्यो रश्मिमालां सुशिक्षिताम् ।
प्रतापधाम्नः सूर्यस्य दिवीव गरुडाग्रजः ॥ ४९ ॥
युयुत्सुं कर्णमालोक्य धन्विनं शल्यसारथिम् ।
जयं हस्तगतं मेने कुरुराजः सहानुगः ॥ ५० ॥

नदत्सु कुरुसैन्येषु शङ्खदुन्दुभिनिःस्वनैः ।
मौर्वीमास्फालयन्कर्णो मद्रराजमभाषत ॥ ९१ ॥
अद्य शक्रः सुतं दृष्ट्वा मया निहतमर्जुनम् ।
दिव्यास्त्रेषु दृशः शङ्के सासूयं क्षिपति क्षणात् ॥ ९२ ॥
अद्य मद्बाणदलितं पार्थं वीक्ष्य युधिष्ठिरः ।
भीष्मद्रोणवधायासवैफल्यात्परितप्यताम् ॥ ९३ ॥
इति ब्रुवाणं राधेयं कर्णं मद्राधिपोऽब्रवीत् ।
मा सूतपुत्र मिथ्यैव प्रलापं शिशुवत्कृथाः ॥ ९४ ॥
गन्धर्वसमरे पूर्वं त्वयि धीमति विद्रुते ।
येन त्रैलोक्यवीरेण कौरवाः परिरक्षिताः ॥ ९५ ॥
मानिनामात्तशस्त्राणां तस्मिन्गोग्रहविग्रहे ।
युष्मद्विधानां सहसा हृता येनांशुकावली ॥ ९६ ॥
आखण्डलः सानुचरः खाण्डवे येन निर्जितः ।
तं समुत्सहसे जेतुं कर्ण कर्णोऽसि किं न वा ॥ ९७ ॥
इति शल्येन सहसा शल्येनेवार्दितो मुहुः ।
संस्तम्भ्य कोपं राधेयो द्रक्ष्यसीति तमभ्यधात् ॥ ९८ ॥
ततो व्यूहेष्वनीकेषु सव्यसाचिरणोत्सुकः ।
अग्रेसरो रथाग्र्याणां कर्णः पप्रच्छ सैनिकान् ॥ ९९ ॥
क्वासौ जयद्रथारातिर्वीरो वानरकेतनः ।
तं विना रभसादेते ताम्यन्त्येव ममेषवः ॥ १०० ॥
विधत्ते लोचनपथं मम यस्तूर्णमर्जुनम् ।
ददामि तस्मै वासांसि चित्राण्याभरणानि च ॥ १०१ ॥
रथान्समत्तमातङ्गान्गाः सुवर्णं पुराणि च ।
कान्ताश्च विविधं चान्यद्द्रविणं यावदिच्छति ॥ १०२ ॥
एतदाकर्ण्य सोत्प्रासं बभाषे मद्रभूपतिः ।
हासो दुःखाय जायेत राधेय त्वद्विचेष्टितैः ॥ १०३ ॥

मुमूर्षुरिव निष्पुत्रो द्रविणं चिरसंभृतम् ।
अविचार्यैव किं मोहात्परेषु त्यक्तुमिच्छसि ॥ ६४ ॥
स्वयमर्जुनमायान्तं वशः सितसटाभरम् ।
द्रष्टासि बाणनखरैः कुरङ्ग इव कातरः ॥ ६५ ॥
श्रुत्वैतत्कुपितः कर्णो जगाद भ्रुकुटीमुखः ।
निर्गुणस्त्वं न जानीषे न मां न च धनंजयम् ॥ ६६ ॥
अहमेवार्जुनं जाने प्रतिमल्लं पिनाकिनः ।
स च मां वेत्ति तत्त्वेन त्वं मिथ्या तु प्रगल्भसे ॥ ६७ ॥
अयं मित्रोपधिः शत्रुः केनापि प्रेषितोऽसि नः ।
कुदेशजस्य वा नैतत्तव कौटिल्यमद्भुतम् ॥ ६८ ॥
मद्रकाः कुत्सिताचाराः सत्यशीलार्जवोज्झिताः ।
मानं प्रचक्षते लोके सर्ववेदविदो जनाः ॥ ६९ ॥
निर्लज्जाः सर्वगामिन्यो लोभमोहमदाकुलाः ।
अनार्या मद्रिकायास्ताः स्वसारो मातरश्च ते ॥ ७० ॥
राधेयेनेति संरम्भाद्भाषितो मद्रभूपतिः ।
उवाच मूढ बहुशो हितमुक्तं न बुध्यसे ॥ ७१ ॥
स्मर्तासि विगलद्दर्पो निर्जितः सव्यसाचिना ।
हितोपदेशवाक्यानां शोचन्ननुशयाकुलः ॥ ७२ ॥
समुद्रकूलनिलयः पुरा वैश्यो महाधनः ।
बह्वपत्योऽभवद्राज्ञा रक्षितो निरुपद्रवः ॥ ७३ ॥
तत्पुत्राणामभूत्काकः सततोच्छिष्टभोजनः ।
पुष्टाङ्गो यो धनाढ्यानां प्रणयी पुत्रवत्प्रियः ॥ ७४ ॥
ततः कदाचिदायाता हंसा मानसगामिनः ।
सोऽवदज्जातसंघर्षस्तुल्या यूयं न मे जवे ॥ ७५ ॥
जाने पातशतं पूर्णं विडीनोड्डीनभेदतः ।
ज्ञायते तुल्यपातान्मे युष्माकं च तरस्विता ॥ ७६ ॥

---

१. 'मुमुक्षु' ख.

इत्युच्छिष्टभुजा तेन राजहंसा विवल्गिताः ।
आहूता विहसन्तोऽन्तर्वीरा नो किंचिदूचिरे ॥ ७७ ॥
एकस्तु हंसो जलधौ व्रजाव इति संविदा ।
काकेन सार्धं शरवन्निपपात स्मितानन: ॥ ७८ ॥
तेन वातजवेनाब्धौ वायसः खे व्रजन्समम् ।
स च क्रोशार्धमात्रेऽभूद्ध्वस्तपक्षोऽतिविह्वलः ॥ ७९ ॥
तेनैव भग्नदर्पोऽथ तीरे न्यस्तः कृपावता ।
रक्तष्ठीवी चिरात्प्राप संज्ञां ज्ञातखगान्तरः ॥ ८० ॥

हंसकाकीयम् ॥ १ ॥

एवं त्वमपि राधेय कौरवैः परिवारितः ।
अर्जुनं समरे प्राप्य हीनदर्पो भविष्यसि ॥ ८१ ॥
श्रुत्वैतन्मद्रराजेन कथितं मर्मदारणम् ।
ऊचे वैकर्तनो वीरः पृथुकोपोऽप्यविक्रियः ॥ ८२ ॥
युष्मद्विधानां वचसा जायते न भयं मम ।
पश्यार्जुनं मया शल्य समरे विनिपातितम् ॥ ८३ ॥
लक्ष्याभ्यासे मया वत्सः पुरा बाणेन दारितः ।
प्रच्छन्नस्तरुखण्डेन होमधेनोर्द्विजन्मनः ॥ ८४ ॥
तच्छापाद्रथचक्रं मे पर्यन्तं साधयिष्यति ।
इत्येतच्छिद्रमेकं मे दुर्जयोऽहमतोऽन्यथा ॥ ८५ ॥
त्वं तु केवलयानेन नृपेण वाहिना वृतः ।
मया स्वयं संनिकर्षे द्विजिह्वः कुटिलो वृतः ॥ ८६ ॥
मद्रकाणां कुवृत्तानां पापदेशनिवासिनाम् ।
तीर्थाचारविहीनानामधिपोऽसि किमुच्यते ॥ ८७ ॥
अभक्ष्यं भुञ्जते नित्यमपातव्यं पिबन्ति ये ।
अगम्यासु रमन्ते च ते मद्रास्तव बान्धवाः ॥ ८८ ॥
सर्वसाधारणा योषाः सर्वभक्ष्या द्विजातयः ।
सर्वपातकसंपृक्ता मद्रा येषु भवान्नृपः ॥ ८९ ॥

मद्रकुत्सनम् ॥ ६ ॥

इति कर्णेन गदिते मद्रराजोऽप्यभाषत ।
कर्ण राजा त्वमङ्गानां मातुल्यत्यागपापिनाम् ॥ ९० ॥
विक्रीयन्ते सदा यत्र दाराः पुत्राश्च मानवैः ।
तस्मिन्प्रणेता विषये नैवं मे वक्तुमर्हसि ॥ ९१ ॥

अङ्गकुत्सनम् ॥ ७ ॥

इत्युक्ते मद्रराजेन चोदितास्ते तुरङ्गमाः ।
दारयन्त इव क्षोणीं जातपक्षा इवोद्ययुः ॥ ९२ ॥
अथादृश्यत शुभ्राश्वो जिष्णुरच्युतसारथिः ।
अग्रे समग्रसैन्यानां व्यग्रः शत्रुनिबर्हणे ॥ ९३ ॥
ततः प्रवृत्ते वीराणां समरे प्राणहारिणि ।
धनुषां कूजतां शब्दे छादिते तूर्यनिःस्वनैः ॥ ९४ ॥
उवाच शल्यो राधेयं धनंजयरणोत्सुकम् ।
पश्य गाण्डीवधन्वानं भिन्दानं कुरुवाहिनीम् ॥ ९५ ॥
एते संशप्तकाः पार्थशरश्रेणीशतार्दिताः ।
हताद्विपघटाकूटकुटीषु निभृतं स्थिताः ॥ ९६ ॥
पश्यार्जुनशरोत्कृत्तकण्ठानां मौक्तिकावली ।
पतिता भूमिपालानामश्रुमाला इव श्रियः ॥ ९७ ॥
इति मद्राधिपेनोक्ते क्व यास्यति धनंजयः ।
मद्बाणगोचरं यातो हर्षादित्यवदन्नृपः ॥ ९८ ॥
ततो वैकर्तनशरैः पूरिते भुवनोदरे ।
चकम्पे पाण्डवानीकं वातैरिव महद्वनम् ॥ ९९ ॥
धृष्टद्युम्नमुखान्वीरान्कुर्वाणो विरथान्मुहुः ।
अयुतानि क्षणात्कर्णो वीराणामवधीद्दश ॥ १०० ॥
चेदिमागधपाञ्चालसैन्ये भग्ने युधिष्ठिरः ।
महारथैरनुगतः स्वयं राधेयमाद्रवत् ॥ १०१ ॥
राजवल्लभ वाग्युद्धं नेदं यत्र प्रगल्भसे ।
इत्युक्त्वा धर्मतनयः शरैः कर्णमपूरयत् ॥ १०२ ॥

अथ कर्णो नरपतेश्चक्ररक्षौ महारथौ ।
हत्वा शरैरुन्ममाथ ध्वजं चापं चकर्त च ॥ १०३ ॥
ततः शक्तिं निशाताग्रां कालदंष्ट्रामिवोत्कटाम् ।
प्राहिणोत्सूतवृत्राय स निर्ह्रादां युधिष्ठिरः ॥ १०४ ॥
भित्त्वा वैकर्तनः शक्तिं तां घण्टाक्रन्दिनीं मुहुः ।
जातरूपमयं वर्म चकर्त नृपतेः शरैः ॥ १०५ ॥
मुहूर्तं तं समापूर्य च्छिन्नवर्माणमाशुगैः ।
दन्तवर्णाञ्जघानास्य कृष्णबालांस्तुरङ्गमान् ॥ १०६ ॥
विद्रुतं धर्मतनयं दृष्ट्वा क्रोधी वृकोदरः ।
कर्णं पराङ्मुखं चक्रे शरैरशनिदारुणैः ॥ १०७ ॥
दुर्योधनानुजान्वीरानायातान्भ्रातुराज्ञया ।
विदधे विपुलैर्बाणैर्भीमः प्रेतपुराश्रयान् ॥ १०८ ॥
नन्दोपनन्दौ दुर्धर्षं धनुर्ग्राहं महाभुजम् ।
जरासंधं श्रुतर्वाणं दुर्दिनं सनिषङ्गिणम् ॥ १०९ ॥
पाशहस्तं कवचिनं क्रोधं च स महाभुजम् ।
हत्वा प्रविश्य पृतनां नागानीकमपोथयत् ॥ ११० ॥
ततः सात्यकिपाञ्चालमाद्रीसुतयुधिष्ठिराः ।
अयोधयन्कर्णमुख्यांस्तस्मिन्सुभटसंक्षये ॥ १११ ॥
वृषसेनमुखैर्वीरैर्भिद्यमाने बलार्णवे ।
उदभूच्चण्डगाण्डीवध्वनिराघट्टिताम्बरः ॥ ११२ ॥
हत्वा संशप्तकान्सर्वान्प्रत्यावृत्ते धनंजये ।
आवर्तनर्तितेवाभूत्सहसा कुरुवाहिनी ॥ ११३ ॥
भग्ने सुशर्मप्रमुखे पार्थास्त्रैर्नृपमण्डले ।
कर्णः पाण्डवसैन्येषु काललीलायितं व्यधात् ॥ ११४ ॥
अयुतानि गजेन्द्राणां सप्त हत्वा तरस्विनाम् ।
तावन्त्येव रथानां च चक्रे भूमिभुजां क्षयम् ॥ ११५ ॥

व्याघ्रकेतुं जयं शङ्कुं रुद्रमुग्रायुधं परम् ।
सिंहसेनं रोचमानं शुक्रं चित्रायुधं हरिम् ॥ ११६ ॥
देवापिं जिष्णुकर्माणं शलभं चित्रदण्डकौ ।
अन्यांश्च भूमिपान्हत्वा पाञ्चालकदनं व्यधात् ॥ ११७ ॥
वध्यमानेऽथ कर्णेन विदीर्णे च सहस्रधा ।
बभूव पाण्डवे सैन्ये घोरो व्यतिकरो नवः ॥ ११८ ॥
कर्णेन द्रोणपुत्रेण कृपेण कृतवर्मणा ।
किरीटिना पार्षतेन शैनेयेन शिखण्डिना ॥ ११९ ॥
कुपितेन च भीमेन ते सेने प्रविदारिते ।
बभूवतुर्विप्रकीर्णे विध्वस्तकवचायुधे ॥ १२० ॥
दिव्यास्त्रवर्षिणं द्रौणिं दिव्यास्त्रेणैव फल्गुणः ।
जित्वा ददर्श कर्णेन वध्यमानान्महारथान् ॥ १२१ ॥
तमब्रवीन्मधुरिपुर्विस्मितः कर्णविक्रमात् ।
पश्य कौन्तेय कर्णास्त्रवह्निदग्धां वरूथिनीम् ॥ १२२ ॥
पश्य कालकटाक्षेण लक्षितः सूतनन्दनः ।
कटाक्षेण मदाध्मातः सारथ्ये मां यदैक्षत ॥ १२३ ॥
क्षणेन निखिलां स्यूतां तां सेनां कुरुते नृपः ।
पश्यास्य शरजालेन नीरन्ध्रेणावृता दिशः ॥ १२४ ॥
इत्युक्त्वा केशवस्तूर्णं रथेन घननादिना ।
निनाय शक्रतनयं भीमसेनरथान्तिकम् ॥ १२५ ॥
ततो भीमगिरा ध्यात्वा धर्मराजं धनंजयः ।
कर्णसायकनिर्भिन्नं प्रयातं शिबिरं शनैः ॥ १२६ ॥
निःश्वसन्भृशसंतप्तः केसरीव तलाहतः ।
प्रययौ भ्रातरं द्रष्टुं सह कालियविद्विषा ॥ १२७ ॥
स हेमपुङ्खैर्निर्भिन्नं कर्णनामाङ्कितैः शरैः ।
शयानं धर्मतनयं ददर्श च्छिन्नकङ्कटम् ॥ १२८ ॥

१. 'त्वां तदै' ख.

तस्याभिवाद्य चरणौ निषण्णौ केशवार्जुनौ।
चिन्तासंतापिततनू तस्थतुः क्षणमाकुलौ ॥ १२९ ॥
युधिष्ठिरस्तं विज्ञाय कर्णं हत्वा समागतम्।
उत्थाय निर्व्यथो हर्षाज्जयादप्रृथुविस्मयः ॥ १३० ॥
प्रायो निःशेषिताः सेना येनास्त्रदहनेन नः।
स दिष्ट्या समरे पार्थ त्वया कर्णो निपातितः ॥ १३१ ॥
वीराः स विद्विषां हन्ता धौरेयः सर्वधन्विनाम्।
रामशिष्यस्त्वया ब्रूहि कथं वैकर्तनो हतः ॥ १३२ ॥
इति पृष्टो नृपतिना बभाषे श्वेतवाहनः।
युध्यमानस्य सुचिरं द्रौणिना रुद्रतेजसा ॥ १३३ ॥
संशप्तकैश्च विघ्नोऽभून्मम कर्णनिपातने।
भीमसेनमवस्थाप्य प्रत्यनीके महाभुजम् ॥ १३४ ॥
प्रहारविक्षतं देव त्वामहं द्रष्टुमागतः।
अधुना त्वदनुज्ञातः कौरवाणां परायणम् ॥ १३५ ॥
कथाशेषं करोऽम्येष कर्णं कर्णायतैः शरैः।
इति ब्रुवाणं बीभत्सुं मोघसंकल्पदुःखितः ॥ १३६ ॥
उवाच सायकाकीर्णः कोपतप्तो युधिष्ठिरः।
भारं विन्यस्य विपुलं भीमसेने धनुर्धरः ॥ १३७ ॥
अपयातोऽसि कर्णस्य सत्यं दृष्ट्वा पराक्रमम्।
मिथ्यैव कुन्त्या गर्भे त्वं क्षत्रियव्यञ्जनो धृतः ॥ १३८ ॥
पूरकः पुत्रसंख्यायां बाणस्तृणमयो यथा।
त्रयोदश समास्ते ते संकल्पा विहितास्त्वयि ॥ १३९ ॥
सर्वे प्रयाता वैफल्यमुपकारा इवाधमे।
क एव नाम जानीते कर्णाद्भीतो धनंजयः ॥ १४० ॥
अपयास्यति संग्रामाद्यो वर्तेत तथा विधिम्।
एतत्प्रयच्छ कस्मैचिद्गाण्डीवं शौर्यशालिने ॥ १४१ ॥

समरे कर्णसंत्रासं योऽस्माकमपनेष्यति।
एतदाकर्ण्य बीभत्सुर्मर्मणीव समाहतः॥ १४२॥
एतद्गिरा ददौ खड्गे क्रुद्धः साश्रुलवा दृशः।
तं कोपसंकटो घोरे दुःखाग्नौ च निरन्तरे॥ १४३॥
पतितं वीक्ष्य गोविन्दः सर्वव्यापी तमभ्यधात्।
जाने ते हृद्गतं पार्थ येन दोलायसे मुहुः॥ १४४॥
गाण्डीवं वितरान्यस्मै त्वां ब्रूयाद्यः स ते ध्रुवम्।
वध्य इत्युचिताचार प्रतिज्ञा तव विश्रुता॥ १४५॥
तदर्थमसि कोपान्धो निहन्तुं किंस्विदग्रजम्।
आत्मानं वा व्रतभ्रंशभयात्खड्गं निरीक्षसे॥ १४६॥
श्रूयतामत्र सत्येन केवलेन विमुह्यसे।
धर्माधर्मौ न जानीषे सत्यमात्रदृढव्रतः॥ १४७॥
असत्यं धर्मतां याति सत्यमायात्यधर्मताम्।
कदाचित्कर्मभेदेन तद्विचार्यं धिया बुधैः॥ १४८॥
धर्मोऽपि गहनः सूक्ष्मो ज्ञायते न यथा तथा।
पुरा बभूव विपिने बलाको नाम लुब्धकः॥ १४९॥
घोरसत्त्वं कदाचित्स गोब्राह्मणगणान्तकम्।
हत्वा शरेण सहसा शक्रलोकमवाप्तवान्॥ १५०॥
कौशिको नाम विप्रः प्राक्सत्यवाक्यकृतव्रतः।
विद्रुतान्धनिकान्पृष्टो दस्युभिः क्व गता इति॥ १५१॥
अदर्शयत्सत्यवादी स तान्गुणदयाश्रयान्।
दृष्टांश्च दस्यवो जघ्नुस्तूर्णं तान्द्रविणाशया॥ १५२॥
कौशिकोऽप्यथ कालेन पतितो नरकं ययौ।
इत्येवं गहना पार्थ प्रवृत्तिः सत्यधर्मयोः॥ १५३॥
तस्मात्त्वमग्रजे राज्ञि धर्मनिष्ठे युधिष्ठिरे।
मोहादसांप्रतं किंचिन्न चिन्तयितुमर्हसि॥ १५४॥

श्रुत्वैतत्खड्गमाकृष्य हन्तुमात्मानमुद्यतम्।
प्रतिज्ञाभङ्गनिर्भिन्नं पार्थं कृष्णोऽब्रवीत्पुनः॥ १५५॥
अवमानेन निहतो गुरुर्भवति सर्वथा।
भवत्यात्मा च निहतः श्लाघया गुरुसंसदि॥ १५६॥
रक्षन्प्रतिज्ञामज्ञानं निरस्य क्रोधसंभवम्।
तस्मादेतद्वधायाद्य निवृत्तो भव फल्गुण॥ १५७॥
इत्युक्तवति दाशार्हे तथेत्युक्त्वा धनंजयः।
भीरुः प्रमादी क्रूरस्त्वमित्युवाच युधिष्ठिरम्॥ १५८॥
मयैकेन हताः सर्वे संहता दैत्यदानवाः।
धुर्योऽहं कार्मुकभृतामित्यात्मानमुवाच च॥ १५९॥
ततो धर्मसुतं दुःखात्काननं गन्तुमुद्यतम्।
यत्नात्प्रसादयामास गृहीत्वा चरणौ हरिः॥ १६०॥
पार्थं च पादपतितं साश्रुनेत्रं युधिष्ठिरः।
रुरोध गाढमालिङ्ग्य विगलन्मन्युविप्लवः॥ १६१॥
कृतशौचौ ततो वीरौ धर्मराजधनंजयौ।
रथावारुह्य संनद्धौ जग्मतुः समराङ्गणम्॥ १६२॥
अथार्जुनशरव्रातकृत्तवक्त्रैर्नरेश्वरैः।
क्षणं बभूव पतितैः सा कबन्धमयीव भूः॥ १६३॥
अत्रान्तरे भीमसेनो हत्वा दुर्योधनानुजान्।
दुःशासनं युध्यमानमाससादेभविक्रमम्॥ १६४॥
निष्पिष्य गदया तस्य रथं साश्वायुधध्वजम्।
आचकर्ष रणे ध्वस्तं तं हिडिम्बापतिर्बलात्॥ १६५॥
प्रियापरिभवं घोरं स्मरन्नथ वृकोदरः।
प्रकोपराक्षसाविष्टः कोष्णं शोणितमापपौ॥ १६६॥
घोरं तत्कर्म भीमस्य दृष्ट्वा स्रस्तासिकार्मुकाः।
त्रस्ता महारथाः सर्वे मीलिताक्षाश्चकम्पिरे॥ १६७॥

अस्टक्प्रसरगर्वितः पुलकदण्डगण्डाननो
मदादतिविशृङ्खलः स्खलितपादचारक्रमः।
बभौ भयदविभ्रमभ्रमितभीमभास्वद्गदः
प्रियाचिकुरसंयमोद्यतमतिः समीरात्मजः ॥ १६८ ॥

अपूर्वेणैव विधिना हते दुःशासने तथा।
महतामपि भूतानामभूत्कण्टकिता तनुः ॥ १६९ ॥

दुःशासनवधः ॥ ८ ॥

अत्रान्तरे पाण्डवानां वृषसेनशरार्दिते।
सैन्ये बभूव निर्घोषः पततां गजवाजिनाम् ॥ १७० ॥

संहता अपि भूपाला भीमसात्यकिरक्षिताः।
न सेहिरे रणे दीप्तं कर्णसूनोः पराक्रमम् ॥ १७१ ॥

स सात्यकिं भीमसेनं माद्रीपुत्रौ किरीटिनम्।
धृष्टद्युम्नं नृपाश्चान्यान्वीरस्तुल्यमयोधयत् ॥ १७२ ॥

आश्चर्ययोधिनस्तस्य स्मयमान इवार्जुनः।
भुजौ शिरश्च चिच्छेद कमलाकमलोपमम् ॥ १७३ ॥

वृषसेनवधः ॥ ९ ॥

वृषसेने हते कर्णः पुरो गाण्डीवधन्वना।
सस्मार साश्रुनयनः सौभद्रं बहुभिर्हतम् ॥ १७४ ॥

अथामर्षाज्यसिक्तेन भ्रुकुटीधूमकेतुना।
क्रोधाग्निना दह्यमानः कर्णोऽधावद्धनंजयम् ॥ १७५ ॥

मनोरथशताभ्यस्ते प्रवृत्ते समरे तयोः।
बभूव कौतुकायातसुरसिद्धाकुलं नभः ॥ १७६ ॥

कर्णार्जुनरणे तस्मिन्स्वपुत्रजयशंसिनोः।
जाते विवादे सहसा दिवि सूर्यसुरेन्द्रयोः ॥ १७७ ॥

पृष्टो द्विधा स्थितैर्देवैर्वृषाङ्ककमलोद्भवौ।
कृष्णो यत्र जयस्तत्रेत्यूचतुर्निश्चितं पुरा ॥ १७८ ॥

अथ गम्भीरनिर्घोषौ शङ्खौ कर्णकिरीटिनौ ।
दध्मतुः शौरिशल्यौ च यैश्चकम्पे जगत्त्रयी ॥ १७९ ॥
ततो धवलपक्षाग्राः स्वयशोभिरिवाङ्किताः ।
वैकर्तनः पाण्डवाय प्राहिणोद्विशिखावलीः ॥ १८० ॥
पार्थध्वजेनाभिहतः कर्णकेतुरकम्पत ।
कृष्णस्य दृक्त्रिभागश्च शल्यं शल्यमिवाविशत् ॥ १८१ ॥
अथार्जुनशरैर्दिक्षु पूर्यमाणासु संततम् ।
बाणपातमतिक्रम्य तस्थुः कौरवसैनिकाः ॥ १८२ ॥
दुर्योधनप्रयुक्तानां राधेयरथरक्षिणाम् ।
महारथानां वक्त्राणि जहाराथ कपिध्वजः ॥ १८३ ॥
असंभ्रान्तस्ततः कर्णो मुष्टिमूले किरीटिनः ।
प्रयुज्यमानमसकृच्चिच्छेद शरमण्डलम् ॥ १८४ ॥
ततो भीमोऽब्रवीत्पार्थमच्युतश्चातिविस्मितः ।
दुर्जयः समरे कर्णः स्थिरो युध्यस्व फल्गुण ॥ १८५ ॥
कैराते खाण्डवे वीर कालकेयवधेऽपि वा ।
योऽभवत्तव संरम्भो गृहाणाभ्यधिकं ततः ॥ १८६ ॥
एतदाकर्ण्य विजयो वेल्लन्मुखरकङ्कणः ।
गाढमाकृष्य गाण्डीवं दिव्यास्त्रैर्द्यामपूरयत् ॥ १८७ ॥
भार्गवास्त्रेण हत्वा तामस्त्रवृष्टिं किरीटिनः ।
तं च भीमं च कृष्णं च कर्णो बाणैरपूरयत् ॥ १८८ ॥
ततः कर्णशरासारैरर्जुनास्त्रैश्च सर्वतः ।
पाण्डुकौरवसेनासु बभूव विपुलः क्षयः ॥ १८९ ॥
अथ सर्पमुखं दीप्तं कीर्णचन्दनशालिनम् ।
अस्त्रं कर्णो महाभोगं प्राहिणोत्सव्यसाचिनः ॥ १९० ॥
विसृष्टे भुजगे तस्मिन्शल्योऽङ्गपतिमभ्यधात् ।
नायं प्राप्नोति पार्थस्य कण्ठं नागस्त्वयेरितः ॥ १९१ ॥

पुनः संधानयोग्यस्ते राधेय यदि मन्यसे ।
अकर्णोऽस्यथ वा कर्णहितवाक्येषु सर्वदा ॥ १९२ ॥

इति तेजोवधायोक्तः शल्येन तपनात्मजः ।
उवाच द्विर्न संधत्ते कर्ण इत्यमलाशयः ॥ १९३ ॥

कर्णच्युतं महाघोरमापतन्तं विषोल्बणम् ।
व्यालं दृष्ट्वा हरिश्चक्रे वपुर्मन्दरगौरवम् ॥ १९४ ॥

जानुभिर्वसुधां याते ततो हयचतुष्टये ।
फणी जग्राह नम्रस्य किरीटाग्रं किरीटिनः ॥ १९५ ॥

किरीटखण्डे पतिते मुक्तारत्नाट्टहासिनि ।
सोऽविशद्वसुधां सर्पो विप्रलब्धो विनिःश्वसन् ॥ १९६ ॥

ततः कृष्णार्जुनौ विध्यन्कालदण्डोपमैः शरैः ।
कर्णः कर्णायतोत्सृष्टैरुन्ननाद हसन्मुहुः ॥ १९७ ॥

अथ शक्रसुतः कोपाद्दिव्यरत्नविराजितम् ।
वर्म चिच्छेद कर्णस्य शरैश्चापूरयद्वपुः ॥ १९८ ॥

खाण्डवे कृतवैरं तं खं व्रजन्तं महोरगम् ।
छित्त्वा षड्भिः शरैः पार्थः कर्णं पुनरताडयत् ॥ १९९ ॥

वैकर्तनेन निहते ब्रह्मास्त्रे शाक्रमर्जुनः ।
प्रादुश्चक्रे विघाताय वज्राशनिशताकुलम् ॥ २०० ॥

हत्वा तमस्त्रं राधेयो ज्यां चिच्छेद किरीटिनः ।
क्षणादभिनवां मौर्वीं विदधे च धनंजयः ॥ २०१ ॥

ततो रौद्रं स्फुरज्ज्वालाजटालं संदधेऽर्जुनः ।
अस्त्रं येनाभवद्व्योम घोरदिग्दाहभीषणम् ॥ २०२ ॥

अत्रान्तरे मही सव्यं रथचक्रं विधेर्वशात् ।
जग्राह समये तस्मिन्नङ्गराजस्य संगरे ॥ २०३ ॥

ततस्तच्चक्रमुद्धर्तुमुद्यतो विषमस्थितः ।
उवाच कर्णः कौन्तेयं मुहूर्तं क्षमतां भवान् ॥ २०४ ॥

उद्धृतेऽस्मिन्मया चक्रे महास्त्रं मुञ्च फल्गुण ।
व्यसनस्थे विशस्त्रे च नहि शूरा भवादृशः ॥ २०५ ॥
एतच्छ्रुत्वावदत्कर्णं हसन्कालियसूदनः ।
दिष्ट्याद्य कर्ण जानीषे धर्मं वीरव्रते स्थितः ॥ २०६ ॥
बहुभिर्निहतो बालः सौभद्रः किं नु विस्मृतः ।
गण्यतां तच्च यत्कृष्णां सभायामुक्तवानसि ॥ २०७ ॥
विषवह्निप्रदानेषु च्छिन्नधर्मः स्मृतस्त्वया ।
नूनं विपदि नीचानां नृपाणां धर्मवृत्तयः ॥ २०८ ॥
उक्ते जनार्दनेनेति मन्युना प्रज्वलन्निव ।
ब्रह्मास्त्रं कर्णविहितं ब्राह्मेण विजयोऽवधीत् ॥ २०९ ॥
आग्नेयमर्जुनोत्सृष्टं वारुणेनाङ्गभूपतिः ।
अस्त्रेणास्त्रं समाहृत्य ग्रस्तचक्रो व्यलम्बत ॥ २१० ॥
अथोन्ममाथ बाणेन ध्वजं कनकभास्वरम् ।
कर्णस्याखण्डलसुतो मनोरथमिवोन्नतम् ॥ २११ ॥
ततोऽञ्जलिकमादाय शरं काञ्चनभूषितम् ।
अभिमन्त्र्य समाकृष्य मृत्युदंष्ट्रासिताननम् ॥ २१२ ॥
रुद्रादयोऽस्त्रगुरवस्तुष्टा मे तपसा यदि ।
तदनेन रिपुं हन्यामित्युक्त्वासृजदर्जुनः ॥ २१३ ॥
निर्भिन्नस्तेन सहसा कण्ठे हारपरिष्कृते ।
राधेयः क्रकचोत्कृत्तहेमताल इवापतत् ॥ २१४ ॥
हते धनुष्मतां धुर्ये कौरवानीकनायके ।
कर्णे द्रुतं ययौ शल्यः शल्ययन्हृदयाननम् ॥ २१५ ॥
प्राप्तं रथेन शून्येन दृष्ट्वा मद्रनरेश्वरम् ।
हतो दुर्योधनः कर्णो जीवतीत्यूचिरे नृपाः ॥ २१६ ॥
दुर्योधनोऽर्जुनशरैरङ्गराजे निपातिते ।
उत्तमाङ्ग इवाज्ञासीन्न किंचिद्विहतेन्द्रियः ॥ २१७ ॥

तेजस्ततस्तरलदीधितिकर्णदेहा-
दभ्युद्गतं तरणिमण्डलमाविवेश ।
येनावकाशविशरारुविमानमासी-
ज्ज्वालाकलापजटिलं क्षणमन्तरिक्षम् ॥ २१८ ॥

इति क्षेमेन्द्रविरचितायां भारतमञ्जर्यां कर्णपर्व ॥

शल्यपर्व।

नारायणं नमस्कृत्य नरं चैव नरोत्तमम्।
देवीं सरस्वतीं व्यासं ततो जयमुदीरयेत् ॥ १ ॥
एवं जम्भ इवेन्द्रेण हते कर्णे किरीटिना।
युद्धं न्यवेदयद्राज्ञे पुनरभ्येत्य संजयः ॥ २ ॥
शेखरे सर्ववीराणामर्थिनां कल्पपादपे।
हते वैकर्तने राजन्सर्वाशारजनीकृति ॥ ३ ॥
तदात्मना गते क्वापि निजजीव इवाकुलः।
दुर्योधनो निरुच्छ्वासो मेने शून्या दिशो दश ॥ ४ ॥
चचार रथिनां मध्ये पाण्डवान्योद्धुमुद्यतः।
परेणैव शरीरेण परलोकगतो नरः ॥ ५ ॥
ततो द्रौणिगिरा कृत्वा शल्यं सेनापतिं नृपः।
रणं वितर(?)राज्यार्थे विवेश त्रिदशालयम् ॥ ६ ॥
रथानामयुतं साग्रं तावदेव च दन्तिनाम्।
लक्ष्यद्वयं ह्वयानां च तिस्रः कोट्यः पदातिनाम् ॥ ७ ॥
सैन्यशेषमभूदेतत्कुरुराजस्य संगरे।
अतोऽर्धं पाण्डवानां च हतशेषमभूद्बलम् ॥ ८ ॥
अस्मिन्नायोधने घोरे राज्ञां संहारमण्डले।
मस्तिष्ककर्दमलुठत्पत्तिस्यन्दनकुञ्जरे ॥ ९ ॥
आकीर्णवक्त्रकमले रङ्गोद्भङ्गरथाङ्गके।
विस्रस्तराजहंसौघे खङ्गखण्डोत्पलाकुले ॥ १० ॥
केशशेवालजम्बालशेषकीलालपिच्छिले।
अकालकालकरिणा सरसीव विलोडिते ॥ ११ ॥
स्रस्तावराश्वकर्णाङ्के भग्नबाणासनावृते।
कदलीशकलालोले वने वज्रैरिवाहते ॥ १२ ॥
उत्पलावयवापूर्णव्यक्तशक्त्यासवोदिते।
उद्यान इव कालस्य कपालचषकाकुले ॥ १३ ॥

पुनः प्रवृत्ते समरे शल्यहार्दिक्यसौबलाः ।
विविशुः पाण्डवचमूं कृपद्रौणिसुयोधनाः ॥ १४ ॥
पार्थपार्षतशैनेयद्रौपदेयशिखण्डिनः ।
जघ्नुस्त्रिगर्तगान्धारकपिनाथवरूथिनीः ॥ १५ ॥
अमर्यादे रणे तस्मिन्क्षीबा इव महारथाः ।
क्रुद्धा युयुधिरे घोरं हतबन्धुसुहृद्गणाः ॥ १६ ॥
सत्यसेनं सुषेणं च चित्रसेनं च कर्णजम्[1] ।
जघान नकुलो वीरान्कर्णतुल्यपराक्रमान् ॥ १७ ॥
ततः शल्येन बलिना गजेनेव सरोजिनी ।
मृद्यमाना सनिर्घोषा चकम्पे पाण्डुवाहिनी ॥ १८ ॥
शल्येन रिपुशल्येन वध्यमानां वरूथिनीम् ।
दृष्ट्वा भीमो गदापाणिर्भीमकोपस्तमाद्रवत् ॥ १९ ॥
स हत्वा गदया तस्य रथं रथशतच्छिदः ।
मुमूर्षोर्दण्डमुद्यम्य तस्थौ काल इवाग्रतः ॥ २० ॥
आदाय मद्रराजोऽपि गदां चामीकराङ्गदाम् ।
भीमं भीमबलः कोपाद्दर्पोद्धतमयोधयत् ॥ २१ ॥
मण्डलानि चरन्तौ तावभिपत्य परस्परम् ।
घातजातस्फुलिङ्गाभ्यां गदाभ्यामभिजघ्नतुः ॥ २२ ॥
तयोर्मूर्च्छितयोः क्षिप्रं मोहात्पतितयोर्भुवि ।
सानुगास्तूर्णमाजग्मुः संरब्धाः कुरुपाण्डवाः ॥ २३ ॥
संज्ञामवाप्य सहसा यथावत्स्थितयोस्तयोः ।
दुर्योधनमुखा वीराः पार्थमुख्यानयोधयन् ॥ २४ ॥
ब्रह्मलोकाभिकामेषु युध्यमानेषु राजसु ।
सुयोधनश्चेकितानमवधीद्भूभुजां वरम् ॥ २५ ॥
मद्रराजस्ततः क्रुद्धः पाण्डुपुत्रान्सहानुगान् ।
अवारयद्बलादेकः पूज्यमानो नभश्चरैः ॥ २६ ॥

---

१. 'कर्णकम्' ख.

शस्त्रवृष्टिं तदुत्सृष्टां छित्त्वा बाणैरसंभ्रमः ।
मुहुर्ताद्विदधे शल्यस्तानदृश्यान्पतत्रिभिः ॥ २७ ॥
छादिते शरजालेन सैन्ये मद्रमहीभुजा ।
क्रुद्धोऽवधीत्सहस्रे द्वे रथानां धर्मनन्दनः ॥ २८ ॥
दृष्ट्वानुगान्हतान्राज्ञा शल्यो युधि युधिष्ठिरम् ।
शिलीमुखशतैः पूर्णमथाशोकमिवाकरोत् ॥ २९ ॥
पीडिते धर्मतनये नकुलः कोपकम्पितः ।
भीमसात्यकिमुख्याश्च शरैः शल्यमवाकिरन् ॥ ३० ॥
ततः शरान्धकारेण स्थगयन्भुवनोदरम् ।
उन्ममाथ घनध्वानः शल्यः पार्थवरूथिनीम् ॥ ३१ ॥
आकुलः समरे तस्मिञ्जिष्णुर्द्रौणिमयोधयत् ।
दुर्योधनं भीमसेनो नकुलः सुबलात्मजम् ॥ ३२ ॥
क्षपिताशेषनृपतेः शल्यस्याथ युधिष्ठिरः ।
छित्त्वायुधानि सर्वाणि तिलशो विदधे रथम् ॥ ३३ ॥
अपरं रथमास्थाय मद्रराजः क्रुधा ज्वलन् ।
चकार धर्मतनयं कृत्तचापरथध्वजम् ॥ ३४ ॥
भीमसेनोऽथ विरथं दृष्ट्वा राजानमाकुलः ।
चकर्त मद्रराजस्य रथं सर्वायुधैः सह ॥ ३५ ॥
खड्गहस्तस्ततः शल्यो निघ्नन्स्यन्दनकुञ्जरान् ।
चचारालक्षिततनुर्मार्गैर्गरुडविक्रमः ॥ ३६ ॥
अथ ज्वालायमानेन शोणपट्टेन गुण्ठिताम् ।
भ्राजिष्णुरत्नखचितां मृत्योर्दन्तावलीमिव ॥ ३७ ॥
एतदन्तं कुरुबलं युद्धमेवंविधं कुतः ।
इतीव घण्टापटलैः क्रोशन्तीमशनिस्वनाम् ॥ ३८ ॥
युधिष्ठिरः सहस्रघ्नीं दीप्तां षण्मुखविक्रमः ।
प्राहिणोन्मद्रराजाय शक्तिं शक्तिमतां वरः ॥ ३९ ॥

स तया भिन्नहृदयः पपात क्ष्माभृतां वरः।
श्रोत्रनासास्यविवरस्रवद्रुधिरनिर्झरः ॥ ४० ॥

शल्यवधः ॥ १ ॥

शल्ये हते कौरवाणामाशा शेषावलम्बने।
रथिनो दुद्रुवुः सर्वे भग्नमानमनोरथाः ॥ ४१ ॥
ततः शल्यानुजः क्रुद्धो विचित्रकवचाभिधः।
अभ्याययौ धर्मराजं दारयन्तमनीकिनीम् ॥ ४२ ॥
पृषत्कवर्षिणस्तस्य चित्ररत्नोज्ज्वलं शिरः।
रोहणाद्रेरिवोत्तुङ्गं शृङ्गं चिच्छेद धर्मजः ॥ ४३ ॥
तस्मिन्हते भज्यमानां नाथहीनां पताकिनीम्।
परावृत्य कृपद्रौणिहार्दिक्यास्तूर्णमाययुः ॥ ४४ ॥
नदद्भिश्चेदिपाञ्चालैर्लब्धलक्ष्यैर्महारथाः।
ते मुहूर्तं युयुधिरे प्रयाता बहुतामिव ॥ ४५ ॥
ततः स्वामिवधामर्षाद्युधिष्ठिरमभिद्रुतान्।
हत्वा शेषानहो मद्रानमद्रां पृथिवीं व्यधात् ॥ ४६ ॥
अथ भीमो गदापाणिर्निपुणः क्षयकर्मसु।
निष्पिष्य म्लेच्छान्सर्वांश्च रणं शून्यमिवाकरोत् ॥ ४७ ॥
ततः सात्यकिना वीरे सत्यराजे निपातिते।
स्वयं दुर्योधनोऽभ्येत्य पाण्डुपुत्रानयोधयत् ॥ ४८ ॥
न रथो न गजो नाश्वो न योधः पाण्डवेष्वभूत्।
हैमनामाङ्कितैर्व्याप्तो यो न दुर्योधनेषुभिः ॥ ४९ ॥
चकम्पे कुञ्जरकुलं तस्य नाराचवर्षिणः।
मणिकाञ्चनझाङ्कारतारमौर्वीरवैर्मुहुः ॥ ५० ॥
दुर्योधने युध्यमाने लब्धलक्ष्यैरशतिभिः।
आययुर्द्रौणिहार्दिक्यसुशर्मकृपसौबलाः ॥ ५१ ॥
घोरे रणव्यतिकरे तेषां निबिडपातिनाम्।
निरालोकोऽभवल्लोको रजसा संवृते रवौ ॥ ५२ ॥

कुञ्जरेन्द्रतटाघातक्षमे रजसि दुःसहे ।
विभागो नाभवत्कश्चित्कल्पापाय इवागते ॥ ९३ ॥
क्व द्रौणिः क्व च गान्धारः क्व च राजा सुयोधनः ।
इत्यभूद्विपुलः शब्दः पाण्डुसेनासु सर्वतः ॥ ९४ ॥
तस्मिन्मुहूर्ते प्रलयावर्तसंक्रान्तगोचरे ।
जघान मारुतसुतः शेषान्दुर्योधनानुजान् ॥ ९५ ॥
महाबाहुं भूरिबलं जैत्रं दुर्दर्शनं शलम् ।
सुनादं च स हत्वा तानुन्ननाद क्षयोचितान् ॥ ९६ ॥
ततो मामग्रहीद्वीरः सात्यकिर्विरले रणे ।
संजयोऽयं मया लब्धो निगद्येति ससंभ्रमम् ॥ ९७ ॥
अथार्जुनः सुशर्माणं सपुत्रं सपदानुगम् ।
हत्वा संशप्तकानीकं निःशेषं विशिखैर्व्यधात् ॥ ९८ ॥
द्यूते रणाभिधे तस्मिन्सायकाक्षान्क्षिपन्मुहुः ।
सहदेवोऽर्धचन्द्रेण जहार शकुनेः शिरः ॥ ९९ ॥

शकुनिवधः ॥ २ ॥

उलूकं तत्सुतं हत्वा गान्धाराणामनीकिनीम् ।
जघान माद्रीतनयो वनवासदशां स्मरन् ॥ ६० ॥
अथ निःशेषिते सैन्ये श्रान्तो निहतवाहनः ।
अपसृत्य रणात्प्रायात्पद्भ्यां राजा सुयोधनः ॥ ६१ ॥
कृतवर्मकृपद्रौणिशेषे तस्मिन्महारणे ।
क्षणादशेषतां याते भूतवेतालमण्डले ॥ ६२ ॥
धृष्टद्युम्नस्य वचसा मां निहन्तुं समुद्यते ।
शैनेये भगवान्व्यासो ररक्ष करुणानिधिः ॥ ६३ ॥
ततो दिनान्ते शोकार्तः प्रस्थितोऽहं सुयोधनम् ।
अपश्यं वज्रहृदयं प्रयान्तं चक्रवर्तिनम् ॥ ६४ ॥
स पादचारी मां दृष्ट्वा लज्जाकुटिलकन्धरः ।
ऊचे संजयराजानं ब्रूयास्त्वं जनकं मम ॥ ६५ ॥

तेन कर्णेन सुहृदा तैश्च वीरैर्विना कृतः ।
ह्रदं प्रविष्टः पुत्रस्ते हीनो दुःशासनादिभिः ॥ ६६ ॥
मामित्युक्त्वा स संस्तम्भ्य सलिलं दैत्यमायया ।
ह्रदं विवेश विपुलं प्रौढशोकानलाकुलः ॥ ६७ ॥
तं स्तम्भितोरुसलिले सरसि प्रविष्टं
ज्ञात्वा गिरा मम गुरोस्तनयः कृपश्च ।
भोजश्च भूपतिशिखामणिलीढपादं
लक्ष्मीविलाससदनं शुशुचुस्तमेत्य ॥ ६८ ॥
अक्षौहिणीपरिवृतोऽथ विसृज्य गेहं
रात्रौ युयुत्सुमखिलैः सह राजदारैः ।
धर्मात्मजस्तमृणशेषमिव प्रदध्यौ
दुर्योधनं सह धनंजयभीममुख्यैः ॥ ६९ ॥
यत्पादपद्मनखचन्द्रमरीचिमाला
माला इव क्षितिभृतां बभुरुत्तमाङ्गे ।
सोऽप्येक एव कुरुराजसुतः पदाति-
र्यातो धिगस्थिरविलासविकासि दैवम् ॥ ७० ॥
यस्या वशाद्बत नतोन्नतभाञ्जि भाव-
चक्राणि हन्त विशरारुदशां विशन्ति ।
संक्रन्दनानि यतिविभ्रममुद्रितानि
तस्यै नमोऽस्तु सततं भवितव्यतायै ॥ ७१ ॥

इति क्षेमेन्द्रविरचितायां भारतमञ्जर्यां शल्यपर्व ॥

गदापर्व।

नारायणं नमस्कृत्य नरं चैव नरोत्तमम्।
देवीं सरस्वतीं व्यासं ततो जयमुदीरयेत्॥ १॥
ततो द्रौणिमुखा वीराः समभ्येत्य रथास्त्रयः।
ह्रदं प्रविष्टं राजानमूचुर्मानधनं शरैः॥ २॥
राजन्नुत्तिष्ठ संग्रामे जहि शत्रुं धनुर्धर।
सहास्माभिरयं कालो विक्रमस्य यशोभुवः॥ ३॥
इति श्रुत्वा कुरुपतिः प्रशंसंस्तत्पराक्रमम्।
ऊचे प्रातः समाश्वास्य मम क्षत्रोचिता गतिः॥ ४॥
इति तेषां समालापं श्रुत्वा ज्ञात्वा सुयोधनम्।
शशंसुर्भीमसेनाय लुब्धका धनलुब्धकाः॥ ५॥
भीमसेनगिरा राजा ससैन्योऽथ युधिष्ठिरः।
कृष्णप्रधानैः सहितस्तं देशं तूर्णमाययौ॥ ६॥
गर्जद्गजरथानीकैः पार्थान्वीक्ष्य समागतान्।
नरेन्द्रसूचनभयात्प्रययुर्गौतमादयः॥ ७॥
तस्य कृष्णस्य वचसा धर्मसूनुः सुयोधनम्।
ततः स सलिलान्तःस्थमुवाच क्ष्माभृतां वरः॥ ८॥
राजन्रजतकर्पूररजनीपतिसुन्दरम्।
अहो वीर यशः शुभ्रं भवता मलिनीकृतम्॥ ९॥
घातयित्वा नरपतींल्लक्ष्मीकुलगृहान्रणे।
प्राणरक्षापरो मानी कथं जीवन्न लज्जसे॥ १०॥
उत्तिष्ठ युद्धे स्वां लक्ष्मीं त्रिदिवं वा समाप्नुहि।
लाभः समो हि वीराणां विजयो निधनं नु वा॥ ११॥
इति यौधिष्ठिरं श्रुत्वा वचो मन्युविषाकुलः।
प्राह दुर्योधनस्तोये स्तम्भेरम इव श्वसन्॥ १२॥
एवमेतद्यथात्थ त्वं श्रियं निधनमेव मे।
बन्धुस्वजनहीना तु लक्ष्मीः कस्य मनः स्पृशेत्॥ १३॥

ध्वजिनी वीरहीनेव गोष्ठीव बुधवर्जिता।
स्वजनेन विना लक्ष्मीः कस्य प्रीणाति मानसम् ॥ १४ ॥
स कर्णः सुहृदामग्र्यः स गुरुः स पितामहः।
विना तपोवनमहो सुमुनेः कस्य विस्मरेत् ॥ १५ ॥
बन्धुमित्रवियुक्तानां भूतयो हि विडम्बनाः।
अन्धानामिव सौन्दर्यविचित्राश्चित्रमालिकाः ॥ १६ ॥
भुङ्क्ष्व भुक्तां मया पृथ्वीं वीररत्नविवर्जिताम्।
वैराग्यमुक्ताभरणां जरतीमिव योषितम् ॥ १७ ॥
इत्याकर्ण्य पृथासूनुर्धार्तराष्ट्रमभाषत।
दिष्ट्या तपोवनरुचिः शान्तोऽसि वसुधापते ॥ १८ ॥
सूच्यग्रमपि न त्याज्यं पाण्डवान्प्रति ते भुवः।
समग्रां पृथिवीमद्य दातुमिच्छसि कौतुकम् ॥ १९ ॥
उत्तिष्ठ युद्धमेकेन तवास्तु विजितः स चेत्।
जिताः सर्वे त्वया राजन्मा प्रलापैः कृशो भव ॥ २० ॥
उदतिष्ठन्निशम्यैतत्पार्थवाक्यं नृपः क्रुधा।
सावलेपं वचः श्रुत्वा न सहन्ते हि मानिनः ॥ २१ ॥
हेमाङ्गदगदापाणिः सुमेरुरिव शृङ्गवान्।
उत्थितः स बभौ राजा दण्डधार इवापरः ॥ २२ ॥
कृष्णवाक्यात्स संनद्धो गदापाणिर्वृकोदरः।
तस्य तस्थौ पुरः कृष्णानिकारगणनापरः ॥ २३ ॥

दुर्योधनाविर्भावः ॥ १ ॥

अत्रान्तरे हलधरः कुरुपाण्डवसंक्षये।
बन्धुनाशभयोद्विग्नस्तीर्थयात्रागतः शनैः ॥ २४ ॥
तदाभ्येत्य कुरुक्षेत्रं तावपश्यद्गदायुधौ।
शिष्ययोः समरं पश्यञ्शृण्वन्निव गिरो मिथः ॥ २५ ॥
स पूजितः कृष्णमुख्यैः पार्थैः शशिशतद्युतिः।
उपाविशन्नीलवासा हिमवानिव साम्बुदः ॥ २६ ॥

इत्याकर्ण्य कथामध्ये पप्रच्छ जनमेजयः ।
तीर्थयात्रां हलभृतो वैशम्पायनमादरात् ॥ २७ ॥
सोऽब्रवीत्प्रस्तुते युद्धे कुरुपाण्डवभूभुजाम् ।
आमन्त्र्य कृष्णं प्रययौ क्षयाशङ्की प्रलम्बहा ॥ २८ ॥
पुष्पेण निर्गतो रामो द्विजेभ्यः सर्वकामदः ।
सरस्वतीमवाप्याथ प्रभासं शयनेन सः ॥ २९ ॥
यत्र तारापतिं तारा रोहिणीसक्तमानसम् ।
खिन्ना न्यवेदयत्पित्रे तच्छापात्सोऽभवत्क्षयी ॥ ३० ॥
क्षणेन शापात्प्रक्षीणे शशलक्ष्मणि यक्ष्मणा ।
सर्वक्षयभयोद्विग्नैर्दैवैर्दिष्टं तदा ययौ ॥ ३१ ॥
तत्प्रभासं हसंस्तूर्णं तत्रापि प्राप पूर्णताम् ।
तत्र भारद्वजः स्नात्वा त्रितकूपं समाययौ ॥ ३२ ॥
उपेक्षितः पुरा यत्र भ्रातृभ्यां नृपतिस्त्रितः ।
स चक्रे मानसं यज्ञं ततो देवाः समभ्ययुः ॥ ३३ ॥
ततो वरात्सकूपोऽभूत्सोमपानफलप्रदः ।
तस्मिन्सरस्वतीतीरे सस्रे रामेण सादरम् ॥ ३४ ॥
ततो विनशनं पुण्यं प्राप यत्र सरस्वती ।
शूद्रभीरुकविद्विष्टा विनष्टा दुष्टनाशिनी ॥ ३५ ॥
स भूमिकं ततः प्रायाद्धली यत्राप्सरःसखा ।
क्रीडन्ति सुरगन्धर्वा नृत्यगीतविनोदनैः ॥ ३६ ॥
दुर्गस्रोतः शङ्खतीर्थं पुण्यं द्वैतवनं तथा ।
अवाप्य नगधन्वानं वसतिर्यत्र वासुकेः ॥ ३७ ॥
विवेश नैमिषं रामो यत्र प्राची सरस्वती ।
मुनीनां दर्शनं यत्र नैमिषारण्यवासिनाम् ॥ ३८ ॥
सप्त सारस्वतं प्रायाद्यत्र चङ्क्रणको मुनिः ।
ननर्त गात्रादालोक्य निजाच्छाकरसं स्रुतम् ॥ ३९ ॥

नृत्यतस्तस्य सावेगं सखेलं वरकाननम् ।
मुनेस्तपःप्रभावेन जगत्सर्वं ननर्त च ॥ ४० ॥
देवैरथार्थितोऽभ्येत्य तस्य शम्बरदर्शनात् ।
स्वकरान्निःसृतं भस्म तेनाभून्निर्मदो मुनिः ॥ ४१ ॥
तस्मै स्तुतिकृते तुष्टस्तपोवृद्धिं ददौ विभुः ।
सप्तसारस्वते तीर्थे संनिधानं च शंकरः ॥ ४२ ॥
कपालमोचनं प्राप तीर्थमौशनसं बलः ।
यत्र जङ्घाग्रहान्मुक्तो मुनिर्घोरान्महोदरः ॥ ४३ ॥
राघवेषुनिकृत्तस्य राक्षसस्य शिरः पुरा ।
महोदरस्य जङ्घायां लग्नं किल विसर्पदम् ॥ ४४ ॥
सर्वतीर्थनिमग्नोऽपि तत्रैव स्वास्थ्यमाप सः ।
उत्तङ्काश्रममासाद्य पृथूदकमवाप च ॥ ४५ ॥
वसिष्ठेन जितः पूर्वं धेनुहृद्ब्रह्मतेजसा ।
राजन्यवंश्यो यत्राप ब्रह्मतां कौशिको मुनिः ॥ ४६ ॥
तत्र रामो ददौ भूरि धनं वार्ष्णेयनन्दनः ।
ततः सारस्वते कुञ्जे यत्रेन्द्रो नमुचेर्वधात् ॥ ४७ ॥
ब्रह्महत्याकुलो मुक्तस्तं प्राप दारुणं शनैः ।
सोमतीर्थं ततः प्राप यत्रेष्टममृतत्विषा ॥ ४८ ॥
तारकाख्यो हतो यत्र षण्मुखेन महासुरः ।
स्कन्दाभिषेकात्स्नात्वाथ वह्नितीर्थं समाययौ ॥ ४९ ॥
यत्रानलो भृगोः शापान्नष्टोऽभून्निर्वृतः पुनः ।
कौबेरमिन्द्रतीर्थं च यामुनं चाच्युताग्रजः ॥ ५० ॥
देवलस्याश्रमं प्राप्य जैगीषव्यः सुयोगवित् ।
यत्र सर्वगतं ब्रह्म देवलाय जगौ मुनिः ॥ ५१ ॥
ततः सारस्वतं तीर्थमाससाद हलायुधः ।
अप्सरोदर्शनात्पूर्वं शुक्रं निपतितं जले ॥ ५२ ॥

दधीचस्य मुनेस्तेन पुत्रं लेभे सरस्वती ।
दधीचस्यास्थिनिचये महेन्द्रायुधतां गते ॥ ५३ ॥
अनावृष्ट्यां स तनयस्तया मत्स्याशनैर्वृतः ।
सारस्वतः सुतो वेदान्स सस्मार महामतिः ॥ ५४ ॥
दुर्भिक्षकर्षिता नाम विस्मृतेऽध्ययने ततः ।
सर्वेषां मुनिमुख्यानां बभूव गुरुरर्थितः ॥ ५५ ॥
तस्मिंस्तीर्थे बलः स्नात्वा ययौ यत्र पुरा वपुः ।
सनत्कुमारी तपसा स्वर्गाय त्यक्तुमुद्यता ॥ ५६ ॥
नारदः प्राह नोद्वाहं विना स्वर्गो भवेदिति ।
सा गालवसुतायैव दिनभोग्यां तनुं ददौ ॥ ५७ ॥
कृत्वा ललितमाकारं त्रिदिवं च ययौ ततः ।
तत्र स्नात्वा च दत्वा च प्लक्षप्रस्रवणे तथा ॥ ५८ ॥
अवाप कारपवनं तीर्थान्यालोकयञ्शनैः ।
नारदात्तत्र शुश्राव कुरुक्षेत्रे नृपक्षयम् ॥ ५९ ॥

रामतीर्थयात्रा ॥ २ ॥

पृष्टोऽथ धृतराष्ट्रेण संजयो युद्धमब्रवीत् ।
भीमसेनस्य विरथं कौरवस्य च मानिनः ॥ ६० ॥
समन्तपञ्चकं गत्वा पद्भ्यामेव सुयोधनः ।
तस्थावकम्पो महतामधिकं धैर्यमापदि ॥ ६१ ॥
ततो दुर्योधनोऽवादीद्धर्मपुत्रं सहानुगाः ।
उपविश्य निरीक्षन्तां भवन्तो युध्यमानयोः ॥ ६२ ॥
अजातशत्रुः श्रुत्वैतत्सह पाञ्चालसैनिकैः ।
उपाविशत्कृष्णसखः परिवार्य हलायुधम् ॥ ६३ ॥
अथ भीमं गदापाणिं बद्धकक्षस्तरस्विनम् ।
आजुहाव वचोयुद्धे प्रवृत्ते कुरुनन्दनः ॥ ६४ ॥
ततस्तयोर्गदाघातजाता वह्निकणावली ।
विदधे संभ्रमावृत्तहेमाभरणविभ्रमम् ॥ ६५ ॥

सुरैरापूरिते व्योम्नि युद्धदर्शनलालसैः ।
बभूव नाककान्तानां कोऽपि कौतुकविभ्रमः ॥ ६६ ॥
आक्षेपे वर्जने मोक्षे राजवृत्तौ निवर्तके ।
धावने समवस्थाने विप्लुते समविप्लुते ॥ ६७ ॥
तौ प्रगल्भतया वीरौ चित्रमण्डलचारिणौ ।
सनिर्घोषं महावेगः पार्श्वदेशमताडयत् ॥ ६८ ॥
ततो भीमः समाधूय गदामशनिनिःस्वनाम् ।
भ्रामयामास येनाभूद्धोरो घरघरारवः ॥ ६९ ॥
ततस्तां प्रहिणोद्भीमो गिरिगुर्वीं गदां जवात् ।
अकम्पितस्ताडितोऽपि पुनर्भीमोऽसृजद्गदाम् ।
पुनर्मोघीकृता राज्ञा सापतत्कम्पितावनिः ॥ ७० ॥
अथ वक्षस्तटे भीमः कौरवेण समाहतः ।
न विवेद क्षणं किंचिन्मूर्छाव्याकुलिताशयः ॥ ७१ ॥
पाञ्चालसृञ्जयानीके संदेहाकुलिते ततः ।
शनैर्भीमः समाश्वस्य पार्श्वे नृपमताडयत् ॥ ७२ ॥
गाढप्रहाराभिहतः पतितः कौरवेश्वरः ।
उत्थाय तूर्णमाहत्य भुवि भीममपातयत् ॥ ७३ ॥
अथापतत्सुरोत्सृष्टा पुष्पवृष्टिर्यशःसिता ।
साधुवादावली मूर्ध्नि सूनवे कुरुभूपतेः ॥ ७४ ॥
अथोत्थिते भीमसेने परिमृज्याशु शोणितम् ।
कोऽनयोरधिको योद्धा पप्रच्छेत्यर्जुनो हरिम् ॥ ७५ ॥
सोऽब्रवीद्बलवान्भीमो भीमवीर्यः किमुच्यते ।
उपदेशे गदायुद्धे किंतु युद्धपराक्रमे ॥ ७६ ॥
स प्रयत्नः कुरुपतिर्भीमसेनाद्विलोक्यते ।
तस्मान्न धर्मयुद्धेन भीमः शक्तो निपातने ॥ ७७ ॥
मायया निहता दैत्या मायावध्या हि मायिनः ।
ऊरुभङ्गमतो भीमो विदधात्वस्य मायया ॥ ७८ ॥

अन्यथा दुर्जयो राजा त्रयोदशसमाव्यधात् ।
एष लोकभयं भीमो(मे) विधाय गदया श्रमम् ॥ ७९ ॥
व्यायामचतुरो वेगादूर्ध्वचारी सुयोधनः ।
महाशैलेयभङ्गोऽस्मिन्सुकरश्छिद्रदर्शनात् ॥ ८० ॥
उक्ते जनार्दनेनेति भीमश्चिक्षेप भीषणाम् ।
गदां तां कुरुराजोऽपि विलङ्घ्य तमताडयत् ॥ ८१ ॥
व्यथां संस्तम्भ्य भीमोऽथ घूर्णमानतनुः क्षणम् ।
गदां रन्ध्रं विचिन्त्यास्मै प्राहिणोत्कनकाङ्गदाम् ॥ ८२ ॥
पुष्पायुधपुरोदारहेमाभरणविभ्रमे ।
ऊरुयुग्मे भुजङ्गीव सा पपात महीपतेः ॥ ८३ ॥

निर्घातघोरघनघोषगदानिपात-
निष्पेषजर्जरतरत्रुटितोरुसंधिः ।
दुर्योधनोऽथ निपपात दिवं विलोक्य
वज्रावपातहतपक्ष इवाद्रिराजः ॥ ८४ ॥

अक्षौहिणीपतिनरेश्वरमौलिरत्न-
रश्मिच्छटापटलपाटलपादपीठे ।
अस्मिन्महीपरिवृढे पतिते च भूमौ
कैर्नन्दितं न भवभङ्गुरभङ्गि जन्म ॥ ८५ ॥

गदायुद्धम् ॥ ३ ॥

तस्मिन्नेकादशचमूनाथे भुवि निपातिते ।
चकम्पे लोलतटिनीरशना वसुधावधूः ॥ ८६ ॥
बभूव भयदैर्व्याप्तं दुर्निमित्तशतैर्जगत् ।
प्रशंसन्तश्च तद्युद्धं प्रययुर्व्योमचारिणः ॥ ८७ ॥
भीमो निकारगणनां कुर्वन्कुरुपतेः शिरः ।
चरणेनास्पृशल्लक्ष्मीविलाससदनं ततः ॥ ८८ ॥

१. 'भेद' ख.

तं विलोक्य रुरोदेव पतितं चक्रवर्तिनम् ।
त्वङ्गद्गदाङ्गदच्छिन्नहारमुक्ताश्रुभिर्मही ॥ ८९ ॥
भीमं निरस्य गर्जन्तं धर्मराजः सुयोधनम् ।
ऊचे राजंस्तवैवायमनयात्सुहृदां क्षयः ॥ ९० ॥
दृष्ट्वा शिरः पदा स्पृष्टं भीमेन जगतीभुजः ।
प्राहोत्तालहलः कोपकरालस्ताललाञ्छनः ॥ ९१ ॥
प्रतापतापितरिपोर्यशः शत्रुहृतश्रियः ।
शिरो व्याजहतस्यास्य कः स्पृशेदपशुः पदा ॥ ९२ ॥
इत्युक्त्वा क्रोधशिखिना तं भीमं दग्धुमुद्यतम् ।
शमयामास कंसारिस्तैस्तैर्विनयभाषितैः ॥ ९३ ॥
विषद्यूताग्निदोषाणां प्रभावोऽसीति वादिनम् ।
कृष्णं दुर्योधनोऽवादीत्संस्तभ्य रुजमुत्कटाम् ॥ ९४ ॥
गोपालबाल मूर्खाणां संज्ञां कृत्वासि वञ्चितः ।
त्वया भीष्ममुखा वीरास्ते व्याजैरेव पातिताः ॥ ९५ ॥
भुक्तं सुहृद्भिर्विहृतं कान्ताभिर्हुतमग्र्यजैः ।
वधः क्षत्रोचितः प्राप्तः कोऽन्योऽस्ति सदृशो मया ॥ ९६ ॥
भ्रूभङ्गेन निवासिता वनभुवं शुष्यन्मुखाः शत्रवो
दृष्टा श्रीः स्वयमर्पिताग्र्यसुहृदामुष्णीषहारस्मिता ।
संग्रामेऽप्यपराङ्मुखस्य निधनं दिक्षु प्ररूढं यशः
कर्तव्यं स्पृहणीयमन्यदुचितं युक्तं किमस्त्यायुषः ॥ ९७ ॥
इत्याकर्ण्य वचस्तस्य लज्जिता इव मानिनः ।
नृपैः सह ययुः पार्था नादयन्तो रथैर्जयम् ॥ ९८ ॥
अथावरोप्य प्रथमं फल्गुणं मधुसूदनः ।
रथादवातरत्पश्चाज्जज्वाल स रथस्ततः ॥ ९९ ॥
द्रोणकर्णास्त्रदग्धोऽयमत्यन्तं ज्वलितो रथः ।
इति पृष्टोऽवदत्पार्थं विस्मितं कालियान्तकः ॥ १०० ॥

श्रुत्वेति संजयाद्राजा दारुणं मोहविह्वलः ।
शुशोच पुत्रान्वाक्यानि विदुरस्य स्मरन्मुहुः ॥ १०१ ॥
ततः कृष्णमुनौ प्राप्ते कुरुवेश्म हरिर्नृपम् ।
गान्धारीं चावदत्प्राप्य विसृष्टोऽजातशत्रुणा ॥ १०२ ॥
याचितोऽपि शमं नैच्छत्कौरवो निजदुर्नयात् ।
न च धर्माच्च्युताः पार्थास्तेन तेन पदं रुषः ॥ १०३ ॥
पुत्रास्ते युवयोरद्य पाण्डुपुत्राः सुरत्विषः ।
युवाभ्यामेव चोक्तं प्राग्यतो धर्मस्ततो जयः ॥ १०४ ॥
इति प्रसाद्य तौ याते वृष्णिवीरेऽम्बिकासुतः ।
मुनावाश्वास्य याते च शेषं पप्रच्छ संजयम् ॥ १०५ ॥
सोऽब्रवीदथ पुत्रस्ते वेष्य(प)मानो महीतले ।
मामूचे पश्य सूदेन माययाहं निपातितः ॥ १०६ ॥
अत्रान्तरे समभ्येत्य द्रौणिहार्दिक्यगौतमाः ।
ददृशुः कौरवपतिं नीतं कालेन तां दशाम् ॥ १०७ ॥
ततो गुरुसुतः कोपाद्विनिष्पिष्य करे करम् ।
निःशेषशत्रुनिधने प्रतिज्ञां निःश्वसन्व्यधात् ॥ १०८ ॥
अथ वीरं तमालिङ्ग्य चक्रे सेनापतिं नृपः ।
न ह्यहंकारशैथिल्यं पर्यन्तेऽप्यभिमानिनाम् ॥ १०९ ॥
प्रलयाम्बुदनिर्घोषं विनद्य द्रोणनन्दनः ।
निशायां तां रुजा राजा विषमामगमद्दशाम् ॥ ११० ॥
ततो गौतमहार्दिक्यगुरुपुत्रा महावनम् ।
विविशुः कलयन्तोऽन्तः श्रियः कल्लोललोलताम् ॥ १११ ॥

इति क्षेमेन्द्रविरचितायां भारतमञ्जर्यां गदापर्व ॥

सौप्तिकपर्व।

नारायणं नमस्कृत्य नरं चैव नरोत्तमम्।
देवीं सरस्वतीं व्यासं ततो जयमुदीरयेत्॥ १॥
प्रतापधाम्नि यातेऽस्तं रवौ कमलिनीप्रिये।
शोकावकीर्णकेशेव तमोभिरभवन्मही॥ २॥
क्षयं कालेन नीतेऽह्नि शान्ते संध्याचितानले।
अस्थिशेषैरिवापूर्णं तारकाभिरभून्नभः॥ ३॥
श्यामा प्रत्यग्रदुःखेन प्रसरत्तिमिराञ्जना।
बभार तारतरलां नक्षत्राश्रुकणावलीम्॥ ४॥
घोरे तस्मिन्निशावक्त्रे घोरसत्त्वघने वने।
श्रमान्निद्रामुपगते कृपे स कृतवर्मणि॥ ५॥
ध्यायन्दुर्योधनवधं मन्युहालाहलाकुलः।
प्रतिज्ञां शत्रुनिधने द्रौणिरेको व्यचिन्तयत्॥ ६॥
अत्रान्तरे ददर्शोच्चन्यग्रोधशिखराश्रयम्।
वध्यमानमुलूकेन वायसानां च मण्डलम्॥ ७॥
काकान्कालबलेनैत्य दृष्ट्वा घूकेन पातितान्।
तामेव पाण्डववधे नीतिं द्रौणिरचिन्तयत्॥ ८॥
क्रुधा क्रूरां धियं कृत्वा कृपभोजौ विबोध्य सः।
उवाच निःश्वसन्दीर्घं दह्यमान इव क्रुधा॥ ९॥
राजा राजसहस्राणामेकाकी विषमस्थितिः।
व्याजादस्मासु जीवत्सु भीमसेनेन पातितः॥ १०॥
शस्त्रं वहद्भिर्मिथ्यैव दृष्टोऽस्माभिः स भूतले।
अश्रुपातप्रतीकाराक्षमैः क्लीबतरैरिव॥ ११॥
देशकालौ समाश्रित्य वध्यः सर्वात्मना रिपुः।
तस्मात्प्रसुप्तानद्यैव सानुगान्हन्मि पाण्डवान्॥ १२॥
श्रुत्वैतत्कूणितमनाः प्रसुप्तवधपातकम्।
कृपः कृपाकुलो निन्दन्नभाषत सुतं स्वसुः॥ १३॥

धिगेतत्कुत्सितं युद्धं निश्चेष्टो यत्र हन्यते ।
भग्नधैर्येऽपि नो वीराः प्रहरन्ति यशस्विनः ॥ १४ ॥
भवानहं च भोजश्च कर्तारः प्रातरेव तत् ।
पुनर्येन न यास्यामो दुर्योधनवधव्यथाम् ॥ १५ ॥
सुराणामपि पर्याप्ताः संहताः समरे वयम् ।
प्रवेक्ष्यामो वैरिवनं ज्वलिता इव पावकाः ॥ १६ ॥
गौतमेनेत्यभिहिते संमते कृतवर्मणः ।
निःश्वसन्साश्रुनयनः पुनर्द्रौणिरभाषत ॥ १७ ॥
मायोपमा विदग्धेषु निकृत्याविचरत्सु ये ।
स्पृशन्त्यधर्ममर्यादां न ते तत्फलभागिनः ॥ १८ ॥
अर्जुनेन हतः कर्णः स च शान्तनवो यथा ।
तत्किं न विदितं लोके शेषं वक्तुं न पार्यते ॥ १९ ॥
अधुना स्वस्ति धर्माय रचितोऽसौ मयाञ्जलिः ।
पराभवमिमं तावन्न सहे मर्मदारणम् ॥ २० ॥
द्रौणिर्दारुणसंकल्पमित्युक्त्वा कृतनिश्चयः ।
रथेन तमसि प्रायाच्छिबिरं कौरवद्विषाम् ॥ २१ ॥
कृष्णस्य शासनात्पूर्वं यातेषु शिबिरान्तरम् ।
सह सात्यकिना योधैः पाण्डवेषु विनानुगैः ॥ २२ ॥
कृपभोजावतिक्रम्य जवाद्द्रौणिरुपागतः ।
शिबिरद्वारमासाद्य महद्भूतं व्यलोकयत् ॥ २३ ॥
हरिश्मश्रुजटानेत्रं ज्वालानामिव संचयम् ।
तमसामिव संघातमञ्जनाचलसंनिभम् ॥ २४ ॥
सहस्रशीर्षनयनं सहस्रचरणाद्भुतम् ।
सर्पयज्ञोपवीताङ्गं सर्पकेयूरकङ्कणम् ।
भयंकरं भयस्यापि कृतान्तस्येव दैवतम् ॥ २५ ॥
तद्दृष्ट्वा घोरसंरम्भो द्रौणिर्दुर्जयविक्रमः ।
सर्वायुधावली तस्मै प्राहिणोद्धैर्यभूधरः ॥ २६ ॥

तान्यायुधानि सहसा ज्वलितान्येवं तेजसा।
जृम्भमाणं महद्भूतं तदासाद्य क्षयं ययुः ॥ २७ ॥
द्रौणिस्ततस्तदाकारमरीचिभ्यो व्यलोकयत्।
चक्रायुधसहस्राणि निःसृतानि स विस्मयः ॥ २८ ॥
क्षणाद्ध्वस्तायुधस्तेन गाढानुशयतापितः।
प्रस्तुतं मलिनं कर्म निनिन्द स्वयमाकुलः ॥ २९ ॥
स रथादवतीर्याथ प्रयतस्त्रिपुरान्तकम्।
शूलिनं शरणं प्रायात्तत्स्तोत्रमुखराननः ॥ ३० ॥
आत्मोपहारं रुद्राय तस्मिन्दातुं समुद्यते।
ज्वालाकुला हेमवेदी पुरस्तात्प्रत्यदृश्यत ॥ ३१ ॥
तदुद्भूतैर्गणैर्घोरैर्नानाप्राणिमुखोदरैः।
नानाप्रहरणैर्दीप्तैर्व्योम क्षिप्रमपूरयत् ॥ ३२ ॥
ततो वेद्यां महावह्नौ ज्वलिते द्रोणनन्दनः।
भक्त्यात्मानं त्रिनेत्राय निवेद्याभ्यपतत्स्वयम् ॥ ३३ ॥
तुष्टोऽथ भगवानेत्य स्वयमन्धकसूदनः।
तमुवाच स्वमेवांशमुत्तिष्ठाङ्गिरसां वर ॥ ३४ ॥
संस्थानाय मयैतावत्कृतं कैटभविद्विषः।
आत्मानं विद्धि मे कृष्णं स मे बहुमतः सदा ॥ ३५ ॥
कालपक्वास्तु पाञ्चाला नैषां रक्षास्ति कुत्रचित्।
गृहाण खड्गमेतेन दारयैतानशङ्कितः ॥ ३६ ॥
इत्युक्त्वा भैरवे दीप्तं खड्गं दत्वा तिरोहिते।
तदा विकाराद्दुष्प्रेक्ष्यो द्रौणिः शिबिरमाविशत् ॥ ३७ ॥
द्वारि भोजकृपौ धृत्वा विद्रुतानां वधाय सः।
प्रविश्य शयने शुभ्रे धृष्टद्युम्नं व्यलोकयत् ॥ ३८ ॥
तारहारांशुनखरं दीप्तकेसरिसंनिभम्।
घूर्णमानशिखैर्दीपैर्विस्मयादिव वीक्षितम् ॥ ३९ ॥

---

१. 'नीव' ख.

अनेकरणसंमर्दश्रान्तैर्निद्राविमोहितैः।
अधिष्ठितं बहुभटैर्मुक्तपर्याणवाहनैः ॥ ४० ॥

तं दृष्ट्वा कोपशिखिना दह्यमानः स्मरन्पितुः।
उत्तिष्ठ रे गुरुघ्नेति द्रौणिरुक्त्वा पदास्पृशत् ॥ ४१ ॥

बोधितः सहसा तेन संभ्रमस्वीकृतायुधः।
द्रोणपुत्रं परिज्ञाय चकम्पे द्रुपदात्मजः ॥ ४२ ॥

द्रौणिस्तमुत्थितं वेगान्माल्यवद्भिः शिरोरुहैः।
आकृष्यापातयत्कण्ठे गाढं निष्पीड्य विह्वलम् ॥ ४३ ॥

निष्पिष्यमाणः संरम्भाद्रक्तोद्गाराकुलाननः।
कुपित्वा पादयोर्द्रौणिं नखैर्दन्तैश्च विस्फुरन् ॥ ४४ ॥

शस्त्रेण छिन्धि मां तूर्णं मा पदेनेति गद्गदम्।
कण्ठरुद्धस्वरः श्वासादस्फुटाक्षरमभ्यधात् ॥ ४५ ॥

तमब्रवीद्द्रोणसुतः पाप पद्भ्यां निहन्यसे।
लोकानां शस्त्रपूतानां न पापं गुरुघातिनाम् ॥ ४६ ॥

इत्युक्त्वा चरणाघातैर्जर्जरं तमपोथयत्।
तस्मिन्हते तद्विमर्दशब्देन बुबुधे जनः ॥ ४७ ॥

धृष्टद्युम्नवधः ॥ १ ॥

ततो द्रौणिं समालोक्य रिपुरक्तच्छटाङ्कितम्।
पाञ्चाला द्रौपदेयाश्च कालोऽयमिति मेनिरे ॥ ४८ ॥

निद्राशेषारुणदृशां शस्त्राण्यानयतां मिथः।
क्रोशतां वर्म वर्मेति तेषामासीन्महास्वनः ॥ ४९ ॥

क्व गजः क्व रथः क्वाश्वः क्व चापं क्व शिलीमुखाः।
इति ब्रुवाणान्खड्गेन द्रौणिश्चिच्छेद तान्क्रुधा ॥ ५० ॥

हत्वोत्तमौजसं पद्भ्यां कण्ठे कठिनविक्रमः।
गदाहस्तं युधामन्युं निष्पिपेष विराविणम् ॥ ५१ ॥

ततः खड्गेन शूराणां शिरांसि भुवि पातयन्।
कालरात्र्याः स विदधे विनोदं कन्दुकैरिव ॥ ५२ ॥
कृष्णासुतानापततो द्रौपदेयानसंभ्रमात्।
चकार करवालेन स कालकवलोचितान् ॥ ५३ ॥
प्रतिविन्ध्ये हते वीरे सुतसोमे निपातिते।
श्रुतकीर्तौ शतानीके छिन्ने च श्रुतवर्मणि ॥ ५४ ॥
शिखण्डी कृष्टकोदण्डः शरैर्द्रौणिमपूरयत्।
द्रोणपुत्रोऽपि खड्गेन क्रुद्धस्तं विदधे द्विधा ॥ ५५ ॥

द्रौपदेयशिखण्डिवधः ॥ २ ॥

कोपादाचार्यपुत्रेण वध्यमानाः प्रभद्रकाः।
मत्स्यसृञ्जयपाञ्चालाः कालं ददृशुरन्तिके ॥ ५६ ॥
असितं रक्तवसनं रक्तमाल्यानुलेपनम्।
हसन्तं वीक्ष्य तं वीराः संहारं मेनिरे स्फुटम् ॥ ५७ ॥
घनान्धकारे वीराणां रथकुञ्जरवाजिनाम्।
योधानां च क्षयं द्वारि चक्रतुर्भोजगौतमौ ॥ ५८ ॥
एवमक्षौहिणीं हत्वा वसारक्तानुलेपनः।
निर्ययौ रौद्रचरितो द्रौणिर्भैरवविग्रहः ॥ ५९ ॥
स गत्वा सहितस्तूर्णं हार्दिक्येन कृपेण च।
ददर्श भुवि राजानं भग्नशक्तिं सुयोधनम् ॥ ६० ॥
वारयन्तं गदाग्रेण मुहुः क्रव्यादमण्डलम्।
व्यथया मर्मभेदिन्या भक्षयन्तं वसुंधराम् ॥ ६१ ॥
शोणितं वदनोद्वान्तं परिमृज्याशु तस्य ते।
सर्वपाञ्चालसंहारकथया ववृषुः सुधाम् ॥ ६२ ॥
स किंचिच्छेषजीवोऽपि तच्छ्रुत्वा वृत्तकन्धरः।
पर्यन्तग्रसिताव्यक्तभाषितैः प्रशशंस तान् ॥ ६३ ॥
स परिष्वज्य यत्नेन द्रौणिं साश्रुविलोचनम्।
पुनर्नः संगमः स्वर्गे भूयादित्यवदच्छनैः ॥ ६४ ॥

अङ्के विधाय दयितां स गदां सदैव
भुक्तां चिरं वसुमतीमवगूह्य दोर्भ्याम् ।
कर्णावलम्बितबलोद्गतजीवचारो
वीरः शनैः सुरवधूप्रणयी बभूव ॥ ६५ ॥

दुर्योधनस्वर्गगमनम् ॥ ३ ॥

अत्रान्तरे प्रयातायां क्षपायां क्षपितारयः ।
जज्ञिरे पाण्डवाः कर्म दारुणं द्रौणिना कृतम् ॥ ६६ ॥
मुक्तान्महाभयात्तस्मात्कृष्णा श्रुत्वा हतान्सुतान् ।
अनुजांश्च सपाञ्चालानपपात भुवि मूर्च्छिता ॥ ६७ ॥
शनकैर्लब्धसंज्ञा सा विलपन्ती सुलोचना ।
पार्थानां शोकविधुरा हृदयानि व्यदारयत् ॥ ६८ ॥
यावन्न विशिखैः कृत्तमुत्तमाङ्गं विकर्मणः ।
द्रौणेर्दृष्टं मया तावज्जीवितस्यायमञ्जलिः ॥ ६९ ॥
इत्युक्त्वा द्रौपदी दुःखाद्वीक्षमाणा वृकोदरम् ।
नोवाच किंचित्संतापान्मरणे कृतनिश्चया ॥ ७० ॥
ततो भीमः प्रियाशोकशूलेनाभ्याहतो हृदि ।
प्रययौ रथमारुह्य द्रोणपुत्रजिघांसया ॥ ७१ ॥
व्रजतस्तस्य कालाग्नेरिव लोकान्दिधक्षतः ।
धूममालाभ्रमं चक्रे ललाटे भ्रुकुटिः क्षणम् ॥ ७२ ॥
रौद्रो रुद्राश्रयो द्रौणिः क्रुद्धश्च पवनात्मजः ।
गच्छामः पृष्ठतस्तस्मादित्यूचे पाण्डवान्हरिः ॥ ७३ ॥
ततः किरीटिप्रमुखाः सह सात्यकिना ययुः ।
रथिनः सेषवः सर्वे पाण्डुपुत्रा युयुत्सवः ॥ ७४ ॥
ततस्ते द्रौणिमासाद्य प्रसुप्तवधपातकात् ।
ध्वस्तच्छायं क्रियाहीनं कोपेनाकुलतां ययुः ॥ ७५ ॥
अभिद्रुते भीमसेने द्रौणिं नकुलसारथौ ।
पादचारी घृताभ्यक्तः सरस्वत्यास्तटे क्षणम् ।
अपाण्डवं जगत्कर्तुं ब्रह्मशीर्षास्त्रमाददे ॥ ७६ ॥

तद्विनाशाय पार्थोऽपि ब्रह्मास्त्रमसृजत्कृती ।
येनाभवन्दिशो व्याप्ताः कम्पातङ्कतरङ्गिताः ॥ ७७ ॥
अत्रान्तरे समभ्यायान्नारदेन सह स्वयम् ।
मुनिः सत्यवतीसूनुर्भगवान्भूतभावनः ॥ ७८ ॥
सोऽब्रवीद्द्रोणतनयं जिष्णुं च क्षयशङ्कितः ।
अयं दिव्यास्त्रसंमर्दो हतवीरं जगद्दहेत् ॥ ७९ ॥
पार्थ संहर दिव्यास्त्रं त्वं च द्रौणे गिरा मम ।
अकाण्डे मा भवन्त्वेते लोकाः प्रलयभागिनः ॥ ८० ॥
इत्युक्ते मुनिना क्षिप्रं संजहारास्त्रमर्जुनः ।
द्रौणिः प्रयोगकुशलो नेशोऽभूदस्त्रसंहृतौ ॥ ८१ ॥
ततः प्रज्वलिते लोके व्यथिते सुरमण्डले ।
अभिमन्युवधूगर्भे द्रौणिरस्त्रमपातयत् ॥ ८२ ॥
भूयस्तत्प्रतिषेधाय पुत्रसंतानवाञ्छया ।
निन्दन्द्रोणसुतं पार्थस्तदस्त्रं कुपितोऽसृजत् ॥ ८३ ॥
ततः कृष्णोऽवदज्जिष्णुं विषण्णं संततिक्षयात् ।
मा शुचो धैर्यजलधे न ते वंशो विनङ्क्ष्यति ॥ ८४ ॥
जात्वेनं जीवयिष्यामि दग्धमप्यस्त्रतेजसा ।
उत्तरायाः स्थितं गर्भे सौभद्रतनयं शिशुम् ॥ ८५ ॥
इति ब्रुवाणे गोविन्दे पार्थास्त्रे ज्वलिते भुवि ।
उवाच द्रोणतनयं व्यासो देवर्षिणा सह ॥ ८६ ॥
त्यज चूडामणिं रक्ष जीवरत्नं महास्त्रतः ।
अशक्तश्च प्रमादी च जानीषे न यथोचितम् ॥ ८७ ॥
वत्सराणां सहस्रं त्वं विस्ररोगी समाहितः ।
दुर्भिक्षव्यञ्जको दुःखी विजने विचरिष्यसि ॥ ८८ ॥
इति शप्तो गुरुसुतः कोपाद्व्यासमभाषत ।
व्यसने पतितः कस्मात्क्षिप्तोऽहं संकटे त्वया ॥ ८९ ॥

यत्र यत्र भविष्यामि तत्र तत्र ममानुगः ।
त्वमपि प्रतिशापेन मुने नित्यं भविष्यसि ॥ ९० ॥
इत्युक्त्वास्त्रोपहाराय चूडारत्नं वितीर्य सः ।
प्रययौ द्रोणतनयो मुनिश्च मुनिना सह ॥ ९१ ॥
ततः प्रशान्ते ब्रह्मास्त्रे पाण्डवाः सह शौरिणा ।
चूडारत्नं समादाय याज्ञसेन्यै न्यवेदयन् ॥ ९२ ॥

ऐषीकमस्त्रम् ॥ ४ ॥

एवं प्रसाद्य पाञ्चालीं शोकार्ताः पाण्डुनन्दनाः ।
पाञ्चालकदनं घोरं ध्यायन्तो न ययुर्वृतिम् ॥ ९३ ॥
संजयेनेति कथिते श्रुत्वा राजाम्बिकासुतः ।
पपात मूर्च्छितो मोहालीनशोकानलः क्षणम् ॥ ९४ ॥
तं शीतसलिलापूरैराश्वास्योवाच संजयः ।
मन्त्रिणश्च प्रियान्पुत्राञ्शोचन्तं व्यथितेन्द्रियम् ॥ ९५ ॥
स्वप्नमायाविलसितैः पर्यन्ते शोकमोहदैः ।
संसारविभ्रमैर्धीराः स्पृश्यन्ते न मनीषिणः ॥ ९६ ॥
दैवेन्द्रजालिकक्तैश्छायाक्रीडनकैरिव ।
पुत्रैर्धनैश्च दारैश्च न मुह्यन्ति मदाशयाः ॥ ९७ ॥
उपेक्षितस्त्वयैवायं दुर्नयाद्बान्धवक्षयः ।
वृत्ते तस्मिन्नमिथ्यैव शोकं कर्तुमिहार्हसि ॥ ९८ ॥
प्रभावप्रभवैर्भावैर्मायाविभवभावितैः ।
अभावनिष्ठापर्यन्तैः सतां न क्रियते भ्रमः ॥ ९९ ॥
स्वकर्ममुद्रिते लोके नियतौ प्रलयोदधौ ।
कलयामि न कालस्य कश्च तावति वर्तते ॥ १०० ॥
इत्यादि संजयमुखा नृपमुग्रमोह-
भग्नं स्वयं विहितदुर्नयदृष्टपारम् ।
हेलावलत्कलभचञ्चलकर्णताल-
लोलां भवस्थितिकथामसकृत्तमूचुः ॥ १०१ ॥

इति क्षेमेन्द्रविरचितायां भारतमञ्जर्यां सौप्तिकपर्व ॥

स्त्रीपर्व ।

नारायणं नमस्कृत्य नरं चैव नरोत्तमम् ।
देवीं सरस्वतीं व्यासं ततो जयमुदीरयेत् ॥ १ ॥
गान्धारी धृतराष्ट्रश्च राजा व्याकुलमानसौ ।
हतावथ सुतान्द्रष्टुं सोत्कण्ठाविव जग्मतुः ॥ २ ॥
तत्र तौ विलपन्तौ च क्षिपन्तौ च तनुं भुवि ।
भगवानथ चाभ्येत्य पाराशर्यो व्यलोकयत् ॥ ३ ॥
स दीनं पतितं भूमौ हतपुत्रं नरेश्वरम् ।
विदुरेण सहोवाच कृष्णेन च कृपाकुलः ॥ ४ ॥
अभावः प्राक्च पश्चाच्च देहिनां सततं स्थितः ।
तेषु मध्यविकारेषु कः स्नेहं कर्तुमर्हसि ॥ ५ ॥
अपारेऽस्मिन्भवाम्भोधौ भवन्ति न भवन्ति च ।
जलबुद्बुदवत्सर्वे कर्मयोगेन जन्तवः ॥ ६ ॥
सत्यं भूभारशान्त्यर्थमजायत सुयोधनः ।
स च यातस्तथा कृत्वा कस्त्वं तस्य स कस्तव ॥ ७ ॥
नरेन्द्र मा कृथाः शोकं प्रवृत्तेऽस्मिन्महालये ।
प्रतीपमेति यातानां कणिकापि न पार्षदाम् ॥ ८ ॥
आयासाय प्रयासोऽयं शोकव्यसनसंभवः ।
अधुना दुःखवृक्षाणां स्नेहो मूलं निवार्यताम् ॥ ९ ॥
नमः कालाय यः कोऽपि विद्यते मृत्युना वृतः ।
कायो वार्धकमायाति स्वयं येन शरीरिणाम् ॥ १० ॥
आत्मापराधात्पुत्रास्ते कालेन कवलीकृताः ।
तस्मान्न पाण्डुपुत्रेभ्यः किल्बिषात्क्रोद्धुमर्हसि ॥ ११ ॥
धर्मनित्याः कृतधियस्ते धर्मेण क्षतास्तव ।
पाण्डवा भ्रातरं स्मृत्वा कालुष्यं तेषु मा कृथाः ॥ १२ ॥
गान्धारीं ब्रूहि सहसा मोहे मज्जति नो यथा ।
एषैवोक्तवती पूर्वं जये धर्मो निबन्धनम् ॥ १३ ॥

इति तेषां गिरा क्षिप्रं समोहं कौरवेश्वरम्।
द्रष्टुमभ्याययुः पार्था लज्जानम्रशिरोधराः ॥ १४ ॥
आलिलिङ्ग ततो राजा प्रज्ञाचक्षुर्युधिष्ठिरम्।
भीमं मायामयं पश्चात्कृष्णबुद्ध्या विवर्धितम् ॥ १५ ॥
आययौ मारुतिर्द्वेषाद्भुजाभ्यां तेन पीडितः।
प्रययौ कणशस्तेन सर्वे विस्मयमाययुः ॥ १६ ॥
धर्मसूनुस्ततो वृद्धां प्रणनाम पतिव्रताम्।
गान्धारीं भर्तृसादृश्यात्सदा वस्त्रावृतेक्षणाम् ॥ १७ ॥
अधो निपतितस्तस्याः पादयोर्धर्मनन्दनः।
ददाहाङ्गुष्ठयुगलं दृष्टिकोपानलाकुलः ॥ १८ ॥
ततो हतानां दुःखार्ता वल्लभा जगतीभुजाम्।
रणमध्यं प्रतिययुर्गान्धारी च स्नुषाकुला ॥ १९ ॥
विलप्य करुणं तत्र विह्वला सुबलात्मजा।
बभाषे केशवं सास्रा दिव्यदृष्टिः पतिव्रता ॥ २० ॥
पश्यैतान्कृष्ण मत्पुत्रान्सीमन्तिन्यो रणे हतान्।
शोचन्ति याः पुरा दृष्टा न सूर्येण न चेन्दुना ॥ २१ ॥
पश्यान्तःपुरचारीभिरप्सरोभिरिवावृतः।
संमुखं निहतः शूरो भग्नोरुस्तनयो मम ॥ २२ ॥
हतनागां हताश्वां च सुयोधनवधूरियम्।
क्ष्मां सपत्नीमिवालोक्य पश्य मूर्च्छामुपागता ॥ २३ ॥
लब्धसंज्ञा शनैरेषा परिमृज्य रजश्चिरम्।
राजराजस्य महिषी परिपृच्छति वल्लभम् ॥ २४ ॥
उत्सङ्गे मामिवादाय रत्नांशुकवतीं गदाम्।
दोर्भ्यां च भुवमालिङ्ग्य कथं सुप्तोऽसि भूपते ॥ २५ ॥
न ते कनकपर्यङ्के विलासशयने वृता।
अस्मिन्नरपते सुप्ता रक्तक्षीबा कथं शिवा ॥ २६ ॥

एष दुःशासनः शेते प्रियो रम्यस्तवानुजः ।
निपीतं राक्षसेनेव यस्य भीमेन शोणितम् ॥ २७ ॥
अयं ते दयितः पुत्रो लक्ष्मणः शत्रुणा हतः ।
सजीव इव वक्तुं त्वां नाथ किंचित्समीहते ॥ २८ ॥
दन्तस्तम्भाविव भ्रष्टावनङ्गाङ्गनतोरणौ ।
सरलौ पातितावत्य(?) मन्येते कालदन्तिना ॥ २९ ॥
अयं ते मौलिरुचितश्चिरं मूर्ध्नि सुखोषितः ।
रोचिष्णुरिह विभ्रष्टः स्पृष्टः कान्तिपरिक्षयात् ॥ ३० ॥
पादाभ्यां रुधिरार्द्राभ्यां रणसंचारिणस्तव ।
वान्तेव सतता पीता राजचूडामणिच्छविः ॥ ३१ ॥
लोकपाले त्वयि दिवं याते नन्दनकौतुकात् ।
धन्याभिमानितेवैका कीर्तिस्त्वदनुयायिनी ॥ ३२ ॥
भ्राजिष्णुरत्नवलये दोष्णि कर्पूरपाण्डुरे ।
कस्यान्यस्य मही यातु शेषविश्रान्तिनिर्वृतिम् ॥ ३३ ॥
यः स कङ्कणझाङ्कारैर्व्यजनैर्वीजितो नृपः ।
क्रव्यादपक्षिवातेन सोऽयमद्यापि वीज्यते ॥ ३४ ॥
इति दुर्योधनवधूं क्रोशन्तीं कौरवस्त्रियः ।
समाकृष्य विवेष्टन्ते पतिताः पश्य भूतले ॥ ३५ ॥
इतः सुभद्रा सौभद्रं पुत्रकं पुत्रवत्सला ।
परिमार्ष्टि रजोदिग्धं स्तनौ दातुमिवोद्यता ॥ ३६ ॥
अङ्के शशाङ्कसदृशं कृत्वेयं पत्युरुत्तरा ।
वदनं बाष्पधाराभिः प्रक्षाल्य परिपृच्छति ॥ ३७ ॥
अयि नाथ तथा तत्तदुक्त्वा प्रणयपेशलम् ।
भूमिमालिङ्ग्य किं शेषे प्रियामद्य विहाय माम् ॥ ३८ ॥
गाण्डीवधन्वनः पुत्रश्चक्रपाणेः स्वसुः सुतः ।
त्वं शक्रसदृशः शौर्ये कथमेको हतः परैः ॥ ३९ ॥

इदं ते वदनं कान्तं कमलाकमलोपमम् ।
नूनमापास्यति स्मेरं धन्यः स्वर्गवधूजनः ॥ ४० ॥
नन्वनङ्गतयानङ्गस्त्वय्यभून्नोपमास्पदम् ।
सोऽयमङ्गवधात्कान्त त्वयाद्य सफलीकृतः ॥ ४१ ॥
शशाङ्कशङ्कया शङ्के त्वयि त्रिदिवगामिनि ।
करोति तारकापङ्क्तिः कण्ठे मुक्तावलीभ्रमम् ॥ ४२ ॥
याहं त्वया नववधूः प्रत्यालापं पुरार्थिता ।
त्वां स्वयं भाष्यमाणां मां कथं न प्रतिभाषसे ॥ ४३ ॥
क्व नु सर्वगुणग्रामगणनीयस्य ते गतम् ।
दाक्षिण्यं स्वर्गललनासक्तो यन्मामुपेक्षसे ॥ ४४ ॥
पुनः कर्तुमशक्येऽस्मिन्धातुः सौभाग्यवर्णने ।
प्रहृतं त्वच्छरीरे यैर्धिक्तान्दग्धविलोचनान् ॥ ४५ ॥
कुसुमायुधतुल्यस्य कुसुमायुधतैव ते ।
नूनं रणेऽभूत्त्वां वीराः सेहिरे कथमन्यथा ॥ ४६ ॥
एवं विलापिनीं बालां बलादाकृष्य पुत्रिकाम् ।
विराटपत्न्यो यान्त्येता रुदन्त्यः पत्युरन्तिकम् ॥ ४७ ॥
सानुजः स सुतामात्यो विराटनृपतिर्हतः ।
वधूभिरावृतो भूमौ दिवीवाप्सरसां गणैः ॥ ४८ ॥
एषा द्रोणशरच्छिन्नं सुदोष्णा भर्तुराननम् ।
विलोक्य तारं क्रोशन्ती रुद्धा सख्येव मूर्च्छया ॥ ४९ ॥
क्रव्यादलुप्तावयवं पश्य कर्णं वधूजनः ।
परायणं कौरवाणामालिङ्ग्यालिङ्ग्य शोचति ॥ ५० ॥
नाम्नि संकीर्तिते यस्य प्रापुर्निद्रां न शत्रवः ।
स त्वमद्य हतः शेषे धिक्कालस्य दुरन्तताम् ॥ ५१ ॥
जम्भारिरभवद्यस्य वर्मकुण्डलयाचकः ।
सत्यसंधः कथं कर्णः कर्णशेषीकृतः खगैः ॥ ५२ ॥

निसर्गविसरः सर्गः सर्वथा हतवेधसः ।
कृत्वा यः शक्रतुल्यत्वं न चक्रे कल्पसाक्षिणम् ॥ ९३ ॥
इति प्रकीर्णाभरणाः क्रन्दन्त्यः कर्णयोषितः ।
दारयन्ति कुचाभोगं वृषसेनस्य मातरः ॥ ९४ ॥
पश्य जामातरं कृष्ण हतं मम जयद्रथम् ।
बाला शोचति मत्पुत्री न च जानाति शोचितुम् ॥ ९५ ॥
एष शल्यो हतः संख्ये रिपुशल्यपराक्रमः ।
शल्यतामधुना यातः पश्यान्तःपुरयोषिताम् ॥ ९६ ॥
पश्यास्य कृष्यते जिह्वा मद्रराजस्य वायसैः ।
राधेयस्यैष विदधे युधि तेजोवधं यया ॥ ९७ ॥
पश्य द्रोणस्य समरे वह्नेः शान्तार्चिषो यथा ।
संस्कारः क्रियते विप्रैः क्रिमीनुत्सार्य मूर्च्छितान् ॥ ९८ ॥
एष भूरिश्रवा वीरः सोमदत्तसुतो हतः ।
महिष्या शोच्यते वीरश्छिन्नबाहुः किरीटिना ॥ ९९ ॥
रणयज्ञमहीयूपे यूपध्वजभुजे तव ।
निकृत्ते जिष्णुना मन्ये यशो निर्लूनमात्मनः ॥ ६० ॥
लक्ष्मीकरेणुकालाने भूभारभुजगेश्वरे ।
शिवाकृष्टे विरौतीव दोष्णि ते कङ्कणावली ॥ ६१ ॥
चन्द्रिकाभरणे हर्म्ये त्वत्प्रेमाभरणाः स्त्रियः ।
आलिलिङ्ग पुरा सोऽयं विलासाभरणो भुजः ॥ ६२ ॥
अर्थिकल्पद्रुमे दोष्णि च्छिन्नेऽस्मिञ्शत्रुयोषिताम् ।
वैधव्यदीक्षागुरुतां वीर यास्यति कोऽपरः ॥ ६३ ॥
हठकण्ठग्रहः प्रौढः को नाम हरिणीदृशाम् ।
केयूरकान्तिकलिकां कर्णपूरीकरिष्यति ॥ ६४ ॥
इति प्रलापिनी वक्ति विह्वला कमलेश्वरम् ।
प्रवरं भूरियशसं भूरिश्रवसमात्मना ॥ ६५ ॥

हितोपदेशविद्वेषी शकुनिः पश्य भक्ष्यते ।
शिवाभिरशिवाचारो वेश्याभिरिव वित्तवान् ॥ ६६ ॥
पृथिवी क्षपिता क्षिप्रं क्षुद्रैः कर्णान्तगामिभिः ।
इतः पूर्वमनेनाक्षैरितो बाणैः किरीटिना ॥ ६७ ॥
इतः सुदक्षिणस्यैताः प्रियाः काम्बोजभूपतेः ।
हृदयानि प्रलापेन दारयन्त्यश्मनामपि ॥ ६८ ॥
सौभद्रशरनिर्भिन्नं राजपुत्रं बृहद्बलम् ।
एताः कोमलकामिन्यः शोचन्ति शशिरोचिषम् ॥ ६९ ॥
धृष्टद्युम्नसुता दीप्तहेममालाविभूषिताः ।
भान्त्येते द्रोणनिहता भ्रष्टा विद्याधरा इव ॥ ७० ॥
केकयो धृष्टकेतुश्च जयत्सेनश्च मागधः ।
वृद्धश्च राजा द्रुपदः सामात्यसुतबान्धवः ॥ ७१ ॥
अलायुधोऽलम्बुसश्च भगदत्तः श्रुतायुधः ।
विन्दानुविन्दावावन्त्यौ जलसंधः सुलोचनः ॥ ७२ ॥
प्रवराः पार्थिवाश्चान्ये हता वीराः सहस्रशः ।
लब्धजीवा इवाभान्ति कान्ताभिः परिवारिताः ॥ ७३ ॥
शक्तेनापि त्वया कृष्ण यस्मात्कामादुपेक्षिताः ।
सर्वक्षयाद्वा द्वेषाद्वा सर्वज्ञेन च लीलया ॥ ७४ ॥
षड्विंशे वत्सरे प्राप्ते वृष्णीनां समरे मिथः ।
तस्मात्तवापि भविता विपुलो बान्धवक्षयः ॥ ७५ ॥
तवाप्यनुचितः कोऽपि वधहेतुर्भविष्यति ।
इत्युक्त्वा तारकरुणं रुरोद सुबलात्मजा ॥ ७६ ॥
तामुवाच हसन्कृष्णः स्वेच्छासृष्टलयोदयः ।
विधिनैतत्पुरादिष्टं पुनरुक्तं त्वयोदितम् ॥ ७७ ॥
अवश्यभाविनि शुचं क्षयेऽस्मिन्मा वृथा कृथाः ।
अवश्यं क्षत्रियसुते हन्ताहं किल विद्विषाम् ॥ ७८ ॥

इत्युक्तवति दाशार्हे धृतराष्ट्रो युधिष्ठिरम्।
गतिं पप्रच्छ वीराणां परिमाणं च संक्षये ॥ ७९ ॥
तमब्रवीद्धर्मराजो लक्षणामधुरं रणे।
विंशतिश्च सहस्राणि कोट्यः षडधिकाश्च षट् ॥ ८० ॥
वीराणां गणनार्हाणामस्मिन्नायोधने हताः।
अप्रहृष्टा हता ये च ते गन्धर्वपुरं गताः ॥ ८१ ॥
भयात्पराङ्मुखा ये च ते यक्षत्वमुपागताः।
ये त्वखण्डितसत्त्वस्थास्ते ब्रह्मभुवनं श्रिताः ॥ ८२ ॥
मेरुपार्श्वे प्रयातास्ते ये पञ्चां वाहनैर्हताः।
प्रसादाल्लोमशस्यैतन्मुनेः पश्यामि दिव्यदृक् ॥ ८३ ॥
इत्युक्त्वा धर्मतनयो हतानां जगतीभुजाम्।
बन्धूनां चादिदेशाशु संस्कारं विभवोचितम् ॥ ८४ ॥
इन्द्रसेनमुखाः सूताः संजयो विदुरस्तथा।
युयुत्सुश्च गिरा तस्य तेषामन्त्यविधौ ययुः ॥ ८५ ॥
माल्यैर्वस्त्रैरलंकारैर्भूषितास्ते महारथाः।
चितानलेषु निहिताः स्वप्रतापमिवाविशन् ॥ ८६ ॥
अथोदतिष्ठन्नारीणां संहतानामितस्ततः।
मिथः कण्ठविलग्नानां करुणो रोदनध्वनिः ॥ ८७ ॥
धृतराष्ट्रेण सहितः सानुगोऽथ युधिष्ठिरः।
अनुयातो नृपस्त्रीभिर्ययौ स्नातुमथापगाम् ॥ ८८ ॥
श्रावितः कर्णवृत्तान्तं स मात्रा गूढसंभवम्।
भ्रात्रे दुःखाद्ददौ तस्मै बाष्पमिश्रां जलाञ्जलिम् ॥ ८९ ॥
स यथाविधि बन्धूनां विधाय स्वोचितां क्रियाम्।
आदिदेश नृपस्त्रीणां क्रियायै पटमण्डपान् ॥ ९० ॥
ता भूमिपालललना सरलायताक्ष्यो
नेत्राम्बुनिर्झरविनिर्जिततारहाराः।
भागीरथीमथ ययुः कलहंसमञ्जु-
काञ्चीविराविपुलिनोरुनितम्बबिम्बाः ॥ ९१ ॥

इति क्षेमेन्द्रविरचितायां भारतमञ्जर्यां स्त्रीपर्व ॥

शान्तिपर्व ।

नारायणं नमस्कृत्य नरं चैव नरोत्तमम् ।
देवीं सरस्वतीं व्यासं ततो जयमुदीरयेत् ॥ १ ॥
कृतोदकं कृताशौचं स्थितं सुरसरित्तटे ।
मुनयोऽभ्याययुर्द्रष्टुं नारदाद्या युधिष्ठिरम् ॥ २ ॥
तेषु प्राप्तासनार्घ्येषु पूजितेषु पुरोधसा ।
प्रीत्या प्रोवाच देवर्षिः पृष्ट्वा नृपमनामयम् ॥ ३ ॥
दिष्ट्या विराजसे राजन्कुशली निहताहितः ।
दिष्ट्या शल्यादयो वीरा याता वृत्रसमा क्षयम् ॥ ४ ॥
कच्चिन्न बन्धुविरहादवस्थां कातरोचिताम् ।
मोहादालम्ब्य धैर्यघ्नीं विजयं नाभिनन्दसि ॥ ५ ॥
इत्युक्ते दिव्यमुनिना निःश्वस्योवाच धर्मजः ।
श्मशानसदृशे राज्ये कोऽस्मिन्मोदेत मादृशः ॥ ६ ॥
गुरवः सुहृदः पुत्रा भृत्याः संबन्धिबान्धवाः ।
शरीरशेषैरस्माभिर्घातिता विभवार्थिभिः ॥ ७ ॥
यदर्थं राज्यमीहन्ते राजानो हतकण्टकम् ।
ते हताः स्वजनाः सर्वे गतो निष्फलतां श्रमः ॥ ८ ॥
इदं दहति मे चेतो यत्कर्णो विनिपातितः ।
स हि मे कथितः कुन्त्या भ्राता तपनसंभवः ॥ ९ ॥
पुरा विकारजः क्रोधस्तस्मिन्मम पुरःसरः ।
कुन्त्याः सदृशपादोऽसाविति मार्दवमाययौ ॥ १० ॥
ऐश्वर्यलुब्धैरस्माभिर्निहतः स सहोदरः ।
नरकापरपर्यायं धिग्राज्यमधुना मम ॥ ११ ॥
अस्मदर्थे रहो मात्रा याचितः स महायशाः ।
काले काले ररक्षास्मान्पतितान्वधगोचरे ॥ १२ ॥
श्रोतुमिच्छामि भगवंस्तस्य शापो यथाभवत् ।
इति राज्ञा विषण्णेन पृष्टः प्रोवाच नारदः ॥ १३ ॥

युष्मद्वेषात्पुरा कर्णो भारद्वाजमयाचत ।
ब्रह्मास्त्रं तच्च न ददौ द्रोणोऽस्मै फल्गुणप्रियात् ॥ १४ ॥
ज्ञातव्यं ब्राह्मणेनैतदित्युक्तस्तेन दुःखितः ।
विप्रवेषं विधायाशु जामदग्न्याश्रमं ययौ ॥ १५ ॥
अन्तेवासी भृगुभुवः सोऽथ ब्रह्मास्त्रयाचकः ।
विचचार चिरं धन्वी महेन्द्रगिरिसानुषु ॥ १६ ॥
तं कदाचिद्द्विजः कश्चिदज्ञानावाप्तकिल्बिषम् ।
शशापात्यन्तकुपितो होमधेनुनिकारतः ॥ १७ ॥
मोहादपकृतं यस्माद्धोमधेनोर्मम त्वया ।
सक्तस्य शत्रुणा तस्माद्भूस्ते चक्रं ग्रसिष्यति ॥ १८ ॥
इति शप्तः स विप्रेण दह्यमान इवानिशम् ।
आराध्य रामं ब्रह्मास्त्रमवाप विपुलश्रमः ॥ १९ ॥
ततः कदाचित्संजातविस्रम्भो भृगुसंभवः ।
कर्णस्याङ्के शिरः कृत्वा सुष्वाप व्रतकर्षितः ॥ २० ॥
अत्रान्तरे कृमिस्तीक्ष्णदंष्ट्रोष्ठचरणः कृशः ।
अदशद्दारुणः कर्णमलर्को नाम दुःसहः ॥ २१ ॥
गुरुप्रबोधचकितो यावत्सेहे स तद्व्यथाम् ।
तावत्तद्रुधिरासिक्तो निद्रां तत्याज भार्गवः ॥ २२ ॥
किमेतदिति संभ्रान्तः शोणितस्पर्शकूणितः ।
दष्टं राधेयमालोक्य ददर्श विकृताकृतिम् ॥ २३ ॥
रामेण दृष्टमात्रोऽथ भस्मीभूतः कृमिः क्षणात् ।
राक्षसो लोहितग्रीवः प्रदीप्ताक्षो बभूव सः ॥ २४ ॥
सोऽब्रवीद्भृगुभार्यायां चापलादभिलाषुकः ।
गृध्रो नाम सुराराति: शप्तोऽहं मुनिना पुरा ॥ २५ ॥
तच्छापान्निरयं यातः पापां योनिमिमां विभो ।
त्वत्संदर्शनपर्यन्तां प्रपन्नः क्षपिता च सा ॥ २६ ॥

---

१. 'दंशो नाम महासुरः' इति भारतम्.

इत्युक्त्वा राक्षसे याते कर्णं पप्रच्छ भार्गवः ।
कस्त्वं नासि द्विजो नूनं क्षत्रस्तीव्रव्यथासहः ॥ २७ ॥

श्रुत्वैतच्चकितः कर्णो निजं तस्मै न्यवेदयत् ।
कुलं नाम च येनाशु तं शशाप रुषा गुरुः ॥ २८ ॥

ब्राह्मणच्छद्मना यस्माद्ब्रह्मास्त्रं प्राप्तवानसि ।
तस्मात्तवैतत्पर्यन्ते विनाशमुपयास्यति ॥ २९ ॥

निरस्तो भार्गवेणेति कर्णः प्राप्य सुयोधनम् ।
युष्मत्संघर्षसौहार्दात्तेनाङ्गेषु कृतः पतिः ॥ ३० ॥

चित्राङ्गदस्य तनयां कलिङ्गनृपतेः पुरा ।
तद्बाहुबलमाश्रित्य जहार धृतराष्ट्रजः ॥ ३१ ॥

तस्मिन्स्वयंवरे कर्णः कुपितं राजमण्डलम् ।
याते दुर्योधने पूर्वमेको दर्पादयोधयत् ॥ ३२ ॥

जित्वा समस्तभूपालाञ्जरासंधं यशोनिधिः ।
संदेहदोलामनयन्नियुद्धेन बलोद्धतः ॥ ३३ ॥

जरासंधो ददौ तस्मै मालिनीं नगरीं जितः ।
अन्ये च तत्यजुर्वीरा भागं भागं नरेश्वराः ॥ ३४ ॥

वञ्चितः स सुरेन्द्रेण वर्मकुण्डलहारिणा ।
शप्तः पूर्वं द्विजेन्द्रेण गुरुणा भार्गवेन च ॥ ३५ ॥

प्राज्ञयामन्त्रितः कुन्त्या गाङ्गेयेन तिरस्कृतः ।
शल्येन तेजसः शान्त्यै श्रावितः परुषा गिरः ॥ ३६ ॥

हतः कृष्णधिया धीरो दिव्यास्त्रैः शक्रजन्मना ।
अन्यथा समरे हन्यात्कस्तमूर्जितविक्रमम् ॥ ३७ ॥

नारदेनेति कथिते शोकार्तं धर्मनन्दनम् ।
उवाच कुन्ती धैर्येण विधूय तनयव्यथाम् ॥ ३८ ॥

रविणाप्यर्थितः संधिं बुबुधे न विधेर्वशात् ।
युष्मद्द्वेषी स सततं मया स्वयमुपेक्षितः ॥ ३९ ॥

यातः स सूर्यसदनं संमुखं समरे हतः।
मा शुचः प्राप्तमधुना भुङ्क्ष्व राज्यमनाकुलः॥ ४०॥
न लेभे शर्म विपुलान्कर्णस्य कलयन्गुणान्।
सोऽब्रवीद्रूहनान्मातुरज्ञातोऽस्माभिरग्रजः॥ ४१॥
यस्मात्तस्माद्भविष्यन्ति च्छिन्नसत्त्वा[1] सदा स्त्रियः।
भैक्ष्येण फलमूलैर्वा वृत्तयः सन्त्यवारिताः॥ ४२॥
तास्त्यक्ताः कथमस्माभिर्घोरः सर्वक्षयः कृतः।
लोभाद्धर्मं परित्यज्य प्रज्ञाहीनैरभिक्षवत्॥ ४३॥
ध्यात्वास्माभिः कुलाचारं विक्रीता त्रिदिवे गतिः।
अहो श्वभिरिवास्माभिर्घोरः सर्वक्षयः कृतः॥ ४४॥
अङ्गक्षयावधि क्षुद्रैः कलहो विपुलः कृतः।
मित्रबन्धुवियोगोग्रग्राहसंसारवारिधिम्॥ ४५॥
संगत्यागप्लवो नैष तरामि वितरस्पृहः।
अर्जुनः पृथिवीं वीरो रक्षत्वस्मासु गौरवात्॥ ४६॥
त्यजाम्यायासविरसामेतां कुत्सितजीविकाम्।
इत्युक्तवति संतप्ते धर्मपुत्रे धनंजयः॥ ४७॥
उवाच कोपताम्राक्षः क्षणमालोकयन्क्षितिम्।
अहो नु देवशप्तानां दुःखान्यन्ते सुखान्यपि॥ ४८॥
तत्सर्वेष्वपि शोचन्ति सर्वथा विधिवञ्चिताः।
हासाय साधुगोष्ठीषु संन्यासोऽयं तवाधुना॥ ४९॥
नष्टामर्थयमानस्य प्राप्तां च त्यजतः श्रियम्।
अवस्थाविपरीतेषु क्लीबकार्येषु मज्जताम्॥ ५०॥
संन्यासो दीर्घसूत्राणामालस्यमभिधीयते।
लज्जाकरमतो लोके किमन्यत्प्राज्ञगर्हितम्॥ ५१॥
यत्सर्वं त्यजति क्षिप्रं नरः क्षीब इवाम्बरम्।
अपूर्वमिदमारब्धं भवता व्यसनाधिकम्॥ ५२॥

---

१. गूढमन्त्रवाची सत्वशब्दः.

न कदाचिच्छ्रुतोऽस्माभिः किल भिक्षाशनो नृपः ।
क्रमप्राप्तामिमां लक्ष्मीं भज राजन्नविक्रियः ॥ ५३ ॥
धनिनामेव धन्यानां यज्ञदानादिकाः क्रियाः ।
यथा हि शोच्यस्त्यक्तार्थो न तथा त्यक्तजीवितः ॥ ५४ ॥
व्यसुर्मुहूर्तं निधनो निर्धनस्तु सदा मृतः ।
इमां वसुमतीं राजन्मान्धातृनहुषोपमः ॥ ५५ ॥
अवाप्य विविधैर्यज्ञैर्यजस्व बहुदक्षिणैः ।
इति शक्रसुतेनोक्तो धर्मसूनुरभाषत ॥ ५६ ॥
श्रोतुमर्हसि मे पार्थ हित्वा ग्राम्यसुखस्पृहाम् ।
शीर्णपर्णलवाहारः समः शान्तप्रियाप्रियः ॥ ५७ ॥
स ब्रह्मचारी विपिने कुरङ्गाणां विहारिणाम् ।
धिया न चिन्तये किंचिन्मौनी विगलिताग्रहः ॥ ५८ ॥
निराहारो भविष्यामि संसारोच्छित्तये मुनिः ।
इति ब्रुवाणं राजानमभ्यधान्मारुतात्मजः ॥ ५९ ॥
बत देव जडस्येव बुद्धिस्ते दुर्ग्रहे दृढा ।
अघातयित्वा पृथिवीं किं नैषा धीस्त्वया कृता ॥ ६० ॥
किं जलाहृतयन्त्रेण निर्दग्धे नगरेऽग्निना ।
राजन्न पश्चिमवयाः सर्वत्यागी न शोभसे ॥ ६१ ॥
मधुमास इवाशोकः सहसा शुष्कपल्लवः ।
प्राप्तां प्राणपणेनाथ श्रमेण पृथिवीमिमाम् ॥ ६२ ॥
त्यजतस्तव सावज्ञं मोहादन्यत्किमुच्यते ।
विधूय विघ्नसंमर्दमास्थाय स चिरान्निधिम् ॥ ६३ ॥
पदा क्षिपसि किं राजन्गतं न प्राप्यते पुनः ।
तैस्तैः प्राणपरित्यागैः कान्तामाहृत्य गत्वराम् ॥ ६४ ॥
मधुमत्तो यथा शेते तथा त्वं कर्तुमुद्यतः ।
संन्यासविप्रलब्धात्मा न स्थितिं हातुमर्हसि ॥ ६५ ॥

मुक्ता वृक्षा न दृश्यन्ते मोक्षश्चेत्त्यक्तकर्मणाम् ।
किं वान्यतपतिताः सर्वे तदैव व्यसने वयम् ॥ ६६ ॥
यदैव त्वं निरुत्साहो धात्रा ज्येष्ठः कृतोऽसि नः ।
पुरा वने ग्रामकामस्त्वं ग्रामेऽद्य वनोत्सुकः ॥ ६७ ॥
तिष्ठत्यङ्के न च स्कन्धे कष्टं बाल इवातुरः ।
सत्त्वशीलाः स्वकर्मस्था मुच्यन्ते गृहमेधिनः ॥ ६८ ॥
वने कुरङ्गमातङ्गा न तु दृष्टा दिवं गताः ।
इत्युक्ते भीमसेनेन पुनरूचे धनंजयः ॥ ६९ ॥
राजन्नस्ति गृहे मोक्षो धन्यानां विघसाशिनाम् ।
अजातश्मश्रवो बालाः पुरा ब्राह्मणपुत्रकाः ॥ ७० ॥
अकाले श्रितवैराग्या वनमेत्य प्रवव्रजुः ।
संजातकरुणस्तेषु पक्षिरूपी पुरंदरः ॥ ७१ ॥
प्रशशंस तदभ्यासे गृहस्थान्विघसाशिनः ।
हिरण्मयस्य शकुनेस्ते श्रुत्वा भाषितं द्विजाः ॥ ७२ ॥
आत्मानं मेनिरे मूर्खाः प्रहृष्टा विघसाशिनम् ।
शकुनिः सोऽथ तैः पृष्टो जगाद विहसन्निव ॥ ७३ ॥
रूक्षाः कृशा मलादिग्धा विपिने कष्टवृत्तयः ।
दुःखैकभागिनो नित्यं न यूयं विघसाशिनः ॥ ७४ ॥
सायं प्रातर्विभज्यान्नं विधिवद्गृहमेधिनः ।
भृत्यार्थिशेषं येऽश्नन्ति ते धन्या विघसाशिनः ॥ ७५ ॥
तेषां पुण्यैरपर्यन्तैर्दिवि लोकाः सनातनाः ।
गृहादाश्रमिणः सर्वे जीवन्त्यभ्रादिव प्रजाः ॥ ७६ ॥
एवं ते बोधिता युक्त्या खगरूपेण वज्रिणा ।
वनवासं परित्यज्य द्विजाः स्वगृहमाययुः ॥ ७७ ॥
गतिज्ञः सर्वधर्माणामाचार्याणां च तत्त्ववित् ।
त्वमप्येवं महीपाल न स्थितिं त्यक्तुमर्हसि ॥ ७८ ॥

अर्जुनेनेति कथिते माद्रीपुत्रावथोचतुः ।
भज राज्यमनायासमिदमुद्धृतकण्टकम् ॥ ७९ ॥
साम्राज्यविजयी यज्वा पाहि भूमिपते प्रजाः ।
यमाभ्यामित्यभिहिते प्रिया प्रणयिनी प्रियम् ॥ ८० ॥
द्रौपदी धर्मतनयं बभाषे वल्गुवादिनी ।
त्वदाज्ञाकारिणो वीरा भ्रातरस्त्रिदशत्विषः ॥ ८१ ॥
अनुत्साहेन ते पश्य लिखन्त्येते मृषा भुवम् ।
यदेतैर्दुष्करं कर्म समरे कृतमोजसा ॥ ८२ ॥
तदद्य राज्यभागेन सफलं कर्तुमर्हसि ।
अधोमुखानां श्वसतां निष्फलारम्भदुःखिनाम् ॥ ८३ ॥
प्रणयैर्मानयैतेषामभिनन्द्य पराक्रमम् ।
अक्लीबचरितो राजन्राज्यं निजभुजार्जितम् ॥ ८४ ॥
भजस्व विजयोत्थानां न क्लीबाः संपदां पदम् ।
इत्युक्ते कृष्णया जिष्णुः पुनर्नृपमभाषत ॥ ८५ ॥
लोकस्य पालनात्सम्यग्राजानः स्वर्गगामिनः ।
स्वधर्मेषु प्रवर्तन्ते राजदण्डभयात्प्रजाः ॥ ८६ ॥
मिथो मत्स्या इवाश्नन्ति जना दण्डविवर्जिताः ।
यत्र संनिहितो दण्डः श्यामो लोहितलोचनः ॥ ८७ ॥
तत्र वेदैश्च यज्ञैश्च वर्धन्ते धर्मसंपदः ।
तैस्तैस्तपोभिरुचितैर्यत्फलं शान्ततेजसाम् ॥ ८८ ॥
तदेव दण्डधारस्य धर्मभ्रातुर्महीभृतः ।
जनकं राज्यविमुखं यियासुं काननं पुरा ॥ ८९ ॥
उवाच पत्नी प्रणयान्मधुरं धर्मवादिनी ।
राजन्वने न मोक्षोऽस्ति बन्धो नास्ति गृहेषु च ॥ ९० ॥
स्वकर्मणि प्रवृत्तानामपवर्गो विवेकिनाम् ।
अमुण्डितस्पृहा मुण्डा बहिरन्तः कषायिणः ॥ ९१ ॥

दम्भधर्मध्वजा लोके कथ्यन्ते धर्मवादिभिः ।
तस्माद्राज्येऽपि भवता वर्तमानेन सर्वदा ॥ ९२ ॥
लभ्यः सत्यमसक्तेन सुखिना संसृतिक्षयः ।
इत्युक्तो मैथिलः पत्न्या जीवन्मुक्तदशां श्रितः ॥ ९३ ॥
ययावत्यक्तराज्योऽपि परमं धाम शाश्वतम् ।
फल्गुणेनेति कथिते देवस्थाने प्रशंसति ॥ ९४ ॥
मुनिः प्रवृत्तधर्मं च कृष्णद्वैपायनोऽब्रवीत् ।
प्रजानां पालनं सम्यक्स्वधर्मस्ते महीपते ॥ ९५ ॥
अरण्यगमनं राज्ञामकाले स्थितिविप्लवः ।
सिद्धिं प्रकृतिनो(तो) याताः सुद्युम्नप्रमुखा नृपाः ॥ ९६ ॥
तपःक्लेशैरसंस्पृष्टा यथावद्दण्डधारणात् ।
भ्रातरौ प्राङ्मुनिवरौ श्रुतिस्मृतिविशारदौ ॥ ९७ ॥
अभूतां शङ्खलिखितावाचारनिशितव्रतौ ।
कदाचिदाश्रमे भ्रातुः स्वयमादाय पादपात् ॥ ९८ ॥
फलानि लिखितो मोहाद्भुक्तवान्प्रणयादिव ।
तमभ्येत्याब्रवीच्छङ्खो धर्मभ्रंशभयाकुलः ॥ ९९ ॥
स्तैन्यमेतन्न जानीषे कस्मात्परफलाशनम् ।
गच्छ पापं कृतं भ्रातः स्वयं राज्ञे निवेदय ॥ १०० ॥
इत्युक्तो लिखितस्तेन सुद्युम्नं वसुधाधिपम् ।
श्रुत्वाचचक्षे दण्डार्थी स स्वयं फलभक्षणम् ॥ १०१ ॥
तमभ्यधात्क्षितिपतिर्भगवन्विपुलव्रताः ।
यूयं प्रमाणं धर्माणां शुचिर्गच्छ वरान्मम ॥ १०२ ॥
इत्युच्यमानो राज्ञापि दण्डमेव पुनः पुनः ।
सोऽयाचत सदाचारभ्रंशभीरुर्नरेश्वरम् ॥ १०३ ॥
ततस्तस्य करच्छेदमादिदेश महीपतिः ।
छिन्नहस्तः स च ययौ प्रहृष्टो भ्रातुरन्तिकम् ॥ १०४ ॥

तद्गिरा च पुनर्नद्यां स्नात्वा जातकरद्वयः ।
स बभूव तपोयोगात्प्रशान्तानुशयज्वरः ॥ १०५ ॥
सुद्युम्नोऽपि प्रजानाथः सम्यग्दण्डस्य धारणात् ।
तपःसमुचितांल्लोकानवाप यशसां निधिः ॥ १०६ ॥

सुद्युम्नोपाख्यानम् ॥ १ ॥

तस्मात्पालय भूपाल क्षत्रधर्मे स्थितः प्रजाः ।
क्षयं कालकृतं वीक्ष्य मा च शोके मनः कृथाः ॥ १०७ ॥
भूत्वा भूत्वा प्रलीयन्ते कालेन कलिताः किल ।
लोकाः कालकलाजालैश्चित्रश्चायं भवश्रमः ॥ १०८ ॥
उक्तं सेनजिता राज्ञा पुरा राजन्विवेकिना ।
दुःखे दृढं मनः कुर्यान्नार्तिशोकगदौषधम् ॥ १०९ ॥
शोचतां धृतिहीनानां न शान्तिर्जायते क्वचित् ।
दुःखैरायान्ति दुःखानि धनानीव धनैर्नृणाम् ॥ ११० ॥
दृष्ट्वा जगति जन्तूनां काले काले भवाभवम् ।
फलानामिव कालज्ञः कोऽनुशोचति तत्त्वधीः ॥ १११ ॥
जनकेन पुरा पृष्टो जगाद ब्राह्मणोऽश्मकः ।
स्वभावनश्वरान्भावान्न शोचन्ति विवेकिनः ॥ ११२ ॥
न कश्चिद्दृश्यतेऽत्येतुं स्थावरेषु चरेषु च ।
शक्तो ह्यायुषि मर्यादां यः कालविहितां भवेत् ॥ ११३ ॥
धनमायुः शरीरं च जातिस्तरुणता तथा ।
भजन्ते कालवैचित्र्यान्नानारूपविपर्ययम् ॥ ११४ ॥
उच्चा नीचत्वमायान्ति विशीर्यन्ते च संहताः ।
भवन्ति किल कालेन निम्नान्युच्छ्रायवन्ति च ॥ ११५ ॥
हीनवंशाः कुलीनत्वं धनिनश्च दरिद्रताम् ।
यान्ति मूर्खाश्च वैदुष्यं दौर्भाग्यं सुभगास्तथा ॥ ११६ ॥
स्वल्पायुषश्च राजानो दरिद्राश्च शतायुषः ।
जराभग्नाश्च दृश्यन्ते रसायनविचक्षणाः ॥ ११७ ॥

धनिनो व्याधिसंतप्ता दरिद्राश्च निरामयाः ।
आयुर्वेदविदो यान्ति तरुणा एव पञ्चताम् ॥ ११८ ॥
मूर्खाः सदाचाररताः पण्डिता धर्मवर्जिताः ।
भवन्ति कालविहितैस्तैस्तैः किल विपर्ययैः ॥ ११९ ॥
अपि त्रैलोक्यकर्तारश्चतुर्मुखमुखाः सुराः ।
न हि कालकटाक्षेण लक्षितं रक्षितुं क्षमाः ॥ १२० ॥
श्रीमतां हीनवित्तानां धीमतां जडचेतसाम् ।
तुल्यं निरनुरक्तो हि कालपण्यगृहे क्रयः ॥ १२१ ॥
कालानिलविलोलानां देहिनां भवकानने ।
द्रुमाणामिव जायन्ते मिथो नित्यं गमागमाः ॥ १२२ ॥
अकस्मात्संगतो नाम यद्यकस्माद्विनश्यन्ति ।
शोकः किं तत्र जन्तूनां सततं हि गतागतम् ॥ १२३ ॥
न वियोगेषु संतापः कार्यः किल विवेकिभिः ।
अभावानुभवे भावा भवे हि क्षणभङ्गिनः ॥ १२४ ॥
अश्मकेनेति कथितं कथयित्वा मुनीश्वरः ।
विरराम समालोक्य गाढशोकं युधिष्ठिरम् ॥ १२५ ॥

अश्मकगीता ॥ २ ॥

अथार्जुनेन प्रणयात्प्रेरितः पुष्करेक्षणः ।
भगवान्कैटभारातिर्धर्मसूनुमभाषत ॥ १२६ ॥
विषादं मा वृथा राजञ्शरीरोच्छोषणं कृथाः ।
तेषां हतानां वीराणां न शोकात्पुनरागमः ॥ १२७ ॥
एकेऽद्य प्रातरपरे पश्चादन्ये पुनः परे ।
सर्वे निःसीम्नि संसारे यान्ति कः केन शोच्यते ॥ १२८ ॥
नूनमक्षयमात्मानं मोहात्सर्वोऽभिमन्यते ।
यत्पुरःस्थितनाशोऽपि नष्टाञ्शोचति नश्वरः ॥ १२९ ॥
ते जनास्ते प्रभावाश्च ताश्च प्रज्वलिताः श्रियः ।
हेलया किल कालेन प्रापिताः स्मृतिशेषताम् ॥ १३० ॥

सृञ्जयं नाम भूपालं भगवानेष नारदः ।
कृपयाश्वासयन्नूचे पुत्रशोकाकुलं पुरा ॥ १३१ ॥
राजन्प्राप्तावधिं पुत्रं यातं किमनुशोचसि ।
सर्वे जगत्सहास्माभिः पर्यन्ते न भविष्यति ॥ १३२ ॥
मरुत्तः पृथिवीपालः कालेन निधनं गतः ।
यस्यासन्भुवि गीर्वाणाः सेन्द्रा यज्ञसभासदाः ॥ १३३ ॥
ववर्ष कनकं यस्मै वत्सरं पाकशासनः ।
अभूद्बृहस्पतिभ्राता संवर्तो यस्य याजकः ॥ १३४ ॥
सुहोत्रश्च महीनाथः कथाशेषत्वमागतः ।
यो यथार्थां वसुमतीं चक्रे काञ्चनवृष्टिभिः ॥ १३५ ॥
बृहद्रथश्च नृपतिर्यातोऽस्तं रथिनां वरः ।
यस्य यज्ञे सुरपतिः सोमं पीत्वा मुदं ययौ ॥ १३६ ॥
शिबिरौशीनरः पृथ्वीमेकच्छत्रां शशास यः ।
स धुर्यः सर्वदातॄणां प्रयातः कीर्तिशेषताम् ॥ १३७ ॥
सहस्रेणाश्वमेधानां राजसूयशतेन च ।
ईजे यः सोऽपि भरतः कालेन त्रिदिवं गतः ॥ १३८ ॥
स च दाशरथी रामो दशकण्ठकुलान्तकः ।
यातः पर्यन्तपदवीं गीयमानगुणः सुरैः ॥ १३९ ॥
भगीरथश्च भूपालस्तपसा यस्य जाह्नवी ।
अवाप शंकरशिरः स कालस्येच्छया गतः ॥ १४० ॥
सोऽपि स्मृतिदशां प्राप्तो दिलीपः पृथिवीपतिः ।
यूपे हिरण्मये यस्य ननृतुस्त्रिदिवौकसः ॥ १४१ ॥
अयोनिजश्च मांधाता स सर्वविजयी नृपः ।
गतः शक्रादयो देवा यस्यासन्कान्तविक्रमे ॥ १४२ ॥
ययातिरपि कालेन क्ष्मापालः प्रलयं गतः ।
देवासुररणे वीरो यो जघानामरद्विषः ॥ १४३ ॥

यशःशरीरमविशत्सोऽम्बरीषश्च पार्थिवः ।
यस्य शासनमम्लानं नृपा माल्यमिवावहन् ॥ १४४ ॥
शशबिन्दुर्नरपतिः सोऽप्यन्तपदमाश्रितः ।
अभूत्कोटिशतं यस्य पुत्राणां शक्रवर्चसाम् ॥ १४५ ॥
गतो गयश्च नृपतिर्यः काञ्चनमयीं महीम् ।
प्रददौ यस्य संख्यां च यज्ञानां न प्रचक्षते ॥ १४६ ॥
प्रयातो रन्तिदेवश्च यज्ञेषु पशुचर्मभिः ।
सुतैः प्रवर्तिता तेन पुण्या चर्मण्वती नदी ॥ १४७ ॥
अतीतः स च भूपालः सगरो येन सागराः ।
षष्ट्या पुत्रसहस्राणां कृतास्तुरगरक्षिणाम् ॥ १४८ ॥
वैन्यश्च यो धनुष्कोट्या पर्वतानकरोत्पृथक् ।
सोऽपि शक्राधिपो राजा प्रियं तत्याज विग्रहम् ॥ १४९ ॥
एते चान्ये च भूपालाः कालेन कवलीकृताः ।
मा शुचस्तव मद्वाक्यात्पुत्रः सृञ्जय जीवतु ॥ १५० ॥
इत्युक्त्वा नारदो राज्ञः कनकष्ठीविनं सुतम् ।
तं सहस्रायुषं चक्रे जीवयित्वा कृपानिधिः ॥ १५१ ॥

षोडशराजकीयम् ॥ ३ ॥

कथं स काञ्चनष्ठीवी सृञ्जयस्य सुतोऽभवत् ।
पृष्टो धर्मसुतेनेति पुनरूचे चतुर्भुजः ॥ १५२ ॥
सृञ्जयस्य क्षितिपतेस्तथा नारदपर्वतौ ।
देवर्षी तस्थतुर्गेहे मर्त्यलोकविहारिणौ ॥ १५३ ॥
वक्तव्यं हृद्गतं सर्वं मिथस्ताविति संविदम् ।
चक्रतुस्तत्र सहितौ प्रीत्या प्रणयशालिनौ ॥ १५४ ॥
सृञ्जयस्तत्सपर्यायै कन्यां लावण्यभूषणाम् ।
यथार्थनाम्नीं तनयां सुकुमारीं समादिशत् ॥ १५५ ॥
बालां परिचरन्तीं तां हरिणीहारिलोचनाम् ।
निर्वर्णयन्ननिमिषो नारदोऽभूत्स्मराकुलः ॥ १५६ ॥

तं तस्य हृद्गतं भावं गूहमानस्य लज्जया ।
स्वस्रीयः पर्वतः क्षिप्रं बुबुधे ज्ञानचक्षुषा ॥ १५७ ॥
मर्यादाभ्रंशकुपितः स शशापाथ मातुलम् ।
पतिर्वानररूपोऽस्याः सुकुमार्या भविष्यसि ॥ १५८ ॥
इति तेन रुषा शप्तः कोपात्तमपि नारदः ।
शशापास्वर्गगो भूयाद्भवानिति सुतं स्वसुः ॥ १५९ ॥
वितीर्णां सृञ्जयेनाथ कन्यां कालेन नारदः ।
तां प्राप्योद्वाहसमये क्षणाच्चासीत्तथाविधः ॥ १६० ॥
सापि तद्विधमासाद्य भर्तारं नारदं सती ।
अनन्यमनसा मेने तं नेत्रामृतनिर्झरम् ॥ १६१ ॥
शमयित्वा मिथः शापं प्रशान्ते मन्युविप्लवे ।
प्रीत्या बभूवतुः स्वस्थौ तौ परित्यज्य विक्रियाम् ॥ १६२ ॥
त्यक्तवानररूपं च सुकुमारी पतिव्रता ।
शङ्किता नारदं भेजे चिरेण ज्ञाततत्कथा ॥ १६३ ॥
अतः शेषां कथामेष स्वयं वदतु नारदः ।
इत्युक्त्वा विरते कृष्णे तमपृच्छद्युधिष्ठिरः ॥ १६४ ॥
मुनिस्तेनाब्रवीत्पृष्टस्तथाहं पर्वतानुगः ।
उषित्वा सृञ्जयगृहे परितोषमुपागतः ॥ १६५ ॥
अस्मद्वरात्ततो राज्ञः सृञ्जयस्य सुतो गतः ।
यथार्थे काञ्चनष्ठीवी न सेहे तं शतक्रतुः ॥ १६६ ॥
तं शिशुं जाह्नवीतीरे केलिसक्तं यदृच्छया ।
अघातयत्सुरपतिर्वज्रेण व्याघ्ररूपिणा ॥ १६७ ॥
सृञ्जयस्तं हतं दृष्ट्वा पुत्रं राजीवलोचनम् ।
शुशोच विषमायासमूर्छाविह्वलमानसः ॥ १६८ ॥
प्रलापमुखरं क्ष्मापं तं विलोक्याहमाकुलम् ।
कृपयाजीवयं तस्य स्वर्णष्ठीविनमात्मजम् ॥ १६९ ॥

मद्द्रात्स सहस्रायुर्भुक्त्वा वसुमतीमिमाम्।
कालेन यातस्त्रिदिवं स्थायिनो न हि देहिनः॥ १७०॥

स्वर्णष्ठीव्युपाख्यानम् ॥ ४ ॥

नारदेनेति कथिते व्यासेनापि मुहुर्मुहुः।
बोधितो धर्मतनयः शोकार्तः पुनरब्रवीत्॥ १७१॥
लोभान्धं पतितं धिङ्मामस्मिन्किल्बिषसंकटे।
भोगाशया कृतो येन गुरुबन्धुसुतक्षयः॥ १७२॥
पुनः पुनरिमां हुत्वा वह्नौ पातकिनीं तनुम्।
क्षयं यास्यति मन्ये नो न भीष्मवधपातकम्॥ १७३॥
इति शोकानलक्रान्तं विलपन्तं युधिष्ठिरम्।
उवाच लोकस्थितये पराशरसुतो मुनिः॥ १७४॥
संग्रामजीविनां राज्ञां धर्मः शत्रुवधः सदा।
कृत्वा कुलोचितं कर्म मा विषादं वृथा कृथाः॥ १७५॥
कीर्तनैरनुतापैश्च प्रायश्चित्तैर्महाबलैः।
दानैस्तीर्थाभिषेकैश्च पापानामस्ति निष्कृतिः॥ १७६॥
निजधर्मपरित्यागात्त्वं तु राजन्सकल्मषः।
यजस्व हयमेधेन मिथ्या यदि विशङ्कसे॥ १७७॥
प्रजाः पालय विस्रब्धं हतनाथाश्च योषितः।
निहताराতিपुत्राणां पुत्रवत्पश्य कन्यकाः॥ १७८॥
इति ब्रुवाणो भगवान्राज्ञा पृष्टो मुनिः पुनः।
उवाच सर्वपापानां प्रशान्तिं शान्तविप्लवः॥ १७९॥
सत्कर्मणामकरणान्निन्दितानां च सेवनात्।
पश्चात्तापमनासाद्य[1] प्रायश्चित्तं नरोऽर्हति॥ १८०॥
कपाली द्वादश समाश्चरन्भैक्ष्यमसंवृतः।
ब्रह्महत्याभयात्तीव्राद्व्रतान्ते मुच्यते नरः॥ १८१॥

---

१. 'मया(था)साद्य' ख.

एतत्तुल्यानि पापानि यज्ञैर्विपुलदक्षिणैः ।
गोसहस्रप्रदानैश्च तरन्ति किल देहिनः ॥ १८२ ॥
सुरापैश्चेर्यते पापं पीत्वाग्निसदृशीं सुराम् ।
वह्निवर्णशिखाशायी मुच्यते गुरुतल्पगः ॥ १८३ ॥
भृगुवह्निनिपातेन महाप्रस्थानकेन च ।
महीदानेन दातॄणां क्षीयते गुरुपातकम् ॥ १८४ ॥
प्रायश्चित्तं न तु स्त्रीणां रजसा संवृता हिताः ।
गहौघेनेव वाहिन्यो भवन्ति विमलाशयाः ॥ १८५ ॥
भक्ष्याभक्ष्यविचारेण कार्याकार्यविभेदतः ।
विहिताविहितोदीर्णः सूक्ष्मोऽयं धर्मसंकरः ॥ १८६ ॥
अभिनन्द्य निजं राज्यं स्वीकृत्य प्रकृतीस्तथा ।
गच्छ शान्तनवं भीष्मं स ते धर्मान्प्रवक्ष्यति ॥ १८७ ॥
इति द्वैपायनेनोक्तः कृष्णेन च विबोधितः ।
धृतराष्ट्रं पुरस्कृत्य नगरं सानुगोऽविशत् ॥ १८८॥
पूज्यमानः प्रकृतिभिर्गीयमानश्च मागधैः ।
राजधानीं समासाद्य विवेश रुचिरां सभाम् ॥ १८९ ॥
उपस्थितान्स्वयं तत्र ब्राह्मणान्विपुलाशिषः ।
अपूजयत्पुरस्कृत्य धौम्यं धुर्यं पुरोधसाम् ॥ १९० ॥

युधिष्ठिरनगरप्रवेशः ॥ ५ ॥

अत्रान्तरे त्रिदण्डाङ्कस्त्रिशिखः कपटो मुनिः ।
सुहृद्दुर्योधनस्यायाच्चार्वाको नाम राक्षसः ॥ १९१ ॥
सोऽब्रवीद्धर्मजं राजन्वच्मि त्वां ब्राह्मणाज्ञया ।
बन्धुमित्रद्रुहः किं ते राज्येन ध्वस्ततेजसः ॥ १९२ ॥
इति ब्रुवाणे चार्वाके विषण्णे च युधिष्ठिरे ।
ब्राह्मणास्ते क्रुधाविष्टा जज्ञिरे ज्ञानचक्षुषः ॥ १९३ ॥
सखा दुर्योधनस्यायं चार्वाको नाम राक्षसः ।
उक्त्वेति तं द्विजाश्चक्रुर्हुंकारेणैव भस्मसात् ॥ १९४ ॥

तस्मिन्ब्राह्मणकोपेन निर्दग्धे रजनीचरे ।
उवाच विहसञ्शौरिरमृतं विकिरन्निव ॥ १९५ ॥
अवध्यः सर्वभूतानां तपस्वी वेधसो वरात् ।
एधो ब्राह्मणकोपाग्नेर्बभूवैष निशाचरः ॥ १९६ ॥
सोऽयं दिष्ट्या हतः पापस्तेजसा ब्रह्मवादिनाम् ।
इत्युक्तवति गोविन्दे सभायामुत्सवोऽभवत् ॥ १९७ ॥

चार्वाकनिग्रहः ॥ ६ ॥

अथाभिषेको दिव्येन विधिना धर्मजन्मनः ।
अवर्तत हते वृत्रे देवस्येव शतक्रतोः ॥ १९८ ॥
सुमेरुविपुले पीठे परिष्वक्तो जयश्रिया ।
प्रदीपसंध्यारुचिरो दिवाकर इवाबभौ ॥ १९९ ॥
धृत्वा दैवतवत्पूर्वं धृतराष्ट्रं वधूसखम् ।
निधाय मारुतसुतं यौवराज्ये महाभुजम् ॥ २०० ॥
विदुरं मन्त्रकार्येषु दिग्जयेषु धनंजयम् ।
संजयं व्ययचिन्तासु नकुलं सैन्यपालने ॥ २०१ ॥
धौम्यं ब्राह्मणचिन्तासु सहदेवं च संनिधौ ।
उचितेषु च कार्येषु वृद्धामात्यानकल्पयत् ॥ २०२ ॥

युधिष्ठिराभिषेकः ॥ ७ ॥

ततः स्तुत्वा हृषीकेशं दुर्योधननिवेशनम् ।
महार्हरत्नरुचिरं ददौ भीमाय धर्मजः ॥ २०३ ॥
वृतं दासीसहस्रैश्च दुःशासनगृहं नृपः ।
अर्जुनाय ददौ रत्नकाञ्चनोदारमन्दिरम् ॥ २०४ ॥
अन्येभ्योऽपि विलभ्यैवं कौरवावसथावलीम् ।
लब्धप्रशमनं चक्रे चक्रायुधमते स्थितः ॥ २०५ ॥
ततो विधाय बन्धूनां राजा श्राद्धं यथाविधि ।
प्रपाकूपनिपानाङ्कास्तेभ्यो धर्मानकल्पयत् ॥ २०६ ॥

अथ प्रभाते भूपालः पूजयित्वाम्बिकासुतम् ।
गान्धारीं स्वां च जननीं प्रणम्य रचिताञ्जलिः ॥ २०७ ॥
विश्रान्तं पुण्डरीकाक्षं स्थितमर्जुनमन्दिरे ।
सानुगः प्रययौ द्रष्टुं ब्रह्माणमिव वासवः ॥ २०८ ॥
तमासाद्य नभःश्यामं व्याप्तं कौस्तुभकान्तिभिः ।
दिनेशकिरणोदारवासरारम्भविभ्रमम् ॥ २०९ ॥
सुमेरुकूटविकटे निषण्णं कनकासने ।
तत्कान्तिवलयेनेव संवीतं पीतवाससा ॥ २१० ॥
ध्यायन्तं किमपि प्रह्वो जगाद जगतीपतिः ।
तद्दर्शनानन्दसुधां दन्तकान्त्या किरन्निव ॥ २११ ॥
सुखेन कच्चिद्भगवन्व्यतीता तव शर्वरी ।
त्वद्योगनिद्रासरसीविलासभ्रमरावली ॥ २१२ ॥
इत्युक्तः कमलाकान्तः किमपि ध्यानमास्थितः ।
न जगाद यदा किंचित्तदा राजावदत्पुनः ॥ २१३ ॥
अहो न सर्वभूतात्मन्ध्येयस्त्वं तत्त्वदर्शिनाम् ।
विमलं ध्यानमालम्ब्य विस्मयं विदधासि नः ॥ २१४ ॥
कुशलं जगतां कच्चिदिति वादिनि भूपतौ ।
ईषदुन्मील्य नयने विश्वरूपी तमभ्यधात् ॥ २१५ ॥
शरशय्यागतो भीष्मः प्रवृत्तः स्तोतुमद्य माम् ।
तमहं मनसा यातो मान्यं सर्वमनीषिणाम् ॥ २१६ ॥
स मे बहुमतः श्रीमान्योगिनं चिन्तयामि तम् ।
ये मां स्मरन्ति सततं देहत्यागे स्मरामि तान् ॥ २१७ ॥
उत्तराशाप्रणयितां यातः प्रायो दिवाकरः ।
देवव्रतस्य कालोऽयं मुमुक्षोर्देहमुक्तये ॥ २१८ ॥
श्रुत्वैतद्धर्मतनयः प्रणयावर्तिताञ्जलिः ।
उवाच भगवन्भीष्मस्त्वत्संदर्शनमर्हति ॥ २१९ ॥

तदेहि सर्वे गच्छामस्तं द्रष्टुं तेजसां निधिम् ।
अशेषसंशयच्छेत्ता स मे ज्ञानं प्रवक्ष्यति ॥ २२० ॥
इत्युक्तो धर्मराजेन सहितः फल्गुणेन च ।
भीमसात्यकिमुख्यैश्च प्रतस्थे स्यन्दने हरिः ॥ २२१ ॥
अस्मिन्नवसरे भीष्मः सर्वैर्मुनिगणैर्वृतः ।
तुष्टाव प्रयतो ध्यात्वा विष्णुं जिष्णुं जगद्विषाम् ॥ २२२ ॥
संसारमरुसंतापनिर्वाणसुरशाखिने ।
मोहस्तम्भेरमघटाहरये हरये नमः ॥ २२३ ॥
स्फुरत्संविन्मणिशिखां चित्तप्राङ्गनचन्द्रिकाम् ।
प्रपद्ये भगवद्भक्तिमानन्दोद्यानवाहिनीम् ॥ २२४ ॥
फुल्लोल्लसत्समुत्साहशक्तिव्याप्तजगत्त्रयाम् ।
या पूर्वकोटिर्भावानां सत्तां तां वैष्णवीं नमः ॥ २२५ ॥
पवनाघट्टिताम्भोजवनपर्यन्तलम्बिनाम् ।
जलानामिव जन्तूनां स्थैर्यमेको हरिः स्मृतः ॥ २२६ ॥
नमः सूर्यात्मने तस्मै संवित्किरणशालिने ।
हृत्कुशेशयकोशश्रीसमुन्मेषविधायिने ॥ २२७ ॥
नमस्तस्मै यमीक्षन्ते ज्ञानिनो गतमृत्यवः ।
परमं पुरुषं पारे तमसां महसां तथा ॥ २२८ ॥
यज्ञाय यज्ञहविषे यज्ञसोममयात्मने ।
नमः सरस्वतीवाहहंसायाखिलरूपिणे ॥ २२९ ॥
सत्याय धर्मनिधये क्षेत्रज्ञायामृतात्मने ।
सांख्ययोगप्रतिष्ठाय नमो मोक्षैकहेतवे ॥ २३० ॥
घोराय मायानिधये सहस्रशिरसे नमः ।
योगनिद्रात्मने नाभिपद्मोद्भूतजगत्सृजे ॥ २३१ ॥
नमः सलिलरूपाय कारणाय जगत्स्थितौ ।
दुष्टकालाय वलिने जीवाय पवनात्मने ॥ २३२ ॥

कालाय धाम्ने वर्णानां सर्वलोकमयात्मने ।
लोकप्राणाय भूतानां नमो विश्वाय वेधसे ॥ २३३ ॥
तृप्ताय सिंहवपुषे दैत्यसंहारकारिणे ।
वीर्यायानन्तमहसे जगद्भारभृते नमः ॥ २३४ ॥
संसारकर्त्रे मोहाय ज्ञानाय तिमिरच्छिदे ।
अचिन्त्यधाम्ने गुह्याय रुद्राय जटिने नमः ॥ २३५ ॥
शान्ताय शान्तकल्लोलकैवल्यपदशायिने ।
सर्वभावातिरिक्ताय नमः सर्वमयात्मने ॥ २३६ ॥
इन्दीवरवनश्यामे स्फुरत्किञ्जल्कविभ्रमे ।
बिभ्राणं वाससी विष्णुं नौमि नेत्ररसायनम् ॥ २३७ ॥
इत्युक्त्वा निर्भरानन्दः प्रणम्य मनसा हरिम् ।
दध्यौ शान्तनवः सास्त्रैः स्तूयमानो महर्षिभिः ॥ २३८ ॥
अथ पाण्डुसुतैः सार्धं रथैर्गम्भीरनादिभिः ।
आययौ सात्यकिसखः संजयाद्यैश्च केशवः ॥ २३९ ॥
आयात्कृष्णः कुरुक्षेत्रं तान्पश्यन्भार्गवह्रदान् ।
युधिष्ठिरायाकथयद्धर्म्यं रामपराक्रमम् ॥ २४० ॥
ततः सुरसरित्सूनुं ददर्श शरशायिनम् ।
सानुगः शौरिरभ्येत्य स्वांशुजालैरिवावृतम् ॥ २४१ ॥
तरुणार्कोपमापात्रं वृद्धं वृद्धेन तेजसा ।
रुद्धं सिंहमिव स्फारशरकाञ्चनपञ्जरे ॥ २४२ ॥
अवरुह्य रथात्कृष्णः सानुगश्च युधिष्ठिरः ।
प्रणम्योपाविशन्सर्वे प्रशंसन्तः पितामहम् ॥ २४३ ॥
ततोऽब्रवीच्छान्तनवं शरश्रेणीवृथाकुलम् ।
सादरं पुण्डरीकाक्षो दृशा निर्वापयन्निव ॥ २४४ ॥
कच्चित्ते विमलं ज्ञानं परमं ब्रह्मदर्शनम् ।
वज्राग्रदारुणशरस्यूतस्य न विलुप्यते ॥ २४५ ॥

निधानं गुणरत्नानां शेखरं शौर्यशालिनाम् ।
धन्यता मानिनी मन्ये वहति त्वां वसुंधरा ॥ २४६ ॥
गाढानुशयसंतप्तस्त्वयि वीर शरार्दिते ।
व्यथितो धर्मतनयो न क्वापि लभते धृतिम् ॥ २४७ ॥
सर्वज्ञ धर्मानखिलान्कथयास्मै गिरा मम ।
प्रसन्नकरणज्ञानपटुर्भव गतव्यथः ॥ २४८ ॥
क्षीरोदशायी भगवानित्युक्त्वा गरुडध्वजः ।
करामृतकरालुप्तव्यथं चक्रे सुरव्रतम् ॥ २४९ ॥
अथापतत्पुष्पवृष्टिर्मूर्ध्नि गाङ्गेयकृष्णयोः ।
व्यासनारदमुख्याश्च प्रशशंसुः स्मयेन तौ ॥ २५० ॥
श्वो वक्तास्म्यखिलान्धर्मानित्युक्तोऽथ जनार्दनः ।
जाह्नवीसुतमामन्त्र्य प्रतस्थे पाण्डवैः सह ॥ २५१ ॥
उषित्वा रजनीं शौरिः पार्थाश्च निजवेश्मनि ।
रथैः शान्तनवं द्रष्टुं प्रातः सर्वे समाययुः ॥ २५२ ॥
ते विहाय रथांस्तूर्णं प्रणिपत्य पितामहम् ।
परिवार्योपविविशुः सेव्यमानं महर्षिभिः ॥ २५३ ॥
ततः पृष्टो हरिर्भीष्मं शान्तव्यथमनामयम् ।
उवाच कथ्यतां विद्वन्स्वधर्मान्धर्मसूनवे ॥ २५४ ॥
भवत्प्रसादात्स्वस्थोऽहं वक्ष्यामि तव शासनात् ।
किं तु पृच्छतु मां राजा धर्मनिष्ठो युधिष्ठिरः ॥ २५५ ॥
वृत्ते क्षत्रोचिते कार्ये न लज्जा कर्तुमर्हति ।
उक्ते पितामहेनेति कृष्णवाक्याद्युधिष्ठिरः ॥ २५६ ॥
अभ्येत्य भीष्मचरणौ ववन्दे ह्रीनताननः ।
स तेन मूर्ध्न्युपाघ्राय पृच्छ मामिति चोदितः ॥ २५७ ॥
प्रजानां पालने धर्मं पूर्वं पप्रच्छ धर्मजः ।
ततो जगाद गाङ्गेयः प्रणम्य मनसा हरिम् ॥ २५८ ॥

शृणु पुत्र यथा राज्ये विराजन्ते नरेश्वराः ।
परमं संशयस्थानमाधिपत्यं प्रमादिनाम् ॥ २५९ ॥
अतिकङ्कणकेयूरहारं राज्ञां विभूषणम् ।
नित्यं द्विजातिमान्यत्वं प्रजापालनरञ्जनम् ॥ २६० ॥
परमं दैवतं विप्रा निग्रहानुग्रहाय च ।
राज्ञां श्रियो हि तद्वाक्याद्भवन्ति न भवन्ति च ॥ २६१ ॥
जातं ब्राह्मणतः क्षत्रं सलिलाच्च हुताशनः ।
शस्त्रं तथाश्मतो यानि क्षत(य)मेते स्वजन्मसु ॥ २६२ ॥
राजवृत्तिरियं पूर्वा यन्न तीव्रं न मार्दवम् ।
रूढिर्विषामृतस्फारैर्भीमः सेव्यश्च सागरः ॥ २६३ ॥
हितैर्मान्यैश्च रक्ष्यन्ते भृत्यैर्नृपतिसंपदः ।
तानेव नाभिमन्यन्ते राजानो हि निरङ्कुशाः ॥ २६४ ॥
सुनयो राजवृत्तीनां विनयो गुणसंपदाम् ।
लावण्यमिव नारीणां विभूषणमकृत्रिमम् ॥ २६५ ॥
स नृपः कमलाकेलिधामकर्णाब्जषट्पदः ।
पिशुनैर्नाभिमन्यन्ते यस्मिन्संभृतवृत्तयः ॥ २६६ ॥
सिद्धये संयतधियां सन्मन्त्रबलशालिनाम् ।
समस्तचित्तग्रहणं योगिनामिव भूभुजाम् ॥ २६७ ॥
मृदुं बालमिवाधैर्यं विनोदरसिकं सदा ।
राजानं हास्यसंपन्नं मन्यन्ते सेवकास्तृणम् ॥ २६८ ॥
नर्मसाचिव्यमाप्तास्ते भूपतेर्लघुचेतसः ।
तां तामुत्क्रम्य मर्यादां वर्तन्ते कामचारिणः ॥ २६९ ॥
राजस्त्रीसंगमं यान्ति राजतुल्यविभूषणाः ।
सुषिरं कुर्वते राज्यं स्वां खनिं मूषिका इव ॥ २७० ॥
हयं रथं गजं वासो राजयोग्यं तथासनम् ।
आरुह्य राज्ञा स्पर्धन्ते विस्मरन्ति च भृत्यताम् ॥ २७१ ॥

बहु दत्तं न मन्यन्ते याचन्ते दुर्लभान्यपि ।
निन्दन्ति स्वामिचरितं बहिर्मन्त्रं किरन्ति च ॥ २७२ ॥
राजदेयं हरन्तश्च लज्जन्ते निजकर्मसु ।
प्रथयन्ति च मिथ्यैव लोके भूपालवश्यताम् ॥ २७३ ॥
स्वामिना केलिसक्तेन शनकैर्मर्मदर्शिनः ।
किमन्यत्पेशलधिया खेलन्ते राजवल्लभाः ॥ २७४ ॥
मन्त्रैर्भूतानि शाम्यन्ति दानैर्मृत्युर्निवर्तते ।
प्रजानां दलने सक्ता न तु ते राजसंमताः ॥ २७५ ॥
सुसहायः स्थिरारम्भो गूढमन्त्रः सदोद्यतः ।
प्रजाहितोऽप्रमत्तश्च राजा राज्ये विराजते ॥ २७६ ॥
को हि पश्येदिमं लोकं गाढेन तमसा वृतम् ।
राज्ञः शशाङ्कयशसः प्रतापो यदि न स्फुरेत् ॥ २७७ ॥
अवश्यमेकचरणो धर्मोऽस्मिन्कलिकर्दमे ।
प्रस्खलेद्भूमिपालानां विना दण्डावलम्बनम् ॥ २७८ ॥
अराजके पुरा लोके प्रवृत्ते धर्मविप्लवे ।
सुरार्थितेन विधिना नयोपाये प्रवर्तिते ॥ २७९ ॥
चतुर्वर्गफले शास्त्रे भागैरात्ते मुनीश्वरैः ।
असृजन्मानसं जिष्णुं तुमुलं विरजं सुतम् ॥ २८० ॥
स नियुक्तो भगवता प्रजानां परिपालने ।
तच्छासनमनादृत्य संन्यासविरतोऽभवत् ॥ २८१ ॥
कीर्त्यमानोऽपि तत्पुत्रस्तथैव तपसे गतः ।
तत्सुतः कर्दमाख्यश्च विरक्तः काननं ययौ ॥ २८२ ॥
अनङ्गनाम्नस्तत्सूनोस्तनयोऽतिबलस्ततः ।
राजाभून्मृत्युतनयां मुनीनां प्राप यः प्रियाम् ॥ २८३ ॥
वेनं नाम सुतं तस्यां संप्राप्य तपसे ययौ ।
ततः क्रूरोऽभवद्राजा वेनः कोपविषोल्बणः ॥ २८४ ॥

मुनयो मन्त्रपूतैस्तं जघ्नुर्वज्रशितैः कुशैः।
तस्योरुं दक्षिणं मन्त्रैस्ते निर्मथ्य महर्षयः॥ २८५॥
ह्रस्वं देहं तदुद्भूतं ददृशुर्विकृतं नरम्।
स तैरुक्तो निषीदेति निषादजनकोऽभवत्॥ २८६॥
वेनस्य दक्षिणं पाणिं निर्मथ्य मुनयः पुनः।
अपश्यन्वैन्यमुदितं सायुधं शक्रविक्रमम्॥ २८७॥
स दण्डनीतिमासाद्य शशास मुनिशासनात्।
प्राप्तां रत्नप्रदां साक्षात्पृथ्वीं सगिरिसागराम्॥ २८८॥
तमाविवेश भगवांल्लोकपालसखो हरिः।
नरदेवा इति ख्यातास्ततः प्रभृति भूमिपाः॥ २८९॥
राजमानगुणे तस्मिन्राजनि क्ष्मां प्रशासति।
स्वधर्मनिरतास्तस्थुः सम्यग्दण्डभयात्प्रजाः॥ २९०॥
तेनेयं विहिता राज्ञां स्थितये दण्डधारता।
यथा लोकाः प्रकाशन्ते न सूर्येण न चेन्दुना॥ २९१॥
राजोत्पत्तिः॥ ८॥

सम्यग्व्यवसिते त्रातुं राज्ञि धर्मपरे प्रजाः।
स्थितयो न विलुप्यन्ते चातुर्वर्ण्यविभागजाः॥ २९२॥
यथाविधिप्रयातानामाश्रमादाश्रमान्तरम्।
चातुराश्रम्यविहिता सिद्धिर्विघ्नैर्न हन्यते॥ २९३॥
मांधातुर्नृपतेः पूर्वं यज्ञदर्शनकाङ्क्षिणः।
शक्ररूपधरो विष्णुर्भगवान्स्वयमाययौ॥ २९४॥
पृष्टो जिज्ञासया तेन स राजा प्रणिपत्य तम्।
उवाच सर्वधर्माणां प्रतिष्ठां राजशान्तये॥ २९५॥
राजनीत्या प्रवर्तन्ते स्वकर्मसु सदा प्रजाः।
श्रुतिस्मृतिसदाचारे कारणं राजवृत्तयः॥ २९६॥
त्राता धर्मगतस्यास्य यस्मात्किल नरेश्वरः।
गौरवादात्मतुल्यं तं स्वधर्मस्थममन्यत॥ २९७॥

पिता प्रजानां नृपतिर्जगत्सीदत्यराजकम् ।
वस्तव्यं म्लेच्छमध्येऽपि साधुभिर्न त्वराजके ॥ २९८ ॥
दुर्बलं घ्नन्ति बलिनः सेवन्ते च परस्त्रियः ।
मांसं मिथश्च खादन्ते राष्ट्रे राजविवर्जिते ॥ २९९ ॥
अराजकाः प्रजाः पूर्वं निमग्नाः स्थितिविप्लवे ।
चक्रिरे राजभागार्थं मनुं वैवस्वतं नृपम् ॥ ३०० ॥
राज्ञा सुमनसा[1] पूर्वं कौसल्येन बृहस्पतिः ।
पृष्टो बभाषे लोकानां दण्डधारं परायणम् ॥ ३०१ ॥
नाराजकेषु राष्ट्रेषु हव्यं वहति पावकः ।
न च धर्माः प्रवर्तन्ते न च वर्षति वासवः ॥ ३०२ ॥
कुतो धनं कुतो दाराः शरीरं च कुतो नृणाम् ।
सर्वदेवमयस्त्राता यावन्न वसुधाधिपः ॥ ३०३ ॥
सर्वावलोकने सूर्यः पापानां निग्रहे यमः ।
कुबेरो भरणे राजा प्रायश्चित्तेषु पावकः ॥ ३०४ ॥
आच्छेत्ता राजवित्तानां हन्ता मर्षयितापि वा ।
सर्वे प्रयान्ति नरकं यथा ब्रह्मस्वहारिणः ॥ ३०५ ॥
यज्वनां धर्मशीलानां वैराग्यन्यस्तकर्मणाम् ।
तुल्यमाप्नोति भूपालः फलं लोकानुपालनात् ॥ ३०६ ॥
इति देवगुरोर्वाक्यं निशम्य स महीपतिः ।
चिरं प्रजाः स्वधर्मस्थाः पालयित्वा दिवं ययौ ॥ ३०७ ॥
कोशदुर्गबलादीनां क्षयं शत्रुषु(ष्व)निर्दिशन् ।
अप्रमत्तः सदा राजा कुर्यात्संश्रयमात्मनः ॥ ३०८ ॥
सर्वतो गुप्तमन्त्राणां गूढप्रणिधिचक्षुषाम् ।
स्वस्थप्रकृतिसाराणां राज्ञां लक्ष्मीरनश्वरा ॥ ३०९ ॥
सेवेत धर्मानद्वेषस्त्यजेत्प्रीतिमदारुणः ।
अकर्कशो लभेतार्थान्कामी स्यादमदोद्धतः ॥ ३१० ॥

---

१. 'राजा वसुमना नाम कौसल्यो धीमतां वरः' इति भारतम्.

प्रियं वदेददैन्यश्च विक्रान्तश्चाविकत्थनः ।
दयादानमकामश्च पटुः स्यादकटुर्गिराम् ॥ ३११ ॥
मैत्रः स्यादखलासङ्गी युध्येत न तु बन्धुभिः ।
विध्येत शत्रून्नानास्त्रैः कुर्यात्सर्वमहिंसकः ॥ ३१२ ॥
ज्ञानं दिशेन्न चासत्सु गुणाञ्श्लाघेत नात्मनः ।
हरेदर्थान्न साधुभ्यः संश्रयेत न दुर्जनम् ॥ ३१३ ॥
दण्डयेन्नाविचारेण मन्त्रयेत न संसदि ।
पूरयेन्न कदर्यांस्तु विश्वसेन्न च वैरिषु ॥ ३१४ ॥
रक्षेद्दारान्नहीर्ष्यालुः कलावान्स्यादवञ्चकः ।
भजेत कान्ता नात्यन्तमद्यात्साधु न चाहितम् ॥ ३१५ ॥
सेवेताच्र्यान्न तु स्तब्धो भवेच्छिष्यो न मायया ।
यजेत देवान्नो दम्भादिच्छेद्भूतिमनिन्दिताम् ॥ ३१६ ॥
प्रीतिं भजेन्नातिनयो दक्षश्चारभसो भवेत् ।
आशां सृजेन्न विफलां विभजेत न निष्ठुरम् ॥ ३१७ ॥
प्रहर्ता स्यान्न सर्वत्र हन्याच्छत्रून्नशेषकृत् ।
प्रकुप्येन्न त्वदोषेभ्यः पेशलः स्यान्न शत्रुषु ॥ ३१८ ॥
एतैर्युक्ताः किल गुणैः पार्थिवाः पृथुवंशजाः ।
यशःशुभ्रा प्रयान्त्येव सततं हारतां श्रियः ॥ ३१९ ॥
गुणषट्त्रिंशकाः ॥ ९ ॥

ब्राह्मणाः सर्वदा राज्ञा मूर्ध्नि कार्या बुभूषता ।
ब्राह्मेण तेजसा युक्तं बलं क्षात्रं हि दुःसहम् ॥ ३२० ॥
ऐडेन भूभुजा पृष्टः पुरा प्रोवाच मारुतः ।
ब्राह्मणानामियं पृथ्वी धनं वा जातु रक्षितम् ॥ ३२१ ॥
अनिवेद्य महीं तस्माद्विप्रेभ्यः पृथिवीपतिः ।
स्वयमप्यर्जितं वीरो न कामाद्भोक्तुमर्हति ॥ ३२२ ॥
पुरोधसा ब्राह्मणेन संयुक्तः श्रेयसां नृपः ।
जेता भवति शत्रूणां सर्वलोकाभयंकरः ॥ ३२३ ॥

मुचुकुन्दः पुरा राजा विजित्य सकला दिशः ।
ययौ वयस्यं रुद्रस्य कुबेरं जेतुमोजसा ॥ ३२४ ॥
ततः प्रवृत्ते समरे गुह्यका बलवत्तराः ।
पृथुना मुचुकुन्दस्य तेजसा च क्षयं ययुः ।
क्षणादलक्ष्यमन्त्रस्य वीरास्ते यक्षराक्षसाः ॥ ३२५ ॥
ततः प्राप्ताः कुबेरेण दत्तां वसुमतीं नृपः ।
त्यक्त्वा पराक्रमेणैव स जग्राह बलोत्कटः ॥ ३२६ ॥
इति राजबलं ब्रह्मबालानुप्राणितं सदा ।
अभग्नप्रणयां धत्ते त्रैलोक्यविजयश्रियम् ॥ ३२७ ॥

मुचुकुन्दोपाख्यानम् ॥ १० ॥

ब्राह्मणान्पुरतः कृत्वा प्रजा धर्मेण पालयेत् ।
चतुर्भागहरो राजा प्रजानां पुण्यपापयोः ॥ ३२८ ॥
तस्य संवृतमन्त्रस्य प्रजाकार्याणि पश्यतः ।
वदान्यस्यानृशंसस्य क्वचिद्धर्मो न लुप्यते ॥ ३२९ ॥
विप्राः पूज्याः सदा राज्ञा यथोक्ताचारवर्तिनः ।
शूद्रवत्क्रूरकर्मार्हा दण्ड्यास्त्वाचारवर्जिताः ॥ ३३० ॥
पुरा केकयभूपालो गृहीतो रक्षसा वने ।
आश्वासयन्निजं चेतो जगाद धृतिसागरः ।
न भेतव्यं त्वया चित्त राष्ट्रे मे नास्ति विप्लवः ॥ ३३१ ॥
नायज्वा न विकर्मस्थो न पापी न कुलच्युतः ।
विद्यते नगरे कश्चित्क्षत्रधर्मे स्थितस्य मे ॥ ३३२ ॥
इति ब्रुवाणं नृपतिं स तत्याज निशाचरः ।
सत्यशीलाः स्वधर्मस्था लभन्ते न पराभवम् ॥ ३३३ ॥
विश्वसेन्न च सर्वत्र न च शङ्केत पार्थिवः ।
विश्वासी चातिशङ्की च सर्वथा विपदां पदम् ॥ ३३४ ॥
आप्तेष्वपि न विश्वासः कर्तव्यः किल भूभुजा ।
न शरीराणि चेतांसि स्थिराणि न हि देहिनाम् ॥ ३३५ ॥

तस्मात्कोशश्च मन्त्रश्च रक्षणीयः प्रयत्नतः ।
काले काले स्वयं राज्ञा द्रष्टव्यश्चाप्रमादिना ॥ ३३६ ॥
पुरा बभाषे भगवान्नारदं गरुडध्वजः ।
वृष्णीनामाह्निकं राज्ञां चिन्ताभरमहं सहे ॥ ३३७ ॥
गुणविक्रमसंपन्नाः साभिमाना मता न मे ।
न शृण्वन्ति न मन्यन्ते गिरा मां व्यथयन्निव ॥ ३३८ ॥
एतच्छ्रुत्वा सुरमुनिः केशवं प्रत्यभाषत ।
सत्वसारा वहन्त्येव गणकार्यं महाशयाः ॥ ३३९ ॥
दानेन क्षमया शक्त्या मार्दवेनार्जवेन च ।
वशे तिष्ठन्ति धीराणां गुणबद्धा महागुणाः ॥ ३४० ॥
आर्जवं न तु कोशेषु प्रशंसन्त्यर्थदर्शिनः ।
श्रुत्वैतन्नारदेनोक्तं तथेति हरिरभ्यधात् ॥ ३४१ ॥

हरिनारदसंवादः ॥ ११ ॥

सर्वात्मना विशुद्धेषु सचिवेषु नरेश्वरः ।
चारैः सदा तदाचारं जानन्कार्याणि निक्षिपेत् ॥ ३४२ ॥
कोशाध्यक्षः स्वयं राजा परिरक्ष्यः शुचिः सदा ।
अमात्या न सहन्ते तं गोप्तारं कोशहारिणः ॥ ३४३ ॥
कोसलाधिपतेः पूर्वं नगरे क्षेमदर्शिनः ।
मुनिः कालकवृक्षे(क्षी)यो यदृच्छाभ्यागतोऽवसत् ॥ ३४४ ॥
पञ्जरे काकमादाय स राजा सर्वपक्षिणाम् ।
संचरन्बुबुधे सर्वं स्ववृत्तं राजजीविनाम् ॥ ३४५ ॥
मन्त्रश्रावमकार्यं च कोशलोपं च मन्त्रिणाम् ।
स निवेद्य सदा राज्ञे प्रत्यक्षं समदर्शयत् ॥ ३४६ ॥
ते सर्वे कण्टकं मत्वा संहत्य नृपजीविनः ।
सुप्तं तं वायसं रात्रौ जघ्नुर्बाणेन निर्जने ॥ ३४७ ॥
काकं निहतमालोक्य नृपमेत्याब्रवीन्मुनिः ।
स्वस्ति गच्छामि भूपाल भयात्त्वदनुजीविनाम् ॥ ३४८ ॥

स तैर्मे निहतः काकः प्राह यो मां भव द्वितम् ।
काको निपतितो दैवान्मदर्थं प्रेरितः शरः ।
विभेद्य पातयामात्यानित्युक्त्वा विरराम सः ॥ ३४९ ॥
राजापि तद्गिरा काले शोषयित्वा क्रमेण तान् ।
दानेन भेदयित्वा च चक्रे निष्कण्टकां श्रियम् ॥ ३५० ॥

काकपञ्जरिका ॥ १२ ॥

तस्मात्क्रमागतं कुर्याद्द्रष्टारं नृपतिर्हितम् ।
भवन्ति यद्भयात्सर्वे कायस्था भिन्नसंहताः ॥ ३५१ ॥
[1]दासाधिपशतस्यैको भवेदुपरिचिन्तकः ।
तत्सहस्रस्य चाध्यक्षः सर्वं राज्ञो निवेदयेत् ॥ ३५२ ॥
घोषं ग्रामं पुरं राष्ट्रं भक्षयन्त्यधिकारिणः ।
क्रियन्ते यदि न प्राज्ञैरुपर्युपरि चिन्तकाः ।
मलोपदानेनार्हाश्च तीव्रपाकानिवारिणः ॥ ३५३ ॥
[2]शीत्कारकमलोत्कारविपर्यस्तलिपिक्रमैः ।
क एषां भृतभस्त्राणां चौर्यस्योद्भासने क्षमः ॥ ३५४ ॥
तेषां लुण्ठकवृत्तीनां जृम्भारम्भमृजा जुषाम् ।
नगराण्येव चुलकं गलगर्तगलद्गिराम् ॥ ३५५ ॥
तैर्घट्यमानां पृथिवीं रक्षेद्वेतालचेष्टितैः ।
येषां नरकपाकोग्रपर्यन्ते विषमा स्थितिः ॥ ३५६ ॥
यौवनाश्वं नरपतिं प्रागुतथ्योऽवदन्मुनिः ।
पृथिवीपालने राजन्कुरु कण्टकशोधनम् ॥ ३५७ ॥
अनाथान्दुर्बलान्रक्षेत्कृपणांश्चानुलेपयेत् ।
राज्ञां हि कृपणाक्रन्दैर्मूलान्नश्यन्ति संपदः ॥ ३५८ ॥
अर्थोऽप्यनर्थतां याति भूभुजां जनपीडनात् ।
जनापवादपरशुं सहते श्रीलता कथम् ॥ ३५९ ॥

---

१. 'ग्रामस्याधिपतिः कार्यो दशग्राम्यास्तथापरः । द्विगुणायाः शतस्यैवं सहस्रस्य च कारयेत् ॥' इति सप्ताशीतितमेऽध्याये भारतम्. २. 'श्रीत्कार' ख.

वदान्यः सभ्यवान्वीरः कृतज्ञः सत्यवाक्पटुः ।
अभिजातो भवत्येव प्रजानां सुकृतैर्नृपः ॥ ३६० ॥

उतथ्येनेति कथिते मांधाता पृथिवीपतिः ।
तथा शशास यशसा यथा जीवन्निव स्थितः ॥ ३६१ ॥

उतथ्यगीताः ॥ १३ ॥

उवाच कोसलाधीशं वामदेवः पुरा मुनिः ।
धर्मलोपेन भूपानां क्षीयन्ते सहसा श्रियः ॥ ३६२ ॥

सुहृद्भिः प्रणयक्रीतैर्मानक्रीतैर्मनीषिभिः ।
धनक्रीतैस्तथा भृत्यैर्धार्यते श्रीर्महीभुजा ॥ ३६३ ॥

शृणोति करुणाक्रन्दं श्रुत्वा च त्रायते भयात् ।
नाविचार्य सृजेद्दण्डं यः स सर्वप्रियो नृपः ॥ ३६४ ॥

नातः परतरं किंचिद्राज्ञः किल्बिषकारणम् ।
प्रजा विरक्ततां यान्ति यत्कुभर्तुरिवाबलाः ॥ ३६५ ॥

इत्युक्तं वामदेवेन श्रुत्वा स वसुधाधिपः ।
वर्तमानः स्वधर्मेण प्रजानामभवत्प्रियः ॥ ३६६ ॥

वामदेवगीताः ॥ १४ ॥

विषमस्थैरसंनद्धैः क्षीणसैन्यैर्भयार्दितैः ।
न युध्यते क्षत्रियो यः स धर्मविजयी नृपः ॥ ३६७ ॥

तथा मन्ये न शोच्यः श्वा मृतो विण्मूत्रकर्दमे ।
निहतः स्वजनस्याग्रे क्षत्रियः शयने यथा ॥ ३६८ ॥

परैर्विदारिते सैन्ये हते भृत्यजने पुरः ।
ये स्वयं क्षेमिणो यान्ति धिक्तान्क्षत्रियपांसनान् ॥ ३६९ ॥

यस्य पृष्ठं न पश्यन्ति युध्यमानस्य शत्रवः ।
स हतः स्वर्गमासाद्य शक्रेण स्पर्धते नृपः ॥ ३७० ॥

विजिगीषमाणवृत्तम् ॥ १५ ॥

अम्बरीषः पुरा राजा यज्वा प्राप्य सुरालयम् ।
सुदेवाख्यं चमूनाथं ददर्शाभ्यधिकं श्रिया ॥ ३७१ ॥
उपर्युपरि गच्छन्तं सर्वेषां पुण्यशालिनाम् ।
तं दृष्ट्वा विस्मितः शक्रं पप्रच्छ स महीपतिः ॥ ३७२ ॥
यथाधर्मं यथाशास्त्रं पालयित्वा वसुंधराम् ।
इष्ट्वा दत्वा च तप्त्वा च प्राप्तोऽहं त्वत्पुरीमिमाम् ॥ ३७३ ॥
मम सेनापतिरयं सुदेवः केन कर्मणा ।
प्रभाभिरभिभूयास्मानुच्चैः सूर्य इव स्थितः ॥ ३७४ ॥
इति राज्ञा सुरपतिः पृष्टस्तं प्रत्यभाषत ।
शृणु येनाधिको राजंस्त्वत्तोऽयं पृतनापतिः ॥ ३७५ ॥
शस्त्रानले रणमखे रुधिराज्ये धनुःस्रवे ।
कबन्धयूपे कृतिना हुतानेन निजा तनुः ॥ ३७६ ॥
सोऽयं विराजते वीरस्तेजसा कृतमण्डलः ।
निष्कम्पः समरे कृत्तस्त्रस्तानामभयप्रदः ॥ ३७७ ॥
श्रुत्वैतद्विस्मितो राजा प्रशंसन्वीरविक्रमान् ।
विस्मितश्च प्रहृष्टश्च मनसा तमपूजयत् ॥ ३७८ ॥

शक्राम्बरीषसंवादः ॥ १६ ॥

पृष्टः पुरा सुरेन्द्रेण राजनीतिं बृहस्पतिः ।
उवाच श्रीर्यथा राज्ञां न करोति तडिद्भ्रमम् ॥ ३७९ ॥
वचसा मधुरेणैव कुर्यान्मूलक्षयं रिपोः ।
घोरेण कलहेनाप्तो जघन्यो हि जयः स्मृतः ॥ ३८० ॥
संदेहायोद्धृतं शस्त्रं वाग्युद्धं कण्ठशोषणम् ।
शत्रुं हन्यात्प्रियालापैः कुरङ्गमिव लुब्धकः ॥ ३८१ ॥
प्रणमेद्देशकालज्ञो बलिनं रिपुमुद्यतम् ।
तमेवापचिते काले हन्यादेष नयक्रमः ॥ ३८२ ॥
साम्ना सेवेत बलिनं लुब्धं दानेन साधयेत् ।
भेदेन कुपितामात्यं हीनं दण्डेन पातयेत् ॥ ३८३ ॥

प्रमादिनं सहानीकं कोशदुर्गबलोचितम्।
सर्वोपायविहीनं च तूर्ष्णीं दण्डेन योजयेत्॥ ३८४॥
सदा विबुध्येत निजान्विरक्ताननुजीविनः।
आत्मनस्तांश्च गूहेत च्छिद्रं यच्चिन्तयेदरेः॥ ३८५॥
न भाषते वेपते च लक्षितः क्ष्मां निरीक्षते।
न चतुष्पतिदानेन विरक्तहृदयो जनः॥ ३८६॥
गुरुणा कथितं श्रीमान्निशम्यैतत्पुरंदरः।
आत्मगुप्तः परान्वेषी बभूवावहितः सदा॥ ३८७॥

इन्द्रबृहस्पतिसंवादः॥ १७॥

दैवादवाप्तो विपदं न शोचेद्वसुधाधिपः।
अनिर्वेदेन लभ्यन्ते हारिता अपि संपदः॥ ३८८॥
मुनिः कालकवृक्षीयः क्ष्माभुजा क्षेमदर्शिना।
विभ्रष्टेन पुरा पृष्टो जगाद नयकोविदः॥ ३८९॥
विद्युद्विलासतरलाः सुराणामपि संपदः।
राजन्न नित्यमायुश्च यत्कृते श्रियमीहसे॥ ३९०॥
तथापि यदि ते वाञ्छा स्वे राज्ये शत्रुणा हते।
गत्वा तमेव सेवस्व मौनं कृत्वा कृताञ्जलिः॥ ३९१॥
तावच्च सेवको भूत्वा सर्वथा व्यसनालसम्।
यावत्कोशे च मित्रे च शनैरुपचीयसे॥ ३९२॥
प्रविश्य च मनः प्रीत्या प्रियवादी यथा तथा।
प्रोत्साहानामकार्येषु कुर्वीथा दुस्तरेष्वरेः॥ ३९३॥
ततस्तं संशयापन्नं द्रुतकोशं प्रमादिनम्।
तैस्तैरुपायैर्द्रव्यैर्वा कुर्वीथाः क्षणसाधनम्॥ ३९४॥
इत्युक्ते मुनिना राजा कुत्सिताचारकूणितः।
मानी नैतत्करोमीति जगादाभिजनोज्ज्वलः॥ ३९५॥
तस्य सत्यवतो भावमुपलभ्य मुनिस्ततः।
दूतो भूत्वा स्वयं संधौ तस्य शत्रुमयोऽजयत्॥ ३९६॥

संधाय मुनिवाक्येन वैदेहः क्षेमदर्शिना।
वितताार सुतां तस्मै विभवं च यथोचितम् ॥ ३९७ ॥

कालकवृक्षीयम् ॥ १८ ॥

पालयेत्स्वगणं राजा परेषां भेदयेद्गणम्।
सम्यग्वृत्तेन सत्येन वर्तन्ते हि गणाः सदा ॥ ३९८ ॥
गणैर्विजयते राजा चिन्तितैः स्वभृतैस्तथा।
उपेक्षितैः संहतैश्च तैरेवाशु विपद्यते ॥ ३९९ ॥
प्रशाम्यति बहिः कोपो राज्ञां सामादिभिः क्षणात्।
गूढस्तु वेश्मनीवाग्निर्नान्तः कोपो गणोद्भवः ॥ ४०० ॥

गणवृत्तम् ॥ १९ ॥

दैवतं पितरो यस्य धर्मो यस्य प्रजाहितम्।
सम्यग्दण्डो व्रतं यस्य स राजा यज्वनां वरः ॥ ४०१ ॥
न सत्यं केवलं सत्यमनृतं न तथानृतम्।
हितं यत्सर्वलोकस्य तत्सत्यं शेषमन्यथा ॥ ४०२ ॥
अनृतेनानृताचारश्चिकित्स्यः किल भूभुजा।
सत्येन सत्यशीलश्च सेव्यो विभवमिच्छता ॥ ४०३ ॥

सत्यानृतकम् ॥ २० ॥

याजिनः शुद्धसंकल्पास्त्यागिनः पात्रवर्षिणः।
त्रातारः सर्वधर्माणां कर्तारः पुण्यकर्मणाम् ॥ ४०४ ॥
श्रोतारः साधुवचसां भेत्तारो धनहारिणाम्।
तरन्ति घोरदुर्गाणि परत्रेह च भूमिपाः ॥ ४०५ ॥
सदाचारास्तपोयुक्ताः प्रशान्ताः सत्यवादिनः।
संतरन्ति च दुर्गाणि नारायणपरायणाः ॥ ४०६ ॥

दुर्गातितरणम् ॥ २१ ॥

असौम्याः सौम्यचरिता मृदवः क्रूरकारिणः।
भवन्ति पुरुषा लोके तांश्च बुध्येत भूमिपः ॥ ४०७ ॥

पुरा बभूव भूपालः प्रेरकः पूरिकापतिः ।
दारुणः पुरुषः क्षुद्रः पिशिताशनचेष्टितः ॥ ४०८ ॥
कालेन पञ्चतां यातः स च प्राप्तः शृगालताम् ।
जन्मान्तरकृतैः पुण्यैर्जातं सस्मार दुःखितः ॥ ४०९ ॥
आपन्नः कुत्सितं सर्गं निर्वेदाच्छान्तमानसः ।
परैरप्याहृतं मांसं नाददे फलभोजनः ॥ ४१० ॥
श्मशाननिलयं कोपात्तं विलोक्य शुचिव्रतम् ।
ऊचुर्गोमायवः सर्वे निन्दन्तस्तद्विचेष्टितम् ॥ ४११ ॥
वसतापि श्मशानेऽस्मिन्हारितं जडबुद्धिना ।
त्वया मूढव्रतेनेदं स्वादु मांसरसायनम् ॥ ४१२ ॥
विपरीतमिदं सर्वं दुनोति हृदयं सताम् ।
अस्मिन्पितृवने घोरे शृगालो यदमांसभुक् ॥ ४१३ ॥
भुङ्क्ष्वेति तैरभिहितः सोऽवदद्विमलाशयः ।
न शीलकारणं जातिर्नाश्रमः पुण्यकारणम् ॥ ४१४ ॥
किमाश्रमे प्राणिवधः पातकं न प्रचक्षते ।
मनः शुद्धिकृतं सर्वं प्रमाणं कर्म देहिनाम् ॥ ४१५ ॥
इति ब्रुवाणं तं सर्वे विज्ञाय दृढनिश्चयम् ।
नोचुः किंचिदमर्षेण किंत्वतप्यन्त केवलम् ॥ ४१६ ॥
ततः कदाचित्तद्वृत्तं श्रुत्वा व्याघ्रोऽभिपत्य तम् ।
उवाच मम साचिव्यं शुद्धात्मा भजतां भवान् ॥ ४१७ ॥
गोमायुरथ तच्छ्रुत्वा बभाषे विनयानतः ।
स्वाच्छन्द्यममृतं त्यक्त्वा कः सेवां विकटां श्रयेत् ॥ ४१८ ॥
संतोषद्रविणं त्यक्त्वा निरायासमनश्वरम् ।
अभ्यर्थयेत कः सेवां दैव्यातङ्ककलङ्किताम् ॥ ४१९ ॥
अथवा यदि निर्बन्धात्तत्करोमि भवद्वचः ।
मयैवेकेन भृत्येन भवितव्यं सदा त्वया ॥ ४२० ॥

त्वदेकसंश्रयं भक्त्या न च संघातवासिनम् ।
विनाशयन्ति पिशुना न यथा मां तथा कुथाः ॥ ४२१ ॥
एवमुक्त्वा शममयं निष्कामः पूज्यगौरवात् ।
तथेति वादिनस्तस्य व्याघ्रस्यामात्यतां ययौ ॥ ४२२ ॥
तमाश्वास्य भुवं नीतमेकं सर्वाधिपं कृतम् ।
व्याघ्रेण वीक्ष्य दुःखाब्धौ पेतुस्तदनुजीविनः ॥ ४२३ ॥
व्याघ्राय कल्पितं मांसं निन्युर्गोमायुकेतनम् ।
क्व मांसमिति ते पृष्टा व्याघ्रेण क्षुद्रकारिणः ।
ऊचुश्चौर्येण तन्नीतं शुचिना तव मन्त्रिणा ॥ ४२४ ॥
मिथ्याचारं विदित्वा तं दृष्ट्वा मांसं च तद्गृहे ।
क्रोधान्धो हन्तुकामस्तं व्याघ्रः संरम्भमाययौ ॥ ४२५ ॥
तमभ्येत्याब्रवीन्माता व्याघ्री पिशुनशङ्किता ।
शुद्धाय तस्मै भृत्याय विमोहात्पुत्र मा क्रुधः ॥ ४२६ ॥
बहवः संहता धूर्ताः संमतं सचिवं नवम् ।
मिथ्यादोषेण लिम्पन्ति निर्दोषं क्षुद्रपण्डिताः ॥ ४२७ ॥
स्वरूपं विकृतो द्वेष्टि शूरं भीरुर्बुधं जडः ।
कुलीनं हीनजन्मा च दुःशीला च पतिव्रताम् ॥ ४२८ ॥
एवं विबोधितो मात्रा तत्त्वमन्विष्य चारतः ।
शुद्धं विज्ञाय तं व्याघ्रः प्रसाद्यासीद्विलज्जितः ॥ ४२९ ॥
तमब्रवीच्छृगालोऽथ स्वस्ति गच्छाम्यहं विभो ।
विमानितस्त्वया वस्तुं नोत्सहे त्यक्तसंविदा ॥ ४३० ॥
गुणवानिति संसत्सु यः स्तुतः साधुभिः पुरा ।
सत्यप्रतिज्ञैर्दोषेऽपि न स वाच्योऽन्यथा पुनः ॥ ४३१ ॥
भिन्ने तथास्मिन्संश्लेषे पुनः प्रीतिः सुदुर्लभा ।
इत्युक्त्वा व्याघ्रमामन्त्र्य गोमायुस्तपसे ययौ ॥ ४३२ ॥

स कालेन निराहारः शान्तसंसारवासनः ।
वने कलेवरं त्यक्त्वा त्रिदिवं प्रययौ कृती ॥ ४३३ ॥

व्याघ्रगोमायुसंवादः ॥ २२ ॥

आस्थाय वैतसीं वृत्तिं देशकालौ समीक्ष्य ये ।
न सन्ति तिष्ठन्त्युच्चैर्वा न ते यान्ति पराभवम् ॥ ४३४ ॥
सागरः सरितः सर्वाः पुरा पप्रच्छ कौतुकात् ।
युष्मत्प्रवाहेष्वखिलान्पश्याम्युन्मूलितान्द्रुमान् ॥ ४३५ ॥
एते विशन्ति मां वृक्षा हृता कूलंकषैर्जलैः ।
वेतसं न तु पश्यामि कस्मादत्र तटोद्भवम् ॥ ४३६ ॥
समुद्रेणेति पृष्टासु नदीषु प्राह जाह्नवी ।
ह्रियमाणः सदाम्भोभिर्विनमत्येव वेतसः ॥ ४३७ ॥
हन्तुं न शक्यास्ते वृक्षा महौघैर्विनमन्ति ये ।
त्रुट्यन्ति त्रासादेवान्ये द्रुमा मूर्खा इवोद्धताः ॥ ४३८ ॥
एतद्गाङ्गं वचः श्रुत्वा तथेत्यूचे सरित्पतिः ।
मेने च वैतसीं वृत्तिं श्रेयसे देशकालयोः ॥ ४३९ ॥

सरित्सागरसंवादः ॥ २३ ॥

राज्ञां धनं निजा बुद्धिर्दाक्ष्यं चोत्साहशालिनाम् ।
अलसा बुद्धिहीनाश्च सर्वथा विपदां पदम् ॥ ४४० ॥
उष्ट्रः परेण तपसा प्रजापतिवरात्पुरा ।
आलस्योपहतो ग्रीवामवाप शतयोजनीम् ॥ ४४१ ॥
आसने चोपविष्टोऽथ तया पीलुवनेषु सः ।
प्राणयात्रां सदा चक्रे मन्यमानो महत्सुखम् ॥ ४४२ ॥
दुर्दिनाभिहते काले कदाचित्तस्य जम्बुकैः ।
क्षुत्क्षामैर्भक्षिता ग्रीवा दीर्घा सा मण्डलीकृता ॥ ४४३ ॥

उष्ट्रग्रीविकम् ॥ २४ ॥

कुलीनान्विदिताचारान्राजा कर्मसु योजयेत् ।
पदे महति विन्यस्ताः संशयायैव दुर्जनाः ॥ ४४४ ॥

उवास श्वा कृपापात्रमाश्रमे कस्यचिन्मुनेः ।
स दृष्ट्वा द्वीपिनं घोरं कदाचिदवदद्भयात् ।
भगवन्नेष मां द्वीपी क्षुधितो हन्तुमागतः ॥ ४४५ ॥
पाहि पाहीति तेनोक्तः स मुनिः करुणानिधिः ।
एतत्तुल्यो भवेत्युक्त्वा तं चक्रे द्वीपिविग्रहम् ॥ ४४६ ॥
सोऽपि श्वा द्वीपितां प्राप्तस्त्रस्तो व्याघ्रात्पुनर्मुनिम् ।
त्रायस्वेत्यभिधायैव व्याघ्रतां तद्गिरा ययौ ॥ ४४७ ॥
सोऽपि मत्तगजाद्भीतः कालेन मदमन्थरात् ।
मुनिना कल्पितां प्रीत्या प्राप्तो मत्तगजेन्द्रताम् ॥ ४४८ ॥
सोऽपि पञ्चाननाद्भीतः करालात्तालकेसरात् ।
यातस्तच्छासनादेव सहसा मृगराजताम् ॥ ४४९ ॥
अष्टपादं महादंष्ट्रं दृष्ट्वा शरभमागतम् ।
स विषण्णो मुनिगिरा बभूव शरभः क्षणात् ॥ ४५० ॥
कालेन शरभाकारः सर्वप्राणिभयंकरः ।
स जातदर्पः सहसा तं मुनिं हन्तुमुद्ययौ ॥ ४५१ ॥
अपध्वस्तस्ततस्तेन मुनिना हुंकृतेन सः ।
स बभूव पुनर्दीनः क्षणादशुचिविग्रहः ॥ ४५२ ॥
इत्यविज्ञातशीलेभ्यो हीनेभ्यो वितरञ्श्रियम् ।
कुलाचारमनालोच्य राजा पतति संशये ॥ ४५३ ॥

श्वऋषिसंवादः ॥ २९ ॥

नयमेवंविधं ज्ञात्वा राजदण्डेन गामिमाम् ।
सर्वकामदुघां वीरः पालयेन्न तु पीडयेत् ॥ ४५४ ॥
वसुहोमोऽङ्गनृपतिर्हिमवच्छिखरे पुरा ।
अवदद्यौवनाश्वेन पृष्टो दण्डस्य संभवम् ॥ ४५५ ॥
धृतो वर्षसहस्रं प्राङ्मूर्ध्ना गर्भः प्रजासृजा ।
क्षुतेन सहसोत्सृष्टः स श्रीमान्क्षुप इत्यभूत् ॥ ४५६ ॥

अत्रान्तरे जगत्सर्वमाशासनमयन्त्रणम्।
निर्मर्यादं विलोक्येदं व्याकुलोऽभूत्प्रजापतिः॥ ४५७॥
अथास्य वचसा रुद्रः प्रययौ दण्डतां स्वयम्।
दंष्ट्री चतुर्भुजो दीप्तः श्यामोष्ठचरणो जटी॥ ४५८॥
देवस्तं विष्णवे प्रादाद्विष्णुरङ्गिरसे ददौ।
सोऽपि शक्रमरीचिभ्यां मरीचिर्भृगवे ततः॥ ४५९॥
स मुनिभ्यो ददौ तेऽपि दिक्पतिभ्यो क्षुपाय ते।
क्षुपश्च मनवे प्रादाद्दण्डं धर्मस्य गुप्तये॥ ४६०॥
तस्मिन्सम्यक्प्रणिहिते रक्षायै पूततेजसि।
लभन्ते शाश्वतं वीरा यशः स्वर्गं च भूमिपाः॥ ४६१॥
इत्युक्तमङ्गराजेन मांधाता पृथिवीपतिः।
निशम्योत्फुल्लनयनः सादरं तमपूजयत्॥ ४६२॥
वसुहोमोपाख्यानम्॥ २६॥

कामलोभोद्भवं पापं राज्ञो ब्राह्मणसेवया।
पुनश्चाकरणाद्दानात्कीर्तनाच्च विनश्यति॥ ४६३॥
त्रयी त्राता ततो धर्मं भजते त्यक्तकिल्बिषः।
इत्यरिष्टेन[1] पृष्टः प्राङ्मुनिः कामर्दकोऽब्रवीत्॥ ४६४॥
कामन्दारिष्टसंवादः॥ २७॥

शीलमाभरणं राज्ञां सौजन्यं विदुषामिव।
शीलेन राजते लक्ष्मीर्वसन्तेनेव मञ्जरी॥ ४६५॥
राजसूये श्रियं दृष्ट्वा तव द्वेषविषाकुलः।
दुर्योधनः पुरा पित्रे द्यूते कामं न्यवेदयत्॥ ४६६॥
धृतराष्ट्रस्तमवदत्पुत्र मा भव विप्लुतः।
प्रवर्तन्तां तवाप्यन्ते यज्ञा विपुलसंपदः॥ ४६७॥
शीलवान्प्राप्स्यसि सदा लक्ष्मीं पाण्डुसुताधिकः।
न हि शीलवतः किंचिद्विद्यते भुवि दुर्लभम्॥ ४६८॥

---

१. 'आङ्गरिष्टोऽथ पप्रच्छ' इति त्रयोविंशाधिकशततमेऽध्याये भारतम्.

शीलं राज्ञां दिशां चन्द्रस्तारुण्यं हरिणीदृशाम्।
मधुमासश्च वृक्षाणां मनोहार्यं विभूषणम्॥ ४६९॥
विदेशेषु धनं विद्या व्यसनेषु धनं मतिः।
परलोके धनं धर्मः शीलं तु निखिलं धनम्॥ ४७०॥
शीलवित्तोचितं शक्रः प्रदीप्तविभवं पुरा।
बृहस्पतिपुरः प्रायात्प्रह्लादं ब्राह्मणाकृतिः॥ ४७१॥
श्रेयो वदेति विनयाद्दैत्येन्द्रस्तेन शिष्यवत्।
पृष्टो बभाषे कालेन प्रजाकार्यैकसक्तधीः॥ ४७२॥
त्रैलोक्यराज्यं संप्राप्तं मया शीलवता सदा।
शृणोति विद्या विदुषां कवीनां संशये वचः॥ ४७३॥
अनिर्णीतमसंस्पृष्टमनाख्यातमचिन्तितम्।
सहसा न भजेत्किंचिदपि स्वादु विचारधीः॥ ४७४॥
एतदेव हितं विप्र सर्वेषामपि देहिनाम्।
वरं गृहाण तुष्टोऽहं तव प्रणयसेवया॥ ४७५॥
इत्युक्तो दानवेन्द्रेण तुष्टः प्रोवाच वृत्रहा।
सर्वं देहि निजं मह्यं शीलं शीलवतां वर॥ ४७६॥
श्रुत्वैतत्सत्यवाग्दैत्यो ददानीति तमब्रवीत्।
शक्रोऽपि तद्गिरा प्राप्य प्रययौ द्विजवेशभृत्॥ ४७७॥
गते तस्मिन्महोत्साहे छायारूपो वराकृतिः।
प्रह्लादविग्रहात्तूर्णं निर्ययौ पुरुषो बहिः॥ ४७८॥
कोऽसीति पृष्टस्तेनाथ सोऽवदद्दैत्यभूपतिम्।
वितीर्णोऽद्य त्वया कामादहं शीलाभिधो गुणः॥ ४७९॥
उक्त्वेति शक्रं यातेऽस्मिन्नपरो निरगात्ततः।
सोऽपि पृष्टोऽवदद्दैत्यं धर्मोऽहं शीलमार्गगः॥ ४८०॥
विनिःसृतस्तृतीयोऽपि सत्यमस्मीत्युवाच ताम्।
अवदद्वित्तमस्मीति चतुर्थोऽप्यथ निर्गतः।
अहं बलमिति क्षिप्रं निर्यातः पञ्चमोऽवदत्॥ ४८१॥

ततः कमलपर्यङ्कस्थिता कमललोचना ।
प्रह्लादवक्त्रान्निर्गत्य जगाद कमला स्वयम् ॥ ४८२ ॥
व्रजाम्यहं सहस्राक्षं यस्ते शिष्योऽभवद्द्विजः ।
तस्मै त्वया वितीर्णं हि शीलं शीलविभूषण ॥ ४८३ ॥
शीलादनुगतो धर्मः सत्यं तदनुयायि च ।
यातं वित्तं च तन्मूलं बलं चैतन्निबन्धनम् ॥ ४८४ ॥
एतेषु सुरराजस्य प्रविष्टेषु क्रमाद्वपुः ।
शीलाश्रयां श्रियं विद्धि मामपि प्रस्थितां विभो ॥ ४८५ ॥
इत्युक्त्वा शक्रसदनं ययौ लक्ष्मीर्विहाय तम् ।
एवं शीलोद्भवाः सर्वा दुर्योधनविभूतयः ॥ ४८६ ॥
इत्युक्तोऽप्याम्बिकेयेन न शशाम सुयोधनः ।
पूज्येषु विमुखा मोहात्सर्वथा हि मुमूर्षवः ॥ ४८७ ॥
शीलवर्णनम् ॥ २८ ॥

एतत्पितामहेनोक्तं श्रुत्वा सर्वं नृपोचितम् ।
स्मृत्वा दुर्योधनकथां निःश्वस्योवाच धर्मजः ॥ ४८८ ॥
आशा ममाभूद्विपुला सततं धृतराष्ट्रजे ।
यथा वननिवृत्तेषु सा मास्मासु विधास्यति ॥ ४८९ ॥
सर्वथा युद्धरुचिना प्रत्याख्याते जनार्दने ।
आशा विफलतां नीता सा तेन मम संवृता ॥ ४९० ॥
तस्माद्वैपुल्यमायातास्तद्भङ्गे दुःसहाः शुचः ।
निवर्तन्ते कथं नाम कथ्यतां मे पितामह ॥ ४९१ ॥
पृष्टो युधिष्ठिरेणेति पुनः शान्तनवोऽब्रवीत् ।
आशा सुमहती पार्थ दशा जीवितहारिणी ॥ ४९२ ॥
हैहयो राजपुत्रः प्राक्सुमित्रो नाम कानने ।
जवादनुससारैकं कुरङ्गं वेगवत्तरम् ॥ ४९३ ॥
समेषु तरुकुञ्जेषु श्वभ्रेषु विषमेषु च ।
मृगानुसारी सुचिरात्स धन्वी क्लममाययौ ॥ ४९४ ॥

ततस्तपोवनं प्राप्य दृष्टनष्टे मृगे पुनः ।
आशाविनाशसंतप्तो मुनीनामविशत्सभाम् ॥ ४९१ ॥
स तान्प्रणम्य पप्रच्छ कष्टामाशां महत्तमाम् ।
मुनिस्तं वृषभो नाम बभाषे सस्मितानन: ।
राजपुत्र कृशामाशां जहि दुःखानुबन्धिनीम् ॥ ४९६ ॥
भूरिद्युम्नः पुरा राजा वीरद्युम्नाभिधं सुतम् ।
विचिन्वन्हृतमश्वेन बदर्याश्रममाययौ ॥ ४९७ ॥
ततस्तपोवनं प्राप्य दृष्टनष्टे मृगे पुनः ।
आशाविनाशसंतप्तो मुनीनामविशत्सभाम् ॥ ४९८ ॥
स तान्प्रणम्य पप्रच्छ कष्टामाशां महत्तमाम् ।
मुनिस्तं वृषभो नाम बभाषे स स्मितानन: ॥ ४९९ ॥
राजपुत्र कृशामाशां जहि दुःखानुबन्धिनीम् ।
भूरिद्युम्नः पुरा राजा वीरद्युम्नाभिधं सुतम् ॥ ५०० ॥
तनुर्नाम मुनिस्तत्र प्रांशुः कृशतराकृतिः ।
दुःखान्तेनावदत्पृष्टो मा राजन्विक्लवो भव ॥ ५०१ ॥
न विद्यते जनः कश्चिदाशया यो न हीयते ।
न च पश्यामि तं लोके याचकं योऽभिमन्यते ॥ ५०२ ॥
कृतघ्नेषु नृशंसेषु कुटिलेष्वलसेषु च ।
आशादौर्बल्यमायान्ति शरदीवाल्पनिम्नगाः ॥ ५०३ ॥
धिक्तां कृशतरामाशां कायशोषविधायिनीम् ।
प्रतिश्रुतमसंप्राप्य हृदयात्परिवर्तते ॥ ५०४ ॥
पुत्रे मृते वा नष्टे वा पितुरेकात्मजस्य वा ।
आशा दहति गात्राणि सा कृशापि महीयसी ॥ ५०५ ॥
वृद्धानां पुत्रलाभेषु नित्यमाशा भवन्ति याः ।
स्थाविरे जीर्णकायानां ताः कृशा अपि दुःसहाः ॥ ५०६ ॥
भ्रामयत्याप्तमात्रैव शोषयत्यायती कृशा ।
हन्ति मग्ना जटिल्येव धिगाशां मृत्युदायिनीम् ॥ ५०७ ॥

इत्युक्त्वा तनयं राज्ञे स मुनिर्दिव्यलोचनः ।
अदर्शयत्स्वयं चाभूत्प्रकटं धर्मविग्रहः ॥ ५०८ ॥

ऋषभगीताः ॥ २९ ॥

आशापाशान्परित्यज्य योगीव विजितेन्द्रियः ।
पातुमर्हसि कौन्तेय पृथ्वीं पृथुरिवापरः ॥ ५०९ ॥
कोशमूलं बलं राज्ञां तस्मिन्क्षीणे यथा तथा ।
अब्राह्मणधनैः कार्या तद्वृद्धिर्धर्मसंपदे ॥ ५१० ॥

राजधर्माः ॥ ३० ॥

वक्तारं सर्वधर्माणां सिद्धसिन्धुसुतं नृपः ।
क्षीणकोशसहायानां वृत्तिं पप्रच्छ भूभुजाम् ॥ ५११ ॥
बलिभिर्विजितो राजा भिन्नमन्त्रो निराश्रयः ।
निरुत्साहतया भ्रष्टः किं श्रेयः संश्रयेदिति ॥ ५१२ ॥
भीष्मोऽवदन्नरपतिः क्षीणः संधाय वैरिभिः ।
शनैः कोशबलादीनां यत्नात्कुर्याद्विवर्धनम् ॥ ५१३ ॥
तूर्णं वर्तेत साम्ना वा त्यक्तात्मा वारणं व्रजेत् ।
उभयोरन्तरे तिष्ठन्दीर्घसूत्रो विनश्यति ॥ ५१४ ॥
विपदानां मूलघाती योऽयं कोशापरिक्षयः ।
उत्थानोपहतास्तेन प्रभवन्ति न ताः किल ॥ ५१५ ॥
गृध्राः प्रयान्त्येव शवं दग्धमङ्गारकाष्ठकम् ।
न तु दारिद्र्यसंस्पृष्टं कश्चित्स्पृशति पूरुषम् ॥ ५१६ ॥
अपि क्लिन्नसिराजालं पूतिपर्युषितं शवम् ।
न तथा वर्जयन्त्याराद्धनहीनं यथा जनम् ॥ ५१७ ॥
विलुप्तविभवोद्भ्रान्तचेतसां विषमे पदे ।
अनश्वरमनाक्रम्यं मर्यादा मानिनां धनम् ॥ ५१८ ॥
अप्यनुत्सृष्टमर्यादो दस्युः स्यान्न विशृङ्खलः ।
मर्यादा संपदां धाम मूढता विपदामिव ॥ ५१९ ॥

पुरा दस्युपतिर्वीरः कोपव्यो गुरुपूजकः।
अपरित्यक्तमर्यादः प्राप सिद्धिमनुत्तमाम् ॥ १२० ॥

रक्षिता न्यस्तशस्त्राणां द्विजानां योषितां तथा।
निःशेषदानवसखः स लेभे विपुलं यशः ॥ १२१ ॥

कोपव्यचरितम् ॥ ३१ ॥

न तज्जगति नामास्ति यदनाक्रम्यमापदाम्।
शरीररक्षा प्रथमं तासां बुद्धिश्च भेषजम् ॥ १२२ ॥

प्राप्तज्ञो दीर्घदर्शी च दीर्घसूत्रश्च सानुगाः।
बहुपुत्राः पुरा मत्स्या न्यवसन्सलिलाशये ॥ १२३ ॥

स्राव्यमाणो जले तत्र धीवरैस्तज्जिघृक्षया।
दीर्घदर्शी परानूचे गच्छामो मानसान्तरम् ॥ १२४ ॥

इत्यर्थितौ तेन यदा तौ विमोहान्न जग्मतुः।
दीर्घदर्शी तदा पूर्वं स्वयं प्रायात्सरः परम् ॥ १२५ ॥

ततः स्रुतजले दाशैः कृष्टे मत्स्यकदम्बके।
ललम्बे कृतकं धाम्नि प्राप्तज्ञो मृतवत्स्वयम् ॥ १२६ ॥

सोत्फालानखिलान्मत्स्यान्हत्वा प्रोतानथापरान्।
जलान्तरे क्षालनाय विक्षिपुर्जालजीविनः ॥ १२७ ॥

न्यस्तेषु तेषु निःशङ्कैर्नदीष्वम्भसि धीवरैः।
अलक्षितो ययौ तूर्णं प्राप्तज्ञो धीमतां वरः ॥ १२८ ॥

अर्धजीवस्तु विचलन्दीर्घसूत्रो महाकृतिः।
व्यपाद्यत निषादेन लगुडैर्जर्जरीकृतः ॥ १२९ ॥

दीर्घदर्शीयम् ॥ ३२ ॥

बहूनां गोचरं यातो वैरिणां विषमे स्थितः।
कुर्याद्बलाधिकं तेभ्यो मित्रं किंत्वतिशङ्कितः ॥ १३० ॥

न्यग्रोधमूलनिलयः प्रलयो मूषिकः पुरा।
लोमशं नाम मार्जारं जालबद्धं व्यलोकयत् ॥ १३१ ॥

बद्धे तस्मिन्गताशङ्कः स जिघ्रंश्चपलाननः ।
भक्ष्यं निशि चचाराखुर्विलिखन्नखरैर्महीम् ॥ १३२ ॥
हरितं नाम सोऽपश्यन्नकुलं लोहिताननम् ।
चन्द्रकाख्यमुलूकं च कूजन्तं घोरलोचनम् ॥ १३३ ॥
तौ दृष्ट्वा बलिनौ भीतः संप्राप्ते प्राणसंशये ।
मूषिकः कलयन्सर्वा दिशः क्षणमचिन्तयत् ॥ १३४ ॥
नकुलोलूकभीतोऽहं मार्जारं बलिनां वरम् ।
संशये विषमस्थानां संधिस्त्राणं हि शत्रुणा ॥ १३५ ॥
स निश्चित्येति तत्पाशच्छेदायोद्यतमानसः ।
मार्जारमवदन्नीलकाचकाचरलोचनम् ॥ १३६ ॥
अमित्रो मित्रतां याति मित्रमायात्यमित्रताम् ।
कालेन तस्माच्छेत्स्यामि पाशं ते मित्रतां गतः ॥ १३७ ॥
श्रुत्वैतन्मधुरं हृष्टो मार्जारः सुहृदं व्यधात् ।
गाढमङ्के परिष्वज्य मूषिकं विपदि स्थितः ॥ १३८ ॥
तद्दृष्ट्वा नकुलोलूकौ निराशावाखुभक्षणे ।
बभूवतुर्भुग्नमुखौ बलवत्प्रीतिशङ्कितौ ॥ १३९ ॥
शनैः शनैर्मूषिकोऽथ चिच्छेद स्नायुबन्धनम् ।
तं तूर्णं तूर्णमित्यूचे मार्जारश्चिरकारिणम् ॥ १४० ॥
स्वार्थमुद्दिश्य लम्बन्ते ये क्षणं प्रीतितन्तुभिः ।
धूर्तांस्तान्कार्यशेषेण यापयेत्कार्ययाचकान् ॥ १४१ ॥
एतद्ध्यात्वा धियैवाखुर्लुब्धकागमनावधि ।
एकपाशांशशेषं तं चकार नयकोविदः ॥ १४२ ॥
प्रातर्घोरतरे प्राप्ते चण्डाले परिघाभिधे ।
जालनिक्षिप्तनयने सशस्त्रे पाशजीविनि ॥ १४३ ॥
पाशशेषं चकर्ताखुश्छित्वा च बिलमाविशत् ।
याते व्याधो निराशश्च मार्जारे विद्रुते द्रुतम् ॥ १४४ ॥

तस्मान्महाभयान्मुक्तः कालेनाभ्येत्य मूषिकम्।
अन्तःस्थितं बिलद्वारान्मार्जारः प्रणतोऽवदत् ॥ १४५ ॥
अहं स ते परं मित्रमुपकारवशीकृतः।
भृशमुत्कण्ठितां प्राप्तः सखे निर्गम्यतामितः ॥ १४६ ॥
इति ब्रुवाणं मार्जारं दृष्ट्वा भक्षणदीक्षितम्।
शुक्लतीक्ष्णाग्रदशनं श्मश्रुसूचीचिताननम् ॥ १४७ ॥
जिघ्रन्तं मूषिकामोदमर्धोन्मीलितलोचनम्।
उच्चैकपादनिभृतं तमभाषत मूषिकः ॥ १४८ ॥
सौहार्देनोपयुक्तः प्राक्तव चाहं भवांश्च मे।
गम्यतां स गतः कालो न भूमिर्वञ्चनेष्वहम् ॥ १४९ ॥
यद्भवान्मधुरं वक्ति तन्मह्यं नाद्य रोचते।
याचकः कार्यकालोऽसावधुना नास्ति संगतम्[1] ॥ १५० ॥
निजप्रयोजनापेक्षापेशलप्रियभाषणम्।
दुर्बलः क्रूरमनसं धीरः को नाम विश्वसेत् ॥ १५१ ॥
कृतज्ञ भवसे मित्रं दूरादेवार्यचेतसम्।
न श्रेयोऽस्ति विरुद्धो हि भोज्यभोक्तृसमागमः ॥ १५२ ॥
निरस्य बहुभिर्वाक्यैर्मार्जारमिति मूषिकः।
बिलं तत्याज कालेन दृष्टं धूर्तेन शत्रुणा ॥ १५३ ॥
मार्जारमूषिकसंवादः ॥ ३३ ॥

एवमेष नयः प्राज्ञैर्ज्ञातव्यः शत्रुसंधिषु।
न विश्वसेत्प्रियगिरां विशेषेण कृतागसाम् ॥ १५४ ॥
काम्पिल्ये नगरे पूर्वं ब्रह्मदत्तस्य भूपतेः।
उवास पूतना नाम विहगी जीवजीविका ॥ १५५ ॥
सा राजभवने जातविस्रम्भाजीजनत्सुतम्।
तत्पुत्रतुल्यजन्मा च पुत्रोऽभूत्तस्य भूभुजः ॥ १५६ ॥

१. 'मङ्गलम्' ख.

वितीर्य सागरद्वीपसंजातं सा फलद्वयम् ।
स्वपुत्रं राजपुत्रं च बाल्येऽपि बलिनौ व्यधात् ॥ ५५७ ॥
ततः कदाचिद्विहगं शिशुं राजसुतो बली ।
आदाय केलिसंसक्तं चकार गतजीवितम् ॥ ५५८ ॥
विलोक्य निहतं पुत्रं समभ्येत्याथ पूतना ।
तुण्डेन राजपुत्रस्य क्रुद्धा नेत्रे व्यदारयत् ।
प्रतिकृत्य निकारेण दुःखिता गन्तुमुद्ययौ ॥ ५५९ ॥
व्रजन्तीं ब्रह्मदत्तस्तां हर्म्यादालोक्य संभ्रमात् ।
विदारिताक्षं पुत्रं च जगादाच्छाद्य विक्रियाम् ॥ ५६० ॥
अपकारे प्रतिकृते वैरं वैरेण पातितम् ।
कोपः साम्यादपक्रान्तो मा गमः पुत्रि पूतने ॥ ५६१ ॥
तच्छ्रुत्वोवाच विहगी नेदानीमस्ति संगतम् ।
कृतप्रतिकृतं वैरमभ्यासाद्द्विगुणं भवेत् ॥ ५६२ ॥
श्रुत्वा च गुरुवृद्धेभ्यः पुराणमपि विस्मृतम् ।
सहसा नवतां याति वैरं कोटरवह्निवत् ॥ ५६३ ॥
कृतापकारे विश्वासं मोहाद्यो याति बालिशः ।
स विस्मृतात्मा सहसा याति कालविधेयताम् ॥ ५६४ ॥
गीतेनेव कुरङ्गाणामामिषेणेव पक्षिणाम् ।
बडिशेनेव मत्स्यानां विश्वासनव्यथा नृणाम् ॥ ५६५ ॥
प्रियवाद्यैर्विभिन्नानां संश्लेषः किल दुर्लभः ।
मुक्ताफलानां भग्नानां जतुलेशैर्न संधयः ॥ ५६६ ॥
धिक्तं कुदेशं यत्रात्मा न शेतेऽशङ्कितः सुखम् ।
प्रवादः किल सत्योऽयं यदात्मार्थे महीं त्यजेत् ॥ ५६७ ॥
इति ब्रुवाणा सा राज्ञा प्रार्थितापि पुनः पुनः ।
अविश्वासभयात्प्रायात्त्यक्त्वा प्रणयगौरवम् ॥ ५६८ ॥

ब्रह्मदत्तपूतनासंवादः ॥ ३४ ॥

आपत्काले घृणां त्यक्त्वा कृतस्नेहेषु गौरवैः ।
प्रतिकूलेषु वर्तेत प्रतिकूलतरं धिया ॥ ९६९ ॥
राज्ञा शत्रुन्तपाख्येन वृत्तिं नीतिं च भूभुजाम् ।
कणिङ्कनामा नीतिज्ञः पुरा पृष्टोऽब्रवीन्मुनिः ॥ ९७० ॥
मूलच्छेदं रिपोः कुर्यादथवा न प्रकोपयेत् ।
अन्यथासौ विनाशाय पादस्पृष्ट इवोरगः ॥ ९७१ ॥
जनं विश्वसयेद्वाचा शौचं दम्भेन दर्शयेत् ।
प्रणामैः शपथैः शास्त्रैः शत्रुं सेवेत शम्बरैः ॥ ९७२ ॥
अतीतशान्तये स्नेहैः समं जडमनागतैः ।
प्रत्यक्षैरुपपत्रैश्च पिण्डितैः फलवर्जितैः ॥ ९७३ ॥
तूलवत्सहसा क्षिप्रं ज्वलेदवसरे क्वचित् ।
मन्दप्रतापो धूमाङ्को न भवेद्द्रुमवह्निवत् ॥ ९७४ ॥
प्रयोजनार्थिनः कुर्यादाशाबन्धान्सदा मदा ।
न हि कश्चित्कृते कार्ये कर्तारमनुमन्यते ॥ ९७५ ॥
लोकापवादादुद्वेगो मार्दवं चिरकारितम् ।
असंवृत्तिः स्वमन्त्रे वा मूलच्छेदोऽर्थसंपदाम् ॥ ९७६ ॥
प्रसुप्तो बधिरोऽन्धो वा काले स्यात्स्वार्थसिद्धये ।
प्रपातमधुवत्तिष्ठेद्दुर्लभः सर्वदेहिनाम् ॥ ९७७ ॥
दारुणः स्यान्मुखे स्वादुर्गुडलिप्त इवोपलः ।
विशेदन्तश्च शत्रूणां मधुदिग्ध इव क्षुरः ॥ ९७८ ॥
दीर्घमाशामिषं दातुं चिन्तयेज्ज्ञानसंग्रहम् ।
आशां निघ्नैर्निमित्तैश्च हेतुभिश्च तथा वदेत् ॥ ९७९ ॥
न यथा रतिमायाति संवत्सरशतैरपि ।
अतृप्तिजनका प्रीतिर्दद्यात्स्वस्यान्तरं नृणाम् ॥ ९८० ॥
काकवत्परिशङ्केत नाशयेन्मृगमुग्धताम् ।
चारैर्भवेच्च सर्वज्ञः प्रहरेद्व्यसने रिपौ ॥ ९८१ ॥

पूर्वं मायाभिघाती स्याद्धतं शोचेत्स्वबन्धुवत् ।
न कुर्यान्निष्फलं वैरं न हरेदप्यपुष्कलम् ॥ ५८२ ॥

दन्तानां शातनं मिथ्या शुष्कास्थिपरिचर्वणम् ।
शृणवद्व्याधिवच्छेषं न शत्रोः परिवर्जयेत् ॥ ५८३ ॥

अपि पुत्रं स्वयं हन्यादर्थविघ्नविधायिनम् ।
गृध्रवद्दीर्घदर्शी स्याद्बकवत्कपटव्रतः ॥ ५८४ ॥

शार्दूलवन्महोत्साहः कुटिलश्च भुजङ्गवत् ।
भेदनाय सदा कुर्यात्परेषां पौरसान्त्वनम् ॥ ५८५ ॥

गणांश्चोपजपेत्पूर्वं धनैराकृष्य वल्लभान् ।
पण्डितैर्वैरमुत्पाद्य न निःशङ्कः सुखं चरेत् ॥ ५८६ ॥

एतद्बुद्ध्वैव निखिल ननु सेवेत सज्जनम् ।
सुवेरराजः श्रुत्वैतद्भारद्वाजेन भाषितम् ।
कणिङ्काख्येन मुनिना बभूव नयकोविदः ॥ ५८७ ॥

कणिङ्कोपाख्यानम् ॥ ३५ ॥

आपदं कालदौरात्म्याद्दैवदोषेण वा बुधः ।
संप्राप्तो दैवदिष्टाद्वा धिया वर्तेत संकटे ॥ ५८८ ॥

अयमेव सदोपायो भावि कल्याणसंपदाम् ।
त्रिवर्गसाधनं देहं रक्षेदापत्सु यद्बुधः ॥ ५८९ ॥

अनावृष्टिहते काले पुरा द्वादशवार्षिके ।
कथाशेषेषु तोयेषु दुर्भिक्षक्षपिते जने ॥ ५९० ॥

उत्सन्ने धर्मसंताने शवाकीर्णे महीतले ।
त्यक्त्वाग्निदैवताः सर्वे मुनयो लुप्तसंयमाः ॥ ५९१ ॥

बभ्रमुर्नष्टसंकेता निर्दग्धाश्रमकाननाः ।
विश्वामित्रोऽथ विचरन्नवाप श्वपचालयम् ॥ ५९२ ॥

कृत्तप्राणिवसाविस्रं शुष्कमांसास्थिमालिकम् ।
आयासनियमावासं श्वचर्मास्तीर्णपक्कणम् ॥ ५९३ ॥

शोणितापूर्णपिठरं सरमासङ्गसंकुलम् ।
स्नायुप्रलम्बसंबाधं कङ्कालशकलाकुलम् ॥ ५९४ ॥
क्षुत्क्षामकुक्षिस्तत्रापि मुनिर्भिक्षामयाचत ।
अर्थमानोऽपि स यदा ततो लोभेन किंचन ॥ ५९५ ॥
तदा कृच्छ्रां दशां यातः पपात भुवि मूर्छितः ।
सोऽचिन्तयदहो कष्टमियमापदुपस्थिता ॥ ५९६ ॥
श्वमांसलेशमथवा हरामि निशि चौरवत् ।
प्राणार्थी सर्वमादद्यात्सर्वतः स्थितिविप्लवे ॥ ५९७ ॥
आपदि प्राणरक्षा हि धर्मस्य प्रथमाङ्कुरः ।
एतच्चिन्तयतस्तस्य कृष्णरात्रिः प्रवर्तिता ॥ ५९८ ॥
श्वपाकवञ्चितानेककाकपक्षैरिवावृता ।
स सक्थिकां स्नायुतन्त्रीं लम्बमानां विचिन्त्य सः ॥ ५९९ ॥
कुटीद्वारं शनैः प्राप्य सकम्पो हर्तुमुद्ययौ ।
अन्तः प्रसुप्तो निर्निद्रः श्लेष्मव्यालग्नलोचनः ॥ ६०० ॥
वृद्धः श्वजीवी प्रोवाच तं कासोद्धर्घरस्वरः ।
स्नायुराकृष्यते केन नासि निद्रावशं गतः ॥ ६०१ ॥
एष शस्त्रेण सहसा हन्यते योऽत्र लम्बते ।
विश्वामित्रो निशम्यैतत्तमूचे दुर्बलस्वरः ॥ ६०२ ॥
कौशिकोऽहं मुनिः प्राणरक्षायै चौरतां गतः ।
अलब्धभैक्षः क्षुत्क्षामो हराम्येनां श्वजाघनीम् ॥ ६०३ ॥
अधर्मो नातुरस्यास्ति घोरं कृच्छ्रं गतस्य च ।
मूलं च जीवो धर्मस्य तस्मिन्नापत्सु रक्ष्यते ॥ ६०४ ॥
प्रवर्तन्ते पुनः सर्वाः सदाचारोचिताः क्रियाः ।
इत्युक्तो मुनिना वृद्धः समुत्थाय जगाद सः ॥ ६०५ ॥
अहो नु भगवन्प्राणलोभात्पापं प्रशंससि ।
युष्माभिरेव विहितो भक्ष्याभक्ष्येषु निर्णयः ॥ ६०६ ॥

स कथं जीवितभ्रंशभयात्पापे प्रवर्तसे ।
न वारयामि ते मांसं वितरामि न ते स्वयम् ॥ ६०७ ॥
वक्तासि सर्वधर्माणां मोहान्मा निरयं गमः ।
एतत्स मुनिनाकर्ण्य जगाद प्रस्खलन्मुहुः ॥ ६०८ ॥
यस्मिंस्तपश्च सत्यं च स्वज्ञानं च प्रतिष्ठितम् ।
शरीरे रक्षिते तस्मिन्सर्वं भवति रक्षितम् ॥ ६०९ ॥
अभक्ष्यं भक्षयित्वापि विमुक्तः प्राणसंशयात् ।
व्रततीर्थेषु पुण्येन क्षपयिष्यामि पातकम् ॥ ६१० ॥
इत्युक्त्वा तां समादाय ययौ तूर्णं श्वजाघनीम् ।
अस्मिन्नवसरे मेघा ववर्षुः सस्यसंपदः ॥ ६११ ॥
इत्येवं प्राणरक्षायै मुनिनाप्यतिगर्हिते ।
श्वमांसे विहिता बुद्धिस्तस्मात्त्रायेत जीवितम् ॥ ६१२ ॥

विश्वामित्रश्वपचसंवादः ॥ ३६ ॥

धर्मसूनुर्निशम्यैतद्भीष्मं पप्रच्छ विस्मितः ।
पितामह गतिं ब्रूहि शरणागतरक्षिणाम् ॥ ६१३ ॥
एतत्पृष्टो नृपतिना प्राह शन्तनुनन्दनः ।
पृष्टः पूर्वं जगादेदं मुचुकुन्देन भार्गवः ॥ ६१४ ॥
विपुले दुर्दिनायासे लुब्धकः कानने पुरा ।
शीतसंपिण्डितो रात्रौ मूले सुष्वाप शाखिनः ॥ ६१५ ॥
स्कन्दे विटपिनस्तस्य कपोतः कृतसंश्रयः ।
वासरान्तेऽपि नायातां स्मृत्वा भार्यामतप्यत ॥ ६१६ ॥
विललाप स संतप्तः प्रियाविरहकातरः ।
कपोती तच्च शुश्राव बद्धा व्याधेन पञ्जरे ॥ ६१७ ॥
सा तमूचे सुकृतिनो न प्रयान्ति विषण्णताम् ।
प्रथमं सुकृतमेतच्छरणागतरक्षणम् ॥ ६१८ ॥
लुब्धको वृक्षमूलेऽस्मिन्सुप्तो ह्यसै यथोचितम् ।
पूजां विधत्स्व शीतार्तः शरणं ह्येष वाञ्छति ॥ ६१९ ॥

प्रेयस्या वचनं श्रुत्वा लुब्धकं विहगोऽब्रवीत् ।
भद्र मद्गृहमाप्तोऽसि वितरामि तवेप्सितम् ॥ ६२० ॥
शीतार्दितस्तदाकर्ण्य लुब्धकस्तमयाचत ।
वह्निं सोऽपि खगस्तूर्णं मानिनाय दिवोऽन्तिकम् ॥ ६२१ ॥
तृणपर्णसुसिद्धेऽग्नौ ज्वलिते लुब्धकस्ततः ।
विनष्टशीतः क्षुत्क्षामस्तमयाचत भोजनम् ॥ ६२२ ॥
मां भक्षयेति कारुण्यान्निगद्य विहगः स्वयम् ।
विवेश वह्निं तद्दृष्ट्वा व्याधोऽप्यनुशयं ययौ ॥ ६२३ ॥
स त्यक्त्वा कूटयन्त्राणि समुत्पाट्य च पञ्जरम् ।
विरक्तः काननं प्रायाद्विहितानशनव्रतः ॥ ६२४ ॥
कपोते त्रिदिवं याते विमानेनार्कवर्चसा ।
भर्तारमनुशोचन्ती कपोती वह्निमाविशत् ॥ ६२५ ॥
तस्यां निवसमानायां भर्त्रा सह सुरालये ।
दावानले तनुं त्यक्त्वा लुब्धकोऽपि दिवं ययौ ॥ ६२६ ॥

लुब्धककपोतीयम् ॥ ३७ ॥

पापमर्जितमज्ञानात्कथं नश्यति देहिनाम् ।
पृष्टो युधिष्ठिरेणेति पुनः शान्तनवोऽब्रवीत् ॥ ६२७ ॥
इन्द्रोताख्यं मुनिवरं राजा पारिक्षितिः पुरा ।
ब्रह्महत्याकुलः प्रायाद्विश्वस्तः शरणं वने ॥ ६२८ ॥
मुहुस्तेन निरस्तोऽपि पापसंसर्गभीरुणा ।
निनाय करुणैर्वाक्यैस्तं राजा करुणार्द्रताम् ॥ ६२९ ॥
तस्य कीर्तयतः पापं तप्तस्यानुशयाग्निना ।
तीर्थाप्लुतस्य शनकैः स मुनिर्याजकोऽभवत् ॥ ६३० ॥
अश्वमेधेन विधिवत्पूतात्मा सोऽथ भूपतिः ।
तारितः किल्बिषाद्घोरादिन्द्रोतेन कृपालुना ॥ ६३१ ॥

इन्द्रोतपारिक्षितीयम् ॥ ३८ ॥

व्यवसायेन बुद्ध्या च निश्चयेन च देहिनः ।
तरन्ति नरकं बालं शुशुचुर्बान्धवाः पुरा ॥ ६३२ ॥

तान्समेत्याब्रवीद्गृध्रो गम्यतां त्यज्यतां शिशुः ।
इमामवस्थां पर्यन्ते को नाम न गमिष्यति ॥ ६३३ ॥

मा तिष्ठत चिरं घोरे श्मशाने प्रेतबान्धवाः ।
इह मर्त्यसहस्राणि ययुर्यास्यन्ति च क्षयम् ॥ ६३४ ॥

श्रुत्वैतद्बालकं त्यक्त्वा शनैस्तान्गन्तुमुद्यताम् ।
उवाच जम्बुकोऽभ्येत्य धिग्युष्मान्निर्घृणाशयान् ॥ ६३५ ॥

अहो नु दारुणा यूयं त्यक्त्वा गच्छन्ति ये सुतम् ।
गतासवोऽपि जीवन्ति कदाचित्सुप्तभौतिकाः ॥ ६३६ ॥

किं वो भयं श्मशानेऽस्मिन्यातोऽस्तं न दिवाकरः ।
तिरश्चामपि बालेऽस्मिञ्जायते करुणाकणः ॥ ६३७ ॥

शृगालेनेति गदिते पुनः शवभृतश्च तान् ।
गृध्रो जगाद चित्रं वो जम्बुकस्य गिरा भ्रमः ॥ ६३८ ॥

जीवरत्नभृतो यूयं काष्ठलोष्ठोपमाकृतेः ।
स्नेहेन पातजीवस्य शिशोः किं यात मूढताम् ॥ ६३९ ॥

वनं व्रजत वैराग्यात्तपः कुरुत वा महत् ।
वियोगसारे संसारे सत्यान्नान्यत्परायणम् ॥ ६४० ॥

अन्येन वर्त्मना पुत्रः पिता चान्येन गच्छति ।
स्वकर्मभिः परे लोके त्यजत स्नेहविक्रियाम् ॥ ६४१ ॥

यान्त्येव वृद्धास्तरुणा बाला गर्भगतास्तथा ।
क्रियते किं विचारोऽस्ति न कालस्य प्रमाथिनः ॥ ६४२ ॥

बन्धूनामिदमानृण्यं स्थितिज्ञानं प्रचक्षते ।
मृतः प्रलापं बाष्पं च न शृणोति न पश्यति ॥ ६४३ ॥

वत्सराणां सहस्रं मे साग्रं जातस्य वर्तते ।
निर्गतासुर्मया दृष्टः प्रलापैर्नोत्थितः क्वचित् ॥ ६४४ ॥

इत्युक्त्वा विरते गृध्रे गोमायुः पुनरब्रवीत्।
दयां कुरुत कान्तेऽस्मिन्बाले कमललोचने ॥ ६४५ ॥
शम्बुकस्य वधात्पूर्वं मृतोऽपि ब्राह्मणात्मजः।
दशकण्ठद्विषो राज्ये जीवितं प्राप दुर्लभम् ॥ ६४६ ॥
कराभ्यां शिशुनानेन वितीर्णे सलिलाञ्जलिम्।
कदाचित्पास्यति पिता सुकृती परलोकगः ॥ ६४७ ॥
भाषिते जम्बुकेनेति गृध्रः पुनरुवाच तान्।
सन्तः शोकामये नृणां न प्रशंसन्ति भेषजम् ॥ ६४८ ॥
दिनान्ते दारुणतरा भवत्येषा श्मशानभूः।
कङ्कालमालाकलितैर्भूतवेतालमण्डलैः ॥ ६४९ ॥
क्षणेन हि न गीर्यन्ते सहस्राणि भवादृशाम्।
मा कुरुध्वं प्रयासेऽस्मिन्व्यसने कलहे मतिम्।
वपुषां जीवितानां च गतानामागमः कुतः ॥ ६५० ॥
इति गृध्रस्य वचसा निवृत्तान्वीक्ष्य बान्धवान्।
उवाचाभ्येत्य गोमायुः पुनः स्वार्थैकपण्डितः ॥ ६५१ ॥
अबान्धवेऽस्मिन्नधुना न संसारे मतिर्मम।
गच्छन्ति काष्ठवत्त्यक्त्वा पुत्रकं यत्र मानुषाः ॥ ६५२ ॥
वृद्धः प्रयात्यात्मभयाद्विजने त्यज्यते शिशुः।
कोऽस्मिन्प्रत्ययमाधत्तां जनः स्वार्थपरे जने ॥ ६५३ ॥
इत्यूचतुस्तौ भक्ष्यार्थं क्षुत्क्षामौ गृध्रजम्बुकौ।
दिवा गृध्रस्य भोज्यं यद्रात्रौ गोमायुकस्य तत् ॥ ६५४ ॥
अत्रान्तरे समभ्येत्य भगवानम्बिकासुतः।
स्वेच्छाविहारी वरदस्तं बालकमजीवयत् ॥ ६५५ ॥
शतायुषं स्कन्दवरात्ते ययुः प्राप्य तं सुतम्।
प्रापतुश्चेश्वरदृशा कुशलं गृध्रजम्बुकौ ॥ ६५६ ॥

इत्यनिर्वेदशीलानां धीमतां व्यवसायिनाम् ।
अभीप्सितानि सहसा सिध्यन्तीश्वरशासनात् ॥ ६५७ ॥

गृध्रगोमायुसंवादः ॥ ३९ ॥

न कुर्याद्बलिना वैरं दुर्बलो दर्पमाश्रितः ।
विनष्टः स्पर्धया वायोर्महाञ्शल्मलिपादपः ॥ ६५८ ॥
विस्तीर्णशाखाविपुलः संततप्ताध्वन्यसंश्रयः ।
बभूव हिमवत्प्रस्थे शल्मलिश्चुम्बिताम्बरः ॥ ६५९ ॥
पप्रच्छ नारदः प्रीत्या तं यदृच्छागतो मुनिः ।
अहो नु तव नीरन्ध्राः पत्रपुष्पफलश्रियः ॥ ६६० ॥
मन्ये तव परं मित्रं वायुर्येनासि रक्ष्यसे ।
तरवस्तद्बलाक्रान्ता विशीर्यन्ते पतन्ति च ॥ ६६१ ॥
श्रुत्वैतदूचे दर्पान्धः शल्मलिः स्कन्दबन्धुरः ।
चित्रं मुने न जानीषे बले तुल्यो न मेऽनिलः ॥ ६६२ ॥
कत्थनेनेत्यभिहिते बहुशस्तेन शाखिना ।
तदेव नारदो गत्वा पवनाय न्यवेदयत् ॥ ६६३ ॥
तद्गिरा क्रोधविधुरः स्फारः प्रलयमारुतः ।
श्वो द्रष्टासीति तं वृक्षं समभ्येत्य तदाब्रवीत् ॥ ६६४ ॥
रजन्यामथ संत्रासात्स संचिन्त्यैव शल्मलिः ।
प्रभञ्जनं महावेगं धीमान्स्वयमशीर्यत ॥ ६६५ ॥
ततः प्रातः शकलिताशेषशाखासमाकुलम् ।
अपश्यद्वायुरभ्येत्य विशीर्णं शल्मलिं स्वयम् ॥ ६६६ ॥
अहो नु धन्यमन्त्रोऽसि बुद्ध्या त्वं रक्षितस्तरो ।
इत्युक्त्वा विगतक्रोधो वायुः प्रायाद्यथागतम् ॥ ६६७ ॥

नारदशल्मलिसंवादः ॥ ४० ॥

लोभ एव महत्पापं ज्ञानमेव परं महः ।
दम एव परा शान्तिस्तप एव परं पदम् ॥ ६६८ ॥

सत्यमेव परं पुण्यं श्रेयः क्रोधाभिनिग्रहः ।
आनृशंस्यं परो धर्मः सारोऽयं धर्मवादिनाम् ॥ ६६९ ॥

अध्यायः ॥ ४१ ॥

श्रुतिस्मृतिकृतैस्तैस्तैः प्रायश्चित्तैः शरीरिणाम् ।
कीर्तनात्तीर्थसेवाभिः पापं दानैश्च नश्यति ॥ ६७० ॥
ब्रह्महा द्वादश समाः कपालाङ्को व्रतं चरेत् ।
संमुखः खड्गदलितो भ्रूणहा मुच्यते युधि ॥ ६७१ ॥
ब्राह्मणार्थे हताः पापं तरन्ति गुरुतल्पगाः ।
मुच्यन्ते सर्वपापेभ्यो हयमेधेन भूमिपाः ॥ ६७२ ॥

प्रायश्चित्तविधिः ॥ ४२ ॥

धर्मात्मजोपदेशेषु नकुलेन कथान्तरे ।
अथ पृष्टोऽब्रवीद्भीष्मः करवालस्य संभवम् ॥ ६७३ ॥
असुराभिहते काले हिमवच्छिखरे पुरा ।
स्वयंभूर्भगवान्खड्गो धात्रा ध्यातः समाययौ ॥ ६७४ ॥
प्रांशुर्नीलोत्पलश्यामो भुवनानि विलोकयन् ।
स बभूव त्रिनेत्रस्य ब्रह्मवाक्यात्कराग्रगः ॥ ६७५ ॥
तेन निष्कण्टकं कृत्वा रुद्रो रौद्रेण तेजसा ।
जगच्छिवाकृतिः पश्चाद्बभूव शशिभूषणः ॥ ६७६ ॥
तं खड्गं लेभिरे भूपा मनुप्रभृतयः क्रमात् ।
यस्य धारानिपातेन पुनर्जन्म न देहिनाम् ॥ ६७७ ॥

खड्गोत्पत्तिः ॥ ४३ ॥

श्रुत्वेति मन्दिरं पार्थो गत्वा भीष्मगिरः स्मरन् ।
विदुरेण कथाश्चक्रे धर्मसर्वस्ववादिना ॥ ६७८ ॥
तेषां विदुरषष्ठानां बभूवुर्विविधाः कथाः ।
शुद्धप्रवृत्तधर्माणां धर्मकामार्थसंश्रयाः ॥ ६७९ ॥

षड्गीताः ॥ ४४ ॥

समभ्येत्याथ पप्रच्छ पुनर्भीष्मं युधिष्ठिरः।
सौहार्दं केन न चलेदिति पृष्टोऽब्रवीच्च सः॥ ६८०॥
कृतज्ञैः साधुभिः सभ्यैः कुलीनैरनपायिभिः।
सतां न नश्यति प्रीतिर्गुणादानैकतत्परैः॥ ६८१॥
मित्रद्रुहः कृतघ्नांश्च वर्जयेत्कुटिलाशयान्।
कृतघ्नतासमं राजन्न हि पश्यामि पातकम्॥ ६८२॥
दर्पवान्मलिनाचारो वेदाध्यापनवर्जितः।
मध्यदेश्योऽसिततनुः शीलाचारपराङ्मुखः॥ ६८३॥
गौतमो नाम कलुषो ब्रह्मबन्धुरभूत्पुरा।
स वसञ्शबरीसक्तः पर्यन्तेषु धनार्थिताम्।
बिभ्रद्भ्रान्त्वा वसुमतीं सार्थभ्रष्टोऽविशद्वनम्॥ ६८४॥
तस्मिन्स्निग्धतरुच्छाये प्रसन्नहरिकुञ्जरे।
न्यग्रोधपादपस्याग्रे छायार्थी समुपाविशत्॥ ६८५॥
नाडीजङ्घाभिधस्तूर्णं बकः सुगतसद्व्रतः।
विलोक्य तं कृपाविष्टो दुर्गतं विनतोऽब्रवीत्॥ ६८६॥
ब्रह्मन्दारिद्र्यमुन्निद्रं तवैतत्प्रदहाम्यहम्।
सुहृदं मे विरूपाक्षं राक्षसेन्द्रमितो व्रज॥ ६८७॥
कार्तिक्यां स हि दातॄणां धुर्यो दास्यति ते धनम्।
मदीयमिति तच्छ्रुत्वा स गत्वा करुणाकुलात्॥ ६८८॥
तस्मात्कनकमासाद्य बहुलं तूर्णमागतः।
बकं विलोक्य तत्रैव धनतुष्टो व्यचिन्तयत्॥ ६८९॥
न ह्येतद्भक्ष्यते हेम वने विगतविक्रिये।
सांप्रतं बकमेवाद्य पातयामि सुपीवरम्॥ ६९०॥
इति संचिन्त्य सुचिरं पाथेयार्थी द्विजाधमः।
हेमभारनतः सुप्तं जघान सरलाशयम्॥ ६९१॥

---

१. 'वेदाध्ययन' ख.

अदर्शनेन तस्याथ खिन्नो राक्षसभूपतिः ।
शङ्काकुलश्चारचक्रं विसृज्य प्राप तं द्विजम् ॥ ६९२ ॥
हतं तेन बकं ज्ञात्वा निजग्राह तमुत्कटम् ।
आकाशधुनिफेनैश्च जीवितं प्राप खेचरः ॥ ६९३ ॥
अपराधहतं दृष्ट्वा नाडीजङ्घोऽपि गौतमम् ।
अजीवयद्दुराचारं न मन्युरधमे सताम् ॥ ६९४ ॥
एवं कृतघ्नचरितो गौतमः सुगतव्रतम् ।
जघान पापे पापानां निःशङ्कं रमते मनः ॥ ६९५ ॥
न्यासापहारिणो धेनुस्त्रीगुरुब्राह्मणान्तकाः ।
धर्मिष्ठा इव यस्याग्रे स कृतघ्नो विचार्यताम् ॥ ६९६ ॥
आपद्धर्माः ॥ ४९ ॥

अथ पप्रच्छ धर्मज्ञं धर्मराजः पितामहम् ।
कथं समाश्रयेद्धर्मं विनष्टधनबान्धवः ॥ ६९७ ॥
स तेन पृष्टः प्रोवाच शृणु सेनजितं नृपम् ।
पुत्रशोकाकुलं कश्चिज्ज्ञात्वाभ्येत्यावदद्द्विजः ॥ ६९८ ॥
अभावायैव जायन्ते भवेऽस्मिन्सर्वजन्तवः ।
शोच्यस्त्वमपि कालेन कथं शोचसि पार्थिव ॥ ६९९ ॥
यदृच्छया संगतश्चेत्प्रतियातो यदृच्छया ।
संसाराध्वनि तत्कोऽयं वियोगे मोहविभ्रमः ॥ ७०० ॥
जायते क्षणदृष्टेषु स्नेहो दुःखाय देहिनाम् ।
ममायमिति मुग्धानां न स तेषां न तस्य ते ॥ ७०१ ॥
शोचन्त्यलुब्धं वाञ्छन्तः प्राप्तं शोचन्ति दुर्भगम् ।
नष्टं शोचन्ति दुःखार्ता जन्तवः सुखिनः कदा ॥ ७०२ ॥
धनपुत्रकलत्रेषु न स्निह्यन्ति विपश्चितः ।
अवश्यं विप्रयोगो हि तैः परैश्च नृणां सदा ॥ ७०३ ॥
को नाम प्रियसंयोगान्न मन्येतामृतोपमान् ।
मर्मच्छिदो वियोगेषु यदि न स्युर्विषोत्कटाः ॥ ७०४ ॥

पिङ्गला दत्तसंकेतं कान्तं वाराङ्गना पुरा।
अनागतं चिरं ध्यात्वा स्वयमेकाब्रवीन्निशि॥ ७०५॥
आगतेनापि किं तेन वियोगे दुःखदायिना।
भजे कान्तमिहान्तस्थमनश्वरमशोचकम्॥ ७०६॥
इति संतोषपीयूषशान्ता शापापवेदना।
प्रतिबुद्धेव सुष्वाप परमे धाम्नि पिङ्गला॥ ७०७॥

सेनजिद्गीताः॥ ४६॥

अस्मिन्प्रवाहवद्याति नृणामायुषि किं सुखम्।
पृष्टो युधिष्ठिरेणेति पुनरूचे पितामहः॥ ७०८॥
मेधाविना पुरा पृष्टः पुत्रेणैतद्द्विजः पिता।
उवाचाध्ययनं कृत्वा ब्रह्मचारी ततो गृही॥ ७०९॥
पुत्रैः पितॄणामनृणो भूत्वा पीत्वानिलान्वने।
मुनिस्तुल्यसुहृद्द्वेष्यः प्रयाति परमं पदम्॥ ७१०॥
तच्छ्रुत्वोवाच तनयः सर्वमेतदनिन्दितम्।
श्लाघ्याय श्रेयसे कर्म यदि कालः प्रतीक्षते॥ ७११॥
असमाप्तस्वकार्याणामायुः स्वल्पमसुद्रितम्।
अहोरात्रगणैरेव स्रवत्येतदलक्षितम्॥ ७१२॥
मुहूर्तमपि जन्तूनां कालोऽयं कलिताखिलः।
सार्थः सुदूरगामीव नार्थितोऽपि विलम्बते॥ ७१३॥
क्षणार्धमपि कार्येषु न विलम्बेत पण्डितः।
न जानीमः कदा कस्मिन्कृतान्तो निपतिष्यति॥ ७१४॥
न वात्सल्यान्न कारुण्यान्नोपयोगान्न गौरवात्।
प्रतीक्षां क्षमते कालः कार्यशेषेषु देहिनाम्॥ ७१५॥
मृत्युना यस्य सौहार्दं यो न वेत्त्यायुषोऽवधिम्।
श्वः कर्तास्मीदमित्येषा वाणी तस्यैव शोभते॥ ७१६॥
अहो नु मोहमुग्धस्य लोकस्येयं प्रमादिता।
यद्बालं मृतमालोक्य वृद्धस्तिष्ठति निर्भयः॥ ७१७॥

नवे वयसि भोगार्हे नवेषु विभवेषु च।
नवोढेषु च दारेषु ह्रियते मृत्युना जनः ॥ ७१८ ॥
तस्मात्कुशलमेवादौ कार्यं संसारशान्तये।
तरत्तरङ्गलोलो हि देहिदेहसमागमः ॥ ७१९ ॥

पितापुत्रसंवादः ॥ ४७ ॥

धनिनां निर्धनानां च विभागं सुखदुःखयोः।
पृष्टोऽथ धर्मराजेन पुनः शान्तनवोऽब्रवीत् ॥ ७२० ॥
शम्पाको नामवान्विप्रः पुरा धीमानभाषत।
वितृष्णयातिपीड्यन्ते संतोषोऽमृतनिर्झरः ॥ ७२१ ॥
भयानभिज्ञो निश्चिन्तो निद्रावान्रोगवर्जितः।
निर्धनः सुखितो नित्यं यथावाप्तकृतक्रियः ॥ ७२२ ॥
सुखमास्ते सुखं शेते सुखं च प्रतिबुध्यते।
संतोषवान्निरायासो निरपायो निरामयः ॥ ७२३ ॥
धनिनो दर्पपूर्णस्य भ्रूभङ्गाद्वक्रदर्शिनः।
कुम्भीन्यस्तधनत्राणचिन्तापाण्डुकृशत्विषः ॥ ७२४ ॥
चौरो भूपालभीतस्य वृद्ध्यर्थं पापकारिणः।
अजीर्णरोगग्रस्तस्य ष्ठीविनो भोज्यकाङ्क्षिणः ॥ ७२५ ॥
लोभशुष्ककलत्रस्य दुःखैकफलभागिनः।
स्पर्धाकथैव का नित्यमाकिंचन्यामृताशिभिः ॥ ७२६ ॥
मन्यते तावदात्मानं शक्रवैश्रवणोपमम्।
गृह्यते धनवान्यावन्न दस्युनृपमन्युभिः ॥ ७२७ ॥
धनं गणयतां भूरि गृहांश्च सुपरिच्छदान्।
निर्धनाद्धनिनामेव कृच्छ्राद्दुःखविषूचिका ॥ ७२८ ॥

शम्पाकगीताः ॥ ४८ ॥

याते वैफल्यमारम्भे किं कुर्याद्द्रविणोत्सुकः।
एतत्पृष्टः क्षितिभुजा ध्यात्वा शान्तनवोऽवदत्।
श्रूयतां यद्विनष्टार्थसमये दुःखभेषजम् ॥ ७२९ ॥

मङ्किर्नाम द्विजः पूर्वमीहमानोऽसकृद्धनम् ।
प्रयत्नैरपि न प्राप विधिवैमुख्यहेलया ॥ ७३० ॥
क्षीणार्थः सोऽर्थशेषेण क्रीत्वा चाथ वृषद्वयम् ।
स्वयमुत्कर्षणं चक्रे क्षेत्रे विपुलवाहकः ॥ ७३१ ॥
अत्रान्तरे पृथुग्रीवो निद्राभङ्गात्समुत्थितः ।
जहारोष्ट्रो महाकायस्तौ वृषौ स्कन्धलम्बिनौ ॥ ७३२ ॥
युगोत्क्षेपाल्लम्ब्यमानौ तौ तेन बलशालिना ।
वृषौ विलोक्य शोकार्तो विललाप द्विजात्मजः ॥ ७३३ ॥
अहो नु चित्रवर्णाङ्कौ मम वत्सतरौ प्रियौ ।
कर्षन्विभाति करभो रत्नाढ्याविव भूषणौ ॥ ७३४ ॥
इत्युक्त्वा जातनिर्वेदगाढवैराग्यवासनः ।
तृष्णां निनिन्द सहसा प्रशान्तानुशयज्वरः ॥ ७३५ ॥
दुःखाय बत जन्तूनां तृष्णा परिभवास्पदम् ।
विप्रलब्धो जनः सर्वो यया शोचत्यहर्निशम् ॥ ७३६ ॥
अलब्धं वाञ्छतां वित्तं लब्धं च परिरक्षताम् ।
नष्टं च शोचतां पुंसां कदा दुःखं निवर्तते ॥ ७३७ ॥
कामोऽर्थेषु विपन्मूलं संतोषः परमं सुखम् ।
निष्कामश्च सकामश्च मतौ मे स्वस्थरोगिणौ ॥ ७३८ ॥
सधनश्छिन्त्यते राज्ञा दस्युना स्वजनेन च ।
विकलश्चेति लोकेन निर्धनश्च न गण्यते ॥ ७३९ ॥
तस्मात्संत्यक्तकामानां संतोषधनशालिनाम् ।
क्षयोदयव्ययायासैर्न चेतः परिभूयते ॥ ७४० ॥
इदं लब्धमिदं नष्टमिदं लप्स्ये पुनर्धिया ।
इदं चिन्तयतामेव जीर्णमायुः शरीरिणाम् ॥ ७४१ ॥
अधुना लोभमुन्मूल्य स्पृहां दूरे निरस्य च ।
वीतमोहो भवाम्येष मुनिस्तुल्यप्रियाप्रियः ॥ ७४२ ॥

त्यागो हि हन्ति व्यसनं तथा हि जनकः पुरा ।
दह्यमानेऽपि नगरे नाभजद्दुःखविक्रियाम् ॥ ७४३ ॥
इति ध्यात्वा चिरं मङ्किर्निर्वेदाच्छान्तमानसः ।
आशापाशं परित्यज्य परं पदमवाप्तवान् ॥ ७४४ ॥
मङ्किगीताः ॥ ४९ ॥

एतद्धर्मसुतः श्रुत्वा पुनः शन्तनुनन्दनम् ।
समभ्यधात्कथं जन्तुर्वीतशोकश्चरेदिति ॥ ७४५ ॥
सोऽब्रवीच्छृणु भूपाल प्रह्लादो दानवाधिपः ।
नित्यानन्दं पुरा विप्रमूचे स्वच्छन्दचारिणाम् ॥ ७४६ ॥
सुखदुःखशतावर्ते विपुलेऽस्मिन्धनार्णवे ।
अविलुप्तः कथं ब्रह्मन्नित्यतुष्टोऽभिलक्ष्यसे ॥ ७४७ ॥
केयं श्लाघ्यतरा वृत्तिः को वायं विभवो धियः ।
क्रीडाविहारी लोकेऽस्मिन्यदसक्तो न लिप्यसे ॥ ७४८ ॥
इति पृष्टो द्विजस्तेन बभाषे विपुलाशयः ।
तटस्थः सर्वभावेषु नित्यतृप्तश्चराम्यहम् ॥ ७४९ ॥
मायाविलसितं सर्वं जानन्संसारविभ्रमम् ।
क्षयोदयेषु भूतानां न दुःखं न सुखं भजे ॥ ७५० ॥
आयुषां विभवानां च भावानां च स्वभावतः ।
पश्यन्नसारतामेतान्नानुशोचामि निर्व्यथः ॥ ७५१ ॥
भुञ्जानो विविधान्भोगान्निराहारोऽथवा क्वचित् ।
नग्नश्चीराम्बरो वापि महार्हवसनोऽपि वा ॥ ७५२ ॥
भुजोपधानः क्ष्माशायी पर्यङ्कशयनोऽपि वा ।
समः शमदमाभ्यां च धराम्याजगरं व्रतम् ॥ ७५३ ॥
परावरज्ञो भावानां कूटस्थो विगतस्पृहः ।
त्यक्तमोहभयद्वेषश्चराम्याजगरं व्रतम् ॥ ७५४ ॥
प्राप्तं गिरत्यजगरः कुरङ्गं महिषं गजम् ।
असंप्राप्तेष्वनुद्वेगं विधत्ते निश्चलस्थितिः ॥ ७५५ ॥

एतामाजगरीं वृत्तिमाश्रित्य विमलाशयः।
न चिन्तयामि सत्त्वस्थो लाभालाभौ सुखासुखे ॥ ७५६ ॥
ब्राह्मणेनेति कथितं श्रुत्वा विस्मितमानसः।
जीवन्मुक्तदशां तस्य प्रह्लादः प्रशशंस ताम् ॥ ७५७ ॥

प्रह्लादब्राह्मणसंवादः ॥ ५० ॥

एतत्पाण्डुसुतः श्रुत्वा पुनर्भीष्ममभाषत।
कुलकर्मार्थबुद्धीनां पितामह किमुत्तमम् ॥ ७५८ ॥
इति पृष्टो नृपतिना बभाषे जाह्नवीसुतः।
अतिक्रम्य गुणान्सर्वान्प्रज्ञैवोपरि वर्तते ॥ ७५९ ॥
वैश्यो धनमदाध्मातः स्यन्दनेन पुरा व्रजन्।
अपातयत्कृशतरं मुनिं वर्त्मनि कश्यपम् ॥ ७६० ॥
ललत्कुण्डलगण्डेन स तेन भुवि पातितः।
शोचन्दरिद्रमात्मानं निश्चयं निधने व्यधात् ॥ ७६१ ॥
तं पांसुशायिनं दीनं प्राणत्यागकृतव्रतम्।
शक्रः शृगालरूपेण कृपया वक्तुमाययौ ॥ ७६२ ॥
सोऽवदद्भत संतोषः संसारे नास्ति कस्यचित्।
मुने यदुज्ज्वलाचारो नात्मानं बहु मन्यसे ॥ ७६३ ॥
धन्या मनुष्याः संसारे यैः स्वहस्तेन भुज्यते।
कण्डूर्निवार्यते कीटकण्टकादिर्विकृष्यते ॥ ७६४ ॥
अहो सुकृतिनां राजा त्वं यन्मानुषयोनिजः।
ब्राह्मणश्च तपस्वी च स्पृहणीयोऽसि कश्यप ॥ ७६५ ॥
अहो धन्योऽसि यन्नाखुर्न मण्डूको न कुक्कुटः।
न पुक्कसो न चाण्डालो न कुष्ठी न जडोऽसि वा ॥ ७६६ ॥
दृश्यन्ते दीर्घरोगार्ता दुःखाद्दुःखतरं श्रिताः।
शोचन्तस्तामसीं योनिं प्रपन्नास्तान्विलोकय ॥ ७६७ ॥
मनुष्यः परिपूर्णाङ्गो व्याधिव्यसनवर्जितः।
ब्राह्मणश्च त्वमुदितस्त्वत्तो धन्यतरोऽस्ति कः ॥ ७६८ ॥

असंतोषे मतिं मोहान्मा कृथा विभवाशया।
प्राप्येन्द्रतामपि जनस्ततोऽप्याधिक्यमीहते॥ ७६९॥
तृष्णेयं सतताभ्यासाद्वर्धमाना शरीरिणाम्।
अग्रस्नायुमयी तन्त्री कृष्टेवायाति दीर्घताम्॥ ७७०॥
तस्मात्स्वधर्मनिरतः स्पृहणीयः कुलोद्गतः।
परस्य विभवं दृष्ट्वा न कामान्मर्तुमर्हसि॥ ७७१॥
अहं कुतार्किको भूत्वा धूमाग्निप्रायवादभृत्।
वेदद्वेषी नास्तिकश्च पापयोनिमिमां श्रितः॥ ७७२॥
अस्मिञ्शरीरे बहुशो निर्विण्णोऽपि भयादहम्।
न त्यजामि तनुं पापा योनयः सन्त्यतोऽधिकाः॥ ७७३॥
इति बुद्ध्या सुरपतिर्वीतशोकं विधाय तम्।
रूपं च दर्शयित्वासौ प्रययौ त्रिदशालयम्॥ ७७४॥
इन्द्रकश्यपसंवादः॥ ९१॥

श्रुत्वैतदूचे कौन्तेयः केन सृष्टमिदं जगत्।
जीवश्च कीदृशो देहे स च यातः क्व तिष्ठति॥ ७७५॥
भीष्मोऽब्रवीदेतदेव पुरा कैलासशेखरे।
भारद्वाजेन मुनिना पृष्टो भृगुरभाषत॥ ७७६॥
पृथिवीपद्मसंस्थस्य मानसस्य प्रजापतेः।
आकाशः पूर्वसर्गोऽयं विष्णोर्व्यक्ताकृतिस्पृशः।
वृक्षाणां मानुषाणां च समानं पाञ्चभौतिकम्॥ ७७७॥
तेनैवास्मिन्महासर्गे चित्राश्च व्यक्तयः कृताः।
प्राणापानादिरूपेण वायुना सहितोऽनलः॥ ७७८॥
उत्तरे हिमवत्पार्श्वे फलभूमिर्निरामया।
तां पुण्यकारिणो यान्ति विपरीता विपर्ययम्॥ ७७९॥
इहापि लोके दृश्येते सुखहर्षधनादिभिः।
दारिद्र्यक्लेशदुःखैश्च जन्तूनां शुभदुष्कृते॥ ७८०॥
भृगुभरद्वाजसंवादः॥ ९२॥

अथाब्रवीत्सदाचारो राज्ञा पृष्टः पितामहः ।
प्रातः प्रबुद्धो विजने मलं त्यक्त्वा शुचिः सदा ॥ ७८१ ॥
देवपूजारतो होता दाता मौनी च भोजने ।
ऋतुकालाभिगामी च ज्येष्ठानां प्रणतः क्षमी ।
यो नरः स सदाचारः प्राप्नोति पदमुत्तमम् ॥ ७८२ ॥

आचारविधिः ॥ ९३ ॥

पुनः क्षितिभुजा पृष्टः किमध्यात्मेति सर्ववित् ।
ऊचे शान्तनवस्तत्त्वं ध्यात्वा हृदि सनातनम् ॥ ७८३ ॥
क्षेत्रज्ञस्त्रिगुणः क्षेत्रे रश्मिवत्प्रसृतेन्द्रियः ।
असक्तः सक्तवद्भाति च्छन्नो व्यवहितैरपि ॥ ७८४ ॥
निवातदीपनिष्कम्पमानसः शान्तधीः समः ।
अयत्नाच्चेन्द्रियो मौनी स्थाणुभूतस्तमीक्षते ॥ ७८५ ॥
बाह्यवृत्तिनिरोधेन मनसो नियमेन च ।
रागशोकभयद्वेषत्यागात्सद्भिः स दृश्यते ॥ ७८६ ॥
तडित्तरङ्गतरलं चरत्यारतचञ्चलम् ।
चित्तं वातवदुद्भ्रान्तं भवत्येवासमर्थिनाम् ॥ ७८७ ॥
अभ्यासेन समीभूते निस्तरङ्ग इवोदधौ ।
चेतस्यचलतां याते प्रशान्ताशेषविप्लवे ॥ ७८८ ॥
प्रकाशतमसोः पारे पुरुषं शाश्वतं शिवम् ।
ध्यानेनात्यन्तसुखदं परं पश्यन्ति योगिनः ॥ ७८९ ॥

अध्यात्मसंकीर्तनम् ॥ ९४ ॥

एतदाकर्ण्य कौन्तेयः पितामहमभाषत ।
पातकानां फलावाप्तिः कीदृशी गतयश्च काः ॥ ७९० ॥
इति पृष्टः क्षितिभुजा गाङ्गेयः पुनरब्रवीत् ।
अभिध्यासदृशी पुंसां फलावाप्तिरपायिनी ॥ ७९१ ॥
अहंकारप्रवृत्तानां भोगैश्वर्यसुखार्थिनाम् ।
निरयेष्वेव निलयः कामिनां कामसंनिभः ॥ ७९२ ॥

पारिजातलतालोला मन्दारोदारसौरभाः ।
हेमाब्जसरसी रम्या नाकनायकसेविताः ॥ ७९३ ॥
वेल्लद्विमानसुलभास्तास्तास्त्रिदशभूमयः ।
नियतावधयः सर्वा निरयः संप्रचक्षते ॥ ७९४ ॥
अनादिनिधनं धाम गुणत्रयविवर्जितम् ।
अस्पृष्टं कालकलया निष्कामेनैव लभ्यते ॥ ७९५ ॥
प्रयतः संहिताजापी कामरागोज्झितः पुरा ।
उवास ब्राह्मणः कश्चित्पादे तुहिनभूभृतः ॥ ७९६ ॥
तस्य वर्षसहस्रान्ते दिव्यज्ञानस्य जापिनः ।
जपवृद्धिं ददौ तुष्टा सावित्री स्वयमागता ॥ ७९७ ॥
अथ कालेन भगवान्धर्मोऽभ्येत्य तमब्रवीत् ।
त्यक्त्वा शरीरमागच्छ दिव्यं दिव्यवपुः पदम् ॥ ७९८ ॥
तच्छ्रुत्वा सोऽवदन्नैतां त्यजेऽहं सहजां तनुम् ।
स्वर्गस्पृहा न मे काचिद्द्यौर्मही च समे मम ॥ ७९९ ॥
न वाञ्छा न च मे द्वेषः स्वर्गेऽप्यस्त्यवशं मया ।
सर्वथा यदि गन्तव्यं तत्सदेहेन नान्यथा ॥ ८०० ॥
इत्युक्ते तेन भगवान्यमो मृत्युश्च तां भुवम् ।
कालश्चाभ्येत्य जगदुर्विप्रं धर्मो यदुक्तवान् ॥ ८०१ ॥
अस्मिन्नवसरे श्रीमानिक्ष्वाकुः पृथिवीपतिः ।
तीर्थयात्राप्रसङ्गेन तमाश्रममुपाययौ ॥ ८०२ ॥
स तं जापकमभ्येत्य बभाषे तेजसां निधिम् ।
गृहाण मे धनं विप्र पात्रं त्वत्सदृशोऽस्ति कः ॥ ८०३ ॥
तच्छ्रुत्वा जापकोऽवादीन्निवृत्तोऽहं महीपते ।
प्रवृत्तधर्मनिरता विप्राः पात्रं प्रतिग्रहे ॥ ८०४ ॥
समीहितमहं तुभ्यं ददान्येवाविलम्बितम् ।
ब्राह्मणेनेति कथिते जगाद पृथिवीपतिः ॥ ८०५ ॥

जपस्यास्य फलं देहि यत्त्वया समुपार्जितम् ।
इत्युक्तो भूभुजा विप्रो गृहाणेति तमभ्यधात् ॥ ८०६ ॥
राजावदद्वचोयुद्धैरजेयः सत्त्ववान्भवान् ।
न ममैतज्जपफलं त्वद्दत्तमुपयुज्यते ॥ ८०७ ॥
इति ब्रुवाणो विप्रेणाभ्यर्थितोऽपि सकृन्नृपः ।
न तज्जग्राह दाताहं भूभृदित्यभिमानवान् ॥ ८०८ ॥
अत्रान्तरे तमभ्येत्य कामक्रोधौ विवादिनौ ।
विरूपौ विकृताकारौ न्यायं पप्रच्छतुर्मुदा ॥ ८०९ ॥
एकोऽवदद्धेनुफलं देयमस्मै ददाम्यहम् ।
दत्तं मया पुनर्ग्राह्यं नेत्युवाच तथा परः ॥ ८१० ॥
राजा विचार्य सुचिरं तयोर्विवदमानयोः ।
उवाच दीयमानं यो न गृह्णाति जितोऽथ सः ॥ ८११ ॥
अथाब्रवीन्नृपं विप्रस्त्वं न गृह्णासि किं मम ।
परोपदेशेष्वथवा सर्वो भवति पण्डितः ॥ ८१२ ॥
जापकेनेति गदिते कामक्रोधौ विलोक्य तौ ।
सह भोक्तव्यमित्युक्त्वा जग्राह नृपतिः फलम् ॥ ८१३ ॥
ततः स्वर्गे स विबुधे प्राप्ते स ब्रह्मणि स्वयम् ।
विवेश जापकस्त्यागसमाधिं भूभुजा सह ॥ ८१४ ॥
प्राणे मनः समावेश्य पश्यन्नासापुटद्वयम् ।
आपूर्य व्योम षट्कोशं प्रकाशेनान्तरं नभः ॥ ८१५ ॥
भ्रूमध्यनिहितज्योतिरुद्धाट्य ब्रह्मसंपुटम् ।
क्षिप्रमुत्क्रान्तसूर्योऽभूदतिसूर्यानलद्युतिः ॥ ८१६ ॥
तालुरन्ध्रसमुत्थं तत्तेजो द्विजमहीभुजोः ।
ब्रह्माणमविशत्साक्षात्प्रादेशपुरुषाकृति ॥ ८१७ ॥

जापकोपाख्यानम् ॥ ९९ ॥

ज्ञानयोग्यस्य वेदानां नियमस्य च भूभुजा ।
फलं स्वर्गं च भूतानां भीष्मः पृष्टोऽब्रवीत्पुनः ॥ ८१८ ॥

प्रजापतिर्मनुः पूर्वमेतदूचे बृहस्पतिम्।
सुखदुःखादिकं कर्म हेयोपादेयलक्षणम्॥ ८१९॥
सुखमस्त्यसुखं यस्मात्प्रवृत्तिरिति कर्मणः।
सुखदुःखोज्झितं ज्ञानं कामरागविवर्जितम्॥ ८२०॥
श्रौतं कर्म सुखायैव विरुद्धमसुखाय च।
शुद्धाः समाधिनियमैर्भान्ति दानादिकाः क्रियाः॥ ८२१॥
नराः कर्मफलैस्तैस्तैस्तत्तदाकारभेदतः।
सुखदुःखेषु सीदन्ति रागमोहवशीकृताः॥ ८२२॥
मायेयं जगदुत्पत्तिस्थितिसंहारकारिणी।
कृता महाभूतमयी छायेवाकाशदर्शिनी॥ ८२३॥
दृष्टा शरीरान्तरगो मोहाद्यैर्न विलोक्यते।
सधूम इव काष्ठान्तः सदा संनिहितोऽनलः॥ ८२४॥
हेम्नीव कटकादित्वं काष्ठे वा सालभञ्जिका।
आत्मन्येवाखिलं भाति सदप्यसदिव स्थितम्॥ ८२५॥
ज्ञानेन गृह्यते ज्ञानं गजेनेव वने गजः।
तदेवास्य गतिं वेत्ति सर्पपादानिवोरगः॥ ८२६॥

मनुबृहस्पतिसंवादः॥ ९६॥

स्वरूपं वैष्णवं पृष्टः पार्थेनाथ पितामहः।
उवाच ज्ञाननयनैः कथितं नारदादिभिः॥ ८२७॥
भगवान्पुण्डरीकाक्षः केशवो नाभिपङ्कजात्।
सृष्ट्वा चतुर्मुखं चक्रे जगन्निखिलमीश्वरः॥ ८२८॥
हत्वा मधुमुखान्दैत्यान्विदधे शाश्वतीं स्थितिम्।
संकर्षणः सर्वहरः प्रलये याति रुद्रताम्॥ ८२९॥
सर्गस्थितिविनाशानामित्येष किल कारणम्।
मृणालीलीलया येन वराहेणोद्धृता मही॥ ८३०॥
वासुदेवः परं धाम शाश्वतं ध्रुवमव्ययम्।
निवृत्तधर्माय गुरुः शिष्यायेति न्यवेदयत्॥ ८३१॥

विचित्रमायया विष्णोर्मोहिताः किल जन्तवः ।
रागद्वेषमदग्रस्ताः पुनरायान्ति यान्ति च ॥ ८३२ ॥
शुक्रशोणितसंभूता यान्ति संसारिणस्ततः ।
तान्मोहयन्ति ललना विपाकविषमभ्रमाः ॥ ८३३ ॥
स्त्रियो हि नाम संसारकारामन्दिरशृङ्खलाः ।
रागद्वेषविषादानां संगतिग्रन्थिरज्जवः ॥ ८३४ ॥
स्नेहाद्वा क्षयमायान्ति स्वाङ्गजैः कृमिभिः सुतैः ।
जन्तवः संततिमयाः क्लिन्नचर्मलवा इव ॥ ८३५ ॥
यतेन्द्रियेच्छा मुच्यन्ते संसाराद्ब्रह्मचारिणः ।
मूलबीजपरिप्लोषा येषु कामो न जायते ॥ ८३६ ॥
संकल्पजं वहन्त्येताः सिराः श्वभ्रं मनोवहाः ।
तच्छुष्यति विरागेण येषां ते परमं गताः ॥ ८३७ ॥
तृष्णातन्तुरनाद्यन्तो बिसानामिव देहिनाम् ।
सहजोऽन्तःस्थितो हन्तुं निःशेषं च न शक्यते ॥ ८३८ ॥
समैर्युक्तसमाचारैर्विशुद्धगगनप्रभम् ।
हृदि नारायणं दृष्ट्वा शान्तिः शान्तैरवाप्यते ॥ ८३९ ॥
वैष्णवाध्यात्म ॥ ९७ ॥
मोक्षं प्रयातो जनकः कथमित्यथ भूभुजा ।
देवव्रतोऽवदत्पृष्टो मिथिलाधिपतेः कथाम् ॥ ८४० ॥
जनकस्याभवत्पूर्वमाचार्यशतसेविनः ।
गुरुः पञ्चशिखो नाम कपिलो ब्रह्मनैष्ठिकः ॥ ८४१ ॥
स राजानमुवाचेदमाचार्यशतसंनिधौ ।
स्फुरन्निःसारसंसारविकारपरिहारधीः ॥ ८४२ ॥
स गलज्जातिनिर्बन्धः कर्मबद्धोऽप्यवासनः ।
विशरारुसमाहारसर्वग्रहपरिग्रहः ॥ ८४३ ॥
अहंकारविकारेषु मूलच्छेदविधायिनाम् ।
अवधानलवादेव भिद्यते भवविभ्रमः ॥ ८४४ ॥

मयि सर्वमिदं भाति सर्वत्राहमवस्थितः ।
इत्यसंसारिणामेव सतां वृत्तिर्महीयसी ॥ ८४५ ॥
सत्यं संक्षयनिष्ठानां जरामरणधर्मिणाम् ।
क्रमेणेन्द्रियवैकल्याच्छरीरं याति पञ्चधा ॥ ८४६ ॥
एते शब्दादयः पञ्च येषु तत्त्वार्थनिश्चयः ।
अव्ययं परमं चक्रं बुद्धिश्चेति परं महत् ॥ ८४७ ॥
असम्यग्दर्शिनामेषां दुःखतत्परमन्यथा ।
त्याग एव परं तत्त्वं मुक्तानां न्यस्तकर्मणाम् ।
मिथ्याप्रयातचित्तानां फलन्ति हृदयभ्रमाः ॥ ८४८ ॥
द्रव्यत्यागः कर्म हन्ति भोगत्यागो व्रतक्रियाम् ।
सुखत्यागस्तपोयोगं सर्वत्यागस्तु शान्तये ॥ ८४९ ॥
गुणत्रयविमुक्तोऽसौ क्षेत्रज्ञः शाश्वतोऽव्ययः ।
यैर्दृष्टस्ते न लिप्यन्ते पङ्के शशिकरा इव ॥ ८५० ॥
नष्टे फले तोषजुषि क्षीणयोः पुण्यपापयोः ।
अव्यङ्गा गगनाकारा महत्पश्यन्ति सूरयः ॥ ८५१ ॥
चरन्मृगः शृङ्गमिव त्वचं वृद्ध इवोरगः ।
पक्षीवोन्मथितं सालं बन्धं मुञ्चति सात्त्विकः ॥ ८५२ ॥
इत्याकर्ण्य वचो राजा जनको मिथिलां पुरा ।
दग्धामदग्धां नाज्ञासीत्तृष्णारागविवर्जितः ॥ ८५३ ॥

जनकराजानं प्रति पञ्चशिखाचार्योपदेशः ॥ ५८ ॥

सुखं किमिति पार्थेन भीष्मः पृष्टोऽब्रवीत्पुनः ।
इहामुत्र च दान्तानां सुखं संतोषशालिनाम् ॥ ८५४ ॥
दमो धृतिर्दमस्तेजो दमः कीर्तिर्दमो रतिः ।
पुंसां दमप्रसक्तानां शत्रुर्नाम न विद्यते ॥ ८५५ ॥

दान्ताध्यायः ॥ ५९ ॥

किं तपो वा न वेत्येतदुपवासादिकं व्रतम् ।
पृष्टः प्रोवाच कौन्तेयं पुनः शन्तनुनन्दनः ॥ ८५६ ॥

भुञ्जानोऽप्युपवासी स्याद्युक्ताहारो नरः सदा ।
उपवासो हि मूर्खाणां केवलं प्राणशोषणम् ॥ ८९७ ॥
सदा रतः स्वदारेषु ब्रह्मचारी भवेन्नरः ।
यज्ञोपयुक्तमांसाशी भवेन्मांसविवर्जकः ॥ ८९८ ॥
अतिथिद्विजभृत्यानां शेषमश्नाति यः सदा ।
अमृताशी स विज्ञेयः सुरा नाम्नामृताशिनः ॥ ८९९ ॥

अमृतप्राशिका ॥ ६० ॥

नरः कर्मफले कर्ता किं न वेत्ति क्षमाभुजा ।
भीष्मः पृष्टोऽब्रवीच्छक्रः पुरा प्रह्लादमब्रवीत् ॥ ८६० ॥
स्थानाच्च्युतस्त्वं दैत्येन्द्र हतास्ते बान्धवा मया ।
शोकस्थाने कथं स्वस्थो निराकुल इवेक्ष्यसे ॥ ८६१ ॥
श्रुत्वेति दैत्यस्तं प्राह शक्र किं कत्थसे वृथा ।
भावाः स्वभावचपलाः पुरुषार्थो निरर्थकः ॥ ८६२ ॥
मूर्खो बुद्धिमतां धुर्यः सुरूपो रूपवर्जितः ।
प्रमत्ता नयसंपन्ना यान्त्येते हेतुरत्र कः ॥ ८६३ ॥
न हि शोकः सुखभ्रंशे कर्तव्यो वृद्धसेविभिः ।
भवेदभावः सद्भावे भावा भ्रूभङ्गभङ्गुराः ॥ ८६४ ॥
इति श्रुत्वा ययौ शक्रस्तत्प्रज्ञानोपदेशतः ।
प्रहृष्टा बुद्धिसाराणामद्वेष्टारो हि साधवः ॥ ८६५ ॥

शक्रप्रह्लादसंवादः ॥ ६१ ॥

अकालवह्निना दग्धे राज्ञामैश्वर्यकानने ।
किं धैर्यमिति पृष्टोऽथ पार्थेनाह पितामहः ॥ ८६६ ॥
भ्रष्टराज्येषु दैत्येषु प्राप्तैश्वर्यः शतक्रतुः ।
पप्रच्छ गत्वा ब्रह्माणं नष्टे वैरोचने पुरा ॥ ८६७ ॥
विभवं लोकपालानामभिभूय निजश्रिया ।
यो बभूव जगन्नाथः स बडिः(लिः) क्वाद्य वर्तते ॥ ८६८ ॥

इति पृष्टः सुरेन्द्रेण जगाद कमलोद्भवः ।
शून्यागारे खरो भूत्वा भ्रष्टैश्वर्यो बडिः(लिः) स्थितः ॥८६९॥
श्रुत्वैतन्मुदितः शक्रस्तूर्णं तं द्रष्टुमाययौ ।
ऐरावणं समारुह्य कैलासमिव जङ्गमम् ॥ ८७० ॥
स गत्वा शून्यनिलये ददर्श खररूपिणम् ।
तुषाशिनं बलिं को वा विपद्भिर्नैव पीड्यते ॥ ८७१ ॥
दृष्ट्वा तमूचे त्रैलोक्यनाथो भूत्वैकशासनः ।
त्वमिमां गतिमापन्नः कथं शोच्यां न शोचसि ॥ ८७२ ॥
लक्ष्मीविलासहासाच्छं क तच्छत्रं क चामरम् ।
तालव्यालोलवलयं गीतमप्सरसां क तत् ॥ ८७३ ॥
ब्रह्मदत्ता क सा हेममाला मौलिमतस्तव ।
क्षपास्वपि यया दिक्षु बभुर्बालातपश्रियः ।
अथवा यान्ति चेतांसि महतां सह भूतिभिः ॥ ८७४ ॥
अपि स्मरसि किं दैत्य भास्वतस्तव शासनात् ।
अकृष्टपच्या पृथिवी यदभूद्भूरियाजिनः ॥ ८७५ ॥
यश्चातपत्रे यात्रायां शीतांशुधवले तव ।
गन्धर्वाणां सहस्राणि ननृतुर्हेममालिनाम् ॥ ८७६ ॥
ऐरावणगतस्येति श्रुत्वा शक्रस्य भाषितम् ।
अविलुप्तमनाः प्राह बडि(लि)र्वामनवञ्चितः ॥ ८७७ ॥
तरङ्गतरला लक्ष्मीर्यद्यायाति च याति च ।
कृतमस्माभिरिति किं तत्प्रनृत्यन्ति शत्रवः ॥ ८७८ ॥
न शोचामि स्वसत्वस्थो निस्तरङ्ग इवोदधिः ।
दृष्ट्वा कालेन महता कथाशेषीकृताः श्रियः ॥ ८७९ ॥
अवश्यं विधिदौरात्म्याद्विपदन्ता हि संपदः ।
लक्ष्मीं विनश्वरः शोचेत्कः कालकवलीकृताम् ॥ ८८० ॥

अनतिक्रमणीयोऽयं कालः सर्वत्र जृम्भते ।
तुषैः कल्पितवृत्तिर्यत्प्रयातः खरतामहम् ॥ ८८१ ॥
वि[1]कोशाशापलाशेऽस्मिन्संसारोरुसरोरुहे ।
कालभृङ्गः पिबत्येव जनकिञ्जल्कमञ्जसा ॥ ८८२ ॥
जगद्ग्रासगरिष्ठस्य तस्य कालस्य शासनात् ।
स्मृतिशेषदशां शक्र समेष्यति भवानपि ॥ ८८३ ॥
किं न विप्लावयन्त्येता हरिण्यः शीघ्रगाः क्षणम् ।
स्फीतफेनसितच्छत्रास्तरङ्गिण्यो विभूतयः ॥ ८८४ ॥
प्रयाति तरला लक्ष्मीः स्रवत्यायुरलक्षितम् ।
इति वस्तुस्वभावेऽस्मिन्को नु शोचति मद्विधः ॥ ८८५ ॥
आयुः केनाक्षयं लब्धं वियोगः कस्य वा प्रियः ।
कस्मिन्वा चपला लक्ष्मीर्निषण्णा चरवीक्षिता ॥ ८८६ ॥
अलीकलीलाचटुलैः संगमैर्दृष्टनष्टया ।
अनया सर्वगामिन्या कियन्तो न विडम्बिताः ॥ ८८७ ॥

ऐश्वर्यसौरभभरान्गुणभृङ्गसङ्गा-
न्कान्तालतावलयितानभिमानवृक्षान् ।
उत्फुल्लकीर्तिकुसुमान्फलपूरिताशा-
न्सर्वंकषो हरति कालमहाप्रवाहः ॥ ८८८ ॥

तस्यैतद्वदतः कायाल्ललनां ललिताकृतिम् ।
ददर्श निर्गतां शक्रो दृष्ट्वापृच्छच्च विस्मितः ॥ ८८९ ॥
लीलाशिखण्डाभरणा का त्वं हरिणलोचने ।
किमर्थमसि निष्क्रान्ता दैत्याधिपतिविग्रहात् ॥ ८९० ॥
सा तच्छ्रुत्वावदच्छक्रं त्वामहं समुपस्थिता ।
त्यक्त्वैनं विस्मृताचारमुच्छिष्टस्पृष्टसर्पिषम् ॥ ८९१ ॥
अहं सुभटखड्गाग्रधाराजलनिवासिनी ।
कमलापूतमङ्गल्या कमलाकरवासिनी ॥ ८९२ ॥

---

१. विकसिततृष्णारूपपत्रे.

एतदुक्त्वा चतुर्भिः श्रीर्भूम्यम्भोवह्निवायुषु ।
पादैः संनिधिमादाय सहस्राक्षमुपाययौ ॥ ८९३ ॥

श्रीसंनिधानम् ॥ ६२ ॥

श्रीविहीनं पुरा शक्रो नमुचिं नाम दानवम् ।
पप्रच्छ शोककालेऽस्मिन्किं न शोचसि दानव ॥ ८९४ ॥
इति पृष्टोऽवदद्दैत्यो निःस्यन्दोदधिधैर्यभूः ।
नष्टाः शोकेन नश्यन्ति द्विषदानन्ददायिनः ॥ ८९५ ॥
शोकदग्धशरीराणां प्ररोहः क्व पुनः श्रियः ।
शोकेन नश्यति प्रज्ञा प्रज्ञानाशो विपत्तये ॥ ८९६ ॥
शोकेन स्पृष्टचित्तानां नष्टानामुद्भवः कुतः ।
स्वकृतं भुज्यते कर्म परिपाके शुभाशुभम् ।
सतामम्लानवक्त्राणां नान्तरज्ञास्तु शत्रवः ॥ ८९७ ॥

शक्रनमुचिसंवादः ॥ ६३ ॥

भूतिमासाद्य शक्रेण बडिः(लिः) स्वपदविच्युतः ।
पुनरेवावदत्पृष्टो व्यसनेऽप्यविलुप्तधीः ॥ ८९८ ॥
अवश्यमेव शूराणां स्थितौ जयपराजयौ ।
कर्मायत्तौ न कर्ता त्वं कालप्राप्तमिदं भज ॥ ८९९ ॥
कालो न याति यास्यन्ति सहस्राणि भवादृशाम् ।
गन्ता त्वमपि कालेन किं धैर्येण विकत्थसे ॥ ९०० ॥
न तल्लोकेषु पश्यामि विचिन्वानोऽपि सूक्ष्मधीः ।
दुष्प्रापं यदयत्नेन न लीढं कालजिह्वया ॥ ९०१ ॥
कथावशेषविभवाः कालेन भुवनाधिपाः ।
श्रूयन्ते विहितास्ते ते किं वृथा शक्र माद्यसि ॥ ९०२ ॥
शक्तोऽस्मि जेतुं त्वामेकः सानुगं दर्पमोहितम् ।
किंतु न क्षमते कालो वेलेवाब्धेर्बलं मम ॥ ९०३ ॥
कालेनायान्ति विपदः कालेनायान्ति संपदः ।
पुंसां स्वकर्ममुद्राणां शोकस्यावसरोऽत्र कः ॥ ९०४ ॥

निशम्यैतत्सहस्राक्षो विरतोऽमर्षसाहसात् ।
स तमूचे कालवशं त्वं यथात्थ तथैव तत् ॥ ९०५ ॥
यदा लोका भविष्यन्ति निर्मर्यादाः कलिस्पृशः ।
तदा त्वं दारुणैः पाशैर्मुक्तः स्वास्थ्यं गमिष्यसि ॥ ९०६ ॥

बडि(लि)वासवसंवादः ॥ ६४ ॥

शुभाशुभस्य पृष्टोऽथ पूर्वं रूपं महीभुजा ।
जगाद भीष्मो जन्तूनां विनाशोदयलक्षणम् ॥ ९०७ ॥
आकाशतटिनीतीरे पुरा शक्रः सनारदः ।
विलोक्य लक्ष्मीं पप्रच्छ विकासिकमलाननाम् ॥ ९०८ ॥
देवि शंस यथा तत्त्वमिहागमनकारणम् ।
इति पृष्टा महेन्द्रेण सावदत्कमलेक्षणा ॥ ९०९ ॥
त्यक्त्वा दैत्यानहं शक्र नष्टाचारान्विशृङ्खलान् ।
सुराणां सद्म साधूनां संप्राप्ता तव चान्तिकम् ॥ ९१० ॥
असुराः पूर्वमभवन्सदाचारविभूषणाः ।
स्नाता हुताग्नयश्चासन्नजिताः स्त्रीभिरर्चिताः ॥ ९११ ॥
दातारो निःस्पृहाः क्षान्ताः प्रभाते घृतदर्शिनः ।
न निशीथे न चोत्सङ्गे दधिसक्तुभुजोऽभवन् ॥ ९१२ ॥
अवन्ध्यरतिसर्गाश्च तेनाहं तानभूषयम् ।
अद्य तूत्सन्नमर्यादास्त्यक्तास्ते दुर्मदा मया ॥ ९१३ ॥
आयत्ताः पतयः स्त्रीणां शण्टीनामद्य तत्परे ।
प्रत्युत्थानादिकं तांश्च कुर्वन्त्युच्चैर्वदन्ति च ॥ ९१४ ॥
तरुणा धूर्तसचिवा वृद्धानां वचनं वयः ।
विडम्बयन्ति दर्पान्धा हेलोल्लोलितकुन्तलाः ॥ ९१५ ॥
अशौचोच्छिष्टसूदैश्च विहितं भक्षयन्ति ते ।
गुप्तोद्यानेषु देवार्थिभृत्यस्वजनवर्जिताः ॥ ९१६ ॥
धान्यं पयोऽन्नं विवृतं स्वोच्छिष्टस्पृष्टसर्पिषम् ।
गृहे तेषां न वीक्षन्ते हासकेलिरताः स्त्रियः ॥ ९१७ ॥

स्त्रीयोग्यं पुरुषो धत्ते केशांशुकविभूषणम् ।
आचारगतिसंलापं पौरुषं स्त्री बिभर्ति च ॥ ९१८ ॥
इत्थं तेषां मदान्धानां वसतिं पापिनामहम् ।
त्यक्त्वान्तिकमवाप्ता त्वां सत्यशीले मम स्थितिः ॥ ९१९ ॥
आशा श्रद्धा धृतिः क्षान्तिः कान्तिर्वृत्तिर्जितिर्मतिः ।
युष्मानेव समायाता देव्योऽष्टौ मत्पुरःसराः ॥ ९२० ॥
इति ब्रुवाणां तां शक्रः प्राप्य प्रायात्रिविष्टपम् ।
निमित्तमेतत्प्रथमं शुभाशुभफलं नृणाम् ॥ ९२१ ॥

श्रीवासवसंवादः ॥ ६५ ॥

राज्ञा ब्रह्मपदं पृष्टः पुनरूचे पितामहः ।
असितो देवलः पूर्वं जैगीषव्यमभाषत ॥ ९२२ ॥
वन्दितो निन्दितश्चासि समस्तुल्यप्रियाप्रियः ।
त्यक्तरागभयद्वेषो लक्ष्यसे केन हेतुना ॥ ९२३ ॥
इति पृष्टो मुनीन्द्रेण जैगीषव्यः स्वतन्त्रवित् ।
उवाच शान्तमनसः सत्यं जातमिदं मम ॥ ९२४ ॥
विद्यानलसमुद्भूतविवेकव्यस्तविप्लवाः ।
न हृष्यन्ति न शोचन्ति सन्तः संतोषनिर्भराः ॥ ९२५ ॥
मानावमानयोस्तुल्या न स्निग्धा न च वैरिणः ।
ममायमिति नो येषामहमस्येति वा क्वचित् ॥ ९२६ ॥
मात्सर्यमनुरागो वा निरपायसुखस्पृशाम् ।
सर्वबन्धविनिर्मुक्ता निर्भयाः संचरन्ति ये ।
प्रबुद्धाः स्वप्नमायासु लभन्ते ब्रह्मणः पदम् ॥ ९२७ ॥

जैगीषव्यसंवादः ॥ ६६ ॥

प्रियः सर्वत्र पूज्यश्च कोऽस्तीति जगतीभुजा ।
भीष्मः पृष्टोऽवदत्कृष्णो यदाहान्धकभूपतिम् ॥ ९२८ ॥
एक एवास्ति निखिलप्रियः पूज्यश्च नारदः ।
स्वच्छन्दचारी सुखितः सोद्योगो विजितेन्द्रियः ॥ ९२९ ॥

असंनिरुद्धप्रसरो निःसङ्गो बहुसंगतः ।
क्रीडारतिर्जगद्द्रष्टा कामक्रोधविवर्जितः ॥ ९३० ॥
श्रुत्वेति पृष्टः पार्थेन भूतानां प्रभवोऽप्ययम् ।
कालस्य च गतिं भीष्मो बभाषे विश्वतत्त्ववित् ॥ ९३१ ॥
पुरा शुकेन भगवान्व्यासः पृष्टोऽब्रवीदिदम् ।
सर्गस्थितिं च कालं च यच्च कृत्यं द्विजन्मनाम् ॥ ९३२ ॥
सहस्रयुगपर्यन्तेष्वव्यक्तो व्यक्ततां गतः ।
ब्रह्मा सृजति शब्दात्तु व्योमादिक्ष्मान्तपञ्चकम् ॥ ९३३ ॥
तदुद्भूते पुनः सर्गे कालेनाकाशशेषताम् ।
गते व्योमादि विलयं प्रयात्यव्यक्तसंज्ञके ॥ ९३४ ॥
इत्ययं सर्गसंक्षेपः श्रृणु कृत्यं द्विजन्मनाम् ।
संस्कृतो जातकर्माद्यैर्ब्रह्मचारी भवेद्गृही ॥ ९३५ ॥
आत्मानमात्मना पश्यन्वानप्रस्थस्ततो यतिः ।
ब्राह्मं कर्मेति कथितं ज्ञानिनां वृत्तिरुच्यते ॥ ९३६ ॥
अनादरविरक्तेच्छो विद्युत्तरलमात्मना ।
पश्यन्नन्तः परं ज्योतिः सर्वव्यापी समीरवत् ॥ ९३७ ॥
शून्यस्थानैकनिलयः समो ब्रह्मणि लीयते ।
कर्मणा याति संसारं निःसंसारस्तु विद्यया ॥ ९३८ ॥
निजोद्भवविलीनेच्छः संविद्विकचमानसः ।
सततं स्वान्तविश्रान्तः परमामृतमश्नुते ॥ ९३९ ॥
व्यासशुकसंवादः ॥ ६७ ॥
श्रुत्वेति भीष्मं पप्रच्छ य एते पृथिवीश्वराः ।
याता मृत्युवशं तेषां को मृत्युरिति पाण्डवः ॥ ९४० ॥
भीष्मोऽब्रवीत्पुरा प्राह राजानमनुकम्पकम् ।
नारदः पुत्रशोकार्तं शत्रूणां वशमागतम् ॥ ९४१ ॥
सर्वमेतद्विधिः सृष्ट्वा प्रजा विपुलतां गताः ।
आवर्तमाने भुवने दृष्ट्वा क्रोधं समाययौ ॥ ९४२ ॥

तत्क्रोधाद्दीप्तशिखिना दह्यमानेषु जन्तुषु ।
कृपावांस्त्र्यम्बको देवश्चतुर्मुखमयाचत ।
शंभुनाभ्यर्थितो धाता कोपाग्निं संजहार तम् ॥ ९४३ ॥
संहृतात्क्रोधदहनात्कन्या कमललोचना ।
उदतिष्ठन्नभःश्यामा रक्ताम्बरविभूषणा ॥ ९४४ ॥
उवाच तां ततो ब्रह्मा त्वं शनैः संहर प्रजाः ।
अप्सु प्रतिष्ठिता ह्येषा भूमिर्भारेण मज्जति ॥ ९४५ ॥
तच्छ्रुत्वा दारुणं धातुः कृपया नेत्रजं जलम् ।
निजं जग्राह पाणिभ्यां निन्दन्ती जन्म दुःखिता ॥ ९४६ ॥
कथं तव सुता देव घोरे कर्मणि मद्विधा ।
योग्या बन्धुवियुक्तानां न सहे दुःखिनां गिरः ॥ ९४७ ॥
इत्युक्त्वा विपुलं चक्रे दुष्करं विविधं तपः ।
सा मृत्युः सर्वसंहारभीता कारुण्यशालिनी ॥ ९४८ ॥
तस्यै वरं ददौ धाता व्याधयस्तेऽश्रुबिन्दवः ।
भविष्यन्ति जनान्ताय त्वां न ज्ञास्यन्ति मोहिताः ॥ ९४९ ॥
इति मृत्युः पुरा सृष्टा ब्रह्मणा सर्वसंहृतिः ।
मा शुचः पृथिवीपाल सा हि कं नोपसर्पति ॥ ९५० ॥

मृत्युप्रजापतिसंवादः ॥ ६८ ॥

धर्मतत्त्वं पुनः पृष्टो धर्मजेन पितामहः ।
शशंस सारं धर्मस्य सत्यं परहितं तथा ॥ ९५१ ॥
गतिर्धर्मस्य विविधा सूक्ष्मा ज्ञातुं न शक्यते ।
विपरीतविचाराणामधर्मो याति धर्मताम् ॥ ९५२ ॥
अन्तर्जलतपाः पूर्वमभवज्जाजलिर्मुनिः ।
जटासु यस्य विश्वासात्कुलायाः पक्षिभिः कृताः ॥ ९५३ ॥
स दृष्ट्वा पक्षिणां मूर्ध्नि निर्वृत्ताञ्शावकाञ्शनैः ।
बभूव धर्मसंमत्तस्तमूचुरथ राक्षसाः ॥ ९५४ ॥

तुलाधरस्य समतामनासाद्यैव किं मुने ।
माद्यसि स्फारतपसां व्ययं कर्तुमिहोद्यतः ॥ ९५५ ॥
इति श्रुत्वा समन्विष्य गत्वा वाराणसीं मुनिः ।
तुलाधरं ददर्शाथ मांसविक्रयजीवितम् ॥ ९५६ ॥
ज्ञानदृष्ट्या स्वयं ज्ञात्वा तस्यागमनकारणम् ।
तुलाधरोऽब्रवीद्ब्रह्मन्धर्मो हि गगनात्मकः ॥ ९५७ ॥
अभीतैः सर्वभूतेभ्यो भूतानामभयप्रदैः ।
असक्तैः कर्मनिपुणैर्धर्मस्यासाद्यते गतिः ॥ ९५८ ॥
अहिंसा परमो यज्ञः पुण्यैर्यष्टुं स शक्यते ।
पश्य पापं कृशप्राप्यं गोपशुप्राणपीडनात् ॥ ९५९ ॥
आत्मयज्ञाप्तपुण्यानामात्मतीर्थैकसेविनाम् ।
त्यक्ताभिमानस्पर्धानां नैव शोचन्ति बान्धवाः ॥ ९६० ॥
इति मानमहामोहं जाजलेः स तुलाधरः ।
निवार्यासक्तकर्मस्थः प्रययौ परमां गतिम् ॥ ९६१ ॥
तुलाधरजाजलिसंवादः ॥ ६९ ॥

गीतं विचख्नुना पूर्वं धर्मेऽस्मिन्नेव भूभुजा ।
अहिंसा परमो धर्मः क्रतुश्चाद्रव्यडम्बरः ॥ ९६२ ॥
पशुप्राणैर्यजन्त्येते कामात्मानः फलेप्सवः ।
मांसमत्स्यमधुप्रायं धूर्तैर्भोगाय कल्पितम् ॥ ९६३ ॥
लोलुपैर्दम्भगुरुभिः पशुयागोऽधिगम्यते ।
पूज्यो हि भगवान्विष्णुः सोऽद्भिः पुष्पैश्च तुष्यति ॥ ९६४ ॥
ग्लानिं शरीरं नायाति यथा न मरणं भवेत् ।
तथा कर्म प्रवर्तेत शरीरं धर्मसाधनम् ॥ ९६५ ॥
विचख्नुगीता ॥ ७० ॥

कार्याकार्यविमर्शाय राज्ञा पृष्टः पितामहः ।
उवाच चिरकारीति बभूवाङ्गिरसो मुनिः ॥ ९६६ ॥

चिरं विचार्य कर्माणि स करोति यदा तदा ।
अलसो दीर्घदर्शी च मूर्खैरिति विडम्ब्यते ॥ ९६७ ॥
स कदाचित्स्वयं पित्रा प्रेरितो जननीवधे ।
चिरं निदध्यौ संदेहदोलाविश्लथमानसः ॥ ९६८ ॥
अविलङ्घ्यं गुरुवचो दुःसहो जननीवधः ।
इत्यभूद्दुःखकलुषः पतितो धर्मसंशये ॥ ९६९ ॥
तावच्चिन्तापरः सोऽभूद्यावत्तस्य पिता स्वयम् ।
पश्चात्तापमनुप्राप्तो निजामाज्ञामवारयत् ॥ ९७० ॥
चिरकारी विमर्शेन ररक्षेति स्वयं मुनिः ।
मातरं गुरुवाक्यं च विमर्शो हि शुभास्पदम् ॥ ९७१ ॥

चिरकारिचरितम् ॥ ७१ ॥

राजा रक्षेत्सदाचारं कथं लोकानपीडयन् ।
इति पृष्टो नरेन्द्रेण पुनः शान्तनवोऽब्रवीत् ॥ ९७२ ॥
द्युमत्सेनं पुरा पुत्रं साल्वराजो महामतिः ।
बभाषे सत्यवान्नाम वध्यान्वीक्ष्यातिपीडितान् ॥ ९७३ ॥
राजन्धर्मगतिः सूक्ष्मा किमेते दस्यवस्त्वया ।
असामर्थ्येन विप्राणां निगृह्यन्ते यथा तथा ॥ ९७४ ॥
एकस्य हि वधेनैव ते भार्यापुत्रबान्धवाः ।
हता भवन्ति बहवस्तस्माद्दण्डो विवेच्यते ॥ ९७५ ॥
द्युमत्सेनो निशम्येति प्राह दण्ड्यानदण्डयन् ।
राजा क्षिपत्यगाधेऽस्मिन्प्रजा भयमहावटे ॥ ९७६ ॥
लघुदण्डाः पुराभूवन्मृदवोऽल्पद्रुहो जनाः ।
अद्य कालविपर्यासाद्वध्यदण्डेऽप्यसंयताः ॥ ९७७ ॥
इत्यासीद्राजपुत्रस्य राज्ञश्च परिभाषणम् ।
निवृत्ते च प्रवृत्ते च धर्मे धर्मविदां वर ॥ ९७८ ॥

द्युमत्सेनोपाख्यानम् ॥ ७२ ॥

निवृत्तं च प्रवृत्तं च धर्मं पृष्टोऽथ भूभुजा ।
व्याजहारोभयोस्तत्त्वं द्रष्टा शन्तनुनन्दनः ॥ ९७९ ॥
नहुषस्य पुरा सौरे सत्रे गां यूपसंगताम् ।
स्वेच्छाचारो द्विजो योगी विलोक्य कपिलोऽब्रवीत् ॥ ९८० ॥
अहो नु हिंसा दुर्वृत्तैर्धर्माय परिकल्पिता ।
परोपघाते नन्दन्ति लुब्धाः कामफलेप्सवः ॥ ९८१ ॥
इत्याकर्ण्य द्विजस्तत्र स्यूमरश्मिः प्रविश्य गाम् ।
अवदद्वेदवचनप्रामाण्यं नेष्यते त्वया ॥ ९८२ ॥
यजेत दद्यादित्येषा न श्रुता किं श्रुतिः स्मृतिः ।
गार्हस्थ्यलक्षणो धर्मो यज्ञाङ्गो ह्यखिलाश्रयः ॥ ९८३ ॥
श्रुत्वेति कपिलः प्राह शुद्धज्ञानमयः क्रतुः ।
तारयत्येव तमसो द्रव्ययागो हि बन्धनम् ॥ ९८४ ॥
स्यूमरश्मिर्निशम्यैतत्प्रोवाच क्रियया पुनः ।
विशुद्धेऽर्चिर्मणौ[1] ज्ञानं प्रतिमामाश्रयेदिति ॥ ९८५ ॥
गौकापिलीयम् ॥ ७३ ॥

वरं धर्मार्थकामानां किमिति क्ष्माभुजा पुनः ।
पृष्टोऽब्रवीच्छान्तनवस्त्रिवर्गगतिकोविदः ॥ ९८६ ॥
धनार्थी ब्राह्मणः कश्चिद्देवानाराध्य निष्फलः ।
सिषेवे कुण्डधाराख्यं भक्त्या ज्ञानधरं चिरम् ॥ ९८७ ॥
तुष्टे तस्मिन्ददर्शाथ स्वप्ने वैश्रवणालये ।
मणिभद्रं धनचयान्वितरन्तं यथोचितम् ॥ ९८८ ॥
कुण्डधारस्तमभ्येत्य ब्राह्मणार्थमयाचत ।
कुण्डधारस्य योगेन ब्राह्मणो हितकारिणा ॥ ९८९ ॥
वरान्निर्वेदमापन्नो धर्मवांस्तपसे ययौ ।
नभश्चरो दिव्यदृष्टिः सोऽभवत्तपसा कृती ॥ ९९० ॥

---

१. 'चिन्मणौ' ख.

एवं सारस्त्रिवर्गस्य धर्मः शुभफलप्रदः।
अर्थकामप्रसक्तानां नृपाणां नरके स्थितिम्।
निशम्य कुर्यात्को नाम न धर्मोपार्जने मतिम्॥ ९९१॥

कुण्डधारोपाख्यानम्॥ ७४॥

अहिंसा परमो धर्मो निर्वेदो ज्ञानदेशकः।
सर्वत्यागः परा शान्तिः कामिनां त्वन्यथाखिलम्॥ ९९२॥
असितो देवलः पृष्टो नारदेनाब्रवीत्पुरा।
[1]अष्टादशात्मकः सोष्मा संगतः पाञ्चभौतिकः॥ ९९३॥
क्षेत्रज्ञेन पुनर्याति संगमं वृक्षपक्षिवत्।
अक्षीणवासनातन्तुर्भिन्नोऽपि न विमुच्यते॥ ९९४॥
विच्छिन्नकर्मा निर्द्वन्द्वः पुण्यपापविवर्जितः।
देही देहवियोगे स्वं ब्रह्म गच्छति निर्गुणः॥ ९९५॥

नारदासितसंवादः॥ ७५॥

प्रक्षीणवासनाजालो माण्डव्यं जनकोऽब्रवीत्।
धुर्योऽहमस्मि सुखिनामेक एवार्थवर्जितः।
दह्यमानेऽपि नगरे यस्य किंचिन्न दह्यते॥ ९९६॥
संसारमरुतप्तानां तृष्णामूर्च्छितचेतसाम्।
भेषजं परमं नाम संतोषामृतवारिदः॥ ९९७॥
धनेन वर्धते तृष्णा लावणेनेव वारिणा।
शोको विवृद्धतृष्णाया गोः शृङ्गमिव वर्धते॥ ९९८॥
तां त्यक्त्वा गतसंसर्गो निर्दुःखपदमाश्रितः।
कूर्माङ्गवत्संहृतेच्छः स्वेच्छाचारी विमुच्यते॥ ९९९॥

---

१. श्रोत्रादिपञ्चकं मनो बुद्धिश्चित्तं चेत्यष्टौ ज्ञानेन्द्रियाणि, वागादीनि पञ्च षष्ठं बलमिति कर्मेन्द्रियाणि। इति संकलनया चतुर्दशेन्द्रियाणि। तथा च—'इन्द्रियाणि च भावाश्च गुणाः सप्तदश स्मृताः। तेषामष्टादशो देही यः शरीरे स शाश्वतः॥' इति भारतसमुक्तः.

जनकस्येति वचसा माण्डव्यः स्रस्तसंसृतिः ।
ब्रह्मप्रकाशमविशद्ध्रुवं शान्तमनामयम् ॥ १००० ॥

माण्डव्यजनकसंवादः ॥ ७६ ॥

यतेन्द्रियेच्छः संन्यासी निर्भयो जनिताभयः ।
अवज्ञातोऽवधूतश्च शून्याचारोऽप्यनाश्रयः ॥ १००१ ॥
अनिर्विण्णः प्रहृष्टश्च ज्ञाता मौनी च मुच्यते ।
बुध इत्याह हारीतो विशुद्धज्ञानसंश्रयः ॥ १००२ ॥

हारीतगीताः ॥ ७७ ॥

भ्रष्टैश्वर्यः पुरा वृत्रः शुक्रं गुरुमभाषत ।
जीवानां कर्मबन्धानां तिष्ठतां पाञ्चभौतिके ।
पर्यायेण भवन्त्येव संपदो विपदस्तथा ॥ १००३ ॥
निःस्पृहोऽस्मि न शोचामि भजे साम्यमनश्वरम् ।
न यास्याम्यधुना रागमवर्णो वर्णसंगमात् ॥ १००४ ॥
इत्युक्त्वा दानवपतिर्यदृच्छोपगतान्मुनेः ।
सनत्कुमारादज्ञासीद्विष्णुं कारणमव्ययम् ॥ १००५ ॥
स विज्ञायाच्युतं देवं प्रययौ परमां गतिम् ।
सोऽयं नारायणः कृष्णः संबन्धी तव पाण्डव ॥ १००६ ॥

वृत्रगीताः ॥ ७८ ॥

राज्ञा वृत्रकथां पृष्टः पुनः प्राह पितामहः ।
पुरा वृत्रेण विजितो रणे जम्भनिसूदनः ॥ १००७ ॥
स बोधितो वसिष्ठेन गर्वज्वरविमोहितम् ।
विष्णुतेजो दधद्वज्रं तं जघान महाकृतिम् ॥ १००८ ॥
हतस्य कायाद्वृत्रस्य ब्रह्महत्या विनिर्गता ।
मुक्तकेशी कृशा घोरा मलदिग्धा कपालिनी ॥ १००९ ॥
सा विद्रुतं सहस्राक्षं चिरमन्विष्य सर्वतः ।
विलोक्य कण्ठे जग्राह निश्चलाभयकम्पितम् ॥ १०१० ॥

तं तया गूढमाक्रान्तं चिराय चतुराननः।
विलोक्य कृपया हत्यां ययाचे शक्रमुक्तये ॥ १०११ ॥
विरता ब्रह्मणो वाक्याद्ब्रह्महत्या सुरेश्वरम्।
तत्याज स्थितिमासाद्य चतुर्धा घोरदर्शना ॥ १०१२ ॥
योऽग्नौ प्रज्वलिते यत्नान्न बीजादिकमर्पयेत्।
यः पर्वकाले विटपिच्छेत्ता यश्च रजस्वलाम् ॥ १०१३ ॥
कामयेच्च जले यश्च क्षिपेच्छ्लेष्ममलादिकम्।
स पदं ब्रह्महत्यायाः स्वयंभूरित्यभाषत ॥ १०१४ ॥

वृत्रवधः ॥ ७९ ॥

ज्वरोत्पत्तिं पुनः पृष्टो भीष्मः पार्थमभाषत।
सुमेरुशृङ्गे भगवान्स्थितो गौरीपतिः पुरा।
शुश्राव यज्ञं दक्षस्य देवाकीर्णं प्रजापतेः ॥ १०१५ ॥
अभागार्होऽसि किं यज्ञेष्विति गौरीगिरा हरः।
अनाहूतश्चकाराथ दक्षयज्ञक्षये मतिम् ॥ १०१६ ॥
क्रुद्धस्य तस्य लालाटस्वेदवारिकणात्क्षणात्।
समुद्ययौ ज्वरो दीप्तस्त्रिशिरास्ताम्रलोचनः ॥ १०१७ ॥
ब्रह्मणा दुःसहः सोऽथ विन्यस्तः किल भागशः।
तेषु तेषूत्कटो यत्नादेकः को नु सहेत तम् ॥ १०१८ ॥
संतापं गजकुम्भेषु पर्वतेषु शिलाजतु।
निर्मोकपट्टं सर्पेषु नीलिकां सलिलेषु च ॥ १०१९ ॥
गोषु खोरकनिःश्वासमूषिरं क्षेत्रभूमिषु।
पादरोगं तथाश्वेषु नेत्ररोगं पिकेषु च ॥ १०२० ॥
मेषेषु पित्तभेदं च हिक्काश्वासं शुकेषु च।
शिखाभेदं मयूरेषु श्रमं पञ्चाननेषु च ॥ १०२१ ॥
जन्मन्यन्ते विवाहे च मनुष्येषु ज्वरं तथा।
बहुधावस्थितं घोरं सततं च प्रचक्षते ॥ १०२२ ॥

रुद्रोऽथ वीरभद्राख्यं ससर्ज गणमुत्कटम् ।
भद्रकालीं तथा देवीं कालानलशिखोपमाम् ॥ १०२३ ॥
तौ गत्वा चक्रतुर्यज्ञं बहुद्रव्यं प्रजापतेः ।
भिन्नभिन्नापविद्धाङ्गं निहत्य मृगरूपिणम् ॥ १०२४ ॥
ततः प्रजापतिः पूर्वं देवाहितविनाशकम् ।
विरूपाक्षमनेकाक्षं त्र्यक्षं यक्षपतिप्रियम् ॥ १०२५ ॥
सर्वात्मना सर्वगतं सर्वाकारमनामयम् ।
तुष्टाव शंकरं दक्षो गूढार्थैर्दिव्यनामभिः ॥ १०२६ ॥
नमो यज्ञाय विज्ञेयतत्त्वानुभवशालिने ।
सर्ववेदमयोङ्कारवाच्याय वृषकेतवे ॥ १०२७ ॥
अनवच्छिन्नरूपाय व्यापिने विश्वमूर्तये ।
सर्वतः पाणिशिरसे नमः सर्वान्तरात्मने ॥ १०२८ ॥
उग्रायोदग्रमहसे शर्वायागर्वशालिने ।
रुद्रायोदग्रयशसे वन्द्यायेन्दुभृते नमः ॥ १०२९ ॥
ततस्तुष्टे भगवति त्र्यम्बके त्रिपुरान्तके ।
फलं यज्ञसहस्रस्य दक्षोऽलभत तद्वरात् ॥ १०३० ॥

दक्षयज्ञध्वंसः ॥ ८० ॥

कथं विजितलोकानां भयं मृत्योर्निवर्तते ।
इति पृष्टो नरेन्द्रेण व्याजहार पितामहः ॥ १०३१ ॥
नारदेन पुरा पृष्टः समङ्गः सर्वतत्त्ववित् ।
प्राणेन्द्रियजयान्नूनं शोको मृत्युश्च नश्यति ॥ १०३२ ॥
पञ्चेन्द्रियहितं तुष्टै तुष्टिरुत्सेककारिणी ।
उत्सेको विनिपाताय संसारसरणौ सदा ॥ १०३३ ॥
अरागमोहो हृष्टात्मा चराम्यनुपलक्षितः ।
अशोकश्चामृतश्चाहं तेन नारद पश्य माम् ॥ १०३४ ॥

समङ्गनारदसंवादः ॥ ८१ ॥

शास्त्रनिःसंशयं श्रेयो राज्ञा पृष्टोऽब्रवीत्पुनः ।
भीष्मो यद्गालवं प्राह नारदः सर्वदर्शिनम् ॥ १०३५ ॥
हिते वर्तेत भूतानामहंकारं परित्यजेत् ।
प्रख्यापयेन्न संसत्सु स्वोत्कर्षं परनिन्दया ॥ १०३६ ॥
पैशुन्यं लौल्यमालस्यं रात्रिचर्यां च वर्जयेत् ।
न दर्पाद्बहुभाषी स्यान्नेन्द्रियाणां हितं चरेत् ॥ १०३७ ॥
नानुशोचेत्सुखभ्रंशे कामयेत न दुर्लभम् ।
जानन्नपि न कुर्वीत कौटिल्यं न च विश्वसेत् ॥ १०३८ ॥
सतां सङ्गे मतिं कुर्यात्सदाचारपुरे वसेत् ।
सहसा संत्यजेत्पापं न कुर्यादनुतापदम् ॥ १०३९ ॥

नारदगालवसंवादः ॥ ८२ ॥

मुक्तिः शनैः कथमिति भीष्मः पृष्टोऽब्रवीत्पुनः ।
अरिष्टनेमिः सगरं यद्बभाषे विमुक्तये ॥ १०४० ॥
आशालतावलयितं बद्धमूलमविद्यया ।
न हि पातयितुं शक्तः सुखेन भवपादपम् ॥ १०४१ ॥
को हि जन्मसहस्रोक्तां वासनाभ्यासजां निजाम् ।
प्रीतिं वारयितुं शक्तो ललनाधनबन्धुषु ॥ १०४२ ॥
समारूढः श्रियं कान्तां ललनाम्भोजषट्पदः ।
त्यजेति विषसंकाशं को नाम वचनं पिबेत् ॥ १०४३ ॥
धनपुत्रकलत्रेषु स्वयमेवार्जितेष्वहो ।
अवसन्ना विनश्यन्ति क्षुद्राः क्षौद्ररसेष्विव ॥ १०४४ ॥
शिशूनां वृत्तिमालोक्य व्यस्तां देवेन कल्पिताम् ।
को हि तद्वर्तनादानैरात्मानमवसादयेत् ॥ १०४५ ॥
परिच्छिन्नाशिनः किं ते कोटिभिर्भूमिसंचयैः ।
न पश्यसि मृतः किंचित्कोऽयं सर्वग्रहस्तव ॥ १०४६ ॥
काञ्चने लोष्टशकले पर्यङ्के पांसुसंस्तरे ।
चीनांशुके वल्कले च समानः किल मुच्यते ॥ १०४७ ॥

अन्तवत्कलयन्सर्वं निर्वेदं परमं गतः ।
तटस्थः सर्वभावेषु भवत्येवाभवो नरः ॥ १०४८ ॥
गणयन्दुर्दशामन्ते समानः काञ्चनाश्मनोः ।
अविद्याग्रन्थिभेदेन मुच्यते निर्ममः सुखम् ॥ १०४९ ॥

सगरारिष्टनेमिसंवादः ॥ ८३ ॥

अथ शुक्रकथां पृष्टो राज्ञा प्राह सुरव्रतः ।
पुरा योगीश्वरः शुक्रो भृगुसूनुर्धनप्रभोः ।
गुह्यकाधिपतेर्देहं प्रविश्याक्रम्य सर्वतः ॥ १०५० ॥
धनं भूरि जहाराशु तच्च दुःखाद्धनाधिपः ।
पिनाकिने दस्युवृत्तं वयस्याय न्यवेदयत् ॥ १०५१ ॥
कुपितस्त्रिपुरारातिरादाय भृगुनन्दनम् ।
पपौ स चोदरे शंभोर्बभ्राम विपुले चिरम् ॥ १०५२ ॥
स रुद्रधारणावह्निदह्यमानोऽन्तरस्थितः ।
रुद्धेषु सर्वस्रोतःसु तस्य तुष्टाव वल्लभाम् ॥ १०५३ ॥
ततः स शुक्रद्वारेण निर्गतः शुक्रतां ययौ ।
सतीसंरक्षितो लेभे न च वै पूर्ववत्स्थितिम् ॥ १०५४ ॥

शुक्रोत्पत्तिः ॥ ८४ ॥

श्रेयः किमिति पृष्टोऽथ पुनराह पितामहः ।
पुरा विदेहाधिपतिं यदुवाच पराशरः ॥ १०५५ ॥
मनोरथो रथो यस्य संयतः शान्तिरश्मिभिः ।
न चरत्यवटे तस्य कर्मिणोऽपि सुखं सदा ॥ १०५६ ॥
रत्यै भोगा विमूढानां सा दुःखाय वियोगिनाम् ।
तमसे दुःखमेवैषां बन्धाय महते तमः ॥ १०५७ ॥
सतां भोगवियोगेषु निर्वेदो नाम जायते ।
निर्वेदस्तपसे तेषां तपः संसारशान्तये ॥ १०५८ ॥

सदाचारप्रवृत्तानां यथाशास्त्रानुसारिणाम् ।
स्वकर्मसक्तमनसां स्वयमायान्ति संपदः ॥ १०५९ ॥

पराशरगीताः ॥ ८५ ॥

प्रजापतिर्हंसरूपी राज्ञा पृष्टोऽब्रवीत्पुरा ।
क्रोधो मृत्युः कुजन्तूनां स्वसुखाद्यदि निर्गतः ॥ १०६० ॥
दग्धाः क्रोधेन शोचन्ति क्रोधान्धा निपतन्ति च ।
जितक्रोधः सुखं शेते ग्रस्तरागादिबन्धनः ॥ १०६१ ॥

हंसगीताः ॥ ८६ ॥

पृष्टः किमक्षरमिति प्राह भीष्मो नरेश्वरम् ।
भगवाञ्जनकं पूर्वं वसिष्ठो यदभाषत ॥ १०६२ ॥
चतुर्दशविधः सर्गो गुणाः कर्माणि चोदनाः ।
सर्वमेतत्क्षरं विद्यादक्षरं परमं पदम् ॥ १०६३ ॥
अक्षरक्षरसङ्गोऽयं देहिदेहसमागमः ।
देहताम्रकलादाहे हेमवद्दृश्यतेऽक्षरम् ॥ १०६४ ॥

वसिष्ठजनकसंवादः ॥ ८७ ॥

पुनः पृष्टोऽवदद्भीष्मो याज्ञवल्क्यो गुरुः पुरा ।
प्रोवाच शिष्यं जनकं परमाक्षरनिर्णयम् ॥ १०६५ ॥
अध्यात्मचिन्तागन्तव्यमधिभूते च कारणम् ।
गुणत्रयविनिर्मुक्तमक्षरं वेद्यवर्जितम् ॥ १०६६ ॥
सांख्ययोगोदितं शान्तं शाश्वतं ध्रुवमव्ययम् ।
निस्तरङ्गोदधिनिभा युक्ताः पश्यन्ति निर्भयाः ॥ १०६७ ॥
सूर्यप्रसादाद्वदनं प्रविष्टा मे सरस्वती ।
तयास्मि वेदकृद्भूत्वा सारमेव पदं श्रितः ॥ १०६८ ॥
षड्विंशो मुच्यते व्यक्तं प्रलीनं पञ्चविंशके ।
इति गन्धर्वभूपालो विश्वावसुमबोधयत् ॥ १०६९ ॥

याज्ञवल्क्यजनकसंवादः ॥ ८८ ॥

---

१. 'मुखा' ख. २. 'तथैव वेद्यमव्यक्तमवेद्यः पुरुषस्तथा' इति भारतमनुसंधेयम्.

तिष्ठन्गृहे को नु मुक्तः पार्थेनेति सुरव्रतः ।
पृष्टो बभाषे सुलभा यदूचे जनकं पुरा ॥ १०७० ॥
त्रिदण्डधारिणी मुक्ता सुलभा नाम भिक्षुकी ।
मिथिलां जनकं द्रष्टुं पुरा प्रायाद्विहायसा ॥ १०७१ ॥
यौवनाभरणं रूपं दधती सा सुमध्यमा ।
ददर्श जनकं कान्ता लावण्यललिताकृतिः ॥ १०७२ ॥
तां विलोक्य सुधासारसिक्ताङ्ग इव मैथिलः ।
चक्रे समुचितां पूजां तस्यै पाद्यासनादिभिः ॥ १०७३ ॥
ततः सुखोषिता तत्र मुक्तात्तरमुपेत्य सा ।
सभायां जनकं चक्रे रश्मिभिः स्वीकृतान्तरम् ॥ १०७४ ॥
नेत्राभ्यां चारुनयना विशन्ती तमलक्षिता ।
अन्तरङ्गा क्षणमभूत्सा सुप्तेव सुधानदी ॥ १०७५ ॥
तद्भावस्पृष्टभावोऽथ बभाषे दन्तकान्तिभिः ।
जनको निर्गुणां कुर्वन्विमुक्तां हारवल्लरीम् ॥ १०७६ ॥
अयि चित्तसुधासिन्धुचन्द्रिका कासि कस्य वा ।
कुतस्त्वमनवद्याङ्गि नयनामृतवर्षिणी ॥ १०७७ ॥
शिष्यः पञ्चशिखस्याहं सांख्यवेदविदो मुनिः ।
विवेकास्त्रविदां श्रेष्ठो मोक्षं प्राप्तो जनाधिपः ॥ १०७८ ॥
किरीटी कङ्कणधरश्छत्रव्यजनवाहनः ।
मुण्डितेच्छः शमारण्यो मनः कर्मप्रसादनः ॥ १०७९ ॥
स्वान्तबोधकपालेऽस्मिन्प्लुष्टं पञ्चशिखेन मे ।
ज्ञानबीजस्य सामर्थ्याद्विषयेषु न जायते ॥ १०८० ॥
नैकान्तवासिता शान्त्यै न गेहं बन्धनाय च ।
सर्वत्र विहिता नाम मुक्तिर्निर्लेपचेतसाम् ॥ १०८१ ॥
अन्तःप्रवेशः किमयं त्वया मे योगतः कृतः ।
वर्णगोत्राश्रमादीनां विभेदादेष संकरः ॥ १०८२ ॥

---

१. 'विविक्तस्तु विदां शिष्टो' ख.

जेतुमिच्छसि चेदस्मान्सिद्धो मानस्तदेष ते।
अयं स्वशास्त्रदोषश्च तव स्पृशसि यत्परान् ॥ १०८३ ॥
सर्वाङ्गसङ्गं कुरुषे सती भूत्वा न लज्जसे।
कारणं ब्रूहि सुभगे न मिथ्या वक्तुमर्हसि ॥ १०८४ ॥
इति पृष्टातिपरुषं न धैर्यात्संचचाल सा।
ईषदुन्नमितैकभ्रूर्हासपल्लविताधरा ॥ १०८५ ॥
सा बभाषे प्रविष्टापि च्छायेव पुरतः स्थिता।
पूर्वापरहितं वाक्यं नदन्सज्जनसंसदि।
मुक्तश्च भेदवक्ता चेत्यहो राजन्न राजसे ॥ १०८६ ॥
कासि कस्य कुतो वा त्वं यदेवमभिधीयते।
तत्र किं न श्रुतं काष्ठजन्तुवद्गुणभौतिकम् ॥ १०८७ ॥
त्रिंशद्गुणकलाकारो व्यक्तो व्यक्तत्वमागतः।
संघातस्तत्त्वचक्रस्य सोऽयं कस्य न कस्य वा ॥ १०८८ ॥
शुक्रसेकाद्यवस्थास्ता न लक्ष्यन्ते जरावधि।
दीपस्येवार्चिषो याता यस्य सोऽयं कुतः कथम् ॥ १०८९ ॥
स्वाङ्गैरपि न संबन्धः संबन्धो जगतामिव।
किमुतात्मनि नात्मानं मुक्तः पश्यसि बिम्बवत् ॥ १०९० ॥
विकल्पं पृच्छतो नैषा मुक्तता तव शोभते।
समरारावभग्नस्य जयमालेव दन्तिनः ॥ १०९१ ॥
इदं राज्यमपर्यन्तं तिष्ठतस्ते विमुक्तता।
न मन्येऽहं मरुतटे तप्तस्येव वितृष्णता ॥ १०९२ ॥
चामरैर्लोलयन्त्येव च्छत्रैराच्छादयन्ति च।
विवेकं मदकल्लोलैर्हरन्ति च नृणां श्रियः ॥ १०९३ ॥
हताः सेनाः पुनर्युद्धे राजपुत्रो निपातितः।
इति साधारणैर्दोषैर्भूभुजामेव दुःखिता ॥ १०९४ ॥
धनं कोशे गजाः शाले स्वगृहेषु च मन्त्रिणः।
शय्याविभागे महिषी त्रियामायां त्वमेककः ॥ १०९५ ॥

अकङ्कणमहारं च शय्यायां वर्तते वपुः।
उच्छ्वासशेषो विमुखः स्वप्ने धावसि चान्यतः ॥ १०९६ ॥
भिक्षुकी शून्यनिलया शून्येऽस्मिंस्तव विग्रहे।
निवसामि क्षपामेकां का नु ते नृपते क्षतिः ॥ १०९७ ॥
अस्पृशन्ती वपुस्तेऽहं प्रविष्टा यदि योगतः।
तत्कथं नृपते मुक्तः स्पर्शं वेत्सि सरागवत् ॥ १०९८ ॥
वर्णसंकरभीरोस्ते कथं पञ्चशिखो गुरुः।
वृथा तदधुना जातं यत्त्वयोक्तं नरेश्वर ॥ ११९९ ॥
नैवाङ्कुरसमर्थं मे ज्ञानबीजं प्ररोहति।
विषयेष्विति तद्राजन्स्वयमुक्तं न पश्यसि ॥ ११०० ॥
अविभिन्ना वयं सर्वे समाश्रयिसमाश्रयात्।
तरौ लता तत्र पुष्पं तस्मिन्षट्चरणा इव ॥ ११०१ ॥
सर्वात्मना पृथक्त्वं चेदिति भागं विपश्यसि।
तदेकान्तविभिन्नस्य कस्य केनात्र संकरः ॥ ११०२ ॥
स त्वं प्रवृत्तिविमुखो न च प्राप्तो निवृत्तताम्।
त्रिशङ्कुरिव मध्यस्थो न दिवं न भुवं श्रितः ॥ ११०३ ॥
सर्वमेतन्मम न वा यत्सर्वमहमेव वा।
निष्ठामेतामनासाद्य कथं मुक्तोऽसि पार्थिव ॥ ११०४ ॥
इत्यवाप्तोपदेशार्थः सुलभावचसा नृपः।
न हृष्टो नापहृष्टश्च तूष्णीं नभ इवाभवत् ॥ ११०५ ॥

सुलभाजनकसंवादः ॥ ८९ ॥

राज्ञा शुकस्य वैराग्यं भीष्मः पृष्टोऽब्रवीत्पुनः।
यदुवाच शुकं पुत्रं पराशरसुतो मुनिः ॥ ११०६ ॥
पुत्र संसारमरणौ सरतामविवेकिनाम्।
पश्य शीतातपव्याधिमरणावधिदुःस्थितिम् ॥ ११०७ ॥
अस्मिन्शरीरकुसुमे भृङ्गवज्जीविते स्थिते।
चपलेषु च भावेषु ताटस्थ्यं पुत्र नोचितम् ॥ ११०८ ॥

यथा लिखितमेवायुः क्षणरात्रिं दिवं ततः।
कोटिभिः प्राप्तकालानां मुहूर्तमपि दुर्लभम् ॥ ११०९ ॥
वासनाक्षौद्रपटले नानाभावरसाहृते।
स्वयमुत्पादिते मग्नः क्षुद्रः को नाम मुच्यते ॥ १११० ॥
अपर्याप्तमनःस्वेच्छास्त्यक्त्वा दारान्धनं सुतान्।
कालव्यालसमाकृष्टा हन्त गच्छन्ति जन्तवः ॥ ११११ ॥
असिपत्रवनं घोरं तप्ता वैतरणी नदी।
परत्रोष्णकटाहाश्च सन्ति गेहं न बान्धवाः ॥ १११२ ॥
न यावदेतत्तारुण्यं गलत्यनुपलक्षितम्।
न यासि यावत्संकोचं जरया तप्तचर्मवत् ॥ १११३ ॥
हिक्काश्वासविपर्यस्तो यावत्स्रस्तविलोचनः।
कुलालचक्रवद्भ्रान्तो न पश्यसि दिशो दश ॥ १११४ ॥
हिरण्यवर्णां वसुधां यावद्वीक्ष्य विशृङ्खलम्।
न गच्छसि तमो दीर्घं सूच्यभेद्यमबान्धवः ॥ १११५ ॥
यावच्छुभाशुभाक्रान्तो न हृष्यसि विरौषि वा।
तावत्समाधिविबुधो विनिवृत्तभवो भव ॥ १११६ ॥
श्रुत्वेत्यवाप्तनिर्वेदः शुकस्त्यक्त्वा स्वमाश्रयम्।
आमन्त्र्य पितरौ योगी ययौ श्रेयःसमाधये ॥ १११७ ॥
यावत्कम् ॥ ९० ॥
कर्ममूलं निशम्याथ नृणां सुकृतदुष्कृतम्।
राज्ञा शुककथां पृष्टः पुनराह पितामहः ॥ १११८ ॥
कर्णिकारवने मेरोः पुरा शीतांशुशेखरः।
विजहार हरो हारफणिरत्नांशुपिञ्जरः ॥ १११९ ॥
तत्रोग्रतपसा युक्तो व्यासः सत्यवतीसुतः।
पुत्रकामो वरं प्राप दास्यामीति महेश्वरात् ॥ ११२० ॥
ततः कालेन स मुनिर्वह्न्यर्थमरणीं स्वयम्।
ममन्थाप्सरसं पश्यन्घृताचीमग्रचारिणीम् ॥ ११२१ ॥

तस्य शुक्रं पपाताशु शुकीभूतां विलोक्य ताम् ।
अरण्यामरतस्यापि तत्रास्य तनयोऽभवत् ॥ ११२२ ॥
अरण्या गर्भसंभूतः सोऽभूद्व्याससुतः शुकः ।
शुक्रः कमण्डलुं यस्मै द्यौश्च दण्डाजिनं ददौ ॥ ११२३ ॥
वेदानधीत्य साकारानवाप्य च बृहस्पतेः ।
तपसा ब्रह्मचर्येण मान्योऽभूत्स दिवौकसाम् ॥ ११२४ ॥
उपदेशं पितुः प्राप्य तद्गिरा जनकं ययौ ।
मोक्षधर्मार्थनिपुणं द्रष्टुं पद्भ्यां नभश्चरः ॥ ११२५ ॥
मेरुवर्षानतिक्रम्य मिथिलां प्रविवेश सः ।
निवार्यमाणोऽप्यक्रोधो द्वाःस्थैः परुषवादिभिः ॥ ११२६ ॥
परं जनकराजस्य कक्ष्याद्वयमतीत्य सः ।
मन्त्रिप्रवेशितस्तस्थौ पूजितोऽन्तःपुरे मुनिः ॥ ११२७ ॥
ततः पर्यचरन्कान्तास्तमुत्पलविलोचनाः ।
यासां स्मितामृतैः कामः शिवदग्धोऽपि जीवति ॥ ११२८ ॥
वेराह(र्ह)शयने तत्र योगी ध्यानपरायणः ।
निनाय रात्रिं प्रातश्च नृपो द्रष्टुं तमाययौ ॥ ११२९ ॥
गुरोर्व्यासस्य तनयो जनकेन स पूजितः ।
रत्नासनोपविष्टोऽथ पप्रच्छ मिथिलेश्वरम् ॥ ११३० ॥
विसृष्टोऽहं भगवता पित्रा व्यासेन तेऽन्तिकम् ।
गुरूपदेशसंबन्धं वद ज्ञानमनामयम् ॥ ११३१ ॥
जनकः प्राह शनकैः क्रियासोपानपङ्क्तिभिः ।
आरुह्योच्चैः परं धाम विशुद्धं शुद्धचेतसा ॥ ११३२ ॥
ज्ञानानिलहृताशेषविकल्पघनडम्बरः ।
द्वन्द्वत्रियामाविरतौ दृश्यते बोधभास्करः ॥ ११३३ ॥
सर्वमात्मनि सर्वत्र तमात्मानं विलोकयन् ।
गुणत्रयविनिर्मुक्तो मुनिश्चरति निर्ममः ॥ ११३४ ॥

१. 'नवाप्य' ख. २. 'तस्मै शय्यासनं दिव्यं देवार्हं रत्नभूषितम्' इति भारतम्.

तस्योत्सृष्टकलङ्कस्य प्रसन्नासक्तचेतसः।
सर्वत्र विजितो मोक्षः सर्वकर्तृपदस्पृशः॥ ११३५॥
स्पृहाग्रन्थिं पुरो मुक्त्वा ततो रागं ततः शुचम्।
अहंकारपरित्यागाद्योगी ब्रह्ममयो भवेत्॥ ११३६॥
सर्वान्तरात्मतां यातः सर्वज्ञपदमास्थितः।
युक्तो विमिश्रतां याति शैलेषु सलिलेषु च॥ ११३७॥
अहमित्येव संसारो नाहमित्येव तत्क्षयः।
छिद्यते वासनातन्तुरिति चिन्तयतां सताम्॥ ११३८॥
भावस्नेहं परित्यज्य देहमानं समाश्रयेत्।
देहमानविरामे च प्राणमानं समाश्रयेत्॥ ११३९॥
निरस्य प्राणमानं च विश्वाहंकारमाश्रयेत्।
शून्यतां चिन्तयेत्पश्चाद्यया ब्रह्मणि लीयते॥ ११४०॥
इत्यादि मिथिलेन्द्रस्य निशम्य विशदं वचः।
तमामन्त्र्य कृती प्रायाच्छुकस्तुहिनभूधरम्॥ ११४१॥
अत्रान्तरे सुरमुनिर्नारदो द्रष्टुमाययौ।
हिमाचलं लतालास्यविलासमणिमन्दिरम्॥ ११४२॥
विद्याधरघटाजुष्टनिर्झरोदारकन्दरम्।
हेमपङ्कजिनीकुञ्जकूजन्मञ्जुविहङ्गमम्॥ ११४३॥
शुकोऽथ तत्र पितरं शिष्यान्विनयशालिनः।
अध्यापयन्तमभ्येत्य स्ववृत्तान्तं न्यवेदयत्॥ ११४४॥
सुमन्तुः पैलसहितो वैशम्पायनजैमिनी।
ते व्यासशिष्याः प्रमदात्परिषस्वजिरे शुकम्॥ ११४५॥
कदाचिदथ यातेषु कृष्णद्वैपायनं गुरुम्।
वैशंपायनमुख्येषु समामन्त्र्य महीतलम्॥ ११४६॥
एक एव शुकस्तस्थौ तत्र ध्यानपरायणः।
अधीयानः परं ब्रह्म व्यस्तं व्यासेन धीमता॥ ११४७॥

अथ प्रवाति पवने कृते चाध्ययने शुकः ।
समीरणगतीस्तास्ताः शुश्राव गुरुणोदिताः ॥ ११४८ ॥
दिव्यो वायुः समानाख्यस्तस्योदानः सुतो बली ।
व्यानश्च तस्य तनयः ख्यातोऽपानश्च तत्सुतः ॥ ११४९ ॥
तत्संभवः प्राणनामा तेषां सप्त गतिक्रमाः ।
कर्म चैषां बहुविधं नाम्ना सदृशमुच्यते ॥ ११५० ॥
प्रवहो नाम तद्रूपो धूमाभ्रप्रेरकोऽनिलः ।
आवहो नाम पवनस्तडिद्विभ्रमकृन्मुनेः ॥ ११५१ ॥
जलं वहति मेघेषु यश्चोदीरयति ग्रहान् ।
उद्वहो नाम स ज्ञेयः सर्वसागरघस्मरः ॥ ११५२ ॥
विमानवाही देवानां संगर्जः संवहाभिधः ।
व्योमगङ्गाम्बुधर्ता च निवहः पञ्चमोऽनिलः ॥ ११५३ ॥
पूरयत्यमृतेनेन्दुं षष्ठः परिवहः स्मृतः ।
अन्त्योऽन्तकृच्च भूतानां घोरो वायुः परावहः ॥ ११५४ ॥
स एव वायुर्निःश्वासो वहत्स्वेतेषु नो पते(ठे)त् ।
एतदुक्त्वा नभोगङ्गां कृष्णद्वैपायने गते ॥ ११५५ ॥
शुकमेकाकिनं प्रीत्या नारदः समुपाययौ ।
आदराद्व्यासतनयस्तं प्रणम्य सुखस्थितम् ॥ ११५६ ॥
अपृच्छदैहिकं श्रेयः पृष्टस्तेन स चाब्रवीत् ।
विद्याचक्षुस्तपः सत्यं त्यागरागौ सुखासुखे ॥ ११५७ ॥
क्रोधश्च मृत्युरित्येतद्यो वेत्ति न स शोचति ।
अहिंसा धाम धर्मस्य दुःखस्यायतनं स्पृहा ॥ ११५८ ॥
सङ्गत्यागः पदं मुक्तेर्भोगाभ्यासो गृहं शुचः ।
विप्रयोगे महाञ्शोषस्तापकृद्यैः प्रजायते ॥ ११५९ ॥
आपातरमणीयांस्तान्भावान्साधुर्न चिन्तयेत् ।
बहु मन्येत न धनं संतोषं शममास्थितः ॥ ११६० ॥

संसारसारवैचित्र्यं गणयन्बहुबाधकम् ।
न विस्मयं न संतापं वानुरागं भजेत च ॥ ११६१ ॥
अलसा दीर्घसूत्राश्च दृश्यन्ते विभवैर्युताः ।
ईहमानाश्च दक्षाश्च न क्वचिद्धनभागिनः ॥ ११६२ ॥
अनिच्छतां संततिं च जायन्ते बहवः सुताः ।
लभन्ते पुत्रकामाश्च पातं वा नैव वा सुतम् ॥ ११६३ ॥
दुर्जराः सहसा यस्मिञ्जीर्यन्ते क्षिप्रमास्थिताः ।
तस्मिन्नेवोदरे गर्भो मासान्दश विवर्धते ॥ ११६४ ॥
व्याधिदग्धा विपद्यन्ते नरा वैद्यशतैर्वृताः ।
रोगानतितरन्त्यन्ये रथ्याकर्दमशायिनः ॥ ११६५ ॥
रूपबुद्धिविहीनानां दासाः स्वाकृतयो बुधाः ।
शोचन्त्यन्यत्र विधवा गतभार्यास्तथा क्वचित् ॥ ११६६ ॥
इत्येवं विविधां मायां कलयन्नखिलां धिया ।
भवस्वभाववैरी स्यान्न तु सज्जेत पण्डितः ॥ ११६७ ॥
नारदेनेति कथितं निशम्य व्यासनन्दनः ।
ध्यायन्संसारसरणिं निर्वेदान्न धृतिं ययौ ॥ ११६८ ॥
सर्वत्यागधृतोद्योगः स समामन्त्र्य नारदम् ।
व्यासमेत्य सरित्तीरे ववन्दे हर्षनिर्भरः ॥ ११६९ ॥
तस्मै निवेद्य विनयान्निर्वेदं गतवासनः ।
प्रदक्षिणीकृत्य गुरुं गन्तुमभ्युद्ययौ शुकः ॥ ११७० ॥
क्षणं पुत्र प्रतीक्षस्व यावत्त्वद्दर्शनामृतैः ।
प्रीणामि निर्भरं चेतस्तमित्यूचे पिता ततः ॥ ११७१ ॥
निरक्षेपः स गत्वाथ समारुह्य गिरेः शिरः ।
निःशब्दः स समे देशे सर्वज्ञः समुपाविशत् ॥ ११७२ ॥
उल्लङ्घनाक्रमेणैव ग्रन्थिबन्धान्विमुच्य सः ।
तेजस्येकरसे तेजो धृत्वा हेम्नीव काञ्चनम् ॥ ११७३ ॥

रविं वायुं जलं भूमिं प्रविश्य गगनं तथा ।
विश्वाविष्कारकलया शून्याशून्यसमाश्रयः ॥ ११७४ ॥
विहस्योत्पत्य सहसा सशरीरोऽप्यदेहवत् ।
समीरवदसक्ताङ्गः खे ययौ वैनतेयवत् ॥ ११७५ ॥
तं प्राप्तं परमां सिद्धिं देवगन्धर्वयोषितः ।
अवाकिरन्पुष्पवर्षैः सर्वे च व्योमचारिणः ॥ ११७६ ॥
सोऽब्रवीद्देवताः सर्वा विचिन्वानस्य मां पितुः ।
प्रलापिनः प्रतिवचो देयं सर्वाभिराश्रमे ॥ ११७७ ॥
इत्युक्त्वा स समुलङ्घ्य क्षिप्रमष्टविधं तमः ।
त्यक्त्वा रजः सप्तविधं सत्त्वं चोत्सृज्य केवलम् ॥ ११७८ ॥
उल्कापातैः स दिग्दाहैः कम्पिते भुवनत्रये ।
निर्व्यञ्जनं निर्गुणं च ब्राह्मं तेजः समाविशत् ॥ ११७९ ॥
स व्रजन्विपुलायामं द्विशृङ्गं दिव्यभूधरम् ।
द्विधा व्यधादलग्नाङ्गस्ततो देवाः स्वयं ययुः ॥ ११८० ॥
अथ मन्दाकिनीतीरे कचत्काञ्चनपङ्कजे ।
उत्फुल्लोदारमन्दारपारिजातमनोहरे ॥ ११८१ ॥
स्नानकेलीरता लोलदृशस्त्रिदशयोषितः ।
हेमकुम्भोपमकुचाः पीनोरुश्रोणिमण्डलाः ॥ ११८२ ॥
श्यामरोमलताकान्ततनुमध्या विवाससः ।
वीतरागं शुकं दृष्ट्वा तस्थुर्विस्मयनिश्चलाः ॥ ११८३ ॥
तं कामकञ्चुकोत्तीर्णं ताः समुन्मुक्तकञ्चुकाः ।
कान्तं ददृशुरेकाग्रमसंकोचमकुञ्चिताः ॥ ११८४ ॥
वातस्कन्धानतिक्रम्य याते तस्मिन्सुतप्रियः ।
तमन्वेष्टुं समभ्यायाद्व्यासस्तूर्णं विहायसा ॥ ११८५ ॥
हा पुत्रेति पितुर्वाचं श्रुत्वा सर्वान्तरात्मताम् ।
अवाप्तः शुद्धचिन्मात्रो भोःशब्दमकरोच्छुकः ॥ ११८६ ॥

शून्याकारस्य शब्देन तस्य प्रतिरवं नगाः।
चक्रुः सैव स्थितिरभूत्प्रतिश्रुत्वा स भूभृताम् ॥ ११८७ ॥
लीने ततः परे धाम्नि शुके तनयवत्सलः।
व्यासो न्यषीदद्दद्युसरित्तीरे हेमशिलातले ॥ ११८८ ॥
तं दृष्ट्वाप्सरसो वारिक्रीडासक्ताः परस्परम्।
गात्रे निधाय वासांसि ह्रिया संकोचमाययुः ॥ ११८९ ॥
ततः शोकसमाक्रान्तं तमपि ज्ञानभास्करम्।
समेत्याश्वास्य विदधे वीतशोकं शिवः स्वयम् ॥ ११९० ॥

शुकातिपातनम् ॥ ९१ ॥

एक एव परो देवः को वेद्य इति भूभुजा।
पृष्टोऽब्रवीच्छान्तनवो ध्यात्वा नारायणं हृदि ॥ ११९१ ॥
नारदेन पुराभ्येत्य बदर्याश्रममीश्वरः।
नारायणो दर्शनाय प्रार्थितस्तमभाषत ॥ ११९२ ॥
विष्णोरव्यक्तरूपस्य चतुर्धा व्यक्तरूपिणः।
इच्छामात्रसमुन्मेषो नरश्चाहं च नारद ॥ ११९३ ॥
एकायनैरेकदेवैरेकव्रतधरैः सदा।
स विभुर्दृश्यते युक्तैर्ज्ञाननिर्धूतकल्मषैः ॥ ११९४ ॥
श्वेतद्वीपमितो गत्वा विष्णुरूपाननामयान्।
विष्णुध्यानपराञ्शुभ्रान्पश्य श्रीवत्सलक्षणान् ॥ ११९५ ॥
इति श्रुत्वा मुनिरभूत्तच्चित्तस्तत्परायणः।
प्रययौ च परं द्रष्टुं कारणं विष्णुमव्ययम् ॥ ११९६ ॥
एकतेन द्वितेनापि त्रितेन च तपस्विना।
वसुयज्ञसदस्यैर्यः श्वेतद्वीपे पुरा स्तुतः ॥ ११९७ ॥
श्वेतद्वीपं समासाद्य नारदो रुचिरान्नरान्।
ददर्श शशिकर्पूरतुषाररजतप्रभान् ॥ ११९८ ॥

---

१. 'वेद्यः को देव' ख.

तान्प्रणम्य स सत्त्वस्थैर्मनसा तैश्च वन्दितः ।
दिव्यैर्मन्त्रपदैर्विष्णुं तुष्टाव रचिताञ्जलिः ॥ ११९९ ॥

ॐ जय अजित अव्यय अप्रमेय अनन्त अच्युत अपरिमित अचल अचिन्त्य अप्रतिहत अभव महाविभव निरतिशय निरञ्जन निर्लेप निष्प्रपञ्च निरुपम निर्विकार निर्गुण नित्योदित विश्व विश्वरूप विश्वेश्वर विश्वसमुद्धरण शुद्धसूक्ष्म ध्रुव शाश्वत शान्त संवित्स्वरूप परमानन्दमन्दिर भक्तिमन्दाकिनीमराल स्वेच्छाशक्तिव्यक्तीकृतनिजप्रसर लक्ष्मीलतावसन्त मधुवधूगण्डपाण्डिमप्रद सुरमहिषीविभ्रमविराम आनन्दस्यन्दरसेन्दुमण्डल अखण्डितप्रसादमण्डिताखण्डल कौस्तुभप्रभारचितकमलाकुचकुङ्कुमभङ्ग अपरिष्वङ्गसङ्गमाकुलीकृतस्वर्भानुभामिनीलोक दंष्ट्रेन्दुकलालेखायितवसुधाभिराममहावराह हिरण्यकशिपुकाननदवानल वामनलीलासंपदवामनीकृतसुरैश्वर्य चरणनखमयूखायितस्वर्वाहिनीप्रवाह क्षत्रक्षयाध्वरोद्दीपितकुठारानल दशवदनवदनकन्दुकविनोदानन्दित कालियकुलकमलिनीकुञ्जर रुक्मिणीकपोलदन्तपत्रीकृतपाञ्चजन्यप्रभापूर विद्रुमद्रुमायितकैटभरुधिरारुणोरुस्तम्भ ब्रह्मपद्मपद्माकरतुरगमुखखलीनखनखनायमानसामवेदोच्चार ।

इत्यादिभिः स्तुतिशतैर्दिव्यैर्गुह्यैश्च नामभिः ।
नानावर्णं ततोऽपश्यज्ज्योतीरूपं सनातनम् ॥ १२०० ॥
जितन्ताद्येन मन्त्रेण स्तूयमानं सितैर्नरैः ।
तं विश्वव्यापिनं दृष्ट्वा कृतकृत्यो ययौ मुनिः ॥ १२०१ ॥
इत्येवं नारदादन्यो न ददर्श तमीश्वरम् ।
सोऽव्यक्तः परमो विष्णुर्भूतानां प्रभवोऽव्ययः ।
अनादिनिधनः शुद्धो वेद्यः सूक्ष्मो निरञ्जनः ॥ १२०२ ॥
नारायणीयम् ॥ ९२ ॥

निवृत्तधर्ममाकर्ण्य शान्तये धर्मजन्मना ।
पुनराश्रमिणां धर्मं पृष्टः प्राह सुरव्रतः ॥ १२०३ ॥
गङ्गातीरे द्विजः कश्चिदतिथिं गृहमागतम् ।
किमग्र्यं सर्वधर्माणामित्यपृच्छदुदारधीः ॥ १२०४ ॥

पद्मो नाम महान्नागो नैमिषे गोमतीतटे।
स जानातीति विप्रेण स पृष्टोऽतिथिरब्रवीत् ॥ १२०५ ॥
ततस्तद्वचसा गत्वा गोमतीतीरमग्र्यजः।
वारेण सूर्यरथगं न ददर्श भुजङ्गमम् ॥ १२०६ ॥
स्थित्वा तत्र निराहारो दिनानि कतिचिद्द्विजः।
नागं ददर्श तं प्राप्तं दृष्ट्वा पप्रच्छ कौतुकम् ॥ १२०७ ॥
ब्रूहि तावदिदं नाग त्वया रविरथस्थितौ।
दिवि दृष्टं किमाश्चर्यं पश्चाद्धर्मं प्रवक्ष्यसि ॥ १२०८ ॥
इत्याकर्ण्याब्रवीन्नागो दृष्टं मार्तण्डवर्त्मनि।
रथस्य चक्रं वारेण बलेन वहता मया ॥ १२०९ ॥
अंशुशाखासहस्रेषु रवेः शकुनयो यथा।
तिष्ठन्ति देवाः सिद्धाश्च मुनयश्चेति कौतुकम् ॥ १२१० ॥
करैर्गृहीत्वा त्यजति पयो भूमौ प्रविश्य च।
पश्यत्यलक्षितः सर्वं भगवानिति कौतुकम् ॥ १२११ ॥
पुरा प्रभावान्मध्याह्ने मर्त्यलोकात्समुद्गतः।
दृष्टो मया महासत्त्वो रविस्तस्याग्रहीत्करम् ॥ १२१२ ॥
स भित्त्वा मण्डलं भानोस्तेजस्येव समाविशत्।
तेजस्तेजसि संलीनं दृष्ट्वास्माभिर्दिवाकरः।
पृष्टः कोऽयमिति श्रीमान्हर्षपूर्णोऽब्रवीद्रविः ॥ १२१३ ॥
उञ्छवृत्तिरयं सिद्धः कापोतीं वृत्तिमाश्रितः।
मदीयं धाम यातोऽसावित्येतदपि कौतुकम् ॥ १२१४ ॥
श्रुत्वेति नागाद्विप्रोऽभूत्प्रहर्षविकचाननः।
अवान्तरकथावाप्तस्वाभिधेयोपदेशवाक् ॥ १२१५ ॥
आमन्त्र्य पन्नगं विप्रो विधाय च्यवनं गुरुम्।
उञ्छव्रतो ययौ सिद्धिं गीयमानः सुरैर्दिवि ॥ १२१६ ॥

च्यवनान्नारदेनैतत्तस्माज्जम्भबलद्विषा ।
शक्राच्च वसुभिस्तेभ्यो मया मत्तस्त्वया श्रुतम् ॥ १२१७ ॥
मोक्षधर्माः ॥ ९३ ॥

शमं विविधमाकर्ण्य धर्मराजः पितामहम् ।
बभाषे शोकविवशश्चिन्तयन्बान्धवक्षयम् ॥ १२१८ ॥
अहो बताहं संसारे धुर्यः किल्बिषकारिणाम् ।
सर्वस्वजनसंहारे नीतो दैवेन हेतुताम् ॥ १२१९ ॥
जायेत मादृशः कोऽन्यः सदृशो मम दुष्कृती ।
पितामह शरैर्यस्त्वां घातयित्वा निरीक्षते ॥ १२२० ॥
धन्यः सुयोधनस्तात धिङ् मां पुण्यैर्निराकृतम् ।
बन्धूनां त्वत्प्रधानानां यः क्षये साक्षितां गतः ॥ १२२१ ॥
शैशवे क्षौमवसनं यस्याङ्के लडता मया ।
म्लापितं राज्यलुब्धेन स एव निहतो भवान् ॥ १२२२ ॥
श्रुत्वा युधिष्ठिरेणैतद्वक्तुं शन्तनुनन्दनः ।
तमूचे मा कृथाः पुत्र मिथ्यैवानुशयव्यथाम् ॥ १२२३ ॥
परतन्त्रमिदं सर्वं जगत्स्वयमनीश्वरम् ।
स्वकर्ममुद्रितो लोकः प्राप्नोत्येव भवाभवम् ॥ १२२४ ॥
ब्राह्मणी गौतमी नाम पुत्रकं पुत्रवत्सला ।
दष्टं ददर्श सर्पेण गतासुं कानने पुरा ॥ १२२५ ॥
तां दृष्ट्वा पुत्रशोकार्तां लुब्धकोऽर्जुनकाभिधः ।
बद्ध्वा तं सर्पमादाय जगादाभ्येत्य गौतमीम् ॥ १२२६ ॥
अयं पुत्रस्य ते हन्ता मया बद्धो भुजङ्गमः ।
ब्रूहि यावत्क्षिपाम्येनं वह्नौ शस्त्रेण हन्मि वा ॥ १२२७ ॥
श्रुत्वैतल्लुब्धकवचो विविग्ना प्राह गौतमी ।
वराकः पन्नगो नायमज्ञानाद्वधमर्हति ॥ १२२८ ॥
अन्तवन्त्येव भूतानि नियतावधि मुद्रया ।
उपयान्ति स्वयं मृत्युं हन्ता कश्चिन्न कस्यचित् ॥ १२२९ ॥

तस्मादस्मिन्न कोपो मे कुतः कोपेऽपि निग्रहः।
जड व्याध विमुञ्चैनं हतः कालेन मे सुतः॥ १२३० ॥
इत्युक्तोऽप्यसकृद्व्याधस्तया सर्पवधे मतिम्।
न तत्याज यदा कोपात्तदा दीनोऽवदत्फणी॥ १२३१ ॥
हतोऽयं मृत्युना बालो यो मां प्रेरितवान्स्वयम्।
अस्वतन्त्रस्य का शक्तिस्तदा ज्ञातिक्रमान्मम ॥ १२३२ ॥
पन्नगेनेत्यभिहिते लुब्धकः पुनरब्रवीत्।
कारणेन त्वया सर्प नीतोऽयं मृत्युना शिशुः॥ १२३३ ॥
न हि नाम स्वयं कश्चित्करेणाकृष्य मृत्युना।
नीतो भवद्विधा यावद्याताः सर्प न हेतुताम्।
वध्योऽसि सर्वथा तस्माद्विनाशे कारणं शिशोः॥ १२३४ ॥
इति ब्रुवाणे बहुशः कोपाद्व्याधे भुजङ्गमम्।
स्वयमनिग्रहान्मृत्युरभ्येत्य तमभाषत॥ १२३५ ॥
नाहमस्य शिशोर्हन्ता न चायं भुजगो जड।
प्रेरको भगवान्कालः सर्वं क्षयति संक्षये॥ १२३६ ॥
कालेन कलितास्ते ते भावास्त्रैलोक्यवर्तिनः।
स्पृशन्त्यभावपदवीं भवन्ति च पुनः पुनः॥ १२३७ ॥
इत्युक्ते मृत्युना कालः स्वयमेत्य तमभ्यधात्।
नाहं न मृत्युर्नो सर्पः प्रभुर्बालनिपातने॥ १२३८ ॥
स्वकर्मभिरयं लोको लभते निधनोदयौ।
कर्मसूत्रैर्विचेष्टन्ते नरा यन्त्रमया इव॥ १२३९ ॥
जायते वर्धते भुङ्क्ते प्रसूते मोदते पुनः।
जीर्यते क्षीयते वापि न जन्तुः कर्मणा विना॥ १२४० ॥
इति कालेन कथिते सर्पे तत्याज लुब्धकः।
पृथग्ययुश्च ते सर्वे नष्टशोका च गौतमी॥ १२४१ ॥

इत्येवं स्वकृतैरेव क्षीयन्ते कर्मभिर्जनाः ।
कर्मणा निधनं यातान्मा शुचः पृथिवीधरान् ॥ १२४२ ॥

गौतमीसर्पमृत्युलुब्धकसंवादः ॥ ९४ ॥

गृहाश्रमे केन मृत्युर्वर्तमानेन धर्मतः ।
जितः पाण्डुसुतेनेति पृष्टः शान्तनवोऽब्रवीत् ॥ १२४३ ॥
इक्ष्वाकुवंशजो राजा माहिष्मत्यामभूत्पुरा ।
श्रीमान्सुयोधनो नाम सुरेन्द्रधनदोपमः ॥ १२४४ ॥
तं नर्मदा नदी दृष्ट्वा स्नातं कमललोचनम् ।
अकामयत कामार्ता विलासललिताकृतिम् ॥ १२४५ ॥
तस्यामजीजनत्कन्यां राजा राजीवलोचनाम् ।
कान्तां सुदर्शनां नाम नयनानन्दिदर्शनाम् ॥ १२४६ ॥
तां यौवनवतीं काले भगवान्वीक्ष्य पावकः ।
स्मराकुलो नरपतिं ययाचे ब्राह्मणाकृतिः ॥ १२४७ ॥
निर्धनावज्ञया तस्मै तां यदा न ददौ नृपः ।
तदा तस्य स यज्ञेऽग्निः प्रायात्कोपाददर्शनम् ॥ १२४८ ॥
ऋत्विग्भिरथ सप्तार्चिर्नियमेन प्रसादितः ।
स्वप्ने जगाद तं मह्यं कन्यैषा दीयतामिति ॥ १२४९ ॥
ततः प्रत्यक्षवपुषे तस्मै राजा सुदर्शनात् ।
प्रहृष्टस्तनयां प्रादात्प्राप्य तत्संनिधिं मखे ॥ १२५० ॥
राज्ञा तेनार्थितोऽद्यापि माहिष्मत्यां हुताशनः ।
आस्ते सदा संनिहितः क्षपयन्सर्वविप्लवान् ॥ १२५१ ॥
सुदर्शनायां तनयो बभूवाथ विभावसोः ।
कान्तः सुदर्शनो नाम गुणरत्नमहोदधिः ॥ १२५२ ॥
सुता मोघवतो राज्ञः कान्तां मोघवतीं युवा ।
स लेभे क्षीणबाणस्य नवां शक्तिं मनोभुवः ॥ १२५३ ॥
तया सह कुरुक्षेत्रे गृही धर्मपदे स्थितः ।
चक्रे मृत्युजये यत्नं सोऽर्थिकल्पद्रुमस्तदा ॥ १२५४ ॥

अभग्नप्रणयाः कार्याः सर्वथार्थिमनोरथाः।
इत्यूचे स सदा जायां धर्मसब्रह्मचारिणीम् ॥ १२५५ ॥
धर्मादच्यवतस्तस्य च्छिद्रप्रेक्षी सदाभवत्।
प्रच्छन्नः सर्वतो मृत्युर्न चान्तरमवाप्तवान् ॥ १२५६ ॥
ततः कदाचिदिध्मार्थं स्वयं याते सुदर्शने।
अतिथिः कश्चिदभ्येत्य तद्भार्यां ब्राह्मणोऽब्रवीत् ॥ १२५७ ॥
आतिथ्यं क्रियतां सुभ्रु राजपुत्रि मम त्वया।
यदि धर्मः प्रमाणं ते तन्मां भज सुलोचने ॥ १२५८ ॥
इति ब्रुवाणः स तया वारितोऽप्यपरैर्वरैः।
त्वां विना नार्थये किंचिदित्युवाचासकृद्द्विजः ॥ १२५९ ॥
धर्म्यं ततः सा वचनं स्मृत्वा भर्तुः पतिव्रता।
तथेत्युक्त्वाकरोत्सर्वं ब्राह्मणस्य समीहितम् ॥ १२६० ॥
अस्मिन्नवसरे गेहद्वारमेत्य सुदर्शनः।
एहीत्याहूय दयितां सोत्कण्ठोऽपि व्यलम्बत॥ १२६१ ॥
सा भर्त्रा सहसाहूता न च प्राप्ता द्विजान्तिकम्।
दोलाविलोलहृदया तस्थौ लज्जाकुला क्षणम् ॥ १२६२ ॥
ततो गृहान्तराद्विप्रः सुदर्शनमभाषत।
इयं मया तव वधूरर्थितातिथिना रतम् ॥ १२६३ ॥
प्राप्ता नाद्यापि शयनं प्राप्तश्च त्वं गृहाधिपः।
किमत्र मन्यसे युक्तमित्युक्त्वा विरराम सः ॥ १२६४ ॥
अत्रान्तरे छन्नवपुर्मृत्युरादाय मुद्गरम्।
लब्धोऽवकाश इत्युक्त्वा बभूवानन्दनिर्भरः ॥ १२६५ ॥
ततः सुदर्शनो विप्रमुवाचाविकृताशयः।
निःशङ्को मद्गिरा ब्रह्मन्रमस्व मम भार्यया ॥ १२६६ ॥
इत्युक्ते वह्निपुत्रेण गगनात्साधु साध्विति।
शब्दो बभूव विपुलः सहसा त्रिदिवौकसाम् ॥ १२६७ ॥

अतिथिर्विप्ररूपं स परित्यज्य महाकृतिः।
उवाच महसां राशिः प्रीत्याभ्येत्य सुदर्शनम् ॥ १२६८ ॥

धर्मोऽहं दम्पती प्राप्तो युवां जिज्ञासुराश्रमे।
अखण्डितं च युवयोर्दृष्टं सत्त्वमिदं मया ॥ १२६९ ॥

अधृष्टा तेजसा चेयं त्वद्भार्या केन लङ्घ्यते।
द्विधात्मानं विभज्यैषा योगेनौघवती नदी।
भविष्यति क्षितौ पुण्या नित्यं त्वां चानुयास्यति ॥ १२७० ॥

इत्युक्त्वान्तर्दधे धर्मो मृत्युश्च विमुखो ययौ।
स च वीरो दिवं प्राप सभार्यश्च सुदर्शनः ॥ १२७१ ॥

सुदर्शनोपाख्यानम् ॥ ९५ ॥

विश्वामित्रेण संप्राप्तं ब्राह्मण्यं दुर्लभं कथम्।
पृष्टो युधिष्ठिरेणेति गाङ्गेयः पुनरब्रवीत् ॥ १२७२ ॥

कुशिकस्य पुरा राज्ञः श्रीमान्गाधिः सुतोऽभवत्।
पुत्री सत्यवती नाम तस्याभून्मृगलोचना ॥ १२७३ ॥

ऋचीकस्तां मुनिवरः शुल्कलभ्यामवाप्तवान्।
हयानां श्यामकर्णानां सहस्रेणेन्दुवर्चसाम् ॥ १२७४ ॥

स तया शीलशालिन्या यत्नादाराधितो मुनिः।
याचितस्तु वरं तुष्टः पुत्रं मातुस्तथात्मनः ॥ १२७५ ॥

त्वमश्वत्थं समालिङ्ग्य तव माताप्युदुम्बरम्।
चरुं च प्राप्य मद्दत्तं पुत्रिणीत्यवदन्मुनिः ॥ १२७६ ॥

वरमेवं समासाद्य हृष्टा मात्रे न्यवेदयत्।
तद्गिरा व्यत्ययं चक्रे वृक्षयोः पायसे तथा ॥ १२७७ ॥

तच्च ज्ञात्वा मुनिर्जायामुवाच ज्ञानलोचनः।
त्वन्मातुर्ब्राह्मणः पुत्रः क्षत्रात्मा ते भविष्यति ॥ १२७८ ॥

तच्छ्रुत्वा दुःखसंतप्ता ययाचे सा मुनिं पुनः।
क्षत्राचारस्तु मे पौत्रो मा पुत्र इति मूर्छिता ॥ १२७९ ॥

एवमस्त्विति तेनोक्ते लेभे सत्यवती सुतम्।
जमदग्निं सुतश्चास्य रामोऽभूत्क्षत्रियोचितः॥ १२८०॥
गाधिपत्नी च कालेन विश्वामित्रमजीजनत्।
वृक्षपायसयोर्योऽभूद्व्यत्ययाद्ब्राह्मणाग्रणीः॥ १२८१॥

विश्वामित्रोत्पत्तिः॥ ९६॥

आनृशंस्यगुणं राज्ञा पुनः पृष्टः सुरव्रतः।
उवाच कानने पूर्वं घनच्छायोऽभवद्द्रुमः॥ १२८२॥
स विद्धो विषदग्धेन शरेण मृगगामिना।
लुब्धकेन ययौ शोषं स्पृष्टो दावानलैरिव॥ १२८३॥
तं परित्यज्य यातेषु निष्फलं सर्वपत्रिषु।
एक एव शुकस्तस्थौ सतां प्रीतिरचञ्चला॥ १२८४॥
निदाघप्लोषपरुषे फलपुष्पविवर्जिते।
स्थितं तत्र शुकं वीक्ष्य शक्रोऽभ्येत्य तमब्रवीत्॥ १२८५॥
स्वच्छच्छायाफलाद्येषु वृक्षेषु विगतद्युतिः।
किं त्वयायं श्रितः शाखी त्यक्त्वैनः चर निर्वृतः॥ १२८६॥
अथोवाच शुकः शक्रं नेदं सदृशमुच्यते।
समाना सुखदुःखेषु सज्जनैः सह संगतिः॥ १२८७॥
यत्रोषितं च भुक्तं च विहृतं च यथासुखम्।
तस्मिन्कालहतैश्वर्ये पलायन्ते न साधवः॥ १२८८॥
मघवानेतदाकर्ण्य तोषाद्वृक्षं सुधाकणैः।
चकार सहसोद्दीर्णपत्रपुष्पफलाकुलम्॥ १२८९॥
आनृशंस्यात्स च शुकः प्रययौ परमां गतिम्।
एवं दाक्षिण्यसदृशो नापरो विद्यते गुणः॥ १२९०॥

शुकशक्रसंवादः॥ ९७॥

दैवं सपौरुषं राज्ञा भीष्मः पृष्टोऽब्रवीत्पुनः।
उभयोः संगमः सिद्ध्यै वियोगो निष्फलोऽनयोः॥ १२९१॥

अनुप्तबीजे कृष्टेऽपि दैवं क्षेत्रे करोति किम् ।
पौरुषं कर्म पुरुषैर्यथा यत्र यदा कृतम् ।
तथा तत्र तदाभ्येत्य विसंवादो न दृश्यते ॥ १२९२ ॥
दातॄणां पुण्यशीलानां व्रतिनां सत्यवादिनाम् ।
दृश्यन्ते धन्यतास्तास्ता राज्यस्वर्गगतिभूतिभिः ॥ १२९३ ॥
दैवपुरुषकारीयम् ॥ ९८ ॥

के पूज्या इति पार्थेन पृष्टोऽवादीत्सुरव्रतः ।
सदा द्विजातयः पूज्यास्ते सर्वत्र परायणम् ॥ १२९४ ॥
नरौ जन्मान्तरे पूर्वं कपिजम्बुकतां गतौ ।
जातिस्मरौ ददृशतुः श्मशानं सुहृदौ मिथः ॥ १२९५ ॥
तत्रोचे वानरः प्रेम्णा शृगालं खिन्नमानसः ।
कर्मणा केन यातोऽसि शवमांसाशितामिति ॥ १२९६ ॥
प्रतिश्रुत्य मया पूर्वं न वितीर्णं द्विजन्मने ।
सार्गालीं योनिमापन्नस्तेनाहमिति सोऽब्रवीत् ॥ १२९७ ॥
एतदेव शृगालेन पृष्टः प्रोवाच वानरः ।
ब्राह्मणानवमन्याहं प्रयातः कपितामिति ॥ १२९८ ॥
ब्राह्मणातिक्रमेणैव भजन्ते तामसीं दशाम् ।
तस्मात्सर्वात्मना विप्राः पूज्याः कुशलमिच्छता ॥ १२९९ ॥
ब्राह्मणमाहात्म्यम् ॥ ९९ ॥

असवर्णोपदेष्टारः किं न स्युः श्रेयसां पदम् ।
विप्रा इति पुनः पृष्टो राज्ञा शान्तनवोऽब्रवीत् ॥ १३०० ॥
पुरा वने शूद्रमुनेर्ब्रह्मर्षिरभवत्सखा ।
कदाचित्सोऽर्थितः श्राद्धे शूद्रेणागात्तदाश्रमम् ॥ १३०१ ॥
पितृकर्मणि तस्यासौ हव्यकव्योपदेशकृत् ।
पूर्वं शेषां वृसीमेतां कुरुष्वेत्यवदन्मुनिः ॥ १३०२ ॥
ततः कालेन महता क्षपयित्वा कलेवरम् ।
कर्मशेषोपभोगाय तौ जन्मान्तरमापतुः ॥ १३०३ ॥

स शूद्रोऽभूत्क्षितिपतिः स ब्रह्मर्षिः पुरोहितः ।
तस्य राज्ञोऽभवल्लुप्तज्ञानो नष्टाखिलस्मृतिः ॥ १३०४ ॥
स्वस्तिपुण्याहवादेषु नृपो जातिस्मरः सताम् ।
सदा जहास तच्चासौ नृपं पप्रच्छ लज्जितः ॥ १३०५ ॥
पृष्टः शपथदानेन भूपतिर्हासकारणम् ।
पुरोहितं रहः प्राह शूद्रोऽहमभवं पुरा ॥ १३०६ ॥
ब्रह्मर्षिश्च भवान्मह्यमुपदेशं व्यधात्सकृत् ।
तेनाद्य सुरवन्द्योऽपि प्राप्तोऽस्यनुचितां दशाम् ॥ १३०७ ॥
श्रुत्वैतत्सहसा स्मृत्वा तपसे स ययौ मुनिः ।
एवं नैवोपदेष्टा स्यादवराणां द्विजोत्तमः ॥ १३०८ ॥

गुरूपदिष्टम् ॥ १०० ॥

कः श्रियो भाजनमिति क्ष्माभुजा जाह्नवीसुतः ।
पृष्टः प्राह हरेरग्रे रुक्मिणीं श्रीः पुराभ्यधात् ॥ १३०९ ॥
सुभगेषु प्रगल्भेषु दक्षेषूज्ज्वलकर्मसु ।
जितेन्द्रियेषु वीरेषु प्रीत्या मे शाश्वती स्थितिः ॥ १३१० ॥
उत्सेकलोभसंत्रासदैन्यक्रोधविनाकृताः ।
कृतज्ञाः केलिसदनं सदाचाराः सदा मम ॥ १३११ ॥
पतिव्रतामकलहामलौल्यामकुतूहलाम् ।
अविप्रकीर्णभाण्डां च गतनिद्रां भजे स्त्रियम् ॥ १३१२ ॥
मत्तेषु कुञ्जरेन्द्रेषु हयेषु वृषभेषु च ।
फुल्लारविन्दवृन्देषु शरच्चन्द्रकरेषु च ॥ १३१३ ॥
नदीषु हंसहासासु राजद्राजरणेषु च ।
वनेषु मुनिपुण्येषु यज्ञेषु च वसाम्यहम् ॥ १३१४ ॥
एतच्छ्रुत्वा पुनर्भीष्ममपृच्छत्पाण्डुनन्दनः ।
स्पर्शाधिक्यं किमु स्त्रीणां नृणां वा संगमेष्विति ॥ १३१५ ॥
सोऽब्रवीदभवद्यज्वा भृङ्गाश्वो नाम भूपतिः ।
यशः कुसुमवल्लीषु योऽभूत्संततमाधवः ॥ १३१६ ॥

प्रतिकूलं स शक्रस्य यज्ञमग्निष्टुतं पुनः ।
आजहार जगामास्य शत्रुतां येन वासवः ॥ १३१७ ॥
स कदाचिन्मृगप्रेप्सुर्वाजिना विपिने व्रजन् ।
इन्द्रेण मोहितो वत्स नाज्ञासीत्तृष्णयार्दितः ॥ १३१८ ॥
सोऽपश्यदग्रे विपुलं सरः स्फटिकनिर्मलम् ।
लोलकल्लोलदोलाङ्कं केलिवेश्म हिमत्विषः ॥ १३१९ ॥
तस्मिन्स सहसा स्नातः पाययित्वा तुरङ्गमम् ।
अभवल्ललनारूपः पीनश्रोणिपयोधरः ॥ १३२० ॥
स लज्जादुःखविवशो गत्वाश्वेन निजां पुरीम् ।
निवेद्य निजवृत्तान्तं राज्ये पुत्रशतं व्यधात् ॥ १३२१ ॥
स्त्रीरूपः सोऽथ विजनं त्यक्तराज्यस्तपोवनम् ।
प्रययौ कलयन्नन्तर्विधेरुत्साहवामताम् ॥ १३२२ ॥
तत्र तं कामिनीरूपमकामयत तापसः ।
पतन्ति षट्पदास्तत्र यत्र यत्र सरोजिनी ॥ १३२३ ॥
तस्मादसूत पुत्राणां स शतं बलशालिनाम् ।
कान्तावपुरभून्नित्यं तेषु चात्यन्तवत्सलः ॥ १३२४ ॥
पूर्वपुत्रानथाभ्येत्य पुंस्त्वजातानुवाच सः ।
स्त्रीत्वजातैः सुतैस्तैस्तैर्वसुधा सह भुज्यताम् ॥ १३२५ ॥
तद्गिरा मिश्रतां यातं ततः पुत्रशतद्वयम् ।
बुभुजे भुवमम्लानयशोविक्रमशासनाम् ॥ १३२६ ॥
अत्रान्तरे समभ्येत्य विप्ररूपी शतक्रतुः ।
भेदेन राजपुत्राणां विदधे कलहोदयम् ॥ १३२७ ॥
ततस्ते युधि संनद्धा राज्यहेतोः परस्परम् ।
कृत्वा सैन्यक्षयं घोरं निःशेषाः प्रलयं ययुः ॥ १३२८ ॥
भेदात्प्रयाते निधनं युधि पुत्रशतद्वये ।
भङ्गाश्वो ललनारूपः शुशोच करुणस्वनम् ॥ १३२९ ॥

तमिन्द्रो ब्राह्मणवपुर्दृष्ट्वा श्रुत्वा च तत्कथाम्।
प्रलीनमन्युः कारुण्यादुवाच विहसन्मुहुः ॥ १३३० ॥
शक्रोऽहं तव पुत्रास्ते मया विप्रियकारिणः।
भेदिता नाधुना वैरमापन्ने त्वयि मे नृप ॥ १३३१ ॥
पुत्राणां शतमेकं ते मद्वरादद्य जीवतु।
यत्त्वमिच्छसि जातं प्राक् पुंसः स्त्रीवपुषोऽथवा ॥ १३३२ ॥
इत्युक्ते देवराजेन भृङ्गाश्वस्तमयाचत।
जीवितं स्त्रीत्वजातानां पुत्राणां प्रणताननः ॥ १३३३ ॥
तमब्रवीत्सुरपतिः पुंस्त्वजातान्कथं सुतान्।
त्यक्त्वा स्त्रीत्वप्रजातेषु पुत्रेषु स्निह्यति भवान् ॥ १३३४ ॥
इति पृष्टो मघवता बभाषे स्त्रीवपुर्नृपः।
स्नेहवात्सल्यरागाणां ललना एव मन्दिरम् ॥ १३३५ ॥
श्रुत्वैतदवदच्छक्रः सर्वे जीवन्तु ते सुताः।
स्त्रीरूपं तु परित्यज्य पुरुषो भव मद्वरात् ॥ १३३६ ॥
इत्युक्तो पार्थिवोऽवादीत्स्त्रीत्वं नैव त्यजाम्यहम्।
स्त्रीणां स्पर्शेषु या प्रीतिः सा पुंभिर्लभ्यते कुतः ॥ १३३७ ॥
दैवात्समनुभूयेदं सुचिरं प्रकृतिद्वयम्।
एतावदेव जानेऽहं यत्प्रीतेर्भाजनं स्त्रियः ॥ १३३८ ॥
कामस्य सारं सुरतं रतस्य स्पर्शामृतं तच्च सुलोचनानाम्।
सर्वात्मना निर्वृतिजीवशून्यं भवे भवे जीवितमेव कान्ताः ॥१३३९॥
यथार्थमिति तेनोक्तं निशम्य विबुधाधिपः।
जगाम जीवयित्वास्य प्रीतः पुत्रशतद्वयम् ॥ १३४० ॥

भृङ्गाश्वोपाख्यानम् ॥ १०१ ॥

श्रुत्वैतद्धर्मतनयः पुनर्गाङ्गेयमब्रवीत्।
माहात्म्यं श्रोतुमिच्छामि देवस्य त्रिपुरद्विषः ॥ १३४१ ॥
इति पृष्टो नरेन्द्रेण व्याजहार पितामहः।
माहात्म्यं देवदेवस्य वक्तुमर्हति केशवः ॥ १३४२ ॥

हरिरेव हरं वेत्ति हरो वेत्ति तथा हरिम् ।
एकैव मूर्तिरनयोः कारणाद्द्वैतमाश्रिता ॥ १३४३ ॥
इति देवव्रतेनोक्ते मुरारिर्धर्मजन्मना ।
पृष्टः शशाङ्कचूडस्य प्रभावं प्रयतोऽवदत् ॥ १३४४ ॥
पुत्रार्थिनी जाम्बवती प्रिया प्रोवाच मां पुरा ।
प्रद्युम्नसदृशं देव त्वत्तः पुत्रगुणोचितम् ।
प्राप्तुमिच्छामि संकल्पः पूर्यतामेष मे त्वया ॥ १३४५ ॥
इत्युक्तोऽहं दयितया तया बालमृगीदृशा ।
ध्यात्वा मुहूर्तं पुत्रार्थी प्रयातमुपसेवनम् ॥ १३४६ ॥
अथारुह्य गिरेः शृङ्गे पुरा मुनितपोवनम् ।
अपश्यं तेजसां राशिमुपमन्युं निजाश्रमे ॥ १३४७ ॥
प्रहृष्टं ज्येष्ठवयसं पिनाकिवरभूषितम् ।
दीप्तं तपोभिर्विविधैः पूर्णलावण्यविग्रहम् ॥ १३४८ ॥
प्रशान्तरमणीयेन सत्वेनानन्ददायिना ।
किरन्तं मधुरोदारनिर्वाणामृतवाहिनीम् ॥ १३४९ ॥
तं विलोक्य प्रणम्याहं पूजामादाय तत्कृताम् ।
तत्संभाषणसंजातपरानन्दमयोऽभवम् ॥ १३५० ॥
स मामुवाच प्रणतं प्रीत्या ज्ञानविलोचनः ।
देवं गिरिशमाराध्य तुल्यं पुत्रमवाप्स्यसि ॥ १३५१ ॥
ते ते त्रैलोक्यजयिनः सुकेशिप्रमुखाः पुरा ।
श्रूयन्ते शंकरवरात्प्राप्ताः शक्राधिकं पदम् ॥ १३५२ ॥
पुरास्मिन्व्याघ्रपादस्य महर्षेः पितुराश्रमे ।
सकृदास्वाद्य गोक्षीरं याचिता जननी मया ॥ १३५३ ॥
पयसोऽसंभवान्मात्रा दत्तं पिष्टरसं ततः ।
पीत्वाहं विरसं दुःखादभवं साश्रुलोचनः ॥ १३५४ ॥
अथाब्रवीन्मां जननी वने पुत्र पयः कुतः ।
श्रीकण्ठं न ह्यनाराध्य लभ्यतेऽभिमतं क्वचित् ॥ १३५५ ॥

इति मातुर्वचः श्रुत्वा प्रयातोऽस्मि तपोवने।
यत्नादकरवं तीव्रं तपो वार्षसहस्रिकम् ॥ १३५६ ॥
नान्यतः प्रार्थये शक्रवरं प्राप्तमपि स्वयम्।
पीयूषकिरणोत्तंसाद्देवादन्यत्र धूर्जटेः ॥ १३५७ ॥
तेनालं सुरराज्येन किं मोक्षेणापि तेन मे।
निर्व्याजभक्तिदयितो दाता यस्मिन्न शंकरः ॥ १३५८ ॥
इत्युक्तो बहुशः शक्रो मया भर्गानुरागिणा।
रूपमैन्द्रं परित्यज्य बभूव वृषभध्वजः ॥ १३५९ ॥
शूलिनं जटिनं देवं वीक्ष्य चन्द्रकलाधरम्।
अभवं निर्भरानन्दप्रसरद्बाष्पनिर्झरः ॥ १३६० ॥
ततः स्तुतो मया शंभुर्मह्यं क्षीरोदधिं ददौ।
आदधे चाश्रमे तस्मिन्संकल्पान्मम संनिधिम् ॥ १३६१ ॥
तं त्वमाराध्य वरदं तपसा पार्वतीपतिम्।
लभस्व तनयं कृष्ण तस्यात्मा त्वं स वा तव ॥ १३६२ ॥
उक्त्वैवमुपमन्युर्मां दीक्षितं शिवशासने।
आदिदेश तपोयोगे रहस्यं गृह्यतामिति ॥ १३६३ ॥
मन्त्रेण तद्वितीर्णेन तपसा च समाहितः।
ततोऽपश्यमहं काले देवं चन्द्रार्धशेखरम् ॥ १३६४ ॥
मेघजालसमारूढं व्योम्नि सोमशतोज्ज्वलम्।
तं विलोक्याभिनन्द्याहं स्तुत्वा हर्षपरोऽभवम् ॥ १३६५ ॥
ततो यथेप्सितान्दत्त्वा वरान्मह्यं महेश्वरः।
अन्तर्दधे सुधापूरैरापूर्येव दिशो दश ॥ १३६६ ॥
अथोपमन्युर्मामेत्य प्रकृष्टं हृष्टमब्रवीत्।
तण्डिप्रोक्तानि नामानि शृणु माधव धूर्जटेः ॥ १३६७ ॥
तण्डिर्नाम मुनिः पूर्वं गुह्यैर्गीतैः स्वयंभुवा।
त्रिनेत्रं प्रयतं नाम्नां तुष्टाव दशभिः शतैः ॥ १३६८ ॥

स्थाणो स्थिरस्थिते शंभो शर्व भानो वरप्रद ।
हर रुद्र स्मराराते विश्व विश्वेश्वरेश्वर ॥ १३६९ ॥
भव भर्ग शिवाश्वास भवानीवल्लभ प्रभो ।
शशाङ्कशकलोत्तंस शिव शान्त महेश्वर ॥ १३७० ॥
नमस्तुभ्यं जगत्सर्गस्थितिसंहारकारिणे ।
ब्रह्मोपेन्द्रेन्द्रवपुषे त्रिगुणाय त्रिमूर्तये ॥ १३७१ ॥
इति स्तुतिपदैर्दिव्यैर्वेदप्रोक्तैश्च नामभिः ।
सहस्रसंख्यैः स मुनिस्तुष्टाव शशिशेखरम् ॥ १३७२ ॥
एवमीश्वरसंबद्धाः कृत्वाहं मुनिना कथाः ।
अगमं गरुडारूढो द्वारकां हर्षनिर्भरः ॥ १३७३ ॥
जाम्बवत्यास्ततः श्रीमान्वंशमुक्तामणिः सुतः ।
साम्बोऽभवद्गुणान्यस्य जानीषे धर्मनन्दन ॥ १३७४ ॥
इति कृष्णेन कथितं श्रुत्वा भीष्मसभासदः ।
मुनयो मनसा देवं नीलकण्ठं ववन्दिरे ॥ १३७५ ॥

मेघवाहनपर्व ॥ १०२ ॥

चपलाः सहचारिण्यः कथं जाया नृणामिति ।
पुनः पृष्टः क्षितिभुजा बभाषे जाह्नवीसुतः ॥ १३७६ ॥
अष्टावक्रो मुनिः पूर्वं विवाहार्थी सुलोचनाम् ।
अपश्यत्सुप्रभां नाम वदन्यस्य मुनेः सुताम् ॥ १३७७ ॥
इन्दुकुन्दाङ्कुराकारसुकुमारतराकृतिम् ।
स तामालोक्य सुमुखीं ययाचे सोत्सुको मुनिम् ॥ १३७८ ॥
तं वदन्योऽवदद्गच्छ विशालां दिशमुत्तराम् ।
अतिक्रम्य कुबेरस्य भवनं भवसेवितम् ॥ १३७९ ॥
ततः प्रतिनिवृत्ताय तुभ्यं दास्यामि सुप्रभाम् ।
इत्युक्तः स वदन्येन प्रतस्थे तां दिशं शनैः ॥ १३८० ॥
ततो हिमाद्रिमुल्लङ्घ्य बाहुदां च महानदीम् ।
अशोके विमले स्नात्वा रुद्राणी कूपमाप्तवान् ॥ १३८१ ॥

स कैलासतटं प्राप्य ददर्श धनदालयम् ।
हेमपङ्कजिनीतीरलसत्कल्पलतावनम् ॥ १३८२ ॥
सादरं पूजितस्तेन राज्ञा वैश्रवणेन सः ।
उवास वत्सरं साग्रं विलासमणिवेश्मसु ॥ १३८३ ॥
चिरमप्सरसां नृत्तैर्गीतैर्गन्धर्वयोषिताम् ।
प्रीतिमासाद्य विपुलामामन्त्र्य धनदं ययौ ॥ १३८४ ॥
ततो गिरीन्द्रानुल्लङ्घ्य समां मणिमयीं भुवम् ।
अवतीर्य घनच्छायं प्राप रत्नलतावनम् ॥ १३८५ ॥
हेमपुष्करिणीशीते स तस्मिन्दिव्यकानने ।
मणिमौक्तिकजालाङ्कं ददर्शोदारमन्दिरम् ॥ १३८६ ॥
सोऽथ द्वाराग्रमभ्येत्य तस्य वैडूर्यवेश्मनः ।
प्राप्तोऽहमतिथिर्दूरादित्यूचे संश्रयाशया ॥ १३८७ ॥
ततः सप्त विनिर्गत्य कन्याः कमललोचनाः ।
दिव्यभूषणसंपन्नास्तस्यातिथ्यं प्रचक्रिरे ॥ १३८८ ॥
गृहं प्रवेशितस्ताभिर्हेमरत्नासनोज्ज्वलम् ।
ददर्श मणिपर्यङ्के वृद्धां भास्वरभूषणाम् ॥ १३८९ ॥
तया मधुरवादिन्या प्राप्य निर्दिष्टमासनम् ।
गतक्लमः क्षणं तस्थौ मुनिर्विस्मयनिश्चलः ॥ १३९० ॥
दिनान्ते सोऽथ ताः प्राह यान्तु सर्वाः स्वमालयम् ।
एकैव शान्तहृदया परिचर्यां करोतु मे ॥ १३९१ ॥
इत्युक्ते मुनिना सर्वाः प्रययुस्ताः सुलोचनाः ।
एकैव जरती तत्र तस्थौ शशिसितांशुका ॥ १३९२ ॥
अष्टावक्रोऽथ सुष्वाप शयने स्पर्शशालिनि ।
वितानालम्बिमन्दारदाम्नि स्वच्छोत्तरच्छदे ॥ १३९३ ॥
द्वितीयशयनाद्वृद्धा समुत्थाय ततः शनैः ।
मुनेः शय्यान्तिकं प्रायान्निभृता ब्रह्मचारिणः ॥ १३९४ ॥

कम्पमानतनुः साथ शय्यामारुह्य विक्लवा।
मुनिं शीतापदेशेन निबिडं परिषस्वजे ॥ १३९५ ॥
आलिङ्ग्यमानः स तया तस्थौ काष्ठमिवाचलः।
परदारपरिष्वङ्गशङ्कासक्तचिताशयः ॥ १३९६ ॥
साथ तं स्पर्शविमुखं प्रणयान्मञ्जुवादिनी।
उवाच भोगसंकल्पभङ्गं मा मे कृथाः प्रभो ॥ १३९७ ॥
इदं मे रत्नभवनं चारुरत्नलतावनम्।
त्वदधीनमकस्मान्मे चेतो हि रमते त्वयि ॥ १३९८ ॥
न ते दोषोऽस्ति मत्सङ्गे त्याज्या नैव तु योषितः।
दुर्गमं नाभिजानन्ति गणयन्ति न च श्रमम् ॥ १३९९ ॥
प्रयान्ति पुरुषानेव रागवागुरया स्त्रियः।
नैताः कुलानुरोधेन निवर्तन्ते न चेर्ष्यया ॥ १४०० ॥
रामास्वरुद्धप्रसरः सर्वथा मकरध्वजः।
स्त्री सतीति प्रवादोऽयमेकसक्तेति का कथा ॥ १४०१ ॥
नरान्तरं प्रयान्त्येता निम्नान्निम्नमिवापगाः।
मन्मथप्रेरिता नारी विमर्षं भजते कथम् ॥ १४०२ ॥
यासां प्राणपणेनापि वल्लभं सुरतामृतम्।
इत्यर्थमानोऽपि तया नाभ्यनन्दत्स तां मुनिः ॥ १४०३ ॥
अन्येद्युरपि सा रात्रौ तथैव तमभाषत।
भजस्व स्वयमायातां दुःसहो मे स्मरज्वरः ॥ १४०४ ॥
निषेधो रतिवाञ्छासु निधनं किल योषिताम्।
इत्युक्त्वा निर्विकारं तं सा दृष्ट्वा पुनरब्रवीत् ॥ १४०५ ॥
मामुत्तरां दिशं विद्धि स्त्रीवृत्तान्तं प्रदर्शितम्।
अधुना तां वदन्यस्य गत्वा प्राप्नुहि कन्यकाम् ॥ १४०६ ॥
एतदाकर्ण्य स मुनिस्तामामन्त्र्य सविस्मयः।
शनैः प्रतिययौ ज्ञातस्त्रीवृत्तो निजमाश्रमम् ॥ १४०७ ॥

ततो वदन्यमभ्येत्य स्त्रीवृत्तान्तं निवेद्य तम् ।
अवापोद्वाहविधिना वितीर्णां तेन सुप्रभाम् ॥ १४०८ ॥

अष्टावक्रदिक्संवादः ॥ १०३ ॥

अथ विध्यनुगं श्राद्धं पात्रापात्रक्रमं तथा ।
राज्ञा गतिं च तीर्थं च पृष्टः शान्तनवोऽब्रवीत् ॥ १४०९ ॥
यजेत देवान्पूर्वाह्णे[1] शुचिः शुक्लो जितेन्द्रियः ।
मङ्गलालंकृतः स्रग्वी भोगैः शुद्धैर्मनोरमैः ॥ १४१० ॥
पित्र्यं कर्मापराह्णे तु कुर्यात्प्रयतमानसः ।
तेषु तेषु च कालेषु देशेषु च यथाविधि ॥ १४११ ॥
देशकालादिरहितं श्वावलीढं रसच्युतम् ।
कीटकेशास्थिसंस्पृष्टं श्राद्धमश्नन्ति राक्षसाः ॥ १४१२ ॥
उन्मत्ताः कृपणाः काणाः कुष्ठिनो वृषलीवराः ।
चिकित्सका वार्धुषिका गीतनृत्यादिजीविनः ॥ १४१३ ॥
हीनाधिकाङ्गा गुरवो ब्रह्मविक्रयिणोऽनृताः ।
अनग्नयः सत्रभुजः क्षत्रियाः क्षेत्रजीविनः ॥ १४१४ ॥
पिशुना व्रतहीनाश्च वेदविद्याविवर्जिताः ।
परिहार्याः सदा विप्राः श्राद्धघ्ना हैतुकास्तथा ॥ १४१५ ॥
परस्वहारिणां पुंसां परदाराभिगामिनाम् ।
भग्नव्रतानां लुब्धानां निषिद्धक्रय्यजीविनाम् ॥ १४१६ ॥
वृत्तिच्छेदं सुहृच्छेदं भर्तृच्छेदं च कुर्वताम् ।
विहिताचारहीनानां निरयो निलयोऽक्षयः ॥ १४१७ ॥
करुणापूर्णमनसां त्यागिनां पात्रवर्षिणाम् ।
क्षमावतामाश्रमिणां प्रपाकूपसभाकृताम् ॥ १४१८ ॥
याजिनां तीर्थपूतानां विदुषां सत्यवादिनाम् ।
मद्यमांसविरक्तानां स्वर्गमार्गो निरर्गलः ॥ १४१९ ॥

---

१. 'पूर्वेऽह्नि' क.

गौतमेन पुरा पृष्टः सर्वविन्मुनिरङ्गिराः ।
उवाच पुण्यं तीर्थानां तपोयोगेन सस्मितम् ॥ १४२० ॥
चन्द्रभागा वितस्ता च कश्मीरसरितस्तथा ।
मुनितुल्यां गतिं पुंसां प्रयच्छन्त्येव सेविताः ॥ १४२१ ॥
भागीरथीं कौशिकीं च रामणीं नर्मदां तथा ।
प्रयागं नन्दिकुण्डं च विपाशं मानसं सरः ॥ १४२२ ॥
पुण्यतीर्थानि चान्यानि नरः प्राप्य जितेन्द्रियः ।
सर्वतीर्थफलं दाता लभते प्रागुपोषितः ॥ १४२३ ॥
गङ्गा तु सर्वतीर्थानां प्रवरं तीर्थमुच्यते ।
अस्थिमात्रे यया स्पृष्टे नृणां स्वर्गतिरक्षया ॥ १४२४ ॥
न ते देशा न ते शैला न ते जनपदाः क्षितौ ।
पताका यस्य पुण्यस्य जाह्नवी न विभाव्यते ॥ १४२५ ॥
किमपायमयैर्यज्ञैः किं तपोभिः श्रमप्रदैः ।
जह्नुकन्यापयःपूतं यदि पुण्यवतां वपुः ॥ १४२६ ॥
व्योमश्रीमौक्तिकलता श्रीकण्ठोत्तंसमालिका ।
याता स्मृतिपदं येषां भङ्गायैवाखिलैनसाम् ॥ १४२७ ॥
गङ्गाजलेन स्पृष्टानां फलमल्पं सुरालयः ।
शिलोञ्छवृत्तिना पूर्वं सिद्धः पृष्टोऽब्रवीदिति ॥ १४२८ ॥
एतदङ्गिरसा प्रोक्तं निशम्य किल गौतमः ।
स्मृत्वा ववन्दे सानन्दः पुण्यां मन्दाकिनीं मुनिः ॥ १४२९॥

आङ्गिरसीयम् ॥ १०४ ॥

कथं प्राप्यं मनुष्येण ब्राह्मण्यमिति भूभुजा ।
पृष्टो देवव्रतः प्राह ब्राह्मण्यं दुर्लभं नृप ॥ १४३० ॥
पितुर्नियोगाद्यज्ञार्थं मतङ्गाख्यो द्विजन्मनः ।
व्रजन्वाहं प्रतोदेन खरं गाढमताडयत् ॥ १४३१ ॥
गर्दभी व्यथितं दृष्ट्वा पुत्रं दुःखादुवाच तम् ।

ब्राह्मण्यं नास्य तेनैष जातश्चण्डालचेष्टितः।
वहैनमिति तच्छ्रुत्वा प्रियः पप्रच्छ तां पुनः॥ १४३२॥
तया निवेदितां जातिं निजां ज्ञात्वा स दुःखितः।
मेरोः शृङ्गादिव श्वभ्रे पतितो विललाप सः॥ १४३३॥
पित्रे निवेद्य तत्पापं मातुः स तपसे वनम्।
गत्वा ब्राह्मण्यकामोऽभूत्स्थाणुभूतः शतं समाः॥ १४३४॥
शक्रादपि स्वयं प्राप्तान्नैव ब्राह्मण्यमाप्तवान्।
ततो गत्वा गयां चक्रे सहस्राब्दं परंतपः॥ १४३५॥
पुनः पुनः स तपसा धूमायितजगत्त्रयः।
इन्द्रादवाप देवत्वं न तु ब्राह्मण्यमुत्तमम्॥ १४३६॥
छन्दोदेव इति ख्यातः स मतङ्गाभिधः पुरा।
खेचरोऽभून्मृगाक्षीणां पूज्यः परमवल्लभः॥ १४३७॥
इन्द्रमातङ्गम्॥ १०५॥
वीतहव्यस्य नृपतेर्ब्राह्मण्यं श्रूयते किल।
तद्वदेति पुनः पृष्टो राज्ञा प्राह पितामहः॥ १४३८॥
वीतहव्यसुतैः पूर्वं हेहयैर्बलवत्तरैः।
हर्यश्वो नाम समरे काशिराजो निपातितः॥ १४३९॥
कालेन तस्य पुत्रोऽपि पुनस्तैरेव संगरे।
स देवः काशिनगरे लब्धलक्ष्यैर्निपातितः॥ १४४०॥
तत्सुतोऽपि दिवोदासस्तैरेव युधि निर्जितः।
भरद्वाजप्रसादात्स लेभे पुत्रं प्रतर्दनम्॥ १४४१॥
स वीतहव्यतनयान्सर्वानभ्येत्य संगरे।
जघान परमास्त्रज्ञो भरद्वाजवरोऽर्जितः॥ १४४२॥
वीतहव्यो हतसुतः प्रनष्टबलवाहनः।
प्रतर्दनेनानुसृतः प्रययौ शरणं भृगुम्॥ १४४३॥
भृगोराश्रममासाद्य वीतहव्यवधोद्यतः।
प्रतर्दनो मुनिं प्राह मुञ्चैनमिति दुर्मदः॥ १४४४॥

तच्छ्रुत्वा क्षत्रियो नेह कश्चित्सर्वे द्विजा वयम् ।
इत्युवाच भृगुर्भीतस्ततोऽसत्यादकम्पत ॥ १४४५ ॥
क्षत्राभिधानात्प्रभ्रष्टं शत्रुं ज्ञात्वा प्रतर्दने ।
याते भृगुर्वीतहव्यं सत्यवाग्ब्राह्मणं व्यधात् ॥ १४४६ ॥

वीतहव्योपाख्यानम् ॥ १०६ ॥

के प्रणम्या इति पुनः पृष्टः शान्तनवोऽब्रवीत् ।
स्वकर्मधर्मनिरता हिंसारागविवर्जिताः ॥ १४४७ ॥
प्रणम्या ब्राह्मणा एव पवित्रचरितव्रताः ।
येषां कोपप्रसादाभ्यां शोषः पोषश्च भूभुजाम् ॥ १४४८ ॥
भूमिदेवाः सदा पूज्या यत्प्रसादाद्धुताशनः ।
हव्यं कव्यं च वहति कृष्णमित्याह नारदः ॥ १४४९ ॥
जये बलं भये रक्षा भेषजं व्यसनामये ।
परलोकेऽस्तु वो विप्राः शक्रमित्याह शम्बरः ॥ १४५० ॥

ब्राह्मणप्रशंसा ॥ १०७ ॥

स्त्रीणां निसर्गलोलानां स्वभावं पाण्डुसूनुना ।
पृष्टो दुर्लक्ष्यचित्तानां व्याजहार पितामहः ॥ १४५१ ॥
स्त्रीस्वभावं पुरा पृष्टा नारदेन सुराङ्गना ।
जगाद पञ्चचूलाख्या यथार्थं शापकम्पिता ॥ १४५२ ॥
स्त्री सती स्त्रीस्वभावं च मादृशी वक्तुमर्हति ।
शासनात्तव भीताहं किंतु वक्ष्यामि तत्त्वतः ॥ १४५३ ॥
संघर्षक्षोभकारिण्यः सोद्वेगाः कलुषाशयाः ।
मत्ता हरन्त्येव वपुर्निम्नगा इव निम्नगाः ॥ १४५४ ॥
अप्यन्विष्टा न लभ्यन्ते संत्यक्ता न त्यजन्ति च ।
वासना इव संसारे मोहनैकरताः स्त्रियः ॥ १४५५ ॥
प्रहसन्ति विषादिन्यो हृष्टाः शोचन्ति हेलया ।
रागिण्योऽपि प्रियं घ्नन्ति को हि तां वेत्ति योषितम्॥१४५६॥

न कुलेन न मानेन न धनेन न सेवया।
मर्यादामनुवर्तन्ते ललनाश्चपलाशयाः॥ १४५७॥
सुवेशं सुभगं कान्तं त्यक्त्वा परिचितं चिरम्।
निन्द्येनादृष्टपूर्वेण रमन्ते स्वेच्छया स्त्रियः॥ १४५८॥
संभाषिताश्चेन्मधुरं सस्मितं चेद्विलोकिताः।
यन्त्रिताः स्वजनेनापि तदा साध्या न योषितः॥ १४५९॥
अर्थिनामप्यलाभेन दुःखदैन्यश्रमेण वा।
अकस्मादेव नारीणां सतीत्वं जायते क्वचित्॥ १४६०॥
नानापुरुषसंवासहासोल्लासविलासिनीम्।
वेश्यायोषां निरीक्षन्ते सस्पृहं कुलयोषितः॥ १४६१॥
निषेधादेव नारीणामभिलाषो विवर्धते।
परसङ्गेष्वपथ्येषु बालानामिव रोगिणाम्॥ १४६२॥
अच्छिन्नप्रसरः कामो नैवासां क्षमते धृतिम्।
मिथो यावत्प्रवर्तन्ते पुरुषासंभवे स्त्रियः॥ १४६३॥
क्रूराणां क्षणरागाणां संध्यानामिव योषिताम्।
सततासन्नदोषाणां धीमान्को नाम विश्वसेत्॥ १४६४॥
सर्वथा न भवत्येव कारुण्यमिव पापिनाम्।
अनुत्सेक इवाढ्यानामार्जवं हरिणीदृशाम्॥ १४६५॥
उपरोधैर्बहुविधैरपि साध्व्यो नियन्त्रिताः।
कान्तं पुरुषमालोक्य यान्त्येव सहसार्द्रताम्॥ १४६६॥
सुरशङ्कास्पदमभूत्पुरा वन्द्यो वधूजनः।
ततः सुरार्थितो धाता कृत्यासर्गाद्व्यधात्स्त्रियः॥ १४६७॥
लज्जां लभन्ते ललनाः पुंसां कौतुकवृद्धये।
पत्युर्विश्वासनोपायं कृतकं च सतीव्रतम्॥ १४६८॥
नृत्यन्ति शोचन्ति पतन्ति यान्ति हसन्ति गायन्ति वदन्ति यच्च।
तद्योषितः स्वप्नसमानचेष्टं मायामयं सर्वमसत्यमेव॥ १४६९॥

नारदपञ्चचूडासंवादः॥ १०८॥

ताः स्त्रियो लोलमतयः कथं रक्ष्या नरैरिति ।
पृष्टो युधिष्ठिरेणाह पुनस्त्रिपथगासुतः ॥ १४७० ॥
देवशर्मा मुनिः पूर्वं यज्ञार्थं गन्तुमुद्यतः ।
शशास शिष्यं विपुलं बहुमायं शतक्रतुम् ॥ १४७१ ॥
ज्ञात्वा रुचिं शरीरान्तः प्रविश त्वं समीरवत् ।
गात्रैर्गात्राण्यवष्टभ्य तस्यास्तस्थौ स यत्नवान् ॥ १४७२ ॥
अत्रान्तरं समासाद्य सहस्राक्षः समाययौ ।
स ददर्श रुचिं चारुलोचनामचलां पुनः ॥ १४७३ ॥
हेमस्तनोरुजघनां काञ्चनीमिव पुत्रिकाम् ।
आखण्डलमथासाद्य सा संजातमनोभवा ॥ १४७४ ॥
वक्तुं विपुलसंरुद्धा न शशाक सुलोचना ।
आकीर्णहासकुसुमा विलोलालकषट्पदाम् ।
लतामिव निवातस्थां सकम्पकरपल्लवाम् ॥ १४७५ ॥
दृष्ट्वा तां विस्मितः शक्रः प्रायाद्विपुलतर्जितः ।
अभ्येत्य देवशर्माथ सर्वं तद्बुबुधे मुनिः ॥ १४७६ ॥
तस्मादवाप्य विपुलस्ततस्तुष्टाद्गुरोर्वरान् ।
चचार कृतकृत्यः क्ष्मां पूज्यमानो नृपैर्द्विजैः ॥ १४७७ ॥
अत्रान्तरे स्वसुर्भर्त्रा रुचिरङ्गमहीभुजा ।
निमन्त्रिता गृहेऽपश्यद्भगिनीं पुष्पभूषिताम् ॥ १४७८ ॥
विसृष्टस्तद्गिरा शिष्यः पुष्पार्थं देवशर्मणा ।
ददर्श मिथुनं षट् च देविनः कितवान्पथि ॥ १४७९ ॥
तेषां विवादे शुश्राव शपथं विपुलार्जितान् ।
स लोकानाप्नुयाद्यश्च प्रचलेत्संविदमिति ॥ १४८० ॥
तच्छ्रुत्वा दुःखितोऽभ्येत्य गुरवे स न्यवेदयत् ।
शङ्कमानो गुरुवधूगात्रसंस्पर्शपातकम् ॥ १४८१ ॥
गुरुस्तमूचे मिथुनमहोरात्रं तदुच्यते ।
ऋतवः षट् च कितवास्ते नृणां कर्मसाक्षिणः ॥ १४८२ ॥

न शक्या रक्षितुं नार्यो रक्षिता च त्वया रुचिः ।
असत्येन तवोदीर्णं तस्मान्नश्यतु पातकम् ॥ १४८३ ॥
इत्येवं रक्षिता पूर्वं विपुलेन गुरोः प्रिया ।
न त्वेता रक्षितुं शक्तः कश्चिल्लोलविलोचनाः ॥ १४८४ ॥
विपुलोपाख्यानम् ॥ १०९ ॥

विवाहधर्मे पृष्टोऽथ राज्ञा भीष्मोऽब्रवीत्पुनः ।
कन्या गुणवते देया कुलीनायातिरूपिणे ॥ १४८५ ॥
शूद्रायेव श्रुतिः कन्या हीनाय प्रतिपादिता ।
कुलद्वयं दहत्येव तस्मात्पात्रं विचारयेत् ॥ १४८६ ॥
अशास्त्रोक्तैः परिणयैर्जायते वर्णसंकरः ।
संयोगैर्विषमैः पुंसां पतति व्यसने कुलम् ॥ १४८७ ॥
विवाहधर्माः ॥ ११० ॥

दर्शने सहवासे च सतां पृष्टो महीभुजा ।
माहात्म्यं च गवां भीष्मः सर्वज्ञः पुनरब्रवीत् ॥ १४८८ ॥
गङ्गायमुनयोर्मध्ये च्यवनोऽन्तर्जलव्रतः ।
तस्थौ मुनीन्द्रः सुचिरं स्थाणुभूतो महातपाः ॥ १४८९ ॥
आघ्राय पुण्यमामोदं तस्य कारुण्यशालिनः ।
आलीय तस्थुर्गात्रेषु मत्स्या वलयलीलया ॥ १४९० ॥
ततः कालेन महता जालेनाकृष्य धीवराः ।
विपुलं मत्स्यसंघातं तन्मध्ये ददृशुर्मुनिम् ॥ १४९१ ॥
शैवालनालवलितं शङ्खिकङ्कणमालितम् ।
हरिश्मश्रुजटापिङ्गं तेजसामिव संचयम् ॥ १४९२ ॥
तं वीक्ष्य कम्पिताः सर्वे सहसा जालजीविनः ।
निमीलिताक्षं जगदुः प्रसीद भगवन्निति ॥ १४९३ ॥
ततः स करुणाविष्टो मत्स्येषु सहवासिषु ।
निषादानवदत्पश्यन्दृशानुग्रहवाञ्छया ॥ १४९४ ॥

विक्रीय मां विमुच्यन्तां युष्माभिः सलिलौकसः ।
दयिताः सहवासान्मे मत्स्या यूयं च दर्शनात् ॥ १४९५ ॥
इत्युक्ते मुनिना दाशास्तूर्णं गत्वा महीभुजे ।
वेपमानाः स्ववृत्तान्तं नहुषाय न्यवेदयन् ॥ १४९६ ॥
ततः स्वयं स नृपतिः पूजामादाय सत्वरः ।
पुरोहितं पुरस्कृत्य च्यवनं द्रष्टुमाययौ ॥ १४९७ ॥
कृतप्रणामं नहुषं मुनिर्वीक्ष्य कृताञ्जलिम् ।
यथोचितेन मूल्येन मां गृहाणेत्यचोदयत् ॥ १४९८ ॥
धीवरेभ्यः सहस्राणि कोटिकोटिशतानि च ।
राज्यार्धमथवा राज्यं ददानीत्यब्रवीन्नृपः ॥ १४९९ ॥
नैतन्ममोचितं मूल्यं चिन्त्यतां मुनिभिः सह ।
नृपं दाशेषु कारुण्यादित्युवाचासकृन्मुनिः ॥ १५०० ॥
ततो विषण्णं नहुषं शापभीतमधोमुखम् ।
गवि जातो द्विजवरो बभाषे धीमतां वरः ॥ १५०१ ॥
मूल्यं मुनीश्वरस्यास्य तुल्यं गौरेव यत्परम् ।
तस्मादेनं गवा राजन्गृहाण भव निर्वृतः ॥ १५०२ ॥
ब्राह्मणेनेत्यभिहिते प्रहृष्टः पृथिवीपतिः ।
मुक्तये मत्स्यसंघानां गवा जग्राह भार्गवम् ॥ १५०३ ॥
ततो दर्शनवात्सल्याच्च्यवनः करुणानिधिः ।
दाशेभ्यः प्रतिजग्राह धेनुं तत्कुशले स्थितः ॥ १५०४ ॥
मुनीन्द्रेण गृहीतायां विधिवद्गवि धीवराः ।
तद्दृष्टिपातान्मत्स्याश्च सशरीरा दिवं गताः ॥ १५०५ ॥
अमृतायतनं गावः पवित्रा रुद्रमातरः ।
स्मृतिमात्रेण मुष्णन्ति किल्बिषं किल देहिनाम् ॥ १५०६ ॥
च्यवनोपाख्यानम् ॥ १११ ॥

कुशिकस्य क्षितिपतेर्जातो विप्रः कथं कुले ।
भृगोर्नृपश्चेति राज्ञा पृष्टोऽवादीत्सुरव्रतः ॥ १५०७ ॥

पुरा भाविकथाभिज्ञश्च्यवनस्तेजसां निधिः।
मन्दिरे पूजितस्तस्थौ कुशिकस्य महीपतेः ॥ १९०८ ॥
स भूभुजा सभार्येण परिचर्याव्रते धृते।
भुक्त्वा सुष्वाप निश्चेष्टः सप्तरात्रत्रयं मुनिः ॥ १९०९ ॥
पादसंवाहनं तस्य निराहारो वधूसखः।
राजा चकार निभृतो निद्राभङ्गभयाकुलः ॥ १९१० ॥
ततो मुनिः समुत्थाय मौनी गत्वा मनोजवः।
अन्तर्दधे सभार्येण नृपेणानुसृतः पथि ॥ १९११ ॥
तस्मिन्नन्तर्हिते राजा निराहारोऽतिमूर्च्छितः।
पतितः क्षणमाश्वास्य विवेश स्वगृहं पुनः ॥ १९१२ ॥
तौ दम्पती ददृशतुर्मूकं काष्ठमिवाचलम्।
एकपार्श्वेन सुप्तस्य क्षपास्तस्यैकविंशतिम्।
तस्थतुस्तौ निराहारौ पादसंवाहने पुनः ॥ १९१३ ॥
प्रतिबुद्धोऽथ तैलेन शतपातेन भूभुजा।
भक्त्या निर्वर्तितस्नानो भेजे सिंहासनं मुनिः ॥ १९१४ ॥
ततो नानाविधं भोज्यं राजयोग्यं स्वयं कृतम्।
दत्तं राज्ञा सभार्येण ददाह भृगुनन्दनः ॥ १९१५ ॥
पुनरन्तर्हितो भूत्वा पुनः कृत्वास्य संनिधिम्।
निर्विकारं सभार्यं तं दृष्ट्वाभूद्विस्मितो मुनिः ॥ १९१६ ॥
अविक्रियं निराहारं स राजानं वधूसखम्।
रथेन सांयुगीनेन वह मामित्यचोदयत् ॥ १९१७ ॥
इत्युक्त्वा दम्पती धृत्वा तौ रथे विचचार सः।
त्रिकण्ठककशाघातसंजातक्षतजोक्षितौ ॥ १९१८ ॥
अदर्शयत्ततश्चित्रहेमवल्लीमनोहरम्।
स्वर्गे सनन्दनोद्यानं मुनिस्तौ मोहयन्मुहुः ॥ १९१९ ॥
दृष्टनष्टैर्बहुविधैर्मायाचटुलविभ्रमैः।
मुनिना विहितैर्मोहं दम्पती तौ न जग्मतुः ॥ १९२० ॥

वेपमानौ निराहारौ दूराध्वश्रमकर्षितौ।
तुष्टश्चिरान्मुनिवरो रथान्मुक्त्वा जगाद तौ॥ १९२१॥
प्रीतोऽहं युवयोर्भक्त्या गृह्णीतमधुना वरम्।
पौत्रस्ते ब्राह्मणो राजन्भविष्यति महातपाः॥ १९२२॥
तद्वंशजैर्विरोधोऽयं भार्गवानामुपस्थितः।
तस्मात्क्षत्रियविच्छेदधिया त्वं पीडितो मया॥ १९२३॥
गतक्लमो निवृत्तश्च पीयूषैरिव पूरितः।
भव मद्वचसा धन्यः सभार्यः पृथिवीपते॥ १९२४॥
इत्युक्त्वान्तर्हिते तस्मिंस्तस्य कालेन भूपतेः।
अजायत कुले श्रीमान्विश्वामित्रस्तपोनिधिः॥ १९२५॥
भार्गवश्च यथा जातो रामः क्षत्रक्षयोऽर्जितः।
ऋचीकस्य प्रभावेण तन्मया कथितं पुरा॥ १९२६॥

च्यवनकुशिकसंवादः॥ ११२॥

श्रुत्वैतद्भूभुजा पृथ्वीक्षयपातकशङ्किना।
पुनः पृष्टोऽवदद्भीष्मो दानानां फलमुत्तमम्॥ १९२७॥
तपसा लभ्यते सर्वमाचारेण दमेन च।
आनृशंस्येन सत्येन दानेन च समीहितम्॥ १९२८॥
दत्त्वा विभूषितां धेनुं कपिलां कांस्यदोहनीम्।
पृथिवीदानसदृशं फलं प्राप्नोति मानवः॥ १९२९॥
प्रयाति वसुलोकं च तिलधेनुप्रदो नरः।
कन्याभूमिप्रदः शक्रलोकमासाद्य मोदते॥ १९३०॥
भूताभयप्रदानं तु दानानां प्रवरं स्मृतम्।
निजाभिमतदानं च सर्वकामफलप्रदम्।
सुवर्णदानेन नृणां क्षीयते किल पातकम्॥ १९३१॥
सर्वं सूते वसुमती धत्ते च निखिलं जगत्।
ज्ञेयः सर्वप्रदस्तस्माद्दातॄणां भूमिदो वरः॥ १९३२॥

अन्नं शरीरिणां प्राणास्तस्मात्प्राणप्रदोऽन्नदः ।
अन्नदानसमं लोके नास्तीति प्राह नारदः ॥ १६३३ ॥
पानीयदानममृतं प्राणिनां संप्रचक्षते ।
विच्छायतापज्वलिताः परलोके हि भूमयः ॥ १६३४ ॥
तिलप्रदानं शंसन्ति क्षयाय निखिलैनसाम् ।
तुष्टो यमः पुरा विप्रं तिलान्देहीत्यचोदयत् ॥ १६३५ ॥
ब्रह्मस्ववर्जं सर्वस्वं दत्त्वा दुर्गाणि संतरेत् ।
ब्रह्मस्वशल्यं हि नृणां तीव्रपातं प्रचक्षते ॥ १६३६ ॥
द्वारवत्यां महाकूपे पुरा गुल्मतृणावृते ।
कृकलासं महाकायं ददृशुः सर्ववृष्णयः ॥ १६३७ ॥
स तैः पृष्टः समुद्धर्तुमशक्तैरवदच्छनैः ।
नृगोऽहं नृपतिर्ब्रह्मशापाद्यातो दशामिमाम् ॥ १६३८ ॥
विप्रेभ्यो गृहमेधिभ्यो निखर्वाणि पुरा गवाम् ।
हेमकोटिप्रदो दत्त्वा यातोऽहं निर्वृतिं पराम् ॥ १६३९ ॥
ततः कदाचिन्मद्दत्तधेनुं विप्रस्य मन्दिरे ।
निजां चौरहृतां दृष्ट्वा जग्राह ब्राह्मणोऽपरः ॥ १६४० ॥
राज्ञा ममेयं प्राग्दत्ता हृतेयं दस्युना परः ।
एवं विवदमानौ तौ मत्सभामभिजग्मतुः ॥ १६४१ ॥
तद्वृत्तान्तमहं श्रुत्वा प्रार्थना बहुशस्तयोः ।
धनैर्गोभिर्नरैरश्वैर्यत्नादकरवं पृथक् ॥ १६४२ ॥
तथाप्येको न तत्याज गां प्रतिग्रहपालनात् ।
द्वितीयश्च गृहे जातां तां स्नेहभयकातरः ॥ १६४३ ॥
अथ कालेन यातोऽहं धर्मराजनिकेतनम् ।
बहुदानार्जितांल्लोकान्दिव्यानश्रौषमात्मनः ॥ १६४४ ॥
किंतु ब्रह्मस्वविभ्रंशान्ममेमां कृकलासताम् ।
शौरिदर्शनपर्यन्तामादिदेश स्वयं यमः ॥ १६४५ ॥

इति ब्रुवाणः कृष्णस्य दृशा विध्वस्तपातकः।
नृगो जगाम त्रिदिवं त्यक्त्वा तां कृकलासताम्॥ १९४६॥

नृगोपाख्यानम्॥ ११३॥

उद्दालकस्य ब्रह्मर्षेः पितुः कोपान्महामुनिः।
नासिकेताभिधः प्राणांस्तत्याजाभिहतो दृशा॥ १९४७॥
पुत्रं निपतितं दृष्ट्वा शान्तक्रोधो मुनिः शनैः।
अजीवयन्मन्त्रनिधिः कारुण्यात्साश्रुलोचनः॥ १९४८॥
ततः स्वप्नोत्थित इव प्राप्तजीवो मुनेः सुतः।
पित्रा पृष्टोऽवदत्सर्वं दृष्टं यद्यममन्दिरे॥ १९४९॥
रत्नस्तम्भशतोदारे पितृराजसभातले।
अवापं विपुलां पूजां पाद्यमर्घ्यं तथासनम्॥ १९५०॥
तत्रापश्यं विमानेषु सूर्येन्दुद्युतिकान्तिषु।
भास्वराभरणस्मेरान्नरान्सुकृतशालिनः॥ १९५१॥
घृतक्षीरामृतजला दृष्टास्तत्र मयापगाः।
हेमाब्जपुञ्जकुञ्जाग्रकूजन्मणिविहङ्गमाः॥ १९५२॥
दिव्यान्भोगान्मया दृष्ट्वा पृष्टो वैवस्वतः सयात्।
एताः पीयूषवाहिन्यः केषां स्वेच्छापरिग्रहाः॥ १९५३॥
यमोऽब्रवीद्गोप्रदानामेताः क्षीरघृतापगाः।
नादत्त्वा पुरुषो धेनुं परमामृतमश्नुते॥ १९५४॥
असंभवे गवां यावत्सलिलेन तिलेन च।
घृतेन वा कल्पयित्वा धेनुं दद्यात्सुधाशया॥ १९५५॥
गोदानसदृशं लोके दानमन्यन्न विद्यते।
सादरं मां पितृपतिर्जगादेति पुनः पुनः॥ १९५६॥
इत्युक्ते नासिकेतेन मुनिर्मुनिशतैर्वृतः।
गोप्रदानं महत्पुण्यं प्रशशंस मुहुर्मुहुः॥ १९५७॥

नासिकेतोपाख्यानम्॥ ११४॥

सर्वलोकानतिक्रम्य गवां लोकः प्रकाशते ।
यत्सत्यं निरयायन्ते तत्र स्वर्गसुखश्रियः ॥ १९५८ ॥
गोप्रदा एव गोलोकं प्रयान्ति सुकृतोज्ज्वलाः ।
इत्युवाच पुरा पृष्टः शक्रेण कमलासनः ॥ १९५९ ॥
वसिष्ठाद्या मुनिवरा नृपा दशरथादयः ।
सुराश्च शक्रप्रमुखा गोतुल्यं न प्रचक्षते ॥ १९६० ॥
निवासार्थं पुरा गावः प्रार्थिता बहुशः श्रिया ।
निगद्य चपलासीति प्रददुर्न प्रतिश्रयम् ॥ १९६१ ॥
अभाषत ततो लक्ष्मीर्भवतीभिरनादरात् ।
त्यक्ता निन्द्या भविष्यामि तस्माद्याचे पुनः पुनः ॥ १९६२ ॥
अथादिष्टा श्रियो गोभिर्हेलया गोमये स्थितिः ।
तस्मादेताः परं पुण्यं पवित्रं नास्त्यतः परम् ॥ १९६३ ॥
गोप्रदानम् ॥ ११९ ॥

हेमदानं दहत्येव सर्वपापानि देहिनाम् ।
तेजो हि परमं पुत्र काञ्चनं जातवेदसः ॥ १९६४ ॥
पुराहं जाह्नवीकूले श्राद्धे पिण्डप्रदः पितुः ।
अपश्यं शन्तनोः पाणिमुत्थितं रत्नकङ्कणम् ॥ १९६५ ॥
पिण्डो मया कुशेष्वेव तं विलोक्य समर्पितः ।
तुष्टस्तदा मे जनकः स्वप्ने प्रोवाच मामिदम् ॥ १९६६ ॥
शास्त्रानुवर्तिना पुत्र त्वया धन्योऽस्मि सूनुना ।
कनकं देहि विप्रेभ्यो दानानामुत्तमं हि तत् ॥ १९६७ ॥
जामदग्न्यः पुरा रामः कृत्वा निःक्षत्रियं जगत् ।
मुनिभिर्दापितो हेम तस्मात्पापादमुच्यत ॥ १९६८ ॥
तारकोपप्लुता देवाः पुरा शीतांशुशेखरम् ।
स्कन्दोत्पत्तिमयाचन्त कथां विज्ञाय भाविनीम् ॥ १९६९ ॥
ततो गौरीपतिर्वीर्यं वदने जातवेदसः ।
रतिविघ्नकृतो देवस्तत्याज परमं महः ॥ १९७० ॥

वह्निनाथ धृतो गर्भः श्रीमान्संवत्सरायुतम् ।
गङ्गायां निहितः सापि निदधे तं गिरेस्तटे ॥ १९७१ ॥
स कार्तिकेयो भगवाञ्जातः शरवने शिशुः ।
सुराणां शक्तिमानासीत्सेनानीस्तारकान्तकः ॥ १९७२ ॥
तस्य जन्मनि यत्पूर्वं संजातं जातवेदसः ।
मही वसुमती येन तत्सुवर्णं प्रचक्षते ॥ १९७३ ॥
सुवर्णोत्पत्तिः ॥ ११६ ॥

अथ श्राद्धविधिं पृष्टो राज्ञा शान्तनवोऽब्रवीत् ।
तिलप्रदानं विज्ञेयं श्राद्धं मधुघृताप्लुतम् ॥ १९७४ ॥
माषमत्स्यैडशशकच्छागवाराहशाकुनैः ।
पार्षतन्यङ्कुगवयमाहिषैर्वै नवैरपि ॥ १९७५ ॥
मांसैर्विवृध्द्या मासानां क्रमात्संवत्सरं सदा ।
तृप्तिं पितॄणां श्राद्धेषु वदन्ति श्रुतिकोविदाः ॥ १९७६ ॥
वाध्रीणसस्य मांसेन द्वादशाब्दमुशन्ति च ।
खड्गमांसैर्लोहपृष्ठैः कालशाकैस्तथा क्षयम् ॥ १९७७ ॥
न तेषां पितरः शोच्यास्त्रयोदश्यां मघासु च ।
वर्षासु विहितं श्राद्धं पायसे न ससर्पिषा ॥ १९७८ ॥
गयाकूपे वटतले छायायां कुञ्जरस्य वा ।
अनन्तं कलयन्त्येव श्राद्धं पुण्यदिनेषु च ॥ १९७९ ॥
विधिनक्षत्रयोगेषु काम्यं श्राद्धं विनिर्दिशेत् ।
सदाचारोऽर्हति श्राद्धं विप्रो निर्दोषविग्रहः ॥ १९८० ॥
वैश्वदेवेन विधिना संस्कृतेन च वह्निना ।
रक्ष्यते ब्राह्मणैः श्राद्धं विष्णुपूजापुरःसरैः ॥ १९८१ ॥
श्राद्धे निषिद्धं सततं सगुडं लवणत्रयम् ।
[1]अजाजीहिङ्गुसौवीरपलाण्डुलशुनानि च ॥ १९८२ ॥
श्राद्धविधिः ॥ ११७ ॥

---

१. 'कृष्णाजाजी' इति भारते.

दातृप्रतिग्रहीतॄणां विशेषं जगतीभुजा।
पृष्टः सुरसरित्सूनुर्ध्यात्वा पुनरभाषत ॥ १९८३ ॥
अनावृष्टिहते काले पुरा निर्दग्धपादपे।
अरुन्धतीसखाश्चेरुः शान्ताः सप्तर्षयः क्षितौ ॥ १९८४ ॥
दासः पशुसखो नाम दासी चण्डा च तद्वधूः।
तानेवानुप्रययतुः क्षुत्तृष्णापरिपीडितौ ॥ १९८५ ॥
राज्ये सुराज्ञः शैब्यस्य गतासुं तनयं ततः।
मुनयस्ते क्षुधाक्रान्ताः स्थाल्यां पक्तुं समुद्ययुः ॥ १९८६ ॥
अथ राजा वृषादर्भिर्दृष्ट्वा वैश्रवणोपमः।
व्यग्रान्मुनीन्विषण्णात्मा तानुवाच कृताञ्जलिः ॥ १९८७ ॥
यथेच्छं गृह्यतां मत्तः सर्वं वा विविधं वसु।
जुगुप्सा जननी वृत्तिर्भवद्भिस्त्यज्यतामियम् ॥ १९८८ ॥
इत्युक्ते भूमिपालेन प्रत्यूचुर्मुनिपुंगवाः।
तपःक्षयकरो राजन्घोरो राजप्रतिग्रहः ॥ १९८९ ॥
प्रतिग्रहाग्निदग्धानां सक्तुब्राह्मणशाखिनाम्।
किल्बिषाज्ञानशेषाणां पुनः पुण्यफलं कुतः ॥ १९९० ॥
एतदुक्त्वा परित्यज्य स्थालीं ते काननं ययुः।
प्राणपीडार्पणेनापि प्रतिग्रहपराङ्मुखाः ॥ १९९१ ॥
वने तेषां वृषादर्भिः फलान्यौदुम्बराण्यथ।
मन्त्रिभिर्हेमगर्भाणि कारयित्वाक्षिपत्पुरः ॥ १९९२ ॥
तान्यपि ज्वलितान्येव भीतास्त्यक्त्वा मुनीश्वराः।
ययुर्मिथः प्रशंसन्तः पुण्यसंतोषशीलताम् ॥ १९९३ ॥
तत्प्रकोपाद्वृषादर्भिर्हुत्वा सपदि पावकम्।
कृत्यामुत्पाद्य भयदामादिदेश मुनिक्षये ॥ १९९४ ॥
अत्रान्तरे ते मुनयश्चरन्तः कानने सुखम्।
ददृशुः पीवराकारं परिव्राजं शुनःसखम् ॥ १९९५ ॥

विलोक्य तमरुन्धत्या पृष्टास्तत्पुष्टिकारणम् ।
ऊचुर्मुनिवरा नायं क्रियाव्यग्रो यथा वयम् ॥ १५९६ ॥
अग्निहोत्रं न वेदाश्च शास्त्रकन्था न दुःसहा ।
नानेन्धनप्रयत्नश्च न कलत्रं न याचकाः ॥ १५९७ ॥
शुनःसखस्य स्वच्छन्दचारिणः सुखशालिनः ।
शरीरं पीवरमिदं चिन्ताशून्यस्य वर्धते ॥ १५९८ ॥
इत्युक्त्वा तेन संजातसौहार्दा मुनयो वने ।
ददृशुर्नलिनीं फुल्लकमलोत्पलशालिनीम् ॥ १५९९ ॥
वृषादर्भिप्रयुक्ता सा यातुधानीभि(वि)सार्थिनः ।
तत्र तानवदद्घोरा रक्षामि नलिनीमिमाम् ॥ १६०० ॥
निवेद्य निजनामानि गृह्यन्तां तु मृणालिकाः ।
अज्ञातनामधेयानां नेह मत्संनिधौ गतिः ॥ १६०१ ॥
एतदत्रिप्रभृतयः श्रुत्वा ते मुनयः क्रमात् ।
गूढनिर्वचनैस्तैस्तैर्नामान्यस्यै न्यवेदयन् ॥ १६०२ ॥
तुल्याक्षरपदक्षोभं नाम तेषां निरुक्ततः ।
श्रुत्वा निष्प्रतिभा कृत्याभि(वि)सरक्ष्यामवारयत् ॥ १६०३ ॥
शुनःसखोदितं नाम पुनः पप्रच्छ सा यदा ।
तदा क्रुद्धास्तु दण्डेन विदधुस्तां च भस्मसात् ॥ १६०४ ॥
ततः शशिकराकाराः समुद्धृत्य मृणालिकाः ।
तीरे निक्षिप्य मुनयः स्नात्वा चक्रुर्जलक्रियाम् ॥ १६०५ ॥
अथोत्थाय विसाहारसादरास्ते श्रमाकुलाः ।
विसानि तानि नापश्यन्यस्तानि नलिनीतटे ॥ १६०६ ॥
परस्परं शङ्किताश्च चक्रिरे शपथं क्रमात् ।
सहसाभिमतोच्छेदो महतामपि दुःसहः ॥ १६०७ ॥
वृथापाको वृथाचारः कूटसाक्षी निषिद्धकृत् ।
नृशंसः कामचरितश्चौरो वेदविवर्जितः ॥ १६०८ ॥

पदा स्पृशतु गां वह्निमप्सु श्लेष्माभियच्छतु।
परदाराभिगामी च गरदः सोमविक्रयी।
पिशुनश्चास्त्वसौ येन हृतं नो विसभोजनम् ॥ ६६०९ ॥
इत्युक्ते मुनिभिः पश्चात्तानुवाच शुनःसखः।
याजिने छन्दसां धाम्ने शुद्धाय ब्रह्मचारिणे ॥ ६६१० ॥
देयात्स कन्यकां येन हतान्यत्र भि(वि)सानि नः।
श्रुत्वैतदूचुर्मुनयस्त्वया भाषितमीप्सितम् ॥ ६६११ ॥
त्वयैव हृतमस्माकं सर्वथाभि(वि)सभोजनम्।
इति तेषु ब्रुवाणेषु हसन्प्राह शुनःसखः ॥ ६६१२ ॥
मयैवेह विसस्तैन्यं कृतं वो हितकारिणा।
सा च कृत्या हता घोरा देवोऽहं त्रिदशेश्वरः ॥ ६६१३ ॥
इत्युक्त्वा निजमास्थाय रूपं सप्तर्षिभिः सह।
वेल्लद्विमानमालाङ्कं नाकं नाकपतिर्ययौ ॥ ६६१४ ॥
प्रतिग्रहनिवृत्तानामेवमुज्ज्वलचेतसाम्।
विभात्यलौल्याभरणा वृत्तिः संतोषशालिनाम् ॥ ६६१५ ॥

विसस्तैन्यम् ॥ ११८ ॥

मुनयः कश्यपमुखा नृपाश्च नहुषादयः।
शतक्रतुं पुरस्कृत्य तीर्थानि प्रययुः पुरा ॥ ६६१६ ॥
ते स्नात्वा पुण्यतीर्थेषु पुष्कराहरिणीं ययुः।
तत्रागस्त्यमुनिर्न्यस्तं नापश्यन्निजपुष्करम् ॥ ६६१७ ॥
ततस्ते शपथं चक्रुः क्रमेण गुरुपातकम्।
इन्द्रस्तु प्राह धन्योऽस्तु स हृतं येन पुष्करम् ॥ ६६१८ ॥

पुष्करस्तैन्यम् ॥ ११९ ॥

छत्रोपानत्प्रधा(दा)नं च भीष्मः पृष्टो महीभुजा।
उवाचेह परं पुण्यं परत्र त्राणमिष्यते ॥ ६६१९ ॥
जमदग्निः पुरा धन्वी लक्ष्याभ्यासरतो वने।
ससर्ज सायकश्रेणीं रश्मिमालामिवांशुमान् ॥ ६६२० ॥

विसृष्टान्विशिखान्भर्त्रा रेणुका तत्र तद्गिरा ।
आनिनायेन्दुवदना सुकुमारा पुनः पुनः ॥ १६२१ ॥
तां चण्डकिरणस्फारसंतापायासमूर्च्छिताम् ।
स जायां वीक्ष्य मध्याह्ने क्रुद्धः सूर्यमुदैक्षत ॥ १६२२ ॥
ततो दिव्यास्त्रविकटं खे प्रहर्तुं समुद्यतम् ।
रविः प्रसादयामास भयादेत्य कृताञ्जलिः ॥ १६२३ ॥
गतक्रोधस्य तस्याथ छत्रमातपवारणम् ।
उपानहौ च प्रददौ प्रीतये वासरेश्वरः ॥ १६२४ ॥
छत्रोपानत्प्रधा(दा)नं तद्दानानामुत्तमं स्मृतम् ।
संतापशमनं नृणामस्मिँल्लोके परत्र च ॥ १६२५ ॥

छत्रोत्पत्तिः ॥ १२० ॥

तडाककूपदानं च पुण्यं शर्म शरीरिणाम् ।
परत्र मरुसंतप्ते पानीयं किल दुर्लभम् ॥ १६२६ ॥
अपारतिमिरे घोरे परलोके निराश्रये ।
आलोकदुर्लभस्तस्माद्दीपं दद्यान्नरः सदा ॥ १६२७ ॥
प्रीणाति सकलाँल्लोकान्सुमनोवलिधूपदः ।
असुरेन्द्रमिति प्राह पुरा शुक्रः कथान्तरे ॥ १६२८ ॥
पुष्पधूपप्रदः स्वर्गे दुर्धर्षो नहुषोऽभवत् ।
आखण्डलस्यासनं च प्रापाखण्डितशासनः ॥ १६२९ ॥
यदा पस्पर्श पादेन सर्पेति मुनिपुंगवम् ।
दृप्तोऽगस्त्यं समाविश्य भृगुणा पातितस्तदा ॥ १६३० ॥
भीमबाहुग्रहकृतो घोराजगररूपिणः ।
अरण्ये भवता यस्य शापमोक्षः पुरा कृतः ॥ १६३१ ॥

पुष्पादिदानम् ॥ १२१ ॥

पुनः पृष्टो नृपतिना गतिं ब्रह्मस्वहारिणाम् ।
ऊचे शान्तनवो राजन्ब्रह्मस्वं विषमं विषम् ॥ १६३२ ॥

जातिस्मरः पुरा कश्चिद्राजपुत्रः सकौतुकः।
कुजातिहेतुं पप्रच्छ चण्डालं सोऽप्यभाषत ॥ १६३३ ॥
श्रूयतां कारणं येन प्राप्तश्चण्डालतामहम्।
ब्राह्मणस्य पुरा गावो हृताः प्रबलदस्युभिः ॥ १६३४ ॥
तासां रजो यज्ञभूमौ सोममध्येऽपतत्कचित्।
तत्पीत्वा नरकं विप्रा दीक्षितेन सहाययुः ॥ १६३५ ॥
भिक्षापात्रे निपतितं तद्रेणु ब्रह्मचारिणः।
तद्रेणु तत्स्थितं चान्नं मोहान्मे भक्ष्यतां ययौ ॥ १६३६ ॥
ब्राह्मणः श्रोत्रियश्चाहं ब्रह्मचारी जितेन्द्रियः।
तेनावस्थामिमां प्राप्तः पश्य ब्रह्मस्वगौरवम् ॥ १६३७ ॥
इत्युक्त्वा क्षत्रियगिरा ब्राह्मणार्थे रणानले।
हुत्वा शरीरं चण्डालः प्राप पुण्यं पुनर्गतिम् ॥ १६३८ ॥

राजन्यचण्डालसंवादः ॥ १२२ ॥

नाना गतीः पुण्यकृतां भीष्मः पृष्टो महीभुजा।
उवाच कर्मवैचित्र्यात्ते ते लोकाः शरीरिणाम् ॥ १६३९ ॥
गौतमेनाश्रमे पूर्वं शिशुर्हस्ती विवर्धितः।
होमावशेषपयसा नीवारप्रसवेन च ॥ १६४० ॥
ततो मदजलश्यामकपोलालीनषट्पदः।
लीलालसः स कालेन बभूवाचलसंनिभः ॥ १६४१ ॥
इध्मदर्भफलाहारी निर्जराश्रमपालकः।
मुनेः पुत्र इव प्रीत्या स बभूव महागजः ॥ १६४२ ॥
तं प्रवृद्धं तथा नागं स्वयमेत्य शतक्रतुः।
जहार रूपमास्थाय धृतराष्ट्रस्य भूपतेः ॥ १६४३ ॥
पुनः पुनर्याच्यमानो मुनिना स यदा नृपः।
न तत्याज गजं दर्पात्तदा तं गौतमोऽवदत् ॥ १६४४ ॥
गत्वा यत्र शरीरान्ते नराः कालवशीकृताः।
नन्दन्ति शोचन्त्यथवा तत्र दास्यसि मे गजम् ॥ १६४५ ॥

पापात्मानो विशस्यन्ते यत्र तैर्भ्रुकुटीमुखैः।
वैवस्वतसमादिष्टैस्तत्र दास्यसि मे गजम्॥ १६४६॥
समाना भीरवः शूरा दुर्बला बलिनस्तथा।
यत्र मुग्धा विदग्धाश्च तत्र दास्यति मे गजम्॥ १६४७॥
धनदस्य पुरे रम्ये मेरौ वा नन्दने वने।
धाम्नि शीतमयूखस्य सहस्रकिरणस्य वा॥ १६४८॥
वरुणस्य सुरेन्द्रस्य सुरभीणां स्वयंभुवः।
लोके वा दास्यसि गजं न तत्र बलवानसि॥ १६४९॥
एतच्छ्रुत्वावदद्राजा नरकं यान्ति नास्तिकाः।
नरा व्यामिश्रकर्माणः प्रयान्ति यममन्दिरम्॥ १६५०॥
धनदस्य पुरं यान्ति व्रतिनोऽतिथिपूजकाः।
यष्टारो नन्दनं यान्ति दातारः सोममण्डलम्॥ १६५१॥
स्वाध्यायिनः सूर्यलोकं नियतास्तीर्थसेविनः।
यान्ति प्रशान्ताः संसारात्परं धाम स्वयंभुवः।
नाहं क्वचिद्गमिष्यामि क्व नु दास्यामि ते गजम्॥ १६५२॥
इत्युक्त्वा कुञ्जरं तस्मै दत्त्वा दिव्यां तथा गतिम्।
स्वं वपुर्दर्शयित्वा च हसन्निन्द्रो ययौ दिवम्॥ १६५३॥
हस्तिकूटीयम्॥ १२३॥

सशरीरः पुरा राजा ब्रह्मलोकं भगीरथः।
ययौ महीगोवृषदः कन्याग्रामपुरप्रदः॥ १६५४॥
सदाचाराः सत्यवन्तो ज्येष्ठशुश्रूषवो नराः।
गुरुपूजारताः क्षान्ता भवन्तीह शतायुषः॥ १६५५॥
उपवासव्रतजुषां तिथिनक्षत्रयोगतः।
नियमा दिव्यफलदा जगादेत्यङ्गिराः पुरा॥ १६५६॥
श्रुत्वेति धर्मतनये देहि देहगतिं पुनः।
प्रष्टुं समुद्यते साक्षाद्बृहस्पतिरथाययौ॥ १६५७॥

स पूजितो मुनिवरैर्भीष्मेण विदुरेण च ।
धृतराष्ट्रेण कृष्णेन भेजे रत्नोज्ज्वलासनम् ॥ १६५८ ॥
युधिष्ठिरोऽर्चयित्वा तं प्रयातो भीष्मशासनात् ।
पप्रच्छाचारसंसारमरणं देहदेहिनोः ॥ १६५९ ॥
ततोऽब्रवीत्सुरगुरुः शरीरं पाञ्चभौतिकम् ।
पञ्चधा यातमुत्सृज्य स्वप्नवच्चेष्टते नरः ॥ १६६० ॥
देहभङ्गे निरालोकं गत्वा देशमबान्धवम् ।
देही वासनया विद्धस्तत्तद्वेत्ति शुभाशुभम् ॥ १६६१ ॥
त्यक्त्वा कलेवरं जन्तुर्निर्मोकमिव पन्नगः ।
धर्माधर्मयुतो याति सामोद इव मारुतः ॥ १६६२ ॥
तत्तद्भुक्त्वा निराकारः कर्मपुर्यष्टकाश्रयः ।
भूतैः समागमं याति पुनः शुक्रमुखाच्च्युतः ॥ १६६३ ॥
कर्मभिः शबलैस्तत्र मधुवल्लिप्यते पुनः ।
चक्रवत्पशुकोटीनां लिप्तो भ्राम्यति योनिषु ॥ १६६४ ॥
दत्त्वा च विपुलं दानं मोदते पुण्यवान्सुखी ।
अहिंसया याति दिवं तृष्णया कष्टमश्नुते ॥ १६६५ ॥
गृहीत्वा पतितो विप्रश्चिरं भवति गर्दभः ।
सूकरः कृकवाकुश्च जम्बुकः श्वा स जायते ॥ १६६६ ॥
गुरोर्निकारं कृत्वा च भवति श्वा ततो वृकः ।
ततश्च रासभो घोरो नरकावर्तनिर्गतः ॥ १६६७ ॥
पित्रोः कृतापकारश्च श्वा कूर्मः शल्यकस्तथा ।
व्याडो दासश्च भवति क्रमात्कर्मक्षयावधि ॥ १६६८ ॥
भर्तृद्वेषी कपिर्भूत्वा मूषिकः श्वापि जायते ।
निक्षेपहर्ता दुःखाय भ्रान्त्वा योनिशतं शनैः ॥ १६६९ ॥
अमेध्यावर्तकलिले जायते कुत्सितः क्रिमी ।
परनिन्दारतः शार्ङ्गो मत्स्यो विश्वस्तघातकः ॥ १६७० ॥

मृगश्छागोऽथ कीटश्च क्रमाद्भवति दुष्कृती ।
सस्यहर्ता भवत्याखुः क्रोडः कौलेयकस्तथा ॥ १६७१ ॥
क्रव्यादजातिं विविधां भजते पारजायिकः ।
शूद्रो विप्रवधूं गत्वा क्रिमिराखुश्च जायते ॥ १६७२ ॥
कृतघ्नः कालपुरुषैर्नरकेष्वाहतो भृशम् ।
कृमिर्भूत्वा ततो गर्भशतेष्वन्तर्विपद्यते ॥ १६७३ ॥
कृमिस्त्रिःसप्तकृत्वश्च भवति भ्रूणहा नरः ।
मक्षिका भोजनहरो मूषिकश्च यवान्नहृत् ॥ १६७४ ॥
चीरी च ललनस्तेनो दधिहर्ता तथा बकः ।
बर्ही वर्णहरो रक्तवस्त्रहृज्जीवजीवकः ॥ १६७५ ॥
पिप्पलस्तैलहरणात्फलस्तैन्यात्पिपीलकः ।
मिष्टान्नचौर्याद्धूकश्च वस्त्रचौर्यात्कपोतकः ।
छच्छुन्दरिर्गन्धहरी मत्स्यो भवति निह्नवी ॥ १६७६ ॥
एवं बहुविधैस्तैस्तैश्चित्रपाकैः कुकर्मभिः ।
तां तां तमोमयीं योनिं संसरन्ति शरीरिणः ॥ १६७७ ॥

संसारचक्रम् ॥ १२४ ॥

एवंविधानि पापानि प्रायश्चित्तैर्विना नृणाम् ।
दानेन किल शाम्यन्ति दानं हि परमा गतिः ॥ १६७८ ॥
अन्नमेव परं प्राणा भूतानाममृतोद्गतिः ।
अन्नदानं महत्तस्मात्पात्रं यत्र न गण्यते ॥ १६७९ ॥
अन्नप्रदः सुधावर्षी जायते धनवान्सदा ।
श्रीमान्पुनर्ददान्यन्नं प्राक्संस्कारधियैव सः ॥ १६८० ॥
लभते पुनरैश्वर्यमित्येवं चक्रलीलया ।
परिवर्तिनि कालेऽस्मिन्पुण्यवान्नापचीयते ॥ १६८१ ॥

कालचक्रम् ॥ १२५ ॥

इत्युक्त्वा भगवान्साक्षात्पूज्यमानो महर्षिभिः ।
तेजोरञ्जितदिक्चक्रो दिवमाचक्रमे गुरुः ॥ १६८२ ॥

अहिंसालक्षणं धर्मं सर्वभूताभयप्रदम् ।
अजातशत्रुणा पृष्टः पुनः शान्तनवोऽब्रवीत् ॥ १६८३ ॥
अमांसभक्षणं नृणामश्वमेधशतैः समम् ।
मांसं हि जायते घोरान्नान्यत्र वधपातकात् ॥ १६८४ ॥
मांसादेव समुत्पन्नं मांसं मांसमयो नरः ।
तुल्यव्यथेऽस्मिन्संसारे भुञ्जानः किं न लज्जते ॥ १६८५ ॥
कण्टकेनापि संस्पृष्टा यान्ति कामपि विक्रियाम् ।
तेऽपि शस्त्रनिकृत्तस्य पशोरश्नन्ति विग्रहम् ॥ १६८६ ॥
भयमाकम्पनं तीव्रं देहिनां देहसंक्षये ।
दृष्ट्वा को नाम मांसेभ्यः स्पृहां कुर्यादराक्षसः ॥ १६८७ ॥
अमांसाशी जगद्बन्धुः प्राणिनामभयप्रदः ।
प्रयाति निर्भयं धाम पुण्यकारुण्यसागरः ॥ १६८८ ॥
क्रतुर्निर्विघ्नसंभारस्तीर्थमध्वश्रमोज्झितम् ।
अहिंसा नाम परमं व्रतमत्यक्तभोजनम् ॥ १६८९ ॥

अमांसभक्षणम् ॥ १२६ ॥

प्राणाः प्रियतराः पुंसां यैर्हुतास्ते रणानले ।
तद्गतिं कथयेत्युक्तो राज्ञा भीष्मोऽवदत्पुनः ॥ १६९० ॥
एवमेतत्प्रियाः प्राणा दुःखिनामपि देहिनाम् ।
शक्नोति कस्तान्सहसा त्यक्तुं सत्त्ववतो विना ॥ १६९१ ॥
सर्वथा जीवितभ्रंशे भीरवो भयविक्लवाः ।
तृणाञ्चितेऽपि नयने मीलयन्त्येव कातराः ॥ १६९२ ॥
पुरा शकटसंत्रासाद्विद्रुतं पथि कीटकम् ।
व्यासो विलोक्य पप्रच्छ सस्मितं ज्ञानलोचनः ॥ १६९३ ॥
अस्मिन्नपि शरीरे ते रक्षार्थं कोऽयमाग्रहः ।
तत्सर्वं मरणं मन्ये तव कुत्सितजीविनः ॥ १६९४ ॥
एतच्छ्रुत्वा मुनिवचस्तं कीटः प्रत्यभाषत ।
नास्ति कायसमं किंचिद्देहिनां वल्लभं विभो ॥ १६९५ ॥

कीटिकाप्रेमबद्धस्य सूक्ष्मकीटकपुत्रिणः ।
विवरान्तरगेहे मे शक्रस्येव सुखं दिवि ॥ १६९६ ॥

स्नेहस्यायतनं प्राणाः कः स्वयं त्यक्तुमीश्वरः ।
मुहूर्तमपि लभ्यन्ते नैते मेरुशतैरपि ॥ १६९७ ॥

शूद्रोऽहं बहुभिः पापैः कीटयोनिमिमां श्रितः ।
पित्रोः शुश्रूषया किंतु मुने जातिं स्मराम्यहम् ॥ १६९८ ॥

तच्छ्रुत्वा करुणाम्भोधिर्भगवान्भूतभावनः ।
तस्मै नृपपदं व्यासो ददौ जन्मान्तरे क्रमात् ॥ १६९९ ॥

विप्रोऽथ तद्गिरा भूत्वा स ययौ परमां गतिम् ।
आपत्सु महतामेव दर्शनं कल्पपादपः ॥ १७०० ॥

तस्मादतिप्रियाः प्राणा यैस्त्यक्ताः संमुखैर्युधि ।
धैर्याब्धयस्ते त्रिदिवे स्पर्धन्ते विबुधाधिपम् ॥ १७०१ ॥

कीटकोपाख्यानम् ॥ १२७ ॥

विद्यायास्तपसो वापि दानाद्वा किं विशिष्यते ।
इति पृष्टः क्षितिभुजा बभाषे जाह्नवीसुतः ॥ १७०२ ॥

वाराणस्यां पुरा व्यासो मैत्रेयेण निमन्त्रितः ।
भुक्त्वा प्रहृष्टः प्रोवाच कथान्ते तपसां निधिः ॥ १७०३ ॥

तेजः परं तपो नाम दिव्यमेव बलं तपः ।
पश्यन्ति सन्तस्तपसा ज्ञानं हि तपसः फलम् ॥ १७०४ ॥

अस्मिन्भवमहामोहतमो व्याप्ते जगत्त्रये ।
विद्यैव परमं चक्षुरक्षुण्णा लोककारणम् ॥ १७०५ ॥

किंतु सर्वमतीत्यैतद्दानमेव विशिष्यते ।
दानात्परं न संसारे देहिनां शर्म विद्यते ॥ १७०६ ॥

अन्नदानैः सुकृतिनः प्रयाताः परमं पदम् ।
मुनिप्राप्यमनायासलीलया सत्त्वशालिनः ॥ १७०७ ॥

अन्नं हविः सुधा प्राणास्तद्दाता जीवितप्रदः।
इत्युक्त्वा मुनिमामन्त्र्य जगाम मुनिपुंगवः ॥ १७०८ ॥

मैत्रेयभिक्षा ॥ १२८ ॥

पृष्टोऽथ योषितां राज्ञा सदाचारः पितामहः।
उवाच सततं स्त्रीणां सदाचारः सतीव्रतम् ॥ १७०९ ॥
कैकेयी सुमना नाम सुरलोकस्थितां पुरा।
पप्रच्छ शाण्डिलीं दीप्ततेजःपुञ्जजितामराम् ॥ १७१० ॥
सुभगे केन तपसा दानेन चरितेन वा।
भासि दिव्यविमानेऽस्मिन्मूर्तेवांशुमतः प्रभा ॥ १७११ ॥
कुतूहलेनेति तया पृष्टा प्रोवाच शाण्डिली।
नाहं व्रतैर्न संन्यासैर्न दानेन दिवं श्रिता ॥ १७१२ ॥
पूजितः सततं भक्त्या मया दैवतवत्पतिः।
न हि सन्तः प्रशंसन्ति तपः स्त्रीणामतः परम् ॥ १७१३ ॥
निष्कुटे द्वारि हर्म्ये वा राजमार्गावलोकिनी।
नाभवं प्रोषिते वापि पत्यौ व्रतविवर्जिता ॥ १७१४ ॥
छायेवानपगा(नुगता) भर्तुः कोपे भीता हितैषिणी।
भूत्वाहं त्रिदिवं प्राप्ता मनोवाक्कर्मभिः सती ॥ १७१५ ॥
इत्युक्त्वा शाण्डिली प्रायात्ततो निषधमुन्नतम्।
तस्मात्सतीव्रतादन्यन्नारीणां न परायणम् ॥ १७१६ ॥

शाण्डिलीसुमनासंवादः ॥ १२९ ॥

अधिकं प्रीयते किंस्वित्साम्ना दानेन वा जनः।
पृष्टो युधिष्ठिरेणेति पुनर्देवव्रतोऽब्रवीत् ॥ १७१७ ॥
पुरा वने द्विजः कश्चिद्गृहीतो रक्षसा बलात्।
सर्वोपायविहीनत्वात्साम्ना मुक्तिमचिन्तयत् ॥ १७१८ ॥
निशाचरस्तमवदद्वञ्चनाय वधोद्यतः।
पाण्डुरो दुर्बलश्चाहं केनैतत्कथ्यतामिति ॥ १७१९ ॥

विप्रस्तमूचे नूनं ते दूरीभूतः सुहृज्जनः ।
निःसहायेन चाप्ता श्रीस्त्वया तेनासि पाण्डुरः ॥ १७२० ॥
आराध्यमानो यत्नेन ते व्यक्तमनिमित्ततः ।
विरक्तः स्वजनो यासि तेन वा परिशुष्यसि ॥ १७२१ ॥
त्वत्तो हीनगुणानन्यान्व्यक्ते पश्यसि पूजितान् ।
ऐश्वर्यमानसुभगांस्तेन वा दुर्बलो भवान् ॥ १७२२ ॥
व्यक्तं त्यागी दरिद्रोऽसि गुणैर्नूनं न पूज्यसे ।
प्राज्ञस्य ते न शृण्वन्ति साधुर्वा वञ्च्यसे खलैः ॥ १७२३ ॥
मूर्खो वा शास्त्ररसिको मानी हीनकुलोऽसि वा ।
दुःखं स्वपिषि मन्येऽहं चिन्तया हरिणः कृशः ॥ १७२४ ॥
श्रुत्वैतदाशयग्राही ब्राह्मणोक्तं निशाचरः ।
प्रीतस्तत्याज तं साम्ना को हि सान्त्वैर्न तुष्यति ॥ १७२५ ॥
हरिणकृशीयम् ॥ १३० ॥

कृष्णप्रभावं पृष्टोऽथ राज्ञा शान्तनवोऽब्रवीत् ।
पुरा तपःस्थितं शौरिं मुनयो द्रष्टुमाययुः ॥ १७२६ ॥
ददृशुस्ते ततस्तत्र विष्णुवक्त्रोत्थिताग्निना ।
दग्धं वनं महत्पश्चात्तेनैवाप्यायितं दृशा ॥ १७२७ ॥
तद्दृष्ट्वा नारदमुखाद्दिव्यं बुबुधिरे परम् ।
तद्गिरा वैष्णवं धाम विप्लुष्टाचलशेखरम् ॥ १७२८ ॥
ततो नानाकथाख्यानकोविदः कैटभत्विषा ।
कथान्ते नारदः पृष्टः प्रस्तावोचितमभ्यधात् ॥ १७२९ ॥
पुरा हिमगिरौ गौरी धूर्जटेः किल लीलया ।
नेत्रे कराभ्यां पिदधे स तेनाभूत्त्रिलोचनः ॥ १७३० ॥
तृतीयनयनोद्भूतवह्निना सोऽभवद्गिरिः ।
पुष्यत्साललताजालज्वालावलयिताम्बरः ॥ १७३१ ॥
ततो गौरीगिरा चक्रे पुनर्गौरीगुरुं गिरिम् ।
स्मेरपुष्पलतावृक्षं दृशा शीतांशुशेखरः ॥ १७३२ ॥

तत्र पृष्टो बहुविधाः कथाः प्रणयलालसः।
देव्या कथान्ते भगवानूचे धर्मार्थनिर्णयम् ॥ १७३३ ॥
प्रवृत्तानां सदाचारं वर्णाश्रमविभागजम्।
निवृत्तानां च निःसङ्गक्रियानिर्वाणजं फलम् ॥ १७३४ ॥
ततः शशाङ्कचूडेन पृष्टा देवी मृगीदृशाम्।
शशंस पुण्यं चरितं वराराधनदैवतम् ॥ १७३५ ॥
अथाब्रवीन्नीलकण्ठः पृष्टः सर्वैर्मुनीश्वरैः।
कारणं परमं विष्णुं भूतानां प्रभवाप्यये ॥ १७३६ ॥
वसुदेवस्य तनयो भविष्यति हरिः क्षितौ।
अंशावतीर्णो विबुधारातिसंहारतत्परः ॥ १७३७ ॥
स सूर्यः स च शीतांशुः सोऽहं स च चतुर्मुखः।
सर्वदेवमयः शौरिः कंसकेशिनिषूदनः।
उमापतेरपि पुरः श्रुतमस्माभिरीश्वरात् ॥ १७३८ ॥
एतच्छ्रुत्वा मुनिवचो द्वारकामेत्य केशवः।
अवाप पुत्रं रुक्मिण्यां स्वेच्छासृष्टजगत्त्रयः ॥ १७३९ ॥
धन्योऽसि यस्य ते राजन्कमलावल्लभो विभुः।
विश्वरक्षामणिः सोऽयं गोप्ता गरुडलाञ्छनः ॥ १७४० ॥

उमामहेश्वरसंवादः ॥ १३१ ॥

कथयित्वेति गाङ्गेये मुहूर्तं मौनमास्थिते।
ऊचे मुनिसभामध्ये शनकैर्धर्मनन्दनः ॥ १७४१ ॥
दैवतं परमं शर्म किमेकं सर्वदेहिनाम्।
कस्मिन्प्रतिष्ठितं विश्वं स्तुत्या मुक्तिप्रदश्च कः ॥ १७४२ ॥
इत्युक्ते धर्मपुत्रेण बभाषे जाह्नवीसुतः।
मनसा पुण्डरीकाक्षं नत्वा विष्णुमनामयम् ॥ १७४३ ॥
अनन्तो भगवान्विष्णुर्देवदेवो जगत्प्रभुः।
स्तुतो नामसहस्रेण मोक्षदो गरुडध्वजः ॥ १७४४ ॥

जगत्प्रतिष्ठितं तस्मिन्दैवतं परमं च सः ।
नाम्नां सहस्रं मुनयो यस्य गायन्ति मुक्तये ॥ १७४५ ॥
विश्वं विष्णुर्वषट्कारो भूतभव्यभवात्मनः ।
प्रभोर्भूतभृतो भूतभावनस्य भवच्छिदः ॥ १७४६ ॥
पत्युः पुंसः पुराणस्य क्षेत्रक्षेत्रज्ञसाक्षिणः ।
भुवः स्वयंभुवः शंभोर्विधातुर्वेधसो विधेः ॥ १७४७ ॥
हरेर्हिरण्यगर्भस्य श्रीपतेर्विश्वकर्मणः ।
वृषाकपेरमोघस्य सहस्राक्षस्य गोपतेः ॥ १७४८ ॥
सहस्रशिरसो विष्णोर्व्यापिनः प्रणवात्मनः ।
स्तोत्रं नामसहस्राङ्कं मन्त्रराजं प्रचक्षते ॥ १७४९ ॥
इत्युक्त्वा वैदिकैर्दिव्यैर्गौणमुख्यैश्च नामभिः ।
सहस्रसंख्यैस्तुष्टाव देवं भीष्मः सनातनम् ॥ १७५० ॥
श्रुत्वैतत्प्रयतः कृष्णं वन्दित्वा धर्मनन्दनः ।
प्रभावं भूमिदेवानां पप्रच्छ द्युनदीसुतम् ॥ १७५१ ॥
सोऽवदद्ब्रह्मनिष्ठानां ब्राह्मणानां भयात्किल ।
उदेति सोमः सूर्यश्च प्रयाति च समीरणः ॥ १७५२ ॥
दत्तात्रेयवरावाप्तसहस्रभुजमुन्मदम् ।
कार्तवीर्यं पुरा प्राह वायुर्जितजगत्त्रयम् ॥ १७५३ ॥
ब्राह्मणेभ्यः परो नास्ति राजेन्द्र बलवत्तरः ।
भवादृशा दृशा येषां भवन्ति न भवन्ति च ॥ १७५४ ॥
सोमपुत्र्या वृतः पूर्वमुतथ्ये यादसां प्रभुम् ।
तत्काममपिबत्कोपाद्दयितामाजहार च ॥ १७५५ ॥
निर्जिताखिलगीर्वाणगन्धर्वा दानवाः पुरा ।
अगस्त्येनाम्बुधौ पीते हता निःशरणाः सुरैः ॥ १७५६ ॥
सुराणां दैत्यसमरे रक्षिता तिमिरे पुरा ।
सृष्टोऽत्रिणा शीतकरः शक्रं च च्यवनोऽजयत् ॥ १७५७ ॥

इति ब्राह्मणमाहात्म्यं श्रुत्वा हैहयभूपतिः।
अर्जुनोऽपूजयन्नित्यं भूमिदेवाननन्यधीः॥ १७५८॥

पवनार्जुनसंवादः॥ १३२॥

अतः परं ब्राह्मणानां प्रभावं केशवो विभुः।
जानाति नाभिनलिनस्वेच्छासृष्टचतुर्मुखः॥ १७५९॥
इति भीष्मेण कथिते हृषीकेशं युधिष्ठिरः।
पप्रच्छ विप्रमाहात्म्यं स च पृष्टस्तमभ्यधात्॥ १७६०॥
पुराहं रौक्मिणेयेन पृष्टः शक्तिं द्विजन्मनाम्।
अवदं तपसा येषां कम्पन्ते दैवतान्यपि॥ १७६१॥
पुत्र सर्वप्रयत्नेन पूजय ब्राह्मणान्सदा।
एते क्रोधप्रसादाभ्यां जीवयन्ति दहन्ति च॥ १७६२॥
प्रतिश्रयार्थी दुर्वासाः पुरा दीप्ताक्षिमूर्धजः।
उवास मद्गृहे तैस्तैः सेव्यमानः प्रियैर्मया॥ १७६३॥
स भुक्त्वा पायसं तप्तमुच्छिष्टेन रुषा ज्वलन्।
लिम्पाङ्गानीति मामाह तच्चास्म्यकरवं भयात्॥ १७६४॥
रुक्मिणीं स रथे कृत्वा बभ्राम बहुयोजनम्।
निर्विकारं च मां दृष्ट्वा तुतोष परुषाश्रयः॥ १७६५॥
स मामूचे तवोच्छिष्टलिप्तं वज्रमयं वपुः।
भविष्यति विना पादौ तौ निर्लिप्तौ यतस्त्वया॥ १७६६॥

दुर्वाससो भिक्षा॥ १३३॥

एतत्कृष्णवचः श्रुत्वा पार्थः शान्तनवात्पुनः।
शुश्राव देवराजर्षिवंशान्कल्मषनाशनान्॥ १७६७॥
कण्वरैभ्ययवक्रीतवसिष्ठभृगुकश्यपान्।
दुःष्यन्तरामनहुषालर्कश्वेतभगीरथान्॥ १७६८॥
कथयित्वा क्षणं स्थित्वा तूष्णीं निःशब्दसंसदि।
पुरं व्यासाज्ञया पार्थं विससर्ज सुरव्रतः॥ १७६९॥

कृष्णेन सह कौन्तेयो भ्रातृभिश्च सहानुगैः।
धृतराष्ट्रं पुरस्कृत्य प्रययौ हस्तिनापुरम् ॥ १७७० ॥
पूज्यमानः सुरैर्दाता स्थित्वा तत्र युधिष्ठिरः।
दृष्ट्वोत्तरं स संप्राप्तं पुनरायात्पितामहम् ॥ १७७१ ॥
सानुगः स समभ्येत्य गाङ्गेयं शरशायिनम्।
प्रणम्य पाण्डवोऽस्मीति निगद्य समुपाविशत् ॥ १७७२ ॥
मुनीन्द्रजुष्टे सदसि ब्रह्मलोक इवापरे।
जाते निःशब्दसंचारे भीष्मवक्त्रावलोकिनि ॥ १७७३ ॥
शनैरुन्मील्य नयने पाण्डवान्वीक्ष्य सानुगान्।
वाग्मी गम्भीरमवदद्गाङ्गेयः पाण्डवाग्रजम् ॥ १७७४ ॥
काले दिष्ट्या भवान्प्राप्तः परिवृत्ते दिवाकरः।
मासद्वयमतीतं मे निशातशरशायिनः।
त्वामामन्त्र्य व्रजाम्येष पुत्र लोकान्सनातनान् ॥ १७७५ ॥
इत्युक्त्वा सत्यदुग्धाब्धिः किंचिदावृत्तकंधरः।
उवाच विदुरस्याग्रे धृतराष्ट्रं पितामहः ॥ १७७६ ॥
राजन्विद्यामयं चक्षुरक्षुण्णं तव लक्ष्यते।
मा गमः पुत्रशोकार्त्या मोहं कालो हि दुर्जयः ॥ १७७७ ॥
पुत्रवत्पश्य भूपालमनृशंसं युधिष्ठिरम्।
प्रयातु शेषः कालोऽयं तव संतोषशालिनः ॥ १७७८ ॥
एतदुक्त्वा हृषीकेशं स्तुत्वा मूर्ध्ना प्रणम्य च।
बभाषे भगवन्गन्तुमनुजानीहि मामिति ॥ १७७९ ॥
अथ कृष्णाभ्यनुज्ञातो निस्तरङ्ग इवोदधिः।
मुहूर्तमभवद्भीष्मो दधानः प्राणधारणाम् ॥ १७८० ॥
अन्तः स्पर्शरसात्तस्य गात्राणि त्यजतो बहिः।
विशल्यानि शनैः सर्वे ददृशुर्विस्मयाकुलाः ॥ १७८१ ॥
स गलितसकलान्तःस्वान्तविश्रान्तिमूलो-
द्गतनिजबलशक्तिस्फोटिताशेषचक्रम्।

विततरलतारस्फारतेजःप्रकार-
प्रसृतमरुदुदञ्चन्मध्यनाडिक्रमेण. ॥ १७८२ ॥
ललितदलसरोजप्रोच्चटज्जीवहंसो
दृशमतिशशिसूर्यौ भ्रूविभागे निवेश्य।
गलितकरणवृत्तिग्रामनिःस्यन्दलक्ष्यः
सपदि किमपि भीष्मश्चिन्तयन्संबभूव ॥ १७८३ ॥

भीष्मोत्क्रान्तिः ॥ १३४ ॥

अथ ज्योतिस्तडित्पुञ्जपिञ्जरांशुशताचितम्।
भित्त्वा भीष्मस्य मूर्धानं विवेश विमलं नभः ॥ १७८४ ॥
ततोऽस्य रत्नाभरणैर्वासोभिः कुसुमैस्तथा।
धर्मराजः सविदुरश्चक्रे वैमानिकं स्वयम् ॥ १७८५ ॥
छत्रं तस्य यशः शुभ्रं युयुत्सुस्तूर्णमग्रहीत्।
चामरे सत्त्वधवले भीमसेनार्जुनावपि ॥ १७८६ ॥
सबाष्पं भरतस्त्रीभिस्तालवृन्तानिलेन सः।
वीज्यमानश्चितां प्राप श्रीखण्डागुरुकल्पिताम् ॥ १७८७ ॥
सजीव इव संलीने गाङ्गेये स्फारतेजसि।
युधिष्ठिरमुखाश्चक्रुः साश्रुनेत्रा जलक्रियाम् ॥ १७८८ ॥
तत्र मन्दाकिनीतीरे विषण्णे राज्ञि सानुगे।
जलमध्यात्समुत्तस्थौ जाह्नवी साश्रुलोचना ॥ १७८९ ॥
सा विह्वला शोकवती विषण्णैः परमर्षिभिः।
व्यासनारदकण्वाद्यैर्मुहुरालोकितावदत् ॥ १७९० ॥
हा पुत्र त्रिपुरारातिशिष्यस्य क्षत्रियद्विषः।
जेता तस्यापि रामस्य निहतोऽसि कथं परैः ॥ १७९१ ॥
अहो नु त्वयि कालेन यातेऽस्तं यशसां निधौ।
शोच्येयं पृथिवी शून्या वीररत्नविना कृता ॥ १७९२ ॥
का नाम जननी पापा मद्विधान्या भविष्यति।
निहतं त्वादृशं पुत्रं या श्रुत्वापि न दीर्यते ॥ १७९३ ॥

अहो बत वराकेण हतो भीष्मः शिखण्डिना ।
कुपितः कुञ्जरारातिर्जम्बुकेन निपातितः ॥ १७९४ ॥

इति प्रलापमुखरां जह्नुकन्यां जनार्दनः ।
शनैराश्वासयन्नूचे मेघगम्भीरनिःस्वनः ॥ १७९५ ॥

विज्ञातपरमार्थापि वसुशापेऽपि साक्षिणी ।
सामान्यजननीव त्वं कथं देवि विमुह्यसे ॥ १७९६ ॥

न हि शान्तनवं भीष्मं त्रिपुरारिपराक्रमम् ।
हन्तुं शिखण्डिनः शक्तिर्विना कालाद्बलीयसः ॥ १७९७ ॥

स यातः परमं धाम स्वच्छन्दनिधनः स्वयम् ।
अशोच्यं मा शुचः पुत्रं कोऽन्यो जायेत तद्विधः ॥ १७९८ ॥

इति व्यासादिभिः सार्धं कृष्णेनाश्वासिता शनैः ।
निःस्पन्दमीनमकरा क्षणं मन्दाकिनी बभौ ॥ १७९९ ॥

ततो युधिष्ठिरमुखास्तां समामन्त्र्य सानुगाः ।
दुःखाकुला न्यवर्तन्त यातेऽस्तं वासरेश्वरे ॥ १८०० ॥

इति शान्तिपर्वणि दानधर्माः समाप्ताः ।

समाप्तं शान्तिपर्व ।

आश्वमेधिकं पर्व।

नारायणं नमस्कृत्य नरं चैव नरोत्तमम्।
देवीं सरस्वतीं व्यासं ततो जयमुदीरयेत्॥ १॥
यशः शशाङ्कशेषेऽस्तं प्रयाते भीष्मभास्वति।
पपात धर्मतनयः शोकम्लानमुखाम्बुजः॥ २॥
मोहमूर्च्छाकुले तस्मिन्विषण्णे सह बान्धवैः।
शुचं संस्तम्भ्य शनकैर्धृतराष्ट्रस्तमब्रवीत्॥ ३॥
उत्तिष्ठ पृथिवीपाल न धैर्यं हातुमर्हसि।
संसारासारचरितं मुनिभ्यः श्रुतवानसि॥ ४॥
शोकस्यावसरो नायं स्वधर्मादच्युतस्य ते।
पाहि सत्त्वसुधासिन्धो प्रजापतिरिव प्रजाः॥ ५॥
शोचितव्यो ममैवायं कालः समुचितोऽधुना।
विदुरस्य गिरो येन न श्रुताः सुनयोज्ज्वलाः॥ ६॥
इत्युक्ते धृतराष्ट्रेण कृष्णः क्ष्मापालमभ्यधात्।
मा शुचः क्षत्रधर्मेण लब्धां भुङ्क्ष्व महीमिमाम्॥ ७॥
दुःखिभ्यो हि पलायन्ते धैर्यायत्ता विभूतयः।
यजस्व विजयी राजन्पापशङ्कापनुत्तये॥ ८॥
अश्वमेधेन विधिना यातस्तद्योग्यतामसि।
एतन्मुनिवचः श्रुत्वा यज्ञे बद्धमनोरथः॥ ९॥
धनमूलां क्रियां मत्वा राज्यकोशमचिन्तयत्।
सोऽथ सर्वान्समाहूय कोशाध्यक्षान्मखोत्सुकः॥ १०॥
तेभ्यः शुश्राव सर्वस्वं क्षयितं युधि कौरवैः।
अश्वमेधे निराशं तं विज्ञाय द्रविणं विना॥ ११॥
उवाच करुणासिन्धुर्व्यासो निर्वापयन्निव।
मरुत्तस्य क्षितिपतेर्यज्ञशेषं हिमाचले॥ १२॥
काञ्चनं विद्यते भूरि यज्ञार्थं तदवाप्स्यसि।
श्रुत्वैतत्पाण्डुपुत्रेण मरुत्तस्य महीपतेः॥ १३॥

महायज्ञकथां पृष्टः प्रोवाच मुनिपुंगवः ।
महीयसि मनोर्वंशे महतां यशसां निधिः ॥ १४ ॥
करंधमकुले श्रीमान्मरुत्तोऽभून्महीपतिः ।
तमिन्द्रः स्पर्धते नित्यं न स शक्नोति चेष्टितैः ॥ १५ ॥
यदा तदा मन्युतप्तो रहः प्राह बृहस्पतिम् ।
करंधमोऽभवद्याज्यस्त्वत्पितुः पृथिवीपतिः ॥ १६ ॥
क्रमात्त्वापि तत्सूनुर्मरुत्तस्तद्गुणाधिकः ।
किंतु तद्दर्पसंघर्षाद्भवन्तमहमर्थये ॥ १७ ॥
न याजकपदं तस्य गन्तव्यं भवताधुना ।
इत्यर्थितो मघवता तथेत्यूचे बृहस्पतिः ॥ १८ ॥
अद्यप्रभृति मर्त्यो मे न याज्य इति संविदा ।
अत्रान्तरे नरपतिर्मरुत्तो विपुलं क्रतुम् ॥ १९ ॥
आहर्तुं कृतसंकल्पो बृहस्पतिमुपाययौ ।
स तेनाभ्यर्थितो यत्नाद्याजकोऽस्तु भवानिति ॥ २० ॥
न चकाराभ्युपगमं शक्रप्रणययन्त्रितः ।
प्रत्याख्यातः स गुरुणा राजा लज्जानताननः ॥ २१ ॥
व्रजन्विनष्टसंकल्पो ददर्श पथि नारदम् ।
नारदोऽपि तमालोक्य पृष्ट्वा श्रुत्वा च तत्कथाम् ॥ २२ ॥
उवाच त्यज संतापं मा राजन्विमना भव ।
संवर्ताख्यो निधिर्धाम्नामनुजोऽस्ति बृहस्पतेः ॥ २३ ॥
स्वच्छन्दचारी योगीन्द्रो वाराणस्यां स वर्तते ।
संवर्तः स परिज्ञेयो व्रजेथाः शरणं तु तम् ॥ २४ ॥
निवेदितोऽहं केनेति पृष्टस्तेन त्वमानतः ।
ब्रवीथा नारदो मह्यं त्वामिहस्थं न्यवेदयत् ॥ २५ ॥
कथयित्वा प्रहृष्टश्च ज्वलितं जातवेदसम् ।
इत्युक्त्वा प्रार्थयेथास्तं याजकं यज्वनां वरः ॥ २६ ॥

नारदेनेत्यभिहिते भूपालो हर्षनिर्भरः।
तदुक्तं विदधे सर्वं गत्वा वाराणसीं स्वयम् ॥ २७ ॥
संत्यक्तोन्मत्तरूपं स प्राप्य तं याजकं नृपः।
चकार तदनुज्ञातस्तपो हिमगिरेस्तटे ॥ २८ ॥
तपसा यज्ञवित्तार्थी देवमाराध्य शंकरम्।
अनेकमेरुविपुलं लेभे हेम स पार्थिवः ॥ २९ ॥
हैमेषु सर्वभाण्डेषु रचितेष्वथ शिल्पिभिः।
संपूर्णो यज्ञसंभारः प्रावर्तत महीभुजः ॥ ३० ॥
समृद्धिमतुलां तस्य यज्ञे ज्ञात्वा बृहस्पतिः।
संवर्तकं याजकं च संतप्तस्तनुतां ययौ ॥ ३१ ॥
स शोककारणं पृष्टः शक्रेण म्लानमानसः।
मरुत्तयज्ञविभवं भ्रातृस्पर्धाकुलोऽवदत् ॥ ३२ ॥
ततः शतक्रतुस्तस्य प्रीतये गुरुवत्सलः।
उवाच वह्निमाहूय मरुत्तं व्रज पार्थिवम् ॥ ३३ ॥
गत्वा मद्वचसा वाच्यः स च राजा त्वया क्रतौ।
यथा संवर्तकं त्यक्त्वा भवेद्याज्यो बृहस्पतेः ॥ ३४ ॥
इत्युक्तः सुरराजेन गत्वा वह्निर्नराधिपम्।
शक्रसंदेशमवदन्न च राजाभ्यमन्यत ॥ ३५ ॥
ततः प्रतिनिवृत्तोऽथ पुनर्गच्छेति वज्रिणा।
प्रेरितः पावकोऽवादीत्संवर्तभयकम्पितः ॥ ३६ ॥
स तत्र ब्रह्मचारी मामूचे संवर्तकः क्रुधा।
तेजोराशिः शपेयं त्वां समेष्यसि पुनर्यदि ॥ ३७ ॥
श्रुत्वैतत्कातरोऽसीति तं जगाद पुरंदरः।
ज्वलनः प्रत्युवाचाथ तं कोपहविषा ज्वलन् ॥ ३८ ॥
अहो नु ब्रह्मकोपाग्निरहल्यावल्लभस्य ते।
प्रमादादथ कोपाद्वा मोहाद्वा शक्र विस्मृतः ॥ ३९ ॥

स यदा च्यवनः कोपान्महादंष्ट्रं महासुरम् ।
असृजत्त्वद्वधायोग्रं तदा धैर्यं क्व ते गतम् ॥ ४० ॥
दुःसहा ब्राह्मणरुषो निर्दहन्ति जगत्क्षणात् ।
उक्ते हुताशनेनेति न शक्रः किंचिदब्रवीत् ॥ ४१ ॥
विसृष्टः पुनरिन्द्रेण गन्धर्वाधिपतिर्नृपम् ।
ऊचे गुरुं भजस्वेति न च राजा तमग्रहीत् ॥ ४२ ॥
ततः क्रुद्धः स्वयं वज्री गर्जन्गम्भीरनिःस्वनः ।
यज्ञाङ्गनं नरपतेर्व्योम्ना मेघैर्वृतो ययौ ॥ ४३ ॥
प्रभावेनाथ महता संवर्तस्योग्रतेजसः ।
शतमन्युसमुत्सृष्टं वज्रं मेघान्समाविशत् ॥ ४४ ॥
तन्मन्त्रशक्त्या विवशः समाहूतोऽथ वृत्रहा ।
आययौ सह भागार्हैस्त्रिदशैः सोमपीथिभिः ॥ ४५ ॥
पूजितोऽथ मरुत्तेन शान्तमन्युः शतक्रतुः ।
यज्ञक्रियापरिकरे परिचर्यापरोऽभवत् ॥ ४६ ॥
तदाज्ञया सुराः सर्वे यज्ञसंभारकारिणः ।
बभूवुर्भूमिपालस्य निदेशवशगाश्चिरम् ॥ ४७ ॥
एवं तस्येन्द्रजयिनो राज्ञः संवर्ततेजसा ।
निर्विघ्नः पूर्णतां प्राप यज्ञः कनकवर्षिणः ॥ ४८ ॥
तच्छेषद्रविणेन त्वं हयमेधमहामखम् ।
प्रयतः प्राप्नुहीत्युक्त्वा विरराम मुनीश्वरः ॥ ४९ ॥

संवर्तमरुत्तीयम् ॥ १ ॥

कृष्णेनाश्वास्यमानोऽथ मुनिभिर्भ्रातृभिस्तथा ।
अश्वमेधधृतोद्योगो धृतिं लेभे युधिष्ठिरः ॥ ५० ॥
द्रष्टुं ततः प्रजाकार्ये प्रवृत्ते धर्मनन्दने ।
अन्तर्दधे तमामन्त्र्य सर्वं तन्मुनिमण्डलम् ॥ ५१ ॥
हेमरत्नलताकान्ते विकासिकनकाम्बुजे ।
अथ कृष्णौ सभोद्याने स्वैरं प्रीत्या विजह्रतुः ॥ ५२ ॥

कथान्ते तत्र कंसारिं सुभद्रावल्लभोऽवदत्।
युद्धारम्भे त्वयोक्तं यत्सर्वं तन्मम विस्मृतम्॥ ९३॥
विसृष्टं परमार्थज्ञ ज्ञानं तत्पुनरुच्यताम्।
इत्युक्तः पाण्डुपुत्रेण विषण्णः केशवोऽब्रवीत्॥ ९४॥
अहो त्वयावधानेन न श्रुतं तदबुद्धिना।
न शक्यते पुनर्वक्तुं तथापि श्रूयतामिदम्॥ ९५॥
ब्राह्मणेन पुरा कश्चिज्जीवन्मुक्तदशां श्रितः।
सिद्धः पृष्टोऽवदत्सर्वं विज्ञाय भवविभ्रमम्॥ ९६॥
अस्मिन्नसत्यसंघाते भूतानां पाञ्चभौतिके।
गुणैर्निबद्धः पक्षीव जीवस्तिष्ठति पञ्जरे॥ ९७॥
अहंकारैकसाराणां देहिनां विस्मृतात्मनाम्।
चक्रवत्परिवर्तन्ते सुखदुःखक्षयोदयाः॥ ९८॥
देहान्ते कर्मसंसर्गाज्जन्तवः शुभदुष्कृतैः।
तारारूपा विमानानि भजन्ते नरकाणि वा॥ ९९॥
ततो भोगक्षये गर्भं जरायुपरिवेष्टितम्।
शुक्ररूपो विशत्यात्मा योन्यां शोणितसंप्लुतः॥ ६०॥
निःश्वासाग्रैर्यथा वारि लीयते दर्पणोदरे।
निर्धूतस्य यथा वह्नेरूष्मा व्योम्नि प्रसर्पति॥ ६१॥
यथा वा कुसुमामोदः प्रविशत्यन्तरेऽनिले।
रागः संक्रान्तिमायाति सरन्ध्रे स्फटिके यथा॥ ६२॥
तथा दुर्लक्ष्यसंचारो गर्भमात्मा प्रधावति।
बिभ्राणो वासनामन्तः शीतस्पर्शमिवानिलः॥ ६३॥
जातस्य जायते तस्य वर्धमानस्य वर्धते।
तृष्णातन्तुर्भि(र्वि)सस्येव शुष्यतो न तु शुष्यति॥ ६४॥
विवेकाद्दुःखसंयोगाद्वैराग्यं गाढमाश्रितः।
नाहमसीति मन्त्रेण मुच्यते ब्रह्मदीक्षितः॥ ६५॥

पूर्वं भावेषु निर्वाणस्ततः कारणवृत्तिषु ।
निरालम्बदशामेत्य योगी ब्रह्मणि लीयते ॥ ६६ ॥
सर्वतः पाणिचरणं सर्वव्यापिनमव्ययम् ।
आत्मानं स परिज्ञाय सत्यामेतां भवस्थितिम् ॥ ६७ ॥
इत्युक्त्वा ब्राह्मणं सिद्धः सहसान्तरधीयत ।
इदमन्यच्च कौन्तेय श्रेयसे प्रयतः शृणु ॥ ६८ ॥
उवाच ब्राह्मणी काचिद्भर्तारं विजने पुरा ।
गमिष्यामि गतिं साध्वी कामहं त्वत्परायणा ॥ ६९ ॥
इति पृष्टस्तया विप्रस्तामुवाच स्मिताननः ।
अग्निर्वैश्वानरो नाम स्थितोऽन्तः किल देहिनाम् ॥ ७० ॥
इन्द्रियाणि मनोबुद्धिस्तस्य सप्तार्चिषः स्मृताः ।
विषयाश्चास्य समिधो भोक्तारः सप्त चर्त्विजः ।
तस्मिन्हुते सर्वमिदं जायते च पुनः पुनः ॥ ७१ ॥
इन्द्रियाणीव मनसो मनस्तेषां च सर्वदा ।
परस्परोपकारेण प्रीयते देहसंगमे ॥ ७२ ॥
मनोबुद्धिप्रभृतयः सप्तेन्द्रियमृगाः पुरा ।
अतर्केणैव निहता राज्ञा योगमयैः शरैः ॥ ७३ ॥
जितेन्द्रियस्य नो किंचिदिदं तस्यैव चाखिलम् ।
विषया विषयस्येति जनको विप्रमभ्यधात् ॥ ७४ ॥
तस्मादसक्तमनसा दृष्ट्वा सर्वमिदं मया ।
त्यक्तं परावरज्ञेन भवाविर्भावशान्तये ॥ ७५ ॥
गतिस्तवापि कल्याणि मद्भावसदृशी सदा ।
ब्रह्मारणीसमुद्भूतं जानीहि ज्ञानपावकम् ॥ ७६ ॥
एतत्पत्युर्वचः श्रुत्वा ब्राह्मणी तत्त्वदर्शिनी ।
क्षेत्रक्षेत्रज्ञविज्ञानं परं प्रावीण्यमाययौ ॥ ७७ ॥
श्रुत्वैतदर्जुनः कृष्णं बभाषे विस्मयाकुलः ।
योगीन्द्रो ब्राह्मणः कोऽसौ क्वास्ते वा सा च तद्वधूः ॥ ७८ ॥

इत्युक्तः कैटभारातिः पुनरूचे धनंजयम्।
शिष्येण पृष्टः सर्वज्ञः पुरा गुरुरभाषत ॥ ७९ ॥
बृहस्पतिप्रभृतिभिर्मुनीन्द्रैः सर्वदर्शिभिः।
श्रुतेयं भवविच्छेदकथा प्रोक्ता स्वयंभुवा ॥ ८० ॥
गुणत्रयनिबद्धानां कर्मभेदविकारिणाम्।
भावोऽयं प्राणिनां शश्वदल्पोऽप्यायात्यनल्पताम् ॥ ८१ ॥
विचित्रः किल सर्गोऽयमहंकाराद्विनिर्गतः।
तस्मिन्नेव लयं याति श्वभ्रे पुष्पचयो यथा ॥ ८२ ॥
जन्मान्तरशताभ्यासादन्तरङ्गत्वमागतः।
अहंकारः स मनसो लीलया केन भेद्यते ॥ ८३ ॥
अविद्या तानवेनैव शनैः संन्यस्तकर्मणः।
विकल्पद्वंद्वविरतौ ज्ञानालोकः प्रजायते ॥ ८४ ॥
ज्ञानाग्निना प्रवृद्धेन दग्ध्वा भवविषद्रुमम्।
सर्वग्रन्थिविनिर्मुक्तः परमामृतमश्नुते ॥ ८५ ॥
इति ब्रह्मोदितं ज्ञानं शिष्याय गुरुणा पुरा।
नानानिदर्शनोपेतं कथितं भवशान्तये ॥ ८६ ॥
अहमेव गुरुः पार्थ शिष्यश्च त्वं समो मम।
इत्युक्त्वा ज्ञानसर्वस्वं विरराम जनार्दनः ॥ ८७ ॥

अनुगीताः ॥ २ ॥

ततो विहृत्य सुचिरं प्रीत्या कृष्णः किरीटिना।
द्वारकागमने चक्रे मतिं बन्धुजनोत्सुकः ॥ ८८ ॥
स गत्वा नृपमामन्त्र्य धृतराष्ट्रं च सानुगम्।
आश्वास्य कृष्णां कुन्तीं च प्रणम्यादाय चानुजाम् ॥ ८९ ॥
अश्वमेधे समेष्यामि पुनः कृत्वेति संविदम्।
दारुकप्रेरितरथः प्रतस्थे गरुडध्वजः ॥ ९० ॥
स व्रजन्सात्यकिसखस्तेजोरञ्जितदिङ्मुखः।
उत्तङ्कं तपसां राशिमालुलोके मुनिं पथि ॥ ९१ ॥

तं दृष्ट्वा सादरं शौरिः प्रणम्य रचिताञ्जलिः ।
कुशलं वीतवैराणां पप्रच्छाश्रमवासिनाम् ॥ ९२ ॥
उत्तङ्कोऽपि हरिं दृष्ट्वा प्रीतिपूर्वमनामयम् ।
ऊचे कच्चित्त्वया साम्ना रक्षितं भारतं कुलम् ॥ ९३ ॥
कच्चिद्दुर्योधनो राजा धर्मपुत्रश्च सानुगौ ।
स्थितौ विगतसंघर्षौ त्वद्बुद्ध्या पैत्रिके पदे ॥ ९४ ॥
इत्युत्तङ्केन गोविन्दः पृष्टस्तं प्रत्यभाषत ।
भारतानां मुने यत्नः परः संधौ कृतो मया ॥ ९५ ॥
हितमुक्तोऽपि बहुशः कौरवो विदुरादिभिः ।
न जग्राह कृतान्तेन दैवेन च विमोहितः ॥ ९६ ॥
निर्बन्धात्कुरुराजस्य राधेयमुनिवर्तिनः ।
निहताः पार्थिवाः सर्वे शेषाः पञ्चैव पाण्डवाः ॥ ९७ ॥
एतच्छ्रुत्वा मुनिः कोपाज्ज्वलितानलसंनिभः ।
तमूचे वक्रमनसा ते त्वयैव निपातिताः ॥ ९८ ॥
शक्तेनापि त्वया कृष्ण यस्मात्पार्थहितैषिणा ।
उपेक्षितः क्षयो घोरस्तस्माच्छापं ददानि ते ॥ ९९ ॥
उत्तङ्केनेत्यभिहिते बभाषे कैटभान्तकः ।
जानामि तेजसां राशिं त्वामुत्तङ्क तपोनिधिम् ॥ १०० ॥
किंतु नार्हसि कोपेन तीव्रं कर्तुं तपोव्ययम् ।
तमो हि दुःसहं घोरं क्रोधो मृत्युः शरीरिणाम् ॥ १०१ ॥
नाद्यापि नष्टमोहोऽसि ननु नाद्यापि पश्यसि ।
किं न जानासि मां सर्वं सर्वव्यापिनमव्ययम् ॥ १०२ ॥
सर्वदेवमयः कर्ता विश्वात्मा जगतामहम् ।
इत्युक्ते पुष्कराक्षेण शान्तकोपोऽब्रवीन्मुनिः ॥ १०३ ॥
जाने त्वां किं तु तद्दिव्यं द्रष्टुमिच्छामि ते वपुः ।
इत्यर्थितो मुनीन्द्रेण विश्वाविष्कारलीलया ॥ १०४ ॥

शक्तिप्रकाशपरिपूरितसंविदग्रे
रेखास्फुरद्द्रुहिणरुद्रमहेन्द्रचन्द्रम् ।
धामत्रयोत्तरमनश्वरमैश्वरं त-
द्दृष्ट्वा वपुर्मुनिवरोऽभवदस्तमोहः ॥ १०५ ॥

ततः स्तोत्रैरुत्तङ्केन विष्णुर्भक्त्या नमस्कृतः ।
तद्गिरा स्ववपुः सौम्यं तदेव पुनराददे ॥ १०६ ॥
संनिधिं ते विधास्यामि सर्वतः स्मरणान्मुने ।
इत्युक्त्वा तं समामन्त्र्य प्रायाद्गरुडकेतनः ॥ १०७ ॥
ततः कदाचित्स मुनिर्जलार्थी मरुधन्वसु ।
चरन्ददर्श चण्डालं धनुष्पाणिं जलप्रदम् ॥ १०८ ॥
गृहाणेत्यसकृत्तेन प्रार्थितोऽपि मुनिर्यदा ।
न जग्राहाशुचि जलमुत्तङ्कोऽन्तर्दधे तदा ॥ १०९ ॥
ततः समेत्य भगवान्स्वयं विष्णुस्तमब्रवीत् ।
मुने मद्वचसा शक्रः सुधां त्वां दातुमाययौ ॥ ११० ॥
जलदो न स चाण्डालो मिथ्या शङ्का तवाभवत् ।
प्रत्याख्यातः स यन्मोहान्न तद्युक्तं त्वया कृतम् ॥ १११ ॥
अधुना मद्वरात्तेऽस्तु सामृतैर्जलनिर्झरैः ।
पूरितेयं मरुमही निगद्येति ययौ हरिः ॥ ११२ ॥
एवं महाप्रभावोऽसावुत्तङ्को यशसां निधिः ।
दुर्लभं दर्शनं विष्णोः सानुग्रहमवाप्तवान् ॥ ११३ ॥
आसाद्य परमं ज्ञानं यः पुरा गुरुसेवया ।
तद्दक्षिणार्थी प्रययौ राज्ञः पौषस्य मन्दिरम् ॥ ११४ ॥
कुण्डले प्राप्य रुचिरे वितीर्णे पौषभार्यया ।
हृते च दृष्ट्वा नाशेन जीवितेशरसातलम् ॥ ११५ ॥
जित्वा नागान्समासाद्य ते पुरा रत्नकुण्डले ।
यो ददौ गुरुभार्यायै कृतकृत्यो बभूव च ॥ ११६ ॥

उत्तङ्कविश्वरूपदर्शनम् ॥ ३ ॥

याते द्वारवतीं कृष्णे यादवानन्ददायिनि।
युधिष्ठिरः सहामात्यो यज्ञकार्यमचिन्तयत्॥ ११७॥
स गत्वा सानुजः शैलं श्रीकण्ठदयितं शनैः।
आराध्य तपसा रुद्रं देवदेवं पिनाकिनम्॥ ११८॥
उपहारेण विधिना मुहूर्ते शुभशंसिनि।
अभ्यर्च्य गुह्यकाधीशं मणिभद्रं च सानुगम्॥ ११९॥
मुनिभिस्तर्पिते वह्नौ धौम्येन च पुरोधसा।
लेभे पाण्डुसुतः श्रीमान्मरुत्तनिहितं निधिम्॥ १२०॥
पृथुप्रमाणरूपाणि भास्वन्ति विविधानि च।
हेमभाण्डसहस्राणि रत्नभारशतानि च॥ १२१॥
उष्ट्राणां शकटानां च हयानां करिणां तथा।
दशलक्षाणि तद्वित्तमनयद्धस्तिनापुरम्॥ १२२॥
महिषाणां खराणां च पुरुषाणां गवां तथा।
न बभूव तदा संख्या वहतां भूरि काञ्चनम्॥ १२३॥
अक्षय्यं कोशमादाय प्राप्तेऽथ स्वपुरं नृपे।
सहितो वृष्णिभिः सर्वैराययौ मधुसूदनः॥ १२४॥
एतस्मिन्नेव समये सौभद्रमहिषी सुतम्।
द्रोणपुत्रास्त्रनिर्दग्धमसूत गतजीवितम्॥ १२५॥
उत्तरायाः सुतो जातः स्त्रीणामित्युत्सवस्वनः।
व्यसुर्व्यसुश्चेत्यभवत्स एव रोदनध्वनिः॥ १२६॥
बालप्रवालकलिकाकोमलावयवे शिशौ।
जाते निर्जीविते शोकान्मुमोह जननीजनः॥ १२७॥
ततः कुन्ती सुभद्रा च समेत्य करुणानिधिम्।
बाष्पसंदिग्धया वाचा रुक्मिणीपतिमूचतुः॥ १२८॥
स्वस्रेयस्य यशोमूर्तेरभिमन्योः प्रियस्य ते।
बालस्य बालस्तनयो जातोऽद्य गतजीवनः॥ १२९॥

करुणार्द्रो निशम्यैतद्भगवान्भूतभावनः।
विवेश सूतिकावेश्म शौरिः कलशभूषितम् ॥ १३० ॥
रत्नदीप्तांशुकपिशं दीप्तौषधिशताचितम्।
मन्त्रैर्भिषग्भिः शिखिना शस्त्रैरस्त्रैश्च रक्षितम् ॥ १३१ ॥
अथोत्तरा प्राप्य संज्ञां शीतवारिभिरुक्षिता।
तमङ्के शिशुमादाय विललाप हरेः पुरः ॥ १३२ ॥
ततो जलदगम्भीरघोषः शौरिरभाषत।
दृशा पीयूषवर्षिण्या विलोक्य शनकैः शिशुम् ॥ १३३ ॥
सत्याद्द्विजेभ्यो धर्माच्च यथा नान्यत्प्रियं मम।
तेन सत्येन बालोऽयमस्त्रमुक्तोऽद्य जीवतु ॥ १३४ ॥
माधवेनेत्यभिहिते लब्धजीवः स बालकः।
सूर्यांशुभिरिव स्पृष्टो बभूवाम्बुजकोरकः ॥ १३५ ॥
ततः प्रवृत्ते विपुले सहसा नगरोत्सवे।
नभश्चराणामप्यासीत्साधु साध्विति निःस्वनः ॥ १३६ ॥
परिक्षीणे कुरुलये यस्माज्जातोऽयमर्भकः।
तस्मात्परीक्षिन्नाम्नास्तु जगादेत्यथ केशवः ॥ १३७ ॥

परिक्षिज्जन्म ॥ ४ ॥

व्यासाज्ञया ततो राज्ञो यज्ञयोग्यो महाधनः।
प्रावर्ततोरुरत्नाढ्यः संभारो बहुकौतुकः ॥ १३८ ॥
अथोत्सृज्य विधानेन कृष्णशारं तुरङ्गमम्।
रक्षितं पाण्डुपुत्रेण स्वयं गाण्डीवधन्वना ॥ १३९ ॥
बभूव चैत्रशुक्लान्ते दीक्षितो धर्मनन्दनः।
हेममालाधरो दण्डी मुण्डः कृष्णाजिनावृतः ॥ १४० ॥
ततस्त्रिगर्तविषयं प्राप्ते यज्ञतुरङ्गमे।
राजपुत्रैरभूद्युद्धं तुमुलं सव्यसाचिनः ॥ १४१ ॥
युधिष्ठिराज्ञा तस्याभून्न हन्तव्या नृपा इति।
तां स्मरन्नावधीद्भूपान्स विजिग्ये तु केवलम् ॥ १४२ ॥

प्राग्ज्योतिषेश्वरं वीरं भगदत्तात्मजं युधि ।
त्रिभिर्दिनैर्वज्रदत्तं जित्वा कुञ्जरयोधिनम् ॥ १४३ ॥
सैन्धवैरकरोद्युद्धं सुचिरं क्रूरयोधिभिः ।
पादचारी रणे पार्थो रथकुञ्जरवर्तिभिः ॥ १४४ ॥
पौत्रं जयद्रथस्याथ शिशुमादाय दुःशला ।
सव्यसाचिनमासाद्य बभाषे साश्रुलोचना ॥ १४५ ॥
भ्रातस्त्वयि समायाते त्वन्नामैव निशम्य मे ।
पुत्रो जायद्रथिर्यातः पञ्चतां स्फटिताशयः ॥ १४६ ॥
तत्सुतो मम पौत्रोऽयं स्वस्रेयतनयस्तव ।
रक्ष्यः सर्वात्मनेत्युक्त्वा रुरोद धृतराष्ट्रजा ॥ १४७ ॥
विषण्णस्तां समाश्वास्य पार्थो बाष्पार्द्रलोचनः ।
निन्दन्निजां क्षत्रजातिं जगाम तुरगानुगः ॥ १४८ ॥
श्वेताश्वमश्वगोप्तारं मणिपूरपुरं ततः ।
प्राप्तं प्रत्युद्ययौ राजा तत्पुत्रो बभ्रुवाहनः ॥ १४९ ॥
पूजामादाय तनयं नम्रं दृष्ट्वा पुरः स्थितम् ।
युद्धार्थी शक्रतनयो नाभ्यनन्दत्कृताञ्जलिम् ॥ १५० ॥
दृष्ट्वा मां सायुधं प्राप्तं साम्ना प्रत्युद्यतोऽसि किम् ।
धिक्त्वामक्षत्रियं भीरुमित्यूचे तं धनंजयः ॥ १५१ ॥
अत्रान्तरे महीं भित्त्वा समुत्थायोरगाङ्गना ।
भर्तुः पाण्डुसुतस्याग्रे बभाषे बभ्रुवाहनम् ॥ १५२ ॥
युद्धेन तुष्यति पिता तवायं सुभटप्रियः ।
वीरसंतानसफला शौर्यश्रीरभिमानिनाम् ॥ १५३ ॥
इत्युक्तः स तया धन्वी रथं हेमहरिध्वजम् ।
आरुह्यामुक्तकवचः पितरं योद्धुमाययौ ॥ १५४ ॥
ततः शरशतैर्विद्धस्तेन श्रान्तो धनंजयः ।
आनन्दनिर्भरस्तस्य प्रशशंस पराक्रमम् ॥ १५५ ॥

गाण्डीवधन्वना मुक्तान्नाराचान्वज्रगौरवान्।
अप्राप्तानेव चिच्छेद शरैश्चित्राङ्गदासुतः॥ १५६॥
अथोन्ममाथ पुत्रस्य स्यन्दनं शक्रनन्दनः।
हेमपत्रलताचित्रमुद्यानमिव मारुतः॥ १५७॥
विलोक्य विरथं पुत्रं युध्यमानमसंभ्रमम्।
मन्दप्रयत्नशिथिलान्प्राहिणोद्विजयः शरान्॥ १५८॥
अथ तीक्ष्णेन हृदये पत्रिणा बभ्रुवाहनः।
वज्रेणेवाचलभिदा जघान श्वेतवाहनम्॥ १५९॥
अवध्ये सर्वभूतानां पुत्रेण निहतेऽर्जुने।
नादो बभूव गगने हा हेति त्रिदिवौकसाम्॥ १६०॥
पितरं पतितं दृष्ट्वा शक्रकेतुमिव क्षितौ।
मुमोह निन्दन्नात्मानं त्यक्तचापोऽर्जुनात्मजः॥ १६१॥
अथ चित्राङ्गदाभ्येत्य पुत्रेण निहतं पतिम्।
विलोक्य शोकसंपन्ना विललाप सुमध्यमा॥ १६२॥
अहो बत चिरादेत्य जायाया मम मन्दिरम्।
आर्यपुत्र त्वयातिथ्यं प्राप्तं पुत्राद्बलीयसः॥ १६३॥
अहो नु हतभाग्याहं चिरविप्रोषितं पतिम्।
त्वां प्राप्तं नयनानन्दं पश्यामि निहतं क्षितौ॥ १६४॥
इत्युक्त्वा गाढमालिङ्ग्य सा पतिं बाष्पगद्गदा।
उलूपी नागतनया भुवि चित्राङ्गदापतत्॥ १६५॥
लब्धसंज्ञोऽथ शोकार्तः प्रलपन्बभ्रुवाहनः।
शरीरत्यागनियमं चक्रे किल्बिषकूणितः॥ १६६॥
ततः प्रदध्यौ मनसा नागी संजीवनं मणिम्।
स च ध्यातस्तया सत्या नागलोकात्समाययौ॥ १६७॥
स्पृष्टोऽथ हृदये तेन जीवितं प्राप्य फल्गुणः।
चित्राङ्गदा च सहसा शोकं त्यक्त्वा ह्रियं ययौ॥ १६८॥

ततो निवेद्य वृत्तान्तं जगाद भुजगात्मजा ।
उलूपी धैर्यजलधिं सुप्तोत्थितमिवार्जुनम् ॥ १६९ ॥
शापो भीष्मवधादेष दत्तस्ते वसुभिः पुरा ।
कोऽन्यथा त्वां रणे शक्तो जेतुं निर्जितधूर्जटिम् ॥ १७० ॥
मत्पिता मयि वात्सल्याच्छापिता वसवश्च ते ।
ऊचुस्त्वच्छापनिर्वाणं रत्नमेतन्महाप्रभम् ॥ १७१ ॥
श्रुत्वैतद्विस्मितः पार्थो नागीं चित्राङ्गदां तथा ।
परिसान्त्व्य शनैः पूजां जग्राह तनयार्पिताम् ॥ १७२ ॥
ततस्तं दयितं वीरः पुत्रमामन्त्र्य पाण्डवः ।
हयानुसारी बभ्राम वसुधामब्धिमेखलाम् ॥ १७३ ॥
स जित्वा मगधाधीशं जरासंधात्मजात्मजम् ।
वङ्गान्पुण्ड्रान्किरातांश्च दाक्षिणात्यान्समागधान् ॥ १७४ ॥
गान्धारान्सौबलसुतान्राजपुत्रान्प्रहारिणः ।
आगन्तव्यं मखे राज्ञः सर्वैरित्यादिदेश तान् ॥ १७५ ॥
ततः प्रतिनिवृत्तेन तुरगेन सहार्जुनः ।
विवेश पूजितः पौरैर्विजयी हस्तिनापुरम् ॥ १७६ ॥

हयोत्सर्गः ॥ ५ ॥

ततः प्रवृत्ते विधिवद्यज्ञे कनकवर्षिणः ।
राज्ञो मुनिजनाकीर्णे प्राप्तेष्वखिलराजसु ॥ १७७ ॥
जनन्या सह भूपाले संप्राप्ते बभ्रुवाहने ।
सादरं फल्गुणप्रीत्या पूजिते पाण्डुनन्दनैः ॥ १७८ ॥
निःशेषकल्मषप्लोषदिव्यदीक्षाकृतक्षणः ।
क्रियामहीनां विदधे स्वयं सत्यवतीसुतः ॥ १७९ ॥
हैमं तत्राभवत्सर्वमिष्टकाचयनादिकम् ।
यूपभाण्डघनस्थालीपर्यङ्कगृहतोरणम् ॥ १८० ॥
देवर्षिसिद्धगन्धर्वकिंनरा मङ्गलं जगुः ।
कर्मान्तरेषु यज्ञस्य ननृतुश्चाप्सरोगणाः ॥ १८१ ॥

शमिते पशुसङ्घे च तुरगं ब्राह्मणोत्तमाः।
आलभन्त यथाशास्त्रमुपसंरोध्य पार्षतीम्॥ १८२॥
ततस्ते याजकास्तत्र वपामुद्धृत्य वाजिनः।
श्रपयित्वा शुभं धूमं पाण्डवेभ्यो न्यवेदयन्॥ १८३॥
ततः पूर्णेन विधिना व्यासाय पृथिवीपतिः।
चतुःसमुद्ररसनां पृथिवीं दक्षिणां ददौ॥ १८४॥
दत्त्वाथ हेमकोटीनां कोटिं तद्वचसा नृपः।
ब्राह्मणेभ्यः पुनः क्षोणीं जग्राह मुनिनार्पिताम्॥ १८५॥
पूजयित्वा नरेन्द्रेण मानार्हेष्वथ राजसु।
विसृष्टेष्वभवत्कोऽपि ब्रह्मसङ्घमहोत्सवः॥ १८६॥
बभूवुस्तत्र वाहिन्यो मधुनः क्षीरसर्पिषाम्।
बभुश्च कुलशैलाभा भक्ष्या मोदकराशयः॥ १८७॥
द्विजेभ्यो दीयमानेषु हेमरत्नेषु भूभुजा।
शक्रायुधैरिव व्याप्ता दिशो दश चकाशिरे॥ १८८॥
धृतराष्ट्रः सविदुरः सञ्जयः सुबलात्मजाः।
तस्थुर्दैवतवत्तत्र पूज्यमाना महीभुजा॥ १८९॥
यज्ञः॥ ६॥

अत्रान्तरे हेमचित्रपार्श्वो बिलमुखोद्गतः।
नकुलो लघुसंचारो यज्ञभूमिमुपाययौ॥ १९०॥
स मनुष्यगिरा प्राह जनयञ्जनकौतुकम्।
अहो नु सक्तुप्रस्थेन न तुल्योऽयं महामखः॥ १९१॥
नूनं दानकणः शुद्धः कृशोऽपि प्रथते नृणाम्।
नूनं बहुद्रविणता मिथ्यैवोत्सवडम्बरः॥ १९२॥
इति ब्रुवाणः पृष्टोऽसौ विप्रैर्विस्मयनिर्भरैः।
उवाच सक्तुप्रस्थस्य माहात्म्यं श्रूयतां द्विजाः॥ १९३॥
शिलोञ्छवृत्तिरभवत्कुरुक्षेत्रे पुरा द्विजः।
विशुद्धसत्त्वद्रविणः कृशो बहुकुटुम्बकः॥ १९४॥

घोरे कदाचिद्दुर्भिक्षे क्षीणवृत्तिश्चिरेण सः ।
कृच्छ्रात्क्षेत्रशतं भ्रान्त्वा सक्तुप्रस्थमवाप्तवान् ॥ १९५ ॥
वैश्वदेवेन विधिना स कृत्वावश्यकं गृहे ।
कलत्रसहितो भोक्तुं प्रस्थितोऽपश्यदर्थिनम् ॥ १९६ ॥
क्षुत्परीतः क्षुधाक्रान्तं स तं दृष्ट्वातिथिं द्विजः ।
ददौ स्वमशनं तस्मै संतोषविषदाशयः ॥ १९७ ॥
तद्भुक्त्वा नाभवत्तस्य क्षुन्निवृत्तिर्यदार्थिनः ।
तद्भार्या तत्सुतश्चास्मै तत्स्नुषा च ददौ तदा ॥ १९८ ॥
सर्वेषां भोजनेनाथ तृप्तः सोऽतिथिरब्रवीत् ।
धर्मस्तुष्टोऽस्मि सत्त्वेन महती सिद्धिरस्तु वः ॥ १९९ ॥
इत्युक्त्वान्तर्हिते तस्मिन्विमानैस्तरणिप्रभैः ।
सशरीरा दिवं प्रापुः सर्वे ते श्लाघ्यवृत्तयः ॥ २०० ॥
अथाहं सक्तुगन्धेन समाहूतो बिलाश्रयः ।
तामुच्छिष्टभुवं प्राप्तो भुक्तवान्यत्र सोऽतिथिः ॥ २०१ ॥
तत्पात्रसलिलस्पृष्टमेकं पार्श्वमिदं मम ।
लुठितं हेमरुचिरं जातं पुण्यैरिवाप्लुतम् ॥ २०२ ॥
द्वितीयपार्श्वचिन्ता मे कथं हैमं भवेदिति ।
बभूव सुचिरं तस्मात्प्राप्तोऽहं वसुधाधिपम् ॥ २०३ ॥
द्विजलक्षसहस्राणामिह भोजनभूमिषु ।
भ्रान्तस्यापि न संजातः कोऽपि कान्तो लवस्तनौ ॥ २०४ ॥
तस्मान्न सक्तुप्रस्थस्य समतामर्हति क्रतुः ।
इत्युक्त्वा नकुलः प्रायाच्चित्रकान्तिरदर्शनम् ॥ २०५ ॥
एवं यज्ञसहस्रेभ्यः श्रेयसी भावशुद्धता ।
मनसः किल वैमल्यं परं ब्रह्म प्रचक्षते ॥ २०६ ॥
अगस्त्यस्य पुरा सत्रे विप्रा द्वादशवार्षिके ।
शशंसुर्भाविनीं घोरामनावृष्टिं परस्परम् ॥ २०७ ॥

ततोऽगस्त्यः परित्यज्य द्रव्ययज्ञं महामतिः ।
चकार स्तब्धमनसा ध्यानयज्ञं तपोनिधिः ॥ २०८ ॥
स एव वसुसंपन्नः सर्ववित्कृतसंनिधिः ।
क्रतुर्बभूव येनेन्द्रो ववर्षानन्दनिर्भरः ॥ २०९ ॥
श्रेयान्सत्त्वविशुद्धस्य पाण्डवस्याभवत्क्रतुः ।
किं तु स्वकार्यान्नकुलस्तत्र चक्रे विमाननाम् ॥ २१० ॥
जिज्ञासुर्जमदग्निं प्राक्स्वयं क्रोधः श्वविग्रहः ।
पस्पर्श जिह्वया श्राद्धे धृतं हि पिठिरे पयः ॥ २११ ॥
क्रोधोऽयमिति विज्ञाय मुनिस्तं ज्ञानलोचनः ।
न शशाप ततो भीतः क्रोधः कम्पाकुलोऽभवत् ॥ २१२ ॥
ततस्ते पितरः क्रुद्धा येषां श्राद्धे धृतं पयः ।
अशपन्सुचिरं येन क्रोधो नकुलतां ययौ ॥ २१३ ॥
अवमानकथां कृत्वा स्वयं यौधिष्ठिरे क्रतौ ।
शापक्षयं प्राप्स्यसीति तैरेवास्य कृतोऽवधिः ॥ २१४ ॥

नकुलोपाख्यानम् ॥ ७ ॥

इति सकलनरेन्द्रैर्वन्द्यमानस्य राज्ञो
द्विजजनपरिपुष्टः सत्त्वपुष्पप्रकारः ।
शुभफलनिचयाढ्यो यज्ञसंभारमूल-
श्चरिततरुरुदारः सत्यशाखो रराज ॥ २१५ ॥

इति श्रीक्षेमेन्द्रविरचितायां भारतमञ्जर्यामाश्वमेधिकं पर्व ।

आश्रमवासिकं पर्व ।

नारायणं नमस्कृत्य नरं चैव नरोत्तमम् ।
देवीं सरस्वतीं व्यासं ततो जयमुदीरयेत् ॥ १ ॥
एकच्छत्रां महीं राज्ञि प्रशासति युधिष्ठिरे ।
नाश्रूयतार्तिजः शब्दो न चादृश्यत याचकः ॥ २ ॥
यशसा धर्मवीरस्य तस्य व्याप्ते जगत्त्रये ।
राघवादिकथाबन्धेष्वभून्मन्दाचरो जनः ॥ ३ ॥
धृतराष्ट्रः सविदुरो गान्धारी च पतिव्रता ।
सततं दैवतं तस्य बभूवुः प्रतिमां विना ॥ ४ ॥
राज.(ज्ञः) षड्रसवैचित्र्यवेशवारविधायिनः ।
भोजने धृतराष्ट्रस्य स सूदान्स्वयमैक्षत ॥ ५ ॥
तच्छासनान्नाप्रियाणि कुरुवृद्धस्य पाण्डवाः ।
अश्लीलं ददतः सर्वे प्रतिवादं प्रचक्रिरे ॥ ६ ॥
राजार्हं भोजनं भुङ्क्ते सर्वमेवाम्बिकासुतः ।
इति विश्राव्य गूढं तु सोऽभवत्फलभोजनः ॥ ७ ॥
अहो व्रतवतस्तस्य जापिनः क्षितिशायिनः ।
जायासखस्य वैराग्यं बुबुधे न युधिष्ठिरः ॥ ८ ॥
एवं निवसतां तेषां मिथः प्रणयशालिनाम् ।
काले प्रवाहिनि ययुः समाः पञ्चाधिका दश ॥ ९ ॥
कदाचिदथ संस्मृत्य भीमः कौरवदुर्नयान् ।
चकार तद्वधकथां बहुशब्दं च दुर्मदः ॥ १० ॥
धृतराष्ट्रो जितक्रोधस्तदाकर्ण्य वधूसखः ।
विधायाश्रुतवत्सर्वमभूत्संन्यासलालसः ॥ ११ ॥
ततस्तस्यातिनिर्वेदाद्भावभ्रमपराङ्मुखम् ।
बभूव शमकामस्य वैराग्याभरणं मनः ॥ १२ ॥
वियोगशतदग्धानामवमानविषाशिनाम् ।
सर्वत्यागः सुखायैव निर्वाणामृतनिर्झरः ॥ १३ ॥

स युधिष्ठिरमभ्येत्य वनवाससमुत्सुकः ।
उवाच नियमक्षामो दमोपशममन्थरम् ॥ १४ ॥
वर्णाश्रमगुरो राजन्ननुजानीहि पार्थ माम् ।
दशां वृद्धोचितां लब्धुं व्रजाम्येष तपोवनम् ॥ १५ ॥
इयं भवसुखास्वादरतिस्तत्परचेतसाम् ।
नृणामजीर्णतृष्णेव सततं परिवर्धते ॥ १६ ॥
स्पृश मां पुण्यगन्धेन वपुषा धर्मनन्दन ।
स्वस्ति ते पाहि पृथिवीं पुत्रवत्पश्य च प्रजाः ॥ १७ ॥
कोशदुर्गबलादाने कुर्वीथा यत्नमुत्तमम् ।
गूढमन्त्रः प्रजापाल उन्मूला हि नृपश्रियः ॥ १८ ॥
इत्युक्त्वा मूर्ध्न्युपाघ्राय निराहारः कृशो नृपम् ।
कम्पमानतनुर्वृद्धो बभूव गमनोत्सुकः ॥ १९ ॥
तं साश्रुलोचनो राजा ययाचे रचिताञ्जलिः ।
मामुत्सृज्य कथं नाम गन्तुमर्हसि काननम् ॥ २० ॥
त्वत्पादसेवासंतोषं त्यक्तुं नाहमिहोत्सहे ।
वीतरागस्य ते तात गृहेष्वेव तपोवनम् ॥ २१ ॥
इति तेनार्थ्यमानोऽपि बुबुधे न यदा स तत् ।
तदा सत्यवतीसूनुर्मुनिः स्वयमुपाययौ ॥ २२ ॥
स धर्मराजमभ्येत्य बभाषे ज्ञानलोचनः ।
त्यज्यतामेष भूपाल वृद्धो यातु तपोवनम् ॥ २३ ॥
श्रुतस्य वयसो बुद्धेर्विवेकस्य कुलस्य च ।
सुपक्वमनसां काले वैराग्यं परमं फलम् ॥ २४ ॥
जराशुभ्रेषु केशेषु प्रशान्ते विषयादरे ।
तपोवनात्परं मन्ये भूषणं न शरीरिणाम् ॥ २५ ॥
इत्युक्त्वान्तर्हिते व्यासे विषण्णेन महीभुजा ।
कृच्छ्रादिव तथेत्युक्तो जहर्ष कुरुपुंगवः ॥ २६ ॥

स कृत्वा भीष्ममुख्यानां गुरूणां श्राद्धमुत्तमम् ।
महार्हं विपुलं दानं ददौ ब्राह्मणसंमतम् ॥ २७ ॥
ददतस्तस्य नो विघ्नं चक्रिरे पाण्डुनन्दनाः ।
भीमस्तु कोपताम्राक्षो धनंजयमभाषत ॥ २८ ॥
किल्बिषं यैः कृतं घोरं पुरास्मासु बहुच्छलम् ।
कौरवाणां कथं श्राद्धे तेषां वित्तव्ययं सहे ॥ २९ ॥
यातु दुर्योधनः पापो नरकं सहितोऽनुजैः ।
वयं श्राद्धं करिष्यामः स्वयं शंतनुनन्दने ॥ ३० ॥
इति ब्रुवाणमसकृन्निवार्य पवनात्मजम् ।
नैतद्वाच्यं पुनरिति प्रोवाच श्वेतवाहनः ॥ ३१ ॥
अथ प्रतस्थे गान्धार्या सह राजाम्बिकासुतः ।
गावल्गनिसखः पौरानामन्त्र्य विदुरानुगः ॥ ३२ ॥
पुत्रैरुदश्रुनयनैः स्नुषाभिश्चार्थिता भृशम् ।
कुन्ती तपोवनरुचिं नात्यजद्देवरानुगा ॥ ३३ ॥
अथाग्रे सहितः कुन्त्या धृतराष्ट्रः सहानुजः ।
राजर्षिजुष्टं विपिनं विवेश विशदाशयः ॥ ३४ ॥
तत्र राजर्षिवर्येण शतयूपेन संगतः ।
जटावल्कलभृच्चक्रे सानुजः सुचिरं तपः ॥ ३५ ॥
तं तीव्रनियमक्षामं नारदाद्या महर्षयः ।
कृतकृत्यतया प्राप्तं द्रष्टव्या द्रष्टुमाययुः ॥ ३६ ॥
सर्वाभिर्भरतस्त्रीभिः सहितास्ते महारथाः ।
निधाय काननोपान्ते चतुरङ्गं महद्बलम् ॥ ३७ ॥
अपनीतसितच्छत्रचामराः पादचारिणः ।
तपोवनं प्रविविशुर्धृतराष्ट्रेण सेवितम् ॥ ३८ ॥
ते प्रणम्याम्बिकासूनुं जननीं संजयं तथा ।
विषण्णाः प्रययुर्मूर्च्छां स्वायुशेषान्विलोक्य तान् ॥ ३९ ॥

धृतराष्ट्रोऽपि राजानं संजयेन निवेदितम् ।
पप्रच्छ कुशलं कोशे पौरे जनपदे तथा ॥ ४० ॥
तपोवृद्धिं ततः पृष्ट्वा कुरुवृद्धं युधिष्ठिरः ।
विदुरः क्वेति पप्रच्छ स च पृष्टस्तमब्रवीत् ॥ ४१ ॥
वायुभक्षोऽस्थिशेषाङ्गः स्वेच्छाचारी निरम्बरः ।
विदुरोऽस्मिन्वने पुत्र दृश्यते न च दृश्यते ॥ ४२ ॥
इत्युक्ते धृतराष्ट्रेण समभ्यायाद्यदृच्छया ।
विदुरो धूलिदिग्धाङ्गो बिल्वमात्रमुखः कृशः ॥ ४३ ॥
आश्रमे स जनं दृष्ट्वा पलायनपरोऽभवत् ।
तमन्वधावदेकाकी साश्रुनेत्रो युधिष्ठिरः ॥ ४४ ॥
दृश्यः क्वचिददृश्यश्च विदुरस्तमनादरात् ।
अपश्यद्वीतरागाणां तृणे राज्ञि च तुल्यता ॥ ४५ ॥
स वृक्षमूलमाश्रित्य ज्ञानदेहो ज्वलन्निव ।
उक्तो युधिष्ठिरोऽस्मीति राज्ञा संभाषणार्थिना ॥ ४६ ॥
निर्निमेषेक्षणो मौनी तं वीक्ष्य क्षपिताशयः ।
नेत्रप्राणेन्द्रियैः क्षिप्रं तमेव सहसाविशत् ॥ ४७ ॥
देहं निर्मोकवत्त्यक्त्वा प्रविष्टे विदुरे नृपः ।
विहाय राजसं भावं बभूव ज्ञाननिर्भरः ॥ ४८ ॥
दग्धुमभ्युद्यतं क्षत्तुरथ तत्र कलेवरम् ।
युधिष्ठिरं व्योमचरा ज्ञानसिद्धा न्यवारयन् ॥ ४९ ॥
ततः समेत्य तत्सर्वं धृतराष्ट्राय भूपतिः ।
निवेद्य तस्थौ निर्दुःखः सानुजो मातुरन्तिके ॥ ५० ॥
फलाहारः क्षमाशायी क्षपयित्वाथ शर्वरीम् ।
प्रातर्दत्वा यथाकामं द्विजेभ्यो रत्नकाञ्चनम् ॥ ५१ ॥
राजर्षिभिः सहासीनं प्रणम्य कुरुपुंगवम् ।
ददर्श तेजसां राशिं प्राप्तं सत्यवतीसुतम् ॥ ५२ ॥

व्यासोऽपि धर्मतनयं संभाव्य रचिताञ्जलिम् ।
यतिधर्मेण तां सिद्धिं श्लाघ्यां क्षत्तुरपूजयत् ॥ ९३ ॥
अर्थितः क्षत्रवृद्धेन गान्धार्या पृथया तया ।
परलोकगतान्सर्वान्भूपालान्सह कौरवैः ॥ ९४ ॥
अदर्शयत्कुरुस्त्रीणां व्यासः स्वर्गनदीजले ।
साध्व्योऽपिताननुययुर्विमानैस्त्यक्तविग्रहाः ॥ ९५ ॥
अथ धर्मात्मजो राजा तत्र सप्तर्षिसेविते ।
मासं स्थित्वा पुरं प्रायात्कुरुवृद्धेन चोदितः ॥ ९६ ॥
रथाश्वकुञ्जरानीकैः स गत्वा निःश्वसन्मुहुः ।
अकाम इव कृच्छ्रेण राजधानीं समाविशत् ॥ ९७ ॥
अथ धर्मेण वसुधां धर्मराजस्य शासतः ।
याति काले सुरमुनिर्नारदः समुपाययौ ॥ ९८ ॥
धृतराष्ट्रकथां पृष्टः पूजितः स महीभुजा ।
उवाच राजन्यातोऽसौ राजर्षिः परमां गतिम् ॥ ९९ ॥
संवत्सरं वायुभक्षो वर्षं च त्यक्तभोजनः ।
कन्दुकाकारवदनो दुर्लक्ष्यः सोऽभवत्कृशः ॥ १० ॥
ततः स वह्नींस्तत्याज मुमुक्षुर्निष्क्रियो मुनिः ।
कानने तेऽप्यवर्तन्त जरत्तरुनिरन्तरे ॥ ११ ॥
तत्र प्रियासखो राजा कुन्त्या सह महामतिः ।
वनं प्रज्वलितं दृष्ट्वा समाधिं विदधे परम् ॥ १२ ॥
अव्याप्ता व्यापकाः स्वच्छाः स्वयं गलितवृत्तयः ।
स्फुटब्रह्माण्डविवरास्ते धाम परमं ययुः ॥ १३ ॥
एवं शमाङ्कुरस्तेषां सर्वसंन्यासपल्लवः ।
स्वान्तप्रकाशकुसुमः फलितो ज्ञानपादपः ॥ १४ ॥
ततो दावाग्निना तेन दग्धास्ते बन्धुना यथा ।
संजयस्तु व्रतक्षामो यातस्तुहिनभूधरम् ॥ १५ ॥

श्रुत्वैतत्पाण्डुतनयो व्यासः शोककृशाणु(शानु)ना ।
शुशोच सानुजः कुन्तीं ससुतं च कुरूद्वहम् ॥ ६६ ॥
ततः प्रयाते देवर्षौ राजा कृत्वा जलक्रियाम् ।
तानेवोद्दिश्य विपुलं ददौ द्रविणमक्षयम् ॥ ६७ ॥
सोऽथ धैर्यं समालम्ब्य शोकमुत्सार्य देहजम् ।
संसारासारतां ध्यायन्विवेकशरणोऽभवत् ॥ ६८ ॥
भावाः स्वभावविशरारव एव तेषु
सक्तं मनो न विरहे सहतेऽनुतापम् ।
तत्सर्वथा प्रियवियोगविषाहतानां
शान्त्यै सुधा तनुभृतां विपुलो विवेकः ॥ ६९ ॥

इति श्रीक्षेमेन्द्रविरचितायां भारतमञ्जर्यामाश्रमवासिकं पर्व ।

मौसलं पर्व ।

नारायणं नमस्कृत्य नरं चैव नरोत्तमम् ।
देवीं सरस्वतीं व्यासं ततो जयमुदीरयेत् ॥ १ ॥
महीं महीभृतां धुर्ये धर्मराजे प्रशासति ।
षड्विंशेऽब्दे महाभागा द्वारकां मुनयो ययुः ॥ २ ॥
तान्दृष्ट्वा कौशिकमुखा दर्पोन्मदविप्लुताः ।
साम्बं कृत्वा वधूवेशं पप्रच्छुर्वृष्णिपुंगवाः ॥ ३ ॥
अपि पुत्रः सुता वास्या भविष्यति मुनीश्वराः ।
तच्छ्रुत्वा तेऽवदन्नस्याः कुलमृत्युर्भविष्यति ॥ ४ ॥
मुसलं ब्रह्मदण्डाख्यमित्युक्त्वादर्शनं ययुः ।
लौहं साम्बस्ततोऽसूत मुसलं वज्रसंहतम् ॥ ५ ॥
तदाहुको भयात्पिष्ट्वा तूर्णं तत्याज सागरे ।
सर्वज्ञो ज्ञातवृत्तान्तो वृष्णिक्षयमुपस्थितम् ॥ ६ ॥
विज्ञाय कैटभारातिस्तीर्थयात्रारसाद्ययौ ।
चण्डांशुमण्डलोच्चण्डं ततश्चक्रं सुरद्विषः ॥ ७ ॥
रथो ध्वजश्च सौवर्णः सहसान्तरधीयत ।
अथ मार्जारविच्छाये कबन्धावृतमण्डले ॥ ८ ॥
सूर्ये विघट्टिताशेषदिक्तटे वाति मारुते ।
मुण्डो विटङ्कवदनो यादवानां गृहे गृहे ॥ ९ ॥
संदर्श्य वदनं प्रायाद्वाचान्विष्टोऽप्यदृश्यत ।
चीत्कारपुरुषः शब्दः शारिकानां गृहेष्वभूत् ॥ १० ॥
गृध्रगोमायुनादेन राजमार्गोऽप्यपूर्यत ।
विपरीता प्रसूतिश्च पशूनामभवत्तदा ॥ ११ ॥
कोशेषु कनकाबन्धे रत्नानि स्वयमस्फुटन् ।
तेषु घोरनिमित्तेषु जातेष्वप्यविशङ्किताः ॥ १२ ॥
बभूवुर्वृष्णयो भ्रान्ति न हि नाशेषु बुद्धयः ।
प्रभासमथ संप्राप्ते कृष्णे यादववृष्णयः ॥ १३ ॥

तमेव देशमभ्येत्य चक्रिरे विपुलोत्सवम् ।
उद्यानेषु विचित्रेषु विजह्रुस्तत्र ते सुखम् ॥ १४ ॥
गीतनृत्यरसासक्ताः कलिताः कालचक्षुषा ।
आपानकेलिसंसक्ते ततो वृष्णिकुलेऽभवत् ॥ १५ ॥
विवादो युद्धसंबद्धः शैनेयकृतवर्मणोः ।
हार्दिक्यं सात्यकिः प्राह सुप्तहा सौप्तिको भवान् ॥ १६ ॥
स तमूचे त्वया प्रायगतो भूरिश्रवा हतः ।
एवं विवादात्संग्रामस्तेषामासीत्सुदारुणः ॥ १७ ॥
प्राक्तस्माद्वज्रमुसलात्प्रजातैर्वल्लरीचयैः ।
तृणमप्यभवत्तत्र ब्रह्मदण्डमदोत्कटम् ॥ १८ ॥
क्षयाय मुसलीभूतं सहसान्धकवृष्णिषु ।
या भूदापानभूस्तेषां ललनानयनोत्सवः ॥ १९ ॥
सैव मृत्योरभूद्घोरसंहाराहारमण्डपः ।
साम्बे गदे चारुदोष्णि प्रद्युम्ने कृतवर्मणि ॥ २० ॥
अनिरुद्धे च शैनेये निहते पश्यतो हरेः ।
वृत्ते वृष्णिक्षये घोरे स्त्रीशेषा यादवे कुले ॥ २१ ॥
द्वारका प्ररुरोदेव च्छिन्नहाराश्रुनिर्झरैः ।
ततः शौरिर्हलधरं द्रष्टुं दुःखाकुलो व्रजन् ॥ २२ ॥
दारुकं तत्कथयितुं प्राहिणोत्सव्यसाचिने ।
योषितां दस्युरक्षायै बभ्रुमादाय केशवः ॥ २३ ॥
गत्वा जनकमामन्त्र्य रौहिणेयमुपाययौ ।
अथापश्यन्मुखात्तस्य निःसृतं मधुसूदनः ॥ २४ ॥
सहस्रशीर्षं भुजगं श्वेतं श्वेताचलोपमम् ।
वासुकिप्रमुखैर्नागैरथ प्रत्युद्यतैः सह ॥ २५ ॥
दृष्ट्वार्णवं प्रविष्टं तं वरुणेनार्चितं पुनः ।
गतिज्ञः सर्वभूतानां न शुशोच जनार्दनः ॥ २६ ॥

भवे ह्यभावसद्भावे भावानां स्थिरता कुतः ।
अनन्तधाम्नि मिलिते बलभद्रे सकानने ॥ २७ ॥
प्रविश्य योगी सुष्वाप निबद्धप्राणधारणः ।
तं स्वज्योतिषि संसक्तं लुब्धको मृगशङ्कया ॥ २८ ॥
जघान निशिताग्रेण शरेण चरणोदरे ।
कृष्णशारधिया कृष्णो लुब्धकेनेषुणा हतः ॥ २९ ॥
नारायणाख्यमविशत्परं धाम सनातनम् ।
सुरसिद्धर्षिगन्धर्वैः पूज्यमाने सह श्रिया ॥ ३० ॥
विष्णुं प्रविष्टे गोविन्दे बभूव क्षुभितं जगत् ।
अत्रान्तरे दारुकेन कथिते यादवक्षये ॥ ३१ ॥
शोकं त्रासं च दैन्यं च भेजिरे पाण्डवाः परम् ।
ततो युधिष्ठिरगिरा द्वारकां श्वेतवाहनः ॥ ३२ ॥
दारुकेनैव सहितः प्रययौ शोकमूर्च्छितः ।
स प्राप यादवपुरीमपद्मामिव पद्मिनीम् ॥ ३३ ॥
वृष्णिसिंहैर्विरहितां गुहां हैमवतीमिव ।
कष्टैररिष्टनिचयैः स्पृष्टां दुःखाद्विलोक्य ताम् ॥ ३४ ॥
द्रष्टुं विवेश शोकार्तं जनकं कंसविद्विषः ।
तारप्रलापमुखरैर्वृतं वृष्णिवधूजनैः ॥ ३५ ॥
षोडशस्त्रीसहस्राणि कलत्रं कमलापतेः ।
सौभद्रजनको दृष्ट्वा मुमोह भयविह्वलम् ॥ ३६ ॥
शयानं भुवि पार्थोऽपि वसुदेवं प्रलापिनम् ।
विलोक्य शोकविवशो वज्रभिन्न इवापतत् ॥ ३७ ॥
क्व रामः क्व च गोविन्दः क्व प्रद्युम्नः क्व सात्यकिः ।
अहो विधेर्दुरन्तेयं शक्तिरित्यर्जुनोऽवदत् ॥ ३८ ॥
मणिकङ्कणझाङ्कारिनृत्तगीतघनध्वनिः ।
अविश्रान्तमभूद्यत्र श्रवणानन्दनिर्झरैः ॥ ३९ ॥

तत्रैव वृष्णिनारीणां शृण्वन्नारोदनध्वनिम् ।
निशां निनाय बीभत्सुर्निरपायमयीं श्रियम् ॥ ४० ॥

ततः प्रातः प्रियसुतो वसुदेवः प्रियां तनुम् ।
तत्याज देवकीमुख्यैरनुयातो वधूजनैः ॥ ४१ ॥

ततः सात्त्वतमुख्यानां सर्वेषां शोकविह्वलः ।
पार्थः शरीरं संस्कृत्य चकार सलिलक्रियाम् ॥ ४२ ॥

वज्राभिधानं कृष्णस्य पौत्रं कुन्तीसुतस्ततः ।
आदाय वृष्णिकान्ताश्च प्रतस्थे दारुकानुगः ॥ ४३ ॥

अथ द्वारवतीं स्फारतरङ्गभुजमण्डलैः ।
शङ्खाट्टहासविकटो जहार मकराकरः ॥ ४४ ॥

हते वृष्णिपुरे क्षिप्रं रत्नलोभादिवाब्धिना ।
पुरुषानुगतं सर्वमित्यूचे दुःखितो जनः ॥ ४५ ॥

कलत्रं वृष्णिसिंहानामादाय श्वेतवाहनः ।
इन्द्रप्रस्थं व्रजन्प्राप दुर्गमां विकटाटवीम् ॥ ४६ ॥

दस्यवस्तत्र गोपाला बलिनः पशुजीविनः ।
अदृष्टपूर्वाः स्वर्योषित्सुभगाः सात्त्वताङ्गनाः ॥ ४७ ॥

तडित्तरलरत्नांशुपुञ्जपिञ्जरिताम्बराः ।
विलोक्य लोभवशगा हर्तुमभ्युद्ययुर्बलात् ॥ ४८ ॥

गोपानापतितान्दृष्ट्वा तानुग्रलगुडायुधान् ।
गाण्डीवधन्वा गाण्डीवमधिज्यमकरोत्क्रुधा ॥ ४९ ॥

कालशक्तिहतस्यापि तस्यापि क्षपितद्विषः ।
न शक्तिरभवत्काचित्क्षीणेषोर्ज्याविकर्षणे ॥ ५० ॥

चापयष्टिरनायत्ता तस्याभूदतिदुःखगा ।
वृद्धस्येव दरिद्रस्य तरुणी रूपिणी वधूः ॥ ५१ ॥

तस्य कोपाग्नितप्तस्य वृथा भ्रूभङ्गकारिणः ।
भृत्या इवाविनीतस्य बभूवुरवशाः शराः ॥ ५२ ॥

ते दिव्यास्त्रगणाः क्वापि जग्मुरुत्सृज्य तं मृधे ।
गुणसङ्गमनादृत्य धूर्ता मित्रमिवाधनम् ॥ ९३ ॥
स निःश्वास विपुलैर्मार्गणैः परिवर्जितः ।
क्षीणकोश इव त्यागी वैलक्ष्यविनताननः ॥ ९४ ॥
ततो निष्प्रतिभे तत्र पार्थे सर्वायुधक्षयात् ।
वृष्णिपौराङ्गना जह्रुर्निर्विवेका वनेचराः ॥ ९५ ॥
न तु प्रधाननारीषु तेषामासीत्प्रगल्भता ।
अनर्हस्य महार्हेषु नीचस्योजस्विता कथम् ॥ ९६ ॥
तैः प्रसह्य हृते स्त्रैणे भग्नमानो धनंजयः ।
प्रतस्थे निजदोर्दण्डे सासूयाः पातयन्दृशः ॥ ९७ ॥
अहो बलवती देवी संसारेऽस्मिन्ननित्यता ।
अहो निःसारपर्यन्ता भावानां प्रभविष्णुता ॥ ९८ ॥
अहो सर्वंकषः कालश्चित्रपाकमहो जगत् ।
विजिते विजयो गोपैर्दुःखादित्यवदज्जनः ॥ ९९ ॥
धिगनित्यविलासस्य विभ्रमभ्रान्तिकारिणः ।
धातुरद्भुतनिर्माणविनोदविशरारुताम् ॥ ६० ॥
आखण्डलप्रभृतयः खाण्डवे येन खण्डिताः ।
कैराते त्रिपुराराति: समरे येन तोषितः ॥ ६१ ॥
जित्वा तमपि गोपाला वराकाः सुहृदं हरेः ।
जह्रुर्विष्णुकलत्राणि धिक्कालस्य दुरन्तताम् ॥ ६२ ॥
रेवतीं रुक्मिणीं सत्यभामां जाम्बवतीं तथा ।
वज्रं पौत्रं च कंसारेरन्याश्च यदुयोषितः ॥ ६३ ॥
आदाय फल्गुणः शोचन्निन्द्रप्रस्थं समाविशत् ।
सबाष्पं पौरसंघातैरभितः परिवारितः ॥ ६४ ॥
राज्ये निधाय तत्रैव वज्रं याते धनंजये ।
सत्यभामानुगा देव्यः पावकं विविशुः शुचा ॥ ६५ ॥

व्रजन्वृष्णिवियोगार्तः किरीटी हस्तिनापुरम् ।
परावरज्ञं भावानां वने व्यासं व्यलोकयत् ॥ ६६ ॥
दुःखान्न्यवेदयत्तस्मै घोरं वृष्णिकुलक्षयम् ।
आत्मनश्चात्तचापस्य गोपैः पथि पराभवम् ॥ ६७ ॥
तमब्रवीज्ज्ञाननिधिर्मुनिराश्वास्य मूर्च्छितम् ।
पुत्र कालविलासानां सर्वमेतद्विजृम्भितम् ॥ ६८ ॥
मतिर्विभूतयो भोगाः प्रभावाः शक्तयो गुणाः ।
सर्वथा कालकलया नीयते स्मृतिशेषताम् ॥ ६९ ॥
ध्रुवं सर्वपरित्यागे न कुर्युर्मुनयो मतिम् ।
अवसानैकविरसा यदि न स्याद्भवस्थितिः ॥ ७० ॥
इत्युक्तो मुनिना पार्थः प्रययौ हस्तिनापुरम् ।
प्रभावं वृष्णिसिंहस्य कलयन्भृशविह्वलः ॥ ७१ ॥

इति श्रीक्षेमेन्द्रविरचितायां भारतमञ्जर्यां मौसलं पर्व ।

महाप्रस्थानिकं पर्व ।

नारायणं नमस्कृत्य नरं चैव नरोत्तमम् ।
देवीं सरस्वतीं व्यासं ततो जयमुदीरयेत् ॥ १ ॥

अथ वृष्णिक्षयं श्रुत्वा धर्मसूनुर्धनंजयात् ।
नमः कालाय बलिने निःश्वसन्नित्यभाषत ॥ २ ॥

सर्वत्यागकृतो योगो विवेश भ्रातृभिः सह ।
राज्यं दौर्योधनं दत्त्वा गुणार्हाय युयुत्सवे ॥ ३ ॥

निजे परिक्षितं राज्ये स्थापयित्वाभिमन्युजम् ।
तत्पालने समादिश्य सुभद्रं सत्यशासनः ॥ ४ ॥

प्रकृतिभ्यो विनिक्षिप्य तं द्विजेभ्यश्च धर्मवित् ।
श्राद्धं विधाय बन्धुभ्यः पुण्यामिष्टिं च नैष्ठिकीम् ॥ ५ ॥

अग्नीनुत्सृज्य सलिले पौरानाश्वास्य दुःखितान् ।
देवीमामन्त्र्य वसुधां सानुजो द्रौपदीसखः ।
प्रतस्थे सर्वसंन्यासी योगयुक्तो युधिष्ठिरः ॥ ६ ॥

ततः समेत्य भगवान्स्वयमेव हुताशनः ।
पार्थाज्जग्राह गाण्डीवं तौ चाक्षय्यौ महेषुधी ॥ ७ ॥

श्वाताननुययावेको वार्यमाणोऽपि यत्नतः ।
अथ ते शनकैः प्रापुर्दिशं दक्षिणपश्चिमाम् ॥ ८ ॥

दृष्ट्वा तत्र समुद्रेण भृतां द्वारवतीं जलैः ।
आशामुदीचीं प्रययुर्भुवः कृत्वा प्रदक्षिणम् ॥ ९ ॥

हिमाचलमतिक्रम्य प्राप्तास्ते वालुकार्णवम् ।
ददृशुर्मेरुमुत्तुङ्गशृङ्गालिङ्गितनन्दनम् ॥ १० ॥

निरगारे निरालम्बे तस्मिन्नध्वनि दुस्तरे ।
शिरीषपेलवतनुः पपात द्रुपदात्मजा ॥ ११ ॥

तां यातजीवितां दृष्ट्वा भीमः प्राह युधिष्ठिरम् ।
राजन्पाञ्चालराजस्य सुतेयं पतिता भुवि ॥ १२ ॥

चिन्तयन्नपि पश्यामि नास्याः किमपि किल्बिषम्।
कस्मादेषा तपोयोगं त्यक्त्वा पञ्चत्वमागता ॥ १३ ॥
धर्मसूनुर्निशम्यैतदनावृत्तमुखोऽवदत्।
बभूव पक्षपातोऽस्याः सर्वदाभ्यधिकोऽर्जुने ॥ १४ ॥
इत्युक्ते भूमिपालेन सहदेवोऽपतद्भुवि।
तस्मिन्निपतिते पृष्टो भीमेनोचे नृपः पुनः ॥ १५ ॥
एष प्रज्ञाभिमानेन जडं जगदमन्यत।
इति धर्मसुतेनोक्ते पपात नकुलः क्षितौ ॥ १६ ॥
राजा पृष्टोऽथ भीमेन व्रजन्नेवाब्रवीत्पुनः।
रूपमानी स्मरेणापि स्पर्धामेष न च क्षमी ॥ १७ ॥
इत्युक्ते व्रजता राज्ञा निपपात धनंजयः।
पुनश्च पृष्टो भीमेन जगाद जगतीपतिः ॥ १८ ॥
शूरमानी चचारैष शिथिलं समराङ्गने।
इति ब्रुवाणो भूपालो जगामैवाविलुप्तधीः ॥ १९ ॥
भीमस्ततो निपतितः पतितोऽसीत्युवाच तम्।
सोऽब्रवीद्बलदर्पोऽभूद्भीम बह्वशनस्य ते ॥ २० ॥
ततोऽभूदेक एवाथ व्रजन्ननुगतः शुना।
ददर्श साक्षादायातं रथेनेन्द्रं युधिष्ठिरः ॥ २१ ॥
राजन्मत्पुरमेहीति शक्रेणोक्तो जगाद सः।
शुना विरहितः स्वर्गं सशरीरो न कामये ॥ २२ ॥
तमब्रवीत्सुरपतिः शुनां स्वर्गे कुतो गतिः।
धिष्ण्यमारोहतु श्वेति त्वदन्यः कोऽनुभाषते ॥ २३ ॥
ततस्तमूचे नृपतिर्भक्तत्यागं कथं सहे।
भक्तविद्वेषिणः स्वर्गे नृशंसस्य कुतो गतिः ॥ २४ ॥
यद्यस्ति सुकृतं किंचिन्मम तेन सुरेश्वर।
यातु स्वर्गं सदेहः श्वा नैनं त्यक्तुं समुत्सहे ॥ २५ ॥

स्त्रीवधेनैव सदृशं ब्रह्मस्वहरणेन च।
सर्वपापात्मकं सन्तो भक्तत्यागं प्रचक्षते ॥ २६ ॥
इत्युक्ते धर्मराजेन धर्मस्त्यक्त्वा श्वविग्रहम्।
तमूचे पुत्र तुष्टोऽस्मि सद्वृत्तेन तवामुना ॥ २७ ॥
दृष्टोऽसि पार्थसो हेतोः पुरा द्वैतवने मया।
स्वस्ति ते व्रज भूपाल सशरीरः सुरालयम् ॥ २८ ॥
इति पित्रा समादिष्टो विमानं विपुलप्रभम्।
आरुह्य पुण्यसोपानं विवेश सुरमन्दिरम् ॥ २९ ॥
पूज्यमानः सुरैः सार्धं मुनिभिर्नारदादिभिः।
राजर्षितारकामध्ये स रराजांशुमानिव ॥ ३० ॥
ततः स शक्रमवदद्भ्रातरो यत्र मे स्थिताः।
श्यामा च यत्र दयिता तत्र वासो ममेप्सितः ॥ ३१ ॥
तमब्रवीत्सहस्राक्षो भावं मा मानुषं गमः।
राजर्षिभिरनासाद्यां प्राप्तोऽसि गतिमुत्तमाम् ॥ ३२ ॥
इत्युक्तोऽप्यसकृद्यत्नाद्वज्रिणा धर्मनन्दनः।
भ्रातॄनवाप्तुमिच्छामीत्यभाषत पुनः पुनः ॥ ३३ ॥

इति श्रीक्षेमेन्द्रविरचितायां भारतमञ्जर्यां महाप्रस्थानिकं पर्व।

स्वर्गपर्व।

नारायणं नमस्कृत्य नरं चैव नरोत्तमम्।
देवीं सरस्वतीं व्यासं ततो जयमुदीरयेत्॥ १॥
ततः स्वर्गश्रिया जुष्टं भ्राजिष्णुमुकुटाङ्गदम्।
ददर्श शक्रसंकाशं कुरुराजं युधिष्ठिरः॥ २॥
तं वीक्ष्य सानुजं तत्र जातमन्युः शतक्रतुम्।
उवाच स्वस्ति देवेभ्यः स्वर्गायास्त्वयमञ्जलिः॥ ३॥
यत्र दुर्योधनः पापः पृथिवीक्षयकारणम्।
सुमेरुकूटविकटे विभाति परमासने॥ ४॥
न तत्र मम वासोऽस्ति व्रजाम्येष नमोऽस्तु ते।
यत्र मे भ्रातरः शूरास्तत्र वासो ममाधुना॥ ५॥
इति राज्ञो ब्रुवाणस्य देवदूतं सुरास्ततः।
भ्रातॄन्प्रति प्रयाहीति प्राहुर्वायुमनोजवम्॥ ६॥
स देवदूतादिष्टेन व्रजन्सपदि वर्त्मना।
ददर्श पुरुषान्घोरान्नरकान्तरवर्तिनः॥ ७॥
केशशोणितमांसासृग्वसासंघातपिच्छिले।
प्रक्लिन्नानेककुणपव्याकीर्णक्रिमिसंकुले॥ ८॥
काककङ्कबकोलूकवदनैरभितो वृते।
शवदुर्गन्धनीरन्ध्रसंघट्टशतसंकुले॥ ९॥
करपत्त्रशिलापाकसंतप्तसिकतातटे।
लोहितैलवसाकुम्भकूटशल्मलिदारुणे॥ १०॥
क्षुरकण्टककीलोग्रज्वालास्तम्भविभीषणे।
तप्तवैतरणीविस्रपूयपूरितसैकते॥ ११॥
असिपत्त्रवनोत्कृत्तनरनारीकृतस्वने।
घोरान्धकारगहने तत्र शुश्राव धर्मजः॥ १२॥
पापिनां क्वाथ्यमानानामाक्रन्दं धृतिदारुणम्।
क्षणमेकमितो राजन्मा निवर्तस्व शीतलैः॥ १३॥

त्वत्पुण्यवातैः स्पृष्टानामस्माकं बाधते तमः ।
वयं भीमप्रभृतयः पाण्डवा भ्रातरस्तव ॥ १४ ॥
कृष्णा चेयं वरारोहा महिषी वल्लभा सती ।
श्रुत्वैतत्करुणं राजा वज्रेणेव विदारितः ॥ १५ ॥
तत्रैव तस्थौ निर्द्वन्द्वो निन्दन्दुर्ललितं विधेः ।
सोऽवदद्धत देवानामविचारहतैव धीः ॥ १६ ॥
यैरेते धर्मनिरताः क्लेशेऽस्मिन्समुपेक्षिताः ।
अथं मोहः प्रसादो वा विवेको नायमीदृशः ॥ १७ ॥
विबुधानां न जानन्ति ये धर्मस्य व्यतिक्रमम् ।
भ्रमः स्वप्नोऽथ मायेयं किमेतदिति चिन्तयन् ॥ १८ ॥
देवदूत न जानामि कस्येदं दुर्विचेष्टते ।
इहैवाहं स्थितो गच्छ न मे स्वर्गेण कारणम् ॥ १९ ॥
पूज्यन्ते यत्र दुर्वृत्ता विशस्यन्ते नु साधवः ।
इत्युक्तो धर्मराजेन देवदूतः सुराधिपम् ॥ २० ॥
गत्वा व्यजिज्ञपत्सर्वं स च तूर्णीं समाययौ ।
प्राप्ते सुराधिपे तत्र सह धर्मादिभिः सुरैः ॥ २१ ॥
नादृश्यताशुभं किंचिद्ववौ पुण्यश्च मारुतः ।
ततोऽब्रवीत्सुरपतिर्विषण्णं धर्मनन्दनम् ॥ २२ ॥
असत्यमेतन्मायेयं मयैवेह प्रदर्शिता ।
एतदालोकनं राज्ञामवश्यं मिश्रकर्मणाम् ॥ २३ ॥
असत्यलेशसंस्पर्शादेतद्द्रोणवधात्तव ।
एहि पश्य निजान्भ्रातॄन्दिव्यं स्वपदमाश्रितान् ॥ २४ ॥
स्वर्गश्रियं च पाञ्चालीं पुत्रांश्चामरतां गतान् ।
इत्युक्ते देवराजेन वीतशोको युधिष्ठिरः ॥ २५ ॥
स्नात्वा धर्मगिरा स्वर्गगङ्गाम्भसि नभःप्रभे ।
उत्सृज्य मानुषं भावं पुण्यां सुरसभां ययौ ॥ २६ ॥

अप्सरोनृत्तललितान्गायन्गान्धर्वकिंनरान्।
तत्र स्वपदमारूढानपश्यदनुजान्निजान्॥ २७॥
मण्डले च रवेः कर्णं स्वयमिन्द्रेण दर्शितम्।
अभिमन्युं च रुचिराकारनिर्जितमन्मथम्॥ २८॥
वर्चोभिधानं सोमस्य तं सुतं सोममण्डले।
गन्धर्वराजं साक्षाच्च धृतराष्ट्रं जनेश्वरम्॥ २९॥
वसुं शान्तनवं भीष्मं गुरुं द्रोणं बृहस्पतिम्।
नारायणं च विश्वेशं शङ्खचक्रगदाधरम्॥ ३०॥
यदंशा भुवि ये जातास्तांश्च दृष्ट्वा तदाश्रयान्।
आससाद सदानन्दं वन्द्यं नन्दनवासिनाम्।
धर्मसूनुर्निधिर्धाम्नां हरिश्चन्द्रोचितं पदम्॥ ३१॥
अथ नहुषदिलीपधुन्धुमारसगरभगीरथरामकार्तवीर्यैः।
नृपतिभिरभितोऽभिवन्द्यमानः सितचरितः स रराज राजचन्द्रः॥ ३२॥
श्रुत्वेति भारतकथां वैशम्पायनकीर्तिताम्।
संपन्नसर्पसत्रोऽभून्निर्वृत्तो जनमेजयः॥ ३३॥
एतत्सूतेन कथितं नैमिषारण्यवासिनः।
निशम्य शौनकमुखास्तस्थुरानन्दनिर्भराः॥ ३४॥

इति श्रीक्षेमेन्द्रविरचितायां भारतमञ्जर्यां स्वर्गपर्व।

हरिवंशः ।

नारायणं नमस्कृत्य नरं चैव नरोत्तमम् ।
देवीं सरस्वतीं व्यासं ततो जयमुदीरयेत् ॥ १ ॥

मुनिः पुनातु वो व्यासः सदा संनिहिता मुखे ।
त्रिमार्गगा मधुमती यस्य शुद्धा सरस्वती ॥ २ ॥
शौनकेन पुनः पृष्टो नैमिषे लौमहर्षणिः ।
अभ्यधादद्भुतं भूमौ संभवं कैटभद्विषः ॥ ३ ॥
आकर्ण्य भारतकथां प्रहृष्टो जनमेजयः ।
अपृच्छद्वैष्णवं वंशं वैशम्पायनमादरात् ॥ ४ ॥
स पृष्टः पृथुवंशेन पार्थिवेन कथां हरेः ।
जगाद जगतां हेतुं प्रणम्य प्रयतः प्रभुम् ॥ ५ ॥
अप एवासृजत्पूर्वं भगवान्विष्णुरव्ययः ।
तासु वीर्यं नराख्यासु येन नारायणः स्मृतः ॥ ६ ॥
तदण्डमभवद्धैमं यस्मिञ्जातः प्रजापतिः ।
असृजन्मनुमुख्यांश्च कर्दमाद्यान्प्रजापतीन् ॥ ७ ॥
दक्षं च सर्वभूतानि यस्य दौहित्रसंततिः ।
पृथक्पृथक्च राज्यानि सोमादीनामकल्पयत् ॥ ८ ॥
कदाचिदत्रिवंशस्य सुतोऽङ्गस्य प्रजापतेः ।
मृत्युपुत्र्यां सुनीथायां[1] जातः स्थितिविलोपकृत् ॥ ९ ॥
[2]वेनो नामाभवद्राजा किल्बिषात्कलुषाशयः ।
प्रजानां विधिवैमुख्यान्मूर्तिमानिव विप्लवः ॥ १० ॥
अनुनीतोऽपि बहुशः स यदा नाभवद्वशी ।
तदा निगृह्यातिबलं मुनयस्तमपातयन् ॥ ११ ॥

१. हरिवंशे त्वेवमुपलभ्यते. आदर्शपुस्तकद्वये तु 'मनीषायां' इति लभ्यते.
२. 'वेनः' इत्येव हरिवंशे समुपलभ्यते.

ममन्थुरस्य ते सव्यमूरुं क्रोधानलाकुलाः ।
ततः समुदभूत्खर्वो नरः कृष्णो भयाकुलः ॥ १२ ॥
निषीदेत्यत्रिणोक्तोऽसौ निषादजनकोऽभवत् ।
ततो ममन्थुर्मुनयः पाणिं वेनस्य दक्षिणम् ॥ १३ ॥
ताम्राङ्गुलिदलात्पाणिकमलादुदभूत्ततः ।
पितामह इव श्रीमान्पृथुः पृथुललोचनः ॥ १४ ॥
धनुराजगवं तस्य विबभौ हेमवर्षिणः ।
निजज्वालावली धाम दीप्तस्येव विभावसोः ॥ १५ ॥
तत्प्रसादाद्दिवं याते वेने वैन्योऽथ भूभुजाम् ।
आद्यो रत्नाकरैरेत्य रत्नैरभ्यर्चितः स्वयम् ॥ १६ ॥
जले शैले च तस्याभूदभग्नप्रणया गतिः ।
तं तुष्टुवुर्नवोत्पन्नाः सूतमागधबन्दिनः ॥ १७ ॥
प्रजानां वृत्तये भूमिस्तेनादिष्टा तरस्विना ।
भीता दुद्राव गौर्भूत्वा धन्वी तामाद्रवत्स च ॥ १८ ॥
सा लोकान्ब्रह्मलोकान्तानशेषान्विद्रुता जवात् ।
तमेवात्तायुधं पश्चादपश्यद्वलिताननना ॥ १९ ॥
परित्राणमपश्यन्ती सा तमूचे कृताञ्जलिः ।
कोपं जहि महीपाल योषितं परिरक्ष माम् ॥ २० ॥
विना धरित्रीं तिष्ठन्ति प्रजानाथ कथं प्रजाः ।
इति क्षितिवचः श्रुत्वा वीतकोपोऽब्रवीन्नृपः ॥ २१ ॥
प्रजावृत्तिनिमित्तोऽयं समारम्भो मम त्वयि ।
बहूनां प्राणरक्षार्थमेकहिंसा प्रशस्यते ॥ २२ ॥
विस्तार्य स्वयमात्मानं धारयिष्याम्यहं प्रजाः ।
न चेद्वितर लोकानां वृत्तिं पुत्री च मे भव ॥ २३ ॥
इति क्षितिभुजादिष्टा जगाद जगती नता ।
अहं वृत्तिं विधास्यामि प्रजानां त्वत्सुता सती ॥ २४ ॥

देशान्समीकुरु विभो शिलाकूटविशङ्कटान् ।
सर्वस्यापि भवत्येतद्यथा क्षीरं स्रुतं मया ॥ २५ ॥
निशम्यैतत्पृथुयशाः पृथुः पृथुशिलोच्चयान् ।
पृथक्चक्रे धनुष्कोट्या सुस्पष्टा येन भूरभूत् ॥ २६ ॥
ततः सस्यानि पृथिवीं स्वनामाङ्कां दुदोह सः ।
मनुं स्वायंभुवं वत्सं कृत्वा करपुटोदरे ॥ २७ ॥
श्रूयते मुनिभिर्दुग्धा तपो ब्रह्म च भूः पुरा ।
वत्सः सोमो गुरुर्दोग्धा पात्रमासीच्च काञ्चनम् ॥ २८ ॥
रूप्यपात्रे च पितृभिर्दुग्धेयं वसुधा सुधाम् ।
यमं वत्सं समादाय तथा दोग्धारमन्तकम् ॥ २९ ॥
अलाबुपात्रे नागैश्च विषं दुग्धा बलप्रदम् ।
धृतराष्ट्रं च दोग्धारं कृत्वा वत्सं च तक्षकम् ॥ ३० ॥
असुरैरायसे पात्रे मायां दुग्धा वसुंधरा ।
वत्सस्तदाभूत्प्रह्लादो दोग्धा च दनुजो मधुः ॥ ३१ ॥
यक्षैरपि पुरा दुग्धा वत्सं कृत्वा धनेश्वरम् ।
अन्तर्धानकरं क्षीरमामपात्रे भयंकरम् ॥ ३२ ॥
रुधिरं राक्षसैर्दुग्धा वत्सकेन सुमालिना ।
पद्मपात्रे शुभान्गन्धान्दुग्धा गन्धर्वकिंनरैः ॥ ३३ ॥
पर्वतैर्मेरुमादाय दोग्धारं शैलभाजने ।
रत्नौषधिगणान्दुग्धा वत्सं कृत्वा हिमालयम् ॥ ३४ ॥
वृक्षैः पालाशपात्रे च दुग्धा पुष्पं फलं ततः ।
दोग्धृत्वमगमत्सालस्तदा प्लक्षश्च वत्सताम् ॥ ३५ ॥
सर्वदा सर्वदा भूमिरित्येवं शासनात्पृथोः ।
आदिराजस्य जयिनः कर्म यस्यैतदद्भुतम् ॥ ३६ ॥
पृथिवीदोहः ॥ १ ॥
श्रुत्वेति वैन्यचरितं विस्मितो जनमेजयः ।
मुनिं मन्वन्तरकथामपृच्छत्सोऽप्यभाषत ॥ ३७ ॥

स्वायंभुवो मनुः पूर्वमभूत्सप्तर्षयस्तदा ।
मरीच्यत्रिपुलस्त्याद्या .... ॥ ३८ ॥
.... ।
.... देवाश्च तुषिताभिधाः ॥ ३९ ॥
औत्तमाख्यस्तृतीयोऽभून्मनुः सप्तर्षयस्तदा ।
वसिष्ठपुत्रास्तस्यासन्[2]नृभवश्च दिवौकसः ॥ ४० ॥
तामसोऽभून्मनुस्तुर्यो यस्य सप्तर्षयोऽन्तरे ।
बभूवुः पृथुगार्ग्याद्याः [3]सभ्याश्च त्रिदिवौकसः ॥ ४१ ॥
रैवतः पञ्चमोऽप्यासीन्मनुः सप्तर्षयस्तदा ।
वेदबाहुमुखाश्चासन्नभूतरजसः सुराः ॥ ४२ ॥
चाक्षुषोऽथ मनुः षष्ठो भृगुमुख्या यदन्तरे ।
अभवन्सप्त मुनयो लेखसंज्ञास्तथामराः ॥ ४३ ॥
एतेषु बहुपुत्रेषु षट्सु यातेषु सांप्रतम् ।
वर्तते सप्तमः श्रीमानद्य वैवस्वतो मनुः ॥ ४४ ॥
[4]कश्यपोऽत्रिर्वसिष्ठश्च भारद्वाजोऽथ गौतमः ।
कौशिको जमदग्निश्च सप्तैतेऽद्य महर्षयः ॥ ४५ ॥
साध्विरुद्राश्च मरुतो वस्वादित्याश्च देवताः ।
इक्ष्वाकुप्रमुखाश्चास्य मनोः पुत्रा महीभुजः ॥ ४६ ॥
सावर्णोऽथ मनुर्भावी तस्य सप्तर्षयोऽन्तरे ।
रामव्यासकृपात्रेयद्रौणिगालवकाश्यपाः ॥ ४७ ॥
चत्वारो मेरुसावर्णा भाविनो मनवः परे ।
तेषां नव नवाश्चान्ये ते ते सप्तर्षयः क्रमात् ॥ ४८ ॥

---

१. आदर्शद्वये त्रुटिचिह्नाभावेऽपि 'यामा नाम तथा देवा आसन्स्वायंभुवेऽन्तरे' इत्यादि 'और्वो वसिष्ठपुत्रश्च स्तम्बः काश्यप एव च । प्राणो बृहस्पतिश्चैव दत्तो निश्च्यवनस्तथा ॥ एते महर्षयस्तात वायुप्रोक्ता महाव्रताः । देवाश्च तुषिता नाम स्मृताः स्वारोचिषेऽन्तरे ॥' इति हरिवंशदर्शनात्त्रुटिरवगम्यते. २. 'न्भानव' इति हरिवंशे. ३. 'सत्या' इति हरिवंशे. ४. 'तस्य पौत्रो वसिष्ठस्य' इत्येवादर्शद्वये.

रोच्यो नाम मनुः षष्ठो भौत्याख्यः सप्तमो मनुः।
चतुर्दशैते मनवो येभ्यो मन्वन्तराः क्रमात् ॥ ४९ ॥
चतुर्युगानां पूर्णानां साग्राणामेकसप्ततिः।
मन्वन्तराणां प्रत्येकमेष संख्याकृतोऽवधिः ॥ ५० ॥
चतुर्दशसु यातेषु तेषु मन्वन्तरेष्वथ।
कल्पक्षये जगद्विष्णोरन्तः सर्वं प्रलीयते ॥ ५१ ॥
पुनश्च भवतीत्येवं चक्रवत्परिवर्तते।
कल्पसंक्षयलक्षाणामनादिनिधना गतिः ॥ ५२ ॥
सांप्रतस्य मनोस्तावदस्मिन्वैवस्वतेऽन्तरे।
हरिवंशप्रसङ्गेन श्रूयतामथ संभवः ॥ ५३ ॥

मन्वन्तरवर्णनम् ॥ २ ॥

आदित्यः कश्यपाज्जातो विवस्वान्महसां निधिः।
उग्ररूपोऽभवद्घोरदीप्तिसंतानसंचयः ॥ ५४ ॥
दिष्ट्या नायं मृतोऽण्डस्थः प्रवृद्धेन स्वतेजसा।
स्नेहादित्युदितः पित्रा मार्तण्ड इति विश्रुतः ॥ ५५ ॥
संज्ञा नामाभवत्तस्य लावण्यनलिनी प्रिया।
बहुकौतुकनिर्मातुः पुत्री त्वष्टुः प्रजापतेः ॥ ५६ ॥
तस्यामजीजनत्पुत्रं श्राद्धदेवं मनुं रविः।
यमं कन्यां च यमुनां यमलत्वात्कृताभिधौ ॥ ५७ ॥
तीक्ष्णांशोरथ तद्रूपं विकृतं घोरतेजसः।
न सेहे धृतिधैर्यापि संज्ञा कान्तिकुमुद्वती ॥ ५८ ॥
तुल्यरूपां निजच्छायां मायायोगविनिर्मिताम्।
सा धृत्वा स्वपतेर्गूढं जगाम जनकान्तिकम् ॥ ५९ ॥
पत्युः समीपं गच्छेति निरस्ता तेन मानिनी।
लज्जिता वडवा भूत्वा प्रययावुत्तरान्कुरून् ॥ ६० ॥
ततः संज्ञासवर्णायां सावर्णाख्यः परो मनुः।
रवेरज्ञातवृत्तस्य च्छायायामभवत्सुतः ॥ ६१ ॥

शनैश्चरो द्वितीयश्च स्नेहमभ्यधिकं तयोः ।
छाया चकार वात्सल्यान्न तथापरपुत्रयोः ॥ ६२ ॥
क्षमी ज्येष्ठो मनुः सेहे तद्यमस्तु न चक्षमे ।
बाल्यात्तेनाहता दैवाद्बालेन जननी पुरा ॥ ६३ ॥
सा तं शशाप कुपिता चरणास्ते पतन्त्विति ।
तच्छ्रुत्वा शङ्कितो भास्वान्कोपात्तां शप्तुमुद्यतः ॥ ६४ ॥
गत्वा त्वष्टुर्गृहं तूर्णं संज्ञावृत्तान्तमभ्यधात् ।
तेजस्तवैतदत्युग्रं संज्ञा न सहते सती ॥ ६५ ॥
प्रच्छन्नं तत्र वडवा वने चरति शाद्वलम् ।
इति त्वष्टुर्गिरा ज्ञात्वा तेनैवारोपितो भ्रमम् ॥ ६६ ॥
अशातयन्निजं तेजो दयितादर्शनोत्सुकः ।
तेजसा तेन विदधे त्वष्टा चक्रं सुदर्शनम् ॥ ६७ ॥
दैत्यान्धकारसंहारसहायं कैटभद्विषः ।
ततः कमलिनीकान्तः कान्तरूपो दिवाकरः ॥ ६८ ॥
गत्वा ददर्श विपिने वडवारूपिणीं प्रियाम् ।
तत्र तेन विवेष्टन्ती ह्याक्रान्ता हयरूपिणा ॥ ६९ ॥
परावृत्तमुखैवासीत्परसंस्पर्शशङ्कया ।
ततो विवस्वतो वीर्यं नासिकाथूत्कृतेन सा ॥ ७० ॥
तत्ससर्ज यतो जातौ नासत्यावश्विनौ यमौ ।
अथ संज्ञा परिज्ञाय सौम्यं देवं दिवाकरम् ॥ ७१ ॥
निजरूपवती प्रायाद्गृहं तदनुयायिनी ।
मनुः प्रजापतिरभूत्पितॄणामधिपो यमः ॥ ७२ ॥
त्रिदशानां च भिषजावश्विनौ यमुना सरित् ।
भावी प्रजापतिश्चान्यः सवर्णातनयो मनुः ॥ ७३ ॥
ग्रहाणां सप्तमश्चासीन्मन्दचारी शनैश्चरः ।
इक्ष्वाकुशिबिशर्यातिनाभागाद्याः सुता मनोः ॥ ७४ ॥

तेषु जातेषु पुत्रार्थी मित्रावरुणयोर्मनुः ।
इष्टिं चकार तत्रास्य सुताभूल्ललितद्युतिः ॥ ७५ ॥
इडा नाम स्फुरद्रत्नभूषणोद्द्योतिताम्बरा ।
प्रणम्य पद्मवदना मनुं तच्छासनानुगा ॥ ७६ ॥
मित्रावरुणयोर्वासं तदंशास्मीति सा ययौ ।
सदाचारोचिता ताभ्यां सा पुत्रीत्यभिनन्दिता ॥ ७७ ॥
तद्वरं प्राप पुत्रस्त्वं भविष्यसि मनोरिति ।
ततः प्रतिनिवृत्ता सा व्रजन्ती गजगामिनी ॥ ७८ ॥
दृष्टा हरिणशावाक्षी बुधेन शशिसूनुना ।
तत्संगमात्समासाद्य पुरूरवसमात्मजम् ॥ ७९ ॥
स्त्रीरूपं सा समुत्सृज्य प्रद्युम्नाख्योऽभवन्नृपः ।
उत्कलो विनताश्वश्च गयश्चेति तदात्मजः ॥ ८० ॥
इक्ष्वाकोस्तुमुपादोऽभूत्ककुत्स्थस्तस्य चात्मजः ।
तद्वंशे कुवलाश्वोऽभूदुत्तङ्कवचसा च यः ॥ ८१ ॥
वालुकान्तर्गतं घोरं धुन्धुं नाम महासुरम् ।
जघान यस्य निःश्वासैः पृथिवी समदह्यत ॥ ८२ ॥
कुवलाश्वस्य नृपतेर्जातस्त्वय्यारुणिः कुले ।
तेन सत्यव्रतो नाम पौरकन्यापहारतः ॥ ८३ ॥
पुत्रः शप्तोऽन्त्यजातिस्त्वमवाप्तो विजनेऽवसत् ।
अत्रान्तरे विना वर्षं कृच्छ्रे द्वादशवार्षिके ॥ ८४ ॥
तत्याज ससुतां भार्यां विश्वामित्रोऽम्बुधेस्तटे ।
सा मध्यमं गले बद्ध्वा विक्रेतुं प्रस्तुता सुतम् ॥ ८५ ॥
सत्यव्रतेन कृपया वारिता वृत्तिदायिना ।
विश्वामित्रसुतश्चाभूद्गलबन्धः स गालवः ॥ ८६ ॥
स त्यागाद्वारितः किं मे न पितेति पुरोहिते ।
सत्यव्रतो राजपुत्रो वसिष्ठे मन्युमानभूत् ॥ ८७ ॥

कामधेनुं स तस्याथ चरन्तीं शापमोहितः।
निहत्य गाधिपुत्राणामात्मनश्चाशनं व्यधात् ॥ ८८ ॥
कोपकृत्वात्पितुर्धेनुवधादप्रोक्षिताशनात्।
शापशङ्कुत्रयं तस्य वशिष्ठः समपातयत् ॥ ८९ ॥
तस्य त्रिशङ्कुसंज्ञस्य विश्वामित्रः पितुः पदम्।
दत्वाभूद्याजको येन सदेहस्त्रिदिवं ययौ ॥ ९० ॥
तस्य पुत्रो हरिश्चन्द्रो राजसूये रराज यः।
सगरस्तत्कुले राजा यत्सुतैः सागरः कृतः ॥ ९१ ॥
मातुः सपत्नीदत्तेन जातः सह गरेण यः।
प्रत्यन्तदेशाञ्जित्वासौ पितुः पूर्वापकारिणः ॥ ९२ ॥
निःस्वाध्यायवषट्कारान्विदधे लक्षणाङ्कितान्।
चकार मुण्डशिरसः काम्बोजान्वधरक्षणात् ॥ ९३ ॥
शशकोर्धशिरोमुण्डान्मुक्तकेशांश्च पारतान्।
पह्लवान्यवनाद्यांश्च श्मश्रुचिह्नानकल्पयत् ॥ ९४ ॥
वंशे तस्य दिलीपोऽभूत्तस्य सूनुर्भगीरथः।
दुहितृत्वमगाद्यस्य भुवि भागीरथी नदी ॥ ९५ ॥
कुले तस्याभवद्राजा रामो दशरथात्मजः।
राजर्षिवंशा बहवो बभूवुस्तत्सुतात्कुशात् ॥ ९६ ॥
इक्ष्वाकोरित्ययं वंशस्तद्भ्रातुस्तु मरिष्यतः।
शका बभूवुस्तनया नाभागस्य सुतोऽभवत् ॥ ९७ ॥
अम्बरीषो महीपालो वृष्णेः पुत्राश्च वृष्णयः।
रणधृष्टाः शिबेः पुत्राः शर्यातेरभवत्सुता ॥ ९८ ॥
सुकन्या च्यवनेनोढा पुत्रश्चानन्तभूपतिः।
रेवती तस्य तनया स पुरा सहितस्तया ॥ ९९ ॥
ब्रह्मलोकं ययौ श्रोतुं गान्धर्वं ब्रह्मणोऽन्तिके।
ततो बहुयुगे काले व्यतीते क्षणलेशवत् ॥ १०० ॥

अपश्यत्स्वपुरीमेत्य द्वारकां वृष्णिभिर्वृताम्।
अस्पृष्टां कालकलया ब्रह्मलोकनिवासतः॥ १०१॥
प्रददौ बलभद्राय बालामेव स रेवतीम्।
दत्त्वा च तनयां प्रायात्तपसे मेरुकन्दरम्॥ १०२॥
इक्ष्वाकोरनुजः षष्ठो रिष्टाख्यस्तस्य चात्मजौ।
वैश्यौ ब्राह्मणतां प्राप्तौ तपोयोगादकल्मषौ॥ १०३॥
करूषः सप्तमो यस्तु कारूषास्तत्सुता नृपाः।
पृथुकश्चाष्टमः शूद्रो बभूव गुरुगोवधात्॥ १०४॥
एते बभूवुरिक्ष्वाकोर्भ्रातरोऽष्टौ मनोः सुताः।
इत्येते श्राद्धदेवस्य भुवि वंशधरा मनोः॥ १०५॥

मनुवंशः॥ ३॥

पृष्टः श्राद्धप्रसङ्गेन पितृकल्पं महीभुजा।
मुनिः प्राहावदद्भीष्मः प्रश्नान्ते यद्युधिष्ठिरम्॥ १०६॥
पितरः पूजिताः श्राद्धे त्रिभिः पिण्डैस्त्रिपौरुषैः।
दैवतत्वेन पुष्णन्ति जन्तून्नानागतिष्वपि॥ १०७॥
शंतनोरुद्यते पिण्डे श्राद्धकाले मया पितुः।
उत्तस्थौ कङ्कणोदारः करः कमलकोमलः॥ १०८॥
तं विलोक्य मया पिण्डे कुशेष्वेव समर्पिते।
शास्त्रक्रियानुवर्तित्वात्तत्तोषजनको मम॥ १०९॥
स्वच्छन्दमरणं तस्मादवाप्याहं वरं वरम्।
तेनोपदिष्टं तत्कालं मार्कण्डेयमुपस्थितम्॥ ११०॥
अपृच्छं दैवतं श्राद्धं फलं च पितृयाजिनाम्।
सोऽब्रवीन्मेरुशिखरे मया पृष्टस्तपस्यता॥ १११॥
सनत्कुमारो भगवान्प्राहैतत्तेजसां निधिः।
ब्रह्मा पुरा सुरान्सृष्ट्वा दृष्ट्वा तानात्मयाजिनः॥ ११२॥
कथं नैते यजन्ते मामिति शापादमोहयत्।
ते नष्टसंविदः सर्वे प्रसाद्य कमलोद्भवम्॥ ११३॥

प्रायश्चित्तं निजान्पुत्रान्पप्रच्छुस्तस्य शासनात्।
प्रायश्चित्तैस्ततः पूताः क्रियाज्ञानोपदेशतः ॥ ११४ ॥
गुरुत्वात्स्वसुतैरुक्ता गम्यतां पुत्रका इति।
त एते पितरः पूज्या देवानां तनया अपि ॥ ११५ ॥
येषां श्राद्धं विना प्राहुस्त्रिदशा निष्फलाः क्रियाः।
तद्विहीनेषु यागेषु फलमश्नन्ति राक्षसाः ॥ ११६ ॥
अन्योन्यं पितरस्तस्माद्देवाः पितृगणा अपि।
श्राद्धेनाप्यायते सोमः स पुष्णात्यखिलाः प्रजाः ॥ ११७ ॥
श्राद्धेन पितरः प्रीता नृणां पितृपितामहान्।
आप्याययन्ति सर्वत्र तिर्यग्योनिगतानपि ॥ ११८ ॥
चत्वारस्तद्गणा मूर्ता मूर्तिहीनास्त्रयो गणाः।
सुधाभुजो योगजुषो वैराजा इति विश्रुताः ॥ ११९ ॥
मेनाख्या मानसी तेषां कन्या हिमगिरेः प्रिया।
मैनाको यत्सुतः श्रीमान्पिता क्रौञ्चमहागिरेः ॥ १२० ॥
मेनायास्तनयास्तिस्रो याश्चेरुर्दुश्चरं तपः।
ज्येष्ठा तासामपर्णाख्या भवानी भववल्लभा ॥ १२१ ॥
उ मेति तपसो मात्रा वारिताभूदुमेति या।
देवलस्यैकपर्णाख्या द्वितीयाभून्मुनेर्वधूः ॥ १२२ ॥
जैगीषव्यस्य भार्याभूत्तृतीयाप्येकपाटला।
पुत्री मरीचिपुत्राणां पितॄणामपि मानसी ॥ १२३ ॥
अच्छोदाख्या वरसरित्प्रागच्छोदसरःसुता।
अपरिज्ञाय पितरं साभिलाषा विलोक्य सा ॥ १२४ ॥
भ्रष्टा पपात तच्छापात्तत्प्रसादकृतावधिः।
अष्टाविंशे द्वापरे सा संभूता मत्स्ययोनिजा ॥ १२५ ॥
असूत या सुतं व्यासं गन्धकाली पराशरात्।
पुलस्त्यपुत्राः पितरो दिवि बर्हिषदः परे ॥ १२६ ॥

मानसी कन्यका तेषां पीवरी नाम योगिनी ।
जनयिष्यत्यपत्यानि यस्यां व्याससुतः शुकः ॥ १२७ ॥
पुत्रीं च कृत्वा जननीं ब्रह्मदत्तस्य भूपतेः ।
अमूर्ताः कर्मसंन्यासादेते पितृगणास्त्रयः ॥ १२८ ॥
सोमदेवान्मानवादीन्पूजिता भावयन्ति ये ।
मूर्तास्तु सोमपा नाम पितरोऽन्ये सुधाभुजः ॥ १२९ ॥
तेषां गौर्मानसी कन्या यजन्ते ब्राह्मणाश्च ताम् ।
अन्ये त्वङ्गिरसः पुत्राः पितरः श्राद्धवर्जिताः ॥ १३० ॥
यष्टारः क्षत्रियास्तेषां यशोदाख्या च कन्यका ।
सहस्रयाजिनो मात्रा दिलीपस्य महीपतेः ॥ १३१ ॥
आज्यपाः पितरः पुत्राः कश्यपस्य प्रजापतेः ।
यजन्ते तान्सदा वैश्या कन्या तेषां च मानसी ॥ १३२ ॥
विरजा नाम जननी ययातेः पृथिवीपतेः ।
सुकाला नाम पितरो वशिष्ठस्य मुनेः सुताः ॥ १३३ ॥
शूद्राणामेव ते पूज्यास्तत्पुत्री नर्मदा सरित् ।
कुरुकुत्सप्रिया यस्यास्त्रसद्दस्युः सुतो नृपः ॥ १३४ ॥
एते पितृगणा मूर्ताश्चत्वारो वर्णदैवतम् ।
येषां युगे युगे पूजां श्राद्धदेवोऽभ्यधान्मनुः ॥ १३५ ॥
राजतं राजताङ्कं वा यातं तेषां स्वधाभुजाम् ।
शस्तं श्राद्धे सोमवह्निमनुपूजापुरःसरे ॥ १३६ ॥
त एते पितरः पूज्याः क्रोधहीनाः प्रसादिनः ।
संकल्पकल्पलतिका भक्तिर्येषां महाफला ॥ १३७ ॥
धर्मोपचाराद्विभ्रष्टा ब्राह्मणाः पितृपूजया ।
यथा स्वपदमेष्यन्ति तत्सर्वं द्रक्ष्यसि क्रतौ ॥ १३८ ॥
श्राद्धभावं विजानीहि स्वयमित्यभिधाय सः ।
सनत्कुमारो दिव्यं मे चक्षुर्दत्त्वा तिरोदधे ॥ १३९ ॥

ततोऽपश्यं कुरुक्षेत्रे विप्रान्कालेन सप्त तान्।
वाग्दुष्टः क्रोधनो हिंस्रः पिशुनः खसृमः कविः ॥ १४० ॥
पितृवर्ती चेति नाम सदृशाकारसेविनः।
अथ कौशिकदायादा गुरोर्गार्ग्यस्य ते पुरा ॥ १४१ ॥
प्रस्थिताः पथि गां मूढाः क्षुधार्ता हन्तुमुद्ययुः।
यदा निवार्यमाणास्ते कविना खसृमेन च ॥ १४२ ॥
न निवृत्तास्तदा कोपात्पितृवर्ती जगाद तान्।
सर्वथैतदकार्यं वो गर्हितं सर्वजन्तुभिः ॥ १४३ ॥
श्राद्धपूर्वोऽयमारम्भः क्रियतां यदि दुर्ग्रहः।
एतदाकर्ण्य ते सर्वे तदुक्तं चक्रिरे विधिम् ॥ १४४ ॥
ततस्ते हिंसया काले शप्ताजायन्त लुब्धकाः।
दशार्णेषु स्वकर्मस्थाः सत्यशीलपरायणाः ॥ १४५ ॥
जन्मान्तरे श्राद्धफलाल्लुप्ता तेषां न तु स्मृतिः।
निर्वैरी निर्वृतिः क्षान्तो निर्मन्युर्वैधसः कृतिः ॥ १४६ ॥
मातृवर्ती च ते व्याधाः पितृसेवाकृतक्षणाः।
धनूंषि पित्रोः [1]पानीये विहाय व्यसवोऽभवन् ॥ १४७ ॥
ततः फुल्ललतापुञ्जकुञ्जे [2]कालाञ्जने गिरौ।
त्रासायासविविग्नास्ते जाता जातिस्मरा मृगाः ॥ १४८ ॥
उन्मुखो नित्यचकितः स्तब्धवर्णः सुलोचनः।
घस्मरः पिण्डितो नादी चेति चेष्टोचिताभिधाः ॥ १४९ ॥
ते ब्रह्मचारिणः क्षान्ताः पूर्वविद्याविवासिताः।
विहारिणो मे[3]रुतटीं गत्वा प्राणान्पर्यत्यजन् ॥ १५० ॥
अद्यापि मे[4]रुगामिन्यः [5]कालाञ्जनतटोत्थिताः।

---

१. 'यदा माता पिता चैव संयुक्तौ कालकर्मणा। तदा धनूंषि ते त्यक्त्वा वने प्राणानवासृजन् ॥' इति हरिवंशसंवादात् 'पानीये' इत्यस्य 'मरणोत्तरजलाञ्जलिदानकर्मणि' इत्यर्थो बोध्यः. २. 'कालाञ्जरे' इति हरिवंशे. ३, ४. 'मरु' इति हरिवंशे. 'मरुर्निर्जलो देशः' इति तद्याख्या. ५. 'कालाञ्जर' इति हरिवंशे.

तेषां कनककूटेषु दृश्यन्ते पादपङ्क्तयः ॥ १९१ ॥
ततः शुचिसरिद्वीपे लहरीधौतसैकते ।
बभूवुश्चक्रवाकास्ते तरुणा ब्रह्मचारिणः ॥ १९२ ॥
निर्ममो निःस्पृहः क्षान्तो निर्वैरो निष्प्रतिग्रहः ।
निर्वृतो निभृतश्चेति योगिनस्ते विहङ्गमाः ॥ १९३ ॥
जातास्तत्र च ते हंसास्तपोयोगपरायणाः ।
बालानिलाकुलोत्फुल्लकमलोत्पलमालिते ॥ १९४ ॥
सलिले विलसन्त्येते विभ्राजं नाम भूपतिम् ।
ददृशुः पद्मवदनावृन्दैर्जितसरोवरम् ॥ १९५ ॥
पातुं यदृच्छयायातं तीरोपान्तलतावने ।
शचीपतिमिवालोक्य तं कनीयान्विहङ्गमः ॥ १९६ ॥
तस्य राज्यस्पृहां चक्रे तदैश्वर्यहृताशयः ।
द्वौ चाभूतां खगौ तस्य स्पृहानुगतमानसौ ॥ १९७ ॥
ततः कालेन ते सर्वे सारसा व्यसवोऽभवन् ।
वि(वै)भ्राजं तद्वनमभूत्सरश्च नृपसेवितम् ॥ १९८ ॥
विभ्राजस्याथ पुत्रोऽभूदणुहो नाम भूपतिः ।
तस्मै पितॄणां दौहित्रीं पुत्रीं व्याससुतः शुकः ॥ १९९ ॥
कृत्वीं नाम ददौ दिव्ययोगिनामधिदेवताम् ।
तस्याः स हंसः पुत्रोऽभूद्योगभ्रष्टो हतस्मृतिः ॥ १६० ॥
ब्रह्मदत्त इति ख्यातः काम्पिल्ये नगरे नृपः ।
पाञ्चालपु(क)ण्डरीकाख्यौ तस्यास्तां सचिवौ नृपौ ॥ १६१ ॥
हंसौ स्पृहाभ्रष्टयोगौ यौ तौ तदनुगाशयौ ।
जातिस्मरास्तु चत्वारो जाताः सब्रह्मचारिणः ॥ १६२ ॥

---

१. हरिवंशसंवादात्तु 'कटक' इति पाठो भवेत्. २. 'शरद्वीपे' इति मूलपाठमाश्रित्य 'शरं जले' इति मेदिनीकोशमुदाजहार हरिवंशव्याख्याता. ३. तेषां नामानि तु—सुमनाः, शुचिवाक्, शुद्धः, पञ्चमः, छिद्रदर्शनः, सुनेत्रः, स्वतन्त्रः, इति हरिवंशोक्तानि ज्ञेयानि.

ब्रह्मदत्तस्य दयिता देवलस्यात्मजा मुनेः ।
बभूव संनतिर्नाम मानिनी मदिरावनिः ॥ १६३ ॥
स कदाचिल्लतालास्यव्यालोलपवने वने ।
सेव्यमानस्तया तन्व्या विजहार स्मरोपमः ॥ १६४ ॥
सर्वप्राणिरुतज्ञोऽसौ तत्र प्रणयकोपतः ।
पिपीलकायाः शुश्राव भर्तुस्तां तां प्रसादनाम् ॥ १६५ ॥
स तच्छ्रुत्वा चलच्चारुकपोलफलको नृपः ।
जहास दयिताकण्ठे कुर्वन्मुक्तावलीमिव ॥ १६६ ॥
कस्मादकस्मान्मे नाथो हसतीति विलज्जिता ।
साभवत्पद्मवदना चन्द्रोदय इवाब्जिनी ॥ १६७ ॥
पिपीलकरुताश्चर्ये कथितेऽपि महीभुजा ।
प्राणत्यागैकसंकल्पा तदसत्यममन्यत ॥ १६८ ॥
दयितादीर्घकोपेन विविग्नो वसुधाधिपः ।
निराहारव्रतो विष्णुं ददर्श प्रयताशयः ॥ १६९ ॥
कुशलं भविता प्रातस्तवेति हरिशासनात् ।
प्रभाते रथमारुह्य पुरं ससचिवोऽविशत् ॥ १७० ॥
अत्रान्तरे तैश्चतुर्भिर्द्विजैर्जातिस्मरैः पिता ।
विसृष्टः श्रावय नृपं श्लोकमित्याजगाम तम् ॥ १७१ ॥
स समासाद्य भूपालं सचिवाभ्यां सह स्थितम् ।
इदमाश्रावयद्विप्रः किमप्युत्सुकमानसम् ॥ १७२ ॥
सप्त दाशा दशार्णेषु गिरौ कालाञ्जने मृगाः ।
चक्रवाका नदीद्वीपे हंसाः सरसि मानसे ॥ १७३ ॥
वयं तेऽद्य कुरुक्षेत्रे जाता वेदविदो द्विजाः ।
गन्तारो दूरमध्वानं यूयं किमवसादिनः ॥ १७४ ॥
श्रुत्वैतत्स्मृतयोगात्मा निःस्पन्दकरणो नृपः ।
सचिवाभ्यां सह परं धाम तच्च समाययौ ॥ १७५ ॥

श्राद्धप्रभावादित्येतत्क्षपयित्वोग्रपातकम् ।
याताः कौशिकदायादा योगिनः परमं पदम् ॥ १७६ ॥
शान्तनोः शासनादेतन्मार्कण्डेयाच्छ्रुतं मया ।
ब्रह्मदत्तस्य पुत्रोऽभूद्विश्वक्सेनो महीपतिः ॥ १७७ ॥
दण्डसेनः सुतस्तस्य भल्लाटश्च तदात्मजः ।
यः कर्णेन पुरा वीरो दिग्जये विनिपातितः ॥ १७८ ॥
भल्लाटस्याभवत्सूनुर्दुर्नयी जनमेजयः ।
उग्रायुधोऽथ तत्पुत्रः पापाचारो निरङ्कुशः ॥ १७९ ॥
त्रिदिवं शन्तनौ याते हर्तुं सत्यवतीं बलात् ।
मनश्चकार दुर्वृत्तस्ततो युधि मया हतः ॥ १८० ॥
इति श्राद्धफलं भीष्मो बभाषे धर्मनन्दनम् ।
श्राद्धेनाप्यायते सोमो वृष्णयो यस्य वंशजाः ॥ १८१ ॥
पितृकल्पः ॥ ४ ॥

अत्रिश्चचार भगवान्मौनी मुनिवरः पुरा ।
तपो वर्षसहस्राणि दिव्यानि त्रीणि निश्चलः ॥ १८२ ॥
तस्याथ निर्निमेषस्य शरीरं ब्रह्मचारिणः ।
अभूद्दिव्यामृतमयं कान्तं दुग्धोदधेरिव ॥ १८३ ॥
ततः सुस्राव नेत्राभ्यामत्रेस्तद्दशधा सुतम् ।
अमृतं दिक्षु दशसु प्रभासंपूरिताम्बरम् ॥ १८४ ॥
धृतं तद्दशभिर्गर्भे दिग्भिर्यत्नेन दुःसहम् ।
सोमत्वमाप्तं सहसा पपात भुवि भास्वरम् ॥ १८५ ॥
तस्मिन्निपतिते तूर्णं कम्पिते भुवनत्रये ।
रथे वेदमये ब्रह्मा सहस्राश्वे तमादधे ॥ १८६ ॥
तं रथस्थं मुनिवरा देवास्त्रैलोक्यभावनम् ।
तुष्टुवुस्तेजसो वृद्ध्यै सर्वजिद्येन सोऽभवत् ॥ १८७ ॥
वत्सराणां चकारासौ पूर्णं पद्मशतं तपः ।
उत्पन्नास्तेजसा तस्य दिव्यौषधिसुधागणाः ॥ १८८ ॥

राजा राज्याभिषिक्तोऽथ ब्रह्मणा ब्राह्मणाधिपः।
वल्लभो दक्षपुत्रीणां राजसूये रराज सः॥ १८९॥
सुरसिद्धर्षिगन्धर्वसेव्यस्त्रिभुवनेश्वरः।
लोकानविनयोत्सेकाश्चचार श्रीविशृङ्खलः॥ १९०॥
जहार तरसा सोऽथ तारां नाम बृहस्पतेः।
वल्लभां विभवोद्भूतभूतेनोद्भाव्यते न कः॥ १९१॥
त्रिदशैर्बोध्यमानोऽपि न स तत्याज तां यदा।
तदा बृहस्पतेः पक्षं शुक्रो रुद्रस्तथाग्रहीत्॥ १९२॥
ततः प्रवृत्ते समरे भैरवे तारकामये।
देवानां रुद्रमुख्यानां वीरेण तुहिनत्विषा॥ १९३॥
अस्त्रं ब्रह्मशिरः स्पृ(सृ)ष्टं यशश्छेदि दिवौकसाम्।
अल्पावशेषामकरोद्भग्नध्वस्तहतां चमूम्॥ १९४॥
त्रस्तैरथ सुरैरेत्य याचितः कमलोद्भवः।
निवार्य साम्ना समरं ददौ जायां बृहस्पतेः॥ १९५॥
सगर्भामागतामूचे स तामीर्ष्याविषोल्बणः।
न धार्योऽयं त्वया गर्भो मद्योनावित्यधोमुखीम्॥ १९६॥
ततस्तत्याज सा गर्भमिषीकास्तम्भसंस्तरे।
तेजसा जातमात्रोऽसौ विबुधानजयद्बुधः॥ १९७॥
पृष्टा ततोऽयं कस्येति देवैर्नोवाच सा यदा।
तदा पृष्टा विरिञ्चेन चन्द्रस्येत्यवदल्लघु॥ १९८॥
स पुत्रः शशिनः श्रीमान्प्रतिकूलोदयो दिवि।
शिशिरव्यजनो धीमान्बभौ विबुधनन्दनः॥ १९९॥
अथ कालेन शीतांशुर्दक्षिणाक्षीणमण्डलः।
परदारपरामर्षात्तप्तोऽत्रिं शरणं ययौ॥ २००॥
स तेन पुत्रवात्सल्यान्मन्त्रैः क्षपितकिल्बिषः।
रराज यक्ष्मणा मुक्तः पुनर्युक्तो निजश्रिया॥ २०१॥

सोमोत्पत्तिः॥ ९॥

इडायामथ पुत्रोऽभूद्बुधस्य स पुरूरवाः।
यस्याभूद्भुवनश्लाघ्या कान्ता कीर्तिरिवोर्वशी ॥ २०२ ॥
तस्य षट् तनयास्तस्यामभवंस्त्रिदशालये।
आयुर्ज्येष्ठो नृपस्तेषां नहुषोऽप्यायुषः सुतः ॥ २०३ ॥
रजिप्रभृतयस्तस्य चत्वारोऽप्यनुजाः पुरा।
देवासुररणे पूर्वं साहाय्ये वज्रपाणिना ॥ २०४ ॥
रजिर्वृतः स्वराज्येन पणेन नहुषानुजः।
स हत्वा दितिजान्वीरान्सुरेन्द्रत्वं पणार्जितम् ॥ २०५ ॥
त्वत्पुत्रोऽसीति शक्रेण धूर्तेनाभिहितोऽत्यजत्।
अथ कालेन जयिनो रजेः पुत्रा महौजसः ॥ २०६ ॥
राज्यं त्रिदशराजस्य जह्रुः पितृबलार्जितम्।
हृतराज्यः स शक्रोऽथ हृतभागः क्रतुष्वपि ॥ २०७ ॥
ययाचे बदरीमात्रं पुरोडाशं बृहस्पतिम्।
तेन बालमुखाब्जेन याचितो नष्टचेतसा ॥ २०८ ॥
चकार रजिपुत्राणां मतिमोहं बृहस्पतिः।
ततस्ते रागिणो मत्ता विभ्रष्टा न्यायवर्त्मनः ॥ २०९ ॥
संवृत्ता भृशमुत्सेकान्नष्टवीर्यपराक्रमाः।
तेन तान्दुर्जयान्हत्वा वज्री स्वपदमाप्तवान् ॥ २१० ॥
शफरोत्फालचटुला दुर्वृत्तानां हि संपदः।
नहुषस्याभवत्पुत्रो ययातिः पृथिवीपतिः ॥ २११ ॥
दिव्येन यो रथाग्र्येण षड्रात्रेणाजयज्जगत्।
योऽसौ कालेन तद्वंशे शापान्नष्टो रथोत्तमः ॥ २१२ ॥
जरासंधेन संप्राप्तो हृतो योऽप्यसुरारिणा।
ययातेः शुक्रकन्यायां देवयान्यां बभूवतुः ॥ २१३ ॥
यदुश्चतुर्वसुश्चेति तनयौ संमतौ सताम्।
वृषपर्वसुतायाश्च शर्मिष्ठायाः सुतास्त्रयः ॥ २१४ ॥

द्रुह्यानुपूरुनामानस्तस्यासन्वंशवर्धनाः ।
कालेऽथ विपुले याते ययातिः प्रवयाः सुतान् ॥ २१५ ॥
ययाचे यौवनं कामी जरया जगतीपतिः ।
मृत्युसिंहनखश्रेणीं सुखपद्महिमाहतिम् ॥ २१६ ॥
यदा कश्चिन्न जग्राह जरां पुरुस्तदाग्रहीत् ।
तस्माद्यौवनमासाद्य यदुमुख्यानथो परान् ॥ २१७ ॥
ययातिरशपद्भ्रंश्या येनैषामनृपाः सदा ।
ततो दिदृक्षुः कामानां पारं तरुणविग्रहः ॥ २१८ ॥
विश्वस्य नाककामिन्या नन्दने विजहार सः ।
सुचिरं सेवमानोऽपि राजा राजीवलोचनाम् ॥ २१९ ॥
यदा प्रवर्धमानेच्छः कामानां नान्तमाययौ ।
तदा राज्यं सुतस्यैव पूरोर्दत्वा जरां निजाम् ॥ २२० ॥
जग्राह जातवैराग्यो जगौ चेदं मुनिव्रतः ।
चित्रं भोगाभिलाषोऽयं भोगाभ्यासेन वर्धते ॥ २२१ ॥
वेल्लत्कल्लोलजालेन सलिलेनेव वाडवः ।
बत विस्फारसंसारसरोरुहरजश्छटा ॥ २२२ ॥
प्रीतिः प्रतिनिशं मुग्धान्बध्नाति मधुपानिव ।
जीर्यतामप्यजीर्यो(र्णो)ऽयं नश्यतामपि नश्वरः ॥ २२३ ॥
कामः कामवतामन्तर्घुणः क्षितिरुहामिव ।
निषिद्धो नियमेनापि धैर्येणाप्यवधीरितः ॥ २२४ ॥
रागो ज्वलत्यहो वस्त्रेणाच्छादित इवानिलः ।
इति संचिन्त्य नियतो ययातिस्तपसा युतः ॥ २२५ ॥
कुलोचितेन विधिना यशःशेषत्वमाययौ ।
पूरोर्ययातिपुत्रस्य वंशे सुविपुले क्षितौ ॥ २२६ ॥
प्रवर्तमाने बहुधा कालेनाभून्महीपतिः ।
दुष्यन्तो यस्य भरतः पुत्रो भारतवंशकृत् ॥ २२७ ॥

अवदाते कुले यस्य जातोऽसि जनमेजयः।
इत्येष पौरवो वंशः पूर्वमेव मयोदितः॥ २२८॥

पूरुवंशः॥ ६॥

तुर्वसोस्तु महान्वंशो यस्मिञ्जातः करंधमः।
मरुत्तस्तत्सुतो यस्मै ददौ हेम महेश्वरः॥ २२९॥
तस्यासन्विपुले वंशे पाण्ड्यचौलाः सकेरलाः।
राजा मरुत्पतिर्नाम द्रुह्युवंशे त्वजायत॥ २३०॥
कृच्छ्रेण दीर्घसंग्रामे यौवनाश्वेन यो हतः।
गान्धारस्तत्सुतो यस्य वंशे जातास्तुरङ्गमाः॥ २३१॥
अनोस्तु वंशे धर्माद्या जाताः प्रत्यन्तभूमिपाः।
यदोस्तु प्रसृते वंशे कृतवीर्यात्मजो नृपः॥ २३२॥
कार्तवीर्यार्जुनो जातः सहस्रभुजदुर्मदः।
हेहयानर्तभोजाद्यास्तालजङ्घाश्च तत्कुले॥ २३३॥
कालेन जातस्तद्वंशे वृषो वृ[1]षसुतो मधुः।
वृषणस्तत्सुतो यस्य वंशे सा[2]गरवृष्णयः॥ २३४॥
अन्धकोऽप्यन्वये तेषामभूदन्धकवंशकृत्।
बहुशाखे च तद्वंशे जातो क्रूरः सहस्रदः॥ २३५॥
तत्पितृव्यकुले काले शूरः श्रीमानजायत।
वसुदेवः सुतस्तस्य बभूवानकदुन्दुभिः॥ २३६॥
यस्मिञ्जाते दिवि महानभूद्दुन्दुभिनिःस्वनः।
भ्रातास्य देवभागाख्यस्तथा देवश्रवाः परः॥ २३७॥
अनाधृष्टिः कनवको व[3]त्सः श्यामो ववृञ्ज सः।
पृथुकीर्तिः पृथाख्या च श्रुतदेवी श्रुतश्रवाः॥ २३८॥

---

१. 'नृप' क. २. 'सागर' क. परंतु 'वृषणाद्वृष्णयः सर्वे मधोस्तु माधवाः स्मृताः' इति हरिवंशसंवादात् 'माधववृष्णयः' इति पाठो भवेत्. ३. वत्सवानथ गृञ्जिमः। श्यामः शमीको गण्डूषः पञ्च चास्य वराङ्गनाः॥' इति हरिवंशे.

राजाधिदेवी पञ्चैताः शूरपुत्र्योऽस्य चानुजाः ।
पृथुकीर्तिसुतो राजा दन्तवक्रो नृपात्मजः ॥ २३९ ॥
पृथासुता धर्मराजभीमसेनधनंजयाः ।
श्रुतश्रवायास्तनयः शिशुपालो महाबलः ॥ २४० ॥
दैत्यराजोऽभवद्योऽसौ हिरण्यकशिपुः पुरा ।
पितृव्यवंशे शूरस्य शैनेयः सत्यकोऽभवत् ॥ २४१ ॥
सात्यकिस्तस्य तनयो युयुधानापराभिधः ।
उद्धवो विबुधाचार्यः शत्रुदेवमुखास्तथा ॥ २४२ ॥
शत्रुदेवस्य नैषादिरेकलव्योऽभवत्कुले ।
वत्सावते त्वपुत्राय वसुदेवः प्रतापवान् ॥ २४२ ॥
अद्भिर्ददौ सुतं वीरं शौरिः कौशिकमौरसम् ।
गण्डूषकायापुत्राय चारुदोष्णादिकान्हरिः ॥ २४४ ॥
द्वे भार्ये वसुदेवस्य रोहिणी देवकी तथा ।
रोहिणीतनयो रामः सारणो दुर्दमः [1]शुभः ॥ २४५ ॥
[2]शुभ्रपिण्डारदमनास्ते महावदनात्मजाः ।
अनुजा च सुभद्रैषा महिषी सव्यसाचिनः ॥ २४६ ॥
रामस्य नि[3]षधो नाम रेवत्यामभवत्सुतः ।
देवकीनन्दनः कृष्णो देवो दानवसूदनः ॥ २४७ ॥
वसुदेवस्य चान्यासु भार्यासु ह्यभवन्सुताः ।
भोजोपासङ्गविजया [4]वृषदेवो गदस्तथा ॥ २४८ ॥
[5]आशावहो लोमपादः कपिलो वर्धमानकः ।
पौण्ड्रो निषादनाथश्चेत्युग्रवीर्यपराक्रमाः ॥ २४९ ॥
अत्रान्तरे गार्ग्यमुनिर्धने कालायसाशनः ।
चचार द्वादश समा ब्रह्मचारी परं तपः ॥ २५० ॥

---

१. 'लेभे ज्येष्ठं सुतं रामं सारणं शठमेव च' इति हरिवंशसंवादात् 'शठः' इति पाठो भवेत्. २. 'दुर्दमं दमनं श्वभ्रं पिण्डारकमुशीनरम्' इति हरिवंशे. ३. 'रामाच्च निशठो जज्ञे' इति हरिवंशे. ४. 'वृकदेव' इति हरिवंशे. ५. 'अङ्गावहो' इति हरिवंशे.

त्रिगर्तराजसुतया परीक्षायै सविभ्रमम् ।
न चचालायसप्रख्यो ह्रियमाणाशयोऽपि यः ॥ २५१ ॥
स मन्युतप्तो गोपालकन्यायां रुद्रशासनात् ।
असृजत्कालयवनं कालं सर्वमहीभुजाम् ॥ २५२ ॥
रथे यस्य हया घोरा वृषपूर्वार्धविग्रहाः ।
गृहीतो यवनेन्द्रेण निष्पुत्रेण स पुत्रकः ॥ २५३ ॥
युद्धार्थी दर्पसंमत्तः पप्रच्छ सुभटान्भुवि ।
नारदस्य गिरा ज्ञात्वा स वीरान्वृष्णियादवान् ॥ २५४ ॥
मथुरानिलयाञ्जेतुमक्षौहिण्या समाद्रवत् ।
ते कालयवनाक्रान्ता जरासंधेन चार्दिताः ॥ २५५ ॥
वृष्णयो मथुरां त्यक्त्वा द्वारकां चक्रुरम्बुधौ ।
वंशस्कन्धेषु चान्येषु संभूता यादवाः परे ॥ २५६ ॥
सात्वतस्याभवद्दैवैरुद्गीतचरितः कुले ।
यज्वा देवावृधो राजा बभ्रुस्तस्यात्मजोऽभवत् ॥ २५७ ॥
आपगायां सवर्णायां जातः कोटिसहस्रदः ।
संभूतास्तत्कुले वीरा भोजास्ते शान्तिकावताः ॥ २५८ ॥
अन्धकात्कुक्कुरो जातस्तद्वंश्योऽप्याहुकोऽभवत् ।
प्रणेता वृष्णिवंशानां राजा कृतयुगोचितः ॥ २५९ ॥
देवकश्चोग्रसेनश्च तत्सुतौ देवकस्य तु ।
देववत्प्रमुखाः पुत्रा देवक्याद्याश्च कन्यकाः ॥ २६० ॥
याः सप्त वसुदेवाय वितीर्णा वीरमातरः ।
उग्रसेनसुतः कंसो न्यग्रोधप्रमुखाग्रजः ॥ २६१ ॥
कंसा कंसवती तन्वी पाली कह्वा च कन्यकाः ।
विदूरथकुले भोजे बभूव हृदिकाभिधः ॥ २६२ ॥
कृतवर्ममुखास्तस्य शतधन्वादयः सुताः ।
क्रोष्टोर्वंशे प्रसेनोऽभूत्सत्राजित्सेनजित्तथा ।
इत्येते बहवो वंशा विश्रुता यादवा यदोः ॥ २६३ ॥

यदुवंशः ॥ ७ ॥

अब्धेस्तटे द्वारवत्यां निवेशे विषदं मणिम् ।
दिव्यं स्यमन्तकं नाम प्रसेनः किल लब्धवान् ॥ २६४ ॥
स मणिः कनकस्यन्दी व्याधिदुर्भिक्षनाशनः ।
शक्तेनाप्युत्सुकेनापि न हृतस्तस्य शौरिणा ॥ २६५ ॥
कालेन मृगयासक्तः प्रसेनो मणिभूषितः ।
सिंहेन निहतो युद्धे सहसा मणिहारिणा ॥ २६६ ॥
यान्तं जवेन तं सिंहमृक्षराजोऽथ जाम्बवान् ।
निहत्य मणिमादाय बलवान्बिलमाविशत् ॥ २६७ ॥
वृष्ण्यन्धकहतं दृष्ट्वा प्रसेनं विजने वने ।
मणिलोभात्कृतं सर्वे कृष्णेनेति शशङ्किरे ॥ २६८ ॥
विशुद्धभावः कृष्णोऽपि तमन्वेष्टुं ययौ मणिम् ।
मिथ्याकलङ्कं यशसामपवादं सहेत कः ॥ २६९ ॥
सास्रं प्रसेनमालोक्य स सिंहेन विदारितम् ।
तस्याविदूरे सिंहं च ददर्श विनिपातितम् ॥ २७० ॥
मणेरलाभे विज्ञाय पदवीमृक्षशंसिनीम् ।
गुहां प्रविश्य गम्भीरं ददर्श विपुलं बिलम् ॥ २७१ ॥
तत्र धात्र्या स शुश्राव वचनं बालसान्त्वने ।
तवैवासौ मणिः पुत्र मा रोदीः सुकुमारक ॥ २७२ ॥
श्रुत्वेति ज्ञातवृत्तान्तो जाम्बवन्तं ददर्श सः ।
तेनाथ युयुधे कृष्णो दिवसानेकविंशतिम् ॥ २७३ ॥
दशग्रीवोग्रसंग्रामशस्त्रोल्लिखितवक्षसम् ।
जाम्बवन्तं विजित्याथ दत्तां तेन सुतां हरिः ॥ २७४ ॥
बिम्बाधरां जाम्बवतीं लेभे तं च स्यमन्तकम् ।
ततो द्वारवतीमेत्य स्यमन्तकमुदारधीः ॥ २७५ ॥
स प्रसेनानुजायैव ददौ सत्राजिते मणिम् ।
सत्यभामामुखास्तिस्रः सत्राजिन्मुरवैरिणः ॥ २७६ ॥

प्रददौ कन्यकाः कामकुमुदाकारचन्द्रिकाः।
सत्राजितं घातयित्वा भोजेन शतधन्वना ॥ २७७ ॥
अहरन्मणिमक्रूरो मिथः साहाय्यसंविदा।
सत्यभामा स्वयं गत्वा हते पितरि दुःखिता ॥ २७८ ॥
जतुवेश्मनि दग्धेषु पार्थेषु धृतराष्ट्रजैः।
शार्ङ्गधन्वानमासाद्य वारणावतवासिनम् ॥ २७९ ॥
हतं न्यवेदयत्साश्रुः पितरं शतधन्वना।
ततस्तूर्णं समभ्येत्य द्वारकां गरुडध्वजः ॥ २८० ॥
रामेण सहितो गत्वा युयुधे शतधन्वना।
चक्रे मणिप्रदस्यापि नाक्रूरोऽस्य सहायताम् ॥ २८१ ॥
स्वार्थकाले व्यतीते हि धूर्ता नो कस्यचिन्निजाः।
अधिरुह्याशु वडवां शतयोजनगामिनीम् ॥ २८२ ॥
विद्रुतं शतधन्वानं मिथिलाभिमुखं जवात्।
जघान कैटभारातिर्नाससाद च तं मणिम् ॥ २८३ ॥
सोऽपहृतो मणिरिति क्रुद्धोऽस्मै लाङ्गली मृषा।
न द्वारकां विशामीति मिथिलां विमुखो ययौ ॥ २८४ ॥
तत्र दुर्योधनस्तस्माद्गदाशिक्षामवाप्तवान्।
ततः कृष्णानुगैरेत्य वृष्णिवीरैः प्रसादितः ॥ २८५ ॥
द्वारकामाययौ श्रीमाञ्ज्ञाततत्त्वो हलायुधः।
अक्रूरोऽपि मणिस्फीतो बहुयज्ञो बहुप्रदः ॥ २८६ ॥
सुखं निनाय षष्टचब्दीं दीक्षाकवचरक्षितः।
व्यक्तिं याते मणौ किंचिद्भीते रामात्सकेशवात् ॥ २८७ ॥
अपयाते ततोऽक्रूरे नावर्षत्पाकशासनः।
ज्ञातिभेदभयात्पूर्वं कृष्णेनोपेक्षितश्चिरम् ॥ २८८ ॥
प्रसाद्य पुनरानीतो दुर्भिक्षार्तैः सयादवैः।
तस्मिन्दानपतौ प्राप्ते ववर्ष त्रिदिवेश्वरः ॥ २८९ ॥

कालेन याचितः साम्ना कृष्णेन स ददौ मणिम् ।
तस्मै स्वसारं चाक्रूरः प्रीतये चारुलोचनाम् ॥ २९० ॥
विनयार्जवतुष्टस्तं केशवोऽपि मणिं ददौ ।
अक्रूरायैव महतां प्रणयान्तो हि दुर्ग्रहः ॥ २९१ ॥

स्यमन्तकालम्भः ॥ ८ ॥

कुलावलीं यादवानां निशम्य जनमेजयः ।
विस्मितो जन्मना विष्णोर्वैशम्पायनमब्रवीत् ॥ २९२ ॥
अहो नु महदाश्चर्यमपूर्वं प्रतिभाति मे ।
कथं जगन्निवासोऽभूच्चराचरगुरुर्नरः ॥ २९३ ॥
यत्कुक्षिकोटरे शेते कल्पान्ते भुवनावली ।
स कथं मानुषीगर्भे प्रपेदे भूतभावनः ॥ २९४ ॥
वैश्वरूप्यमिदं यस्य सर्वभूतान्तरात्मनः ।
इच्छामात्रसमुन्मेषदर्पणे प्रतिबिम्बितम् ॥ २९५ ॥
इति पृष्टः क्षितिभुजा जगाद मुदितो मुनिः ।
श्रूयतामद्भुतं जन्म विष्णोर्जन्मभयच्छिदः ॥ २९६ ॥
येन यज्ञवराहेण वेदयज्ञमयं वपुः ।
कृत्वोद्धृता वसुमती चतुरर्णवमेखला ॥ २९७ ॥
बभौ कुवलयश्यामा दंष्ट्राग्रे यस्य मेदिनी ।
बालशैवलवल्लीव लीना पल्वलकेलिषु ॥ २९८ ॥
येन केसरिणा शङ्खशुभ्राभिर्नखशुक्तिभिः ।
आयुषा सह निष्पीतं हिरण्यकशिपोर्यशः ॥ २९९ ॥
उरःस्थलास्थिनिर्घर्षान्नखक्रकचपञ्जरे ।
यस्य दैत्यवधे कोपः प्राप कल्पाग्निकेतुताम् ॥ ३०० ॥
त्रैलोक्यक्रमणे यस्य विजयध्वजतां ययौ ।
पादो गङ्गाजलोल्लासव्यालोलधवलांशुकः ॥ ३०१ ॥
खर्वः पूर्वमथ प्रांशुरप्रमेयस्ततोऽभवत् ।
यश्च हर्षश्च देवानां मोहश्च त्रिदशद्विषाम् ॥ ३०२ ॥

यस्य कुण्डलतां कर्णे रविर्नाभौ सरोजताम् ।
प्राप प्रवर्धमानस्य गुल्फे कटकरत्नताम् ॥ ३०३ ॥
उच्चैर्विलोकयन्तीनां तद्वपुः सुरयोषिताम् ।
वलिविध्वंसभीत्येव नादृश्यत वलित्रयम् ॥ ३०४ ॥
दत्तात्रेयावतारेण धर्माचारस्य मज्जतः ।
वेदानां च कृतं येन स्थित्यै हस्तावलम्बनम् ॥ ३०५ ॥
जामदग्न्यवपुर्भूत्वा कार्तवीर्यस्य कर्मठम् ।
मृणालमण्डलीलावं दोःसहस्रं लुलाव यः ॥ ३०६ ॥
यः कुठारेऽस्थिनिष्पेषखण्डना दन्तमालिकाम् ।
क्षत्रियक्षयकालानां बभार गणनामिव ॥ ३०७ ॥
यः पूर्वाङ्गवर्तीं चारुमध्यदेशां पयस्विनीम् ।
सपुण्ड्रकाननां प्रादात्सवत्सां कश्यपाय गाम् ॥ ३०८ ॥
योऽभवद्भुवनाभोगभूषणं रघुनन्दनः ।
वीरः सुबाहुमारीचघोरमेघमहानिलः ॥ ३०९ ॥
भ्रान्तः सप्तसु लोकेषु सप्ताब्धिक्षोभसंभृतः ।
सप्ततालभिदो यस्य धन्विनो धनुषध्वनिः ॥ ३१० ॥
अद्यापि सेतुसंघट्टविस्फुटच्छुक्तिसंपुटः ।
सुव्यक्तमुक्तादशनो वक्ति यस्याम्बुधिर्यशः ॥ ३११ ॥
किरीटकोटिविश्रान्तं येन शुभ्रयशोंशुकैः ।
उन्मृष्टं लोकपालानामिन्द्रजित्सैन्यजं रजः ॥ ३१२ ॥
पतितोत्पतितैर्यस्य दशास्यवदनैर्मुहुः ।
बभूव कन्दुकामन्दविनोदानन्दविभ्रमः ॥ ३१३ ॥
भुवो भारावताराय कृष्णो वृष्णिकुलेऽभवत् ।
शिशुपालादिभूपालकालः शकलितासुरः ॥ ३१४ ॥
यद्वक्षसि ग्रावभिदः शृङ्गभङ्गपराभवः ।
असक्तिविषमोल्लेखैररिष्टस्याप्यसूच्यत ॥ ३१५ ॥

चक्रे यश्चरणः शुभ्रैर्मूर्ध्नि कालियभोगिनः।
नखकान्तिफणाचक्रैः शेषस्पर्धाधिरोहणम् ॥ ३१६ ॥
मूलास्थिच्छेदनिष्पेषजातज्वालाजटाजुषा।
बाणबाहुवने यस्य चक्रेण क्रकचायितम् ॥ ३१७ ॥
कर्की(ल्की) विष्णुयशा यश्च भविष्यति युगक्षये।
सत्त्वधर्मलतोद्यानवसौरभमाधवः ॥ ३१८ ॥
तस्याश्चर्यप्रभावस्य श्रूयतामिदमुज्ज्वलम्।
चरितं पुण्यपीयूषैः किल्बिषक्षालनक्षमम् ॥ ३१९ ॥
प्रभावं तस्य तत्त्वेन वक्तुं को नु प्रगल्भते।
यत्र वाचस्पतिर्मूको दूरे भोगिपतेर्गिरः ॥ ३२० ॥

प्रादुर्भावसंग्रहः ॥ ९ ॥

वृत्ते वृत्रवधे पूर्वं संग्रामे तारकामये।
त्रिदशाः शरणं जग्मुर्विश्वक्सेनं जनार्दनम् ॥ ३२१ ॥
दत्तं तेनाभयं तेषां विषमे दैत्यजे भये।
संहता दानवाः सर्वे विविशुः समराङ्गनम् ॥ ३२२ ॥
मयो मायानिधिस्तेषामग्रणीरुग्रविग्रहः।
बभौ हैमं समारूढो रथमृक्षसहस्रगम् ॥ ३२३ ॥
तारः क्रोशाधिकायाममायसं रथमास्थितः।
युक्तं खरसहस्रेण धूमोत्थोऽग्निरिवाबभौ ॥ ३२४ ॥
हयग्रीवः समारुह्य रथं हयसहस्रगम्।
मत्तकुञ्जरयुक्तं च त्वष्टा मन्दरगौरवम् ॥ ३२५ ॥
वीरा विरोचनाद्याश्च तस्थुः समरसंमुखाः।
कल्पान्तजलदव्यूहविपुलं तद्बलार्णवम् ॥ ३२६ ॥
विष्णुना विहिताश्वासा वीक्ष्य देवाः समाद्रवन्।
ऐरावणगतस्तेषां सहस्राक्षः पुरो बभौ ॥ ३२७ ॥
इन्द्रायुधसहस्राणि दर्शयन्वज्ररश्मिभिः।
यमस्तारमहाहारः श्यामो महिषवाहनः ॥ ३२८ ॥

तस्थौ लम्बाम्बुदो नीलशैलो निर्झरवानिव।
श्वेताश्वो मणिमालाङ्को वरुणस्तरणिप्रभः॥ ३२९॥
रथे रराज कैलासे रत्नकूट इवोद्गतः।
हेमवर्मा हेमरथो हेमाङ्गदगदाधरः॥ ३३०॥
जहार धनदो मेरोः सूर्यातपजुषः श्रियम्।
हिमरश्मिर्हिमशिलाशुभ्राश्वस्तुहिनायुधः॥ ३३१॥
तस्थौ जलदवाहश्च वायुरायुः शरीरिणाम्।
देवश्च स्वयमभ्यायाद्भगवान्कैटभान्तकः॥ ३३२॥
दीप्तचक्रगदाशार्ङ्गनन्दनो गरुडध्वजः।
चक्रं रराज तस्याजौ धाराबिम्बितदानवम्॥ ३३३॥
अन्तःप्रविष्टनिहताराातिव्रातमिवाभितः।
प्रशान्ते ज्वलिते मेरुरिवास्य भुजगान्तकः॥ ३३४॥
बभासे भास्वरो वाहः प्रवाहः शत्रुतेजसाम्।
तस्य दीप्ततरैः पक्षैर्बभूव पिहितं नभः॥ ३३५॥
अन्त्यैर्द्वादशभिः सूर्यैरिवैकघनतां गतैः।
विरराज तदारूढो हरिः कौस्तुभभूषितः॥ ३३६॥
वडवानलसंयुक्तो मैनाक इव रत्नसूः।
रुद्रादित्यमरुद्विश्वसाध्याश्विवसुचारणाः॥ ३३७॥
उद्ययुः क्षुब्धसैन्याब्धेः कल्लोला इव संगताः।
अथोद्भूताम्बुधिध्वानजडीकृतजगत्त्रयः॥ ३३८॥
ररास घोषगम्भीरः समरारम्भदुन्दुभिः।
पेतुः परस्परं तेषां देहे तेजस्विनां प्रभाः॥ ३३९॥
प्रवृत्ते समरे हेमनाराचनिचया इव।
सुरासुरकरोत्सृष्टशस्त्रास्त्रनिकषोत्थिताः॥ ३४०॥
ज्वालाश्चक्रुर्ध्वजाग्रेषु क्षणं पीतांशुकभ्रमम्।
चेरुस्त्रिदशमातङ्गदन्तोल्लिखितकङ्कटाः॥ ३४१॥

जातधूमानला दैत्या मेघा इव सविद्युतः ।
तेषां वक्षस्तटे भुग्नदन्तास्ते दिव्यकुञ्जराः ॥ ३४२ ॥
सिकतासेतुनिःसारानमन्यन्त कुलाचलान् ।
ततो दैत्यभुजोद्धूतशस्त्रनिर्विविरा दिवि ॥ ३४३ ॥
बभूवुर्निश्चलाः क्षिप्रं चित्रन्यस्ता इवामराः ।
इयमत्यन्तदुर्वारा दैत्यमाया महीयसी ॥ ३४४ ॥
यमोऽपि नियमेनेव बद्धस्तन्निधनेषु यत् ।
वायुः पङ्गुरिव क्षिप्रमप्रकाश इवांशुमान् ॥ ३४५ ॥
जयत्सु युधि दैत्येषु वह्निः शीत इवाभवत् ।
ततः सहस्रनयनो वज्रेणोन्मथ्य दैत्यजाम् ॥ ३४६ ॥
मायां मयमुखान्वीरान्सुरैः पुनरयोधयत् ।
वज्रिवज्रनिकृत्तानां दैत्यानां पततां भुवि ॥ ३४७ ॥
गुरुभिर्विग्रहैः प्रापुरैक्यं सप्तापि तेऽब्धयः ।
ते गजेन्द्रा इवालिप्ता दानवा दानवारिभिः ॥ ३४८ ॥
तमोभिरावृताः पेतुः सुरेन्द्रेण विमोहिताः ।
बहुमायस्ततो मायां मयः समयवर्तिनीम् ॥ ३४९ ॥
प्रमयायैव देवानामौर्वानलवतीं व्यधात् ।
ऊरुजस्तनयो वह्नेः संकल्पाद्ब्रह्मचारिणः ॥ ३५० ॥
लोकान्दिधक्षुः कालात्मा वार्भक्षो ब्रह्मणो वरात् ।
हिरण्यकशिपोः पूर्वमौर्वो भक्त्या वरप्रदः ॥ ३५१ ॥
जज्वाल सुरसेनासु तस्मिन्समरसंकटे ।
और्वेण दह्यमानास्ते ज्वालाजटिलविग्रहाः ॥ ३५२ ॥
एकीभूतान्यमन्यन्त तेजांसि च तमांसि च ।
विवशास्त्रिदशाः सर्वे तेनौर्वानलपर्वणा ॥ ३५३ ॥
वरुणं शीतरश्मिं च त्राणमेव व्यचिन्तयन् ।
अथाखण्डलनिर्दिष्टश्चन्द्रमा वरुणाग्रगः ॥ ३५४ ॥

क्षिपन्हिमशिलासंघानुद्ययौ युधि दानवान् ।
तुषारवारिपूरैस्ते भृशं ताभ्यां समाहताः ॥ ३५५ ॥
निश्चेष्टा दानवाः प्रापुः काष्ठपाषाणतुल्यताम् ।
हिमस्य महती शक्तिः सा कापि दहनात्मिका ॥ ३५६ ॥
यया दानवसंघानामस्थिभङ्गो महानभूत् ।
तुषाराशनिसंछन्ना दानवानामनीकिनी ॥ ३५७ ॥
नासानिःश्वासविवरैर्निर्विभागमसूच्यत ।
मायाविनिमयं ज्ञात्वा मयः स्वजनसिद्धये ॥ ३५८ ॥
असृजत्पार्वतीं मायां द्रुमशस्त्रशिलाघनाम् ।
द्रुमशैलनिरुद्धानां स्फुटितायुधवर्मणाम् ॥ ३५९ ॥
मोहो जजृम्भे देवानामृते चक्रगदाधरम् ।
ततः क्षणात्तदादिष्टौ तदनु प्राणितौजसा ॥ ३६० ॥
समं विविशतुः सेनां दैत्यानामग्निमारुतौ ।
भस्मकूटावलीशेषान्कृत्वा द्रुमशिलोच्चयान् ॥ ३६१ ॥
उद्धूतान्दिक्षु विक्षिप्य तौ रणाग्रे विचेरतुः ।
अनिलोल्लासितज्वालाज्वलितश्मश्रुभीषणः ॥ ३६२ ॥
दैत्यानां दह्यमानानां धूमः काल इवोद्ययौ ।
मारुतस्याग्नितप्तस्य वह्नेर्वातोद्यतस्य च ॥ ३६३ ॥
अभूत्कृतान्तहुंकारघोरः कहकहारवः ।
विचटच्चर्मणामेषां छमच्छमिति मेदसाम् ॥ ३६४ ॥
स्फुटत्स्थूलास्थिबन्धानां कोऽपि व्यतिकरोऽभवत् ।
जयत्सु सुरसङ्घेषु भग्ने दितिजमण्डले ॥ ३६५ ॥
कालनेमिः समुत्तस्थौ त्रिजगद्ग्रासलालसः ।
जृम्भाविस्पष्टदंष्ट्राग्रैरुग्रवक्त्रैर्भृताम्बरः ॥ ३६६ ॥
जगत्क्षयायेव रसादहंपूर्विकयोत्थितैः ।
तस्याञ्जनशिलास्तम्भसंभारैर्भुजमण्डलैः ॥ ३६७ ॥

अभवन्ककुभो भीमभोगिभोगवृता इव ।
विटङ्कमुकुटप्राप्तघृष्टब्रह्माण्डकर्परे ॥ ३६८ ॥
असृजद्धूमजालेन क्षयजीमूतडम्बरान् ।
शतवक्रस्य नेत्रेभ्यस्तस्य ज्वाला दिशो ययुः ॥ ३६९ ॥
तच्छायया जगत्सर्वमदृश्यमभवत्क्षणात् ।
अघोरैः कालरजनीसङ्घैः संघट्टितैरिव ॥ ३७० ॥
तस्य विश्वक्षयाक्षेपदीक्षासमयमण्डलैः ।
दीप्तायुधप्रभाचक्रैरालोकः ककुभामभूत् ॥ ३७१ ॥
घट्टयन्सर्वतेजांसि सर्वभूतानि कम्पयन् ।
जहार जलदव्यूहान्कोपनिःश्वासमारुतैः ॥ ३७२ ॥
उद्यम्य पवनास्कन्धसंघट्टोद्धट्टनं भुजम् ।
अजीववत्स दितिजान्क्षुब्धाब्धिध्वानया गिरा ॥ ३७३ ॥
उदायुधैः प्रमुदितैर्दानवैस्तत्पुरःसरैः ।
ततो युयुधिरे देवाः कालनेमिहतौजसः ॥ ३७४ ॥
तस्मिन्समरसंघट्टे तुमुले प्राणहारिणि ।
व्यवर्धत महान्कायः करालः कालनेमिनः ॥ ३७५ ॥
तद्वक्त्रकुहरोद्भ्रान्तज्वालावलयिताः सुराः ।
तिर्यगूर्ध्वं प्रवृद्धैश्च तद्भुजैरभितो हताः ॥ ३७६ ॥
तच्छस्त्रवृष्टिदलितास्तत्कराकृष्टमौलयः ।
पेतुर्भ्रष्टा विमानेभ्यः क्षीणपुण्या इव क्षितौ ॥ ३७७ ॥
भग्ने वक्त्रमुखे शक्रे वरुणे करुणास्पदे ।
धनदे निधनापन्ने शशाङ्के ग्रासशङ्किते ॥ ३७८ ॥
भग्नायुधध्वजच्छत्रा छिन्नस्यन्दनकुञ्जराः ।
निश्चेष्टास्त्रिदशास्तस्थुर्दिनदीपा इवाप्रभाः ॥ ३७९ ॥
शीतस्य वह्नेः का वार्ता तरणिस्तारदर्पणः ।
आस्था किं निश्चले वायौ किं यमेन हतौजसा ॥ ३८० ॥

किमेते मुद्रिता रुद्रा वसवो व्यसवो नु किम् ।
इति ब्रुवाणा नादेन ननन्दुर्दितिनन्दनाः ॥ ३८१ ॥
ततः संप्राप्तविजयः कालनेमिः क्षतामरः ।
लोकपालपदे तस्थौ विभज्यानेकधा वपुः ॥ ३८२ ॥
जलं भूत्वाभवद्व्यापी वायुर्भूत्वा ववौ स्वयम् ।
सोमसूर्यतनुर्भूत्वा रात्र्यहानि चकार सः ॥ ३८३ ॥
जग्राह सर्वलोकात्मा हव्यमग्निमुखः स्वयम् ।
सर्वदेवमयः सोऽभूदिति विष्णुजिगीषया ॥ ३८४ ॥
समस्तभुवनाधीशः सर्वदेवगणैर्युतः ।
वेदधर्मकृपासत्यैः श्रिया च न समाश्रितः ॥ ३८५ ॥
स ददर्शाथ देवादिं देवं गरुडलाञ्छनम् ।
उपेक्षिताग्रसंमर्दं रणकौतुकलीलया ॥ ३८६ ॥
प्रभादामाभिरामेण कौस्तुभेन विभूषितम् ।
स्फुरदिन्द्रायुधोदारं स्निग्धश्याममिवाम्बुदम् ॥ ३८७ ॥
भुजैर्विभ्राजितं रत्नकेयूरधृतिपल्लवैः ।
हारकान्तिसुधासिक्तैः पारिजातैरिवापरैः ॥ ३८८ ॥
उह्यमानं सुपर्णेन सुवर्णच्छविहारिणा ।
मन्दरोद्धारभीतेन मूर्तेनेव सुमेरुणा ॥ ३८९ ॥
दैत्यसंहारगणनाचिह्नहेमाङ्गदां गदाम् ।
धारयन्तं गिरीन्द्राणां गौरवैरिव निर्मिताम् ॥ ३९० ॥
अरुणैरूरुयुगले रत्नसूर्यांशुभिर्वृतम् ।
मधुकैटभकण्ठासृक्छटाभिरिव चर्चितम् ॥ ३९१ ॥
शङ्खकान्तिवितानेन रत्नमालातरङ्गिणा ।
क्षीरोदेनेव शयनायासत्रस्तेन सेवितम् ॥ ३९२ ॥
राहुकण्ठाटवीछेदप्रोच्छलच्छोणितारुणैः ।
व्याप्तं चक्रप्रभाचक्रैः सूर्यांशुभिरिवाम्बरम् ॥ ३९३ ॥

अहो बतायमस्माकं शत्रुर्लोचनगोचरः।
निरञ्जनदशां येन नीता दैत्यवधूदृशः॥ ३९४॥
घ्नता हिरण्यकशिपुं सुतारैर्नखराङ्कुरैः।
हन्त्रा हतान्यनेनैव मुक्ताभानि यशांसि नः॥ ३९५॥
नृसिंहचरणाक्रान्तिरजोदिग्धां सभाभुवम्।
हत्वेमं क्षालयाम्येष दैत्यहर्षाश्रुवारिभिः॥ ३९६॥
इति ब्रुवाणं सावज्ञं लीलास्मितसिताधरः।
पातिना दर्पमधुना मत्तोऽस्मीत्यभ्यधाद्विभुः॥ ३९७॥
घोराट्टहासविकटो दानवाधिपतिस्ततः।
अपातयच्छस्त्रवृष्टिं देवोरसि भुजैर्घनैः॥ ३९८॥
अकम्प्यत सुपर्णोऽपि गदया चण्डवेगया।
देवोरसि भुजैर्येन[1] निष्कम्पोऽकम्पत क्षणम्॥ ३९९॥
विस्मितः कोपसंरम्भादथ विष्णुर्व्यवर्धत।
सहस्रबाहुचरणः सहस्रवदनेक्षणः॥ ४००॥
स सुदर्शनमासाद्य विषदं भयदं द्विषाम्।
पर्यन्ततेजःप्रसरैः किरत्काञ्चनवालुकम्॥ ४०१॥
दैत्यास्थिकूटकुण्ठाकं क्षुराग्रं वज्रमण्डलम्।
चिक्षेप क्रकचक्रूरं दानवाननकानने॥ ४०२॥
तद्विष्णुभुजनिर्मुक्तं प्रतिमानं विवस्वतः।
चकर्ताग्निशिखोद्गारं घोरं वक्त्रशतं द्विषः॥ ४०३॥
निकृत्तभुजवक्त्रोत्थसरद्रुधिरनिर्झरः।
न पपात चिरं दैत्यो मन्युस्तब्ध इव स्थितः॥ ४०६॥
पक्षवातेन तार्क्ष्यस्य क्षुण्णक्ष्माधरमौलिना।
सप्ताब्धयः समुत्पेतुस्तरङ्गालिङ्गिताम्बराः॥ ४०५॥
सर्वतः पाणिपादेन सर्वे सर्वत्र दानवाः।
पीडिता विश्वरूपेण प्रययुः स्मृतिशेषताम्॥ ४०६॥

कालनेमिवधः॥ १०॥

---

१. 'तेन सर्वैर्भुजैर्येन' ख.

ततो निवृत्ते दुर्वृत्ते प्रवृत्ते धर्मकर्मणि ।
ब्रह्मप्रभृतिभिर्देवैः स्तूयमानो महर्षिभिः ॥ ४०७ ॥
स्वपदे शक्रमादाय ब्रह्मसद्म ययौ हरिः ।
वन्दितस्त्रिजगद्वन्द्यैः सिद्धैः संविन्मयात्मभिः ॥ ४०८ ॥
ततो निजाश्रमं गत्वा स्वप्रभोद्भासितं विभुः ।
भेजेऽम्बुधौ योगनिद्रामदभ्राभ्रोत्तरच्छदे ॥ ४०९ ॥
तं शेषशायिनं कृष्णं सहस्रवदनं शनैः ।
निद्रा सिषेवे मत्तालिमालेव कमलाकरम् ॥ ४१० ॥
तस्य पीतांशुकोदारं सुप्तस्य विबभौ वपुः ।
नाभिब्रह्मसरोजोत्थरजःपुञ्जैरिवाचितम् ॥ ४११ ॥
कलयन्नक्षसूत्रेण लौकिकीं कालकल्मषाम् ।
प्रजाः श्वासावलीसूत्रैः संजहारोत्ससर्ज च ॥ ४१२ ॥
तस्मिन्प्रसुप्ते विधिना दक्षिणायनकारिणा ।
निद्रापि निद्रयेवाभूत्तमःपटलमीलिता ॥ ४१३ ॥
जृम्भालस्यविमोहाङ्का नृणां जीवार्थहारिणी ।
अदीर्घप्रलये सेयं पावनी विष्णुसंगमात् ॥ ४१४ ॥
ततो वर्षसहस्रेषु यातेषु च कृते कृते ।
त्रेतायां विनिवृत्तायां द्वापरे तनुतां गते ॥ ४१५ ॥
कमलाकेलिकमलप्रान्तवातविबोधितम् ।
पितामहमुखा देवाः सहस्राक्षपुरःसराः ॥ ४१६ ॥
एकीभूताः समभ्येत्य जगत्कार्यार्थमुद्यताः ।
तं तुष्टुवुर्मुनिगणाः फुल्लपद्मकराः क्षणम् ॥ ४१७ ॥
योगनिद्रापदेशेन गर्भीकृतजगत्त्रये ।
त्वयि देव न जानीमः कर्तव्यं सुप्तसंविदा ॥ ४१८ ॥
त्रैलोक्यकर्मणां मुद्रां निद्रां नेत्राब्जषट्पदीम् ।
त्यज भोगपरिम्लानामिव नीलोत्पलस्रजम् ॥ ४१९ ॥

स्फारेण दक्षिणेनाक्ष्णा जन्मक्षेत्रेण भास्वतः ।
जगन्ति कमलानीव विकासय जगत्पते ॥ ४२० ॥
सव्येनेन्दूदयानन्दविष्यन्दामृतवर्षिणा ।
भूतानि सर्वभूतात्मन्कुमुदानीव जीवय ॥ ४२१ ॥
देव देवाः प्रतीक्षन्ते त्वत्प्रसादावलोकनम् ।
विज्ञप्तिः श्रूयतामेषा जगतां कार्यगौरवात् ॥ ४२२ ॥
श्रुत्वेति देवर्षिवचो निद्राविषदलोचनः ।
पार्श्वे वलितहारार्धविश्रान्तिकृतमण्डलः ॥ ४२३ ॥
आवृत्तकंधरो देवानवदद्दशनांशुभिः ।
कुर्वन्वदनपद्मानां मृणालीकाण्डमण्डलम् ॥ ४२४ ॥
किमयं लोकपालानां मन्त्रशंसी समागमः ।
अपि नाम न दैत्येन्द्रैः क्रान्तास्त्रिदशभूमयः ॥ ४२५ ॥
फुल्लाब्जपुञ्जजयिनी किरणाङ्कुरकेसरा ।
इयं वो वदनच्छाया न शंसति पराभवम् ॥ ४२६ ॥
अयं च स्वयमायातः पद्मजन्मा पितामहः ।
हितं च जगतां कार्यं नाल्पमेतद्भविष्यति ॥ ४२७ ॥
सज्जोऽहं भवतामर्थे कर्तव्यमधुनोच्यताम् ।
इति वादिनि देवेशे बभाषे चतुराननः ॥ ४२८ ॥
सर्वं त्वमेव सर्वात्मञ्जानीषे कार्यमात्मना ।
प्रभ्वाज्ञाः किंतु भवतः परेण न विलङ्घ्यते ॥ ४२९ ॥
सहस्रशीर्षः शेषोऽयं वक्तुं जानाति ते स्तुतिम् ।
तवैव भारती देवी यदि वैषा सरस्वती ॥ ४३० ॥
त्वच्चक्रक्रकचोत्कृत्तदैत्योग्रविषपादपे ।
धर्मस्त्यति जगत्यस्मिन्नभग्नप्रणयो रथः ॥ ४३१ ॥
विवृद्धाः सर्वभूपालाः सदाचारानुवर्तिनः ।
प्रभूतबलसंभारैर्भारः किंतु महान्क्षितेः ॥ ४३२ ॥

सेयं महीयसी चिन्ता महीमज्जनशङ्कया ।
सद्वृत्तानां नरेन्द्राणां क्षये यदयमुद्यमः ॥ ४३३ ॥
प्रजापतेरिति वचः श्रुत्वा देवः प्रजाहितम् ।
तथेत्युक्त्वा ययौ सार्धं त्रिदशैरमरावतीम् ॥ ४३४ ॥
तां कल्पपादपवतीं रत्नमन्दिरसुन्दराम् ।
प्रविश्य भेजे प्रोद्भूतरत्नस्तम्भप्रभां सभाम् ॥ ४३५ ॥
चन्द्रकान्तासने तत्र क्षीरार्णव इवापरे ।
स्थिते विष्णौ सुराः प्रापुर्हेमरत्नासनान्यथ ॥ ४३६ ॥
ब्रह्मवाक्यात्प्रतीहारे वेत्रपाणौ समीरणे ।
निवातसुप्तदुग्धाब्धिनिःशब्दमभवत्सदः ॥ ४३७ ॥
ततस्तं सूचिताभिख्या स्वयं तामरसौकसा ।
पादपीठे पुरो विष्णोरुपविश्यानताननां ॥ ४३८ ॥
श्यामा पद्मपलाशाक्षी हारांशुशबलस्तनी ।
नानारत्नप्रभाङ्केव देवी रोहिणभूभृतः ॥ ४३९ ॥
उवाचोर्वी मुखाम्भोजदिव्यगन्धाधिवासिनी ।
हरन्ती बालवल्लीनां भृङ्गभारकदर्थनाम् ॥ ४४० ॥
देव त्वच्चरणाम्भोजमध्यविश्रान्तिलालिता ।
न कदाचन जानेऽहं जगद्भारपरिश्रमम् ॥ ४४१ ॥
ललना क्व नु नामाहं क्व चेमे कुलभूधराः ।
तदेतत्त्वदवष्टम्भसंभारस्य विजृम्भितम् ॥ ४४२ ॥
मज्जन्ती सलिले पूर्वं नलिनीदललीलया ।
त्वयैवादिवराहेण दंष्ट्राग्रेणाहमुद्धृता ॥ ४४३ ॥
जगत्येकार्णवे पूर्वं निर्मथ्य मधुकैटभौ ।
तन्मेदसा घनीभूता त्वयाहं मेदिनी कृता ॥ ४४४ ॥
भार्गवेण कृते कोपादसकृत्क्षत्रसंक्षये ।
कालेन पुनरुद्भूता मनोर्वंशे नरेश्वराः ॥ ४४५ ॥

तेषां सुभटसंघाते गजवाजिसमाकुले।
वृद्ध्या निर्विवरीभूते भारेणास्मि निपीडिता ॥ ४४६ ॥
क्रियतां तत्क्षयोपायेऽप्यवधानलवः क्षणम्।
शरण्यं त्रिदशेशानां त्वामस्मि शरणं गता ॥ ४४७ ॥
गुरुरग्निः सुवर्णस्य तिग्मांशुश्च गवां गुरुः।
तारकाणां गुरुः सोमः सदा मम गुरुर्भवान् ॥ ४४८ ॥
श्रुत्वेति पृथिवीवाक्यं विष्णुना तिर्यगीक्षितः।
तत्समीहिततत्त्वज्ञो देवान्प्राह पितामहः ॥ ४४९ ॥
अंशावतारः क्रियतां भवद्भिर्भूतये भुवः।
एष विष्णुः क्षितौ साक्षादवतारे कृतक्षणः ॥ ४५० ॥
पुरा जलनिधेस्तीरे कश्यपेन सह स्थितम्।
मां गङ्गानुगतः श्रीमानाययौ भूषितोऽम्बुधिः ॥ ४५१ ॥
तेनाहं प्लाविता वार्भिर्दृप्तं तमवदं रुषा।
[1]भो राजवेश शान्तोऽसीत्युक्तमात्रो भवत्तनुः ॥ ४५२ ॥
स जातः शंतनुर्नाम मच्छापाद्वसुधाधिपः।
वसूनां जननी गङ्गा तमेवानुगता प्रिया ॥ ४५३ ॥
तद्वंशे पाण्डुरुत्पन्नो धृतराष्ट्रश्च भूमिपौ।
धर्मानिलेन्द्राश्विभागाः पाण्डोरायान्ति पुत्रताम् ॥ ४५४ ॥
कलेरंशस्य पुत्रोऽस्तु धृतराष्ट्रस्य सानुजः।
अन्येषु राजवंशेषु भवन्तु च सुराः परे ॥ ४५५ ॥
रुद्रश्च शिशिरांशुश्च गन्धर्वोरगराक्षसाः।
तेषां परस्परं घोरे वैरारणिसमुद्भवे।
रणानले क्षयं यातु घनं क्षितिपकाननम् ॥ ४५६ ॥
तान्प्रजापतिरित्युक्त्वा विससर्ज वसुंधराम्।
ततोंऽशैस्तत्समादिष्टास्त्रिदशाः क्ष्मामवातरन् ॥ ४५७ ॥

---

१. 'भूराज' ख.

अत्रान्तरे हरेरंशो भगवान्नारदो मुनिः ।
अभ्यायात्तेजसा कुर्वन्दिशः कनकपिङ्गलाः ॥ ४१८ ॥
नादशक्तिं कुटिलतां भुवनोदरसंकटे ।
मूर्तामिव वहन्वीणां स्वरज्ञश्छन्दसां निधिः ॥ ४१९ ॥
रहस्यभेत्ता जगतां कलिकेलिकुतूहली ।
आवर्जितजटाबन्धः स विष्णुं प्रणतोऽभ्यधात् ॥ ४६० ॥
भगवन्भुवि भूपालवंशेषु त्रिदशेश्वराः ।
अवतीर्णा भवद्वाक्यात्किंत्वेष विफलः श्रमः ॥ ४६१ ॥
असतां तावदमराः समुद्धतमहोरगाः ।
तृणाञ्चनेऽपि का शक्तिस्त्वां विना परमेष्ठिनम् ॥ ४६२ ॥
दानवा भुवि संभूता भवता ये हताः पुरा ।
अवतीर्य भवानेव तेषां मूलक्षये क्षमः ॥ ४६३ ॥
लवणं दानवं हत्वा शत्रुघ्नो राघवानुजः ।
छित्त्वा मधुवनं चक्रे यां पुरीं मथुरां पुरा ॥ ४६४ ॥
तस्यामद्य समुत्पन्नः कंसो यदुकुले नृपः ।
योऽसौ हतस्त्वया पूर्वं कालनेमिर्महासुरः ॥ ४६५ ॥
हयग्रीवादयो ये च दैत्याः पूर्वं हतास्त्वया ।
ते केशिधेनुकारिष्टप्रलम्बाद्या भुवि स्थिताः ॥ ४६६ ॥
तेषां वधाय भगवन्क्रियतां स्वयमुद्यमः ।
नारदेनेत्यभिहिते तथेत्यूचे जगत्पतिः ॥ ४६७ ॥
जन्मधामोचितं पृष्टस्तेन ब्रह्मावदत्ततः ।
श्रूयतां भगवन्यस्ते धन्यः समुचितः पिता ॥ ४६८ ॥
यज्ञार्थे याज्ञियां धेनुं पुरा पुत्रस्य कश्यपः ।
अदितिः सुरभिश्चास्य वल्लभे जगतीपतेः ॥ ४६९ ॥
स यादवकुले जातो वसुदेवो महायशाः ।
देवकी रोहिणी चेति ते तस्य दयिते उभे ॥ ४७० ॥

तस्य पुत्रत्वमासाद्य गोपक्रीडारसाकुलः ।
अत्यद्भुतानि कर्माणि दर्शयञ्जहि दानवान् ॥ ४७१ ॥
धन्यः स जगतां वन्द्यः कस्य वा न स्पृहापदम् ।
यः श्रोष्यति तवाव्यक्तवर्णं तातेति जल्पतः ॥ ४७२ ॥
इति पद्मोद्भवगिरा कृताभ्युपगमे हरौ ।
नारदः प्रययौ भेदी कौतुकेनार्जवेन च ॥ ४७३ ॥
विचित्रभास्कराल्लोकलोकसंचरणव्रतः ।
स महीमेत्य मथुरां विवेश विषदां पुरीम् ॥ ४७४ ॥
कौतुकानां कुलगृहं कोऽयं सकलसंपदाम् ।
उद्यानं कल्पवल्लीनां वीक्ष्य तां विस्मितोऽभवत् ॥ ४७५ ॥
तत्र सिंहासनासीनं कंसं भीमं महीभुजाम् ।
प्रत्यग्रं तं ददर्शोग्रमुग्रसेनजमग्रजः ॥ ४७६ ॥
तत्सभां पूजितस्तेन रत्नसिंहासनोज्ज्वलाम् ।
प्रविश्य क्षणमासीनस्तमूचे बलगर्वितम् ॥ ४७७ ॥
लोकसंचारिणा कंस मया सुरसभान्तरे ।
श्रुतस्तव वधोपाये मन्त्रः सुचिरचिन्तितः ॥ ४७८ ॥
पितुः स्वसुस्ते देवक्या यो गर्भो भविताष्टमः ।
सानुगस्य स ते मृत्युर्विहितः शङ्कितैः सुरैः ॥ ४७९ ॥
इत्युदीर्य मुनौ याते श्वसन्कंसः सभास्थितः ।
जहास कान्ति शत्रूणां दंष्ट्राभिस्तर्जयन्निव ॥ ४८० ॥
सोऽवदत्सचिवानन्तःकोपेऽप्यविकृताननः ।
असूययेव देवानां मुहुरालोकयन्नभः ॥ ४८१ ॥
अहो नु भेदशीलेन मुनिना मूढचेतसा ।
नाकौकसामविषये कथितो मन्त्र एष नः ॥ ४८२ ॥
नितरां प्रतिकूलोऽहं देवानामधुना स्थितः ।
केशिमुख्याः क्षयायोर्व्यां विचरन्तु मदाशया ॥ ४८३ ॥

प्रलम्बधेनुकारिष्टपूतनाकालियादयः ।
कुर्वन्ति यज्वनां लोके देवद्वेषात्पराभवम् ॥ ४८४ ॥
देवकीगर्भनिधने तिष्ठन्त्ववहिताः सदा ।
आप्तवादेन नार्यस्तु पुरुषाश्च हिता मम ॥ ४८५ ॥
इत्युक्तः सचिवान्कंसो निर्विकारोऽभवद्बहिः ।
अन्तस्तु चिन्तासंतापमुवाह विषदुःसहम् ॥ ४८६ ॥
तस्मिन्नवसरे कृष्णो जगद्रक्षाकृतक्षणः ।
पातालमेत्य तान्गर्भानपश्यत्कालनेमिजान् ॥ ४८७ ॥
तपसोग्रेण ते प्रापुः पुरा कमलजाद्वरात् ।
हिरण्यकशिपुश्चैतानशपद्ब्रह्मनिन्दकः ॥ ४८८ ॥
मामनादृत्य युष्माभिर्यस्मादाराधितो विधिः ।
तस्मात्पूर्वं पितुर्वध्या यूयं गर्भान्मृता भुवि ॥ ४८९ ॥
इति तच्छापविवशान्सलिलान्तरनिश्चलान् ।
तान्सुप्तान्वीक्ष्य भगवान्निद्रामूचे स्वरूपिणीम् ॥ ४९० ॥
षट्सु गर्भेषु देवक्या जीवानेतान्क्षिप स्वयम् ।
भविष्यत्यन्तकस्तत्र तेषां कंसः स्वचिन्तया ॥ ४९१ ॥
सप्तमो रोहिणीगर्भो त्याज्यो विनिमयेन तु ।
गर्भस्तदन्ते देवक्या भविष्याम्यहमष्टमः ॥ ४९२ ॥
गोव्रजे नन्दगोपस्य यशोदाख्या कुटुम्बिनी ।
मज्जन्म समकालत्वं तद्गर्भेऽवतर स्वयम् ॥ ४९३ ॥
मासेऽष्टमे नवम्यां तु कृष्णरात्र्यां मृगेक्षणे ।
व्यत्यासस्तत्र भविता तुल्ये जन्मन्यथावयोः ॥ ४९४ ॥
ततस्त्वं कंसपुरुषैः शिलायामाहता भृशम् ।
गमिष्यसि दिवं देवि दिव्येन वपुषान्विता ॥ ४९५ ॥
तत्र त्वं शक्रभगिनी भूत्वा पूज्या दिवौकसाम् ।
दुर्गा निसुम्भसुम्भघ्नी पदं विन्ध्ये करिष्यसि ॥ ४९६ ॥
चन्द्रानना कृष्णतनुः सिंहवाहा शिखिध्वजा ।
व्यक्ताव्यक्ता परा शक्तिः कालरात्रिर्जया धृतिः ॥ ४९७ ॥

ह्रीः श्रीर्माया मतिः पुष्टिर्देवानामधिदेवता ।
जननी व्यापिनी काली पार्वती धरणी प्रभा ॥ ४९८ ॥
सर्वक्षयकरी घोरा शिवा पीयूषवर्षिणी ।
नवमी संनिधिः सिद्धिदायिनी त्वं भविष्यसि ॥ ४९९ ॥
इत्यादिश्य हरिर्निद्रामुन्निद्राम्बुरुहेक्षणः ।
तत्कार्यं मनसा ध्यात्वा स्वधाम भगवान्ययौ ॥ ५०० ॥
अथ गर्भेषु देवक्याः षट्सु कंसस्य शासनात् ।
हतेषु तेषु क्रमशः किंकरैः क्रूरकारिभिः ॥ ५०१ ॥
सप्तमेऽपि समाकृष्य नीते संकर्षणाभिधे ।
विन्यस्तरोहिणीगर्भगेहे स्वजननीधिया ॥ ५०२ ॥
अष्टमं जगतां नाथं गर्भमादत्त देवकी ।
येन प्रभातवेलेव साभूदासन्नभास्करा ॥ ५०३ ॥
ततः पूर्णेऽष्टमे मासि रात्र्यर्धेऽभिजिता युते ।
असूत देवकी विष्णुं हुताशनमिवारणिः ॥ ५०४ ॥
तस्मिन्नेव क्षणे कन्यां यशोदा विषदद्युतिम् ।
अजीजनत्प्रसन्नेषु लोकेष्वच्युतजन्मना ॥ ५०५ ॥
कम्पिते भुवने देवगणे मङ्गलभाषिणि ।
पुष्पवर्षैः प्रकाशासु दिक्षु कीर्त्या हरेरिव ॥ ५०६ ॥
निद्रया मोहिते रक्षिजने तत्प्रेरिताशयः ।
वसुदेवो रहश्चक्रे गर्भयोर्व्यत्ययं स्वयम् ॥ ५०७ ॥
नन्दगोपगृहे पुत्रं विन्यस्यादाय तत्सुताम् ।
देवकीगर्भशयने तत्याज भयशङ्कितः ॥ ५०८ ॥
ततः प्रबुद्धैः कन्येयं जातेत्यद्भुतवादिभिः ।
कंसाय दर्शिता गर्भसलिलार्द्रैव रक्षिभिः ॥ ५०९ ॥
तच्छासनादाहताथ सा तैः पृथुशिलातले ।
दीप्तायुधानेकभुजा शिखेवाग्नेः खमाविशत् ॥ ५१० ॥

हारनक्षत्रमालाङ्का शशाङ्करुचिरानना ।
भूतसंमोहजननी रजनीव सविग्रहा ॥ ५११ ॥

हंसरत्नप्रभादीप्तकुण्डलाभ्यां विराजिता ।
द्यौरिवास्तोदयासक्तशशिमार्ताण्डमण्डला ॥ ५१२ ॥

मयूरबर्हाभरणा मायूरध्वजभूषिता ।
श्यामा सशक्रचापेव प्रावृट्पीनपयोधरा ॥ ५१३ ॥

मुकुटेन त्रिशृङ्गेण नानारत्नाट्टहासिना ।
विभूषितकचाबन्धा रोहिणाद्रिवतीव भूः ॥ ५१४ ॥

सा भूतसंघानुगता हसन्ती सस्वनं मुहुः ।
दारयन्ती तमः कंसं तर्जयन्ती समभ्यधात् ॥ ५१५ ॥

कंस कंसान्तकालेऽहं कृष्यमाणस्य वैरिणा ।
विदार्य[1] जीवितं देहे पास्यामि तव शोणितम् ॥ ५१६ ॥

इत्युक्त्वाभिमतं देशं ययौ कात्यायनी दिवः ।
चकम्पे विफलोद्योगलज्जितश्चोग्रसेनजः ॥ ५१७ ॥

स गत्वा देवकीं मूर्ध्ना प्रणिपत्य प्रसाद्य च ।
गर्भाः कालेन ते मातः क्षपिता इत्यभाषत ॥ ५१८ ॥

कृष्णोत्पत्तिः ॥ ११ ॥

शङ्कितो वसुदेवस्तु रोहिणीसुतमत्यजत् ।
नन्दगोपगृहेष्वेव शीतांशुसुभगद्युतिम् ॥ ५१९ ॥

न्यासीकृत्य यशोदायां ज्येष्ठं संकर्षणं शिशुम् ।
गूढे च कृष्णवृत्तान्ते तच्चिन्तानिरतोऽभवत् ॥ ५२० ॥

प्रेरितो नन्दगोपस्तु तेन पुत्रहितैषिणा ।
त्यक्त्वा वृन्दावनं घोरं दैत्यकण्टकपन्नगैः ॥ ५२१ ॥

गोवर्धनवनोपान्ते यमुनास्निग्धपादपे ।
वीतविघ्ने व्रजं चक्रे बहुभिर्गोकुलैर्वृतः ॥ ५२२ ॥

---

१. 'पाटयित्वा करैर्देहमुष्णं पास्यामि शोणितम्' इति हरिवंशे.

गम्भीरमन्थनिर्घोषघनानन्दितचातके ।
पाकावर्तिघृतामोदसंपूरितसमीरणे ॥ ५२३ ॥
वनप्राप्यप्रतिच्छन्नवत्सहुंकारगोगणे ।
गोपालीकाकलीगीतनिश्चलाङ्गकुरङ्गके ॥ ५२४ ॥
कालिन्दीतीरवानीरलतादोलायिताभेके ।
भ्रात्रा सहेन्दुशुभ्रेण कृष्णो मरकतद्युतिः ॥ ५२५ ॥
व्यवर्धत वनोद्भेदः स गाङ्ग इव यामुनः ।
प्रसुप्तं शकटस्याधस्तृप्तं स्तन्येन निश्चलम् ॥ ५२६ ॥
कदाचित्तं समुत्सृज्य यशोदा यमुनां ययौ ।
प्रबुद्धः सोऽथ शनकैः पाणिपादं क्षिपन्मुहुः ॥ ५२७ ॥
रुरोद दशनोद्द्योतैः क्षीरपूरैरिवाङ्कितः ।
चरणौ च प्रसार्योर्ध्वं जृम्भाविकसिताननः ॥ ५२८ ॥
पादेनैकेन शकटं विपर्यस्तमधो व्यधात् ।
अत्रान्तरे समभ्येत्य यशोदा प्रस्नुतस्तनी ॥ ५२९ ॥
शकटं भग्नमालोक्य चकम्पे सुतवत्सला ।
सा शिशुं स्वस्थमादायेत्यूचे नन्दो विशङ्कितः ॥ ५३० ॥
केनेदं शकटं भग्नं विना मत्तवृषाहतीः ।
तेनेति पृष्टाः शिशवः कृष्णेनेति बभाषिरे ॥ ५३१ ॥

शकटभङ्गः ॥ १२ ॥

ततः कृष्णोत्सवे लोके सुप्ते निशि निशाचरी ।
आययौ पूतना नाम मायया प्रस्नुतस्तनी ॥ ५३२ ॥
सा दधौ वदने तस्य शिशोर्निधनकाङ्क्षिणी ।
स्तनं प्राणैः सहास्याश्च तमाकृष्योच्चकर्त सः ॥ ५३३ ॥
हतायां व्याघ्रघोषायां तस्यामभ्युत्थितो भयात् ।
सभार्यो नन्दगोपोऽभून्मग्नोन्मग्न इवाम्बुधौ ॥ ५३४ ॥
ततो विदितवृत्तान्तौ विस्मयानन्दनिर्भरौ ।
तौ दम्पती बहिः कंसभयान्नो किंचिदूचतुः ॥ ५३५ ॥

पूतनावधः ॥ १३ ॥

शनकैश्चरणन्यासमक्रूरैः सगतागतैः ।
हर्षं ववर्ष बन्धूनां त्रैलोक्याक्रमणक्षमः ॥ १३६ ॥
कालेन वर्धमानौ तौ कृष्णसंकर्षणौ वने ।
पूर्यमाणौ मदेनेव पञ्चाननकिशोरकौ ॥ १३७ ॥
विरेजतुः शिशुक्रीडायां सुभूषितविग्रहौ ।
रक्ष्यमाणाविवालिङ्गच भुवो भारक्षयक्षमौ ॥ १३८ ॥
कान्तौ कमलपत्राक्षौ चलत्कुटिलकुन्तलौ ।
स्मितेन चक्रतुः कण्ठे सितमुक्तावलीरिव ॥ १३९ ॥
तुल्यलावण्यमाधुर्यधुर्यं वपुरभूत्तयोः ।
महतां संश्रये नूनमेककार्यविरोधिने ॥ १४० ॥
स्वेच्छागोपतनौ तत्र देवे त्रैलोक्यगोप्तरि ।
स्पृहा तत्सङ्गधन्येभ्यो गोपेभ्योऽभूद्दिवौकसाम् ॥ १४१ ॥
धर्तुं यदा यशोदा तं न शशाक महाजवम् ।
आबबन्धोदरे धीरा दाम्ना दामोदरं तदा ॥ १४२ ॥
तरसा स समाकृष्य दामबद्धमुलूखलम् ।
विचचार वने केलिचतुरो विगतश्रमः ॥ १४३ ॥
विस्मयं प्रययुर्गोपास्तस्योलूखलकर्षणात् ।
मन्दराधारधैर्येऽपि जगद्यस्मिन्न विस्मितम् ॥ १४४ ॥
विपुलौ यमुनातीरे संहतावर्जुनद्रुमौ ।
स प्राप्य तन्मध्यगतश्चकर्षोलूखलं बलात् ॥ १४५ ॥
तद्बलोन्मूलितौ वेगात्पेततुरथ तौ द्रुमौ ।
येनाभूत्क्षोभगम्भीरः संरम्भो यमुनाम्भसः ॥ १४६ ॥
गोपबालास्तदालोक्य भयस्मयतयाकुलाः ।
यशोदामूचिरे गत्वा संभ्रमाकुलितस्वराः ॥ १४७ ॥
अयि प्रमाददशीले त्वं सुखसुप्तेन मोहिता ।
पूज्यौ तौ तव पुत्रस्य पतितावुपरि द्रुमौ ॥ १४८ ॥

देवान्महाभयान्मुक्तं गत्वा तं पश्य दारकम् ।
श्रुत्वेति स्वेदमग्नेव यशोदा कम्पिता ययौ ॥ ५४९ ॥
सा विलोक्य तयोर्मध्ये महापादपयोः सुतम् ।
संत्रासं च प्रसादं च विस्मयं च ययौ क्रमात् ॥ ५५० ॥
ततः सर्वे समभ्येत्य गोपवृद्धाः ससंभ्रमम् ।
अवदन्केन घोषस्य दैवतौ(?) पातिताविमौ ॥ ५५१ ॥
नाभवन्मेघनिर्घातो व्यभ्रे का विद्युतां कथा ।
नेह मत्तो द्विपः कस्मादकस्माद्द्रुमयोः क्षयः ॥ ५५२ ॥
इति वादिनि गोपालमण्डले सुतमग्रहीत् ।
विमुच्य नन्दः सासूयं यशोदामवलोकयन् ॥ ५५३ ॥
निन्दति स्ववधूं याते नन्दगोपे सहानुगे ।
गृहे गृहे भवत्कोऽपि द्रुमभङ्गकथास्मयः ॥ ५५४ ॥

द्रुमनिपातः ॥ १४ ॥

किंचिदुन्मुक्तबाल्यौ तावथ संकर्षणाच्युतौ ।
नीलपीताम्बरौ काकपक्षाङ्कौ चेरतुर्वने ॥ ५५५ ॥
उत्तंसकुसुमापीडैः फलविभ्रमकारिणौ ।
रक्षातिलकरत्नाग्राविव नागकुमारकौ ॥ ५५६ ॥
मयूरपक्षाभरणप्रभापल्लवशालिनौ ।
लावण्यामृतनिष्यन्दौ पारिजातात्मजाविव ॥ ५५७ ॥
ह्रस्ववेणुकलक्काणस्वभावमधुरस्वनौ ।
प्रांशुशैलशिलासीनाविव किन्नरदारकौ ॥ ५५८ ॥
उत्पतत्कन्दुकोदारगुलिकाचतुरभ्रमौ ।
विचित्रमाल्यललितौ विद्याधरसुताविव ॥ ५५९ ॥
पाणौ दधानौ बाणाङ्ककेलिकोदण्डदण्डिकाम् ।
पुनर्वनमिवायातौ वीरौ राघवलक्ष्मणौ ॥ ५६० ॥
विहरन्तौ मदोदारौ तौ राजीववविलोचनौ ।
रेजतुः किंचिदासन्ननवयौवनविभ्रमौ ॥ ५६१ ॥

चिरभोगपरिम्लानविरलौषधिपादपे ।
नारंस्त केशवस्तत्र नवकाननकौतुकी ॥ ९६२ ॥
स कृत्वा व्रजसंत्रासं गूढं मायामयैर्वृकैः ।
रन्तुं वृन्दावनोपान्तं कालिन्दीसुन्दरं ययौ ॥ ९६३ ॥
निविष्टे गोकुले तत्र निर्भये सेव्यसंश्रये ।
नवकाननसंभोगः कोऽपि गोपकुलेऽभवत् ॥ ९६४ ॥
अदृश्यत ततः श्यामा नवोद्गतपयोधरा ।
वधूर्नवेव कृष्णस्य प्रावृड्विहितकौतुका ॥ ९६५ ॥
नववारिधरैर्व्योम्नि चलत्कलभविभ्रमैः ।
वियोगिनीमनोजन्मवह्निधूमोद्गमायितम् ॥ ९६६ ॥
जयिनः स्मरराजस्य वीजयन्व्यजनैरिव ।
ततो विरहिणीचिन्तानिःश्वासप्रसभोऽनिलः ॥ ९६७ ॥
भुवि कान्तासितसिता बभुः केतकसूचयः ।
मेघामर्दविशीर्णस्य शिशिरांशोः कला इव ॥ ९६८ ॥
बलाकावलयाश्चेरुर्गुरुगर्जरता दिवि ।
मत्तमेघगजेन्द्राणां दन्तकान्तिचया इव ॥ ९६९ ॥
घनानां शक्रचापेन वनानां शिखिताण्डवैः ।
परस्परप्रभापुञ्जस्पर्धेव समजायत ॥ ९७० ॥
वर्षाक्षालितसच्छायतमालकदलीभराः ।
स्निग्धस्नातेव युवतिर्विरराज वसुंधरा ॥ ९७१ ॥
त्वङ्गत्तुरङ्गभ्रूभङ्गा फेनकूटाह्व(ट्ट)हासिनी ।
मत्तेव यौवनवती बभ्राम यमुनावने ॥ ९७२ ॥
बभौ सौदामिनीदामकान्तिः कापि पयोमुचाम् ।
मेरुशेखरलग्नेव तप्तजाम्बूनदच्छटा ॥ ९७३ ॥
नीलाभ्रचकिताः क्वापि राजहंसगणा ययुः ।
चिरं नष्टमिवान्वेष्टुं शशाङ्कं कुमुदाकराः ॥ ९७४ ॥

तस्मिन्कदम्बकुटजामोदप्रमुद(?)निर्भरे।
काले विरहिणां काले कृष्णं संकर्षणोऽब्रवीत्॥ ९७५॥
पूरितं परिसर्पद्भिर्बलाकाफेनहासिभिः।
पश्य कृष्ण घनैर्व्योम यामुनैरिव वारिभिः॥ ९७६॥
तडित्पीताम्बरजुषां वनमालावलम्बिनाम्।
विभाति वारिवाहानां तवेव श्यामलं वपुः॥ ९७७॥
इत्यग्रजवचः श्रुत्वा प्रणयाभरणं हरिः।
ललास लीलाभरणो मयूराभरणे वने॥ ९७८॥

प्रावृड्वर्णनम्॥ १९॥

वर्षच्छेदप्रकाशेऽथ नवीभूत इवाखिले।
कदाचिद्विहरन्कृष्णः कानने भ्रातरं विना॥ ९७९॥
न्यग्रोधं प्राप विपुलं वृतो गोपकुमारकैः।
प्रवृद्धभुजसंभारैर्नभो मातुमिवोद्गतम्॥ ९८०॥
विद्याधरसनाथानि त्रिदशाध्युषितानि च।
कुलाद्रिशिखराणीव कौतुकाद्द्रष्टुमुत्थितम्॥ ९८१॥
सर्वाशापूरणोदारसच्छायं भूषणं भुवः।
प्रासादं वनदेवीनां भाण्डीरं नाम पादपम्॥ ९८२॥
तं दृष्ट्वा स्निग्धमानन्दबन्धुं शौरिर्निरन्तरम्।
हृष्टश्चचार तन्मूले गीतवाद्यविनोदकृत्॥ ९८३॥
ततो ददर्श कालिन्दीं जगद्द्विपमदच्छटाम्।
त्वङ्गत्तरङ्गकुटिलां दीर्घवेणीमिवावनेः॥ ९८४॥
फेनबुद्बुदनक्षत्रमालां पुण्यजनोचिताम्।
यातां तापिच्छसच्छायां द्रवतामिव[1] शर्वरीम्॥ ९८५॥
विस्फारशफरोत्फालस्फुरत्स्फीतफणाङ्किताम्।
सेनामिव भुजङ्गानां तरङ्गाभोगभङ्गुराम्॥ ९८६॥

---

१. 'द्रवन्ती' इति भवेत्.

उन्निद्रपद्मवदनां विकचोत्पललोचनाम्।
चक्रवाककुचाभोगां श्यामां हंससितस्मिताम् ॥ १८७ ॥
चण्डांशुतापविगलन्मणिपर्वतकन्दराम्।
संप्रवृत्तामिवावर्तस्फूर्जन्मरकतद्रवाम् ॥ १८८ ॥
क्वचित्सुप्तामिवास्पन्दां क्वचिन्मत्तामिवोद्धताम्।
मूर्छितां विषवेगेन क्वचिद्दष्टामिवाहिना ॥ १८९ ॥
क्वचिद्भीतामिव च्छन्नां क्वचिद्भ्रमिवाकुलाम्।
अमन्दविभ्रमालोलां क्वचिन्मानवतीमिव ॥ १९० ॥
मज्जद्गोपाङ्गनातुङ्गकुचकुम्भोन्नतोदकाम्।
ननन्द कृष्णस्तां दृष्ट्वा तरुणीमिव हारिणीम् ॥ १९१ ॥
ततो ददर्श पातालतलगम्भीरभीषणम्।
करालकालभ्रूभङ्गभङ्गुरोर्मिशताकुलम् ॥ १९२ ॥
तमोमलिनमत्युग्रमकारणभयप्रदम्।
दूरात्परिहृतं सर्वैः खलं नरमिवेश्वरम् ॥ १९३ ॥
अद्यापि न जगद्ग्रस्तं मयेति ज्वलिताशयम्।
धूमोद्गमायितैस्तोयैर्निःश्वसन्तमिवानिशम् ॥ १९४ ॥
व्याप्तमाशीर्विषैर्घोरैस्तीरकोटरशायिभिः।
वीतचन्द्रार्कनक्षत्रं खमिवातङ्कदं ह्रदम् ॥ १९५ ॥
निरीक्ष्य दूरादक्षोभ्यं क्षणं हरिरचिन्तयत्।
अस्मिन्स कालियो नाम कालकूटोत्कटः फणी ॥ १९६ ॥
निवसत्यसिताकारः सर्वप्राणिभयंकरः।
येनेयं विषनिःश्वासैर्दूषिता यमुनातटी ॥ १९७ ॥
सोऽयं मत्तोऽतिदर्पेण मत्तो नाशमिहार्हति।
संभवोऽयं मम प्रायो विनाशाय दुरात्मनाम् ॥ १९८ ॥
विचिन्त्येति ह्रदोपान्तकदम्बतरुपुत्रकम्।
बद्धकक्ष्यः समारुह्य पपात नभसोऽम्भसि ॥ १९९ ॥

गर्जता कृष्णमेघेन सा वेगमवपातिना।
उद्ययौ क्षोभितां वारि विकरालोर्मिशेखरम् ॥ ६०० ॥
दूरोत्पतितशैलाभकल्लोलविनिपातजः।
तदभूद्घोरसंघट्टटाङ्कारो घट्टिताम्बरः ॥ ६०१ ॥
ततः स दहनोद्गारविषफूत्कारभीषणः।
पञ्चास्यो रक्तनयनः कालियः समदृश्यत ॥ ६०२ ॥
अञ्जनाचलतुल्येन तस्य भोगेन सर्वतः।
वर्धमानेन संरुद्धं जलं व्योम व्यगाहत ॥ ६०३ ॥
तत्कोपज्वलनज्वालावलये क्षिप्रमम्भसाम्।
अपरौर्वानलभ्रान्तिजनकः प्रलयोऽभवत् ॥ ६०४ ॥
दन्तनिष्पेषजास्तस्य विषानलपरम्पराः।
भस्मसात्सहसा तीरतरुमालां प्रचक्रिरे ॥ ६०५ ॥
भोगेनावेष्ट्यमानोऽथ कृष्णः कृष्णेन भोगिना।
बभौ वलयितो वार्भिस्तमाल इव यामुनैः ॥ ६०६ ॥
सानुगेनोरगेन्द्रेण गोविन्दं गोपदारकाः।
दंष्ट्राकोटिविषोल्काभिर्व्याप्तं वीक्ष्य समन्ततः ॥ ६०७ ॥
संत्रस्ता व्रजमभ्येत्य चक्रन्दुः स्रस्तकन्दुकाः।
एष दामोदरो घोरे पतितः कालियाम्भसि ॥ ६०८ ॥
वेष्टितः कालकल्पेन भोगिनाथ विषोत्कटम्।
वचः श्रुत्वा ययुः सर्वे नन्दगोपमुखा ह्रदम् ॥ ६०९ ॥
प्रत्यग्रायासनिःस्पन्दे संदेहान्दोलिताशये।
नन्दगोपे फणिव्याप्तपुत्रवक्त्रावलोकिनि ॥ ६१० ॥
तारप्रलापमुखरे यशोदादुःखदारिते।
स्त्रीजनेऽतीव संतप्ते व्याप्ते रागविषैरिव ॥ ६११ ॥
तीरं संकर्षणेनैत्य संज्ञयैव विबोधितः।
भुजाभ्यां भीषणाभोगं भोगमास्फाल्य भोगिनः ॥ ६१२ ॥

चरणाभ्यां समाक्रम्य हरिर्बन्धाद्विनिर्गतः ।
अवनाम्य फणाचक्रं सरलं ज्वलनोल्बणम् ।
आरुरोह शिरःस्फारं मध्यमं मधुसूदनः ॥ ६१३ ॥

ततः स सर्वजगतां चराचरगुरुर्गुरुः ।
उन्ममर्द पदन्यासैर्नृत्यन्निव सविभ्रमम् ॥ ६१४ ॥

स्रस्तदर्पो गलद्धैर्यः प्रोद्वान्तोग्रविषस्ततः ।
स कृष्णं रुधिरोद्गारगलिताक्षरमभ्यधात् ॥ ६१५ ॥

भीतः संरक्षणीयोऽहं नम्रः सर्वात्मना त्वया ।
अञ्जलिव्यञ्जनं दैन्यं जीवपुण्यमिदं मम ॥ ६१६ ॥

दामोदरो निशम्यैतज्जगाद भुजगाधिपम् ।
ह्रदोऽयमशिवाचार सेव्योऽस्तु भवता विना ॥ ६१७ ॥

ततस्त्वमम्बुधिं गच्छ यदि वाञ्छसि जीवितम् ।
तत्र मत्पादमुद्रा ते तार्क्ष्यरक्षा भविष्यति ॥ ६१८ ॥

इति तच्छासनाघ्राते सानुगे भुजगे क्षणात् ।
ययुः कृष्णं प्रशंसन्तो गोपाः सानन्दविस्मयाः ॥ ६१९ ॥

कालियसूदनम् ॥ १६ ॥

ततो विविशतुः केलिकलौ हलधराच्युतौ ।
विशालतालहिन्तालतमालश्यामलं वनम् ॥ ६२० ॥

पक्वतालफलास्वादनन्दितोन्मदमानसौ ।
चेरतुस्तत्र तौ डिम्भक्रीडाडम्बरतत्परौ ॥ ६२१ ॥

अथाययौ धेनुकाख्यो दैत्यस्तालवनाश्रयः ।
करालकेसरस्फारस्कन्धबन्धोद्धुरः खरः ॥ ६२२ ॥

तस्यानुगैर्महाकायैर्गर्दभैरभितो वृतम् ।
उदभूत्तालगहनं व्याप्तं धूमोद्गतैरिव ॥ ६२३ ॥

धेनुकोऽथ भृशं कोपाद्रुधिरारुणलोचनः ।
खुरैर्निर्दारयन्भूमिं रामकृष्णवधेप्सया ॥ ६२४ ॥

आह्वानमिव दैत्यानां कुर्वन्पातालवासिनाम् ।
घट्टयन्निव हेषाभिर्वज्रोग्रदशनायुधः ॥ ६२५ ॥
अभ्यधावत्समुद्भ्रान्तपुच्छः संकर्षणं जवात् ।
वातावधूतैकशिखश्चन्द्रं मेघ इवाकुलः ॥ ६२६ ॥
विदार्य दशनैः सोऽथ रौहिणेयमसंभ्रमम् ।
बभूव पश्चिममुखः प्रहाराय पराङ्मुखः ॥ ६२७ ॥
ताभ्यामेव समादाय तं खुराभ्यां प्रहारिणम् ।
चिक्षेप तालशिखरे फलार्थीव हलायुधः ॥ ६२८ ॥
स भग्नोरुतरुस्कन्धस्त्रुट्यत्कठिनकीकसः ।
पपात निष्फलारम्भः सह तालफलैर्भुवि ॥ ६२९ ॥
सानुगेऽथ हते तस्मिन्हते खरपराक्रमे ।
वीतविघ्नमभूत्सेव्यं तत्तालवनमायतम् ॥ ६३० ॥

धेनुकवधः ॥ १७ ॥

भूयो भाण्डीरविपिनं तौ गत्वा केलिशालिनौ ।
द्वन्द्वोत्पतनलीलाभिर्गोपपुत्रैर्विजह्रतुः ॥ ६३१ ॥
अथ तावाययौ वन्यकुसुमोत्तंसभूषणः ।
गोपवेषच्छलच्छन्नः प्रलम्बो नाम दानवः ॥ ६३२ ॥
क्रीडाभिराशयग्राही तोषयित्वा स तौ मुहुः ।
जहार स्कन्धमारूढं कदाचित्केशवाग्रजम् ॥ ६३३ ॥
स तं हृत्वा द्रुतगतिर्निजरूपमदर्शयत् ।
तमःपटावृता येन भीत्येव ककुभोऽभवन् ॥ ६३४ ॥
तस्याञ्जनाद्रिशिखराकारे मूर्ध्नि परिस्फुरन् ।
दावानलशिखापुञ्जपिङ्गश्चूडामणिर्बभौ ॥ ६३५ ॥
तस्याबभौ मुखोद्गीर्णा सधूमदहनावली ।
नीलपीता पताकेव दंष्ट्रातोरणलम्बिनी ॥ ६३६ ॥
नीलशैलशिलाकूटविकटे रोहिणीसुतः ।
बभार दानवस्कन्धे शरदम्भोदविभ्रमम् ॥ ६३७ ॥

ह्रियमाणः स तेनाशु मानुषं भावमाश्रितः ।
संमितं केशवेनारात्पुराणं स्मारितो वपुः ॥ ६३८ ॥
यत्तत्परतरं धाम वागीशं विश्वतोमुखम् ।
सर्वदेवमयं सत्यमनन्तमजमव्ययम् ॥ ६३९ ॥
निजं विपुलमास्थाय बलं भूमिधृतिक्षमम् ।
जघान मुष्टिना मूर्ध्नि प्रलम्बं धेनुकान्तकः ॥ ६४० ॥
मुष्टिपाताद्विघटितस्फुटल्ललाटकर्परम् ।
काये विवेश दैत्यस्य कीर्णरक्तच्छटं शिरः ॥ ६४१ ॥
स्कन्धादवस्रुते रामे गिरिस्फारं कलेवरम् ।
निपपात प्रलम्बस्य लम्बमानभुजद्वयम् ॥ ६४२ ॥

प्रलम्बवधः ॥ १८ ॥

बलिना बलदेवेन प्रलम्बे विनिपातिते ।
प्रयाते वार्षिके तत्र शनैर्मासचतुष्टये ॥ ६४३ ॥
प्रत्यासन्ने नवौत्सुक्यनिर्भरानन्ददायिनि ।
ऋतूत्सवे समारम्भो बभूव वनवासिनाम् ॥ ६४४ ॥
ततः सप्तच्छदामोदमालिनीहंसनूपुरा ।
विषदेन्दुमुखी फुल्लनीलोत्पलविलोचना ॥ ६४५ ॥
निमन्त्रितेव प्रमदा तस्मिन्व्रजमहोत्सवे ।
अदृश्यत सिताम्भोदभक्तिस्मेराम्बरा शरत् ॥ ६४६ ॥
तत्र गोपगिरा ज्ञात्वा यागं कृष्णो मरुत्पतेः ।
ऊचे स्मितसितालोकैः पाञ्चजन्यमिवासृजन् ॥ ६४७ ॥
अहो नु हास्यजननी मुग्धेयं भवतां मतिः ।
यागः शक्राय नार्होऽयं गोपा हि गिरिदैवताः ॥ ६४८ ॥
इति तद्वचसा गोपैर्गिरियज्ञे प्रवर्तिते ।
विहिता भक्ष्यगिरयो घृतक्षीरोरुनिर्झराः ॥ ६४९ ॥
गोवर्धनगिरेर्यज्ञे तस्मिन्बह्वन्नसंभृते ।
पायसैः सदधिच्छन्नैर्हिमच्छन्नेव भूरभूत् ॥ ६५० ॥

मयूरपत्राभरणाः कुसुमोत्तंसशेखराः ।
तस्मिन्यागे बभुर्गोपा गावश्च सुविभूषिताः ॥ ६५१ ॥
गिरिमूर्धनि विश्वात्मा परेण गिरिवर्ष्मणा ।
वपुषा बुभुजे कृष्णस्तत्सर्वं तैर्निवेदितम् ॥ ६५२ ॥
तत्प्रहर्षस्मितोदारं निजं दिव्यं महद्वपुः ।
प्रणनाम स्वयं कृष्णो गोपैः सह गिरिप्रभम् ॥ ६५३ ॥
गिरियज्ञः ॥ १९ ॥
वृत्ते महोत्सवे तस्मिञ्शतमन्युः क्रुधा ज्वलन् ।
आदिदेश व्रजोच्छित्त्यै घोरान्संवर्तकाम्बुदान् ॥ ६५४ ॥
तेन ते प्रेरिताः क्षिप्रं नीलशैलशिलाघनाः ।
घनाश्चक्रुर्जगद्व्याप्तं कालरात्रिशतैरिव ॥ ६५५ ॥
भिन्नाञ्जनघनच्छायैर्जीमूतैर्गर्जितोर्जितैः ।
ग्रस्ता इवोद्धतैः क्षिप्रं नादृश्यन्त दिशो दश ॥ ६५६ ॥
ततः करिकराकारा स्तम्भसंरम्भविभ्रमाः ।
पेतुर्धराधरे धाराः परिहारा धृतेः परम् ॥ ६५७ ॥
कालाट्टहासविकटा जलोद्गाराः प्रपातिनः ।
विरेजुः कालमेघानां गिरीणामिव निर्झराः ॥ ६५८ ॥
सोऽभवद्भीषणाभोगमेघसंघातनिर्मितः ।
उल्लसत्स्थूलकल्लोललोलः सलिलविप्लवः ॥ ६५९ ॥
विद्युत्पिशङ्गकेशानां गर्जतां मेघरक्षसाम् ।
भयेनेव ययौ क्वापि जगती जलसंस्तुता ॥ ६६० ॥
ते शक्राधिष्ठिता घोरा दीप्तशक्रायुधाङ्किताः ।
वर्षाशनिनिपातेन चक्रिरे कदनं गवाम् ॥ ६६१ ॥
वर्त्मविन्यस्तनेत्राणां पतन्तीनामितस्ततः ।
त्रासशीतपरीतानां घोरस्तासामभूत्क्षयः ॥ ६६२ ॥
अयं स प्रलयारम्भः पुष्करावर्तभीषणः ।
संप्राप्त इति भीतानां गोपानामभवद्रवः ॥ ६६३ ॥

तद्दृष्ट्वा वैशसं घोरं नाशायोपस्थितं गवाम्।
गोविन्दो जगतां गोप्ता रक्षां क्षणमचिन्तयत् ॥ ६६४ ॥
इममुत्पाट्य शैलेन्द्रमहं गोवर्धनं बलात्।
छत्रीकरोम्युपस्थानां संश्रयं विपुलं गवाम् ॥ ६६५ ॥
इति ध्यात्वा धियं धीरो निदधे भूधरे दृशम्।
उत्पाटनक्षणक्षान्त्यै फुल्लपद्मावलीमिव ॥ ६६६ ॥
ततः सपदि विश्वात्मा बलेन महतान्वितः।
उज्जहार गिरिं दोर्भ्यां स्फुटन्मूलशिखातलम् ॥ ६६७ ॥
मूलावलम्बिनः क्षिप्रं पातालमिव निर्गताः।
उद्धृतस्य गिरेः सर्पाः स्नायुजालतुलां ययुः ॥ ६६८ ॥
संपीडितशिलापीडानिबिडीकृतनिर्झरैः।
बभुः पलितकल्लोलदुकूलवलिता दिशः ॥ ६६९ ॥
हरितालरजःपुञ्जैः पवनावर्तनर्तितैः।
बभौ तत्पातितैर्व्याप्तः कृष्णः पीतांशुकैरिव ॥ ६७० ॥
व्याधूतास्तस्य पार्श्वेषु क्षणमुत्पततो घनाः।
क्ष्माभृतः पक्षविक्षेपभ्रान्तिं चक्रुः खचारिणाम् ॥ ६७१ ॥
तस्मिन्गोविन्ददोर्दण्डच्छत्रीभूते महीभृति।
फुल्लमालावली स्रस्ता चक्रे स्रग्दामविभ्रमम् ॥ ६७२ ॥
खचारिणोऽद्य सुचिरादिमे ते गिरयो वयम्।
जाता वज्रधर क्ष्माभृत्पक्षच्छेदमदं त्यज ॥ ६७३ ॥
इति त्रासोत्पतन्तीनां विद्याधरमृगीदृशाम्।
रशनानूपुरारावैः स जगादेव भूधरः ॥ ६७४ ॥
पर्यस्तप्रसरस्तोभक्षुभ्यत्केसरिगर्जितैः।
स घोरघनसंघातानतर्जयदिवोर्जितान् ॥ ६७५ ॥
स समुन्मूलनायाससंभ्रान्तद्विपयूथपैः।
बभौ खे शेखरोल्लेखपातितैरिव वारिदैः ॥ ६७६ ॥

घूर्णमानमहाशाखिकुसुमोत्कररेणुभिः ।
स रक्षामण्डलानीव धेनूनां विदधे मुहुः ॥ १७७ ॥
त्रासापतत्सिद्धवधूतारहारैस्तरङ्गिभिः ।
अधःस्थान्गगनस्थोऽद्रिर्जहासेव महीधरान् ॥ १७८ ॥
तं दृष्ट्वा खेचराः प्राहुः किमयं गिरिरुत्थितः ।
यदि न प्रलयारम्भो यदि नाकालविप्लवः ॥ १७९ ॥
ततः कृष्णगिरा गोपाः शैलोत्पाटनभूगृहम् ।
विपुलं विविशुः शान्त्यै निखिलैः सह गोधनैः ॥ १८० ॥
निवाते निर्जले तस्मिन्सुविशाले गिरेस्तटे ।
तस्थुर्जगन्निवासेन गावो गोपाश्च रक्षिताः ॥ १८१ ॥
वृष्टिच्छन्ने प्रयातेऽथ सप्तरात्रे मरुत्पतिः ।
जगाम विफलोद्योगलज्जितो जलदैः सह ॥ १८२ ॥
ततस्तं विपुलाभोगतुङ्गशृङ्गं गुरुं गिरिम् ।
न्यवेशयन्निजपदे लीलयैव जगद्गुरुः ॥ १८३ ॥

गोवर्धनोद्धरणम् ॥ २० ॥

सप्तरात्रं धृते तस्मिन्गिरौ गरुडलक्ष्मणा ।
तं द्रष्टुमाययौ साक्षात्सहस्राक्षोऽतिविस्मितः ॥ १८४ ॥
जङ्गमादिव कैलासात्सोऽवतीर्य सुरद्विपात् ।
गोवर्धनशिलासीनं ददर्श मधुसूदनम् ॥ १८५ ॥
अन्तर्हितेन तार्क्ष्येण पक्षैराच्छादितातपम् ।
असत्याकलितेनैव तेजसापूरिताम्बरम् ॥ १८६ ॥
मयूरकण्ठसच्छायं तप्तहेमप्रभांशुकम् ।
इन्द्रनीलगिरेः शृङ्गं तप्तं बालातपैरिव ॥ १८७ ॥
तं वीक्ष्य कमलाकान्तं गोपवेषधरं हरिम् ।
सहस्रनेत्रमात्मानं मनसा प्रशशंस सः ॥ १८८ ॥
मौलिकुण्डलकेयूरस्फाररत्नांशुसंचयैः ।
इन्द्रायुधसहस्राणि मुहुर्दिक्षु क्षिपन्निव ॥ १८९ ॥

अभ्येत्य केशवं शक्रो बभाषे प्रणयोचितम्।
दन्तत्विषा दश दिशः सुधया पूरयन्निव ॥ ६९० ॥
अतिदैवमिदं कर्म तव कृष्ण किमद्भुतम्।
शक्तिरल्पीयसी यस्य समग्रजगतां गतिः ॥ ६९१ ॥
सर्वलोकोपरि परं वर्तन्ते कामधेनवः।
तासां त्रिदशपूज्यानां ब्रह्मणश्चास्मि शासनात् ॥ ६९२ ॥
प्राप्तोऽभिषेक्तुं गोविन्द राज्ये त्वामीप्सितं गवाम्।
इत्युक्त्वा रत्नकुम्भेन मूर्ध्नि तस्य ददौ पयः ॥ ६९३ ॥
उपेन्द्रमभिषिच्येन्द्रः प्रसाद्य च पुनः पुनः।
पाल्यस्त्वया सखा बन्धुः स्वस्रेयो जनकस्य यः ॥ ६९४ ॥
त्वया दैत्यच्छिदा कृष्ण केशिकंसवधे कृते।
भवत्सहायः पृथिवीं स जेष्यति धनंजयः ॥ ६९५ ॥
इति प्रणयिनो वाचं कृष्णः श्रुत्वा शचीपतेः।
जानन्भारतवृत्तान्तं तथेति प्रत्यपद्यत ॥ ६९६ ॥
एवं रहः समाभाष्य जम्भहासुरसूदनम्।
ऐरावणकरालूनमेघेन नभसा ययौ ॥ ६९७ ॥

गोविन्दाभिषेकः ॥ २१ ॥

गोपवेषधरं गोपा देवं मत्वा तमद्भुतम्।
मुद्रिता इव तच्छक्त्या मुग्धा नो किंचिदूचिरे ॥ ६९८ ॥
ततस्तं पद्मपत्राक्षं निवृत्ताशेषशैशवम्।
जना निर्भरतारुण्यलावण्यं नयनैः पपुः ॥ ६९९ ॥
शरन्निशासु संपूर्णचन्द्रस्मितसितासु सः।
हरिणीहारिनेत्राभिर्विजहार रतिप्रियः ॥ ७०० ॥
स रागवृषयुद्धेषु नियुद्धेषु च कौतुकी।
वीरश्शृङ्गाररभसः स बभूव मनोहरः ॥ ७०१ ॥
छेकोक्तिषु कृताभ्यासा वेशकर्मसु सादराः।
बभुस्ता विस्मितो लापा विभ्रमेषु कृतक्षणाः ॥ ७०२ ॥

तल्लीलानुकृतौ यत्नस्तत्कथाश्रवणे रसः ।
तत्स्वैरभाषणे हर्षः कोऽप्यभूद्गोपयोषिताम् ॥ ७०३ ॥
तासामकृतकस्मेरस्फुरिताधरपल्लवम् ।
मुग्धानां वदनं प्रीत्यै बभूवाभ्यधिकं हरेः ॥ ७०४ ॥
यद्गुरूणामनायत्तायत्तास्त्यक्तगृहक्रियाः ।
द्वेषिण्यः स्वजने यच्च तत्कृष्णास्यविजृम्भितम् ॥ ७०५ ॥
सलज्जा अपि मानिन्यः प्रकटस्मरविक्रियाः ।
तन्व्योऽपि तनुतां प्रापुस्तास्तदर्पितमानसाः ॥ ७०६ ॥
कम्पस्वेदवती कस्मादकस्मात्सखि मूर्छिता ।
अपि कृष्णभुजङ्गेन न दष्टासि प्रमादिनी ॥ ७०७ ॥
नायं तव गृहे मार्गो मार्गोऽयं विजने वने ।
यमुनातीरवानीरवल्लरीकेलिवेश्मनः ॥ ७०८ ॥
अमुष्मिन्कुसुमारामे कृष्णषट्चरणेन किम् ।
कृतव्रणा त्वमधरे येनासि विनतानना ॥ ७०९ ॥
गायन्ति यदि कृष्णस्य चरितं गोपकन्यकाः ।
त्वं न स्मरसि किं मूढे स्रस्तं शीलमिवांशुकम् ॥ ७१० ॥
दामोदरमतासीति मदान्धे किं न पश्यसि ।
स कान्ताशतसंकेतसक्तो हि बहुवल्लभः ॥ ७११ ॥
किं नु नाम स्तनौ तन्वि सोत्कम्पौ विनिगूहसे ।
पुलकाङ्ककपोलस्य वदनस्य करोषि किम् ॥ ७१२ ॥
इयमिन्दीवरश्यामा श्यामा कुसुमहासिनी ।
कृष्णश्च गूढसंचारी चरस्येकाकिनी कथम् ॥ ७१३ ॥
इति गोपाङ्गनाः सेर्ष्यं संभोगसुभगा मिथः ।
व्याहरन्ति स्म सासूयं स्वैरं स्मरशरातुराः ॥ ७१४ ॥
कान्ताकररुहालूनबालवञ्जुलपल्लवम् ।
रतिशय्यारसे शौरेर्बभूव विरलं वनम् ॥ ७१५ ॥

तस्य कान्ततरं कान्ताः समदाः संमदाकुलम् ।
वदनं वदनोदारा घूर्णमानेक्षणाः पपुः ॥ ७१६ ॥
तासामभिसरन्तीनामवशं केशवं प्रति ।
पेतुः शशाङ्के सासूया दृशो दर्शनशङ्कया ॥ ७१७ ॥
माधवे मधुरोदारसुन्दरीरतितत्परे ।
सफलं धन्यमात्मानं मन्ये मेने मनोभवः ॥ ७१८ ॥
अहो नु जयिनी शक्तिः स्मरस्य स्मयकारिणी ।
प्रजापतिगुरौ यस्याः संपूर्णप्रणया गतिः ॥ ७१९ ॥

गोपीसंक्रीडनम् ॥ २२ ॥

ततः कदाचिल्ललनाकेलिशालिनि केशवे ।
अदृश्यत प्रदोषान्ते दैत्यो मत्तवृषाकृतिः ॥ ७२० ॥
अरिष्टो दुष्टचरितस्तीक्ष्णशृङ्गोऽरुणेक्षणः ।
पुञ्जीकृतः शशिकरैस्तमःकूट इवासितः ॥ ७२१ ॥
भाययन्वृषभान्भीमो भेरीगम्भीरनिःस्वनः ।
नीलशैलशिलापीठकठोरस्कन्धबन्धुरः ॥ ७२२ ॥
प्रहाराभिमुखं कृष्णकुक्षिनिक्षिप्तचक्षुषः ।
तस्य शृङ्गयुगं लेभे कालतोरणतुल्यताम् ॥ ७२३ ॥
प्रहारिणं मदोदग्रं जग्राहोग्रं तमच्युतः ।
खलं मूर्खं नवैश्वर्यं प्रियवादीव वञ्चकः ॥ ७२४ ॥
गृहीतस्तेन बलिना बलदेवानुजेन सः ।
बभूवोद्भ्रान्तसावेगपुच्छोद्धुतरजःपटः ॥ ७२५ ॥
तस्यान्दोलितवक्त्रस्य घोरहुंकारकारिणः ।
व्यालम्बा शङ्खमालेव स्फारफेनावली गले ॥ ७२६ ॥
ततः कण्ठं निपीड्यास्य धृत्वा मूर्ध्नि पदं जवात् ।
शृङ्गमेकं समुत्पाट्य जघान वदने हरिः ॥ ७२७ ॥

स तीक्ष्णशृङ्गाभिहतः पपात भुवि दानवः।
प्रस्त्यानरुधिरोद्गारविचलद्धर्घरारवः॥ ७२८॥

अरिष्टवधः॥ २३॥

अरिष्टे निहते तस्मिन्नरिष्टे त्रिदिवौकसाम्।
प्रभावः पप्रथे शौरेर्मथुराधिपतेः पुरः॥ ७२९॥
स वृष्णिवृद्धान्विबुधान्वसुदेवपुरोगमम्।
उग्रसेनं च पितरं दार्दिक्याक्रूरसात्यकान्॥ ७३०॥
अचिन्तयत्समानाय्य निश्चयं नयकोविदान्।
निःशब्दजनसंचारे निशीथे व्यस्तसेवकः॥ ७३१॥
प्रदीपप्रतिबिम्बाङ्करत्नाभरणतेजसा।
गूढचिन्तानलज्वालां बहिः प्रकटयन्निव॥ ७३२॥
सोऽब्रवीत्क्षणमालोक्य वदनान्यभिमानिनाम्।
दीर्घोच्छ्वासेन कथयन्नवं वैरिपराभवम्॥ ७३३॥
इयं प्रथितसाराणां विदुषां सत्वशालिनाम्।
सूच्यते भवतामग्रे मानग्लानिकदर्थना॥ ७३४॥
प्रमादादवलेपाद्वा विस्मृतेनाल्पकेन नः।
चूडामणिषु विन्यस्तं चरणप्रभवं रजः॥ ७३५॥
न सहन्ते सुरगुरोर्ये साम्यं गुरुकोविदाः।
स्पर्धया बत लज्जन्ते युधि वज्रायुधेन ये॥ ७३६॥
ते यूयं यस्य सचिवः सचिवारोपितश्रियः।
तस्य का नाम गणना गणनाथेऽपि जायते॥ ७३७॥
अवज्ञोपेक्षितस्यायं विपाकः शत्रुजन्मनः।
वयमप्यधुना येन याताश्चिन्ताविधेयताम्॥ ७३८॥
श्रूयते नन्दगोपस्य प्रवृद्धचरितः शिशुः।
दैत्यानामपि यः शङ्के शङ्कातङ्कगुरुर्नवः॥ ७३९॥
विन्यस्य चरणं येन मूर्ध्नि कालियभोगिनः।
खर्वीकृतानि शूराणां शिरांसि च यशांसि च॥ ७४०॥

साग्रजेन हतास्तेन प्रलम्बारिष्टधेनुकाः ।
अवज्ञास्पदमेवाभूद्येषां शक्रोऽपि संगरे ॥ ७४१ ॥
गिरिर्गोवर्धनो नाम सप्ताहं पाणिना धृतः ।
सयाय दुर्निमित्ताय नाशाय च न कस्य सः ॥ ७४२ ॥
न जानीमः स किं तावद्भूतमत्यद्भुतं क्षितौ ।
समुद्भूतमधो येन नीयते नः पराक्रमः ॥ ७४३ ॥
तस्मान्मनीषिभिर्वीरैर्भवद्भिश्चिन्त्यतामयम् ।
यशःकुसुमवल्लीनां परशुर्व्यसनोदयः ॥ ७४४ ॥
उक्तं च नारदेनैतत्पुनरेत्य पुरा स्वयम् ।
वसुदेवसुतः कृष्णो नन्दगोपगृहे स्थितः ॥ ७४५ ॥
नन्दगोपसुता चासौ शिलायामाहता त्वया ।
सा गत्वा विन्ध्यगहनं पुलिन्दशबरार्चिता ॥ ७४६ ॥
निशुम्भशुम्भौ दितिजौ जघान घनविक्रमौ ।
विहितो वसुदेवेन गर्भयोर्व्यत्ययस्तयोः ॥ ७४७ ॥
कृष्णः स ते भयस्थानमित्युक्त्वा नारदो ययौ ।
सोऽयं बन्धुः कृतघ्नो मे वसुदेवः स्थितोऽन्तिके ॥ ७४८ ॥
येन नः क्षयसंदेहतुलामारोपितं यशः ।
नरकावर्तकलिला यस्य किल्बिषविप्रुषः ॥ ७४९ ॥
स कृतघ्नोऽधमः केन पातकेनोपमीयते ।
घोरहालाहलापूर्णः कुटिलोऽयं मया स्वयम् ॥ ७५० ॥
धृतः सर्पो निजगृहे येनाप्तः सत्कुले कलिः ।
मिथ्या धवलकूर्चोऽयं बन्धुच्छद्मा जडो रिपुः ॥ ७५१ ॥
वसुदेवः सदा जिह्मो वधार्होऽप्येष रक्षितः ।
सर्वाभिशङ्किता राज्ञां सुनयज्ञैरुदाहृता ॥ ७५२ ॥
अतः संचिन्त्यते डिम्बो न तु मे गणनास्पदम् ।
जगद्ग्रासगरिष्ठस्य सत्प्रतापहविर्भुजः ॥ ७५३ ॥

अन्तरे न भवत्येव शिशुर्गोपपतङ्गकः ।
अथवा वर्तते साधुर्यद्यसान्प्रति साग्रजः ॥ ७५४ ॥
का क्षतिर्भोगभागी मे बन्धुमध्ये भविष्यति ।
अक्रूरो मद्गिरा यातु व्रजं दानपतिः स्वयम् ॥ ७५५ ॥
एतेन तौ समाहूतौ द्रष्टुमिच्छामि दारकौ ।
नन्दगोपप्रभृतयः करदा मम शासनात् ॥ ७५६ ॥
धनुर्मखे समायान्तु प्रस्तुताधिकदायिनः ।
वीराणां हर्षजननौ कृष्णसंकर्षणौ च तौ ॥ ७५७ ॥
मल्लाभ्यां युध्यमानौ मे रङ्गे प्रीतिं करिष्यतः ।
इति दिव्यदृशाक्रूरः श्रुत्वा कंसेन भाषितम् ॥ ७५८ ॥
ययौ यादवशार्दूलः शौरिदर्शनलालसः ।
अक्रूरे गोव्रजं याते वृद्धास्ते वृष्णिपुंगवाः ॥ ७५९ ॥
निन्दया वसुदेवस्य क्रुद्धास्तस्थुरधोमुखाः ।
ततः पितामहः कंसं पितामह इवापरः ॥ ७६० ॥
अभ्यधादन्धकोऽपीमान्दुर्जयः प्रतिबन्धकः ।
वन्ध्याः कुलेऽपि सततं मन्ये धन्यतराः स्त्रियः ॥ ७६१ ॥
न कुलघ्नः सुतो यासां कदाचिदपि जायते ।
न जातु वज्रजिह्वेषु तीक्ष्णेषु क्रूरकारिषु ॥ ७६२ ॥
सुधालया तिष्ठति श्रीः कमलाङ्कुरकोमला ।
अहो नु शोच्यतां याताश्चिराद्यादववृष्णयः ॥ ७६३ ॥
वृद्धावमानकृद्द्वालो येषां कंस त्वमग्रणीः ।
क एवं नाम जडधीरनुन्मत्तः प्रभाषते ॥ ७६४ ॥
रक्षितो वसुदेवेन पित्रा पुत्रः किमप्यहो ।
नेह पुत्रात्प्रियतरं किंचिदस्ति शरीरिणाम् ॥ ७६५ ॥
पुत्र स्वजनकं पृच्छ पुत्रस्नेहस्य गौरवम् ।
परलोकपरित्राणं पित्रा चेद्रक्षितः सुतः ॥ ७६६ ॥

तस्यास्य वाच्यता केयं यूयं सर्वेऽपि पुत्रिणः।
वसुदेवात्मजो वीरः कृष्णः संकर्षणानुजः॥ ७६७॥
बन्धुबुद्ध्या प्रणयिना संधेयः सर्वथा त्वया।
हितं पथ्यं च मे मोहान्न करिष्यसि चेद्वचः॥ ७६८॥
तदैश्वर्यप्रभावोऽद्य संपूर्णावधिरेष ते।
दृश्यन्ते क्षयशंसिन्यो दुर्निमित्तपरम्पराः॥ ७६९॥
अन्यत्र कृष्णसंधानात्तासु शान्तिर्न ते परा।
इत्यन्धकवचः श्रुत्वा निःश्वसन्भ्रुकुटीमुखः॥ ७७०॥
निर्जगाम ततः कंसः पराङ्मुख इव श्रियः।
नायमस्तीति वृद्धेषु भाषमाणेषु वृष्णिषु॥ ७७१॥
आदिदेशाशु श्वेताङ्गं कंसः केशितुरङ्गमम्।
स कृष्णनिधनायोग्रः प्रेरितस्तेन दानवः॥ ७७२॥
जगाम गोव्रजं घोरसंध्यासृक्संप्लुतेऽहनि।
स कोपाद्रुधिरेणेव पूरिताक्षः श्वसन्मुहुः॥ ७७३॥
उरःस्थलमिलत्प्रोथःकुञ्चितोरुशिरोधरः।
वज्रसारखुराघातनिर्दारितशिलातलः॥ ७७४॥
विस्फारकेसरसटाकरालस्कन्धकन्धरः।
घट्टयन्निव हेषाभिः पिबन्निव दिशो दश॥ ७७५॥
निर्मांसचर्वणास्वादप्रस्रवत्सृक्किशोणितः।
कृतान्तचामराकारवलितोद्धूतवालधिः॥ ७७६॥
विवृत्ताननविस्पष्टनिर्यद्दन्तांशुमण्डलः।
दिक्षु मानुषमांसादः क्षिपन्नस्थिचयानिव॥ ७७७॥
सोऽभिदुद्राव वेगेन कृष्णमापाण्डुरच्छविः।
पवनाप्रेरितस्फारः शरन्मेघ इवाचलम्॥ ७७८॥
समुत्क्षिप्ताग्रचरणं केशवः केशिनं पुरः।
दृष्ट्वा निवार्यमाणोऽपि गोपैः क्रोधात्तमाद्रवत्॥ ७७९॥

---

१. 'सुशीतेन' क.

खुराभ्यां कृतशल्याभ्यां बलाद्वक्षसि ताडितः ।
घोरहेषारवोग्रेण तेन नाकम्पताच्युतः ॥ ७८० ॥
केसराधूननोद्धूतरजसस्तस्य वल्गितैः ।
बभूवुः ककुभश्छन्ना धूमकेतुशतैरिव ॥ ७८१ ॥
तस्य प्रहारतो वक्रकुहरे विवरे हरिः ।
दारुणे दारुणायेव द्विगुणं भुजमाददे ॥ ७८२ ॥
केशिदन्तान्तरासक्तः स रराज हरेर्भुजः ।
फेनावलीपरिक्षिप्तः पारिजात इवार्णवे ॥ ७८३ ॥
केशीशैलशिलास्तम्भदृढे दोष्णि मुरद्विषः ।
भग्नदन्तश्चिरं चक्रे वक्राञ्जनकदर्थनाः ॥ ७८४ ॥
प्रस्रवत्स्वेदसलिलः स्रोतः प्रोद्वान्तशोणितः ।
व्यावृत्तनयनः केशी निःश्वसन्निश्चलोऽभवत् ॥ ७८५ ॥
स्फारिते दोष्णि कृष्णेन गण्डकूटतटान्तरे ।
स्फुटत्स्थूलास्थिटाङ्कारं तद्वक्रमभवद्द्विधा ॥ ७८६ ॥
स दामोदरदुर्वारदोर्दण्डदलिताकृतिः ।
पपात रुधिरोद्गारघोरस्तुरगदानवः ॥ ७८७ ॥

केशिवधः ॥ २४ ॥

हते केशिनि कंसस्य प्रिये सुहृदि दानवे ।
भुवनेष्वभवत्कोऽपि हर्षोत्साहमहोत्सवः ॥ ७८८ ॥
अन्तर्हितो मुनिः प्रीत्या नारदः कृष्णमब्रवीत् ।
साधु माधव निःशल्यं त्वया कृतमिदं जगत् ॥ ७८९॥
केशिनिर्दारणात्ख्यातः केशवस्त्वं भविष्यसि ।
इत्युक्त्वा प्रययौ हर्षान्नारदोऽभिमतां दिशम् ॥ ७९० ॥
प्रादुरासीत्ततः शौरेर्निमित्तनिचयः शुभः ।
बन्धुना पितृतुल्येन यः शंसति समागमम् ॥ ७९१ ॥
मेरुपार्श्वान्तरं प्रायाद्दिनान्ते वासरेश्वरः ।
कृष्णकेशिवधाश्चर्यकथां वक्तुमिवादरात् ॥ ७९२ ॥

ततः पीतांशुकोदारदामोदरमनोहरम्।
बभूव सहजश्यामं संध्यांशुशबलं नभः ॥ ७९३ ॥
शनैः संघट्टिताः श्यामास्तमोभिरभवद्दिशः।
तारकांशुस्रुतक्षीरा गोपालैरिव धेनवः ॥ ७९४ ॥
व्योमाब्धिपाञ्चजन्योऽथ निशानाथः समुद्ययौ।
यामिनीकामिनीकेलिमण्डनो मणिदर्पणः ॥ ७९५ ॥
शशाङ्ककरसारेण विहारेण सुरश्रियः।
तमसः परिहारेण हारेणैव नभो बभौ ॥ ७९६ ॥
नेत्रप्रेम्णि सुधासीम्नि सितिम्नि व्योम्नि गाढताम्।
यशसीवाश्रिते शौरेर्निशाकरकरच्छलात् ॥ ७९७ ॥
प्रहर्षयन्नीलकण्ठान्रथेन घननादिना।
शेखरो वृष्णिवीराणामक्रूरः प्रत्यपद्यत ॥ ७९८ ॥
नन्दगोपस्य सदनं स समासाद्य गोकुले।
ददर्श शतपत्राक्षं कृष्णं केशिनिसूदनम् ॥ ७९९ ॥
अयं स कैटभारातिर्भगवान्मधुसूदनः।
भुवो भारावताराय जातो यादवनन्दनः ॥ ८०० ॥
श्रीवत्सलक्षणो वक्षो बिभ्राणः कुस्तुभोचितम्।
निःस्पन्दालिङ्गने योग्यं कमलाकुचकुम्भयोः ॥ ८०१ ॥
मेघश्यामेन वपुषा नयनामृतवर्षिणा।
धत्ते सौदामिनीदामरम्यं पीतांशुकद्वयम् ॥ ८०२ ॥
अनेन नृत्यति मनःस्फारं प्रसरतो दृशौ।
एतदालिङ्गनायेव भुजौ मे परिधावतः ॥ ८०३ ॥
एहि माधव कृष्णेति व्याहरन्प्रीतिनिर्भरः।
पूजितो नन्दगोपेन कृष्णेन च विवेश सः ॥ ८०४ ॥
प्राप्तपूजासनः सोऽथ ससंकर्षणमच्युतम्।
उवाच पुण्डरीकाक्षमापिबन्निव चक्षुषा ॥ ८०५ ॥

इयं ते धीरगम्भीरा हर्षपीयूषवर्षिणी ।
प्रयाति ना पुण्यवतां मूर्तिर्लोचनगोचरम् ॥ ८०६ ॥
मोहात्त्वद्भक्तिविमुखस्त्वां दृष्ट्वा प्रातरागतम् ।
वाञ्छितः कृतकृत्यश्च भविता मथुरेश्वरः ॥ ८०७ ॥
द्रष्टुमिच्छति कंसस्त्वां प्रातर्गन्तासि तत्पुरीम् ।
त्वद्वपुः पूर्णपूण्येन धन्याः पश्यन्तु यादवाः ॥ ८०८ ॥
तत्र कंसस्य संभारधनधाम्नि धनुर्महीम् ।
उपतिष्ठन्तु धनिनः सर्वे गोपाः करप्रदाः ॥ ८०९ ॥
एतावदेव प्रचुरं ममागमनकारणम् ।
इदं तु बान्धवस्नेहाद्यत्किंचिदभिधीयते ॥ ८१० ॥
वृद्धः स सुकृती तत्र पुत्र पुत्रवतां वरः ।
विलोक्य वसुदेवस्त्वां फलं प्राप्नोतु जन्मनः ॥ ८११ ॥
त्वत्कृते सततं यस्य कंसवाक्यशराः खराः ।
त्वामवाप्नोतु माहात्म्यं रोहणाद्रिवसुंधरा ॥ ८१२ ॥
अपि कंसभयात्पुत्रैरसंपीतपयोधरा ।
कृष्णेति नाम्ना सततं सीदति प्रस्नुतस्तनी ॥ ८१३ ॥
गूढचिन्ताविनिःश्वासधूसराधरपल्लवा ।
दूरीकृतसुतस्नेहवैक्लव्याप्तविपल्लवाम् ॥ ८१४ ॥
रहितामिव रामेण कौसल्यां कुलमौलिना ।
दर्शनामृतवर्षेण निर्वापय समेत्य ताम् ॥ ८१५ ॥
अहो तृष्णेव सहजाच्छायेव सहचारिणी ।
वासनेवापरिक्षीणा सर्वथा भवितव्यता ॥ ८१६ ॥
विश्वोद्धरणदक्षस्य जगद्रक्षाशिखामणेः ।
तवापि जन्म वसुधाचिन्तया यत्प्रशुष्यति ॥ ८१७ ॥
कंसनिर्भर्त्सनानम्रस्त्वां प्राप्य जनकश्चिरात् ।
वहतु त्रिजगत्पूज्य पुत्र मानोन्नतं शिरः ॥ ८१८ ॥

अक्रूरसंदेशः ॥ २९ ॥

इत्युक्ते दानपतिना स्नेहवात्सल्यशालिना ।
सर्वं करोमीति वदन्निर्विकारराननोऽभवत् ॥ ८१९ ॥
गन्तुं कृताभ्युपगमे कृष्णे गोपमृगीदृशाम् ।
चिन्तासंतप्तनिःश्वासैरिवेन्दुर्म्लानतां ययौ ॥ ८२० ॥
दुग्धा निशीथवत्सेन ज्योत्स्ना पूरपयस्विनी ।
प्रातर्द्यौः सांध्यरागेण कपिला गौरिवाबभौ ॥ ८२१ ॥
अथोदयाचलशिरोरत्नतामागते रवौ ।
उद्यत्प्रदीप्तचक्रस्य शोभां लेभे हरेर्नभः ॥ ८२२ ॥
करोपनयसंपूर्णैः शकटैरथ भूरिभिः ।
गन्तुमभ्युद्ययुर्गोपपतयः कंसशासनात् ॥ ८२३ ॥
रथैः प्रययुरक्रूररौहिणेयाच्युतादयः ।
अर्घ्यमाना इवोत्तालगोपालीलोचनोत्पलैः ॥ ८२४ ॥
अवाप्य यमुनातीरमक्रूरः कृष्णमब्रवीत् ।
अस्मिन्ह्रदे भोगिवृते कृष्ण शेषं फणीश्वरम् ॥ ८२५ ॥
निमज्ज्य भगवन्मन्त्रैः पूजयाम्यमृताशनः ।
इत्युक्त्वा कृष्णनिक्षिप्तरथस्तत्र ममज्ज सः ॥ ८२६ ॥
निमग्नः सोऽथ पातालं दिव्यस्वस्तिकलाञ्छनम् ।
शेषं सहस्रमूर्धानं ददर्शासीनमीश्वरम् ॥ ८२७ ॥
हेमाब्जमालाभरणं सर्वरत्नविभूषितम् ।
सहस्रशिखरस्फारतुषारगिरिविभ्रमम् ॥ ८२८ ॥
आसेव्यमानं प्रणतैर्निखिलैः कुलभोगिभिः ।
नीलाम्बरं नालकेतुं हलिनं मुसलायुधम् ॥ ८२९ ॥
उत्सङ्गे तस्य कृष्णं च शीतांशोरिव लाञ्छनम् ।
निषण्णं विस्मितोऽपश्यज्जपन्ब्रह्म सनातनम् ॥ ८३० ॥
रौहिणेयाच्युतौ मत्वा तावेवोन्मज्ज्य सत्वरः ।
दृष्ट्वा रथस्थौ तावेव ममज्ज पुनरादरात् ॥ ८३१ ॥

पुनस्तथैव तौ दृष्ट्वा समुन्मज्ज्यास्तसंशयः ।
त्वमेव सर्वमित्यूचे पृष्टः कृष्णेन सस्मितम् ॥ ८३२ ॥

ह्रददर्शनम् ॥ २६ ॥

दिनान्ते प्राप्य मथुरामक्रूरः स्वगृहान्तरे ।
स्वैरं जगाद गोविन्दं कंसदुर्नयशङ्कितः ॥ ८३३ ॥
वसुदेवगृहं तात न गन्तव्यं त्वयाधुना ।
न च रामेण नितरां कंसादाप्नोति भर्त्सनाम् ॥ ८३४ ॥
इत्युक्ते दानपतिना कृष्णः सस्मितमब्रवीत् ।
सत्यं तत्र न गच्छावः पश्यावः कौतुकात्पुरीम् ॥ ८३५ ॥
इत्याभाष्य मदोदारौ रामकृष्णौ विचेरतुः ।
अवतीर्णौ विमानाभ्यां वीरौ विद्याधराविव ॥ ८३६ ॥
तौ राजरजकं प्राप्य ययाचाते महाभुजौ ।
वासांसि रुचिराभांसि न ददावधमश्च सः ॥ ८३७ ॥
क्रोधदर्पावलिप्तं तं रजकं क्रूरवादिनम् ।
हत्वा जहार वासांसि बलदेवानुजो बलात् ॥ ८३८ ॥
स्वयं माल्योपनयनं मालाकारी वलीमती ।
श्रीपतेः श्रीप्रदं प्रादात्प्रीत्या प्रणयवादिनी ॥ ८३९ ॥
क्रमेण लीलया कृष्णः सुस्पष्टावयवां क्षणात् ।
तां चक्रे यौवनोद्यानपूर्णलावण्यवल्लरीम् ॥ ८४० ॥
ततः प्राप्यायुधागारं पूजितं दैत्यदानवैः ।
उत्साहार्हं शिलास्तम्भसारं ददृशतुर्धनुः ॥ ८४१ ॥
दामोदरस्तदादाय दोर्भ्यामाकृष्य दुर्धरम् ।
बभञ्ज स्फारिटाङ्कारं मृणालीनाललीलया ॥ ८४२ ॥
तेन शब्देन पवनस्कन्धसंघट्टकारिणा ।
ररास दारितेव द्यौश्चकम्पे च वसुंधरा ॥ ८४३ ॥
आयुधागारिकोऽप्याशु धनुर्भङ्गं न्यवेदयत् ।
कंसायाकम्पितमनाश्चक्रे दर्पोत्स चाश्रुतम् ॥ ८४४ ॥

भग्नं केनापि मल्लेन श्रुत्वा चापं नरेश्वरः।
दिदेश सर्वमल्लानां युद्धप्रेक्षामहोत्सवम् ॥ ८४५ ॥
स्वैरं ततः समाहूय मल्लौ चाणूरमौष्टिकौ।
चिरसंधारितौ चक्रे वधसज्जौ मुरद्विषः ॥ ८४६ ॥
गजशालाधिपं कंसः संग्रामसचिवं रहः।
ऊचे मोहेऽपि संप्राप्तसुकृतः शौरिचिन्तया ॥ ८४७ ॥
प्रातर्धनुर्महीरङ्गमागन्ता वसुदेवजः।
साग्रजो दर्पसंमत्तो मत्तः स वधमर्हति ॥ ८४८ ॥
रङ्गद्वारि त्वया चासौ निर्घाती व्यालकुञ्जरः।
कार्यः कुवलयापीडः क्रोधात्तन्निधनोद्यतः ॥ ८४९ ॥
हतपुत्रं करोम्येव वसुदेवं निरंशकम्।
बन्धुच्छद्मप्रतिच्छन्नान्नृपांश्चान्धकयादवान् ॥ ८५० ॥
पुरा ममार्तववती जननी नवकौतुकात्।
प्रियासनाद्रिकटके चचार कुसुमोज्ज्वले ॥ ८५१ ॥
तत्र वालानिलोल्लासवेल्लिताशोकपल्लवे।
स्फूर्जद्बकुलकिञ्जल्कपिञ्जरीकृतषट्पदे ॥ ८५२ ॥
पुञ्जीकृतलताकुञ्जमञ्जुगुञ्जद्विहङ्गमे।
रतिरागरसोदारस्मरसंजीवने वने ॥ ८५३ ॥
ददर्श तां सौरपतिर्द्रुमिलो दानवेश्वरः।
लतां स्तनस्तबकिनीं कामकल्पतरोरिव ॥ ८५४ ॥
मयो योगीश्वरः सोऽथ रूपं कृत्वा पितुर्मम।
भेजे तां मन्मथाविष्टः सतीं प्रेमनिरर्गलाम् ॥ ८५५ ॥
ततः सा वृत्तकर्तव्या शङ्किता वीक्ष्य दानवम्।
पापं शशाप कुपिता दूषितास्मीति दुःखिता ॥ ८५६ ॥
वधं प्राप्स्यसि दुर्वृत्त मद्भर्तृकुलजाद्युधि।
अयं च मम गर्भेऽद्य त्वया यस्तनयो धृतः ॥ ८५७ ॥

इत्युक्त्वा शनकैः प्रायादिति मामाह नारदः ।
तस्मादहं दैत्यपतेर्द्रुमिलस्यात्मजो मतः ॥ ८५८ ॥
सुतोऽहं नोग्रसेनस्य यादवा मे न बान्धवाः ।
ते हि सर्वे ममोच्छेद्याः कृष्णोत्साहप्रतीक्षिणः ॥ ८५९ ॥
संदिश्येति महामात्यं संक्रुद्धमपरेऽहनि ।
संगतप्रेक्षकं रङ्गं विवेश विषदांशुकः ॥ ८६० ॥
वलभीतुङ्गरत्नांशुतरङ्गालिङ्गिताम्बरे ।
संगतानन्तसामन्तसमागमनिरन्तरे ॥ ८६१ ॥
भोजवृष्ण्यन्धकैस्तत्र वीरैः परिवृतो बभौ ।
हेमसिंहासनासीनः पीनांसः कंसभूपतिः ॥ ८६२ ॥
मौलिकुण्डलकेयूररत्नांशुशबलद्युतिः ।
कान्ताभिश्चामरप्रान्तकम्पितोष्णीषपल्लवः ॥ ८६३ ॥
नानादेशागतास्तस्य शासनादथ दुर्मदाः ।
समुत्पेतुर्महामल्ला भुजास्फालनशालिनः ॥ ८६४ ॥
संकर्षणाच्युतौ वीरौ नीलपीताम्बरौ ततः ।
सितासितघनच्छायौ रङ्गद्वारमवापतुः ॥ ८६५ ॥
गात्रैः कुवलयापीडाकारिणं तत्र गौरवात् ।
पुनः कुवलयापीडं सज्जं ददृशतुर्गजम् ॥ ८६६ ॥
भोगीन्द्राभोगसंभ्रान्तिकरं कज्जलमेचकम् ।
कालकूटच्छटाटोपनिर्दग्धमिव मन्दिरम् ॥ ८६७ ॥
आधोरणेन दुर्वारदर्पप्रेरितमोजसा ।
तं युद्धसंमुखं दृष्ट्वा दन्ताघातक्षताचलम् ॥ ८६८ ॥
पुनः कुण्डलितोद्दण्डघोरशुण्डालमण्डलम् ।
त्रैलोक्यकवलीकारविकरालमिवान्तकम् ॥ ८६९ ॥
मण्डलानि चरन्कृष्णः सव्यदक्षिणपार्श्वयोः ।
स्वहस्तालम्बनं कुर्वन्वेगेन तममोहयत् ॥ ८७० ॥

आघाताकुलितः सोऽथ विवलत्पर्वताकृतिः।
प्रवृद्धश्रमशूत्कारशीकरापूरिताम्बरः ॥ ८७१ ॥
दन्ताभिघातवैफल्याज्जानुभ्यामवनिं गतः।
सहसोत्थाय गोविन्दं लघुचित्रपराक्रमम् ॥ ८७२ ॥
चरन्तं करदन्ताग्रचरणाभ्यन्तरेऽपि सः।
न प्राप कृतयत्नोऽपि भाग्यहीन इवेप्सितम् ॥ ८७३ ॥
हरिर्ददत्सुकटकं दत्वास्य चरणं मुखे।
संग्रामतोरणस्तम्भं पाणिभ्यां दन्तमग्रहीत् ॥ ८७४ ॥
कंसश्रीनलिनीमूलमिवोत्पाट्य द्विपाननात्।
तीक्ष्णाग्रं दन्तमुसलं तेनैव निजघान तम् ॥ ८७५ ॥
निजदन्तप्रहारेण रक्तोद्गारी विदारितः।
हस्ती स्रुतशकृन्मूत्रश्चचालाचलसंनिभः ॥ ८७६ ॥
आकृष्टपुच्छो रामेण हतारोहः स शौरिणा।
दन्तनिर्दारितकटः पपात विकटः क्षितौ ॥ ८७७ ॥
कुवलयापीडवधः ॥ २७ ॥

हत्वा कुवलयापीडं जगत्पीडाक्षयोद्यतः।
रङ्गं विवेश गोविन्दः कामिनीकौतुकप्रदः ॥ ८७८ ॥
गजरक्तच्छटाङ्कस्य लीलावल्गितवाससः।
रूपं तस्य बभौ रङ्गे मेघस्येव सविद्युतः ॥ ८७९ ॥
दन्तिदन्तः स शुशुभे करे कालियविद्विषः।
अष्टमीशीतकिरणः प्रभादीप्त इवाम्बरे ॥ ८८० ॥
ततः कंसाज्ञया मल्लो बलवानन्ध्रदेशजः।
चाणूरः पर्वताकारस्तत्र कृष्णमयोधयत् ॥ ८८१ ॥
तयोर्जानुभुजाबन्धैः प्रेरणाकर्षणाञ्चनैः।
पीडनास्फालनाघातैः पृथिवी समकम्पत ॥ ८८२ ॥
पुत्रः पीयूषवर्षीति हर्षबाष्पार्द्रचक्षुषा।
सकम्पं वसुदेवेन मात्रा च जयसंश्रये ॥ ८८३ ॥

श्रीकान्त इत्यप्सरोभिर्दैत्यच्छेदीति खेचरैः।
बन्धुरित्यादराद्गोपैः प्रवीर इति यादवैः॥ ८८४ ॥
मल्लो वराकोऽस्य कियानिति संकर्षणेन च।
तरस्वी वीक्ष्यमाणोऽसौ मल्लानां विस्मयं व्यधात्॥ ८८५ ॥
ततः कोपाकुलः कंसः कृष्णोत्साहविवर्धनम्।
भुजमुद्यम्य विपुलं तूर्यस्वनमवारयत्॥ ८८६ ॥
उत्साहवाद्ये कंसेन कृष्णद्वेषान्निवारिते।
देवदुन्दुभयो नेदुस्तारतूर्यरवैर्दिवि॥ ८८७ ॥
मल्लं कृष्ण जहीत्याशु सप्तर्षिभिरुदीरिते।
पपातोद्द्योतिताकाशः कंसस्य मुकुटान्मणिः॥ ८८८ ॥
अथ दैत्यावतारस्य मल्लस्याद्भुतविक्रमः।
मुष्टिप्रहारेण शिरश्चकार दलितेन्द्रियम्॥ ८८९ ॥
तस्य स्फुटल्ललाटस्य लोचने दीपसंनिभे।
निपेततुः क्षितितले तारायुगलशोभने॥ ८९० ॥
ततो निपतिताशेषमल्ले मल्ले निपातिते।
अभूत्क्षुब्धाब्धिगम्भीरो रङ्गक्षोभभवः स्वनः॥ ८९१ ॥
संकर्षणोऽपि जग्राह मल्लं मण्डलकोविदः।
मौष्टिकं नाम विकटं तामराख्यं च केशवः॥ ८९२ ॥
जन्मावर्ते परिभ्राम्य तोमलं कालियान्तकः।
पपात भुवि निष्पिष्य मौष्टिकं च हलायुधः॥ ८९३ ॥
हतेषु तेषु मल्लेषु शल्येषु त्रिदिवौकसाम्।
विस्मिते यादवकुले लुलिते रङ्गमण्डले॥ ८९४ ॥
सुधासारैरिवासिक्ते वसुदेवे वधूसखे।
चुकोप भ्रुकुटीभीष्मः कंसः कम्पितमानसः॥ ८९५ ॥
सावेगैस्तस्य निःश्वासैरिव प्रलयतां गते।
कोपाग्नौ सर्वभूतानां घोरमाविरभूद्भयम्॥ ८९६ ॥

तस्य गण्डतटे स्पष्टं स्वेदबिन्दुलता बभौ ।
लडत्कुण्डलसक्तेव बिम्बिता मौक्तिकावली ॥ ८९७ ॥
भ्रूभङ्गेन निवार्यैव रङ्गकोलाहलस्वनम् ।
वेत्रिप्रोत्सारितजनो जगाद जगतीपतिः ॥ ८९८ ॥
इयं सरलता जातु जाता सारक्षयाय नः ।
कथं प्रथितसाराणां मध्ये गोपः प्रदृश्यते ॥ ८९९ ॥
जम्बुकेन हताः सिंहा यदि तत्क्रियतेऽत्र किम् ।
निष्कास्यन्तामितो गोपा नन्दगोपश्च बध्यताम् ॥ ९०० ॥
बान्धवव्यसनश्चायं वसुदेवः कुलाधमः ।
निधीयतां क्षयमुखे स्वपक्षैः सह यादवैः ॥ ९०१ ॥
उग्रसेनसुतस्येति शासनादुग्रविक्रमाः ।
समुद्ययुर्यथादिष्टं कर्तुं तन्मतिवर्तिनः ॥ ९०२ ॥
ततस्त्रासाकुलान्वीक्ष्य गोपान्गोप्ता दिवौकसाम् ।
देवीं च देवकीं पुत्रस्नेहवैक्लव्यविक्लवाम् ॥ ९०३ ॥
हेमसिंहासनोपान्तमभिपत्य त्रिविक्रमः ।
जग्राह लोलमाल्येषु कंसं केशेषु केशवः ॥ ९०४ ॥
अग्रे दिग्भिरिव न्यस्तमवतीर्णमिवाम्बरात् ।
सहसा पतितं कृष्णं कंसः कालममन्यत ॥ ९०५ ॥
कृष्णेनाकृष्यमाणेषु माल्यवत्सु महीपतेः ।
केशेषु विललापेव राजश्रीर्भङ्गशिञ्जितैः ॥ ९०६ ॥
नाम्यमानाननः कंसः शौरिणा भारपीडिताम् ।
वधे निमित्ततां यातामालुलोके महीमिव ॥ ९०७ ॥
वक्राम्बररविर्लक्ष्मीविहारमणिपर्वतः ।
मौलिस्तस्यापतत्स्रस्तमुक्तासृकणसंततिः ॥ ९०८ ॥
तमाकृष्य स्फुटन्मुक्ताहारकेयूरकुण्डलम् ।
स्फारैश्वर्यादिव महाहेमसिंहासनाच्च्युतम् ॥ ९०९ ॥

रक्तकुट्टिमनिर्घृष्टगात्रप्रस्तुतशोणितम् ।
उत्ससर्ज विशीर्णासुं कंसं दूरे हरिर्व्यसुम् ।
अजितं सर्वभूपालैरभग्नं वज्रिसंगरे ॥ ९१० ॥
तं वीक्ष्य सर्वभूतानामवश्यं शौरिणा हतम् ।
रङ्गे समुदभूद्घोरः क्षणं हलहलारवः ॥ ९११ ॥

कंसवधः ॥ २८ ॥

तस्मिन्वीरकुलोत्तंसे हते कंसे मुरारिणा ।
कंसानुजं सुनामानं निजघान हलायुधः ॥ ९१२ ॥
देवोऽथ देवकीसूनुर्ववन्दे देववन्दितः ।
वसुदेवस्य पादाब्जो(ब्जे) मातुश्चानन्दनिर्भरः ॥ ९१३ ॥
सहसा हतमाकर्ण्य कंसं कंसवधूजनः ।
अकाण्डवज्रपातेन निर्दारित इवाययौ ॥ ९१४ ॥
तं पांसुरूषितं भूमौ सिंहाहतमिव द्विपम् ।
संवीक्ष्योन्मथितं वेगाद्वातेनेव महाद्रुमम् ॥ ९१५ ॥
क्रोशन्त्यस्तारकरुणं छिन्नहारविभूषणाः ।
विवेष्टन्त्यः क्षितितले जगदुस्तं मृगीदृशः ॥ ९१६ ॥
हा नाथ ललनाकेलिकलनाकुसुमायुध ।
युधि प्रचण्डदोर्दण्डखण्डितारातिमण्डल ॥ ९१७ ॥
कथं प्रियासु विमुखः प्रेमप्रणयभूमिषु ।
भूमिमालिङ्ग्य सुप्तोऽसि भुजाभ्यां विस्मृतादरः ॥ ९१८ ॥
जरासंधजितो वारिनाथरत्नापहारिणः ।
क्षतयक्षस्य ते वीर वधः कथमनायुधः ॥ ९१९ ॥
ऐरावणविषाणाग्रविषमोल्लिखितोरसः ।
वधे तवापि भूपाल कथं न क्षुभितं जगत् ॥ ९२० ॥
अक्षौहिणीनां नाथस्य राजराजस्य ते कथम् ।
निजः परो वा संग्रामे नैकोऽपि निहतः पुरः ॥ ९२१ ॥

उदञ्चय दृशं देव विलोकय वधूजनम् ।
इयं कृतकनिद्रा वा कोपः प्रणयिनीषु वा ॥ ९२२ ॥
अयं निष्करुणः कोऽपि पुंसां पर्यन्तयात्रिकः ।
पन्थाः प्रतीक्ष्यते क्षिप्रं न यत्र दयितो जनः ॥ ९२३ ॥
इत्यन्तःपुरनारीषु विलपन्तीषु कम्पिता ।
आययौ कंसजननी सहसा शोकविक्लवा ॥ ९२४ ॥
उत्सङ्गे सा शिरः कृत्वा पुत्रस्य क्षितिशायिनः ।
बाष्पं दुर्धरमादाय शुशोचार्तप्रलापिनी ॥ ९२५ ॥
अहो नु त्वां नृशंसेन पुत्र कालेन निघ्नता ।
छिन्नः पितुस्ते वृद्धस्य जलाञ्जलिमनोरथः ॥ ९२६ ॥
एकाकी पांशुशयने महार्हशयनोचितः ।
कथं पृथग्जन इव स्थितोऽसि पृथिवीपते ॥ ९२७ ॥
ज्ञातिभ्यो दुःसहं पुंसां जायते नान्यतो भयम् ।
इति रक्षःसभासीनः सत्यमूचे दशाननः ॥ ९२८ ॥
स्वभुजोपार्जिता येन बन्धुसाधारणीकृता ।
लक्ष्मीः स त्वं हतः पुत्र ज्ञातिना ज्ञातिवत्सलः ॥ ९२९ ॥
इत्युक्त्वा नृपतिं वृद्धमुग्रसेनमुवाच सा ।
भर्तारं पुत्रशोकेन विषेणेवातिमूर्छितम् ॥ ९३० ॥
अयं ते तनयो राजन्बान्धवैः परिवर्जितः ।
हतश्चौर इवैकाकी संस्कारं याचतां हरिम् ॥ ९३१ ॥
राज्ये प्रवीरो भोजोऽस्मिन्नथवा माधवो विभुः ।
इयं श्रीः सततं राजन्वीरवक्त्रावलोकिनी ॥ ९३२ ॥
गच्छ विज्ञापय विभो कृष्णं यादवसंसदि ।
कंसोऽयं पृथिवीपालस्त्यज्यतामौर्ध्वदैहिके ॥ ९३३ ॥
कस्य नाम हते वैरं प्राणैः संशोधितागसि ।
त्यक्त्वा प्रयातः सर्वस्वं नोत्तिष्ठति हतः पुनः ॥ ९३४ ॥

उग्रसेनो निशम्येति संध्यारक्तांशुमानिव ।
वसुदेवालयं प्रायाद्गले दष्ट इवाहिना ॥ ९३५ ॥
स बन्धुसहितः कृष्णं ददर्शावनताननः ।
स्वबन्धुनिधनध्यानपश्चात्तापाकुलाशयम् ॥ ९३६ ॥
तमब्रवीदुग्रसेनः क्रियतामुचितं त्वया ।
अपरिम्लानसद्वृत्तान्परिपालय यादवान् ॥ ९३७ ॥
त्वदाज्ञया करोम्येष क्रियां कंसस्य पश्चिमाम् ।
दत्वा जलाञ्जलिं चास्य भवामि विपिने मुनिः ॥ ९३८ ॥
प्राप्ते विधेर्नियोगेन वियोगे योगिनो नये ।
कानने कानने तेषां बाष्पमात्रोचिते प्रभा ॥ ९३९ ॥
तच्छ्रुत्वोवाच कंसारिः सत्यमेतत्कुलोचितम् ।
सदृशं तव भूपाल श्रुतस्य चरितस्य च ॥ ९४० ॥
भवाभवपरिच्छेदरेखेयं भवितव्यता ।
जन्तोर्ललाटपाषाणलिखितेवाविनाशिनी ॥ ९४१ ॥
मा कृथाः शोकमधुना वृत्तेऽस्मिन्ननिवर्तिनि ।
काले कलितकालाग्रा न हि मुह्यन्ति धीधनाः ॥ ९४२ ॥
सत्क्रियां भजतां कंसो राज्यं च भजतां भवान् ।
राज्यार्थिनो न हि वयं न कंसस्तत्कृते हतः ॥ ९४३ ॥
जगत्कार्यकृतेऽस्मासु प्रसन्नं यदि ते मनः ।
तद्राज्यमपरित्याज्यं निजं निर्व्याजकारिणः ॥ ९४४ ॥
इत्युक्त्वाधोमुखः कृष्णो यदुवंशविभूषणः ।
वृद्धमैश्वर्यविमुखं बलान्नृपपदे व्यधात् ॥ ९४५ ॥
ततः कंसस्य राजार्हे सत्कार्ये बन्धुभिः कृते ।
उवास सानुजः कृष्णस्तत्र वृष्णिभिरर्चितः ॥ ९४६ ॥

कंससत्क्रिया ॥ २९ ॥

ततः संदीपनेर्गत्वा कश्यपस्यान्तवासिनः ।
तौ गुरोर्व्रतसंपन्नौ सर्वविद्याविधेर्गृहम् ॥ ९४७ ॥

दिव्यास्त्रेषु सशब्देषु वेदेषु विदितात्मसु ।
निरवद्यासु विद्यासु कलास्वविकलासु च ॥ ९४८ ॥

अवापतुः परं पारं प्रतिभामणिदर्पणौ ।
पूजयन्तौ शिवं साक्षात्तौ पर्वसु विसंभ्रमम् ॥ ९४९ ॥

उक्तस्ततो गुरुस्ताभ्यां दक्षिणा गृह्यतामिति ।
उवाच प्राप्तुमिच्छामि प्रभावाद्युवयोरहम् ।
पुत्रं प्रभासयात्रायां समुद्रे तिमिना हृतम् ॥ ९५० ॥

गुरोरिति गिरा कृष्णः संकर्षणमते स्थितः ।
गत्वा जलनिधिं घोरं ममज्ज महसां निधिः ॥ ९५१ ॥

गुरोर्मम सुतः क्वासाविति वादिनमाशु तम् ।
कृताञ्जलिर्जलनिधिर्जगाद जगतां पतिम् ॥ ९५२ ॥

इह पञ्चजनो नाम दैत्यो वसति दुःसहः ।
तिमिरूपेण तेनासौ हृतः सांदीपनेः सुतः ॥ ९५३ ॥

इत्यम्बुधिगिरा वीरो हत्वा पञ्चजनं हरिः ।
अवाप पाञ्चजन्याख्यं शङ्खं न तु गुरोः सुतम् ॥ ९५४ ॥

ततो वैवस्वतं जित्वा गुरोः प्रेतपुरादपि ।
सशरीरं समादाय ददौ दामोदरः सुतम् ॥ ९५५ ॥

मथुरामथ संप्राप्य कृतास्त्रः सर्वयादवान् ।
रामेण सार्धं विदधे विस्मयानन्दनिर्भरान् ॥ ९५६ ॥

इष्वस्त्रशिक्षा ॥ ३० ॥

अत्रान्तरे कंसवधामर्षदीप्तानलाकुलः ।
स्वसुते विधवे दृष्ट्वा दुःखितः कंसवल्लभे ॥ ९५७ ॥

समभ्यायाज्जरासंधो मगधाधिपतिर्बली ।
राज्यं यत्संश्रयात्कंसो बद्ध्वा पितरमाप्तवान् ॥ ९५८ ॥

वीरास्तदनुगाश्चान्ये भूमिपालाः समाययुः ।
कारीषो दन्तवक्राख्यः शिशुपालश्च चेदिपः ॥ ९५९ ॥

कलिङ्गः कौशिकः पौण्ड्रः क्राथो रुक्मी सभीष्मकः ।
अंशुमानाहृतः साल्ववेणुदारिसमुद्रगाः ॥ ९६० ॥
त्रैगर्तः सुह्मसौवीरशैब्यपाण्ड्यविदेहपाः ।
काश्यकौसल्यगान्धारकाश्मीरयवनादयः ॥ ९६१ ॥
दशार्णभगदत्ताद्यास्ते नृपा बलशालिनः ।
रुन्धाना मथुरां चक्रुर्जगन्निर्विवरं गजैः ॥ ९६२ ॥
तच्छत्रचामरस्फारफेनान्क्षितिपसागरान् ।
वीक्ष्य तान्समयं मेने प्राप्तं कालियसूदनः ॥ ९६३ ॥
अक्षौहिणीनां विंशत्या मागधेन तरस्विना ।
मथुरायां निरुद्धायां निर्ययुर्वृष्णियादवाः ॥ ९६४ ॥
ततः प्रवृत्ते समरे लाङ्गली मुसलायुधः ।
शार्ङ्गपाणिः स कंसारिर्वहन्कौमोदकीं गदाम् ॥ ९६५ ॥
तालतार्क्ष्यध्वजाग्राभ्यां रथाभ्यां हेमकङ्कटाम् ।
वीरौ विविशतुर्वैरिसेनां रणसमाकुलाम् ॥ ९६६ ॥
तस्मिन्नाकृष्टदेहेषु पिष्टेषु मुसलेन च ।
रामेण कुञ्जरेन्द्रेषु निपतत्सु रथेषु च ।
वृष्णिभिर्युध्यमानेषु शौर्यशालिषु राजसु ॥ ९६७ ॥
शब्देनाकृष्यमाणस्य शार्ङ्गस्य मुरवैरिणः ।
दैत्यात्मनां नरेन्द्राणां हृदयानि चकम्पिरे ॥ ९६८ ॥
जरासंधशरासारैर्विरथौ रामकेशवौ ।
पद्भ्यां विचेरतुर्वीरौ कुर्वाणौ सुभटक्षयम् ॥ ९६९ ॥
संकर्षणेन गदया निष्पिष्टस्यन्दनो युधि ।
गदापाणिर्जरासंधः स्वयं कोपात्तमाद्रवत् ॥ ९७० ॥
तयोर्घोरगदायुद्धे सुशिक्षाबलशालिनोः ।
बभूव कौतुकायातसुरनिर्विवरं नभः ॥ ९७१ ॥
तयोः प्रहारैः सावेगैर्गिरिसंचूर्णनोचितैः ।
धैर्यतुल्यानि गात्राणि दृढानि न चकम्पिरे ॥ ९७२ ॥

ततः समुद्यते घोरे प्रहारे जीवहारिणि ।
जरासंधाय रामेण प्रोच्चचार वचो दिवः ॥ ९७३ ॥
अलं मिथ्याप्रयासेन युधि धेनुकसूदनः ।
नायं वध्यस्त्वया राजा प्रजातोऽस्यान्तकः परः ॥ ९७४ ॥
श्रुत्वैतद्विरते रामे याति चास्तं दिवाकरे ।
बलयोरवहारोऽभूद्वारितोदारवीरयोः ॥ ९७५ ॥

जरासंधयुद्धम् ॥ ३१ ॥

याते जिते जरासंधे वीतविघ्नेषु वृष्णिषु ।
बालक्रीडाः स्मरन्रामः कदाचिद्गोव्रजं ययौ ॥ ९७६ ॥
प्रहृष्टः पूजितस्तत्र गोपैर्गोविन्दपूर्वजः ।
विजहार वनान्तेषु कान्तेषु कुसुमश्रिया ॥ ९७७ ॥
स कदम्बतरोर्मूले निषण्णः पुष्पहासिनः ।
विलोलपल्लवैस्तेन व्यजनैरिव वीजितः ॥ ९७८ ॥
हृष्टः पानोत्सुकः शुभ्रः कदम्बोदरनिर्गताम् ।
पपौ कादम्बरीं दिव्यां पुष्पामृतमयीं सुराम् ॥ ९७९ ॥
मदताम्रकपोलाग्रं संध्यारुणशशिप्रभम् ।
शुशुभे वदनं तस्य लीलान्दोलितकुण्डलम् ॥ ९८० ॥
ततः कादम्बरी देवी दिव्याम्बरविभूषणा ।
कदम्बकेसरावाससंक्रान्तोदारसौरभा ॥ ९८१ ॥
व्यालोलकमलाकारमदाघूर्णितलोचना ।
सिषेवे रूपिणी रामं रममाणं मनोरमम् ॥ ९८२ ॥
कान्तामुखोपमानस्य कान्तिश्च तुहिनद्युतेः ।
प्रियाभिर्गीर्भिरभ्येत्य प्रहृष्टा तमतोषयत् ॥ ९८३ ॥
श्रीश्च विग्रहिणी तस्मै ददौ हेमाम्बुजस्रजम् ।
कुण्डलं किरणोदारं हारं च हरिणेक्षणा ॥ ९८४ ॥
नीलाम्बरः स विबभौ हेममालाविभूषितः ।
कैलास इव संसक्तविद्युद्द्योतिततोयदः ॥ ९८५ ॥

रराजारजसस्तस्य हारस्तर्जिततारकः ।
दुग्धाब्धेरिव फेनौघश्चन्द्रस्येवामृतद्रवः ॥ ९८६ ॥
ततः स मज्जनक्रीडाजातोत्कण्ठो मदालसः ।
एहीति दूराद्यमुनामुवाच स्खलिताक्षरम् ॥ ९८७ ॥
सा तद्वाक्यमनादृत्य किंचिन्नोवाच निम्नगा ।
यदा तदा रुषा रामः समुत्थायाददे हलम् ॥ ९८८ ॥
तां लोलनीलसलिलां हलाग्रेणाचकर्ष सः ।
संरम्भस्रस्तकबरीं मानिनीं कुपितामिव ॥ ९८९ ॥
क्षोभाकुलितहंसालीमेखलामुखरा मुहुः ।
संलक्ष्य पुलकश्रेणी क्वचित्स्रस्तजलांशुका ॥ ९९० ॥
क्वचित्तरङ्गभ्रूभङ्गपरिवृत्तिपराङ्मुखी ।
छिन्नफेनावलीहाराकीर्णशीकरमौक्तिका ॥ ९९१ ॥
क्वचित्सलिलकल्लोलदुकूलग्रहणाकुला ।
क्वचिद्वीचीकराच्छन्नचक्रवाकोन्नतस्तनी ॥ ९९२ ॥
त्रासाकुलितवाचालविहङ्गवलया क्वचित् ।
आवर्तनर्तितोत्फुल्लनीलाब्जचकितेक्षणा ॥ ९९३ ॥
क्वचिद्वारिकुहूत्कारसनिःश्वासप्रलापिनी ।
सावेगगमनायासविषमस्खलिता क्वचित् ॥ ९९४ ॥
हलेनाकृष्यमाणा सा समुद्भ्रान्ताभवन्नदी ।
मध्ये वृन्दावनं नीता ततः प्रत्यक्षरूपिणी ॥ ९९५ ॥
उवाच रामं यमुना कम्पमाना कृताञ्जलिः ।
विस्रस्तवारिवसना कम्पव्याकुलगामिनी ।
फेनैर्मां प्रहसिष्यन्ति सरितः सागरान्तिके ॥ ९९६ ॥
स्वरूपं प्राप्तुमिच्छामि प्रसन्ने त्वयि मानद ।
महात्मनां निकारेऽपि माननीया हि योषितः ॥ ९९७ ॥

इति प्रसादितो रामस्तया बालमृगीदृशा ।
विररामाद्भुताक्रान्तैरर्चितो व्रजवासिभिः ॥ ९९८ ॥

यमुनाकर्षणम् ॥ ३२ ॥

ततः प्राप्तः स मथुरां पूजितः कालियद्विषा ।
दिव्यमालाम्बरः श्रीमान्यादवानन्दकृद्बभौ ॥ ९९९ ॥
विचिन्त्याथ जरासंधं गतं भग्नमनोरथम् ।
तं दुःसहमहानीकं पुनरागमनोत्सुकम् ॥ १००० ॥
अत्यल्पां मथुरां वीक्ष्य वर्धमानांश्च यादवान् ।
उग्रसेनादिभिर्वृद्धैरमन्त्रयत केशवः ॥ १००१ ॥
सोऽब्रवीदयमत्यन्तप्रणयोपचितः क्रमः ।
गुरूणां भवतामग्रे यदस्माभिरिहोच्यते ॥ १००२ ॥
इयं नयविदां कापि प्रख्याताभिमता मतिः ।
तिष्ठत्सु चिन्त्यते नीतिर्यद्वीरेषु महत्स्वपि ॥ १००३ ॥
जरासंधेन नस्तावत्प्रजातो बलशालिना ।
निःसामसीमा वैराग्निरङ्गच्छेदसमुद्भवः ॥ १००४ ॥
विरक्ताः पृथिवीपालास्ते ते तदनुयायिनः ।
जरासंधेन सहिता ये न जेयाः सुरैरपि ॥ १००५ ॥
स कालयवनो म्लेच्छदरच्चीनशकाग्रगः ।
तथा बलनिरोधेन पुरीं नः समपीडयत् ॥ १००६ ॥
स गार्ग्यस्योग्रतपसा संजातस्त्रिजगज्जयी ।
अवध्यः सर्वभूतानां वराद्वीरः पिनाकिनः ॥ १००७ ॥
इयमस्मत्पुरीबन्धे तस्याश्वशकृदुद्भवा ।
सरिदश्वशकृत्संज्ञा लोके ख्याता प्रसर्पति ॥ १००८ ॥
क्रमेण विनिपातानां भयं ते महतां द्विषाम् ।
नगर्यां प्राप दुर्गायां कालदेशोदयेन न ॥ १००९ ॥
तस्माद्द्वारवतीं दुर्गां परिखाट्टालमालिनीम् ।
निवेशयितुमिच्छामि पश्चिमाब्धौ कुशस्थलीम् ॥ १०१० ॥

इत्युक्ते शौरिणा प्राहुस्तथेति यदुपुंगवाः।
श्रद्धा हि हितवाक्येषु भाविकल्याणसंपदाम् ॥ १०११ ॥
कृष्णसर्पं ततः कृष्णः कुम्भे प्रक्षिप्य मुद्रिते।
प्राहिणोद्यवनेन्द्राय दुःसहोऽसीत्युदाहरन् ॥ १०१२ ॥
तं दृष्ट्वा कालयवनः प्रहस्योग्रैः पिपीलकैः।
भक्षितं प्रेषयामास सर्पं सेनाढ्यतां वदन् ॥ १०१३ ॥
ततः कृष्णेन सहिताः पुरीं जलधिमेखलाम्।
प्रययुर्मथुरां त्यक्त्वा सर्वे यादववृष्णयः ॥ १०१४ ॥
ततः परिवृता वीरैर्भ्राजमाना सुरैरिव।
पुरी कृष्णेन शुशुभे शक्रेणेवामरावती ॥ १०१५ ॥
ततः कदाचिदेकाकी पादचारी जनार्दनः।
आक्रष्टुं कालयवनं प्रययौ नयकोविदः ॥ १०१६ ॥
गोविन्दमागतं दृष्ट्वा प्रहृष्टो यवनाधिपः।
अभ्याद्रवन्महाकायः कालः काल इवोत्कटः ॥ १०१७ ॥
मनोजवं जगद्वैरी स जिघृक्षुर्जनार्दनम्।
वेगाभिसारी विदधे कम्पक्षोभाकुला दिशः ॥ १०१८ ॥
स्वमायामिव गम्भीरां धीरो गिरिगुहां ततः।
विवेश विपुलायामामचिन्त्यगतिरच्युतः ॥ १०१९ ॥
मान्धातुस्तनयस्तत्र मुचुकुन्दः क्षितीश्वरः।
देवासुररणे कृत्वा शक्रस्य रिपुसंक्षयम् ॥ १०२० ॥
श्रान्तो निद्रां वरात्प्राप्य विदधे संविदं सुरैः।
निद्राक्षयं मे यः कुर्यात्स गच्छेद्भस्मसादिति ॥ १०२१ ॥
सुचिरं रत्नपर्यङ्के शयानस्याथ तस्य सः।
राज्ञो गुहायां गोविन्दः शीर्षान्ते समुपाविशत् ॥ १०२२ ॥
ततः प्रविश्य सावेगं कोपप्रज्वलितः श्वसन्।
सुप्तं ददर्श राजर्षिं यवनः पर्वताकृतिम् ॥ १०२३ ॥

पिहिताननमालोक्य तं कालयवनः क्रुधा ।
कृष्णोऽयमिति संचिन्त्य पदा पस्पर्श भूमिपम् ॥ १०२४ ॥
सहसा प्रतिबुद्धोऽथ मुचुकुन्दनृपः पदा ।
स्पृशन्तं दुःसहरुषा चक्षुषा भस्मसाद्व्यधात् ॥ १०२५ ॥
निर्दग्धे कालयवने परिवृत्ताननो नृपः ।
निद्राकषायनयनः पुण्डरीकाक्षमैक्षत ॥ १०२६ ॥
स दृष्ट्वा मन्दराकारः कृष्णमत्यल्पविग्रहम् ।
विपुलं कालसंज्ञासीदतीतं जगतीपतिः ॥ १०२७ ॥
को भवानिति पृष्टोऽथ मुचुकुन्देन केशवः ।
न्यवेदयत्स्ववृत्तान्तमभिवाद्य कृताञ्जलिः ॥ १०२८ ॥
युगत्रयं गतं ज्ञात्वा निद्रायाः पृथिवीपतिः ।
गुल्फप्रमाणा दृष्ट्वा च प्रजा ह्रस्वत्वमागताः ।
न चकार मतिं राज्ये विरसे विगतस्पृहः ॥ १०२९ ॥
समानेषु व्यतीतेषु शून्यासु प्रेमभूमिषु ।
जीर्णे जगति विच्छाये सजने का रतिः सताम् ॥ १०३० ॥
स गत्वा तपसे धीमान्कन्दरं हिमभूभृतः ।
आरुरोह नृपः स्वर्गं स्वारोहं पुण्यसंपदाम् ॥ १०३१ ॥

कालयवनवधः ॥ ३३ ॥

कृष्णोऽथ द्वारकां गत्वा विहितां विश्वकर्मणा ।
हेमप्रतोलीप्राकारां रत्नगोपुरतोरणाम् ॥ १०३२ ॥
स्फारस्फटिकहर्म्यांशुमालारचितचन्द्रिकाम् ।
अमृतोद्गारिणीं क्षीरसागरादिव निर्मिताम् ॥ १०३३ ॥
मणिभित्तिषु संक्रान्तकान्तावदनमालिकाम् ।
विभज्य बहुधात्मानं शशाङ्केनेव सेविताम् ॥ १०३४ ॥
विवेश विषदोद्द्योतां सानुगां सततोत्सवाम् ।
स सैन्यधनमादाय निखिलं यवनार्जितम् ॥ १०३५ ॥

तस्यां पौरजनं सर्वं शङ्खो नाम निधीश्वरः ।
कृष्णस्य शासनात्तूर्णं हेमरत्नैरपूरयत् ॥ १०३६ ॥
विसृज्य पवनं साक्षात्त्रिदिवं देवकीसुतः ।
आनिनाय सुधर्माख्यां दिव्यां देवसभां विभुः ॥ १०३७ ॥
सा पुरी सुभटैर्गुप्ता वृष्णिसात्वतयादवैः ।
मेरोरिव गुहासिंहैः शुशुभे कान्तिनिर्भरा ॥ १०३८ ॥
दत्तेव काले विपुले समुद्रेण हरेर्गिरा ।
अनेकयोजनायामा पुरी साभूद्गरीयसी ॥ १०३९ ॥
अत्रान्तरे भीष्मकस्य दाक्षिणात्यस्य भूपतेः ।
शुश्राव रुक्मिणीं कृष्णः कन्यां रूपेण विश्रुताम् ॥ १०४० ॥
सापि शुश्राव कंसारिं कृष्णं कमललोचनम् ।
अभिलाषरसोदारं किमप्यासीन्मनस्तयोः ॥ १०४१ ॥
भीष्मकस्यात्मजो रुक्मी भुजशाली रणोत्कटः ।
वीरो बिभर्ति यः स्पर्धां भुवि भार्गवभीष्मयोः ॥ १०४२ ॥
अनुजां रुक्मिणीं दृप्तः स कृष्णेनार्थितां सदा ।
न ददौ कंसदासोऽयमिति द्वेषादुदाहरन् ॥ १०४३ ॥
ततो जरासंधगिरा शिशुपालाय भूभुजे ।
तां दातुमुद्ययौ पुत्रीं भीष्मकः पुत्रसंमते ॥ १०४४ ॥
वसुदेवस्वसुः पुत्रः शिशुपालोऽथ तत्पुरीम् ।
कृष्णादिभिर्वृष्णिवीरैर्वरयात्राभिमन्त्रितैः ॥ १०४५ ॥
दन्तवक्रजरासंधमुख्यैश्च सह राजभिः ।
स विवाहोत्सवे प्रायाद्भीष्मकेनाभिपूजितः ॥ १०४६ ॥
इन्द्राणीपूजनव्यग्रां तत्र लोचनचन्द्रिकाम् ।
ददर्श रुक्मिणीं कृष्णः कृष्णशारायतेक्षणाम् ॥ १०४७ ॥
सुमुखीं कान्तिललितामाताम्राधरपल्लवाम् ।
लक्ष्मीमिव सहोत्पन्नां चन्द्रामृतसुरद्रुमैः ॥ १०४८ ॥

तां वीक्ष्य पद्मवदनां मदनोद्यानमाधवीम् ।
माधवो मधुसंसिक्त इव क्षणमचिन्तयत् ॥ १०४९ ॥
इयं शुभ्रांशुकोत्फुल्लफेना कान्तितरङ्गिणी ।
हरहुंकारदग्धस्य जीवती पुष्पधन्वनः ॥ १०५० ॥
लज्जैव जलजस्पर्धा प्रभेयं शशिनः कुतः ।
उपमानं सुखस्यास्याः स्वमुखं दर्पणे यदि ॥ १०५१ ॥
चिन्तयन्निति वैकुण्ठः सोत्कण्ठं मन्मथाकुलः ।
जहार संमते भ्रातुः सहसा भीष्मकात्मजाम् ॥ १०५२ ॥
रथेन रथिना तेन हृतायां वातरंहसा ।
उदभूत्सुभटक्षोभगम्भीरो भूभुजां रवः ॥ १०५३ ॥
इयं कृष्णेन कृष्णेन कन्या कन्या हृता हृता ।
इति व्याहरतामेव राज्ञां मोह इवाभवत् ॥ १०५४ ॥
वृष्णीनां राममुख्यानां भारं विन्यस्य दुःसहम् ।
तार्क्ष्यकेतौ द्रुतं याते घोरं युद्धमवर्तत ॥ १०५५ ॥
रामसात्यकिहार्दिक्यगदाक्रूरविदूरथैः ।
वक्रदेवसुनक्षत्रसारणाद्यैश्च यादवैः ॥ १०५६ ॥
शिशुपालजरासंधमुख्यानां भूभुजां रणे ।
अकालरजनीवाभूत्क्षणं निर्विवरैः शरैः ॥ १०५७ ॥
बलिना बलदेवेन वध्यमानेषु वैरिषु ।
शिशुपालेन चान्येषु संक्षयः सैन्ययोरभूत् ॥ १०५८ ॥
अत्रान्तरे पुरो राज्ञां रुक्मी क्रोधाग्निना ज्वलन् ।
पितुश्चोवाच संनद्धः श्वसन्नाग इवाहतः ॥ १०५९ ॥
नाहत्वा मलिनाचारं कृष्णं दुर्नयकारिणम् ।
स्वपुरं समुपेष्यामि वीरव्रतपरिच्युतः ॥ १०६० ॥
इत्युक्त्वा रथमारुह्य वीरैरनुगतो नृपैः ।
जवोद्धूतपताकाग्रः स ययौ नादयन्दिशः ॥ १०६१ ॥

दूरादायान्तमालोक्य रथस्थो रुक्मिणीसखः ।
तस्थौ हरिः परावृत्य कर्णान्ताकृष्टकार्मुकः ॥ १०६२ ॥
ततः श्रेणीकृतैः क्षिप्रं घनैः कृष्णशिलीमुखैः ।
आच्छाद्यमाना विबभुर्भूपालकमलाकराः ॥ १०६३ ॥
शौरिरापूर्यमाणोऽथ रुक्मिचापच्युतैः शरैः ।
हेमपुङ्खैरभूद्व्याप्तः सूर्यांशुभिरिवाचलः ॥ १०६४ ॥
अक्षयां क्षितिपैः क्षिप्तां दीप्तशस्त्रपरस्पराम् ।
भिन्दानः सायकैस्तूर्णं बभौ नृत्यन्निवाच्युतः ॥ १०६५ ॥
ततः कृष्णशरैः क्षिप्रं छिन्नच्छत्ररथध्वजाः ।
बभूवुः कृत्तकोदण्डास्ते खण्डितमनोरथाः ॥ १०६६ ॥
दिव्यास्त्रवर्षिणः शौरिश्छित्वा सर्वायुधान्यथ ।
रुक्मिणस्तीव्रनाराचैर्विव्याध हृदयं त्रिभिः ॥ १०६७ ॥
मूर्च्छिते पतिते तस्मिन्विद्रुते राजमण्डले ।
ररक्ष शौरिर्दयया रुक्मिणं रुक्मिणीगिरा ॥ १०६८ ॥
याते द्वारवतीं कृष्णे विनिवृत्तेषु वृष्णिषु ।
कुण्डिनाख्यं पुरं रुक्मी प्रविवेश न लज्जया ॥ १०६९ ॥
प्रतिज्ञया परित्यक्तपुरः स विदधे परम् ।
पुरं भोजकटं नाम मानभङ्गं विचिन्तयन् ॥ १०७० ॥

रुक्मिणीहरणम् ॥ ३४ ॥

जयश्रियमिवादाय श्रियं मूर्त्यन्तरागतम् ।
भेजे विवाहविधिना रुक्मिणीं रुक्मिणीप्रियः ॥ १०७१ ॥
स तया पुण्डरीकाक्षः फुल्लेन्दीवरचक्षुषा ।
विजहार सुधासारपरिपूरितमानसः ॥ १०७२ ॥
तस्यामजीजनत्पुत्रान्दश त्रिदशसंनिभान् ।
प्रद्युम्नचारुदोष्णाद्यान्कन्यां चारुमतीं तथा ॥ १०७३ ॥
ततः प्राप प्रियाः प्रेमप्रणयोद्यानवल्लरीः ।
अन्या जगत्पतिः पत्नीर्मूर्ता इव दिशो दश ॥ १०७४ ॥

कालिन्दी सत्यभामा च सत्या जाम्बवती तथा ।
मित्रविन्दा सुशीला च लक्ष्मणा जालवासिनी ॥ १०७५ ॥
सुदन्ता रोहिणी चेति ताश्चन्द्रवदनाः सदा ।
श्यामाः श्यामा इव प्रीत्या भेजिरे शेषशायिनम् ॥ १०७६ ॥
स षोडशसहस्राणि दिव्यानां हरिणीदृशाम् ।
स्वैरं कन्दर्पलीलासु विश्वरूपं सिषेविरे ॥ १०७७ ॥
तासु विश्वसृजस्तस्य लक्षसंख्योऽभवद्विभोः ।
पुत्रवर्गः सुरारातिक्षयक्षमपराक्रमः ॥ १०७८ ॥
नारायणीं चन्द्रसेनां वैदर्भीं कृष्णनन्दनः ।
लेभे स्वयंवरे कन्यां प्रद्युम्नश्चारुलोचनः ॥ १०७९ ॥
तेनाजनि सुतस्तस्यामनिरुद्धः स्मरद्युतिः ।
रूपं यस्यायताक्षीणां दृग्वशीकरणाञ्जनम् ॥ १०८० ॥
कालेन रुक्मिणः पौत्रीमनिरुद्धः सुलोचनाम् ।
प्राप्तुं ययौ रुक्मवतीं सह यादववृष्णिभिः ॥ १०८१ ॥
हलायुधप्रधानेषु तेषु तत्र स्थितेष्वथ ।
छद्मद्यूते मतिरभूद्दाक्षिणात्यमहीभुजाम् ॥ १०८२ ॥
ते संमन्त्र्य सभासीना रत्नासनजुषो नृपाः ।
कितवे चक्रुराह्वानं संहतास्ताललक्ष्मणः ॥ १०८३ ॥
तस्य तैः संप्रवृत्तेऽथ द्यूते कलहदोहदे ।
पणेषु वर्तमानेषु मिथः कनककोटिभिः ॥ १०८४ ॥
क्षुद्रैर्निकृत्यानिर्व्याजो राम एव जितोऽसकृत् ।
तमुवाचाजितो रुक्मी विहस्याक्षान्प्रतोलयन् ॥ १०८५
अविद्यो दुर्बलश्चायमहो बहुधनो जितः ।
तच्छ्रुत्वा मन्युसंतप्तः श्वसन्कृष्णाग्रजोऽवदत् ॥ १०८६ ॥
दशकोटिसहस्राणि हिरण्यस्य पणो मम ।
इत्युक्तो हलिना रुक्मी न किंचित्प्रत्युवाच तम् ॥ १०८७ ॥

निपातितेष्वथाक्षेषु जितः कृष्णाग्रजेन सः ।
मौनकृन्न जितोऽस्मीति जगाद व्याजमाश्रितः ॥ १०८८ ॥
तेनास्य जिह्मवचसा कुपिते मुसलायुधे ।
उच्चचार स्फुटा वाणी गगनादशरीरिणी ॥ १०८९ ॥
रामेण विजितो रुक्मी कृत्वाभ्युपगमो धिया ।
प्रमाणं हि मनोवृत्तिः सर्वकार्येषु देहिनाम् ॥ १०९० ॥
तच्छ्रुत्वा न जितोऽस्मीति वादिनं पुनरेव तम् ।
अष्टापदेन सावेगमवधीन्मुसलायुधः ॥ १०९१ ॥
दन्तान्कलिङ्गराजस्य निपात्य समदो बलः ।
उत्पाट्य कलभस्तम्भमाद्रवत्क्रथकैशिकान् ॥ १०९२ ॥
कालानलद्विषस्तस्य त्रासाद्यातेषु राजसु ।
रुक्मिणि क्ष्माभृतां नाथे हते शक्रपराक्रमे ॥ १०९३ ॥
यातेषु वृष्णिवीरेषु शनैः सानुशयेष्विव ।
वृत्तं न्यवेदयत्सर्वमच्युतायाच्युताग्रजः ॥ १०९४ ॥
ततो विलापमुखरां रुक्मिणीं मधुसूदनः ।
परिसान्त्व्यानतमुखं किंचिन्नोचे हलायुधम् ॥ १०९५ ॥

रुक्मिवधः ॥ ३५ ॥

एवं भार्गवतुल्योऽसाववध्यस्त्रिदशैरपि ।
हतः शेषावतारेण स रुक्मी तालकेतुना ॥ १०९६ ॥
साम्बो नाम कदाचित्तु जाम्बवत्यां हरेः सुतः ।
दुर्योधनसुतां हर्तुं प्रययौ हस्तिनापुरम् ॥ १०९७ ॥
कन्याहरणकोपेन तस्मिन्राजस्वयंवरे ।
संरुद्धो धार्तराष्ट्रेण मानिना माधवात्मजः ॥ १०९८ ॥
क्रुद्धोऽथ तद्विमोक्षाय स्वयमेत्य हलायुधः ।
पुरं कौरवराजस्य तरसा भङ्क्तुमुद्यतः ॥ १०९९ ॥
प्राकारवप्रे विदधे हलं गङ्गातटोन्मुखम् ।
चचाल येन निखिल सहसा हस्तिनापुरम् ॥ ११०० ॥

पुरं सगोपुराट्टालं हलाकर्षणघूर्णितम् ।
गङ्गायामुद्यतं क्षेप्तुं ज्ञात्वा क्रुद्धं हलायुधम् ॥ ११०१ ॥
दुर्योधनः स्वयं गत्वा प्रणिपत्य प्रसाद्य च ।
साम्बं मुक्त्वा गदायुद्धे प्रययौ तस्य शिष्यताम् ॥ ११०२ ॥
इत्येवं बलदेवस्य बलमत्यद्भुतं विभोः ।
येन नागायुतप्राणो भीमो दोर्भ्यां पराजितः ॥ ११०३ ॥

बलदेवमाहात्म्यम् ॥ ३६ ॥

अत्रान्तरे भुवः सूनुर्नरको नाम दानवः ।
जहार सर्वरत्नानि स्त्रियश्च त्रिदिवौकसाम् ॥ ११०४ ॥
अदितेः कुण्डलाहारी भयदीक्षां चकार यः ।
युधि सेहे न तं कश्चित्प्रवृद्धं लोककण्टकम् ॥ ११०५ ॥
ततः कदाचिद्वैडूर्यस्तम्भभूरिप्रभां सभाम् ।
आसीने वृष्णिभिः सार्धं कृष्णे रत्नासनोज्ज्वलाम् ॥ ११०६ ॥
अदृश्यत स्फुरत्तेजःपुञ्जैः पिञ्जरितं नभः ।
रविवाजिखुरक्षुण्णमेरुहेमरजःप्रभैः ॥ ११०७ ॥
तन्मध्ये शनकैः श्रीमान्सुरेन्द्रः स्फुटमाबभौ ।
ऐरावणकराशीर्णव्योमगङ्गाम्बुनिर्झरः ॥ ११०८ ॥
सोऽवतीर्य दिवश्चन्द्रधवलच्छत्रचामरः ।
भूषणांशुवनैर्व्याप्तः शक्रचापचयैरिव ॥ ११०९ ॥
सहसाभ्युत्थितैर्हर्षविस्मयादरशालिभिः ।
पूजितो वृष्णिभिः कृष्णबलदेवाहुकादिभिः ॥ १११० ॥
अवतीर्य गजातूर्णमलंकृतमहासनः ।
प्रीत्या विलोकयन्विष्णुं सहस्राक्षः समभ्यधात् ॥ ११११ ॥
अहो सुचरितश्लाघ्या धन्या माधववृष्णयः ।
उदिते दृश्यसे यैस्त्वं रविः पद्माकरैरिव ॥ १११२ ॥
कर्तारं लोककार्याणां हर्तारं सुरविद्विषाम् ।
त्रैलोक्योपप्लवच्छित्त्यै त्वामहं समुपागतः ॥ १११३ ॥

जगन्ति जगतां नाथ नरको नाम भूमिजः ।
बाधते कामगं यस्य पुरं प्राग्ज्योतिषं दिवि ॥ १११४ ॥
देव्या दिवौकसां मातुरदितेर्दिव्यकुण्डले ।
जहार तरसा दीप्ते स महादित्यतेजसा ॥ १११५ ॥
दैत्या सुरहयग्रीवनिसुन्दाख्यास्तदाश्रयाः ।
क्षपयन्त्यक्षया भांसि महांसि च यशांसि नः ॥ १११६ ॥
तस्यान्धतमसस्येव निधने धरणीभुवः ।
क्षमस्त्वमेव प्रोच्चण्डचक्रसूर्योदयाचलः ॥ १११७ ॥
मनोरथ इवास्माकमयं त्वां पतगेश्वरः ।
प्रापयिष्यति यत्रासौ दैत्यः स्वपुरसंश्रयः ॥ १११८ ॥
इत्युक्त्वा विरते शक्रे तथेत्युक्ते मुरारिणा ।
विद्युत्पुञ्ज इवाकाशे गरुडः प्रत्यपद्यत ॥ १११९ ॥
चक्रायुधः समारुह्य सत्यभामासखः क्षणात् ।
ऐरावणं सुरेन्द्रश्च व्योममार्गेण जग्मतुः ॥ ११२० ॥
नाकं नाकपतौ याते हरिः प्राग्ज्योतिषं पुरम् ।
व्रजन्पाशसहस्राणि षट्ट छित्त्वासुरमन्दिरे ॥ ११२१ ॥
सभृत्यामात्यतनयं मुरं हत्वा सबान्धवम् ।
निसुन्दं च शिलासंघान्विदार्याशनिसंहतान् ॥ ११२२ ॥
हयग्रीवं च यो वर्षसहस्रं युयुधे सुरैः ।
विरूपाक्षं च पाप्मानमलकायां सहानुगम् ॥ ११२३ ॥
मध्ये लोहितगङ्गस्य तारं पञ्चकरं तथा ।
हत्वा प्राग्ज्योतिषपुरं समासाद्य मनोजवम् ।
अष्टौ लक्षाणि दैत्यानां निजघान घनौजसाम् ॥ ११२४ ॥
ततो युद्धमभूद्धोरं नरकेन(ण) मधुच्छिदः ।
भयदं सर्वभूतानां भुवनाकम्पनं महत् ॥ ११२५ ॥

अथ क्रकचधारेण वज्रनाभेन भास्वता ।
चक्रे चक्रेण नरकं द्विधा चक्रायुधः क्रुधा ॥ ११२६ ॥
विस्फारभूधराकारे पतिते भुवि भूमिजे ।
चक्रधारानलप्लुष्टे तस्मिन्सपुरमन्दिरे ॥ ११२७ ॥
पुत्रशोकाकुला देवी छत्रं च प्रददौ मही ।
तत्प्रजापरिरक्षायै कुण्डले कैटभद्विषः ॥ ११२८ ॥

नरकवधः ॥ ३७ ॥

तस्याथ लुण्ठिताशेषसुरेन्द्रधनदश्रियः ।
रत्नसंचयमाहृत्य तत्पुरान्निर्ययौ हरिः ॥ ११२९ ॥
नरकेण महच्छत्रं हृतं यत्पाथसां पतेः ।
धाराशतसहस्राङ्कं दाशार्हस्तज्जहार च ॥ ११३० ॥
निरुद्धास्तेन गन्धर्वसुरकिन्नरकन्यकाः ।
रत्नशैले विनिहिता ददर्श मधुसूदनः ॥ ११३१ ॥
गोविन्ददर्शनानन्दसुधास्यन्दतरङ्गिताः ।
मणिपर्वतमुत्पाद्य तार्क्ष्यकेतुर्निनाय ताः ॥ ११३२ ॥
स दृष्ट्वा दिवि देवेशं पूजितस्तेन सादरम् ।
शच्या संमानितां सत्यभामामालोकयन्मुदा ॥ ११३३ ॥
देवीं च देवजननीमदितिं दानवान्तकः ।
प्रणम्य सह शक्रेण दत्वास्यै दिव्यकुण्डले ॥ ११३४ ॥
ददर्श नन्दनोत्तंसं सर्वकामप्रदं सदा ।
पारिजातं सुधाजातमभिजातमिवेश्वरम् ॥ ११३५ ॥
तं दृष्ट्वा नयनानन्दबान्धवं माधवः स्वयम् ।
समुत्पाद्य जहाराशु तच्चामन्यत वृत्रहा ॥ ११३६ ॥
सत्यभामासखः पारिजातयुक्तो व्रजन्दिवि ।
सुपर्णवाहनः सोऽभून्मूर्तो रस इवाद्भुतः ॥ ११३७ ॥
विद्याधरवधूवृन्दैर्विस्मयानन्दनिर्भरैः ।
मुहुः स कौतुकोत्कण्ठैः पीयमान इवेक्षणैः ॥ ११३८ ॥

द्वारकां स समासाद्य विसृज्य विहगेश्वरम्।
भूयो विचित्रसंस्कारैर्भूषितां शक्रशासनात्॥ ११३९॥
रत्नान्तःपुरसंबाधामद्भुतां विश्वकर्मणा।
लोलहेमलताजालैर्मणिकाञ्चनशेखरैः।
भूधरैरभितो गुप्तां निर्झरोदारकन्दरैः॥ ११४०॥
तां प्रविश्य पुरीं वीरः पूजितो वृष्णियादवैः।
स्वसारं मध्यगां भ्रात्रोर्नुत्वा देवीं बलाधिकाम्॥ ११४१॥
चरितैर्विजयोदारैर्नारदेन स्तुतः स्वयम्।
हरिणीहारिनेत्राभिर्विजहार हरिश्चिरम्॥ ११४२॥

पारिजातहरणम्॥ ३८॥

प्रद्युम्नो यस्तु रुक्मिण्यामजायत हरेः सुतः।
दैत्येन शम्बराख्येन हृतो यः सूतिकालयात्॥ ११४३॥
यश्चेक्षुमति दैत्यस्य प्रवृद्धो नगरे शिशुः।
प्रीत्या शनैः कृतस्तेन सर्वमायास्त्रपारगः॥ ११४४॥
निजं हरणवृत्तान्तं ज्ञात्वा तद्वल्लभागिरा।
समं समस्तमायाज्ञं हत्वाष्टम्यां महारणे॥ ११४५॥
तं कालशम्बरं घोरं साभिलाषां च तद्वधूम्।
विहितप्रार्थनां कान्तः कान्तां मायावतीं जवात्॥ ११४६॥
हृत्वा गगनमार्गेण द्वारकामभिपत्य यः।
ववन्दे निर्भरानन्दं जनकं रुक्मिणीसखम्॥ ११४७॥
स्मरावतारो यः श्रीमान्शम्बरस्य विमोहनः।
स बभूव परं वीरः कार्ष्णिलोकेषु विश्रुतः।
तत्तुल्याः साम्बमुख्याश्च विख्याता माधवात्मजाः॥ ११४८॥

शम्बरवधः॥ ३९॥

त्रिदशस्पृहणीयां तामाश्चर्यां भुवि दुर्लभाम्।
सपुत्रस्य हरेर्भूपा विभूतिं द्रष्टुमाययुः॥ ११४९॥

दुर्योधनप्रधानास्ते नानादेश्या नराधिपाः।
अक्षौहिणीभिर्वीराणामष्टादशभिरावृताः॥ ११५० ॥
गिरिं रैवतकं सर्वे परिवार्य सविस्मयाः।
तस्थुर्विविक्तरम्यासु द्वारकोपान्तभूमिषु॥ ११५१ ॥
ततो निर्गत्य भगवान्सर्वैर्वृष्णिगणैः सह।
यथाक्रमं हरिः सर्वान्पूजयंस्तान्क्षितीश्वरान्॥ ११५२ ॥
तेषु सिंहासनस्थेषु भेजे रत्नासनं महत्।
धाम्नां निधिरिव श्रीमान्रोहणाचलशेखरम्॥ ११५३ ॥
राजाम्बुजवनोत्था श्रीर्बन्दिनूपुररराविणी।
गोविन्दमालिलिङ्गेव च्छत्रचामरहासिनी॥ ११५४ ॥
तं भूपतिसभासीनं द्रष्टुमभ्येत्य नारदः।
उवाच देव धन्यस्त्वमाश्चर्यं त्रिदिवौकसाम्॥ ११५५ ॥
दक्षिणाभिः सहासीति प्रत्युक्ते तेन नारदे।
किमेतदिति पप्रच्छ भूपालाः कौतुकाकुलाः॥ ११५६ ॥
कथ्यतामिति कृष्णेन सादरं प्रेरितोऽवदत्।
अहं त्रिषवणस्नायी कदाचिद्यमुनदीतटे।
अवदं कूर्ममालोक्य धन्योऽसीत्यद्भुताकृतिम्॥ ११५७ ॥
सोऽब्रवीदद्भुता गङ्गा धन्या वा(या)स्मद्विधैः श्रिता।
धन्यासीति मया सापि पृष्टा मां प्रत्यभाषत॥ ११५८ ॥
धन्योऽब्धिरद्भुततरः सर्वासां सरितां पतिः।
पृष्टः सोऽपि मया प्राह मत्तः क्षितिरियं वरा॥ ११५९ ॥
साप्युवाचाद्भुततरा भूधरा यैरहं धृता।
जगदुस्तेऽपि जगतां स्रष्टा पद्मोद्भवोऽद्भुतः॥ ११६० ॥
पृष्टः सोऽप्यवदद्वेदाः सर्वाश्चर्यमहत्तराः।
तेऽप्यूचुरद्भुता यज्ञा येषामर्थे वयं स्थिताः॥ ११६१ ॥
तेऽप्यूचिरे मया पृष्टा गतिर्नो विष्णुरद्भुतः।
सत्यः सनातनः पुण्यो यः सर्वहुतमश्नुते॥ ११६२ ॥

एतच्छ्रुत्वा मयाभ्येत्य कृष्णः पृष्टोऽतिकौतुकात् ।
दक्षिणाभिः सहासीति विभुर्मामेतदुक्तवान् ॥ ११६३ ॥
इत्युक्त्वा नारदे याते विस्मिते राजमण्डले ।
गते संप्राप्तसत्कारे विवेश स्वपुरं हरिः ॥ ११६४ ॥

आश्चर्यपर्व ॥ ४० ॥

कदाचिद्विपुले यज्ञे दीक्षितः केशवः स्वयम् ।
त्रायस्वेत्यर्थितोऽभ्येत्य दुःखितेन द्विजन्मना ॥ ११६५ ॥
ब्रूहि किं ते भयमिति ब्राह्मणः शौरिणोदितः ।
उवाच भाग्यहीनस्य जाता जाताः सुतास्त्रयः ॥ ११६६ ॥
हृताः केनापि भूतेन चतुर्थं परिरक्ष मे ।
जायायाः सूतिकालोऽयं ममेत्युक्ते द्विजन्मना ।
तद्रक्षायै ददौ विष्णुर्वृष्णिवीरैः सहार्जुनम् ॥ ११६७ ॥
गाण्डीवधन्वा संप्राप्य ब्राह्मणावसथं क्षणात् ।
दिशो वृष्णिभिरावृत्य तस्थौ रक्षाकृतक्षणः ॥ ११६८ ॥
ततोऽर्धरात्रे सूतायां ब्राह्मण्यां दुर्निमित्तवान् ।
हृतो हृतः सुत इति प्रादुरासीज्जनस्वनः ॥ ११६९ ॥
स्त्रीणामार्तस्वनं श्रुत्वा बालस्य करुणस्वनम् ।
पार्थसात्यकिमुख्यास्ते सायकैः खमपूरयन् ॥ ११७० ॥
तेषु मोघश्रमेष्वेव धिक्कृतेषु द्विजन्मना ।
लज्जितेषु प्रयातेषु श्रुत्वा तद्वृत्तमच्युतः ॥ ११७१ ॥
शैब्यसुग्रीवयुक्तेन रथेनार्जुनसारथिः ।
दत्तवर्त्मा समुद्रेण प्रतस्थे गरुडध्वजः ॥ ११७२ ॥
स्तब्धतोयं समुत्तीर्य सागरं स मनोजवः ।
प्रणतैर्मेरुकैलासमुख्यैर्दत्तान्तरः पथि ॥ ११७३ ॥
पुनश्चक्रेण तिमिरं समुत्पाट्य शिलाघनम् ।
आसाद्य विमलं व्योम तेजः पुरुषविग्रहम् ॥ ११७४ ॥

अविच्छिन्नं जगद्व्यापि दृष्ट्वा त्यक्त्वा च तं रथम् ।
प्रविश्यार्कसहस्राभं मुहूर्तान्निर्ययौ हरिः ॥ ११७५ ॥
तत एव समादाय ददौ पुत्रचतुष्टयम् ।
सहर्षविस्मयापूर्णहृदयाय द्विजन्मने ॥ ११७६ ॥
द्वारकामथ संप्राप्तः कैटभारिः किरीटिना ।
पृष्टस्तदद्भुततरं प्रोवाचाश्चर्यसागरः ॥ ११७७ ॥
ते शैलास्तच्च तिमिरं तेजस्तच्चातिभास्करम् ।
अहमेव जगज्जन्मस्थितिसंहारकारणम् ॥ ११७८ ॥
तेजोमयेन ते तेन मत्समागमकाङ्क्षिणा ।
ब्राह्मणस्य हृताः पुत्रा वितीर्णाश्च महात्मना ॥ ११७९ ॥

वासुदेवमाहात्म्यम् ॥ ४१ ॥

अत्रान्तरे बडेः(लेः) सूनुर्बाणो नाम महासुरः ।
जहार सुरसंघानां तेजांसि च यशांसि च ॥ ११८० ॥
ततः प्रसन्नो भगवान्भवो भक्तजनप्रियः ।
आस्थाने यस्य स गणः सभ्यतां सततं ययौ ॥ ११८१ ॥
यः सहस्रभुजस्तम्भस्तम्भितामरविक्रमः ।
त्रिविक्रमस्याप्यनयत्प्राप्तं वामनतां यशः ॥ ११८२ ॥
स वीरः समराकाङ्क्षी कदाचित्त्रिपुरान्तकम् ।
पप्रच्छ विजिताशेषः प्रणयावर्जिताञ्जलिः ॥ ११८३ ॥
चिरविस्मृतसंग्रामः प्रार्थये भगवन्युधि ।
अमीषां भुजदण्डानां रणकण्डूतिखण्डनम् ॥ ११८४ ॥
तं विहस्याब्रवीद्देवः शूलपाणिर्भुजोचितः ।
भविता तव संग्रामः केतुभङ्गेन सूचितः ॥ ११८५ ॥
श्रुत्वैतत्साहसं हर्षनिर्भरो भूरिविक्रमः ।
बाणः स्वभवनं गत्वा मन्त्रिणे तन्न्यवेदयत् ॥ ११८६ ॥

तमुवाचाथ कुम्भाण्डो मन्त्री मतिमतां वरः ।
अहो नु फलशून्योऽयं राजन्युद्धादरस्तव ॥ ११८७ ॥
त्रैलोक्यलक्ष्मीः संप्राप्ता जिताः सर्वे दिवौकसः ।
किं युद्धेन प्रवृद्धानामपि लोलौ जयाजयौ ॥ ११८८ ॥
इति वादिनि कुम्भाण्डे बाणे च समरोत्सुके ।
ध्वजः पपात दैत्यश्रीक्रीडाशैल इवोच्छ्रितः ॥ ११८९ ॥
केतौ निपतिते तस्मिन्दानवक्षयशंसिनि ।
घोरेषु दुर्निमित्तेषु प्रादुर्भूतेषु सर्वतः ॥ ११९० ॥
प्रहर्षविवशे बाणे पानक्रीडाविलासिनि ।
नयचक्षुषि कुम्भाण्डे चिन्तासंतापिताशये ॥ ११९१ ॥
कदाचिद्बाणनगरे सर्वर्तुकुसुमे वने ।
विजहाराचलसुतासखश्चन्द्रार्धशेखरः ॥ ११९२ ॥
गीतनृत्यकलालोलगन्धर्वाप्सरसां गणैः ।
सेव्यमानस्य संभोगविभ्रमः शुशुभे विभोः ॥ ११९३ ॥
हासाय चित्रलेखाख्या तत्र देवविलासिनी ।
नाट्यं चकार विधिवत्सेवितुं पार्वतीपतिम् ॥ ११९४ ॥
नर्मक्रीडाविनोदेन परिहासविडम्बनैः ।
अप्सरोविहितैस्तैस्तैर्जहास भववल्लभा ॥ ११९५ ॥
तत्रोषा नाम बाणस्य कन्या कुवलयेक्षणा ।
ददर्श शिवयोः क्रीडाविलासममरोत्सवम् ॥ ११९६ ॥
तां वीक्ष्य सादरां देवी बभाषे ललिताननाम् ।
उषे त्वमपि कान्तेन केलिसक्ता भविष्यसि ॥ ११९७ ॥
वैशाखे हर्म्यसक्ताया द्वादश्यां निशि येन ते ।
भविता संगमः स्वप्ने स ते प्राग्जातिवल्लभः ॥ ११९८ ॥
इत्युक्ता बाणतनया भवान्या भक्तिशालिनी ।
जगामान्तःपुरं हर्षव्याकोशनयनोत्पला ॥ ११९९ ॥

किमेतदिति पृष्टेव शिञ्जानमणिभूषणैः ।
तां सोत्कम्पकचन्यस्तहस्तां लज्जानताननाम् ॥ १२०० ॥
पप्रच्छ चित्रलेखाख्या कुम्भाण्डदुहितासखी ।
कुतस्ते भयमुत्पन्नं किं लतेव प्रकम्पसे ॥ १२०१ ॥
तनया ह्यसि बाणस्य जम्भारिभयकारिणः ।
इत्युषा सहसा सख्या पृष्टा तां प्रत्यभाषत ॥ १२०२ ॥
मुखेन्दौ लाञ्छनच्छायां कुर्वाणामञ्जनास्रुभिः ।
कथं नु दूषिता नाम पूज्यासि जनमानिनी ॥ १२०३ ॥
उत्सहे जीवितं जातु कलङ्कितकुला सती ।
इति प्रलापमुखरां सखीं तामवदन्मुदा ॥ १२०४ ॥
स्वप्नसङ्गेन दूष्यन्ते न मुग्धे कुलयोषितः ।
किं न स्मरसि यद्गौर्या सूचितं केलिकानने ।
स्वप्ने हृदयचौरस्ते भविता भीरु वल्लभः ॥ १२०५ ॥
इति संस्मारिता स्वैरं सहसा चित्रलेखया ।
प्रदध्यौ वल्लभं हर्षान्मनसामृतदीधितिम् ॥ १२०६ ॥
अभिलाषरसस्तस्या नवः कोऽपि व्यवर्धत ।
सहसा येन जज्वाल प्रबलो मन्मथानलः ॥ १२०७ ॥
तां वीक्ष्य संततोच्छ्वासधूसराधरपल्लवाम् ।
लतामिवातपक्लान्तां चित्रलेखावदत्सखीम् ॥ १२०८ ॥
सखि कोऽयमनालेख्यचित्रकौतुकविभ्रमः ।
स्वप्नदृष्टजने रागः खपुष्पोत्तंसशेखरः ॥ १२०९ ॥
दर्पणप्रतिमालाभस्तारकाचन्द्रयाचनम् ।
हेवाकः स्वप्नदृष्टे च बाले बालमनोरथः ॥ १२१० ॥
न जानीमः स कः क्वास्ते कथं वा केन लभ्यते ।
अवश्यमेव भविता स्वयं ते तत्समागमः ॥ १२११ ॥
अथवा सुरगन्धर्वकिन्नरोरगरक्षसाम् ।
वपूंषि भूमिपानां च त्रैलोक्यान्तरवर्तिनाम् ॥ १२१२ ॥

पटान्ते निर्विशेषाणि लिखित्वा सखि मायया।
दर्शयामि तव क्षिप्रं ततो जानीहि वल्लभम् ॥ १२१३ ॥
इत्युक्त्वा सप्तरात्रेण लिखित्वा सकलान्पटे।
अचित्रयच्चित्रलेखा सख्याः सर्वानुकारिणी ॥ १२१४ ॥
चित्रपट्टगतान्वीक्ष्य सुरभोगिनृमानुषान्।
ददर्श वृष्णिवीराणां मध्ये गोविन्दसुन्दरम् ॥ १२१५ ॥
अनिरुद्धं तमालोक्य विस्मयानन्दनिर्भरा।
उषा बभाषे कौमारव्रतचौरो ममैष सः ॥ १२१६ ॥
सखि प्राज्यभुजः कान्तः कोऽयं कमललोचनः।
प्रसह्यापहृतं येन धैर्यं मे मनसा सह ॥ १२१७ ॥
चित्रलेखा निशम्यैतदुवाच रुचिरस्मिता।
अयं सखि मुरारातेः कृष्णस्य तनयात्मजः ॥ १२१८ ॥
वीरोऽनिरुद्धस्ते देव्यादिष्टो हृदयवल्लभः।
स्वप्ने त्वां रतिमन्वेष्टुं नूनं कामोऽयमागतः ॥ १२१९ ॥
विस्मितैर्विक्रमेणास्य संग्रामेषु सुरासुरैः।
खर्वीक्रियन्ते सुभटाः सबान्धवमनोरथाः ॥ १२२० ॥
श्रुत्वैतन्मन्मथाविष्टा प्रतिमान्यस्तलोचना।
उषावदद्विना कान्तं नाहं जीवितुमुत्सहे ॥ १२२१ ॥
यदि तेऽर्थो मम प्राणैर्यदि तेऽहं प्रिया सखी।
तदनेन कुरु क्षिप्रं कान्तेन मम संगमम् ॥ १२२२ ॥
इति ब्रुवाणामसकृच्चित्रलेखा जगाद ताम्।
पितुस्ते शोणितपुरं यथा सुभटरक्षितम् ॥ १२२३ ॥
तथैव द्वारका वीरैर्वृष्णिभिः परिपालिता।
अगम्या च परस्यापि विकटाट्टालमालिनी ॥ १२२४ ॥
ततः सखि कथं नाम वीरं ते जीवितेश्वरम्।
प्रसह्याहर्तुमबलाजनो जातु प्रगल्भते ॥ १२२५ ॥

तथापि त्वत्प्रियायैषां गच्छामि गगनेऽग्रगा ।
सिद्धिस्तु देव्यैवादिष्टा त्वद्भाग्येषु सखि स्थिता ॥ १२२६ ॥
इत्युक्त्वा खं विवेशाशु सा रत्नाभरणांशुभिः ।
घनश्रीरिव कुर्वाणा शक्रचापचिता दिशः ॥ १२२७ ॥
मुहूर्ते बाणनगरात्तृतीये सा गता जवात् ।
क्षणेन द्वारकां प्राप कान्त्या कैलासहासिनीम् ॥ १२२८ ॥
तत्रोरुरत्नवलभीप्रभाप्रोद्भासिताम्बरम् ।
अनिरुद्धस्य भवनं विवेशालक्षिताकृतिः ॥ १२२९ ॥
तत्र बालमृगाक्षीभिः कान्ताभिः परिवारितम् ।
अनिरुद्धं मनोजन्मलीलाललितचेष्टितम् ॥ १२३० ॥
ददर्श स्निग्धललना कटाक्षशबलद्युतिम् ।
रतिकर्णोत्पलाघातलग्नच्छदमिव स्मरन् ॥ १२३१ ॥
अङ्गनालिङ्गनालीनस्तनपत्रलताङ्कितम् ।
धम्मिल्लकुसुमैर्व्याप्तं पारिजातमिवापरम् ॥ १२३२ ॥
तं वीक्ष्य विक्रमोदारं शृङ्गारललिताकृतिम् ।
अचिन्तयच्चित्रलेखा मुहूर्तं जातसाध्वसा ॥ १२३३ ॥
अहो बत महत्यस्मिन्नुद्यताहं ससंशये ।
कार्ये प्रियसखीप्रीत्या प्रेम्णि वा किं विचिन्त्यते ॥ १२३४ ॥
इति ध्यात्वा मुहुर्वीरा सा तमोविद्यया पुरः ।
आच्छाद्य स्त्रीगणं सर्वं प्र(प्रा)द्युम्न(म्नि)मनयत्क्षणात् ॥ १२३५ ॥
संकल्पशक्तिरिव सा मायया क्षिप्रगामिनी ।
प्रविश्य शोणितपुरं हर्म्यस्थां प्रययौ सखीम् ॥ १२३६ ॥
उषापि वल्लभावाप्तिमनोरथशताकुला ।
सहसा दयितं वीक्ष्य सख्यानीतं विहायसा ॥ १२३७ ॥
पीयूषप्लावितेवाशु हर्षलज्जाभयाकुला ।
किं करोमीति संभ्रान्ता कम्पमाना लतेव सा ॥ १२३८ ॥

अनिर्वाच्यदशां याता शिञ्जानमणिभूषणा ।
प्रहृष्टा सा तमादाय दयितं गुह्यमन्दिरम् ॥ १२३९ ॥
विवेश जनसंचारभीता तरललोचना ।
स्रस्तया बाणभीत्येव त्यक्ता मेखलया स्वयम् ॥ १२४० ॥
तत्र सुस्फारमन्दारशेखरं लोलकुण्डलम् ।
तारतारावलीचारुहारं ताराधिपप्रभम् ॥ १२४१ ॥
दृशा पिबन्ती सोत्कण्ठा मनःपीयूषनिर्झरम् ।
भयकातरसंलापा सखीं पप्रच्छ संवृतिम् ॥ १२४२ ॥
शृङ्गारदीक्षागुरुणा तेन साङ्गस्मरत्विषा ।
उषा सस्मार संभोगसौभाग्यविभवं रतेः ॥ १२४३ ॥
अनिरुद्धोऽपि तां प्राप्य वल्लभां भुवि दुर्लभाम् ।
मेने भाजनमात्मानं स्मरसाम्राज्यसंपदाम् ॥ १२४४ ॥
रममाणस्तया गूढं तत्र प्रद्युम्नसंभवः ।
लक्षणैर्बहुभिर्ज्ञातः कन्यान्तःपुररक्षिभिः ॥ १२४५ ॥
तनयादूषणरुषा निर्दिष्टा बलिसूनुना ।
बाणेन किंकरा घोराः प्राद्युम्निं हन्तुमाययुः ॥ १२४६ ॥
दंष्ट्राविकटवक्त्रोग्रबद्धभ्रुकुटिभीषणान् ।
वीरोऽनिरुद्धस्तान्दृष्ट्वा कृष्टघोरासिकार्मुकान् ॥ १२४७ ॥
उत्थाय समरारम्भनिःसंरम्भपराक्रमः ।
उत्थाय द्वारपरिघं मृगान्सिंह इवाद्रवत् ॥ १२४८ ॥
कान्ताकटाक्षदृष्टस्य तस्य शौर्यनिधेर्वपुः ।
वीरशृङ्गाररभसं बभौ मन्मथरूपिणः ॥ १२४९ ॥
शस्त्रवृष्टिं तदुत्सृष्टां पुष्पमालामिवोरसा ।
आदाय दानवभटाञ्जघान घननिःस्वनः ॥ १२५० ॥
ते तत्प्रहाराभिहता भग्नभीषणविग्रहाः ।
हतशेषा ययुर्भीता यत्र बाणो रणोत्कटः ॥ १२५१ ॥

पुरंदरपुरध्वंससाक्षिणां कोऽयमागतः।
संभ्रमः कोपसंमोहजनकः कातरोचितः॥ १२९२॥
क्रियतामादरः शौर्ये यशःकुसुममाधवे।
त्रासोऽयमभिमानाद्रिवज्रपातो हि दुःसहः॥ १२९३॥
वचोभिरिति वीराणां ते बाणस्य च शासनात्।
अनिरुद्धं सुमहता सैन्येन पुनराद्रवन्॥ १२९४॥
आमुक्तहेमकवचैः प्रदीप्तविविधायुधैः।
निशि दीप्तौषधिवनैर्गिरीन्द्रैरिव जङ्गमैः॥ १२९५॥
युयुधे युधि संरब्धैश्चक्रायुधसुतात्मजः।
सोत्कम्पकुचविन्यस्तहस्तामालोकयन्प्रियाम्॥ १२९६॥
आदाय तत्समुत्सृष्टं खड्गं चर्म च भास्वरम्।
मण्डलानि चरन्वीरः स चकर्त रणे रिपून्॥ १२९७॥
तेन कृत्तशिरःस्कन्धभुजजानुकरोदराः।
पेतुर्महाघनाः कल्पवातेनोन्मथिता इव॥ १२९८॥
विद्रुते दानवानीके भग्नस्यन्दनकुञ्जरे।
निवर्तितबलाम्भोधिर्बाणः स्वयमदृश्यत॥ १२९९॥
कुम्भाण्डाहितवल्गेन सहस्राश्वेन भास्वता।
रथेन भीमनादेन युक्तस्त्रिदशमर्दिना॥ १२६०॥
दोःसहस्रसमुद्भ्रान्तदीप्तायुधवरोत्कटः।
फणरत्नोग्रभुजगव्याप्तशृङ्ग इवाचलः॥ १२६१॥
मुकुटेनार्कवर्णेन रत्नज्वालाजटाजुषा।
तर्जयन्निव तेजांसि सितपट्टाट्टहासिना॥ १२६२॥
मार्तण्डमण्डलोच्चण्डकुण्डलोदग्रवर्चसा।
भ्रूभङ्गभीमवक्रेण संत्रासितजगत्त्रयः॥ १२६३॥
निशाकरकरोदारतारहारतरङ्गितः।
विस्फारनिर्झरोद्गार इव नीलधराधरः॥ १२६४॥

उत्तप्तकाञ्चनच्छायश्मश्रुकेशविभूषणः ।
क्रोधनिर्घृष्टदन्ताग्रजातज्वाल इवादितः ॥ १२६५ ॥
गर्जन्तं तिष्ठ तिष्ठेति प्रलयाम्भोदनिःस्वनम् ।
तमापतन्तमालोक्य प्राद्युम्निर्न व्यकम्पत ॥ १२६६ ॥
बाणबाहुवनोन्मुक्तैर्बाणजालैर्निरन्तरैः ।
छादितोऽर्क इवाम्भोदैर्निर्विभागैर्बभूव सः ॥ १२६७ ॥
तयोर्हरिहिरण्याक्षरणस्मरणहेतुताम् ।
भुवनाकम्पनाकम्पमगमद्युद्धमुद्धतम् ॥ १२६८ ॥
अनिरुद्धोऽथ खड्गेन बाणबाणपरम्पराम् ।
छित्त्वास्य लघुसंचारी चिच्छेद रथकूबरम् ॥ १२६९ ॥
ज्वालाकुलां ततः शक्तिं शोणपट्टाङ्कितामिव ।
चिक्षेप दानवपतिस्तस्मै भोगिवधूमिव ॥ १२७० ॥
हस्तेन कालदंष्ट्राभां तामेवादाय धैर्यभूः ।
प्राहिणोद्दानवेन्द्राय दाशार्होऽद्भुतविक्रमः ॥ १२७१ ॥
बाणस्य भित्त्वा सा देहं विवेश धरणीतलम् ।
शक्त्या विदारितं दृष्ट्वा कुम्भाण्डो बाणमब्रवीत् ॥ १२७२ ॥
मायामाश्रित्य युध्यस्व दुर्जयोऽयमुपेक्षितः ।
निःसंशयजयावाप्तिर्द्यूते युद्धे च मायिनाम् ॥ १२७३ ॥
इति कुम्भाण्डवचसा बाणो मायां विमोहनीम् ।
आदाय तामसीं घोरां सहसान्तरधीयत ॥ १२७४ ॥
अदृश्यः स महाभागैर्बाणैर्भुजगविग्रहैः ।
नभोगतस्तं विदधे विष्टिताङ्गं विषोल्बणैः ॥ १२७५ ॥
स्फुरत्फणामणिज्वालाज्वलितैर्वेष्टितोऽहिभिः ।
स बभौ शबलच्छायश्चन्दनद्रुमविभ्रमः ॥ १२७६ ॥
नागपाशनिरुद्धस्य धैर्यनिष्कम्पचेतसः ।
अनिरुद्धस्य विदधे वधे दैत्यपतिर्मतिम् ॥ १२७७ ॥

महाप्रभावः कोऽप्येष नाज्ञातो वधमर्हति।
इति कुम्भाण्डवचसा विरराम बडेः(लेः) सुतः॥ १२७८॥
अत्रान्तरे द्वारकायां तारमन्तःपुरोदरे।
हृतोऽनिरुद्धः केनापि प्रोच्चचारेति निःस्वनः॥ १२७९॥
मुहुर्विमोहविवशास्तत्र त्रस्ता मृगीदृशः।
अनिरुद्धस्य दयिताः शुशुचुः शोकविह्वलाः॥ १२८०॥
अथ वृष्णिप्रवीराणां कैटभारिसभान्तरे।
भेरीनिनादहूतानां समाजः सुमहानभूत्॥ १२८१॥
ततो निवातनिष्कम्पसप्तसागरसंनिभम्।
ददृशुः साश्रुनेत्रास्ते चिन्तास्तिमितमच्युतम्॥ १२८२॥
शोकमोहविषाक्रान्ते मूके यादवमण्डले।
उवाच विपृथुर्धीमान्विष्णुं जिष्णुं सुरद्विषाम्॥ १२८३॥
कोऽयं तवापि भगवन्भुवनाभयदायिनः।
अचिन्त्यमहसश्चितासंतापप्रसरो नवः॥ १२८४॥
न हि नाम महाम्भोधिगम्भीरोदारचेतसाम्।
भवन्ति सुखदुःखेषु हर्षशोकपरिप्लवाः॥ १२८५॥
यदि देव त्वमप्येवं चिन्तासंतापितोऽच्युतः।
तदिदानीं निरालम्बा धैर्यस्य स्खलिता गतिः॥ १२८६॥
त्रैलोक्यरक्षां निक्षिप्य त्वद्भुजे जम्भसूदनः।
शेते शचीकुचाभोगसंभोगानन्दनिर्वृतः॥ १२८७॥
इति तेनोक्तमाकर्ण्य कृष्णो गम्भीरमन्थरम्।
समादधे गिरं वैरियशोहंसकुलाम्बुदः॥ १२८८॥
परावज्ञा निकारेण करोति हृदये पदम्।
चिन्ताभिमानिनां सत्यमविद्येव शरीरिणाम्॥ १२८९॥
अयं यदुकुलस्याद्य केनाप्युत्सिक्तचेतसा।
पातितश्चरणो मूर्ध्नि रथ्यापङ्कपरिप्लुतः॥ १२९०॥

अनिरुद्धे हृते यातः पुरोमन्ये महीभुजाम् ।
उपहासकथामात्रपात्रतां नः पराक्रमः ॥ १२९१ ॥
अविज्ञातेन विहिते निकारेऽस्मिन्विदारणे ।
किं कुर्मः कोपतुल्योग्रदण्डैर्गगनताडनम् ॥ १२९२ ॥
चाराश्चरन्तु सर्वत्र बाह्याभ्यन्तरचारिणः ।
आहुकस्याज्ञया तूर्णमनिरुद्धोपलब्धये ॥ १२९३ ॥
इत्युक्ते कंसरिपुणा देवर्षिस्तत्र नारदः ।
अदृश्यत निधिर्धाम्नां कलिकेलिविशारदः ॥ १२९४ ॥
स चिन्तास्तिमितं दृष्ट्वा जगन्नाथमचिन्तयत् ।
अहो नु बालशफरोत्फालेनाकुलितोऽम्बुधिः ॥ १२९५ ॥
इत्याकलयतस्तस्य पाद्यासनपुरःसराम् ।
पूजां जनार्दनश्चक्रे पूजितः सोऽप्यभाषत ॥ १२९६ ॥
अहो बत विमोहो वः प्रतिपक्षः पराक्रमे ।
लक्ष्यते येन जानीध्वमनिरुद्धस्य चेष्टितम् ॥ १२९७ ॥
अनिरुद्धस्य बाणेन बलिना बलिसूनुना ।
वृत्तः प्रवृत्तशस्त्रास्त्रभैरवः समरोत्सवः ॥ १२९८ ॥
कृष्ण पौत्रोऽनिरुद्धस्ते हृतो दैत्येन्द्रकन्यया ।
मन्ये मुह्यति यां दृष्ट्वा स्मरोऽपि स्मरपीडितः ॥ १२९९ ॥
सहस्रबाहोर्बाणस्य बलिसूनोः सुरद्विषः ।
उषा नामाम्बुजाक्षी सा लावण्यनलिनी सुता ॥ १३०० ॥
स स्वैरकामुकं पुत्र्या ज्ञात्वा हृदयनन्दनम् ।
दृष्ट्वा च दुर्जयं युद्धे बबन्ध फणिमण्डलैः ॥ १३०१ ॥
तदितः शोणितपुरं बाणस्य गगनाग्रगम् ।
गन्तव्यं भवता योद्धुं सामसाध्या न दानवाः ॥ १३०२ ॥
अमर्त्यभूमिर्दुर्लङ्घ्या ताक्ष्यमारुह्य गम्यताम् ।
यस्यां त्रिदशहृद्बाणो बाणो नामाशनिर्द्विषाम् ॥ १३०३ ॥

उक्त्वेति याते देवर्षौ देवोऽपि मधुसूदनः ।
हर्षविस्मयकोपानां तुल्यां प्राप विधेयताम् ॥ १३०४ ॥
ततः प्रदध्यौ भगवान्गरुडं गरुडध्वजः ।
स च ध्यातोऽर्कलक्षाभः सहसा प्रत्यदृश्यत ॥ १३०५ ॥
तमारुरोह विश्वात्मा हर्म्यारोहणलीलया ।
बलदेवसखः श्रीमान्रुक्मिणीतनयानुगः ॥ १३०६ ॥
स बभौ विषदश्यामः कौस्तुभाभरणो विभुः ।
मध्यावतीर्णसूर्यस्य नभसोऽभिभवन्प्रभाम् ॥ १३०७ ॥
चतुर्भुजस्य विबभुस्तस्य प्राज्यभुजद्रुमाः ।
चक्रप्रभापल्लविताः पाञ्चजन्यांशुपुष्पिताः ॥ १३०८ ॥
व्रजन्स पवनोद्धूतपीताम्बरमनोहरः ।
तार्क्ष्यपक्षप्रभाचक्रैश्चक्रे हेमप्रभं नभः ॥ १३०९ ॥
सर्वाभरणरत्नेषु बिम्बितैः कौतुकागतैः ।
सिषेवे व्योमतटिनीवर्तितोष्णीषपल्लवैः ॥ १३१० ॥
सुरविद्याधरवधूपाणिपद्मवनोज्झितैः ।
मन्दारवृन्दैरभवंस्तस्य स्रग्दामविभ्रमाः ॥ १३११ ॥
रुद्धोऽनिरुद्धः समरे यदा वीरः सहोषया ।
भुजङ्गपाशैः स्वपुरे बाणेन बलशालिना ॥ १३१२ ॥
दुर्गसंतारिणीं दुर्गां तदा स शरणं गतः ।
महेन्द्रोपेन्द्रभगिनीं दिव्यैस्तुष्टाव नामभिः ॥ १३१३ ॥
नौमि कंसासुरैश्वर्यतमःपटलचन्द्रिकाम् ।
पूर्णचन्द्राननां देवीं दुष्टसंमोहनक्षमाम् ॥ १३१४ ॥
दीप्तशूलप्रभाजालभीषणां ललिताकृतिम् ।
वेल्लद्विषोल्बणव्यालामिव चन्दनवल्लरीम् ॥ १३१५ ॥
महिषन्यस्तचरणां श्यामां हारविभूषिताम् ।
सकालियह्रदां फेनहासिनीं यमुनामिव ॥ १३१६ ॥

पाणिसंसक्तभुजगाभोगनीलासिवल्लरीम् ।
एकपद्मोदरोद्गच्छदलिमालामिवाब्जिनीम् ॥ १३१७ ॥
मयूरपक्षाभरणैः शबलैर्मेचकप्रभैः ।
सेवितां प्रावृषमिव स्फुरदिन्द्रायुधैर्घनैः ॥ १३१८ ॥
करालकेशविस्फारशुद्धसंचारलालसाम् ।
हिमाद्रिशिखरोद्भूतां कालागुरुलतामिव ॥ १३१९ ॥
कवीन्द्रमानसावासराजहंसीं सरस्वतीम् ।
विचित्रमधुरोदारशब्दां चारुपदक्रमाम् ॥ १३२० ॥
संसारमरुसंतापनिर्वापणसमुद्यताम् ।
संवित्समरसानन्दसुधास्यन्दतरङ्गिणीम् ॥ १३२१ ॥
रणसंरम्भसंभारगम्भीरारम्भविभ्रमाम् ।
निशुम्भशुम्भावष्टम्भभीतसंभाविताम्रराम् ॥ १३२२ ॥
संध्यामवन्ध्यां विन्ध्याद्रिवासिनीं वासवानुजाम् ।
शशिखण्डशिखण्डाङ्कां मुण्डमण्डलमण्डिताम् ॥ १३२३ ॥
फुल्लोत्पलवनश्यामां फुल्लोत्पलविलोचनाम् ।
गम्भीरनाभिकुहरामिभकुम्भनिभस्तनीम् ॥ १३२४ ॥
धन्यां कात्यायनीं चण्डां चामुण्डां खण्डिताहिताम् ।
शर्वाणीं शर्वरीं शर्वी सिद्धगन्धर्वसेविताम् ॥ १३२५ ॥
कालसंकर्षिणीं घोरां त्रिजगद्ग्रामलालसाम् ।
कमलासनकङ्कालमालाकलितशेखराम् ॥ १३२६ ॥
शिवां शिवप्रदां शान्तां शिवकान्तां शताननाम् ।
त्रिनेत्रां सौम्यवदनां मदनारिमदप्रभाम् ॥ १३२७ ॥
स्फीतफेनसुधाम्भोधिदुकूलां रत्नमेखलाम् ।
कराकलितहेमाद्रिमातुलुङ्गांशुपिङ्गलाम् ॥ १३२८ ॥
अक्षसूत्रीकृतावृत्तनक्षत्रमणिमालिकाम् ।
पाणिसक्तसुधाम्भोधिपूर्णब्रह्माण्डकर्पराम् ॥ १३२९ ॥

संवित्प्रकाशविषदव्याकोशाकाशदर्पणाम् ।
शेषादिकुलभोगीन्द्रहारकेयूरकङ्कणाम् ॥ १३३० ॥

तारकामौक्तिकस्मेरशशिमार्तण्डमण्डलाम् ।
त्रिशृङ्गरत्नशैलेन्द्रविटङ्कमुकुटोज्ज्वलाम् ॥ १३३१ ॥

कल्लोललोलस्वःसिन्धुधवलोष्णीषभूषिताम् ।
सेन्द्रायुधक्षयाम्भोदमायूरच्छत्रविभ्रमाम् ॥ १३३२ ॥

कन्दाग्रकुण्डलितनाभिमृणालदण्ड-
हृत्पुण्डरीकनिबिडामृतपानशौण्डाम् ।
भृङ्गाङ्गनामिव सदोदितनादशक्ति-
संवेद्यवेद्यजननीं जननीं प्रपद्ये ॥ १३३३ ॥

दुर्गास्तोत्रम् ॥ ४२ ॥

इति स्तुता भगवती भक्त्या प्रद्युम्नसूनुना ।
सांनिध्यमकरोत्साक्षाद्दुर्गा दशभुजा पुरः ॥ १३३४ ॥

भुजङ्गपञ्जरं घोरं पाणिना कमलत्विषा ।
दुर्भेद्यं स्फोटयित्वास्य वज्रप्राकारसंनिभम् ॥ १३३५ ॥

निजतेजोभिरभितः स्फीतैरनुसृता मुहुः ।
आयूंषि दितिजेन्द्राणां कर्षन्तीवाविशन्नभः ॥ १३३६ ॥

अत्रान्तरे महावेगो भगवान्गरुडध्वजः ।
बाणस्य शोणितपुरं प्राप पावकरक्षितम् ॥ १३३७ ॥

अष्टबाहुरभूद्भीमविग्रहः कालियान्तकः ।
शङ्खचक्रगदापद्मशरशार्ङ्गासिचर्मभृत् ॥ १३३८ ॥

सहस्रशिखरस्फारतुषारगिरिसंनिभः ।
सहस्रकायवदनो बभूव च हलायुधः ॥ १३३९ ॥

सनत्कुमारकल्पश्च प्रद्युम्नः समपद्यत ।
तेष्वेव पृथुरूपेषु पृथिवी समकम्पत ॥ १३४० ॥

ताक्ष्यपक्षानिलाक्षेपक्षुभ्य[त्]स्तब्धाब्धिमण्डलः ।
उदभूज्जगतां कोऽपि प्रलयारम्भसंभ्रमः ॥ १३४१ ॥
बभाषे विस्मयाविष्टस्ततः कृष्णं हलायुधः ।
कस्मादकस्मात्संवृत्ताः कनकद्युतयो वयम् ॥ १३४२ ॥
तमब्रवीत्तार्क्ष्यकेतुर्बाणस्य पुररक्षिता ।
अग्निराहवनीयोऽत्र पुरोऽस्मानुद्यतः क्रुधा ॥ १३४३ ॥
जगत्यकालसंध्येव तेजसास्य विभाव्यते ।
सुपर्णायत्तमधुना कार्यमेतद्भविष्यति ॥ १३४४ ॥
इत्युक्ते शौरिणा तार्क्ष्यः पक्षाक्षेपधुताम्बुधिः ।
गङ्गामादाय विदधे प्रशमं जातवेदसः ॥ १३४५ ॥
ततो विस्फारशिखराकारज्वालाजटाकुलाः ।
रुद्रस्यानुचरा घोरा वह्नयोऽन्ये समुद्ययुः ॥ १३४६ ॥
तेषां मध्येऽङ्गिरा दीप्तशूलज्वालाविभूषणः ।
सुमेरुरिव मार्तण्डमण्डलाङ्कः समाबभौ ॥ १३४७ ॥
तस्यार्धचन्द्रेण हरिः प्रहर्तुः शूलमुत्कटम् ।
चिच्छेद स प्रयत्नस्य वामो विधिरिवेप्सितम् ॥ १३४८ ॥
स्थूलाकर्णेन निहतः स महास्त्रेण शौरिणा ।
पपात पातितरिपुर्निर्दग्धोऽग्निरिवाग्निना ॥ १३४९ ॥
ततो भग्नेऽग्निगहने बाणानीके ससंभ्रमे ।
दध्मौ निजयशः शुद्धं पाञ्चजन्यं जनार्दनः ॥ १३५० ॥
तस्य शब्देन महता वातस्कन्धविमर्दिना ।
बभूव भुवनाभोगसंघट्टविषमः स्वनः ॥ १३५१ ॥
ततः प्रविश्य बाणस्य नगरं गरुडध्वजः ।
अवाप युद्धसंनद्धक्षुब्धदैत्यमहार्णवम् ॥ १३५२ ॥
तदपारं हरिः सैन्यं पावकास्त्रशिलाशितैः ।
व्याप्तं चकार माञ्जिष्ठैर्बद्धैर्वध्यपटैरिव ॥ १३५३ ॥

ततस्तूर्णं रणरसादवतीर्य गरुत्मतः ।
विबुधारातिभिर्वीरो युयुधे लाङ्गलायुधः ॥ १३५४ ॥
शुद्धस्तमालमलिने स दैत्यसदने बभौ ।
ऐरावण इवादभ्रनीलाभ्रे नभसि भ्रमन् ॥ १३५५ ॥
संकर्षणहलाकृष्टास्ततस्तन्मुसलाहले ।
निपेतुर्दानवाः सर्वे वज्रभिन्ना इवाचलाः ॥ १३५६ ॥
अवतीर्य सुपर्णाग्रात्प्रद्युम्नेन सहाच्युतः ।
जहार शरजालेन दैत्यजीवविहङ्गमान् ॥ १३५७ ॥
ते चण्डचञ्चुचरणैः पक्षाक्षेपैश्च पीडिताः ।
क्षपिताः पक्षिराजेन क्षणं शर्म न लेभिरे ॥ १३५८ ॥
ततो भस्मप्रहरणस्त्रिमुखस्त्रिशिखस्त्रिपात् ।
निद्राव्याघूर्णितातान्रनेत्रो जृम्भालसः स्वयम् ॥ १३५९ ॥
शीतोद्धतैः खरतरैर्लोमभिर्मकरोपमः ।
श्रमग्लानिपरिम्लानधूसरोऽदृश्यत ज्वरः ॥ १३६० ॥
स रौहिणेयमाहूय चित्रमण्डलचारिणम् ।
कम्पमानतनुः कोपात्तत्क्षये विदधे मतिम् ॥ १३६१ ॥
चिक्षेप दुःसहं तस्मै भस्मापस्मारसंनिभः ।
वक्षोवलक्षं रामस्य येन व्याप्तमभूत्क्षणात् ॥ १३६२ ॥
तद्वक्षसः प्रदीप्तोत्थं भस्म मेरुतटे पतत् ।
ददाह पृथुटाङ्कारि शिखरं सहसा ज्वलत् ॥ १३६३ ॥
शेषेण दीप्तसर्वाङ्गो भस्मना विस्मृतस्मृतिः ।
स्खलद्गतिस्तालकेतुः परं क्षीब इवाबभौ ॥ १३६४ ॥
सोऽब्रवीत्कृष्ण कृष्णाहं प्रदीप्तो न लभे धृतिम् ।
कुलालचक्रविभ्रान्तं पश्यामि निखिलं जगत् ॥ १३६५ ॥
इति ब्रुवाणमभ्येत्य शार्ङ्गधन्वा हलायुधम् ।
भस्मशान्त्यै परिष्वज्य जग्राह ज्वरमोजसा ॥ १३६६ ॥

स तेन समरे घोरे समाक्रान्तः क्रुधा ज्वलन्।
ज्वरश्चिक्षेप मुष्टिभ्यां भस्म ज्वालाजटाकुलम् ॥ १३६७ ॥
क्षणं प्रदीप्तः कृष्णोऽपि प्रशान्ताग्निश्च तत्क्षणात्।
तुल्यं तेनाहतो दोर्भिस्त्रिभिर्नाकम्पताच्युतः ॥ १३६८ ॥
स कृष्णज्वरयोर्घोरः संग्रामो वज्रनिःस्वनः।
बभूव सर्वभूतानां भयकृल्लोमहर्षणः ॥ १३६९ ॥
काञ्चनाभरणच्छाया बभूवुर्ज्वरविग्रहे।
विनिर्गता इव ज्वालाः कृष्णदोर्दण्डपीडनात् ॥ १३७० ॥
निपीड्य निबिडं दोर्भिः क्षितौ क्षिप्तः स शौरिणा।
अलक्षितोऽविशत्क्षिप्रं तच्छरीरं समीरवत् ॥ १३७१ ॥
तेनाविष्टः श्वसञ्जृम्भाभ्रमनिद्रालसः स्खलन्।
क्षणं बभूव भूतात्मा प्रोद्भूताद्भुतविप्लवः ॥ १३७२ ॥
अहो बताप्रतिहता वस्तुशक्तिर्गरीयसी।
जगन्नाथेऽपि यद्भेजे ज्वरसंस्पर्शविक्रियाम् ॥ १३७३ ॥
सोऽसृजद्वैष्णवं घोरं ज्वरं पूर्वज्वरापहम्।
कृष्णस्तेन ज्वरेणाशु पुनः पूर्वोऽभवज्ज्वरः ॥ १३७४ ॥
तं हन्तुमुद्यतो यावत्कालियारिः स्वयं क्रुधा।
उच्चचार वचस्तावद्गगनाद्धोरनिःस्वनम् ॥ १३७५ ॥
संरक्ष्यो भगवन्नेष रुद्रस्यानुचरो ज्वरः।
श्रुत्वेति विररामाशु तद्वधान्मधुसूदनः ॥ १३७६ ॥
कृताञ्जलिस्तमवदज्ज्वरो विष्णुज्वरार्दितः।
निजं संहर विश्वेश ज्वरं मदनुकम्पया ॥ १३७७ ॥
माधवेन तु तद्वाक्यात्संहृते च निजे ज्वरे।
प्रणनाम हरिं हर्षाज्ज्वरः शर्वपुरःसरः ॥ १३७८ ॥
किं ते प्रियं करोमीति वादिनं हृष्टमानसम्।
तमब्रवीन्मधुरिपुः प्रसादमधुराक्षरम् ॥ १३७९ ॥

भुजायुधमिदं युद्धमावयोः प्रणिपत्य माम् ।
ये मन्मयाः संस्मरन्ति सन्तु ते विज्वरा नराः ॥ १३८० ॥
त्रिपाद्भूतिप्रहरणस्त्रिशिराः सास्रुलोचनः ।
ध्यातः प्रीतिसुखं दद्यात्त्वदाकारः शरीरिणाम् ॥ १३८१ ॥
नाद्यन्ताः कवयः पूर्वे शास्तारोऽल्पमहत्तमाः ।
घ्नन्तु ज्वरांश्चानिरुद्धप्रद्युम्नबलकेशवाः ॥ १३८२ ॥
इत्युक्तः शौरिणा प्रीत्या तथेत्याह हरिं ज्वरः ।
अभ्यधान्मौलिरत्नाग्रे प्रणयावर्जिताञ्जलिः ॥ १३८३ ॥
अहं हरेण त्रिपुरान्तकेन विनिर्मितः कालियसूदनेन ।
जितस्त्वया दानवकाननाग्रे प्रसह्य युद्धे तव किं करोमि ॥१३८४॥
इत्युक्त्वापसृते शर्वज्वरे पूर्वं रणाङ्गनात् ।
तार्क्ष्यमारुह्य युयुधे सात्मजः साग्रजो हरिः ॥ १३८५ ॥
विदारिताः कृष्णशरैः स्वामिसन्मानयन्त्रिताः ।
मानिनो दैत्यसुभटा न तस्थुर्न ययुः क्षणम् ॥ १३८६ ॥
ततो विघटितव्यूहा भग्नस्यन्दनकुञ्जराः ।
ययुस्त्यक्त्वा रणं दैत्या दामोदरविदारिताः ॥ १३८७ ॥
विद्राविताास्ते हरिणा हरिणा हरिणा इव ।
नदीवेगा इव गताः प्रतीपं न समाययुः ॥ १३८८ ॥
प्राणैस्तृणाग्रलघुभिः कल्पापायस्थिरं यशः ।
विक्रीय किं गता यूयं मृत्युः सर्वत्र देहिनाम् ॥ १३८९ ॥
मानपर्वतवज्रेण कीर्तिवल्ली दवाग्निना ।
औचित्यचित्रधूमेन भयेनाभिहताः कथम् ॥ १३९० ॥
इति बाणेन बहुशः कुम्भाण्डेन च मानिना ।
निवार्यमाणा अपि ते जग्मुरेव दिशो दश ॥ १३९१ ॥
ततो रणाङ्गने रुद्रो भगवान्भगनेत्रहा ।
देवः पिनाकी सगुहः स्वयं योद्धुमथाययौ ॥ १३९२ ॥

तुषारनिकरस्मेरस्फारैर्गात्रांशुसंचयैः ।
कुर्वन्निव जगन्नाथो भूरिभूतिविभूषितम् ॥ १३९३ ॥
वलद्वलयकेयूरकुण्डलव्यालमण्डलैः ।
त्रिपुरानलधूमालीभङ्गैरिव तरङ्गितः ॥ १३९४ ॥
सृजन्कण्ठप्रभाचक्रैर्दिग्वधूनीलकञ्चुकैः ।
प्रलयारम्भसचिवान्पुष्करावर्तकानिव ॥ १३९५ ॥
गाढबन्धजटाजूटस्फुटच्चन्द्रकलाङ्कुरः ।
स्फूर्जत्फेनामरनदीरचितोष्णीषविभ्रमः ॥ १३९६ ॥
रथेन नन्दियुक्तेन सिंहयुक्तेन भास्वता ।
कोपपावकपुञ्जेन मूर्तेनेवावृताम्बरः ॥ १३९७ ॥
तारकावजयोदारकुमारानुगतं हरम् ।
हरिरालोक्य निष्कम्पः सज्जं चक्रे निजं धनुः ॥ १३९८ ॥
क्रुद्धस्य खण्डपरशोः समराडम्बरे स्वयम् ।
अभूदकाण्डप्रलयारम्भशङ्का शरीरिणाम् ॥ १३९९ ॥
ततः कनकनाराचैर्भर्गः कृष्णमपूरयत् ।
तृतीयनयनोद्भूतभूरिवह्निशिखोपमैः ॥ १४०० ॥
उग्रैरुग्रभुजोत्सृष्टैर्वेगस्पष्टीकृतैर्वृतः ।
स तैस्तद्वलयव्यालैर्ज्याकृष्टित्रुटितैरिव ॥ १४०१ ॥
शरधारासहस्रोग्रं विस्फूर्जद्गर्जितोर्जितम् ।
मुमोच भद्रं रुद्राय पर्जन्यास्त्रं जनार्दनः ॥ १४०२ ॥
अस्त्रेण त्रिपुराराातिर्व्याप्तस्तेन प्रमाथिना ।
आग्नेयमस्त्रं विदधे वित्रासितजगत्रयम् ॥ १४०३ ॥
वह्निज्वालावलयितः साग्रजो गरुडध्वजः ।
हेमपञ्जरबद्धस्य भेजे केसरिणः श्रियम् ॥ १४०४ ॥
वारुणेन शमं नीते तस्मिन्नस्त्रे मुरारिणा ।
पैशाचरौद्राङ्गिरसैर्युयुधेऽस्त्रैस्त्रिलोचनः ॥ १४०५ ॥

निवार्यास्त्राणि तान्याशु सौरवायव्यवासवैः ।
संदधे क्रोधविधुरस्त्रिपुरान्तकरं शरम् ॥ १४०६ ॥
चिराच्चापप्रणयितां तस्मिन्नीतेऽन्धकद्विषा ।
हरिर्विजृम्भमाणास्त्रं तं विजृम्भाकुलं व्यधात् ॥ १४०७ ॥
घोरघोषेण शार्ङ्गस्य पाञ्चजन्यस्य चासकृत् ।
जृम्भिते भैरवे भीमं भयं भूतानि लेभिरे ॥ १४०८ ॥
ततः कुम्भाण्डसूतेन रथेन पृथुरंहसा ।
प्रत्युद्ययौ रामकृष्णप्रद्युम्नान्कुपितो गुहः ॥ १४०९ ॥
अनिलानलपर्जन्यैरस्त्रैरभिहतः स तैः ।
दीप्तास्त्रजालैर्विदधे जगत्संक्षोभविभ्रमम् ॥ १४१० ॥
षण्मुखोऽपि बभौ हेमपुङ्खैस्तद्विविधैर्वृतः ।
जन्मक्षेत्रं शरवरं प्रीत्या पुनरिवाश्रितः ॥ १४११ ॥
अस्त्रं ब्रह्मशिरो रौद्रमसृजत्तारकान्तकः ।
ज्वालाभिज्वलिता यस्य शैलाः प्रापुः सुमेरुताम् ॥ १४१२ ॥
तस्मिन्विश्वक्षयाक्षेपदीक्षाविक्षोभिताखिले ।
अस्त्रानले प्रविसृते हरिश्चक्रं समादधे ॥ १४१३ ॥
तत्सर्वास्त्रहरं घोरं मार्तण्डोच्चण्डमण्डलम् ।
हरिदोर्दण्डसंसक्तं जहारास्त्रानलप्रभाम् ॥ १४१४ ॥
चक्रांशुक्रकचोत्कृत्ते तस्मिन्नस्त्रप्रभावने ।
प्रजग्राह गुहः शक्तिं क्रूरां क्रौञ्चाद्रिदारिणीम् ॥ १४१५ ॥
मृत्युदन्तावलीताररत्नराजिविराजिताम् ।
तारकासृक्कणाकारशोणपट्टविभूषिताम् ॥ १४१६ ॥
चिक्षेप कार्तिकेयस्तां घण्टापटलराविणीम् ।
क्रोशन्तीं त्रिजगद्ग्रासलालसां क्षुधितामिव ॥ १४१७ ॥
सा दीप्ताग्रप्रभाताभ्रभ्रूकेशश्मश्रुभीषणे ।
चक्रे व्योम महाकालवक्त्रे जिह्वाविजृम्भितम् ॥ १४१८ ॥

स्वस्ति स्वस्त्यच्युतायेति दिवि देवैरुदीरितम् ।
सा कृष्णाभिमुखी शक्तिर्वेगाद्विद्युदिवाबभौ ॥ १४१९ ॥
सा कृष्णहुंकारहता तस्मान्निष्फलतां ययौ ।
आशेव बद्धा मुग्धेन लब्धे कुटिलचेतसि ॥ १४२० ॥
ततश्चक्रायुधश्चक्रे कलयन्वलयं रुषः ।
गुहं वीक्ष्य कटाक्षेण तद्वधे विदधे मतिम् ॥ १४२१ ॥
निरम्बरा मुक्तकेशी श्यामा लोहितलोचना ।
तस्थौ कुमाररक्षायै मूर्ता शक्तिरिवाग्रतः ॥ १४२२ ॥
अपगच्छापगच्छेति सासूयं कालियद्विषा ।
निवार्यमाणाप्यसकृत्ततो नापससार सा ॥ १४२३ ॥
अत्रान्तरे घनध्वानधीरगम्भीरनिःस्वनैः ।
तारतीररवैः सैन्यैर्बाणः स्वयमदृश्यत ॥ १४२४ ॥
स कौमारमयूरस्य शुशुभे पृष्ठमास्थितः ।
अञ्जनाद्रितटं नीलमेघसंघ इवोच्छ्रितः ॥ १४२५ ॥
सोऽवदत्कृष्णमभ्येत्य बहुबाहुबलोर्जितः ।
प्रत्यासन्नविनाशोऽद्य दीपवद्भुत वर्धसे ॥ १४२६ ॥
हतो मया विदेशेऽस्मिन्नविज्ञातः सुहृज्जनैः ।
ध्रुवं त्यक्ष्यसि कृच्छ्रेण जीवितं मृतबान्धवः ॥ १४२७ ॥
इति बाणेन गदिते गर्वाद्गरुडलाञ्छनः ।
कत्थनेनैव शूरोऽसि नूनमित्याह सस्मितः ॥ १४२८ ॥
ततः शितशरासारैः पूरितः स मुरारिणा ।
असृजद्दोःसहस्रेण घोरायुधपरम्पराम् ॥ १४२९ ॥
तत्कृशानुकणाकारपूरपूरितमम्बरम् ।
विकीर्णस्वर्णचूर्णाया लेभे मणिभुवः प्रभाम् ॥ १४३० ॥
अस्त्रं हिरण्यकशिपोरथ बाणः समादधे ।
यद्भीत्येव दिशः क्वापि ययुः संतमसावृताः ॥ १४३१ ॥

तदुद्भूतास्त्रनिचयैः पूरिते गगनाङ्गने ।
वायोरपि गतिर्नाभूत्का कथा व्योमचारिणाम् ॥ १४३२ ॥
पर्जन्यास्त्रेण हरिणा तस्मिन्नस्त्रे निवारिते ।
बाणबाहुवनोत्सृष्टा शरवृष्टिः समुद्ययौ ॥ १४३३ ॥
[1]भर्तुर्बर्हिगरुडौ युद्धे चञ्चुनखायुधौ ।
मिश्रीभूताविव मुहुर्नीलशैलसुराचलौ ॥ १४३४ ॥
ततस्तार्क्ष्येण पक्षाग्रक्षेपविक्षेपकारिणा ।
आकृष्णाभिहतो मूर्ध्नि मयूरोऽद्रिरिवापतत् ॥ १४३५ ॥
दैत्येन्द्रे नि[2]हते नन्दी प्रेरितस्त्रिपुरारिणा ।
रौद्रं रथं समादाय सज्जोऽभूत्समरे पुनः ॥ १४३६ ॥
बाणस्तूर्णं समारुह्य मानी मन्युविषाकुलः ।
चकार ब्रह्मशिरसा महास्त्रेण जगत्क्षयम् ॥ १४३७ ॥
ततश्चक्रं सहस्रारं संहारं त्रिदशद्विषाम् ।
उद्यम्य ग्रस्तदैत्यास्त्रं हरिर्दैत्येन्द्रमाद्रवत् ॥ १४३८ ॥
पुनः संन्यस्तवसना काली कुवलयेक्षणा ।
पुरो बभूव रक्षार्थं बाणस्य प्राणसंशये ॥ १४३९ ॥
दृष्ट्वा तामवदत्कृष्णस्त्राणं वः कथमङ्गना ।
बाण संशयकालेषु नेदं वीरव्रतोचितम् ॥ १४४० ॥
इत्युक्त्वा मीलिताक्षस्तां परिवर्ज्याङ्गनां हरिः ।
उत्ससर्ज प्रभाचक्रदुष्प्रेक्षं चक्रमञ्जसा ॥ १४४१ ॥
तदलक्ष्यभ्रमोद्भ्रान्तं बाणबाहुवने मुहुः ।
चक्रं पूर्णानलापूरक्रूरं क्रकचतां ययौ ॥ १४४२ ॥
क्षणेन मूलनिर्लूनप्रभूतभुजपादपः ।
बभूव बाणः सावेगस्रवद्रुधिरनिर्झरः ॥ १४४३ ॥

---

१. 'चक्रतुर्बर्हिगरुडौ युद्धं चञ्चुनखायुधौ' इति पाठो भवेत्. २. दीनमनसि इत्यर्थः.

कण्ठच्छेदोद्यतं दृष्ट्वा बाणस्य मधुसूदनम् ।
अभ्येत्य भगवान्भर्गः सगुहः प्रणतोऽभ्यधात् ॥ १४४४ ॥
कृष्ण जाने जगज्जन्मस्थितिसंहारकारणम् ।
त्वां तथाप्येष नः कोऽपि दैत्यपक्षपरिग्रहः ॥ १४४५ ॥
मद्भक्त एव भक्तस्ते संरक्ष्यस्ते महाश्रयः ।
अहमेव भवान्ब्रह्ममूर्तिस्त्रैगुण्यसङ्गतः ॥ १४४६ ॥
मदेकशरणस्तस्माद्रक्ष्यो बाणस्त्वयाधुना ।
उक्तो हरेणेति हरिस्तथेत्युक्त्वानुरक्षितम् ॥ १४४७ ॥
ततस्त्रिनेत्रमामन्त्र्य प्रयाते गरुडध्वजे ।
पश्चात्कृत्तभुजं बाणं नन्दी चिन्ताकुलोऽभ्यधात् ॥ १४४८ ॥
अहो बत न जानीमः कियती भवितव्यता ।
बाणरूयक्षे सपक्षेऽपि प्राप्तो जीवितसंशयम् ॥ १४४९ ॥
बाण च्छिन्नभुजोऽप्यत्र नृत्येनाराधय प्रभुम् ।
भवं भवभयोच्छेदकोविदं वरदं सखे ॥ १४५० ॥
इत्युक्तो नन्दिना बाणश्चिरचारी पदक्रमैः ।
ननर्त भगवान्येन वरदोऽस्याभवद्भवः ॥ १४५१ ॥
अमरो निर्व्यथः श्रीमाञ्जातः पूज्यभुजद्वयः ।
बाणोऽभूदीश्वरवरान्महाकालो गणाग्रणीः ॥ १४५२ ॥
अन्तर्हितेऽथ सगणे सहसा पार्वतीपतौ ।
बभूव शोणितपुरं शून्यं दैत्यजनोज्झितम् ॥ १४५३ ॥
उषासहायमादाय बाणान्तःपुरमन्दिरात् ।
अनिरुद्धं प्रमुदितः प्रययौ गरुडध्वजः ॥ १४५४ ॥
व्रजन्स तार्क्ष्यपक्षांशुपिशङ्गीकृतदिङ्मुखः ।
सस्मार सत्यभामाया वचनं चारुलोचनः ॥ १४५५ ॥
सन्ति दिव्यामृतक्षीरा दिव्या बाणस्य धेनवः ।
ता मदर्थे त्वया देव हर्तव्या इति सस्मितः ॥ १४५६ ॥

ता हर्तुमुद्ययौ यावच्चरन्तीर्जलधेस्तटे ।
तावत्ता विविशुः सर्वा जवेन वरुणालयम् ॥ १४५७ ॥
ततः सुपर्णपक्षोग्रवातसंक्षोभितेऽम्बुधौ ।
घोरं रथसहस्रौघैरुद्ययौ वारुणं बलम् ॥ १४५८ ॥
मुरारिशरसंभारदारिते च बलार्णवे ।
उदतिष्ठन्मणिच्छत्रः कुपितो वरुणः स्वयम् ॥ १४५९ ॥
दिव्यास्त्रवर्षी समरे वैष्णवास्त्रेण शौरिणा ।
निर्दह्यमानो वरुणः प्राञ्जलिस्तमभाषत ॥ १४६० ॥
मूर्तिराद्या तवैवाहं जगत्सर्गे जगत्पते ।
क्षन्तुमर्हसि मे देव जहि कोपं तमोमयम् ॥ १४६१ ॥
न्यासीकृतं गोधनं च बाणेन परिरक्ष मे ।
इत्युक्तस्तेन भगवान्प्रीतः प्रायाद्विहायसा ॥ १४६२ ॥
स्तूयमानः सुरगणैर्द्वारकोपान्तमेत्य सः ।
निक्षिप्य निजवक्त्रे च पाञ्चजन्यमपूरयत् ॥ १४६३ ॥
तस्य गम्भीरघोषेण सुस्निग्धघननादिना ।
हर्षोत्सवोऽभवत्कोऽपि वृष्णिवीरशिखण्डिनाम् ॥ १४६४ ॥
प्रविश्य द्वारकां देवः पूजितः सर्वयादवैः ।
पश्चादवाप्तसत्कृत्यं विसृज्येन्द्रं सहानुगम् ॥ १४६५ ॥
गरुडं च प्रियतमाप्रणयप्रेमलालसः ।
विजहार सुराराातिर्निःशेषक्षयनिर्वृतिः ॥ १४६६ ॥

बाणयुद्धम् ॥ ४३ ॥

वैशम्पायन इत्यूचे राजानं जनमेजयम् ।
इति तस्य वचः श्रुत्वा पुनः पप्रच्छ शौनकः ॥ १४६७ ॥
पूर्वे वंशाः श्रुताः सर्वे जनमेजयभूपतेः ।
संतानवंशमिच्छामि श्रोतुं सूत त्वयोदितम् ॥ १४६८ ॥
इति पृष्टोऽब्रवीत्सूतो जनमेजयसंभवौ ।
चन्द्रापीडो महीपालः सूर्यापीडश्च मुक्तिभाक् ॥ १४६९ ॥

चन्द्रापीडसुतः सत्यकर्णो भ्रातृशताग्रजः ।
तत्पुत्रः श्वेतकर्णाख्यो महाप्रस्थानमाविशत् ॥ १४७० ॥
तं जाया मालिनी नाम सगर्भानुययौ सती ।
प्रतिजातस्तया त्यक्तः कुमारो गिरिकन्दरे ॥ १४७१ ॥
रुरोद तस्य कारुण्यात्प्रादुरासन्पयोमुचः ।
गृहीतो मुनिपुत्राभ्यां धृष्टपार्श्वद्वयो गिरौ ॥ १४७२ ॥
अजपार्श्व इति ख्यातः सोऽभवद्यज्वनां वरः ।
तत्पुत्रपौत्रैर्विपुलैः पूरुवंशो विवर्धितः ॥ १४७३ ॥
ययातिप्रोक्तमप्यर्कग्रहहीना मही भवेत् ।
पूरुवंशविहीना तु न कदाचिद्भविष्यति ॥ १४७४ ॥

जनमेजयवंशः ॥ ४४ ॥

भारते पूर्वपूजासु जनमेजयभूभुजा ।
श्रुत्वा दानविधिं पृष्टो व्यासशिष्योऽब्रवीत्पुनः ॥ १४७५ ॥
आदिपर्वणि विप्रेभ्यः प्रदद्यान्मधुपायसम् ।
अपूपमोदकैः कुर्यात्सभापर्वणि तर्पणम् ॥ १४७६ ॥
आरण्यके मूलफलैर्वैराटे वस्त्रमर्पयेत् ।
विचित्रभोज्यपानान्नं दद्यादुद्योगभीष्मयोः ॥ १४७७ ॥
द्रोणपर्वण्यायुधानि शुद्धान्नं कर्णपर्वणि ।
शल्यपर्वण्यपूपादिसमोदकगुडोदनम् ॥ १४७८ ॥
मुद्गमिश्रं गदायुद्धे स्त्रीपर्वणि विभूषणम् ।
घृतौदनमथैषू(षी)के हविष्यं शान्तिपर्वणि ॥ १४७९ ॥
अश्वमेधे यथाकामं हविष्यं तद्वदाश्रमे ।
मौसले गन्धमाल्यादि प्रस्थानाख्ये उपानहौ ॥ १४८० ॥
स्वर्गपर्वणि भक्ष्यादि हरिवंशे तु पायसम् ।
भारतान्ते सरस्वत्याः पूजामादाय पुस्तके ॥ १४८१ ॥

हिरण्यदोऽर्चितहरिः सर्वयज्ञफलोचितः ।
पर्वपूजां निशम्येति पुनः पप्रच्छ शौनकः ॥ १४८२ ॥

पर्वपूजा ॥ ४९ ॥

सर्पसत्रे निवृत्ते तु रक्षिते तक्षके तथा ।
ततः किमकरोत्सूत स राजा जनमेजयः ॥ १४८३ ॥
सूतोऽवदत्ततो राजा विद्वन्मन्त्रिपुरोहितैः ।
चिन्तयित्वाश्वमेधाय पूर्णं संभारमादधे ॥ १४८४ ॥
अथाजगाम भगवान्दिव्यज्ञानमयो मुनिः ।
वेदविद्यानिधिः श्रीमान्व्यासः सत्यतपोनिधिः ॥ १४८५ ॥
तं महार्हासनासीनं पूजयित्वा नतो नृपः ।
पप्रच्छ भारतसुधाचर्वणानन्दनिर्भरः ॥ १४८६ ॥
भगवन्राजसूयेन कृतः क्षत्रक्षयो महान् ।
स कथं पाण्डुपुत्राणां भवता न निवारितः ॥ १४८७ ॥
पृष्टो नृपेणेत्यवदन्मुनिर्दन्तांशुभिर्दिशन् ।
मुखे सरस्वतीवासकमले केसरावलीम् ॥ १४८८ ॥
अवश्यभाविनि कथं तस्मिन्क्षत्रक्षये वयम् ।
प्रभवामो हितं कश्च मन्यते विधिचोदितः ॥ १४८९ ॥
इयं भवासक्तजन्तुयातायातानिलाहतिः ।
सर्वात्मना बलवती जृम्भते भवितव्यता ॥ १४९० ॥
शुभाशुभफलैः प्राप्तिः सहजाप्यप्रवर्तिनी ।
भ्रूलतेव ललाटस्था स्वदृशा केन दृश्यते ॥ १४९१ ॥
तेषां कालपरीतानां धीरभूद्दृढनिश्चया ।
सर्वंकषो हि भगवान्कालः कवलिताखिलः ॥ १४९२ ॥
देहिभिर्दैवनिर्दिष्टं वचसा यदि लङ्घ्यते ।
तत्सत्रमप्यश्वमेधं मा कृथा विघ्नदो हि सः ॥ १४९३ ॥
श्रुत्वा शतक्रतुर्द्वेषात्तव क्रतुशतत्रयम् ।
पत्नीं प्रविश्य यज्ञाश्वं रागान्धो धर्षयिष्यति ॥ १४९४ ॥

ततः प्रभृति लोकेऽस्मिन्प्रवृद्धे कलिकल्मषे ।
महायज्ञकथामात्रमपि दूरे भविष्यति ॥ १४९५ ॥
सेनानीः काश्यपिः कश्चिदौद्भिदः कलिगोचरे ।
अश्वमेधं कृती विप्रः पुनः प्रत्याहरिष्यति ॥ १४९६ ॥
इति श्रुत्वा विषण्णेन मुनिः पृष्टो महीभुजा ।
उवाच ज्ञाननयनः पर्यन्तयुगलक्षणम् ॥ १४९७ ॥
वर्णाश्रमाचारचर्चा विपरीता यथेप्सिता ।
भविष्यति यदा लोके तद्युगान्तस्य यौवनम् ॥ १४९८ ॥
शिथिलक्षणसौहार्दाः सत्यशीलविवर्जिताः ।
केशवेशा भविष्यन्ति निरुष्णीषाम्बरा नराः ॥ १४९९ ॥
दस्यवो राजचरिता राजानो दस्युचेष्टिताः ।
करिष्यन्ति कलेः सर्वे साहाय्यं धर्मसंक्षये ॥ १५०० ॥
पक्वान्नविक्रयो लोके वेदविक्रयिणो द्विजाः ।
भविष्यन्ति युगे क्षीणे गृहिण्यो भगविक्रयाः ॥ १५०१ ॥
उपदेशकृतः शूद्रा ब्रह्मदीक्षाविधायिनः ।
भोःशब्देन भविष्यन्ति विप्रा अवमताः पुनः ॥ १५०२ ॥
मुण्डाः कषायवसना नानाव्रतविकारिणः ।
प्रतिग्रहान्ग्रहीष्यन्ति शूद्रा विद्रावितद्विजाः ॥ १५०३ ॥
रूपलावण्यमाधुर्ये परिक्षीणे सुभूषणे ।
केशालंकरणा नार्यो भविष्यन्ति गतत्रपाः ॥ १५०४ ॥
स्वशास्त्रपण्डिताः सर्वे निर्विवेका मुमुक्षवः ।
भविष्यन्ति कुले जाता निष्प्रयत्नफलेप्सवः ॥ १५०५ ॥
वञ्चना वञ्चनाज्ञानां तस्कराणां च तस्कराः ।
किमन्यत्रभविष्यन्ति राजानो दारहारिणः ॥ १५०६ ॥
बहुस्त्रीकोऽल्पपुरुषो हिमवत्पार्श्वसंश्रयः ।
लोकस्कन्धार्पितापत्यो हाहाभूतश्चरिष्यति ॥ १५०७ ॥

दम्भः शौचं वक्रमायाकृतित्वं हिंसाशौर्यं वृत्तिरन्योपघातः ।
तर्कः शास्त्रं नास्तिकत्वं च बोधः शौचाचारत्याग एवाशु मुक्तिः॥ १५०८॥

इत्येवं कलिना लोके किल्बिषैराकुलीकृते ।
पुनः कालविपाकेन कृतधर्मः प्रवर्तते ॥ १५०९ ॥

भविष्यत् ॥ ४६ ॥

ततस्तिरोहिते क्षिप्रं मुनौ ज्ञानदिवाकरे ।
अश्वमेधो नरपतेः क्रतुः श्रीमानवर्तत ॥ १५१० ॥

तस्मिन्यज्ञे प्रविश्याश्वं राजपत्नीं वपुष्टमाम् ।
अकामां कामवशतः शतक्रतुरधर्षयत् ॥ १५११ ॥

तदध्वर्युगिरा प्राप्तो राजा कोपविषोल्बणः ।
शशाप शक्रं यज्ञांशनिषेधेनाजितेन्द्रियम् ॥ १५१२ ॥

निरस्य सर्वान्सासूयं ब्राह्मणाद्विषयान्निजात् ।
प्रविश्याकम्पिततनुः पत्नीशालामभाषत ॥ १५१३ ॥

इयं निष्कास्यतां पङ्ककुल्या कुटिलचारिणी ।
किल्बिषालोलकल्लोलाकुलकूलावपातिनी ॥ १५१४ ॥

गृहे दूषितचारित्रा नेयं मे स्थातुमर्हति ।
यशःपूर्णशशाङ्कस्य मेघमालायितं यया ॥ १५१५ ॥

स्वादु नाश्नन्ति संतप्ता न च रात्रिषु शेरते ।
शल्यं मर्मान्तरे येषां गृहे भार्या हि दूषिता ॥ १५१६ ॥

इति वादिनि भूपाले गन्धर्वाधिपतिः स्वयम् ।
विश्वावसुस्तमभ्येत्य सौहार्दादिदमब्रवीत् ॥ १५१७ ॥

राजन्रम्भा तव वधूरियं देवविलासिनी ।
वपुष्टमा सुरेन्द्रेण यज्ञेऽस्मिन्धर्षिता सती ॥ १५१८ ॥

त्वत्प्रभावभयाद्विप्रभयाद्द्वेषान्मनोभवात् ।
दैवदिष्टश्च शक्रेण विघ्नस्ते विहितः क्रतौ ॥ १५१९ ॥

विप्रेभ्यो मा क्रुधः पत्नीं मा त्याक्षीः शुद्धमानसाम् ।
गुह्यस्पर्शो ह्यकामाया दृश्याङ्गस्पर्शसंनिभः ॥ १५२० ॥

जनजन्म महीरन्ध्रे पुरंध्रीणां स्वभावतः ।
अशुद्धं शुद्धिमाधत्ते ब्राह्मणान्मा मुधा वधीः ॥ १९२१ ॥
इति गन्धर्वराजेन बोधितो जनमेजयः ।
प्रशान्तकोपः संचिन्त्य तथेति प्रत्यपद्यत ॥ १९२२ ॥

जनमेजययज्ञसमाप्तिः ॥ ४७ ॥

निशम्य विष्णुचरितं वैशम्पायनकीर्तितम् ।
पुनः प्रपच्छ वाराहं प्रादुर्भावं महीपतिः ॥ १९२३ ॥
स पृष्टस्तेन विनयात्प्रणिपत्य हरिं मुनिः ।
विष्णोरानाययद्दिव्यं प्रभावं कल्मषापहम् ॥ १९२४ ॥
पूर्णे युगसहस्रान्ते निवृत्ते ब्रह्मवासरे ।
हिरण्यरेतास्त्रिशिराः स्वयं देवो वृषाकपिः ॥ १९२५ ॥
शिखाभिर्लोकमखिलं दग्ध्वा सगिरिसागरम् ।
एको नारायणः शेते गर्भीकृतजगत्त्रयः ॥ १९२६ ॥
स गर्भीकृतविश्वः प्राङ्मुमोचाण्डं हिरण्मयम् ।
ऊर्ध्वाधस्तेन तद्भिन्नं विवृतं दिक्षु चाष्टधा ॥ १९२७ ॥
बभूव त्रिजगत्क्षेत्रं भूतलान्तं खशेखरम् ।
गर्भं हिरण्यगर्भस्य यमाहुर्ब्रह्मवादिनः ॥ १९२८ ॥
स्वच्छं यत्सलिलं तत्र सुमेरुः काञ्चनाचलः ।
ममज्ज मेदिनी तस्मिन्गिरीन्द्रशतपीडिता ॥ १९२९ ॥
अशक्ता धर्तुमखिलं प्राणितं विष्णुतेजसा ।
वैकुण्ठं शरणं प्रायान्मग्ना गौरिव मेदिनी ॥ १९३० ॥
ततो विश्वंभरोद्धारधीरं वपुरकल्पयत् ।
वाराहं दुष्टसंहारि हरिर्गिरिमिवोच्छ्रितम् ॥ १९३१ ॥
भिन्नाञ्जनचयच्छायं शुभदंष्ट्रांशुसंचयम् ।
नीलजीमूतसंघातादिव निर्यन्निशाकरम् ॥ १९३२ ॥
बभ्रुभ्रूश्मश्रुकेशेन वक्रेणारञ्जिताम्बरम् ।
नीलाद्रिशिखरेणेव हेमराजिरजोजुषा ॥ १९३३ ॥

स पातालतलं तालतमालमलिनोदरम् ।
विवेश दंष्ट्राखण्डेन्दुखण्डितध्वान्तमण्डलः ॥ १९३४ ॥
मन्त्रात्मा वेद यज्ञाङ्गः स वराहो महाकृतिः ।
दंष्ट्राग्रेणोज्जहार क्ष्मां शेवाललतिकामिव ॥ १९३५ ॥
सा तस्य दंष्ट्रापर्यन्ते सक्ता कुवलयेक्षणा ।
बभौ लाञ्छनलेखेव श्यामशीतांशुमण्डले ॥ १९३६ ॥
जगन्निवासो वसुधामुद्धृत्य जगतः स्थितिम् ।
विदधे दिग्विभागेन भूधरांश्च न्यवेशयेत् ॥ १९३७ ॥
शङ्खचक्रगदाकारान्पर्वतान्विनिवेश्य सः ।
असृजत्पुरुषं वक्त्राद्देवमाद्यं प्रजापतिम् ॥ १९३८ ॥
किं करोमीति पुरतस्तस्मिन्वदति सादरम् ।
विभजात्मानमित्युक्त्वा विश्वयोनिस्तिरोदधे ॥ १९३९ ॥
ततश्चिन्तयतस्तस्य चिदाकाशसमुद्भवः ।
ओमित्युदचरन्नादः संपूरितजगत्त्रयः ॥ १९४० ॥
ततोऽभवद्वषट्कारो महाव्याहृतयस्तथा ।
वेदमाता च सावित्री वेदैः सह सनातनैः ॥ १९४१ ॥
विशुद्धमानसावासराजहंसाः प्रजापतेः ।
अजायन्त जगद्वन्द्याः सप्त पूर्वे महर्षयः ॥ १९४२ ॥
दक्षस्तु दक्षिणाङ्गुष्ठादुदभूद्यः प्रजापतिः ।
तत्सुताः कन्यकाः प्रापुर्धर्मेन्दुमनुकश्यपाः ॥ १९४३ ॥
तासामयं विश्वसर्गः संतानः स सुरासुरः ।
असूत देवानदितिर्दितिर्दैत्यांश्च कश्यपात् ॥ १९४४ ॥
हिरण्याक्षं समाश्रित्य कदाचिद्दितिजेश्वरम् ।
सपक्षाः पर्वताश्चक्रुर्गत्या भुवनविप्लवम् ॥ १९४५ ॥
पक्षच्छेदोद्यते तेषां शक्रे तत्पक्षपातिना ।
हिरण्याक्षेण देवानां दारुणः संगरोऽभवत् ॥ १९४६ ॥

तस्मिन्महास्त्रविक्षेपभूतक्षोभविभीषणे ।
हिरण्याक्षोऽजयद्देवान्भुवनाकम्पने रणे ॥ १९४७ ॥
सुरेषु ध्वस्तधैर्येषु वराहो गिरिविग्रहः ।
भगवान्स्वयमभ्येत्य तस्थौ दैत्यवधोत्सुकः ।
दध्मौ दंष्ट्राकरालेन शङ्खं वक्रेण चक्रभृत् ॥ १९४८ ॥
नादेन तस्य ब्रह्माण्डमण्डलावर्तकारिणा ।
ओङ्कारायितमुद्दर्पदैत्यक्षयमहाध्वरे ॥ १९४९ ॥
ततोऽभ्येत्य हिरण्याक्षः क्षयदूतिकया द्विषाम् ।
शक्त्या वक्षसि देवेशं जघान घननिःस्वनः ॥ १९५० ॥
लीलया वीक्ष्य भगवान्दैत्यमद्भुतविक्रमम् ।
असृजद्वैरिसंहारं सहस्रारं सुदर्शनम् ॥ १९५१ ॥
कृतोत्तमाङ्गशृङ्गेऽथ तेन दैत्यमहीभृति ।
पतिते भुवि विध्वस्ताः प्रययुर्दानवा दिशः ॥ १९५२ ॥
हिरण्याक्षे हते वीरे शेखरे त्रिदशद्विषाम् ।
धृता महावराहेण स्वपदं भेजिरे सुराः ॥ १९५३ ॥
दंष्ट्रानिर्भिन्नभिन्नाञ्जनगिरिगहनस्फारदैत्यान्धकार-
श्चन्द्रार्कोदारतारापथरुचिरतरप्रस्फुरच्छङ्खचक्रः ।
पायान्नः शेषशीर्षाक्रमणसमुदितैर्व्यासकायः फणाग्रैः
क्षुभ्यत्क्षीराब्धिफेनैरिव मणिशबलैर्मन्दराभो वराहः ॥१९५४॥
वराहप्रादुर्भावः ॥ ४८ ॥
पुरा कृतयुगे श्रीमान्काश्यपो दितिनन्दनः ।
चक्रे हिरण्यकशिपुः साग्रं वर्षायुतं तपः ॥ १९५५ ॥
अवध्यः सुरगन्धर्वकिन्नरोरगरक्षसाम् ।
आयुधानां च सर्वेषां सोऽभवद्ब्रह्मणो वरात् ॥ १९५६ ॥
समं प्राप्तपदो दर्पादाक्रान्तभुवनत्रयः ।
वीरः सुराङ्गनाः सर्वाश्चक्रे प्रोषितभर्तृकाः ॥ १९५७ ॥

---

१. 'पायाद्वः' ख.

ततः संत्रस्तविध्वस्तास्तत्प्रतापाग्निनिष्प्रभाः ।
ब्रह्मवाक्याद्ययुर्देवाः शरणं देवमच्युतम् ॥ १९९८ ॥
स दत्त्वा वरदस्तेषामभयं भूतभावनः ।
ओङ्कारानुगतं चक्रे नारसिंहं महद्वपुः ॥ १९९९ ॥
सोऽभूज्ज्वलितहेमाद्रिप्रभासंभारघस्मरः ।
सावेगचरणाक्रान्तिखर्वीकृतमहीधरः ॥ १९६० ॥
विद्रुमाग्राङ्कुराकारैश्चञ्चद्रोमाञ्चकञ्चुकैः ।
क्रूरक्रोधानलोद्भूतैर्विस्फुलिङ्गैरिवावृतः ॥ १९६१ ॥
प्रतापमन्दिरागारकनकस्तम्भसंनिभैः ।
शङ्खचक्रगदापद्मलाञ्छनैर्भूषितो भुजैः ॥ १९६२ ॥
कृतान्तद्विरदोदीर्णकर्णचामरविभ्रमैः ।
नखरांशुचयैः कुर्वन्साट्टहासमिवाम्बरम् ॥ १९६३ ॥
मेरुकूटोन्नतस्कन्धशिखरासक्तकेसरैः ।
घोरः करालकालाग्निजीवनव्यजनैरिव ॥ १९६४ ॥
जृम्भाविस्पष्टदंष्ट्रांशुपटलैरादिशन्मुहुः ।
चण्डांशुपुण्डरीकस्य बिसिनीकाण्डमण्डलम् ॥ १९६५ ॥
दृप्तदैत्यशतोत्पातशंसिनीं रुधिरारुणाम् ।
अकालसंध्यां कुर्वाणः पिङ्गोग्रनयनातपैः ॥ १९६६ ॥
बभ्रुभ्रूभङ्गविकटं ललाटतटमुन्नतम् ।
अदभ्रमिव संध्याभ्रं स्फुरत्तारतडिद्गणम् ॥ १९६७ ॥
स गत्वा दैत्यनिलयं प्रलयानलसंनिभः ।
ददर्शार्कसहस्राभां हिरण्यकशिपोः सभाम् ॥ १९६८ ॥
स्थितां जगत्त्रयीमूर्ध्नि हेममालामिवोज्ज्वलाम् ।
दिव्यरत्नफलोदारसर्वर्तुकुसुमद्रुमाम् ॥ १९६९ ॥
मणिकुट्टिमसंक्रान्तकान्तकान्तामुखाम्बुजाम् ।
तस्यां दैत्यपतिः श्रीमान्विरराजोर्जितद्युतिः ॥ १९७० ॥

पृथुरत्नासनोत्सङ्गे सहस्रांशुरिवोदये ।
शुशुभे हेमपद्मस्रग्विपुले तस्य वक्षसि ॥ १९७१ ॥
कल्पान्तसूर्यमालेव तटे कनकभूभृतः ।
निषिद्धा लोकपालानां स्थितिरत्रेति शासनम् ॥ १९७२ ॥
क्षणं दिक्षु लिलेखेव रत्नकुण्डलरश्मिभिः ।
विटङ्करत्नमुकुटोद्द्योतैरिन्द्रायुधप्रभैः ॥ १९७३ ॥
मुहुर्व्योममयूरस्य रत्नाभारमिवाकरोत् ।
सेवितः सिद्धगन्धर्वकिन्नराप्सरसां गणैः ॥ १९७४ ॥
विश्वैश्वर्याब्धिफेनौघं बभारोष्णीषमुज्ज्वलम् ।
तस्मिन्स्वर्गाङ्गनापाणिमन्दान्दोलितचामरैः ।
राजलक्ष्मीर्जहासेव तरङ्गितसितांशुके ॥ १९७५ ॥
अथादृश्यत दिग्दाहोद्गारदारुणमम्बरम् ।
केनापि·····················क्षरत्क्षतजनिर्भरम् ॥ १९७६ ॥
प्रादुरासीत्ततः सिंहः श्रीमान्पुरुषविग्रहः ।
देवो देवारिदलनः कृशानुशतपिङ्गलः ॥ १९७७ ॥
तं वीक्ष्य हृदयोत्कम्पनवदीक्षाविधायिनम् ।
मिथोमुखानि दितिजा विस्मयार्ता व्यलोकयन् ॥ १९७८ ॥
कोऽयमित्याकुले क्षिप्रं दैत्यास्थानसभाङ्गणे ।
धीमानुवाच प्रह्लादो हिरण्यकशिपोः सुतः ॥ १९७९ ॥
सर्वदेवमयः कोऽपि देवोऽयं महसां निधिः ।
येन नः स्थगितानीव चेतांसि च वचांसि च ॥ १९८० ॥
स एवायं हिरण्याक्षो येन नीतः प्रमाथिना ।
कालकापालिकोत्तालस्कन्धवल्कलकेतुताम् ॥ १९८१ ॥
इति ब्रुवाणे प्रह्लादे भ्रुकुटीकुटिलाननः ।
हिरण्यकशिपुर्दैत्यान्गृह्यतामित्यभाषत ॥ १९८२ ॥
विप्रचित्तिप्रभृतयस्ततस्ते दानवर्षभाः ।
प्रदीप्तकङ्कटा घोरास्तं सर्वे पर्यवारयन् ॥ १९८३ ॥

शस्त्रवृष्टिं तदुत्सृष्टां ज्वालाजालजटाकुलाम् ।
जग्राह निश्चलो देवः शोणपुष्पामिव स्रजम् ॥ १९८४ ॥
स खद्योतैरिव व्याप्तः शरैः शिखरिदारुणैः ।
दृष्ट्मात्रेणैव तांश्चक्रे वातक्षिप्ततृणोपमान् ॥ १९८५ ॥
नदत्प्रलयजीमूतनिःस्वनस्तान्विधूय सः ।
सभां बभञ्ज संजातजनक्षोभविराविणीम् ॥ १९८६ ॥
दैत्यचक्रेऽथ विध्वस्ते सहसा तस्य तेजसा ।
दष्टौष्ठः स्वयमुत्तस्थौ हिरण्यकशिपुः क्रुधा ॥ १९८७ ॥
स क्षिपन्नस्त्रसंघातं दण्डं चिक्षेप भीषणम् ।
कालचक्रं त्रिशूलं च कङ्कालं मुसलं तथा ॥ १९८८ ॥
ब्रह्मास्त्रमशनिं त्वाष्ट्रं शक्तिं पाशुपतं हलम् ।
कालमुद्गरमत्युग्रं कृतान्तास्त्रं सविग्रहम् ॥ १९८९ ॥
इत्येतैश्छाद्यमानोऽपि न चकम्पे नृकेसरी ।
नानाप्राणिमुखैर्दैत्यैर्घोरमायामयैर्वृतः ॥ १९९० ॥
ततो हिरण्यकशिपुः क्रोधान्धः पृथुविग्रहः ।
चकार जगतां क्षोभं येन लोकाश्चकम्पिरे ॥ १९९१ ॥
सपत्तनपुरीद्वीपपुरीनगरशासना ।
मही चचाल तटिनी मालिनी शैलशालिनी ॥ १९९२ ॥
अथाकृष्य बलाद्दैत्यं कृत्वोत्सङ्गे रणोत्कटम् ।
वक्षस्यदारयद्देवो वज्रोग्रनखरैः खरैः ॥ १९९३ ॥
दैत्यहृत्कमलोदीर्णा निर्ययुः शोणितच्छटाः ।
नखक्रकचनिष्पेषजातवह्निशिखा इव ॥ १९९४ ॥
हते दैत्येश्वरे वीरे प्रवरे दर्पशालिनाम् ।
देवा नृहरिनिर्दिष्टां निजां लक्ष्मीं प्रपेदिरे ॥ १९९५ ॥
स्तुतश्चतुर्मुखमुखैर्ध्येयो मोक्षपथार्थिनाम् ।
ततः क्षीरोदधेः कूलमुत्तरं प्रययौ हरिः ॥ १९९६ ॥

रक्तच्छटाछुरितदारुणदैत्यवक्षः-
संध्याभ्ररन्ध्रविसृता नखशुक्तयस्ताः ।
देवस्य सिंहवपुषः सुरवैरिनारी-
वक्राब्जपुञ्जशिशिरांशुकला जयन्ति ॥ १५९७ ॥

नरसिंहप्रादुर्भावः ॥ ४९ ॥

हिरण्यकशिपोः सूनुः प्रह्लादो दैत्यशेखरः ।
प्रल्हादस्य सुतो वीरः सुरवैरी विरोचनः ॥ १५९८ ॥
विरोचनस्य तनयस्त्रैलोक्यविजयी बडिः(लिः) ।
धृतः शक्रपदे चक्रवर्ती दैत्यगणैः स्वयम् ॥ १५९९ ॥
प्रययौ त्रिदशाञ्जेतुं त्रिजगद्व्यापिभिर्बलैः ।
मत्तद्विपघटाघण्टाटाङ्कारैर्धट्टिताम्बरः ॥ १६०० ॥
रथैर्नगरनिस्फारैर्गिरिराजनिभैर्गजैः ।
वातवेगैश्च तुरगैस्तेन खं समपूर्यत ॥ १६०१ ॥
स्वर्भानुविन्दनमुचिप्रह्लादबलशम्बरैः ।
जम्भकुम्भोदरोग्राक्षतारकाक्षविरोचनैः ॥ १६०२ ॥
निप्रचित्तिहयग्रीवमयमुख्यैः सुरारिभिः ।
प्रदीप्तध्वजसंनाहैः कोटीनां कोटिभिर्वृतः ॥ १६०३ ॥
चकार धवलोष्णीषच्छत्रचामरमण्डलैः ।
स्फारफेनावलीस्फीतदुग्धोदधिनिभं नभः ॥ १६०४ ॥
शक्रोऽपि सह लोकेशैर्धृतस्त्रिदशकोटिभिः ।
चक्रे कुटिलदीप्तांशुमण्डलीकपिशा दिशः ॥ १६०५ ॥
अताड्यत ततश्चण्डस्त्रिदशासुरसैन्ययोः ।
प्रलयाम्बुधरध्वानधीरः समरदुन्दुभिः ॥ १६०६ ॥
अथ शस्त्रास्त्रसंघट्टज्वालाजटिलविग्रहाः ।
कोपानले खड्गयूपे रुधिराज्ये धनुःस्रुवे ।
तस्मिन्रणमहायज्ञे वियभौ दीक्षितो बलिः ॥ १६०७ ॥

इतः शक्रार्कदहनैर्बाणासुरमुखैरितः ।
शरान्धकारे विहिते घोरोऽभूत्सैन्ययोः क्षयः ॥ १६०८ ॥
ततो दैत्यास्त्रनिस्त्रिंशदारितास्त्रिदशा दिशः ।
त्रस्ता ययुर्देहमात्रपरित्राणत्रपाकुलाः ॥ १६०९ ॥
भग्नचक्रे गते शक्रे दहने गहनैषणि ।
विरते मारुते युद्धाद्गृहीतप्रशमे यमे ॥ १६१० ॥
त्रैलोक्याधिपतिर्वीरः शशास त्रिदशान्बलिः ।
निःशेषभुवनाधीशमस्तकन्यस्तशासनः ॥ १६११ ॥
सुरराज्ये कथाशेषे प्राज्ये राज्ये सुरद्विषाम् ।
सुराश्चतुर्मुखगिरा त्राणं नारायणं ययुः ॥ १६१२ ॥
अव्यक्तरूपो भगवान्गीर्वाणैरर्थितो विभुः ।
विवेश योगाददितेर्गर्भं वार्षसहस्रिकम् ॥ १६१३ ॥
स काश्यपस्ततो विष्णुः श्यामो वामनविग्रहः ।
अजायत जगज्ज्येष्ठो बालः श्रेष्ठो दिवौकसाम् ॥ १६१४ ॥
अत्रान्तरे बडि(लि)र्धीमानश्वमेधाय दीक्षितः ।
बभूव सर्वकामानां दाता कल्पद्रुमोऽर्थिषु ॥ १६१५ ॥
तस्य यज्ञभुवं देवो बृहस्पतिसखः स्वयम् ।
गत्वा विवेश त्रिशिखः किरीटी छत्रदण्डवत् ॥ १६१६ ॥
श्यामं पद्मपलाशाक्षं चलत्कुटिलकुन्तलम् ।
तं लावण्यमयं वीक्ष्य ययौ निश्चलतां बडिः(लिः) ॥१६१७॥
दैत्येन्द्रं स समभ्येत्य महात्मा वामनाकृतिः ।
उवाच मधुरोदारगिरा वर्षन्निवामृतम् ॥ १६१८ ॥
महेन्द्रस्य कुबेरस्य चन्द्रस्य वरुणस्य च ।
ब्रह्मणश्चाभवद्यज्ञस्त्वत्क्रतुश्च विराजते ॥ १६१९ ॥
यज्ञानामश्वमेधोऽयं वरस्त्वमिव देहिनाम् ।
श्रुत्वेति वामनवचः पूतात्मा बडि(लि)रभ्यधात् ॥ १६२० ॥

इदं ते दर्शनं साधो प्रीणाति मम मानसम् ।
श्रोत्रशुक्तिसुधाधारा वाणी ते कस्य न प्रिया ॥ १६२१ ॥
ददानि किं तेऽभिमतं त्वादृशां हि महात्मनाम् ।
शरीरमपि नादेयं किं पुनर्बाह्यतश्चिरम् ॥ १६२२ ॥
इत्युक्ते बडि(लि)ना प्रीत्या प्रत्यभाषत वामनः ।
दन्तत्विषा मुहुः कुर्वन्क्षीरक्षालितमम्बरम् ॥ १६२३ ॥
पदत्रयं त्वया मह्यं गुर्वर्थं संप्रदीयताम् ।
अतः परं भवत्प्रीतिं बहु मन्ये प्रियंवद ॥ १६२४ ॥
श्रुत्वेति विस्मितमना बडिः(लिः) प्रोवाच सस्मितः ।
दाता बडि(लि)र्भवानर्थी त्रिपदी दीयतां कथम् ॥ १६२५ ॥
दयितं बहुमानं मे यथेष्टं गृह्यतां मुने ।
ससागरगिरीन्द्रापि स्वल्पा ते रत्नसूर्मही ॥ १६२६ ॥
इत्युच्यमानेऽपि यदा ययाचे नाधिकं हरिः ।
हस्तोदकं तदा प्रादाद्बडि(लि)र्लज्जानताननः ॥ १६२७ ॥
ततः प्रववृधे देवः सर्वदेवमयो विभुः ।
व्याप पद्भ्यां वसुमतीं शिरसा च दिवं क्षणात् ॥ १६२८ ॥
तस्य प्रवर्धमानस्य त्रैलोक्याक्रान्तिकारिणः ।
ब्रह्माण्डमानदण्डोऽभूदण्डपादोऽन्तरिक्षगः ॥ १६२९ ॥
जगत्पर्याप्तमेतन्मे न संपूर्णं पदद्वये ।
इतीव कम्पविलुठद्गिरिशब्दैर्जगाद सः ॥ १६३० ॥
यः पूर्वमभवद्रत्नं मुकुटे प्राप्तमौक्तिके ।
वक्त्रे सिताशुचक्रं च शनैः शङ्खोऽपि वक्षसि ॥ १६३१ ॥
व्योम्नि चन्द्रः स एवास्य परमाक्रान्तिकारिणः ।
ऊरुमाले जगामाशु स्रग्दाम सितपद्मताम् ॥ १६३२ ॥
ब्रह्मणा क्षालिते तस्य पादपद्मे इवाम्बुभिः ।
जाता हरजटाजूटमाला जगति जाह्नवी ॥ १६३३ ॥

इति त्रैलोक्यमाक्रम्य हत्वा दैत्यपतेः क्षणात् ।
सुतले नाम्नि पातालतले तस्यादिशत्स्थितिम् ॥ १६३४ ॥
अहो महोदधिस्फीतं सत्त्वं बलवतो बलेः ।
येन स्वकायबन्धेन दानशेषो विशोधितः ॥ १६३५ ॥
विस्मिताश्च प्रहृष्टाश्च लज्जिताः कम्पितास्तथा ।
बभूवुः सुरगन्धर्वसिद्धचारणकिंनराः ॥ १६३६ ॥
हत्वा दितिजसंघातं बडे(ले)र्वृत्तिमकल्पयत् ।
अश्रद्धया हुतं दत्तं श्राद्धमश्रोत्रियं तथा ॥ १६३७ ॥
अमन्त्रमव्रतं यश्च यज्ञादिकमदक्षिणम् ।
विधिहीनं यदन्यच्च तदस्मै प्रददौ हरिः ॥ १६३८ ॥
ततो निजपदे देवान्यथास्थानं निवेश्य सः ।
आदिदेश सुरेन्द्रस्य श्रियं स्रजमिवोज्ज्वलाम् ॥ १६३९ ॥
इति ते चरितं पुण्यं देवस्य कमलापतेः ।
प्रादुर्भावप्रसङ्गेन कथितं किल्बिषापहम् ॥ १६४० ॥
त्रैलोक्याक्रान्तिलीलोदितचरणनखस्वच्छकान्तिप्रवाहैः
कुर्वन्ब्रह्माण्डमूर्ध्नि प्रसृतसुरसरिद्वैजयन्तीविलासम् ।
प्रोद्भूतब्रह्मपद्मप्रतिमपरिसरन्नाभिलग्नार्कबिम्बं
निःशेषातङ्कशान्त्यै भवतु भगवतो रूपमत्यद्भुतं नः ॥१६४१॥
वामनप्रादुर्भावः ॥ ९० ॥

इति क्षेमेन्द्रविरचितायां भारतमञ्जर्यां परिपूर्णो हरिवंशः ।

काश्मीरिको गुणाधारः प्रकाशेन्द्राभिधोऽभवत् ।
नानार्थिसार्थसंकल्पपूरणे कल्पपादपः ॥ १ ॥
संपूर्णदानसंतुष्टाः प्राहुस्तं ब्राह्मणाः सदा ।
इन्द्र एवासि किंत्वेकः प्रकाशस्ते गुणोऽधिकः ॥ २ ॥
यस्य मेरोरिवोदाराः कल्याणपूर्णसंपदः ।
अवारितमभूद्गेहे भोज्यसत्रं द्विजन्मनाम् ॥ ३ ॥

सूर्यग्रहे त्रिभिर्लक्षैर्दत्त्वा कृष्णाजिनत्रयम् ।
अल्पप्रदोऽस्मीत्यभवत्क्षणं लज्जानताननः ॥ ४ ॥
स्वयंभूशंभुविजये यः प्रतिष्ठाप्य देवताः ।
दत्त्वा कोटिचतुर्भागं देवद्विजमठादिषु ॥ ५ ॥
पूजयित्वा स्वयं शर्वं प्रसरद्बाष्पनिर्झरः ।
गाढं दोर्भ्यां समालिङ्ग्य यस्तत्रैव व्यपद्यत ॥ ६ ॥
क्षेमेन्द्रनामा तनयस्तस्य विद्वत्सपर्यया ।
प्रयातः कविगोष्ठीषु नामग्रहणयोग्यताम् ॥ ७ ॥
आचार्यशेखरमणेर्विद्याविवृतिकारिणः ।
श्रुत्वा**भिनवगुप्ता**ख्यात्साहित्यं बोधवारिधेः ॥ ८ ॥
श्रीमद्भागवताचार्यसोमपादाब्जरेणुभिः ।
धन्यतां यः परां प्राप्तो नारायणपरायणः ॥ ९ ॥
कदाचिद्ब्राह्मणेनैत्य स **रामयशसा**र्थितः ।
संक्षिप्तां भारतकथां कुरुष्वेत्यार्यचेतसा ॥ १० ॥
स तमूचे करोम्येव प्रागेतच्चरितं मम ।
दृष्टः सत्यवतीसूनुः स्वप्ने ज्ञाननिधिर्ददौ ॥ ११ ॥
तं नमस्कृत्य वरदं सज्जोऽहं त्वत्समीहिते ।
इत्युक्त्वा स्वप्नदृष्टस्य मुनेस्तुष्टाव तद्वपुः ॥ १२ ॥
नमो ज्ञानानलशिखापुञ्जपिङ्गजटाभृते ।
कृष्णायाकृष्णमहसे कृष्णद्वैपायनाय ते ॥ १३ ॥
नमस्तेजोमयश्मश्रुप्रभाशबलितत्विषे ।
वक्त्रवागीश्वरीपद्मरजसेवोदितश्रिये ॥ १४ ॥
नमः संध्यासमाधाननिष्पीतरवितेजसे ।
त्रैलोक्यतिमिरोच्छेददीपप्रतिमचक्षुषे ॥ १५ ॥
नमः सहस्रशाखाय धर्मोपवनशाखिने ।
सत्त्वप्रतिष्ठापुष्पाय निर्वाणफलशालिने ॥ १६ ॥

नमः कृष्णाजिनजुषे बोधनन्दनवासिने ।
व्यासायेवालिजालेन पुण्यसौरभलिप्सया ॥ १७ ॥
नमः शशिकलाकारब्रह्मसूत्रांशुशोभिने ।
श्रिताय हंसकान्त्येव संपर्कार्कमलौकसः ॥ १८ ॥
नमो विद्यानदीपूर्णशास्त्राब्धिसकलेन्दवे ।
पीयूषरससाराय कविव्यापारवेधसे ॥ १९ ॥
नमः सत्यनिवासाय स्वविकाशविलासिने ।
व्यासाय धाम्ने तपसां संसारायासहारिणे ॥ २० ॥

व्यासाष्टकस्तोत्रम् ॥ ५१ ॥

इति व्यासाष्टकं कृत्वा महाभारतमञ्जरीम् ।
स चक्रे विबुधानन्दसुधास्यन्दतरङ्गिणीम् ॥ २१ ॥

समाप्तेयं महाभारतमञ्जरी कृतिः कवेर्व्यासदासापरनाम्नः प्रकाशेन्द्रसूनोः क्षेमेन्द्रस्य ॥

अहो कविसरस्वत्या विचित्रेयं प्रसन्नता ।
सद्यो मलिनता वक्त्रे खलानां जायते यथा ॥ १ ॥
मद्वचोदर्पणतले महाभारतदिग्द्विपः ।
समस्तावयवोऽप्येष मुष्टिमेय इवेक्ष्यते ॥ २ ॥
रत्नोदारचतुःसमुद्ररशनां भुक्त्वा भुवं कौरवो
भग्नोरुः पतितः स निष्परिजनो जीवन्वृकैर्भक्षितः ।
गोपैर्विश्वजयी जितः स विजयः कक्षैः क्षिता वृष्णय-
स्तस्मात्सर्वमिदं विचार्य सुचिरं शान्त्यै मनो दीयताम् ॥ ३ ॥
फुल्लेन्दीवरसुन्दरद्युतिमुषः शौरेः शरीरत्विषः
पायासुर्निजनाभिपङ्कजरजोलुब्धालिमालोपमाः ।
याः कुर्वन्ति शशाङ्कबिम्बविषदे लक्ष्मीमुखाब्जे मुहुः
कस्तूरीरसपत्रभङ्गसुभगा लक्ष्मीप्रभाविभ्रमम् ॥ ४ ॥
एष विष्णुकथातीर्थपुण्यवत्सलिलोक्षितः ।
प्राप्तः सामान्यजल्पोऽपि क्षेमेन्द्रोऽद्य कवीन्द्रताम् ॥ ५ ॥

॥ शुभं भूयात् ॥